New Testament Greek Manuscripts

Matthew

Also by Reuben J. Swanson:

The Horizontal Line Synopsis of the Gospels

The Horizontal Line Synopsis of the Gospels (Greek ed.)

New Testament Greek Manuscripts: Mark

New Testament Greek Manuscripts: Luke

New Testament Greek Manuscripts: John

New Testament Greek Manuscripts

Variant Readings
Arranged in Horizontal Lines
against Codex Vaticanus

Matthew

Edited by
Reuben J. Swanson

Sheffield Academic Press
Sheffield, England

William Carey International University Press
Pasadena CA, USA

Sheffield Academic Press
Mansion House, 19 Kingfield Road
Sheffield S11 9AS England
ph 44-114255-4433
fax 44-114255-4626
email: admin@sheffac.demon.co.uk

William Carey International University Press
1539 East Howard Strret
Pasadena, CA 91104 USA
ph (818) 398-2175
fax (818) 398-2240
email: publications@wciu.edu

Library of Congress Catalog Card Number: 95-72076

Sheffield Academic Press: William Carey International University Press:
  ISBN# 1-85075-772-0 (Paperback)   ISBN # 0-86585-051-8 (Paperback)
  ISBN# 1-85075-595-7 (Hard Cover)   ISBN # 0-86585-059-3 (Hard Cover)

The Symbol Greek font used to print this work is available from
Linguist's Software P.O. Box 580 Edmonds WA 98020-0580 U.S.A. (206) 775-1130

To Marian

Partner and Helpmeet
in this Venture
of Love

Foreword

Of the several kinds of tools available for the detailed study of the Greek New Testament—such as lexica, grammars, concordances, commentaries—the textual apparatus is often given the least attention or is overlooked entirely. Yet any serious investigation of a given passage will entail analysis of variant readings in order to ascertain the original form of the text as well as the several modifications introduced during the subsequent transmission of that passage.

The history of assembling textual information for an apparatus of variant readings of the Greek New Testament spans many generations. The earliest in printed format was the work of Robert Stephanus who in 1550 issued at Paris a handsome folio-sized edition of the Greek New Testament. The inner margins of the volume present a variety of readings drawn from sixteen witnesses, each identified by a Greek letter. The letter α signifies the text of the Complutensian Polyglot Bible, printed in 1514. The other letters refer to fifteen Greek manuscripts, the oldest of which is the manuscript known today as codex Bezae, identified by the letter β. According to Stephanus's "Epistle to the Reader," the manuscript had been collated for him in Italy by his friends. From their collation Stephanus included 389 citations of the manuscript (as counted by F. H. A. Scrivener). Other manuscripts are cited somewhat more frequently.

This first *apparatus criticus* of rather modest dimensions was expanded stage by stage by subsequent editors. A dramatic enlargement was published at London in 1707 when John Mill, after thirty years of labor, reproduced Stephanus's text with a vastly increased apparatus, gathered from manuscripts, versions, and patristic citations, totalling about 30,000 variant readings.

The next major step was taken by a Swiss scholar living in the Netherlands, Johann Jakob Wettstein, whose two-volume edition of 1751-52 more than doubled the number of manuscripts ever cited before. He also introduced a system of symbols for manuscripts, designating uncials by capital letters and minuscules by Arabic numerals. During the followng century the culmination of Constantin von Tischendorf's lifelong interest in the Greek text of the Bible was climaxed by the publication of his *Editio octava critica maior* in 1869-72. A reprint of the edition in 1969 is an indication that even a century later it is still of value in scholarly research.

In the twentieth century a monumental edition and apparatus of the Greek New Testament was prepared by Hermann von Soden and a score of assistants (1913). Despite von Soden's prolonged investigation of Greek minuscules as well as intensive study of the history of the Greek text, the edition proved to be (in the words of Kirsopp Lake) "a magnificent failure." The most recent extensive apparatus of variant readings, collected by members of an American and British Committee, was set forth in two volumes published at Oxford in 1984 and 1987. The extent of the work can be judged from the fact that 600 pages are devoted to presenting manuscript evidence for the Gospel according to Luke.

Foreword

All of the publications mentioned above organized the textual evidence in a more or less traditional format. The present volume prepared by Reuben Swanson, however, employs a different kind of format, one that enables the eye to take in at a glance the variations between and among the witnesses. It is, as one might say today, the "user friendly" format that Swanson had developed earlier for his *Horizontal Line Synopsis of the Gospels* (1975; 2nd ed. 1984). In the present volume, however, instead of presenting evidence from a maximum of four texts, the compiler was confronted with the task of presenting on each page far more numerous and diverse pieces of evidence from a wide variety of witnesses, some of which had undergone scribal correction. When one considers that Swanson not only collected and formatted this material but also produced a finished product ready for printing, one can appreciate that the volume represents extraordinary dedication and attention to minute detail. All who make use of his apparatus of readings must feel a debt of gratitude to Swanson for having devised such an innovative and useful tool for the study of the Greek text of the New Testament.

Bruce M. Metzger

Introduction

The sub-title of this book, "Variant Readings Arranged in Horizontal Lines against Codex Vaticanus," suggests two departures from the past in the crafting of a new edition of the Greek New Testament. This work is different in principle for it avoids the eclecticism that characterizes all current editions, and it differs in methodology inasmuch as every variation and all information from every source used are faithfully and completely reported in a parallel line format. To say that this edition avoids eclecticism means that it does not consist of words from several different manuscripts mixed together without identification of the sources. Nevertheless, it preserves some of the techniques of current editions, for some of the symbols designating types of variant readings are continued.

Part I. An Historical Review of Text Editions

"Why a new edition of the Greek New Testament?" you may ask. We already have several editions, such as Nestle-Aland's *Novum Testamentum Graece*, Westcott–Hort's *The New Testament in the Original Greek*, and The United Bible Societies' *The Greek New Testament*, *et al*, that are adequate for the needs of the church and for scholarship, do we not? This is an appropriate question.

A principal feature of all current editions is the eclectic nature of the text, that is, the mixing together of words or phrases from several different manuscripts without identification of the sources. The texts have been revised again and again over many generations, mainly by a process of editing the early Textus Receptus through the substitution of selected readings from various manuscript sources that the editors considered to be earlier and more authentic than readings in their exemplar.

The earliest printed text of the New Testament, called the Complutensian, was edited by Cardinal Ximenes in 1514. He based his text upon a few late manuscripts that he failed to identify; therefore it has little or no critical value today. The second printed text, which was actually published earlier than the Complutensian, was prepared by Erasmus from six or seven minuscule manuscripts that were in the possession of a printer by the name of Froben at Basel. Only minuscule 1, used occasionally by Erasmus, is considered by critics today to have genuine value, although in this writer's estimation minuscule 2 deserves more credibility than it has received. Erasmus hastened the preparation of his work in order that his edition might be the first in print. He succeeded in this objective at the expense of quality, for at least in one instance he took the liberty of translating the concluding verses of the Apocalypse into Greek from Latin manuscripts of the Vulgate because his Greek sources were deficient.

These two editions named above became the basis for all subsequent early texts, including the third edition of Robert Stephanus in 1550, Beza's editions prepared over a lifetime in the sixteenth and early seventeenth centuries, and Elzevirs' editions of 1624 and 1633. Elzevirs' editions were based upon a comparison of Stephanus's and Beza's works; the 1633 edition came to be called the "Textus Receptus."

All critical editions from that point to current critical editions have been attempts to improve upon the Textus Receptus by comparing additional and later manuscripts to it and by substituting readings that the editors considered to be closer to readings in the original autographs. The current texts are the result.

In regard to these current texts, the present work has shown that readings have been selected and substituted based upon an inadequate representation of the evidence; the readings and their support are often misleading and/or in error; readings are often cited only in part; and, finally, readings from every manuscript used that are equal in importance to those cited by the editors have been consistently omitted.

Faulty or incomplete reporting of the evidence cannot provide a sufficient base for critical judgments as to which readings are superior, that is, earlier and more authentic. Moreover, the apparatus reporting the evidence is more difficult to use than the present horizontal line technique. The variants are cited in a massive set of footnotes at the bottom of each page, a situation that creates a problem for the user of correlating text and variant reading material.

An examination of the most widely used current critical editions, for example, Nestle–Aland *Novum Testamentum Graece* (Stuttgart, 1979), Westcott–Hort *The New Testament in the Original Greek* (New York, 1935), and the edition issued by the United Bible Societies entitled *The Greek New Testament* (Fourth Edition, 1993), leads to the conclusion that the methodology can be improved. The base for these editions was prepared in the sixteenth and seventeenth centuries. That base has been emended again and again over the intervening centuries by numerous scholars with access to earlier manuscripts not available to the earlier pioneer critics. The intention has been to provide a text embodying the best critical judgments of specialists in the discipline. But the result demonstrates that readings are not always fully and correctly reported, and editors are not always consistent in their use of the evidence from the earlier sources.

The editor of this work is convinced that a new beginning should be made in the crafting of a tool for use in the church and for scholarly research and writing. The principal deficiency of all current editions is the fallacy of origins. All have originated from the Textus Receptus of 1633. The Textus Receptus from its very inception was an eclectic text, meaning, as mentioned above, the mixing together of words and phrases from different manuscripts without identification of the sources. It was composed from a number of manuscripts with readings being chosen from each according to the principle of substitution. For example, although Erasmus used minuscule 2 as the basis for his text, he sometimes substituted readings from minuscule 1 for readings in minuscule 2 on the premise that a particular reading from minuscule 1 was superior or more authentic than a reading in minuscule 2. Modern scholarship has demonstrated that, although both manuscripts 1 and 2 are twelfth century, manuscript 1 preserves a better text in many passages than the text of manuscript 2. Erasmus relied principally upon a late and inferior text for the production of his edition and simply corrected that text in certain passages by substituting readings from minuscule 1. From the beginning the principle has prevailed in the preparation of critical editions that an eclectic text is superior to an actual manuscript text that had been scripture for an early Christian community.

This initial mixture, Textus Receptus, became the basis for all subsequent editions. Readings have been substituted throughout the Textus Receptus from a multitude of manuscript sources by textual critics and editors from the seventeenth century to the present time with the result that the present text is a most eclectic document. Thus an emended Textus Receptus is in fact the basic text for translation, for research and writing, and for all hermeneutical and exegetical studies today. Remnants of the twelfth century minuscules used by Erasmus still remain the basis for some passages in all current critical editions, and these remnants have become so mixed with readings substituted from other sources that there are passages in modern editions for which this writer has found no manuscript support in the many sources used for this production. Furthermore, the eclectic method in use is suspect because the reader can never know whether parallel passages in the gospels are truly parallel or whether the parallelism is a creation of the editors by this process of editing. If the latter be the case, then much of the hermeneutical and exegetical work dependent upon current texts needs serious review.

Part II. A New Edition Based upon a New Principle and a New Methodology

A new edition is offered based upon a new principle and a new methodology, and what has proven useful in previous editions is conserved. In addition, a new format has been created for easy access to the material. The first and most momentous decision was to choose an unaltered source document from the early church to be the text for this work. The problem is that we have only one complete uncial manuscript for the entire New Testament—Codex Sinaiticus, a fourth century manuscript discovered by Constantinus Tischendorf in 1844 at the monastery of St. Catherine on Mount Sinai. This has long been recognized as one of the most important New Testament manuscripts in our possession. However, there is another manuscript, although incomplete in some portions of the New Testament, that is recognized by nearly all critics to be superior in quality to all others. That manuscript is Codex Vaticanus, a fourth century manuscript in the Vatican Library. However, the new approach does not succeed or fail due to the choice of Vaticanus over Sinaiticus.

Rather, the essential criteria for acceptance of a new edition of the Greek New Testament must be the trinity of completeness, accuracy, and efficiency.

1) Completeness is not to be understood in the sense of a complete reporting of all manuscripts, versions, lectionaries, and church fathers, but rather the complete reporting of every variant from those particular sources used for this work. There is no edition that is complete in the former sense, or in the latter sense, for that matter. One of the deficiencies of current critical editions is the omission of important variants in many passages from the sources used. For example, a variant or two may be reported for a passage from Codex D, a very important fifth century manuscript, but an equally important variant and even variants from the same passage are ignored and omitted. This is never the case in this work. All variants, even different spellings, are reported completely. In the view of this editor, it is important to include every variant and every kind of variant from the individual sources. *Judgments have not been made as to what is important and what is unimportant.* Seemingly insignificant differences, such as spelling (itacisms), may be of high importance in tracing family relationships among manuscripts. It would be impossible to include complete information from every manuscript, version, church father, and lectionary, because of the volume of material involved. The decision has been made to limit the sources used for this first edition to a select list of manuscripts in the Greek language.

It was the hope of the editor to include information from certain church fathers and from lectionary editions, but time has not permitted the fulfillment of that hope, with one exception. Each citation of the gospels from Clement of Alexandria is set forth immediately below the verse from which it is cited with an underlining of those words which are in agreement with one or more of the manuscript witnesses. This material was available since this was the doctoral project of the editor. Versions are highly important sources of information for early readings, but there is a twofold problem: first, to find specialists in Latin, Syriac, and Coptic who are equally conversant in Greek; and, second, to be completely accurate in identifying equivalents between a reading in a version and a reading in the Greek text. Since there is disagreement among specialists as to which readings are equivalent in two languages, it seems wise to limit the materials used for this first edition to a select list of Greek sources. It is the hope of the editor that the parallel line format will make it possible for specialists in the languages of the versions to make more authoritative judgments as to the linkage with a Greek text or texts.

2) Accuracy of reporting is a second highly important criterion. A comparison of the material reported in the apparatus of Nestle–Aland to the material reported in the apparatus of this new work will indicate not only the incompleteness of the former, but also the many inaccuracies. Every effort has been made to assure accuracy for this new work; manuscripts have

been read twice and even three times with additional checking of specific passages. However, the editor must acknowledge that it is difficult to assure complete accuracy in every instance, since such a vast amount of detail is incorporated into a work of this nature. The writer cautions the user to check the data by personally consulting the manuscript(s) whenever the information is to be used authoritatively.

3) A third criterion is efficiency. Anyone who has tried to correlate the text and the variant readings in the apparatus of Nestle–Aland should realize how inefficient this arrangement is, since all variant material is printed in footnotes and continuously. In this new edition all substantial variants are reported immediately in the groupings of parallel lines. Thus the reader can view the phenomena both horizontally and vertically, since an effort has been made to juxtapose the variant readings one above the other through spacing. The reader is able to view the relevant variant material immediately and is spared the effort of trying to correlate readings a page–length from each other. Readings that include obvious errors and different spellings, except for those in the text of Codex Vaticanus that are printed *verbatim,* are placed in the footnotes so as to be available for in–depth studies of family relationships among manuscripts.

Part III. The Particular Sources Used for this Edition

The editor simply reproduces information about the sources from UBS[4], p. xiii, since in this instance he conforms to widely accepted usage. "The Greek manuscript evidence includes papyri, uncials designated traditionally by capital letters (referred to as "letter uncials"), uncials designated by Arabic numbers with an initial 0 (the "numbered uncials"), and minuscules (numbered without an initial 0). All manuscripts are cited and identified in accordance with the Gregory-Aland nomenclature found in Kurt Aland, *Kurzgefasste Liste.*"[1]

a) The papyri:

Number	Location		Date
$\mathfrak{P}^1$	Philadelphia		III
$\mathfrak{P}^2$	Florence		VI
$\mathfrak{P}^5$	London		III
$\mathfrak{P}^6$	Strasbourg		IV
$\mathfrak{P}^{19}$	Oxford		IV/V
$\mathfrak{P}^{22}$	Glasgow		III
$\mathfrak{P}^{25}$	Berlin	late	IV
$\mathfrak{P}^{35}$	Florence		IV(?)
$\mathfrak{P}^{36}$	Florence		VI
$\mathfrak{P}^{37}$	Ann Arbor, Mich	about	300
$\mathfrak{P}^{39}$	Rochester, N. Y.		III
$\mathfrak{P}^{46}$	Dublin: Chester Beatty, and Vienna		III
$\mathfrak{P}^{52}$	Manchester		II
$\mathfrak{P}^{53}$	Ann Arbor, Mich.		III

---

1. Barbara and Kurt Aland, Johannes Karavidopoulos, Carlo M. Martini, and Bruce M. Metzger, Editors, *The Greek New Testament*, 4th ed., United Bible Societies, 1993.

	Number	Location	Date
$\mathfrak{P}^{59}$		New York: P. Colt 3	VII
$\mathfrak{P}^{60}$		New York: P. Colt 4	VII
$\mathfrak{P}^{62}$		Oslo	IV
$\mathfrak{P}^{63}$		Berlin	about 500
$\mathfrak{P}^{66}$		Geneva: P. Bodmer II	about 200
$\mathfrak{P}^{75}$		Geneva: P. Bodmer XIV, XV	early III
$\mathfrak{P}^{76}$		Vienna	VI
$\mathfrak{P}^{82}$		Strasbourg	IV/V

b) The Uncials:

Manuscript		Location	Date
ℵ	01	London: Sinaiticus	IV
A	02	London: Alexandrinus	V
B	03	Rome: Vaticanus	IV
C	04	Paris: Ephraemi Rescriptus	V
D	05	Paris: Bezae Cantabrigiensis	V/VI
E	07	Basel	VIII
F	09	Utrecht	IX
G	012	Dresden: Boernerianus	IX
H	013	Hamburg and Cambridge	IX
K	017	Paris	IX
L	019	Paris: Regius	VIII
M	021	Paris	IX
N	022	St. Petersburg and elsewhere	VI
P	024	Wolfenbuttel	VI
Q	026	Wolfenbuttel	V
S	028	London	VI
T	029	Rome	V
U	030	Venice	IX
W	032	Washington: Freer Gospels	V
Y	034	Cambridge	IX
Γ	036	St. Petersburg and Oxford	X
Δ	037	St. Gall	IX
Θ	037	Tiflis: Koridethi	IX
Λ	039	Oxford	IX
Π	041	St. Petersburg	IX
Ψ	044	Athos	VIII/IX
Ω	045	Athos	IX
0171		Florence	IV

c) The minuscules:

Number		Location	Date
1	(f^1)	Basle	XII
2		Basle	XII
13	(f^{13})	Paris	XIII
28		Paris	XI

33	Paris	IX
69 (f^{13})	Leicester	XV
118 (f^1)	Oxford	XIII
124 (f^{13})	Vienna	XI
157	Rome	XII
565	Leningrad	IX
579	Paris	XIII
700	London	XI
788	Athens	XI
1071	Mt. Athos	XII
1346 (f^{13})	Jerusalem	X,XI
1424	Maywood, Ill.	IX, X
1582 (f^1)	Mt. Athos	X (949)

d) Church Fathers:

Clement of Alexandria (Cl)[2]   ca. 200

e) Editions:

u Barbara and Kurt Aland, Johannes Karavidapoulos, Carlo M. Martini, and Bruce M. Metzger, Editors, *The Greek New Testament*, 4th ed., United Bible Societies, 1993.

w Westcott, Brooke Foss and Hort, Fenton John Anthony, *The New Testament in the Original Greek* (New York: Macmillan), 1935.

τ *Η ΚΑΙΝΗ ΔΙΑΘΗΚΗ*, Reproduced by photographic offset at the University of Chicago Press from *Η ΚΑΙΝΗ ΔΙΑΘΗΚΗ* (Oxford, 1873).

Part IV. A Description of the Edition

The special and unique features of this work include the following:

1) Codex Vaticanus, a fourth century manuscript, is printed in full and serves as the exemplar. Vaticanus, widely considered to be superior to all other witnesses, is chosen as the primary witness, for, as Sir Frederic Kenyon wrote, "Codex Vaticanus [is] the most valuable of all the manuscripts of the Greek Bible."[3] Professor Kurt Aland, noted textual critic, likewise evaluated Vaticanus most highly, writing, "Among the uncials, B has a position of undisputed precedence in the gospels."[4]

The rationale for the choice of Codex Vaticanus as the text for this work may be simply stated: a) it is often recognized as the best manuscript available, and b) there is a strong possibility that it was either one of the copies prepared for the Emperor Constans by Athanasius in the earlier years of his exile at Rome or one of the fifty copies prepared by Eusebius in Caesarea by order of Emperor Constantine about the year C.E. 332. The most serious question that emerges about the choice of Vaticanus as the work proceeds for all of the New Testament is

---

2. Stahlin, Otto (ed.). *Clemens Alexandrinus*. Vols. I-IV. Leipzig: J. C. Hinrichs (Vol. I *Protrepticus Paedigogus*, 1905. Vol. II *Stromata*, Books 1-6, 1906. Vol. III *Stromata*, Books 7-8. *Excerpta ex Theodoto. Eclogai Propheticae. Quis Dives Salvetur. Fragmente* 1909. Vol. IV *Register*, 1936).

3. Sir Frederic Kenyon, *Our Bible and the Ancient Manuscripts* (Harper, 1958), p. 202.

4. Kurt Aland, *Nestle-Aland Novum Testamentum Graece*, 26th ed. (Stuttgart, 1983), p. 49.

that it lacks the ending to the Epistle to the Hebrews, the Pastoral Epistles, and the Apocalypse. Although Codex Sinaiticus is complete, it lacks the quality throughout characteristic of Vaticanus. Codex Vaticanus has thus been chosen as the basic text for this edition, and another manuscript text will be selected when a decision must be made for those portions of the New Testament that are lacking in Vaticanus.

2) The text of Vaticanus is printed in full as the top and the lead line for each of the groupings of parallel lines (except in a few instances of gross error in the text where the emended text of Vaticanus, represented as Vaticanus corrected [B^c], replaces it). Vaticanus original (B*) in these instances is placed on line two. The rationale for putting Vaticanus at the top is to provide the reader access to a text that was a text in the early life of the Christian community.

3) The witnesses are listed for each line of text in this usual order: first, Vaticanus (B 03); second, papyri in their numerical order; third, the uncials in their alphabetical order with the exception that Family 𝔐 appears in the order for Laudianus (E 08) and is accompanied by the additional Byzantine witnesses in sequence thereafter if listed individually; fourth, the one arabic numbered uncial used (0171); fifth, the minuscules in this order, Family 1, Family 13, 33 as "queen of the minuscules," and the remaining minuscules used in numerical order.

4) The use of symbols for the family groupings that have been identified by critics has been continued for this work. They are the following.

a) The symbol 𝔐 representing a group of manuscripts called the Byzantine witnesses. This grouping includes E F G H S Y and Ω for this work. However, the reader is cautioned to check in every instance to determine whether or not any of these sources is cited individually, since each may sometimes differ from the majority, and also to check the footnote section entitled **lac.** as explained below.

b) The symbol f^1 represents minuscules 1, 118, and 1582 read for this work, although these may be cited individually when not in agreement. It is to be noted that there are frequent corrections of minuscule 1582 by a later hand, so that it is cited 1582* (original) and 1582^c (corrector). There is a question in the mind of the editor, however, as to the appropriateness of using the asterisk to indicate the original reading, since it is obvious that the citing of minuscule 1582 without the asterisk should always indicate what the scribe wrote originally. The original is the reading and should always be evaluated from that perspective. There are instances where an obvious error distorts the meaning of the saying or phrase and demands correction. Even in these instances the correction should be considered to be secondary.

The same may be said for every other use of the asterisk when used to indicate an original reading. However, there are occasions when it is necessary to designate the obvious, since the reading of the corrector is not always specifically identified among the witnesses but is subsumed under *rell*, all the remaining witnesses. It seems appropriate then to continue the use of the asterisk for clarity, although for the purposes of identifying family relationships the original reading should always have priority.

c) The symbol f^{13} represents minuscules 13, 69, 124, 788, and 1346 read for this work, although these may be cited individually when not in agreement. The information from manuscripts 788 and 1346 was added later, since these manuscripts are among the earlier of the cursives. Minuscule 788 has been identified previously as belonging to f^{13}. The identification of minuscule 1346 to be a member of this family is a new and important finding by the editor.

5) All variants of every kind from each source used are reported in full.

6) A parallel, or horizontal line, format has been developed to report all substantial variants from each of the sources used, so that the reader has immediate access to all variant readings in a format that makes it possible to visualize their significance as groupings of parallel lines are scanned horizontally and vertically.

7) The reporting of every variant and of the various notes found in the margins of the manuscripts results in a virtual facsimile of every source used for this work. One advantage of this method of representation is that each manuscript can actually be reconstructed electronically out of the data for independent study.

8) In addition to the substantial variants reported in the groupings of horizontal lines, additional information from the manuscripts is presented in a series of footnotes for each page as follows:

a) The first section is designated **lac.** (*lacunae*) to indicate page by page which manuscipts are not represented for this particular page of the work. The precise beginning for readings from manuscripts with *lacunae* is preceded by a series of dots leading up to the initial word in the text (--------------- λέγει), and the precise ending of the text is shown by a series of dots after the final word of the text (λέγει ---------------). Occasionally an entire line of dots in a grouping of parallel lines is necessary, since the initial word of the text happens to be the initial word of the following line of text. This method of presentation is used throughout for the citing of the papyri that are presented *in toto* with a series of dots representing the missing words or parts of words.

b) A second section is designated by the capital letter **A**. This section contains orthographical variants (itacisms, that is, different spellings of words), scribal errors, and erasures that cannot be deciphered from microfilm copy. The variants involving proper names are shown in the parallel lines, since some authorities, notably E. C. Colwell,[5] are of the view that such variants have ultimate value for determining family relationships among manuscripts. This information has other value as well. J. H. Moulton writes, ". . .the orthographical peculiarities of the NT uncials, ... in comparison with the papyri and inscriptions, will help to fix the <u>provenance</u> of the MSS, and thus supply criteria for the localising of textual types, ... an indispensable step towards the ultimate goal of criticism."[6] An example to illustrate the value of this information is the occurrence of δαί for δέ in Cursives 1 1582 in the following passages: Mt. 7.3; 21.28; Lk. 6.41; 12.57. This itacism occurs only rarely in other manuscripts. This suggests an interesting possibility—was Cursive 1582 the exemplar for the scribe who copied Cursive 1, since Cursive 1582 is X century and Cursive 1 XII century? This rare itacism, numerous unusual orthographical similarities, and unusual variant readings (compare a long homoioteleuton in Lk. 6.32-33), are the basis for this suggestion. Homoioteleuton is that phenomenon in which a scribe skips a series of words or a phrase because of "like endings." Occasionally this has happened because the same word occurs at the ends of lines. The scribe in copying has completed a line of text, but when he looks again at his exemplar his eye catches the same word at the end of another line of text. Thus the material between is accidentally omitted. The reporting of all variants, even itacisms, is indispensable for telling us something of the provenance of the manuscript, and also as an indicator of the quality of the scribal work.

---

5. In personal conversation December, 1955.
6. James Hope Moulton, *Grammar of the New Testament Greek,* Volume I. *Prolegomena* (Edinburgh, 1906), p. 41.

c) A third section designated capital letter **B** lists contractions of the *nomina sacra* (sacred names) together with supporting witnesses. This information may have relevance in determining family relationships, since scribes did not always contract the *nomina sacra* nor always in the same form. There are also instances when additional words were contracted, although these did not come into common usage. For a full discussion of these phenomena, the reader is referred to Bruce M. Metzger, *Manuscripts of the Greek Bible*. [7]

d) A fourth section designated capital letter **C** includes the κεφάλαια *majora* and τίτλοι,[8] as well as what this writer calls "lectionary notes"; that is, the indicators for readers of the beginnings (ἀρχή) and endings (τέλος)[8] of Sunday and holy day scriptures. The various phrases identifying the occasion and providing an "intelligible commencement or conclusion" for the reading are also included. The editor has most often reproduced the information in its abbreviated form as in the manuscript margins.

e) Finally, a fifth section designated capital letter **D** cites the chapter or section numbers from the margins as well as the Eusebian canon tables.[9] The system of section numbering varies from manuscript to manuscript. The section numbering for Vaticanus, singular and unique, is printed immediately in the text. All other references are cited in the footnote section. It is to be understood that the witnesses cited in support of the text of Vaticanus never support that section numbering. The reader should know that the numbers in the manuscripts cited with the Greek enumerating system of letters with a bar above ($\bar{\alpha} = 1$, $\bar{\beta} = 2$, etc.) do not always have a bar above the letter indicating that it is a numeral. The editor has taken the liberty of editing the manuscripts in these instances by adding the bar to make the identification certain to the reader.

9) The modern chapter and verse divisions for this work are identical with those found in UBS[4].

10) The section headings, the κεφάλαια and τίτλοι, are absent in Vaticanus. The κεφάλαια and τίτλοι are cited in the body of this work at their appropriate locations without identification as to source. The reader is referred to footnote **C** where they are cited *verbatim* as they occur in the manuscripts with variants and source identifications.

11) The section headings in English are from UBS[4] with revisions and additions by the editor where in his view a more definitive and descriptive title is appropriate. The cross references to parallel passages are taken from the editor's work, *The Horizontal Line Synopsis of the Gospels*.[10]

12) Citations of Old Testament direct quotations are printed in boldface type as in USB[4]. Some but not all of the differences from Vaticanus in the parallel lines are likewise in boldface under the assumption that scribes may have been acquainted with a Septuagint text which contained these variants.

13) Poetic passages from the Old Testament citations in the gospels, as well as passages from the teachings of Jesus that have a poetic structure, are indented as in UBS[4]. However, it is to be noted that additional teaching passages have been organized into a poetic structure in this

---

7. Bruce M. Metzger, *Manuscripts of the Greek Bible*, (New York, 1981), pp. 36f.

8. *Ibid.*, pp. 40f., 43f.

9. Ibid., pp. 40ff.

10. Reuben J. Swanson, *The Horizontal Line Synopsis of the Gospels*, 2nd ed. (William Carey Library, Pasadena: 1984).

work. It is the editor's view that the model for many of Jesus' sayings came from the Old Testament, especially from the prophets, the Psalms, and possibly even Proverbs.

14) The text and the textual apparatus are one and the same for this work. The information from the sources used is presented in a series of parallel lines with the manuscript support for each line cited at the end of the line, that is, at the right hand margin. Frequently this information exceeds the space available at the end of the line. When additional space is needed to cite the support for Codex B (always the top line of a grouping of parallel lines), the list of supporting witnesses is sometimes moved to the line below with a bracket ([↑) or to the line above with a bracket ([↓), the arrow indicating to which line the additional witnesses belong. This method is also used for other lines within the groupings of parallel lines as space allows. The bottom line of a grouping of parallel lines frequently includes the most witnesses. The overflow for the enumeration of the witnesses to the previous line is preceded by bracket ([↓), but this symbol is considered unnecessary when the overflow is to the succeeding line.

15) The citation of the manuscript witnesses is always supplemented by the citation of the readings line by line from UBS⁴ represented by boldface **u**, by the readings from Westcott and Hort's critical edition represented by boldface **w**, and by the readings from Textus Receptus represented by boldface **τ**. It should be noted that references to these three sources are always cited in every grouping of parallel lines. In those passages where the UBS⁴ committee and/or Westcott and Hort offered the reader two or even three possibilities for alternate readings, their usage is continued by citing a **u** or a **w** in square brackets [**u**], [**w**],[**uw**] in those passages where the text is regarded as disputed. The intent is to make it possible for the reader to see in context the critical choices scholars have made from among the variants considered for their editions. The reader is referred to the work of Bruce M. Metzger, *A Textual Commentary on the Greek New Testament*,[11] for an explanation of the principles that guided the committee preparing UBS⁴ in their selection of preferred readings. Without question many of these choices are good and reliable ones. Nevertheless it becomes clear through an examination of the parallel line phenomena that on occasion there are lines of text in UBS⁴ and in Westcott and Hort that have no manuscript support in the sources used for this work.

Since, as the editor maintains, the basic text in contemporary editions ultimately goes back to Erasmus, it was supposed that this phenomenon could have resulted from the undocumented presence of minuscule 2, Erasmus' main text for his edition. With that possibility in view, minuscule 2 has been included in the list of the sources used for this work. The results are ambiguous, since no clear pattern was determined, although the inclusion of minuscule 2 has led this writer to a new and higher appreciation of the quality of the manuscript than many critics have assigned to it.

16) The term *"rell,"* meaning "all the remaining witnesses," used when it seems unnecessary to cite every source individually, is to be understood to mean, "all the remaining witnesses used for this work." If the reader needs to cite a specific manuscript out of this inclusion, he/she should refer to the footnote entitled **lac.** (*lacunae*) to be certain that this particular manuscript has the passage.

Two convenient symbols for variant readings have been used for this work. Occasionaly the symbol for word order (ˢ ˡ) is used to indicate a different verse order and also the sign for

---

11. Bruce M. Metzger, *A Textual Commentary on the Greek New Testament* (United Bible Societies 1971). 2nd ed., 1994.

addition ($^\top$) when a phrase or verse of some length could not be fitted into the parallel line format. The addition is printed immediately below the verse with the sign $^\top$ placed in the text to indicate where the addition is made.

17) Certain typographical features are used throughout the parallel line format to indicate differences from the basic text, Codex Vaticanus. As stated elsewhere, a series of dots (·················) indicates a *lacuna*. Omissions of words or phrases are indicated by a blank space in the text. Whenever the omission extends beyond one or more lines the abbreviation, om., is placed at the beginning of the line to call attention to the omission. The usual procedure is to incorporate additions of words or phrases into the groupings of lines with the exception of longer additions as stated in (16) above. Underlining of variants is used to call attention to substitutions and changes in word order.

Part V. Summary

The advantages of the choice of a single manuscript as a base text (in this case Vaticanus) and the decision to give a complete reproduction of all the information from the other sources used for this work are, in the view of the editor, the following :

1) The objective nature in the reporting of the information. The user reads what early Christians heard in public worship, and/or what early Christians read in their devotional, hermeneutical, and exegetical study of the gospels. The user is able to evaluate the information and make a personal judgment as to its significance and value historically and theologically.

2) Substantial numbers of variant readings are immediately accessible as in no other work, and are in a format that makes it possible to follow the text of any manuscript of choice throughout the gospels.

3) A complete and composite resource is thus available for many disciplines employed by New Testament scholars, whether textual, historical, exegetical, and/or hermeneutical study.

4) Seemingly inconsequential variants are available as an aid in unraveling the history of the transmission of the Greek New Testament texts over the centuries.

5) A base is established from which to make a more accurate and substantial comparison of readings from the versions (Latin, Syriac, Coptic, *et al.*) and to equate or identify more precisely the Greek exemplar from which they may have been translated.

6) A base is also established from which to prepare a new kind of Synopsis of the Gospels that will demonstrate a true contextual comparison, since it will be based upon a single text that was a text in the life and history of the Christian community at an early date.

7) The integrity of each and every scribal witness is preserved by the full reporting of data, since each scribal witness in a certain sense is a unique presentation of testimony to Jesus Christ during the first fifteen centuries of our era.

Part VI. Acknowledgements

A large number of friends and colleagues have contributed in significant ways to this project over the years. One hesitates to begin to list them, since not all can be named. The following persons, however, have been particularly helpful and are worthy of mention: First, my dear wife, Marian, without whom this project could not have been completed. She has been a most gracious "computer-widow" during the past several years while I have concentrated almost exclusively on research and writing. Second, my deep appreciation is expressed to Ralph D. Winter of William Carey International University, Pasadena, who has given strong support and wise counsel. William Carey International University has secured the financial assistance of a gracious benefactor, Richard Mott, who has provided the financial resources so essential for a project of this magnitude. Professor Bruce M. Metzger of Princeton Theological Seminary has given invaluable advice on numerous occasions and has suggested changes and corrections that have improved the final result. Since the editor was and is a virtual novice at the intricacies of the computer, he has relied heavily upon specialists for assistance with the technical aspects. Personal friends who have been particularly helpful are John Wascher of Camarillo, Christopher Vendor of St. John's Seminary, Corinne Armstrong of William Carey International University, and Philip B. Payne of Linguist's Software. Staff members from The Ancient Biblical Manuscript Center at Claremont have been most cooperative in providing manuscript materials. St. John's Seminary Library of Camarillo has been the depository for interlibrary loans, and the librarians and staff are commended for their kindness and cooperation. Western Carolina University, where the editor served on the faculty for many years, and Dean Gerald Eller of the University, are remembered for their support, particularly in the purchase of a large number of microfilmed copies of manuscripts for the exclusive use of the editor. The editor also expresses his admiration and gratitude to all those who have labored in the discipline of the text of the Greek New Testament over the years. This present work could not at all be possible without the contributions and accomplishments of those who have gone before. Only a few of the many persons who have been invaluable in their support and assistance could be mentioned by name, but thanks are due to all of those who kept the compiler in their prayers and in their thoughts during the long gestation of this work.

Reuben J. Swanson

Key To The Use Of This Material

1→ **ΚΑΤΑ ΜΑΘΘΑΙΟΝ**   19.3-5 ←2

$\bar{\mu}$ περὶ τῶν ἐπερωτησάντων εἰ ἔξεστιν ἀπολῦσαι τὴν γυναῖκα   ←3

Teaching About Divorce And Remarriage   ←4
(Mark 10.2-12; Luke 16.18)   ←5

6→	$\overline{\rho\iota\gamma}$ 3	Καὶ προσῆλθον αὐτῷ	Φαρεισαῖοι	πειράζοντες αὐτὸν καὶ λέγοντες,	B	←8
	3	Καὶ προσ········ ··· τῷ	Φ·············	·······························	$\mathfrak{P}^{25}$	←9
7→	3	Καὶ προσῆλθον αὐτῷ οἱ	Φαρισέοι	πειράζοντες αὐτὸν καὶ λέγοντες,	ℵ	
	3	Καὶ προσῆλθον αὐτῷ	Φαρισαῖοι	πειράζοντες αὐτὸν καὶ λέγοντες,	C L M* Y Θ Π f^1 124 565	←10
	3	Καὶ προσῆλθον αὐτῷ οἱ	Φαρισαῖοι	πειράζοντες αὐτὸν καὶ λέγουσιν αὐτῷ,	D* [↑579 700 788 **u**	←11
	3	Καὶ προσῆλθον αὐτῷ οἱ	Φαρισαῖοι	πειράζοντες αὐτὸν καὶ λέγοντες,	K	
	3	Καὶ προσῆλθον αὐτῷ	Φαρισαῖοι	πειράζοντες αὐτὸν καὶ λέγοντες αὐτῷ,	W Δ	[↑12
	3	Καὶ ········ θαν αὐτῷ	Φαρισαῖ··	···················· καὶ λέγοντες αὐτῷ,	33	
	3	Καὶ προσῆλθαν αὐτῷ	Φαρισαῖοι	πειράζοντες αὐτὸν καὶ λέγοντες,	**w**	←13
	3	Καὶ προσῆλθον αὐτῷ οἱ	Φαρισαῖοι	πειράζοντες αὐτὸν καὶ λέγοντες αὐτῷ,	D^c $\mathfrak{M}$ M^c U 118 f^{13} 2 28	←14
					157 1071 1346 1424 τ	←15

	Εἰ ἔξεστιν	ἀπολῦσαι τὴν γυναῖκα αὐτοῦ κατὰ πᾶσαν αἰτίαν; 4 ὁ δὲ	B ℵ* L 579 w	
16→	Εἰ ἔξεστιν ἀνθρώπῳ	ἀπο········ ···· γυναῖκ··········· ···· ίαν; 4 ὁ δὲ	33	
	Εἰ ἔξεστιν ἀνθρώπῳ τινι	ἀπολῦσαι τὴν γυναῖκα αὐτοῦ κατὰ πᾶσαν αἰτίαν; 4 ὁ δὲ	565	
	Εἰ ἔξεστιν τινι	ἀπολῦσαι τὴν γυναῖκα αὐτοῦ κατὰ πᾶσαν αἰτίαν; 4 ὁ δὲ	700	
	Εἰ ἔξεστιν ἀνδρὶ	ἀπολῦσαι τὴν γυναῖκα αὐτοῦ κατὰ πᾶσαν αἰτίαν; 4 ὁ δὲ	1424^c	←17
	Εἰ ἔξεστιν ἀνθρώπῳ	ἀπολῦσαι τὴν γυναῖκα αὐτοῦ κατὰ πᾶσαν αἰτίαν; 4 ὁ δὲ	**u** τ rell	←18

19→ [Cl S III 47.2 ει εξεστιν απολυσαι γυναικα Μωσεως επιτρεψαντος;]

20→ **lac. 19.3-5** $\mathfrak{P}^{45}$ A N P Q Γ

21→ **A** 3 κε (και) L | προσηλθων Θ | πιραζοντες ℵ | πειραζωντες Θ | αυτων (αυτον) Θ | εξεστιν 579 | εξεστι 700^c ανθροπω K | απολυσε ℵ Θ* | γυνεκα ℵ | αιτειαν D 579 | ετιαν Θ* 4 ανεγνωται W 579 | αρρεν E | θηλη 13 | θηλοι 28 565 | θυλοι 579 5 καταλιψι ℵ | καταλιψει C W Θ | καταλυψει 13 | καταληψει 579 1424

22→ **B** 3 $\overline{ανω}$ ℵ^3 C $\mathfrak{M}$ M S U W Δ Θ Π Ω f^1 118 f^{13} 69 124 2 33 28 157 565 788 1071 1346 1424* | $\overline{ανον}$ 28 5 $\overline{ανος}$ ℵ C $\mathfrak{M}$ L M S U W Δ Θ Π Ω f^1 118 f^{13} 69 124 2 28 157 565 579 700 788 1071 1346 1424

23→ **C** 3 $\bar{\mu}$ περι των επερωτησαντων (του επερωτησαντος F 1071) ει εξεστιν (εξεστην L) απολυσαι (απολυειν S Π Ω 579) την (om. 28) γυναικα (+ αυτου H L S Ω 1424): $\mathfrak{M}$ K L M S U Δ Π Ω f^1 2 28 157 565 579 1071 1424 | $\bar{\mu}$ περι των ········· ··· Θ | $\bar{\mu}$ πε του εξεστ απολ.την γυναι f^{13} | $\bar{\mu}$ πε του ει εξεστιν απολυσαι την γυνακα αυτου (om.1346) 124 788 1346 | Μθ $\bar{\mu}$: Μρ $\overline{κη}$ Μ Π | αρχη F | αρχη: Σαββατω ια τω καιρω εκεινω (om. G H). προσηλθων (προσηλθον G | προσηλθ H) οι φαρισαιοι τω $\overline{ιυ}$ (+ πειραζ G | πειραζοντες H): E G (ante πειραζ.) | αρχ (ζητ οπισω^{mg}): Σα $\overline{ια}$ αρχ τω κ.ρ.ω προσηλθον οι φαρισαιοι τω ιυ πσα ειραζοντ Y | αρχ: Μθ Σα ια τω καιρω, προσηλθον οι φαρισαιοι τω ιυ πειραζοντες αυτον, M

24→ **D** 3 $\overline{ρπθ}$ 28

1→ Gospel title.
←2 Chapter and Verses for page.
←3 Pericope title in Greek (see footnote C below).
←4 Pericope title in English.
←5 Parallel passages from other Gospels.
6→ Chapter or paragraph number for Vaticanus only.
7→ Grouping of parallel lines of variant readings.
←8 Codex Vaticanus B always the top line.
←9 Papyrus[25] note ······ (dots) indicate lacunae in text.
←10 f^1 is the symbol for Family One. Mss. 1 118 1582 read for this work. These mss. are cited individually when not in agreement.
←11 U symbol for UBS text. UBS text agrees with this line of variant readings and may stand alone.
[↑12 Up arrow indicates these mss. belong with above line; the reverse arrow ([↓) indicates these mss. belong with below line.
←13 W symbol for Westcott-Hort text. Westcott-Hort text agrees with this line of variant readings and may stand alone.
←14 $\mathfrak{M}$ is the symbol for a group of Mss. called the Byzantine witnesses. Mss. E F G H S Y Ω have been read for this work. These mss. are cited individually when not in agreement. f^{13} is the symbol for Family Thirteen. Mss. 13 69 124 788 1346 have been read for this work. These mss. are cited individually when not in agreement.
←15 τ symbol for Textus Receptus text. Textus Receptus agrees with this line of variant readings and may stand alone.
16→ Variants (additions, substitutions, different word order) underlined; blank area indicates omission.
←17 1424^c indicates a corrected reading for ms. 1424; unless otherwise cited 1424* (original reading) belongs with rell.
←18 rell refers to all remaining mss. used for this work which are not specifically cited. The reader is referred to the list of mss. used for this work as found in the Introduction, pages vi - viii.
19→ Clement of Alexandria cited beneath the relevant verse with words or phrases in agreement with some text(s) underlined.
20→ The verses indicated here are lacking (*lacunae*) in the texts indicated.
21→ Footnote A records variant spellings and errors not cited in the parallel lines.
22→ Footnote **B** records contractions of *nomine sacra*.
23→ κεφάλαια and τίτλοι from the margins indicate headings, beginnings and endings for scripture reading for Sundays and holy days.
24→ Chapter and section numbers from the margins and Eusebian canon tables.

Contents

Contents

Contents

Contents

Matthew

ΚΑΤΑ ΜΑΘΘΑΙΟΝ

του κατα ματθαιον ευαγγελιου τα κεφαλαια Ε Μ S U Δ 1582 124 2 700 788
του κατ ματθ ευαγγê τα κεφâ Ω
του κατα ματθαιον αγιου ευαγγελιου κεφαλαια Γ 565
τα εν τω κατα ματθ ευα κεφαλαια 1071

ᾱ	περι των μαγων			Ε Μ S U Γ Δ Ω 1582 2 565 700 788 1071 1424

β̄	περι των αναιρεθεντων παιδιων Ε Μ S U Q Γ Δ Ω 1582 124 2 565 700 788 1424
β̄	περι των ανερεθεντων παιδιων 1071

γ̄		πρωτος ιωαννης	εκηρυξεν	βασιλειαν	ουνων	Ε Μ Q S U Δ 1582 1424
γ̄		πρωτος ιω	εκηρυξεν	βασιλειαν	ουνων	Γ Ω
γ̄		πρωτος ιω	εκκηρυξεν	βασιλειαν		124
γ̄	οτι	ιω	εκηρυξεν	βασιλειαν	ουνων	2
γ̄	οτι	πρωτος ιωαννης	εκηρυξε	βασιλειαν	ουνων	565
γ̄		πρωτος ιω	εκηρυξεν	βασιλειαν	ουνων	700
γ̄		πρωτος ιωαννης	εκηρυξε	βασιλειαν		788
γ̄		πρωτος ιω	κηρυσσοι την	βασιλειαν		1071

δ̄	περι	διδασκαλιας	του	σωτηρος	Ε Q
δ̄	περι της	διδασκαλιας	του	σρς	Μ S Ω 700
δ̄	περι	διδασκαλιας	του	σρς	U Γ 1582 2 565
δ̄	περι τῆς	διδασκαλειας	του	σρς	Δ 124 788
δ̄	αρχη της	διδασκαλ	του	ιυ	1071
δ̄	αρχη	διδασκαλειας	του	ιυ	1424

ε̄	περι των μακαρισμον	Ε U
ε̄	περι των μακαρισμων	Μ S Γ Δ Ω 1582 124 565 788 1071 1424
ε̄	περι των μακαρισμων λο ιζ̄	S
ε̄	περι των μακαρισμων πε των αιτουντων σημ	2
ε̄	περι των μακαρισμων	700

ϛ̄	περι του λεπρου	Ε Μ Q U Γ Δ Ω 1582 124 2 565 700 788 1071 1424
ϛ̄	περι του λεπρου μρ δ̄ λο ιβ̄	S

ζ̄	περι του εκατονταρχου	Ε Μ Q U Γ Δ Ω 1582 124 2 565 565 700 788 1071 1424
ζ̄	περι του εκατονταρχου λο ιη ιω ϛ	S

η̄	περι της πενθερας πετρου	Ε Μ Q Γ Δ Ω 1582 124 2 565 700 788 1071 1424
η̄	περι της πενθερας πετρου μρ β̄ λου θ̄	S
η̄	περι της πενθερας του πετρου	U

θ̄	περι των ιαθεντων απο ποικιλων νοσων	Ε Μ Q U Δᶜ Ω 1582 124 2 565 788 1071 1071 1424
θ̄	περι των ιαθεντων απο ποικιλων νοσων μρ γ̄ λο ῑ	S
θ̄	περι των ιαθεντων απο ποικιλων νοσσων	Γ
θ̄	περι τον ιαθεντων απο ποικιλων νοσων	Δ
θ̄	περι των ιαθεντων απο πυκηλων νοσων	2

ῑ	περι του μη επιτρεπομενου ακολοθειν	Ε
ῑ	περι του μη επιτρεπομενου ακολουθειν	Μ Q Γ Δ Ω 1582 124 2 565 700 788 1071 1424
ῑ	περι του μη επιτρεπομενου ακολουθειν λουκ λγ̄	S
ῑ	περι του επιτρεπομενου ακολουθειν	U

ῑᾱ	περι της επιτιμησεως των υδατων	Ε Μ Q U Γ Δ Ω 1582 124 2 565 700 788 1071 1424
ῑᾱ	περι της επιτιμησεως των υδατων μρ ῑ λου κγ̄	S

ῑβ̄	περι των δυο δαιμονιζομενων	Ε Μ Q Δ 565 1424
ῑβ̄	περι των δυο δαιμονιζομενων μρ ιᾱ λο κδ̄	S
ῑβ̄	περι των β̄ δαιμονιζομενων	Γ 700
ῑβ̄	περι των δαιμονιζομενων	U Ω 124 2 788 1071
ῑβ̄	περι του λεγεωνος	1582

ῑγ̄	περι του παραλυτικου	Ε Μ Q U Γ Δ Ω 1582 124 2 565 700 788 1071 1424
ῑγ̄	περι του παραλυτικου μρ ε̄ λο ιγ̄ ιω̄ ζ̄	S

ῑδ̄	περι ματθαιου	Ε Μ Q U Γ Ω 1582 124 2 565 700 788 1424
ῑδ̄	περι ματθαιου μρ ϛ̄ λο ιδ̄	S
ῑδ̄	περι λευι του τελωνου	Δ
ῑδ̄	τα περι ματθαιου	1071

ῑε̄	περι της θυγατρος του αρχισυναγωγου	Ε Μ Q U Γ Δ Ω 1582 124 2 565 700 788 1071 1424
ῑε̄	περι της θυγατρος του αρχισυναγωγου μρ ιβ̄ λο κε̄	S

ῑϛ̄	περι της αιμορροουσης	Ε Μ Q U Δ 1582 124 2 565 700 788 1071 1424
ῑϛ̄	περι της αιμοροουσης	Γ Ω
ῑϛ̄	περι της αιμορροουσης μρ ιγ̄ λο κϛ̄	S

ιζ	περι των δυο τυφλων	E M Q U Δᶜ Ω 1582 124 565 700 788 1071 1424	
ιζ	περι των β̄ τυφλων	S Γ Ω 1582 2	
ιζ	περι του δυο τυφλων	Δ	

ιη	περι του δαιμονιζομενου κοφου	E 2	
ιη	περι του δαιμονιζομενου κωφου	M S Q U Γ Δᶜ Ω 1582 124 565 788 1071 1424	
ιη	περι του δαιμονιζομενου	Q	
ιη	περι του δαιμονιζομενου κωφου και δαιμονιζομενου	S	
ιη	περι του δαιμονιζεμενου κωφου	Δ*	
ιη	περι του δαιμονιμενου κωφου	565	

ιθ	περι της των αποστολων διαταγης	E M Q U Γ Δ Ω 1582 2 565 1071	
ιθ	περι της των αποστολων διαταγης μρ η̄ λο ιϛ και κ̄ζ	S	
ιθ	περι της αποστολης των ιβ	124 788	
ιθ	περι της αποστολης των δωδεκα	1424	

κ	περι των αποσταλιν υπο ῑω̄ αναραιω	E	
κ	περι των αποσταλεντων παρα ιωαννου	M* Γ Δ 565 1424	
κ	περι των αποσταλειν παρα ιωαννου	Mᶜ Q	
κ	περι των αποσταλεντων παρα ῑω̄ Λο κ̄	S	
κ	περι των αποσταλεντων παρα ῑω̄	U 124 2 788	
κ	περι των αποσταλειν παρα ιω	1582	
κ	περι των αποσταλεντων υπο ιω	1071	

κα	περι του ξηραν εχοντος χειρα	E M Q U Γ Δ Ω 1582 565 1424	
κα	περι του ξηραν εχοντος χειρα μρ ζ λο ιε	S	
κα	περι του ξηραν εχοντος την χειρα	124 788	
κα	περι του ξειραν εχοντος χειρα	2	
κα	περι του ξηραν εχοντ την χϛ	1071	

κβ	περι του δαιμονιζομενου τυφλου και κοφου	E	
κβ	περι του δαιμονιζομενου τυφλου και κωφου	M Q U Γ Δ Ω 1582 1071	
κβ	περι του δαιμονιζομενου τυφλου και κωφου Λο θ̄	S	
κβ	περι του δαιμονιζομενου τυφλου	2	
κβ	περι του δαιμονιζομενου κωφου και τυφλου	124 565 788 1424	

κγ	περι των αιτουντων σημειον	E L M S Q Γ Δ Ω 1582 124 2 565 788 1071 1424	
κγ	περι των αιτουντων σημειον λο μ̄β̄	S	
κγ	περι των αιτουντων σημειων	U 565	

κδ	περι των παραβολων	E M S Q U Γ Δ Ω 1582 124 2 565 788 1071 1424	
κδ	περι του σπορου παραβολη	L	
κδ	περι των παραβολων μρ θ̄ λο κ̄β̄	S	

κε	περι ιωαννου και ηρωδου	E L M Q Δ Ω 124 2 565 788 1424	
κε	περι ῑω̄ και ηρωδου μρ ιε	S	
κε	περι ῑω̄ και ηρωδου	U Γ 1582	
κε	ῑω̄ και ηρωδου	1071	

κϛ	περι των πεντε αρτων και των β̄ ιχθυων	E	
κϛ	περι των ε̲ αρτων	L U Ω	
κϛ	περι των ε̲ αρτων και των β̄ ιχθυων	M 1582 124 2 788 1071	
κϛ	περι των ε̲ αρτων και των β̄ ιχθυων μρ ιϛ λο κη ῑω̄ η	S	
κϛ	περι των ε̲ αρτων και των β̄ πηχθυων	Γ	
κϛ	περι των ε̲ αρτων και των δυο ιχθυων	565	
κϛ	περι των πεντε αρτων και των δυο ιχθυων	Δ 1424	

κζ	περι του εν θαλασση περιπατου	E L M Q U Γ Δ Ω 1582 124 2 565 788 1071 1424	
κζ	περι του εν θαλασση περιπατου μρ ῑζ̄ ῑω̄ θ̄	S	

κη	περι της παραβασεως της εντολης του θ̄ῡ	E L M Q U Γ Δ Ω 1582 124 2 565 788 1071 1424	
κη	περι της παραβασεως της εντολης του θ̄ῡ μρ ιη	S	

κθ	περι της χαναναιας	E L M Q U Γ Δ Ω 124 565 788 1424	
κθ	περι της χαναναιας μρ ῑθ̄	S	
κθ	περι της φοινικησης	1582	
κθ	περι της χανανεας	2	
κθ	περι της φοινικισσης	1071	

λ	περι των θεραπευθεντων οχλων	E L M S Q U Γ Δ Ω 1582 124 2 565 788 1071 1424

λα	περι των επτα αρτων	E L M Q U Δ Ω 1582 124 565 1071 1424
λα	περι των ζ αρτων	Γ 2 788
λα	περι των ζ αρτων μρ κ̄ᾱ	S

2

λβ̄ περι του επερωσαντος τις αντ πλουσιου τον ιν̄ 2
λγ̄ περι των μισθουμενου εργατων 2
λδ̄ περι των ωιων ζεβαδαιου 2

λβ̄ περι της ζυμης των φαρισαιων   E L M Q U Γ Δ Ω 1582 124 788 1071 1424
λβ̄ περι της ζυμης των φαρισαιων μρ κβ̄ λουκ μβ̄ S
λε̄ περι της ζυμης των φαρισαιων 2
λβ̄ περι της ζυμης των φαρισεων 565

λγ̄ περι της εν καισαρια   επερωτισεως   E Γ
λγ̄ περι της εν κεσσαρια   επερωτησεως   L
λγ̄ περι της εν καισαρεια   επερωτησεως   M U Ω 1582 124 788 1424
λγ̄ περι της εν καισαρια   επερωτησεως   Q Δ 565
λγ̄ περι της εν καισαρεια   επερωτησεως μρ κδ̄ λουκ κθ̄ S
λς̄ περι της εν κεσαρια   επερωτισεως 2
λγ̄ περι της εν κεσαρια   επερωτησεως 1071

λδ̄ περι της μετεμορφοσεως του ιῡ   E
λδ̄ περι της μετεμορφοσεως του ιῡ   L M Q U Ω 1071 1424
λδ̄ περι της μεταμορφοσεως του ιῡ μρ κε̄ λο λ̄ S
λδ̄ περι της μεταμορφοσεως του ιῡ   Γ
λδ̄ περι της μεταμορφωσεως του ιυ   Δ 1582 565
λδ̄ περι της μεταμορφωσεως   124 788
λς̄ περι της μετεμορφωσεως του ιῡ 2

λε̄ περι του σεληνιαζομενου   E L M Q U Δ 1582 124 565 788 1071 1424
λε̄ περι του σεληνιαζομενου μρ κς̄ λο λᾱ S
λε̄ περι του σελινιαζομενου   Γ
λε̄ περι του σελεναζομενου   Ω
λη̄ περι του σελινιαζομενου 2

λς̄ περι των αιτουντων τα διδραχμα   E M Q S U Δ 1582 565
λς̄ περι των αιτουντων τα διδραχματα   L
λς̄ περι των αιτουντων τα διδραγμα   Γ Ω
λς̄ περι των τα διδραχμα λαβανοντων   124
λθ̄ περι των διδοντων το ε 2
λς̄ περι των τα διδραχμα λαβοντων   788
λς̄ περι των τα διδραγμα λαμβανοντων   1071 1424

λζ̄ περι των λεγοντων   τις μειζων   E M Q U Γ Ω 1582 565
λζ̄ περι των λεγοντων   της μειζων   L
λζ̄ περι των λεγοντων   τις μειζων μρ κζ̄ λο λθ̄ S
λζ̄ περι των λεγοντων   τις μιζων   Δ
μ̄ περι των λεγοντων   τις μειζων 2
λζ̄ περι των διαλογιζομενων   τις μειζων   124 788 1424
λζ̄ περι των ερωτησαν   τις μειζων   1071

λη̄ περι των εκατων προβατων παραβολη   E Q
λη̄ περι των εκατον προβατων παραβολη   L Δ Ω 1424
λη̄ περι των ρ προβατων παραβολη   M U Γ 1582 124 28 788 1071
λη̄ περι ρ προβατων παραβολη λο νς̄ S
μᾱ περι των ρ προβατων παραβολη 2
λη̄ περι των προβατων παραβολη   565

λθ̄ περι του οφειλοντος   μυρια ταλαντα   E M Q S U Γ 124 28 565 788 1424
λθ̄ περι του οφιλοντος τα μυρια ταλαντα   L
λθ̄ περι του οφειλοντος τα μυρια ταλαντα   Ω 1582
λθ̄ περι του οφιλοντος   μυρια ταλαντα   Δ 1071
μβ̄ περι του οφιλοντος   μυρια ταλαντα 2

μ̄ περι των επεωτησαντων ει εξεστιν απολυσαι την γυναικα   E M Q U Γ Δ Ω
μ̄ περι των επερωτησαντων ει εξεστιν απολυσαι την γυναικα αυτου   L
μ̄ περι των επερωτησαντων ει εξεστιν απολυσαι την γυναικα μρ κη̄ S
μ̄ περι των επερωτησαντων ει εξεστιν απολυειν την γυναικα   1582
μ̄ περι του   ει εξεστιν απολυσαι την γυναικα   124
μβ̄ περι του επερωτησαντος ει εξεστιν   την γυνεκα 2
μ̄ περι των επερωτισαντων ει εξεστιν απολυσαι την γυναικα αυτου   28
μ̄ περι του επερωτησαντος   εξεστιν απολυσαι την γυναικα   565
μ̄ περι του   ει εξεστιν απολυσαι την γυναικα αυτου   788
μ̄ περι του   ει εξεστιν απολυσαι την γυναικα   1071
μ̄ περι του   ει εξεστιν απολυσαι ανδρα γυναικα   1424

μᾱ περι του επερωτισαντος πλουσιου τον ιν̄   E Γ 28
μᾱ περι του επερωτησαντος πλουσιου τον κν̄   L
μᾱ περι του επερωτησαντος πλουσιου τον ιν̄   M Q U Δ Ω 1582 565 1424
μᾱ περι του επερωτησαντος πλουσιου τον ιν̄ μρ κθ̄ λο ξγ̄ S
μᾱ περι του επερωτησαντος τον ιν πλουσιου   124 788 1071
μγ̄ περι του επερωτησαντος πλουσιου τον ιν 2

3

μ̅β̅	περι των μισθουμενων εργατων	E L M Q S U Γ Δ Ω 1582 124 28 565 788 1071 1424
μ̅β̅	περι των εργατων	L
μδ	περι των μισθουμενων εργατων	2

μ̅γ̅	περι των υιων ζεβεδαιου	E M U Γ Δ 124 565 788 1071 1424
μ̅γ̅	περι των υιων ζεβεδεου	L Q Ω 1582 28
μ̅γ̅	περι των υιων ζεβεδεου μρ λ̅	S
με	περι των υιων ζεβεδαιου	2

μ̅δ̅	περι των δυο τυφλων	E M U Δ 1582 565 1071 1424
μ̅δ̅	περι των β̅ τυφλων	L Q Γ Ω 28
μ̅δ̅	περι των β̅ τυφλων μρ λ̅α̅ λο ξ̅δ̅	S
μ̅δ̅	περι του τυφλου	124 788
μς	περι των β̅ τυφλων	2

μ̅ε̅	περι της ονου και του πολου	E* 28
μ̅ε̅	περι της ονου και του πωλου	Eᶜ L M U Q Γ Ω 1582 124 565 788 1071 1424
μ̅ε̅	περι της ονου και του πωλου μρ λ̅β̅ λο ξ̅η̅ ι̅ω̅ ι̅δ̅	S
μ̅ε̅	περι της ονου και του πωλου	Δ
μζ	περι της ονου και του πολου	2

μ̅ς̅	περι των τυφλων και χολων	E Γ
μ̅ς̅	περι των τυφλων και χωλων	L M S U Δ 1582 124 28 565 788 1424
μ̅ς̅	περι των χολων και τυφλων	Ω
μ̅η̅	περι των τυφλων και χωλων	2
μς	περι των δυο τυφλων και χωλων	1071

μ̅ζ̅	περι της ξηρανθεισης συκης	E L M Δ 1582 124 565 788
μ̅ζ̅	περι της ξηρανθεισης συκης μρ λ̅γ̅	S
μ̅ζ̅	περι της ξηρανθησης συκης	U Γ Ω 28 1071 1424
μθ	περι της ξηρανθεισης συκης	2

μ̅η̅	περι των επερωτησαντων τον κ̅ν̅ αρχιερεων και πρεσβυτερων	E M U Γ Δ Ω 1582 124 28 788 1424
μη	περι των επερωτησαντον τον κν αρχιερεων	L*
μ̅η̅	περι των επερωτησαντων τον κ̅ν̅ αρχιερεων	Lᶜ
μ̅η̅	περι των επερωτησαντων τον κ̅ν̅ αρχιερεων και πρεσβυτερων μρ λ̅ε̅ λο ξ̅θ̅	S
ξ	περι των επερωτησαντων τον κ̅ν̅ αρχιερεων και πρεσβυτερων	2
μ̅η̅	περι των επερωτησαντων τον κν αρχοντων και πρεσβυτερων	565
μη	περι των ηρωτησαν οι αρχιερεις και πρεσβυτεροι	1071

μ̅θ̅	περι των δυο υιων παραβολη	E U Δ 1582 565 1071 1424
μ̅θ̅	περι των β̅ τεκνων παραβολη	L
μ̅θ̅	περι των β̅ υιων παραβολη	M S Γ Ω 124 28 788
να	περι των β̅ υιων παραβολη	2

ν̅	περι του αμπελωνος	E L M Γ Ω 28 565
ν	περι του αμπελωνος παραβολη μρ λ̅η̅ λο ο̅	S
ν̅	περι του αμπελωνος παραβολη	U Δ 1582 124 788 1424
ν̅β̅	περι του αμπελωνος	2
om.		1071

ν̅α̅	περι των καλουμενων εις τον γαμον	E M U Γ Ω 1582 28 565 788 1424
ν̅α̅	περι των κεκλημενων εις τον γαμον	L
ν̅α̅	περι των καλουμενων εις τον γαμον λο ν̅	S
ν̅α̅	περι των καλουμενων εις τους γαμους	Δ
ν̅α̅	περι των καλουμενων εις γαμον	124
ν̅γ̅	περι των καλουμενων εις τον γαμον	2
ν	περι των καλουμενων εις τον γαμον	1071

ν̅β̅	περι των επερωτησαντων δια τον κηνσον	E M U Γ Δ 1582 28
ν̅β̅	περι των επερωτησαντων δια τον κινσον	L
ν̅β̅	περι των επερωτησαντων δια τον κηνσον μρ λ̅ζ̅ λο ο̅λ̅	S
ν̅β̅	περι του κηνσου	Ω
ν̅β̅	επερωτησις δια τον κηνσον	124 788
ν̅δ̅	περι των επερωτησαντων δια τον κηνσον	2
ν̅β̅	περι των επερωτησαντων δια τον κηνσον των σαδοκαιων	565
ν̅α̅	περι των επερωτησαντων τον ι̅ν̅ δια τον κινσον	1071
ν̅β̅	επερωτησις δια τον κινσον	1424

ν̅γ̅	περι των σαδδουκαιων	E L M U Γ Δ 1582 124 28 788 1424
ν̅γ̅	περι των σαδδουκαιων μρ λ̅η̅ λο ο̅β̅	S
ν̅γ̅	περι των σαδδουκεων	Ω
ν̅ε̅	περι των σαδδουκαιων	2
ν̅γ̅	περι των σαδουκαιων	565
νβ	περι των σαδδουκ των λεγοντ αναστασιν μη ειναι	1071

νδ̄   περι του επερωτησαντος νομικου   E L M Γ 28 565
νδ̄   περι του   νομικου μρ λ̄δ̄ λο λ̄ε̄   S
νδ̄   περι του   νομικου   U Δ Ω 1582 124 788 1424
νς̄   περι του επερωτισαντος νομικου   2
νγ̄   περι του   νομικου   1071

νε̄   περι της του κ̄ῡ   επερωτησεως   E L M Γ 28
νε̄   περι της του κ̄ῡ   επερωτησεως   προς τους φαρισαιους μρ μ̄ λο ο̄γ̄   S
νε̄   περι της του κ̄ῡ   επερωτησεως   προς τους φαρισαιους   U Ω 1582
νε̄   περι της επερωτησεως   του κ̄ῡ   προς τους φαρισαιους   Δ
νε̄   περι της επερωτησεως   του κ̄ῡ της   προς τους φαρισαιους   124 788
νζ̄   περι της του κυ   επερωτησεως   2
νε̄   περι της του κυριου επερωτησεως   προς τους φαρισαιους   565
νδ̄   περι της του κ̄ῡ   επερωτησεως   προς τους φαρισαιους   1071
νε̄   περι της επερωτησεως   του κυ   προς τους φαρισαιους πως ῡς̄ δαδ̄ εστιν   1424

νς̄   περι του ταλανισμου των γραμματεων   και φαρισαιων   E M Γ Ω 1582 28 565 1424
νς̄   περι του ταλανισμου των νομικων   L
νς̄   περι του ταλανισμου των γραμματεων   και φαρισαιων μρ μ̄β̄ λο μ̄γ̄   S
νς̄   περι του ταλανισμου των γραμματεων   και φαρισεων   U
νς̄   περι του   των γραμματαιων   και φαρισαιων   Δ
νς̄   περι του ταλανισμου των   φαρισαων   124
νη̄   περι του ταλανισμου των γραμματεων   και φαρισαιων   2
νε̄   περι του ταλανισμου των γραμματαιων   και φαρισαιων   788 1071

νζ̄   περι   συντελειας   E L M Γ Δ 565
νζ̄   περι της συντελειας   U Ω 1582 124 28 788 1424
νζ̄   περι της συντελειας μρ μ̄β̄ λο ο̄ε̄   S
νθ̄   περι της συντελειας   2
νς̄   περι της συντελειας   1071

νη̄   περι της ημερας και ωρας   E L^c M U Γ Δ Ω 1582 124 28 565 788 1424
om.   L*
νη̄   περι της ημερας και ωρας μρ μ̄γ̄   S
ξ̄   περι της ημερας και ωρας   2
νη̄   περι της ωρας και ημερας   1071

νθ̄   περι των δεκα   παρθενων   E L Δ 565 1424
νθ̄   περι των ῑ   παρθενων   M S U Γ Ω 1582 124 28 788
ξ̄α   περι των ῑ   παρθενων   2
νη̄   περι των δεκα   παρθενων   1071

ξ̄   περι των   τααλαντα   λαβοντων   E*
ξ̄   περι των   ταλαντα   λαβοντων   E^c U* Ω 28 565
ξ̄   περι των τα ταλαντα   λαβοντων   L M U^c 1582 124 788
ξ̄   περι των τα ταλαντα   λαβοντων λο ξ̄ζ̄   S
ξ̄   περι των   ταλαντα   λαμβανοντων   Δ
ξ̄β   περι των τα ταλαντα   λαβοντων   2
νθ̄   περι των τα ααργυρια   λαβοντων   1071
ξ̄   περι του αποδημησαντος εις χωραν μακραν   1424

ξ̄α   περι της ελευσεως του χ̄ῡ   E L M S Γ Δ Ω 28 565
ξ̄α   περι της ελευσεως του ιυ   1582
ξ̄α   περι της ελευσεως του κ̄ῡ   U 124 788 1424
ξ̄γ   περι της ελευσεως του χ̄ῡ   2
ξ̄   περι της ελευσεως του χυ   1071

ξ̄β   περι της αλειψασης τον κ̄ν̄ μυρω   E M U Γ Ω^c 1582 124 565 788 1424
ξ̄β   περι της αληψασης τον κ̄ν̄ μυρω   L Ω* 28
ξ̄β   περι της αλειψασης τον κ̄ν̄ μυρω μρ μ̄δ̄ λο κ̄λ̄ ιω ῑβ̄   S
ξ̄β   περι της αλιψασης   τον κ̄ν̄ μυρω   Δ
ξ̄δ   περι της αλεψασης τον κ̄ν̄ μυρω   2
ξ̄α   περι της αλειψασης τον κν μυρω   1071

ξ̄γ   περι   του πασχα   E L M Γ Δ 28 565 788
ξ̄γ   περι της ετοιμασιας του πασχα μρ μ̄ε̄ λο ο̄ς̄   S
ξ̄γ   περι της ετοιμασιας του πασχα   U Ω
ξ̄γ   περι της ετοιμασιας του πασχα ερωτησις   1582 1424
om.   124
ξ̄ε   περι   του πασχα   2
ξ̄β   περι της ετοιμασιας του πασχα   1071

ξ̄δ   περι του   δειπνου   του μυστικου   E
ξ̄δ   περι της   προσευχης   του σρς   L
ξ̄δ   περι   τυπου   μυστικου   M S U Δ Ω 1582 28 1424
ξ̄δ   περι του   τυπου   του μυστικου   Γ
ξ̄δ   περι   του μυστικου   124 788
ξ̄ς   περι του   δειπνου   του μυστικου   2
ξ̄δ   περι   δειπνου   μυστικου   565
ξ̄γ   περι   τυπος   μυστικος   1071

ξε	περι της παραδοσεως του ιυ		E 124 565 788
ξε	περι της παραδωσεως του σρς		L
ξε	περι της παραδωσεως του ιυ		M U Ω 1582 1424
ξε	περι της παραδωσεως του ιυ μρ μς		S
ξε	περι της παραδωσεως του χυ		Γ
ξε	περι της παραδωσεως		Δ
ξε	περι της παραδωσεως		2
ξε	περι της παραδωσεος του ιυ		28
ξδ	παραδοσις του χυ		1071

ξς	αρνησις πετρου		E M Δ
ξς	περι της αρνησεως πετρου		L U Ω 1582 1424
ξς	περι της αρνησεως πετρου μρ μζ		S
ξς	αρνισις πετρου		Γ
ξς	περι της αρνησεως πετρου		124 788
ξη	αρνησις πετρου		2
ς	περι αρνησεως πετρου		28
ξς	περι της αρνησις πετρου		565
ξε	αρνησις πετρου		1071

ξζ	περι της του ιουδα μεταμελειας		E M S Γ 1582 788
ξν	περι της του ιουδα μεταμελιας		L Δ
ξ	περι της ιουδα μεταμελειας		U Ω 28 565 1424
ξ	περι της του ιουδα μεταμελιας		124
ξθ	περι της του ιουδα μεταμελιας		2
ξς	του ιουδα μεταμελο		1071

ξη	περι της αιτισεως	του	σωματος του κυ	E
θξ	περι του κυριακου		σωματος	L
ξη	περι της αιτησεως εως του κυριακου σωματος μρ μη λο πβ ιω ιη			S
ξη	περι της αιτησεως	του	σωματος του κυ	M Γ Ω 1582 565 788 1424
ξη	περι της αιτησεως	του κυριακου σωματος		U
ξη	περι της αιτησεως	του	σωματος του κυριακου	Δ
ξη	περι της αιτησεως	του	σωματος του ιυ	124
ξ	περι της αιτησεως	του	σωματος του κυ	2
ξη	περι της ετισεως	του	σωματος του κυ	28
ξς	περι της αιτισεως	του	σωματος του κυ	1071

ομου κεφαλαια αρξε τιτλοι σιζ στιχοι θτ S ιç   ιç χρ E
τιτλοι ξη Ω ¦ τιτλοι κ, ωθω δ,ο τιτλος κ, ωθω δ,ο 565   νη κα E

το κατα Μθ ευα εγραφη εβραιστι εν παλαιστινη· μετ η ετη της αναληψεως του κυ. εχη δε ρηματ ‚βφκβ στιχους ‚βφξ:

The Genesis Of Jesus Christ
(Luke 3.23-38)

ᾱ 1.1 Βίβλος γενέσεως Ἰησοῦ Χριστοῦ υἱοῦ Δαυεὶδ   υἱοῦ Ἀβραάμ.   B W w
     Βίβλος γενέσεως Ἰησοῦ Χριστοῦ υἱοῦ <u>Δαβὶδ</u>   υἱοῦ Ἀβραάμ.   1 τ
     ·············· γενέσεως Ἰησοῦ Χριστοῦ υἱοῦ <u>δαδ</u>   ············· μ.   579
     Βίβλος γενέσεως Ἰησοῦ Χριστοῦ υἱοῦ <u>Δαυὶδ</u>   υἱοῦ Ἀβραάμ.   u
     Βίβλος γενέσεως Ἰησοῦ Χριστοῦ υἱοῦ <u>δᾱδ</u>   υἱοῦ Ἀβραάμ.   rell

2 Ἀβραὰμ ἐγέννησεν τὸν Ἰσαάκ, Ἰσαὰκ δὲ ἐγέννησεν τὸν Ἰακώβ,   Ἰακὼβ δε   B uwτ rell
2 Ἀβραὰμ ἐγέννησεν τὸν <u>Ἰσάκ</u>, <u>Ἰσὰκ</u> δὲ ἐγέννησεν τὸν Ἰακώβ,   Ἰακὼβ δε   ℵ*
2 Ἀβραὰμ ἐγέννησεν ······ ············, Ἰσαὰκ δὲ ἐγέννησεν ····· ········· β   Ἰακὼβ δε   579

ἐγέννησεν τὸν Ἰούδαν καὶ τοὺς ἀδελφοὺς αὐτοῦ, 3 Ἰούδας δὲ ἐγέννησεν τὸν Φάρες καὶ B uwτ rell
·············· ···· ········· καὶ τοὺς ἀδελφοὺς αὐτοῦ, 3 Ἰούδας δὲ ἐγέννησεν τὸν Φάρες καὶ C
ἐγέννησεν τὸν <u>Ἰούδα</u> καὶ τοὺς ἀδελφοὺς αὐτοῦ, 3 Ἰούδας δὲ ἐγέννησεν τὸν Φάρες καὶ K 1071
ἐγέννησεν ······ ········· αν καὶ τοὺς ἀδελφοὺς ········· 3 ············· ··· ἐγέννησεν τὸν Φάρες καὶ 579

τὸν Ζάρε ἐκ τῆς Θαμάρ, Φάρες δὲ ἐγέννησεν τὸν Ἐσρώμ, Ἐσρὼμ δὲ ἐγέννησεν τὸν   B
τὸν <u>Ζάρα</u> ἐκ τῆς Θαμάρ, Φάρες δὲ ἐγέννησεν τὸν <u>Ἐζρώμ</u>, <u>Ἐζρὼμ</u> δὲ ἐγέννησεν τὸν   W
τὸν ····· ἐκ τῆς Θαμάρ, Φάρες δὲ ἐγέν······· ν Ἐσρώμ, Ἐσρὼμ δὲ ἐγέννησεν ·····   579
τὸν <u>Ζάρα</u> ἐκ τῆς Θαμάρ, Φάρες δὲ ἐγέννησεν τὸν Ἐσρώμ, Ἐσρὼμ δὲ ἐγέννησεν τὸν   uwτ rell

Ἀράμ, 4 Ἀρὰμ δὲ ἐγέννησεν τὸν Ἀμειναδάβ, Ἀμειναδὰβ δὲ ἐγέννησεν   BΔ
Ἀράμ, 4 Ἀρὰμ δὲ ἐγέννησεν τὸν <u>Ἀμιναδάβ,</u> <u>Ἀμιναδὰμ</u> δὲ ἐγέννησεν   ℵ 33
     4   <u>Ἀμιναδάβ,</u> <u>Ἀμιναδὰμ</u> δὲ ἐγέννησεν   Π
Ἀράμ, 4 Ἀρὰμ δὲ ἐγέννησεν τὸν <u>Ἀμιναδάμ,</u> <u>Ἀμιναδὰμ</u> δὲ ἐγέννησεν   1 118 788 1071
······ 4 Ἀρὰμ δὲ ἐγέννησεν τὸν <u>Ἀ</u>······ ·········<u>δὰβ</u> δὲ ἐγέννησεν   579
Ἀράμ, 4 Ἀρὰμ δὲ ἐγέννησεν τὸν <u>Ἀμιναδάβ,</u> <u>Ἀμιναδὰβ</u> δὲ ἐγέννησεν   C 𝔐 K L M U W 1582 124 2
                                                  28 565 700 1346 1424 uwτ

τὸν Ναασσών, Ναασσὼν δὲ ἐγέννησεν τὸν Σαλμών, 5 Σαλμὼν δὲ ἐγέννησε τὸν   B uwτ rell
τὸν <u>Νασσόν</u>, <u>Νασσὼν</u> δὲ ἐγέννησεν τὸν Σαλμών, 5 Σαλμὼν δὲ ἐγέννησε τὸν   L*
τὸν <u>Νασσών</u>, <u>Νασσὼν</u> δὲ ἐγέννησεν τὸν Σαλμών, 5 Σαλμὼν δὲ ἐγέννησε τὸν   Lᶜ 788
τὸν <u>Νασσών</u>, Ναασσὼν δὲ ἐγέννησεν τὸν Σαλμών, 5 Σαλμὼν δὲ ἐγέννησε τὸν   S
τὸν <u>Νασσών</u>, <u>Νασσὼν</u> δὲ ἐγέννησεν τὸν Σαλμών, 5 Σαλμὼν δὲ ἐγέννησε τὸν   Δ
τὸν Ναασσών, Ναασσὼν δὲ ἐγέννησεν 5 ················· ················ τὸν   1
τὸν ················· ··········· ὼν δὲ ἐγέννησεν τὸν Σαλ······· 5 ········· ····έννησεν τὸν   579
τὸν Ναασσών, Ναασ··· ······ ············ μών, 5 Σαλμὼν δὲ ἐγέννησε τὸν   1346

Inscription κατα μαθθαιον B ℵ ¦ ευαγγελιον κατα ματθαιον C E K M S U Δ Π Ω 2 33 565 700 788 1346 1424 ¦ κυριακη πρ τς χυ γεννησεως· εκ του κατ ματθεου L ¦ ευαγγελιον κατα μαθθαιον W ¦ αγιον ευαγγὲ κατα ματθ 1 ¦ το κατα ματθαιον ευαγγελιον 1582 ¦ κυριακη προς της χυ γεννησεως των αλ ····πρων (?) εκ του κατα ματθαιον αγιου ευαγγελιου 118 ¦ ευαγγελιον κατ μαθ 124 ¦ ευγ κτ ματθ 1071 | Order of NT books in Codex 33 - προς κορινθιους ᾱ, προς κορινθιους β̄, προς γαλατας, προς εφεσιους, προς φιλιππισιους, προς κολοσεις, προς θεσσαλονικεις ᾱ, προς θεσσαλονικεις β̄, προς εβραιους, προς τιμοθεον ᾱ, προς τιμοθεον β̄, προς τιτον, προς φιλημονα, προλογος των καθολικων επιστολων, υποθεσις της καθολικης ιακωβου επιστολης, υποθεσις της πετρου πρωτης επιστολης, υποθεσις της πετρου δευτερας επιστολης, υποθεσις της ιωαννου πρωτης επιστολης, υποθεσις της ιωαννου β̄ επιστολης, ················νου γ̄ επιστολης, υποθεσις πρωτης προς ρωμαιους επιστολης παυλου, υποθεσις δευτερας επιστολης π·······, υποθεσις τριτης μεν επιστολης του αποστολου παυλου δευτερας δε προς κορινθιους, προς ταυτα ουν αντιγραφει ο αποστολος, υποθεσις της προς γαλατας επιστολης, υποθεσις της προ (sic!) εφεσιους επιστολης, υποθεσις της προς φηλιππησιους επιστολης, υποθεσις της προς κολασσεις επιστολης, υποθεσις της προς ·············, υποθεσις της προς θεσσαλονικεις δευτερα επιστολης, υποθεσις της προς εβραιους επιστολης, υποθεσις της προς τιμοθεον πρωτης επιστολης, υποθεσις της προς τιμοθεον β̄ επιστολης, υποθεσις της τιτον επιστολης, υποθεσις της προς φιλιμωνα επιστολης, ··········· του πραξεις των αγιων αποστολων, ιακωβου επιστολη καθολικη, πετρου επιστολη ᾱ, πετρου επιστολη β̄, ιωαννου επιστολη ᾱ, ιωαννου επιστολη β̄, ιωαννου επιστολη β̄, ιωανου επιστολη γ, ιουδα επιστολη, παυλου επιστολη προς ρωμαιους, ευαγγελιον κατα ματθαιον, ευαγγελιον κατα μαρκον, ευαγγελιον κατα λουκαν, ευαγαλλιον ιωαννην 33

---

lac. 1.1-2 C ¦ 1.1-5 𝔓⁴⁵ A D F G H Y N P Q Γ Θ 13 69 157

A 1.2 εγεννησε¹·²·³ K M U f¹ 118 565 700 788 1346 ¦ εγεννησε² 1071 ¦ εγεννησε³ 124 28 1071 3 εγεννησε¹·²·³ K M U f¹ 118 124 28 565 700 788 1071 1346 ¦ εγεννησε³ 157 4 εγεννησε¹·²·³ K M U f¹ 118 124 28 565 700 788 1346 ¦ εγεννησε² 1071 5 εγεννησεν¹ ℵ C E L S W Δ Π Ω 118 124 2 33 ¦ εγεννησε²·³ K M U f¹ 118 124 28 565 700 788 1071 1346 ¦ εγεννησεν³ 2

B 1.1 ῑῡ χ̄υ B ℵ E K L M S U W Δ Π Ω f¹ 118 124 2 33 28 565 579 700 788 1346 1071 1424 ¦ ῡῡ¹·² E L M Δ 33 565 1424

C 1.1 αρχη: η τεκνον προ της χ̄υ γεννησεως E ¦ κ,υ προ τς χ̄υ γεννησεως αρχ βιβλος γενεσεως ῑῡ ς̄ M ¦ κυ προ τς χ̄υ γεννησε S ¦ κ,υ προ της γενν βιβλος 1 ¦ προ του χυ γεννησεως τη κυριακη των αγιων πρων εαυτων 1582 ¦ τη κ,υ προ τς χ̄υ γεννησεως 2 ¦ αρχ 28

D 1.1 ᾱ/ϛ̄ ℵ ¦ ᾱ C E K L f¹ 118 28 788 1424 ¦ ᾱ/γ̄ S ¦ Ευ Μθ ᾱ : Μρ ᾱ : Λο ῑδ̄ : Ιω ᾱ E M ¦ Μθ ᾱ : Μρ . : Λο ῑδ̄ : ιω . 124

Βόες ἐκ τῆς Ῥαχάβ, Βόες δὲ ἐγέννησεν τὸν Ἰωβὴδ ἐκ τῆς Ῥούθ, Β ℵ uw
Βόος ἐκ τῆς Ῥαχάβ, Βόος δὲ ἐγέννησεν τὸν Ἰωβὴδ ἐκ τῆς Ῥούθ, C*
Βόος ἐκ τῆς Ῥαχάβ, Βόος δὲ ἐγέννησεν τὸν Ὠβὴδ ἐκ τῆς Ῥούθ, C³
Βόοζ ἐκ τῆς Ῥαχάβ, Βόοζ δὲ ἐγέννησεν τὸν Ὀβὴδ ἐκ τῆς Ῥούθ, L 2
Βόοζ ἐκ τῆς Ῥαχάβ, Βόοζ δὲ ἐγέννησεν Ἰωβὴδ ἐκ τῆς Ῥούθ, Δ
Βόοζ ἐκ τῆς Ῥηχάβ, Βόοζ δὲ ἐγέννησεν τὸν Ὠβὴδ ἐκ τῆς Ῥούθ, 1582* 700
Βόοζ ἐκ τῆς Ῥαχάβ, Βόοζ δὲ ἐγέννησεν τὸν Ἰωβὴδ ἐκ τῆς Ῥούθ, 118
Βόοζ ἐκ τῆς Ῥαχάβ, Βόοζ δὲ ἐγέννησεν τὸν Ἰωβὴδ ἐκ τῆς Ῥούθ, 124 788
Βόος ἐκ τῆς Ῥαχάβ, Βόος δὲ ἐγέννησεν τὸν Ἰωβὴλ ἐκ τῆς Ῥούθ, 33
Βόαζ ἐκ ⋯⋯ ⋯⋯ ἐγέννησεν τὸν Ὠβὴδ ⋯⋯ ⋯⋯ 579
Βόος ἐκ τῆς Ῥαχάβα, Βόοζ δὲ ἐγέννησεν τὸν Ἀβὶδ ἐκ τῆς Ῥούθ, 1071 [↓τ
Βόος ἐκ τῆς Ῥαχάβ, Βόοζ δὲ ἐγέννησεν τὸν Ὠβὴδ ἐκ τῆς Ῥούθ, 𝔐 Κ Μ U W Π f¹ 1582ᶜ 28 565 1346 1424

Ἰωβὴδ δὲ ἐγέννησεν τὸν Ἰεσσαί, β̄ 6 Ἰεσσαὶ δὲ ἐγέννησεν τὸν Δαυεὶδ τὸν βασιλέα. Β w
Ἰωβὴδ δὲ ἐγέννησεν τὸν Ἰεσσαί, 6 Ἰεσσαὶ δὲ ἐγέννησεν τὸν δ̄ᾱδ̄ τὸν βασιλέα. ℵ C* Δ 124 788
Ὀβὴδ δὲ ἐγέννησεν τὸν Ἰεσέ, 6 Ἰεσσαὶ δὲ ἐγέννησεν τὸν δ̄ᾱδ̄ τὸν βασιλέα. L
Ὠβὴδ δὲ ἐγέννησεν τὸν Εἰεσσαί, 6 Ἰεσσαὶ δὲ ἐγέννησεν τὸν Δαυεὶδ τὸν βασιλέα. W
Ὀβὴδ δὲ ἐγέννησεν τὸν Ἰεσσέ, 6 Ἰεσσαὶ δὲ ἐγέννησεν τὸν δ̄ᾱδ̄ τὸν βασιλέα. 2
Ἰωβὴλ δὲ ἐγέννησεν τὸν Ἰεσσαί, 6 Ἰεσσαὶ δὲ ἐγέννησεν τὸν δ̄ᾱδ̄ τὸν βασιλέα. 33
⋯⋯ ὴδ δὲ ἐγέννησεν τὸν Ἰε⋯⋯ 6 ⋯⋯ ἐγέννησεν τὸν δ̄ᾱδ̄ τὸν ⋯⋯ 579
Ὠβὴδ δὲ ἐγέννησεν τὸν Ἰεσσαί, 6 Ἰεσσαὶ δὲ ἐγέννησεν τὸν δ̄ᾱδ̄. 700
Ἀβὶδ δὲ ἐγέννησεν τὸν Ἰεσσαί, 6 Ἰεσσαὶ δὲ ἐγέννησεν τὸν δ̄ᾱδ̄ τὸν βασιλέα. 1071
Ἰωβὴδ δὲ ἐγέννησεν τὸν Ἰεσσαί, 6 Ἰεσσαὶ δὲ ἐγέννησεν τὸν Δαυὶδ τὸν βασιλέα. u
Ὠβὴδ δὲ ἐγέννησεν τὸν Ἰεσσαί, 6 Ἰεσσαὶ δὲ ἐγέννησεν τὸν Δαβὶδ τὸν βασιλέα. τ
Ὠβὴδ δὲ ἐγέννησεν τὸν Ἰεσσαί, 6 Ἰεσσαὶ δὲ ἐγέννησεν τὸν δ̄ᾱδ̄ τὸν βασιλέα. C³ 𝔐 Κ Μ U Π f¹ 28 565 1346 1424

Δαυεὶδ δὲ ἐγέννησεν τὸν Σολομῶνα ἐκ τῆς τοῦ Οὐρείου, Β
Δαυεὶδ δὲ ἐγέννησεν τὸν Σαλομῶν ἐκ τῆς τοῦ Οὐρίου, ℵ*
Δαυεὶδ δὲ ἐγέννησεν τὸν Σολωμῶνα ἐκ τῆς τοῦ Οὐρίου, ℵᶜ
δ̄ᾱδ̄ δὲ ὁ βασιλεὺς ἐγέννησεν τὸν Σολομῶνα ἐκ τῆς τοῦ ρίου, L
Δαυεὶδ δὲ ὁ βασιλεὺς ἐγέννησεν τὸν Σολομῶντα ἐκ τῆς τοῦ Οὐρίου, W
δ̄ᾱδ̄ δὲ ἐγέννησεν τὸν Σολομῶνα ἐκ τῆς τοῦ Οὐρίου, S
δ̄ᾱδ̄ δὲ ὁ βασιλεὰς ἐγέννησεν τὸν Σολομῶντα ἐκ τῆς τοῦ Οὐρίου, Δ 1071
δ̄ᾱδ̄ δὲ ἐγέννησεν τὸν Σολομῶν ἐκ τῆς τοῦ Οὐρίου, 1 1582* 700
δ̄ᾱδ̄ δὲ ὁ βασιλεὺς ἐγέννησεν τὸν Σολομῶνα ἐκ τῆς τοῦ Ὀρίου, 124
δ̄ᾱδ̄ δὲ ὁ βασιλεὺς ἐγέννησεν τὸν Σαλομῶνα ἐκ τῆς τοῦ Οὐρίου, 2 33
δ̄ᾱδ̄ δὲ ἐγέννησεν τὸν Σολομ⋯⋯ ⋯⋯ Οὐρίου, 579
δ̄ᾱδ̄ δὲ ἐγέννησεν τὸν Σολομόνα ἐκ τῆς τοῦ Οὐρίου, 788
Δαυὶδ δὲ ἐγέννησεν τὸν Σολομῶνα ἐκ τῆς τοῦ Οὐρίου, u
Δαυεὶδ δὲ ἐγέννησεν τὸν Σολομῶνα ἐκ τῆς τοῦ Οὐρίου, w
Δαβὶδ δὲ ὁ βασιλεὺς ἐγέννησεν τὸν Σολομῶντα ἐκ τῆς τοῦ Οὐρίου, τ [↓565 1346 1424
δ̄ᾱδ̄ δὲ ὁ βασιλεὺς ἐγέννησεν τὸν Σολομῶνα ἐκ τῆς τοῦ Οὐρίου, C Ε Κ Μ U Π Ω 1582ᶜ 118 28

7 Σολομὼν δὲ ἐγέννησεν τὸν Ῥοβοάμ, Ῥοβοὰμ δὲ ἐγέννησεν τὸν Ἀβιά, Ἀβιὰ δὲ ἐγέννησε Β uwτ rell
7 Σολομὼν δὲ ἐγέννησεν τὸν Ῥοβοάμ, Ῥοβοὰμ δὲ ἐγέννησεν τὸν Ἀβιά, Ἀβιὰς δὲ ἐγέννησε ℵ*
7 Σολωμὼν δὲ ἐγέννησεν τὸν Ῥοβοάμ, Ῥοβοὰμ δὲ ἐγέννησεν τὸν Ἀβιά, Ἀβιὰ δὲ ἐγέννησε ℵᶜ
7 Σολομὼν δὲ ἐγέννησεν Ῥοβοάμ, Ῥοβοὰμ δὲ ἐγέννησεν τὸν Ἀβιά, Ἀβιὰ δὲ Δ
7 Σαλομὼν δὲ ἐγέννησεν τὸν Ῥοβοάμ, Ῥοβοὰμ δὲ ἐγέννησεν τὸν Ἀβιά, Ἀβιὰ δὲ ἐγέννησεν 33
7 Σολομὼν δὲ ἐγέννησεν⋯⋯ ⋯⋯ βοὰμ δὲ ἐγέννησεν τὸν ⋯⋯ ἐγέννησεν 579
7 Σαλομὼν δὲ ἐγέννησεν τὸν Ῥοβοάμ, Ῥοβοὰμ δὲ ἐγέννησεν τὸν Ἀβιά, Ἀβιὰ δὲ ἐγέννησε 700
7 Σολομὼν δὲ ἐγέννησεν τὸν Ῥοβοάμ, Ῥοβοὰμ δὲ ἐγέννησεν τὸν Ἀβιούδ, Ἀβιοὺδ δὲ ἐγέννησε 788
7 Σολομὸν δὲ ἐγέννησεν τὸν Ῥοβοάμ, Ῥοβοὰμ δὲ ἐγέννησεν τὸν Ἀβιά, Ἀβιὰ δὲ ἐγέννησε 1071

τὸν Ἀσάφ, 8 Ἀσάφ δὲ ἐγέννησεν τὸν Ἰωσαφάτ, Ἰωσαφὰτ δὲ ἐγέννησεν τὸν Β ℵ Cᶜ 1 1582* 700 788 1071
τὸν Ἀσάφ, 8 Ἀσάφ δὲ ἐγέννησεν τὸν Ἰωσαφά, Ἰωσαφὰ δὲ ἐγέννησεν τὸν C* [↑uw
τὸν Ἀσά, 8 Ἀσὰ δὲ ἐγέννησεν τὸν Ἰωσαφάτ, Ἰωσαφὰτ δὲ ἐγέννα τὸν 124
8 τὸν Ἰωσαφάτ, Ἰωσαφὰτ δὲ ἐγέννησεν τὸν 2*
τὸν Ἀσά, 8 Ἀσὰ ⋯⋯ ν τὸν Ἰωσαφάτ, Ἰωσαφὰτ ⋯⋯ 579
τὸν Ἀ⋯⋯ 8 ⋯⋯ Ἰωσαφάτ, Ἰωσαφὰτ δὲ ἐγέννησεν τὸν 1346 [↓33 28 565 1424 τ
τὸν Ἀσά, 8 Ἀσὰ δὲ ἐγέννησεν τὸν Ἰωσαφάτ, Ἰωσαφὰτ δὲ ἐγέννησεν τὸν 𝔐 Κ L Μ W Δ Π 1582ᶜ 118 2ᶜ

---

lac. 1.5-8 𝔓⁴⁵ A D F G H Y N P Q Γ Θ 13 69 ¦ vss. 7-9, 12-13 Θ ¦ vss. 7-8 157 ¦ vss. 7-8 P

A 6 εγεννησε¹·² Κ Μ U f¹ 118 124 28 565 700 788 1071 1346 7 εγεννησε¹·²·³ Κ U f¹ 118 124 28 565 700 788 1071 1346 ¦ εγεννησε²·³ Π ¦ εγεννησεν³ 2 8 εγεννησε¹·²·³ Κ Μ U Π f¹ 118 28 565 700 788 1071 1346 ¦ εγεννησε¹ 124 2 ¦ εγεννησε³ 124

Ἰωράμ, Ἰωρὰμ δὲ ἐγέννησεν τὸν Ὀζείαν, 9 Ὀζείας δὲ ἐγέννησεν τὸν Ἰωαθάμ, Ἰωαθὰμ   B W Δ w
Ἰωράμ, Ἰωρὰμ δὲ ἐγέννησεν τὸν Ὀζείαν, 9 Ὀζίας δὲ ἐγέννησεν τὸν Ἰωαθάμ, Ἰωαθὰμ   א*
.... Ἰωρὰμ δὲ ἐγέννησεν τὸν Ὀζίαν, 9 ....ίας δὲ ἐγέννησεν τὸν Ἰωαθάμ, Ἰωαθὰμ   157
Ἰωράμ, Ἰωρὰμ δὲ ἐγέν... 9 ....ίας δὲ ἐγέννησεν τὸν .... Ἰωαθὰμ   579
Ἰωράμ, Ἰωρὰμ δὲ ἐγέννησεν τὸν Ὀζίαν, 9 Ὀζίας δὲ ἐγέννησεν τὸν Ἰωαθάμ, Ἰωαθὰμ   uτ rell

δὲ ἐγέννησεν τὸν Ἀχάζ, Ἀχὰζ δὲ ἐγέννησεν τὸν Ἑζεκίαν, 10 Ἑζεκίας δὲ ἐγέννησε   B uτ rell
δὲ ἐγέννησεν τὸν Ἀχὰς, Ἀχὰς δὲ ἐγέννησεν τὸν Ἑζεκίαν, 10 Ἑζεκίας δὲ ἐγέννησε   א C w
.... Ἀχὰζ δὲ ἐγέννησεν τὸν Ἑζεκίαν, 10 Ἑζεκίας δὲ ἐγέννησε   Θ
δὲ ἐγέννησεν τὸν Ἀχ... ...ὲ ἐγέννησεν τὸν Ἑζεκίαν, 10 Ἑζε... ....ησεν   579
δὲ ἐγέννησεν τὸν Ἀχάζ, Ἀχὰζ δὲ ἐγέννησεν τὸν Ἑζεκίαν, 10 Ἑζεκίαν δὲ ἐγέννησε   1071
δὲ ἐγέννησεν τὸν Ἀχάζ, Ἀχὰζ δὲ ἐγέννησε   10   1424*

τὸν Μανασσῆ, Μανασσῆ δὲ ἐγέννησε τὸν Ἀμνών, Ἀμὼς δὲ ἐγέννησεν τὸν Ἰωσείαν, B*
τὸν Μανασσῆ, Μανασσῆ δὲ ἐγέννησε τὸν Ἀμώς, Ἀμὼς δὲ ἐγέννησεν τὸν Ἰωσείαν, Bᶜ אᶜ
τὸν Μανασσῆ, Μανασσῆς δὲ ἐγέννησε τὸν Ἀμώς, Ἀμὼς δὲ ἐγέννησεν τὸν Ἰωσείαν, א* Θ w
τὸν Μανασσῆ, Μανασσῆς δὲ ἐγέννησε τὸν Ἀμώς, Ἀμὼς δὲ ἐγέννησεν τὸν Ἰωσίαν, C M f¹ 33 157
τὸν Μανασσῆ, Μανσῆς δὲ ἐγέννησε τὸν Ἀμών, Ἀμὼν δὲ ἐγέννησεν τὸν Ἰωσίαν, L [↑1071 u
τὸν Μανασσῆ, Μαvασῆς δὲ ἐγέννησε τὸν Ἀμών, Ἀμὼν δὲ ἐγέννησεν τὸν Ἰωσίαν, W 2
τὸν Μανασσῆν, Μαννασῆς δὲ ἐγέννησε τὸν Ἀμώς, Ἀμὼς δὲ ἐγέννησεν τὸν Ἰωσείαν, Δ*
τὸν Μαννασσῆν, Μαννασῆς δὲ ἐγέννησε τὸν Ἀμώς, Ἀμὼς δὲ ἐγέννησεν τὸν Ἰωσείαν, Δᶜ
τὸν Μανασσῆ, Μανασῆς δὲ ἐγέννησε τὸν Ἀμώς, Ἀμὼ δὲ ἐγέννησεν τὸν Ἰωσίαν, Π*
τὸν Μανασσῆ, Μανασσῆς δὲ ἐγέννησε τὸν Ἀμώς, Ἀμὼ δὲ ἐγέννησεν τὸν Ἰωσίαν, Πᶜ
τὸν Μανασσῆ, Μανασσῆς δὲ ἐγέννησε τὸν Ἀμμώμ, Ἀμμὼμ δὲ ἐγέννησεν τὸν Ἰωσίαν, 124
τὸν Μανασσῆ, Μανασσῆς .... τὸν Ἀμών, Ἀμὼν δὲ ἐγέννησεν 579
τὸν Μανασσῆ, Μανασσῆς δὲ ἐγέννησε τὸν Ἀμμών, Ἀμμὼν δὲ ἐγέννησεν τὸν Ἰωσίαν, 700
τὸν Μανασσῆ, Μανασσῆς δὲ ἐγέννησε τὸν Ἀμών, Ἀμὼν δὲ ἐγέννησε   1424*
τὸν Μανασσῆ, Μανασσῆς δὲ ἐγέννησε τὸν Ἀμών, Ἀμὼν δὲ ἐγέννησεν τὸν Ἰωσίαν, 𝔐 K U 118 28
565 788 1346 1424ᶜ τ

11 Ἰωσείας δὲ ἐγέννησε   τὸν Ἰεχονίαν   B א Δ w
11 Ἰωσίας δὲ ἐγέννησε   τὸν Ἰεχωνίαν   Kᶜ
11 Ἰωσίας δὲ ἐγέννησε τὸν Ἰωακείμ, Ἰωακεὶμ δὲ ἐγέννησεν   τὸν Ἰεχονίαν   M U Θ 1582 33
11 Ἰωσίας δὲ ἐγέννησε τὸν Ἰακείμ, Ἰωακείμ δὲ ἐγέννησεν   τὸν Ἰεχονίαν   1
11 Ἰωσίας δὲ ἐγέννησε   τὸν Ἰεχ.........   579
11   τὸν Ἰεχονίαν   1424*
11 Ἰωσίας δὲ ἐγέννησε   τὸν Ἰεχονίαν   uτ rell

καὶ τοὺς ἀδελφοὺς αὐτοῦ ἐπὶ τῆς μετοικεσίας Βαβυλῶνος.   B uwτ rell
.... αὐτοῦ ἐπὶ τῆς μετοικεσίας Βαβυλῶνος.   P
.... αὐτοῦ ἐπὶ τῆς μετοικεσ.....   579

γ̅ 12 Μετὰ δὲ τὴν μετοικεσίαν Βαβυλῶνος Ἰεχονίας γεννᾷ τὸν Σελαθιήλ,   B
12 Μετὰ δὲ τὴν μετοικεσίαν Βαβυλῶνος Ἰεχωνίας ἐγέννησεν τὸν Σαλαθιήλ,   K
12 Μετὰ δὲ τὴν μετοικεσίαν Βαβυλ........ .... τὸν Σαλαθιήλ,   579
12 Μετὰ δὲ τὴν μετοικεσίαν Βαβυλῶνος Ἰεχονίας ἐγέννησεν τὸν Σαλαθιήλ,   uwτ rell

Σελαθιὴλ δὲ γεννᾷ τὸν Ζοροβαβέλ, 13 Ζοροβαβὲλ δὲ γεννᾷ τὸν Ἀβιούδ, B
Σαλαθιὴλ δὲ ἐγέννησεν τὸν Ζοροβαβέλ, 13 Ζοροβαβὲλ δὲ ἐγέννησεν τὸν Ἀβιούτ, א*
Σαλαθιὴλ 13 ...γέννησεν τὸν Ἀβιούδ, Θ
Σαλαθιὴλ δὲ ἐγέννησεν τὸν Ζορομβαβέλ, 13 Ζοροβαβ δὲ ἐγέννησεν τὸν Ἀβιούδ, Δ
Σαλαθαὴλ δὲ ἐγέννησεν τὸν Ζοροββαβέλ, 13 Ζοροββαβὲλ δὲ ἐγέννησεν τὸν Ἀβιούδ, 124
Σαλαθιὴλ δὲ ἐγέννησεν τὸν Ζωροβαβέλ, 13 Ζωροβαβὲλ δὲ ἐγέννησεν τὸν Ἀβιούδ, 157
Σαλαθιὴλ δ........ τὸν Ζοροβαβέλ, 13 Ζοροβαβὲλ δὲ ἐγέν........ 579
Σαλαθιὴλ δὲ ἐγέννησεν τὸν Ζοροβαβάλ, 13 Ζοροβαβὲλ δὲ ἐγέννησεν τὸν τὸν Ἀβιούδ, 1071
Σαλαθιὴλ δὲ ἐγέννησεν τὸν Ζοροβαβέλ, 13 Ζοροβαβὲλ δὲ ἐγέννησεν τὸν Ἀβιούδ, uwτ rell

lac. 1.8-13 𝔓⁴⁵ A D F G H Y N Q Γ 13 69 ¦ vss. 9, 12-13 Θ ¦ vss. 8-11 P

A 9 εγεννησε¹·²·³ K M U f¹ 118 124 28 157 565 700 788 1071 1346 ¦ εεννησεν¹ W* ¦ εννησεν² E* ¦ εγεννησε¹ Ω ¦ εγεννησε³ 1424 10 εγεννησεν¹·² א C E S W Δ Θ Ω 2 33 ¦ εγεννησε¹·²·³ K L M U Π f¹ 118 565 700 788 1346 ¦ εγεννησε² 1424 ¦ εγεννησε³ 124 28 157 1071 11 εγεννησεν א C E L S W Δ Θ Ω 2 33 ¦ εγεννησε M U f¹ 1346 ¦ μετοικισιας E ¦ μετοικησιας K L S Π 1 565 ¦ μετοικειας Δ 12 μετοικησιαν E K L S Π 1 ¦ εγεννησε¹·² K M U Π f¹ 118 124 28 157 565 700 788 1071 1346 13 εγεννησεν¹ א C E L S P W Δ Θ Ω 33 ¦ εγεννησε¹·² K M Π 124 28 157 565 700 788 ¦ εγεννη¹ 1 ¦ εγεννησε¹·²·³ U f¹ 118 1071 1346 τ ¦ εγεννησε³ Π 2 565

11

Ἀβιοὺδ δὲ ἐγέννησεν τὸν Ἐλιακείμ, Ἐλιακεὶμ δὲ ἐγέννησε τὸν Ἀζώρ, **14** Ἀζώρ δε B **ωτ** rell
Ἀβιοὺδ δὲ ἐγέννησεν τὸν Ἠλιακείμ, Ἠλιακεὶμ δὲ ἐγέννησε τὸν Ἀζώρ, **14** Ἀζώρ δε Δ
Ἀβιοὺδ δὲ ἐγέννησεν τὸν Ἐλιακείμ, Ἐλιακεὶμ δὲ ἐγέννησε τὸν Ἀζώρ, **14** Αζώρ δε 1
Ἀβιοὺδ δὲ ἐγέννησεν   τὸν Ἀζώρ, **14** Ἀζώρ δὲ 124
Ἀβιοὺδ δὲ ἐγέννησεν τὸν Ἐλιακήμ, Ἐλιακὴμ δὲ ἐγέννησε τὸν Ἀζώρ, **14** Ἀζώρ δὲ 2*
·······οὺδ δὲ ἐγέννησεν τὸν Ἐλιακίμ, ················ ···· γέννησε τὸν Ἀζώρ, **14** Ἀζώρ ···· 579 [↓565 1424 **u**
Ἀβιοὺδ δὲ ἐγέννησεν τὸν Ἐλιακίμ, Ἐλιακὶμ δὲ ἐγέννησε τὸν Ἀζώρ, **14** Ἀζώρ δὲ M S W Π Ω 2ᶜ 28

ἐγέννησεν τὸν Σαδώκ, Σαδὼκ δὲ ἐγέννησεν τὸν Ἀχείμ, Ἀχεὶμ δὲ ἐγέννησεν τὸν B 118 **ωτ** rell
················ ···· αδώ··, ··αδὼκ ···· ἐγέννησεν τ··········, Ἀχεὶμ δὲ ἐγέννησεν τὸν 𝔓¹
ἐγέννησεν τὸν Σαδώχ, Σαδὼχ δὲ ἐγέννησεν τὸν Ἀχείμ, Ἀχεὶμ δὲ ἐγέννησεν τὸν ℵ*
ἐγέννησεν τὸν Σαδδώκ, Σαδδὼκ δὲ ἐγέννησεν τὸν Ἀχείν, Ἀχεὶν δὲ ἐγέννησεν τὸν W
ἐγέννησεν τὸν Σαδώκ, Σαδὼκ δὲ ἐγέννησεν τὸν Ἀχείν, Ἀχεὶν δὲ ἐγέννησεν τὸν Δ
ἐγέννησεν τὸν Σαδώδ, Σαδὼκ δὲ ἐγέννησεν τὸν Ἀχείμ, Ἀχεὶμ δὲ ἐγέννησεν τὸν Θ
ἐγέννησεν τὸν Σαδώκ, Σαδὼκ δὲ ἐγέννησεν τὸν Ἀχήμ, Ἀχὶμ δὲ ἐγέννησεν τὸν 2
ἐγέννησεν τὸν Σαδώκ, Σαδὼκ δὲ ἐγέννησεν τὸν Ἀχίν, Ἀχὶν δὲ ἐγέννησεν τὸν 157
········ ···· Σαδώκ, Σαδὼκ δὲ ἐγέννησεν τὸν Ἀχίμ, Ἀχὶμ δὲ ἐγέννησεν τὸν 579
ἐγέννησεν τὸν Σαδώκ, Σαδὼκ δὲ ἐγέννησεν τὸν Ἀχίμ, Ἀχὶμ δὲ ἐγέννησεν τὸν L M S Ω f¹ 33
28 1071 1424 **u**

Ἐλιούδ, **15** Ἐλιοὺδ δὲ ἐγέννησεν τὸν Ἐλεάζαρ, Ἐλεάζαρ δὲ ἐγέννησε τὸν Ματθάν, B* Θ **w**
Ἐλιού··, **15** ·········· δ· ἐγ···νη··· τὸν Ἐλεάζαρ, Ἐλε··ζαρ ·······έννησε ···· ν Ματθάν, 𝔓¹
Ἐλιούτ, **15** Ἐλιοὺτ δὲ ἐγέννησεν τὸν Ἐλεάζαρ, Ἐλεάζαρ δὲ ἐγέννησε τὸν Ματθάν, ℵ*
Ἐλιούδ, **15** Ἐλειοὺδ δὲ ἐγέννησεν τὸν Ἐλεάζαρ, Ἐλεάζαρ δὲ ἐγέννησε τὸν Ματθάν, Eᵃ
Ἐλειούδ, **15** Ἐλειοὺδ δὲ ἐγέννησεν τὸν Ἐλεάζαρ, Ἐλεάζαρ δὲ ἐγέννησε τὸν Ματθάν, Eᶜ
Ἐλιούδ, **15** Ἐλιοὺδ δὲ ἐγέννησεν τὸν Ἐλιάζαρ, Ἐλιάζαρ δὲ ἐγέννησε τὸν Ματθάν, 118
Ἐλιούδ, **15** Ἐλιοὺδ δὲ ἐγέννησεν τὸν Ἐλιάζαρ, Ἐλεάζαρ δὲ ἐγέννησε τὸν Ματθάν, 33
Ἐλιούδ, **15** Ἐλιοὺδ δὲ ἐγέννησεν τὸν Ἐλεάζαρ, Ἐλεάζαρ δὲ ἐγέννησε τὸν Ματθάν, Bᶜ ℵᶜ C K L M
P S U W Δ Π Ω f¹ 124 2 28 157 565 579 700 788 1071 1346 1424 **uτ**

Ματθὰν δὲ ἐγέννησεν τὸν Ἰακώβ, **16** Ἰακὼβ δὲ ἐγέννησεν τὸν Ἰωσὴφ B* Θ **w**
Ματθὰ·· ····· ἐγέννησ··ν τὸν ··ακώβ, **16** Ἰακὼβ δὲ ··γέννησε·· τὸν Ἰωσὴφ 𝔓¹
Ματθὰς δὲ ἐγέννησεν τὸν Ἰακώβ, **16** Ἰακὼβ δὲ ἐγέννησεν τὸν Ἰωσὴφ 33
Ματθὰν δὲ ἐγέννησεν τὸν Ἰακώβ, **16** Ἰακὼβ δὲ ἐγέννησεν τὸν Ἰσὴφ 28
Ματθὰν δὲ ἐγέννησεν **16** τὸν Ἰωσὴφ 157
·········· ···· ··γέννησεν τὸν Ἰακώβ, **16** Ἰακὼβ δὲ ·········· ···· Ἰωσὴφ 579
Ματθὰν δὲ ἐγέννησεν τὸν Ἰακώβ, **16** Ἰακὼβ δὲ ἐγέννησεν τὸν Ἰωσὴφ **uτ** rell

τὸν ἄνδρα Μαρίας, ἐξ ἧς ἐγεννήθη Ἰησοῦς ὁ λεγόμενος Χριστός.ᵀ B 118 **uωτ** rell
τὸν ἄνδρα Μ··ίας, ··ξ ἧς ἐγενν··· η Ἰησοῦς ὁ λεγόμενο·· ·········· 𝔓¹
ᾧ μνηστευθεῖσα παρθένος Μαρίας ἐγέννησεν Ἰησοῦν τὸν λεγόμενον Χριστόν. Θ 1346
ἄνδρα Μαρίας, ἐξ ἧς ἐγεννήθη Ἰησοῦς ὁ λεγόμενος Χριστός. Δ
τὸν ἄνδρα Μαρίας, ἐξ ἧς ἐγεννήθη ὁ λεγόμενος Χριστός. 1 1582*
τὸν ἄνδρα Μαρίας, ἐξ ···· ············ Ἰησοῦς ὁ λεγόμενος Χριστός. 579
ᾧ μνηστευθεῖσα παρθένος Μαριὰμ ἐγέννησεν Ἰησοῦν τὸν λεγόμενον Χριστόν. 788

ᵀΜατθαν ο ιερευς εν Βηθλεεμ γεννα θυγατερας τρεις Μαριαν. Σοββη Ανναν η Μαρια γεννα Σαλωμην την μαιαν η Σοββη γεννα την Ελισαβετ η δε Αννα την αγιαν θκον ως ειναι την Ελισαβετ και την αγιαν Μαριαν και Σαλωμην την μαιαν εκ τριων αδελφων θηλιων τον δε προδρομον και την Σαλωμην την γυναικα Ιωσηφ δυο αδελφων αρενων ο Βαραχιας γεννα τον Ζαχαριαν και τον αγγαιον ουτος τον ιω ουτος την Σαλωμην την γυναικα Ιωσηφ του τεκτονος ο δε Ιωσηφ ιξ αυτης γεννα Ιακωβον Σιμωνα Ιουδαν Ιωση Εσθηρ Μαριαν Sᵐᵍ.

δ **17** Πᾶσαι οὖν αἱ γενεαὶ ἀπὸ Ἀβραὰμ ἕως Δαυεὶδ γενεαὶ δεκατέσσαρες, καὶ B W Θ **w**
17 Πᾶσαι ··ὖ· ···· ·········· ··πὸ Ἀβραὰμ ἕως Δαυὶδ γενεαὶ ι̅δ̅, καὶ 𝔓¹ **u**
17 Πᾶσαι οὖν γενεαὶ ἀπὸ Ἀβραὰμ ἕως δα̅δ̅ γενεαὶ δεκατέσσαρες, καὶ Δ
17 Πᾶσαι οὖν αἱ γενεαὶ ἀπὸ Ἀβραὰμ ἕως Δαβὶδ γενεαὶ δεκατέσσαρες, καὶ τ
17 Πᾶσαι οὖν αἱ γενεαὶ ἀπὸ Ἀβραὰμ ἕως δα̅δ̅ γενεαὶ δεκατέσσαρες, καὶ rell

lac. 1.13-17 𝔓⁴⁵ A D F G H Y N Q Γ 13 69

A 14 εγεννησε¹·²·³ K M U Π f¹ 118 124 28 157 565 700 788 1071 1346 **15** εγεννησεν² 𝔓¹ ℵ C E L P S W Δ Θ Ω 2 33 1424 ¦ εγεννησε¹·³ K M U Π f¹ 118 124 28 157 565 700 788 1071 ¦ εγεννησε² U Π f¹ 124 565 1071 **16** εγεννησε¹ K M U Π f¹ 118 124 28 565 700 1071 1346 ¦ εγεννησε² 1346 ¦ των (τον¹) Θ* **17** ε (αι) U

B 16 ι̅ς̅, χ̅ς̅ B 𝔓¹ ℵ C E K L M P S U W Δ Θ Π Ω 118 124 2 33 28 157 565 579 700 1071 1424 ¦ χ̅ς̅ f¹ ¦ ι̅ν̅, χ̅ν̅ 788 1346 **17** ι̅δ̅¹ 𝔓¹ ℵ ¦ ι̅δ̅²·³ 𝔓¹ ℵ W

D 17 β̅ C E K L 1582 2 157 1424 ¦ β̅/ι̅ M U S Π 124 28 700 788 ¦ β̅/ε̅ ℵ ¦ γ̅/β̅ 1071 ¦ Ευ Μθ β̅ : Μκ . : Λο . : Ιω . E ¦ Μθ β̅, γ̅ : Λο β̅ M ¦ Μθ β̅ γ̅ δ̅ : Μρ . : Λο β̅ : ιω . 124

ἀπὸ Δαυεὶδ   ἕως τῆς μετοικεσίας Βαβυλῶνος γενεαὶ <u>δεκατέσσαρες</u>, καὶ ἀπὸ τῆς   B W w
ἀπὸ Δ........   .... μετοικεσίας Βαβυλῶνο·· ·ε........ ιδ̄, ... ἀπὸ τῆς   𝔭¹
ἀπὸ <u>δᾱδ</u>   ἕως   μετοικεσίας Βαβυλῶνος γενεαὶ δεκατέσσαρες, καὶ ἀπὸ τῆς   Δ
ἀπὸ Δαυεὶδ   ἕως τῆς μετοικεσίας <u>Βαβυλόνος</u> γενεαὶ δεκατέσσαρες, καὶ ἀπὸ τῆς   Θ
ἀπὸ <u>δᾱδ</u>   ἕως τῆς μετοικεσ...... ....λῶνος γενεαὶ δεκατέσσαρες, καὶ ἀπὸ τῆς   579
ἀπὸ <u>Δαυὶδ</u>   ἕως τῆς μετοικεσίας Βαβυλῶνος γενεαὶ δεκατέσσαρες, καὶ ἀπὸ τῆς   u
ἀπὸ <u>Δαβὶδ</u>   ἕως τῆς μετοικεσίας Βαβυλῶνος γενεαὶ δεκατέσσαρες, καὶ ἀπὸ τῆς   τ
ἀπὸ <u>δᾱδ</u>   ἕως τῆς μετοικεσίας Βαβυλῶνος γενεαὶ δεκατέσσαρες, καὶ ἀπὸ τῆς   rell

μετοικεσίας Βαβυλῶνος ἕως τοῦ Χριστοῦ γενεαὶ δεκατέσσαρες.   B uw τ rell
μετοικεσίας Βαβυλῶνος ἕως τοῦ Χριστοῦ γενεαὶ ιδ̄.   𝔭¹
μετοικεσίας <u>Βαβυλόνος</u> ἕως τοῦ Χριστοῦ γενεαὶ δεκατέσσαρες.   Θ
μετοικεσίας .... γενεαὶ δεκατέσσαρες.   579

[Cl S I 147.5f εν δε τω κατα Ματθαιον ευαγγελιω η απο Αβρααμ γενεαλογια μεχρι Μαριας της μητρος του κυριου περαιουται· γινονται γαρ, φησιν, <u>απο Αβρααμ εως Δαβιδ γεναι ιδ, και απο Δαβιδ εως της μετοι-κεσιας Βαβυλωνος γενεαι ιδ, και απο της μετοικεσιας Βαβυλωνος εως του Χριστου</u> ομοιως αλλαι <u>γεναι ιδ</u>].

The Annunciation To Joseph And The Birth Of Jesus Christ
(Luke 1.26-31; 2.1-7)

ε̄	18	Τοῦ δὲ	Χριστοῦ Ἰησοῦ	ἡ γένεσις	οὕτως ἦν. μνηστευθείσης		B [w]
	18	Τοῦ δὲ	<u>Ἰησοῦ Χριστοῦ</u>	ἡ γένεσις	οὕτως ἦν. μνηστευθείσης		𝔭¹
	18	Τοῦ δὲ	<u>Ἰησοῦ Χριστοῦ</u>	ἡ γένεσις	οὕτως ἦν. μνηστευθείσης		ℵ f¹ u[w]
	18	Τοῦ δὲ	´Ἰησοῦ Χριστοῦ	ἡ <u>γένεσεις</u>	οὕτως ἦν. μνηστευθείσης		C*
	18	Τοῦ δὲ	<u>Ἰησοῦ Χριστοῦ</u>	ἡ <u>γένεσεις</u>	οὕτως ἦν. μνηστευθείσης	γὰρ	Cᶜ
	18	Τοῦ δὲ	<u>Ἰησοῦ Χριστοῦ</u>	ἡ <u>γένησις</u>	οὕτως ἦν. μνηστευθείσης	γὰρ	P2
	18	Τοῦ δὲ	´Ἰησοῦ Χριστοῦ	ἡ γένεσις	οὕτως ἦν. μνηστευθείσης	γὰρ	S Δ Θ
	18	Τοῦ δὲ	Ἰησου	ἡ <u>γένεσεις</u>	οὕτως ἦν. μνηστευθείσης	γὰρ	W
	18	Τοῦ δὲ	<u>Ἰησοῦ Χριστοῦ</u>	··· ···νησεις	οὕτως ἦν. μνηστευθείσης	γὰρ	579
	18	Τοῦ δὲ	<u>Ἰησοῦ Χριστοῦ</u>	ἡ <u>γέννησις</u>	οὕτως ἦν. μνηστευθείσης		700
	18	Τοῦ δὲ	<u>Ἰησοῦ Χριστοῦ</u>	ἡ <u>γέννησις</u>	οὕτως ἦν. μνηστευθείσης	γὰρ	E K L M U Π Ω 118 124 33 28 157 565 788 1071 1346 1424 τ

τῆς μητρὸς αὐτοῦ Μαρίας τῷ Ἰωσήφ, πρὶν ἢ συνελθεῖν αὐτοὺς εὑρέθη ἐν γαστρὶ ἔχουσα   B uw τ rell
τῆς μητρὸς αὐτοῦ Μ........... τῷ Ἰωσήφ, πρὶν ἢ συν·· λθεῖν αὐτ...... .... ρέ···· ἐν γαστρὶ ἔχουσα   𝔭¹

ἐκ πνεύματος ἁγίου. **19** Ἰωσὴφ δὲ ὁ ἀνὴρ αὐτῆς, δίκαιος ὢν καὶ μὴ θέλων αὐτὴν   B uw τ rell
....**19** .... αν···· ....   𝔭¹

δειγματίσαι, ἐβουλήθη λάθρᾳ ἀπολῦσαι αὐτήν. **20** ταῦτα δὲ αὐτοῦ   B ℵᶜ 1 1582* uw
δειγμα .... ····πολῦ···· .....**20**   𝔭¹
<u>παραδειγματίσαι</u>, ἐβουλήθη λάθρᾳ ἀπολῦσαι αὐτήν. **20** ταῦτα δὲ αὐτοῦ   118 τ rell

---

lac. **1.17-20** 𝔭⁴⁵ A F G H Y N Q Γ 13 69 ¦ vss. 18-20 D

A **17** μετοικισιας¹, μετοικησιας² E ¦ μετοικησιας¹·² K L S U Π Ω 565 **18** ουτος 1071 | ιν (ην) Θ ¦ μνηστευθησης ℵ* ¦ μνηστευθι- σης ℵᶜ C P ¦ μνητευθησις L* ¦ μνηστευθησις Lᶜ ¦ μνηστευθησης Θ 2 565 1424 ¦ μνηστευθησεις 579 | ι (ἢ) K L ¦ συνελθιν ℵ ¦ συλ- θειν Δ ¦ ηυρεθη f¹ | εγγαστρι 124 28 788 **19** παραδιγματισαι ℵ C P W Δ ¦ παραδειγματησαι L ¦ παραδιγματησαι Θ ¦ απολυσε ℵ Θ*

B 17 χ̄ῡ B 𝔭¹ ℵ C E K L M P S U W Δ Θ Π Ω f¹ 118 124 2 33 28 157 565 700 788 1071 1346 1424 **18** ῑῡ χ̄ῡ 𝔭¹ ℵ C E K L M P S U Δ Θ Π Ω f¹ 118 124 2 33 28 157 565 579 700 788 1071 1346 1424 ¦ χ̄ῡ ῑῡ B ¦ ῑῡ W ¦ μ̄ρ̄ς̄ C E L M P S U Π Ω f¹ 118 124 2 33 28 157 565 579 700 788 1071 1346 1424 ¦ π̄ν̄ς̄ B ℵ C E K L M P S U W Δ Θ Π Ω f¹ 118 124 2 33 28 157 565 579 700 788 1071 1346 1424

C **17** υπ εις τον ορθρον 1582 | τελος L 124 157 ¦ τελ τς κ.υ 28 **18** αρχη: ·ωθηναι της χ̄ῡ γενεσεως E | εις τ ορθ τς χ̄ῡ γεν, του ῑῡ χ̄ῡ η γεννησις. ουτως, M ¦ αρχ του ορ.θεις τ χ̄ῡ γεννα Ω ¦ αρχ του ορθ β̄ f¹ ¦ εις τ ορθρ τς χ̄ῡ γεννη του ῑῡ χ̄ῡ f¹ ¦ αρχ εις τ ον ορθ των χυ γενν του ιυ χυ γεννησις ουτως, 118 ¦ εις τ ορθρ τς χ̄ῡ γεννη λ.εγ 124 ¦ αρχ: γ εις τον ορθ τς χυ γενν´ κατς. του δε ῑῡ χ̄ῡ 28 ¦ αρχ: εις τον ορθρον 157 ¦ λ.ε εις τ ορθρ της χυ γεννησε 788 ¦ αρχη 2 1071 1346 1424

D **18** γ̄/ε̄ ℵ M S U Π Ω 124 28 700 788 ¦ γ̄ E K L 1582 2 1424 ¦ β̄ 118 ¦ γ̄/δ̄ 1071¦ Ευ Μθ γ̄ : Μρ . : Λο β̄ : Ιω . E ¦ δ̄/ῑ (αντε μνηστ.) ℵ **19** δ̄ E K L 1582 2 1424 ¦ δ̄/ῑ M S U Π Ω 124 28 700 788 ¦ δ̄/ς̄ 1071 | Ευ Μθ δ̄ : Μκ . : Λο. : Ιω . E **20** δ̄ 157

13

ἐνθυμηθέντος ἰδοὺ ἄγγελος	κυρίου κατ' ὄναρ ἐφάνη	αὐτῷ λέγων,	Ἰωσὴφ υἱὸς	B uwτ rell
·····υμη········	······ ὄναρ	····τῷ········		𝔭¹
ἐνθυμηθέντος ἰδοὺ ἄγγελος	κυρίου ἐφάνη κατ' ὄναρ	αὐτῷ λέγων,	Ἰωσὴφ υἱὸς	W 788
ἐνθυμηθέντος ἰδοὺ ἄγγελος	κυρίου ἐφάνη κατ' ὄναρ	τῷ Ἰωσὴφ λέγων,	υἱὸς	Θ
ἐνθυμηθέντος ἰδοὺ ἄγγελος	κυρίου κατ' ὄναρ φαινεται	αὐτῷ λέγων,	Ἰωσὴφ υἱὸς	124
········· ἰδοὺ ἄγγελος	κυρίου κατ' ὄναρ ·········	······ γων,	Ἰωσὴφ υἱὸς	579
ἐνθυμουμένου ἰδοὺ ἄγγελος	κυρίου κατ' ὄναρ φαινεται	αὐτῷ λέγων,	Ἰωσὴφ υἱὸς	1424

Δαυείδ,	μὴ φοβηθῇς παραλαβεῖν Μαρίαν	τὴν γυναῖκά σου,	τὸ γὰρ ἐν αὐτῇ γεννηθὲν	B [w]
········· ·········	········· παραλαβεῖν Μαριὰμ	τὴν γυναῖκά σου,	τὸ γὰρ ἐν αὐτῇ γεννηθὲν	D
δαδ,	μὴ φοβηθῇς παραλαβεῖν Μαρίαν	τὴν γυναῖκά σου,	τὸ γὰρ ἐν αὐτῇ γεννηθὲν	L f¹
Δαυείδ,	μὴ φοβηθῇς παραλαβεῖν Μαριὰμ	τὴν γυναῖκά σου,	τὸ γὰρ ἐν αὐτῇ γεννηθὲν	W Θ
δαδ,	········· ραλαβεῖν Μαρίαν	τὴν γυναῖκά ·········	···· γὰρ ἐν αὐτῇ γεννηθὲν	579
Δαυίδ,	μὴ φοβηθῇς παραλαβεῖν Μαρίαν	τὴν γυναῖκά σου,	τὸ γὰρ ἐν αὐτῇ γεννηθὲν	u
Δαυείδ,	μὴ φοβηθῇς παραλαβεῖν Μαριὰμ	τὴν γυναῖκά σου,	τὸ γὰρ ἐν αὐτῇ γεννηθὲν	[w]
Δαβίδ,	μὴ φοβηθῇς παραλαβεῖν Μαριὰμ	τὴν γυναῖκά σου,	τὸ γὰρ ἐν αὐτῇ γεννηθὲν	τ
δαδ,	μὴ φοβηθῇς παραλαβεῖν Μαριὰμ	τὴν γυναῖκά σου,	τὸ γὰρ ἐν αὐτῇ γεννηθὲν	ℵ C 𝔐 K M P U

Δ Π 118 124 33 2 28 157 565 700 788 1071 1346 1424

ἐκ πνεύματός ἐστιν ἁγίου·	**21** τέξεται δὲ υἱὸν καὶ καλέσεις τὸ ὄνομα αὐτοῦ Ἰησοῦν,	B uwτ rell
ἐκ πνεύματός ἐστιν ἁγίου·	**21** τέξεται δὲ υἱὸν καὶ καλέσεις τὸ ὄνομα Ἰησοῦν,	ℵ*
ἐκ πνεύματός ἁγίου ἐστιν·	**21** τέξεται δὲ υἱὸν καὶ καλέσεις τὸ ὄνομα αὐτοῦ Ἰησοῦν,	D L
ἐκ πνεύματός ἐστιν ἁγίου·	**21** τέξεται δὲ υἱὸν ········· ········· ·········	P
ἐκ πνεύματός ἐστιν ἁγίου·	**21** τέξεται δὲ υἱὸν καὶ κα········· ···· ·········	Θ
ἐκ πνεύματός ·········	**21** τέξεται δὲ υἱὸν καὶ καλέσεις τὸ ········· Ἰησοῦν,	579
ἐκ πνεύματος ἁγίου·	**21** τέξεται δὲ υἱὸν καὶ καλέσεις τὸ ὄνομα αὐτοῦ Ἰησοῦν,	1346

ᵀαὐτὸς γὰρ σώσει τὸν λαὸν αὐτοῦ ἀπὸ τῶν ἁμαρτιῶν αὐτῶν. **22** Τοῦτο δὲ ὅλον γέγονεν	B uwτ rell
αὐτὸς γὰρ σώσει τὸν λαὸν αὐτοῦ ἀπὸ τῶν ἁμαρτιῶν αὐτοῦ. **22** Τοῦτο δὲ ὅλον γέγονεν	157
αὐτὸς γὰρ σώσει το ········· αὐτοῦ ἀπὸ τῶν ἁμαρ········· **22** ····το δὲ ὅλον γέγονεν	579

ᵀαλλ ο γεννησις και αλλ ο γενεσις και αμφοτερα ληπτα εν οσιοτητι εις χ̅ν̅ Sᵐᵍ

ἵνα πληρωθῇ τὸ ῥηθὲν ὑπὸ	κυρίου διὰ	τοῦ προφήτου λέγοντος,	B ℵ C W Δ 1 1582* 33 788 u w
ἵνα πληρωθῇ τὸ ῥηθὲν ὑπὸ	κυρίου διὰ Ἡσαΐου	τοῦ προφήτου λέγοντος,	D
········· ········· θὲν ὑπὸ τοῦ κυρίου ·········		········· γοντος,	579
ἵνα πληρωθῇ τὸ ῥηθὲν ὑπὸ τοῦ κυρίου διὰ		τοῦ προφήτου λέγοντος,	𝔐 K L M U Π 1582ᶜ 118 124
2			28 157 565 700 1071 1346 1424 τ

23 Ἰδοὺ ἡ παρθένος ἐν γαστρὶ ἕξει καὶ τέξεται υἱόν,	B uwτ rell
23 Ἰδοὺ ἡ παρθ········· ···· ····ξει καὶ τέξ········	579

καὶ καλέσουσιν τὸ ὄνομα αὐτοῦ Ἐμμανουήλ,	B uwτ rell
καὶ καλέσουσιν τὸ ὄνομα Ἐμανουήλ,	ℵ*
καὶ καλέσεις τὸ ὄνομα αὐτοῦ Ἐνμανουήλ,	D
καὶ καλέσεις τὸ ὄνομα αὐτοῦ Ἐμμανουήλ,	2*
········· ὄνομα αὐτοῦ Ἐμμανουήλ,	579

ὅ ἐστιν μεθερμηνευόμενον **Μεθ' ἡμῶν ὁ θεός.** ϛ **24** ἐγερθεὶς δὲ ὁ	B C* 1 1582* u[w]
ὅ ἐστιν μεθερμηνευόμενον **Μεθ' ἡμῶν ὁ θεός.** **24** ἐγερθεὶς δὲ	ℵ [w]
ὅ ἐστιν μεθερμηνευόμενον **Μεθ' ἡμῶν ὁ θεός.** **24** διεγερθεὶς δὲ	K S Δ 124 2ᶜ 28 157 565 700 788 1346
ὅ ἐστιν μεθερ········· ········· **24** ········· ···· ···	1424 [↓33 579 1071
ὅ ἐστιν μεθερμηνευόμενον **Μεθ' ἡμῶν ὁ θεός.** **24** διεγερθεὶς δὲ ὁ	Cᶜ D E L M U W Π Ω 1582ᶜ 118 2*

---

lac. 1.20-24 𝔭⁴⁵ A F G H Y P Q Γ Θ 13 69 ¦ vss. 23-24 N ¦ vss. 21-22 Θ ¦ vss. 21-22 P

A 20 ενθυμιθεντος 2 ¦ εφανει U 1071 ¦ εφαν Δ ¦ φοβηθεις L 118 28 788 1424 ¦ φοβειθης 124 ¦ παραλαβην 2 ¦ γενηθεν K Δ **21** τεξετε L ¦ καλεσει L* ¦ καλεσις W ¦ σωσι ℵ **23** παρνος L* 124* 28* ¦ παρθνος Lᶜ 28ᶜ ¦ παθρνος 124ᶜ ¦ καλεσουσι K M S U f¹ 118 28 157 700 788 1346 ¦ εγγαστρι 124 28 788 ¦ εξι ℵ ¦ εξη L 1424 ¦ τεξετε ℵ* D L ¦ εστι K U Ω f¹ 118 124 28 157 565 700 788 1346 ¦ μεθερμινευομενον L ¦ διερθεις E* ¦ γυνεκα ℵ

B 20 κ̅υ̅ B ℵ C E K L M P S U W Δ Π Ω 1582 118 124 2 33 28 157 565 579 700 788 1071 1346 1424 ¦ υ̅ς̅ L M S Π 2 565 1424 ¦ πν̅ς̅ B ℵ C D E K L M P S U W Δ Θ Π Ω f¹ 118 124 2 33 28 157 565 579 700 788 1071 1346 1424 **21** υ̅ν̅ C E K L M U Π Ω 2 33 28 565 579 700 1071 1424 ¦ ι̅υ̅ ℵ C E K L M S U W Δ Π Ω f¹ 118 124 2 33 28 157 565 579 700 788 1071 1346 1424 ¦ ι̅η̅ν̅ D **22** κ̅υ̅ B ℵ C D E K L M S U W Δ Π Ω f¹ 118 124 2 33 28 157 565 579 700 788 1071 1346 1424 **23** ο̅ν̅ ℵ C E L M S U Δ Π Ω 2 33 28 565 700 1071 1424 ¦ θ̅ς̅ B ℵ C D E K L M S U W Δ Π Ω f¹ 118 124 2 33 28 157 565 579 700 788 1071 1346

C 23 Ησαιου M

Ἰωσὴφ ἀπὸ τοῦ ὕπνου ἐποίησεν ὡς προσέταξεν αὐτῷ ὁ ἄγγελος κυρίου καὶ παρέλαβεν τὴν   B **uwτ** rell

.... ·· ποίησεν ὡς προσέταξεν αὐτῷ ὁ ἄγγελος κυρίου καὶ παρέλαβεν τὴν   N

    ἀπὸ τοῦ ὕπνου ἐποίησεν ὡς προσέταξεν αὐτῷ ὁ ἄγγελος κυρίου καὶ παρέλαβεν τὴν   700

γυναῖκα αὐτοῦ·	**25** καὶ οὐκ ἐγείνωσκεν	αὐτὴν ἕως	ἔτεκεν	B*
γυναῖκα αὐτοῦ·	**25** καὶ οὐκ ἐγείνωσκεν	αὐτὴν ἕως οὗ	ἔτεκεν	Bᶜ
γυναῖκα ἑαυτοῦ·	**25** καὶ οὐκ ἐγίνωσκεν	αὐτὴν ἕως οὗ	ἔτεκεν	אᶜ
γυναῖκα αὐτοῦ·	**25** καὶ οὐκ ἔγνω	αὐτὴν ἕως οὗ	ἔτεκεν	D
γυναῖκα αὐτοῦ·	**25** καὶ οὐκ ἐγίνωσκεν	αὐτὴν ἕως	ἔτεκεν	[**w**]
γυναῖκα αὐτοῦ·	**25** καὶ οὐκ ἐγίνωσκεν	αὐτὴν ἕως οὗ	ἔτεκεν	א* C 𝔐 K L M N U W Δ Π f¹ 124 2 33 28

                                                                         157 565 579 700 788 1071 1346 **u**[**w**]τ

υἱόν·		καὶ ἐκάλεσεν τὸ ὄνομα αὐτοῦ Ἰησοῦν.	B א 1 1582* 33 788 **u w**
τὸν υἱόν·	τὸν πρωτότοκον·	καὶ ἐκάλεσεν τὸ ὄνομα αὐτοῦ Ἰησοῦν.	L
τὸν υἱὸν αὐτῆς	τὸν πρωτότοκον	καὶ ἐκάλεσεν τὸ ὄνομα αὐτοῦ Ἰησοῦν.	C D 𝔐 K M N W Δ Π 1582ᶜ 118

                                                                        124 28 157 565 579 700 1071 1346 τ

ᾱ   περὶ τῶν μάγων

The Wise Men From The East

ζ **2.1** Τοῦ δὲ Ἰησοῦ	γεννηθέντος ἐν Βηθλέεμ τῆς Ἰουδαίας ἐν ἡμέραις		B **uwτ** rell
2.1 Τοῦ δὲ Ἰησοῦ	γεννηθέντος ἐν Βιθλήεμ τῆς Ἰουδαίας ἐν ἡμέραις		L*
2.1 Τοῦ δὲ Ἰησοῦ	γεννηθέντος ἐν Βιθλέεμ τῆς Ἰουδαίας ἐν ἡμέραις		Lᶜ 1071
2.1 Τοῦ Ἰησοῦ	γεννηθέντος ἐν Βηθλέεμ τῆς Ἰουδαίας ἐν ἡμέραις		M*
2.1 Τοῦ δὲ Ἰησοῦ Χριστοῦ	γεννηθέντος ἐν Βιθλέεμ τῆς Ἰουδαίας ἐν ἡμέραις		Ω
2.1 .... Ἰησοῦ	γεννηθέντος ἐν Βηθλέεμ τῆς Ἰουδαίας		579
2.1 Τοῦ δὲ Ἰησοῦ Χριστοῦ	γεννηθέντος ἐν Βηθλέεμ τῆς Ἰουδαίας ἐν ἡμέραις		1346

                                                                   [↓700 788 1071 1346 **uwτ**

Ἡρῴδου τοῦ βασιλέως, ἰδοὺ μάγοι ἀπὸ ἀνατολῶν παρεγένοντο εἰς Ἱεροσόλυμα		B א Cᶜ M f¹ 124 2ᶜ 33 157
Ἡρῴδους τοῦ βασιλέως, ἰδοὺ μάγοι ἀπὸ ἀνατολῶν παρεγένοντο εἰς Ἱεροσόλυμα		D
Ἡρῴδου τοῦ βασιλέως, ἰδοὺ μά······ ······λῶν παρεγένοντο εἰς Ἱερουσαλημ	579	[↓28 565
Ἡρῴδου τοῦ βασιλέως, ἰδοὺ μάγοι ἀπὸ ἀνατολῶν παρεγένοντο εἰς Ἱερουσαλημ		C* 𝔐 K L N U W Δ Π 2*

2 λέγοντες, Ποῦ ἐστιν ὁ τεχθεὶς βασιλεὺς τῶν Ἰουδαίων; εἴδομεν γὰρ αὐτοῦ τὸν	B **uwτ** rell
2 λέγοντες, Ποῦ ἐστιν ὁ τεχθεὶς βασιλεὺς τῶν Ἰουδαίων; εἴδωμεν γὰρ αὐτοῦ τὸν	L M
2 Ποῦ ἐστιν ὁ τεχθεὶς βασιλεὺς τῶν Ἰουδαίων; εἴδομεν γὰρ αὐτοῦ τὸν	2*
2 ·············· Ποῦ ἐστιν ὁ τεχθεὶς βασιλεὺς ·········· ··········μεν γὰρ αὐτοῦ τὸν	579

ἀστέρα ἐν τῇ ἀνατολῇ καὶ ἤλθομεν προσκυνῆσαι αὐτῷ.	**3** ἀκούσας δὲ	B **uwτ** rell
ἀστέρα ······ ······ ····· ἤλθομεν προσκυνῆσαι	**3** ··········	579
ἀστέραν τῇ ἀνατολῇ καὶ ἤλθομεν προσκυνῆσαι αὐτῷ.	**3** ἀκούσας δὲ	א*
ἀστέρα ἐν τῇ ἀνατολῇ καὶ ἤλθομεν προσκυνῆσαι αὐτόν.	**3** ἀκούσας δὲ	Δ 157

ὁ βασιλεὺς Ἡρῴδης	ἐταράχθη καὶ πᾶσα	Ἱεροσόλυμα μετ' αὐτοῦ,	**4** καὶ B א f¹ 124 157 788 **uw**
ὁ βασιλεὺς Ἡρῴδης	ἐταράχθη καὶ	Ἱεροσόλυμα μετ' αὐτοῦ,	**4** καὶ D
Ἡρῴδης ὁ βασιλεὺς	ἐταράχθη καὶ πᾶσα ἡ	Ἱεροσόλυμα μετ' αὐτοῦ,	**4** καὶ N
Ἡρῴδης ὁ βασιλεὺς	ἐ·········· ······ ·····	Ἱεροσόλυμα μετ' αὐτοῦ,	**4** ······ 579 [↓28 565 700 1071 1346 τ
Ἡρῴδης ὁ βασιλεὺς	ἐταράχθη καὶ πᾶσα	Ἱεροσόλυμα μετ' αὐτοῦ,	**4** καὶ C 𝔐 K L M U W Δ Π 118 2 33

---

lac. **1.24-2.4** 𝔭⁴⁵ A F G H Y P Q Γ Θ 13 69 1424 ¦ vs. 24 N

A **24** παρελαβε M U 1582 118 157 565 700ᶜ 788 **25** εγινοσκεν 2* ¦ ετεκε U 1582 118 157 700ᶜ 1346 ¦ το (τον) 28 ¦ εκαλεσε M U 157 565 788 ¦ ονομ E* **2.1** ιμεραις 2* ¦ ειδου D¦ ανατωλων 1071 ¦ παραγενοντο L ¦ ις (εις) א* **2** τεχθης 2* ¦ τεχθις 2ᶜ ¦ ιδομεν א* C E K N W Π 124 33 788 1071 ¦ ειδωμεν L ¦ ιδωμεν M **3** κα (και) D* ¦ πασσα L

B **24** κυ̅ B א C D E K L M N S U W Δ Π Ω f¹ 118 2 33 28 157 565 579 700 788 1071 1346 **25** ιν̅ C E K L M N S U Π Ω 2 33 28 565 579 700 1071 ¦ ιν̅ B א C E K M N S U W Δ Π Ω f¹ 118 33 28 157 565 579 700 788 1071 1346 ¦ ιη̅ν D **2.1** ιυ̅ B א C E K L M N S U W Δ Π Ω f¹ 118 124 2 33 28 157 565 579 700 788 1071 1346 ¦ ιη̅υ D ¦ χυ̅ Ω 1346 ¦ ιλη̅μ C E K L N U Π 28 565 579

C **25** τελος (post ιν̅) E S Π Ω 1582 2 157 788 ¦ τελ του β̅ 1 ¦ τελ του ορθ 28 **2.1** χυ̅ γε νις D ¦ αρχη: περι των μαγων: τας αγιας χυ̅ γενεσεως E ¦ ᾱ περι των μαγων K M S U Π Ω 1 124 2 28 157 565 700 788 ¦ ᾱ πε των μαγων της χυ̅ γεννησεως 1582 ¦ ᾱ περι των μαγ + εις τ ορθς τς χν̅ γεννη 1071 ¦ αρχ ...υ̅ γεννα L ¦ Μθ̅ ·· εις εμβρ,ω κε̅ ·· ειτουργι·· χυ̅ γεν, ·υ ιυ̅ γεν,νηθεντος εν βιθλ, M ¦ εις τ γενναν του χυ̅ S ¦ αρχ Π̅ ¦ αρχ εις τ χυ̅ γενν, (γενναν 124 788) Ω 124 788 ¦ αρχ γ̅ εις τ λειτουργ τς χυ̅ γεννη· του ιυ̅ γεννη 1 ¦ αρχ εις τον λ,τ του ιυ̅ γεννηθεντος εν βηθλεεμ μην δ̅ μρ, κε̅ 118 ¦ αρχ γ̅ τς αγιου χυ̅ γεννησεως 2¦ εις την λειτ 1582 ¦ αρχ: ξ̅ εις τ λ,τρ, την χυ̅ γεννησ του δε ιυ̅ πνηθ 28 ¦ αρχ εις τ ζ̅ ε λειτουρ 157 ¦ αρχ: εις τ λειτου τς χυ̅ γεννη 1071

D **2.1** ε̅ L 2 1582 ¦ ε̅/ζ̅ 700 ¦ γ̅ 118 **4** ε̅/ζ̅ E 28 ¦ Ευ Μθ ε̅ ¦ Μρ . : Λο . : Ιω πγ̅ E

συναγαγὼν πάντας τοὺς ἀρχιερεῖς καὶ | γραμματεῖς τοῦ λαοῦ ἐπυνθάνετο | B uwτ rell
συναγαγὼν πάντας τοὺς ἀρχιερεῖς καὶ τοὺς | γραμματεῖς τοῦ λαοῦ ἐπυνθάνετο | N
συναγαγὼν πάντας τοὺς ἱερεῖς   καὶ | γραμματεῖς τοῦ λαοῦ ἐπινθάνετο | Δ
....τας τοὺς ἀρχιερεῖς ...... | .... λαοῦ ἐπυνθάνετο | 579

παρ' αὐτῶν ποῦ ὁ Χριστὸς γεννᾶται. 5 οἱ δὲ εἶπαν αὐτῷ, Ἐν Βηθλέεμ τῆς Ἰουδαίας· | B ℵ uw
               ποῦ ὁ Χριστὸς γεννᾶται. 5 οἱ δὲ εἶπον αὐτῷ, Ἐν Βηθλέεμ τῆς Ἰουδαίας· | D
παρ' αὐτῶν ποῦ ὁ Χριστὸς γεννᾶται. 5 οἱ δὲ .... τῷ, Ἐν Βηθλέεμ τῆς Ἰου........ | 33
.... γεννᾶται. 5 οἱ δὲ εἶ............ τῆς Ἰουδαίας· | 579
παρ' αὐτῶν ποῦ ὁ Χριστὸς γεννᾶται. 5 οἱ δὲ εἶπον αὐτῷ, Ἐν Βιθλέεμ τῆς Ἰουδαίας· | E L M Ω 2* 1071
παρ' αὐτῶν ποῦ ὁ Χριστὸς γεννᾶται. 5 οἱ δὲ εἶπον αὐτῷ, Ἐν Βηθλέεμ τῆς Ἰουδαίας· | τ rell

οὕτως γὰρ γέγραπται διὰ τοῦ προφήτου· | B uw rell
οὕτως   γέγραπται διὰ τοῦ προφήτου· | L 788
οὕτως .... προφήτου· | 579
οὕτω γὰρ γέγραπται διὰ τοῦ προφήτου· | τ

6   Καὶ σύ, Βηθλέεμ γῆ   Ἰούδα, | B uwτ rell
6   Καὶ σύ, Βηθλέεμ τῆς   Ἰουδαίας, | D
6   Καὶ σύ, Βιθλέεμ γῆ   Ἰούδα, | L Ω 2* 1071
6   .... λέεμ γῆ   Ἰούδα, | 33
6   Καὶ σύ, Βη........ .... | 579

οὐδαμῶς ἐλαχίστη εἶ | ἐν τοῖς ἡγεμόσιν Ἰούδα· | B uwτ rell
μὴ   ἐλαχίστη εἶ | ἐν τοῖς ἡγεμόσιν Ἰούδα· | D
om. | | E*
οὐδαμῶς ἐλαχίστη εἴη | ἐν τοῖς ἡγεμόσιν Ἰούδα· | E^c
.... μῶς ἐλαχίστη εἶ | .... | 579

ἐξ σοῦ γὰρ   ἐξελεύσεται ἡγούμενος, | B*
ἐξ οὗ   ἐξελεύσεται ἡγούμενος, | ℵ*
ἐξ οὗ γὰρ   ἐξελεύσεται ἡγούμενος, | ℵ^c 565
ἐξ οὗ γάρ μοι ἐξελεύσεται ἡγούμενος, | C
ἐκ οὗ γὰρ   ἐξελεύσεται ἡγούμενος, | D*
ἐκ σοῦ γάρ μοι ἐξελεύσεται ἡγούμενος, | K 28 157
ἐκ σοῦ   μοι ἐξελεύσεται ἡγούμενος, | 2
ἐκ σ........ .... ται ἡγούμενος, | 33
ἐκ οὗ γάρ μοι ἐξε........ .... | 579   [↓1346 uwτ
ἐκ σοῦ γὰρ   ἐξελεύσεται ἡγούμενος, | B^c D^c 𝔐 L M N U WΔ Π f^1 124 700 788 1071

ὅστις ποιμανεῖ τὸν λαόν μου τὸν Ἰσραήλ. | B uwτ rell
ὅσ...... .... εἶ τὸν λαόν μου τὸν Ἰσραήλ. | 33
...... τις ποιμανεῖ τὸν .... | 579

η̄ 7 Τότε Ἡρῴδης λάθρα καλέσας τοὺς μάγους ἠκρείβωσεν παρ' αὐτῶν τὸν χρόνον τοῦ | B uwτ rell
   7 Τότε Ἡρῴδης λάθρα καλέσας τοὺς μάγους ἠκρείβασεν παρ' αὐτῶν τὸν χρόνον τοῦ | D
   7 Τότε Ἡρῴδη λάθρα καλέσας τοὺς μάγους ἠκρίβωσεν παρ' αὐτῶν τὸν χρόνον τοῦ | L*
   7 Τότε Ἡρῴδης .... | N
   7 Τότε Ἡρῴδης λάθρα καλέσας τοὺς μάγους ἠκρίβωσεν παρ' αὐτῶν τὸν χρόνον τοῦ | 124
   7 Τότε Ἡ.......... .....αλέσας τοὺς μάγους .... εν παρ' αὐτῶν τὸν χρόνον τοῦ | 33
   7 Τότε Ἡρῴδης λάθρα καλέσας τοὺς μάγους ἠκρίβωσε παρ' αὐτῶν τὸν χρόνον τοῦ | 118 700 788
   7 .... αλέσας τοὺς μά.......... .... ὦν τὸν χρόνον ...... | 579
   7 Τότε Ἡρῴδης λάθρα καλέσας τοὺς μάγους ἐκρύβωσε παρ' αὐτῶν τὸν χρόνον τοῦ | 1346

lac. 2.4-7 𝔓^45 A F G H Y P Q Γ Θ 13 69 1424 ¦ vs. 7 N

A 4 γραμματις W ¦ γραμματης S* ¦ γεννατε ℵ* L 2* 28 5 εμ (εν) N Ω ¦ ουτος Ω 6 ελαχηστη E^c ¦ ελαχειστη W ¦ η (ει) E^c 28 ¦ τους (τοις) Δ ¦ ηγεμωσιν L 2 28 1346 ¦ εξελευσετε L ¦ ποιμανι ℵ* ¦ ποιμενει D 7 ηκριβωσεν uwτ all exc. B ¦ ηκριβωσε K M S U Π f^1 118 157 1071

B 4 χ̅ς̅ B ℵ C E K L M N S U WΔ Π Ω f^1 118 124 2 33 28 157 565 700 788 1071 1346 ¦ χ̅ρ̅ς̅ D 6 ιη̅λ̅ ℵ C E K L M N S U Δ Π Ω f^1 118 124 2 28 157 565 700 788 1071 1346

C 5 αρχη: D [Dec. 25· κατα Ματθαιον 2.1-12] 6 Ησαιου ℵ ¦ Μηχαιου M 7 αρχη: D [sub τιτλο Dec 25 κατα Ματθαιον 2:1-12] ¦ α περι των μαγων Δ

D 5 ε̅ D K ¦ ε̅/ζ̅ M U Π Ω 124 788 ¦ ε̅/ι̅ 1071 ¦ Μθ ε̅ : Ιω π̅γ̅ M ¦ ε̅/ζ̅ (ante ουτως) ℵ 6 ε̅/ζ̅ S 7 ϛ̅/ι̅ ℵ U Π 124 700 788 1346 ¦ ϛ̅ D E K ¦ β̅/ϛ̅ f^1 ¦ Ευ Μθ ϛ̅ ¦ Μρ . : Λο . : Ιω . E ¦ Μθ ε̅ . : Μρ . : Λο . : Ιω π̅γ̅ 124

φαινομένου ἀστέρος, **8** καὶ πέμψας αὐτοὺς εἰς Βηθλέεμ εἶπεν,   Πορευθέντες   B **uwτ** rell
φαινομένου ἀστέρος, **8** καὶ πέμψας αὐτοὺς εἰς <u>Βεθλέεμ</u> εἶπεν <u>αὐτοῖς</u>,   Πορευθέντες   D
φαινομένου ἀστέρος, **8** καὶ πέμψας αὐτοὺς εἰς <u>Βιθλέεμ</u> εἶπεν,   Πορευθέντες   L Ω
φαινομένου ἀστέρος, **8** καὶ πέμψας αὐτοὺς <u>ἐν</u> Βηθλέεμ εἶπεν,   Πορευθέντες   2
φαινομ⋯⋯ **8**⋯⋯ ⋯⋯ ⋯⋯εμ εἶπεν,   Πορευθέντες   33
φαινομένου ἀστέρος, **8** καὶ πέμψας αὐτοὺς   εἶπεν,   Πορευθέντες   28*
φαινομένου ἀστέρος, **8** καὶ πέμψας αὐτοὺς <u>εἶπεν εἰς Βηθλέεμ</u>,   Πορευθέντες   28ᶜ
⋯⋯ ⋯⋯ ρος, **8** καὶ πέμψας ⋯⋯ ⋯⋯ εἶπεν,   Πορευθέντες   579
φαινομένου ἀστέρος, **8** καὶ πέμψας αὐτοὺς εἰς Βηθλέεμ εἶπεν <u>αὐτοῖς</u>,   Πορευθέντες   1071

ἐξετάσατε ἀκριβῶς περὶ τοῦ παιδίου· ἐπὰν δὲ εὕρητε ἀπαγγείλατέ μοι, ὅπως B
ἐξετάσατε <u>ἀκριβῶς</u> περὶ τοῦ παιδίου· ἐπὰν δὲ εὕρητε ἀπαγγείλατέ μοι, ὅπως ℵ C* *f*¹ 157 788 **uw**
ἐξετάσατε ἀκριβῶς περὶ τοῦ παιδίου· <u>ὅταν</u> δὲ εὕρητε <u>ἀπαγγείλαταί</u> μοι, ὅπως D*
ἐξετάσατε ἀκριβῶς περὶ τοῦ παιδίου· <u>ὅταν</u> δὲ εὕρητε <u>ἐπαγγείλαταί</u> μοι, ὅπως Dᶜ
ἐξετάσατε <u>ἀκριβῶς</u> περὶ τοῦ παιδίου· ἐπὰν δὲ εὕρητε <u>ἀναγγείλατέ</u> μοι, ὅπως 124
ἐξετάσα⋯⋯ ⋯⋯ ⋯⋯ τε ἀπαγγείλατέ μοι, ὅπως 33
⋯⋯ ⋯⋯ περὶ τοῦ παιδίου· ἐπὰν δὲ εὕρητε ἀπαγγείλατέ μοι, ὅπως 579
<u>ἀκριβῶς</u> <u>ἐξετάσατε</u> περὶ τοῦ παιδίου· ἐπὰν δὲ εὕρητε ἀπαγγείλατέ μοι, ὅπως Cᶜ 𝔐 K L M U W Δ Π
118   2 28 565 700 1071 1346 τ

κἀγὼ ἐλθὼν προσκυνήσω αὐτῷ. **9** οἱ δὲ ἀκούσαντες   τοῦ βασιλέως ἐπορεύθησαν, B **uwτ** rell
κἀγὼ ε⋯⋯⋯ **9**⋯⋯ ⋯⋯   τοῦ βασιλέως ἐπορεύθησαν, 33
κἀγὼ ἐλθὼν <u>προσκυνήσωι</u> <u>αὐτό</u>. **9** οἱ δὲ ἀκούσαντες   τοῦ βασιλέως ἐπορεύθησαν, 700
κἀγὼ ἐλθὼν προσκυνήσω αὐτῷ. **9** οἱ δὲ ἀκούσαντες <u>παρὰ</u> τοῦ βασιλέως ἐπορεύθησαν, 1071

καὶ ἰδοὺ ὁ ἀστὴρ ὃν εἶδον ἐν τῇ ἀνατολῇ προῆγεν αὐτοὺς ἕως ἐλθὼν ἐστάθη ἐπάνω B ℵ C D *f*¹ **uw**
καὶ ἰδοὺ ἀστὴρ ὃν εἶδον ἐν τῇ ἀνατολῇ προῆγεν αὐτοὺς ἕως ἐλθὼν <u>ἔστη</u> ἐπάνω L
κ⋯⋯ ⋯⋯⋯ ⋯⋯⋯τοὺς ἕως ἐλθὼν ἐστάθη ἐπάνω 33
καὶ ἰδοὺ ὁ ἀστὴρ ὃν εἶδον ἐν τῇ ἀνατολῇ προῆγεν αὐτοὺς ἕως ἐλθὼν <u>ἔστη</u> ἐπάνω 𝔐 K M U W Δ Π
                                         118 124 2 28 157 565 579 700 788 1071 1346 τ

οὗ ἦν τὸ παιδίον. **10** ἰδόντες δὲ τὸν ἀστέρα ἐχάρησαν χαρὰν μεγάλην σφόδρα. B **uwτ** rell
οὗ ἦν τὸ παιδίον. **10** ἰδόντες δὲ τὸν <u>ἀστέραν</u> ἐχάρησαν χαρὰν μεγάλην σφόδρα. ℵ* C
<u>τοῦ παιδίου</u>. **10** ἰδόντες δὲ τὸν ἀστέρα ἐχάρησαν χαρὰν μεγάλην σφόδρα. D
⋯⋯ ⋯⋯ **10** ⋯⋯⋯ ⋯⋯⋯ χαρὰν μεγάλην σφόδρα. 33
οὗ ἦν τὸ παιδίον. **10** <u>οἱ</u> <u>δὲ</u> <u>ἰδόντες</u> τὸν ἀστέρα ἐχάρησαν χαρὰν μεγάλην σφόδρα. 28

11 καὶ ἐλθόντες εἰς τὴν οἰκίαν εἶδαν τὸ παιδίον μετὰ Μαρίας τῆς μητρὸς αὐτοῦ, B*
11 καὶ ἐλθόντες εἰς τὴν οἰκίαν <u>εἶδον</u> <u>τὸν</u> <u>παῖδα</u> μετὰ Μαρίας τῆς μητρὸς αὐτοῦ, D
11 καὶ ἐλθόντες εἰς τὴν οἰκίαν <u>εὗρον</u> τὸ παιδίον μετὰ Μαρίας τῆς μητρὸς αὐτοῦ, 2ᶜ τ
11 καὶ ἐλθόντες εἰς τὴν οἰκίαν <u>εἶδον</u> τὸ παιδίον μετὰ Μαρίας τῆς μητρὸς αὐτοῦ, **uw** rell

καὶ πεσόντες προσεκύνησαν αὐτῷ, καὶ ἀνοίξαντες τοὺς θησαυροὺς αὐτῶν προσήνεγκαν αὐτῷ δῶρα,

χρυσὸν καὶ λίβανον καὶ σμύρναν. **12** καὶ χρηματισθέντες κατ’ ὄναρ μὴ ἀνακάμψαι πρὸς B **uwτ** rell
χρυσὸν καὶ λίβανον καὶ <u>ζμύρναν</u>. **12** καὶ χρηματισθέντες κατ’ ὄναρ μὴ ἀνακάμψαι πρὸς D W*

Ἡρῴδην, δι’ ἄλλης ὁδοῦ ἀνεχώρησαν εἰς τὴν χώραν αὐτῶν. B **uwτ** rell
Ἡρῴδην, δι’ ἄλλης ὁδοῦ ἀνεχώρησαν εἰς τὴν <u>ἑαυτῶν</u> <u>χώραν</u>. ℵ* *f*¹ 157
Ἡρῴδην, δι’ ἄλλης ὁδοῦ ἀνεχώρησαν εἰς τὴν <u>αὐτῶν</u> <u>χώραν</u>. ℵᶜ
Ἡρῴδην, δι’ ἄλλης ὁδοῦ ἀνεχώρησαν εἰς τὴν χώραν <u>αὐτῷ</u>. L
Ἡρῴδην, <u>ἃ</u> ἄλλης ὁδοῦ ἀνεχώρησαν εἰς τὴν χώραν αὐτῶν. Δ
Ἡρῴδην, δι’ ἄλλης ὁδοῦ ἀνεχώρησαν εἰς τὴν χώραν. 579

---

lac. 2.7-12 𝔓⁴⁵ A F G H Y N P Q Γ Θ 13 69 1424

A **7** φενομενου 1071 **8** ειπε 118 157 1346 | εξετασαται D | ακριβως αλλ εξ. B D | παρι M* | πεδιου ℵ | ευρηται W 157 | ευριται Δ | απαγγιλατε ℵ | απαγγειλαται D* W | απαγγλατε 2 | αυτο 157 **9** ακουσαν D* | ιδον ℵ* C K Δ Π Ω 124 | επανωι 700 | παιδιων 2* 1071 **10** εχαρισαν E K | εεχαρησαν M | μεγαλιν Ω **11** οικειαν D W | ιδον ℵ* C E K W Π 124 33 | αυτο¹ 157 | ανιξαντες 2* | θησαυρους D **12** χρηματισθεντες ⋯⋯ M | ανεχωρισαν K

B **11** μ̅ρ̅ς̅ C E K L M S U Π Ω *f*¹ 118 124 2 33 28 157 565 579 700 788 1071 1346

C **12** τελος (post αυτων) E S Π 118 124 2 157 788 1071 1346 | τελος ... των μαγων L | τελ τς λειτ *f*¹

The Child Jesus In Egypt

θ̄ 13 Ἀναχωρησάντων δὲ αὐτῶν   εἰς τὴν χώραν αὐτῶν   ἰδοὺ ἄγγελος   B
   13 Ἀναχωρησάντων δὲ   <u>τὸν μάγον</u>   ἰδοὺ ἄγγελος   C³
   13 <u>Αὐτῶν δὲ ἀναχωρησάντων</u>   ἰδοὺ ἄγγελος   D*·² 700
   13 <u>Αὐτῶν δὲ ἀναχωρησάντων</u>   τὸν μάγον   ἰδοὺ ἄγγελος   D¹
   13 Ἀναχωρησάντων   <u>τῶν μάγων</u>   ἰδοὺ ἄγγελος   2ᶜ
   13 Ἀναχωρησάντων δὲ αὐτῶν   ἰδοὺ ἄγγελος   ℵ C* 𝔐 K L M U W Δ Π f¹ 124
2*   33 28 157 565 579 788 1071 1346 u wt

κυρίου κατ᾽ ὄναρ   ἐφάνη τῷ Ἰωσὴφ   λέγων, Ἐγερθεὶς παράλαβε τὸ παιδίον   B [w]
κυρίου φαίνεται κατ᾽ ὄναρ τῷ Ἰωσὴφ   λέγων, Ἐγερθεὶς παράλαβε τὸν παῖδα   D
κυρίου κατ᾽ ὄναρ φαίνεται τῷ Ἰωσὴφ   λέγων, Ἐγερθεὶς παράλαβε τὸ παιδίον   C K Π 33 157 700 1071
κυρίου φαίνεται τῷ Ἰωσὴφ κατ᾽ ὄναρ   λέγων, Ἐγερθεὶς παράλαβε τὸ παιδίον   W
κυρίου φαίνεται κατ᾽ ὄναρ τῷ Ἰωσὴφ   λέγων, Ἐγερθεὶς παράλαβε τὸν παιδίον   Δ
κυρίου φαίνεται κατ᾽ ὄναρ τῷ Ἰωσὴφ   λέγων, Ἐγερθεὶς παράλαβε τὸ παιδίον   ℵ 𝔐 L M U f¹ 124 2 28
                                                                              565 579 788 1346 u[w]τ

καὶ τὴν μητέρα αὐτοῦ καὶ φεῦγε εἰς Αἴγυπτον, καὶ ἴσθι ἐκεῖ ἕως ἂν εἴπω σοι·   B uwt rell
καὶ τὴν μητέρα αὐτοῦ καὶ φεῦγε εἰς Αἴγυπτον, καὶ ἴσθι ἐκεῖ ἕως ἂν <u>σοι εἴπω</u>·   D
καὶ τὴν μητέρα αὐτοῦ καὶ φεῦγε εἰς <u>Αἴγυπον</u>, καὶ ἴσθι ἐκεῖ ἕως ἂν εἴπω σοι·   L

μέλλει γὰρ   Ἡρῴδης ζητεῖν τὸ   παιδίον   τοῦ ἀπολέσαι αὐτό.   14 ὁ δὲ   ἐγερθεὶς   B uwt rell
μέλλει γὰρ   Ἡρῴδης ζητεῖν <u>τὸν   παῖδα</u>   τοῦ ἀπολέσαι <u>αὐτόν.</u>   14 ὁ δὲ   <u>διεγερθεὶς</u>   D
μέλλει γὰρ   Ἡρῴδης ζητεῖν τὸ   παιδίον   τοῦ ἀπολέσαι <u>αὐτῷ.</u>   14 ὁ δὲ   ἐγερθεὶς   K 28 1071
μέλλει γὰρ <u>ὁ</u>   Ἡρῴδης ζητεῖν τὸ   παιδίον   τοῦ ἀπολέσαι <u>αὐτῷ.</u>   14 ὁ δὲ   ἐγερθεὶς   L*
μέλλει γὰρ <u>ὁ</u>   Ἡρῴδης ζητεῖν τὸ   παιδίον   τοῦ ἀπολέσαι αὐτό.   14 ὁ δὲ   ἐγερθεὶς   Lᶜ
<u>μέλει</u> γὰρ   Ἡρῴδης ζητεῖν τὸ   παιδίον   τοῦ ἀπολέσαι <u>αὐτῷ.</u>   14 ὁ δὲ   ἐγερθεὶς   2*
μέλλει γὰρ   Ἡρῴδης ζητεῖν τὸ   παιδίον   τοῦ ἀπολέσαι αὐτό.   14 ὁ δὲ   <u>διεγερθεὶς</u>   33
μέλλει γὰρ   Ἡρῴδης ζητεῖν τὸ   παιδίον   τοῦ ἀπολέσαι ....   14 ὁ δὲ   ἐγερθεὶς   579

παρέλαβε τὸ παιδίον   καὶ τὴν μητέρα αὐτοῦ νυκτὸς καὶ ἀνεχώρησεν εἰς Αἴγυπτον,   B uwt rell
παρέλαβε <u>τὸν παῖδα</u>   καὶ τὴν μητέρα αὐτοῦ νυκτὸς καὶ ἀνεχώρησεν εἰς Αἴγυπτον,   D
παρέλαβε τὸ παιδίον   καὶ τὴν μητέρα αὐτοῦ νυκτὸς καὶ ἀνεχώρησεν εἰς <u>Ἔγυπτον</u>,   L

15 καὶ ἦν ἐκεῖ ἕως τῆς τελευτῆς Ἡρῴδου· ἵνα πληρωθῇ τὸ ῥηθὲν ὑπὸ

   κυρίου διὰ τοῦ προφήτου λέγοντος,   B ℵ C D W Δ Π 1 1582* 33 579 1346 uw
<u>τοῦ</u> κυρίου   λέγοντος,   788
<u>τοῦ</u> κυρίου διὰ τοῦ προφήτου λέγοντος,   𝔐 K L M U 1582ᶜ 118 124 2 28 157 565 700 1071 τ

   Ἐξ Αἰγύπτου ἐκάλεσα τὸν υἱόν μου.   B uwt rell
   Ἐξ <u>Ἐγύπτου</u> ἐκάλεσα τὸν υἱόν μου.   DL

---

lac. 2.13-15 𝔓⁴⁵ A F G H Y N P Q Γ Θ 13 69 1424

A 13 αναχωρεισαντων 579 | ειδου D | φενετε L | κε (και²) L | εισθι D E ¦ ησθη L ¦ ισθη Δ Ω ¦ εισθει W ¦ ισθει 2* | ζητιν ℵ | πεδιον¹ ℵ | παιδιων¹·² 2* | απολεσε ℵ 14 παρελαβεν D E L S W Δ Π Ω f¹ 2 33 579 1071 ¦ παρεβε K* | πεδιον ℵ | ανεχωρισεν E 15 εκι ℵ | τω (το) E*

B 13 κ̄ῡ B ℵ C D E K L M S U W Δ Π Ω f¹ 118 124 2 33 28 157 565 579 700 788 1071 1346 | μ̄ρ̄ᾱ C E K L M S U Π Ω f¹ 118 124 2 33 28 157 565 579 700 788 1071 1346 14 μ̄ρ̄ᾱ C E K L M S U Π Ω f¹ 118 124 2 33 28 157 565 579 700 788 1071 1346 15 κ̄ῡ B ℵ C D E K L M S U W Δ Π Ω f¹ 118 124 2 33 28 157 565 579 700 788 1071 1346 | ῡν̄ ℵ C E L M S U Π Ω 2 33 28 579 1071

C 13 αρχη: D 788 1346 ¦ αρχη: κυριακη μετα την χ̄ῡ γενναν αναχωρισαντων (αναχωρησ. 118) των μαγων (ante ιδου) E 118 ¦ ⋯⋯ των μαγων ......ν ερεθεντο νωπιο L ¦ μθ δε κεμβρ, τη επαυριο, κυ γεννη, αναχωρησατων των μαγων· M ¦ αρχ τη επαυριον χ̄ῡ γεν και εις τ υπη S | κ,υ μτ του χυ γενναν (το αυτο εδεζοξ) Π ¦ αρχ μηδε κε ς̄ κ, κ,υ μετ την χ̄ῡ γεννα Ω | αρχ δ̄ αστ συνααξιν τς υπ θκου· αστ αγ γη πια δικ κς κ̄ κ̄· κ̄ κ̄ῡ μτ τ̄ χυ γεννη: αναχωρισαντ τ μαγων· ιδου 1 ¦ και τη κ̄ᾱ δε κ, τη κ̄θ̄ των γινηπιχ 118 | αρχ: των αγιων νηπιαν 124 ¦ αρχη: κυριακη μετα την χ̄ῡ γενναν και των αγιων νηπ 2 | αρχ: η πλ̄ τς εορτ̄ αρχ κ,υ μαγοι την χυ γεν. αναχωρισαντ: 28 ¦ αρχ: κ,υ μετα την χυ γε· και μνημηται πρ̄ο Ιωσηφ και Ιακωβ 157 ¦ αρχ: τη επαυριον της χ̄ῡ γεννη 1071 15 εν αριθμοις ℵᵐᵍ

D 13 ς̄ L M 157 ¦ δ̄ 118 | Μθ ς̄ : Μρ β̄ : Λο . : Ιω β̄κ̄ε̄ 124

β̄   περὶ τῶν ἀναιρεθέντων παιδίων
Herod Kills The Infants In Bethlehem

ῑ 16 Τότε Ἡρῴδης ἰδὼν ὅτι ἐνεπαίχθη ὑπὸ τῶν μάγων ἐθυμώθη λείαν,   καὶ ἀποστείλας B uwτ rell
   16 Τότε Ἡρῴδης ἰδὼν ὅτι ἐνεπαίχθη ὑπὸ τῶν γάμων ἐθυμώθη λίαν,   καὶ ἀποστείλας W
   16 Τότε Ἡρῴδης ἰδὼν ὅτι ἐνεπαι······ ······ τῶν μάγων ἐθυμώθη λίαν,   καὶ ἀποστείλας 579

ἀνεῖλεν πάντας τοὺς παῖδας τοὺς ἐν Βηθλέεμ καὶ ἐν πᾶσιν τοῖς ὁρίοις αὐτῆς ἀπὸ B uwτ rell
ἀνεῖλεν πάντας τοὺς παῖδας τοὺς ἐν Βλέεμ   καὶ ἐν πᾶσιν τοῖς ὁρίοις αὐτῆς ἀπὸ C
ἀνεῖλεν πάντας τοὺς παῖδας τοὺς ἐν Βηθλέαιμ καὶ ἐν πᾶσιν τοῖς ὁρίοις αὐτῆς ἀπὸ D*
ἀνεῖλεν πάντας τοὺς παῖδας τοὺς ἐν Βεθλέεμ καὶ ἐν πᾶσιν τοῖς ὁρίοις αὐτῆς ἀπὸ Dᶜ
ἀνεῖλεν πάντας τοὺς παῖδας τοὺς ἐν Βιθλέεμ καὶ ἐν πᾶσιν τοῖς ὁρίοις αὐτῆς ἀπὸ L Ω 1071
ἀνεῖλεν πάντες τοὺς παῖδας τοὺς ἐν Βηθλέεμ καὶ ἐν πᾶσιν τοῖς ὁρίοις αὐτῆς ἀπὸ Δ
ἀνεῖλεν πάντας τοὺς παῖδας τοὺς ἐν Βηθλέεμ καὶ ἐν πᾶσιν τοῖς ὁρίοις αὐτοῖς ἀπὸ 1346

διετοῦς καὶ κατωτέρω, κατὰ τὸν χρόνον ὃν ἠκρίβωσε παρὰ τῶν μάγων. 17 τότε B uwτ rell
διετείας καὶ κάτω,   κατὰ τὸν χρόνον ὃν ἠκρείβασεν παρὰ τῶν μάγων. 17 τότε D*
διετοῦς καὶ κάτω,   κατὰ τὸν χρόνον ὃν ἠκρείβασεν παρὰ τῶν μάγων. 17 τότε Dᶜ
····ετοῦς καὶ κατωτέρω, κατὰ τὸν χρόνον ὃν ἠκρίβωσε παρὰ τῶν μάγων. 17 τότε 1424

ἐπληρώθη τὸ ῥηθὲν   διὰ Ἰερεμίου τοῦ προφήτου λέγοντος,   B ℵ C 33 157 uw
ἐπληρώθη τὸ ῥηθὲν ὑπὸ κυρίου διὰ Ἡρεμίου τοῦ προφήτου λέγοντος,   D*
ἐπληρώθη τὸ ῥηθὲν ὑπὸ κυρίου διὰ Ἰηρεμίου τοῦ προφήτου λέγοντος,   Dᶜ
ἐπληρώθη τὸ ῥηθὲν   διὰ Ἰηρεμίου   λέγοντος,   W*
ἐπληρώθη τὸ ῥηθὲν   διὰ Ἰηρεμίου τοῦ προφήτου λέγοντος,   Wᶜ
ἐπληρώθη τὸ ῥηθὲν   ὑπὸ Ἰερεμίου τοῦ προφήτου λέγοντος,   𝔐 K L M U Δ Π f¹ 124 2 28
                                                                 565 579 700 788 1071 1346 1424 τ

18 Φωνὴ ἐν Ῥαμὰ   ἠκούσθη,   B uwτ rell
18 Φωνὴ ἐρ Ῥεμὰ   ἠκούσθη,   L
18 Φωνὴ ἐν Ῥαμμὰ   ἠκούσθη,   1424

                  κλαυθμὸς καὶ ὀδυρμὸς πολύς·   B ℵ 1 1582* uw
        θρῆνος καὶ κλαυθμὸς καὶ ὀδυρμὸς πολύς·   118 τ rell

Ῥαχὴλ κλαίουσα τὰ τέκνα αὐτῆς,   B uwτ rell
Ῥαχιὴλ κλαίουσα τὰ τέκνα αὐτῆς,   E
Ῥαχηὴλ κλαίουσα τὰ τέκνα αὐτῆς,   L

     καὶ οὐκ ἤθελεν   παρακληθῆναι, ὅτι οὐκ εἰσίν.   B uwτ rell
     καὶ οὐκ ἠθέλησεν παρακληθῆναι, ὅτι οὐκ εἰσίν.   D

From Egypt To Nazareth

ῑᾱ 19 Τελευτήσαντος δὲ τοῦ Ἡρῴδου ἰδοὺ ἄγγελος κυρίου φαίνεται κατ' ὄναρ B ℵ D f¹ 788 1346 uw
   19 Τελευτήσαντος δὲ   Ἡρῴδου ἰδοὺ ἄγγελος κυρίου φαίνεται κατ' ὄναρ 124
   19 Τελευτήσαντος δὲ τοῦ Ἡρῴδου   ἄγγελος κυρίου φαίνεται κατ' ὄναρ 157
   19 Τελευτήσαντος δὲ τοῦ Ἡρῴδου   ἄγγελος κυρίου κατ' ὄναρ φαίνεται 579
   19 Τελευτήσαντος δὲ τοῦ Ἡρῴδου ἰδοὺ ἄγγελος κυρίου κατ' ὄναρ φαίνεται C 𝔐 K L M U W Δ Π
                                                                         118 2 33 28 565 700 1071 1424 τ

lac. 2.16-19 𝔓⁴⁵ A F GH Y N P Q Γ Θ 13 69 ¦ vs. 16 1424

A 16 ενεπεχθη ℵ E* L W 2* 28 565 700 1071 ¦ ενεπεχ Δ ¦ εθυμοθη L ¦ λιαν uwτ all exc. B ℵ D 33 ¦ αποστιλας ℵ W 2* ¦ ανειλε
U f¹ 157 788 1071 1346 ¦ ανηλεν 2* ¦ του (τους¹), εμ (εν¹) K ¦ εμ² Ω ¦ πασι ℵ C K M S U Π Ω f¹ 118 124 2ᶜ 33 28 157 565 700
788 1071 1346 ¦ πασει 2* ¦ κατοτερω E ¦ κα (κατα) K* ¦ ηρικβωσεν uwτ all exc. B ¦ ηκριβωσε K M S f¹ 118 124 28 157 700
788 1071 1346 ¦ ηκριβωσεν 579 18 θρινος L U Ω ¦ κλαθμος E W Ω ¦ πολλυς L ¦ κλεουσα W ¦ ηθεν (ηθελεν) E* ¦ ηθελε M 118
157 700 788 1346 ¦ παρακληθεναι Δ ¦ εισι 118 157 700 1346 ¦ ησιν 2* 19 φαινετε L

B 17 κ̄ῡ D 19 κ̄ῡ B ℵ C D E K L M S U W Δ Π Ω f¹ 118 124 2 33 28 157 565 579 700 788 1071 1346 1424

C 16 β̄ περι των (om. 124) αναιρεθεντων (ανερεθ 2 1071) παιδιων E K M S U Δ Π Ω f¹ 124 2 28 157 565 1071 1346
17 Ιερεμιου M C 18 τε̄ τ̄ αγι νιπιων Ω

D 16 ζ̄ 157 17 ϛ̄/ ῑ S Ω 28

19

τῷ Ἰωσὴφ ἐν Αἰγύπτῳ   **20** λέγων, Ἐγερθεὶς παράλαβε τὸ   παιδίον καὶ τὴν μητέρα   B **uwτ** rell
τῷ Ἰωσὴφ ἐν Αἰγύπτῳ   **20** λέγων, Ἐγερθεὶς παράλαβε <u>τὸν</u> <u>παῖδα</u>   καὶ τὴν μητέρα   D
τῷ Ἰωσὴφ ἐν <u>Εγύπτῳ</u>   **20** λέγων, Ἐγερθεὶς παράλαβε τὸ   παιδίον καὶ τὴν μητέρα   L

αὐτοῦ καὶ πορεύου εἰς γῆν Ἰσραήλ, τεθνήκασιν γὰρ οἱ ζητοῦντες τὴν   ψυχὴν τοῦ παιδίου. B **uwτ** rell
αὐτοῦ καὶ πορεύου εἰς γῆν Ἰσραήλ, τεθνήκασιν γὰρ οἱ ζητοῦντες τὴν <u>τὴν</u> ψυχὴν τοῦ παιδίου. C
.... ρέου εἰς γῆν Ἰσραήλ, τεθνήκασιν γὰρ οἱ ζητοῦντες τὴν   ψυχὴν τοῦ παιδίου. N
αὐτοῦ καὶ πορεύου εἰς γῆν Ἰσραήλ,   124

21 ὁ δὲ   ἐγερθεὶς παρέλαβε τὸ παιδίον καὶ τὴν μητέρα αὐτοῦ καὶ εἰσῆλθεν   B ℵ C 157 **uw**
21 ὁ δὲ <u>διεγέρθεις</u> παρέλαβε <u>τὸν</u> <u>παῖδα</u>   καὶ τὴν μητέρα αὐτοῦ καὶ   <u>ἦλθεν</u>   D
21 om.   124
21 ὁ δὲ <u>διεγέρθεις</u> παρέλαβε τὸ παιδίον καὶ τὴν μητέρα αὐτοῦ καὶ   <u>ἦλθεν</u>   33
21 ὁ δὲ   ἐγερθεὶς παρέλαβε τὸ παιδίον καὶ τὴν μητέρα αὐτοῦ καὶ   <u>ἦλθεν</u>   𝔐 K L M N U W Δ Π f¹ 2
                                                                                        28 565 700 788 1071 1346 1424 τ

εἰς γῆν Ἰσραήλ. **22** ἀκούσας δὲ ὅτι Ἀρχέλαος   βασιλεύει   τῆς Ἰουδαίας   B ℵ N 1 1582* 33 565 700
εἰς <u>τὴν</u> Ἰσραήλ. **22** ἀκούσας δὲ ὅτι <u>Ἀρχίλαος</u>   βασιλεύει <u>ἐπὶ</u> τῆς Ἰουδαίας   D*   [↑788 1346 **uw**
εἰς γῆν Ἰσραήλ. **22** ἀκούσας δὲ ὅτι <u>Ἀρχίλαος</u>   βασιλεύει <u>ἐπὶ</u> τῆς Ἰουδαίας   Dᶜ
εἰς γῆν Ἰσραήλ. **22** ἀκούσας δὲ ὅτι <u>Ἀρχαίλαος</u> βασιλεύει <u>ἐπὶ</u> τῆς Ἰουδαίας   L Δ
            22 ἀκούσας δὲ ὅτι Ἀρχέλαος   βασιλεύει   τῆς Ἰουδαίας   124
εἰς γῆν Ἰσραήλ. **22** <u>μαθὼν</u>   δὲ ὅτι Ἀρχέλαος   βασιλεύει <u>ἐπὶ</u> τῆς Ἰουδαίας   1424   [↓28 157 579 1071 τ
εἰς γῆν Ἰσραήλ. **22** ἀκούσας δὲ ὅτι Ἀρχέλαος   βασιλεύει <u>ἐπὶ</u> τῆς Ἰουδαίας   C 𝔐 K M U W Π 1582ᶜ 118 2

ἀντὶ τοῦ πατρὸς αὐτοῦ Ἡρῴδου   ἐφοβήθη ἐκεῖ ἀπελθεῖν· χρηματισθεὶς δὲ   B ℵ C* W **uw**
ἀντὶ <u>Ἡρῴδου</u> <u>τοῦ</u> <u>πατρὸς</u> <u>αὐτοῦ</u>   ἐφοβήθη <u>ἀπελθεῖν</u> <u>ἐκεῖ</u>· χρηματισθεὶς δὲ   N
.... ρῴδου <u>τοῦ</u> <u>πατρὸς</u> <u>αὐτοῦ</u>   ἐφοβήθη ἐκεῖ .... χρηματισθεὶς δὲ   579
ἀντὶ <u>Ἡρῴδου</u> <u>τοῦ</u> <u>πατρὸς</u> <u>αὐτου</u>   ἐφοβήθη ἐκεῖ ἀπελθεῖν· χρηματισθεὶς δὲ   Cᶜ D 𝔐 K L M U Δ Π f¹ 124
2   33 28 157 565 700 788 1071 1346 1424 τ

κατ᾽ ὄναρ ἀνεχώρησεν εἰς τὰ μέρη τῆς Γαλειλαίας, **23** καὶ ἐλθὼν κατῴκησεν   B
κατ᾽ ὄναρ ἀνεχώρησεν εἰς τὰ μέρη τῆς <u>Γαλιλαίας</u>, **23** καὶ ἐλθὼν κατῴκησεν   **uwτ** rell
κατ᾽ ὄναρ ἀνεχώρησεν εἰς τὰ μέρη τῆς <u>Γαληλαίας</u>, **23** καὶ ἐλθὼν κατῴκησεν   2
κατ᾽ ὄναρ ἀ·············· εἰς τὰ μέρη τῆς <u>Γαλιλαίας</u>, **23** ········· ·····τώκησεν   579

εἰς πόλιν λεγομένην Ναζαρέτ, ὅπως πληρωθῇ τὸ ῥηθὲν διὰ τῶν   B ℵ* D L 1582 118 33 157 700 1424 1346
εἰς πόλιν λεγομένην Ναζαρέτ, ὅπως πληρωθῇ τὸ ῥηθέν <u>ὑπὸ</u> τῶν   ℵᶜ   [**uwτ**
εἰς πόλιν λεγομένην <u>Ναζαρέθ</u>, ὅπως πληρωθῇ τὸ ῥηθέν <u>ὑπὸ</u> τῶν   C
εἰς πόλιν λεγομένην <u>Ναζαράθ</u>, ὅπως πληρωθῇ τὸ ῥηθέν διὰ τῶν   Δ 1
εἰς πόλιν <u>Ναζαρέθ</u> <u>λεγομένην</u>, ὅπως πληρωθῇ τὸ ῥηθέν διὰ τῶν   124 788
<u>ἐν</u> <u>πόλει</u> <u>λεγομένη</u> <u>Ναζαρέθ</u> ὅπως πληρωθῇ τὸ ῥηθέν διὰ τῶν   565
εἰς πόλιν <u>Ναζα</u>····· ··········· ········ πληρωθῇ τὸ ῥηθέν διὰ τῶν   579
εἰς πόλιν λεγομένην <u>Ναζαρέθ</u>, ὅπως πληρωθῇ τὸ ῥηθέν διὰ τῶν   𝔐 K M N W Π 2 28 1071

προφητῶν ὅτι Ναζωραῖος κληθήσεται.   B **uwτ** rell
προφητῶν ὅτι <u>Ναζωρέος</u> κληθήσεται.   D W
προφητῶν ὅτι <u>Ναζοραῖος</u> κληθήσεται.   K 1424
··············· ······· Ναζωραῖος κληθήσεται.   579

lac. 2.20-23 𝔓⁴⁵ A F G H Y P Q Γ Θ (13 illeg) 69

A **20** παιδιων 2* ¦ ποπορευου C ¦ [πορ]ευου N ¦ παρευου Δ ¦ τεθνηκασι K M S U Π f¹ 118 28 157 565 700 788 1071 1346 1424 ¦ πεδιον ℵ **21** ε (ο) 579 ¦ εγερθις ℵ ¦ παρελαβεν C D E L N S W Δ Π Ω 2 33 579 1071 1424 **22** βασιλευη 565 ¦ εφηθη D* ¦ χριματισθεις L ¦ αναχωρισεν Δ ¦ μερει L Ω **23** λεγωμενην L ¦ οπω K* ¦ οποϲ M

B **20** μ̅ρ̅α̅ ℵ C E K L M S U Π Ω f¹ 118 124 2 33 28 157 565 579 700 788 1071 1346 1424 ¦ ι̅η̅λ̅ ℵ C E K L M N S U Δ Π Ω f¹ 118 124 2 28 565 579 700 788 1071 1346 1424 **21** μ̅ρ̅α̅ ℵ C E K L M N S U Π Ω f¹ 118 2 33 28 157 565 579 700 788 1071 1346 1424 ¦ ι̅η̅λ̅ ℵ C E K L M N S U Π Ω f¹ 2 28 157 565 579 700 788 1071 1346 1424 **22** π̅ρ̅ϲ̅ ℵ C E K L M N S U Π Ω f¹ 118 124 2 33 28 157 565 579 700 788 1071 1424

C **23** τελος οτι ναζορος κλ··· ιϲ·· (post κληθη.) D [Dec 26: 2.13-23] ¦ τελος (post κληθη.) E S Π 118 124 2 157 788 1071 1346 ¦ τελ παντ f¹ ¦ τελ τϲ κ, 28 ḡ   πρῶτος Ἰωάννης ἐκήρυξεν βασιλείαν οὐρανῶν

John The Baptist Preaches And Baptizes In The Wilderness
(Mark 1.2-8; Luke 3.1-17; John 1.6, 19-33)

ῑβ̄ 3.1 Ἐν δὲ ταῖς ἡμέραις ἐκείναις παραγείνεται Ἰωάνης ὁ βαπτιστὴς Β*
ῑβ̄ 3.1 Ἐν δὲ ταῖς ἡμέραις ἐκείναις παραγείνεται Ἰωάννης ὁ βαπτιστὴς Βᶜ W
    3.1 Ἐν δὲ ταῖς ἡμέραις ἐκείναις παραγείνεται Ἰωάννης ὁ βαπτιστὴς ℵ
    3.1 Ἐν δὲ ταῖς ἡμέραις ἐκείναις παραγίνεται Ἰωάννης ὁ βαπτιστὴς C U f¹ 124 33 157 788 1071 1424
    3.1 Ἐν   ταῖς ἡμέραις ἐκείναις παραγείνεται Ἰωάνης ὁ βαπτιστὴς D   [↑uτ
    3.1 Ἐν   ταῖς ἡμέραις ἐκείναις παραγείνεται Ἰωάννης ὁ βαπτιστὴς N
    3.1 .... ἐκείναις παραγένεται .. ..τῆς 579
    3.1 Ἐν δὲ ταῖς ἡμέραις ἐκείναις παραγίνεται Ἰωάννης ὁ βαπτισθῆς 1346
    3.1 Ἐν δὲ ταῖς ἡμέραις ἐκείναις παραγίνεται Ἰωάνης ὁ βαπτιστὴς w
    3.1 Ἐν   ταῖς ἡμέραις ἐκείναις παραγίνεται Ἰωάννης ὁ βαπτιστὴς 𝔐 K L M Δ Π 118 2 28 565 700

κηρύσσων ἐν τῇ ἐρήμῳ τῆς Ἰουδαίας 2   λέγων, Μετανοεῖτε, ἤγγικεν γὰρ B 118 [u]w
κηρύσσων ἐν τῇ ἐρήμῳ τῆς Ἰουδέας 2   λέγων, Μετανοεῖτε, ἤγγικεν γὰρ ℵ
κηρύσσον ἐν τῇ ἐρη.... .... 2 καὶ λέγων, Μετανοεῖτε, ... 579
κηρύσσων ἐν τῇ ἐρήμῳ τῆς Ἰουδαίας 2 καὶ λέγων, Μετανοεῖτε, ἤγγικεν γὰρ [u]τ rell

ἡ βασιλεία τῶν οὐρανῶν. 3 οὗτος γάρ ἐστιν ὁ ῥηθεὶς διὰ Ἡσαΐου B ℵ C D W 124 33 157 788 u w
ἡ βασιλεία τῶν οὐρανῶν. 3 οὗτος γάρ ἐστιν ὁ ῥηθεὶς ὑπὸ Ἰσαΐου L
ἡ βασιλεία τῶν οὐρανῶν. 3 οὗτος   ἐστιν ὁ ῥηθεὶς διὰ Ἡσαΐου f¹
.. .. εία τῶν οὐρανῶν. 3 οὗτος γάρ ἐστιν ὁ ριθεὶς ὑπὸ Ἡσαΐου 579
ἡ βασιλεία τῶν οὐρανῶν. 3 αὐτὸς γάρ ἐστιν ὁ ῥηθεὶς διὰ Ἡσαΐου 700   [↓1424 τ
ἡ βασιλεία τῶν οὐρανῶν. 3 οὗτος γάρ ἐστιν ὁ ῥηθεὶς ὑπὸ Ἡσαΐου 𝔐 K M N U Δ Π 118 2 28 565 1071 1346

τοῦ προφήτου λέγοντος,
        Φωνὴ βοῶντος ἐν τῇ ἐρήμῳ,
        Ἑτοιμάσατε τὴν ὁδὸν κυρίου,

        εὐθείας ποιεῖτε τὰς τρίβους αὐτοῦ. B uwτ rell
        εὐθείας ποιεῖτε τὰς ὁδοὺς κυρίου. Cl Pr 9.1

4 Αὐτὸς δὲ ὁ Ἰωάνης εἶχεν τὸ ἔνδυμα αὐτοῦ ἀπὸ τριχῶν καμήλου B w
4 Αὐτὸς δὲ Ἰωάννης εἶχεν τὸ ἔνδυμα αὐτοῦ ἀπὸ τριχῶν καμήλου D 124 788
4 Αὐτὸς δὲ ὁ Ἰωάννης εἶχεν τὸ ἔνδυμα αὐτοῦ ἀπὸ τριχῶν καμίλου 28 565
4 Οὗτος δὲ ὁ Ἰωάννης εἶχεν τὸ ἔνδυμα αὐτοῦ ἀπὸ τριχῶν καμήλου 579   [↓1071 1346 1424 uτ
4 Αὐτὸς δὲ ὁ Ἰωάννης εἶχεν τὸ ἔνδυμα αὐτοῦ ἀπὸ τριχῶν καμήλου ℵ C 𝔐 K L M N W Δ Π f¹ 2 33 157 700

καὶ ζώνην δερματίνην περὶ τὴν ὀσφὺν αὐτοῦ, ἡ δὲ τροφὴ ἦν αὐτοῦ ἀκρίδες B ℵ C D W f¹ uw
καὶ ζώνην δερματίνην περὶ τὴν ὀσφὺν αὐτοῦ, ἡ δὲ τροφὴ αὐτοῦ ἦν ἀκρίδες 𝔐 K L M N U Δ Π 118 124 2 33 28
                                                                                            157 565 579 700 788 1071 1346 1424 τ

[Cl Pd II 16.1 Ματθαιος μεν ουν ο αποστολος σπερματων και ακροδρυων και λαχανων ανευ κρεων μετελαμβανεν Ιωαννης δε υπερτεινας την εγκρατειαν ακριδας και μελι ησθιεν αγριον].

lac. 3.1-4 𝔓⁴⁵ A F G H Y P Q Γ Θ (13 illeg) 69

A 3.1 ημερες ℵ ¦ εκεινες L ¦ βαπτιτης K* ¦ βαπτητης L ¦ κηρυσσον K 579 2 λεγον 157 ¦ μετανοητε L ¦ μετανοειται W 28 ¦ ηνγικεν D ¦ ηγγεικεν W Δ ¦ ηγγικε f¹ 118 157 788 1346 ¦ βασιλια ℵ D 3 εστιν + erasure 15 letters 1424 ¦ ρηθις ℵ ¦ ετοιμασαται Ω 1071 ¦ ευθιας ℵ ¦ ευθηας L ¦ ποιειται ℵ W ¦ ποιητε L 2 ¦ τρειβους D ¦ τρους Δ 4 ειχε U 118 157 700 788 1071 1346 ¦ εδυμα Δ ¦ τρχων E* ¦ καμηλλου D ¦ δερματεινην D

B 3.2 ουνων ℵ E L M S U Δ Π Ω 1 118 124 2 28 157 565 579 700 788 1071 1346 1424 3 κυ B ℵ C D E K L M N S U W Δ Π Ω f¹ 118 2 33 28 157 565 579 700 788 1071 1346 1424

C 3.1 τις εορτις τον θεοφανιων ℓᵖ D [σαββατω προ των θεοφανειων: 3.16] ¦ Σαββατω περι τω αγιω θεοφανιω τω καιρω εκεινω E ¦ αρχη (om. K): γ̄ (γ/ῑ 700) πρωτος Ιωαννης (ιω S 124 788 1346) εκηρυξεν (εκηρυξε 700) βασιλειαν ουνων (om. 124 788) (ante παραγ.) E M S Δ Π 565 700 788 1346 (ante εν K) ¦ αρχ ········ των ουνων L ¦ γ̄ πρωτος ιω̄ εκηρυξε (εκηρυξεν Ω) βασιλ ουνων Ω 2 28 157 1071 1424 ¦ λ ε̄ Π ¦ Μθ Σα προτ φωτυ αρχ τω καιρ, παραγινεται Ιωαννης ο βα, Μ ¦ (pericope title illegible N) ¦ Σα β̄ προ των φωτ τω κ S ¦ Σαββατ προ του φωτ Π ¦ αρχ ε̄ Σα προ τ̄ φωτ τω και εκει· παραγι 1 ¦ αρχ Σα προτων φωτ· κ,ρ εκεινω παραγινεται 118 ¦ σαββατ προ των φωτ 1582² ¦ αρχ: Σα πρ των φωτων 124 ¦ Σα προ,τ τ φω Ω ¦ Σα προ των αγιων θεοφανιων 2 ¦ αρχ Σα προ τ̄ φωτ τω κ,ρω εκεινω παραγενετ 28 ¦ αρχ: Σα προ τ̄ φωτ 157 ¦ Σα 788 ¦ αρχη τω καιρω 1424 ¦ αρχ 1071 1346

D 3.1 ζ̄/γ̄ ℵ S U Π 28 700 1071 ¦ ζ̄ D L 2 1582 1424 ¦ ζ̄/δ̄ E ¦ ε̄ 118 ¦ ζ̄/ῑ 124 788 ¦ η̄ 157 ¦ Ευ Μθ ζ̄ ¦ Μρ . : Λο ς̄ : Ιω ῑ E ¦ Μθ ζ̄ : Λο ς̄ : Ιω κε M ¦ Μθ η̄ : Μρ γ̄ : Λο . : Ιω . 124 3 η̄/ᾱ ℵ E M S U Ω 124 28 700 788 1071 1346 ¦ Ευ Μθ η̄ : Μρ β̄ : Λο ζ̄ : Ιω β̄ E ¦ η̄ C D K L f¹ 2 ¦ ā 1424 4 θ̄/ς̄ ℵ M N S U Π Ω 124 28 700 788 1071 1346 ¦ θ̄ C K L 1582 2 157 ¦ θ̄/ε̄ E ¦ θ̄/ῑ 28² ¦ ς̄ 1424 ¦ Ευ Μθ θ̄ : Ιω . : Λο . : Μρ γ̄ E ¦ Μθ θ̄ : Μρ γ̄, δ̄ : Λο ῑ : ῑβ̄ Ιω 124

καὶ μέλι ἄγριον.ᵀ   5 τότε ἐξεπορεύετο πρὸς αὐτὸν   Ἱεροσόλυμα καὶ πᾶσα   B **uwτ** rell
....   5 ....   N
καὶ μέλι ἄγριον.   5 τότε ἐξεπορεύετο πρὸς αὐτὸν <u>πᾶσα ἡ</u>   Ἱεροσόλυμα καὶ πᾶσα   1 1582*
καὶ μέλι ἄγριον.   5 τότε ἐξεπορεύετο πρὸς αὐτὸν <u>τὰ</u>   Ἱεροσόλυμα καὶ πᾶσα   157 1071ᶜ
καὶ μέλι ἄγριον.   5 τότε ἐξεπορεύετο πρὸς αὐτὸν <u>πᾶσα</u>   Ἱεροσόλυμα καὶ πᾶσα   1424

ᵀ ουχ ευρισκεται παρ ουδενι των προφητων <u>ο χ̄ς̄</u> Ναζωραιος καλουμενος ει δε ισον το Ναζωραιος το ηγιασμενος πολλοι προφηται ειρηκα επι τον χν Ναζωραιον τουτ εστιν αγιον ει μη ρητως ουν κειται εν τοις φερομενοις ουν προφηταις δια το καυσθηναι τα βιβλια εν τη αλωσει αλλ ο νους φερεται S

ἡ Ἰουδαία καὶ   πᾶσα ἡ περίχωρος τοῦ Ἰορδάνου,   6 καὶ ἐβαπτίζοντο   ἐν τῷ   B **uwτ** rell
ἡ <u>Ἰουδέα</u> καὶ   πᾶσα ἡ περίχωρος τοῦ Ἰορδάνου,   6 καὶ ἐβαπτίζοντο   ἐν τῷ   ℵ*
ἡ Ἰουδαία καὶ   πᾶσα ἡ περίχωρος τοῦ Ἰορδάνου,   6 καὶ ἐβαπτίζοντο <u>πάντες</u> ἐν τῷ   Cᶜ 33
  <u>Ἰδαία</u>   καὶ   πᾶσα ἡ περίχωρος τοῦ Ἰορδάνου,   6 καὶ ἐβαπτίζοντο   ἐν τῷ   L   [↓1071 1424
  Ἰουδαία καὶ   πᾶσα ἡ περίχωρος τοῦ Ἰορδάνου,   6 καὶ ἐβαπτίζοντο   ἐν τῷ   M S Δ 118 2 28 579

Ἰορδάνῃ ποταμῷ ὑπ' αὐτοῦ   ἐξομολογούμενοι τὰς ἁμαρτίας αὐτῶν.   B ℵᶜ C* M S Δ f¹ 33 157 579 1346 1424
Ἰορδάνῃ ποταμῷ   ἐξομολογούμενοι τὰς ἁμαρτίας αὐτῶν.   ℵ*   [↑**uw**
<u>Ἡορδάνη</u>   ὑπ' αὐτοῦ   ἐξομολογούμενοι τὰς ἁμαρτίας αὐτῶν.   L
Ἰορδάνῃ <u>παταμῷ</u> ὑπ' αὐτοῦ   ἐξομολογούμενοι τὰς ἁμαρτίας αὐτῶν.   W
<u>Ἰορδάνι</u>   ὑπ' αὐτοῦ   ἐξομολογούμενοι τὰς ἁμαρτίας αὐτῶν.   28   [↓1071 τ
Ἰορδάνῃ   ὑπ' αὐτοῦ   ἐξομολογούμενοι τὰς ἁμαρτίας αὐτῶν.   D Cᶜ E K U Π Ω 118 124 2 565 700 788

ιγ 7 Ἰδὼν δὲ πολλοὺς   τῶν Φαρεισαίων   καὶ Σαδδουκαίων ἐρχομένους ἐπὶ   B
   7 Ἰδὼν δὲ πολλοὺς   τῶν <u>Φαρισαίων</u>   καὶ <u>Σαδδουκέων</u> ἐρχομένους ἐπὶ   W
   7 Ἰδὼν δὲ πολλοὺς   <u>Φαρισαίων</u>   καὶ Σαδδουκαίων ἐρχομένους ἐπὶ   Δ
   7 Ἰδὼν δὲ <u>πολοὺς</u>   τῶν <u>Φαρισαίων</u>   καὶ Σαδδουκαίων <u>ἐρχομένου</u> ἐπὶ   579*
   7 Ἰδὼν δὲ <u>πολοὺς</u>   τῶν <u>Φαρισαίων</u>   καὶ Σαδδουκαίων ἐρχομένους ἐπὶ   579ᶜ
   7 Ἰδὼν δὲ πολλοὺς <u>ὄχλους</u> τῶν <u>Φαρισαίων</u>   καὶ Σαδδουκαίων ἐρχομένους ἐπὶ   1424
   7 Ἰδὼν δὲ πολλοὺς   τῶν <u>Φαρισαίων</u>   καὶ Σαδδουκαίων ἐρχομένους ἐπὶ   **uwτ** rell

τὸ βάπτισμα   εἶπεν αὐτοῖς, Γεννήματα ἐχιδνῶν, τίς ὑπέδειξεν ὑμῖν φυγεῖν   B ℵ* **w**
τὸ βάπτισμα Ἰωάννου   εἶπεν αὐτοῖς, Γεννήματα ἐχιδνῶν, τίς ὑπέδειξεν ὑμῖν φυγεῖν   1346
τὸ βάπτισμα <u>αὐτοῦ</u>   εἶπεν αὐτοῖς, Γεννήματα ἐχιδνῶν, τίς ὑπέδειξεν ὑμῖν φυγεῖν   **u**τ rell

[Cl S IV 100.3 ενθεν και <u>γεννηματα</u> <u>εχιδνων</u> τους τοιουτους εκαλεσεν] [Cl Pr 4.3 δικαιοσυνη <u>γεννηματα</u> <u>εχιδνων</u> κεκληκε που] [Cl Pd I 80.1 και τω ευαγγελιω δια Ιωαννου οφεις, φησιν, <u>γεννηματα</u> <u>εχιδνων</u>].

ἀπὸ τῆς μελλούσης ὀργῆς;   8 ποιήσατε οὖν καρπὸν ἄξιον   τῆς μετανοίας·   B **uw** rell
....   8 ....   D
ἀπὸ τῆς μελλούσης ὀργῆς;   8 ποιήσατε οὖν καρπὸν ἄξιον   μετανοίας·   Dˢᵘᵖ
ἀπὸ τῆς μελλούσης ὀργῆς;   8 ποιήσατε οὖν <u>καρποὺς</u> <u>ἀξίους</u> τῆς μετανοίας·   L U 2 33 28 τ

9 καὶ μὴ δόξητε   λέγειν ἐν ἑαυτοῖς,   Πατέρα ἔχομεν τὸν Ἀβραάμ,   B 118 **uwτ** rell
9 καὶ μὴ δόξητε   λέγειν ἐν <u>αὐτοῖς,</u>   Πατέρα ἔχομεν τὸν Ἀβραάμ,   L Δ
9 καὶ μὴ δόξητε   λέγειν ἐν ἑαυτοῖς <u>ὅτι</u>   Πατέρα ἔχομεν τὸν Ἀβραάμ,   f¹
9 καὶ μὴ δόξητε   <u>ἐν</u> <u>ἑαυτοῖς</u> <u>λέγειν,</u>   Πατέρα ἔχομεν τὸν Ἀβραάμ,   1071
9 καὶ μὴ <u>ἄρξησθε</u>   λέγειν ἐν ἑαυτοῖς,   Πατέρα ἔχομεν τὸν Ἀβραάμ,   1424

λέγω γὰρ ὑμῖν ὅτι δύναται ὁ θεὸς ἐκ τῶν λίθων τούτων ἐγεῖραι τέκνα τῷ Ἀβραάμ.   B **uwτ** rell
λέγω γὰρ ὑμῖν ὅτι δύναται ὁ θεὸς ἐκ τῶν λίθων   ἐγεῖραι τέκνα τῷ Ἀβραάμ.   700*
   <u>δύνατός</u> <u>γὰρ</u> ὁ θεὸς ἐκ τῶν λίθων τούτων ἐγεῖραι τέκνα τῷ Ἀβραάμ.   Cl Pr 4.2
λέγω γὰρ ὑμῖν ὅτι δύναται ὁ θεὸς ἐκ τῶν λίθων τούτων ἐγεῖραι τέκνα τῷ Ἀβραάμ.   Dˢᵘᵖ M W Δ Ω 1071 1346 1424

---

lac. 3.4-9 𝔓⁴⁵ A F G H Y N P Q Γ Θ (13 illeg.) 69 ¦ vss. 7-9 D

A 4 μελει W   **5** κα (και²) W | περιχορος 2* ¦ περιχορος 2ᶜ   **6** παταμω W | εξομολογουμενουι Δ | αμαρτηας L | αυτον 579   **7** γενηματα Δ | εχνιδνων Δ ¦ αιχιδνων 1424 | της (τις) L | υμειν D 157 ¦ φυγιν ℵ ¦ φυγην K | μελουση L **8** ποιησαται Dˢᵘᵖ   **9** δοξηται C Dˢᵘᵖ W 565 | λεγιν ℵ | δυνατε 579 | εχωμεν L 28 | λιθον 1071 | εγιραι ℵ*

B 9 π̄ρ̄ᾱ ℵ C E K L M S U Π Ω f¹ 118 124 2 33 28 157 579 700 788 1071 1346 1424 | θ̄ς̄ B ℵ C Dˢᵘᵖ E K L M S U W Δ Π Ω f¹ 118 124 2 33 28 157 565 579 700 788 1071 1346 1424

C 6 τελ (post υπ αυτου) 1346 | τελ του Σα ῑ 28

D 7 ῑ/ε̄ ℵ M S U Π Ω 124 28 700 788 1071 1346 1424 ¦ ῑ C E K L f¹ 2 157 | Ευ Μθ ῑ : Ιω . : Λο η̄ : Μρ . E | Μθ ῑ : Λο η̄ M

ῑδ̄ **10** ἤδη δὲ   ἡ ἀξείνη πρὸς τὴν ῥίζαν τῶν δένδρων κεῖται· πᾶν οὖν δένδρον B
10 ἤδη δὲ   ἡ ἀξίνη   πρὸς τὴν ῥίζαν τῶν δένδρων κεῖται· πᾶν οὖν δένδρον ℵ C Dˢᵖ M W Δ *f*¹ 700 **uw**
10 ἤδη δὲ καὶ ἡ ἀξίνη   πρὸς τὴν ῥίζαν τῶν δένδρων κεῖται· πᾶν οὖν δένδρον 𝔐 K L U Π 1582ᶜ 118 124
2 33 28 157 565 579 788 1071 1346 1424 τ

μὴ ποιοῦν καρπὸν καλὸν ἐκκόπτεται καὶ εἰς πῦρ βάλλεται.   **11** ἐγὼ   B **uwτ** rell
μὴ ποιοῦν καρπὸν καλὸν ἐκκόπτεται καὶ εἰς πῦρ βάλλεται καὶ καίεται.   **11** ἐγὼ   157
μὴ ποιοῦν καρπὸν καλὸν ἐκκόπτεται καὶ εἰς πῦρ βάλεται.   **11** ἐγὼ   2* 579

μὲν   ὑμᾶς βαπτίζω ἐν ὕδατι εἰς μετάνοιαν· ὁ δὲ ὀπίσω μου ἐρχόμενος B W *f*¹ 33 700 **uw**
μὲν γὰρ ὑμᾶς βαπτίζω ἐν ὕδατι εἰς μετάνοιαν· ὁ δὲ ὀπίσω μου ἐρχόμενος ℵ
μὲν οὖν βαπτίζω ὑμᾶς ἐν ὕδατι εἰς μετάνοιαν· ὁ δὲ ὀπίσω μου ἐρχόμενος 118
μὲν οὖν ὑμᾶς βαπτίζω ἐν ὕδατι εἰς μετάνοιαν· ὁ δὲ ὀπίσω μου ἐρχόμενος 124 788
μὲν   βαπτίζω ὑμᾶς ἐν ὕδατι εἰς μετάνοιαν· ὁ δὲ ὀπίσω μου ἐρχόμενος C Dˢᵘᵖ 𝔐 K L M U Δ Π 2 28 157
565 579 1071 1346 1424 τ

ἰσχυρότερός μού ἐστιν, οὗ οὐκ εἰμὶ ἱκανὸς τὰ ὑποδήματα βαστάσαι· αὐτὸς ὑμᾶς βαπτίσει B **uwτ** rell
ἰσχυρότερός μού ἐστιν, οὗ οὐκ εἰμὶ ἱκανὸς τὰ ὑποδήματα βαστάσαι· αὐτὸς ὑμᾶς βαπτίσαι 579

ἐν πνεύματι ἁγίῳ καὶ πυρί· **12** οὗ τὸ πτύον ἐν τῇ χειρὶ αὐτοῦ, καὶ διακαθαριεῖ τὴν B **uwτ** rell
ἐν πνεύματι ἁγίω·   **12** οὗ τὸ πτύον ἐν τῇ χειρὶ αὐτοῦ, καὶ διακαθαριεῖ τὴν 𝔐 2 28 1424
ἐν πνεύματι ἁγίῳ καὶ πυρί· **12** οὗ τὸ πτύον ἐν τῇ χειρὶ αὐτοῦ, καὶ διακαθέρει τὴν L
ἐν πνεύματι ἁγίω·   **12** οὗ τὸ πτύον ἐν τῇ χειρὶ αὐτοῦ, καὶ διακαθέρει τὴν 579

ἅλωνα αὐτοῦ, καὶ συνάξει τὸν σεῖτον αὐτοῦ εἰς τὴν ἀποθήκην αὐτοῦ, B
ἅλωνα αὐτοῦ, καὶ συνάξει τὸν σῖτον   εἰς τὴν ἀποθήκην αὐτοῦ, E L U 157 1424
ἅλωνα αὐτοῦ, καὶ συνάξει τὸν σῖτον   αὐτοῦ εἰς τὴν ἀποθήκην αὐτοῦ, W 1071 [**w**]
ἅλωνα αὐτοῦ, καὶ συνάξει τὸν σῖτον   .... Π
ἅλωνα αὐτοῦ, καὶ συνάξει τὸν μὲν σῖτον   αὐτοῦ εἰς τὴν ἀποθήκην, 124
ἅλωνα αὐτοῦ,   εἰς τὴν ἀποθήκην, 788*
ἅλωνα αὐτοῦ, καὶ τὸν σῦτον συνάξει εἰς τὴν ἀποθήκην, 788ᶜ [↓579 700 1346 **u**[**w**]τ
ἅλωνα αὐτοῦ, καὶ συνάξει τὸν σῖτον   αὐτοῦ εἰς τὴν ἀποθήκην, ℵ C Dˢᵘᵖ K M S Δ Ω *f*¹ 2 33 28 565

τὸ δὲ ἄχυρον κατακαύσει πυρὶ ἀσβέστου. Bᶜ **uwτ** rell
τὸ δὲ ἄχυρον κατακαύσει πυρὶ ἀσβέτω.   B*
.... ἀσβέστω. P

[Cl Pd I 83.3 διακριθωμεν δε των αχυρμιων και εις την πατρωαν αποθηκην σωρευθωμεν· το γαρ πτυον εν τη χειρι του κυριου, ω αποκρινεται του πυρου το αχυρον το οφειλομενον τω πυρι] [Cl Ecl 25.1 το γαρ πτυον εν τη χειρι αυτου του διακαθαραι την αλω, και συναξει τον σιτον εις την αποθηκην, το δε αχυρον κατακαυσει πυρι ασβεστω].

Jesus Baptized By John In The Jordan
(Mark 1.9-11; Luke 3.21-22)

ῑε̄ **13** Τότε παραγείνεται ὁ Ἰησοῦς ἀπὸ τῆς Γαλειλαίας ἐπὶ τὸν Ἰορδάνην πρὸς τὸν B
13 ....γίνεται ὁ Ἰησοῦς ἀπὸ τῆς Γαλιλαίας ἐπὶ τὸν Ἰορδάνην πρὸς τὸν P
13 Τότε παραγείνεται ὁ Ἰησοῦς ἀπὸ τῆς Γαλιλαίας ἐπὶ τὸν Ἰορδάνην πρὸς τὸν W
13 Τότε παραγίνεται ὁ Ἰησοῦς ἀπὸ τῆς Γαλιλαίας ἐπὶ τὸν Ἰορδάνην πρὸς τὸν **uwτ** rell

lac. **3.10 -13** 𝔭⁴⁵ A D F G H Y N P Q Γ Θ (13 illeg.) 69 ¦ vss. 12-13 Π

A **10** ηδε C ¦ αξηνη 28 ¦ ρηξαν 2* ¦ προ (προς) 28 ¦ δεδρων K 1346 ¦ δενδον L ¦ δενδρων 2 579 ¦ κιται Dˢᵘᵖ ¦ κειτε K L ¦ πη (μη) K ¦ εκκοπτετε L **11** ερχομειος L ¦ ειμει C ¦ ειμη L 1346 ¦ υποδιματα Dˢᵘᵖ ¦ βαπτισι ℵ ¦ βαπτησει L **12** πτοιον Dˢᵘᵖ W ¦ συναξη L ¦ συναξι 579 ¦ το (τον) Δ ¦ κατακαυσι ℵ Dˢᵘᵖ ¦ κατακαυση 1424 ¦ αβεστω W* **13** παραγινετε L

B **11** πνι B ℵ C Dˢᵘᵖ E K L M S U W Δ Π Ω *f*¹ 118 124 2 33 28 157 565 579 700 788 1071 1346 1424 **13** ις ℵ C Dˢᵘᵖ E K L M P S U W Δ Ω *f*¹ 118 124 2 33 28 157 565 579 700 788 1071 1346 1424

C **11** τελ L 124 28 788 1346 ¦ τελ Σα *f*¹ **12** εις τα αγ θεοφα· 157 ¦ τελος (post ασβεσ.) E 118 1346 **13** αρχη: εις τα αγια θεωφανια τω καιρω εκεινω (ante παραγ.) E (ante τοτε 2) ¦ αρχ L 157 ¦ αρχ τω καιρω εκεινω εις τ ημε των φω Ω ¦ Μθ μη Ιαννου αρ. ς εις τ λειτουργι αν των φω· αρχ τω καιρ, παραγινεται ο ις απο της γαλιλαιας Μ ¦ εις τ φωτ τω κ S ¦ αρχ τα αγ θεοφα εις τ λειτ τω καιρω παραγι *f*¹ ¦ αρχ μετα ιαννου αρ, α εις τ λ,τγ των αγιων θεοφαν τω παραγινεται ο ις απο της γαλιλαιας 118 ¦ αρχ εις τ φωτ 124 788 ¦ αρχ εις τ, λ,υτρ· των φωτ· τω καιρω εκεινω παραγινετ 28 ¦ αρχ: τη η καιρ τω η φωτ 1071 ¦ αρχ των αγιων θεοφα εις τ λειτ τω καιρω 1424

D **11** ιᾱ/αῑ ℵ Ε Μ S U Π Ω 124 28 700 788 1071 1424 ¦ ιᾱ/ῑ 28² ¦ ιᾱ 1346 ¦ Ευ Μθ ιᾱ : Ιω ς̄ : Λο ῑ : Μρ δ̄ Ε ¦ Μθ ιᾱ : Μρ δ̄ : Λο ῑ Μ ¦ Μθ ιᾱ : Μρ δ̄ : Λο ῑ : Ιω ιβ̄, ῑδ 124 ¦ ιᾱ C K L *f*¹ 2 157 **12** ιβ̄/ξ ℵ Ε 124 788 ¦ ιβ̄ C K L *f*¹ 2 157 579 ¦ ιβ̄/ι Μ 28² ¦ ιβ̄/ς S U Π Ω 28 700 1071 1346 1424 ¦ Ευ Μθ ιβ̄ : Ιω . : Λο ιᾱ : Μρ . Ε ¦ Ιω ιβ̄ : Μθ ιβ̄ Μ ¦ Ιω ιδ̄, κη : Μθ ιγ̄ Μ ¦ Μθ ιβ̄ : Μρ . : Λο ιᾱ : Ιω ιε 124 **13** ιγ̄/ι ℵ Ε Μ S U 124 28 700 788 1071 1346 ¦ ιγ̄ K L *f*¹ 118 2 28² 157 579 ¦ ῑ 1424 ¦ Ευ Μθ ιγ̄ : Ιω . : Λο . : Μρ . Ε ¦ Μθ ιγ̄ : Μρ . : Λο ιγ̄ : Ιω . 124

Ἰωάνην τοῦ βαπτισθῆναι ὑπ' αὐτοῦ. **14** ὁ δὲ   διεκώλυεν αὐτὸν λέγων,   B w
Ἰωάννην τοῦ βαπτισθῆναι ὑπ' αὐτοῦ. **14** ὁ δὲ   διεκώλυεν αὐτὸν λέγων,   ℵ*
Ἰωάνην τοῦ βαπτισθῆναι ὑπ' αὐτοῦ. **14** ὁ δὲ Ἰωάννης   διεκώλυεν αὐτὸν λέγων,   M
Ἰωάννην τοῦ βαπτισθῆναι ὑπ' αὐτοῦ. **14** ὁ δὲ Ἰωάννης   διεκώλυεν αὐτῷ λέγων,   Ω
Ἰωάννην τοῦ βαπτισθῆναι ὑπ'········· **14** ·· δὲ Ἰωάννης   διεκώλυ···· ·· έγων,   33
Ἰωάννην   **14**   διεκώλυεν αὐτὸν λέγων,   579
Ἰωάννην τοῦ βαπτισθῆναι ὑπ' αὐτοῦ. **14** ὁ δὲ Ἰωάννης   διεκώλυεν αὐτὸν λέγων,   uτ rell

Ἐγὼ χρείαν ἔχω ὑπὸ σοῦ βαπτισθῆναι, καὶ σὺ ἔρχῃ πρός με; **15** ἀποκριθεὶς δὲ ὁ Ἰησοῦς   B uwτ rell
Ἐγὼ χρείαν ἔχω ὑπὸ σοῦ βαπτισθῆναι, καὶ σὺ   πρός με; **15** ἀποκριθεὶς δὲ ὁ Ἰησοῦς   Δ
Ἐγὼ χρείαν ἔχω ὑπὸ σοῦ βαπτισθῆναι, καὶ σὺ ἔρχῃ πρός με; **15** ὁ δὲ Ἰησοῦς ἀποκριθεὶς   124 788
Ἐγὼ χρείαν ἔχω ὑπὸ σοῦ βαπτισ········ καὶ σὺ ἔρχῃ πρός ··· **15** ····· εἰς δὲ ὁ Ἰησοῦς   33
Ἐγὼ χρείαν ἔχω ὑπὸ σοῦ βαπτισθῆναι, καὶ οὐ ἔρχῃ πρός με; **15** ἀποκριθεὶς δὲ ὁ Ἰησοῦς   579*

εἶπεν   αὐτῷ,   Ἄφες ἄρτι, οὕτω γὰρ πρέπον ἐστὶν ἡμῖν πληρῶσαι πᾶσαν   B 118 124 788 [w]
εἶπεν πρὸς αὐτόν, Ἄφες ἄρτι, οὕτω γὰρ πρέπον ἐστὶν ἡμᾶς πληρῶσαι πᾶσαν   ℵ*
εἶπεν πρὸς αὐτόν, Ἄφες ἄρτι, οὕτως γὰρ πρέπον ἐστὶν ἡμῖν πληρῶσαι πᾶσαν   S W 28 1346 [w]τ
εἶπεν πρὸς αὐτοῖς, Ἄφες ἄρτι, οὕτως γὰρ πρέπον ἐστὶν ἡμῖν πληρῶσαι πᾶσαν   K
εἶπεν πρὸς αὐτόν, Ἄφες ἄρ···· γὰρ πρέπον ·········· ············σαι πᾶσαν   33
εἶπεν πρὸς αὐτόν, Ἄφες ἄρτι, οὕτω γὰρ πρέπον ἡμῖν ἐστὶ πληρῶσαι πᾶσαν   1071
εἶπεν πρὸς αὐτόν, Ἄφες ἄρτι, οὕτως γὰρ πρέπον ἐστὶν ἡμῖν πληρῶσαι πᾶσαν   ℵᶜ C Dˢᵘᵖ E L M P U Δ Ω f¹
                                                                          2 157 565 579 700 1424 u

δικαιοσύνην. τότε ἀφίησιν αὐτόν. **16** βαπτισθεὶς δὲ   ὁ Ἰησοῦς εὐθὺς ἀνέβη   B ℵ uw
δικαιοσύνην. τότε ἀφίησιν αὐτόν. **16** βαπτισθεὶς δὲ   ὁ Ἰησοῦς ἀνέβη εὐθὺς   C* 788
δικαιοσύνην. τότε ἀφίησιν αὐτόν. **16** καὶ βαπτισθεὶς ὁ Ἰησοῦς εὐθὺς ἀνέβη   W f¹ 700
δικαιοσύνην. τότε ἀφίησιν αὐτόν. **16**   ὁ Ἰησοῦς ἀνέβη εὐθὺς   Δ
δικαιοσύνην. τότε ἀφίησιν αὐτῷ. **16** βαπτισθεὶς δὲ   ὁ Ἰησοῦς ἀνέβη εὐθὺς   124
δικαιοσύνην. τότε ἀφι····· **16** ····· ·······βη   33   [↓565 579 1071 1424 τ
δικαιοσύνην. τότε ἀφίησιν αὐτόν. **16** καὶ βαπτισθεὶς ὁ Ἰησοῦς ἀνέβη εὐθὺς   Cᶜ 𝔐 K L M P U 118 2 28 157

ἀπὸ τοῦ ὕδατος· καὶ ἰδοὺ ἠνεῴχθησαν   οἱ οὐρανοί, καὶ εἶδεν   πνεῦμα   B [uw]
ἀπὸ τοῦ ὕδατος· καὶ ἰδοὺ ἀνεῴχθησαν   οἱ οὐρανοί, καὶ εἶδεν   πνεῦμα   ℵ*
ἀπὸ τοῦ ὕδατος· καὶ ἰδοὺ ἀνεῴχθησαν αὐτῷ οἱ οὐρανοί, καὶ εἶδεν   πνεῦμα   ℵᶜ
ἀπὸ τοῦ ὕδατος· καὶ ἰδοὺ ἀνεῴχθησαν αὐτ···· ············   33
ἀπὸ τοῦ ὕδατος· καὶ ἰδοὺ ἠνεῴχθησαν αὐτῷ οἱ οὐρανοί, καὶ εἶδεν τὸ πνεῦμα   124 788 [u]
ἀπὸ τοῦ ὕδατος· καὶ ἰδοὺ ἠνεῴχθησαν αὐτῷ οἱ οὐρανοί, καὶ εἶδεν   πνεῦμα   [w]
ἀπὸ τοῦ ὕδατος· καὶ ἰδοὺ ἀνεῴχθησαν αὐτῷ οἱ οὐρανοί, καὶ εἶδεν τὸ πνεῦμα   C Dˢᵘᵖ 𝔐 K L M P U W Δ f¹
                                                                          2 28 157 565 579 700 1071 1424 τ

θεοῦ καταβαῖνον   ὡσεὶ περιστερὰν   ἐρχόμενον ἐπ' αὐτόν· B ℵ* [u]w
θεοῦ καταβαῖνον   ὡσεὶ περιστερὰν καὶ ἐρχόμενον ἐπ' αὐτόν· ℵᶜ
τοῦ θεοῦ καταβαῖνον   ὡσεὶ περιστερὰν καὶ ἐρχόμενον πρὸς αὐτόν· C*
········ καταβαίνοντα ἐκ τοῦ οὐρανοῦ ὡς περιστερὰν καὶ ἐρχόμενον εἰς αὐτόν· D*
········ καταβαίνοντα ἐκ τοῦ οὐρανοῦ ὡς περιστερὰν καὶ ἐρχόμενον ἐπ' αὐτόν· Dᶜ
········ ········ αἶνον   ὡσεὶ περιστερὰν καὶ ἐρχόμε······ ·········· 33
τοῦ θεοῦ καταβαῖνον   ὡσεὶ περιστερὰν καὶ ἐρχόμενον ἐπ' αὐτόν· Cᶜ 𝔐 K L M P
                                                            U W Δ f¹ 124 2 28 157 565 579 700 788 1071 1346 1424 [u]τ

---

lac. 3.13-16 𝔓⁴⁵ A F G H Y N Q Γ Θ Π 13 (illeg.) 69 ¦ vss. 13 -16 D

A 13 παραγινετε L ¦ βαπτισθηνε L 14 διεκωλιεν Dˢᵘᵖ ¦ διεκολυεν L 1346 ¦ αυτων 2* ¦ εγα (εγω) 565 ¦ χριαν ℵ* Dˢᵘᵖ L P W Δ 2* ¦ βαπτισθηνε ℵ* L ¦ ερχι L ¦ ερχει 2* 15 ειπε U 1582 157 1346 ¦ πρεπων Lᶜ 1346 ¦ δικαιωσυνην W 28 ¦ δικαιοσυσανην 579¦ αφησησιν 2* ¦ αφιεισιν 1424 ¦ αυτων (αυτον²) L ¦ 2* 16 βαπτισθις Cᶜ ¦ βαπτισθης K 1071 1346 ¦ βαπτσθεις L* ¦ βαπτησθεις Lᶜ ¦ υδοτ 33 ¦ ιδεν C Dˢᵘᵖ K L P W Δ 124 788 ¦ ειδε 118 157 700 1346 ¦ το (τω) 579 ¦ καταβαινων Ω

B 13 ι̅ς̅ ℵ C Dˢᵘᵖ E K L M P S U W Δ Ω f¹ 118 124 2 33 28 157 565 579 700 788 1071 1346 1424 15 ι̅ς̅ B ℵ C Dˢᵘᵖ E K L M P S U W Δ Ω f¹ 118 124 2 33 28 157 565 579 700 788 1071 1346 1424 16 ι̅ς̅ B ℵ C Dˢᵘᵖ E K L M P S U W Δ Ω f¹ 118 124 2 28 157 565 579 788 1071 1346 1424 ¦ ουνοι E K L M S U Δ Ω f¹ 118 124 2 28 157 565 579 700 788 1346 1424 ¦ π̅ν̅α̅, θ̅υ̅ B ℵ C Dˢᵘᵖ E K L M S U W Δ Ω f¹ 118 124 2 28 157 565 579 700 788 1071 1346 1424 ¦ θ̅υ̅ P   at Mt. 1.15-16, .

C 13 αρχη: εις τα αγια θεωφανια τω καιρω εκεινω (ante παραγ.) E (ante τοτε 2) ¦ αρχ L 157 ¦ αρχ τω καιρω εκεινω εις τ ημε των φω Ω ¦ Μθ μη Ιαννου αρ, ς εις τ λειτουργι αν των φωτ· αρχ τω καιρ, παραγινεται ο ις απο της γαλιλαιας Μ ¦ εις τ φωτ τω κ S ¦ αρχ τα αγ θεοφα εις τ λειτ τω καιρω παραγι f¹ ¦ αρχ μετα ιαννου αρ, α εις τ λ,τγ των αγιων θεοφαν τω παραγινεται ο ι̅ς̅ απο της γαλιλαιας 118 ¦ αρχ εις τ φωτ 124 788 ¦ αρχ εις τ, λ,υτρ· των φωτ· τω καιρω εκεινω παραγινει 28 ¦ αρχ: τη η καιρ τω η φωτ 1071 ¦ αρχ των αγιων θεοφα εις τ λειτ 1346 ¦ αρχη των καιρω 1424

D 13 ι̅γ̅/ι̅ ℵ E M S U 124 28 700 788 1071 1346 ¦ ι̅γ̅ K L f¹ 118 2 28² 157 579 ¦ ι̅ 1424 ¦ Ευ Μθ ι̅γ̅ : Ιω . : Λο . : Μρ . E ¦ Μθ ι̅γ̅ : Μρ . : Λο ι̅γ̅ : Ιω . 124 15 ι̅δ̅ 157 ¦ ι̅δ̅ (ante τοτε) L ¦ ι̅δ̅/α̅ M S Ω 124 1424 ¦ Λο ι̅α̅ : Μθ ι̅δ̅ : Μρ ε̅ : Λο ι̅γ̅ : Ιω ι̅ε̅ M ¦ Μθ ι̅δ̅ : Μρ . : Λο . : Ιω . 124 16 ι̅δ̅/α̅ ℵ E U 28 700 788 1071 ¦ Ευ Μθ ι̅δ̅ : Ιω ι̅ε̅ : Λο ι̅γ̅ : Μρ ε̅ E ¦ ι̅δ̅ C K f¹ 2 28² 1346

17 καὶ ἰδοὺ φωνὴ ἐκ τῶν οὐρανῶν λέγουσα,   Οὗτός ἐστιν ὁ υἱός   B **uwτ** rell
17 καὶ ἰδοὺ φωνὴ ἐκ τῶν οὐρανῶν λέγουσα <u>πρὸς αὐτόν</u>, <u>Σὺ</u> <u>εἶ</u> ὁ υἱός   D
17 καὶ ἰδοὺ φωνὴ ἐκ <u>τοῦ οὐρανοῦ</u> λέγουσα,   Οὗτός ἐστιν ὁ υἱός   W
17 καὶ ἰδοὺ φωνὴ ἐκ <u>τῆς νεφέλης</u> λέγουσα,   Οὗτός ἐστιν ὁ υἱός   118
17 ......   λέγουσα,   Οὗτός ἐστιν ὁ υἱός   33

μου ὁ ἀγαπητός,   ἐν ᾧ εὐδόκησα.   B **u**[**w**]**τ** rell
μου ὁ ἀγαπητός,   ἐν ᾧ <u>ηὐδόκησα</u>.   א^c C L P W 118
μου ὁ ἀγα......   33
μου ὁ ἀγαπητός <u>μου</u>,   ἐν ᾧ εὐδόκησα.   1071
<u>μου</u>, <u>ὁ ἀγαπητός</u>   ἐν ᾧ εὐδόκησα.   [**w**]

[Cl Pd I 25.2 αυτικα γουν βαπτιζομενω τω κυριω <u>απ</u> <u>ουρανων</u> επηχησε <u>φωνη</u> μαρτυς ηγαπημενου <u>υιος</u> <u>μου</u> ει
συ <u>αγαπητος</u>, εγω <u>σημερον</u> <u>γεγεννηκα</u> <u>σε</u>].

The Temptation Of Jesus In The Wilderness
(Mark 1.12-13; Luke 4.1-13)

ι̅ς̅ **4.1** Τότε   Ἰησοῦς ἀνήχθη   εἰς τὴν ἔρημον ὑπὸ τοῦ πνεύματος,   B U Δ 700 [**w**]
     4.1 Τότε   <u>ὁ</u> Ἰησοῦς ἀνήχθη   <u>ὑπὸ</u> <u>τοῦ</u> <u>πνεύματος</u> <u>εἰς</u> <u>τὴν</u> <u>ἔρημον</u>,   א K 157 1424
     4.1 <u>Ἀνήχθη</u> <u>δὲ</u>   <u>ὁ</u> <u>Ἰησοῦς</u>   εἰς τὴν ἔρημον ὑπὸ τοῦ πνεύματος,   C* L
     4.1 Τότε   <u>ὁ</u> Ἰησοῦς <u>ἀνηνέχθη</u>   εἰς τὴν ἔρημον ὑπὸ τοῦ πνεύματος,   S
     4.1 ......   εἰς τὴν ἔρημον ὑπὸ τοῦ πνεύματος,   33 [↓579 788 1071 1346 **u**[**w**]**τ**
     4.1 Τότε   <u>ὁ</u> Ἰησοῦς ἀνήχθη   εἰς τὴν ἔρημον ὑπὸ τοῦ πνεύματος,   C^c D E M P W Ω *f*¹ 124 2 28 565

πειρασθῆναι ὑπὸ τοῦ διαβόλου. **2** καὶ νηστεύσας ἡμέρας τεσσεράκοντα   B* א L P **uw**
πειρασθῆναι ὑπὸ τοῦ διαβόλου. **2** καὶ νηστεύσας ἡμέρας <u>τεσσεράκοντας</u>   C
πειρασθῆναι ὑπὸ τοῦ διαβόλου. **2** καὶ νηστεύσας ἡμέρας <u>μ̄</u>   D
πειρασθῆναι ὑπὸ τοῦ διαβόλου. **2** καὶ <u>μηστεύσας</u> ἡμέρας τεσσεράκοντα   Δ
πειρασθῆναι ὑπὸ τοῦ διαβόλου. **2** καὶ νηστεύσας ἡμέρας <u>σεράκοντα</u>   579
πειρασ......   **2** ......<u>έρας τεσσεράκοντα</u>   33
πειρασθῆναι ὑπὸ τοῦ διαβόλου. **2** καὶ νηστεύσας ἡμέρας <u>τεσσαράκοντα</u>   B^c 𝔐 K M U W *f*¹ *f*¹³ 2 28 157
                                                 565 700 788 1071 1346 1424 **τ**

καὶ νύκτας τεσσεράκοντα   ὕστερον ἐπείνασε.   **3** Καὶ   B* C L P Δ **uw**
καὶ <u>τεσσεράκοντα</u> <u>νύκτας</u>   ὕστερον <u>ἐπίνασεν</u>.   **3** Καὶ   א
καὶ <u>τεσσαράκοντα</u> <u>νύκτας</u>   ὕστερον <u>ἐπείνασεν</u>.   **3** Καὶ   D
                          ὕστερον <u>ἐπείνασεν</u>.   **3** Καὶ   1
καὶ νύκτας τε......   ......   **3**   33
καὶ νύκτας <u>σεράκοντα</u>   ὕστερον <u>ἐπίνασεν</u>.   **3** Καὶ   579   [↓1071 1346 1424 **τ**
καὶ νύκτας <u>τεσσαράκοντα</u>   ὕστερον ἐπείνασε.   **3** Καὶ   B^c 𝔐 K M U W 1582 *f*¹³ 118 2 28 157 565 700 788

προσελθὼν   ὁ πειράζων   εἶπεν αὐτῷ,   B א W 1 1582* *f*¹³ 33 157 700 788 **uw**
<u>προσῆλθεν</u> <u>αὐτῷ</u> ὁ πειράζων <u>καὶ</u> εἶπεν αὐτῷ,   D
προσελθὼν <u>αὐτῷ</u>   ὁ πειράζων   εἶπεν,   C 𝔐 K L M P U Δ 1582^c 118 2 28 565 579 1071 1346 1424 **τ**

          Εἰ υἱὸς εἶ τοῦ θεοῦ, εἰπὲ   B **uτ** rell
          Εἰ υἱὸς εἶ τοῦ θεοῦ, <u>εἶπον</u>   א^c **w**

---

lac. **3.17-4.3** 𝔓⁴⁵ A F G H Y N Q Γ Θ Π 69 ¦ vss. 3.17-4.1 13 (illeg.)

A **17** τον (των) L* ¦ εστην L ¦ αγαπιτος L 28 **4.1** ερημων K ¦ πιρασθηναι א* W ¦ πειρασθηνε L ¦ πειρασθειναι 2 **2** επινασεν C E* L P W ¦ επεινασεν E^c K M S U Δ Ω *f*¹ *f*¹³ 124 2 28 700 788 1071 1346 1424 **3** πιραζων א D 2 ¦ πειραζον 579 ¦ ηπε U

B **17** <u>ουνων</u> א E L M S Δ Ω *f*¹ 124 2 28 157 579 700 788 1071 1346 1424 ¦ <u>υς̅</u> א C E K L M P U Ω 2 33 28 565 579 700 1071 1424 **4.1** <u>ι̅ς̅</u> B א C E K L M P S U W Δ Ω *f*¹ 118 124 2 28 157 565 579 700 788 1071 1346 1424 ¦ <u>ι̅η̅ς̅</u> D ¦ <u>π̅ν̅ς̅</u> B א C D E K L M P S U W Δ Ω *f*¹ 118 124 2 33 28 157 565 579 700 788 1071 1424 **3** <u>υ̅ς̅</u> C E K L M P S U Ω 2 33 28 565 579 1071 1424 ¦ <u>θ̅υ̅</u> B א C D E K L M P S U W Ω *f*¹ 118 *f*¹³ 124 2 33 28 157 565 579 700 788 1071 1346 1424

C **17** τελος (post ευδοκ.) E L S Ω 118 124 2 788 1071 1346 ¦ τελ λειτουργ ¦ τελ των φωτ ··· Σα 28 **4.1** ανναγνοσμα ······ D ¦ περι της νηστιας του κ̅υ̅ Δ ¦ αρχη: Σαββατω μετα τα φωτα. τω καιρω εκεινω ανηχθη ο ι̅ς̅ (ante εις την) E ¦ αρχ (om. 788) Σα μετα τα φωτα L 788 1071 1346 ¦ Μθ τα φωτ· τω καιρ, ανηχθη ο ι̅ς̅ εις την ερημον υπο του π̅ν̅ς̅ M ¦ Σα μετ τα φωτ τω κ S ¦ (ante ανηχθη) αρχ τωκαιρω ανηχθη ο ι̅ς̅ Σα μθ τα τ φω Ω ¦ αρχ Σα μετ τα φωτ τω καιρω ανηχθη ο ι̅ς̅ εις τ *f*¹ ¦ αρχ Σα μετα τα φωτ τω ανηχθη ο ις ειςτην ερημ 118 ¦ αρχ Σα μετ τα φωτ τω καιρω εκειν ανηχθη 2 ¦ αρχ Σα μετ τα φωτ τω καιρω εκειν ανηχθη ο ιω παραγινετ υπο του π̅ν̅ς̅ 28 ¦ αρχ: Σα μετα των φωτων 157 ¦ αρχ Σα μετα τω καιρω 1424

D **4.1** <u>ι̅ε̅/β̅</u> א E M S U Ω 124 28 700 788 1071 1346 1424 ¦ Ευ Μθ <u>ι̅ε̅</u> : Ιω . : Λο <u>ι̅ε̅</u> : Μρ <u>ϛ̅</u> E ¦ Μθ <u>ι̅ε̅</u> : Μρ <u>ϛ̅</u> : Λο <u>ι̅ε̅</u> M ¦ Μθ <u>ι̅ε̅</u> : Μρ . : Λο : Ιω <u>ι̅ε̅</u> 124 ¦ <u>ι̅ε̅</u> C D K L *f*¹ 118 2 28² 157 579 **2** <u>ι̅ϛ̅</u> C D* K 28² ¦ <u>ι̅ϛ̅/ε̅</u> M S U Ω 28 1071 1424 ¦ <u>ι̅ϛ̅/ι̅</u> 788 ¦ Μθ <u>ι̅ϛ̅</u> : Λο <u>ι̅ϛ̅</u> M ¦ Μθ <u>ι̅ϛ̅</u> : Μρ . : Λο . : Ιω . 124 **3** <u>ι̅ϛ̅/ε̅</u> א 700 1346 ¦ <u>ι̅ϛ̅/ϛ̅</u> E ¦ <u>ι̅ϛ̅</u> L *f*¹ 2 28² 157 ¦ Ευ Μθ <u>ι̅ϛ̅</u> : Ιω . : Λο <u>ι̅ϛ̅</u> : Μρ . E

ἵνα οἱ λίθοι οὗτοι ἄρτοι γένωνται. B uwτ rell
ἵνα οἱ λίθοι οὗτοι ἄρτοι <u>γένονται</u>. D U Ω 118 157 1346

4 ὁ δὲ ἀποκριθεὶς   εἶπεν,   B uwτ rell
4 <u>ἀποκριθεὶς δὲ ὁ</u> Ἰησοῦς εἶπεν,   D
4 ὁ δὲ ἀποκριθεὶς   εἶπεν <u>αὐτῷ</u>,   157 565

Γέγραπται,   B uwτ rell
Γέγραπται γὰρ,   118
om.   28
Γέγραπται ὅτι,   700 1424

Οὐκ ἐπ' ἄρτῳ μόνῳ ζήσεται ὁ ἄνθρωπος, B ℵ C D E L P U W Δ 1* 1582 33 579 uw
········ ···· ἄρτῳ μόνῳ ζήσεται ὁ ἄνθρωπος, Θ
Οὐκ ἐπ' ἄρτῳ μόνῳ ζήσεται ὁ <u>δίκαιος</u>, Cl
Οὐκ ἐπ' ἄρτῳ μόνῳ ζήσεται   <u>δίκαιος</u>, Cl (1 ms.)   [↓1346 1424 τ
Οὐκ ἐπ' ἄρτῳ μόνῳ ζήσεται   ἄνθρωπος, K M S Ω 1ᶜ 118 f¹³ 2 28 157 565 700 788 1071

ἀλλ' ἐπὶ   παντὶ ῥήματι ἐκπορευομένῳ διὰ στόματος θεοῦ. B uwτ rell
<u>ἀλλὰ</u> <u>ἐν</u>   παντὶ ῥήματι ἐκπορευομένῳ διὰ στόματος θεοῦ. C
ἀλλ' <u>ἐν</u>   παντὶ ῥήματι   θεοῦ. D
ἀλλ' <u>ἐν</u>   παντὶ ῥήματι <u>ἐκπορευομένου</u> διὰ στόματος θεοῦ. f¹³
ἀλλ' <u>ἐν</u>   παντὶ ῥήματι ἐκπορευομένῳ διὰ στόματος θεοῦ. 124 788 1346
ἀλλ' ἐπὶ   παντὶ ῥήματι ἐκπορευομένῳ <u>ἐκ</u> στόματος θεοῦ. 565
ἀλλ' <u>ἐν τῷ</u> παντὶ ῥήματι   <u>κυρίου</u>. Cl

[Cl Pd II 7.2 <u>ου</u> γαρ <u>επ αρτω</u> <u>ζησεται</u> ο δικαιος] [Cl. Pd III 40.1 <u>ου</u> γαρ <u>επ αρτω</u> <u>μονω</u> <u>ζησεται</u> ο δικαιος, <u>αλλ</u> <u>εν</u> τω <u>ρηματι</u> κυριου].

ιζ 5 Τότε παραλαμβάνει αὐτὸν ὁ διάβολος εἰς τὴν ἁγίαν πόλιν, καὶ ἔστησεν B ℵ C D 1 1582* uw
5 Τότε παραλαμβάνει αὐτὸν ὁ διάβολος,   καὶ ἔστησεν 33
5 Τότε παραλαμβάνει αὐτὸν ὁ διάβολος εἰς τὴν ἁγίαν πόλιν, καὶ <u>ἵστησιν</u> 𝔐 K L M P U W Δ Θ 1582ᶜ
                                                        118 f¹³ 2 28 157 565 579 700 788 1071 1346 1424 τ

αὐτὸν ἐπὶ τὸ πτερύγιον τοῦ ἱεροῦ, 6 καὶ λέγει αὐτῷ,   B uwτ rell
αὐτὸν ἐπὶ τὸ πτερύγιον τοῦ ἱεροῦ, 6 καὶ <u>εἶπεν</u> αὐτῷ, ℵᶜ W 157
αὐτὸν ἐπὶ <u>τὸν</u> <u>τερύγιον</u> τοῦ ἱεροῦ, 6 καὶ λέγει αὐτῷ, Δ
αὐτὸν <u>εἰς</u> τὸ πτερύγιον τοῦ ἱεροῦ, 6 καὶ λέγει αὐτῷ, 565

Εἰ υἱὸς εἶ τοῦ θεοῦ, βάλε   σεαυτὸν   κάτω· B uwτ rell
Εἰ υἱὸς εἶ τοῦ θεοῦ, βάλε   σεαυτὸν <u>ἐντεῦθεν</u> κάτω· C*
Εἰ υἱὸς εἶ <u>θυ</u> θεοῦ, βάλε   σεαυτὸν   κάτω· D*
Εἰ υἱὸς <u>τοῦ θεοῦ εἶ,</u> βάλε σεαυτὸν <u>ἐντεῦθεν</u> κάτω· Θ
Εἰ υἱὸς εἶ τοῦ θεοῦ, <u>βάλλα</u> σεαυτὸν   κάτω· 1424

γέγραπται γὰρ ὅτι
    Τοῖς ἀγγέλοις αὐτοῦ ἐντελεῖται περὶ σοῦ

        καὶ ἐπὶ χειρῶν ἀροῦσί   σε, B uwτ rell
        καὶ ἐπὶ χειρῶν <u>αἴρουσίν</u> σε, D

        μήποτε προσκόψῃς πρὸς λίθον τὸν πόδα σου.
7 ἔφη αὐτῷ ὁ Ἰησοῦς, Πάλιν γέγραπται,

lac. 4.3-7 𝔓⁴⁵ A F G H Y N Q Γ Π 69

A 3 γενωντε 1071 | αρτυ E 4 ειπε 1346 | γεγραπτε L | μονο E* | ζησετε L Θ* | ρηματη L 5 παραλαμβανι ℵ Θ | παραλαμβανη L 1424 | παραλλαμβανει Ω | διαβωλος 2* | τιν (την) Θ | πολην L | ειστησιν 1071 | ετερου 579 6 γεγραπτε L Θ* | εντελιτε ℵ* | εντελειτε ℵᶜ L Θ 13 | επει D | αρουσιν ℵ C E K L S U W Δ Ω f¹³ 124 2 33 28 579 788 1424 | μηποται 1346 | προ (προς) K* | προσκοψις 2 ¦ προσκοψεις 1424 7 γεγραπτε L

B 4 ιης D | ανος ℵ C E L M P S U Δ f¹ 118 f¹³ 124 2 33 28 565 579 700 788 1346 1424 | θυ ℵ ℵ C D E K L M P S U W Δ Ω f¹ 118 f¹³ 124 2 33 28 157 565 579 700 788 1071 1346 1424 6 υς C E K L M P S U Ω 2 33 28 565 579 1071 1424 | θυ ℵ ℵ C D E K L M P S U W Δ Ω f¹ 118 f¹³ 124 2 33 28 157 565 579 700 788 1071 1346 1424 7 ις B ℵ C E K L M P S U W Δ Ω f¹ 118 f¹³ 124 2 33 28 157 565 579 700 788 1071 1346 1424 ¦ ιης D

C 4 Δευτερονομιου M 6 Ψαλμ ϙ M

26

Οὐκ ἐκπειράσεις κύριον τὸν θεόν σου.   B **uwτ** rell
Οὐ   πειράσεις κύριον τὸν θεόν σου.   D

ιη 8 Πάλιν παραλαμβάνει αὐτὸν ὁ διάβολος εἰς ὄρος ὑψηλὸν λείαν, καὶ δείκνυσιν αὐτῷ B* P Θ
8 Πάλιν παραλαμβάνει αὐτὸν ὁ διάβολος εἰς ὄρος ὑψηλὸν λίαν, καὶ δικνύει αὐτῷ ℵ
8 Πάλιν παραλαμβάνει αὐτὸν ὁ διάβολος εἰς ὄρος ὑψηλὸν λείαν, καὶ ἔδειξεν αὐτῷ D
8 Πάλιν λαμβάνη αὐτὸν ὁ διάβολος εἰς ὄρος ὑψηλὸν λίαν, καὶ δείκνυσιν αὐτῷ K
8 Πάλιν παραλαμβάνει αὐτὸν ὁ διάβολος εἰς ὄρος ὑψηλὸν λίαν, καὶ δείκνυσιν αὐτῷ B^c **uwτ** rell

πάσας τὰς βασιλείας τοῦ κόσμου καὶ τὴν δόξαν αὐτῶν, 9 καὶ εἶπεν αὐτῷ,   B ℵ C D f^{13} 33 157 788 **uw**
πάσας τὰς βασιλείας τοῦ κόσμου καὶ τὴν δόξαν αὐτῶν, 9 καὶ λέγει αὐτῷ,   𝔐 K L M P U W Δ Θ f^1 2 28
565 579 700 1071 1346 1424 τ

Ταῦτά σοι πάντα δώσω ἐὰν πεσὼν προσκυνήσῃς μοι.   B ℵ C* W f^1 33 **uw**
Ταῦτα πάντα σοι δώσω ἐὰν πεσὼν προσκυνήσῃς με.   157 565
Πάντα ταῦτά σοι δώσω ἐὰν πεσὼν προσκυνήσῃς μοι.   700   [↓579 788 1071 1424 τ
Ταῦτα πάντα σοι δώσω ἐὰν πεσὼν προσκυνήσῃς μοι.   C^c D 𝔐 K L M P U Δ Θ f^{13} 118 2 28 157

10 τότε λέγει αὐτῷ ὁ Ἰησοῦς,

Ὕπαγε,   Σατανᾶ· γέγραπται γάρ, B ℵ C* K P S W Δ 1 1582* f^{13} 565 579* 700 788 **uwτ**
Ὕπαγε ὀπίσω μου, Σατανᾶ· γέγραπται γάρ, C^c D E L M U Ω 1582^c 118 2 33 28 157 579^c 1071
1346 1424

Κύριον τὸν θεόν σου προσκυνήσεις
καὶ αὐτῷ μόνῳ λατρεύσεις.

11 Τότε ἀφίησιν αὐτὸν ὁ διάβολος, καὶ ἰδοὺ ἄγγελοι προσῆλθον καὶ διηκόνουν αὐτῷ.   B **uwτ** rell
11 .... καὶ ἰδοὺ ἄγγελοι προσῆλθον καὶ διηκόνουν αὐτῷ.   Θ
11 Τότε ἀφίησιν αὐτῷ ὁ διάβολος, καὶ ἰδοὺ ἄγγελοι προσῆλθον καὶ διηκόνουν αὐτῷ.   L
11 Τότε ἀφίησιν αὐτὸν ὁ διάβολος, καὶ ἰδοὺ ἄγγελοι ἦλθον καὶ διηκόνουν αὐτῷ.   S
11 Τότε ἀφίησιν αὐτὸν ὁ διάβολος, καὶ ἰδοὺ ἄγγελοι προσέλθοντες διηκόνουν αὐτῷ.   157

Jesus Announces The Kingdom Of Heaven
(Mark 1.14-15; Luke 4.14-15, 31; John 1.43a)

ιθ 12 Ἀκούσας δὲ ὅτι Ἰωάνης παρεδόθη ἀνεχώρησεν εἰς τὴν Γαλειλαίαν. B w
12 Ἀκούσας δὲ Ἰωάννης ὅτι παρεδόθη ἀνεχώρησεν εἰς τὴν Γαλιλαίαν. ℵ*
12 Ἀκούσας δὲ ὅτι Ἰωάννης παρεδόθη ἀνεχώρησεν εἰς τὴν Γαλιλαίαν. ℵ^c C* D 33 700 u
12 Ἀκούσας δὲ ὁ Ἰησοῦς ὅτι Ἰωάννης παρεδόθη ἀνεχώρησεν εἰς τὴν Γαληλαίαν. L
12 Ἀκούσας δὲ ὁ Ἰησοῦς ὅτι Ἰωάνης παρεδόθη ἀνεχώρησεν εἰς τὴν Γαλιλαίαν. U*
12 Ἀκούσας ὁ Ἰησοῦς ὅτι Ἰωάννης παρεδόθη ἀνεχώρησεν εἰς τὴν Γαλιλαίαν. 1424
12 Ἀκούσας δὲ ὁ Ἰησοῦς ὅτι Ἰωάννης παρεδόθη ἀνεχώρησεν εἰς τὴν Γαλιλαίαν. C^c 𝔐 K M P U^c
W Δ Θ f^1 f^{13} 2 28 157 565 579 788 1071 1346 τ

---

lac. 4.7-12 𝔓^45 A F G H Y N Q Γ Π 69

A 7 εκπιρασεις ℵ C 2 ¦ εκπειρασης L 28 579 **8** παραλαμβανι Θ ¦ υψιλον L 2 ¦ υψηλο Δ ¦ λιαν **uwτ** all exc. B* D P Θ ¦ δικνυσειν C ¦ δικνυσιν P W Δ Θ ¦ πισας (πασας) Δ ¦ βασιλιας ℵ **9** δωσσω L ¦ δοσω 1346 ¦ προσκυνησις C ¦ προσκυνησεις E L Δ 2 788* 1346 1424 **10** λεγι ℵ ¦ γεγραπτε L ¦ προσκυνη- σης ℵ L P ¦ προσκυνησις C ¦ λατρευσις ℵ C W ¦ λατρευσης L **11** αφηησιν 2 ¦ εφιησιν αυτων 579 ¦ προσηλθων E* **12** παρεδωθη L 33 1071 1424 ¦ ανεχωρισεν K

B 7 k̄v̄ B ℵ C D E K L M P S U W Δ Ω f^1 118 f^{13} 124 2 33 28 157 565 579 700 788 1071 1346 1424 ¦ θ̄v̄ B ℵ C D E K L M P S U W Δ Ω f^1 118 f^{13} 124 2 33 28 157 565 579 700 788 1071 1346 1424 **10** ῑϛ̄ B ℵ C E K L M P S U W Δ Ω f^1 118 f^{13} 124 2 33 28 157 565 579 700 788 1071 1346 1424 ¦ ῑη̄ς D ¦ k̄v̄ B ℵ C D E K L M P S U W Δ Ω f^1 118 f^{13} 124 2 33 28 157 565 579 700 788 1071 1346 1424 ¦ θ̄v̄ B ℵ C D E K L M P S U W Δ Ω f^1 118 f^{13} 124 2 33 28 157 565 579 700 788 1071 1346 1424 **12** ῑϛ̄ C^c E K L M P S U W Δ Θ Ω f^1 118 f^{13} 124 2 28 157 565 579 788 1071 1346 1424

C 10 κ,υ μετ τα φωτ γρηγορ' κ,υ και δομετιαν 157 **11** τελος (post διηκ. αυτω) E S Θ Ω 118 124 788 1346 ¦ τελ Σα f^1 ¦ τελ του Σα τ 28 **12** αρχη: κυριακη μετα τα φωτα τω καιρω εκεινω ακουσας ο ῑϛ̄ (ante οτι) E ¦ αρχ L 157 ¦ κ,υ μετ τα φωτ· αρχ τω καιρ,ω ακουσας ο ῑϛ̄ οτι Ιωανν,ς M ¦ κ,υ μετ φωτ τω κ S ¦ τω καιρω κ,υ μτ τα φωτ Ω ¦ κυ μτ τα φωτ· τω καιρω ακουσας ο ῑϛ̄ οτι f^1 ¦ αρχ κ,υ μετ τα φωτ· τω καιρ,ω ακουσας ο ῑϛ̄ οτι Ιωϛ παρεδ, 118 ¦ αρχ κυ μθ τ φωτ f^{13} ¦ αρχη: κυριακη μετα τα φωτα τω καιρω εκεινω 2 ¦ αρχ κ,υ μετ τ φωτ τω καιρω εκεινω ακουσας ο ῑϛ̄ οτι 28 ¦ κ,υ μετ τα φωτ· 788 1071 1346 ¦ αρχη τω καιρω 1424

D 10 ῑϛ̄ 157 **11** ῑϛ̄ D L f^1 f^{13} 2 ¦ ῑϛ̄/ϛ E (ante και ιδου K) ¦ ῑϛ̄/ϛ M S U Ω 124 28 700 788 1071 1346 1424 ¦ ῑε̄/ῑ 28² ¦ Ευ Μθ ῑϛ̄ : Ιω . : Λο . : Μρ ζ E ¦ Μθ ῑϛ̄ : Μρ ζ : Ιω k̄ϛ̄ M ¦ Μθ ῑϛ̄ : Μρ η : Λο . : Ιω k̄ϛ̄ 124 ¦ ῑϛ̄/ϛ (ante και ιδου) ℵ ¦ ῑϛ̄ C **12** ῑη̄/δ̄ ℵ M S U Ω 28 700 1071 1346 1424 ¦ ῑη̄ C D K L Θ f^1 118 f^{13} 2 28² 157 579 ¦ ῑη̄/γ̄ E ¦ ῑη̄/ᾱ 124 788 ¦ ῑϛ̄ K ¦ Ευ Μθ ῑη̄ : Ιω k̄ϛ̄ : Λο . : Μρ η̄ E ¦ Μθ ῑη̄ : Μρ η̄ M ¦ Μθ ῑη̄ : Μρ . : Λο . : Ιω ῑθ̄, λ̄β̄ 124

13 καὶ καταλιπὼν τὴν Ναζαρὰ	ἐλθὼν κατῴκησεν εἰς	Καφαρναοὺμ	τὴν	B* ℵ^c 33 **uw**	
13 καὶ καταλιπὼν τὴν Ναζαρὲτ	ἐλθὼν κατῴκησεν εἰς	Καφαρναοὺμ	τὴν	B^c	
13 καὶ καταλιπὼν τὴν Ναζαρὲθ	ἐλθὼν κατῴκησεν εἰς	Καφαρναοὺμ	τὴν	ℵ*	
13 καὶ καταλιπὼν τὴν Ναζαρὰθ	ἐλθὼν κατῴκησεν εἰς	Καπερναοὺμ	τὴν	C P	
13 καὶ καταλιπὼν τὴν Ναζαρὲθ	ἐλθὼν κατῴκησεν εἰς	Καφαρναοὺμ	τὴν	D W*	
13 καὶ καταλιπὼν τὴν Ναζαρὲτ	ἐλθὼν κατῴκησεν εἰς	Καπερναοὺμ	τὴν	L 1582 118 157 700 1346	
13 καὶ καταλιπὼν τὴν Ναζαρὰθ	ἐλθὼν κατῴκησεν	Καπερναοὺμ	τὴν	Δ	[↑1424 **τ**
13 καὶ καταλιπὼν τὴν Ναζαρὲθ	ἐλθὼν κατῴκησεν εἰς	Καπαρναοὺμ	τὴν	Θ	
13 καὶ καταλιπὼν τὴν Ναζαρὲτ	ἐλθὼν κατῴκησεν εἰς τὴν	Καπερναοὺμ	τὴν	56	[↓579 788 1079
13 καὶ καταλιπὼν τὴν Ναζαρὲθ	ἐλθὼν κατῴκησεν εἰς	Καπερναοὺμ	τὴν	𝔐 K M U W^c 1 f^{13} 2 28	

[↓157 788^c 1071 1346 1424 **wτ**

παραθαλασσίαν	ἐν ὁρίοις Ζαβουλὼν καὶ Νεφθαλείμ·	**14** ἵνα πληρωθῇ τὸ	B ℵ^c C E K M P Δ 1 118 f^{13} 33
παραθάλασσαν	ἐν ὁρίοις Ζαβουλὼν καὶ Νεφθαλείμ·	**14** ἵνα πληρωθῇ τὸ	ℵ*
παραθαλασσίον	ἐν ὁρίοις Ζαβουλὼν καὶ Νεφθαλείμ·	**14** ἵνα πληρωθῇ τὸ	D Θ 1582 700
παραθαλασσίαν	ἐν ὁρίοις Ζαβουλὼν καὶ Νεφθαλήμ·	**14** ἵνα πληρωθῇ τὸ	L 28
παραθαλασίαν	ἐν ὁρίοις Ζαβουλὼν καὶ Νεφθαλίμ·	**14** ἵνα πληρωθῇ τὸ	S
παραθαλασσίαν	ἐν ὁρίοις Ζαβουλὼν καὶ Νεφθαλίμ·	**14** ἵνα πληρωθῇ τὸ	U Ω 2 565 579 **u**
παραθάλασσαν	ἐν ὁρίοις Ζαβουλὼν καὶ Νεφθαλίμ·	**14** ἵνα πληρωθῇ τὸ	W
παραθαλασσίαν	ἐν ὁρίοις Ζαβουὼν καὶ Νεφθαλείμ·	**14** ἵνα πληρωθῇ τὸ	788*

ῥηθὲν διὰ Ἠσαΐου τοῦ προφήτου λέγοντος,	B **uwτ** rell
ῥηθὲν διὰ Ἠσαΐου τοῦ προφήτου τοῦ λέγοντος,	D U

15	**Γῆ Ζαβουλὼν καὶ γῆ Νεφθαλείμ,**	B **wτ** rell
15	**Γῆ Ζαβουλὼν καὶ Νεφθαλείν,**	D
15	**Γῆ Ζαβουλὼν καὶ γῆ Νεφθαλήμ,**	L 2 28
15	**Γῆ Ζαβουλὼν καὶ γῆ Νεφθαλίμ,**	S Ω 565 579 **u**
15	**Γῆ Ζαβουλὼν καὶ Νεφθαλίμ,**	W

ὁδὸν θαλάσσης, πέραν τοῦ Ἰορδάνου,

Γαλειλαία τῶν ἐθνῶν,	B	
Γαλιλαίας τῶν ἐθνῶν,	D* L	
Γαλιλαίαν τῶν ἐθνῶν,	f^{13}	[↓1071 1346 1424 **uwτ**
Γαλιλαία τῶν ἐθνῶν,	ℵ C D^c 𝔐 K M P U W Δ Θ f^{1} 1242 33 28 157 565 579 700 788	

16	**ὁ λαὸς ὁ καθήμενος ἐν σκοτίᾳ**	B ℵ^c **w**	
16	**ὁ λαὸς ὁ καθήμενος ἐν τῇ σκοτίᾳ**	D W	[↓1346 1424 **uwτ**
16	**ὁ λαὸς ὁ καθήμενος ἐν σκότει**	ℵ* C 𝔐 K L M P U Δ Θ f^{1} f^{13} 2 33 28 157 565 579 700 788	

φῶς εἶδεν μέγα,	B ℵ C W f^{1} f^{13} 33 788 **uw**
εἶδον φῶς μέγαν,	D*
εἶδον φῶς μέγα,	D^c
εἶδε φῶς μέγα,	U Δ 118 2 157 579 700 1071 1346
εἶδεν φῶς μέγα,	𝔐 K L M P Θ 28 565 1424 **τ**

καὶ τοῖς καθημένοις ἐν χώρᾳ καὶ σκιᾷ θανάτου	B **uwτ** rell
οἱ καθήμενοι ἐν χώρᾳ σκειᾷ θανάτου	D*
οἱ καθήμενοι ἐν χώρᾳ καὶ σκειᾷ θανάτου	D^c
καὶ τοῖς καθημένοις ἐν χώρᾳ σκότους καὶ σκιᾷ θανάτου	157
τοῖς καθημένοις ἐν χώρᾳ καὶ σκιᾷ θανάτου	700

φῶς ἀνέτειλεν αὐτοῖς.

---

lac. 4.13-16 𝔓^{45} A F G H Y N Q Γ Π 69

A 13 καταλειπων D E L M Δ Θ 33 565 1424 ¦ καταλιπον U ¦ καταληπων 2* | κατοικησεν D ¦ κατοκησεν E* **14** τω (το) M | φητου C **15** γηι$^{1.2}$ 700 | τον (των) Θ **16** σκοτι ℵ* C Δ 2* 565 ¦ σκοτεια D ¦ σκοτη Θ | ιδεν ℵ C K L P Θ 13 124 33 788 ¦ ειδεν Δ 2 579 1071 | καθημενοι M* | σκεια D ¦ σκηα L | ιδεν ℵ C K L P Θ 13 124 33 788 ¦ ειδεν Δ 2 579 1071 | καθημενοι M* | σκεια D ¦ σκηα L | ανετιλεν ℵ W Θ 2 | αυτωις 33

C 13 ζη και κυ αγ και κεφ ϙγ 157

D 13 ιθ/ζ ℵ M U Ω 124 28 700 1071 1346 1424 ¦ ιθ C D E K P Θ f^{1} f^{13} 2 157 | Ευ Μθ ιθ : Ιω . : Λο . : Μρ . E | Μθ ιθ : Ιω λβ M | Μθ ιθ : Μρ . : Λο . : Ιω λδ 124 **14** ιθ L 15 ιθ 28^{2}

17 Ἀπὸ τότε   ἤρξατο ὁ Ἰησοῦς κηρύσσειν καὶ λέγειν, Μετανοεῖτε, ἤγγικεν γὰρ   B u[w]τ rell
17 Ἀπὸ τότε <u>γὰρ</u> ἤρξατο   Ἰησοῦς κηρύσσειν καὶ λέγειν, Μετανοεῖτε, ἤγγικεν γὰρ   D
17 Ἀπὸ τότε   ἤρξατο ὁ Ἰησοῦς κηρύσσειν καὶ λέγειν, Μετανοεῖτε, ἤγγικεν ·····   Θ
17 Ἀπὸ τότε   ἤρξατο ὁ Ἰησοῦς κηρύσσειν καὶ λέγειν,   <u>Ἤγγικεν</u>   [w]

ἡ βασιλεία τῶν οὐρανῶν.   B **uwτ** rell
·· ················· ····· ··············   Π

[Cl Pr 87.3 βοα γουν επειγων εις σωτηριαν αυτος <u>ηγγικεν</u> <u>η</u> <u>βασιλεια</u> <u>των</u> <u>ουρανων</u>].

Jesus Calls Four Fishermen To Follow
(Mark 1.16-20; Luke 5.1-11)

k̄ 18 Περιπατῶν δὲ   παρὰ τὴν θάλασσαν τῆς Γαλειλαίας   B
18 <u>Παράγων</u> δὲ   παρὰ τὴν θάλασσαν τῆς <u>Γαλιλαίας</u>   D
18 Περιπατῶν δὲ <u>ὁ Ἰησοῦς</u> παρὰ τὴν θάλασσαν τῆς <u>Γαλιλαίας</u>   E Δ Ωᶜ 1071 τ
18 Περιπατῶν δὲ <u>ὁ Ἰησοῦς</u> παρὰ τὴν θάλασσαν τῆς <u>Γαληλαίας</u>   L
18 Περιπατῶν   <u>ὁ Ἰησοῦς</u> παρὰ τὴν θάλασσαν τῆς <u>Γαλιλαίας</u>   2 1424 [↓565 579 700 788 1346 1424 **uw**
18 Περιπατῶν δὲ   παρὰ τὴν θάλασσαν τῆς <u>Γαλιλαίας</u>   ℵ C K M P S U W Π Ω* f¹ f¹³ 33 28 157

εἶδεν δύο ἀδελφούς, Σίμων   τὸν   λεγόμενον Πέτρον καὶ Ἀνδρέαν τὸν ἀδελφὸν   B **uwτ** rell
εἶδεν δύο ἀδελφούς, Σίμων   τὸν   <u>λούμενον</u> Πέτρον καὶ Ἀνδρέαν τὸν ἀδελφὸν   ℵ*
εἶδεν δύο ἀδελφούς, Σίμων   τὸν   <u>καλούμενον</u> Πέτρον καὶ Ἀνδρέαν τὸν ἀδελφὸν   ℵᶜ 28
εἶδεν δύο ἀδελφούς, Σίμων   τὸν <u>ἐπικαλούμενον</u> Πέτρον καὶ Ἀνδρέαν τὸν ἀδελφὸν   E   [↓1346
εἶδεν δύο ἀδελφούς, <u>Σίμωνα</u> τὸν   λεγόμενον Πέτρον καὶ Ἀνδρέαν τὸν ἀδελφὸν   Δ 124 2 33 579 700
εἶδεν δύο ἀδελφούς, <u>Σίμωνα</u> τὸν   <u>καλούμενον</u> Πέτρον καὶ Ἀνδρέαν τὸν ἀδελφὸν   1071

αὐτοῦ, βάλλοντας ἀμφίβληστρον εἰς τὴν θάλασσαν· ἦσαν γὰρ ἁλεεῖς.   B* ℵ* C **w**
αὐτοῦ, βάλλοντας <u>ἀμφίβληστρος</u> εἰς τὴν θάλασσαν· ἦσαν γὰρ <u>ἁλιεῖς.</u>   D*
αὐτοῦ, <u>βάλοντες</u> ἀμφίβληστρον εἰς τὴν θάλασσαν· ἦσαν γὰρ <u>ἁλιεῖς.</u>   L
αὐτοῦ, βάλλοντας ἀμφίβληστρον εἰς τὴν θάλασσαν· ἦσαν γὰρ <u>ἁλιεῖς.</u>   Bᶜ ℵᶜ Dᶜ 𝔐 K M P U W Δ Π f¹ f¹³ 2
                                      33 28 157 565 579 700 788 1071 1346 1424 **uτ**

19 καὶ λέγει αὐτοῖς,   Δεῦτε ὀπίσω μου, καὶ ποιήσω ὑμᾶς   ἀλεεῖς   B* C* **w**
19 καὶ λέγει αὐτοῖς,   Δεῦτε ὀπίσω μου, καὶ ποιήσω ὑμᾶς <u>γένεσθαι</u> ἁλιεῖς   ℵᶜ D 33
19 καὶ λέγει αὐτοῖς <u>ὁ Ἰησοῦς</u>, Δεῦτε ὀπίσω μου, καὶ ποιήσω ὑμᾶς   ἁλεεῖς   Cᶜ
19 καὶ λέγει αὐτοῖς <u>ὁ Ἰησοῦς</u>, Δεῦτε ὀπίσω μου, καὶ ποιήσω ὑμᾶς <u>γένεσθαι</u> <u>ἁλιεῖς</u>   157
19 καὶ λέγει αὐτοῖς,   Δεῦτε ὀπίσω μου, καὶ ποιήσω ὑμᾶς   <u>ἁλιεῖς</u>   Bᶜ ℵ* 𝔐 K M P U
                       W Δ Π Θ f¹ f¹³ 2 28 157 565 579 700 788 1071 1346 1424 **uτ**

ἀνθρώπων. **20** οἱ δὲ εὐθέως ἀφέντες τὰ δίκτυα   ἠκολούθησαν αὐτῷ.   B **uwτ** rell
ἀνθρώπων. **20** οἱ δὲ εὐθέως ἀφέντες τὰ δίκτυα <u>αὐτῶν</u> ἠκολούθησαν αὐτῷ.   K W Π 118 565
············· **20** ·······················   ·················· ···········   P
ἀνθρώπων. **20** οἱ δὲ <u>ἀφέντες</u> <u>εὐθέως</u> τὰ δίκτυα   ἠκολούθησαν αὐτῷ.   2
ἀνθρώπων. **20** οἱ δὲ εὐθέως ἀφέντες <u>τὸ δίκτυον</u>   ἠκολούθησαν αὐτῷ.   1424

---

lac. **4.17-20** 𝔓⁴⁵ A F G H Y N Q Γ Θ 69

A 17 κηρυσσιν ℵ* D W ¦ κηρυσειν L Θ ¦ κηρυσσην 1071 ¦ λεγιν ℵ ¦ μετανοητε L 124 ¦ ηγγικεν D ¦ ηγγηκεν L ¦ ηγγεικεν W 1071 ¦ ηγγικε 118 13 157 788 ¦ βασιλια ℵ* **18** περα K* ¦ ιδεν C K L P Π 13 124 33 565 1424 ¦ ειδε 118 157 700 1346 ¦ λεγωμενον L ¦ αδελφων 2* ¦ αμφηβλιστρον L 28 ¦ αμφιβλιστρον Ω̄ 157 ¦ εισαν L **19** οπεισω D ¦ αληεις L **20** δικτοια E 2* ¦ ηκολουθεισαν 1346

B 17 ῑ︠ς︡ B ℵ C E K L M P S U W Δ Θ Ω f¹ 118 f¹³ 124 2 33 28 157 565 579 <u>700</u> 788 1071 1346 1424 ¦ ῑ︠η︡ς D ¦ ο̄ῡν̄ω̄ν̄ E K L M S Ω 1 118 f¹³ 124 28 157 788 1346 1424 **18** ῑ︠ς︡ E L Δ 2 1071 1424 **19** ῑ︠ς︡ 157 ¦ ᾱν̄ω̄ν̄ ℵ C E K L M S U Π Ω f¹ 118 f¹³ 124 2 33 28 157 565 579 700 788 1071 1346 1424

C 17 τελος (post ο̄ῡν̄ω̄ν̄) E Ω 118 13 124 2 788 1071 ¦ τελ κυ f¹ ¦ δ̄ περι (+ της S 124 28) διδασκαλια (διδασκαλειας 124) του σ̄ρ̄ς̄ K M S Ω 1582 28 (ante vs. 18 124) ¦ αρχη τω καιρω 1424 ¦ γ̄ πρωτος Ιωαννς εκηρυξε βασιλειαν ο̄ῡν̄ω̄ν̄ U **18** δ̄ πε τς διδασκαλιας του ῑ︠υ︡ 33 ¦ δ̄ πε τς διδασκαλειας του σ̄ρ̄ς̄ 788 ¦ <u>αρχη</u>: τω καιρω εκεινω (ante περιπ.) E ¦ κυριακη β̄ μετα την των αγιων παντων (ante π. την) E ¦ αρχ δ̄ περι τς δι<u>δασ</u>καλιας του σ̄ρ̄ς̄ L ¦ Μθ κ,υ β̄ αρχ τω καιρ,ω περιπατων ο ῑ︠ς︡ παρα τ, M ¦ κυ β̄ τω κ S ¦ αρχ κ, β̄ τω καιρω εκεινω περιπατων ο ῑ︠ς︡ Π ¦ αρχ τω καιρω περιπατων ο ῑ︠ς︡ κ,υ β̄ ητις εστ απο τ̄ αγῑ παντ το αυτο και του αγιου αποσ̄τ δ αν νοεμβρ, λ̄ Ω ¦ αρχ κυ β̄ τω καιρω περιπατων ο ῑ︠ς︡ παρα f¹ ¦ αρχ κυ β̄ τω περιπατων ο ῑ︠ς︡ παρα την θαλασσαν 118 ¦ αρχ κυ β̄ 13 124 1346 ¦ κυριακη β̄ μετα την των αγιων παντων τω καιρω εκεινω 2 ¦ αρχ κ,ῡ β̄ τω κ,ρω εκεινω περιπατ̄ ο ῑ︠ς︡ παρα: 28 ¦ αρχ: κ,υ β̄ 157 ¦ αρχ 1071 **19** τη β̄ τς ν̄ κεφ, ·π̄ᾱ M ¦ τελ τς κ,υ μετ φωτ 28

D 17 κ̄/ς̄ ℵ M S U Ω 124 28 700 788 1071 1424 ¦ κ̄ C D E K P L Θ f¹ f¹³ 28² 579 1346 ¦ Μθ κ̄ : Μρ θ̄ : Λο ῑβ̄ M ¦ Μθ κ̄ : Μρ θ̄ : Λο λ̄β̄ : Ιω . 124 **18** κ̄ᾱ L ¦ κ̄ 118 2 157 **19** κ̄ᾱ/β̄ ℵ M S U Π Ω 124 28 700 700 1346 1424 ¦ κ̄ᾱ/ῑ 28² ¦ κ̄ᾱ (ante δευτε C) D E f¹³ 157 579 ¦ κ̄ᾱ/η̄ 1071 ¦ Μθ κ̄ᾱ M ¦ Μθ κ̄ᾱ : Μρ ῑ : Λο . : Ιω . 124 **20** κ̄ᾱ K f¹

29

21 Καὶ προβὰς ἐκεῖθεν   εἶδεν ἄλλους δύο ἀδελφούς, Ἰάκωβον τὸν τοῦ Ζεβεδαίου   B **uwτ** rell
21 Καὶ προβὰς ἐκεῖθεν   εἶδεν ἄλλους δύο ἀδελφούς, Ἰάκωβον τὸν τοῦ <u>Ζεβεδαίους</u>   C
21 Καὶ προβὰς ἐκεῖθεν   εἶδεν ἄλλους δύο ἀδελφούς, Ἰάκωβον τὸν τοῦ <u>Ζεβεδέου</u>   L
21 om.   M W 33
21 Καὶ προβὰς ἐκεῖθεν <u>ὀλίγον</u> εἶδεν ἄλλους δύο ἀδελφούς, Ἰάκωβον τὸν τοῦ Ζεβεδαίου   Δ
21 Καὶ προβὰς ἐκεῖθεν   εἶδεν ἄλλους δύο ἀδελφούς, <u>Ἰάκοβον</u> τὸν τοῦ Ζεβεδαίου   2*
21 Καὶ προβὰς ἐκεῖθεν   <u>εἶ</u> ἄλλους δύο ἀδελφούς, Ἰάκωβον τὸν τοῦ Ζεβεδαίου   1071

καὶ Ἰωάνην τὸν ἀδελφὸν αὐτοῦ, ἐν τῷ πλοίῳ μετὰ Ζεβεδαίου τοῦ πατρὸς αὐτῶν   B **w**
καὶ <u>Ἰωάννην</u> τὸν ἀδελφὸν αὐτοῦ, ἐν τῷ πλοίῳ μετὰ <u>Ζεβεδέου</u> τοῦ πατρὸς αὐτῶν   L
om.   M W 33
καὶ <u>Ἰωάννην</u> τὸν ἀδελφὸν αὐτοῦ, ἐν τῷ πλοίῳ μετὰ <u>Ζεβαιδαίου</u> τοῦ πατρὸς αὐτῶν   2
καὶ <u>Ἰωάννην</u> τὸν ἀδελφὸν αὐτοῦ, ἐν τῷ πλοίῳ μετὰ <u>τοῦ πατρὸς αὐτῶν</u> Ζεβεδαίου   28
καὶ <u>Ἰωάννην</u> τὸν ἀδελφὸν αὐτοῦ, ἐν τῷ πλοίῳ μετὰ Ζεβεδαίου τοῦ πατρὸς αὐτῶν   **u**τ rell

καταρτίζοντας τὰ δίκτυα αὐτῶν· καὶ ἐκάλεσεν αὐτούς. 22 οἱ δὲ εὐθέως ἀφέντες   B **uwτ** rell
καταρτίζοντας τὰ δίκτυα αὐτῶν· καὶ ἐκάλεσεν αὐτούς. 22 οἱ δὲ <u>ἀφέντες εὐθέως</u>   K
καταρτίζοντας τὰ δίκτυα αὐτῶν· καὶ ἐκάλεσεν αὐτούς. 22 ⋯⋯ ⋯⋯⋯⋯ ⋯⋯⋯⋯   L
om.   22   M W 33
καὶ ἐκάλεσεν αὐτούς. 22 οἱ δὲ εὐθέως ἀφέντες   118

τὸ πλοῖον καὶ τὸν πατέρα αὐτῶν ἠκολούθησαν αὐτῷ.^Τ   B **uwτ** rell
τὸ πλοῖον <u>αὐτῶν</u> καὶ τὸν πατέρα αὐτῶν ἠκολούθησαν αὐτῷ.   ℵ*
om.   M W 33

δ   περὶ διδασκαλίας τοῦ σωτῆρος

Jesus Teaches, Preaches, And Heals Many Sick In Galilee
(Mark 1.39; 3.7-8; Luke 4.44)

κ̄ᾱ 23 Καὶ περιῆγεν ἐν ὅλῃ τῇ Γαλειλαία, διδάσκων ἐν ταῖς   B
23 Καὶ περιῆγεν <u>ὁ Ἰησοῦς</u> ἐν τῇ <u>Γαλιλαία,</u> διδάσκων <u>αὐτοὺς</u> ἐν ταῖς   ℵ*
23 Καὶ περιῆγεν <u>ὁ Ἰησοῦς ὅλην τὴν Γαλιλαίαν,</u> διδάσκων ἐν ταῖς   ℵ^c D f¹ 157 33
23 Καὶ περιῆγεν <u>ὁ Ἰησοῦς</u> ἐν ὅλῃ τῇ <u>Γαλιλαία,</u> διδάσκων ἐν ταῖς   C* [↑1346 1424
23 Καὶ περιῆγεν <u>ἐν ὅλη τῇ Γαλιλαία</u> ὁ Ἰησοῦς, διδάσκων ἐν ταῖς   C^c
23 Καὶ περιῆγεν <u>ὅλην τὴν Γαλιλαίαν,</u> διδάσκων ἐν ταῖς   33
23 Καὶ περιῆγεν ἐν ὅλῃ τῇ <u>Γαλιλαίαν,</u> διδάσκων ἐν ταῖς   **uw**
23 Καὶ περιῆγεν <u>ὅλην τὴν Γαλιλαίαν ὁ Ἰησοῦς,</u> διδάσκων ἐν ταῖς   𝔐 K M U W Δ Π
f¹³ 2 28 565 579 700 788 1071 τ

συναγωγαῖς αὐτῶν καὶ κηρύσσων τὸ εὐαγγέλιον τῆς βασιλείας καὶ   B **uwτ** rell
συναγωγαῖς αὐτῶν καὶ κηρύσσων τὸ εὐαγγέλιον τῆς βασιλείας <u>τοῦ θεοῦ</u> καὶ   157

θεραπεύων πᾶσαν νόσον καὶ πᾶσαν μαλακίαν ἐν τῷ λαῷ. κ̄β̄ 24 καὶ ἀπῆλθεν   B **uwτ** rell
θεραπεύων πᾶσαν νόσον καὶ πᾶσαν μαλακίαν ἐν τῷ λαῷ. 24 καὶ <u>ἐξῆλθεν</u>   ℵ C f¹ 33 1071
θεραπεύων πᾶσαν μαλακίαν ἐν τῷ λαῷ. 24 καὶ ἀπῆλθεν   Δ

lac. 4.21-24 𝔓⁴⁵ A F G H Y N P Q Γ Θ 69 ¦ vss. 22-23 L

A 21 ιδεν ℵ C K L Π Ω 13 124 1582* 565 1424 | αλους 579 | πληω 579 | αυτον (αυτων¹) 1071 | καταρτιζοντες L | καταρτη-ζοντας 1071 | δικτοια 2* 22 τω (το) Ω | πλην 579 | αυτω κολουθησιν Δ 23 ολιν K 1071 | διδασκον 13 | ολιν K 1071 | διδασκον 13 | κηρυσσον 579 | τω (το) 579 | βασιλιας ℵ D | θεραπευον 2 | νοσσον K 579 | μαλακειαν D 1424 ¦ μαλλακιαν K^c

B 21 π̄ρ̄ς̄ ℵ C E K L M S U Π Ω f¹ 118 f¹³ 124 2 28 157 565 579 700 788 1071 1346 1424 22 π̄ρ̄ᾱ C E K M S U Π Ω f¹ 118 f¹³ 124 2 28 157 565 579 1071 1346 1424 23 ῑη̄ς̄ D | ῑς̄ ℵ C E K M U W Δ Π Ω f¹ 118 f¹³ 124 2 33 28 157 565 579 700 788 1071 1424 | θ̄ῡ 157

C 23 δ̄ (om. 2) περι (+ της Δ 157 1071) διδασκαλιας (διδασκαλειας Δ) του σ̄ρ̄ς̄: E U Δ 2 157 579 1071 | τη γ̄ τς ᾱ εβδ τω καιρω εκεινω περιηγεν οχλω τ γαλιλαιαν ο ῑς̄ Π | τη β μτ τ̄ ή τς ᾱ εβδ ζητ κέ ο̄ε̄ f¹ ¦ αρχ τη γ̄ της ᾱ ευδ τω κ,ρ εκ,ει περιηγεν ο ῑς̄ ολην την Γαλιλαιαν 118 ¦ αρχ τη γ̄ τς β̄ εβδ τω καιρω εκεινω περιηγεν ο ῑς̄ ολην την γαλιλαιαν 28 | δ̄ (om. 2) περι (+ της Δ 157 1071) διδασκαλιας (διδασκαλειας Δ) του σ̄ρ̄ς̄: E U Δ 2 157 579 1071 | τη γ̄ τς ᾱ εβδ τω καιρω εκεινω περιηγεν οχλω τ γαλιλαιαν ο ῑς̄ Π | τη β μτ τ̄ ή τς ᾱ εβδ ζητ κέ ο̄ε̄ f¹ ¦ αρχ τη γ̄ της ᾱ ευδ τω κ,ρ εκ,ει περιηγεν ο ῑς̄ ολην την Γαλιλαιαν 118 ¦ αρχ τη γ̄ τς β̄ εβδ τω καιρω εκεινω περιηγεν ο ῑς̄ ολην την γαλιλαιαν 28 | τελος (post λαω) D [κατα Μαθθαιον κυριακη β΄: 4.18-23] E S 118 13 124 28 788 1071 1346 | τε̂ τς κ,υ Π ¦ τε̂ τς β̄ κ,υ Ω 24 αρχ 28 | τελ κ,υ f¹ ¦ τη γ̄ μετ S | τελ 118

D 21 κ̄β̄/ς̄ ℵ M S U Π Ω 28 700 788 1071 1346 1424 ¦ κ̄β̄ C D E K L f¹ f¹³ 579 ¦ Μθ κ̄β̄ : Μρ ῑᾱ : Λο λ̄δ̄ : Ιω μ̄ε̄ M ¦ Μθ κ̄β̄ : Μρ . : Λο . : Ιω . 124 22 κ̄γ̄ K 23 κ̄γ̄/ᾱ ℵ M S U Π Ω 124 700 1071 1346 1424 ¦ κ̄γ̄ C D E f¹ 118 f¹³ 2 28² 157 579 788 ¦ Μθ κ̄γ̄ : Μρ κ̄ζ̄ : Λο · : Ιω μ̄ς̄ M ¦ Μθ κ̄γ̄ : Μρ ῑᾱ : Λο ῑ̄ζ̄ : Ιω . 124 ¦ κ̄γ̄/ᾱ ℵ M S U Π Ω 124 700 1071 1346 1424 ¦ κ̄γ̄ C D E f¹ 118 f¹³ 2 28² 157 579 788 ¦ Μθ κ̄γ̄ : Μρ κ̄ζ̄ : Λο · : Ιω μ̄ς̄ M ¦ Μθ κ̄γ̄ : Μρ ῑᾱ : Λο ῑ̄ζ̄ : Ιω . 124 24 κ̄γ̄/ι 28

ἡ ἀκοὴ αὐτοῦ εἰς ὅλην   τὴν Συρίαν·   καὶ προσήνεγκαν αὐτῷ πάντας   τοὺς κακῶς   B uwτ rell
ἡ ἀκοὴ αὐτοῦ εἰς πάσαν   τὴν Συρίαν·   καὶ προσήνεγκαν αὐτῷ πάντας   τοὺς κακῶς   ℵ 157
αὐτοῦ ἡ ἀκοὴ εἰς ὅλην   τὴν Συρίαν·   καὶ προσήνεγκαν αὐτῷ πάντας   τοὺς κακῶς   D
ἡ ἀκοὴ   ἐν ὅλην   τὴν Συρίαν·   καὶ προσήνεγκαν αὐτῷ πάντας   τοὺς κακῶς   Δ
ἡ ἀκοὴ αὐτοῦ εἰς ὅλην   τὴν Συρίαν·   καὶ προσήνεγκαν αὐτῷ πόλλους   τοὺς κακῶς   118
ἡ ἀκοὴ αὐτοῦ εἰς ὅλην   τὴν Συρείαν·   καὶ προσήνεγκαν αὐτῷ πάντας   τοὺς κακῶς   579

ἔχοντας ποικίλαις νόσοις   καὶ βασάνοις   συνεχομένους   δαιμονιζομένους   B C* f¹³ 788
ἔχοντας ποικίλαις νόσοις   καὶ βασάνους   συνεχομένους   καὶ   δεμονιαζομένους   ℵ*   [↑[u]w
ἔχοντας ποικίλαις νόσοις   καὶ βασάνοις   συνεχομένους   καὶ   δεμονιαζομένους   ℵᶜ
ἔχοντας ποικίλαις νόσσοις   συνεχομένους   καὶ   δαιμονιζομένους   E*
ἔχοντας ποικίλαις νόσσοις   καὶ βασάνοις   συνεχομένους   καὶ   δαιμονιζομένους   Eᶜ
ἔχοντας ποικίλαις νόσοις   καὶ βασάνοις   συνεχομένους   M
ἔχοντας ποικίλαις νόσοις   καὶ βασάνοις   συνεχομένοις   καὶ   δαιμονιζομένους   U 28
ἔχοντας ποικίλαις νόσοις   καὶ βασάνοις   συνεχομένοις   Δ
ἔχοντας ποικίλαις νόσοις   συνεχομένους   καὶ   δαιμονιζομένους   2
ἔχοντας ποικίλαις νόσοις   καὶ βασανιζομένους   καὶ   δαιμονιζομένους   1424
ἔχοντας ποικίλαις νόσοις   καὶ βασάνοις   συνεχομένους   καὶ   δαιμονιζομένους   Cᶜ D K L S W
                                                                Π Ω f¹ 33 157 565 579 700 1346 [u]τ

καὶ σεληνιαζομένους καὶ παραλυτικούς, καὶ ἐθεράπευσεν αὐτούς.   B uwτ rell
καὶ σεληνιαζομένους καὶ παραλυτικούς, καὶ πάντας ἐθεράπευσεν.   D
        καὶ παραλυτικούς, καὶ ἐθεράπευσεν αὐτούς.   1346 1424

25 καὶ ἠκολούθησαν αὐτῷ ὄχλοι πολλοὶ ἀπὸ τῆς   Γαλειλαίας   καὶ Δεκαπόλεως   B D
25 καὶ ἠκολούθησαν αὐτῷ ὄχλοι πολλοὶ ἀπὸ τῆς   Γαλιλαίας   καὶ Δεκαπόλεως   uwτ rell
25 καὶ ἠκολούθησαν αὐτῷ ὄχλοι πολλοὶ ἀπὸ τοῖς   Γαλιλαίας   καὶ Δεκαπόλεως   1071

καὶ Ἱεροσολύμων καὶ Ἰουδαίας καὶ πέραν τοῦ Ἰορδάνου.   B uwτ rell
καὶ Ἱεροσωλύμων καὶ Ἰουδαίας καὶ πέραν τοῦ Ἰορδάνου.   2

Jesus Teaches On The Mountain
(Mark 3.13; Luke 6.20)

κ̅γ̅ 5.1 Ἰδὼν δὲ τοὺς ὄχλους ἀνέβη   εἰς τὸ ὄρος· καὶ καθίσαντος αὐτοῦ προσῆλθαν B* ℵ* uw
   5.1 Ἰδὼν δὲ τοὺς ὄχλους ἀνέβη ὁ Ἰησοῦς εἰς τὸ ὄρος· καὶ καθίσαντος αὐτοῦ προσῆλθον 1071
   5.1 Ἰδὼν δὲ τοὺς ὄχλους ἀνέβη   εἰς τὸ ὄρος· καὶ καθίσαντος αὐτοῦ προσῆλθον Bᶜ ℵᶜ C D
                                                    𝔐 K M U W Δ Π f¹ f¹³ 2 33 28 157 565 579 700 788 1346 1424 τ

    οἱ μαθηταὶ αὐτοῦ· 2 καὶ ἀνοίξας τὸ στόμα αὐτοῦ ἐδίδασκεν αὐτοὺς λέγων,   B [w]
αὐτῷ οἱ μαθηταὶ αὐτοῦ· 2 καὶ ἀνοίξας τὸ στόμα αὐτοῦ ἐδίδαξεν αὐτοὺς λέγων,   D
αὐτῷ   μαθηταὶ αὐτοῦ· 2 καὶ ἀνοίξας τὸ στόμα αὐτοῦ ἐδίδασκεν αὐτοὺς λέγων,   579
αὐτῷ οἱ μαθηταὶ αὐτοῦ· 2 καὶ ἀνοίξας τὸ στόμα αὐτοῦ ἐδίδασκεν αὐτοὺς λέγων,   u[w]τ rell

---

lac. 4.24-5.2 𝔓⁴⁵ A F G H Y L N P Q Γ Θ 69

A 24 ολη 1 | ποικειλαις D W | νοσσοις E | δεμονιζωμενους 1071 | σελινιαζομενους Ω 1071 5.1 καθησαντος M 13 2 579 1071 | καθεισαντος W

B 5.1 ις 1071

C 25 αρχη: εις τον αγιον γριγορον τον θεον και εις λυον π̅ρ̅α̅ς̅ και εις τ αγιη ησον τω καιρω εκεινω ηκολουθησαν τω ι̅υ̅ (ante οχλοι) E | Μθ τη γ της α εβθ κ̅ μη ιαννου αρ, του αγιου γρη,γορ, επισκ,ο χ̅υ̅ αρχ τω καιρω, ηκολουθησαν τω ι̅υ̅ οχλ, M | την τω κ ηκολουθησαν τω ι̅υ̅ S | εις οσ τω καιρω εκεινω ηκολουθησαν τω ι̅υ̅ οχλοι πολλοι Π | αρχ τω καιρω και ηκολουθησαν ι̅υ̅ εις Σο Σο κ, ιχιυ μ̅ οκτωβρ, γ του αγιου διονυσιου κ, ιαννουαρ,ω ι του αγιου γρη, νυσ Ω | αρχ ι τη ή μτ τ̅ ν̅ τ̅ κυ ηκολουθησαν τω ι̅υ̅ ὸ f¹ | αρχ του αγι γρηγο κ, εις τους λοιπους οσιω τω ηκολουθησαν τω ι̅υ̅ οχλο 118 | του αζ̅ γρηγη ηυ 13 | εις τον αγιω γρηγορι τον θεον και εις λυει ιερ_2 | αρχ του αγιου γρηγοριου νυσης 788 | αρχ 28 1346 | αρχ: τη γ και εις ιεραρχ 157 | αρχη τω καιρω 1424 5.1 κ̅ αϛ οσια 1 | ε (om. 579) περι των μακαρισμων S Δ 1582 33 157 579 788 1071 1346 | του αγ νικο 1071

D 25 κ̅δ̅/ι̅ 28 700 | κ̅δ̅ 2 28² 5.1 κ̅δ̅/ι̅ ℵ E S U Π Ω 124 788 1071 1346 1424 | κ̅δ̅ D K f¹ 579| κ̅δ̅/ε̅ M | κ̅ε̅/ε̅ 28 700 | Ευ Μθ κ̅δ̅ : Ιω . : Λο . : Μ̅ρ̅ . E | Μθ κ̅δ̅ : Μρ κ̅ζ̅ : : Λο λ̅δ̅, μ̅ε̅ : Ιω μη 124 | κ̅ε̅ (ante μαθηται D) (ante προσηλθον 28²) 2 κ̅ε̅/ε̅ ℵ U Ω 1071 1346 1424 | κ̅ε̅ C | κ̅ε̅/ϛ̅ E | Ευ Μθ κε : Ιω . : Λο μϛ : Μ̅ρ̅ . E

ε̄   περι των μακαρισμων

Nine Beatitudes
(Luke 6.20-26)

3   Μακάριοι οἱ πτωχοὶ τῷ πνεύματι,   B **uwτ** rell
3   Μακάριοι οἱ πτωχοὶ πνεύματι,   D* (Cl ᵖᵗ)

[Cl S IV 26.3 <u>μακαριοι</u> δε και <u>οι πτωχοι</u> ειτε <u>πνευματι</u> ειτε περιουσια δια δικαιοσυνην δηλονοτι]
[Cl Q 16.3 ουτος εστιν ο μακαριζομενος υπο του κυριου και <u>πτωχος τω πνευματι</u> καλουμενος, κληρονομος ετοιμος ουρανου βασιλειας] [Cl Q 17.5 διο και προσεθηκεν ο Ματθαιος, <u>μακαριοι οι πτωχοι</u>. πως; <u>τω</u>   <u>πνευματι</u>].

ὅτι αὐτῶν * ἐστιν ἡ βασιλεία τῶν οὐρανῶν.   B **uwτ** rell
<u>ὑμῶν</u> ἐστιν ἡ βασιλεία τῶν οὐρανῶν.   Cl

4   ˹μακάριοι οἱ πενθοῦντες,   B **nwτ** rell [˹vss. 5, 4 D 33]
4   μακάριοι οἱ πενθοῦντες <u>νῦν</u>,   ℵᶜ 33
4   ················· οἱ πενθοῦντες,   Θ

ὅτι αὐτοὶ παρακληθήσονται.   B **uwτ** rell
ὅτι   παρακληθήσονται.   700*

5   μακάριοι οἱ πραεῖς,
ὅτι αὐτοὶ κληρονομήσουσι τὴν γῆνˣ.
6   μακάριοι οἱ πεινῶντες καὶ διψῶντες τὴν δικαιοσύνην,

[Cl Ecl 14.4 <u>μακαριοι</u> γαρ <u>οι πεινωντες και διψωντες την δικαιοσυνην</u> του θειου· ουτοι γαρ και εμπλησθησονται] [Cl Q 17.5 και παλιν· <u>μακαριοι οι πεινωντες και διψωντες την δικαιοσυνην</u> του θεου] [Cl S V 70.1 <u>μακαριοι</u> τω οντι κατα την γραφην <u>οι πεινωντες και διψωντες</u> την αληθειαν, οτι πλησθηονται τροφης αιδιου].

ὅτι αὐτοὶ χορτασθήσονται.
7   μακάριοι οἱ ἐλεήμονες,

ὅτι αὐτοὶ ἐλεηθήσονται.   B **uwτ** rell
ὅτι   ἐλεηθήσονται.   K*

κ̄δ̄ 8   μακάριοι οἱ καθαροὶ τῇ καρδίᾳ,
ὅτι αὐτοὶ τὸν θεὸν ὄψονται.

9   μακάριοι οἱ εἰρηνοποιοί,   B **uwτ** rell
9   μακάριοι εἰρηνοποιοί,   K
9   μακάριοι <u>εἰρηνοπιοί</u>,   124
9   μακάριοι οἱ <u>οἰρηνοποιοί</u>,   1346

ὅτι αὐτοὶ υἱοὶ θεοῦ κληθήσονται.   B **u[w]τ** rell
ὅτι   υἱοὶ θεοῦ κληθήσονται.   ℵ C D *f*¹³ 788 [**w**]

---

lac. 5.3 - 9 𝔓⁴⁵ A F G H Y L N P Q Γ 69 ¦ vss. 5.3-4 Θ

A 3 αυτον K ¦ *εστιν begin different and late hand 1582 ¦ βασιλια ℵ* **4** πενθουτες K ¦ πενοουντες Δ **5** κληρονομησουσιν ℵ D E K W Δ Θ 124 33 579 1071 ¦ κληρονομισουσι U 1 1582 ¦ τιν (την) Θ **6** πινωντες ℵ C W 579 1071 1346 ¦ πινοντες Δ ¦ δικαιωσυνην Wᶜ **7** ελεημονες Θ **2 9** ιρηνοποιοι ℵ ¦ ειρηνοποιει 13 ¦ κληθησοντε 2

B 3 π̄ν̄ῑ ℵ C D E K M S U W Δ Π Ω *f*¹ 118 *f*¹³ 124 2 33 28 157 565 579 700 788 1071 1346 1424 ¦ ο̄ῡν̄ω̄ν̄ ℵ M S U Δ Ω *f*¹ 118 *f*¹³ 124 2 28 157 565 579 700 788 1071 1346 1424 **8** θ̄ν̄ B ℵ C D E K M S U W Δ Θ Π Ω *f*¹ 118 *f*¹³ 124 2 33 28 157 565 579 700 788 1071 1346 1424 **9** θ̄ῡ B ℵ C D E K M S U W Δ Θ Π Ω *f*¹ 118 *f*¹³ 124 2 33 28 157 565 579 700 788 1071 1346 1424

C 3 ε̄ περι των μακαρισμων E K M U 124 2 700 (vs.1 Π Ω *f*¹³ 28) **7** εβδ ᾱ 157 **8** εις τ̄ μνήμ̄ τ̄ αγῑ ιεραρχ̄. και εις τ̄ μνήμ̄ π̄ακτουνει και ιωαννου του νηστευ 157

D 3 κ̄ε̄ C D 28² 157 ¦ κ̄ε̄/ϛ̄ E ¦ κ̄ε̄ K ¦ κ̄ε̄/ε̄ M S Π 124 28 788 ¦ κ̄ε̄/ε̄ U 700 ¦ κ̄ε̄ 579 ¦ Ευ Μθ κ̄ε̄ : Ιω . : Λο μη : Μρ . E ¦ Μθ κ̄ε̄ : Λο μϛ M ¦ Μθ κ̄ε̄ : Μρ . : Λο μ̄ᾱ : Ιω . 124 **4** κ̄ϛ̄/ε̄ ℵ M S Ω Π 124 28 788 1071 1346 1424 ¦ κ̄ζ̄ C ¦ κ̄η̄ D ¦ κ̄ϛ̄ K 2 579 ¦ κ̄ε̄ 28² ¦ Μθ κ̄ϛ̄ : Λο μη M ¦ Μθ κ̄ϛ̄ : Μρ . : Λο μϛ : Ιω . : 124 **5** κ̄ζ̄/ῑ ℵ E M S U Π Ω 28 700 1071 1424 ¦ κ̄ζ̄/ε̄ 124 788 ¦ Ευ Μθ κ̄ζ̄ Ιω . : Λο . : Μκ . E ¦ Μθ κ̄ζ̄ : Λο μϛ M ¦ Μθ κ̄ζ̄ : Μρ . : Λο μζ : Ιω . 124 ¦ κ̄ζ̄ D K 2 579 1346 ¦ κ̄η̄ C 28² **6** κ̄η̄/ε̄ ℵ M S U Π Ω 124 28 700 1071 1346 1424 ¦ κ̄θ̄ C D 28² ¦ κ̄η̄/ε̄ E ¦ κ̄η̄ K Θ 2 579 ¦ κ̄ζ̄ 157 ¦ κ̄η̄/ῑ 788 ¦ Ευ Μθ κ̄η̄ : Ιω . : Λο μζ : Μρ . E ¦ Μθ κ̄η̄ : Λο · M ¦ Μθ κ̄η̄ : Μρ . : Λο μη : Ιω . 124 **7** κ̄θ̄/ῑ ℵ E S U Π Ω 124 28 700 788 1071 1346 1424 ¦ λ̄ D ¦ κ̄θ̄ K Θ 2 579 ¦ κ̄η̄ 157 ¦ Ευ Μθ κ̄θ̄ . Ιω . : Λο . : Μρ . E ¦ Μθ κ̄θ̄ : Μρ . : Λο . : Ιω . 124 **8** κ̄θ̄ 157

---

10 μακάριοι οἱ δεδιωγμένοι ἕνεκα   δικαιοσύνης,   B
10 μακάριοι οἱ δεδιωγμένοι <u>ἕνεκεν τῆς</u> δικαιοσύνης,   C
10 μακάριοι οἱ δεδιωγμένοι <u>ἕνεκεν</u>   <u>δικαιοσύνην</u>,   13   [↓700 788 1071 1346 1424 **uwτ**
10 μακάριοι οἱ δεδιωγμένοι <u>ἕνεκεν</u>   δικαιοσύνης,   ℵ D 𝔐 K M U W Δ Θ Π f¹ 124 2 33 28 157 565 579

ὅτι αὐτῶν ἐστιν   ἡ βασιλεία τῶν οὐρανῶν.   B **uwτ** rell
ὅτι   <u>ἐστε</u>   ἡ βασιλεία τῶν οὐρανῶν.   D

[Cl S IV 41.2 <u>μακαριοι</u> φησιν <u>οι δεδιωγμενοι ενεκεν δικαιοσυνης</u> (v. 10), <u>οτι αυτοι υιοι θεου κληθησονται</u> (v. 9)]
[Cl S IV 41.2f <u>μακαριοι</u> φησιν <u>οι δεδιωγμενοι</u> υπερ <u>της δικαιοσυνης</u>, οτι αυτοι εσονται τελειοι. και <u>μακαριοι οι</u> <u>δεδιωγμενοι ενεκα</u> εμου, οτι εξουσι τοπον οπου ου διωχθησονται] [Cl S IV 25.1 ειπων γαρ <u>μακαριοι οι</u> <u>δεδιωγμενοι ενεκεν δικαιοσυνης</u>].

11 μακάριοί   ἐστε   ὅταν ὀνειδίσωσιν   ὑμᾶς καὶ διώξωσιν   B **uwτ** rell
11 μακάριοί   ἐστε   ὅταν ὀνειδίσωσιν   ὑμᾶς καὶ <u>διώξουσιν</u>   ℵ W Δ f¹³ 788
11 μακάριοί   ἐστε   ὅταν <u>διώξουσιν</u>   ὑμᾶς καὶ <u>ὀνιδίσουσιν</u>   D
11 μακάριοί   <u>ἔσται</u>   ὅταν ὀνειδίσωσιν   ὑμᾶς καὶ διώξωσιν   M W 2* 28
11 μακάριοί <u>οἱ</u>   <u>ἔσται</u>   ὅταν <u>ὀνιδίσωσιν</u>   <u>ἡμᾶς</u> καὶ <u>διώξουσιν</u>   Θ
11 μακάριοί <u>οἱ</u>   ἔσte   ὅταν <u>διώξωσιν</u>   ὑμᾶς καὶ <u>ὀνιδίσωσιν</u>   33
11 μακάριοί <u>οἱ</u>   ἔστε   ὅταν <u>ὀνειδίσωσιν</u>   ὑμᾶς καὶ <u>διώξουσιν</u>   1071
11 μακάριοί   ἐστε   ὅταν ὀνειδίσωσιν   ὑμᾶς καὶ <u>διώξωσοι</u>   1346

καὶ εἴπωσιν πᾶν   πονηρὸν   καθ' ὑμῶν ψευδόμενοι   B ℵ [u]w
καὶ εἴπωσιν <u>καθ' ὑμῶν</u> <u>πᾶν πονηρὸν</u>   D
καὶ <u>εἴποσιν</u> πᾶν   πονηρὸν <u>ῥῆμα</u> <u>καθὴ</u> ὑμῶν ψευδόμενοι   Θ
καὶ εἴπωσιν πᾶν <u>πᾶν</u>   πονηρὸν <u>ῥῆμα</u> καθ' ὑμῶν ψευδόμενοι   579
καὶ εἴπωσιν πᾶν   πονηρὸν   καθ' ὑμῶν   [u]
καὶ εἴπωσιν πᾶν   πονηρὸν <u>ῥῆμα</u> καθ' ὑμῶν ψευδόμενοι   C 𝔐 K M U W Δ Π f¹ f¹³ 2 33 28 157 565 700 788 1071 1346 1424 τ

ἕνεκα   ἐμοῦ·   B
<u>ἕνεκεν δικαιοσύνης</u>·   D
<u>ἕνεκεν</u>   ἐμοῦ·   **uwτ** rell

12 χαίρετε καὶ   ἀγαλλιᾶσθε,   B **uwτ** rell
12 χαίρετε καὶ <u>καὶ</u> ἀγαλλιᾶσθε,   13*

ὅτι   ὁ μισθὸς ὑμῶν πολὺς   ἐν τοῖς   οὐρανοῖς·   B **uwτ** rell
ὅτι   ὁ μισθὸς ὑμῶν πολὺς   ἐν <u>τῷ</u>   <u>οὐρανῷ</u>·   D
ὅτι   ὁ μισθὸς ὑμῶν <u>πολλοῖς</u> ἐν τοῖς   οὐρανοῖς·   2*
ὅτι   ὁ μισθὸς <u>ἡμῶν</u> πολὺς   ἐν τοῖς   οὐρανοῖς·   1346
<u>ἰδοὺ γὰρ</u> ὁ μισθὸς ὑμῶν πολὺς   ἐν τοῖς   οὐρανοῖς·   1424

οὕτως γὰρ ἐδίωξαν τοὺς προφήτας τοὺς   πρὸ ὑμῶν.   B **uw** rell
οὕτως γὰρ ἐδίωξαν τοὺς προφήτας τοὺς   πρὸ ὑμῶν <u>ὑπαρχόντων</u>.   D*
οὕτως γὰρ ἐδίωξαν τοὺς προφήτας τοὺς   πρὸ ὑμῶν <u>ὑπάρχοντας</u>.   Dᶜ
οὕτως γὰρ ἐδίωξαν τοὺς προφήτας   πρὸ ὑμῶν.   K Π* 565
οὕτως γὰρ ἐδίωξαν τοὺς προφήτας τοὺς   πρὸ ὑμῶν <u>οἱ πατέρες ὑμῶν</u>.   U
<u>οὕτω</u> γὰρ ἐδίωξαν τοὺς προφήτας τοὺς   πρὸ ὑμῶν.   Ω 157 τ
<u>οὕτω</u> γὰρ ἐδίωξαν τοὺς προφήτας   πρὸ ὑμῶν.   1346

---

lac. 5.10 - 12 𝔓⁴⁵ A F G H Y L N P Q Γ 69

A 11 ονιδισωσιν W Θ ¦ ονειδησωσιν 28 1071 1346 1424 ¦ διωξωσι K M U Π f¹ 118 157 565 700 ¦ διωξουσι 13 788 ¦ ειπωσι K M S U Π f¹ 118 f¹³ 124 157 700 788 1346 ¦ ειποσιν Θ ¦ πονηρων 1346 **12** χαιρεται ℵ DW 2* 579 ¦ χαιρε 13 ¦ αγαλλιασθαι D E W 2* 1071 ¦ πολλυς 565 ¦ πολοις 1071

B 10 οὐνων E M S U Π f¹ 118 f¹³ 124 2 28 157 579 700 788 1071 1346 1424 **12** οὐνοις ℵ E K M S U Π Ω f¹ 118 f¹³ 124 2 28 157 579 700 788 1071 1346 1424

C 8 εις †̄ μνήμ †̄ αγί ιεραρχ̄. και εις †̄ μνημ πᾱκλτουνει και ιωαννου του νηστευ 157 **12** τελος (post οὐνοις) E S Π Ω 13 124 788 1071 1346 ¦ τελ τς γ̄ α Μ ¦ τελ αό όσιά f¹ ¦ τελ των Σα 118

D 8 κ̄θ̄ 157 **11** λ̄/ε ℵ M S U Π Ω 124 28 700 788 1071 1346 1424 ¦ λ̄ C K Θ f¹³ 2 157 579 ¦ λ̄/ς E ¦ λ̄ῑ 28² ¦ Ευ Μθ λ̄ : Ιω . : Λο μ̄ε : Μρ . E ¦ Μθ λ̄ : Λο μ̄θ̄ M ¦ Μθ λ̄ : Μρ . : Λο . : Ιω . 124 **12** λ̄ᾱ 28²

Metaphors On Salt And Light
(Mark 9.49-50; Luke 14.34-35)

13 Ὑμεῖς ἐστε τὸ ἅλας τῆς γῆς·   B **uwτ** rell
13 Ὑμεῖς ἐστε τὸ ἅλα τῆς γῆς·   ℵ* D* W

ἐὰν δὲ τὸ ἅλας μωρανθῇ,   B* **uwτ** rell
ἐὰν δὲ τὸ ἅλα μωρανθῇ,   Bᶜ ℵ W
ἐὰν τὸ ἅλας μωρανθῇ,   S

ἐν τίνι ἁλισθήσεται;   B **uwτ** rell
ἐν τίνι ἁλισθήσονται;   1424

[Cl Pd III 82.4 το γαρ αλας της γης ημεις] [Cl S I 41.3 ουκουν ου πασιν ειρηται, υμεις εστε οι αλες της γης].

εἰς οὐδὲν ἰσχύει ἔτι   B **uwτ** rell
εἰς οὐδὲν ἰσχύει   D W

εἰ μὴ βληθὲν ἔξω   B ℵ C 1 **uw**
εἰ μὴ βληθῆναι ἔξω καὶ   118 τ rell

καταπατεῖσθαι ὑπὸ τῶν ἀνθρώπων.   B **uwτ** rell
καταπατεῖσθαι ἀπὸ τῶν ἀνθρώπων.   579

k̄ē **14** Ὑμεῖς ἐστε τὸ φῶς τοῦ κόσμου.   B **uwτ** rell
14 Ὑμεῖς δὲ ἐστε τὸ φῶς τοῦ κόσμου.   Δ
14 Εἶπεν ὁ κύριος, Ὑμεῖς ἐστε τὸ φῶς τοῦ κόσμου.   Θᶜ

οὐ δύναται πόλις κρυβῆναι   B **uwτ** rell
οὐ δύναται πόλις κριβεῖναι   1346

ἐπάνω ὄρους κειμένη·   B **uwτ** rell
....   L

15 Οὐδὲ καίουσιν λύχνον   B **uwτ** rell
15 Οὐδὲ καίουσιν λύ·······   C

καὶ τιθέασιν αὐτὸν ὑπὸ τὸν μόδιον

ἀλλ᾽ ἐπὶ τὴν λυχνίαν,   B **uwτ** rell
ἀλλὰ ἐπὶ τὴν λυχνίαν,   D
ἀλλ᾽ ἐπὶ λυχνίαν,   Δ

καὶ λάμπει πᾶσι τοῖς ἐν τῇ οἰκίᾳ.   B **uwτ** rell
καὶ λάμπει πᾶσι ἐν τῇ οἰκίᾳ.   Δ

[Cl S I 12.3 ουδεις απτει λυχνον και υπο τον μοδιον τιθησιν, αλλ επι της λυχνιας φαινει τοις της εστιασεως της αυτης κατηξιωμενοις].

---

lac. 5.13-15 𝔓⁴⁵ A F G H Y L N P Q Γ 69 ¦ vs. 15 C ¦ vss. 13-14 L

A 13 υμις ℵ ¦ εσται M W Θ 28 ¦ τηη 2* ¦ αλλισθησεται θ ¦ ισχυι Θ 13 33 579 1424 ¦ μι (μη) 1424 ¦ εξωι 700 ¦ καταπατισθε ℵ ¦ καταπατισθαι W Θ 1071 ¦ καταπατεισθε 579 **14** εσται ℵ W ¦ δυνατε K Θ 13 ¦ πολεις Δ 1346 ¦ επανου 579 ¦ επανωι 700 ¦ κημενη E ¦ μενη 579* ¦ κειμενει 1071 **15** κεουσιν ℵ ¦ καιουσι C K L M S U W Π Ω f¹ 118 124 2 33 28 157 579 700 788 1346 ¦ καιου 13 ¦ των (τον) L 1346 ¦ αλ L ¦ τιν (την) Θ ¦ λυχνηαν L ¦ λαμπι ℵ D Θ 565 ¦ λαμπη E L 1424 ¦ πασιν ℵ D E W Δ Θ 124 2 33 28 579 700* 1071 1424 ¦ οικεια W

B 13 ανων C E W K M S U Δ Θ Π Ω f¹ 118 f¹³ 124 33 28 157 565 579 700 788 1071 1346 1424 **14** κ̄ς Θᶜ

C 13 εις τ̄ λειπ ως υωι ζωҳ αρχ ειπον ο κ̄ς τοις εαυτου μαθηταις Π ¦ τελ γ́ f¹ ¦ τελ τς γς 118¦ τελ 28 157 **14** περι του σαββατου D ¦ αρχη: τω αγιω αθανασι και κυρια λαου ειπεν ο κ̄ς τοις εαυτοις μαθηταις E ¦ αρχ S̄ Θ 13 788 ¦ εις τω αγ προσκυν αθανασι ···· εις τον λειπον ιε αρχ· αρχ ειπεν ο κ̄ς τοις εαυτου μαθηταις Π ¦ ῑᾱ αρχ ασ μονας· ειπ ο κ̄ς τοις εαυτ υμεις εστε κ̄ ας ιεραρχ f¹ ¦ αρχ εις ιεραρχ ειπεν ο κ̄ς Ω ¦ ῑᾱ αρχ εις μνημη + μυστοκοπ ειπ ο κ̄ς υμεις εστε 118 ¦ εις τους αγιους αθανασιον και κυριλλον 2 ¦ αρχ εις πρι αρχ: ειπεν ο κς υμεις εστε το 28 ¦ αρξ: αθά και κυριλλ 157 ¦ αρχ εις Σο και ιεραρχ 1346 ¦ αρξη ειπεν ο κ̄ς 1424

D 13 λ̄ᾱ/β̄ ℵ E M S U Π Ω 124 28 700 788 1071 1346 1424 ¦ Ευ Μθ λ̄ᾱ : Ιω . : Λο ρ̄π̄ε̄ : Μρ ρ̄β̄ E ¦ Μθ λ̄ᾱ : Μρ ρ̄ᾱ : Λο ρ̄π̄ε̄ M ¦ Μθ λ̄ᾱ : Μρ . : Λο . : Ιω . 124 ¦ λ̄ᾱ C D K Θ f¹³ 2 ¦ λ̄β̄ 28² 14 λ̄β̄/β̄ ℵ E M S U Ω 124 28 700 788 1071 1424 ¦ λ̄β̄ C D K Θ 1 f¹³ 2 157 579 1346 ¦ λ̄β̄/ῑ Π 28² ¦ Ευ Μθ λ̄β̄ : Ιω . : Λο . : Μρ λ̄θ̄ E ¦ Μθ λ̄β̄ : Μρ λ̄θ̄ : Λο ο̄θ̄, ρ̄αγ M ¦ Μθ λ̄β̄ : Μρ ρ̄β̄ : Λο ρ̄λγ : Ιω . 124

34

16   οὕτως λαμψάτω τὸ φῶς ὑμῶν ἔμπροσθεν τῶν ἀνθρώπων,   B **uw** rell
16   <u>οὕτω</u> λαμψάτω τὸ φῶς ὑμῶν ἔμπροσθεν τῶν ἀνθρώπων,   τ

ὅπως ἴδωσιν ὑμῶν τὰ καλὰ,   B*
ὅπως ἴδωσιν <u>τὰ καλὰ</u> <u>ὑμῶν</u> ἔργα,   28
ὅπως ἴδωσιν ὑμῶν τὰ καλὰ <u>ἔργα</u> <u>ὑμῶν</u>,   1346   [↓700 788 1071 1424 **uwτ**
ὅπως ἴδωσιν ὑμῶν τὰ καλὰ <u>ἔργα</u>,   Bᶜ ℵ D 𝔐 K L M U W Δ Θ Π f¹ f¹³ 2 33 157 565 579

[Cl Exc 3.1 δια τουτο ειρηκεν, <u>λαμψατω</u> <u>το φως υμων</u> <u>εμπροσθεν</u> <u>των</u> <u>ανθρωπων</u>] [Cl Exc 41.3 δια τουτο ο σωτηρ λεγει, <u>λαμψατω</u> <u>το φως</u> <u>υμων</u>] [Cl S III 36.4 και ο μεν κυριος τα αγαθα υμων εργα <u>λαμψατω</u> εφη] [Cl S IV 171.3 <u>λαμψατω</u> γαρ σου τα εργα]

καὶ δοξάσωσιν τὸν πατέρα ὑμῶν τὸν ἐν τοῖς οὐρανοῖς.   B **uwτ** rell
καὶ δοξάσωσιν τὸν πατέρα <u>ἡμῶν</u> τὸν ἐν τοῖς οὐρανοῖς.   2*
καὶ δοξάσωσιν τὸν πατέρα ·········· ······ ····· τοῖς οὐρανοῖς.   33
καὶ <u>δοξάσουσι</u> τὸν πατέρα ὑμῶν τὸν ἐν τοῖς οὐρανοῖς.   157

Jesus Came To Fulfill The Law And The Prophets
(Luke 16.16-17)

κ̅ς̅ 17 Μὴ νομίσητε ὅτι ἦλθον καταλῦσαι τὸν νόμον ἢ τοὺς προφήτας· οὐκ ἦλθον καταλῦσαι   B **uwτ** rell
17 Μὴ <u>νομήσεται</u> ὅτι ἦλθον καταλῦσαι τὸν νόμον ἢ τοὺς προφήτας· οὐκ ἦλθον καταλῦσαι   118*

ἀλλὰ πληρῶσαι. 18 ἀμὴν γὰρ λέγω ὑμῖν, ἕως ἂν παρέλθη ὁ οὐρανὸς καὶ ἡ γῆ,   B **uwτ** rell
ἀλλὰ πληρῶσαι. 18 ἀμὴν γὰρ λέγω ὑμῖν, ἕως   παρέλθη ὁ οὐρανὸς καὶ ἡ γῆ,   13
<u>ἀλλὰν</u> πληρῶσαι. 18 ἀμὴν γὰρ λέγω ὑμῖν, ἕως ἂν παρέλθη ὁ οὐρανὸς καὶ ἡ γῆ,   2
ἀλλὰ πληρῶσαι. 18 ἀμὴν γὰρ λέγω ὑμῖν, ἕω··· ·············· ··· ··········· καὶ ἡ γῆ,   33
ἀλλὰ πληρῶσαι. 18 ἀμὴν   λέγω ὑμῖν, ἕως ἂν παρέλθη ὁ οὐρανὸς καὶ ἡ γῆ,   565

ἰῶτα ἓν ἢ μία κερέα   οὐ μὴ παρέλθη ἀπὸ τοῦ νόμου   B* L Δ 1346 **w**
ἰῶτα ἓν ἢ μία <u>καιρέα</u> οὐ μὴ παρέλθη ἀπὸ τοῦ νόμου   U
ἰῶτα ἓν ἢ μία <u>κεραία</u> οὐ μὴ παρέλθη ἀπὸ τοῦ νόμου <u>καὶ</u> <u>τῶν</u> <u>προφητῶν</u>   Θ f¹³ 788
········· ······ ···· κερέα   οὐ μὴ παρέλθη ἀπὸ τοῦ νόμου   33
ἰῶτα ἓν ἢ μία <u>καιρέα</u> οὐ μὴ παρέλθη ἀπὸ τοῦ νόμου <u>καὶ</u> <u>τῶν</u> <u>προφητῶν</u>   565
ἰῶτα ἓν <u>τῆ</u> μία <u>κεραία</u> οὐ μὴ παρέλθη ἀπὸ τοῦ νόμου <u>καὶ</u> <u>τῶν</u> <u>προφητῶν</u>   1071
ἰῶτα ἓν ἢ μία <u>κεραία</u> οὐ μὴ παρέλθη ἀπὸ τοῦ νόμου   **u**τ rell

[Cl Pr 82.1 ων ουδε <u>κεραια</u> <u>παρελευσεται</u> <u>μια</u> μη ουχι επιτελης γενομενη] [Cl F 58 <u>ου μη</u> ουν <u>παρελθη</u> <u>απο</u> <u>του</u> <u>νομου</u> ουτε το <u>ιωτα</u> ουτε η <u>κεραια</u>]

ἕως   πάντα γένηται. 19 ὃς ἐὰν   οὖν λύσῃ μίαν τῶν ἐντολῶν   τούτων τῶν   B*
ἕως <u>ἂν</u> <u>γένηται</u> <u>πάντα</u>. 19 ὃς   οὖν <u>λύσει</u> μίαν τῶν ἐντολῶν   τούτων   D*
<u>ἕως</u> <u>ἂν</u> <u>γένηται</u> <u>πάντα</u>. 19 ὃς <u>ἄν</u> οὖν <u>λύσει</u> μίαν τῶν ἐντολῶν   τούτων τῶν   Dᶜ
ἕως <u>ἂν</u> πάντα γένηται. 19 ὃς ἐὰν   <u>λύσει</u> μίαν τῶν ἐντολῶν   τούτων τῶν   L 2
ἕως <u>ἂν</u> πάντα γένηται. 19 ὃς ἐὰν   οὖν λύσῃ μίαν τῶν ἐντολῶν   τούτων   Δ
ἕως <u>ἂν</u> πάντα γένηται. 19 ὃς ἐὰν   οὖν λύσῃ μίαν τῶν ἐντολῶν   τῶν   124 788
········ ···· ······· ·······. 19   τῶν ἐντολῶν   τούτων τῶν   33
ἕως <u>ἂν</u> πάντα γένηται. 19 ὃς ἐὰν   οὖν <u>λύσῃ</u> μίαν τῶν ἐντολῶν <u>μου</u> τούτων τῶν   1071
ἕως <u>ἂν</u> πάντα γένηται. 19 ὃς ἐὰν   οὖν λύσῃ μίαν τῶν ἐντολῶν   τούτων τῶν   Bᶜ **uwτ** rell

---

lac. 5.16-19 𝔓⁴⁵ A C F G H Y N P Q Γ 69

A 16 ενπροσθεν D L | ανθροπων οπος Θ | ωπως 1071 | ειδωσιν D | ιδοσιν 1071 | ιδωσι 1346 | δοξασωσι K M S U Π f¹ 118 13 2 33 28 565 700 788 1346 | δοξασουσιν 1424 | των M 17 νομεισητε D | νομημητε L Θ 124 2 28 788 1346 | νομισηται W Δ 157 | νομησηται 118ᶜ | καταλυσε¹ L | πληρωσε L 18 υμειν D | μηα L | μου (νομου) 565 | γενητε L 19 μειαν L

B 16 αν̅ων̅ ℵ E K L M S U W Δ Π Ω f¹ 118 f¹³ 124 2 33 28 157 565 579 700 788 1071 1346 1424 | π̅ρ̅α̅ ℵ E K L M S U W Δ Θ Π Ω f¹ 118 f¹³ 124 2 33 28 157 565 579 700 788 1071 1346 1424 | ου̅νοι̅ς̅ ℵ E K S U Δ Π Ω f¹ 118 f¹³ 124 2 28 157 565 579 700 788 1071 1346 18 ου̅νο̅ς̅ E K L M U Δ Π f¹ 118 f¹³ 124 2 28 157 565 579 700 788 1071 1346 1424

D 17 λ̅γ̅/ι̅ ℵ E M U Π 124 28² 700 788 1071 1346 1424 | λ̅γ̅/ι̅ S Ω 28 | Ευ Μθ λ̅γ̅ : Ιω. : Λο . : Μρ . E | Μθ λ̅γ̅ : Λο ρ̅ϙ̅δ̅ M | Μθ λ̅γ̅ : Μρ . : Λο ο̅ε̅ : Ιω . 124 | λ̅γ̅ D K Θ 1 f¹³ 2 579 18 λ̅δ̅/ε̅ ℵ (M) S U 124 28 700 788 1071 1346 | λ̅δ̅/ς̅ E | λ̅δ̅ K Θ 1 f¹³ 2 579 | λ̅δ̅/ι̅ Ω | λ̅ς̅/ι̅ 28² | Ευ Μθ λ̅δ̅ : Ιω . : Λο ρ̅ϙ̅δ̅ : Μρ . E | Μθ λ̅δ̅ M | Μθ λ̅δ̅ : Μρ . : Λο .ρ̅π̅ε̅ : Ιω . 124 19 λ̅ε̅/ι̅ ℵ E (M) S U Π Ω 124 28 700 788 1071 1346 | Ευ Μθ λ̅ε̅ : Ιω .: Λο . : Μρ . E | Μθ λ̅ε̅ : Μρ ρ̅θ̅ : Λο . : Ιω . 124 | λ̅ε̅ D K L Θ f¹³ 579

ἐλαχίστων καὶ *διδάξῃ οὕτως τοὺς ἀνθρώπους, ἐλάχιστος κληθήσεται ἐν τῇ   B uw rell
ἐλαχίστων καὶ διδάξῃ   τοὺς ἀνθρώπους, ἐλάχιστος κληθήσεται ἐν τῇ   D
ἐλαχίστων ⋯⋯⋯ ⋯⋯⋯⋯⋯⋯ ⋯⋯⋯⋯⋯⋯⋯⋯⋯⋯⋯θήσεται ἐν τῇ   33
ἐλαχίστων καὶ διδάξῃ οὕτω τοὺς ἀνθρώπους, ἐλάχιστος κληθήσεται ἐν τῇ   τ

βασιλείᾳ τῶν οὐρανῶν· ὃς δ' ἂν ποιήσῃ καὶ διδάξῃ, οὗτος μέγας κληθήσεται   B uwτ rell
βασιλείᾳ τῶν οὐρανῶν·   ℵ* D W 579
βασιλείᾳ τοῦ θεοῦ·   ὃς δ' ἂν ποιήσῃ καὶ διδάξῃ, οὗτος μέγας κληθήσεται   M*
βασιλείᾳ τῶν οὐραν⋯⋯   33 cj. sp.

[Cl S II 97.2 ουτος μεγιστος φησιν εν τη βασιλεια ος αν ποιη και διδασκη]

ἐν τῇ βασιλείᾳ τῶν οὐρανῶν. **20** λέγω γὰρ ὑμῖν ὅτι ἐὰν   μὴ περισσεύσῃ   B uwτ rell
                       20 λέγω γὰρ ὑμῖν ὅτι ἐὰν   μὴ περισσεύσῃ   ℵ* W 579
om.   **20**   D
ἐν τῇ βασιλείᾳ τοῦ θεοῦ.   **20** λέγω γὰρ ὑμῖν ὅτι ἐὰν   μὴ περισσεύσῃ   M
ἐν τῇ βασιλείᾳ τῶν οὐρανῶν. **20** λέγω γὰρ ὑμῖν ὅτι ἐὰν   μὴ περισσεύσαι   Δ
ἐν τῇ βασιλείᾳ τῶν οὐρανῶν. **20**   ἐὰν   μὴ περισσεύσει   2
                       20   33 cj. sp.
ἐν τῇ βασιλείᾳ τῶν οὐρανῶν. **20** λέγω γὰρ ὑμῖν ὅτι ἐὰν οὐ μὴ περισσεύσῃ   788

ὑμῶν ἡ δικαιοσύνη πλεῖον τῶν γραμματέων καὶ Φαρεισαίων, οὐ μὴ εἰσέλθητε   B
ὑμῶν ἡ δικαιοσύνη πλέον τῶν γραμματέων καὶ Φαρισαίων, οὐ μὴ εἰσέλθητε   ℵ* W 157 Clᵖᵗ
om.   D
ὑμῶν ἡ δικαιοσύνη πλήονα τῶν γραμματέων καὶ Φαρισαίων, οὐ μὴ εἰσέλθητε   L
ἡ δικαιοσύνη ὑμῶν πλεῖον τῶν γραμματέων καὶ Φαρισαίων, οὐ μὴ εἰσέλθῃ   U
ὑμῶν ἡ δικαιοσύνη πλεῖον τῶν γραμματέων καὶ Φαρισσέων, οὐ μὴ εἰσέλθητε   Θ
ἡ δικαιοσύνη ὑμῶν πλεῖον τῶν γραμματέων καὶ Φαρισαίων, οὐ μὴ εἰσέλθητε   f¹ 565 1346 1424 τ
ὑμῶν ἡ δικαιοσύνη πλείων τῶν γραμματέων καὶ Φαρισαίων, οὐ μὴ εἰσέλθητε   118
⋯⋯καιοσύνη ὑμῶν πλείων τῶν γρα⋯⋯⋯ ⋯⋯⋯⋯⋯⋯ ⋯⋯⋯⋯⋯   33
ὑμῶν ἡ δικαιοσύνη πλεῖον τῶν γραμματέων καὶ Φαρισαίων, οὐ μὴ εἰσέλθητε   ℵᶜ C 𝔐 K M Δ Θ Π f¹³ 2
    28 579 700 788 1071 uw

εἰς τὴν βασιλείαν τῶν οὐρανῶν.   B uwτ rell
om.   D
⋯⋯⋯ ⋯⋯ βασιλείαν τῶν οὐρανῶν.   33

[Cl S VI 164.2 εαν μη πλεοναση υμων η δικαιοσυνη πλειον των γραμματεων και φαρισαιων] [Cl S III 33.3
οντως γαρ ως ο κυριος εφη, εαν μη περισσευση η δικαιοσυνη υμων πλειω των γραμματεων και φαρισαιων,
ουκ εισελευσεσθε εις την βασιλειαν του θεου] [Cl S VI 115.3 πλεον των γραμματεων και φαρισαιων].

lac. 5.19-20 𝔓⁴⁵ A F C G H Y N P Q Γ 69

A 19 διδαξει¹ L S 118 13 124 2 788 1071 1346 ¦ δειδαξη 579 | *return to original hand 1582 | ουτος 1346 | ανθροπους
ελαχιστος Θ | κληθησετε¹ ℵ L | βασιλια¹ ℵ ¦ βασειλεια Θ | ποιησει 13 2 1346 1424 | διδαξ.η² E* | διδαξει 2 788 1071 1346 |
ουτως 13 2* 157 1346 | βασηλεια² Θ **20** εν (εαν) Θ* | περισσευσει L | περισσευσει Θ 2 ¦ περισευση 579 | πλεοναση Clᵖᵗ |
πλιον Θ | γραμματαιων E* 2ᶜ 565 579 ¦ γραματαιων 2* | Φαρισσεων Θ ¦ φαρησαιων 2* | εισελθηται ℵ W 1071 ¦ ουκ
εισελευσεσθε Cl | βασιλιαν ℵ

B 19 ᾱνοῡς E K L M S U Δ Π f¹ 118 f¹³ 124 2 28 157 579 700 788 1071 1346 1424 | οῡνων¹ ℵ E K L Mᶜ S U W Π Ω f¹ 118
f¹³ 124 2 28 157 565 579 700 788 1071 1346 1424 | θῡ¹·² M* | οῡνων² E K L Mᶜ S Δ Π f¹ 118 f¹³ 124 2 28 157 565 700 788
1071 1346 1424 **20** οῡνων E K L M S U Δ Π Ω f¹ 118 f¹³ 124 2 28 565 579 700 788 1071 1346 1424

C 19 τελος D (post οῡνων) [Sept 2: εις μνημοσυνον του αγιου ιωαννου του νηστευου 5.14-19] E Θ Ω 118 f¹³ 124 1346 ¦ τελ
των ιε αρχ Π 28 ¦ τελ ις αρχ f¹ ¦ (post οῡνων²) τελ f¹³ **20** αρχη: κυριακη τς τυροφλου εοθεινον ειπεν ο κς (ante εαν μη) E | Μθ
αρχ τω οῡνων τη δ̄ μετ την ν̄ ειπεν ο κς τοις εαυτ μαθ εαν μη περισσευση υμ, Μ ¦ τη δ̄ μετ τ ν̄ ειπ ο κς τοις εαυτ μαθ S ¦ (ante
μη) αρχ: τη δ̄ τς ᾱ εβδ ειπεν ο κς τοις εαυτ μαθηταις εαν μη Π ¦ (ante οτι) ῑβ αρχ τη δ̄ τς ᾱ εβδ μτ τ ν̄ ειπ ο κς εαν μη f¹ ¦ ῑβ
αρχ τη δ̄ τς ᾱ εβδ ειπ ο κς τοῖς εαυτου μαθ εαν μη περισσευση 118 ¦ (ante οτι εαν) αρχ τη δ̄ τς γ̄ εβδ· ειπ ο κς τοις εαυτ
μαθητ οτι εαν μη περισσευση 28 | αρχ f¹³ 788 ¦ αρχ τη δ̄ 157 ¦ αρχ τη δ̄ μετ τα μ 1346 | υπ (post οῡνων) E 2

D 20 λϛ 118 579

Teachings On Anger, Contempt, And Reconciliation
(Mark 11.25; Luke 12.57-59)

κζ 21 Ἠκούσατε ὅτι ἐρρήθη τοῖς ἀρχαίοις, Οὐ φονεύσεις· ὃς δ' ἂν φονεύσῃ, ἔνοχος   B D E Θ S Ω 118
   21 Ἠκούσατε ὅτι ἐρρίθη τοῖς ἀρχαίοις, Οὐ φονεύσεις· ὃς δ' ἂν φονεύσῃ, ἔνοχος   K [↑565 1424
   21 Ἠκούσατε ὅτι ἐρρήθη τοῖς ἀρχαίοις, Οὐ φονεύσεις· ὃς δ' ἂν φονεύσῃ, ὄνοχος   Δ
   21 Ἠκούσ·····   ·····   ····· δ' ἂν φονεύσῃ, ἔνοχος   33
   21 Ἠκούσατε ὅτι ἐρρέθη τοῖς ἀρχαίοις, Οὐ φονεύσεις· ὃς δ' ἂν φονεύσῃ, ἔνοχος   uwτ rell

ἔσται τῇ κρίσει. 22 ἐγὼ δὲ λέγω ὑμῖν ὅτι πᾶς ὁ ὀργιζόμενος τῷ ἀδελφῷ   B uwτ rell
ἔσται τῇ κρίσει. 22 ἐγὼ δὲ λέγω ὑμῖν ὅτι πᾶς ὁ ὀργαζόμενος τῷ ἀδελφῷ   D*

αὐτοῦ   ἔνοχος ἔσται τῇ κρίσει· ὃς δ' ἂν εἴπῃ τῷ ἀδελφῷ αὐτοῦ, Ῥακά,   B Ω uw
αὐτοῦ   ἔνοχος ἔσται τῇ κρίσει· ὃς δ' ἂν εἴπῃ τῷ ἀδελφῷ αὐτοῦ, Ῥαχά,   ℵ*
αὐτοῦ εἰκῇ ἔνοχος ἔσται τῇ κρίσει· ὃς δ' ἂν εἴπῃ τῷ ἀδελφῷ αὐτοῦ, Ῥαχά,   D W
αὐτοῦ εἰκῇ ἔνοχος ἔσται τῇ κρίσει· ὃς δ' ἂν εἴπῃ τῷ ἀδελφῷ αὐτοῦ, Ῥακκά,   f¹³ 788 1424
αὐτοῦ εἰκῇ ἔνοχος ἔσται τῇ κρίσει· ὃς δ' ἂν εἴπῃ τῷ ἀδελφῷ αὐτοῦ, Ῥακαν,   565
αὐτοῦ εἰκῇ ἔνοχος ἔσται τῇ κρίσει· ὃς δ' ἂν εἴπῃ τῷ ἀδελφῷ αὐτοῦ, Ῥακά,   ℵᶜ E K L M S U Δ Θ Π f¹ 2 33
                                                                         28 157 579 700 1071 1346 τ

ἔνοχος ἔσται τῷ συνεδρίῳ· ὃς δ' ἂν εἴπῃ,   Μωρέ, ἔνοχος ἔσται   B 118 uwτ rell
ἔνοχος ἔσται τῷ συνεδρίῳ· ὃς δ' ἂν εἴπῃ τῷ ἀδελφῷ αὐτοῦ, Μωρέ, ἔνοχος ἔσται   L Θ f¹·¹³ 700 788 1071
ἔνοχος ἐστὶ τῷ συνεδρίῳ· ὃς δ' ἂν εἴπῃ,   Μωρέ, ἔνοχος ἔσται   M

εἰς τὴν γέενναν τοῦ πυρός. 23 ἐὰν οὖν προσφέρῃς τὸ δῶρόν σου ἐπὶ τὸ θυσιαστήριον

κἀκεῖ μνησθῇς ὅτι ὁ ἀδελφός σου ἔχει τι κατὰ σοῦ, 24 ἄφες ἐκεῖ τὸ   B ℵ L W 124 33 788 1071 1424
κἀκεῖ μνησθῇς ὅτι ὁ ἀδελφός σου ἔχει κατὰ σοῦ, 24 ἄφες ἐκεῖ τὸ   13   [↑uwτ
καὶ ἐκεῖ μνησθῇς ὅτι ὁ ἀδελφός σου ἔχει τι κατὰ σοῦ, 24 ἄφες ἐκεῖ τὸ   D 𝔐 K M U Δ Θ Π f¹ 2 28 157
                                                                         565 1346

δῶρόν σου ἔμπροσθεν τοῦ θυσιαστηρίου, καὶ ὕπαγε πρῶτον διαλλάγηθι   τῷ   B uwτ rell
δῶρόν σου ἔμπροσθεν τοῦ θυσιαστηρίου, καὶ ὕπαγε πρῶτον καταλλάγηθι   τω   D
δῶρόν σου ἔμπροσος τοῦ θυσιαστηρίου, καὶ ὕπαγε πρῶτον διαλλάγηθι   τῷ   Δ

ἀδελφῷ σου, καὶ τότε   ἐλθὼν πρόσφερε   τὸ δῶρόν σου. 25 ἴσθι εὐνοῶν τῷ   B uwτ rell
ἀδελφῷ σου, καὶ τότε   ἐλθὼν προσφέρεις τὸ δῶρόν σου. 25 ἴσθι εὐνοῶν τῷ   D*
ἀδελφῷ σου, καὶ τότε προσελθὼν πρόσφερε   τὸ δῶρόν σου. 25 ἴσθι εὐνοῶν τῷ   1424

ἀντιδίκῳ σου ταχὺ ἕως ὅτου εἶ μετ' αὐτοῦ ἐν τῇ ὁδῷ, μήποτέ σε παραδῷ   B ℵ L W f¹ f¹³ 33 uw
ἀντιδίκῳ σου ταχὺ ἕως ὅτου εἶ μετ' αὐτοῦ ἐν τῇ ὁδῷ, μήποτέ σε παραδώσει   D
ἀντιδίκῳ σου ταχὺ ἕως οὗ   εἶ μετ' αὐτοῦ ἐν τῇ ὁδῷ, μήποτέ σε παραδῷ   124 788
ἀντιδίκῳ σου ταχὺ ἕως οὗ   ἦ μετ' αὐτοῦ ἐν τῇ ὁδῷ, μήποτέ σε παραδῷ   28
ἀντιδίκῳ σου ταχὺ ἕως ὅτου μετ' αὐτοῦ εἶ ἐν τῇ ὁδῷ, μήποτέ παραδῷ σε   1071
ἀντιδίκῳ σου ταχὺ ἕως ὅτου εἶ ἐν τῇ ὁδῷ μετ' αὐτοῦ, μήποτέ σε παραδῷ   Cl   [↓579 700 1346 1424 τ
ἀντιδίκῳ σου ταχὺ ἕως ὅτου εἶ ἐν τῇ ὁδῷ μετ' αὐτοῦ, μήποτέ σε παραδῷ   𝔐 K M U Δ Θ Π 118 2 157 565

[Cl IV 95.2f παλιν δ αυ φησιν, ισθι ευνοων τω αντιδικω σου ταχυ, εως οτου ει εν τη οδω μετ αυτου …
μηποτε παραδω σε τω κριτη, ο κριτης δε τω υπηρετη της αρχης του διαβολου]

lac. 5.21-25 𝔓⁴⁵ A C F G H Y N P Q Γ 69

A 21 ερρεθη uwτ all exc. B D E S Θ Ω 565 1424 ¦ ερριθη K ¦ ερηθη Θ ¦ αρχεοις L ¦ φονευσεις L ¦ φονευσης W ¦ φονευσης 579 ¦ α (αν) W ¦ φονευσει L Θ 13 2 ¦ εστε D L 1071 22 υμειν D ¦ οργηζομενος Θ ¦ το (τω¹) ¦ αλφω² Θ ¦ εστε¹·³ ℵ L ¦ εστε² L Δ ¦ ηκει E* L ¦ ηκη Eᶜ ¦ ειπει¹·² L ¦ ειπει² Ω ¦ εστε² D L ¦ το (τω³) L* 28 700 ¦ συναιδριο 2* ¦ α (αν²) W ¦ το (τω⁴) 1071 ¦ μορε L ¦ γεεναν L Ω 1 565 ¦ γενναν Θ 23 προσφερεις L 28 565 1071 1346 1424 ¦ προσφερη Δ ¦ επει D ¦ μνησθεις 33 1346 1424 ¦ τω (το²) 13¦ θυσιαστηρεον L ¦ εχι ℵ 2 ¦ τη (τι) Θ 24 εκι ℵ ¦ ενπροσθεν D L 28 ¦ θυσιαστηριον L ¦ προτων Θ* ¦ προτον Θᶜ ¦ πρωτον 579 ¦ διαλλαγηθη L 1346 ¦ διαλλαγθει W 1071¦ διαλαγηθη Θ ¦ διαλαγιθη 2* ¦ το(τω) Θ 2* ¦ αδελφο K ¦ τω δορον Θ* ¦ τω δωρον M Θᶜ ¦ δορον Δ 25 ισθει D ¦ ισθη Θ ¦ ευνων Δ ¦ εννοων 1071 ¦ το (τω¹) 2 ¦ αντηδικω L ¦ του (οτου) L ¦ η (ει) M

D 21 λζ L ¦ λε/ι 28² 22 λϚ 157 25 λϚ/ε ℵ E M S U Π Ω 124 28 700 788 1071 1346 1424 ¦ λϚ D K L Θ f¹ 2 28² ¦ Ευ Μθ λϚ : Μρ . : Λο ρ̅ξ̅β : Ιω . Ε ¦ Μθ λϚ : Λο ρ̅ξ̅β M ¦ Μθ λϚ : Μρ . : Λο .: Ιω . 124

ὁ ἀντίδικος τῷ κριτῇ, καὶ ὁ κριτής   τῷ ὑπηρέτη, καὶ   B ℵ 1 1582* *f*¹³ 788 **uw**
ὁ ἀντίδικος τῷ κριτῇ, καὶ ὁ κριτὴς <u>σε παραδώσει</u> τῷ ὑπηρέτη, καὶ   D
ὁ ἀντίδικος τῷ κριτῇ, καὶ ὁ <u>κριτῇ σε παραδῶ</u> τῷ ὑπηρέτη, καὶ   U 579
ὁ ἀντίδικος τῷ κριτῇ, καὶ ὁ κριτής   <u>παραδῶ</u> τῷ ὑπηρέτη, καὶ   700
                                              τῷ ὑπηρέτη, καὶ   1346   [↓565 1071 1424 τ
ὁ ἀντίδικος τῷ κριτῇ, καὶ ὁ κριτὴς <u>σε παραδῶ</u> τῷ ὑπηρέτη, καὶ   𝕸 K L M W Δ Θ Π 1582ᶜ 118 33 2 28 157

εἰς φυλακὴν βληθήσῃ· **26** ἀμὴν   λέγω σοι, οὐ μὴ ἐξέλθῃς ἐκεῖθεν ἕως ἂν ἀποδῷς   B **uw**τ rell
εἰς φυλακὴν βληθήσῃ· **26** ἀμὴν   λέγω σοι, οὐ μὴ ἐξέλθῃς ἐκεῖθεν ἕως <u>οὗ ἀποδώσις</u>   L
εἰς φυλακὴν βληθήσῃ· **26** ἀμὴν   λέγω σοι, οὐ μὴ ἐξέλθῃς ἐκεῖθεν ἕως <u>οὗ</u> ἀποδῷς   W 1424
εἰς φυλακὴν βληθήσῃ· **26** ἀμὴν <u>ἀμὴν</u> λέγω σοι, οὐ μὴ ἐξέλθῃς ἐκεῖθεν ἕως ἂν ἀποδῷς   124
εἰς φυλακὴν βληθήσῃ· **26** ἀμὴν   λέγω σοι, οὐ μὴ ἐξέλθῃς ἐκεῖθεν ἕως   ἀποδῷς   33
εἰς φυλακὴν βληθήσῃ· **26** ἀμὴν   λέγω σοι, οὐ μὴ ἐξέλθῃς ἐκεῖθεν ἕως ἂν <u>ἀποδῶ</u>   1346

τὸν ἔσχατον κοδράντην.

Teaching About Lust
(Mark 9.43, 47-48)

κ̄η̄ 27 Ἠκούσατε ὅτι ἐρρήθη,   **Οὐ μοιχεύσεις. 28** ἐγὼ δὲ B D 𝕸 Π 118 28 565 1424
    27 Ἠκούσατε ὅτι <u>ἐρρέθη τοῖς ἀρχαίοις,</u> **Οὐ μοιχεύσεις. 28** ἐγὼ δὲ L M Δ Θ *f*¹³ 2ᶜ 33 579 788 τ
    27 Ἠκούσατε ὅτι <u>ἐρρέθη,</u>   **Οὐ μοιχεύσεις. 28** ἐγὼ δὲ ℵ K U W *f*¹ 2* 157 700 1346 **uw**

λέγω ὑμῖν ὅτι πᾶς ὁ   βλέπων γυναῖκα πρὸς τὸ ἐπιθυμῆσαι αὐτὴν ἤδη B 118 **u**[**w**] rell
λέγω ὑμῖν ὅτι πᾶς ὁ   βλέπων γυναῖκα πρὸς τὸ ἐπιθυμῆσαι   ἤδη ℵ* Π Cl [**w**]
λέγω ὑμῖν ὅτι πᾶς ὁ   βλέπων γυναῖκα πρὸς τὸ ἐπιθυμῆσαι <u>αὐτῆς</u> ἤδη ℵᶜ M *f*¹ 1346 τ
λέγω ὑμῖν ὅτι πᾶς ὁ   <u>ἐμβλέψας</u> γυναῖκα πρὸς τὸ ἐπιθυμῆσαι αὐτὴν ἤδη K 28 157
λέγω ὑμῖν ὅτι πᾶς ὁ   βλέπων γυναῖκα πρὸς τὸ ἐπιθυμῆσαι αὐτὴν <u>δὴ</u> Δ

ἐμοίχευσεν αὐτὴν ἐν τῇ καρδίᾳ ἑαυτοῦ. **29** εἰ δὲ ὁ ὀφθαλμός σου ὁ δεξιὸς   B
ἐμοίχευσεν αὐτὴν ἐν τῇ καρδίᾳ <u>αὐτοῦ.</u> **29** εἰ δὲ ὁ ὀφθαλμός <u>ὁ δεξιό́ς σου</u>   D
ἐμοίχευσεν αὐτὴν ἐν τῇ καρδίᾳ <u>αὐτοῦ.</u> **29** εἰ δὲ   ὀφθαλμός σου ὁ δεξιὸς   S 157
ἐμοίχευσεν   ἐν τῇ καρδίᾳ <u>αὐτοῦ.</u> **29** εἰ δὲ ὁ ὀφθαλμός σου ὁ δεξιὸς   Δ Π
ἐμοίχευσεν αὐτὴν ἐν τῇ καρδίᾳ <u>αὐτοῦ.</u> **29** εἰ δὲ ὁ ὀφθαλμός σου <u>σκανδαλίζη</u>   1071
ἐμοίχευσεν αὐτὴν ἐν τῇ καρδίᾳ <u>αὐτοῦ.</u> **29** εἰ δὲ ὁ ὀφθαλμός σου ὁ δεξιὸς   **uw**τ rell

[Cl S III 71.3 <u>ηκουσατε</u> του νομου παραγγελλοντος· <u>ου μοιχευσεις</u>. <u>εγω δε λεγω</u>· ουκ επιθυμησεις]
[Cl S II 61.3 και <u>ο εμβλεψας προς επιθυμιαν</u> κρινεται] [Cl III 94.3 <u>οτι πας ο βλεπων γυναικα προς το επιθυμησαι</u>
<u>ηδη εμοιχευσεν αυτην</u>] [Cl S III 8.4 ο μεν γαρ φησιν, <u>ου μοιχευσεις</u>, ο δε <u>πας ο προσβλεπων κατ επιθυμιαν ηδη</u>
<u>εμοιχευσεν</u> λεγει] [Cl S IV 114.2 εξηγουμενος γαρ το εγω δε λεγω, <u>ο εμβλεψας</u> τη <u>γυναικι προς επιθυμιαν ηδη</u>
<u>μεμοιχευκεν</u>] [Cl Pr 108.5 και ουκ επιθυμησεις, επιθυμια γαρ μονη μεμοιχευκας] [Cl Pd II 51.2 το <u>ου μοιχευσεις</u>
δια του ουκ επιθυμησεις] [Cl S II 50.2 ακηκοως οπως ο ιδων <u>προς επιθυμιαν εμοιχευεν</u>] [Cl S 66.1 ο γαρ
<u>επιθυμησας ηδη μεμοιχευκε</u> φησιν] [Cl S III 9.1 <u>εγω δε λεγω</u>, ουκ επιθυμησεις] [Cl S III 31.1 <u>εγω δε λεγω</u>, μη
επιθυμησης;] [Cl III 76.1 το γαρ ουκ επιθυμησεις εν τω ευαγγελιω γεγαμμενον] [Cl S VII 82.3 μη <u>εμβλεψης</u> δε
<u>προς επιθυμιαν</u> αλλοτρια <u>γυναικι</u> λεγουσα].

σκανδαλίζει σε, ἔξελε αὐτὸν καὶ βάλε ἀπὸ σοῦ· συμφέρει γάρ σοι ἵνα ἀπόληται B **uw**τ rell
<u>σκανδαλίζη</u> σε, ἔξελε αὐτὸν   ἀπὸ σοῦ· συμφέρει γάρ σοι ἵνα ἀπόληται L
<u>σκανδαλίζη</u> σε, ἔξελε αὐτὸν καὶ βάλε ἀπὸ σοῦ· συμφέρει γάρ ἵνα ἀπόληται 1582* 2 1346
σκανδαλίζει σε, ἔξελε αὐτὸν καὶ βάλε ἀπὸ σοῦ· συμφέρει γάρ ἵνα ἀπόληται 118
<u>σε</u>   ὁ δεξιὸς, ἔξελε αὐτὸν καὶ βάλε ἀπὸ σοῦ· συμφέρει γάρ σοι ἵνα ἀπόληται 1071
σκανδαλίζει σε, ἔξελε αὐτὸν καὶ <u>βάλλε</u> ἀπὸ σοῦ· συμφέρει γάρ σοι ἵνα ἀπόληται 1424

---

lac. 5.25-29 𝔓⁴⁵ A C F G H Y N P Q Γ 69

A 25 αντιδεικος D ¦ αντιδικος L ¦ υπιρετη L ¦ υπειρετη 1071 ¦ βληθησει D Θ 2* 1071 1424 ¦ βληθεις L ¦ βληθεισον 28 **26** εξ-
ελθεις L ¦ εκιθεν ℵ ¦ απωδως 1071 ¦ κονδραντην Θ ¦ κοδραντον 1* **27** ηκουσαται L ¦ αρχεοις L 1071 ¦ μοιχευσις ℵ ¦ μυχευσεις
L ¦ μηχευσεις Θ* ¦ μοιχευσης 579 1071 ¦ αισχατον Ω **28** υμειν D ¦ βλεπον, τω (το) Θ* ¦ γυνακα Δ ¦ επιθυμησε ℵ ¦ επεθυμησαι
L ¦ επιθυμισαι 1071 ¦ ηδι L 1346 ¦ εμυχευσεν L ¦ εμοιχευσ Δ ¦ εμοχευσεν 2* **29** η (ει) L ¦ σκανδαλιζι ℵ ¦ σκανδαληζη 2* ¦
σκανδαλιζη 2ᶜ ¦ σαι (σε) L ¦ συμφερι ℵ ¦ συμφερη Θ ¦ απολητε D L ¦ απολειται 1071 1424

C 26 τε̄ Π 118 ¦ τελ τ̄ δ̄ *f*¹ **28 27** ε̄ αρχ ειπ ο κ̄ς̄ ηκουσατε 28 ¦ αρχ τη ε̄ τς ᾱ εβδ ειπεν ο κ̄ς̄ ηκουσατε Π ¦ ιγ αρχ τη ε̄ τς ᾱ εβδ
ειπ ο κ̄ς̄ ηκουσατε οτι ερ *f*¹ ¦ ιγ αρχ τη ε̄ τς ᾱ εβδ ειπ ο κ̄ς̄ ηκουσατε οτι ερρηθ αρχαιοις ου μοιχευ 118 ¦ αρχ τη ε̄ 157

D 27 λ̄ζ̄/ῑ ℵ E M U Π Ω 124 28 700 788 1071 1346 1424 ¦ λ̄ζ̄/ᾱ S ¦ Ευ Μθ λ̄ζ̄ : Μρ . : Λο . : Ιω . Ε 124¦ Μθ λ̄ζ̄ M ¦ λ̄ζ̄ D K Θ *f*¹ 2
157 ¦ λ̄η̄ L ¦ λ̄ε̄/ῑ 28²

ἓν τῶν μελῶν σου καὶ μὴ ὅλον τὸ σῶμά σου βληθῇ   εἰς   γέενναν.   B uwτ rell
ἓν τῶν μελῶν σου καὶ μὴ ὅλον τὸ σῶμά σου ἀπέλθη   εἰς   γέενναν.   D
ἓν τῶν μελῶν σου καὶ μὴ ὅλον τὸ σῶμά σου βληθήσει   εἰς τὴν γέενναν.   L
ἓν τῶν μελῶν σου καὶ μὴ ὅλον τὸ σῶμά σου βληθῇ   εἰς τὴν γέενναν.   W

[Cl Pd III 70.1 ο γουν κυριος συντομωτατα ιαται το παθος τουτο ει σκανδαλιζει σε ο οφθαλμος σου, εκκοψον αυτον λεγων] [Cl Q 24.2 καν ο δεξιος σου οφθαλμος σκανδαλιζη σε, ταχεως εκκοψον αυτον]

30 καὶ εἰ ἡ δεξιά σου χεὶρ   σκανδαλίζει σε, ἔκκοψον αὐτὴν καὶ βάλε ἀπὸ   B uwτ rell
30 om.   D
30 καὶ   ἡ δεξιά σου χεὶρ   σκανδαλίζει σε, ἔκκοψον αὐτὴν καὶ βάλε ἀπὸ   L
30 καὶ εἰ ἡ δεξιά σου χεὶρ   σκανδαλίζει σε, κόψον αὐτὴν καὶ βάλε ἀπὸ   W Δ
30 καὶ εἰ χεὶρ σου ἡ δεξια   σκανδαλίζει σε, ἔκκοψον αὐτὴν καὶ βάλε ἀπὸ   Θ*
30 καὶ εἰ ἡ χεὶρ σου ἡ δεξια σκανδαλίζει σε, ἔκκοψον αὐτὴν καὶ βάλε ἀπὸ   Θᶜ f¹³ 788
30 καὶ   ἡ δεξιά σου χεὶρ   σκανδαλίζει σε, ἔκκοψον αὐτὴν καὶ βάλε ἀπὸ   1346

σοῦ· συμφέρει γάρ σοι ἵνα ἀπόληται ἓν τῶν μελῶν σου καὶ μὴ ὅλον τὸ σῶμά   B uwτ rell
σοῦ· συμφέρει γάρ σοι ἵνα ἀπόληται ἓν τῶν μελῶν σου ᾖ   ὅλον τὸ σῶμά   ℵ*
om.   D
σοῦ· συμφέρει γάρ σοι ἵνα ἀπόληται ἓν τῶν μελῶν σου   579

σου εἰς γέενναν   ἀπέλθη.   B ℵ f¹ 33 157 uw
om.   D
σου βληθῇ   εἰς γέενναν.   𝕸 K M U W Δ Θ Π 118 f¹³ 2 28 565 700 788 1071 1346 1424 τ
σου βληθήσει εἰς τὴν γέεναν.   L
βλήθη   εἰς γέενναν.   579

Teaching About Divorce And Remarriage
(Mark 10.11-12; Luke 16.18)

κ̅η̅ 31 Ἐρρήθη δέ,   Ὃς ἂν ἀπολύσῃ τὴν γυναῖκα αὐτοῦ, δότω   B D f¹
   31 Ἐρρέθη,   Ὃς ἂν ἀπολύσῃ τὴν γυναῖκα αὐτοῦ, δότω   ℵ*
   31 Ἐρρέθη δέ,   Ὃς ἂν ἀπολύσῃ τὴν γυναῖκα αὐτοῦ, δότω   ℵᶜ L f¹³ 33 700 788 uw
   31 Ἐρρέθη δέ ὅτι,   Ὃς ἂν ἀπολύσῃ τὴν γυναῖκα αὐτοῦ, δότω   E M U Δ Θ 2 157 1071 τ
   31 Ἐρρήθη   ὅτι,   Ὃς ἂν ἀπολύσῃ τὴν γυναῖκα αὐτοῦ, δότω   K Π 118 565 1346
   31 Ἐρρήθη δέ ὅτι,   Ὃς ἂν ἀπολύσῃ τὴν γυναῖκα,   δότω   S
   31 Ἐρρήθη δέ ὅτι,   Ὃς ἂν ἀπολύσῃ τὴν γυναῖκα αὐτοῦ, δότω   Ω 28
   31 Ἐρρέθη δέ ὅτι,   Ὃς ἐὰν ἀπολύσῃ τὴν γυναῖκα αὐτοῦ, δότω   W
   31 Ἐρρεήθη δὲ ὅτι, Ὃς ἂν ἀπολήσῃ τὴν γυναῖκα αὐτοῦ, δότω   579
   31 Ἐρρήθη,   Ὃς ἂν ἀπολύσῃ τὴν γυναῖκα αὐτοῦ, δότω   1424

αὐτῇ ἀποστάσιον. 32 ἐγὼ δὲ λέγω ὑμῖν ὅτι πᾶς ὁ ἀπολύων   B ℵ L W Δ Θ Π f¹ f¹³ 33 157 700 788
αὐτῇ ἀποστάσιον. 32 ἐγὼ δὲ λέγω ὑμῖν   ὃς ἂν ἀπολύσῃ   D   [↑1071 1424 uw
αὐτῇ ἀποστάσιον. 32 ἐγὼ δὲ λέγω ὑμῖν ὅτι ὃς ἂν ἀπολύσῃ   E S U 2 28 579 τ
αὐτὴν ἀποστάσιον. 32 ἐγὼ δὲ λέγω ὑμῖν ὅτι πᾶς ὁ ἀπολύων   K M 565
αὐτὴν ἀποστάσιον. 32 ἐγὼ δὲ λέγω ὑμῖν ὅτι ὃς ἂν ἀπολύσῃ   Ω
αὐτῇ ἀποστάσιον. 32 ἐγὼ δὲ λέγω ὑμῖν   πᾶς ἂν ἀπολύσῃ   1346

[↓uw
τὴν γυναῖκα αὐτοῦ παρεκτὸς λόγου πορνείας ποιεῖ αὐτὴν μοιχευθῆναι,   B ℵ D W Θ f¹ f¹³ 33 788 1071 1346
τὴν γυναῖκα αὐτοῦ παρεκτὸς λόγου πορνείας ποιεῖ αὐτὴν μοιχάσθαι,   𝕸 K L M U Δ Π 118 2 28 157 565
                                                                    579 700 1424 τ

[Cl S II 146.2 ο δε απολελυμενην λαμβανων γυναικα μοιχαται, φησιν, εαν γαρ τις απολυση γυναικα, μοιχαται αυτην τουτεστιν αναγκαζει μοιχευθηναι] [Cl S II 145.3 ουκ απολυσεις γυναικα πλην ει μη επι λογω πορνειας] [Cl S III 147.2 ωστε ο απολυων την γυναικα χωρις λογου πορνειας ποιει αυτην μοιχευθηναι].

lac. 5.29-32 𝔓⁴⁵ A C F G H Y N P Q Γ 69

A 29 τω (το) Θ 579 | γεεναν L 30 χηρ 2* | σκανδαλιζι ℵ | σκανδαλιζη Δ 1071 | σκανδαληζει 2* | σαι (σε) 2 | εκοψον L | συμφερι ℵ Θ | ιν απολειτε L | απολειται 2 1071 1424 | η (μη) ℵ* | τω (το) 1071 1346 | βλησθη K* | γεεναν 2 31 ερρεηθη 579 | ως L | απολυσει L 2 1071 | δοτο 28 | δωτο 1346 | ποστασιον K* 32 υμειν D | απολυσει 2 | τιν (την) Θ | πορνιας ℵ W Ω 1071 | ποιη L 2 | μοιχασθε L

C 29 τελ 124 788 1346 30 τελ S 31 τη ε̅ μετ τ ν̅ ειπ ο κ̅ς̅ τ εαυτ μαθ S | αρχ f¹³ 124 788 32 (ante πας) αρχ τη ε̅ της α̅ εβδ 1346

D 31 λ̅η̅ 28 ² 579

39

καὶ ὁ   ἀπολελυμένην γαμήσας μοιχᾶται.   B
καὶ ὃς ἂν   ἀπολελυμένην γαμήση   μοιχᾶται.   ℵ* K* 118 *f*¹³ 565 700 788 1071
καὶ ὃς ἐὰν   ἀπολελυμένην γαμήση   μοιχᾶται.   ℵᶜ 𝔐 Kᶜ M U W Δ Π *f*¹ 33 28 157 1346 1424 uwτ
om.   D
καὶ ὡς ἐὰν   ἀπολελυμένην γαμήσει μοιχᾶται.   L
καὶ ὃς ἂν   ἀπολελυμένην γαμήσει μοιχᾶται.   Θ
καὶ ὃς ἐὰν   ἀπολελυμένην γαμήσει μοιχᾶται.   2 579

Teaching About Oaths

λ̄ 33 Πάλιν ἠκούσαται ὅτι ἐρρήθη   τοῖς ἀρχαίοις,   **Οὐκ ἐπιορκήσεις,**   B*
   33 Πάλιν ἠκούσατε ὅτι ἐρρήθη   τοῖς ἀρχαίοις,   **Οὐκ ἐπιορκήσεις,**   Bᶜ D K M S Π Ω 118 565 1424
   33 Πάλιν ἠκούσατε ὅτι ἐρρέθη   τοῖς ἀρχαίοις,   **Οὐκ ἐφιορκήσεις,**   ℵ
   33 Πάλιν ἠκούσαται ὅτι ἐρρέθη   τοῖς ἀρχαίοις,   **Οὐκ ἐπιορκήσεις,**   E*
   33 Πάλιν ἀκούσατε ὅτι ἐρρέθη   τοῖς ἀρχαίοις σου,   **Οὐκ ἐπιορκήσεις,**   579
   33 Πάλιν ἠκούσαται ὅτι ἐρρέθη   τοῖς ἀρχαίοις,   **Οὐκ ἐπιορκήσεις,**   1071
   33 Πάλιν ἠκούσατε ὅτι ἐρρέθη   τοῖς ἀρχαίοις,   **Οὐκ ἐπιορκήσεις,**   Eᶜ L U W Δ Θ *f*¹ *f*¹³ 2 33 28
                                                                              157 700 788 1346 uwτ

ἀποδώσεις δὲ **τῷ κυρίῳ τοὺς ὅρκους σου** . **34** ἐγὼ δὲ λέγω ὑμῖν μὴ ὀμόσαι ὅλως·   B uwτ rell
ἀποδώσεις δὲ **κυρίῳ τοὺς ὅρκους σου** . **34** ἐγὼ δὲ λέγω ὑμῖν μὴ ὀμόσαι ὅλως·   L Δ 1 1582*
ἀποδώσεις   **τῷ κυρίῳ τοὺς ὅρκους σου** . **34** ἐγὼ δὲ λέγω ὑμῖν μὴ ὀμόσαι ὅλως·   W

μήτε ἐν τῷ οὐρανῷ, ὅτι θρόνος ἐστὶν τοῦ θεοῦ· **35** μήτε ἐν τῇ γῇ, ὅτι ὑποπόδιόν ἐστιν τῶν ποδῶν

αὐτοῦ· μήτε εἰς Ἱεροσόλυμα, ὅτι πόλις ἐστὶν τοῦ μεγάλου βασιλέως· **36** μήτε ἐν τῇ   B uwτ rell
αὐτοῦ· μήτε εἰς Ἱεροσόλυμα, ὅτι πόλις ἐστὶν τοῦ μεγάλου βασιλέως· **36** μήδε ἐν τῇ   124 788
αὐτοῦ·   **36** μήτε ἐν τῇ   33
αὐτοῦ· μήτε εἰς Ἱεροσώλυμα, ὅτι πόλις ἐστὶν τοῦ μεγάλου βασιλέως· **36** μήτε ἐν τῇ   1071

κεφαλῇ σου ὀμόσης, ὅτι οὐ δύνασαι μίαν τρίχα λευκὴν ποιῆσαι   ἢ μέλαιναν.   B ℵᶜ 33 uw
κεφαλῇ σου ὀμόσης, ὅτι οὐ δύνασαι μίαν τρίχαν λευκὴν ποιῆσαι   ἢ μέλαιναν.   ℵ*
κεφαλῇ σου ὀμόσης, ὅτι οὐ δύνασαι ποιεῖν τρίχα μίαν   λευκὴν   ἢ μέλαιναν.   D*
κεφαλῇ σου ὀμόσης, ὅτι οὐ δύνασαι ποιῆσαι τρίχα μίαν λευκὴν   ἢ μέλαιναν.   Dᶜ
κεφαλῇ σου ὀμόσης, ὅτι οὐ δύνασαι μίαν τρίχαν λευκὴν ἢ μέλαιναν ποιῆσαι.   E 157 1346
κεφαλῇ σου ὀμόσης, ὅτι οὐ δύνασαι μίαν τρίχαν λευκὴν ποιῆσαι   μέλεναν.   L
κεφαλῇ σου ὀμόσης, ὅτι οὐ δύνασαι μίαν τρίχαν λευκὴν ποιῆσαι   ἢ μέλαναν.   W
κεφαλῇ σου ὀμόσης, ὅτι οὐ δύνασαι μίαν τρίχαν λευκὴν ποιήση   ἢ μέλεναν.   Θ
κεφαλῇ σου ὀμόσης, ὅτι οὐ δύνασαι μίαν τρίχα λευκὴν   ἢ μέλαναν ποιῆσαι.   Π*
κεφαλῇ σου ὀμόσης, ὅτι οὐ δύνασαι ποιῆσαι μίαν τρίχα λευκὴν   ἢ μέλαιναν.   *f*¹
κεφαλῇ σου ὀμόσης, ὅτι οὐ δύνασαι μίαν τρίχα ποιῆσαι λευκὴν   ἢ μέλεναν.   *f*¹³
κεφαλῇ σου ὀμόσης, ὅτι οὐ δύνασαι μίαν τρίχα λευκὴν   ἢ μέλεναν ποιῆσαι.   124 700 788 1071
κεφαλῇ σου ὀμόσης, ὅτι οὐ δύνασαι μίαν τρίχα λευκὴν   ἢ μέλαινα ποιῆσαι.   28*
κεφαλῇ σου ὀμόσης, ὅτι οὐ δύνασαι μίαν τρίχα λευκὴν   ἢ μέλαιναν ποιῆσαι.   579 [↓28ᶜ 565 1424 τ
κεφαλῇ σου ὀμόσης, ὅτι οὐ δύνασαι μίαν τρίχα λευκὴν   ἢ μέλαιναν ποιῆσαι.   K M S U Δ Πᶜ Ω 118 2

[Cl Pd III 16.4 ουδεις δε αλλος, φησιν ο κυριος, δυναται ποιησαι τριχα λευκην η μελαιναν].

---

lac. 5.32-36 𝔓⁴⁵ A C F G H Y N P Q Γ 69

A 32 ως L | απολελοιμενην 124 | μοιχατε ℵ* L W 2 579 | μοχαταιε Θ* ¦ μοιχαταιε Θᶜ 33 παλην, αρχεοις L | επειορκησις D ¦ επιορκισεις 118 | επιορκησις 1346 | αποδωσις ℵ ¦ αποδωσης W 1071 | αποδοσεις 565 34 υμειν D ¦ ωμωσαι L | ομοσαι 33 28 565 1071 1346 1424 ¦ ομοσε 788 | ολος 2 | μηται 1346 | εστι K M S U *f*¹ 118 28 157 565 1346 35 μηται¹·² 1346 ¦ εστι¹·² K M S U *f*¹ 118 157 565 700 ¦ εστην¹ L ¦ εστι¹ Π Ω | τον (των) Θ 579 | ις (εις) K ¦ πολης L ¦ πολεις Δ 36 μητεε Θ ¦ μηται 1346 | καιφαλη 2* ¦ ωμωσης L ¦ ομοσις 2* ¦ ομωσις 2ᶜ ¦ ομωσης 33 565 ¦ ομωσεις 579 1424 ¦ δυνασε Θ* ¦ δινασε 579 | μειαν D ¦ μελαινα πυησαι M | μελεναν 2 1071

B 33 κ̄ω̄ B ℵ D E K L M S U W Δ Θ Π Ω *f*¹ 118 *f*¹³ 124 2 33 28 157 565 579 700 788 1071 1346 1424 34 οῡν̄ω̄ ℵ E K L M S U Π *f*¹ 118 *f*¹³ 124 2 33 28 157 565 567 700 788 1071 1346 1424 | θ̄ῡ B ℵ D E K L M S U W Δ Θ Π Ω *f*¹ 118 *f*¹³ 124 2 33 28 157 565 579 700 788 1071 1346 1424

C 32 τελ τς ε̄ Π *f*¹ 28 ¦ τελ 118 33 κυριακη ᾱ τον σαρακοντα εσθινον ειπεν ο κ̄ς Ε | αρχ Μ̄θ τη ε̄ μετ την ν̄ ειπεν ο κ̄ς τοις εαυτου μαθ + ηκουσατε· οτι ερρεθη τοις αρχαιοις· ος αν α, M ¦ αρχ: τη β̄ τς ᾱ εβδ ειπεν ο κ̄ς ηκουσατε Π ¦ ιδ αρχ τη ε̄ τς ᾱ εβδ ειπ ο κ̄ς ηκουσατε οτι ερρεθη *f*¹ ¦ ιδ αρχ τη ε̄ τς ᾱ εβδ ειπ ο κ̄ς ηκουσατε οτι ερρηθ τοις αρχαιοις ουκ επι 118 ¦ Σα κ,ε ιε κ,υ μετ κ,ε λ̄β̄ 118| αρχ ν̄ ····· ειπεν ο κ̄ς ηκουσατε 28 | τελος (post ορκ. σου) Ε

D 33 λ̄ϛ̄ 118

40

37 ἔσται δὲ ὁ λόγος ὑμῶν   ναὶ ναί,   οὖ οὖ· τὸ δὲ περισὸν   τούτων   B*
37 ἔσται δὲ ὁ λόγος ὑμῶν   ναὶ ναί,   οὖ οὖ· τὸ δε᾽ περισσὸν τούτων   Bᶜ 2 700 [w]
37 ἔστω   δὲ ὁ λόγος ὑμῶν   ναὶ ναί, καὶ   οὖ οὖ· τὸ δὲ περισσὸν   τούτων   L
37 ἔστω   δὲ ὁ λόγος ὑμῶν   ναὶ ναί,   οὖ οὖ· τὸ δὲ περισὸν   τούτων   Δ
37 ἔστω   δὲ ὁ λόγος ὑμῶν τὸ ναὶ ναί, καὶ τὸ οὖ οὖ· τὸ δὲ περισσὸν τούτων   Θ
37 ἔστω   δὲ ὁ λόγος ὑμῶν   ναὶ ναί,   οὖ οὖ· τὸ δὲ περισσὸν   τούτου   1
37 ἔστω   δὲ ὑμῶν ὁ λόγος   ναὶ ναί,   οὖ οὖ· τὸ δὲ περισσὸν   τούτων   1424
37 ἔστω   δὲ ὁ λόγος ὑμῶν   ναὶ ναί,   οὖ οὖ· τὸ δὲ περισσὸν   τούτων   ℵ D 𝔐 K M U W Π 1582
                                                                              118 f¹³ 33 28 157 565 579 788 1071 1346 u[w]τ

ἐκ τοῦ πονηροῦ ἐστιν.

[Cl S V 99.1 παλιν αυτω του κυριου ρητω, εσω υμων το ναι ναι και το ου ου] [Cl S VII 67.5 εσται υμων το
ναι ναι και το ου ου].

Teaching About Non-Resistance To Evil
(Luke 6.29-30)

λᾱ 38 Ἠκούσατε ὅτι ἐρρήθη, Ὀφθαλμὸν ἀντὶ ὀφθαλμοῦ καὶ ὀδόντα   B 𝔐 K Π 1582* 118 565 1424
    38 Ἠκούσατε ὅτι ἐρρήθη, Ὀφθαλμὸν ἀντὶ ὀφθαλμοῦ   ὀδόντα   D
    38 Ἠκούσατε ὅτι ἐρρέθη, Ὀφθαλμὸν ἀντὶ ὀφθαλμοῦ   ὀδόντα   f¹³ 788
    38 Ἠκούσατε ὅτι ἐρρέθη, Ὀφθαλμὸν ἀντὶ ὀφθαλμοῦ καὶ ὀδόντα   ℵ L M U W Δ Θ 1 1582ᶜ 2 33 28
                                                                 157 579 700 1071 1346 uwτ

ἀντὶ ὀδόντος. 39 ἐγὼ δὲ λέγω ὑμῖν μὴ ἀντιστῆναι   τῷ πονηρῷ· ἀλλ᾽ ὅστις σε   B uwτ rell
ἀντὶ ὀδόντος. 39 ἐγὼ δὲ λέγω ὑμῖν μὴ ἀντισταθῆναι τῷ πονηρῷ· ἀλλ᾽ ὅστις σε   ℵ

ῥαπίζει εἰς τὴν δεξιὰν σιαγόνα σου, στρέψον αὐτῷ καὶ τὴν ἄλλην· B [uw]
ῥαπίζει εἰς τὴν δεξιὰν σιαγόνα,   στρέψον αὐτῷ καὶ τὴν ἄλλην· ℵ W [uw]
ῥαπίσει ἐπὶ τὴν   σιαγόνα σου,   στρέψον αὐτῷ καὶ τὴν ἄλλην· D
ῥαπίσει ἐπὶ τὴν δεξιὰν σιαγόνα,   στρέψον αὐτῷ καὶ τὴν ἄλλην· f¹ 157
ῥαπίζει ἐπὶ τὴν δεξιὰν σιαγόνα,   στρέψον αὐτῷ καὶ τὴν ἄλλην· 33 1071
ῥαπίζει ἐπὶ τὴν δεξιὰν σου σιαγόνα, στρέψον αὐτῷ καὶ τὴν ἄλλην· 700 1424
ῥαπίσει ἐπὶ τὴν δεξιὰν σοιαγώνα,   στρέψον αὐτῷ καὶ τὴν ἄλλην· 1346   [↓788 τ
ῥαπίσει ἐπὶ τὴν δεξιὰν σου σιαγόνα, στρέψον αὐτῷ καὶ τὴν ἄλλην· 𝔐 K L M U Δ Θ Π f¹³ 2 28 565 579

40 καὶ τῷ θέλοντί   σοι κριθῆναι καὶ τὸν χιτωνά σου λαβεῖν, ἄφες   αὐτῷ καὶ   B uwτ rell
40 καὶ τῷ θέλοντί   σοι κριθῆναι καὶ τὸν χιτωνά σου λαβεῖν, ἄφες   τουτῷ καὶ   ℵ*
40 καὶ ὁ θέλων   σοι κριθῆναι καὶ τὸν χιτωνά σου λαβεῖν, ἀφήσεις αὐτῷ καὶ   D
40 καὶ τὸν θέλοντά σοι κριθῆναι καὶ τὸν χιτωνά σου λαβεῖν, ἄφες   αὐτῷ καὶ   Δ

τὸ ἱμάτιον·   41 καὶ ὅστις σε   ἀγγαρεύσει μείλιον ἕν, ὕπαγε μετ᾽ αὐτοῦ B
τὸ ἱμάτιόν σου· 41 καὶ ὅστις σε ἐὰν ἐνγαρεύση   μίλιον ἕν, ὕπαγε μετ᾽ αὐτοῦ ℵ
τὸ ἱμάτιον·   41 καὶ ὅστις σε   ἀγγαρεύει   μείλιον ἕν, ὕπαγε μετ᾽ αὐτοῦ D
τὸ ἱμάτιον·   41 καὶ ὅστις σε   ἀγγαρεύση   μίλιον ἕν, ὕπαγε μετ᾽ αὐτοῦ E K Θ 157
τὸ ἱμάτιον·   41 καὶ ὅστις   ἀγγαρεύσει μίλιον ἕν, ὕπαγε μετ᾽ αὐτοῦ L
τὸ ἱμάτιόν σου· 41 καὶ ὅστις σε   ἀγγαρεύσει μίλιον ἕν, ὕπαγε μετ᾽ αὐτοῦ M
τὸ ἱμάτιον·   41 καὶ ὅστις σε   ἀνγαρεύση   μίλιον ἕν, ὕπαγε μετ᾽ αὐτοῦ W 124 788
τὸ ἱμάτιόν·   41 καὶ ὅστις σε ἐὰν ἀγγερεύση   μίλιον ἕν, ὕπαγε μετ᾽ αὐτοῦ Δ
τὸ ἱμάτιόν σου· 41 καὶ ὅστις σε ἂν   ἀγγαρεύση   μίλιον ἕν, ὕπαγε μετ᾽ αὐτοῦ 33
τὸ ἱμάτιον·   41 καὶ ὅστις σε   ἀγγαρεύση   μείλιον ἕν, ὕπαγε μετ᾽ αὐτοῦ 1071
τὸ ἱμάτιόν σου· 41 καὶ ὅστις σε   ἀγγαρεύση   μίλιον ἕν, ὕπαγε μετ᾽ αὐτοῦ 1424
τὸ ἱμάτιον·   41 καὶ ὅστις σε   ἀγγαρεύσει μίλιον ἕν, ὕπαγε μετ᾽ αὐτοῦ S U Π Ω f¹ f¹³ 2 28
                                                                             565 579 700 1346 uwτ

lac. 5.37- 41 𝔓⁴⁵ A C F G H Y N P Q Γ 69

A 37 περησσον Θ ¦ πρισσον 28 38 ερεθη οφθαλμων Θ ¦ ερρεηθη 579 ¦ αντη¹·² L 39 υμειν D ¦ αντηστηναι L Θ ¦ πωνηρω Θ ¦
οστη L ¦ οστισε K* ¦ ραπιζι ℵᶜ ¦ ραπεισει D 13 ¦ ραπησει Θ 28 ¦ ραπηζει 1071 ¦ τιν¹ (την) Θ ¦ σιαγωνα 2 565 ¦ στρεψων Θ 40 το
(τω) L 565 ¦ θελοντη Θ ¦ χειτωνα D W 2 ¦ χειτονα L ¦ χητωνα Θ ¦ χιτονα 13 ¦ λαβιν ℵ ¦ τω (το) Θ ¦ ειματιον D ¦ ηματιον Θ 2
41 οστης L ¦ μηλιον L 13 124 2 788 1346 ¦ υπαγεν ℵ

C 38 Σα ᾱ 157

D 38 λη̄ 157 39 λη̄/ε (ante αλλ οστις) ℵ M S U Π Ω 124 28 700 1071 1424 ¦ λη̄ D K L Θ f¹ f¹³ 2 ¦ λη̄/ϛ E ¦ Ευ Μθ λη̄ : Ιω . : Λο
νγ : Μρ . E ¦ Μθ λη̄ : Μρ . : Λο νγ : Ιω . 124 41 λθ̄/ι ℵ E M S U Π 124 28 700 1071 1346 1424 ¦ Ευ Μθ λθ̄ : Ιω . : Λο . : Μρ . E ¦
Μθ λθ̄ : Μρ . : Λο . : Ιω . 124 ¦ Μθ λθ̄ : Λο νγ M ¦ λθ̄ D K L Θ f¹ f¹³ 2

41

	δύο. **42**	τῷ αἰτοῦντί σε	δός,	καὶ τὸν	θέλοντα	ἀπὸ σοῦ	B ℵ^c W f¹³ 788 1071 **uw**

δύο. **42** τῷ αἰτοῦντί σε δός,   καὶ τὸν θέλοντα ἀπὸ σοῦ   B ℵ^c W f¹³ 788 1071 **uw**
δύο. **42** τῷ αἰτοῦντί <u>σοι</u> δός,   καὶ τὸν θέλοντα ἀπὸ σοῦ   ℵ*
ἔτι <u>ἀλλὰ</u>   δύο. **42** τῷ αἰτοῦντί σε δός,   καὶ <u>τῷ</u> θέλοντι   D
δύο. **42** τῷ αἰτοῦντί σε <u>δίδου</u>, καὶ <u>τῷ</u> θέλοντι ἀπὸ σοῦ   565 700   [↓1346 1424 τ
δύο. **42** τῷ αἰτοῦντί σε <u>δίδου</u>, καὶ τὸν θέλοντα ἀπὸ σοῦ   𝔐 K L M U Δ Θ Π f¹ 33 2 28 157 579

δανίσασθαι μὴ ἀποστραφῇς.   B* ℵ D W Δ f¹³ 579 788 **uw**
<u>δανείσασθαι</u> μὴ ἀποστραφῇς.   B^c 𝔐 K M U Π 1582 118 2^c 33 28 157 565 700 Cl τ
<u>δανήσασθαι</u> μὴ ἀποστραφῇς.   L Θ 2* 1346 1424
<u>δανείσησθαι</u> μὴ ἀποστραφῇς.   1

[Cl S III 54.1 αμα γαρ τω φαναι <u>τω αιτουντι σε δος</u> επιφερει <u>και τον θελοντα δανεισασθαι μη αποστραφης</u>]
[Cl S III 27.3 γεγραπται παντι <u>τω αιτουντι σε διδου</u>].

Love For Enemies
(Luke 6.27-28, 32-36)

λβ̅ 43 Ἠκούσατε ὅτι ἐρρήθη, **Ἀγαπήσεις τὸν πλησίον σου καὶ** μεισήσεις   B D
43 Ἠκούσατε ὅτι ἐρρήθη, **Ἀγαπήσεις τὸν πλησίον σου καὶ** <u>μισήσεις</u>   E K M Π Ω 118 565
43 Ἠκούσατε   ἐρρήθη, **Ἀγαπήσεις τὸν πλησίον σου καὶ** <u>μισήσεις</u>   S
43 Ἠκούσατε ὅτι <u>ἐρήθη</u>, **Ἀγαπήσεις τὸν πλησίον σου καὶ** <u>μισήσεις</u>   Θ
43 Ἠκούσατε ὅτι, **Ἀγαπήσεις τὸν πλησίον σου καὶ** <u>μισήσεις</u>   579
43 Ἠκούσατε ὅτι ἐρρήθη, **Ἀγαπήσεις τὸν πλησίον σου καὶ** <u>μνήσεις</u>   1424
43 Ἠκούσατε ὅτι <u>ἐρρέθη</u>, **Ἀγαπήσεις τὸν πλησίον σου καὶ** <u>μισήσεις</u>   ℵ L U W Δ f¹ f¹³ 2 33 28
157 700 788 1071 1346 **uwτ**

τὸν ἐχθρόν σου. **44** ἐγὼ δὲ λέγω ὑμῖν, ἀγαπᾶτε τοὺς ἐχθροὺς ὑμῶν   B ℵ 1 1582* **uw**
τὸν ἐχθρόν σου. **44** ἐγὼ δὲ λέγω ὑμῖν, ἀγαπᾶτε τοὺς ἐχθροὺς <u>ἡμῶν</u>, <u>εὐλογεῖτε</u>   2*
τὸν ἐχθρόν. **44** ἐγὼ δὲ λέγω ὑμῖν, ἀγαπᾶτε τοὺς ἐχθροὺς ὑμῶν, <u>εὐλογεῖτε</u>   28
τὸν ἐχθρόν σου. **44** ἐγὼ δὲ λέγω ὑμῖν, ἀγαπᾶτε τοὺς ἐχθροὺς ὑμῶν, <u>εὐλογεῖτε</u>   D 𝔐 K L M U W Δ Θ Π
1582^c 118 f¹³ 33 157 565 579 700 788 1071 1346 1424 τ

om.   B ℵ 1 1582* **uw**
τοὺς καταρωμένους <u>ὑμεῖν</u>, καλῶς ποιεῖτε τοῖς μισοῦσιν ὑμᾶς   D* 118 (υμιν 118)
τοὺς καταρωμένους ὑμᾶς, καλῶς ποιεῖτε <u>τοὺς</u> <u>μισοῦντας</u> ὑμᾶς   1582^c 2 τ
τοὺς καταρωμένους ὑμᾶς,   1071   [↓579 799 1071 1346 1424
τοὺς καταρωμένους ὑμᾶς, καλῶς ποιεῖτε τοῖς μισοῦσιν ὑμᾶς   D^c 𝔐 K L M U W Δ Θ Π f¹³ 33 28 157 565

καὶ προσεύχεσθε ὑπὲρ τῶν   διωκόντων ὑμᾶς,   B ℵ 1 1582* **uw**
καὶ προσεύχεσθε ὑπὲρ τῶν <u>ἐπηριαζόντων</u>   <u>καὶ</u> διωκόντων ὑμᾶς,   D
προσεύχεσθε ὑπὲρ τῶν <u>ἐπηρεαζόντων</u> <u>ὑμᾶς</u> <u>καὶ</u> διωκόντων ὑμᾶς,   W
καὶ προσεύχεσθε ὑπὲρ τῶν <u>ἐπηρεαζόντων</u> <u>ὑμᾶς</u> <u>καὶ</u> διωκόντων <u>ἡμᾶς</u>,   Θ*
καὶ προσεύχεσθε ὑπὲρ τῶν <u>ἐπεραζόντων</u> <u>ὑμᾶς</u> <u>καὶ</u> διωκόντων ὑμᾶς,   Ω
καὶ προσεύχεσθε ὑπὲρ τῶν <u>ἐπηρεαζόντων</u> <u>ὑμᾶς</u> <u>καὶ</u> διωκόντων,   33
καὶ προσεύχεσθε ὑπὲρ τῶν <u>ἐπηριαζόντων</u>   <u>καὶ</u> διωκόντων ὑμᾶς,   157
καὶ προσεύχεσθε ὑπὲρ τῶν <u>ἐπηριαζόντων</u> <u>ὑμᾶς</u> <u>καὶ</u> διωκόντων ὑμᾶς,   1346
καὶ προσεύχεσθε ὑπὲρ τῶν <u>ἐπηρεαζόντων</u> <u>ὑμᾶς</u> <u>καὶ</u> διωκόντων ὑμᾶς,   E K L M S U Δ Θ^c Π 1582^c 118 f¹³
2 28 565 579 700 788 1071 1424 τ

[Cl S IV 95.1 οση δε και χρηστοτης <u>αγαπατε τους εχθρους υμων</u> λεγει, <u>ευλογειτε τους καταρωμενους υμας</u>, <u>και</u>
<u>προσευχεσθε υπερ των επηρεαζοντων</u> υμιν και τα ομοια. οις προστιθησιν ινα <u>γενησθε υιοι του πατρος υμων του</u>
<u>εν τοις ουρανοις</u>].

---

lac. **5.41- 44** 𝔓⁴⁵ A C F G H Y N P Q Γ 69

A 42 αιτουντει D ┊ σαι (σε) 28 ┊ δως 1071 ┊ το (τω) 700 ┊ μι (μη) 1071 **43** ηκουσαται 1071 ┊ ερεθη 2 ┊ αγαπησις W ┊ αγαπησης 2*
788 ┊ μησισεις K* ┊ μησσεις K^c ┊ μησησης L ┊ μισησης W ┊ μησησεις M Θ 13 2* 565 ┊ μισησεις 2^c **44** υμειν D ┊ <u>του</u> (τους) W ┊
εχθρους 565 ┊ ευλογητε L Θ 2* ┊ ευλογειται W ┊ ευλογιτε 2^c ┊ ευλογιται 1071 ┊ κατρωμενους L ┊ καταρομενους 700 1424 ┊
ποιητε K L 2* ┊ ποιειται W ┊ μεισουσιν D ┊ μησουσιν L ┊ μησουντας 2* ┊ προσευχεσθαι ℵ D E W Δ Θ 13 2 579 1071 ┊
επειρεαζοντων S ┊ επερεαζοντων L 13 28 1071 ┊ επηρεαζωντων M ┊ επιρεαζωντων Θ ┊ επιρεαζοντων Δ 2* 1424 ┊ διοκοντων L ┊
διοκωντον Θ

C 41 τελ τς β̅ Π 28 ┊ τελ τς ϛ f¹ ┊ τελ 118 f¹³ 124 788 1346 **42** αρχη: τω Σαββατω μετα την ν̅ ειπεν ο κς E ┊ αρχ σαβ α̅ L Θ 124
788 1071 1346 ┊ Μθ Σα α̅ <u>μετ</u> την ν ειπεν ο κς + τω αιτουντι σε διδου: και τον θελοντα απο σου δανει, M ┊ Σα α̅ μετ τ ν ειπ <u>ο</u>
κς S ┊ Σα μ,γ την ν ειπεν ο <u>κς</u> τω αιτουντι σε διδου Π ┊ αρχ ειπεν ο κς Σα πρ,τ κ,υ των αγι παντ Ω ┊ Σα μτ τ ν ειπ ο κς
τοις α τω ετουντι σε f¹ ┊ ιε αρχ Σα α̅ ειπ ο κς τω αιτουντι σε δος 118 ┊ αρχ f¹³ 157 ┊ λθ̅ αρχ Σα 28 ┊ αρχη ειπεν ο κς 1424
43 αρχ: ειπεν ο κς 2 **44** Σβ της τυριν εχητε πειτ ματθ Θ ┊ αρχ Σα τς β̅ εβδ ειπεν ο κς αγαπατε τους εχθρους 28

D 42 λθ̅/ι Ω ┊ λθ̅ 118 **43** μ̅/ε 28 700 ┊ μ̅/ι 28² **44** μ̅/ε ℵ M S U Π Ω 124 788 1071 1346 1424 ┊ μ̅ D K Θ f¹ 2 ┊ μ̅/ϛ E ┊ Ευ Μθ μ̅ : Ιω .
: Λο νβ̅ : Μρ . E ┊ Μθ μ : Μρ . : Λο νβ̅ : Ιω . 124

45 ὅπως   γένησθε υἱοὶ τοῦ πατρὸς ὑμῶν τοῦ ἐν   οὐρανοῖς, ὅτι τὸν ἥλιον   B uwτ rell
45 ὅπως ἂν γένησθε υἱοὶ τοῦ πατρὸς ὑμῶν τοῦ ἐν τοῖς οὐρανοῖς, ὅτι τὸν ἥλιον   Θ
45 ὅπως   γένησθε υἱοὶ τοῦ πατρὸς ὑμῶν τοῦ ἐν τοῖς οὐρανοῖς, ὅτι τὸν ἥλιον   K S U Π 1582ᶜ 118 f¹³ 33
                                                                                565 700 788 1346 1424

αὐτοῦ ἀνατέλλει ἐπὶ πονηροὺς καὶ ἀγαθοὺς   B uwτ rell
αὐτοῦ ἀνατέλλει ἐπὶ πονηροὺς καὶ ἀγαθοὺς καὶ βρέχει ἐπὶ πονηροὺς καὶ ἀγαθοὺς E*
αὐτοῦ ἀνατέλει ἐπὶ πονηροὺς καὶ ἀγαθοὺς   1424

καὶ βρέχει ἐπὶ δικαίους καὶ ἀδίκους.   B uwτ +all txts
καὶ βρέχει ἐπι.   א*

[Cl S VII 84.5 οιδεν γαρ και τον κυριον αντικρυς ευχεσθαι υπερ των εχθρων παραγγειλαντα] [Cl Pr 114.3 ος
επι παντας ανθρωπους ανατελλει τον ηλιον αυτου] [Cl Pd I 72.2 επι τουτοις αυθις ο πατηρ μου, φησιν,
επιλαμπει τον ηλιον τον αυτου επι παντας] [Cl S VII 85.2 ο τε γαρ θεος επι δικαιους και αδικους τον αυτου
επιλαμπει ηλιον] [Cl S V 18.7 επει και και της θειας χαριτος ο υετος επι δικαιους και αδικους καταπεμπεται]
[Cl Pd I 72.3 και παλιν ο πατηρ μου φησιν, βρεχει επι δικαιους και αδικους] [Cl S VI 29.2 ορας οτι ο βρεχων επι
δικαιους και αδικους δια των υπατεταγμενων δυναμεων εις εστι θεος] [Cl Exc 9.3 βρεχει γαρ επι δικαιους και
αδικους και τον ηλιον επιλαμπει πασιν] [Cl VII 86.5 επι δικαιους και αδικους] [Cl S IV 137.2 ως αγαθην την
αντιμισθιαν αμνησικακως προησεται επι δικαιους και αδικους δικαιος και αγαθος γινομενος]

46 ἐὰν γὰρ ἀγαπήσητε τοὺς   ἀγαπῶντας ὑμᾶς, τίνα μισθὸν   ἔχετε; οὐχὶ   B uwτ rell
46 ἐὰν γὰρ ἀγαπήσητε τοὺς   ἀγαπῶντας ὑμᾶς, τίνα μισθὸν   ἔχετε;   א*
46 ἐὰν γὰρ ἀγαπήσητε τοὺς   ἀγαπῶντας ὑμᾶς, τίνα μισθὸν   ἕξεται; οὐχὶ   D f¹³ 788
46 ἐὰν γὰρ ἀγαπήσητε τοὺς   ἀγαπῶντας ὑμᾶς, τίνα μισθὴν οὐκ ἔχετε; οὐχὶ   Δ
46 ἐὰν γὰρ ἀγαπήσητε τοὺς τοὺς ἀγαπῶντας ὑμᾶς, τίνα μισθὸν   ἔχετε; οὐχὶ   565
46 ἐὰν γὰρ ἀγαπᾶτε   τοὺς   ἀγαπῶντας ὑμᾶς, τίνα μισθὸν   ἔχετε; οὐχὶ   579

καὶ οἱ τελῶναι τὸ αὐτὸ ποιοῦσι; 47 καὶ ἐὰν ἀσπάσησθε τοὺς   в u[w]τ rell
καὶ οἱ τελῶναι οὕτως   ποιοῦσι; 47 καὶ ἐὰν ἀσπάσησθε τοὺς   D 33 [w]
καὶ οἱ τελῶναι τοῦτο   ποιοῦσι; 47 καὶ ἐὰν ἀσπάσησθε τοὺς   1

ἀδελφοὺς   ὑμῶν μόνον, τί περισσὸν ποιεῖτε; οὐχὶ καὶ οἱ ἐθνικοὶ τὸ αὐτὸ   B א D f¹ uw
φίλους   ὑμῶν μόνον, τί περισσὸν ποιεῖτε; οὐχὶ καὶ οἱ τελῶναι τὸ αὐτὸ   M U W 118 28 700 1346
ἀδελφοὺς   ὑμῶν μόνον, τί περισσὸν ποιεῖτε; οὐχὶ καὶ οἱ τελῶναι τὸ αὐτὸ   f¹³ 788
φίλους   ὑμῶν μόνον, τί περισσὸν ποιεῖτε; οὐχὶ καὶ οἱ ἐθνικοὶ τὸ αὐτὸ   33 1071
φίλους   ὑμῶν μόνον, τί περισσὸν ποιεῖτε; οὐχὶ καὶ οἱ τελῶναὶ οὕτω   157
ἀσπαζομένους ὑμᾶς,   τί περισσὸν ποιεῖτε; οὐχὶ καὶ οἱ ἐθνικοὶ τὸ αὐτὸ   1424
ἀδελφοὺς   ὑμῶν μόνον, τί περισσὸν ποιεῖτε; οὐχὶ καὶ οἱ τελῶναὶ οὕτω   τ
φίλους   ὑμῶν μόνον, τί περισσὸν ποιεῖτε; οὐχὶ καὶ οἱ τελῶναὶ οὕτως   𝔐 K L Δ Θ Π 2 565 579

ποιοῦσιν;ᵀ 48 Ἔσεσθε   οὖν ὑμεῖς τέλειοι ὡς   ὁ πατὴρ ὑμῶν   B א E L f¹ f¹³ 33 700 788 1071 1424
ποιοῦσιν; 48 Ἔσεσθε   οὖν ὑμεῖς τέλειοι ὥσπερ ὁ πατὴρ ἡμῶν   118   [↑uw
ποιοῦσιν; 48 Γίνεσθε   οὖν ὑμεῖς τέλειοι ὥσπερ ὁ πατὴρ ὑμῶν   157
ποιοῦσιν; 48 Ἔσεσθε   οὖν ὑμεῖς τέλειοι ὥσπερ καὶ ὁ πατὴρ ὑμῶν   1346
ποιοῦσιν; 48 Ἔσεσθε   οὖν ὑμεῖς τέλειοι ὥσπερ ὁ πατὴρ ὑμῶν   D K M S U W Δ Θ Π Ω 2 28 565 579 τ

ᵀκαὶ ἐὰν ἀσπάσησθε τοὺς φίλους ὑμῶν μόνον τί περισσὸν ποιεῖτε; οὐχὶ καὶ οἱ τελῶναι τὸ αὐτὸ
ποιοῦσιν; 788

lac. 5.45-48 𝔓⁴⁵ A C F G H Y N P Q Γ 69

A 45 οπος L | γενεσθε L | γενησθαι W Θ Ω 2 157 1071 | ανατελλι א | ανατελει L | αναταλλει Δ | βρεχι א Θ ¦ βρεχη L 46 αγα
πησηται D U W 1071 ¦ αγαπησειτε L | αγαπουντας E* L Θ 1 1071 | μεισθον D | εξετε f¹³ | εχεται M W 2* 579 1071 | τω αυτω
2* | αυτω L Θ 565 1346 | ποιουσιν א D K L M S U W Δ Θ Π Ω 1582 118 f¹³ 124 2 33 28 565 579 700 1071 1346 1424 47 ασ
πασησθαι D W | του (τους) K | ποιειται א W 1071 | ποιητε L | ουτος Θ | ποιουσι 157 788 48 εσεσθεν E* ¦ εσεσθαι W 13 2*
1071 | υμις א | τελιοι א L W Θ 13 124 2 1071

B 45 π̅ρ̅ς̅ א E K L M S U W Δ Θ Π Ω f¹ 118 f¹³ 124 2 33 28 157 565 579 700 788 1071 1346 1424 | ο̅υ̅ν̅ο̅ι̅ς̅ E K L M S U W Δ Π Ω
1 118 f¹³ 124 2 28 157 565 579 788 1071 1424 48 π̅η̅ρ̅ א E K L M S U W Δ Θ Π Ω f¹ 118 f¹³ 124 2 33 28 157 565 579 700 788
1071 1346 1424

C 48 ανναγνοσμα περι του σαββατου Dᵐᵍ

D 46 μ̅α̅/ε̅ א M S U Π Ω 124 700 788 1071 1346 1424 ¦ μ̅α̅/ϛ̅ E | Ευ Μθ μ̅α̅ : Ιω . : Λο ν̅ε̅ : Μρ . E | Μθ μ̅α̅ : Λο ν̅γ̅ Μ | Μθ μ̅α̅ : Μρ
. : Λο ν̅γ̅ : Ιω . 124 | μ̅α̅ D K L Θ f¹ f¹³ 2 157 ¦ μ̅α̅/α̅ 28 ¦ μ̅β̅ 28²

ὁ   οὐράνιος   τέλειός ἐστιν.   B ℵ Dᶜ L U W f¹ f¹³ 33 28 157 788 1346 1424 **uw**
 ἐν   οὐρανοῖς   τέλειός ἐστιν.   D*
ὁ   οὐρανίοις   τέλειός ἐστιν.   E*
ὁ ἐν τοῖς οὐρανοῖς   τέλειός ἐστιν.   𝔐 K M Θ Π 118 2 565 579 700 τ
ὁ ἐν τοῖς οὐρανοὺς   τέλειός ἐστιν.   Δ

[Cl S IV 137.3 τοιουτοις τισιν ο κυριος λεγει, γινεσθε ως ο πατηρ υμων τελειος] [Cl S VI 104.2 γινομενω τελειω ως ο πατηρ, φησιν, ο εν τοις ουρανοις] [Cl S VII 81.3 και μη τι τον γνωστικον τελειον ειναι βουλομενος ο σωτηρ ημων ως τον ουρανιον πατερα] [Cl S VII 88.4 γινεσθε ως ο πατηρ υμων τελειοι]

Teaching About True Piety And Almsgiving

λγ̅ **6.1** Προσέχετε   τὴν δικαιοσύνην   ὑμῶν μὴ ποιεῖν ἔμπροσθεν τῶν ἀνθρώπων   B D [**uw**]
   6.1 Προσέχετε δὲ   τὴν δικαιοσύνην   ὑμῶν μὴ ποιεῖν ἔμπροσθεν τῶν ἀνθρώπων   ℵ*.c.2 1 1582* [**uw**]
   6.1 Προσέχετε δὲ   τὴν δόσειν   ὑμῶν μὴ ποιεῖν ἔμπροσθεν τῶν ἀνθρώπων   ℵᶜ¹
   6.1 Προσέχετε δὲ   τὴν ἐλεημοσύνην   ὑμῶν μὴ ποιεῖν ἔμπροσθεν τῶν ἀνθρώπων   L Θ 33 157 1582ᶜ
   6.1 Προσέχε   τὴν ἐλεημοσύνην   ὑμῶν μὴ ποιεῖν ἔμπροσθεν τῶν ἀνθρώπων   124   [↑1071
   6.1 Προσέχετε   τὴν ἐλεημοσύνην   ὑμῶν μὴ ποιεῖν ἔμπροσθεν τῶν ἀνθρώπων   𝔐 K M U W Δ Π 118
                                                                                   f¹³ 2 28 565 579 700 788 1346 1424 τ

πρὸς τὸ   θεαθῆναι αὐτοῖς· εἰ δὲ μή γε, μισθὸν οὐκ ἔχετε παρὰ τῷ πατρὶ ὑμῶν τῷ ἐν   B **uwτ** rell
πρὸς τὸ μὴ θεαθῆναι αὐτοῖς· εἰ δὲ μή γε, μισθὸν οὐκ ἔχετε παρὰ τῷ πατρὶ ὑμῶν τῷ ἐν   Δ

τοῖς οὐρανοῖς. **2** Ὅταν οὖν ποιῇς ἐλεημοσύνην, μὴ σαλπίσῃς ἔμπροσθέν σου,   B **uwτ** rell
     οὐρανοῖς. **2** Ὅταν οὖν ποιῇς ἐλεημοσύνην, μὴ σαλπίσῃς ἔμπροσθέν σου,   ℵ* D 1 1582* 33
τοῖς οὐρανούς. **2** Ὅταν οὖν ποιῇς ἐλεημοσύνην, μὴ σαλπίσῃς ἔμπροσθέν σου,   Δ
τοῖς οὐρανοῖς. **2** Ὅταν   ποιῇς ἐλεημοσύνην, μὴ σαλπίσῃς ἔμπροσθέν σου,   1424

ὥσπερ οἱ ὑποκριταὶ ποιοῦσιν ἐν ταῖς συναγωγαῖς καὶ ἐν ταῖς ῥύμαις,   B **uwτ** rell
ὥσπερ οἱ ὑποκριταὶ ποιοῦσιν ἐν ταῖς συναγωγαῖς καὶ ἐν   ῥύμαις,   Δ
ὥσπερ οἱ ὑποκριταὶ ποιοῦσιν ἐν ταῖς συναγωγαῖς καὶ ἐν ταῖς ῥύμαις τῆς πόλεως, 157

ὅπως δοξασθῶσιν ὑπὸ τῶν ἀνθρώπων· ἀμὴν   λέγω ὑμῖν,   ἀπέχουσιν   B **uwτ** rell
ὅπως δοξασθῶσιν ὑπὸ τῶν ἀνθρώπων· ἀμὴν ἀμὴν λέγω ὑμῖν,   ἀπέχουσιν   ℵ* 13
ὅπως δοξασθῶσιν ὑπὸ τῶν ἀνθρώπων· ἀμὴν   λέγω ὑμῖν, ὅτι ἀπέχουσιν   157
ὅπως δοξασθῶσιν ὑπὸ τῶν ἀνθρώπων· ἀμὴν γὰρ λέγω ὑμῖν,   ἀπέχουσιν   1346

τὸν μισθὸν αὐτῶν. **3** σοῦ δὲ ποιοῦντος   ἐλεημοσύνην μὴ γνώτω ἡ ἀριστερά   B **uwτ** rell
τὸν μισθὸν αὐτῶν. **3** σοῦ δὲ ποιοῦντος τὴν ἐλεημοσύνην μὴ γνώτω ἡ ἀριστερά   L
τὸν μισθὸν αὐτῶν. **3**   118
τὸν μισθὸν αὐτῶν. **3** σοῦ δὲ ποιοῦντος   ἐλεημοσύνην μὴ γνῶ ἡ ἀριστερά   1071

σου τί ποιεῖ ἡ δεξιά σου, **4** ὅπως ᾖ σου ἡ ἐλεημοσύνη ἐν τῷ κρυπτῷ·   B **uwτ** rell
σου τί ποιεῖ ἡ δεξιά σου, **4** ὅπως ἡ σου ἐλεημοσύνη ᾖ ἐν τῷ κρυπτῷ·   ℵ* 33
σου τί ποιεῖ ἡ δεξιά σου, **4** ὅπως ἡ ἐλεημοσύνη σου ᾖ ἐν τῷ κρυπτῷ·   D
σου τί ποιεῖ ἡ δεξιά σου, **4** ὅπως ᾖ σου   ἐλεημοσύνη ἐν τῷ κρυπτῷ·   Δ
σου τί ποιεῖ ἡ δεξιά σου, **4** ὅπως ἡ σου ἐλεημοσύνη ἐν τῷ κρυπτῷ·   1071

---

lac. **5.48-6.4** 𝔓⁴⁵ A C F G H Y N P Q Γ 69 ¦ vss. 3-4 118

A 48 τελιος ℵ D W Θ 13 1071 ¦ εστι 157 **6.1** προσεχεται D L M 13 2* 579 1071 ¦ ποιει Θ ¦ ενπροσθεν D Ω 28 ¦ θεαθηνε ℵ ¦ μι Θ 1346 ¦ μησθον Θ ¦ εχεται W Θ 13 2* 33 579 ¦ το (τω²) 157 **2** ποιεις L U Θ 118 13 2 33 28 1071 1346 1424 ¦ σαλπησις K ¦ σαλπηθης L M ¦ σαλπησεις 2 ¦ σαλπισεις 1424 ¦ ενπροσθεν D 28 ¦ υποκριτε W 13 ¦ τες¹ ℵ* L Θ ¦ συναγωγες ℵ* Θ ¦ τες ρυμες L ¦ υπω 1071 ¦ υμειν D ¦ απεχουσι M S U Π Ω f¹ 118 f¹³ 124 28 157 700 788 1346 ¦ των Θ 1346 ¦ μησθον Θ **3** ποιουτος K ¦ ελαιημοσυνην ℵ ¦ ελεημωσυνην Θ 2* ¦ γνωτο K ¦ αρηστερα Θ ¦ ποιη 1346 ¦ δεξεια D **4** ελεημωσυνη Θ

B 48 ουνιοις E ¦ ουνοις K Π Ω 118 2 565 579 700 ¦ ουνους Δ ¦ ουνιος f¹ f¹³ 124 28 788 1071 1346 **6.1** ανων ℵ E K L M S U Θ Π Ω f¹ 118 f¹³ 124 2 33 28 157 565 579 700 788 1071 1346 1424 ¦ πρι ℵ E K L M S U W Δ Θ Π Ω f¹ 118 f¹³ 124 2 33 28 157 565 579 700 788 1071 1346 1424 ¦ ουνοις ℵ E K L M Π U Ω f¹ 118 f¹³ 124 2 28 565 579 700 788 1346 **2** ανων ℵ E K L M S U Π Θ f¹ 118 f¹³ 124 2 33 28 565 579 700 788 1071 1346 1424

C 48 τελος (post εστιν) E S Θ Π Ω 118 f¹³ 788 1071¦ τελ του Σα f¹ 28 ¦ **6.1** αρχη: τω Σαββατω της τυροφαγου. ειπεν ο κς̅: E ¦ αρχη: τω α ευδ K ¦ σα τ τυριμ L ¦ Μθ Σα τς τυροφαγου· αρχ ειπεν ο κς̅ προσεχετε την ελεημοσυνην, M ¦ Σα τς τυροφαγ ειπ ο κς̅ S ¦ αρχ: ειπεν ο κς̅ προσεχετε Θ ¦ αρχ: Σα τς ν τυροφαγου ειπεν ο κς̅ τοις εαυτου μαθηταις Π ¦ αρχ ις̅ Σα τς τυροφαγ ειπ ο κς̅ προσεχετε την ελεημος f¹ 118 ¦ αρχ Σα τς τυροφ, ειπεν ο κς̅ Ω ¦ αρχ Σα τς τυροφαγου f¹³ 157 1071 ¦ αρχ: Σα τς τυρο αποθε- σεως 124 ¦ αρχ: ειπεν ο κς̅ 2 ¦ αρχ Σα τς τηροφαγ ειπεν ο κς̅ προσεχετε 28 ¦ (post μη) τελ 1346 ¦ (ante ποιειν) αρχ Σα τς τυρο ιε 1346 ¦ αρχη ειπεν ο κς̅ 1424

D 6.1 μβ̅/ι̅ ℵ E M S U Π Ω 124 (28) 788 1071 1346 1424 ¦ μβ̅ K L Θ f¹ ¦ μβ̅/ι̅ 28² ¦ μβ̅/ε̅ 700 ¦ Ευ Μθ μβ̅ : Ιω . : Λο . : Μρ . E ¦ Μθ μβ̅ : Λο νε M ¦ Μθ μβ̅ : Μρ . : Λο νε : Ιω . 124

44

καὶ ὁ πατήρ σου ὁ βλέπων ἐν τῷ κρυπτῷ   ἀποδώσει σοι.   B ℵ 1 1582* 33 **uw**
καὶ ὁ πατήρ σου ὁ βλέπων ἐν τῷ κρυπτῷ <u>αὐτὸς</u> ἀποδώσει σοι.   D
καὶ ὁ πατήρ σου ὁ βλέπων ἐν τῷ κρυπτῷ   ἀποδώσει σοι <u>ἐν τῷ φανερῷ</u>.   K L U Θ f^{13} 157 788 1424
καὶ ὁ πατήρ σου ὁ βλέπων ἐν τῷ κρυπτῷ ἀποδώσει   σοι <u>αὐτὸς</u> <u>ἐν τῷ φανερῷ</u>.   700
                                  <u>αὐτὸς</u> ἀποδώσει σοι <u>ἐν τῷ φανερῷ</u>.   1071
καὶ ὁ πατήρ σου ὁ βλέπων ἐν τῷ κρυπτῷ <u>αὐτὸς</u>   <u>δώσει</u> σοι <u>ἐν τῷ φανερῷ</u>.   1346
καὶ ὁ πατήρ σου ὁ βλέπων ἐν τῷ κρυπτῷ <u>αὐτὸς</u> ἀποδώσει σοι <u>ἐν τῷ φανερῷ</u>.   𝔐 M W Δ Π 2 28 565 579 τ

Teaching About Prayer And Forgiveness
(Mark 11.25-26; Luke 11.2-4)

λδ̄ 5 Καὶ ὅταν προσεύχησθε,   οὐκ ἔσεσθε   ὡς   οἱ ὑποκριταί·   ὅτι   B ℵ^c **uw**
   5 Καὶ ὅταν <u>προσεύχη</u>,   οὐκ ἔσεσθε   ὡς   οἱ ὑποκριταί·   ὅτι   ℵ*
   5 Καὶ ὅταν <u>προσεύχη</u>,   οὐκ <u>ἔση</u>   ὡς   οἱ ὑποκριταί·   ὅτι   D 33
   5 Καὶ ὅταν προσεύχησθε,   οὐκ ἔσεσθε   <u>ὥσπερ</u> οἱ ὑποκριταί·   ὅτι f^1
   5 Καὶ ὅταν <u>προσεύχη</u>,   οὐκ <u>ἔση</u>   <u>ὥσπερ</u> οἱ ὑποκριταί <u>σκυθρωποί</u>· ὅτι   157
   5 Καὶ ὅταν <u>προσεύχεσθαι</u>, οὐκ <u>ἔσεσθαι</u> <u>ὥσπερ</u> οἱ ὑποκριταί·   ὅτι   1071
   5 Καὶ ὅταν <u>προσεύχη</u>,   οὐκ <u>ἔση</u>   <u>ὥσπερ</u> οἱ ὑποκριταί·   ὅτι   𝔐 K L M U W Δ Θ Π
                                                           f^{13} 2 28 565 579 700 788 1346 1424 τ

φιλοῦσιν   ἐν ταῖς συναγωγαῖς καὶ ἐν ταῖς γωνίαις τῶν πλατειῶν ἑστῶτες   B **uw**τ   rell
φιλοῦσιν <u>στῆναι</u> ἐν ταῖς συναγωγαῖς καὶ ἐν ταῖς γωνίαις τῶν πλατειῶν ἑστῶτες   D
φιλοῦσιν   ἐν ταῖς συναγωγαῖς καὶ ἐν ταῖς γωνίαις τῶν πλατειῶν   K

προσεύχεσθαι,   ὅπως   φανῶσι τοῖς ἀνθρώποις· ἀμὴν λέγω ὑμῖν,   B ℵ f^1 124 33 788 **uw**
<u>καὶ</u> <u>προσευχόμενοι</u>, ὅπως   φανῶσι τοῖς ἀνθρώποις· ἀμὴν λέγω ὑμῖν,   D
προσεύχεσθαι,   ὅπως   φανῶσι τοῖς ἀνθρώποις· ἀμὴν λέγω ὑμῖν, <u>ὅτι</u>   K L Π Ω 157 1424
<u>προσευχόμενοι</u>,   ὅπως   φανῶσι τοῖς ἀνθρώποις· ἀμὴν λέγω ὑμῖν,   13
προσεύχεσθαι,   ὅπως <u>ἂν</u> φανῶσι τοῖς ἀνθρώποις· ἀμὴν λέγω ὑμῖν,   28 700   [↓1346 τ
προσεύχεσθαι,   ὅπως <u>ἂν</u> φανῶσι τοῖς ἀνθρώποις· ἀμὴν λέγω ὑμῖν, <u>ὅτι</u>   𝔐 M U W Δ Θ 2 565 579 1071

ἀπέχουσι τὸν μισθὸν αὐτῶν. 6 σὺ δὲ ὅταν προσεύχη, εἴσελθε   εἰς τὸ ταμεῖον   B ℵ D^c E L W Θ 2 700
ἀπέχουσι τὸν μισθὸν <u>αὐτόν</u>. 6 σὺ δὲ ὅταν προσεύχη, εἴσελθε   εἰς τὸ ταμεῖον   D*   [↑1346 **uw**
ἀπέχουσι <u>τὸ</u>   μισθὸν αὐτῶν. 6 σὺ δὲ ὅταν προσεύχη, εἴσελθε   εἰς τὸ <u>ταμιεῖον</u>   K
ἀπέχουσι τὸν μισθὸν αὐτῶν. 6 σὺ δὲ ὅταν προσεύχη, <u>εἰσελθὼν</u> εἰς τὸ <u>ταμιεῖον</u>   Δ
ἀπέχουσι τὸν μισθὸν αὐτῶν. 6 σὺ δὲ ὅταν προσεύχη, εἴσελθε   εἰς τὸ <u>ταμιεῖον</u>   M S U Π Ω f^1 f^{13} 33 28
                                                                        157 565 579 788 1071 1424 τ

σου καὶ κλείσας τὴν θύραν σου πρόσευξαι τῷ πατρί σου τῷ ἐν τῷ κρυπτῷ· καὶ   B **uw**τ rell
σου καὶ κλείσας τὴν θύραν σου πρόσευξαι τῷ πατρί σου   τῷ ἐν τῷ κρυπτῷ· καὶ   D 1 1582* f^{13} 700 788
⋯⋯⋯⋯⋯⋯   ⋯⋯⋯⋯⋯⋯ τῷ πατρί σου τῷ ἐν τῷ κρυπτῷ· καὶ   G
σου καὶ κλείσας τὴν θύρ⋯⋯   ⋯⋯τῷ πατρί σου τῷ ἐν τῷ κρυπτῷ· καὶ   33

     [Cl Pd III 82.3 ει γαρ εν τω <u>ταμιειω</u> μυστικως προσευχεσθαι τω θεω δικαιον].

ὁ πατήρ σου ὁ βλέπων ἐν τῷ κρυπτῷ ἀποδώσει σοι.   B ℵ D 1 1582* **uw**
ὁ πατήρ ⋯⋯⋯ ·⋯λέπων ἐν τῷ κρυπ⋯⋯⋯⋯⋯⋯ ⋯⋯ <u>φανερῷ</u> .   33   [↓579 700 788 1071 1346 1424 τ
ὁ πατήρ σου ὁ βλέπων ἐν τῷ κρυπτῷ ἀποδώσει σοι <u>ἐν τῷ φανερῷ</u> .   𝔐 K L M U W Δ Θ Π 1582^c f^{13} 28 157 565

---

lac. 6.4- 6 𝔓⁴⁵ A C F G H Y N P Q Γ 69 ¦ vss. 5-6 G

A 4 βλεπον K ¦ αποδωσι ℵ W Θ ¦ συ (σοι) K 5 προσευχησθαι[1] ℵ^c ¦ εσει, τες[1.2], τως γωνιες L ¦ γονιαις E* Δ   2 ¦ πλατιων ℵ W Θ 565 1071 1424 ¦ εστοτες E* Θ ¦ εστωταις 157 ¦ προσευχεσθε[2] ℵ L 33 1424 ¦ προσευχαισθαι 579 ¦ φανωσιν ℵ D E L W Δ Θ Π f^{13} 124 2 33 579 1071 1424 ¦ ανθροποις Θ ¦ υμειν D ¦ απεχουσιν D E W Δ Θ Π 124 2 33 579 1071 1424 ¦ των 1346 ¦ μησθον L Θ 6 ταμιον ℵ D W Θ ¦ κλισας ℵ W Θ 1071 ¦ κλησας K 2 1346 ¦ θυρα 157 ¦ προσευξε ℵ   L W Θ ¦ κριπτω[1] Δ 1071 ¦ βλεπον Θ ¦ κριπτω[2] Δ ¦ αποδωσι ℵ ¦ αποδωση K W

B 4 π̅η̅ρ̅ ℵ E K L M S U W Δ Θ Π Ω f^1 f^{13} 124 2 33 28 157 565 579 700 788 1346 1424   5 α̅ν̅οι̅ς̅ E K L M S U Π Ω f^1 f^{13} 124 2 33 28 157 565 579 700 788 1071 1346 1424   6 π̅ρ̅ι̅ ℵ 𝔐 K L M S U W Δ Θ Π Ω f^1 f^{13} 124 2 33 28 157 565 579 700 788 1071 1346 1424 ¦ π̅η̅ρ̅ ℵ 𝔐 K L M S U W Δ Θ Π Ω f^1 f^{13} 124   2 33 28 157 565 579 700 788 1071 1346 1424

7 Προσευχόμενοι δὲ μὴ βατταλογήσητε   ὥσπερ οἱ ὑποκριταί,   δοκοῦσιν γὰρ   B
7 Προσευχόμενοι δὲ μὴ βατταλογήσητε   ὥσπερ οἱ ἐθνικοί,   δοκοῦσιν γὰρ   ℵ f¹³ **uw**
7 Προσευχόμενοι δὲ μὴ βλαττολογήσηται   ὥσπερ οἱ ἐθνικοί,   δοκοῦσιν γὰρ   D*
7 Προσευχόμενοι δὲ μὴ βλατταλογήσηται   ὥσπερ οἱ ἐθνικοί,   δοκοῦσιν γὰρ   Dᶜ
7 Προσευχόμενοι δὲ μὴ βατολογήσητε   ὥσπερ οἱ ἐθνικοί,   δοκοῦσιν γὰρ   E
7 Προσευχόμενοι δὲ μὴ βατταλογεῖται   ὥσπερ οἱ ἐθνικοί,   δοκοῦσιν γὰρ   W
7 Προσευχόμενοι δὲ μὴ βατ······ήσητε   ὥσπερ οἱ ·········   ············ ·······   33
7 Προσευχόμενοι δὲ μὴ βαττολογεῖτε   ὥσπερ οἱ ἐθνικοί,   δοκοῦσιν γὰρ   700
7 Προσευχόμενοι δὲ μὴ βατολογήσητε   ὥσπερ οἱ ὑποκριταί,   δοκοῦσιν γὰρ   1424
7 Προσευχόμενοι δὲ μὴ βαττολογήσητε   ὥσπερ οἱ ἐθνικοί,   δοκοῦσιν γὰρ   G K L M S U Δ Θ Π Ω f¹

     124 2 28 157 565 579 788 1071 1346 τ

ὅτι ἐν τῇ πολυλογίᾳ αὐτῶν εἰσακουσθήσονται.   8 μὴ οὖν ὁμοιωθῆτε αὐτοῖς, οἶδεν   B **uwτ** rell
      ἐν τῇ πολυλογίᾳ αὐτῶν εἰσακουσθήσονται.   8 μὴ οὖν ὁμοιωθῆτε αὐτοῖς, οἶδεν   W*
ὅτι ἐν τῇ πολυλογίᾳ αὐτῶν εἰσακουσθήσεται.   8 μὴ οὖν ὁμοιωθῆτε αὐτοῖς, οἶδεν   13
ὅτι ἐν τῇ πολυλογίᾳ αὐτῶν εἰσακου········   8 ········ ··········· ············ ·········   33

γὰρ ὁ θεὸς ὁ πατὴρ ὑμῶν   ὧν χρείαν ἔχετε πρὸ τοῦ ὑμᾶς αἰτῆσαι   αὐτόν.   B ℵᶜ [w]
γὰρ   ὁ πατὴρ ὑμῶν   ὧν χρείαν ἔχετε πρὸ τοῦ ὑμᾶς ἀνοίξε τὸ στόμα.   D
γὰρ   ὁ πατὴρ ἡμῶν   ὧν χρείαν ἔχετε πρὸ τοῦ ὑμᾶς αἰτῆσαι   αὐτόν.   1
γὰρ   ὁ πατὴρ ὑμῶν ὁ οὐράνιος   ὧν χρείαν ἔχετε πρὸ τοῦ ὑμᾶς αἰτῆσαι   αὐτόν.   28
γὰρ   ὁ πατὴρ ὑμῶν   ὧν χρείαν ἔχετε πρὸ ········ ··········· ··········   33
γὰρ   ὁ πατὴρ ὑμῶν   ὧν χρείαν ἔχετε πρὸ τοῦ ὑμᾶς αἰτεῖσθαι   αὐτόν.   157
γὰρ   ὁ πατὴρ ὑμῶν   ὧν χρείαν ἔχετε πρὸ τοῦ ὑμᾶς αἰτῆσαι.   αὐτόν.   700
γὰρ   ὁ πατὴρ ὑμῶν   ὧν χρείαν ἔχητε πρὸ τοῦ ὑμᾶς αἰτῆσαι   αὐτόν.   1071
γὰρ   ὁ πατὴρ ὑμῶν ὁ οὐράνιος   ὅτι χρείαν ἔχητε πρὸ τοῦ ὑμᾶς αἰτῆσαι   αὐτόν.   1424
γὰρ   ὁ πατὴρ ὑμῶν   ὧν χρείαν ἔχετε πρὸ τοῦ ὑμᾶς αἰτῆσαι   αὐτόν.   ℵ* 𝔐 K L M U

     W Δ Θ Π 1582 f¹³ 2 565 579 788 1346 **u[w]τ**

9 Οὕτως   οὖν προσεύχεσθε ὑμεῖς·   B **uwτ** rell
9 ·········   ······ ···················· ὑμεῖς·   118
9 ·········   ······ ················θε ὑμεῖς·   33
9 Οὕτω   οὖν προσεύχεσθε ὑμεῖς·   565*

     Πάτερ ἡμῶν ὁ ἐν τοῖς οὐρανοῖς,   B **uwτ** rell
     Πάτερ ἡμῶν   ἐν τοῖς οὐρανοῖς,   ℵ*
     Πάτερ ἡμῶν ὁ ἐν τοῖς οὐ·········   33

     [Cl Pd I 73.1 ο δε κυριος φησιν εν τη προσευχη, πατερ ημων ο εν τοις ουρανοις]
     [Cl Ecl 19.1 εμαθεν λεγειν, πατερ ημων]

     ἁγιασθήτω τὸ ὄνομά σου,   B **uwτ** rell
     ··········ήτω τὸ ὄνομά ······   118
     ··························   33

10   ἐλθέτω ἡ βασιλεία σου,   B **uτ** rell
10   ἐλθάτω ἡ βασιλεία σου,   ℵ D G W Δ **w**
10   ············ ·· ·········· εία σου,   33

     γενηθήτω τὸ θέλημά σου,

---

lac. **6.7-10** 𝔓⁴⁵ A C F H Y N P Q Γ 118 69

A 7 βατταλογησηται ℵ ¦ βατολογησητε 𝔐 1424 ¦ βαττολογησηται L ¦ βαττολογησηται Δ Θ 579 ¦ βατολογησειται 2* ¦ εθηκοι 𝔐 K L Ω 28 788 1346 ¦ δοκουσι K M S U Ω f¹ f¹³ 124 28 157 565 579 700 788 1346 1424 ¦ αυτον Θ* ¦ ησακουσθησονται L ¦ εισακουσθισονται 579 **8** μοι (μη) 579 ¦ ομοιωθηται W Θ 579 ¦ ωμοιωθηται 1424 ¦ οιδε U f¹³ 124 157 579 788 1346 ¦ χριαν ℵ L Δ Θ ¦ εχεται D W Θ 13 2* 579 ¦ πρω L ¦ τους (του) Θ **9** προσευχεσθαι ℵ D W Θ 2* 1071 ¦ τω (το) L **10** βασιλια ℵ Θ ¦ γεννηθητω L Π*

B **8** θ̅ς̅ B ℵᶜ ¦ π̅η̅ρ̅ ℵ 𝔐 K L M S U W Δ Θ Π Ω f¹ f¹³ 124 2 33 28 157 565 579 700 788 1071 1346 1424 ¦ ουνιος 28 **9** π̅ε̅ρ̅ ℵ 𝔐 K L M S U Δ Θ Πᶜ Ω f¹ 118 f¹³ 124 2* 33 28 157 565 579 700 788 1071 1346 1424 ¦ ου̅ν̅οις ℵ 𝔐 K L M S U Δ Π f¹ f¹³ 124 28 157 565 579 700 788 1071 1346

C **7** κυριακη τς τυροφ 157 **9** προσευχη Δ ¦ ευχ α̅ 124

D **7** μ̅γ̅/ε̅ ℵ G M S U Π Ω 124 28 700 788 1071 1346 1424 ¦ μ̅γ̅/ϛ̅ E ¦ Ευ Μθ μ̅γ̅ : Ιω . : Λο ρ̅κ̅γ̅ : Μρ . E ¦ Μθ μ̅γ̅ : Μρ ρ̅κ̅ϛ̅ : Λο ρ̅κ̅γ̅ M ¦ Μθ μ̅γ̅ : Μρ . : Λο . : Ιω . 124 ¦ μ̅γ̅ D K L Θ 1582 f¹³ 2 157

ὡς ἐν οὐρανῷ καὶ ἐπὶ   γῆς.   B ℵ W Δ 1 1582* Cl **uw**
ἐν οὐρανῷ καὶ ἐπὶ τῆς γῆς.   D*
ὡς   οὐρανῷ καὶ ἐπὶ τῆς γῆς.   124*
....   33
ὡς ἐν οὐρανῷ καὶ ἐπὶ τῆς γῆς.   D^c 𝔐 K L M U Θ Π 1582^c *f*[13] 2 28 157 565 579 700 788 1071 1346 1424 τ

[Cl S IV 66.1 οπερ ευχομεθα και επι γης γενεσθαι το θελημα του θεου ως εν ουρανω]
[Cl S IV 172 2 θελημα θειον επι γης ως εν ουρανω].

11   Τὸν ἄρτον ἡμῶν τὸν ἐπιούσιον δὸς ἡμῖν σήμερον·   B **uwτ** rell
11   ....ούσιον δὸς ἡμῖν σήμερον·   33

12   καὶ ἄφες ἡμῖν τὰ ὀφειλήματα ἡμῶν,   B **uwτ** rell
12   καὶ ἄφες ἡμῖν   33

ὡς καὶ ἡμεῖς ἀφήκαμεν τοῖς ὀφειλέταις ἡμῶν·   B ℵ* 1 1582* **uw**
ὡς καὶ ἡμεῖς ἀφίομεν τοῖς ὀφειλέταις ἡμῶν·   D E L W Δ Θ 157 565
.... τοῖς ὀφειλέταις ἡμῶν·   118
....οῖς ὀφειλέταις ἡμῶν·   33   [↓1424 τ
ὡς καὶ ἡμεῖς ἀφίεμεν τοῖς ὀφειλέταις ἡμῶν·   ℵ^c 𝔐 K M U Π 1582^c *f*[13] 2 28 579 700 788 1071 1346

[Cl S VII 81.1 διο και δικαιως ευχεται αφες ημιν λεγων και γαρ ημεις αφιεμεν]

13   καὶ μὴ εἰσενέγκῃς ἡμᾶς εἰς πειρασμόν,   B **uwτ** rell
13   καὶ μὴ εἰσενέγκῃς εἰς πειρασμόν,   565

ἀλλὰ ῥῦσαι ἡμᾶς ἀπὸ τοῦ πονηροῦ^T.   B ℵ D 1 1582* 118 **uw**

^Tὅτι σοῦ ἐστιν ἡ βασιλεία καὶ ἡ δύναμις καὶ ἡ δόξα εἰς τοὺς αἰῶνας.
ἀμήν.   E G K L M S U W Δ Θ Π Ω 1582^c 118² *f*[13] 2 33 28 565 579 700 7881071 1424 τ
^Tὅτι σοῦ ἐστιν ἡ βασιλεία καὶ ἡ δύναμις καὶ ἡ δόξα τοῦ πατρὸς καὶ τοῦ υἱοῦ
καὶ τοῦ ἁγίου πνεύματος εἰς τοὺς αἰῶνας. ἀμήν.   157

14 Ἐὰν γὰρ ἀφῆτε τοῖς ἀνθρώποις τὰ παραπτώματα αὐτῶν, ἀφήσει καὶ ὑμῖν B **uwτ** rell
14 Ἐὰν   ἀφῆτε τοῖς ἀνθρώποις τὰ παραπτώματα αὐτῶν, ἀφήσει ὑμῖν καὶ D*
14 Ἐὰν γὰρ ἀφῆτε τοῖς ἀνθρώποις τὰ παραπτώματα αὐτῶν, ἀφήσει ὑμῖν καὶ D^c
14 Ἐὰν   ἀφῆτε τοῖς ἀνθρώποις τὰ παραπτώματα αὐτῶν, ἀφήσει καὶ ὑμῖν L 788
14 Ἐὰν γὰρ ἀφῆτε τοῖς ἀνθρώποις τὰ παραπτώματα αὐτῶν, ἀφήσει καὶ 28
14 Ἐὰν γὰρ ἀφῆτε τοῖς ἀνθρώποις τὰ παραπτώματα αὐτῶν, ἀφήσει καὶ ἡμῖν 579
14 Ἐὰν γὰρ ἀφῆτε τοῖς ἀνθρώποις τὰ παραπτώματα αὐτῶν, ἀφήσει καὶ ὑμεῖς 1071

ὁ πατὴρ ὑμῶν ὁ   οὐράνιος·   **15** ἐὰν δὲ μὴ ἀφῆτε   B 124 **uwτ** rell
ὁ πατὴρ ἡμῶν ὁ   οὐράνιος·   **15** ἐὰν δὲ μὴ ἀφῆτε   E* 118 579
ὁ πατὴρ ὑμῶν ὁ   οὐράνιος τὰ παραπτώματα ὑμῶν· **15** ἐὰν δὲ μὴ ἀφῆτε L *f*[13]
ὁ πατὴρ ὑμῶν ὁ   οὐράνιος ἐν τοῖς οὐρανοῖς· **15** ἐὰν δὲ μὴ ἀφῆτε Θ
ὁ πατὴρ   ὁ   οὐράνιος·   **15** ἐὰν δὲ μὴ ἀφῆτε   1346

[Cl S II 91.2 αφιετε ινα αφεθη υμιν] [Cl S VII 86.6 τριτη δ αιτια το αφες και αφεθησεται σοι].

---

lac. **6.10-15** 𝔓[45] A C F H Y N P Q Γ 69 ¦ vss. 10-12 118

A 11 των αρτον Θ* (αρτον Θ^c) ¦ ημειν D **12** ημειν D ¦ ημην Θ ¦ οφιληματα ℵ W Θ 1071 ¦ οφιλεματα D ¦ οφελημματα K L ¦ κε² (και) L ¦ ημις ℵ ¦ ειμεις Θ ¦ αφιαιμεν ℵ^c ¦ αφιωμεν L ¦ αφημεν 2* ¦ οφιλεταις ℵ D W Θ 565 1071 ¦ οφιλετες L **13** ειενεγκης E ¦ πιρασμον ℵ L ¦ πιρασιμων Θ ¦ πιρασμον 2 ¦ πειρασμον 1346 ¦ απω 1071 ¦ ρυσε K Θ* ¦ δυναμεις L U W Θ 1071 ¦ δυναμης 579 ¦ εωνας Θ* **14** αφηται ℵ W Θ ¦ υτων ℵ* ¦ αφησι ℵ ¦ αφηση G Θ 1424 ¦ υμειν D ¦ ουρανος L **15** αφηται W

B 10 ουνω 𝔐 K L M S U Δ Π Ω *f*[1] *f*[13] 124 157 579 700 788 1071 1346 1424 **13** πρς 157 **14** ανοις ℵ 𝔐 K L M S U Δ Π Ω *f*[1] 118 *f*[13] 124 2 33 28 157 565 579 700 788 1071 1346 1424 ¦ πηρ ℵ 𝔐 K L M S U W Δ Θ Π Ω *f*[1] 118 *f*[13] 124 2 33 28 157 565 579 700 788 1071 1346 1424 ¦ ουνιος E K M S Ω 1 118 *f*[13] 124 2 28 157 579 700 788 1071 1346 1424 ¦ ουνηος L

C 13 τελος (post πονηρου) D (σαββατω της τυροφαγου: 6.1-13) S *f*[13] 788 1071 1346 ¦ τελ Σα *f*[1] ¦ (post αμην) 𝔐 K L Θ Ω 157 2 ¦ τελ του Σα Π 28 **14** αρχη: τη κυριακη της τυροφαγου ειπεν ο κς· E 118 ¦ αρχη: ειπεν ο κς τοις εαυτου μαθηταις εαν γαρ G ¦ κυ τυραφαγου L ¦ Μθ κ,υ τς τυροφαγου αρχ ειπεν ο κς + αναφητε τοις ανοις M ¦ κυ τς τυροφα ειπ ο κς S ¦ αρχ: κυριακ της τυρινς ευαγγελι κατ ματθ ειπεν ο κς εαν γαρ αφηται Θ ¦ αρχ κ,υ τς τυρ, ειπ ο κς Ω ¦ τη κ,υ τς τυροφαγου ειπεν ο κς εαν αφητε τοις ανοις Π ¦ αρχ ιζ κ,υ τς τυρο ειπ ο κς εαν αφητε τοις *f*[1] ¦ αρχ κ,υ τς τυρο αποθεσεως 124 1346 ¦ αρχη μδ ειπεν ο κς 2 ¦ μδ/ι τη κ,υ της τυροφᾶ τοις εαν αφητ 28 ¦ αρχ κ,υ τς τυρο αποδ 788 ¦ αρχη ειπεν ο κς 1424 ¦ αρχ 1071

D 14 μδ/ς ℵ G S U Π Ω 118 124 28 700 788 1071 1346 1424 ¦ μδ/ε E ¦ Ευ Μθ μα : Ιω . : Λο . : Μρ ρκς E ¦ Μθ μδ M ¦ Μθ μδ : Μρ ρκς : Λο ρκγ : Ιω . 124 ¦ μδ D K L Θ *f*[1] *f*[13] 157

τοῖς ἀνθρώποις τὰ παραπτώματα αὐτῶν, οὐδὲ ὁ πατὴρ ὑμῶν B [w]τ rell
τοῖς ἀνθρώποις, οὐδὲ ὁ πατὴρ ὑμῖν ℵ
τοῖς ἀνθρώποις, οὐδὲ ὁ πατὴρ ὑμῶν D 1 1582* 118 u[w]
τοῖς ἀνθρώποις τὰ παραπτώματα αὐτῶν, οὐδὲ ὁ πατὴρ ὑμῶν ὁ οὐράνιος M
τοῖς ἀνθρώποις τὰ παραπτώματα αὐτῶν, οὐδὲ ὁ πατὴρ ἡμῶν 579

ἀφήσει τὰ παραπτώματα ὑμῶν. B uwτ rell
ἀφήσει ὑμεῖν τὰ παραπτώματα ὑμῶν. D
ἀφήσει ὑμῖν τὰ παραπτώματα ὑμῶν. 1071

Teaching About Fasting

λε 16 Ὅταν δὲ νηστεύητε, μὴ γείνεσθε ὡς οἱ ὑποκριταὶ σκυθρωποί, B D
16 Καὶ ὅταν δὲ νηστεύητε, μὴ γίνεσθε ὡς ὑποκριταὶ σκυθρωποί, ℵ*
16 Ὅταν δὲ νηστεύητε, μὴ γίνεσθε ὡς οἱ ὑποκριταὶ σκυθρωποί, ℵᶜ Δ f¹ uw
16 ....στεύητε, μὴ γείνεσθε ὡς οἱ ὑποκριταὶ σκυθρωποί, Γ
16 Ὅταν δὲ νηστεύητε, μὴ γίνεσθε ὥσπερ οἱ ὑποκριταὶ σκυθρωποί, 𝔐 K L M U W (Γ) Θ Π
f¹³ 2 33 28 157 565 579 700 788 1071 1346 1424 τ

ἀφανίζουσιν γὰρ τὰ πρόσωπα ἑαυτῶν ὅπως φανῶσιν τοῖς ἀνθρώποις B Ω 28
ἀφανίζουσιν γὰρ τὸ πρόσωπον αὐτῶν ὅπως φανῶσιν τοῖς ἀνθρώποις ℵ*
ἀφανίζουσιν γὰρ τὰ πρόσωπα αὐτῶν ὅπως ἂν φανῶσιν τοῖς ἀνθρώποις Δ
ἀφανίζουσιν γὰρ τὰ πρόσωπα αὐτῷ ὅπως φανῶσιν τοῖς ἀνθρώποις 13
ἀφανίζουσιν γὰρ τὰ πρόσωπα αὐτῶν πρὸς τὸ θεασθῆναι τοῖς ἀνθρώποις 157
ἀφανίζουσιν γὰρ τὰ πρόσωπα αὐτῶν ὅπως φανῶν τοῖς ἀνθρώποις 579
ἀφανίζουσιν γὰρ τὰ πρόσωπα αὐτῶν ὅπως φανῶσιν τοῖς ἀνθρώποις ℵᶜ D 𝔐 K L M U W Γ Θ Π f¹
2 33 565 700 788 1071 1346 1424 uwτ

νηστεύοντες· ἀμήν λέγω ὑμῖν, ἀπέχουσι τὸν μισθὸν αὐτῶν. 17 σὺ δὲ B ℵᶜ D f¹ 124 565 700 788
νηστεύοντες· ἀμήν γὰρ λέγω ὑμῖν, ἀπέχουσι τὸν μισθὸν αὐτῶν. 17 σὺ δὲ ℵ* [↑uw
νηστεύοντες· ἀμήν λέγω ὑμῖν, ὅτι ἀπέχουσι τὸν μισθὸν αὐτῶν. 17 σὺ δὲ 𝔐 K L M U W Γ Θ Π f¹³
2 33 28 157 1071 1346 1424 τ

νηστεύων ἄλειψαί σου τὴν κεφαλὴν καὶ τὸ πρόσωπόν σου νίψαι, 18 ὅπως B uwτ rell
νηστεύων ἄλιψόν σου τὴν κεφαλὴν καὶ τὸ πρόσωπόν σου νίψαι, 18 ἵνα D
νηστεύων ἄλειψαί σου τὴν κεφαλὴν καὶ τὸ πρόσωπόν σου νίψαι, 18 ὅπως 118
νηστεύων ἄλειψαί σου τὴν κεφαλὴν ἐλαίῳ καὶ τὸ πρόσωπόν σου νίψαι, 18 ὅπως 157

μὴ φανῇς νηστεύων τοῖς ἀνθρώποις ἀλλὰ τῷ πατρί σου τῷ ἐν B [w]
μὴ φανῇς τοῖς ἀνθρώποις νηστεύων ἀλλὰ τῷ πατρί σου τῷ ἐν u[w]τ rell

τῷ κρυφαίῳ· καὶ ὁ πατήρ σου ὁ βλέπων ἐν τῷ κρυφαίῳ B ℵᶜ f¹ uw
τῷ κρυφαίῳ· καὶ ὁ πατήρ ὁ βλέπων ἐν τῷ κρυφαίῳ ℵ*
κρυφίᾳ· καὶ ὁ πατήρ σου ὁ βλέπων ἐν κρυφαίῳ D*
τῷ κρυφαίῳ· καὶ ὁ πατήρ σου ὁ βλέπων ἐν κρυφαίῳ Dᶜ
τῷ κρύπτω· E*
τῷ κρύπτω· καὶ ὁ πατήρ σου ὁ βλέπων ἐν τῷ κρύπτω αὐτὸς W
τῷ κρύπτω· καὶ ὁ πατήρ ὁ βλέπων ἐν τῷ κρύπτω Δ [↓700 788 1071 1346 1424 τ
τῷ κρύπτω· καὶ ὁ πατήρ σου ὁ βλέπων ἐν τῷ κρύπτω 𝔐 K L M U Γ Θ Π 118 f¹³ 2 33 28 157 565 579

lac. 6.15-18 𝔓⁴⁵ A C F H Y N P Q 69 ¦ vss. 14 -16 Γ

A 15 αφησι ℵ ¦ αφηση G Θ 1424 16 νηστευηται W ¦ νηστευειτε 2* ¦ μι 579 ¦ γεινεσθαι D ¦ γινεσθαι W Θ Δ 2 1071 ¦ υποκρειται D ¦ υποκριτε L ¦ σκυθροποι L ¦ αφανιζουσι ℵ K L M S U Γ Π Ω f¹ 118 13 124 28 157 565 700 788 1346 1424 ¦ αφανηζουσιν 2 ¦ φανωσι ℵ K L M S U Γ Π Ω f¹ 118 13 28 565 700 788 1346 1424 ¦ νιστευοντες 2* ¦ υμειν D ¦ απεχουσιν ℵ D 𝔐 W Δ Θ Π 124 2 33 1071 1424 ¦ των 1346 ¦ μησθον Θ ¦ μισθων 2* ¦ αυτον 579 17 νιστευων 2* ¦ αλιψε ℵ Θ ¦ αλειτει G* ¦ αληψε L ¦ αλιψαι W Δ 1071 ¦ αλειψε 33 ¦ τιν (την) Θ ¦ καιφαλην L ¦ νιψε W 18 φανεις L Γ 1424 ¦ κρυφεω² ℵ* ¦ κριπτω Δ

B 15 ανοις ℵ 𝔐 K L M S U Δ Θ Π Ω f¹ 118 f¹³ 124 2 33 28 157 565 579 788 1071 1346 1424 ¦ π̅η̅ρ̅ ℵ 𝔐 K L M S U W Δ Θ Π Ω f¹ 118 f¹³ 124 2 33 28 157 565 579 700 788 1071 1346 1424 16 ανοις ℵ 𝔐 K L M S U Γ Δ Π Ω f¹ 118 f¹³ 124 2 33 28 157 565 579 700 788 1071 1346 1424 18 ανοις ℵ 𝔐 K L M S U Δ Θ Π Ω f¹ 118 f¹³ 124 2 33 157 565 579 700 788 1071 1346 1424 ¦ π̅ρ̅ι̅ ℵ 𝔐 K L M S U W Γ Δ Θ Π Ω f¹ 118 f¹³ 124 2 33 28 157 565 579 700 788 1071 1346 1424 ¦ π̅η̅ρ̅ ℵ Eᶜ G K M S U W Γ Δ Θ Π Ω f¹ 118 f¹³ 124 2 33 28 157 565 579 700 788 1071 1346 1424

D 16 μ̅ε̅/ι̅ ℵ M S U Π Ω 118 124 28 788 1071 1346 1424 ¦ μ̅ε̅ D K (L) Θ ¦ μ̅ε̅/ε̅ Γ ¦ Μθ μ̅ε̅ M ¦ Μθ μ̅ε̅ : Μρ . : Λο . : Ιω . 124

ἀποδώσει σοι.   B **uw** rell
ἀποδώσει   ἐν τῷ φανερῷ.   1346
ἀποδώσει σοι ἐν τῷ φανερῷ.   E Δ 118 124 2 157 788 1071 τ

Teaching About Treasure And The Heart
(Luke 12.33-34)

λϛ 19 Μὴ θησαυρίζετε   ὑμῖν θησαυροὺς ἐπὶ τῆς γῆς, ὅπου σὴς καὶ βρῶσις   B^c **uwτ** rell
    19 Μὴ θησαυρίζετε   ὑμῖν θησαυροὺς ἐπὶ τῆς γῆς, ὅπου σὴς κα βρῶσις   B*
    19 Μὴ θησαυρίσεται   ὑμῖν θησαυροὺς ἐπὶ τῆς γῆς, ὅπου σὴς καὶ βρῶσις   D
    19 Μὴ θησαυρίζετε ἐν ὑμῖν θησαυροὺς ἐπὶ τῆς γῆς, ὅπου σὴς καὶ βρῶσις   Δ

ἀφανίζει,   καὶ ὅπου κλέπται   διορύσσουσιν καὶ κλέπτουσιν· 20 θησαυρίζετε B **uwτ** rell
ἀφανίζουσιν, καὶ ὅπου κλέπται   διορύσσουσιν καὶ κλέπτουσιν· 20 θησαυρίζετε D*
ἀφανίζει,   καὶ ὅπου κλέπται καὶ διορύσσουσιν καὶ κλέπτουσιν· 20 θησαυρίζετε D^c

[Cl S III 56.2 κενως δε θησαυριζων επι της γης οπου σης και βρωσις αφανισει] [Cl S III 86.3 λεγων ειρηκεναι τον σωτηρα επι γης μη θησαυριζειν οπου σης και βρωσις αφανιζει] [Cl S IV 33.3f μη θησαυριζετε τοινυν υμιν θησαυρους επι της γης, οπου σης και βρωσις αφανιζει και κλεπται διορυσσουσι και κλεπτουσι ταχα μεν τους φιλοκτημονας ονειδιζων λεγει ο κυριος].

δὲ ὑμῖν   θησαυροὺς ἐν οὐρανῷ, ὅπου οὔτε σὴς οὔτε βρῶσις ἀφανίζει,   B **uwτ** rell
δὲ ὑμῖν   θησαυροὺς ἐν οὐρανῷ, ...   D
δὲ ὑμῖν   θησαυροὺς ἐν οὐρανῷ, ὅπου οὔτε σὴς οὐ βρῶσις ἀφανίζει,   U
   ὑμῖν   θησαυροὺς ἐν οὐρανῷ, ὅπου οὔτε σὴς οὔτε βρῶσις ἀφανίζει,   Γ
δὲ μάλλον ἑαυτοῖς θησαυροὺς ἐν οὐρανῷ, ὅπου οὔτε σὴς οὔτε βρῶσις ἀφανίζει,   28
δὲ ὑμῖν   θησαυροὺς ἐν οὐρανῷ, ὅπου οὔτε σὴς οὐδὲ βρῶσις ἀφανίζει,   1071

καὶ ὅπου κλέπται οὐ διορύσσουσι   οὐδὲ κλέπτουσιν· 21 ὅπου γάρ ἐστιν ο   B*
καὶ ὅπου κλέπται οὐ διορύσσουσι   καὶ κλέπτουσιν· 21 ὅπου γάρ ἐστιν ὁ   ℵ
καὶ ὅπου κλέπται οὐ διορύσσουσιν·   21 ὅπου γάρ ἐστιν ο   W
καὶ ὅπου κλέπται οὐ διορύσσουσι   και κλέπτουσιν· 21 ὅπου γάρ ἐστιν ὁ   1 1582* 118
καὶ ὅπου κλέπται οὐ διορύσσουσιν οὔτὲ κλέπτουσιν· 21 ὅπου γάρ ἐστιν ὁ   700* 1071
καὶ ὅπου κλέπται οὐ διορύσσουσιν οὐδὲ κλέπτουσιν· 21 ὅπου γάρ   ὁ   1424
καὶ ὅπου κλέπται οὐ διορύσσουσιν οὐδὲ κλέπτουσιν· 21 ὅπου γάρ ἐστιν ὁ   B^c 𝔐 K L M U Γ Δ Θ Π 1582^c
                                                                        f¹³ 2 33 28 157 565 579 700^c 788 1346 **uwτ**

θησαυρός σου,   ἐκεῖ ἔσται   ἡ καρδία σου.   B [w]
θησαυρός σου,   ἐκεῖ ἔσται καὶ ἡ καρδία σου.   ℵ f¹ u[w]
θησαυρὸς ὑμῶν, ἐκεῖ ἔσται καὶ ἡ καρδία ἡμῶν. 2   [↓1346 1424 τ
θησαυρὸς ὑμῶν, ἐκεῖ ἔσται καὶ ἡ καρδία ὑμῶν. 𝔐 K L M U W Γ Δ Θ Π 118 f¹³ 33 28 157 565 579 700 1071

[Cl S VII 77.5 οπου γαρ ο νους τινος, φησιν, εκει και ο θησαυρος αυτου] [Cl Q 17.1 οπου γαρ ο νους του ανθρωπου, εκει και ο θησαυρος αυτου].

lac. 6.18-21 𝔓⁴⁵ A C F H Y N P Q 69 ¦ vss. 20-21 D

A 21 εκι ℵ ¦ εστε L ¦ εστι f¹ ¦ αποδωσι ℵ W Θ ¦ αποδωσοι σει 579 19 θησαυριζεται L W 2 579 ¦ θησαυριζεττε Π* ¦ υμειν D ¦ θισαυρους 579 ¦ βρωσεις D 1071 ¦ βρωσης Θ ¦ αφανηζει Θ ¦ αφανηζη 2* ¦ κλαιπται 1346 ¦ διορρυσσουσιν L ¦ διορυσσουσι S Γ f¹ 118 157 565 700 788 ¦ κλεπτουσι S f¹ 118 13 565 700 788 ¦ κλαιπτουσιν U 20 θησαυριζεται E W 579 1071 ¦ θησαυρηζεται 2* ¦ θησαυρουσους D* ¦ υμειν D ¦ θισαυρους 1346 ¦ βρωσεις L 1071 ¦ βρωσης Δ ¦ διορυσουσιν L 1582^c ¦ κλεπτουσι f¹ 157

B 20 οὑνῶ ℵ 𝔐 K L M S U Δ Π Ω f¹ 118 f¹³ 124 2 28 157 565 579 700 788 1071 1346 1424

C 19 κυριακη της τυροφαγου G L 21 τελος (post καρδ. υμων) E Θ Ω 124 2 788 ¦ τελ τς κ,υ Π f¹ 28

D 19 μ̅ε̅/ι̅ 𝔐 700 ¦ μ̅ϛ̅ L ¦ μ̅ε̅ f¹ 2 157 ¦ μ̅ϛ̅/ε̅ U Γ 118 1424 ¦ Ευ Μθ μ̅ε̅ : Ιω . : Λο . : Μρ . E 20 μ̅ϛ̅/ε̅ ℵ K M S Π Ω 124 28 700 788 1071 1346 ¦ μ̅ϛ̅/ϛ̅ 𝔐 ¦ Ευ Μθ μ̅ϛ̅ : Ιω . : Λο ρ̅ν̅δ̅ : Μρ . E ¦ Μθ μ̅ϛ̅ : Λο ρ̅ν̅γ̅ Μ ¦ Μθ μ̅ϛ̅ : Μρ . : Λο ρ̅λ̅δ̅ : Ιω . 124 ¦ μ̅ϛ̅ K Θ f¹ 2 579

The Lamp Of The Body Is The Eye
(Luke 11.34-36)

λζ 22 Ὁ λύχνος τοῦ σώματός ἐστιν ὁ ὀφθαλμός σου. ἐὰν οὖν   B
   22 Ὁ λύχνος τοῦ σώματός ἐστιν ὁ ὀφθαλμός.   ἐὰν   א
   22 Ὁ λύχνος τοῦ σώματός ἐστιν ὁ ὀφθαλμός.   ἐὰν οὖν   uwτ rell

[Cl Pd III 70.4 λυχνος γαρ του σωματος εστιν ο οφθαλμος, φησιν η γραφη].

ἦ ὁ ὀφθαλμός σου ἁπλοῦς,   ὅλον τὸ σῶμά σου φωτεινὸν ἔσται·   B u
ἦ ὁ ὀφθαλμός σου ἁπλοῦς,   ὅλον τὸ σῶμά σου φωτινὸν ἔσται·   א W w
ὁ ὀφθαλμός σου ἁπλοῦς ἦ,   ὅλον τὸ σῶμά σου φωτηνὸν ἔσται·   L Θ
ὁ ὀφθαλμός σου ἁπλοῦς ἦ,   ὅλον τὸ σῶμά σου φωτεινὸν ἔσται· εἰ οὖν τὸ φῶς τὸ ἐν σοι.   Δ
ὁ ὀφθαλμός σου ἁπλοῦς ἦ,   ὅλον τὸ σῶμά σου φωτινὸν ἔσται·   28 565
ὁ ὀφθαλμός σου ἁπλοῦς ἦ,   ὅλον τὸ σῶμά σου φωτεινὸν ἔστιν·   157   [↓1346 1424 τ
ὁ ὀφθαλμός σου ἁπλοῦς ἦ,   ὅλον τὸ σῶμά σου φωτεινὸν ἔσται·   𝔐 K M U Γ Π f¹ f¹³ 2 33 579 700 788 1071

23 ἐὰν δὲ ὁ ὀφθαλμός σου πονηρὸς ἦ,   ὅλον τὸ σῶμά σου σκοτεινὸν ἔσται. B uτ rell
23 ἐὰν δὲ ἦ ὁ ὀφθαλμός σου πονηρός,   ὅλον τὸ σῶμά σου σκοτινὸν ἔσται. א* W
23 ἐὰν δὲ ὁ ὀφθαλμός σου πονηρὸς ἦ,   ὅλον τὸ σῶμά σου σκοτινὸν ἔσται. אᶜ Ε Θ 28 565 w
23 ἐὰν δὲ ὁ ὀφθαλμός σου πονηρὸς ἦ,   ὅλον τὸ σῶμά σου σκωτηνὸν ἔσται. L
23 ἐὰν δὲ ἦ ὁ ὀφθαλμός σου πονηρός,   ὅλον τὸ σῶμά σου σκοτεινὸν ἔσται. 33
23 ἐὰν δὲ ὁ ὀφθαλμός πονηρὸς ἦ,   ὅλον τὸ σῶμά σου σκοτινὸν ἔσται. 1071

εἰ οὖν τὸ φῶς τὸ ἐν σοὶ σκότος ἐστίν, τὸ σκότος πόσον.   B uwτ rell
εἰ οὖν τὸ φῶς τὸ ἐν σοὶ ἐστίν σκότος, τὸ σκότος πόσον.   W

Two Masters: God Or Mammon
(Luke 16.13)

λη 24 Οὐδεὶς   δύναται δυσὶ κυρίοις δουλεύειν· ἢ γὰρ τὸν ἕνα μεισήσει B W
   24 Οὐδεὶς   δύναται δυσὶ κυρίοις δουλεύειν· εἰ γὰρ τὸν ἕνα μισήσει   א 33
   24 Οὐδεὶς οἰκέτης δύναται δυσὶ κυρίοις δουλεύειν· εἰ γὰρ τὸν ἕνα μισήσει   L
   24 Οὐδεὶς οἰκέτης δύναται δυσὶ κυρίοις δουλεύειν· ἢ γὰρ τὸν ἕνα μισήσει   Δ 1071
   24 Οὐδεὶς   δύναται δυσὶ κυρίοις δουλεύειν· ἢ γὰρ τὸν ἕνα μισήσει   uwτ rell

καὶ τὸν ἕτερον ἀγαπήσει, ἢ   ἑνὸς ἀνθέξεται καὶ τοῦ ἑτέρου καταφρονήσει· B uwτ rell
καὶ τὸν ἕτερον ἀγαπήσει, ἢ τοῦ ἑνὸς ἀνθέξεται καὶ τοῦ ἑτέρου καταφρονήσει· 28

οὐ δύνασθε θεῷ δουλεύειν καὶ μαμωνᾷ. B uw rell
····· δύνασθε θεῷ δουλεύειν καὶ μαμωνᾷ. N
οὐ δύνασθε θεῷ δουλεύειν καὶ μαμμωνᾷ. τ

[Cl Pr 94.3 ος μαμωνα δουλευειν προφηται] [Cl S III 26.2 ου γαρ οιμαι εβουλετο κατα την του σωτηρος εντολην δυσι κυριοις δουλευειν, ηδονη και θεω] [Cl S III 81.2 τον πεισθησομενον δυσι κυριοις μελλειν δουλευειν απεφηνατο] [Cl S IV 30.4 τι δε ουδεις δυναται δυσι δουλευειν κυριοις, θεω και μαμωνα] [Cl S VII 71.6 ουδεις γαρ δυναται δυσι κυριοις δουλευειν, θεω και μαμωνα].

lac. 6.22-24 𝔓⁴⁵ A C D F H Y N P Q 69

A 22 ει (ἦ) L 2 | φωτινον Δ 2* 579 1346 | εστε א 23 ει (ἦ) L | σκοτινον Δ 2 | εσαι L* | ι (ει) K | εστι K S U 1582 118 157 565 700 788 1346 | ποσο Δ 24 ουκετης Δ* | δυνατε Θ | διναται Δ | δυσιν 1071 | κυριος Θ* | δουλευει G Δ | μισηση Δ | μηνησει L 565 1346 | μεισησει W | μισιησει 33 | μησησει 1071 | αγαπηση א* | αγαπισει Δ* | αηγαπηση 1424 | ει (η²) L | ανθεζετε א Θ* 1071 | καταφρονισει L | καταφρονηση 1424 | δυνασθαι E W Θ 2* 1071 | μαμονα 579

24 θ̅ω̅ B א 𝔐 K L M N S U W Γ Δ Θ Π Ω 1 f¹³ 124 2 33 28 157 565 579 700 788 1071 1346 1424

C 22 αρχη: κυριακη γ̅ ειπεν ο κ̅ς̅ (+ τοις εαυτου μαθηταις ο λυχνος του σωτηρος G) 𝔐 Γ 2 | αρχ κυ· γ̅ L 1071 1346 | κυ γ̅ μετ τ η ειπ ο κ̅ς̅ S | αρχ: κυριακη β̅ ειπεν ο κ̅ς̅ ο λυχνος Θ | αρχ τς κ.υ: κ.υ γ̅ αξο τω αγι πα·· ειπεν ο κ̅ς̅ ο λυχνος του σωματος Π | ···ν ο κ̅ς̅ ···ος του ····τος M | αρχ κ.υ ··· ειπ ο κ̅ς̅ Ω | ι̅η̅ αρχ κ.υ γ̅ ειπ ο κ̅ς̅ ο λυχνος του σωματος f¹ | αρχη: κ.υ γ̅ ειπεν ο κ̅ς̅ ο λυχνος 118 | αρχ κ.υ γ̅ μετ ··· f¹³ | αρχ κ.υ γ̅ μετα την ν̅ 124 788 | αρχ μ̅ξ̅ κ.υ γ ειπεν ο κ̅ς̅ ο λυχνος του σ 28 | αρχ: κυριακη γ̅ 157 | αρχ ειπεν ο κ̅ς̅ 1424

D 22 μ̅ζ̅/ε̅ א G M S U Γ Π Ω 124 28 700 1071 1346 1424 | μ̅ζ̅/ς̅ E | μ̅ζ̅ 118 | Ευ Μθ μ̅ζ̅ : Ιω. : Λο ρ̅λ̅δ̅. Μρ. Ε | Μθ μ̅ζ̅ : Λο ρ̅ν̅γ̅ Μ | Μθ μ̅ζ̅ : Μρ. . : Λο ρ̅κ̅γ̅ : Ιω. . 124 | μ̅ζ̅ K L Θ f¹ 2 157 579 23 (ante ει ουν) μ̅η̅/ε̅ S 24 μ̅η̅/ε̅ א K M U Γ Π Ω 118 124 28 700 788 1071 1346 1424 | μ̅η̅/ς̅ E | μ̅η̅/η̅ G | μ̅η̅ K L Θ f¹ 2 157 579 | Ευ Μθ μ̅η̅ : Ιω. : Λο ρ̅ϟ̅δ̅ : Μρ. Ε | Μθ μ̅η̅ Μ | Μθ μ̅κ̅ : Μρ. . : Λο ρ̅ϟ̅α̅, ρν : Ιω. 124

Teaching About Care And Anxiety
(Luke 12.22-31)

25 Διὰ τοῦτο λέγω ὑμῖν, μὴ μεριμνᾶτε   τῇ ψυχῇ ἡμῶν τί φάγητε   B 2
25 Διὰ τοῦτο λέγω ὑμῖν, μὴ μεριμνήσητε   τῇ ψυχῇ ὑμῶν τί φάγητε   f¹³ 788 1424
25 Διὰ τοῦτο λέγω ὑμῖν, μὴ μεριμνᾶτε   τῇ ψυχῇ ὑμῶν τί φάγητε   uwτ rell

ἢ   τί πίητε, μηδὲ τῷ σώματι ὑμῶν τί ἐνδύσησθε·   οὐχὶ ἡ ψυχὴ πλεῖόν   B W 118 f¹³ 33 157 788 [uw]
        μηδὲ τῷ σώματι   τί ἐνδύσησθε·   οὐχὶ ἡ ψυχὴ πλεῖόν   ℵ*
        μηδὲ τῷ σώματι ὑμῶν τί ἐνδύσησθε·   οὐχὶ ἡ ψυχὴ πλεῖόν   ℵᶜ f¹ [uw]
καὶ τί πίετε, μηδὲ τῷ σώματι ὑμῶν τί ἐνδύσησθε·   οὐχὶ ἡ ψυχὴ πλεῖόν   S 1071   [↓700 1346 1424 τ
καὶ τί πίητε, μηδὲ τῷ σώματι ὑμῶν τί ἐνδύσησθε·   οὐχὶ ἡ ψυχὴ πλεῖόν   𝔐 K L M N U Γ Δ Θ Π 2 28 565 579

ἐστι τῆς τροφῆς καὶ τὸ σῶμα τοῦ ἐνδύματος; 26 ἐμβλέψατε εἰς τὰ πετεινὰ τοῦ οὐρανοῦ ὅτι

οὐ   σπείρουσιν οὐδὲ θερίζουσιν οὐδὲ συνάγουσιν εἰς   ἀποθήκας, καὶ ὁ πατὴρ   B uwτ rell
οὐ   σπείρουσιν οὐδὲ θερίζουσιν οὐδὲ συνάγουσιν εἰς τὰς   ἀποθήκας, καὶ ὁ πατὴρ   ℵᶜ L 1346
οὔτε σπείρουσιν οὐδὲ θερίζουσιν οὐδὲ συνάγουσιν εἰς   ἀποθήκας, καὶ ὁ πατὴρ   Eᶜ
οὔτε σπείρουσιν οὔτε θερίζουσιν οὔτε συνάγουσιν εἰς   ἀποθήκας, καὶ ὁ πατὴρ   1071

ὑμῶν ὁ οὐράνιος τρέφει αὐτά· οὐχ   ὑμεῖς μᾶλλον διαφέρετε αὐτῶν;   B uwτ rell
ὑμῶν ὁ οὐράνιος τρέφει αὐτά· οὐχ   ὑμεῖς μᾶλλον διαφέρετε τούτων;   E
ἡμῶν ὁ οὐράνιος τρέφει αὐτά· οὐχ   ὑμεῖς μᾶλλον διαφέρετε αὐτῶν;   L
ὑμῶν ὁ οὐράνιος τρέφει αὐτά· οὐχὶ   ὑμεῖς μᾶλλον διαφέρετε αὐτῶν;   W Θ
ὑμῶν ὁ οὐράνιος τρέφει αὐτά· οὐ πολλῷ μᾶλλον ὑμεῖς διαφέρετε αὐτῶν;   28
ὑμῶν ὁ οὐράνιος τρέφει αὐτά· οὐχ   ὑμεῖς μᾶλλον διαφέρετε αὐτοῖς;   157

27 τίς δὲ ἐξ ὑμῶν μεριμνῶν δύναται προσθεῖναι ἐπὶ τὴν ἡλικίαν αὐτοῦ πῆχυν ἕνα;   B uwτ rell
27 τίς δὲ   ὑμῶν μεριμνῶν δύναται προσθεῖναι ἐπὶ τὴν ἡλικίαν αὐτοῦ πῆχυν ἕνα;   Δ

[Cl Ecl 12.3 ου γαρ τη ηλικια, φησιν, εκ του φροντιζειν προσθειναι τι δυνασθε].

28 καὶ περὶ ἐνδύματος τί μεριμνᾶτε; καταμάθετε τὰ κρίνα τοῦ ἀγροῦ πῶς

αὐξάνουσιν· οὐ   κοπιοῦσιν οὐδὲ νήθουσι   29 λέγω δὲ ὑμῖν ὅτι οὐδὲ   B 33
οὐ ξένουσιν οὐδὲ νήθουσιν οὐδὲ κοπιῶσιν·   29 λέγω δὲ ὑμῖν ὅτι οὐδὲ   ℵ*
αὐξάνουσιν· οὐ   κοπιῶσιν οὐδὲ νήθουσιν·   29 λέγω δὲ ὑμῖν ὅτι οὐδὲ   ℵᶜ f¹ uw
αὐξάνει· οὐ   κοπιᾷ   οὐδὲ νήθει·   29 λέγω δὲ ὑμῖν   οὐδὲ   W 2*
αὐξάνουσιν· οὐ   νήθουσιν οὐδὲ κοπιῶσιν·   29 λέγω δὲ ὑμῖν ὅτι οὔτε   Θ
αὐξάνει· οὐ   κοπιῶσιν οὐδὲ νήθουσιν·   29 λέγω δὲ ὑμῖν ὅτι οὐδὲ   1071 [↓565 700 788 1346 1424 τ
αὐξάνει· οὐ   κοπιᾷ   οὐδὲ νήθει·   29 λέγω δὲ ὑμῖν ὅτι οὐδὲ   𝔐 K L M N U Δ Π f¹³ 2ᶜ 28 157

Σολομὼν ἐν πάσῃ τῇ δόξῃ αὐτοῦ περιεβάλετο ὡς ἓν τούτων. 30 εἰ δὲ τὸν χόρτον   B uwτ rell
Σολομὼν ἐν πάσῃ τῇ δόξῃ αὐτοῦ περιεβέβλητε ὡς ἓν τούτων. 30 εἰ δὲ τὸν χόρτον   L
Σολομὼν ἐν πάσῃ τῇ δόξῃ αὐτοῦ περιεβάλετο ὡς ἓν τού······ 30 ········   Γ
Σολομὼν ἐν πάσῃ τῇ δόξῃ αὐτοῦ περιεβάλλετο ὡς ἓν τούτων. 30 εἰ δὲ τὸν χόρτον   118
Σολομὼν ἐν πάσῃ τῇ δόξῃ αὐτοῦ.   30 εἰ δὲ τὸν χόρτον   579

[Cl Pd II 102.5 ομοιως δε και περι εσθητος παρεγγυα η των τριτων μετειληφε των εκτος κατανοησατε λεγων τα κρινα πως ουτε νηθει ουτε υφαινει, λεγω δε υμιν, οτι ουδε Σολομων περιεβαλετο ως εν τουτων].

lac. 6.25-30 𝔓⁴⁵ A C D F H Y P Q 69 ¦ vs. 24 N ¦ vss. 29-30 Γ

A 25 μεριμναται ℵ W Θ 1071 ¦ μερημνατε L ¦ τη (τι¹·³) Θ ¦ φαγηται ℵ L W 33 ¦ φαγετε S 28 ¦ πιηται L W 33 ¦ πιειτε U ¦ πητε Θ* ¦ πιετε 28 ¦ το (τω) L 124 2 28 1071 1346 ¦ ενδυσησθαι L W Θ 1071 ¦ ενδυσεσθε 1582ᶜ ¦ ενδυσεισθε 28 ¦ ενδυσσησθε 1424* ¦ ουχει N ¦ πλιον N Θ ¦ πλειων 1582 1346 ¦ εστιν 𝔐 L N W Γ Δ Θ 124 2 33 565 788 1071 1424 ¦ ενδυμτος L 26 εμβλεψαται ℵ Θ ¦ πετινα ℵ W Θ 565 1071 ¦ πετηνα S* 28 ¦ σπιρουσιν ℵ N W Θᶜ ¦ σπηρουσιν Θ* 2* ¦ αποθησας Δ ¦ τρεφι ℵ ¦ τρεφη K L 2 ¦ ουχει W ¦ υμις N ¦ μαλον Θ ¦ μαλλων 579 ¦ διαφερεται ℵ W 2 28 579 27 δυνατε K Γ 1346 ¦ προσθηναι 𝔐 K L U Γ Θ Ω 13 124 2 28 579 788 1071 1424 ¦ ηλικειαν W 28 μεριμναται ℵ W Δ 2* 1071 ¦ καταμαθεται ℵ W 2* ¦ πω (πως) K ¦ νιθη L ¦ νιθουσιν Θ ¦ νηθουσιν f¹ 33 ¦ νηθουσι 118 ¦ νηθη 2* 1346 1424 29 πασι L ¦ πασει 2 ¦ δοξει 565 ¦ αυ (αυτου) L* 30 ι (ει) ℵ 188 ¦ η 2

B 26 ουνου ℵ G K L M S U Γ Δ Π Ω f¹ 118 f¹³ 124 2 28 157 565 579 700 1071 1346 1424 ¦ πηρ ℵ 𝔐 K L M N S U W Γ Δ Θ Π Ω f¹ 118 f¹³ 124 2 33 28 157 565 579 700 788 1071 1346 1424 ¦ ουνιος 𝔐 L M S Π f¹ 118 f¹³ 124 2 28 157 579 700 788 1071 1346 1424

C 25 τη β̄ τς β̄ εβδ ειπεν ο κς̄ μη μεριμνησητε Π 30 Σα β̄ 157

D 25 μ̄θ/ε ℵ G M S U Γ Π Ω 118 124 28 700 788 1071 1424 ¦ μ̄θ/ς̄ E ¦ Ευ Μθ μ̄θ : Ιω . : Λο ρ̄ν̄ε : Μρ . E ¦ Μθ μ̄θ : Λο ρ̄ν̄δ, ρ̄ϙ̄δ M ¦ Μθ μ̄θ : Μρ . : Λο . : Ιω . 124 ¦ μ̄θ K L Θ f¹ 2 579 ¦ μ̄θ/ι 28²

τοῦ ἀγροῦ σήμερον ὄντα καὶ αὔριον εἰς κλείβανον βαλλόμενον ὁ θεὸς B
τοῦ ἀγροῦ σήμερον ἐν ἀγρῷ ὄντα καὶ αὔριον εἰς κλείβανον βαλλόμενον ὁ θεὸς W
τοῦ ἀγροῦ σήμερον ὄντα καὶ αὔριον εἰς κλίβανον βαλλόμενον ὁ θεὸς uwτ rell

οὕτως ἀμφιέννυσιν, οὐ πολλῷ μᾶλλον ὑμᾶς, ὀλιγόπιστοι; 31 μὴ οὖν μεριμνήσητε B uwτ rell
οὕτως ἀμφιέννυσιν, οὔπω μᾶλλον ὑμᾶς, ὀλιγόπιστοι; 31 μὴ οὖν μεριμνήσητε L
οὕτως ἀμφιέννυσιν, πόσῳ μᾶλλον ὑμᾶς, ὀλιγόπιστοι; 31 μὴ οὖν μεριμνήσητε Δ
οὕτως ἀμφιέννυσιν, οὐ πολλῷ μᾶλλον ὑμᾶς, ὀλιγόπιστοι; 31 μὴ οὖν μεριμνήσετε 118

[Cl Pd II 103.1 ει δε τον χορτον σημερον εν αγρω οντα και αυριον εις κλιβανον βαλλομενον ο θεος ουτως αμφιεννυσι, ποσω μαλλον υμας, ολιγοπιστοι. και υμεις μη ζητειτε τι φαγητε η τι πιητε (vs. 25)].

λέγοντες, Τί φάγωμεν; ἤ, Τί πίωμεν; ἤ, Τί περιβαλώμεθα; 32 πάντα γὰρ ταῦτα B uwτ rell
λέγοντες, Τί φάγωμεν; ἤ, Τί πίωμεν; ἤ, Τί περιβαλώμεθα; 32 ταῦτα γὰρ πάντα א N Δ Θ f¹³ 157 788
Τί φάγωμεν; ἤ, Τί πίωμεν; ἤ, Τί περιβαλώμεθα; 32 πάντα γὰρ ταῦτα K*
λέγοντες, Τί φάγωμεν; ἤ, Τί πίωμεν; ἤ, Τί περιβαλόμεθα; 32 πάντα γὰρ ταῦτα S* 579
λέγοντες, Τί φάγωμεν; Τί πίωμεν; ἤ, Τί περιβαλόμεθα; 32 ταῦτα γὰρ πάντα 1071

τὰ ἔθνη ἐπιζητοῦσιν· οἶδεν γὰρ ὁ πατὴρ ὑμῶν ὁ οὐράνιος ὅτι χρῇτε B*
τὰ ἔθνη ἐπιζητοῦσιν· οἶδεν γὰρ ὁ πατὴρ ὑμῶν ὅτι χρήζετε Bᶜ Θ* f¹ f¹³ 33 788 uw
τὰ ἔθνη ἐπιζητοῦσιν· οἶδεν γὰρ ὁ θεὸς ὁ πατὴρ ὑμῶν ὅτι χρήζετε א*
τὰ ἔθνη ἐπιζητοῦσιν· οἶδεν δὲ ὁ πατὴρ ὑμῶν ὁ οὐράνιος ὅτι χρήζετε אᶜ
τὰ ἔθνη ἐπιζητεῖ· οἶδεν γὰρ ὁ πατὴρ ὁ οὐράνιος ὅτι χρήζετε L 1346
τὰ ἔθνη ἐπιζητεῖ· οἶδεν γὰρ ὁ πατὴρ ὑμῶν ὅτι χρήζηται Δ
τὰ ἔθνη ἐπιζητεῖ· οἶδεν γὰρ ὁ πατὴρ ὑμῶν ὅτι χρήζετε 28
τὰ ἔθνη ἐπιζητοῦσιν· οἶδεν γὰρ ὁ πατὴρ ὑμῶν ὁ οὐράνιος ὅτι χρίζεται 1071
τὰ ἔθνη ἐπιζητεῖ· οἶδεν γὰρ ὁ πατὴρ ὑμῶν ὁ οὐράνιος ὅτι χρήζετε 𝔐 K M N U W Θᶜ Π 157 565 579 700 1424 τ

[Cl Pd II 103.5 ως αναγκαιων ουσων οιδε φησιν, ο πατηρ υμων οτι χρηζετε] [Cl Pd II 103.4 διο και φησι παγκαλως· ταυτα δε παντα τα εθνη του κοσμου ζητει].

τούτων ἁπάντων. 33 ζητεῖτε δὲ πρῶτον τὴν δικαιοσύνην καὶ τὴν βασιλείαν B
τούτων ἁπάντων. 33 ζητεῖτε δὲ πρῶτον τὴν βασιλείαν καὶ τὴν δικαιοσύνην א [u]w
τούτων ἁπάντων. 33 ζητεῖτε δὲ πρῶτον τὴν βασιλείαν τοῦ θεοῦ καὶ τὴν δικαιοσύνην 𝔐 K L M N U W Δ Θ Π f¹ f¹³ 2 33 28 157 565 579 700 788 1071 1346 1424 [u]τ

[Cl Ecl 12.2 ζητειτε γαρ ειπεν και μεριμνατε την βασιλειαν του θεου, και ταυτα παντα προστεθησεται υμιν· οιδεν γαρ ο πατηρ ων χρειαν εχετε] [S IV 34.6 και παλιν, οιδεν γαρ ο πατηρ υμων οτι χρηζετε τουτων απαντων· ζητειτε δε πρωτον την βασιλειαν των ουρανων και την δικαιοσυνην, ταυτα γαρ μεγαλα, τα δε μικρα και περι τον βιον ταυτα προστεθησεται υμιν] [Cl Pd II 103.5 ζητειτε γαρ, φησι, την βασιλειαν του θεου, και τα της τροφης προστεθησεται υμιν] [Cl Pd II 120.2 ζητειτε πρωτον την βασιλειαν των ουρανων, και ταυτα παντα προστεθησεται υμιν] [Cl S I 158.2 αιτεισθε γαρ, φησι, τα μεγαλα, και τα μικρα υμιν προστεθησεται]

αὐτοῦ, καὶ ταῦτα πάντα προστεθήσεται ὑμῖν. 34 μὴ οὖν μεριμνήσητε εἰς τὴν αὔριον,

lac. 6.30-34 𝔓⁴⁵ A C D F H Y P Q Γ 69

A 30 οτα (οντα) 1071 | κλειβανον K 2* | ουτος 1071 | αμφυενουσιν L | αμφυεννυσιν 124 1346 | αμφιεννυσιν 2 31 μεριμνησειτε Lᶜ | μεριμνησηται W | μερημνησητε Δ | μεριμινισηται Θ | φαγομεν, πιομεν S 28 | περιβαλλωμεθα G Π* 565 | περιβαλομεθα Sᶜ 28 157 1424 | περιβαλωλομεθα U 32 εθνι Θ | επιζητι 2 | οιδε U 118 157 700 788 1346 | χριζετε L 28 | χρηζεται W 13 2* 33 579 | χρειζεται 1071 | χρειζετε 1424 | τουτον 1071 33 ζητιτε N | ζητειται W | ζητητε Θ | πρωτων L | τιν (την¹·²) Θ | δικαιωσυνην N W | δηκαιοσυνην Δ | προσθησεται S | προστεθησετε L Θ* 1346 34 μεριμνησειτε E Ω 2 | μεριμνησιτε L | μεριμνησηται W | μεριμνησειτε 1071 | εις + μνης G* 2 | αυριαν¹ L |

B 30 θ̅ς̅ B א 𝔐 K L M N S U W Δ Θ Π Ω f¹ 18 f¹³ 124 2 33 28 157 565 579 700 788 1071 1346 1424 32 θ̅ς̅ א* | π̅η̅ρ̅ א 𝔐 K L M N S U W Δ Θ Π Ω f¹ 118 f¹³ 124 2 28 157 565 579 700 788 1071 1346 1424 | ου̅νιο̅ς̅ 𝔐 K L M S U Π Ω 1 118 f¹³ 124 2 157 565 579 700 788 1071 1346 1424 33 θ̅υ̅ 𝔐 K L M N S U W Δ Θ Π Ω f¹ 118 f¹³ 124 2 33 28 157 565 579 700 788 1071 1346

C 31 αρχ ι̅θ̅ (om. 118) τη β̅ τς̅ β̅ εβδ ειπ ο κ̅ς̅ μη μεριμνησητε f¹ 118 | αρχ τς̅ β̅ ειπεν ο κ̅ς̅ μη μεριμνησητ 28 | αρχ τη β̅ 157 33 τελος (προστ. υμιν) E S Θ 118 f¹³ 124 788 1071 1346 | τελος υπ (προστ. υμιν) G | τε̅ τς κ.υ Π f¹ | τελ τη γ κ.υ Ω 28 34 αρχ· Σα β̅ ειπεν ο κ̅ς̅ 2 | τελ G² | υπ αιτ τς β̅ f¹

D 31 μ̅ε̅ 118 34 ν̅ 2

ἡ γὰρ αὔριον μεριμνήσει	αὑτῆς·	ἀρκετὸν	τῇ ἡμέρᾳ ἡ κακία	αὑτῆς.	B* L w
ἡ γὰρ αὔριον μεριμνήσει	ἑαυτῆς·	ἀρκετὸν	τῇ ἡμέρᾳ ἡ κακία	αὑτῆς.	Bᶜ ℵ Gᶜ S W 2 788 u
ἡ γὰρ αὔριον μεριμνήσει	ἑαυτῆς·				G*
ἡ γὰρ μεριμνήσει αὔριον τὰ περὶ	αὑτῆς·	ἀρκετὸν	τῇ ἡμέρᾳ ἡ κακία	αὑτῆς.	Δ
ἡ γὰρ αὔριον μεριμνήσει τὸ	ἑαυτῆς·	ἀρκετὸν	τῇ ἡμέρᾳ ἡ κακία	αὑτῆς.	Θ 565
ἡ γὰρ αὔριον μεριμνήσει	ἑαυτῆς·	ἀρκετὸν γὰρ	τῇ ἡμέρᾳ ἡ κακία	αὑτῆς.	Ω
		ἀρκετὸν	τῇ ἡμέρᾳ ἡ κακία ἑαυτῆς.		f¹³
ἡ γὰρ αὔριον μεριμνήσει	ἑαυτοῖς·	ἀρκετὸν	τῇ ἡμέρᾳ ἡ κακία	αὑτῆς.	124
ἡ γὰρ αὔριον μεριμνήσει τὰ	ἑαυτῆς·	ἀρκετὸν γὰρ	τῇ ἡμέρᾳ ἡ κακία	αὑτῆς.	157
ἡ γὰρ αὔριον μεριμνήσει	ἑαυτήν·	ἀρκετὸν	τῇ ἡμέρᾳ ἡ κακία	αὑτῆς.	700
ἡ γὰρ αὔριον μεριμνήσει τὰ	ἑαυτῆς·	ἀρκετὸν	τῇ ἡμέρᾳ ἡ κακία	αὑτῆς.	E K M N U Π f¹ 33 28 579 1071 1346 1424 τ

[Cl Pd I 17.2 διο καν τοις εχομενοις λεγει μη μεριμνατε περι της αυριον· αρκετον γαρ τη ημερα η κακια αυτης] [Cl Pd I 98.4 μη γαρ μεριμνατε φησι περι της αυριον].

Admonitions Against Judging And Faultfinding
(Mark 4.24; Luke 6.37-42)

λθ̅	7.1	Μὴ κρείνετε, ἵνα	μὴ κριθῆτε·		B 13
	7.1	Μὴ κρίνετε, ἵνα	μὴ κριθῆτε· μὴ καταδικάζετε καὶ οὐ μὴ καταδικάσθηται.		L
	7.1	Μὴ κρίνετε, καὶ οὐ	μὴ κριθῆτε·		28
	7.1	Μὴ κρίνετε, ἵνα	μὴ κριθῆτε·		124 uwτ rell

2	ἐν ᾧ γὰρ κρίματι κρείνετε	κριθήσεσθε, καὶ ἐν ᾧ μέτρῳ μετρεῖτε	B
2	ἐν ᾧ γὰρ κρίματι κρίνετε	κριθήσεσθε, καὶ ἐν ᾧ μετρεῖτε	1071
2	ἐν ᾧ γὰρ κρίματι κρίνετε	κριθήσεσθε, καὶ ἐν ᾧ μέτρῳ μετρεῖτε	uwτ rell

[Cl Q 33.4 μη κρινε τοινυν ινα μη κριθης. ω μετρω μετρεις, τουτω και αντιμετρηθησεται σοι]
[Cl S II 91.2 ως κρινετε, ούτως κριθησεσθε] [Cl S II 91.2 ω μετρω μετρειτε αντιμετρηθησεται υμιν]

μετρηθήσεται	ὑμῖν. 3 τί δὲ	βλέπεις τὸ κάρφος τὸ ἐν τῷ ὀφθαλμῷ	B 118 uw rell
ἀντιμετρηθήσεται	ὑμῖν. 3 τί δὲ	βλέπεις τὸ κάρφος τὸ ἐν τῷ ὀφθαλμῷ	N Θ f¹³ 28ᶜ 157 788 1071 1346 τ
μετρηθήσεται	ὑμῖν. 3 τί δαὶ	βλέπεις τὸ κάρφος τὸ ἐν τῷ ὀφθαλμῷ	1 1582*

τοῦ ἀδελφοῦ σου, τὴν δὲ ἐν τῷ σῷ ὀφθαλμῷ δοκὸν οὐ κατανοεῖς;	B uwτ rell
τοῦ ἀδελφοῦ σου, τὴν δὲ δοκὸν τὴν ἐν τῷ σῷ ὀφθαλμῷ οὐ κατανοεῖς;	ℵ* N

4	ἢ πῶς ἐρεῖς	τῷ ἀδελφῷ σου,		Ἄφες	ἐκβάλω	τὸ κάρφος ἐκ	B N f¹ f¹³ 33 28 788 1071 1424
4	ἢ πῶς λέγεις	τῷ ἀδελφῷ σου,	Ἀδελφέ,	ἄφες	ἐκβάλω	τὸ κάρφος ἐκ	ℵ* [↑uw
4	ἢ πῶς ἐρεῖς	τῷ ἀδελφῷ σου,	Ἀδελφέ,	ἄφες	ἐκβάλω	τὸ κάρφος ἐκ	ℵᶜ
4	ἢ πῶς λέγεις	τῷ ἀδελφῷ σου,		Ἄφες	ἐκβάλω	τὸ κάρφος ἀπὸ	Θ 700
4	ἢ πῶς ἐρεῖς	τῷ ἀδελφῷ σου,		Ἄφες	ἐκβάλλω	τὸ κάρφος ἀπὸ	565 [↓1346 τ
4	ἢ πῶς ἐρεῖς	τῷ ἀδελφῷ σου,		Ἄφες	ἐκβάλω	τὸ κάρφος ἀπὸ	𝔐 K L M U W Δ Π 2 157 579

τοῦ ὀφθαλμοῦ σου, καὶ ἰδοὺ ἡ δοκὸς ἐν τῷ ὀφθαλμῷ σου;	5 ὑποκριτά, ἔκβαλε	B Δᶜ 124 uwτ rell
τοῦ ὀφθαλμοῦ σου;	5 ὑποκριτά, ἔκβαλε	Δ* 13
τοῦ ὀφθαλμοῦ σου, καὶ τότε διαβλέψεις ἐν τῷ ὀφθαλμῷ σου.	5 ὑποκριτά, ἔκβαλε	118*

lac. 6.34-7.5 𝔓⁴⁵ A C D F H Y P Q Γ 69

A 34 μεριμνηση ℵ ¦ μεριμνησει L ¦ μεριμνηση N 579 1424 ¦ αρκαιτων L ¦ τι (τη) Θ ¦ κακεια W 7.1 κρινεται ℵ W Θ 579 1071 ¦ κριθηται W Θ* 2 κριματη Θ ¦ κρινεται W Δ 2 579 1346 ¦ κριθησεσθαι ℵ W Δ 2* 1071 ¦ μετριται ℵ W ¦ μετριτε L Δ Θ 2 33 2 μετριθησετε L ¦ αντιμετριθησεται Θ 124 1071 ¦ μετρηθησετε 28 ¦ αντιμετρηθησετε 28ᶜ ¦ μετριθησεται Δ 2 33 1424 3 βλεπις ℵ L ¦ τω (το²) 1424 ¦ το (τω¹) L Ω 124 ¦ δοκων Ω 2* ¦ κατανοης Eᵃ 4 ει (η¹) E L ¦ λεγις ℵ* ¦ ερις ℵᶜ ¦ το αδελφο K ¦ αφε N ¦ εκβαλλω 565 ¦ δωκος, το (τω²) L

C 7.1 αρχη: Σαββατω β̅ ειπεν ο κ̅ς̅ (+ μη κρινετε ινα μη κριθητε: G²) E G² ¦ αρχη: ειπεν ο κ̅ς̅ μη κρινετε ινα μη G ¦ αρχ Σα β̅ L 788 1071 ¦ Μθ Σα β̅ ειπεν ο κ̅ς̅ + μη κρινετε ινα μη κριθητε M ¦ Σα β̅ μετ τ ν ειπ ο κ̅ς̅ S ¦ αρχ: Σα β̅ ειπεν ο κ̅ς̅ μη κρινεται Θ ¦ Σα β̅ μ.γ τς η ειπεν ο κ̅ς̅ μη κρινετε Π ¦ ειπ ο κ̅ς̅ Σα β̅ Ω ¦ κ̅ Σα β̅ ειπ ο κ̅ς̅ μη κρινε f¹ ¦ αρχ Σα β̅ ειπ ο κ̅ς̅ τοις εαυτ μαθ μη κρινετε ινα μη κριθη 118 ¦ αρχ του Σα τ β̅ ειπ ο κ̅ς̅ μη κρινετε ινα μη 28 ¦ αρχ εβδ β̅ η̅· υπ τη β̅ 157 ¦ αρχ 1346 ¦ αρχη ειπεν ο κ̅ς̅ 1424

D 7.1 ν̅/β̅ ℵ 𝔐 M S U Π Ω 118 124 700 788 1071 1346 1424 ¦ Ευ Μθ ν̅ : Ιω . : Λο ν̅ς̅ : Μρ μ̅α̅ E ¦ Μθ ν̅β̅ : Μρ μ̅α̅ : Λο ν̅ς̅ M ¦ Μθ ν̅ : Μρ . : Λο μ̅ς̅ : Ιω . 124 ¦ ν̅ K L Θ f¹ f¹³ 579 3 ν̅α̅/ε̅ ℵ G M S U Π 124 28 700 788 1071 1346 1424 ¦ ν̅α̅/ς̅ E ¦ Ευ Μθ ν̅α̅ : Ιω . : Λο ν̅θ̅ : Μρ . E ¦ Μθ ν̅α̅ : Μρ · : Λο ν̅θ̅ M ¦ Μθ ν̅α̅ : Μρ μ̅α̅ : Λο μ̅θ̅ : Ιω . 124 ¦ ν̅α̅ K L Θ Ω f¹ 2 579 5 ν̅β̅ 2

πρῶτον ἐκ τοῦ ὀφθαλμοῦ σοῦ τὴν δοκόν,   καὶ τότε διαβλέψεις ἐκβαλεῖν   B uw
πρῶτον ἐκ τοῦ ὀφθαλμοῦ σοῦ τὴν δοκόν,   καὶ τότε διαβλέψεις ἐκβαλλεῖν   ℵ
....   δοκόν,   καὶ τότε διαβλέψεις ἐκβαλεῖν   C
πρῶτον τὴν δοκόν ἐκ τοῦ ὀφθαλμοῦ σου,   καὶ τότε διαβλέψεις ἐκβαλλεῖν   Δ Θ
πρῶτον τὴν δοκόν ἐκ τοῦ ὀφθαλμοῦ σου,   καὶ τότε διαβλέψεις ἔκβαλε   1071
πρῶτον τὴν δοκόν ἐκ τοῦ ὀφθαλμοῦ σου,   καὶ τότε διαβλέψεις ἐκβαλεῖν   τ + all txts

τὸ κάρφος ἐκ   τοῦ ὀφθαλμοῦ τοῦ ἀδελφοῦ σου.   B uwτ rell
τὸ κάρφος ἀπὸ   τοῦ ὀφθαλμοῦ τοῦ ἀδελφοῦ σου.   f¹³ 157 788

Pearls Before Swine

μ̄   6 Μὴ δῶτε τὸ ἅγιον τοῖς κυσίν, μηδὲ βάλητε   τοὺς μαργαρείτας ὑμῶν   B Δ
     6 Μὴ δῶτε τὸ ἅγιον τοῖς κυσίν, μηδὲ βάλλετε   τοὺς μαργαρίτας ὑμῶν   L
     6 Μὴ δῶτε τὸ ἅγιον τοῖς κυσίν, μηδὲ   τοὺς μαργαρίτας ὑμῶν   13
     6 Μὴ δῶτε τὰ ἅγια τοῖς κυσίν, μηδὲ βάλητε   τοὺς μαργαρίτας   118
     6 Μὴ δῶτε τὰ ἅγια τοῖς κυσίν, μηδὲ βάλητε   τοὺς μαργαρίτας ὑμῶν   157
     6 Μὴ δῶτε τὸ ἅγιον τοῖς κυσίν, μηδὲ βάλετε   τοὺς μαργαρίτας ὑμῶν   2 1424
     6 Μὴ δῶτε τὸ ἅγιον τοῖς κυσίν, μηδὲ βάλητε   τοὺς μαργαρίτας ὑμῶν   124 uwτ rell

ἔμπροσθεν τῶν χοίρων, μήποτε καταπατήσουσιν   αὐτοὺς ἐν τοῖς   B C L N W Θ f¹³ 157 788 uw
ἔμπροσθεν τῶν χοίρων, μήποτε καταπατήσωσιν   αὐτοῖς ἐν τοῖς   Δ
ἔμπροσθεν τῶν χοίρων, μήποτε καταπατήσωσιν   αὐτοὺς τοῖς   f¹
ἔμπροσθεν τῶν χοίρων, μήποτε καταπατήσουσιν   αὐτοὺς τοῖς   33
ἔμπροσθεν τῶν χοίρων, μήποτε καταπατῶσιν   αὐτοὺς ἐν τοῖς   1071
ἔμπροσθεν τῶν χοίρων, μήποτε καταπατήσωσιν   αὐτοὺς ἐν τοῖς   ℵ 𝔐 Κ Μ U Π 2 28 565 700 1346 1424 τ

ποσὶν αὐτῶν καὶ στραφέντες ῥήξωσιν ὑμᾶς.   B uwτ rell
ποσὶν αὐτῶν καὶ στραφέντες ῥήξουσιν ὑμᾶς.   33

[Cl S I 55.3 η φησιν, εμπροσθεν των χοιρων τους μαργαριτας βαλλειν, μηποτε καταπατησωσι τοις ποσι
και στραφεντες ρηξωσιν υμας].

Ask, Seek, And Knock With Illustrations
(Luke 11.9-13; 6.31)

μ̄ᾱ   7 Αἰτεῖτε, καὶ δοθήσεται   ὑμῖν· ζητεῖτε, καὶ εὑρήσετε·   B uwτ rell
      7 Αἰτεῖτε, δὲ καὶ δοθήσεται   ὑμῖν· ζητεῖτε, καὶ εὑρήσετε·   124
      7 Αἰτεῖτε, καὶ δοθήσεται καὶ δοθήσεται ὑμῖν· ζητεῖτε, καὶ εὑρήσητε·   28*
      7 Αἰτεῖτε, καὶ δοθήσεται   ὑμῖν· ζητεῖτε, καὶ εὑρήσηται·   579
      7 Αἰτεῖτε, καὶ δοθήσεται   ὑμῖν·   1424

[Cl S I 51.4 ζητειτε γαρ και ευρησετε λεγει] [Cl S II 116.2 αιτεισθε γαρ και δοθησεται υμιν] [Cl S V 11.1
ζητει γαρ, και ευρησεις λεγει] [Cl S III 57.2 δια τουτο ειπεν αιτειτε και δοθησεται υμιν] [Cl S IV 5.3 οθεν
ζητει φησι και ευρησεις] [Cl S V 16.6 αιτειτε και δοθησεται υμιν. τω κρουοντι γαρ φησιν ανοιγησεται]
[Cl S IV 78.1 τουτου φωνην κατα την ευχην ουκ αναμενει κυριος αιτησαι λεγων και ποιησω· εννοηθητι και
δωσω] [Cl S VI 101.4 αιτησαι φησιν η γραφη και ποιησω· εννοηθητι και δωσω] [Cl S VIII 1.2 ζητειτε ειπεν
και ευρησετε, κρουετε και ανοιγησεται, αιτεισθε και δοθησεται υμιν] [Cl Q 10.2 τοις ζητουσι πορισει και
τοις αιτουσι παρεχει και τοις κρουουσιν ανοιγει] [Cl Pd III 36.3 τω αιτουντι φησι δοθησεται και τω κρουοντι
ανοιγησεται].

κρούετε, καὶ ἀνοιγήσεται ὑμῖν. 8 πᾶς γὰρ ὁ αἰτῶν λαμβάνει καὶ ὁ ζητῶν εὑρίσκει   B uwτ rell
κρούετε, καὶ ἀνοιγήσεται ὑμῖν. 8 πᾶς γὰρ ὁ αἰτῶν λαμβάνει καὶ ὁ αἰτῶν εὑρίσκει   W*

lac. 7.5-8 𝔓⁴⁵ A D F H Y P Q Γ 69 ¦ vs. 5 C

A 5 προτον Θ* ¦ δοκων 2* ¦ κε (και) L ¦ διαβλεψις ℵ N 2 ¦ διαβλεψης 1346 6 δοτε M S 1 13 124 28 788 ¦ κυσι M S 157 700
1346 ¦ κυσειν N ¦ βαλειτε E ¦ βαληται W ¦ βαλεται 2* ¦ μαργαρητας L 28 ¦ εμπροσθε K ¦ τον (των) Θ ¦ χυρων L ¦ ριξωσιν E* L
1071 ¦ ρηξουσιν N 7 αιτειται C ¦ αιτιτε N W Θ 579 ¦ δωθησετε L ¦ δοθησετε Ω ¦ ζητιτε N 2 ¦ ζητητε Cl* ¦ ευρησειτε L ¦
ευρησεται W 13 2 33 1071 ¦ ευρησητε 28 ¦ κρουεται ℵ W 579 ¦ ανοιγησετε C L Δ 28 ¦ ανυγησεται W ¦ ααγισεται 2 8 ετων
1071 ¦ ζητον E* ¦ ευρισκη L ¦ ευρησκει 13 157

C 7 αρχη: τ̔ ᾱ ευδ K ¦ ειπ ο κ̅ς̅ αιτειτε κ, δοθ λεγ τουτο τηι ε̅ τς ι εβδ Ω ¦ τη εν τς ᾱ εβδ τ νησ + ειπεν ο κ̅ς̅ αιτειτ 1071

D 6 ν̅β̅/ι̅ ℵ 𝔐 M S U Π Ω 118 124 28 700 788 1424 ¦ Ευ Μθ ν̅β̅ : Ιω . : Λο . : Μρ . E ¦ Μθ ν̅β̅ M ¦ Μθ ν̅β̅ : Μρ . : Λο ρ̅κ̅ε̅ : Ιω . 124 ¦
ν̅β̅ C K L Θ f¹ 157 579 7 ν̅γ̅/ε̅ ℵ G M S U Π Ω 124 (28) 700 788 1071 1346 ¦ ν̅γ̅ C K L Θ f¹ 2 157 579 ¦ ν̅γ̅/ς̅ E ¦ κ̅γ̅/ε̅ 118 ¦ ν̅γ̅/α̅
1424 ¦ Ευ Μθ ν̅γ̅ : Ιω . : Λο ρ̅κ̅ε̅ : Μρ . E ¦ Μθ ν̅γ̅ : Λο κε M ¦ Μθ ν̅γ̅ : Μρ . : Λο . : Ιω . 124

54

καὶ τῷ κρούοντι ἀνοίγεται. 9 ἢ τίς ἐξ ὑμῶν ἄνθρωπος, ὃν B* [w]
καὶ τῷ κρούοντι ἀνοίγεται. 9 ἢ τίς ἐστιν ἐξ ὑμῶν ἄνθρωπος, ὃν Bᶜ
καὶ τῷ κρούοντι ἀνοιγήσεται. 9 ἢ τίς ἐξ ὑμῶν ἄνθρωπος, ὃν L 118 28 565 1424 [w]
καὶ τῷ κρούοντι ἀνοιγήσεται. 9 ἢ τίς ἐστιν ἐξ ὑμῶν ἄνθρωπος, ὃς M
καὶ τῷ κρούοντι ἀνοιγήσεται. 9 τίς ἐστιν ἐξ ὑμῶν ἄνθρωπος, ὃν U
καὶ τῷ κρούοντι ἀνοιχθήσετε. 9 ἢ τίς ἐστιν ἐξ ὑμῶν ἄνθρωπος, ὃν Θ*
καὶ τῷ κρούοντι ἀνοιγήσεται. 9 ἢ τίς ἐστιν ἐξ ὑμῶν ἄνθρωπος, ὃ f¹³ 788
καὶ τῷ κρούοντι ἀνοιγήσεται. 9 ἢ τίς ἐστιν ἐξ ὑμῶν ὁ ἄνθρωπος, ὃν 579 [↓700 1071 1346 ut
καὶ τῷ κρούοντι ἀνοιγήσεται. 9 ἢ τίς ἐστιν ἐξ ὑμῶν ἄνθρωπος, ὃν א C 𝔐 K N W Δ Θᶜ Π f¹ 2 33 157

αἰτήσει ὁ υἱὸς αὐτοῦ ἄρτον–μὴ λίθον ἐπιδώσει αὐτῷ; 10 ἢ καὶ B א* uw
ἐὰν αἰτήσει ὁ υἱὸς αὐτοῦ ἄρτον–μὴ λίθον ἐπιδώσει αὐτῷ; 10 ἢ καὶ אᶜ 1071
αἰτήσεις ὁ υἱὸς αὐτοῦ ἄρτον–μὴ λίθον ἐπιδώσει αὐτῷ; 10 ἢ καὶ C
ἂν αἰτήσῃ ὁ υἱὸς αὐτοῦ ἄρτον–μὴ λίθον ἐπιδώσει αὐτῷ; 10 K*
ἐὰν αἰτήσῃ ὁ υἱὸς αὐτοῦ ἄρτον–μὴ λίθον ἐπιδώσει αὐτῷ; 10 ἢ καὶ ἐὰν Kᶜ M S Π Ω f¹³ 1346
ἂν αἰτήσῃ ὁ υἱὸς αὐτοῦ ἄρτον–μὴ λίθον ἐπιδώσει αὐτῷ; 10 καὶ ἂν L
ἂν αἰτήσῃ ὁ υἱὸς αὐτοῦ ἄρτον–μὴ λίθον ἐπιδώσει αὐτῷ; 10 καὶ ἐὰν Δ 1424
αἰτήσει ὁ υἱὸς αὐτοῦ ἄρτον–μὴ λίθον ἐπιδώσει αὐτῷ; 10 καὶ ἂν Θ*
αἰτήσει ὁ υἱὸς αὐτοῦ ἄρτον–μὴ λίθον ἐπιδώσει αὐτῷ; 10 καὶ ἐὰν Θᶜ
ἐὰν αἰτήσῃ ὁ υἱὸς αὐτοῦ ἄρτον–μὴ λίθον ἀντιδώσει αὐτῷ; 10 ἢ καὶ 1*
ἐὰν αἰτήσῃ ὁ υἱὸς αὐτοῦ ἄρτον–μὴ λίθον ἐπιδώσει αὐτῷ; 10 ἢ καὶ 1ᶜ 1582* 118 33
ἐὰν αἰτήσῃ ὁ υἱὸς αὐτοῦ ἄρτον–μὴ λίθον ἐπιδώσει αὐτῷ; 10 καὶ ἐὰν 2 157
ἐὰν αἰτήσει ὁ υἱὸς αὐτοῦ ἄρτον–μὴ λίθον ἐπιδώσει αὐτόν; 10 ἢ καὶ ἐὰν 28
ἂν αἰτήσῃ ὁ υἱὸς αὐτοῦ ἄρτον–μὴ λίθον ἐπιδώσει αὐτῷ; 10 ἢ καὶ ἐὰν 565
ἐὰν αἰτήσῃ ὁ υἱὸς αὐτοῦ ἄρτον–μὴ λίθον ἐπιδώσει αὐτῶς; 10 καὶ ἂν 579 [↓788 τ
ἐὰν αἰτήσῃ ὁ υἱὸς αὐτοῦ ἄρτον–μὴ λίθον ἐπιδώσει αὐτῷ; 10 καὶ ἐὰν 𝔐 N U W 1582ᶜ 124 700

ἰχθὺν αἰτήσει μὴ ὄφιν ἐπιδώσει αὐτῷ; 11 εἰ οὖν ὑμεῖς πονηροὶ B א C L N W Δ f¹³ 33 1071 1424 uw
11 εἰ οὖν ὑμεῖς πονηροὶ K*
ἰχθὺν αἰτήσῃ μὴ ὄφιν ἐπιδώσει αὐτῷ; 11 εἰ οὖν ἡμεῖς πονηροὶ 2*
ἰχθὺν αἰτήσει μὴ ὄφιν ἐπιδώσει αὐτόν 11 εἰ οὖν ὑμεῖς πονηροὶ 28 [↓1346 τ
ἰχθὺν αἰτήσῃ μὴ ὄφιν ἐπιδώσει αὐτῷ; 11 εἰ οὖν ὑμεῖς πονηροὶ 𝔐 Kᶜ M U Θ Π f¹ 2ᶜ 157 565 579 700 788

ὄντες οἴδατε δόματα ἀγαθὰ διδόναι τοῖς τέκνοις ὑμῶν, πόσῳ μᾶλλον ὁ B uwτ rell
ὄντες οἴδατε ἀγαθὰ διδόναι τοῖς τέκνοις ὑμῶν, πόσῳ μᾶλλον ὁ L
ὑπάρχοντες οἴδατε δόματα ἀγαθὰ διδόναι τοῖς τέκνοις ὑμῶν, πόσῳ μᾶλλον ὁ N
ὄντες οἴδατε ἀγαθὰ δόματα διδόναι τοῖς τέκνοις ὑμῶν, πόσῳ μᾶλλον ὁ f¹

[Cl Q 39.6 ει δε ημεις πονηροι οντες ισμεν αγαθα δοματα διδοναι, ποσω μαλλον ο πατηρ των οικτιρμων].

πατὴρ ὑμῶν ὁ ἐν τοῖς οὐρανοῖς δώσει ἀγαθὰ τοῖς αἰτοῦσιν αὐτόν. 12 Πάντα B uwτ rell
πατὴρ ὑμῶν ὁ οὐράνιος δώσει ἀγαθὰ τοῖς αἰτοῦσιν αὐτόν. 12 Πάντα M 1424
πατὴρ ὑμῶν ἐν τοῖς οὐρανοῖς δώσει ἀγαθὰ τοῖς αἰτοῦσιν αὐτόν. 12 Πάντα Δ
πατὴρ ὑμῶν ὁ ἐν τοῖς οὐρανοῖς δώσει ἀγα····· ······· αἰτοῦσιν αὐτόν. 12 Πάντα 33

lac. 7.8-12 𝔓⁴⁵ A D F H Y P Q Γ 69

A 8 κρουεται 2 ¦ το κρουοντι Θ* ¦ το κρουοντι Θᶜ ¦ ανοιχθησεαι Θᶜ ¦ ανοιγισεται 2* 579 9 της (τις) Θ ¦ επιδωσι א Θ ¦ επιδωση W 10 αιτησι א ¦ οφην L Θ ¦ οφιν Δ 11 η (ει) L ¦ υμις א N ¦ οιδαται א ¦ δωματα 2* 1424 ¦ διδωναι L Θ ¦ υων¹ L* ¦ πωσο L ¦ ποσο 28 ¦ πωσω 579 ¦ δωσι, τοις ετουσιν Θ ¦ αυτων L

B 9 ανος C 𝔐 K L M N S U W Π Ω f¹ 118 f¹³ 124 2 33 28 157 565 579 700 788 1071 1346 1424 ¦ υς א G K L M N S U Π Ω 2 28 565 579 1424 ¦ υος E* 11 πηρ א C 𝔐 K L M N S U W Δ Θ Π Ω f¹ 118 f¹³ 124 2 33 28 157 565 579 700 788 1071 1346 1424 ¦ ουνοις א 𝔐 K L S U Δᶜ Π Ω f¹ 118 f¹³ 124 2 28 157 565 579 700 788 1071 1346 ¦ ουνιος M ¦ ουνουις Δ*

C 8 τελος (post ανοιγ) 𝔐 S Ω 118 f¹³ 124 788 ¦ τε του Σα Π f¹ ¦ τελ Σα β 28 ¦ αρχ 1346 9 αρχη: τη παρα της α εβδομαδος ειπεν ο κς ητις εστιν εξ (ante η τις) G ¦ αρχ: τη παρασκ.ε μετ την ν ειπεν ο κς + τις εστιν εξ υμων ανος M ¦ τη παρασκ μετ τ ν ειπ ο κς ¦ αρξ τς β Π f¹ ¦ αρχη: τη παρα της α εβδ ειπεν ο κς τις εξ υμων: ο χς εις μαρτ 118 ¦ αρχ τω αγιω μ'μ'ρ καρπου και παπυλου· και τω συν αυτ 124 ¦ αρχ: τη πα τς α εβδ 157 ¦ αρχ 788 11 τελος (post αυτον) Eᶜ K Θ Ω 1346 ¦ τελ τς β f¹ ¦ τε τς η 28 12 Μθ μη, οκτωβρ.ω ιγ των αγ, καρπου και παπυλου· αρχ ειπεν ο κς + παντα οσα αν θελητε M ο αρχ οκτωγριω ιγ εις μρ ειπεν ο κς παντ οσα εαν θελητε Π ¦ αρχ εις σχημ μοναχ εις τ μνημ του αγιου παπῦ καρπ μη οκτ.ω γ Ω ¦ αρχ κα εις μριμ ειπ ο κς παντα οσα αν θε f¹ ¦ αρχ λειτ τ αγ f¹³ ¦ αρχ 124 ¦ αρχ τ ευα και τ ········ 788 ¦ αρχ του αγ παυλ 1071

D 12 νδ/ε א G M N S Π Ω 118 124 700 788 1071 1424 ¦ νδ C K L Θ f¹ f¹³ 2 157 579 ¦ νδ/ς E ¦ νδ/β U ¦ Ευ Μθ νδ : Ιω . : Λο νδ : Μρ . E ¦ Μθ νδ : Λο νδ M ¦ Μθ νδ : Μρ . : Λο νδ : Ιω . 124

οὖν ὅσα ἂν θέλητε ἵνα ποιῶσιν ὑμῖν οἱ ἄνθρωποι, οὕτως καὶ ὑμεῖς   B 𝔐 K M U Δ Π f¹ 2 28 565 579
ὅσα ἐὰν θέλητε ἵνα ποιῶσιν ὑμῖν οἱ ἄνθρωποι, οὕτως καὶ ὑμεῖς   ℵ*   [↑1071
οὖν ὅσα ἐὰν θέλητε ἵνα ποιῶσιν ὑμῖν οἱ ἄνθρωποι, οὕτως καὶ ὑμεῖς   ℵ° C° Θ f¹³ 700 788 uw
οὖν ὅσα ἐὰν θέλητε ἵνα ποιοῦσιν ὑμῖν οἱ ἄνθρωποι, οὕτως καὶ ὑμεῖς   C* N W
ὅσα ἂν θέλητε ἵνα ποιοῦσιν ὑμῖν οἱ ἄνθρωποι,   καὶ ὑμεῖς   L
οὖν ὅσα ἂν θέλητε ἵνα ποιῶσιν ὑμῖν οἱ ἄνθρωποι, οὗτος καὶ ὑμεῖς   Ω
οὖν ὅσα ἂν θ........ ....σιν ὑμῖν οἱ ἄνθρωποι, ... καὶ ὑμεῖς   33
οὖν ὅσα   θέλετε ἵνα ποιῶσιν ὑμῖν οἱ ἄνθρωποι, οὕτως καὶ ὑμεῖς   157
οὖν ὅσα ἂν θέλητε ἵνα ποιῶσιν ὑμῖν οἱ ἄνθρωποι, οὕτω καὶ ὑμεῖς   1346 τ
ὅσα ἂν θέλητε ἵνα ποιῶσιν ὑμῖν οἱ ἄνθρωποι, καὶ ὑμεῖς οὕτως   1424

ποιεῖτε αὐτοῖς· οὗτος γάρ ἐστιν ὁ νόμος καὶ οἱ προφῆται.   B uwτ rell
ποιεῖτε αὐτοῖς· οὗτος γάρ........ ....φῆται.   33
ὁμοίως ποιεῖτε αὐτοῖς· οὗτος γάρ ἐστιν ὁ νόμος καὶ οἱ προφῆται.   157

[Cl S II 91.2 ως ποιειτε, ουτως ποιηθησεται υμιν] [Cl Pd III 88.1 καθως θελετε ινα ποιωσιν υμιν οι ανθρωποι, ποιειτε αυτοις].

The Narrow And Wide Gates
(Luke 13.23-24)

μβ̄ 13 Εἰσέλθατε διὰ τῆς στενῆς πύλης·   ὅτι πλατεῖα ἡ πύλη καὶ   B ℵ° C L N W Δ Θ f¹³ 157 788 1424
13 Εἰσέλθατε διὰ τῆς στενῆς πύλης·   ὅτι πλατεῖα   καὶ   ℵ* [w]   [↑u[w]
13 Εἰσέλθετε διὰ τῆς στενῆς πύλης· καὶ τὶ πλατεῖα ἡ πύλη καὶ   118*
13 Εἰσέ........ .... τῆς στενῆς πύλης·   ὅτι πλατεῖα ἡ πυ........   33
13 Εἰσέλθετε διὰ τῆς στενῆς πύλης·   ὅτι πλατεῖα ἡ πύλη καὶ   𝔐 K M U Π f¹ 2 28 565 579 700 1346 τ

[Cl S II 68.1 τον δευτερον δε ετι των τη ευρυχωρω και πλατεια οδω ουκ εμμενοντων] [Cl S IV 34.1 ακηκοασι γαρ δια της εντολης οτι πλατεια και ευρυχωρος οδος απαγει εις την απωλειαν και πολλοι οι διερχομενοι δι αυτης] [Cl S V 31.1 την δε εναντιαν την εις απωλειαν φερουσαν πλατειαν και ευρυχωρον].

εὐρύχωρος ἡ ὁδὸς ἡ ἀπάγουσα εἰς τὴν ἀπώλειαν, καὶ πολλοί εἰσιν οἱ εἰσερχόμενοι   B uwτ rell
εὐρύχωρος ἡ ὁδὸς ἡ ἀπάγουσα εἰς τὴν ἀπώλειαν, καὶ πολλοί   οἱ εἰσερχόμενοι   ℵ* (Cl)
εὐρύχωρος ἡ ὁδὸς ἡ ἀπάγουσα εἰς τὴν ἀπώλειαν, καὶ πολλοί εἰσιν οἱ πορευόμενοι   ℵ°
εὐρύχωρος ἡ ὁδὸς ἡ ἀπάγουσα εἰς τὴν ἀπώλειαν, καὶ πολλοί εἰσιν οἱ ἐρχόμενοι   L f¹³ 788
εὐρύχωρος ἡ ὁδὸς ἡ ἀπάγουσα εἰς τὴν ἀπώλειαν, καὶ πολλοί εἰσιν οἱ εἰσπορευόμενοι   f¹ 157 1071
.... ἀπώλειαν, καὶ πολλοί εἰσιν οἱ εἰσερχ........   33

δι᾽ αὐτῆς· 14 ὅτι δὲ στενὴ ἡ πύλη καὶ τεθλιμμένη ἡ ὁδὸς ἡ ἀπάγουσα   B*
δι᾽ αὐτῆς· 14 τί δὲ στενὴ ἡ πύλη καὶ τεθλιμμένη ἡ ὁδὸς ἡ ἀπάγουσα   B°
δι᾽ αὐτῆς· 14 ὅτι στενὴ ἡ πύλη καὶ τεθλιμμένη ἡ ὁδὸς ἡ ἀπάγουσα   ℵ* 1* 118 1071 wτ
δι᾽ αὐτῆς· 14 τί στενὴ πύλη καὶ τεθλιμμένη ἡ ὁδὸς ἡ ἀπάγουσα   L Θ
δι᾽ αὐτῆς· 14 τί στενὴ ἡ πύλη καὶ τεθλιμμένη ἡ ἀπάγουσα   S
.... 14 ....μένη ἡ ὁδὸς ἡ ἀπάγουσα   33
εἰς αὐτήν· 14 ὅτι στενὴ ἡ πύλη καὶ τεθλιμμένη ἡ ὁδὸς ἡ ἀπάγουσα   157
δι᾽ αὐτῆς· 14 τί στενὴ ἡ πύλη καὶ τεθλιμμένη ἡ ὁδὸς ἡ ἀποφέρουσα   700*
δι᾽ αὐτῆς· 14 ὅτι στενὴ ἡ πύλη καὶ τεθλιμμένη ἡ ὁδὸς ἡ ἀποφέρουσα   700°
δι᾽ αὐτῆς· 14 τί στενὴ ἡ πύλη καὶ τεθλιμμένη ἡ ὁδὸς ἡ ἀπάγουσα   ℵ° C 𝔐 K M N U W Δ Π 1° 1582
                                                                           f¹³ 2 28 565 579 788 1346 1424 u

εἰς τὴν ζωήν, καὶ ὀλίγοι εἰσὶν οἱ εὑρίσκοντες αὐτήν.   B uwτ + all txts
εἰς τὴν ζω........   33
εἰς τὴν ζωήν, καὶ ὀλίγοι εἰσὶν οἱ εὑρίκοτες αὐτήν.   579

[Cl S IV 5.3 στενη γαρ τω οντι και τεθλιμμενη η οδος κυριου] [Cl V 31.1 απασι και την μεν καλουντων στενην και τεθλιμμενην].

lac. 7.12-14 𝔓⁴⁵ A D F H Y P Q Γ 69

A 12 θεληται ℵ W Δ Θ 2* 1071 ¦ θελεται L ¦ υμειν ℵ ¦ ανθροποι Θ ¦ υμις ℵ N ¦ ποιειται ℵ W ¦ ποιητε L 2 ¦ ουτως (ουτος) L 13 124 157 579 1071 ¦ προφητε 2* 13 εισελθεται E* 2* 579 ¦ τη (της) K ¦ στενεις 579 ¦ πλατια ℵ W Θ 1071 ¦ πλατηα L ¦ ευριχορος L ¦ ευροιχωρος Θ ¦ ευρυχορος Ω 13 2 1346 ¦ ευρηχωρος 579 ¦ απωλιαν ℵ Θ 28 1071 ¦ απολειαν E* K L 2 ¦ πολοι 2* ¦ εισι L ¦ εισερχωμενοι Θ 14 τη (τι) Θ ¦ υ (η¹) K ¦ ποιλη M ¦ τεθλημμενη L Ω 13 2* 565 1071 1346 ¦ τεθλιμενη 700* ¦ ολειγοι W ¦ εισι L

B 12 ανō ℵ C 𝔐 K L M N S U W Π Ω f¹ 118 f¹³ 124 2 28 157 565 579 700 788 1071 1346 1424

C 14 τελ τς ·· 28 ¦ τε 118 157 1346

D 13 ν̄ε̄/ε̄ ℵ G M S U Π Ω 118 124 28 700 788 1071 1424 ¦ ν̄ε̄ C K L Θ f¹ f¹³ 2 157 579 ¦ ν̄ε̄/ϛ̄ E N ¦ Ευ Μθ ν̄ε̄ : Ιω . : Λο ρ̄ο̄ : Μρ . E ¦ Μθ ν̄ε̄ : Λο ρ̄θ̄ M ¦ Μθ ν̄ε̄ : Μρ . : Λο ρ̄ο̄ : Ιω . 124

Fruits Of The Healthy And Of The Diseased Trees
(Luke 6.43-46)

[↓788 1424 **uw**

μ̄γ̄ 15 Προσέχετε   ἀπὸ τῶν ψευδοπροφητῶν, οἵτινες ἔρχονται πρὸς ὑμᾶς ἐν ἐνδύμασι Β ℵ Ω 124 565
15 Προσέχετε .... N
15 ......σέχετε δὲ   ἀπὸ τῶν ψευδοπροφ......   ....σιν 33
15 Προσέχετε δὲ   ἀπὸ τῶν ψευδοπροφητῶν, οἵτινες ἔρχονται πρὸς ἡμᾶς ἐν ἐνδύμασι 579
15 Προσέχετε δὲ   ἀπὸ τῶν ψευδοπροφητῶν, οἵτινες ἔρχονται πρὸς ὑμᾶς ἐν ἐνδύμασι τ rell

προβάτων, ἔσωθεν δέ εἰσιν λύκοι ἅρπαγες. 16 ἀπὸ τῶν καρπῶν αὐτῶν ἐπιγνώσεσθε αὐτούς· Β **uwτ** rell
προβάτων, ἔσωθεν δέ εἰσιν ...... 16 ....σεσθε αὐτούς· 33
προβάτων, ἔσωθεν δέ εἰσιν λύκοι ἅρπαγες. 16 ἀπὸ τῶν καρπῶν αὐτῶν ἐπιγνώσεσθε αὐτοῖς· 1346

μήτι συλλέγουσι   ἀπὸ ἀκανθῶν σταφυλὰς   ἢ ἀπο τριβόλων σῦκα; 17 οὕτως Β*
μήτι συλλέγουσιν   ἀπὸ ἀκανθῶν σταφυλὰς   ἢ ἀπο τριβόλων σῦκα; 17 οὕτως Β^c f¹ 1071 **u**
μήτι συλλέγουσιν   ἀπὸ ἀκανθῶν σταφυλὰς   ἢ ἀπο τριβόλων σῦκα; 17 οὕτω ℵ C^c **w**
μήτι συλλέγουσιν   ἀπὸ ἀκανθῶν σταφυληνὰς ἢ ἀπο τριβόλων σῦκα; 17 οὕτω C*
μήτι συλλέγ......   ....σῦκα; 17 οὕτως 33
μήτι συλλέγουσιν   ἀπὸ ἀκανθῶν σταφυλὴν   ἢ ἀπο τριβόλων σῦκα; 17 οὕτω 1346 τ
μήτι συλλέγουσιν   ἀπὸ ἀκανθῶν σταφυλὴν   ἢ ἀπο τριβόλων σῦκα; 17 οὕτως rell

πᾶν δένδρον ἀγαθὸν καρποὺς ποιεῖ καλούς,   τὸ δὲ σαπρὸν δένδρον καρποὺς Β
πᾶν δένδρον καρποὺς καλούς ποιεῖ,   τὸ δὲ σαπρὸν δένδρον καρποὺς W*
πᾶν δένδρον ἀγαθὸν καλούς ποιεῖ καρποὺς,   τὸ δὲ σαπρὸν δένδρον καρποὺς Δ
πᾶν δένδρον ἀγαθὸν καρποὺς καλοὺς ποιεῖ,   τὸ δὲ σαπρὸν δένδρον 579
πᾶν δένδρον ἀγαθὸν καρποὺς ἀγαθοὺς ποιεῖ,   τὸ δὲ σαπρὸν δένδρον καρποὺς 700
πᾶν δένδρον ἀγαθὸν καρποὺς καλοὺς ποιεῖ,   τὸ δὲ σαπρὸν δένδρον καρποὺς **uwτ** rell

πονηροὺς ποιεῖ· 18 ου δύναται δένδρον ἀγαθὸν   καρποὺς πονηροὺς ἐνεγκεῖν, οὐδὲ Β **w**
πονηροὺς ποιεῖ· 18 ου δύναται δένδρον ἀγαθὸν   καρποὺς πονηροὺς ποιεῖ, οὐδὲ Μ
πονηροὺς 18 28
18   καρποὺς πονηροὺς ποιεῖν, οὐδὲ 579
σαπροὺς ποιεῖ· 18 ου δύναται δένδρον ἀγαθὸν   καρποὺς πονηροὺς ποιεῖ, οὐδὲ 1071
πονηροὺς ποιεῖ· 18 ου δύναται δένδρον ἀγαθὸν   καρποὺς πονηροὺς ποιεῖν, οὐδὲ **uτ** rell

δένδρον σαπρὸν καρποὺς καλοὺς ποιεῖν. 19 πᾶν   δένδρον μὴ ποιοῦν Β **uwτ** rell
δένδρον σαπρὸν καρποὺς καλοὺς ἐνεγκεῖν. 19 πᾶν   δένδρον μὴ ποιοῦν ℵ*
πάλλιν δένδρον σαπρὸν καρποὺς καλοὺς ποιεῖν. 19 πᾶν οὖν δένδρον μὴ ποιοῦν L
δένδρον σαπρὸν καρποὺς καλοὺς ποιεῖ. 19 πᾶν   δένδρον μὴ ποιοῦν 579
δένδρον σαπρὸν καρποὺς καλοὺς ποιεῖν. 19 πᾶν οὖν δένδρον μὴ ποιοῦν C^c 1582^c 33 157 1071

καρπὸν καλὸν ἐκκόπτεται καὶ εἰς πῦρ βάλλεται. 20 ἄρα γε ἀπὸ τῶν καρπῶν Β **uwτ** rell
καρπὸν καλὸν ἐκκόπτεται καὶ εἰς πῦρ βάλλεται. 20 ἄρα γε ἐκ τῶν καρπῶν C
καρπὸν καλὸν ἐκκόπτεται καὶ εἰς πῦρ βάλεται. 20 ἄρα γε ἀπὸ τῶν καρπῶν Θ

αὐτῶν ἐπιγνώσεσθε αὐτούς.

lac. **7.15-20** 𝔓⁴⁵ A D F H Y P Q Γ 69 ¦ vss. 15-21 N ¦ vss. 17-21 28

A **15** προσεχεται ℵ W 2* 579 1071 | ψευδωπροφητων Θ | ερχοντε L | ενδυμασιν 𝔐 W Δ Θ 2 33 | εσσωθεν, ησιν L | εσοθεν 118 | εισι Κ Μ S U Π f¹ 118 28 157 565 700 788 | ησιν 124 | λοικοι 2* **16** τον (των) Θ | καρπον L | επιγνωσεσθαι C E W 2* 28 579 1071 ¦ επεγνωσεσθε L | επιγνωσεσθε Θ | ακανθω, σταφυλιν L **17** ουτος Θ 1071 | δενδρων¹ 1071 | αγαθων 2* **18** δυνατε Κ L 13. **19** εκκοπτετε L 1071 | βαλλετε L 1071 **20** καρπον Θ | επιγνωσεσθαι ℵ C W Ω 13 1071 ¦ επεγνωσεσθε L ¦ πιγνοσεσθε Θ* ¦ επιγνοσεσθαι Θ^c ¦ επιγνωσεσθαι 2* 579

C **15** αρχ τς γ̄: τη γ̄ της β̄ εβδ ειπεν ο κ̄ς προσεχετε Π | αρχ τς β̄ ειπεν ο κ̄ς προσεχετ 28 ¦ αρχ τς γ̄ 157 **16** (ante μητε) αρχ τη γ̄ τς β̄ εβδ ειπ ο κ̄ς προσερχεται 118 **17** αρχη: τη β̄ της β̄ εβδομαδος ειπεν ο κ̄ς τοις εαυτου μαθηταις παν δενδρον (ante παν) G ¦ αρχ κβ τη γ̄ τς β̄ εβδ ειπ ο κ̄ς προσεχετε απο f¹ | τε΄ τς π̄ᾱ 157 **18** τελος της παρ (post ποιειν²) G ¦ τελ τς παρ,κ Μ | τελ S 124 788 ¦ τελ τς ς̄ 1346 **19** αρχ: Μθ τη β̄ τς β̄ εβδ ειπεν ο κ̄ς τοις εαυτ μθ παν δενδρον Μ ¦ τη β̄ τς β̄ εβδ ειπ ο κ̄ς τοις εαυτ μαθ S ¦ αρχ 124 788 ¦ αρχ: τη β̄ τς β̄ εβδ 1346

D **15** ν̄ς/ῑ ℵ E G M S U Π Ω 118 124 28 700 788 1071 1424 ¦ ν̄ς C K L Θ f¹³ 2 157 ¦ ν̄ε/ῑ 1346 | Ευ Μθ ν̄ς : Ιω . : Λο . : Μρ . Ε | Μθ ν̄ς : Λο ξ̄ᾱ, ξ̄ζ Μ | Μθ ν̄ς : Μρ . : Λο ξ̄ : Ιω . 124 **16** ν̄ζ Κ | (ante μητι) ν̄ζ/ε ℵ G M S U Π Ω 118 124 28 788 1071 1424 ¦ ν̄ζ C L Θ 2 157 579 ¦ ν̄ζ/ς E ¦ ν̄ζ f¹ 1346 | Ευ Μθ ν̄ζ : Ιω . : Λο ξ̄ᾱ : Μρ . Ε | Μθ ν̄ζ : Λο ξ̄ᾱ : Ιω ρῑς Μ | Μθ ν̄ζ : Μρ . : Λο ξ̄ᾱ : Ιω . 124 **17** ν̄η/ε ℵ G M S U Π Ω 118 28 700 1071 1346 1424 ¦ ν̄η C K L Θ f¹ 157 ¦ ν̄η/ς E | Ευ Μθ ν̄η : Ιω . : Λου ξ̄ : Μρ . Ε | Μθ ν̄η : Λο ξ̄ Μ **18** ν̄η/ε 124 ¦ ν̄η/ς 788 | Μθ ν̄η : Μρ . : Λο . : Ιω . 124

Sayers And Doers Of The Will Of God
(Luke 6.46)

μ̅δ̅ 21 Οὐ πᾶς ὁ λέγων μοι, Κύριε κύριε, εἰσελεύσεται εἰς τὴν βασιλείαν τῶν οὐρανῶν, ἀλλ᾽ ὁ

ποιῶν	τὸ θέλημα	τοῦ πατρός μου τοῦ ἐν τοῖς οὐρανοῖς[T].	**22** πολλοὶ ἐροῦσίν	B κ̅c C Θ f[1] 124 33 157
ποιῶν	τὰ θελήματα	τοῦ πατρός μου τοῦ ἐν τοῖς οὐρανοῖς.	**22** πολλοὶ ἐροῦσίν	κ* [↑1071 1424 uw
ποιῶν	τὸ θέλημα	τοῦ πατρός μου τοῦ ἐν τοῦ οὐρανοῖς.	**22** πολλοὶ ἐροῦσίν	Δ
ποιήσας	τὸ θέλημα	τοῦ πατρός μου τοῦ ἐν οὐρανοῖς.	**22** πολλοὶ ἐροῦσίν	788
ποιῶν	τὸ θέλημα	τοῦ πατρός μου τοῦ ἐν οὐρανοῖς.	**22** πολλοὶ ἐροῦσίν	𝔐 K L M W Π f[13] 2
				565 579 700 1346 τ

[T]οὗτος εἰσελεύσεται εἰς τὴν βασιλείαν τῶν οὐρανῶν   C[c] 33 1071
[T]αὐτὸς εἰσελεύσεται εἰς τὴν βασιλείαν τῶν ουρανῶν   W Θ

[Cl S VII 74.8 ου πας αρα ο λεγων κυριε κυριε εισελευσεται εις την βασιλειαν του θεου, αλλ ο ποιων το θελημα του θεου][Cl S VII 104.4 τι με λεγετε κυριε και ου ποιειτε το θελημα του πατρος μου;] [Cl Ecl 9.1 εκ πιστεως και φοβου προκοψας εις γνωσιν ανθρωπος οιδεν ειπειν κυριε κυριε] [Cl Q 29.6 ου γαρ πας ο λεγων μοι κυριε κυριε εισελευσεται εις την βασιλειαν των ουρανων, αλλ ο ποιων το θελημα του πατρος μου].

μοι ἐν ἐκείνη τῇ ἡμέρᾳ, Κύριε κύριε, οὐ τῷ σῷ ὀνόματι ἐπροφητεύσαμεν, καὶ τῷ σῷ	B* κ L W Θ f[13] 33
μοι ἐν ἐκείνη τῇ ἡμέρᾳ, Κύριε κύριε, οὕτως σῷ ὀνόματι ἐπροφητεύσαμεν, καὶ τῷ σῷ	C [↑788 1071 uw
μοι ἐν ἐκείνη τῇ ἡμέρᾳ, Κύριε κύριε, οὐ τῷ σῷ ὀνόματι προεφητεύσαμεν,	E* 1346
μοι ἐν ἐκείνη ἡμέρᾳ, Κύριε κύριε, οὐ τῷ σῷ ὀνόματι προεφητεύσαμεν, καὶ τῷ σῷ	Δ
μοι ἐν ἐκείνη τῇ ἡμέρᾳ, Κύριε οὐ τῷ σῷ ὀνόματι προεφητεύσαμεν, καὶ τῷ σῷ	1071
μοι ἐν ἐκείνη τῇ ἡμέρᾳ, Κύριε κύριε, οὐ τῷ σῷ ὀνόματι προεφητεύσαμεν, καὶ τῷ σῷ	B[c] 𝔐 K M U Π f[1] 2
	157 565 579 1424 τ

ὀνόματι δαιμόνια ἐξεβάλομεν, καὶ τῷ σῷ ὀνόματι δυνάμεις πολλὰς ἐποιήσαμεν;	B uwτ rell
ὀνόματι δαιμόνια πόλλα ἐξεβάλλομεν, καὶ τῷ σῷ ὀνόματι δυνάμεις πολλὰς ἐποιήσαμεν;	κ*
καὶ τῷ σῷ ὀνόματι δυνάμεις πολλὰς ἐποιήσαμεν;	E* 1346
ὀνόματι δαιμόνια ἐξεβάλωμεν, καὶ τῷ σῷ ὀνόματι δυνάμεις πολλὰς ἐποιήσαμεν;	L 565
ὀνόματι δαιμόνια ἐξεβάλομεν, καὶ δυνάμεις πολλὰς ἐποιήσαμεν;	124 788
ὀνόματι δυνάμεις πολλὰς ἐποιήσαμεν, καὶ τῷ σῷ ὀνόματι δαιμόνια ἐξεβάλομεν;	1424

23 καὶ τότε ὁμολογήσω αὐτοῖς ὅτι Οὐδέποτε ἔγνων ὑμᾶς· ἀποχωρεῖτε	B uwτ rell
23 καὶ τότε ὁμολογήσω αὐτοῖς ὅτι Οὐδέπω ἔγνων ὑμᾶς· ἀποχωρεῖτε	K
23 καὶ τότε ὁμολογήσω αὐτοῖς ὅτι Οὐδέποτε ἔγνων ὑμᾶς· ἀναχωρεῖτε	Θ f[13] 788
23 καὶ τότε ὁμολογήσομαι αὐτοῖς ὅτι Οὐδέποτε ἔγνων ὑμᾶς· ἀποχωρεῖτε	1424

ἀπ᾽ ἐμοῦ οἱ ἐργαζόμενοι τὴν ἀνομίαν.	B uwτ rell
ἀπὸ πάντες οἱ ἐργαζόμενοι τὴν ἀνομίαν.	L*
ἀπ᾽ ἐμοῦ πάντες οἱ ἐργαζόμενοι τὴν ἀνομίαν.	L[c] U Θ f[13] 788 1424

---

lac. 7.21-23 𝔓[45] A D F H Y N P Q Γ 28 69

A **21** λεγον K L 1071 | εισελευσετε L | βασιλιαν κ | ω (ο[2]) M | θελειμα 579 | τιν (την[2]) Θ **22** ερουσι L M U 118 157 700 1346 ¦ εκινη τι Θ | εμερα C | το (τω[1]) L Θ 118 | επροφητεσαμεν Θ | το (τω[2.3]) L | δεμονια κ L | δυναμις κ 579 | εποιεισαμεν Θ **23** τωτε Θ | ομολογισω 579 | εγνω L | εγνον 124 | αποχορητε L 2*¦ αποχωριται W ¦ αποχωριτε Δ ¦ αναχωριτε Θ | τιν (την) Θ

B **21** κ̅ε̅ κ̅ε̅ B κ C 𝔐 K L M S U W Δ Θ Π Ω f[1] 118 f[13] 124 2 33 157 565 579 700 788 1071 1346 1424 ¦ ουνων̅ 𝔐 K L M S U Δ Π Ω f[1] 118 f[13] 124 157 565 579 700 788 1071 1346 ¦ π̅ρ̅ς̅ κ C 𝔐 K L M S U W Δ Θ Π Ω f[1] 118 f[13] 124 2 33 157 565 579 700 788 1071 1346 1424 ¦ ουνοις̅ κ C E K L M S U Π Ω f[1] 118 f[13] 124 2 157 579 700 1071 1346 1424 ¦ ουναν̅ C[c] 1071 **22** κ̅ε̅ κ̅ε̅ B κ C 𝔐 K L M S U W Δ Θ Π Ω f[1] 118 f[13] 124 2 33 157 565 579 788 1071 1346 1424 ¦ κ̅ε̅ 700

C **21** αρχ: τη δ̅ τς β̅ εβδ ειπεν ο κ̅ς̅ ου πας ο λεγων μοι (om. 118) Π 118 ¦ αρχ κ̅γ̅ τη δ τς̅ εβδ ειπ ο κ̅ς̅ ου πας ο λεγων f[1] ¦ αρχ τη δ̅ 157 ¦ τε τω ι αγ τς γ̅ Π ¦ τς τελ Ω ¦ τελ μριμ τς γ̅ f[1] ¦ τελ 124 788 **23** τελος της β̅ (post ανομιαν) G M ¦ τελ L S f[13] 124 788 1346 ¦ τε τς δ̅ Π f[1]

D **21** ν̅θ̅/ς̅ κ | ν̅θ̅ C K L Θ f[1] 118 157 579 1346 | ν̅θ̅/δ̅ E | ν̅θ̅/γ̅ G M S U Π Ω 700 1071 1424 ¦ ν̅θ̅/ι̅ 124 788 | Ευ Μθ ν̅θ̅ : Ιω ρ̅ι̅ς̅ : Λου ξ̅γ̅ : Μρ . E | Μθ ν̅θ̅ : Λο ξ̅γ̅ M | Μθ ν̅α̅ (sic!) : Μρ . : Λο ξ̅ : Ιω . 124 **22** ξ̅/ε̅ κ G M S U 124 700 788 1071 1346 ¦ ξ̅ C K L Θ f[1] f[13] 2 157 579 1424 ¦ ξ̅/ς̅ E | ξ̅α̅/ε̅ Ω | Ευ Μθ ξ̅ : Ιω . : Λου ρ̅ο̅α̅ : Μρ . E | Μθ ξ̅ : Λο ρ̅ο̅α̅ M | Μθ ξ̅ : Μρ . : Λο ξ̅γ̅ : Ιω ρ̅ι̅ς̅ 124

Parable Of The Houses On The Rock And On The Sand
(Luke 6.47-49)

$\overline{με}$ 24 Πᾶς οὖν ὅστις ἀκούει μου τοὺς λόγους   καὶ ποιεῖ αὐτοὺς   B* 1424 [w]
24 Πᾶς   ὅστις ἀκούει μου τοὺς λόγους τούτους   καὶ ποιεῖ αὐτοὺς   K
24 Πᾶς οὖν ὅστις <u>μου ἀκούει</u> τοὺς λόγους τούτους   καὶ ποιεῖ αὐτοὺς   L 579
24 Πᾶς οὖν ὅστις ἀκούει μου τοὺς λόγους τούτους   157
24 Πᾶς οὖν ὅστις ἀκούει μου τοὺς λόγους τούτους   καὶ ποιεῖ αὐτοὺς   u[w]τ rell

ὁμοιωθήσεται   ἀνδρὶ φρονίμῳ, ὅστις ᾠκοδόμησεν αὐτοῦ τὴν οἰκίαν ἐπὶ τὴν   B Θ f^1 33 1071 uw
<u>ὁμοιώσω αὐτὸν</u> ἀνδρὶ φρονίμῳ, ὅστις ᾠκοδόμησεν αὐτοῦ τὴν οἰκίαν ἐπὶ τὴν   C W
<u>ὁμοιώσω αὐτὸ</u> ἀνδρὶ φρονίμῳ, ὅστις ᾠκοδόμησεν <u>τὴν οἰκίαν αὐτοῦ</u> ἐπὶ τὴν   U
ὁμοιωθήσεται ἀνδρὶ φρονίμῳ, ὅστις ᾠκοδόμησεν <u>τὴν οἰκίαν αὐτοῦ</u> ἐπὶ τὴν   118 f^{13} 700 788 [↓1346 1424 τ
<u>ὁμοιώσω αὐτὸν</u> ἀνδρὶ φρονίμῳ, ὅστις ᾠκοδόμησεν <u>τὴν οἰκίαν αὐτοῦ</u> ἐπὶ τὴν $\mathfrak{M}$ K L M Δ Π 2 157 565 579

πέτραν. 25 καὶ κατέβη ἡ βροχὴ καὶ ἦλθαν οἱ ποταμοὶ καὶ ἔπνευσαν οἱ ἄνεμοι καὶ   B w
πέτραν. 25 καὶ κατέβη ἡ βροχὴ καὶ <u>ἦλθον</u> οἱ ποταμοὶ καὶ ἔπνευσαν οἱ ....   G
πέτραν. 25 καὶ κατέβη ἡ βροχὴ καὶ <u>ἦλθον</u> οἱ ποταμοὶ   καὶ   579
πέτραν. 25 καὶ κατέβη ἡ βροχὴ καὶ <u>ἦλθεν</u> οἱ ποταμοὶ καὶ ἔπνευσαν οἱ ἄνεμοι καὶ   1071
πέτραν. 25 καὶ κατέβη ἡ βροχὴ καὶ <u>ἦλθον</u> οἱ ποταμοὶ καὶ ἔπνευσαν οἱ ἄνεμοι καὶ   uτ rell

προσέπεσαν   τῇ οἰκίᾳ ἐκείνῃ, καὶ οὐκ ἔπεσεν, τεθεμελίωτο γὰρ ἐπὶ τὴν πέτραν.   B $\aleph^c$ C E Δ f^1 f^{13} 700
<u>προσέπεσεν</u>   τῇ οἰκίᾳ ἐκείνῃ, καὶ οὐκ ἔπεσεν, τεθεμελίωτο γὰρ ἐπὶ τὴν πέτραν. $\aleph$* [↑788 1071 1346 uw
<u>προσέκρουσαν</u> τῇ οἰκίᾳ ἐκείνῃ, καὶ οὐκ ἔπεσεν, τεθεμελίωτο γὰρ ἐπὶ τὴν πέτραν.   W
<u>προσέρρηξαν</u>   τῇ οἰκίᾳ ἐκείνῃ, καὶ οὐκ ἔπεσεν, τεθεμελίωτο γὰρ ἐπὶ τὴν πέτραν.   Θ 579
<u>προσέκοψαν</u>   τῇ οἰκίᾳ ἐκείνῃ,   33
προσέπεσαν   τῇ οἰκίᾳ ἐκείνῃ, καὶ οὐκ ἔπεσεν, τεθεμελίωτο γὰρ <u>ὑπὸ</u> τὴν πέτραν.   2
<u>προσέκοψαν</u>   τῇ οἰκίᾳ ἐκείνῃ, καὶ οὐκ ἔπεσεν, τεθεμελίωτο γὰρ ἐπὶ τὴν πέτραν.   1424   [↓τ
<u>προσέπεσον</u>   τῇ οἰκίᾳ ἐκείνῃ, οὐκ ἔπεσεν, τεθεμελίωτο γὰρ ἐπὶ τὴν πέτραν.   K L M S U Π Ω 157 565

$\overline{μς}$ 26 καὶ πᾶς ὁ   ἀκούων μου τοὺς λόγους τούτους καὶ μὴ ποιῶν αὐτοὺς   B uwτ rell
26 ....τους καὶ μὴ ποιῶν αὐτοὺς   Γ
26 καὶ πᾶς <u>ὅστις</u> <u>ἀκούει</u> μου τοὺς λόγους τούτους καὶ μὴ <u>ποιεῖ</u> αὐτοὺς   Θ f^{13} 788
26 om.   33
26 καὶ πᾶς ὁ   ἀκούων μου τοὺς λόγους   καὶ μὴ ποιῶν αὐτοὺς   700

ὁμοιωθήσεται ἀνδρὶ μωρῷ, ὅστις ᾠκοδόμησεν   αὐτοῦ τὴν οἰκίαν ἐπὶ τὴν   B $\aleph$ W f^1 700 uw
ὁμοιωθήσεται ἀνδρὶ μωρῷ, ὅστις <u>οἰκοδωμήσεται</u> αὐτοῦ τὴν οἰκίαν ἐπὶ τὴν   Θ
om.   33
ὁμοιωθήσεται ἀνδρὶ μωρῷ, ὅστις ᾠκοδόμησεν   <u>τὴν οἰκίαν αὐτοῦ</u> ἐπὶ τὴν   C $\mathfrak{M}$ K L M U Γ Δ Π 118 f^{13} 2
                                            157 565 579 788 1071 1346 1424 τ

ἄμμον. 27 καὶ κατέβη ἡ βροχὴ καὶ ἦλθον οἱ ποταμοὶ καὶ ἔπνευσαν οἱ ἄνεμοι καὶ   B uτ rell
ἄμμον. 27 καὶ κατέβη ἡ βροχὴ καὶ <u>ἦλθαν</u> οἱ ποταμοὶ   καὶ $\aleph$*
ἄμμον. 27 καὶ κατέβη ἡ βροχὴ καὶ <u>ἦλθαν</u> οἱ ποταμοὶ καὶ ἔπνευσαν οἱ ἄνεμοι καὶ $\aleph^c$ w
om. 27   33

προσέκοψαν   τῇ οἰκείᾳ ἐκείνῃ, καὶ ἔπεσεν, καὶ ἦν ἡ πτῶσις αὐτῆς μεγάλη.   B W 1071
<u>προσέρρηξαν</u>   τῇ <u>οἰκίᾳ</u> ἐκείνῃ, καὶ ἔπεσεν, καὶ ἦν ἡ πτῶσις αὐτῆς μεγάλη.   C M f^1
<u>προσέρρηξαν</u>   τῇ <u>οἰκίᾳ</u> ἐκείνῃ, καὶ ἔπεσεν, καὶ ἦν ἡ πτῶσις αὐτῆς μεγάλη <u>σφόδρα</u>.   Θ
<u>προσέκρουσαν</u>   τῇ <u>οἰκίᾳ</u> ἐκείνῃ, καὶ ἔπεσεν, καὶ ἦν ἡ πτῶσις αὐτῆς μεγάλη <u>σφόδρα</u>. f^{13} 788
                           καὶ ἔπεσεν, καὶ ἦν ἡ πτῶσις αὐτῆς μεγάλη <u>σφόδρα</u>.   33
προσέκοψαν   τῇ <u>οἰκίᾳ</u>,   καὶ ἔπεσεν, καὶ ἦν ἡ πτῶσις αὐτῆς μεγάλη.   565
προσέκοψαν   τῇ <u>οἰκίᾳ</u> ἐκείνῃ, καὶ ἔπεσεν, καὶ ἦν ἡ πτῶσις αὐτῆς μεγάλη.   uwτ rell

lac. 7.24-27 $\mathfrak{P}^{45}$ A D F H Y N P Q 28 69 ¦ vss. 25-27 G ¦ vss. 24-26 Γ

A 24 φρονημω 1071 ¦ ομοιωθησετε Θ ¦ φρονιμω 124 2 1424 ¦ οικοδομησεν C* 13 124 ¦ ωκοδομησε M S U 118 700^c ¦ οικοδο-μησε 788 ¦ τιν (την$^{1.2}$) L 25 ηλθων E* ¦ προσεπεσων L ¦ τι (τη) L ¦ οικεια W ¦ εκινη $\aleph$ ¦ επεσε M U 157 788 ¦ τεθεμελιωτα E 1424 26 ακουον K L 565 ¦ ομοιωθησετε L Θ* ¦ μορω f^{13} 2* 157 1071 ¦ οικοδομησεν C* ¦ ωκοδομησεν L ¦ ωκοδομησε M S U Γ Π 118 157 1346 ¦ οικοδομησετε Θ* ¦ οικοδομησε 13 788 ¦ οικοδομησεν 124 ¦ οικειαν W 1071 ¦ τιν (την^2) Θ ¦ τιν (την) Θ 27 υ (οι^1) 2* ¦ ο 118* ¦ προσεριξαν Θ ¦ εκινη $\aleph$ ¦ επεσε Γ 118 157 1346 ¦ πτωσης L Θ 1071

C 24 αρχη: Σαββατω $\overline{γ}$ ειπεν ο $\overline{κς}$· (+ την παραβολην πας συν ο G) $\mathfrak{M}$ ¦ αρχ Σα $\overline{γ}$ L 124 788 1071 ¦ Μθ Σα $\overline{γ}$ αρχ ειπεν ο $\overline{κς}$. πας οστις ακουει μου τους λογου, M ¦ Σα $\overline{γ}$ ειπεν ο κς S ¦ αρχ: Σβ $\overline{γ}$ ειπεν ο κς πας ουν οστις Θ ¦ αρχ του Σαβ: Σαβ $\overline{γ}$ μ γ τ ειπεν ο $\overline{κς}$ πας οστις Π ¦ αρχ Ω ¦ $\overline{κδ}$ (om. 118)αρχ Σα $\overline{γ}$ ει ο $\overline{κς}$ πας οστις ακουει f^1 118 ¦ αρχη ειπεν ο $\overline{κς}$ 2 1424 ¦ αρχ f^{13} ¦ αρχ Σα $\overline{γ}$ 157

D 24 $\overline{ξα/ε}$ $\aleph$ G M Π 124 700 788 1071 1346 1424 ¦ $\overline{ξα/ς}$ C K L Θ f^1 f^{13} 2 157 579 ¦ $\overline{ξα/ς}$ E ¦ Ευ Μθ $\overline{ξα}$: Ιω . : Λο $\overline{ξα}$: Μρ . E ¦ Μθ $\overline{ξα}$: Μρ $\overline{ιγ}$: Λο $\overline{ξδ}$: M ¦ Μθ $\overline{ξα}$: Μρ . : Λο $\overline{ροα}$. Ιω . 124 26 $\overline{ξδ/ε}$ U ¦ $\overline{ξβ/β}$ Ω

Jesus Concludes His Teaching On The Mountain
(Mark 1.22; Luke 7.1)

μζ̅ 28 Καὶ ἐγένετο ὅτε ἐτέλεσεν   ὁ Ἰησοῦς   τοὺς λόγους τούτους   B ℵ C W Γ f¹ 124 2 33 565
   28 Καὶ ἐγένετο ὅτε συνετέλεσεν   ὁ Ἰησοῦς   τοὺς λόγους τοὺς   L [↑700 788 1346 1424 uw
   28 Καὶ ἐγένετο ὅτε συνετέλεσεν   ὁ Ἰησοῦς πάντας τοὺς λόγους τούτους   M
   28 Καὶ ἐγένετο ὅτε συνετέλεσεν   ὁ Ἰησοῦς   τοὺς λόγους τούτους   𝔐 K U Δ Θ Π f¹³ 157 579 τ

ἐξεπλήσσοντο   οἱ ὄχλοι ἐπὶ τῇ διδαχῇ αὐτοῦ· 29 ἦν γὰρ διδάσκων   B uwτ rell
ἐξεπλήττοντο   ἐπὶ τῇ διδαχῇ αὐτοῦ οἱ ὄχλοι· 29 ἦν γὰρ διδάσκων   ℵ*
ἐξεπλήσσοντο πάντες οἱ ὄχλοι ἐπὶ τῇ διδαχῇ αὐτοῦ· 29 ἦν γὰρ διδάσκων   Δ Θ f¹

αὐτοὺς ὡς ἐξουσίαν ἔχων καὶ οὐχ ὡς οἱ γραμματεῖς αὐτῶν.   B ℵ K Δ Θ Π f¹ f¹³ 579 uw
αὐτοὺς ὡς ἐξουσίαν ἔχων καὶ οὐχ ὡς οἱ γραμματεῖς   καὶ οἱ Φαρισαῖοι. C*
αὐτοὺς ὡς ἐξουσίαν ἔχων καὶ οὐχ ὡς οἱ γραμματεῖς αὐτῶν καὶ οἱ Φαρισαῖοι. Cᶜ W 33 [↓1071 1346 1424 τ
αὐτοὺς ὡς ἐξουσίαν ἔχων καὶ οὐχ ὡς οἱ γραμματεῖς.   𝔐 L M U Γ 2 157 565 700

ϛ̅   περὶ τοῦ λεπροῦ

Jesus Cleanses A Leper
(Mark 1.40-45; Luke 5.12-16)

μη̅ 8.1 Καταβάντος   δὲ αὐτοῦ ἀπὸ τοῦ ὄρους ἠκολούθησαν αὐτῷ ὄχλοι   B ℵᶜ C W Θ f¹ uw
   8.1 Καταβάντι   δὲ αὐτοῦ ἀπὸ τοῦ ὄρους ἠκολούθησαν αὐτῷ ὄχλοι   ℵ*
   8.1 .... αὐτοῦ ἀπὸ τοῦ ὄρους ἠκολούθησαν αὐτῷ ὄχλοι   N
   8.1 Καταβάντι   δὲ   ἀπὸ τοῦ ὄρους ἠκολούθησαν αὐτῷ ὄχλοι   Δ
   8.1 Καταβαίνοντος δὲ αὐτοῦ ἀπὸ τοῦ ὄρους ἠκολούθησαν αὐτῷ ὄχλοι   f¹³ 700 788
   8.1 Καταβάντος   δὲ αὐτοῦ ἀπὸ τοῦ ὄρους ἠκολούθησεν αὐτῷ ὄχλος   33 [↓1071 1346 1424 τ
   8.1 Καταβάντι   δὲ αὐτῷ ἀπὸ τοῦ ὄρους ἠκολούθησαν αὐτῷ ὄχλοι   𝔐 K L M U Γ Π 2 157 565 579

πολλοί. 2 καὶ ἰδοὺ λεπρὸς προσελθὼν προσεκύνει   αὐτῷ λέγων, Κύριε, ἐὰν θέλης   B 124 uw rell
πολλοί. 2 καὶ ἰδοὺ λεπρὸς   ἐλθὼν   προσεκύνει   αὐτῷ λέγων, Κύριε, ἐὰν θέλης   C K L S U W Γ Π 2
πολλοί. 2 καὶ ἰδοὺ λεπρὸς προσελθὼν προσεκύνησεν αὐτῷ λέγων, Κύριε, ἐὰν θέλης   f¹³   [↑1071 τ
πολύς. 2 καὶ ἰδοὺ λεπρὸς   ἐλθὼν   προσεκύνει   αὐτὸν λέγων, Κύριε, ἐὰν θέλης   33
πολλοί. 2 καὶ ἰδοὺ προσελθὼν λεπρὸς προσεκύνει   αὐτῷ λέγων, Κύριε, ἐὰν θέλης   700
πολλοί. 2 καὶ ἰδοὺ λεπρὸς   προσεκύνει   αὐτῷ λέγων, Κύριε, ἐὰν θέλης   788 1424

δύνασαί με καθαρίσαι. 3 καὶ ἐκτείνας τὴν χεῖρα   ἥψατο αὐτοῦ   B uwτ rell
δύνασαί με καθαρίσαι. 3 καὶ ἐκτείνας τὴν χεῖρα αὐτοῦ ἥψατο αὐτοῦ   ℵ 124
δύνασαί με καθαρίσαι. 3 καὶ ἐκτείνας τὴν χεῖρα   ἥψατο αὐτοῖς 579

      λέγων, Θέλω, καθαρίσθητι· καὶ εὐθέως ἐκαθερίσθη   αὐτοῦ ἡ λέπρα.   B* w
      λέγων, Θέλω, καθαρίσθητι· καὶ εὐθέως ἐκαθερίσθη   αὐτοῦ ἡ λέπρα.   Bᶜ ℵᶜ C* f¹ f¹³ 33
      λέγων, Θέλω, καθαρίσθητι· καὶ   ἐκαθερίσθη   αὐτοῦ ἡ λέπρα.   ℵ*   [↑788 u
ὁ Ἰησοῦς λέγων, Θέλω, καθαρίσθητι· καὶ εὐθέως ἐκαθερίσθη   αὐτοῦ ἡ λέπρα.   E L N 2
ὁ Ἰησοῦς λέγων, Θέλω, καθαρίσθητι· καὶ εὐθέως ἐκαθαρίσθη ἀπ' αὐτοῦ ἡ λέπρα.   S
ὁ Ἰησοῦς λέγων, Θέλω, καθαρίσθητι· καὶ εὐθέως ἐκαθαρίσθη   αὐτοῦ ἡ λέπρα.   579
λέγων ὁ Ἰησοῦς, Θέλω, καθαρίσθητι· καὶ εὐθέως ἐκαθερίσθη   αὐτοῦ ἡ λέπρα.   1424
ὁ Ἰησοῦς λέγων, Θέλω, καθαρίσθητι· καὶ εὐθέως ἐκαθαρίσθη   αὐτοῦ ἡ λέπρα.   Cᶜ K M U W Γ Δ Θ Π
                                                              Ω 157 565 700 1071 1346 τ

lac. 7.28-8.3 𝔓⁴⁵ A D F G H Y P Q 28 69 ¦ vss. 7.28-8.1 N

A 28 εσυνετελεσεν 1071 | εξεπλησοντο 1 | δαχη 2* 29 διδασκον 579 | ω (ως¹) L 8.1 ηκολουθησα L 2 προσεκυνι K* ¦
προσεκυνη L Θ 2 1071 2 θελεις N 1071 | δυνασε U Θ 579 | καθαρησαι L 2 3 εκτινας ℵ N W 2 ¦ εκτηνας Θ | εκαθαρασθη Δ

B 28 ι̅ϛ̅ B ℵ C E K L M S U W Γ Δ Θ Π Ω f¹ 118 f¹³ 124 2 33 157 565 579 700 788 1071 1424 8.2 κ̅ε̅ B ℵ C E K L M N S U W
Γ Δ Θ Π Ω f¹ 118 f¹³ 124 2 33 157 565 579 700 788 1071 1346 1424 3 ι̅ϛ̅ Cᶜ E K L M N S U W Γ Δ Θ Π Ω 2 157 565 700 1346
1424

C 29 τελ L 8.1 ϛ̅ (om. 33 579) πε του λεπρου M S U Γ Π Ω f¹ f¹³ 124 2 33 157 565 579 700 788 1424 ¦ ϛ̅ πε τα λεπρα 1346 |
αρχ 157 2 ϛ̅ περι του λεπρου: K L Δ Θ 1071 | ϛ̅ περι του λεπρου: (ante και ιδου) E

D 28 ξ̅β̅/β̅ ℵ E M S U Γ Π 124 700 788 1424 ¦ ξ̅β̅ C K L f¹ f¹³ 2 157 579 1071 1346 | Ευ Μθ ξ̅η̅β̅ : Ιω . : Λο δ̅ : Μρ ι̅γ̅ Ε | Μθ ξ̅β̅
: Μρ ι̅η̅ : Λο κ̅δ̅ Μ | Μθ ξ̅β̅ : Μρ ι̅γ̅ : Λο ξ̅δ̅ : Ιω . 124 8.1 ξ̅γ̅/β̅ ℵ E M S U Γ Π Ω 124 700 1071 1424 ¦ ξ̅γ̅ C K L Θ f¹ f¹³ 157 788
1346 | Ευ Μθ ξ̅γ̅ : Ιω . : Λο λ̅γ̅ : Μρ ι̅η̅ Ε | Μθ ξ̅γ̅ : Λο λ̅γ̅ Μ | Μθ ϛ̅ : Μρ δ̅ : Λο ι̅β̅ Μ | Μρ δ̅ Π | Μθ ξ̅γ̅ · Μρ . : Λο κ̅δ̅ : Ιω . 124

4 καὶ λέγει αὐτῷ ὁ Ἰησοῦς, Ὅρα μηδενὶ   εἴπῃς, ἀλλὰ ὕπαγε σεαυτὸν δεῖξον τῷ   B uwτ rell
4 καὶ εἶπεν αὐτῷ ὁ Ἰησοῦς, Ὅρα μηδενὶ   εἴπῃς, ἀλλὰ ὕπαγε σεαυτὸν δεῖξον τῷ   ℵ* Cl
4 καὶ λέγει αὐτῷ ὁ Ἰησοῦς, Ὅρα μηδενὶ μηδὲν   εἴπῃς, ἀλλ'   ὕπαγε σεαυτὸν δεῖξον τῷ   Γ
4 καὶ λέγει αὐτῷ ὁ Ἰησοῦς, Ὅρα μηδενὶ   εἴπῃς, ἀλλ'   ὕπαγε σεαυτῷ δεῖξον τῷ   2*
4 καὶ λέγει αὐτῷ ὁ Ἰησοῦς, Ὅρα μηδενὶ   εἴπῃς, ἀλλ'   ὕπαγε σεαυτὸν δεῖξον τῷ   L M U Ω f¹ f¹³ 2ᶜ
                                                    157 565 579 700 788 1071 1346 1424

ἱερεῖ, καὶ προσένεγκον τὸ δῶρον   ὃ προσέταξεν Μωϋσῆς, εἰς μαρτύριον αὐτοῖς.   B Cᶜ uw
ἱερεῖ, καὶ προσένεγκον τὸ δῶρον   ὃ προσέταξεν Μωσῆς, εἰς μαρτύριον αὐτοῖς.   C* 1071ᶜ
ἱερεῖ, καὶ προσένεγκε   τὸ δῶρον   ὃ προσέταξεν Μωσῆς, εἰς μαρτύριον αὐτοῖς.   E L M U Γ Δ f¹ 2ᶜ
ἱερεῖ, καὶ προσένεγκε   τὸ δῶρον   ὃ προσέταξεν Μωϋσῆς, εἰς μαρτύριον ἑαυτοῖς.   Ω [↑579 700 1071*
ἱερεῖ, καὶ προσένεγκε   τὸ δῶρον σου ὃ προσέταξεν Μωϋσῆς, εἰς μαρτύριον αὐτοῖς.   N 1346 τ
ἱερεῖ, καὶ προσένεγκε   τὸ δῶρον   ὃ προσέταξεν Μωϋσῆς, εἰς μαρτύριον αὐτοῖς.   2*
ἱερεῖ, καὶ προσένεγκε   τὸ δῶρον   ᾦ προσέταξεν Μωϋσῆς, εἰς μαρτύριον αὐτοῖς.   1424
ἱερεῖ, καὶ προσένεγκε   τὸ δῶρον   ὃ προσέταξεν Μωϋσῆς, εἰς μαρτύριον αὐτοῖς.   ℵ K S W Θ Π f¹³
                                                    33 157 565 788

[Cl F 12 και τον λεπρον εθεραπευσεν και ειπεν· δειξον σεαυτον τοις ιερευσιν εις μαρτυριον δια τοιαυτην παραδοσιν] [Cl F 12 διο τουτο ειπεν, απελθε και δειξον σεαυτον τοις ιερευσιν εις μαρτυριον].

ζ   περὶ τοῦ ἑκατοντάρχου

Jesus Heals A Centurion's Servant
(Mark 2.1; Luke 7.1-10; John 4.46-54)

μ̄θ̄ 5 Εἰσελθόντος δὲ αὐτοῦ   εἰς Καφαρναοὺμ προσῆλθεν   αὐτῷ   B ℵ 33 uw
    5 Εἰσελθόντος δὲ αὐτοῦ   εἰς Καπερναοὺμ προσῆλθεν   αὐτῷ   C* f¹ 124 700 788
    5 Εἰσελθόντι   δὲ τῷ Ἰησοῦ εἰς Καπερναοὺμ προσῆλθεν   αὐτῷ   Cᶜ L 2 τ
    5 Εἰσελθόντι   δὲ αὐτοῦ   εἰς Καπερναοὺμ προσῆλθεν   αὐτῷ   E 565
    5 Εἰσελθόντος δὲ αὐτοῦ   εἰς Καπερναοὺμ προσῆλθεν πρὸς αὐτῷ   f¹³   [↓579 1071 1346 1424
    5 Εἰσελθόντι   δὲ αὐτῷ   εἰς Καπερναοὺμ προσῆλθεν   αὐτῷ   K M N S U W Γ Δ Θ Π Ω 157

ἑκατόνταρχος παρακαλῶν αὐτὸν 6 καὶ λέγων, Κύριε, ὁ παῖς μου βέβληται ἐν τῇ οἰκίᾳ   B uwτ rell
ἑκατοντάρχης παρακαλῶν αὐτὸν 6 καὶ λέγων,   ὁ παῖς μου βέβληται ἐν τῇ οἰκίᾳ   ℵ*
ἑκατόνταρχος παρακαλῶν αὐτὸ   6 καὶ λέγων, Κύριε, ὁ παῖς μου βέβληται ἐν τῇ οἰκίᾳ   C*
ἑκατοντάρχης παρακαλῶν αὐτὸν 6 καὶ λέγων, Κύριε, ὁ παῖς μου βέβληται ἐν τῇ οἰκίᾳ   W 1424
ἑκατοντάραχος παρακαλῶν αὐτὸν 6 καὶ λέγων, Κύριε, ὁ παῖς μου βέβληται ἐν τῇ οἰκίᾳ   Θ

παραλυτικός, δεινῶς βασανιζόμενος.ᵀ 7   λέγει αὐτῷ,   Ἐγὼ ἐλθὼν   B w
παραλυτικός, δεινῶς βασανιζόμενος. 7 καὶ λέγει αὐτῷ, Ἀκολούθι μοι, ἐγὼ ἐλθὼν   ℵ*
παραλυτικός, δεινῶς βασανιζόμενος. 7 καὶ λέγει αὐτῷ,   Ἐγὼ ἐλθὼν   ℵᶜ u
παραλυτικός, δεινῶς βασανιζόμενος. 7   λέγει αὐτῷ ὁ Ἰησοῦς,   Ἐγὼ ἐλθὼν   700
παραλυτικός, δεινῶς βασανιζόμενος. 7 καὶ λέγει αὐτῷ ὁ Ἰησοῦς,   Ἐγὼ ἐλθὼν   C 𝔐 K L M N U
                     W Γ Δ Θ Π f¹ f¹³ 33 157 579 565 788 1071 1346 1424 τ

ᵀκαι τον λεπρον εθεραπευσεν και ειπεν δειξον σεαυτον τοις ιερευσιν εις μαρτυριον δια τοιαυτην παραδοσιν εθος ειχον οι ιερεις δυναμει θ̄ῡ λεπρους ιασθαι ημεραις τακταις τουτον ουν τον λεπρον πολλω χρονω μη δυνη- θεντες ιασασθαι ελεγον τουτον ουδεις ιασεται η μονος ο χ̄ς̄ εαν ελθη πολλα τοινυν δεηθεντος του λεπρου ο σ̄η̄ρ̄ επισπλαγχνισθεις ιασαμενος αυτον δια τουτο ειπεν απελθε και δειξε σεαυτον τοις ιερευσιν εις μαρτυριον οτι ειπε θεραπευται ουτος εφ ου ειρηκατε ουδεις αλλη ο χ̄ς̄ μονος αυτος ιασεται ηλθεν ο χ̄ς̄ και πιστευσατε αυτω Sᵐᵍ

lac. 8.4-7 𝔓⁴⁵ A D F G H Y P Q 28 69

A 4 λεγι ℵᶜ ¦ ειπις 2 ¦ ειπειε 1071 ¦ διξον ℵ W Θ ¦ ιερι Θ ¦ προσενεγκαι 1582 1424 ¦ προσεταξε M S U f¹ 118 f¹³ 124 157 788 1071 5 εισελθεντι Δ ¦ παρακαλον Θ 13 ¦ αυτων 1346 6 πες L ¦ βεβλητε L 13 ¦ βεβλιτε Θ 1071 ¦ τι (τη) Θ ¦ οικεια W 1071 ¦ παραλυτικως L ¦ δινως ℵ N W ¦ δεινος L U 788 ¦ δινος Θ ¦ δεινος f¹³ 124 ¦ βασανιζωμενος Θ ¦ βασινιζομενος Ω ¦ βασανηζο- μενος 2 7 λεγι ℵ*

B 4 ι̅ς̅ B ℵ C E K L M N S U W Γ Δ Θ Π Ω f¹ 118 f¹³ 124 2 33 157 565 579 700 1071 1346 1424 5 ι̅υ̅ L 2 6 κ̅ε̅ B ℵᶜ C E K L M N S U W Γ Δ Θ Π Ω f¹ 118 f¹³ 124 2 33 157 565 579 700 788 1071 1346 1424 7 ι̅ς̅ C E K L M N S U W Γ Δ Θ Π Ω f¹ 118 f¹³ 124 2 33 157 565 579 700 788 1071 1346 1424

C 4 τελος (post αυτοις) E S Ω 118 f¹³ 124 788 1071 1346 ¦ τελ κυριακ γ̄ Θ ¦ τε τς του Σαβ Π ¦ τελ Σα f¹ 5 ζ (θ̄ 579) περι του εκατονταρχου· (ante εισελθ.) E K M S U Γ Δ Π Ω 1582 f¹³ 124 2 33 157 579 700 788 1071 1424 ¦ Ιω ζ̄ Π ¦ αρχη: κυριακη δ̄ τω καιρω εκεινω (om. 2) ελθοντι τω ι̅υ̅ (ante εις Καπ.) E 2 ¦ αρχ: ζ περι του εκατονταρχου· (ante εισελθοντι) L ¦ κ,υ δ̄ τω καιρ, ελθοντι του ι̅υ̅ εις καπερναουμ, M ¦ κ,υ δ̄ S ¦ κυρ δ̄ τω κρω Γ ¦ αρχ: τω κρω εισελθοντι δε τω ι̅υ̅ Θ ¦ αρχ κ,υ δ̄ αξο τω αγι παγ τω καιρω εκεινω εισελθοντι τω ι̅υ̅ εις καπερναουμ Π ¦ αρχ κ,υ δ̄ τω καιρω εισελθοντι δε τω ι̅υ̅ Ω ¦ ζ περη του εκατονταρχου Θ ¦ αρχ κ̅ε̅ κ,υ δ̄ τω καιρω εισελθοντ τω ι̅υ̅ εις καπερ f¹ ¦ κ,υ δ̄ τω καιρ, εκ,ει εισελθοντι τω ι̅υ̅ εις καπερ 118 ¦ αρχ f¹³ ¦ αρχ κυριακη δ̄ 124 157 788 1071 1346 ¦ αρχη τω καιρω εισελθοντι τω ι̅υ̅ 1424 7 κλ εκ τς ζ̄ τυπο τυπος ê S

D 5 ξ̅δ̅/γ̅ ℵ M S U Ω 124 700 1424 ¦ ξ̅δ̅ C K L Θ f¹ 118 f¹³ 157 579 1071 1346 ¦ ξ̅δ̅/δ̅ E ¦ Ευ Μθ ξ̅ε̅ : Ιω λ̅ζ̅ : Λο ξ̅ε̅ : Μρ . E ¦ Μθ ξ̅δ̅ : Λο ξ̅ε̅ : Ιω λ̅ζ̅ M ¦ Μθ ξ̅δ̅ : Μρ ιη : Λο λ̅ε̅ , ξ̅ε̅ : Ιω . 124

θεραπεύσω αὐτόν. **8** ἀποκριθεὶς δὲ   ὁ ἑκατόνταρχος ἔφη,   Κύριε, οὐκ εἰμὶ   B w
θεραπεύσω αὐτόν. **8** ἀποκριθεὶς δὲ   ὁ <u>ἑκατοντάρχης</u> <u>εἶπεν</u>, Κύριε, οὐκ εἰμὶ   ℵ* 33
θεραπεύσω αὐτόν. **8** <u>καὶ ἀποκριθεὶς</u>   ὁ ἑκατόνταρχος <u>εἶπεν</u>, Κύριε, οὐκ εἰμὶ   C
θεραπεύσω αὐτόν. **8** <u>καὶ ἀποκριθεὶς</u> <u>αυτω</u> ὁ ἑκατόνταρχος ἔφη,   Κύριε, οὐκ εἰμὶ   U
θεραπεύσω αὐτόν. **8** <u>καὶ ἀποκριθεὶς</u>   ὁ <u>ἑκατοντάραχος</u> ἔφη, Κύριε, οὐκ εἰμὶ   Θ
θεραπεύσω αὐτόν. **8** <u>καὶ ἀποκριθεὶς</u>   ὁ <u>ἑκατοντάρχης</u> ἔφη, Κύριε, οὐκ εἰμὶ   1424
θεραπεύσω αὐτόν. **8** <u>καὶ ἀποκριθεὶς</u>   ὁ ἑκατόνταρχος ἔφη, Κύριε, οὐκ εἰμὶ   uτ rell

ἱκανὸς ἵνα μου ὑπὸ τὴν στέγην εἰσέλθης· ἀλλὰ μόνον εἰπὲ λόγῳ, καὶ   B 124 **uw** rell
ἱκανὸς ἵνα μου ὑπὸ τὴν στέγην εἰσέλθης· ἀλλὰ μόνον εἰπὲ <u>λόγον</u>, καὶ   Γ K 2 157 1071 τ
ἱκανὸς ἵνα <u>ὑπὸ</u> <u>τὴν στέγην</u> <u>μου</u> εἰσέλθης· ἀλλὰ μόνον εἰπὲ λόγῳ, καὶ   Θ 579
   ἵνα μου ὑπὸ τὴν στέγην εἰσέλθης· ἀλλὰ <u>μόνῳ</u> εἰπὲ λόγῳ, καὶ   *f*[13]

ἰαθήσεται ὁ παῖς μου. **9** καὶ γὰρ ἐγὼ ἄνθρωπός εἰμι ὑπὸ ἐξουσίαν τασσόμενος,   B ℵ [**w**]
ἰαθήσεται.   **9** καὶ γὰρ ἐγὼ ἄνθρωπός εἰμι ὑπὸ ἐξουσίαν,   1 1582* 118
ἰαθήσεται ὁ παῖς μου. **9** καὶ γὰρ ἐγὼ ἄνθρωπός εἰμι <u>ὑπ'</u> ἐξουσίαν,   157
ἰαθήσεται ὁ παῖς μου. **9** καὶ γὰρ ἐγὼ ἄνθρωπός εἰμι ὑπὸ ἐξουσίαν,   **u**[**w**]τ rell

ἔχων ὑπ' ἐμαυτὸν στρατιώτας, καὶ λέγω τούτῳ, Πορεύθητι, καὶ πορεύεται, καὶ ἄλλῳ,   B **uwτ** rell
ἔχων ὑπ' ἐμαυτὸν στρατιώτας, καὶ λέγω τούτῳ, <u>Πορεύου</u>,   καὶ πορεύεται, καὶ ἄλλῳ,   N 1071

Ἔρχου, καὶ ἔρχεται, καὶ τῷ δούλῳ μου, Ποίησον τοῦτο, καὶ ποιεῖ.   B **uwτ** rell
·············· ········χεται, καὶ τῷ δούλῳ μου, Ποίησον τοῦτο, καὶ ποιεῖ.   G

10 ἀκούσας δὲ   ὁ Ἰησοῦς ἐθαύμασεν καὶ εἶπεν τοῖς ἀκολουθοῦσιν,   B **uwτ** rell
10 ἀκούσας δὲ   ὁ Ἰησοῦς ἐθαύμασεν καὶ εἶπεν τοῖς ἀκολουθοῦσιν <u>αὐτῷ</u>,   C 33 157 579 1424
10 ἀκούσας δὲ <u>ταῦτα</u> ὁ Ἰησοῦς ἐθαύμασεν καὶ εἶπεν τοῖς ἀκολουθοῦσιν <u>αὐτῷ</u>,   N

Ἀμὴν   λέγω ὑμῖν, παρ' οὐδενὶ τοσαύτην πίστιν ἐν τῷ Ἰσραὴλ εὗρον.   B W **uw**
Ἀμὴν   λέγω ὑμῖν, παρ' οὐδενὶ τοσαύτην πίστιν   εὗρον.   1 1582* 118*
Ἀμὴν   λέγω ὑμῖν,   οὐδενὶ τοσαύτην πίστιν ἐν τῷ Ἰσραὴλ εὗρον.   118ᶜ
Ἀμὴν <u>ἀμὴν</u> λέγω ὑμῖν,   <u>οὐδὲ ἐν τῷ</u> Ἰσραὴλ <u>τοσαύτην πίστιν</u> εὗρον.   124 788
Ἀμὴν   λέγω ὑμῖν,   <u>οὐδὲ ἐν τῷ</u> Ἰσραὴλ <u>τοσαύτην πίστιν</u> εὗρον.   2*
Ἀμὴν <u>ἀμὴν</u> λέγω ὑμῖν,   <u>οὐδὲ ἐν τῷ</u> Ἰσραὴλ <u>τοσαύτην πίστιν</u> <u>ηὗρον</u>.   579
Ἀμὴν   λέγω ὑμῖν,   <u>οὐδὲ ἐν τῷ</u> Ἰσραὴλ <u>τοσαύτην πίστιν</u> εὗρον.   ℵ C 𝔐 K L M N U Γ Δ Θ Π 1582ᶜ
                                     f[13] 2ᶜ 33 157 565 700 1071 1346 1424 τ

11 λέγω δὲ ὑμῖν ὅτι πολλοὶ ἀπὸ ἀνατολῶν καὶ δυσμῶν ἥξουσιν καὶ ἀνακλιθήσονται   B **uwτ** rell
11 λέγω δὲ ὑμῖν   πολλοὶ   ἀνατολῶν καὶ δυσμῶν ἥξουσιν και ἀνακλιθήσονται   1
11 λέγω δὲ ὑμῖν   πολλοὶ ἀπὸ ἀνατολῶν καὶ δυσμῶν ἥξουσιν καὶ ἀνακλιθήσονται   1582
11 λέγω   ὑμῖν   πολλοὶ ἀπὸ ἀνατολῶν καὶ δυσμῶν ἥξουσιν καὶ ἀνακλιθήσονται   118
11 λέγω   ὑμῖν ὅτι πολλοὶ ἀπὸ ἀνατολῶν καὶ δυσμῶν ἥξουσιν καὶ ἀνακλιθήσονται   700

μετὰ Ἀβραὰμ καὶ Ἰσαὰκ καὶ Ἰακὼβ ἐν τῇ βασιλείᾳ τῶν οὐρανῶν· **12** οἱ δὲ   υἱοὶ τῆς   B **uwτ** rell
μετὰ Ἀβραὰμ καὶ <u>Ἰσὰκ</u>   καὶ Ἰακὼβ ἐν τῇ βασιλείᾳ τῶν οὐρανῶν· **12** οἱ δὲ   υἱοὶ τῆς   ℵ
μετὰ <u>Ἀβράμ</u>   καὶ Ἰσαὰκ καὶ Ἰακὼβ ἐν τῇ βασιλείᾳ τῶν οὐρανῶν· **12** οἱ δὲ   υἱοὶ τῆς   L
μετὰ Ἀβραὰμ καὶ Ἰσαὰκ καὶ Ἰακὼβ ἐν τῇ βασιλείᾳ τῶν οὐρανῶν· **12** οἱ δὲ <u>οἱ</u> υἱοὶ τῆς   157
μετὰ   Ἰσαὰκ καὶ Ἰακὼβ ἐν τῇ βασιλείᾳ τῶν οὐρανῶν· **12** οἱ δὲ   υἱοὶ τῆς   788

---

lac. 8.7-12 𝔓⁴⁵ A D F G H Y P Q 28 69 ¦ vss. 7-9 G

A **7** αυτων L **8** αποκριθης Θ ¦ ιμει W Θ ¦ ειμη 2* ¦ κανος Δ ¦ ικανως Ω 579 ¦ στεγειν L ¦ εισελθεις L Θ Ω 579 ¦ πες L Θ **9** ειμει W ¦ εμαυτων 579 ¦ στρατηωτας L ¦ τουτο (τουτω) L* 1071 1424 ¦ πορευετε ℵ* C L Θ* ¦ αλλο L 1071 ¦ ερχετε ℵ L Δ ¦ ποιεισον L ¦ τουτω (τουτο) K 2 ¦ ποιη 2 **10** εθαυμασε 118 157 788 1071 1346 ¦ ειπε U Γ 118 157 788 1346 ¦ τωσαυτην 579 ¦ πιστην K L Θ 579 ¦ πιστι Γ ¦ ηυρον G N **11** ανατωλων Θ 2 565 ¦ ηξουσι S U *f*¹ 157 565 700 788 1071 1346 ¦ ανακληθησονται E K L Γ Ω 1582 124 2 579 700 788 1071 ¦ ανακλιθησοντε N ¦ ανακλειθησονται W

B **8** κ̅ε̅ B ℵ C E K L M N S U W Γ Δ Θ Π Ω *f*¹ 118 *f*¹³ 124 2 33 157 565 579 700 788 1071 1346 1424 **9** ανος̅ ℵ C E K L M N S U W Γ Δ Θ Π Ω *f*¹ 118 *f*¹³ 124 2 33 157 565 700 788 1071 1346 1424 **10** ι̅ς̅ B ℵ C 𝔐 K L M N S U W Γ Δ Θ Π Ω *f*¹ 118 *f*¹³ 124 2 33 157 565 579 700 788 1071 1346 1424 ¦ ιη̅λ̅ ℵ C 𝔐 K L M N S U Γ Θ Π Ω 1582ᶜ 118ᶜ *f*¹³ 2 157 565 579 788 1071 1346 1424 ¦ ιρ̅λ̅ Δ **11** ουνων̅ 𝔐 K L M U Γ Π *f*¹ 118 *f*¹³ 124 157 565 579 700 788 1071 1346 1424

D **10** ξ̅ε̅ *f*¹ 2 157 1071 1346 **11** ξ̅ε̅/ε̅ ℵ M S U Γ Π Ω 118 124 788 1424 ¦ ξ̅ε̅/ς̅ E ¦ ξ̅ς̅ *f*¹ 2 157 1346 ¦ ξ̅ε̅ 1071 ¦ Ευ Μθ ξ̅ε̅ : Ιω . : Λο ρο̅β̅ : Μρ . E ¦ Μθ ξ̅ε̅ : Μρ ιε : Λο ρο̅β̅ M ¦ Μθ ξ̅ε̅ : Μρ ιε : ρο̅β̅ : Ιω . 124 ¦ ξ̅ε̅ C K L Θ 579

βασιλείας   ἐκβληθήσονται εἰς τὸ σκότος τὸ ἐξώτερον· ἐκεῖ ἔσται ὁ κλαυθμὸς καὶ   B uwτ rell
βασιλείας   <u>ἐξελεύσονται</u> εἰς τὸ σκότος τὸ ἐξώτερον· ἐκεῖ ἔσται ὁ κλαυθμὸς καὶ   ℵ*
βασιλείας   ἐκβληθήσονται εἰς τὸ σκότος τὸ ἐξώτερον· ἐκεῖ ἔσται ὁ κλαυθμὸς καὶ <u>καὶ</u>   U
βασιλείας <u>αὐτῆς</u> ἐκβληθήσονται εἰς τὸ σκότος τὸ ἐξώτερον· ἐκεῖ ἔσται ὁ κλαυθμὸς καὶ   Δ
βασιλείας   <u>ἐμβληθήσονται</u> εἰς τὸ σκότος τὸ ἐξώτερον· ἐκεῖ ἔσται ὁ κλαυθμὸς καὶ   118

[Cl Pd I 91.1 καθο κακεινο ειρηται· οι δε αμαρτιαις περιπεσοντες <u>βληθησονται</u> <u>εις</u> <u>το</u> <u>σκοτος</u> <u>το</u> <u>εξωτερον·</u> <u>εκει</u> <u>εσται</u> <u>ο</u> <u>κλαυθμος</u> <u>και</u> <u>ο</u> <u>βρυγμος</u> <u>των</u> <u>οδοντων.</u> και τα παραπλησια].

ὁ βρυγμὸς τῶν ὀδόντων. **13** καὶ εἶπεν ὁ Ἰησοῦς τῷ ἑκατοντάρχῃ,   Ὕπαγε,   ὡς   B ℵ W **uw**
ὁ βρυγμὸς τῶν ὀδόντων. **13** καὶ εἶπεν ὁ Ἰησοῦς τῷ <u>ἑκατοντάρχω</u>,   Ὕπαγε,   ὡς   ℵ^c
ὁ βρυγμὸς τῶν ὀδόντων. **13** καὶ εἶπεν ὁ Ἰησοῦς τῷ <u>ἑκατωνταράχη</u>,   Ὕπαγε, <u>καὶ</u> ὡς   Θ
ὁ βρυγμὸς τῶν ὀδόντων. **13** καὶ εἶπεν ὁ Ἰησοῦς τῷ <u>ἑκατοντάρχω</u>,   Ὕπαγε, <u>καὶ</u> ὡς   U Δ f^1 33 157 τ
ὁ βρυγμὸς τῶν ὀδόντων. **13** καὶ εἶπεν ὁ Ἰησοῦς τῷ ἑκατοντάρχῃ,   Ὕπαγε, <u>καὶ</u> ὡς   C 𝔐 K L M N Γ Π
                                     f^{13} 2 565 579 700 788 1071 1346 1424

ἐπίστευσας γενηθήτω   σοι. καὶ ἰάθη ὁ παῖς   ἐν τῇ ὥρα   ἐκείνη.   B ℵ 1 1582* 118 **[u]w**
ἐπίστευσας γενηθήτω   σοι. καὶ ἰάθη ὁ παῖς <u>αὐτοῦ</u> <u>ἀπὸ</u> <u>τῆς</u> ὥρας   ἐκείνης.   C N Δ Θ
ἐπίστευσας <u>γεννηθήτω</u> σοι. καὶ ἰάθη ὁ παῖς <u>αὐτοῦ</u> ἐν τῇ ὥρα   ἐκείνη.   G Π*
ἐπίστευσας γενηθήτω   σοι. καὶ ἰάθη ὁ παῖς <u>αὐτοῦ</u> ἐν τῇ <u>ἡμέρα</u> ἐκείνη.   W 700
ἐπίστευσας γενηθήτω   σοι. καὶ ἰάθη ὁ παῖς   <u>ἀπὸ</u> <u>τῆς</u> ὥρας   ἐκείνης.   33
ἐπίστευσας <u>γεννηθήτω</u> σοι. καὶ ἰάθη ὁ παῖς <u>αὐτοῦ</u> ἐν τῇ <u>ἡμέρα</u> ἐκείνη.   1424
ἐπίστευσας γενηθήτω   σοι. καὶ ἰάθη ὁ παῖς <u>αὐτοῦ</u> ἐν τῇ ὥρα   ἐκείνη.   𝔐 K L M U Γ Π^c 1582^c f^{13} 2
                                                  157 565 579 788 1071 1346 **[u]**τ

om.   B ℵ^c 𝔐 K L W Γ Δ Π f^{13} 2 157 565 579 788 1071 1346 1424 **uwτ**
καὶ ὑποστρέψας ὁ ἑκατόνταρχος   εἰς τὸν οἶκον αὐτοῦ ἐν αὐτῇ τῇ ὥρα   ℵ* C E M N U f^1 33
καὶ ὑποστρέψας ὁ ἑκατοντάραχος εἰς τὸν οἶκον αὐτοῦ ἐν αὐτῇ τῇ ὥρα   Θ
καὶ ὑποστρέψαντες ὑ πέμφθεντες εἰς τὸν οἶκον   124

om.   B ℵ^c 𝔐 K L W Γ Δ Π f^{13} 2 157 565 579 788 1071 1346 1424 **uwτ**
εὗρεν τὸν παῖδα   ὑγιαίνοντα.   ℵ* C E U Θ* f^1
εὗρεν τὸν παῖδα αὐτοῦ   ὑγιαίνοντα.   M Θ^c
ηὗρεν   αὐτὸν   ὑγιαίνοντα.   N
εὗρεν τὸν ἀσθενοῦντα δοῦλον ὑγιαίνοντα.   124
εὗρεν   αὐτὸν   ὑγιαίνοντα.   33

η̄   περὶ τῆς πενθερᾶς πέτρου

Jesus Heals Peter's Mother-In-Law
(Mark 1.29-34; Luke 4.38-41)

ν̄ **14** Καὶ ἐλθὼν ὁ Ἰησοῦς εἰς τὴν οἰκίαν Πέτρου εἶδεν τὴν πενθερὰν αὐτοῦ   βεβλημένην   B **uwτ** rell
   14 Καὶ ἐλθὼν ὁ Ἰησοῦς εἰς τὴν οἰκίαν Πέτρου εἶδεν τὴν πενθερὰν <u>Πέτρου</u> βεβλημένην   E*
   14 Καὶ ἐλθὼν ὁ Ἰησοῦς εἰς τὴν οἰκίαν <u>Σίμωνος</u> Πέτρου εἶδεν τὴν πενθερὰν αὐτοῦ βεβλημένην   118²
   14 Καὶ ἐλθὼν   εἰς τὴν οἰκίαν Πέτρου εἶδεν τὴν πενθερὰν αὐτοῦ   βεβλημένην   124 788

lac. **8.12-14** 𝔓⁴⁵ A D F̄ H Y P Q 28 69

A 12 εκβαληθησονται L | κοτος K* ¦ σσκοτος L | εξοτερον 565 579 | εκη E^c | εστε ℵ L Δ | κλαθμος E L 2* | βριγμος Θ*
13 ηπεν Θ | το (τω) K L 579 | γενηθητο, πες L | υγιενοντα N | πεδα Θ | ευρε U 118 **14** οικειαν W 1071 | ιδεν K N Θ 13 124 33
788 1346 1424 ¦ ειδε 118 157 700 1071 | αυτρου (αυτου) E* | βεβλιμενην L

B 13 ῑς B ℵ C 𝔐 K L M N S U W Γ Δ Θ Π Ω f^1 118 f^{13} 124 2 33 157 565 579 700 788 1071 1346 1424 **14** ῑς B ℵ C 𝔐 K L M N
S U W Γ Δ Θ Π Ω f^1 118 f^{13} 2 33 28 157 579 700 1071 1346 1424

C 13 τελος (post εκεινη) 𝔐 S Θ Ω 788 ¦ τελ της κυ, G² Π f^1 ¦ (post υγιαινοντα) τελ 124 ¦ (post υγιαινοντα) Σβ δ̄ Θ **14** η̄ περι
της πενθερας πετρου: (ante και ελθ.) 𝔐 K L M S U Γ Δ Π Ω 1582 118 f^{13} 124 2 157 788 1071 1346 1424 ¦ Λ θ̄ Π ¦ αρχ: περι
της πενθερα πετρου Θ ¦ αρχη: Σαββατω δ̄ τω καιρω εκεινω (ante ελθων) E ¦ Σαββατω δ̄ τω καιρω ελθων ο ῑς εις την (ante
ελθων) G ¦ Μθ Σα δ̄ αρχ τω καιρ, ελθων ο ῑς εις την οικιαν πετρ, M ¦ τω κρω Σαββατ δ̄ Γ ¦ Σα δ̄ τω κ S ¦ αρχ: Σβ δ̄ τω κ,ρω και
ελθων ο ῑς Θ ¦ αρχ: εις αρχ του Σαβ: σαββατ δ̄ μ,γ τ̄ η τω καιρω εκεινω ελθων ο ῑς Π ¦ Σα δ̄ τω καιρω ελθων ο ῑς Ω ¦ αρχ κ έ Σα
δ̄ τω καιρω ελθων ο ῑς εἱς τ οικιαν f^1 ¦ Σα δ̄ τω εκεινα εισελθων ο ῑς εις την οικιαν πετρου 118 ¦ αρχ Σα δ̄ 124 788 1346 ¦
αρχ Σα δ̄ τω καιρω εκεινω 2 ¦ αρχ: Σα δ̄ και εισασθενουντας 157 ¦ αρχη τω καιρω 1424 ¦ αρχ 1071

D 13 ξς/ε̄ ℵ M U Π 118 124 788 1424 ¦ ξς C K L Θ 1582 157 579 1071 ¦ ξς/ς E S Γ ¦ ξζ f^1 2 ¦ ξη 157 | Ευ Μθ ξς : Ιω . : Λο ξς :
Μρ . E | Μθ ξς : Λο ξς M ¦ Μθ ξς : Μρ . : Λο κς : Ιω . 124 **14** ξζ/β ℵ E M S U Γ Π Ω 124 1424 ¦ ξη/ε G ¦ ξζ K L Θ f^1 579
1071 | Ευ Μθ ξζ : Ιω . : Λο κς : Μρ ιε E | Μθ ξζ : Λο κς M ¦ Μθ ξζ : Μρ . : Λο ρε : Ιω . 124

καὶ πυρέσσουσαν· 15 καὶ ἥψατο τῆς χειρὸς αὐτῆς, καὶ   ἀφῆκεν αὐτὴν   B uwτ + all txts
καὶ πυρέσσουσαν· 15 καὶ ἥψατο τῆς χειρὸς αὐτῆς, καὶ εὐθέως   ἀφῆκεν αὐτὴν   124 788 1346
καὶ πυρέσσουσαν· 15 καὶ ἥψατο τῆς χειρὸς αὐτῆς, καὶ παραχρῆμα ἀφῆκεν αὐτὴν   157

ὁ πυρετός· καὶ ἠγέρθη καὶ διεκόνει αὐτῷ.   16 Ὀψίας δὲ γενομένης   B*
ὁ πυρετός· καὶ ἠγέρθη καὶ διηκόνει αὐτῷ.   16 Ὀψίας δὲ γενομένης   B^c C 𝔐 K U W Γ Θ Π 579 700 uw
ὁ πυρετός· καὶ ἐγέρθη   διηκόνει αὐτῷ.   16 Ὀψίας δὲ γενομένης   ℵ*
ὁ πυρετός· καὶ ἠγέρθη καὶ διηκόνει αὐτῶν. 16 Ὀψίας δὲ γενομένης   N   [↓1346 1424 τ
ὁ πυρετός· καὶ ἠγέρθη καὶ διηκόνει αὐτοῖς. 16 Ὀψίας δὲ γενομένης   ℵ^c L M Δ f^1 f^13 2 33 157 565 788 1071

θ̄   περὶ τῶν ἰαθέντων ἀποποικίλων νοσσῶν

προσήνεγκαν αὐτῷ δαιμονιζομένους πολλούς· καὶ ἐξέβαλεν τὰ πνεύματα   λόγῳ, B uwτ rell
προσήνεγκαν αὐτῷ δαιμονιζομένους πολλούς· καὶ ἐξέβαλεν τὰ πνεύματα ἀκάθαρτος λόγῳ, Δ
προσήνεγκαν αὐτῷ δαιμονιζομένους·   καὶ ἐξέβαλεν τὰ πνεύματα   λόγῳ, 1424

καὶ πάντας τοὺς κακῶς ἔχοντας ἐθεράπευσεν· 17 ὅπως πληρωθῇ   τὸ ῥηθὲν   B uwτ rell
καὶ ἐθεράπευσεν πάντας τοὺς κακῶς ἔχοντας· 17 ὅπως πληρωθῇ   τὸ ῥηθὲν   Θ
καὶ πάντας τοὺς κακῶς ἔχοντας ἐθεράπευσεν· 17 ὡς   πληρωθῆναι τὸ ῥηθὲν   1424

διὰ Ἡσαΐου   τοῦ προφήτου λέγοντος,   B uwτ rell
διὰ Ἰσαΐου   τοῦ προφήτου λέγοντος,   L Θ 2
διὰ Ἡσαΐου   τοῦ προφήτου λέγοντος ὅτι, W
ὑπὸ Ἡσαΐου   τοῦ προφήτου λέγοντος,   1424

     Αὐτὸς τὰς ἀσθενείας ἡμῶν   ἔλαβεν   B uwτ rell
     Αὐτὸς τὰς ἀσθενείας ἡμῶν   ἀνέλαβεν   K Π
     Αὐτὸς τὰς ἀσθενείας ὑμῶν   ἔλαβεν   L

  καὶ τὰς νόσους ἐβάστασεν.

ῑᾱ   περὶ τοῦ μὴ ἐπιτρεπομένου ἀκολουθεῖν

Requirements To Be A Follower Of Jesus
(Mark 4.35; Luke 8.22; 9.57-62)

ν̄ᾱ 18 Ἰδὼν δὲ ὁ Ἰησοῦς ὄχλον   περὶ αὐτὸν ἐκέλευσεν ἀπελθεῖν εἰς τὸ   B u[w]
   18 Ἰδὼν δὲ ὁ Ἰησοῦς ὄχλους   περὶ αὐτὸν ἐκέλευσεν ἀπελθεῖν εἰς τὸ   ℵ* 1 1582* [w]
   18 Ἰδὼν δὲ ὁ Ἰησοῦς ὄχλον   πολὺν   περὶ αὐτὸν ἐκέλευσεν ἀπελθεῖν εἰς τὸ   W
   18 Ἰδὼν δὲ ὁ Ἰησοῦς πολλοὺς ὄχλους   περὶ αὐτὸν ἐκέλευσεν ἀπελθεῖν εἰς τὴν   33
   18 Ἰδὼν δὲ   πολλοὺς ὄχλους   περὶ αὐτὸν ἐκέλευσεν ἀπελθεῖν εἰς τὸ   579
   18 Ἰδὼν δὲ   πολλοὺς   περὶ αὐτὸν ἐκέλευσεν ἀπελθεῖν εἰς τὸ   1071
   18 Ἰδὼν δὲ ὁ Ἰησοῦς πολὺν   ὄχλον   περὶ αὐτὸν ἐκέλευσεν ἀπελθεῖν εἰς τὸ   1424
   18 Ἰδὼν δὲ ὁ Ἰησοῦς πολλοὺς ὄχλους   περὶ αὐτὸν ἐκέλευσεν ἀπελθεῖν εἰς τὸ   ℵ^c C 𝔐 K L M N U Γ
        Δ Θ Π 1582^c 118 f^13 2 157 565 579 700 788 1346 [w]τ

πέραν. 19 καὶ προσελθὼν εἷς γραμματεὺς εἶπεν αὐτῷ, Διδάσκαλε, ἀκολουθήσω σοι ὅπου

lac. 8.14-19 𝔓^45 A D F H Y P Q 28 69

A 15 ηψατω Θ | χιρος ℵ | διηκονι ℵ W | διηκονη Θ | διηκονη 2* | δικονη 1071 16 οψειας W | γεννομεενης L | γενωμενης Θ | δεμονιζομενους L | εξεβαλε M U Γ 118 124 157 700 788 1346 | εχοντα 565 17 το (τω) Θ | ασθενιας ℵ N W Θ 2 579 | ελαβε M S U 118 157 700 788 1071 1346 | νοσου E | νοσσους G | εβαστασε U | απελθην 579 19 προσελθον Θ

B 16 π̅ν̅α̅τ̅α̅ ℵ K L N 1 2 700 1346 | π̅ν̅α̅ M Ω 788 | π̅ν̅τ̅α̅ W 18 ι̅ς̅ B ℵ C 𝔐 K L M N S U W Γ Δ Θ Π Ω f^1 118 f^13 124 2 33 157 565 700 788 1346 1424

C 15 τελ M 16 θ̅ (ῑ 579) περι των (του 1071) ιαθεντων (ιαθετον Θ) αποπυκιλων (αποποικιλων K L M S U Γ Δ Π Θ Ω 1582 124 579 788 1071 1424 | αποποικειλων 1) νοσσων· (νοσον L | νοσων M S U Γ Δ Π Ω f^1 124 157 788 1071 1424) (ante οψιας) E K L M S U Γ Δ Θ Π Ω f^1 124 157 579 788 1071 1424 | αρχ 157 | Λ ῑ Μρ γ̅ Π | Σαβ δ̅ 1071 17 υπ ῑ 1424 19 ῑ (θ̅ G) περι του μη επιτρεπομενου (μη επειτρεπομε Γ | επιτρεπ. μη 1071) ακολουθειν (ακολουθην L): (ante προσελθ.) E G K L M S U Γ Δ Θ Π Ω 124 2 157 788 1071 1424 | αρχ 157 | Μθ ι : Μρ λγ̅ Μ | Λο λ̅ Π

D 16 ξ̅ξ̅ C | ζ̅θ̅ 157 19 ξ̅η̅/ℵ ℵ L M N S U Γ Π (Ω) 124 788 1071 1424 | ξ̅η̅ C K Θ 118 f^13 579 1346 | ξ̅η̅/ς̅ E | ο̅ 157 | Ευ Μθ ξ̅η̅ : Ιω . : Λο ρε : Μρ . E | Μθ ξ̅η̅ : Μρ μ̅ζ̅ : Λο ρε̅ Μ | Μθ ξ̅η̅ : Μρ μ̅ζ̅ : Λο πγ : Ιω . 124

ἐὰν ἀπέρχῃ. **20** καὶ λέγει αὐτῷ ὁ Ἰησοῦς, Αἱ ἀλώπεκες φωλεοὺς ἔχουσι καὶ τὰ πετεινὰ B **uwτ** rell
<u>ἂν</u> ἀπέρχῃ. **20** καὶ λέγει αὐτῷ ὁ Ἰησοῦς, Αἱ ἀλώπεκες φωλεοὺς ἔχουσι καὶ τὰ πετεινὰ W Θ 700 1424
ἐὰν ἀπέρχῃ. **20** καὶ <u>ἀπεκρίθη</u> ὁ Ἰησοῦς, Αἱ ἀλώπεκες φωλεοὺς ἔχουσι καὶ τὰ πετεινὰ 118

τοῦ οὐρανοῦ κατασκηνώσεις, ὁ δὲ υἱὸς τοῦ ἀνθρώπου οὐκ ἔχει ποῦ τὴν κεφαλὴν B **uwτ** rell
τοῦ οὐρανοῦ κατασκηνώσεις, ὁ δὲ <u>ὁ</u> υἱὸς τοῦ ἀνθρώπου οὐκ ἔχει ποῦ τὴν κεφαλὴν L 124
τοῦ οὐρανοῦ κατασκηνώσεις, ὁ δὲ υἱὸς τοῦ ἀνθρώπου οὐκ ἔχει ποῦ <u>τινι</u> κεφαλὴν Θ

[Cl S IV 31.2 <u>αι</u> <u>αλωπεκες</u> αρα <u>φωλεους</u> <u>εχουσι</u>]

κλείνῃ. **21** ἕτερος δὲ τῶν μαθητῶν   εἶπεν αὐτῷ, Κύριε, ἐπίτρεψόν μοι πρῶτον B
<u>κλίνῃ.</u> **21** ἕτερος δὲ τῶν μαθητῶν   εἶπεν αὐτῷ, Κύριε, ἐπίτρεψόν μοι πρῶτον ℵ 33 [u]w
κλείνῃ. **21** ἕτερος δὲ τῶν μαθητῶν <u>αὐτοῦ</u> εἶπεν αὐτῷ, Κύριε, ἐπίτρεψόν μοι πρῶτον C W Δ
<u>κλίναι.</u> **21** ἕτερος δὲ τῶν μαθητῶν <u>αὐτοῦ</u> εἶπεν αὐτῷ, Κύριε, ἐπίτρεψόν μοι πρῶτον Γ 118 2 157 1424
<u>κλίνῃ.</u> **21** ἕτερος δὲ τῶν μαθητῶν <u>αὐτοῦ</u> εἶπεν αὐτῷ, Κύριε, ἐπίτρεψόν μοι πρῶτον 𝔐 K L M N U Θ Π f¹
                                                                         f¹³ 565 700 788 1071 1346 [u]τ

ἀπελθεῖν καὶ θάψαι τὸν πατέρα μου. **22** ὁ δὲ Ἰησοῦς λέγει αὐτῷ, B C f¹ uw
ἀπελθεῖν καὶ θάψαι τὸν πατέρα μου. **22** ὁ δὲ   λέγει αὐτῷ, ℵ
ἀπελθεῖν καὶ θάψαι τὸν πατέρα μου. **22** ὁ δὲ   <u>εἶπεν</u> αὐτῷ, 2
ἀπελθ······   τὸν πατέρα μου. **22** ὁ δὲ   λέγει αὐτῷ, 33
<u>ἀπέλθοντι</u>   θάψαι τὸν πατέρα μου. **22** ὁ δὲ Ἰησοῦς <u>εἶπεν</u> αὐτῷ, 157   [↓700 788 1071 1346 1424 τ
ἀπελθεῖν καὶ θάψαι τὸν πατέρα μου. **22** ὁ δὲ Ἰησοῦς <u>εἶπεν</u> αὐτῷ, 𝔐 K L M N U W Γ Δ Θ Π f¹³ 565 579

Ἀκολούθει μοι, καὶ ἄφες τοὺς νεκροὺς θάψαι τοὺς ἑαυτῶν νεκρούς. B **uwτ** rell
Ἀκολούθει μοι, ······ ········ ········ νεκροὺς θά······ ········ ··········· ········ρούς. 33

[Cl S III 25.3 καν συγχρησωνται τη του κυριου φωνη λεγοντες τω φιλιππω· <u>αφες</u> <u>τους</u> <u>νεκρους</u> θαψαι <u>τους</u> <u>εαυτων</u>
<u>νεκρους</u>, συ δε <u>ακολουθει</u> <u>μοι</u>] [Cl S IV 155.4 νεκροι γαρ <u>τους</u> <u>εαυτων</u> θαπτουσι <u>νεκρους</u>] [Cl Q 23.2 οι νεκροι
<u>τους</u> <u>νεκρους</u> θαπτετωσαν, συ δε <u>μοι</u> <u>ακολουθει</u>].

ια̅   περὶ τῆς ἐπιτιμήσεως τῶν ὑδάτων

The Winds And The Sea Obey Jesus
(Mark 4.35-41; Luke 8.22-25)

νβ̅ **23** Καὶ ἐμβάντι αὐτῷ   εἰς   πλοῖον ἠκολούθησαν αὐτῷ οἱ μαθηταὶ αὐτοῦ. B C f¹ f¹³ 1346 w
23 Καὶ ἐμβάντι αὐτῷ   εἰς   πλοῖον ἠκο······· ········ ········ ········ ········ G
23 Καὶ ἐμβάντι <u>τῷ</u> Ἰησοῦ εἰς <u>τὸ</u> πλοῖον ἠκολούθησαν αὐτῷ οἱ μαθηταὶ αὐτοῦ. U
23 Καὶ ἐμβάντι αὐτῷ   εἰς <u>τὸν</u> πλοῖον ἠκολούθησαν αὐτῷ οἱ μαθηταὶ αὐτοῦ. Λ
23 Καὶ ἐμβάντι αὐτῷ   εἰς   πλοῖον ἠκο······· ········ τῷ οἱ μαθ······ ········· 33
23 Καὶ ἐμβάντι αὐτῷ   εἰς   πλοῖον ἠκολούθησαν   οἱ μαθηταὶ αὐτοῦ. 565
23 Καὶ ἐμβάντι αὐτῷ   εἰς <u>τὸ</u> πλοῖον ἠκολούθησαν αὐτῷ οἱ μαθηταὶ αὐτοῦ. ℵ 𝔐 K L M N W Γ
                                                                         Θ Π 2 157 579 700 1071 1424 **uτ**

lac. **8.19-23** 𝔓⁴⁵ A D F G H Y P Q 28 69

A **19** απερχει 1071 **20** ος (ο Ιησους) Θ* ¦ αλωπεκαις N 1071 ¦ αλωπαικες 33 ¦ αλοπεκες 565 ¦ φολεους K 1071 1424 ¦ φωλαιους
Θ 124 2 ¦ εχουσιν ℵ C 𝔐 K L N W Γ Δ Θ Π Ω f¹³ 124 2 33 579 700* 1424 ¦ πετινα ℵ N W ¦ πετηνα Θ ¦ κατασκηνωσεις ℵ ¦
κατα- σκινωσεις Θ ¦ κατασκηνωσης 2 ¦ εχι ℵ ¦ εχη L 579 ¦ καιφαλην 2* ¦ κλινει G K S 13 124 788 1346 ¦ κληνη L 1071 ¦ κλιναι
N ¦ κληναι 2* **21** επεν Θ* ¦ ματων C ¦ απελθην 2* ¦ θαψε ℵ 579 1424 **22** λεγι ℵ ¦ ακολουθι ℵ ¦ ακολουθη L Θ Ω 13 2 1071 ¦ κε (και)
L ¦ θαψε τς ℵ ¦ εαυτον 1071 **23** εμβαντη L ¦ ενβαντι Θ 565 ¦ τω (το) M ¦ ηκολουθεισαν K ¦ μαθητε ℵ

B **20** ι̅ς̅ B ℵ C 𝔐 K L M N S U W Γ Δ Π Ω f¹ 118 f¹³ 124 2 33 157 565 579 700 788 1071 1346 1424 ¦ ο̅ς̅ (ο Ιησους) Θ* ¦ ο̅υ̅ν̅ο̅υ̅
ℵ 𝔐 K L M S U Γ Δ Π Ω f¹ 118 f¹³ 124 2 157 565 579 700 788 1071 1346 1424 ¦ υ̅ς̅ C 𝔐 K L M N U Π Ω 2 33 1424 ¦ α̅ν̅ο̅υ̅ C
𝔐 K L M N S U Γ Δ Θ Π Ω f¹ 118 f¹³ 124 2 33 157 565 579 700 788 1071 1346 1424 **21** κ̅ε̅ B ℵ C 𝔐 K L M N S U W Γ Δ Π
Ω f¹ 118 f¹³ 124 2 33 157 565 579 700 788 1071 1346 1424 ¦ π̅ρ̅α̅ ℵ C 𝔐 K L M N S U W Γ Δ Π Ω f¹ 118 f¹³ 124 2 33 157
565 579 700 788 1071 1346 1424 **22** ι̅ς̅ B C 𝔐 K L M N S U W Γ Δ Θ Π Ω f¹ 118 f¹³ 124 157 565 579 700 788 1071 1346 1424
23 ι̅υ̅ U

C **21** ια̅ περι του μη επιτρεπομενου ακολουθειν 579 **22** αρχη (post νεκρους) E^c ¦ τε̅ του Σα 157 ¦ τελ 2 1071 **23** αρχη: τη γ̅ της
β̅ εβδομαδος τω καιρω εμβαντι (ante και εμβ.) G ¦ αρχ L 2 ¦ αρκ β̅ 1071 ¦ Μθ τη γ̅ τς β̅ εβδ κ, μη οκτωβρ, κ̅ς̅ του αγ, δημητριου:
αρχ τω καιρ,ω εμβαντι τω ιυ εις πλοιου: M ¦ τη γ̅ τς β̅ εβδ τω κ εμβαντ S ¦ τω κρω ητοι κ του μγ σισμου κ εις τ αγιον δημητρ
Γ ¦ κε αρχ τη ε̅ τς ε̅ εβδ τω καιρω εμβαντι τω ιυ εις f¹ ¦ αρχ τε α 157 ¦ ια̅ περι της επιτιμησεως των υδατων S U Δ Θ 1582 2
788 ¦ αρχ τς ε: τη ε τς β̅ δ εβδ εις τ κατ του οκτωβρι τω καιρω εκεινω ενβαντι τω ιυ εις πλοιον ηκολουθησαν Π ¦ αρχ τω
καιρω εις τ σεισμ, Ω ¦ αρχ τς ε̅ τς β̅ εβδ τω εκεινω εμβαντι 118 ¦ αρχ λειτ του αγι δημητριου f¹³ 1346 ¦ του αγιου δημητιου
788 ¦ τελος (post αυτου) E S Θ f¹³ 124 788 1346 ¦ τε̅ του Σα Π Ω f¹

D **23** ξθ̅/β̅ ℵ E L M N S U Ω 118 124 788 1071 1424 ¦ ξθ̅ C K 118 f¹³ 579 1071 1346 ¦ Ευ Μθ ξθ̅ : Ιω . : Λο π̅γ̅ : Μρ μ̅ζ̅ E ¦ Μθ
ξθ̅ : Λο π̅γ̅ M ¦ Μθ ια̅ : Μρ γ̅ : Λο κ̅γ̅ M ¦ Μθ ξθ̅ : Μρ μ̅ζ̅ : Λο π̅γ̅ : Ιω . 124

65

24 καὶ ἰδοὺ σεισμὸς μέγας ἐγένετο ἐν τῇ θαλάσσῃ, ὥστε τὸ πλοῖον B uwτ rell
24 καὶ ἰδοὺ σισ········· ··· ··· N
24 καὶ ἰδοὺ σεισμὸς ἐγένετο μέγας ἐν τῇ θαλάσσει, ὥστε τὸ πλοῖον Γ
24 καὶ ἰδοὺ σεισμὸς μέγας ἐγένετο ἐν τῇ θαλάσσῃ, ὥστε καὶ τὸ πλοῖον Ω
24 ········ ········σμὸς μέγας ἐγένετο ἐν τῇ θαλάσ···· ······· ····· 33
24 καὶ ἰδοὺ σεισμὸς ἐγένετο ἐν τῇ θαλάσσῃ, ὥστε τὸ πλοῖον 700

καλύπτεσθαι ὑπὸ τῶν κυμάτων· αὐτὸς δὲ ἐκάθευδεν. B* uwτ rell
καλύπτεσθαι ἀπὸ τῶν κυμάτων· αὐτὸς δὲ ἐκάθευδεν. Bᶜ
καλύπτεσθαι ὑπὸ τῶν κυμάτων· ἦν γὰρ ὁ ἄνεμος ἐναντίος αὐτοῖς. αὐτὸς δὲ ἐκάθευδεν. C*
················· ······ ····τῶν· αὐτὸς δὲ ἐκάθευδεν. 33

25 καὶ προσελθόντες ἤγειραν αὐτὸν λέγοντες, Κύριε, B ℵ uw
25 καὶ προσελθόντες οἱ μαθηταὶ αὐτοῦ ἤγειραν αὐτὸν λέγοντες, Κύριε, C* W Θ f¹ 1424 τ
25 καὶ προσ········ ········ 33 [↓565 579 700 788 1071 1346
25 καὶ προσελθόντες οἱ μαθηταὶ ἤγειραν αὐτὸν λέγοντες, Κύριε, Cᶜ 𝔐 K L M U Γ Δ Π f¹³ 2 157

σῶσον, ἀπολλύμεθα. 26 καὶ λέγει αὐτοῖς, Τί δειλοί ἐστε, ὀλιγόπιστοι; B ℵ C 1 1582* 118 f¹³
σῶσον ἡμᾶς, ὅτι ἀπολλύμεθα. 26 καὶ λέγει αὐτοῖς, Τί δειλοί ἐστε, ὀλιγόπιστοι; Δ [↑1346 uw
········ον, ἀπολλύμεθα. 26 καὶ λέγει αὐτοῖς, ····· 33
σῶσον ἡμᾶς, ἀπολλύμεθα. 26 καὶ λέγει αὐτοῖς, Τί δειλοί ἐστε, ὀλιγόπιστοι; 𝔐 K L M U W Γ Θ Π
1582ᶜ 124 157 565 700 788 1071 1424 τ

τότε ἐγερθεὶς ἐπετείμησεν τοῖς ἀνέμοις καὶ τῇ θαλάσσῃ, καὶ ἐγένετο γαλήνη μεγάλη. B
τότε ἐγερθεὶς ἐπετίμησεν τῷ ἀνέμῳ καὶ τῇ θαλάσσῃ, καὶ ἐγένετο γαλήνη μεγάλη. ℵ* f¹ f¹³ 788
········ ·········· ····ετίμησεν τοῖς ἀνέμοις καὶ τῇ θα········ ····· ············ 33 [↑1346
τότε ἐγερθεὶς ἐπετίμησεν τοῖς ἀνέμοις καὶ τῇ θαλάσσῃ, καὶ ἐγένετο γαλήνη μεγάλη uwτ rell

27 οἱ δὲ ἄνθρωποι ἐθαύμασαν λέγοντες, Ποταπός ἐστιν οὗτος ὅτι B uwτ rell
27 οἱ δὲ ἄνθρωποι ἐθαύμασαν λέγοντες, Ποταπός ἐστιν οὗτος ὁ ἄνθρωπος ὅτι W
27 οἱ δὲ ἄνθρωποι ἐθαύμασαν λέγον···· ·············· Γ
27 ····· ···· ·········ποι ἐθαύμασαν λέγοντες, Ποτα···· ······· 33
27 οἱ δὲ ἄνθρωποι ἐθαύμασαν λέγοντες, Ποταπός ἐστιν οὗτος καὶ ὅτι 788

καὶ οἱ ἄνεμοι καὶ ἡ θάλασσα αὐτῷ ὑπακούουσιν. B ℵ W f¹ uw
οἱ ἄνεμοι καὶ ἡ θάλασσα ὑπακούουσιν αὐτῷ. C
καὶ οἱ ἄνεμοι καὶ ἡ θάλασσα αὐτῷ ὑπακούσιν. Θ
καὶ ἄνεμοι καὶ ἡ θάλασσα ὑπακούουσιν αὐτῷ. 124
······· ········· ······· ·· ···ὑτῷ ὑπακούουσιν. 33 [↓1424 τ
καὶ οἱ ἄνεμοι καὶ ἡ θάλασσα ὑπακούουσιν αὐτῷ. 𝔐 K L M U Δ Π 118 f¹³ 2 157 565 579 700 788 1071 1346

---

lac. 8.24-27 𝔓⁴⁵ A D F H Y N P Q 28 69 ¦ vs. 27 Γ

A 24 σισμος ℵ C N W Δ ¦ θαλασσει Θ 2* ¦ ωσται 1071 ¦ πλοιοι L ¦ καλυπτεσθε ℵ L ¦ καλυπταισθαι 1071 ¦ τηων Ε* ¦ τον (των) Θ ¦ εκαθευδε 118 157 700ᶜ 1071 25 προσελθωντες 2* ¦ μαθητε L Θ* ¦ ηγιραν ℵ 565 ¦ ηγηραν L ¦ απολυμεθα Θ 2* 1424 26 λεγι ℵ ¦ διλοι ℵ K Δ Θ 565 ¦ δειλυ L ¦ δηλοι 700 ¦ εσται L W Ω 2 579 ¦ ολιγοπιστει 579 ¦ εγερθις ℵ ¦ επιτιμησεν ℵ ¦ επετιμησε K U 118 13 157 700ᶜ 788 1346 ¦ επετημησεν L ¦ επετημησε 1071 ¦ εγενετω Θ ¦ γαλινη Ε Ω ¦ γαλη L 27 ουτως (ουτος) L 2 ¦ υπακοιουσιν Δ

B 25 κε̅ B ℵ C E K L M S U W Γ Δ Θ Π Ω f¹ 118 f¹³ 124 2 157 565 579 700 788 1071 1346 1424 27 ανοι̅ ℵ C E K L M S U Γ Θ Π Ω f¹ 118 f¹³ 124 2 565 579 700 788 1071 1346 1424 ¦ ανος̅ W

C 24 ια̅ περι της επιτιμησεως των υδατων: Ε L Μ Ω 1 f¹³ 124 565 1071 1424 ¦ (ante vs. 23 157) 26 (ante τοτε) ια̅ περι της επιτιμησεως των υδατων Γ 27 τελ L S Ω f¹³ 124 788 1071 1346 ¦ τε τς ε̅ κ, του σεισμου Π ¦ τελ ε̅ f¹

ι̅β̅   περὶ τῶν δύο δαιμονιζομένων

Jesus Exorcises Demons From Two Gadarene Demoniacs
(Mark 5.1-20; Luke 8.26-36)

ν̅γ̅ 28 Καὶ ἐλθόντος αὐτοῦ εἰς τὸ πέραν εἰς τὴν χώραν τῶν Γαδαρηνῶν ὑπήντησαν αὐτῷ   B C* Θ **uw**
   28 Καὶ ἐλθόντων <u>αὐτῶν</u> εἰς τὸ πέραν εἰς τὴν χώραν τῶν <u>Γαζαρηνῶν</u> ὑπήντησαν αὐτῷ   ℵ*
   28 Καὶ ἐλθόντος αὐτοῦ εἰς τὸ πέραν εἰς τὴν χώραν τῶν <u>Γεργεσηνῶν</u> ὑπήντησαν αὐτῷ   ℵ^c f¹
   28 Καὶ ἐλθόντος αὐτοῦ εἰς τὸ πέραν εἰς τὴν χώραν τῶν <u>Γεργεσινῶν</u> ὑπήντησαν αὐτῷ   C^c f¹³ 788
   28 Καὶ <u>ἐλθόντι</u> <u>αὐτῷ</u> εἰς τὸ πέραν εἰς τὴν χώραν τῶν <u>Γεργεσινῶν</u> ὑπήντησαν αὐτῷ   L Ω 565 579
   28 Καὶ <u>ἐλθόντι</u> <u>αὐτω</u> εἰς τὸ πέραν εἰς τὴν χώραν τῶν Γαδαρηνῶν ὑπήντησαν αὐτῷ   M [↑1071
   28 Καὶ <u>ἐλθόντι</u> <u>αὐτω</u> εἰς τὸ πέραν   τῶν <u>Γεργεσηνῶν</u> ὑπήντησαν αὐτῷ   W
   28 Καὶ <u>ἐλθόντε</u> <u>αὐτῷ</u> εἰς τὸ <u>πέρα</u> εἰς τὴν χώραν τῶν <u>Γαραδηνῶν</u> ὑπήντησαν αὐτῷ   Δ
   28 Καὶ ἐλθόντος .... ὑπήντησαν αὐτῷ   33
   28 Καὶ <u>ἐλθόντος</u> αὐτοῦ εἰς τὸ πέραν εἰς τὴν χώραν τῶν <u>Γεργεσυνῶν</u> ὑπήντησαν αὐτῷ   1346
   28 Καὶ <u>ἐλθόντι</u> <u>αὐτῷ</u> εἰς τὸ πέραν εἰς τὴν χώραν τῶν <u>Γεργεσηνῶν</u> ὑπήντησαν αὐτῷ   𝔐 K U Π 2^c
                                                                              157 700 1424 τ

δύο δαιμονιζόμενοι ἐκ τῶν μνημείων ἐξερχόμενοι, χαλεποὶ λείαν, ὥστε μὴ ἰσχύειν τινὰ   B **uwτ** rell
δύο δαιμονιζόμενοι ἐκ τῶν μνημείων ἐξερχόμενοι, χαλεποὶ <u>λίαν</u>, ὥστε <u>μηδένα</u> ἰσχύειν   700

παρελθεῖν διὰ τῆς ὁδοῦ ἐκείνης. 29 καὶ ἰδοὺ ἔκραξαν λέγοντες,   Τί ἡμῖν καὶ σοί,   B **uwτ** rell
παρελθεῖν διὰ τῆς ὁδοῦ ἐκείνης. 29 καὶ ἰδοὺ ἔκραξαν λέγοντες,   Τί <u>ὑμῖν</u> καὶ σοί,   L 700
παρελθεῖν διὰ τῆς ὁδοῦ ἐκείνης. 29 καὶ ἰδοὺ <u>ἔκραζον</u> λέγοντες,   Τί ἡμῖν καὶ σοί,   W
<u>ἀπελθεῖν</u> διὰ τῆς ὁδοῦ ἐκείνης. 29 καὶ ἰδοὺ ἔκραξαν λέγοντες,   Τί ἡμῖν καὶ σοί,   Ω
παρελθεῖν διὰ τῆς ὁδοῦ ἐκείνης. 29 καὶ ἰδοὺ ἔκραξαν <u>φωνὴ μεγάλη</u> λέγοντες, Τί ἡμῖν καὶ <u>σύ,</u>   124
παρελθεῖν διὰ τῆς ὁδοῦ ἐκείνης. 29 καὶ ἰδοὺ ἔκραξαν λέγοντες,   Τί ἡμῖν καὶ <u>σύ,</u>   788 1346
παρελθεῖν διὰ τῆς ὁδοῦ ἐκείνης. 29 καὶ   ἔκραξαν λέγοντες,   Τί ἡμῖν καὶ σοί,   1424

                                                          [↓118 33 1346 **uw**
υἱὲ   τοῦ θεοῦ;   ἦλθες ὧδε πρὸ καιροῦ   βασανίσαι ἡμᾶς;   B ℵ^c C* L 1
υἱὲ   τοῦ θεοῦ;   ἦλθες ὧδε <u>ἡμᾶς ἀπολέσαι</u>   <u>πρὸ καιροῦ</u>;   ℵ*
ʾΙησοῦ, <u>υἱοῦ</u> τοῦ θεοῦ;   ἦλθες ὧδε πρὸ καιροῦ   βασανίσαι ἡμᾶς;   M
ʾΙησοῦ, υἱὲ τοῦ θεοῦ;   ἦλθες ὧδε <u>ἀπολέσαι ἡμᾶς καὶ πρὸ καιροῦ βασανίσαι</u>;   W
ʾΙησοῦ, υἱὲ τοῦ θεοῦ <u>τοῦ ζῶντος</u>; ἦλθες ὧδε πρὸ καιροῦ   βασανίσαι ἡμᾶς;   1424
ʾΙησοῦ, υἱὲ τοῦ θεοῦ;   ἦλθες ὧδε πρὸ καιροῦ   βασανίσαι ἡμᾶς;   C^c 𝔐 K U Δ Θ
                                         Π 1582 f¹³ 2 157 565 579 700 788 1071 τ

30 ἦν δὲ μακρὰν ἀπʾ αὐτῶν ἀγέλη χοίρων πολλῶν βοσκομένη. 31 οἱ δὲ δαίμονες   B 124 **uwτ** rell
30 ἦν δὲ μακρὰν ἀπʾ αὐτῶν ἀγέλη χοίρων πολλῶν <u>βοσκομένων</u>. 31 οἱ δὲ δαίμονες   W
30 ἦν δὲ μακρὰν ἀπʾ αὐτῶν ἀγέλη χοίρων   βοσκομένη. 31 οἱ δὲ δαίμονες   Θ 565
30 ἦν δὲ μακρὰν ἀπʾ αὐτῶν <u>ἀγέλοι</u> χοίρων πολλῶν βοσκομένη. 31 οἱ δὲ δαίμονες   13
30 ἦν δὲ μακρὰν ἀπʾ αὐτῶν ἀγέλη <u>χειρῶν</u> πολλῶν <u>βοσκομένον</u>. 31 οἱ δὲ δαίμονες   579
30 ἦν δὲ <u>ἀπʾ αὐτῶν μακρὰν</u> ἀγέλη χοίρων   βοσκομένη. 31 οἱ δὲ δαίμονες   1071

---

lac. 8.28-31 𝔭⁴⁵ A D F G H Y N P Q Γ 28 69

A 28 δεμονιζομενοι ℵ L ¦ δαιμονιζομενοι Θ ¦ μνημηον 579 ¦ χαλαιποι 2 ¦ λιαν υwτ all exc. B ¦ μνημιων ℵ W Θ ¦ μνημειον 13 ¦ χαλαιποι E ¦ λιαν, ισχυεν L ¦ σχειν Δ ¦ ισχυην 1346 ¦ τις (της) Θ ¦ εκινης ℵ 29 συ (σοι) L U 13 ¦ βασανησαι L Θ 30 χοιρον L* ¦ ξυρων 2* 31 δεμονες C L ¦

B 29 ι̅υ̅ E K M S U W Δ Θ Π Ω f¹³ 124 2 157 565 579 700 788 1071 1424 ¦ υ̅ε̅ C E L U Δ Π Ω 1582 33 565 ¦ υ̅υ̅ M ¦ θ̅υ̅ B ℵ C E K L M S U W Δ Θ Π Ω f¹ 118 f¹³ 124 2 33 157 565 579 700 788 1071 1346 1424

C 28 ι̅β̅ περι των δυο (om. K M S U 788 ¦ β̅ f¹³ 124) δαιμονιζομενων·: E K M S U Π f¹³ 124 2 157 579 788 1424 ¦ ι̅β̅ περι (om. 1071) των δαιμονιζομενων (δεμωνιζομενον Θ) L Δ Θ Ω 565 1071 ¦ ι̅β̅ πε του λεγεωνος 1582 ¦ Μθ ι̅β̅: Μρ ι̅α̅ : Λο κ̅δ̅ M ¦ Μρ ι̅α̅ Λο κ̅δ̅ Π ¦ αρχ (ante εις την): κυριακη ε τω καιρω εκεινω ελθοντι τω ι̅υ̅ E ¦ Μθ κ̅.υ̅ ε̅ αρχ τω καιρ,ω εισελθοντι τω ι̅υ̅ εις την χωραν των γ, M ¦ κυ ε τω κ S ¦ αρχ: κυριακη̅ τω κ̅ρω ελθοντος αυτου Θ ¦ αρχ: κ̅.υ̅ ε μ̅γ̅ τ̅ η̅ τω καιρω εκεινω ελθοντι τω ι̅υ̅ εις τ χωραν Π ¦ αρχ κ̅.υ̅ ε̅ τω καιρω ελθοντι τω ι̅υ̅ Ω ¦ κ̅η̅ αρχ κ̅υ̅ ε̅ τω καιρω ελθοντι τω ι̅υ̅ εις τ̅ χωραν f¹ ¦ ι̅β̅ αρχ κ̅υ̅ ε̅ τω καιρω εκ̅.ει̅ ελθοντι τω ι̅υ̅ εις τ̅ χωραν 118 ¦ αρχ κυ f¹³ ¦ αρχ: κ̅.υ̅ ε̅ 124 788 1346 ¦ αρχ τω καιρω ελθοντι τω ι̅υ̅ 2 ¦ κυριακη ε̅ 157 ¦ αρχ κ̅.υ̅ ε̅ τω καιρω ελθ̅ τω ι̅υ̅ 1071 ¦ αρχη τω καιρω 1424

D 28 ξ̅θ̅ 1582 118 2 1071

παρεκάλουν αὐτὸν λέγοντες, Εἰ ἐκβάλλεις ἡμᾶς, ἀπόστειλον ἡμᾶς εἰς τὴν ἀγέλην Β ℵ Θ 1582
παρεκάλουν αὐτῶν λέγοντες, Εἰ ἐκβάλεις ἡμᾶς, ἐπιτρέψον ἡμῖν ἀπελθεῖν εἰς τὴν ἀγέλην E* K* [↑uw
παρεκάλουν αὐτὸν λέγοντες, Εἰ ἐκβάλεις ἡμᾶς, ἐπιτρέψον ἡμῖν ἀπελθεῖν εἰς τὴν ἀγέλην E𝖼 L 2 1071
παρεκάλουν αὐτῶν λέγοντες, Εἰ ἐκβάλλεις ἡμᾶς, ἐπιτρέψον ἡμῖν ἀπελθεῖν εἰς τὴν ἀγέλην K𝖼
.... ἀγέλην N
παρεκάλουν αὐτῶν λέγοντες, Εἰ ἐκβάλλεις ἡμᾶς, ἀπόστειλον ἡμᾶς εἰς τὴν ἀγέλην 1
παρεκάλουν αὐτὸν λέγοντες, Εἰ ἐκβάλλεις ἡμᾶς, ἀπόστειλον εἰς τὴν ἀγέλην 118
παρεκάλουν αὐτὸν λέγοντες, Εἰ ἐκβάλεις ἡμᾶς, ἀπόστειλον ἡμᾶς εἰς τὴν ἀγέλην 33
παρεκάλουν αὐτὸν λέγοντες, Εἰ ἐκβάλλεις ἡμᾶς, ἐπιτρέψον ἡμῖν ἀπελθεῖν εἰς τὴν ἀγέλην C 𝔐 M U W
Δ Π 𝑓[13] 157 565 579 700 788 1346 1424 τ

τῶν χοίρων. **32** καὶ εἶπεν αὐτοῖς, Ὑπάγετε. οἱ δὲ ἐξελθόντες ἀπῆλθαν εἰς Β w
τῶν χοίρων. **32** καὶ εἶπεν αὐτοῖς ὁ Ἰησοῦς, Ὑπάγετε. οἱ δὲ ἐξελθόντες ἀπῆλθον εἰς C
τῶν χοίρων. **32** 157
τῶν χειρόν. **32** καὶ εἶπεν αὐτοῖς, Ὑπάγετε. οἱ δὲ ἐξελθόντες ἀπῆλθον εἰς 579
τῶν χοίρων. **32** καὶ ἐπέτρεψεν αὐτοῖς. οἱ δὲ ἐξελθόντες ἀπῆλθον εἰς 1424
τῶν χοίρων. **32** καὶ εἶπεν αὐτοῖς, Ὑπάγετε. οἱ δὲ ἐξελθόντες ἀπῆλθον εἰς uτ rell

τοὺς χοίρους· καὶ ἰδοὺ ὥρμησεν πᾶσα ἡ ἀγέλη κατὰ τοῦ Β ℵ 𝑓[1] 33 uw
τοὺς χοίρους· καὶ ἰδοὺ ὥρμησεν ἡ ἀγέλη πᾶσα κατὰ τοῦ C*
τὴν ἀγέλην τῶν χοίρων· καὶ ἰδοὺ ὥρμησεν ἡ ἀγέλη πᾶσα τῶν χοίρων κατὰ τοῦ C𝖼
τὴν ἀγέλην τῶν χοίρων· καὶ ἰδοὺ ὥρμησεν ἡ ἀγέλη πᾶσα κατὰ N
τὴν ἀγέλην τῶν χοίρων· καὶ ἰδοὺ ὥρμησεν πᾶσα ἡ ἀγέλη κατὰ τοῦ M W Δ Θ 124 788
τὴν ἀγέλην τῶν χοίρων· καὶ ἰδοὺ ὥρμησαι πᾶσα ἡ ἀγέλη κατὰ τοῦ 𝑓[13]
καὶ ἰδοὺ ὥρμησεν πᾶσα ἡ ἀγέλη κατὰ τοῦ 157
τὴν ἀγέλην τῶν χοίρων· καὶ ὥρμησεν πᾶσα ἡ ἀγέλη κατὰ τοῦ 1424
τὴν ἀγέλην τῶν χοίρων καὶ ἰδοὺ ὥρμησεν πᾶσα ἡ ἀγέλη τῶν χοίρων κατὰ τοῦ 𝔐 K L U Π 1582𝖼 2 565
579 700 1071 1346 τ

κρημνοῦ εἰς τὴν θάλασσαν, καὶ ἀπέθανον ἐν τοῖς ὕδασιν. **33** οἱ δὲ βόσκοντες ἔφυγον, Β uwτ rell
κρημνοῦ εἰς τὴν θάλασσαν, καὶ ἀπέθαναν ἐν τοῖς ὕδασιν. **33** οἱ δὲ βόσκοντες ἔφυγον, ℵ𝖼
κρημνοῦ εἰς τὴν θάλασσαν, καὶ ἀπέθανεν ἐν τοῖς ὕδασιν. **33** οἱ δὲ βόσκοντες ἔφυγον, C
κρημνοῦ εἰς τὴν λίμνην, καὶ ἀπέθανον ἐν τοῖς ὕδασιν. **33** οἱ δὲ βόσκοντες ἔφυγον, 1424

καὶ ἀπελθόντες εἰς τὴν πόλιν ἀπήγγειλαν πάντα καὶ τὰ τῶν δαιμονιζομένων. **34** καὶ Β uwτ rell
καὶ ἀπελθόντες εἰς τὴν πόλιν ἀπήγγειλον πάντα καὶ τὰ τῶν δαιμονιζομένων. **34** καὶ W 157
καὶ ἀπελθόντες εἰς τὴν πόλιν ἀπήγγειλαν πάντα καὶ τὰ τὰ κατὰ τῶν δαιμονιζομένων. **34** καὶ 118
καὶ ἀπελθόντες εἰς τὴν πόλιν ἀνήγγειλαν πάντα καὶ τὰ τῶν δαιμονιζομένων. **34** καὶ 𝑓[13] 788
καὶ ἀπελθόντες εἰς τὴν πόλιν ἀπήγγειλαν πάντα καὶ τὰ τῶν δαιμονιζομένων. **34** καὶ καὶ 1346

ἰδοὺ πᾶσα ἡ πόλις ἐξῆλθεν εἰς ὑπάντησιν τῷ Ἰησοῦ, καὶ ἰδόντες Β Θ 𝑓[1] 33 u[w]
ἰδοὺ πᾶσα ἡ πόλις ἐξῆλθεν εἰς ὑπάντησιν τοῦ Ἰησοῦ, καὶ ἰδόντες ℵ [w]
ἰδοὺ πᾶσα ἡ πόλις ἐξῆλθεν εἰς συνάντησιν τοῦ Ἰησοῦ, καὶ ἰδόντες C
ἰδοὺ πᾶσα ἡ πόλις ἐξῆλθεν εἰς συνάντησιν τοῦ Ἰησοῦ, καὶ ἰδόντες 157
ἰδοὺ πᾶσα ἡ πόλις ἐξῆλθον εἰς συνάντησιν τῷ Ἰησοῦ, καὶ ἰδόντες 565 1424 [↓788 1071 1346 τ
ἰδοὺ πᾶσα ἡ πόλις ἐξῆλθεν εἰς συνάντησιν τῷ Ἰησοῦ, καὶ ἰδόντες 𝔐 K L M N U W Δ Π 𝑓[13] 2 579 700

αὐτὸν παρεκάλεσαν ἵνα μεταβῇ ἀπὸ τῶν ὁρίων αὐτῶν. Β W
.... F
αὐτὸν παρεκάλεσαν ὅπως μεταβῇ ἐκ τῶν ὁρίων αὐτῶν. Ω*
αὐτὸν παρεκάλεσαν μεταβῆναι ἀπὸ τῶν ὁρίων αὐτῶν. 𝑓[1]
αὐτὸν παρεκάλεσαν ὅπως μεταβῇ ἀπὸ τῶν ὁρίων αὐτῶν. uwτ rell

---

lac. 8.31-34 𝔓[45] A D F G H Y P Q 28 69 ¦ vs. 31 N

A 31 η (ει) 2* | εκβαλλις ℵ ¦ εκβαλης L 2 1424 | αποστιλον ℵ Θ | τιν (την) L* | τον (των) Θ **32** υπαγεται E* W 2 1071 | εξελθωντες 2* | τον (των[1]) L | ορμησεν L ¦ ωρμησε M 157 700𝖼 788 1071 1346 | κριμνου E* L U 2 565 1424 | απεθαναν L | υδασειν N **33** καιι[1] L | απελθοτες 33 | πολην L | απηγγιλαν ℵ N ¦ απηγγηλαν Θ | δαιμονηζομενων 2* **34** πολεις L Δ | συναντισιν E 13 579 | υπαντηση 𝑓[1] | ειδοντες ℵ | αυτων 1346

B 32 ι̅ς̅ C **34** ι̅υ̅ Β ℵ C E K L M N S U W Δ Θ Π Ω 𝑓[1] 118 𝑓[13] 124 2 33 157 565 579 700 788 1071 1346 1424

C 34 τελ 1071

ιγ̅   περὶ τοῦ παραλυτικοῦ

Jesus Heals A Paralyzed Man
(Mark 2.1-12; 5.18, 21; Luke 5.17-26; John 5.1-9)

ν̅δ̅ **9.1** Καὶ ἐμβὰς εἰς   πλοῖον   διεπέρασεν καὶ ἦλθεν εἰς τὴν ἰδίαν   B ℵ L Θ* f¹ 124 33 565
9.1 Καὶ ἐμβὰς εἰς <u>τὸ</u> πλοῖον <u>ὁ</u>᾽Ιησοῦς διεπέρασεν καὶ ἦλθεν εἰς τὴν ἰδίαν   C* 157 [↑788 1424 **uw**
9.1 Καὶ ἐμβὰς <u>ὁ</u>᾽Ιησοῦς εἰς πλοῖον διεπέρασεν καὶ ἦλθεν εἰς τὴν ἰδίαν   Cᶜ F Θᶜ f¹³
9.1 Καὶ ἐμβὰς εἰς <u>τὸ</u> πλοῖον   διεπέρασεν καὶ ἦλθεν εἰς τὴν ᾽Ιουδαίαν W
9.1 Καὶ ἐμβὰς εἰς <u>τὸ</u> πλοῖον   διεπέρασεν καὶ ἦλθεν εἰς τὴν <u>πόλιν</u> Δ
9.1 Καὶ ἐμβὰς <u>ὁ</u>᾽Ιησοῦς εἰς τὸ πλοῖον διεπέρασεν καὶ ἦλθεν εἰς τὴν ἰδίαν 2
9.1 Καὶ <u>ἐμβάντος αὐτοῦ</u> εἰς πλοῖον διεπέρασεν καὶ ἦλθεν εἰς τὴν ἰδίαν 1071   [↓τ
9.1 Καὶ ἐμβὰς εἰς <u>τὸ</u> πλοῖον   διεπέρασεν καὶ ἦλθεν εἰς τὴν ἰδίαν   𝕸 K M N U Π 579 700

πόλιν. **2** καὶ ἰδοὺ προσέφερον   αὐτῷ παραλυτικόν ἐπὶ κλείνης βεβλημένον.   B W
.... **2** ....   D
πόλιν. **2** καὶ ἰδοὺ <u>προσφέρουσιν</u> αὐτῷ παραλυτικόν ἐπὶ κλείνης βεβλημένον.   C
<u>ἰδίαν.</u> **2** καὶ ἰδοὺ προσέφερον   αὐτῷ παραλυτικόν ἐπὶ <u>κλίνης</u> βεβλημένον.   Δ
πόλιν. **2** καὶ ἰδοὺ προσέφερον   αὐτῷ παραλυτικόν ἐπὶ <u>κλίνης</u> βεβλημένον.   **uwτ** rell

καὶ ἰδὼν ὁ ᾽Ιησοῦς τὴν πίστιν αὐτῶν εἶπεν τῷ παραλυτικῷ, Θάρσει, τέκνον·   B **uwτ** rell
....   αὐτῶν εἶπεν τῷ παραλυτικῷ, Θάρσει, τέκνον·   G
καὶ ἰδὼν ὁ ᾽Ιησοῦς τὴν πίστιν <u>αὐτῶ</u> εἶπεν τῷ παραλυτικῷ, Θάρσει, τέκνον·   1346

ἀφίενταί σου αἱ ἁμαρτίαι.   **3** καὶ ἰδού τινες τῶν γραμματέων εἶπαν ἐν B **uw**
ἀφίενταί σου αἱ ἁμαρτίαι.   **3** καὶ ἰδού τινες τῶν γραμματέων <u>εἶπον</u> ἐν ℵ
<u>ἀφέωνταί</u> σου αἱ ἁμαρτίαι.   **3** καὶ ἰδού τινες τῶν γραμματέων <u>εἶπον</u> ἐν C W Δ* f¹ 33
<u>ἀφίοντέ</u> <u>σοι</u> αἱ ἁμαρτίαι.   **3** καὶ ἰδού τινες τῶν γραμματέων <u>εἶπον</u> ἐν D
<u>ἀφέωνταί</u> σου αἱ ἁμαρτίαι <u>σου</u>.   **3** καὶ ἰδού τινες τῶν γραμματέων <u>εἶπον</u> ἐν M Ω
<u>ἀφέωνταί</u> <u>σοι</u> αἱ ἁμαρτίαι.   **3** καὶ ἰδού τινες τῶν γραμματέων <u>εἶπον</u> ἐν Δᶜ
<u>ἀφέωνταί</u> <u>σοι</u> αἱ ἁμαρτίαι <u>σου</u>.   **3** καὶ ἰδού τινες τῶν γραμματέων <u>εἶπον</u> ἐν 𝕸 K L N U Θ Π f¹³ 2 157
565 579 700 788 1071 1346 1424 τ

ἑαυτοῖς, Οὗτος βλασφημεῖ. **4** καὶ εἰδὼς ὁ ᾽Ιησοῦς τὰς   ἐνθυμήσεις B Π 565 700 1424 [**w**]
ἑαυτοῖς, Οὗτος βλασφημεῖ. **4** καὶ <u>ἰδὼς</u> ὁ ᾽Ιησοῦς τὰς   ἐνθυμήσεις Eᶜ M 157
<u>αὐτοῖς</u>, Οὗτος βλασφημεῖ. **4** καὶ <u>ἰδὼν</u> ὁ ᾽Ιησοῦς τὰς   ἐνθυμήσεις L
ἑαυτοῖς, Οὗτος βλασφημεῖ. **4** <u>ἰδὼν</u> <u>δὲ</u> ὁ ᾽Ιησοῦς τὰς   ἐνθυμήσεις N
ἑαυτοῖς, Οὗτος βλασφημεῖ. **4** <u>εἰδὼς</u> <u>δὲ</u> ὁ ᾽Ιησοῦς τὰς   ἐνθυμήσεις Θ
ἑαυτοῖς, Οὗτος βλασφημεῖ. **4** καὶ εἰδὼς ὁ ᾽Ιησοῦς <u>τοὺς διαλογισμοὺς</u> f¹   [↓1071 1346 **u**[**w**]τ
ἑαυτοῖς, Οὗτος βλασφημεῖ. **4** καὶ <u>ἰδὼν</u> ὁ ᾽Ιησοῦς τὰς   ἐνθυμήσεις ℵ C D 𝕸 K U W Δ f¹³ 2 33 579 788

lac. **9.1-4** 𝔓⁴⁵ A H Y P Q Γ 28 69 ¦ vss. 1-2 D G

A 9.1 ενβας Θ ¦ διεπερασε M 118 157 700ᶜ 788 ¦ τιν ιδηαν πολην L **2** παπαραλυτικον 565 ¦ κληνης L **2** 1346 ¦ ειδων ℵ ¦ ιδον E* 1346 ¦ πιστην L Θ 1424 ¦ ειπε f¹ 118 f¹³ 157 788 1346 ¦ θαρει D* ¦ θαρσε L ¦ θαρσι Θ 579 ¦ αφεωντε L Θ* ¦ αφεοντε Ν ¦ αφεονται 13 2ᶜ 1424 ¦ ε (αι) K **3** τηνες 579 ¦ γραμματαιων C D 2* 565 579 1071 ¦ ουτως L 13 2* ¦ βλασφημι D ¦ βλασφημη L **4** ενθυμεισεις L ¦

B 9.1 ι̅ς̅ C F f¹³ 2 157 **2** ι̅ς̅ B ℵ C E F G K L M N S U W Δ Θ Π Ω f¹ f¹³ 124 2 33 157 565 579 700 788 1071 1346 1424 ¦ ι̅η̅ς̅ D **4** ι̅ς̅ B ℵ C 𝕸 K L M N S U W Δ Θ Π Ω f¹ 118 f¹³ 124 2 33 157 565 579 700 788 1071 1346 1424 ¦ ι̅η̅ς̅ D

C 9.1 αρχ: κυριακη ς̅ τω καιρω εκεινω ενβας <u>ο ι̅ς̅</u> εις <u>πλ</u>οιον· (ante διεπερ.) E ¦ Μθ κ,υ ς̅ τω καιρω, εμβας ο ι̅ς̅ εις πλοιον· διεπερασε M ¦ αρχ: κυριακη ε τω κ,ρω ενβας ο ι̅ς̅ Θ ¦ αρχ ιγ περι του παραλυτικου L ¦ αρχ: κ,υ ς̅ απο τω αγι παγητ τω καιρω εκεινω εμβας ο ι̅ς̅ εις πλοιον διεπερασε Π ¦ τω καιρω κ,υ ς̅ Ω ¦ αρχ κ̅θ̅ κ,υ ς̅ τω καιρω εμβας ο ι̅ς̅ εις πλοιον f¹ ¦ αρχ χ̅ ιγ κυριακη ς̅ τω καιρω εκεινω εμβας ο ι̅ς̅ 118 ¦ αρχ κ,υ αγ f¹³ ¦ κυριακη ς̅ τω καιρω εμβας ο ι̅ς̅ 2 ¦ αρχ κυριακη ς̅ 124 157 788 1071 1346 ¦ αρχη τω καιρω 1424 ¦ ιγ περι (περη Θ) του παραλυτικου M N S Θ Ω f¹ f¹³ 124 33 157 579 788 1424 ¦ Μθ ιγ : Μρ ε̅ : Λο ι̅γ̅ : Ιω ζ̅ M ¦ τελος (post πολιν) E Θ Ω 124 788 1346 ¦ τε τς κ,υ Π f¹ **2** ιγ περι του παραλυτικου: E F K U Δ Π 2 1071 ¦ Λοδ ιγ Ιω ζ̅ Π

D 9.1 ο̅/α̅ ℵ E M S Π Ω 118 124 788 1424 ¦ ο̅ C F K Θ f¹ 2 579 1346 ¦ Ευ Μθ ο̅ : Ιω λ̅η̅ : Λο λ̅ζ̅ : Μρ κ̅ E ¦ Μθ ο̅ : Μρ κ̅ : Λο ι̅ζ̅ : Ιω λ̅η̅ M ¦ Μθ ο̅: Μρ κ̅ : Λο λ̅ζ̅ : Ιω λ̅η̅ 124 **2** ο̅/α̅ U

αὐτῶν εἶπεν, Ἰνατί ἐνθυμεῖσθε πονηρὰ ἐν ταῖς καρδίαις ὑμῶν; 5 τί γάρ Β ℵ C f¹ 33 uw
αὐτῶν εἶπεν αὐτοῖς, Ἰνατί ἐνθυμεῖσθε πονηρὰ ἐν ταῖς καρδίαις ὑμῶν; 5 τί γάρ D
αὐτῶν εἶπεν, Ἰνατί ὑμεῖς ἐνθυμεῖσθε πονηρὰ ἐν ταῖς καρδίαις ὑμῶν; 5 τί Κ Μ U 565
αὐτῶν εἶπεν αὐτοῖς, Ἰνατί ὑμεῖς ἐνθυμεῖσθε πονηρὰ ἐν ταῖς καρδίαις ὑμῶν; 5 τί γάρ Ν Θ^c f¹³ 579 788
αὐτῶν εἶπεν αὐτοῖς, Ἰνατί ὑμεῖς ἐνθυμεῖσθε πονηρὰ ἐν ταῖς καρδίαις ἡμῶν; 5 τί γάρ Θ* [↑1346
αὐτῶν εἶπεν αὐτοῖς, Ἰνατί ὑμεῖς ἐνθυμεῖσθε πονηρὰ ἐν ταῖς καρδίαις ὑμῶν; 5 τί Π
αὐτῶν εἶπεν, Ἰνατί ἐνθυμεῖσθε πονηρὰ ἐν ταῖς καρδίαις ὑμῶν; 5 τί 118
αὐτῶν εἶπεν, Ἰνατί ὑμεῖς ἐνθυμεῖσθε πονηρὰ ἐν ταῖς καρδίαις ὑμῶν; 5 τί γάρ 𝔐 L W Δ 2 157
700 1071 1424 τ

ἔστιν εὐκοπώτερον, εἰπεῖν, Ἀφίενταί σου αἱ ἁμαρτίαι, ἢ εἰπεῖν, Ἔγειρα Β
ἔστιν εὐκοπώτερον, εἰπεῖν, Ἀφίονταί σου αἱ ἁμαρτίαι, ἢ εἰπεῖν, Ἔγειρε ℵ* D
ἔστιν εὐκοπώτερον, εἰπεῖν, Ἀφίενταί σου αἱ ἁμαρτίαι, ἢ εἰπεῖν, Ἔγειρε ℵ^c uw
ἔστιν εὐκοπώτερον, εἰπεῖν, Ἀφέωνταί σοι αἱ ἁμαρτία ἢ εἰπεῖν, Ἔγειρε G Ν S Π 1 1582* 33
ἔστιν εὐκοπώτερον, εἰπεῖν, Ἀφέωνταί σοι αἱ ἁμαρτία ἢ εἶπεν, Ἔγειρε L [↑788 1346
ἔστιν εὐκοπώτερον, εἰπεῖν, Ἀφέωνταί σοι αἱ ἁμαρτία, ἢ εἰπεῖν, Ἔγειρα U 1582^c 118 τ
ἔστιν εὐκοπώτερον, εἰπεῖν, Ἀφέωνταί σοι αἱ ἁμαρτία ἢ εἰπεῖν, Ἔγειραν Δ
ἔστιν εὐκοπώτερον, εἰπεῖν, Ἀφέονταί σοι αἱ ἁμαρτία, ἢ εἰπεῖν, Ἔγειρε f¹³ 2^c
ἔστιν εὐκοπώτερον, εἰπεῖν τῷ παραλυτικῷ, Ἀφέωνταί σοι αἱ ἁμαρτίαι, ἢ εἰπεῖν, Ἔγειρε 124
ἔστιν εὐκοπότερον, εἰπῆν, Ἀφέοντέ σου αἱ ἁμαρτίαι σου, ἢ εἰπεῖν, Ἔγειρε 2*
ἔστιν εὐκοπώτερον, εἰπεῖν, Ἀφέωνταί σου αἱ ἁμαρτίαι, ἢ εἰπεῖν, Ἔγειραι 157
ἔστιν εὐκοπώτερον, εἰπεῖν, Ἀφέωνταί σου αἱ ἁμαρτία, ἢ εἰπεῖν, Ἔγειραι 700
ἔστιν εὐκοπώτερον, εἰπεῖν, Ἀφέωνταί σοι αἱ ἁμαρτία σου, ἢ εἰπεῖν, Ἔγειρε 1424 [↓579 1071
ἔστιν εὐκοπώτερον, εἰπεῖν, Ἀφέωνταί σου αἱ ἁμαρτίαι, ἢ εἰπεῖν, Ἔγειρε C 𝔐 Κ Μ W Θ 565

καὶ περιπάτει; 6 ἵνα δὲ εἰδῆτε ὅτι ἐξουσίαν ἔχει ὁ υἱὸς τοῦ ἀνθρώπου Β 124 uwτ rell
περιπάτει; 6 ἵνα δὲ εἰδῆτε ὅτι ἐξουσίαν ἔχει ὁ υἱὸς τοῦ ἀνθρώπου ℵ*
καὶ περιπάτει; 6 ἵνα δὲ ἰδῆτε ὅτι ἐξουσίαν ἔχει ὁ υἱὸς τοῦ ἀνθρώπου C E F L Θ
καὶ περιπάτει; 6 ἵνα δὲ ἰδῆτε ὅτι ὁ υἱὸς τοῦ ἀνθρώπου ἐξουσίαν ἔχει D
καὶ περιπάτει; 6 ἵνα δὲ εἰδῆτε ὅτι ἐξουσίαν ἔχει υἱὸς ἀνθρώπου Δ
καὶ περιπάτει; 6 ἵνα δὲ ἤδειτε ὅτι ἐξουσίαν ἔχει ὁ υἱὸς τοῦ ἀνθρώπου f¹³
καὶ περιπάτει; 6 ἵνα δὲ εἴδετε ὅτι ὁ υἱὸς τοῦ ἀνθρώπου ἐξουσίαν ἔχει 33

ἐπὶ τῆς γῆς ἀφιέναι ἁμαρτίας—τότε λέγει τῷ παραλυτικῷ, Ἔγειρε ἆρόν σου τὴν Β [w]
ἐπὶ τῆς γῆς ἀφιέναι ἁμαρτίας—τότε λέγει τῷ παραλυτικῷ, Ἔγειρε καὶ ἆρόν σου τὴν D
ἐπὶ τῆς γῆς ἀφιέναι ἁμαρτίας—τότε λέγει τῷ παραλυτικῷ, Ἐγερθεὶς ἆρόν σου τὸν Ε*
ἐπὶ τῆς γῆς ἀφιέναι ἁμαρτίας— λέγει τῷ παραλυτικῷ, Ἐγερθεὶς ἆρόν σου τὴν Μ 1424
ἀφιέναι ἐπὶ τῆς γῆς ἁμαρτίας—τότε λέγει τῷ παραλυτικῷ, Ἐγερθεὶς ἆρόν σου τὴν W
ἐπὶ τῆς γῆς ἀφιέναι ἁμαρτίας—τότε λέγει παραλυτικῷ, Ἐγερθεὶς ἆρόν σου τὴν Δ
ἐπὶ τῆς γῆς ἀφιέναι ἁμαρτίας—τότε λέγει τῷ παραλυτικῷ, Ἐγερθεὶς ἆρον τὸν κράββατον 1071
ἐπὶ τῆς γῆς ἀφιέναι ἁμαρτίας—τότε λέγει τῷ παραλυτικῷ, Ἐγερθεὶς ἆρόν σου τὴν u[w]τ rell

κλείνην καὶ ὕπαγε εἰς τὸν οἶκόν σου. 7 καὶ ἐγερθεὶς ἀπῆλθεν εἰς τὸν οἶκον αὐτοῦ. Β C D W
κλίνην καὶ πορεύου εἰς τὸν οἶκόν σου. 7 καὶ ἐγερθεὶς ἀπῆλθεν εἰς τὸν οἶκον αὐτοῦ. ℵ*
σου καὶ περιπάτει. 7 καὶ ἐγερθεὶς ἀπῆλθεν εἰς τὸν οἶκον αὐτοῦ. 1071
κλίνην καὶ ὕπαγε εἰς τὸν οἶκόν σου. 7 καὶ ἐγερθεὶς ἀπῆλθεν εἰς τὸν οἶκον αὐτοῦ. uwτ rell

8 ἰδόντες δὲ οἱ ὄχλοι ἐφοβήθησαν καὶ ἐδόξασαν τὸν θεὸν τὸν δόντα Β ℵ D W 1 1582* 118 33 1424 uw
8 ἰδόντες δὲ οἱ ὄχλοι ἐθαύμασαν καὶ ἐδόξαξαν τὸν θεὸν τὸν δόντα Ε*
8 ἰδόντες δὲ οἱ ὄχλοι ἐθαύμασαν καὶ ἐδόξαζον τὸν θεὸν τὸν δόντα 565 [↓579 700 788 1071 1346 τ
8 ἰδόντες δὲ οἱ ὄχλοι ἐθαύμασαν καὶ ἐδόξασαν τὸν θεὸν τὸν δόντα C 𝔐 Κ L Μ Ν Δ Θ Π 1582^c f¹³ 2 157

lac. 9.4-8 𝔓⁴⁵ A H Y P Q Γ 28 69

A 4 υμις Ν | ενθυμεισθαι D 13 33 1571071 ¦ ενθυμισθε Ν ¦ ενθυμισθαι W | τες καρδιες L | καρδιες ℵ* 5 ευκοποτερον Ε* L
13 2 579 ¦ ευκοπωτερων Θ* | ειπην 2* | αφαιωνται C W 579 1071 | φεοντε Ν | ει ηπειν Μ | εγιρε Ν | περιπατι ℵ Ν 6 ειδηται W
579 ¦ ειδειτε 2* 1071 | εχι ℵ | εχη G | ειπαγε Θ* | αφηεναι L | αφιαιναι Θ | αμαρτειας D | ειπαγε Θ* 8 ειδοντες D

B 6 υς ℵ C 𝔐 Κ L Μ Ν U Δ Π Ω f¹ 2 33 1424 | ανου ℵ C 𝔐 Κ L Μ Ν S U W Δ Θ Π Ω f¹ 118 f¹³ 124 2 33 157 565 579 700
788 1071 1346 1424 8 θν ℵ C D 𝔐 Κ L Μ Ν S U W Δ Θ Π Ω f¹ f¹³ 124 2 33 157 565 579 700 788 1071 1346 1424

C 6 κυ ς τω κ S

D 7 οα 2

ἐξουσίαν τοιαύτην τοῖς ἀνθρώποις. B **uwτ** rell
ἐξουσίαν <u>τοιαύτον</u> τοῖς ἀνθρώποις. Θ*
ἐξουσίαν <u>ταύτην</u> τοῖς ἀνθρώποις. 1346

ιδ̄   περὶ Ματθαίου

The Call To Matthew And Eating With Tax Collectors
(Mark 2.13-17; Luke 5.27-32)

νε̄ 9 Καὶ παράγων ὁ Ἰησοῦς ἐκεῖθεν   εἶδεν ἄνθρωπον καθήμενον ἐπὶ τὸ τελώνιον,   B **uwτ** rell
9 Καὶ παράγων ὁ Ἰησοῦς   εἶδεν ἄνθρωπον καθήμενον ἐπὶ τὸ τελώνιον,   ℵ* L
9 Καὶ παράγων ὁ Ἰησοῦς ἐκεῖθεν   εἶδεν ἄνθρωπον <u>ἐπὶ</u> <u>τὸ</u> <u>τελώνιον</u> <u>καθήμενον</u>,   C
9 Καὶ παράγων <u>ἐκεῖθεν</u> <u>ὁ</u> <u>Ἰησοῦς</u>   εἶδεν ἄνθρωπον καθήμενον ἐπὶ τὸ τελώνιον,   D N Θ f[13] 565 788
9 <u>Παράγων</u> <u>δὲ</u> ὁ Ἰησοῦς ἐκεῖθεν   εἶδεν ἄνθρωπον καθήμενον ἐπὶ τὸ τελώνιον,   1071

Μαθθαῖον λεγόμενον,   καὶ λέγει αὐτῷ, Ἀκολούθει μοι. καὶ ἀναστὰς ἠκολούθησεν   B* **uw**
Μαθθαῖον λεγόμενον,   λέγει αὐτῷ, Ἀκολούθει μοι. καὶ ἀναστὰς <u>ἠκολούθει</u>   ℵ*
Μαθθαῖον λεγόμενον,   καὶ λέγει αὐτῷ, Ἀκολούθει μοι. καὶ ἀναστὰς <u>ἠκολούθει</u>   ℵ^c D
<u>Ματθέων</u> λεγόμενον,   καὶ λέγει αὐτῷ, Ἀκολούθει μοι. καὶ ἀναστὰς ἠκολούθησεν   L
<u>Ματθέον</u> λεγόμενον,   καὶ λέγει αὐτῷ, Ἀκολούθει μοι. καὶ ἀναστὰς ἠκολούθησεν   N
<u>Ματθαῖον</u> <u>ὀνοματι</u>,   καὶ λέγει αὐτῷ, Ἀκολούθει μοι. καὶ ἀναστὰς ἠκολούθησεν   S
<u>Μαθθέον</u> <u>καλούμενον</u>, καὶ λέγει αὐτῷ, Ἀκολούθει μοι. καὶ ἀναστὰς ἠκολούθησεν   W
<u>Μματθαῖον</u> λεγόμενον,   καὶ λέγει αὐτῷ, Ἀκολούθει μοι. καὶ ἀναστὰς ἠκολούθησεν   Θ
<u>Ματθαῖον</u> λεγόμενον,   καὶ λέγει αὐτῷ, Ἀκολούθει μοι. καὶ ἀναστὰς <u>ἠκολούθει</u>   1 1582* 118
<u>Ματθαῖον</u> λεγόμενον,   καὶ λέγει αὐτῷ, Ἀκολούθει μοι. καὶ ἀναστὰς ἠκολούθησεν   B^c C 𝔐 K M

U Δ Π 1582^c f[13] 2 33 157 565 579 700 788 1071 1346 1424 τ

αὐτῷ. 10 Καὶ ἐγένετο αὐτοῦ ἀνακειμένου ἐν τῇ οἰκίᾳ, καὶ ἰδοὺ   B **uwτ** rell
αὐτῷ. 10 Καὶ   <u>ἀνακειμένων</u> ἐν τῇ οἰκίᾳ,   ἰδοὺ   ℵ*
αὐτῷ. 10 Καὶ ἐγένετο <u>ἀνακειμένου</u> <u>αὐτοῦ</u> ἐν τῇ οἰκίᾳ, καὶ ἰδοὺ   ℵ^c
αὐτῷ. 10 Καὶ ἐγένετο <u>ἀνακειμένου</u> <u>αὐτοῦ</u> ἐν τῇ οἰκίᾳ, καὶ ἰδοὺ   C
αὐτῷ. 10 Καὶ ἐγένετο αὐτοῦ ἀνακειμένου ἐν τῇ οἰκίᾳ,   ἰδοὺ   D
αὐτῷ. 10 Καὶ ἐγένετο αὐτοῦ ἀνακειμένου ἐν τῇ οἰκίᾳ,   700

πολλοὶ τελῶναι καὶ ἁμαρτωλοὶ ἐλθόντες συνανέκειντο τῷ Ἰησοῦ καὶ τοῖς μαθηταῖς   B **uwτ** rell
πολλοὶ <u>τελῶνε</u> καὶ ἁμαρτωλοὶ   συνανέκειντο τῷ Ἰησοῦ καὶ τοῖς μαθηταῖς   ℵ*
πολλοὶ <u>ἁμαρτωλοὶ</u> <u>καὶ</u> <u>τελῶναι</u> ἐλθόντες συνανέκειντο τῷ Ἰησοῦ καὶ τοῖς μαθηταῖς   C
πολλοὶ τελῶναι καὶ ἁμαρτωλοὶ ἐλθόντες <u>συνέκειντο</u>   τῷ Ἰησοῦ καὶ τοῖς μαθηταῖς   D*
<u>τελῶναι</u> <u>πολλοὶ</u> καὶ ἁμαρτωλοὶ ἐλθόντες συνανέκειντο τῷ Ἰησοῦ καὶ τοῖς μαθηταῖς   W
<u>ἁμαρτωλοι</u> <u>καὶ</u> <u>τελῶναι</u> <u>πολλοὶ</u> ἐλθόντες συνανέκειντο τῷ Ἰησοῦ καὶ τοῖς μαθηταῖς   157
πολλοὶ τελῶναι <u>ἐλθόντες</u> <u>καὶ</u> <u>ἁμαρτωλοὶ</u> συνανέκειντο τῷ Ἰησοῦ καὶ τοῖς μαθηταῖς   565

lac. **9.8-10** 𝔓[45] A H Y P Q Γ 28 69

A 9 παραγων 565 579 | εκιθεν ℵ^c | ιδεν C E K L N Θ Π 1582* f[13] 124 2 33 565 788 1346 1424 | ανων̄ L | καθημενον 1424 | τελωνηον L | τελωνειον 124 33 788 1346 | τελωνιων 579 | λεγωμενον L | λεγι ℵ | ακολουθι ℵ Θ | ακολουθη G L 2* 157 579 1071 **10** ανακιμενου ℵ^c N | ανακημενου 2* | τι (τη) Θ | οικεια C D W 2 1071 | κε (και³) L | συνανεκιντο ℵ E* N W | το (τω) 2 | μαθητες ℵ

B 8 ανοις̄ ℵ C 𝔐 K L M N S U W Δ Π Ω f¹ 118 f[13] 124 2 33 157 565 579 700 788 1071 1346 1424 **9** ις̄ B ℵ C 𝔐 K L M N S U W Δ Θ Π Ω f¹ 118 f[13] 124 2 33 157 565 579 700 788 1071 1346 1424 | ιης̄ D | ανον̄ ℵ C E G K M N S U W Θ Π Ω f¹ 118 f[13] 124 2 33 157 565 579 700 788 1071 1346 1424 | ανων̄ L **10** ιῡ B ℵ C E G K L M N S U W Δ Θ Π Ω f¹ 118 f[13] 124 2 33 157 565 579 700 788 1071 1346 1424 | ιην̄ D

C 8 τελος (post ανοις̄) E S Θ 118 f[13] 124 788 1071 1346 | τελος της κυριακη (post ανοις̄) G Π | τελο L | τελ κ]]υ f¹ **9** ιδ̄ περι Ματθαιου (Ματθεου L): E F G K L M S U Δ Π Ω f[13] 124 33 157 579 788 1346 1424 | Μρ ς̄ Λο ιδ̄ Π | Σαββατω ε G² | αρχ: τω καιρω παραγων G | ιδ̄ περι ματθεου (ματθαιου 565) του τελωνου N 565 | ιδ̄ περι ματθαιου Θ 2 | ιδ̄ f¹ | περι του ματθ ιδ̄ 1071 | Μθ ιδ̄ : Μρ ς̄ : Λο ιδ̄ M | αρχη: Σαββατω ε τον αυτον δε και εις τον αγιον Ματθαιον τω καιρω εκεινω· (ante παραγων) E | αρχ F | Μθ Σα ε αρχ τω καιρ, παραγων ο ις̄· ειδεν ανον καθ, M | Σα ε τω κ S | αρχ: Σβ ε τω κρω τω ιῡ παραγωντι εκειθεν Θ | αρχ: Σαβ ε απο τω αγι παγντ το εις τ αγι αγοστο, μαθαι τω καιρω εκεινω παραγων ο ις̄ ειδεν ανον Π | Σα ε και του αγιου αποστ ̄ο ματθ τω καιρω Ω | αρχ Σα ε ηγο ις̄ τω καιρω παραγων ο ις̄ ειδεν f¹ | αρχ Σα ε f[13] 124 788 1071 1346 | αρχ: Σα ε τω καιρω εκ, + λεγεται και εις τ αγιον ματθαιον2 | αρχ Σα ε και εις αποστολ 157 | αρχη τω καιρω 1424

D 9 οᾱ/β̄ ℵ E G M N S U Π Ω 118 124 788 1424 | οᾱ C D F K Θ f¹ f[13] 157 1071 1346 | Ευ Μθ οᾱ : Ιω . : Λο λη̄ : Μρ κᾱ E | Μθ οᾱ : Μρ κᾱ : Λο λη̄ : Ιω . 124 **10** οβ̄/β̄ ℵ E G M S U Ω 118 124 788 1424 | οβ̄ C D F Θ 1582 f[13] 2 157 1071 1346 | Ευ Μθ οβ̄ : Ιω . : Λο λθ̄ : Μρ κβ̄ E | Μθ οβ̄ : Μρ κβ̄ : Λο πς̄ : Ιω . 124

αὐτοῦ. **11** καὶ ἰδόντες οἱ Φαρεισαῖοι   ἔλεγον τοῖς μαθηταῖς αὐτοῦᵀ,   B
αὐτοῦ. **11** καὶ ἰδόντες οἱ <u>Φαρισαῖοι</u>   ἔλεγον τοῖς μαθηταῖς αὐτοῦ,   ℵ C L W *f*¹ 33 **uw**
αὐτοῦ. **11** <u>εἰδόντες δὲ</u> οἱ <u>Φαρισαῖοι</u>   <u>εἶπον</u> τοῖς μαθηταῖς αὐτοῦ,   D
αὐτοῦ. **11** καὶ ἰδόντες οἱ Φα.........   ....   F
αὐτοῦ. **11** καὶ ἰδόντες   <u>Φαρισαῖοι</u>   <u>εἶπον</u> τοῖς μαθηταῖς αὐτοῦ,   Δ   [↓788 1071 1346 1424 τ
αὐτοῦ. **11** καὶ ἰδόντες οἱ <u>Φαρισαῖοι</u>   <u>εἶπον</u> τοῖς μαθηταῖς αὐτοῦ,   𝔐 K M N U Θ Π *f*¹³ 2 157 565 579 700

ᵀκαὶ ἰδόντες οἱ Φαρισαῖοι εἶπον τοῖς μαθηταῖς αὐτοῦ S*

Διὰ τί μετὰ τῶν τελωνῶν καὶ ἁμαρτωλῶν   ἐσθίει ὁ διδάσκαλος ὑμῶν;   B **uw**τ rell
Διὰ τί μετὰ τῶν τελωνῶν καὶ ἁμαρτωλῶν   <u>ὁ διδάσκαλος ὑμῶν ἐσθίει</u>;   C* *f*¹
<u>Διὰ τί ὁ διδάσκαλος ὑμῶν</u>   <u>μετὰ τῶν ἁμαρτωλῶν καὶ τελωνῶν ἐσθίει</u> ;   D
....   τῶν τελωνῶν καὶ ἁμαρτωλῶν   ἐσθίει ὁ διδάσκαλος ὑμῶν;   Y
Διὰ τί μετὰ τῶν τελωνῶν καὶ ἁμαρτωλῶν ἐσθίει <u>καὶ</u> <u>πίνει</u> ὁ διδάσκαλος ὑμῶν;   M 565 1071 1346
Διὰ τί μετὰ   τελωνῶν καὶ ἁμαρτωλῶν   ἐσθίει ὁ διδάσκαλος ὑμῶν;   124 788

12 ὁ δὲ   ἀκούσας εἶπεν,   Οὐ χρείαν ἔχουσιν οἱ ἰσχύοντες ἰατροῦ ἀλλὰ οἱ   B w
12 ὁ δὲ   ἀκούσας εἶπεν,   Οὐ χρείαν ἔχουσιν οἱ ἰσχύοντες <u>ἰατρῶν</u> ἀλλ᾽ οἱ   ℵ
12 ὁ δὲ ᾽Ιησοῦς ἀκούσας εἶπεν,   Οὐ χρείαν ἔχουσιν οἱ ἰσχύοντες ἰατροῦ ἀλλ᾽ οἱ   C* 1424
12 ὁ δὲ   ἀκούσας .... οἱ ἰσχύοντες ἰατροῦ ἀλλ᾽ οἱ   D
12 ... . ἰατροῦ ἀλλ᾽ οἱ   F
12 ὁ δὲ ᾽Ιησοῦς ἀκούσας εἶπεν <u>αὐτοῖς</u>, Οὐ χρείαν ἔχουσιν οἱ ἰσχύοντες ἰατροῦ ἀλλὰ οἱ   W
12 ὁ δὲ   ἀκούσας εἶπεν,   Οὐ χρείαν ἔχουσιν οἱ ἰσχύοντες ἰατροῦ ἀλλὰ οἱ   **u**
12 ὁ δὲ ᾽Ιησοῦς ἀκούσας εἶπεν <u>αὐτοῖς</u>, Οὐ χρείαν ἔχουσιν οἱ ἰσχύοντες ἰατροῦ <u>ἀλλ᾽</u> οἱ   Cᶜ 𝔐 K L M
N U Δ Θ Π *f*¹ *f*¹³ 2 33 157 565 579 700 788 1071 1346 τ

κακῶς ἔχοντες. **13** πορευθέντες δὲ μάθετε τί ἐστιν, Ἔλεος   θέλω **καὶ οὐ**   B ℵ C* D N Θ 1 1582* 33 **uw**
κακῶς ἔχοντες. **13** πορευθέντες δὲ μάθετε τί ἐστιν, <u>Ἔλαιον</u> θέλω **καὶ οὐ**   1346
κακῶς ἔχοντες. **13** πορευθέντες δὲ μάθετε τί ἐστιν, <u>Ἔλεον</u>   θέλω **καὶ οὐ**   Cᶜ 𝔐 K L M U W Δ Π 1582ᶜ
118 *f*¹³ 2 157 565 579 700 788 1071 1424 τ

θυσίαν· οὐ γὰρ ἦλθον   καλέσαι δικαίους ἀλλὰ ἁμαρτωλούς.   B ℵ D N Δ 1* 1582* 118* 33 565 **uw**
θυσίαν· οὐ γὰρ ἦλθον   <u>δικαίους</u> <u>καλέσαι</u> ἀλλὰ ἁμαρτωλούς <u>εἰς μετάνοιαν</u>.   C*
θυσίαν· οὐ γὰρ ἦλθον   καλέσαι δικαίους <u>ἀλλ᾽</u> ἁμαρτωλούς <u>εἰς μετάνοιαν</u>.   E G Y τ
θυσίαν· οὐ γὰρ <u>ἐλήλυθα</u>   καλε·········   ....   F
θυσίαν· οὐ γὰρ ἦλθον   <u>δικαίους καλέσαι</u> ἀλλὰ ἁμαρτωλούς.   W
θυσίαν· οὐ γὰρ ἦλθον   <u>δικαίους καλέσαι</u> ἀλλὰ ἁμαρτωλούς <u>εἰς μετάνοιαν</u>.   1424
θυσίαν· οὐ γὰρ ἦλθον   καλέσαι δικαίους ἀλλὰ ἁμαρτωλούς <u>εἰς μετάνοιαν</u>.   Cᶜ K L M S U Θ Π Ω 1ᶜ
1582ᶜ 118ᶜ *f*¹³ 2 157 579 700 788 1071 1346

[Cl Pd I 83.2 ως δε <u>οι</u> υγιαινοντες ου χρηζουσιν <u>ιατρου</u>] [Cl Q 39.4 διο και κεκραγεν, <u>ελεον</u> <u>θελω</u> <u>και</u> <u>ου</u>
<u>θυσιαν</u>].

A Question About Fasting And The New Compared To The Old
(Mark 2.18-22; Luke 5.33-39)

ν̅ς̅ **14** Τότε προσέρχονται αὐτῷ οἱ μαθηταὶ Ἰωάνου λέγοντες, Διὰ τί ἡμεῖς και οἱ Φαρεισαῖοι   B w
14 Τότε προσέρχονται αὐτῷ οἱ μαθηταὶ Ἰωάνου λέγοντες, Διὰ τί ἡμεῖς και οἱ <u>Φαρισαῖοι</u>   D
14 ....   F
14 Τότε προσέρχονται αὐτῷ οἱ μαθηταὶ <u>Ἰωάννου</u> λέγοντες, Διὰ τί ἡμεῖς και οἱ <u>Φαρισαῖοι</u>   **u**τ rell

lac. **9.10-14** 𝔭⁴⁵ A H Y P Q Γ 28 69 ¦ vss. 11-13 F ¦ vss 10-11 Y

A 11 φαρισεοι Θ | οιπον 579 | τη (τι) L | εσθειη 1071 | πινη 1071 1346 **12** χριαν ℵ* | C L Δ Θ 2 | κακος Θ* **13** μαθεται ℵ W 2
579 1071 | ελαιον K 1346 | καλεσε D Θ* 579 | δικαιουους L **14** προσερχοντε L 579 1071 | η (οι) 579 | μαθητε¹·², τη (τι) L |
ημις ℵ N 579 |

B 12 ι̅ς̅ C 𝔐 K L M N S U W Δ Θ Π Ω *f*¹ 118 *f*¹³ 124 2 33 157 565 579 700 788 1071 1346 1424

C 13 τελος (post μεταν.) E S Ω *f*¹³ 124 2 1071 1346 ¦ τελος Σα···· (post μεταν.) G² | τελ Y Θ ¦ τε του Σαβ του αγιου β̅ Π ¦ τελ
Σα *f*¹ **14** αρχη: τη δ̅ της β̅ εβδομαδος τω καιρω εκεινω προσερχονται τω ι̅υ̅ οι μαθηται (ante οι μαθ.) G ¦ αρχ: τη δ̅ της β̅ εβδ
αρχ τω κ,ρ, προσερχονται τω ι̅υ̅ οι μαθ ι̅ω̅, (ante οι μαθ.) Y ¦ αρχ: Μθ τη δ̅ τς β̅ εβδ τω καιρω, προσερχονται τω ι̅υ̅ Μ ¦ τη δ̅ τς β̅
εβδ τω κ προσερχ S ¦ (ante Ιωανν<u>ου</u>) αρχ: τη η̅ τς β̅ εβδ <u>τω</u> καιρω εκεινω προσηλθον τω ι̅υ̅ οι μαθηται ιωαννου Π ¦ αρχ λ̅α̅ τη ς̅
τς ς̅ εβδ τω καιρω προσηλθον τω ι̅υ̅ οι μαθηται *f*¹ ¦ αρχ λ̅α̅ τγ οαρα α̅ τς β̅ εβδ τω προσηλθον τω ι̅υ̅ οι μαθηται αυτου 118 ¦ αρχ
*f*¹³ 124 788 1346 ¦ αρχ τη π̅α̅ 157

D 12 ο̅γ̅/β̅ ℵ E G L M S U Ω 124 788 1071 ¦ ο̅γ̅ C D Y Θ 1582 118 *f*¹³ 2 157 1346 ¦ ο̅β̅ K ¦ ο̅β̅/β̅ Π ¦ Ευ Μθ ο̅γ̅ : Ιω . : Λο μ̅ : Μρ
κγ E | Μθ ο̅γ̅ : Μρ κγ : Λο μ : Ιω . 124

νηστεύομεν,   οἱ δὲ μαθηταί σου οὐ νηστεύουσιν; **15** καὶ εἶπεν αὐτοῖς ὁ Ἰησοῦς,   B ℵ* [uw]
νηστεύομεν <u>πυκνά</u>, οἱ δὲ μαθηταί σου οὐ νηστεύουσιν; **15** καὶ εἶπεν αὐτοῖς ὁ Ἰησοῦς,   ℵ¹
νηστεύομεν <u>πολλά</u>, οἱ δέ <u>σοι μαθηταί</u> οὐ νηστεύουσιν; **15** καὶ εἶπεν αὐτοῖς ὁ Ἰησοῦς,   M
νηστεύομεν <u>πολλά</u>, οἱ δὲ μαθηταί σου οὐ νηστεύουσιν; **15** καὶ εἶπεν αὐτοῖς ὁ Ἰησοῦς,   [uw]τ rell

Μὴ   δύνανται οἱ υἱοὶ τοῦ νυμφῶνος πενθεῖν   ἐφ' ὅσον   μετ' αὐτῶν   B uwτ rell
<u>Μήτι</u>   δύνανται οἱ υἱοὶ τοῦ <u>νυνφίου</u>   <u>νηστεύειν</u> ἐφ' ὅσον   μετ' αὐτῶν   D
Μὴ   δύνανται   υἱοὶ τοῦ νυμφῶνος πενθεῖν   ἐφ' ὅσον   μετ' αὐτῶν   L S f¹³ 788 1346
Μὴ   δύνανται οἱ υἱοὶ τοῦ νυμφῶνος   <u>νηστεύειν</u> ἐφ' ὅσον   μετ' αὐτῶν   W
Μὴ   δύνανται οἱ υἱοὶ τοῦ νυμφῶνος πενθεῖν <u>νηστευειν</u> ἐφ' ὅσον   μετ' αὐτῶν   579
Μὴ   δύνανται οἱ υἱοὶ τοῦ νυμφῶνος   <u>νηστευειν</u> ἐφ' ὅσον <u>χρόνον</u> μετ' αὐτῶν   1424

ἐστιν ὁ νυμφίος; ἐλεύσονται δὲ   ἡμέραι ὅταν ἀπαρθῇ ἀπ' αὐτῶν ὁ νυμφίος, καὶ τότε   B uwτ rell
ἐστιν ὁ νυμφίος;   καὶ τότε   ℵ*
ἐστιν ὁ νυμφίος; ἐλεύσονται δὲ <u>αἱ</u> ἡμέραι ὅταν   <u>ἀρθῇ</u> ἀπ' αὐτῶν ὁ νυμφίος, καὶ τότε   D*
ἐστιν ὁ νυμφίος; ἐλεύσονται δὲ   ἡμέραι ὅταν   <u>ἀρθῇ</u> ἀπ' αὐτῶν ὁ νυμφίος, καὶ τότε   Dᶜ f¹
ἐστιν ὁ νυμφίος; ....   F
ἐστιν ὁ νυμφίος; ἐλεύσονται   ἡμέραι ὅταν ἀπαρθῇ ἀπ' αὐτῶν ὁ νυμφίος, καὶ τότε   S
ἐστιν ὁ νυμφίος; ἐλεύσονται δὲ   ἡμέραι ὅταν <u>ἀφερεθῇ</u> ἀπ' αὐτῶν ὁ νυμφίος, καὶ τότε   W

νηστεύσουσιν.   **16** οὐδεὶς δὲ ἐπιβάλλει ἐπίβλημα   ράκους   B uwτ rell
<u>νηστεύουσιν</u> <u>ἐν ἐκείναις ταῖς ἡμεραις.</u> **16** οὐδεὶς δὲ ἐπιβάλλει ἐπίβλημα   <u>ράκκους</u> D*
νηστεύουσιν <u>ἐν ἐκείναις ταῖς ἡμεραις.</u>   **16** οὐδεὶς δὲ ἐπιβάλλει ἐπίβλημα   <u>ράκκους</u> Dᶜ
<u>νηστεύσωσιν.</u>   **16** οὐδεὶς δὲ ἐπιβάλλει ἐπίβλημα   ράκους   L
νηστεύσουσιν.   **16** οὐδεὶς δὲ <u>ἐπιβάλλει</u> ἐπιβάλλει ἐπίβλημα <u>ράκκους</u> N*
<u>νηστεύσωσιν.</u>   **16** οὐδεὶς δὲ ἐπιβάλλει ἐπίβλημα   <u>ράκκους</u> Δ
νηστεύσουσιν.   **16** οὐδεὶς δὲ <u>ἐπίβλημα</u> <u>ἐπιβάλλει</u> <u>ράκκους</u> Θ
νηστεύσουσιν.   **16** οὐδεὶς δὲ <u>ἐπιβάλει</u> ἐπίβλημα   <u>ράκκους</u> 2
νηστεύσουσιν.   **16** οὐδεὶς δὲ   <u>βάλη</u> ἐπίβλημα   ράκους   157
  <u>στεύσουσιν.</u>   **16** οὐδεὶς   ἐπιβάλλει ἐπίβλημα   ράκους   579
νηστεύσουσιν.   **16** οὐδεὶς δὲ <u>ἐπίβλημα</u> <u>ἐπιβάλλει</u> ράκους   700
<u>πεμθησουσιν και</u> νηστεύσουσιν.   **16** οὐδεὶς δὲ ἐπιβάλλει ἐπίβλημα   ράκους   1071 [↓1346 1424
νηστεύσουσιν.   **16** οὐδεὶς δὲ ἐπιβάλλει ἐπίβλημα   <u>ράκκους</u> G Nᶜ f¹³ 33 788

ἀγνάφου ἐπὶ ἱματίῳ παλαιῷ· αἴρει γὰρ τὸ πλήρωμα αὐτοῦ ἀπὸ τοῦ ἱματίου,   B uwτ rell
ἀγνάφου ἐπὶ ἱματίῳ παλαιῷ· αἴρει γὰρ τὸ πλήρωμα   ἀπὸ τοῦ ἱματίου,   ℵ*
<u>ἀγνάφους</u> ἐπὶ ἱματίῳ παλαιῷ· αἴρει γὰρ τὸ πλήρωμα αὐτοῦ ἀπὸ τοῦ ἱματίου,   C Wᶜ
....ῳ παλαιῷ· αἴρει γὰρ τὸ πλήρωμα αὐτοῦ ἀπὸ τοῦ ἱματίου,   F
ἀγνάφου ἐπὶ ἱματίῳ παλαιῷ· αἴρει γὰρ τὸ πλήρωμα αὐτοῦ ἀπὸ τοῦ ἱματίου <u>τοῦ παλεοῦ</u>, L*
ἀγνάφου ἐπὶ ἱματίῳ παλαιῷ· αἴρει γὰρ   <u>πλήρων</u> αὐτοῦ ἀπὸ τοῦ ἱματίου,   Δ
<u>ἀκνάφου</u> ἐπὶ ἱματίῳ παλαιῷ· αἴρει γὰρ τὸ πλήρωμα αὐτοῦ ἀπὸ τοῦ ἱματίου,   1071
ἀγνάφου <u>ἐν</u> ἱματίῳ παλαιῷ· αἴρει γὰρ τὸ πλήρωμα αὐτοῦ ἀπὸ τοῦ ἱματίου,   1424

καὶ χεῖρον σχίσμα γείνεται. **17** οὐδὲ βάλλουσιν οἶνον νέον εἰς ἀσκοὺς παλαιούς· εἰ δὲ μή,   B ℵ D W
καὶ χεῖρον σχίσμα <u>γίνεται.</u> **17** οὐδὲ <u>βάλουσιν</u> οἶνον νέον εἰς ἀσκοὺς παλαιούς· εἰ δὲ μή   L* Θ 157
καὶ χεῖρον σχίσμα <u>γίνεται.</u> **17** οὐδὲ βάλλουσιν οἶνον νέον εἰς ἀσκοὺς παλαιούς· εἰ δε μὴ   C 𝔐 K Lᶜ M
                                                                   N U Δ Π f¹ f¹³ 2 33 565 579 700 788 1071 1346 1424 uwτ

  ῥήγνυνται οἱ ἀσκοί,   καὶ ὁ οἶνος ἐκχεῖται καὶ οἱ ἀσκοὶ ἀπόλλυνται· B 700
<u>γε</u>, ῥήγνυνται οἱ ἀσκοί,   καὶ ὁ οἶνος ἐκχεῖται καὶ οἱ ἀσκοὶ ἀπόλλυνται· ℵ Θ f¹ f¹³ 788
<u>γε</u>, <u>ῥήσσει ὁ οἶνος ὁ νέος τοὺς ασκούς,</u> καὶ ὁ οἶνος <u>ἀπόλλυται</u> καὶ οἱ ἀσκοί·   D [↑1346 uw
<u>γε</u>, ῥήγνυνται οἱ ἀσκοί,   καὶ ὁ οἶνος <u>ἐκχύται</u> καὶ οἱ ασκοὶ <u>ἀπόλουνται·</u> 579
<u>γε</u>, ῥήγνυνται ....· F
<u>γε</u>, ῥήγνυνται οἱ ἀσκοί,   καὶ ὁ οἶνος ἐκχεῖται καὶ οἱ ἀσκοὶ ἀπόλυνται·   C 𝔐 K L M N U
                                                                   W Δ Π 2 33 157 565 1071 1424 τ

lac. 9.14-17 𝔓⁴⁵ A F H P Q Γ 28 69

A 14 νηστευονυμε 579 | νηστευουσι Y 157 700ᶜ **15** δυναντα C ¦ δυνατε N ¦ δυναντε 579 | πεμθειν 1071 | αυτον¹ 579 | ελευσοντε D N 579 | νυμφειος² ℵᶜ **16** επιβαλλη 1424 | ειματιω D ¦ ηματιω L 2 | παλεω ℵ L | αιρι ℵ Θ ¦ ερει C L W ¦ ερι N ¦ αιρη 2 579 | ειματειου D ¦ ηματιου 2 | χιρον C N ¦ χειρων 2* | σχεισμα D ¦ σχιμα K | γινετε L **17** παλεους L 2* ¦ παλλαιους Δ | ρυγνυνται K ¦ ρηγνουνται L ¦ ρειγνυνται 1424 | ακοι² 579 | απολουντε L ¦ απολουται Y*

B 15 ι̅ς̅ B C 𝔐 K L M N S U W Δ Θ Ω f¹ 118 f¹³ 124 2 33 157 565 579 700 788 1071 1346 1424 ¦ ι̅η̅ς̅ D

D 16 ο̅γ̅ K 118

ἀλλὰ βάλλουσιν οἶνον νέον εἰς ἀσκοὺς καινούς,   καὶ ἀμφότεροι συντηροῦνται.   B **uw** rell
<u>ἀλλ'</u> <u>οἶνον</u> <u>νέον</u> <u>εἰς</u> <u>ἀσκοὺς</u> <u>καινούς</u>   <u>βλητέον</u>,   καὶ ἀμφότεροι συντηροῦνται.   ℵ
ἀλλὰ <u>οἶνον</u> <u>νέον</u> <u>εἰς</u> <u>ἀσκοὺς</u> <u>βάλλουσιν</u> καινούς,   καὶ ἀμφότεροι συντηροῦνται.   C 1424
<u>βάλλουσιν</u>   <u>δὲ</u> <u>οἶνον</u> νέον εἰς ἀσκοὺς καινούς,   καὶ ἀμφότεροι   <u>τηροῦνται</u>.   D*
<u>βάλλουσιν</u>   <u>δὲ</u> οἶνον νέον εἰς ἀσκοὺς καινούς,   καὶ ἀμφότεροι συντηροῦνται.   Dᶜ
....   F
ἀλλὰ <u>βάλουσιν</u>   οἶνον νέον εἰς ἀσκοὺς καινούς,   καὶ ἀμφότεροι συντηροῦνται.   L 2* 157
om.   S
ἀλλὰ βάλλουσιν οἶνον νέον εἰς ἀσκοὺς <u>νέους</u>,   καὶ ἀμφότεροι συντηροῦνται.   Δ
ἀλλὰ <u>βάλλου</u>   οἶνον νέον εἰς ἀσκοὺς καινούς,   καὶ ἀμφότεροι συντηροῦνται.   1071
ἀλλὰ βάλλουσιν οἶνον νέον εἰς ἀσκοὺς καινούς,   καὶ <u>ἀμφότερα</u> συντηροῦνται.   τ

ιε̅   περὶ τῆς θυγατρὸς τοῦ ἀρχισυναγώγου

Jesus Raises The Ruler's Daughter From Death
And Heals A Woman Of A Hemorrhage
(Mark 5.21-43; Luke 8.40-56)

νζ̅ 18 Ταῦτα   αὐτοῦ λαλοῦντος αὐτοῖς   ἰδοὺ ἄρχων εἷς προσελθὼν   B ℵ¹ [**w**]
18 Ταῦτα   αὐτοῦ λαλοῦντος αὐτοῖς   ἰδοὺ ἄρχων   προσελθὼν   ℵ* 157
18 Ταῦτα   αὐτοῦ λαλοῦντος αὐτοῖς   ἰδοὺ ἄρχων   <u>ΕΙΣΕΛΘΩΝ</u>   ℵ² C* D N W Θ u[**w**]
18 Ταῦτα   αὐτοῦ λαλοῦντος αὐτοῖς   ἰδοὺ ἄρχων <u>τις</u> προσελθὼν τω̅ ᾽Ιησοῦ   Cᶜ G U f¹³ 2
18 ....   ἰδοὺ ....   <u>προσῆλ</u>...... ...... ᾽Ιησου   F
18 Ταῦτα <u>δὲ</u> αὐτοῦ λαλοῦντος αὐτοῖς   ἰδοὺ ἄρχων <u>τις</u> προσελθὼν τω̅ ᾽Ιησοῦ   L*
18 Ταῦτα <u>δὲ</u> αὐτοῦ λαλοῦντος αὐτοῖς   ἰδοὺ ἄρχων   προσελθὼν τω̅ ᾽Ιησοῦ   Lᶜ
18 Ταῦτα   αὐτοῦ λαλοῦντος <u>τοῖς ὄχλοις</u>   ἰδοὺ ἄρχων εἷς   <u>ἐλθὼν</u>   M*
18 Ταῦτα   αὐτοῦ λαλοῦντος   ἰδοὺ ἄρχων εἷς   <u>εἰσελθὼν</u>   f¹ 1424
18 <u>Τὰ</u>   αὐτοῦ λαλοῦντος αὐτοῖς   ἰδοὺ ἄρχων εἷς   <u>ἐλθὼν</u>   579
18 Ταῦτα   αὐτοῦ λαλοῦντος αὐτοῖς   ἰδοὺ ἄρχων   <u>εἰσελθὼν</u>   124 700 788 1071
18 Ταῦτα   αὐτοῦ λαλοῦντος αὐτοῖς   ἰδοὺ ἄρχων <u>τις</u> <u>προσῆλθεν</u> τω̅ ᾽Ιησοῦ   1346
18 Ταῦτα   αὐτοῦ λαλοῦντος αὐτοῖς   ἰδοὺ ἄρχων   <u>ἐλθὼν</u>   τ   [↓565
18 Ταῦτα   αὐτοῦ λαλοῦντος αὐτοῖς   ἰδοὺ ἄρχων εἷς   <u>ἐλθὼν</u>   𝔐 K Mᶜ Δ Π 33

προσεκύνει αὐτῷ λέγων   ὅτι ῾Η θυγάτηρ μου ἄρτι ἐτελεύτησεν·   ἀλλὰ ἐλθὼν   B **uwτ** rell
προσεκύνει αὐτῷ λέγων   ῾Η θυγάτηρ μου ἄρτι ἐτελεύτησεν·   ἀλλὰ ἐλθὼν   ℵ D 33
προσεκύνει αὐτῷ λέγων   ὅτι ῾Η θυγάτηρ μου ἄρτι ἐτελεύτησεν·   <u>ἀλλ'</u> ἐλθὼν   Y
προσεκύνει αὐτῷ λέγων, <u>Κύριε</u>,   ῾Η θυγάτηρ μου ἄρτι ἐτελεύτησεν·   ἀλλὰ ἐλθὼν   M
προσεκύνει αὐτῷ λέγων   ῾Η θυγάτηρ μου ἄρτι ἐτελεύτησεν·   <u>ἀλλ'</u> ἐλθὼν   f¹ f¹³ 788
προσεκύνει αὐτῷ λέγων   ὅτι ῾Η θυγάτηρ μου <u>ἐτελεύτησεν</u> <u>ἄρτι</u> ἀλλὰ ἐλθὼν   157
προσεκύνει αὐτῷ λέγων   ὅτι ῾Η θυγάτηρ μου <u>αὕτη</u> ἐτελεύτησεν·   ἀλλὰ ἐλθὼν   1346
προσεκύνει <u>αὐτὸν</u> λέγων   ὅτι ῾Η θυγάτηρ μου ἄρτι ἐτελεύτησεν·   ἀλλὰ ἐλθὼν   1424

ἐπίθες   τὴν χεῖρά   σου ἐπ' αὐτήν, καὶ ζήσεται.   19 καὶ ἐγερθεὶς ὁ ᾽Ιησοῦς ἠκολούθησεν   B u[**w**]τ rell
ἐπίθες   τὴν χεῖρά   σου ἐπ' αὐτήν, καὶ ζήσεται.   19 καὶ ἐγερθεὶς ὁ ᾽Ιησοῦς <u>ἠκολούθει</u>   ℵ C D 33 [**w**]
ἐπίθες   τὴν χεῖρά   σου ἐπ' αὐτήν, καὶ ζήσεται.   19 καὶ ἐγερθεὶς ὁ ᾽Ιησοῦς <u>ἠκολούθησαν</u>   E M
<u>ἐπιθεὶς</u>   τὴν <u>χεῖράν</u>   σου ἐπ' αὐτήν, καὶ ζήσεται.   19 καὶ ἐγερθεὶς ὁ ᾽Ιησοῦς ἠκολούθησεν   L
<u>ἐπίθες</u>   τὴν χεῖρά   σου ἐπ' <u>αὐτῇ</u>, καὶ ζήσεται.   19 καὶ ἐγερθεὶς ὁ ᾽Ιησοῦς ἠκολούθησεν   f¹³ 788
<u>ἐπίθε</u>   τὴν χεῖρά   σου ἐπ' αὐτήν, καὶ ζήσεται.   19 καὶ ἐγερθεὶς ὁ ᾽Ιησοῦς ἠκολούθησεν   1424

lac. **9.17-19** 𝔓⁴⁵ A H P Q Γ 28 69

A 17 βαλουσι 157 ǀ κενους L ǀ αφοτεροι 579 **18** αρχον E* L ǀ προσελθον Cᶜ ǀ εισελθον Θ ǀ προσεκυνι ℵ D ǀ προσεκυνη G L Θ 2 ǀ προσεκεινη 13 ǀ προσεκεινν 579 ǀ αρτη L Θ ǀ επιθες F ǀ επειθες 13 124 1346 ǀ επειθεις 788 **19** ηκολουθι D

B 18 ιυ̅ F G L U f¹³ 2 1346 ǀ κε̅ M **19** ιυ̅ B ℵ C 𝔐 K L M N S U W Δ Θ Π Ω f¹ 118 f¹³ 124 2 157 565 579 700 788 1071 1346 1424 ǀ ιης D

C 17 τελ της δ̅ Y ǀ τε τς παρ, Π ǀ τελ τς γ̅ f¹ ǀ τελ 157 1071 **18** ιε̅ περι της θυγατρος του αρχησυναγωγου (αρχισυναγωγου Y K L M N S U Ω 1 2 f¹³ 124 33 157 565 579 788 1071): E Y K L M N S Δ Π Ω f¹ f¹³ 2 33 157 565 579 788 1071 1424 (ante ιδου Θ) ǀ Μθ ιε̅ : Μρ ιβ̅ : Λο κε̅ M ǀ Μρ ιβ̅ Λο κε̅ Π ǀ Σα ϛ̅ L ǀ αρχη: σαββατω ϛ̅ τω καιρω εκεινω αρχων τις (ante αρχων) G ǀ αρχη: Σαββατω ϛ̅ τω καιρω εκεινω αρχων τις προσελθων τω ιυ̅ (ante προσεκυνει) E ǀ αρχ: Σα ϛ̅ αρχ τω κ,ρ,ω αρχων τις προσελθω Y ǀ αρχ (ante αρχων): Μθ Σα ϛ̅ αρχ τω καιρ, αρχων τις προσελθων τω ιυ̅ προσεκυνει αυτω M ǀ Σα ϛ̅ τω κ S ǀ αρχ: Σβ ϛ̅ τω κ,ρω αρχων προσελθον τω ιυ̅ Θ ǀ αρ ····· Σαβ ϛ̅ μγ τ η τω καιρω εκεινω αρχων τις προσελθων τω ιυ̅ προσεκυνει αυτω λεγ Π ǀ Σα ϛ̅ τω καιρω Ω ǀ αρχ Σα ϛ̅ 124 157 1346 ǀ αρχ̅ 788 ǀ (ante λεγων) αρχων τις προσελθ προσεκυνει τω ιυ̅ Ω ǀ αρχ λβ̅ Σα ϛ̅ τω καιρω (+ εκεινω 118) αρχων τις προσελθων τω ιυ̅ προσεκ f¹ 118 ǀ αρχ Σα ιϛ̅ f¹³ : αρχ Σα ϛ̅ τω καιρω εκεινω 2 ǀ αρχ: Σα ϛ̅ τω καιρ αρχ τις 1071 ǀ αρχη τω καιρω 1424ǀ τελος της δ̅ (post αυτω) G ǀ τελ (ποστ αυτω) S ǀ ιδ̅ περι της θυγατρος του αρχησυναγωγου (ante λεγων) G **18** (post αυτω) τελ 788 ǀ (post λεγων) τελ 1346 **19** ιϛ̅ περι της αιμορρουουσης: E

D 18 ο̅δ̅/β̅ ℵ E G Y M N S U Π Ω 124 788 1424 (ante ιδου L) ǀ ο̅δ̅ C D K Θ f¹ f¹³ 157 579 1071 ǀ ο̅β̅/β̅ 118 (sic!) ǀ Ευ Μθ ο̅δ̅ Ιω . : Λο με : Μρ πε̅ E ǀ Μθ ο̅δ̅ : Μρ μθ̅ : Λο νϛ̅ M ǀ Μθ ο̅δ̅ : Μρ μθ̅ : Λο πε̅ : Ιω . 124

ι̅ϛ̅   περὶ τῆς αἱμορροούσης

αὐτῷ καὶ οἱ μαθηταὶ αὐτοῦ. **20** Καὶ ἰδοὺ γυνὴ αἱμορροοῦσα δώδεκα ἔτη   B **uwτ** rell
αὐτῷ καὶ οἱ μαθηταὶ αὐτοῦ. **20** Καὶ ἰδοὺ γυνὴ αἱμορροοῦσα δώδεκα ἔτη <u>ἔχουσα ἐν τῇ</u>   L
αὐτῷ   οἱ μαθηταὶ αὐτοῦ. **20** Καὶ ἰδοὺ γυνὴ αἱμορροοῦσα δώδεκα ἔτη   M
αὐτῷ .   **20** Καὶ ἰδοὺ γυνὴ αἱμορροοῦσα δώδεκα ἔτη   Y
αὐτῷ καὶ   μαθηταὶ αὐτοῦ. **20** Καὶ ἰδοὺ γυνὴ αἱμορροοῦσα δώδεκα ἔτη   Δ
αὐτῷ καὶ οἱ μαθηταὶ αὐτοῦ. **20** Καὶ ἰδοὺ γυνὴ αἱμορροοῦσα <u>ἔτει δώδεκα</u>   1071

   προσελθοῦσα ὄπισθεν   ἥψατο τοῦ κρασπέδου τοῦ ἱματίου αὐτοῦ·   B **uwτ** rell
<u>ἀσθενήᾳ</u> προσελθοῦσα ὄπισθεν   ἥψατο τοῦ κρασπέδου τοῦ ἱματίου αὐτοῦ·   L
   προσελθοῦσα ὄπισθεν <u>τοῦ Ἰησοῦ</u> ἥψατο τοῦ κρασπέδου τοῦ ἱματίου αὐτοῦ·   157

21 ἔλεγε γὰρ ἐν ἑαυτῇ, Ἐὰν μόνον ἅψωμαι   τοῦ ἱματίου   αὐτοῦ   B **uwτ** rell
21 ἔλεγε γὰρ ἐν ἑαυτῇ, Ἐὰν   ἅψωμαι   τοῦ ἱματίου   αὐτοῦ   ℵ*
21 ἔλεγε γὰρ ἐν ἑαυτῇ, Ἐὰν <u>ἅψωμαι μόνον</u>   τοῦ ἱματίου   αὐτοῦ   D
21 ἔλεγε γὰρ ἐν <u>αὐτῇ</u>, Ἐὰν μόνον ἅψωμαι   τοῦ ἱματίου   αὐτοῦ   L
21 ἔλεγε γὰρ ἐν ἑαυτῇ, Ἐὰν μόνον ἅψωμαι   τοῦ <u>κρασπέδου</u> αὐτοῦ   f¹³ 788 1346
21 ἔλεγε γὰρ ἐν ἑαυτῇ, Ἐὰν μόνον ἅψωμαι <u>τοῦ κρασπέδου</u> τοῦ ἱματίου αὐτοῦ   157
21 ἔλεγε γὰρ ἐν ἑαυτῇ, Ἐὰν μόνον ἅψωμαι   <u>τῶν ἱματίων</u> αὐτοῦ   1071

σωθήσομαι. **22** ὁ δὲ Ἰησοῦς   στραφεὶς καὶ ἰδὼν αὐτὴν εἶπεν, Θάρσει, θύγατερ· ἡ   B ℵc f¹³ 33 788 **uw**
σωθήσομαι. **22** ὁ δὲ   στραφεὶς καὶ ἰδὼν αὐτὴν εἶπεν, Θάρσει, θύγατερ· ἡ   ℵ*
σωθήσομαι. **22** ὁ δὲ <u>ἔστη</u>   στραφεὶς καὶ ἰδὼν αὐτὴν εἶπεν, Θάρσει, <u>θυγάτηρ</u>· ἡ   D
σωθήσομαι. **22** ὁ δὲ Ἰησοῦς <u>ἐπιστραφεὶς</u> καὶ ἰδὼν αὐτὴν εἶπεν, Θάρσει, <u>θυγάτηρ</u>· ἡ   G L W Θ
σωθήσομαι. **22** ὁ δὲ Ἰησοῦς   στραφεὶς καὶ ἰδὼν αὐτὴν εἶπεν, Θάρσει, <u>θυγάτηρ</u>· ἡ   N
σωθήσομαι. **22** ὁ δὲ Ἰησοῦς <u>ἐπιστραφεὶς</u> καὶ ἰδὼν αὐτὴν εἶπεν, Θάρσει, θύγατερ· ἡ   C 𝔐 K M U Δ Π f¹
                                                           2 157 565 579 700 1071 1346 1424 τ

πίστις σου σέσωκέν σε.   καὶ ἐσώθη ἡ γυνὴ ἀπὸ τῆς ὥρας ἐκείνης. B **uwτ** rell
<u>πιστὴ</u> σου σέσωκέν σε.   καὶ ἐσώθη ἡ γυνὴ ἀπὸ τῆς ὥρας ἐκείνης. E* L
.... ὥρας ἐκείνης. 28
πίστις σου σέσωκέν σε. <u>πορεύου εἰς εἰρήνην</u>. καὶ ἐσώθη ἡ γυνὴ ἀπὸ τῆς ὥρας ἐκείνης. 1424

   [Cl S V 2.5 ο κυριος .. επελεγεν, <u>η πιστις σου σεσωκεν σε</u>] [Cl S VI 44.4 διο και τουτους ιωμενος ο κυριος
   ελεγεν, <u>η πιστις σου σεσωκεν σε</u>] [Cl S VI 108.4 ωστε οταν ακουσωμεν, <u>η πιστις σου σεσωκεν σε</u>].

23 Καὶ ἐλθὼν ὁ Ἰησοῦς εἰς τὴν οἰκίαν τοῦ ἄρχοντος καὶ ἰδὼν τοὺς αὐλητὰς καὶ τὸν ὄχλον B **uwτ** rell
23 Καὶ ἐλθὼν ὁ Ἰησοῦς εἰς τὴν οἰκίαν τοῦ ἄρχοντος καὶ ἰδὼν   αὐλητὰς καὶ τὸν ὄχλον Δ

θορυβούμενον **24** ἔλεγεν,   Ἀναχωρεῖτε, οὐ γὰρ ἀπέθανεν τὸ κοράσιον ἀλλὰ B ℵ D f¹ f¹³ 33 788
θορυβούμενον **24** <u>λέγει</u>,   Ἀναχωρεῖτε, οὐ γὰρ ἀπέθανεν τὸ κοράσιον ἀλλὰ N   [⸆uw
θορυβούμενον **24** ἔλεγεν <u>αὐτοῖς</u>, Ἀναχωρεῖτε, οὐ γὰρ ἀπέθανεν τὸ κοράσιον ἀλλὰ 1346
θορυβούμενον **24** <u>λέγει αὐτοῖς</u>, Ἀναχωρεῖτε, οὐ γὰρ ἀπέθανεν τὸ κοράσιον ἀλλὰ C 𝔐 K L M U W Δ
                                                           Θ Π 2 28 157 565 579 700 1071 1424 τ

lac. 9.19-24 𝔓⁴⁵ A H P Q Γ 69 ¦ vss. 19-22 28

A 20 αιμαροουσα ℵ* ¦ αιμοροουσα ℵc W Ω ¦ αιμορρουσα K ¦ αιμορουσα L ¦ κρασπεδου W ¦ κρασπαιδου 2 ¦ ματιου D ¦
ηματιου 2 **21** ελεγεν ℵ C D E G K L M N S W Δ Θ Π Ω f¹ f¹³ 124 2 33 565 579 788 1424 ¦ μωνον Θ ¦ αψομαι N* 2* 1424 ¦
αψωμε 579 ¦ ηματιου 2 ¦ σωθησωμαι L Θ 13 1071 ¦ σωθησομε 2* **22** επι- στραφης L ¦ ειδων D ¦ ιδον Θ ¦ εινε Y 157 ¦ θαρσι ℵ ¦
πιστης 2 ¦ πιστεις 579 ¦ σεσωκε Y 13 118 157 700 1346 ¦ σεσωκαιεν Θ ¦ εκινης ℵ **23** ειεις (εις) Θ ¦ οικειαν D W 2* 1071 ¦
ειδων U ¦ αυλιτας 124 1346 1424 ¦ των (τον) Θ **24** αναχωριτε ℵ ¦ αναχωρειται W 579 ¦ αναχωρηται Θ ¦ απεθανε Y U 118 f¹³
157 700 788 ¦

B 20 ι̅υ̅ 157 **22** ι̅ς̅ B ℵc C 𝔐 K L M N S U W Δ Θ Π Ω f¹ 118 f¹³ 124 2 33 157 565 579 700 788 1071 1346 1424 **23** ι̅ς̅ B ℵ C 𝔐
K L M N S U W Δ Θ Π Ω f¹ 118 f¹³ 124 2 33 157 28 565 579 700 788 1071 1346 1424 ¦ ι̅η̅ς̅ D

C 19 τελ 1071 **20** ι̅ς̅ (ι̅ζ̅ f¹) περι της αιμορροουσις (αιμορροουσης F Y M N S Δ Π 2 157 1424 ¦ αιμοροουσης K Ω f¹ ¦
αιμορρουσης L ¦ εμορροουσις Θ ¦ εμορροουσης 579) G Y K L M N S U Θ Π Ω f¹ f¹³ 157 579 1071 ¦ ι̅ς̅ πε ·············· 33 ¦
αρχ 157 **23** κυ ζ L

D 20 Μθ ι̅ς̅ : Μρ ι̅γ̅ : Λο κ̅γ̅ M ¦ Μρ λ̅γ̅ Λο κ̅ς̅ Π

καθεύδει. καὶ κατεγέλων αὐτοῦ.   **25** ὅτε δὲ ἐξεβλήθη ὁ ὄχλος,   B **uwτ** rell
καθεύδει. καὶ κατεγέλων αὐτοῦ <u>εἰδότες ὅτι ἀπέθανεν</u>. **25** ὅτε δὲ ἐξεβλήθη ὁ ὄχλος,   ℵ*
καθεύδει. καὶ κατεγέλων <u>αὐτόν</u>.   **25** ὅτε δὲ ἐξεβλήθη ὁ ὄχλος,   D*
καθεύδει. καὶ <u>κατεγέλουν</u> αὐτοῦ.   **25** ὅτε δὲ ἐξεβλήθη ὁ ὄχλος,   K W Ω 1424

εἰσελθὼν ἐκράτησεν τῆς χειρὸς αὐτῆς, καὶ ἠγέρθη τὸ κοράσιον.   B **uwτ** rell
<u>ἐλθὼν</u> ἐκράτησεν <u>τὴν χειρὰ</u> αὐτῆς, καὶ ἠγέρθη τὸ κοράσιον.   D
εἰσελθὼν ἐκράτησεν τῆς χειρὸς αὐτῆς, καὶ <u>ἤγειρεν</u> τὸ κοράσιον.   124 1346
<u>ἐλθὼν</u> ἐκράτησεν τῆς χειρὸς αὐτῆς, καὶ <u>ἤγειρεν</u> τὸ κοράσιον.   1424

[↓1071 1346 **u**[**w**]**τ**
26 καὶ ἐξῆλθεν ἡ φήμη αὕτη   εἰς ὅλην τὴν γῆν ἐκείνην.   B 𝔐 K L M N U W Δ Π f¹³ 2 28 565 579 700 788
26 καὶ ἐξῆλθεν ἡ φήμη <u>αὐτῆς</u>   εἰς ὅλην τὴν γῆν ἐκείνην.   ℵ C Θ 1582 118 124 157 [**w**]
26 καὶ ἐξῆλθεν ἡ φήμη <u>αὐτοῦ</u>   εἰς ὅλην τὴν γῆν ἐκείνην.   D 1424
26 καὶ ἐξῆλθεν ἡ φήμη <u>αὐτῆς εἰς</u> εἰς ὅλην τὴν γῆν ἐκείνην.   1
26 ⸺ ⸺θεν ἡ φήμη αὕτη   εἰς ὅλην ⸺ γῆν ἐκείνην.   33

ιζ̅   περὶ τῶν δύο τυφλῶν

Jesus Opens The Eyes Of Two Blind Men

ν̅η̅ **27** Καὶ παράγοντι ἐκεῖθεν τῷ Ἰησοῦ ἠκολούθησαν   δύο τυφλοὶ κράζοντες   B D [**uw**]
27 Καὶ παράγοντι ἐκεῖθεν τῷ Ἰησοῦ ἠκολούθησαν <u>αὐτῷ</u> δύο τυφλοὶ <u>κραυγάζοντες</u>   ℵ C*
27 Καὶ παράγοντι <u>τῷ Ἰησοῦ ἐκεῖθεν</u> ἠκολούθησαν <u>αὐτῷ</u> δύο τυφλοὶ κράζοντες   W
27 Καὶ παράγοντι ἐκεῖθ⸺ ⸺⸺⸺⸺αν <u>αὐτῷ</u> δύο τυφλοὶ ⸺⸺ζοντες   33
27 Καὶ παράγοντι ἐκεῖθεν τῷ Ἰησοῦ <u>ἠκολούθησεν αὐτῷ</u> δύο τυφλοὶ κράζοντες   565
27 Καὶ παράγοντι ἐκεῖθεν <u>τὸν Ἰησοῦν</u> ἠκολούθησαν <u>αὐτῷ</u> δύο τυφλοὶ κράζοντες   1071
27 Καὶ παράγοντι ἐκεῖθεν τῷ Ἰησου ἠκολούθησαν <u>αὐτῷ</u> δύο τυφλοὶ κράζοντες   [**uw**]**τ** rell

καὶ λέγοντες, Ἐλέησον ἡμᾶς,   υἱὸς Δαυείδ. **28** ἐλθόντι δὲ   εἰς   B W [**w**]
καὶ λέγοντες, Ἐλέησον ἡμᾶς,   <u>υἱὲ</u> <u>δαδ</u>. **28** <u>εἰσελθόντι</u> δὲ <u>αὐτῷ</u> εἰς   ℵ*
καὶ λέγοντες, Ἐλέησον ἡμᾶς,   <u>υἱὲ</u> <u>δαδ</u>. **28** ἐλθόντι δὲ <u>αὐτῷ</u> εἰς   ℵᶜ S 28 1424
  Ἐλέησον ἡμᾶς, <u>Ιησοῦ</u> <u>υἱὲ</u> <u>δαδ</u>. **28** ἐλθόντι δὲ   εἰς   C*
καὶ λέγοντες, Ἐλέησον ἡμᾶς,   <u>υἱὲ</u> Δαυείδ. **28** <u>καὶ ἔρχεται</u>   εἰς   D
καὶ λέγοντες, Ἐλέησον ἡμᾶς,   υἱὸς <u>δαδ</u>. **28** ἐλθόντι δὲ   εἰς   G Y Π 565 1071
  Ἐλέησον ἡμᾶς,   <u>υἱὲ</u> <u>δαδ</u>. **28** ἐλθόντι δὲ   εἰς   L 124 1346
καὶ λέγοντες, Ἐλέησον ἡμᾶς, <u>κύριε</u> <u>υἱὲ</u> <u>δαδ</u>. **28** <u>εἰσελθόντι</u> δὲ <u>αὐτῷ</u> εἰς   N
καὶ λέγοντες, Ἐλέησον ἡμᾶς,   υἱὸς <u>δαδ</u>. **28** ἐλθόντι δὲ <u>αὐτῷ</u> εἰς   U
  Ἐλέησον ἡμᾶς, <u>κύριε</u> <u>υἱὲ</u> <u>δαδ</u>. **28** ἐλθόντι δὲ   εἰς   f¹³ 788
καὶ λέγοντες, Ἐλέησον ἡμᾶς, <u>ὁ</u> <u>υἱὲ</u> <u>δαδ</u>. **28** ἐλθόντι δὲ   εἰς   Δ
καὶ λέγοντες, Ἐλέησον ἡμα⸺   ⸺⸺ **28**   εἰς   33
καὶ λέγοντες, Ἐλέησον ἡμᾶς, <u>ὁ</u>   υἱὸς <u>δαδ</u>. **28** <u>ἐλθόντος</u> δὲ <u>αὐτοῦ</u> εἰς   700
καὶ λέγοντες, Ἐλέησον ἡμᾶς,   υἱὸς Δαυίδ. **28** ἐλθόντι δὲ   εἰς   **u**
καὶ λέγοντες, Ἐλέησον ἡμᾶς,   <u>υἱὲ</u> Δαυείδ. **28** ἐλθόντι δὲ   εἰς   [**w**]
καὶ λέγοντες, Ἐλέησον ἡμᾶς,   <u>υἱὲ</u> <u>Δαβίδ</u>. **28** ἐλθόντι δὲ   εἰς   **τ**   [↓579
καὶ λέγοντες, Ἐλέησον ἡμᾶς,   <u>υἱὲ</u> <u>δαδ</u>. **28** ἐλθόντι δὲ   εἰς   Cᶜ 𝔐 K M Θ f¹ 2 157

[Cl S VI 132.4 αμελει και των επεβοωμενων τον κυριον αυτον οι μεν πολλοι υιε <u>Δαβιδ</u>, <u>ελεησον με</u> ελεγον].

lac. 9.24-28 𝔓⁴⁵ A H P Q Γ 69

A 24 καθευδη L 1424 | καταιγελων Θ 25 εκρατησε Y M U 118 f¹³ 157 788 1071 1346 | χιρος ℵ | ηγειρε 1346 | κορασειον Θ 26 εκινην W 27 παραγωντι εκιθεν Θ | εκιθεν N | δυ (δυο) K* 28 ελθοντη K Θ | ελθωντι 2

B 27 ι̅υ̅ B ℵ C 𝔐 K L M N S U W Δ Θ Π Ω f¹ 118 f¹³ 124 2 28 157 565 579 700 788 1346 1424 ¦ ι̅η̅υ̅ D ¦ ι̅υ̅ 1071 ¦ κ̅ε̅ N ¦ υ̅ε̅ C E F K L M N Δ Ω f¹³ 2 788 1424 ¦ υ̅ς̅ G Y U Π

C 26 τελος (post εκεινον) E G S Θ 118 124 2 788 1071 1346 ¦ τελ του ε̅ Y ¦ τε του Σαβ Π f¹ ¦ τελ Σα 28 27 ι̅ζ̅ (ζ̅ι̅ Yᵐᵍ) περι των δυο (β̅ L S f¹³ 28 1346) τυφλων 𝔐 K L M S U Δ Θ Π Ω 124 788 1582 f¹³ 2 28 157 565 579 1071 1346 1424 ¦ περι ⸺⸺ N ¦ αρχη G L 2 ¦ αρχη: κυριακη ζ̅ τω καιρω εκεινω παραγοντι τω ι̅υ̅ (ante ηκολουθ.) E ¦ κ,υ ζ αρχ τω κ,ρ,ω παραγοντι τω ι̅υ̅ ηκολουθησαν αυτω δυο τυφλοι. κρ,αυ Y ¦ Μθ κ,υ ζ αρχ τω καιρ, παραγοντι τω ι̅υ̅· ηκολουθησαν αυτω, M ¦ κυ ζ τω S ¦ αρχ: κ,υ ζ απο τς η τω καιρω εκεινω παραγοντι τω ι̅υ̅ ηκολουθησαν αυτω δυο τυφλοι Π ¦ κ,υ ζ τω καιρω Ω ¦ αρξ λγ κ,υ ζ τω καιρω παραγοντα τω ι̅υ̅ ηκολουθησαν f¹ ¦ ι̅ζ̅ κ,υ ζ̅ τω κ,αι εκ,ει παραγοντι τω ι̅υ̅ 118 ¦ αρχ κυ ζ κτ μθ f¹³ ¦ κ,υ ζ τω καιρω εκεινω. παραγων τω ι̅υ̅ ηκολουθησαν αυτω δυο τυφλοι 28 ¦ αρχ κυριακη ζ̅ 124 157 788 1346 ¦ αρχ: κυ ζ 1071 ¦ αρχη τω καιρω 1424

D 27 ο̅ε̅/ι̅ ℵ E G N S U Π Ω 118 124 28 788 1424 ¦ ο̅ε̅ C D F Y L 2 157 1346 | Ευ Μθ ο̅ε̅ Ιω . : Λο . : Μρ . Ε

τὴν οἰκίαν   προσῆλθαν αὐτῷ οἱ   τυφλοί, καὶ λέγει αὐτοῖς ὁ Ἰησοῦς,   Πιστεύετε ὅτι   B w
τὴν οἰκίαν   προσῆλθον αὐτῷ οἱ δύο   τυφλοί, καὶ λέγει αὐτοῖς   Ἰησοῦς,   Πιστεύετε ὅτι   ℵ*
τὴν οἰκίαν καὶ προσῆλθον αὐτῷ οἱ δύο   τυφλοί, καὶ λέγει αὐτοῖς ὁ Ἰησοῦς,   Πιστεύετε ὅτι   D
τὴν οἰκίαν   ········ἦλθον αὐτῷ οἱ   τυφλοί, καὶ λέγει αὐτοῖς ·· ··············· ···· 33
τὸν οἶκον   προσῆλθον αὐτῷ οἱ   τυφλοί, καὶ λέγει αὐτοῖς ὁ Ἰησοῦς,   Πιστεύετε ὅτι   1424
τὴν οἰκίαν   προσῆλθον αὐτῷ οἱ   τυφλοί, καὶ λέγει αὐτοῖς ὁ Ἰησοῦς,   Πιστεύετε ὅτι   uτ rell

τοῦτο   δύναμαι ποιῆσαι;   λέγουσιν αὐτῷ, Ναί, κύριε. 29 τότε ἥψατο τῶν   B [w]
δύναμαι ὑμῖν τοῦτο ποιῆσαι;   λέγουσιν αὐτῷ, Ναί, κύριε. 29 τότε ἥψατο τῶν   ℵ*
δύναμαι   ποιῆσαι τοῦτο;   λέγουσιν αὐτῷ, Ναί, κύριε. 29 τότε ἥψατο τῶν   C*
·········   ··············· ··········· λέγουσιν αὐτῷ, Ναί, κύριε. 29 τότε ἥψατο ······ 33
δύναμαι   τοῦτο ποιῆσαι;   λέγουσιν αὐτῷ, Ναί, κύριε. 29 τότε ἥψατο τῶν   ℵᶜ Cᶜ D 𝔐 K L M N U W Δ
                                         Θ Π f¹ f¹³ 2 28 157 565 579 700 788 1071 1346 1424 u[w]τ

ὀφθαλμῶν αὐτῶν   λέγων, Κατὰ τὴν πίστιν ὑμῶν γενηθήτω ὑμῖν. 30 καὶ ἠνεῴχθησαν   B N uw
ὀφθαλμῶν αὐτῶν   λέγων, Κατὰ τὴν πίστιν ὑμῶν γενηθήτω ὑμῖν. 30 καὶ ἠνοίχθησαν   C*
ὀμμάτων αὐτῶν καὶ εἶπεν, Κατὰ τὴν πίστιν ὑμῶν γενηθήτω ὑμῖν. 30 καὶ ἠνεῴχθησαν   D
ὀφθαλμῶν αὐτῶν   λέγων, Κατὰ τὴν πίστιν ὑμῶν γεννηθήτω ὑμῖν. 30 καὶ ἀνεῴχθησαν   L U Π* 579
ὀμμάτων   αὐτῶν   λέγων, Κατὰ τὴν πίστιν ὑμῶν γενηθήτω ὑμῖν. 30 καὶ ἀνεῴχθησαν   Θ
ὀφθαλμῶν αὐτῶν καὶ εἶπεν, Κατὰ τὴν πίστιν ὑμῶν γενηθήτω ὑμῖν. 30 καὶ ἀνεῴχθησαν   f¹
·············· ··········· ············· ὑμῶν γενηθήτω ὑμῖν. 30 καὶ ἠνεῴχθ········· 33
ὀφθαλμῶν αὐτῶν   λέγων, Κατὰ τὴν πίστιν ὑμῶν γενηθήτω ὑμῖν. 30 καὶ ἀνεῴχθησαν   ℵ Cᶜ 𝔐 K M
                          W Δ Πᶜ f¹³ 2 28 157 565 700 788 1071 1346 1424 τ

[Cl Pd I 29.3 οπως αν εκεινο πληρωθη το λεχθεν γενηθητω κατα την πιστιν σου] [Cl S II 49.1 και παλιν· κατα
την πιστιν σου γενηθητω σοι] [Cl Exc 9.1 ο γουν σωτηρ φησι· γενηθητω σου κατα την πιστιν).

αὐτῶν οἱ ὀφθαλμοί. καὶ ἐνεβρειμήθη αὐτὸς ὁ Ἰησοῦς λέγων, Ὁρᾶτε μηδείς   B*
        οἱ ὀφθαλμοί. καὶ ἐνεβριμήθη   αὐτοῖς ὁ Ἰησοῦς λέγων, Ὁρᾶτε μηδείς   ℵ*
οἱ ὀφθαλμοὶ αὐτῶν. καὶ ἐνεβριμήσατο αὐτοῖς   Ἰησοῦς λέγων, Ὁρᾶτε μηδείς   D
αὐτῷ οἱ ὀφθαλμοί. καὶ ἐνεβριμήσατο αὐτοῖς ὁ Ἰησοῦς λέγων, Ὁρᾶτε μηδείς   E*
αὐτῶν οἱ ὀφθαλμοί. καὶ ἐνεβριμήθη   αὐτοῖς ὁ Ἰησοῦς λέγων, Ὁρᾶτε μηδείς   f¹ uw
··········· ····   ·················· ···· τοῖς ὁ Ἰησοῦς λέγων, Ὁρᾶτε μηδείς   33
αὐτῶν   ὀφθαλμοί. καὶ ἐνεβριμήσατο αὐτοῖς ὁ Ἰησοῦς λέγων, Ὁρᾶτε μηδείς   700*
αὐτῶν οἱ ὀφθαλμοί. καὶ ἐνεβριμήσατο αὐτοῖς ὁ Ἰησοῦς λέγων, Ὁρᾶτε μηδείς   Bᶜ C 𝔐 K L M N U W Δ
                        Θ Π f¹³ 28 157 565 579 700ᶜ 788 1071 1346 1424 τ

γεινωσκέτω. 31 οἱ δὲ ἐξελθόντες διεφήμισαν αὐτὸν ἐν ὅλῃ τῇ γῇ ἐκείνῃ.   B D
γινωσκέτω. 31 οἱ δὲ ἐξελθόντες διεφήμισαν αὐτὸν ἐν   τῇ γῇ ἐκείνῃ.   ℵ*
γιν··· 31 ·········· ············· ········· ἐν ὅλῃ τῇ γῇ ἐκείνῃ.   33
γινωσκέτω. 31 οἱ δὲ ἐξελθόντες διεφήμισαν αὐτὸν ἐν ὅλῃ τῇ γῇ ἐκείνῃ.   uwτ rell

lac. 9.28-31 𝔓⁴⁵ A H P Q Γ 69

A 28 τιν (την) L | οικειαν D W 2 1071 | πιστευεται W 2 579 1071 ¦ πιστευε Π* | οι (οτι) L | δυναμε K N Θ 2 | τουτω Θ 2 579 |
ποιησε N ¦ πιοισε 579 29 ηψατω L | οφθαλμον L* | πιστην L Θ | υμειν D 30 ανεοχθησαν 579 | ενβριμησατω L | ενεβρημησατο
Ω 565 | μηδις ℵ N | γινωσκετο 28 157 31 εξελθωτες L 1346 ¦ εξελθωντες 2 | διεφημισαν C D 565 | διεφημησαν 𝔐 L M 13 2 28
1071 1346 1424 | εκινη Θ

B 28 ι̅ς̅ B ℵ C 𝔐 K L M N S U W Δ Θ Π Ω f¹ 118 f¹³ 124 2 28 157 565 579 700 788 1071 1346 1424 ¦ ι̅η̅ς̅ D | κ̅ε̅ B ℵ C D 𝔐 K
L M N S U W Δ Θ Π Ω f¹ 118 f¹³ 124 2 33 28 157 565 579 700 788 1071 1346 1424 30 ι̅ς̅ B ℵ C 𝔐 K M N S U W Δ Θ Π Ω f¹
118 f¹³ 124 2 33 28 157 565 579 700 788 1071 1346 1424 ¦ ι̅η̅ς̅ D

C 31 τε 2

ῑη   περὶ τοῦ δαιμονιζομένου κωφοῦ

Jesus Casts Out A Demon From A Man Who Was Dumb

32 Αὐτῶν	δὲ ἐξερχομένων	ἰδοὺ προσήνεγκαν αὐτῷ		κωφὸν	Β ℵ 124 788 w
32 Αὐτῶν	δὲ διεξερχομένων	ἰδοὺ προσήνεγκαν αὐτῷ ανθρωπον		κωφὸν	F
32 Αὐτῶν	δὲ διεξερχομένων	ἰδοὺ προσήνεγκαν αὐτῷ ανθρωπον		κωφὸν καὶ	565
32 Αὐτῶν	ἐξερχομένων	ἰδοὺ προσήνεγκαν αὐτῷ ανθρωπον		κωφὸν	579
32 Τούτων	δὲ ἐξελθόντων	ἰδοὺ προσήνεγκαν αὐτῷ ανθρωπον		κωφὸν καὶ	1424
32 Αὐτῶν	δὲ ε		πον	κωφὸν	33
32 Αὐτῶν	δὲ ἐξερχομένων	προσήνεγκαν αὐτῷ ανθρωπον		κωφὸν	700
32 Αὐτῶν	δὲ ἐξερχομένων	ἰδοὺ προσήνεγκαν αὐτῷ ανθρωπον		κωφὸν	uτ rell

δαιμονιζόμενον· 33 καὶ ἐκβληθέντος τοῦ δαιμονίου ἐλάλησεν ὁ κωφός.	καὶ ἐθαύμασαν	Β uwτ rell
δαιμονιζόμενον· 33 καὶ ἐκ	καὶ ἐθαύμασαν	33

οἱ ὄχλοι λέγοντες,	Οὐδέποτε ἐφάνη οὕτως ἐν τῷ Ἰσραήλ.	34 οἱ δὲ	Β u[w]τ rell
οἱ ὄχλοι λέγοντες,	Οὐδέποτε οὕτως ἐφάνη ἐν Ἰσραήλ.	34	D*
οἱ ὄχλοι λέγοντες,	Οὐδέποτε οὕτως ἐφάνη ἐν τῷ Ἰσραήλ.	34	Dᶜ
οἱ ὄχλοι λέγοντες, ὅτι	οὐδέποτε ἐφάνη οὕτως ἐν τῷ Ἰσραήλ.	34 οἱ δὲ	Θ
οἱ ὄχλοι λέγοντες,	οὐδέποτε οὕτως ἐφάνη ἐν τῷ Ἰσραήλ.	34 οἱ δὲ	33
οἱ ὄχλοι λέγοντες,	Οὐδέποτε ἐφάνη ἐν τῷ Ἰσραήλ οὕτως.	34 οἱ δὲ	565
οἱ ὄχλοι λέγοντες, ὅτι	οὐδέποτε οὕτως ἐφάνη ἐν τῷ Ἰσραήλ.	34 οἱ δὲ	1424
οἱ ὄχλοι λέγοντες,	Οὐδέποτε ἐφάνη οὕτως ἐν τῷ Ἰσραήλ.	34	[w]

Φαρεισαῖοι ἔλεγον, Ἐν τῷ ἄρχοντι τῶν δαιμονίων ἐκβάλλει τὰ δαιμόνια.	Β
Φαρισαῖοι ἔλεγον, τῷ ἄρχοντι τῶν δαιμονίων ἐκβάλλει τὰ δαιμόνια.	ℵ* W
om.	D [w]
Φαρισαῖοι ἔλεγον, Ἐν τῷ ἄρχοντι τῶν δαιμονίων ἐκβάλει τὰ δαιμόνια.	157
Φαρισαῖοι ἔλεγον, Ἐν τῷ ἄρχοντι τῶν δαιμονίων ἐκβάλλει τὰ δαιμόνια.	u[w]τ rell

The Plentiful Harvest And The Need For Workers
(Mark 6.6, 34; Luke 8.1-3; 10.2)

ϑ 35 Καὶ περιῆγεν ὁ Ἰησοῦς τὰς πόλεις πάσας καὶ τὰς κώμας, διδάσκων ἐν ταῖς συναγωγαῖς

αὐτῶν καὶ κηρύσσων τὸ εὐαγγέλιον τῆς βασιλείας	καὶ	θεραπεύων πᾶσαν	Β uwτ rell
αὐτῶν κηρύσσων τὸ εὐαγγέλιον τῆς βασιλείας	καὶ	θεραπεύων πᾶσαν	ℵ*
αὐτῶν καὶ κηρύσσων τὸ εὐαγγέλιον τῆς βασιλείας	καὶ	ἐθεράπευων πᾶσαν	G
αὐτῶν καὶ κηρύσσων τὸ εὐαγγέλιον τῆς βασιλείας τοῦ θεοῦ	καὶ	θεραπεύων πᾶσαν	157
αὐτῶν καὶ κηρύσσων τὸ εὐαγγέλιον	καὶ	θεραπεύων πᾶσαν	579

νόσον καὶ πᾶσαν μαλακίαν.	Β Cᶜ D N S W Δ 1* 1582 33 157 565 788* uw
νόσον καὶ πᾶσαν μαλακίαν ἐν τῷ λαῷ καὶ ἠκολούθησαν αὐτῷ.	ℵ*
νόσον καὶ πᾶσαν μαλακίαν ἐν τῷ λαῷ καὶ πολλοὶ ἠκολούθησαν αὐτῷ.	L 13 1346 1424
νόσον καὶ πᾶσαν μαλακίαν ἐν τῷ λαῷ.	ℵᶜ Cᶜ 𝕸 K M U Θ Π 1ᶜ 124 2 28 579 700 788ᶜ 1071 τ

---

lac. 9.32-35 𝔓⁴⁵ Α Η Ρ Q Γ 69

A 32 αυτον K 2 | δεμονιζομενον L 579 ¦ δαιμονιζομενον Θ 33 λεγοντες Θ | ουδεποται Θ 579 ¦ ουδεπωτε 1346 | εφανει 2 ¦ αιφανη 579 | ουτος L Θ 118 34 ελεγων L Θ* | αρχοντη L | δαιμωνιων Θ | εκβαλει K | εκβαλλι Θ | εκβαλλη 1424 | δεμονια ℵ 35 πολις ℵ D N | πολης L | κομας L 579 | τες (ταις) Θ | συναγωγας L | συναγωγες Θ* | κηρυσσον 2* 1071 | ευαγγελον L | ευαγγελιων 579 | νωσον L | μαλακειαν D ¦ μαλακηαν 2*

B 32 ᾱνο̄ν C 𝕸 K L M N S U W Δ Π Ω f¹ 118 f¹³ 2 28 157 565 579 700 1071 1346 1424 33 ῑη̄λ̄ ℵ C 𝕸 K L M N S U Θ Π Ω f¹ 118 f¹³ 124 2 28 157 565 579 700 788 1071 1346 1424 ¦ ισλ̄ Δ 35 ῑς̄ Β ℵ C 𝕸 K L M N S U W Δ Θ Π Ω f¹ 118 f¹³ 124 2 33 28 157 565 579 700 788 1071 1346 1424 ¦ ιη̄ς D ¦ θ̄ῡ 157

C 32 ῑη περι του δαιμονιζομενου (δαιμωνηζομενου Θ) κωφου (om. K S ¦ κουφου Θ ¦ κοφου f¹³ 2) 𝕸 K L M S U Δ Θ Π Ω 1582 f¹³ 124 2 28 157 565 579 788 1071ᶜ (ante vs. 36 1071*) ¦ ῑη περι του εχοντος δαιμονιον κωφον N ¦ περι των δυο τυφλων 118 | ῑη f¹ ¦ ῑη περι των κωφου και δαιμονιζομενου 1424 | τω καιρω παραγοντ τω ῑυ 2 35 τελος (post λαω) E G Y S Ω 124 28 1071 1346 ¦ τε τς κ,υ Π f¹ 118 ¦ (post μαλακιαν) τελ 788

D 32 οε̄ K 35 ο̄ς̄/β ℵ E Y M N S U Ω 124 788 1424 ¦ ο̄ς̄ C D F K L Θ Π f¹ 118 f¹³ 2 1071 1346 ¦ ο̄ς̄/ς̄ G | Ευ Μθ ο̄ς̄ : Ιω . : Λο ρ̄ξ̄δ̄ : Μρ ν̄β̄ E | Μθ ο̄ς̄ : Μρ ν̄β̄ : Λο ρ̄ξ̄ M | Μθ ο̄ς̄ : Μρ ν̄β̄ : Λο ρ̄ξ̄θ̄ : Ιω . 124

ξ 36 Ἰδὼν δὲ τοὺς ὄχλους   ἐσπλαγχνίσθη περὶ αὐτῶν ὅτι ἦσαν   B 124 **uwτ** rell
  36 Ἰδὼν δὲ τοὺς ὄχλους <u>ὁ Ἰησοῦς</u> ἐσπλαγχνίσθη περὶ αὐτῶν ὅτι ἦσαν   C M N f¹³
  36 Ἰδὼν δὲ <u>ὁ Ἰησοῦς τοὺς ὄχλους</u> ἐσπλαγχνίσθη περὶ αὐτῶν ὅτι ἦσαν   G 157
  36 Ἰδὼν δὲ τοὺς ὄχλους   ἐσπλαγχνίσθη <u>ἐπ</u> <u>αὐτοὺς</u> ὅτι ἦσαν   1424

ἐσκυλμένοι καὶ ἐριμμένοι ὡσεὶ πρόβατα μὴ ἔχοντα ποιμένα. 37 τότε λέγει τοῖς B ℵ w
ἐσκυλμένοι καὶ ἐριμμένοι <u>ὡς</u> πρόβατα μὴ ἔχοντα ποιμένα. 37 τότε λέγει τοῖς C Dᶜ S
ἐσκυλμένοι καὶ <u>ῥεριμμένοι</u> <u>ὡς</u> πρόβατα μὴ ἔχοντα ποιμένα. 37 τότε λέγει τοῖς D*
ἐσκυλμένοι καὶ <u>ἐρριμμένοι</u> <u>ὡς</u> πρόβατα μὴ ἔχοντα ποιμένα. 37 τότε λέγει τοῖς F Y Θ f¹ 124 157
<u>ἐκλελυμένοι</u> καὶ <u>ἐρημένοι</u> <u>ὡς</u> πρόβατα μὴ ἔχοντα ποιμένα. 37 τότε λέγει τοῖς L   [↑565
ἐσκυλμένοι καὶ <u>ἐρρηγμένοι</u> <u>ὡς</u> πρόβατα μὴ ἔχοντα ποιμένα. 37 τότε λέγει τοῖς M
                         <u>ὡς</u> πρόβατα μὴ ἔχοντα ποιμένα. 37 τότε λέγει τοῖς N
ἐσκυλμένοι   ὡσεὶ πρόβατα μὴ ἔχοντα ποιμένα. 37 τότε λέγει τοῖς Π
ἐσκυλμένοι καὶ <u>ἐρρημένοι</u> ὡσεὶ πρόβατα μὴ ἔχοντα ποιμένα. 37 τότε λέγει τοῖς Ω
ἐσκυλμένοι καὶ <u>ἐρριμένοι</u> ὡσεὶ πρόβατα μὴ ἔχοντα ποιμένα. 37 τότε λέγει τοῖς Δ f¹³ 579 700
ἐσκυλμένοι   <u>ὡς</u> πρόβατα μὴ ἔχοντα ποιμένα. 37 τότε λέγει τοῖς 33   [↑1346
ἐσκυλμένοι καὶ <u>ἐριμμένοι</u> <u>ὡς</u> πρόβατα μὴ ἔχοντα ποιμένα. 37 τότε λέγει τοῖς 788
ἐσκυλμένοι καὶ <u>ἐρριμένοι</u> <u>ὡς</u> πρόβατα μὴ ἔχοντα ποιμένα. 37 τότε λέγει τοῖς 1071
<u>ἐκλελυμένοι</u> καὶ <u>ἐρριμμένοι</u> <u>ὡς</u> πρόβατα μὴ ἔχοντα ποιμένα. 37 τότε λέγει τοῖς 1424
<u>ἐκλελυμένοι</u> καὶ <u>ἐρριμμένοι</u> ὡσεὶ πρόβατα μὴ ἔχοντα ποιμένα. 37 τότε λέγει τοῖς τ
ἐσκυλμένοι καὶ <u>ἐρριμμένοι</u> ὡσεὶ πρόβατα μὴ ἔχοντα ποιμένα. 37 τότε λέγει τοῖς E G K U W 2 28 **u**

μαθηταῖς αὐτοῦ, Ὁ μὲν θερισμὸς πολύς, οἱ δὲ ἐργάται ὀλίγοι· 38 δεήθητε οὖν

τοῦ κυρίου τοῦ θερισμοῦ ὅπως ἐκβάλῃ   ἐργάτας εἰς τὸν θερισμὸν αὐτοῦ.   B **uwτ** rell
<u>τὸν κύριον</u> τοῦ θερισμοῦ ὅπως ἐκβάλῃ   ἐργάτας εἰς τὸν θερισμὸν αὐτοῦ.   D*
τοῦ κυρίου τοῦ θερισμοῦ ὅπως <u>ἐκβάλλῃ</u> ἐργάτας εἰς τὸν θερισμὸν αὐτοῦ.   118 565 579 700 1424
τοῦ κυρίου τοῦ θερισμοῦ ὅπως <u>ἐκβάλλει</u> ἐργάτας εἰς τὸν θερισμὸν αὐτοῦ.   1071

[Cl S I 7.1 ει γουν <u>ο μεν</u> <u>θερισμος</u> <u>πολυς</u>, <u>οι δε</u> <u>εργαται</u> βραχεις τω οντι].

ῑθ̄   περὶ τῆς τῶν ἀποστόλων διαταγῆς

Jesus Chooses Twelve To Be Disciples
(Mark 3.13-19a; Luke 6.12-16)

10.1 Καὶ προσκαλεσάμενος   τοὺς δώδεκα μαθητὰς αὐτοῦ ἔδωκεν αὐτοῖς B 124 **uwτ** rell
10.1 Καὶ προσκαλεσάμενος <u>ὁ Ἰησοῦς</u> τοὺς δώδεκα μαθητὰς αὐτοῦ ἔδωκεν αὐτοῖς Cᶜ L Θᶜ 118ᶜ f¹³
10.1 Καὶ προσκαλεσάμενος   δώδεκα μαθητὰς αὐτοῦ ἔδωκεν αὐτοῖς Δ   [1346 1424
10.1 Καὶ προσκαλεσάμενος <u>ὁ Ἰησοῦς</u> τοὺς δώδεκα μαθητὰς αὐτοῦ ἔδωκεν <u>αὐτοὺς</u> 28
10.1 Καὶ προσκαλεσάμενος <u>ὁ Ἰησοῦς</u> τοὺς δώδεκα μαθητὰς αὐτοῦ ἔδωκεν   579

lac. 9.36-10.1 𝔓⁴⁵ A H P Q Γ 69

A 36 εσπλανχνισθη D N ¦ εσπλαχνησθη E L 2 ¦ εσπλαχνησθι K ¦ εσπλαχνισθη Ω ¦ ερρημμενοι 2* ¦ ερριμενοι 28 ¦ ερρημενοι 1071 1424 ¦ προτα M* ¦ εισαν L ¦ ποιμεινα 118ᶜ **37** λεγι, μαθητες ℵ ¦ θερησμος Θ ¦ εκβαλει 2* ¦ πολλυς L ¦ εργατε ℵ K L W Θ 124 ¦ ολειγοι W **38** δεηθηται E* W Θ 1071 1346 ¦ δενθετε N ¦ εκβαλει L Ω 28

B 36 ῑ̄ς C G M N f¹³ 157 1346 **38** κ̄ῡ B ℵ C Dᶜ 𝔐 L M N S U W Δ Θ Π Ω 1 f¹³ 124 2 33 28 157 565 579 700 788 1071 1346 ¦ κ̄ ῡ D* **10.1** ῑ̄ς L 118ᶜ f¹³ 28 579 1346 1424 ¦ ῑ̄β̄ ℵ D

C 36 αρχη: E 124 788 1071 ¦ τη ē της β̄ εβδομαδος τω καιρω εκεινω ιδων G ¦ αρχ: τη ē της β̄ εβδ αρχ τω κ.ρ.ω ιδων ο ῑ̄ς τους οχλους Ῡ ¦ αρχ: Μθ τη ē τς β̄ εβδ τω καιρω, ιδων ο ῑ̄ς του οχλ, εσπλαγ, Μ ¦ ει μνημειη τ̄ αγιαν λογ··· L ¦ τη ē τς β̄ εβδ τω κ S ¦ αρχ: τη β̄ τς γ̄ εβδ τω καιρω εκεινω ειδον ο ῑ̄ς τους οχλους κ, εσπλαγχνισθη περι αυτων Π ¦ αρχ λ̄δ̄ τη β̄ τς γ̄ εβδ τω καιρω (om. 118) ιδεν [ειδεν 118) ο ῑ̄ς πολυν οχλον f¹ 118 ¦ αρχ f¹³ 1346 ¦ αρχ β̄ τω καιρω εκεινω ιδων ο ῑ̄ς πολυν οχλον 28 ¦ αρχ τη β̄ 157 **37** ῑ̄θ̄ πε της των αποστολων διαταγης 157 1071 ¦ εβδ γ̄ εις αποστολους εις τους αγ᾽ αναργυρ και γρη᾽ τον θαυματουργον 157 **10.1** αννανγνοσμα περι του κυριακη Dᵐᵍ ¦ αρχη F 788 ¦ ῑ̄θ̄ περι της (om. Ω) των αποστολων (-στολον Θ*) διαταγης: 𝔐 K L M S Δ Θ Π Ω f¹ 2 33 28 1424 ¦ ῑ̄θ̄ περι της αποστολης των ῑ̄β̄ N U 124 788 1346 ¦ αρχη: τω αγιω αναργυρω τω καιρω εκεινω (om. G) προσκαλεσαμενος ο ῑ̄ς τους μαθητας αυτου (+ εδωκεν αυτοις ε G)᾽ (ante εδωκεν) E G ¦ αρχ: μη, ο κ τω, των αγιων αναρ,υ αρχ τω κ,ρ,ω προσκαλεσαμενος ο ῑ̄ς τους ῑ̄β̄ μαθθ αυτου, Ῡ ¦ Μθ μην θεμβρ, των αγ, αννηγρων: αρχ τω καιρω, προεκαλεσαμενος ο ῑ̄ς, Μ ¦ εις τ αγιους αναργυρ τω κ S ¦ υπ (post μαλακ.) 𝔐 ¦ αρχ: τω κ,ρω προσκαλεσαμενος ο ῑ̄ς Θ ¦ αρχ: μγ θ̄ νοεμβριω ᾱ κ, ιου λ̄ κ, εις ····τω καιρω εκεινω προσκαλεσαμενος ο ῑ̄ς του ῑ̄β̄ Π ¦ τω καιρω νοεμβρ,ω ··· Ω ¦ αρχ τους αποστολους τω καιρω εκεινω προσκα f¹ ¦ τω αγιω αναργυρω ··· f¹ ¦ αρχ τω καιρ: προσκα- λεσαμενος ο ῑ̄ς τους ῑ̄β̄ μαθητας αυτου εδωκεν 118 ¦ αρχ των αγιων αναργυρων f¹³ 124 1346 ¦ γ̄ τω αγιω αναργυρω τω καιρω προσκαλεσαμενος ο ῑ̄ς τους μαθητας αυτου 2 ¦ αρχ β̄ ··· ο ῑ̄ς προσκαλεσαμενος 28 ¦ αρχ: λν αποσολων 1071 ¦ αρχη τω καιρω 1424

D 36 ο̄ζ̄/ε̄ ℵ E Y ¦ ο̄ζ̄ C D F K Θ f¹ f¹³ 124 2 1071 1346 ¦ ο̄ζ̄/γ̄ G ¦ ο̄ζ̄/ς̄ M S Π Ω 118 28 788 1424 ¦ ο̄ζ̄ (ante και πολλοι) L ¦ ο̄ζ̄/δ̄ N ¦ ο̄ζ̄/ς̄ U ¦ Ευ Μθ ο̄ζ̄ : Ιω. : Λο.: Μρ ξ̄γ̄ E ¦ Μθ ο̄ζ̄ : Μρ ξ̄γ̄ : Λο ϙ̄β̄ M ¦ Μθ ο̄ζ̄ : Μρ ν̄γ̄ : Λο . : Ιω. 124 **37** ο̄η̄/β̄ Ι Ω Ω ¦ ο̄η̄/ε̄ Ε ¦ ο̄η̄ F L Θ f¹ f¹³ 2 157 1071 1346 ¦ ον/ε̄ G Y M S Π 118 124 28 788 1424 ¦ ο̄ζ̄ 28² ¦ Ευ Μθ ο̄ζ̄ : Ιω. : Λο ρ̄λη̄ : Μρ . Ε ¦ Μθ ο̄η̄ : Λο ϙ̄η̄ M ¦ Μθ ο̄η̄ : Μρ . : Λο . : Ιω . 124 ¦ ο̄η̄ (ante ο μεν) C D K **10.1** ο̄θ̄/β̄ ℵ E G Y M N S U Π Ω 118 124 28 788 1071 1424 ¦ ο̄θ̄ C D F K L Θ f¹ f¹³ 2 28² 157 1346 ¦ Ευ Μθ ο̄θ̄ : Ιω . : Λο π̄ς̄ : Μρ κ̄θ̄ E ¦ Μθ ο̄θ̄ M ¦ Μθ ῑ̄θ̄ : Μρ νισ : Λο ζ̄ M ¦ Μρ η̄ ῑ̄δ̄ : Λο ῑ̄ς̄ : κ̄ζ̄ Π ¦ Μθ ο̄θ̄ : Μρ . : Λο . : Ιω . 124

ἐξουσίαν	πνευμάτων ἀκαθάρτων ὥστε ἐκβάλλειν αὐτὰ καὶ θεραπεύειν πᾶσαν	B uwτ rell
ἐξουσίαν	πνευμάτων ἀκαθάρτων ὥστε ἐκβάλειν αὐτὰ καὶ θεραπεύειν πᾶσαν	C D 1424
ἐξουσίαν κατὰ	πνευμάτων ἀκαθάρτων ὥστε ἐκβάλλειν αὐτὰ καὶ θεραπεύειν πᾶσαν	E F L
ἐξουσίαν κατὰ	πνευμάτων ἀκαθάρτων ὥστε ἐκβάλειν αὐτὰ καὶ θεραπεύειν πᾶσαν	2

νόσον καὶ πᾶσαν μαλακίαν.	B uwτ rell
νόσον καὶ πᾶσαν μαλακίαν ἐν τῷ λαῷ.	L 157

ξᾱ

2 Τῶν δὲ δώδεκα ἀποστόλων τὰ ὀνόματά ἐστιν ταῦτα· πρῶτος Σίμων ὁ	B uwτ rell
2 Τῶν δώδεκα ἀποστόλων τὰ ὀνόματά ἐστιν ταῦτα· πρῶτος Σίμων ὁ	D* Θ 124 788
2 Τῶν δὲ δώδεκα ἀποστόλων τὰ ὀνόματά εἰσιν ταῦτα· πρῶτος Σίμων ὁ	L f¹³ 1424
2 Τῶν δὲ δώδεκα ἀποστόλων ὀνόματά ἐστιν ταῦτα· πρῶτος Σίμων ὁ	565
2 Τῶν δὲ δώδεκα ἀποστόλων τὰ ὄνομά ἐστιν ταῦτα· πρῶτος Σίμων ὁ	579
2 Τῶν δὲ δώδεκα τὰ ὀνόματά ἐστιν ταῦτα· πρῶτος Σίμων ὁ	1071
2 Τῶν δώδεκα ἀποστόλων τὰ ὀνόματά εἰσιν ταῦτα· πρῶτος Σίμων ὁ	1346

λεγόμενος	Πέτρος καὶ Ἀνδρέας	ὁ ἀδελφὸς αὐτοῦ, καὶ	Ἰάκωβος ὁ	τοῦ Ζεβεδαίου	B ℵᶜ uw
λεγόμενος	Πέτρος καὶ Ἀνδρέας	ὁ ἀδελφὸς αὐτοῦ,	Ἰάκωβος	τοῦ Ζεβεδέου	D*
λεγόμενος	Πέτρος καὶ Ἀνδρέας	ὁ ἀδελφὸς αὐτοῦ,	Ἰάκωβος	τοῦ Ζεβεδέου	Dᶜ L N
λεγόμενος	Πέτρος καὶ Ἀνδρέας	ὁ ἀδελφὸς αὐτοῦ,	Ἰάκωβος	τοῦ Ζεβεδαίου	F
λεγόμενος	Πέτρος καὶ Ἀνδρέας	ὁ ἀδελφὸς αὐτοῦ,	Ἰάκωβος ὁ	τοῦ Ζεβαιδέου	W
λεγόμενος	Πέτρος καὶ Ἀνδραίας	ὁ ἀδελφὸς αὐτοῦ,	Ἰάκωβος ὁ	τοῦ Ζεβεδαίου	Θ
καλούμενος	Πέτρος καὶ Ἀνδρέας	ὁ ἀδελφὸς αὐτοῦ,	Ἰάκωβος ὁ	τοῦ Ζεβεδαίου	28
λεγόμενος	Πέτρος καὶ Ἀνδρέας	ὁ ἀδελφὸς αὐτοῦ,	Ἰάκωβος ὁ	τοῦ Ζεβεδαίου	ℵ* C 𝔐 K M U Δ

Π f¹ f¹³ 2 33 157 565 579 700 788 1071 1346 1424 τ

καὶ Ἰωάνης	ὁ ἀδελφὸς αὐτοῦ, 3 Φίλιππος καὶ Βαρθολομαῖος,	Θωμᾶς καὶ Μαθθαῖος	B* w
καὶ Ἰωάνης	ὁ ἀδελφὸς αὐτοῦ, 3 Φίλιππος καὶ Βαρθολομαῖος,	Θωμᾶς καὶ Μαθθαῖος	Bᶜ
καὶ Ἰωάννης	ὁ ἀδελφὸς αὐτοῦ, 3 Φίλιππος καὶ Βαρθολομέος,	Θωμᾶς καὶ Μαθθέος	ℵ
καὶ Ἰωάννης	ὁ ἀδελφὸς αὐτοῦ, 3 Φίλιππος καὶ Βαρθολομαῖος,	Θωμᾶς καὶ Μαθθαῖος	D u
καὶ Ἰωάνης	ὁ ἀδελφὸς αὐτοῦ, 3 Φίλιππος καὶ Βαρθολομαῖος,	Θωμᾶς καὶ Ματθαῖος	F
καὶ Ἰωάννης	ὁ ἀδελφὸς αὐτοῦ, 3 Φίλιππος καὶ Βαρθολομαῖος,	Θωμᾶς καὶ Ματθέος	L
καὶ Ἰωάννης	ὁ ἀδελφὸς αὐτοῦ, 3 Φίλιππος καὶ Βαρθολομαῖος,		M 1424*
καὶ Ἰωάννης	ὁ ἀδελφὸς αὐτοῦ, 3 Φίλιππος καὶ Βαρθολομέος,	Θωμᾶς καὶ Ματθέος	N
καὶ Ἰωάννης	ὁ ἀδελφὸς αὐτοῦ, 3 Φίλιππος καὶ Βαρθολομέος,	Θωμᾶς καὶ Ματθαῖος	579
καὶ Ἰωάννης	ὁ ἀδελφὸς αὐτοῦ, 3 Φίλιππος καὶ Βαρθολομαίου,	Θωμᾶς καὶ Ματθαῖος	1346
καὶ Ἰωάννης	ὁ ἀδελφὸς αὐτοῦ, 3 Φίλιππος καὶ Βαρθολομαῖος,	Θωμᾶς καὶ Ματθαῖος	C 𝔐 K U W

Δ Θ Π f¹ f¹³ 2 33 28 157 565 700 788 1071 1424ᶜ τ

ὁ τελώνης, Ἰάκωβος ὁ τοῦ Ἀλφαίου καὶ Θαδδαῖος,	4	Σίμων	B ℵᶜ 124 788
ὁ τελώνης, Ἰάκωβος ὁ τοῦ Ἀλφαίου Θαδδαῖος,	4	Σίμων	ℵ* [↑uw
ὁ τελώνης, Ἰάκωβος ὁ τοῦ Ἀλφαίου καὶ Λεββαῖος,	4 ὁ	Σίμων	C*
ὁ τελώνης, Ἰάκωβος ὁ τοῦ Ἀλφαίου καὶ Λεββέος,	4 καὶ	Σίμων	D
ὁ τελώνης, Ἰάκωβος ὁ τοῦ Ἀλφαίου καὶ Λεβέος ὁ ἐπικληθεὶς Θαδέος,	4	Σίμων	L
Ἰάκωβος τοῦ Ἀλφέου καὶ Λεββαῖος ὁ ἐπικληθεὶς Θαδδαῖος,	4	Σίμων	M
ὁ τελώνης, Ἰάκωβος ὁ τοῦ Ἀλφέου καὶ Λεββέος ὁ ἐπικληθεὶς Θαδδέος,	4	Σίμων	N
ὁ τελώνης, Ἰάκωβος ὁ τοῦ Ἀλφαίου καὶ Θαδδαῖος ὁ ἐπικληθεὶς Λεββαῖος,	4	Σίμων	f¹³ 1346
ὁ τελώνης, Ἰάκωβος ὁ τοῦ Ἀλφαίου καὶ Λεβέος ὁ ἐπικληθεὶς Θαδδαῖος,	4	Σίμων	2
ὁ τελώνης, Ἰάκωβος ὁ τοῦ Ἀλφαίου καὶ Λεβαῖος ἐπικληθεὶς Θαδδαῖος,	4	Σίμων	157
ὁ τελώνης, Ἰάκωβος ὁ τοῦ Ἀλφαίου καὶ Λεβαῖος ὁ ἐπικληθεὶς Θαδδαῖος,	4	Σίμων	700
Ἰάκωβος ὁ τοῦ Ἀλφαίου καὶ Λεββαῖος ὁ ἐπικληθεὶς Θαδδαῖος,	4	Σίμων	1424*
ὁ τελώνης, Ἰάκωβος ὁ τοῦ Ἀλφαίου καὶ Λεββαῖος ὁ ἐπικληθεὶς Θαδδαῖος,	4	Σίμων	Cᶜ 𝔐 K U W

Δ Θ Π f¹ 33 28 565 579 1071 1424ᶜ τ

---

lac. 10.1-4 𝔓⁴⁵ A H P Q Γ 69

A 10.1 εκβαλλιν ℵ W ¦ εκβαλλην 579 | μαλακειαν D W 2 εστι Υ K M S f¹ 118 28 157 565 700 1071 | λεγωμενος L 579 | Ανδραιας Θ

B 10.1 π̅ν̅ατων ℵ ¦ π̅ν̅ων L 2 28 157 700 788 1071 2 ι̅β̅ ℵ D

C 1 υπερ βα S | υπ Ω 118 2 1424 ¦ υπ τς κ,υ 28 | τελ 1071 2 το αυτ κ, του αγιου γρηγοριου του νυσ ι̅ζ̅ Ω

D 2 π/β ℵ E G Y M N S U Ω 118 124 788 1424 ¦ π̅ C D F K L Θ 1582 f¹³ 2 1071 1346 | ο̅θ̅ 157 | Ευ Μθ π̅ : Ιω . : Λο μ̅δ̅ : Μρ λ̅ E | Μθ π̅ : Μρ κ̅θ̅ : Λο π̅ς̅ M | Μθ π̅ : Μρ . : Λο . : Ιω . 124

ὁ Καναναῖος	καὶ	Ἰούδας ὁ	Ἰσκαριώτης ὁ	καὶ παραδοὺς	αὐτόν.	B *f*[1] 33 **uw**
ὁ <u>Κανανίτης</u>	καὶ <u>ὁ</u>	Ἰούδας ὁ	Ἰσκαριώτης ὁ	καὶ παραδοὺς	αὐτόν.	ℵ*
ὁ Καναναῖος	καὶ	Ἰούδας ὁ	<u>Ἰσκαριώθ</u> ὁ	καὶ παραδοὺς	αὐτόν.	C
ὁ <u>Χαναναῖος</u>	καὶ	Ἰούδας ὁ	<u>Σκαριώτης</u> ὁ	καὶ παραδοὺς	αὐτόν.	D
ὁ <u>Κανανήτης</u>	καὶ	Ἰούδας	Ἰσκαριώτης ὁ	καὶ παραδοὺς	αὐτόν.	E
ὁ <u>Κανανίτης</u>	καὶ	Ἰούδας	Ἰσκαριώτης ὁ	<u>παραδιδοὺς</u>	αὐτόν.	F
ὁ <u>Κανανίτης</u>	καὶ	Ἰούδας ὁ	Ἰσκαριώτης ὁ	καὶ παραδοὺς	αὐτόν.	K Θ Π
ὁ Καναναῖος	καὶ	Ἰούδας	Ἰσκαριώτης <u>ὡς</u>	καὶ <u>παρέδωκεν</u>	αὐτόν.	L
ὁ <u>Κανανίτης</u>	καὶ	Ἰούδας ὁ	Ἰσκαριώτης ὁ	καὶ παραδοὺς	αὐτόν.	M 157
ὁ Καναναῖος	καὶ	Ἰούδας	Ἰσκαριώτης ὁ	καὶ παραδοὺς	αὐτόν.	N
ὁ <u>Κανανίτης</u>	καὶ	Ἰούδας ὁ	Ἰσκαριώτης ὁ	καὶ <u>παραδιδοὺς</u>	αὐτόν.	Δ
ὁ <u>Κανανίτης</u>	καὶ	Ἰούδας	Ἰσκαριώτης <u>ὃς</u>	καὶ <u>παρέδωκεν</u>	αὐτόν.	*f*[13] 788 1346
ὁ <u>Κανανίτης</u>	καὶ	Ἰούδας ὁ	Ἰσκαριώτης ὁ	καὶ παραδοὺς	αὐτόν.	700
ὁ <u>Κανανίτης</u>	καὶ	Ἰούδας	<u>Ἰσκαριώθ</u>	<u>ὃς</u> καὶ <u>παρέδωκεν</u>	αὐτόν.	1424
ὁ <u>Κανανίτης</u>	καὶ	Ἰούδας	Ἰσκαριώτης ὁ	καὶ παραδοὺς	αὐτόν.	ℵ^c 𝔐 U W 2 28 565 579 1071 τ

The Mission And Message Of The Twelve
(Mark 6.7-13; Luke 9.1-6)

ξβ 5	Τούτους	τοὺς δώδεκα	ἀπέστειλεν	ὁ Ἰησοῦς παραγγείλας αὐτοῖς	λέγων,	B **uwτ** rell
5	Τούτους	τοὺς δώδεκα	ἀπέστειλεν	ὁ Ἰησοῦς παραγγείλας αὐτοῖς,		ℵ* 1424
5	Τούτους		ἀπέστειλεν	ὁ Ἰησοῦς παραγγείλας αὐτοῖς	λέγων,	C^c
5	Τούτους	τοὺς δώδεκα	ἀπέστειλεν	ὁ Ἰησοῦς παραγγείλας αὐτοῖς <u>καὶ</u>	λέγων,	D
5	Τούτους	τοὺς δώδεκα	<u>ἀποστείλας</u>	ὁ Ἰησοῦς παραγγείλας αὐτοῖς	λέγων,	F
5	Τούτους	τοὺς δώδεκα	<u>ἐξαπέστιλεν</u>	ὁ Ἰησοῦς παραγγείλας αὐτοῖς	λέγων,	W
5	Τούτους <u>δὲ</u>	τοὺς δώδεκα	ἀπέστειλεν	ὁ Ἰησοῦς παραγγείλας αὐτοῖς	λέγων,	Ω
5	Τούτους	δώδεκα	ἀπέστειλεν	ὁ Ἰησοῦς παραγγείλας αὐτοῖς	λέγων,	28*

Εἰς ὁδὸν ἐθνῶν	μὴ ἀπέλθητε,	καὶ εἰς πόλιν Σαμαρειτῶν	μὴ	B 𝔐 K M U Π^c *f*[1] *f*[13] 157 700 788 1071 1346
Εἰς ὁδὸν	μὴ ἀπέλθητε,	καὶ εἰς πόλιν <u>Σαμαριτῶν</u>	μὴ	ℵ* [↑1424 **wτ**
Εἰς ὁδὸν ἐθνῶν	μὴ ἀπέλθητε,	καὶ εἰς πόλιν <u>Σαμαριτανῶν</u>	μὴ	D
Εἰς ὁδὸν ἐθνῶν	μὴ <u>εἰσέλθητε,</u>	καὶ εἰς πόλιν Σαμαρειτῶν	μὴ	Δ
Εἰς ὁδὸν ἐθνῶν	μὴ ἀπέλθητε,	καὶ εἰς πόλιν <u>Σαμαριτῶν</u>	μὴ	ℵ^c C G L N W Θ Π* 2 33 28 565 579 **u**

εἰσέλθητε· 6	πορεύεσθαι	δὲ μᾶλλον πρὸς τὰ πρόβατα τὰ ἀπολωλότα οἴκου Ἰσραήλ.	B* E W 2* 1071
εἰσέλθητε· 6	<u>ὑπάγετε</u>	μᾶλλον πρὸς τὰ πρόβατα τὰ ἀπολωλότα οἴκου <u>Εἰσραήλ.</u>	D
<u>ἀπέλθητε·</u> 6	πορεύεσθαι	δὲ μᾶλλον πρὸς τὰ πρόβατα τὰ ἀπολωλότα οἴκου Ἰσραήλ.	Δ
εἰσέλθητε· 6	<u>πορεύεσθε</u>	δὲ μᾶλλον πρὸς τὰ πρόβατα τὰ ἀπολωλότα οἴκου Ἰσραήλ.	**uwτ** rell

7 πορευόμενοι δὲ κηρύσσετε λέγοντες,	Ἤγικεν	ἡ βασιλεία τῶν οὐρανῶν.	B
7 πορευόμενοι δὲ κηρύσσετε λέγοντες <u>ὅτι ἤγγικεν ἐφ' ὑμᾶς</u>		ἡ βασιλεία τῶν οὐρανῶν.	N
7 .... <u>ὅτι ἤγγικεν</u>		ἡ βασιλεία τῶν οὐρανῶν.	P
7 πορευόμενοι δὲ κηρύσσετε λέγοντες <u>ὅτι</u> ἤγγικεν		ἡ βασιλεία τῶν οὐρανῶν.	**uwτ** rell

8 ἀσθενοῦντας θεραπεύετε,	B **uwτ** rell
8 ἀσθενοῦντας <u>θεραπεύσατε,</u>	D

---

lac. **10.3-8** 𝔓^45 A H P Q Γ 69 ¦ vss. 3-7 P

A 5 απεστιλεν ℵ N Θ ¦ παραγγιλας ℵ N Θ ¦ παραγειλας L ¦ οδων 1346 ¦ απελθηται ℵ E* W Θ **5** εισελθηται ℵ E* W 2 **6** πρωβατα 2 ¦ απολωλωτα L ¦ απολωτα 565 ¦ απολολωτα 1424 **7** κηρυσσεται D L W Θ 13 2* 33 579 788 ¦ ηγγεικεν C W 579 ¦ βασιλια ℵ **8** θεραπευεται P W Θ* 13 2* 579

B 5 ιβ̄ ℵ D ¦ ι̅ς̅ B ℵ C 𝔐 K L M N S U W Δ Θ Π Ω *f*[1] 118 *f*[13] 124 2 33 28 157 565 579 700 788 1071 1346 1424 ¦ ι̅η̅ς̅ D **6** ι̅η̅λ̅ ℵ C 𝔐 K L M N S U Θ Π Ω *f*[1] 118 *f*[13] 124 2 33 28 157 565 579 700 788 1071 1346 1424 ¦ ι̅σ̅λ̅ Δ **7** ο̅υ̅ν̅ω̅ν̅ ℵ 𝔐 K L M S P U Δ Π Ω *f*[1] 118 *f*[13] 124 2 28 157 565 579 700 788 1071 1346 1424

C 4 τε τ̅ ων Π ¦ τελ 1071 **5** α̅ρ̅ξ̅ E F Y Ω 2 1424 ¦ αρχη G 1071 ¦ αρχ τω καιρω: προσκαλεσαμενος ο ι̅ς̅ τους ι̅β̅ μαθητας αυτου 118 ¦ αρξο του ι̅υ̅ 28 ¦ αρχ πα 157 **7** τελ 1071

D 5 π̅α̅/ι̅ ℵ E G Y M S U Π Ω 124 28 788 1424 ¦ π̅α̅ C D F K L N Θ *f*[1] 118 *f*[13] 2 1071 1346 ¦ Ευ Μθ π̅α̅ : Ιω . : Λο . : Μρ . E ¦ Μθ π̅α̅ : Μρ λ̅ : Λο μ̅δ̅ M ¦ Μθ π̅α̅ : Μρ κ̅θ̅ : Λο ρ̅η̅ : Ιω . 124 ¦ π̅β̅ 28² **7** π̅β̅ C K ¦ π̅β̅/β Π **8** π̅β̅/β ℵ E G Y R S U Ω 118 124 28 788 1424 ¦ π̅β̅ D F Θ *f*[1] 2 1071 1346 ¦ Ευ Μθ π̅β̅ : Ιω . : Λο π̅ς̅ : Μρ ν̅γ̅ E ¦ Μθ π̅β̅ M ¦ Μθ π̅β̅ : Μρ λ̅ : Λο μ̅δ̅ : Ιω ρ̅ι̅ 124

νεκροὺς ἐγείρετε, λεπροὺς καθαρίζετε, δαιμόνια ἐκβάλλετε· B ℵ C* N 1 1582* f¹³ 33 157 565
νεκροὺς ἐγείρατε, λεπροὺς καθαρεῖσατε, καὶ δαιμόνια ἐκβάλετε· D [↑700ᶜ 1346 **uw**
 λεπροὺς καθαρίζετε, δαιμόνια ἐκβάλετε· F Θ 2 1424ᶜ
λεπροὺς καθαρίζετε, δαιμόνια ἐκβάλλετε, νεκροὺς ἐγείρετε· P W Δ
λεπροὺς καθαρίζετε, νεκροὺς ἐγείρετε, δαιμόνια ἐκβάλλετε· 1582ᶜ τ
 δαιμόνια ἐκβάλλετε, λεπροὺς καθαρίζετε· 28
 δαιμόνια ἐκβάλετε· 1424* [↓788 1071
 λεπροὺς καθαρίζετε, δαιμόνια ἐκβάλλετε· Cᶜ 𝔐 K L M U Π 118 124 579 700*

ξ͞γ δωρεὰν ἐλάβετε, δωρεὰν δότε. **9** Μὴ κτήσησθε χρυσὸν μηδὲ B ℵᶜ C 𝔐 K M N P U W Δ Π f¹ 2 33 565 579
 δωρεὰν ἐλάβετε, δωρεὰν δότε. **9** Μὴ κτήσησθε χρυσὸν ℵ* [↑700 1071 **uwτ**
 δωρεὰν ἐλάβετε, δωρεὰν δότε. **9** Μὴ κτήσησθε χρυσὸν μητὲ D L Θ f¹³ 28 157 788 1424
 δωρεὰν ἐλάβετε, δωρεὰν δότε. **9** Μὴ κτήσησθε χρυσὸν μηδ͂ Y
 δωρεὰν ἐλάβετε, δωρεὰν δότε. **9** Μὴ κτήσεσθε χρυσὸν μητὲ 124
 δωρεὰν δῶτε. **9** Μὴ κτήσησθε χρυσὸν μητὲ 1346

ἄργυρον μηδὲ χαλκὸν εἰς τὰς ζώνας ὑμῶν, **10** μὴ πήραν εἰς ὁδὸν μηδὲ δύο B **uwτ** rell
 μηδὲ χαλκὸν εἰς τὰς ζώνας ὑμῶν, **10** μὴ πήραν εἰς ὁδὸν μηδὲ δύο ℵ*
ἄργυρον μητὲ χαλκὸν εἰς τὰς ζώνας ὑμῶν, **10** μητὲ πήραν εἰς ὁδὸν μητὲ δύο D 700
ἄργυρον μητὲ χαλκὸν εἰς τὰς ζώνας ὑμῶν, **10** μὴ πήραν εἰς ὁδὸν μητὲ δύο L f¹³ 788 1346
ἄργυρον μηδὲ χαλικὸν εἰς τὰς ζώνας ὑμῶν, **10** μὴ πήραν εἰς ὁδὸν μηδὲ δύο Δ
ἄργυρον μητὲ χαλκὸν εἰς τὰς ζώνας ὑμῶν, **10** μὴ πήραν εἰς ὁδὸν μηδὲ δύο 157 565

χιτῶνας μηδὲ ὑποδήματα μηδὲ ῥάβδον· ἄξιος γὰρ ὁ ἐργάτης B ℵ f¹ 2 33 1071 1424 **uwτ**
χειθῶνας μητὲ ὑποδήματα μητὲ ῥάβδον· ἄξιος γάρ ἐστιν ὁ ἐργάτης D*
χιτῶνας μητὲ ὑποδήματα μητὲ ῥάβδον· ἄξιος γάρ ἐστιν ὁ ἐργάτης Dᶜ
χιτῶνας μητὲ ὑποδήματα μητὲ ῥάβδους· ἄξιος γὰρ ὁ ἐργάτης L f¹³ 700 788 1346
χιτῶνας μηδὲ ὑποδήματα μητὲ ῥάβδους· ἄξιος γὰρ ὁ ἐργάτης N U
χιτῶνας μητὲ ὑποδήματα μητὲ ῥάβδον· ἄξιος γὰρ ὁ ἐργάτης Θ
χιτῶνας μηδὲ ὑποδήματα μηδὲ ῥάβδους· ἄξιος γὰρ ὁ ἐργάτης C 𝔐 K M P W Δ Π 28 157 565 579

τῆς τροφῆς αὐτοῦ. **11** εἰς ἣν δ' ἂν πόλιν ἢ κώμην εἰσέλθητε, ἐξετάσατε B ℵ C 157 1424 **uw**
τῆς τροφῆς αὐτοῦ. **11** ἡ πόλις εἰς ἣν ἂν εἰσέλθητε εἰς αὐτήν, ἐξετάσατε D
τοῦ μισθοῦ αὐτοῦ ἐστιν. **11** εἰς ἣν δ' ἂν πόλιν ἢ κώμην εἰσέλθητε, ἐξετάσατε K M Π 565
τῆς τροφῆς αὐτοῦ. **11** εἰς ἣν δ' ἂν πόλιν εἰσέλθητε ἢ κώμην, ἐξετάσατε L 124 788
τῆς τροφῆς αὐτοῦ ἐστιν. **11** εἰς ἣν δ' ἂν πόλιν εἰσέλθητε, ἐξετάσατε Δ
τῆς τροφῆς αὐτοῦ. **11** εἰς ἣν δ' ἂν πόλιν εἰσέλθητε, ἐξετάσατε 1 1582* 118 700
τῆς τροφῆς αὐτοῦ ἐστιν. **11** εἰς δ' ἂν πόλιν εἰσέλθητε ἢ κώμην, ἐξετάσατε f¹³
τῆς τροφῆς αὐτοῦ ἐστιν. **11** εἰς ἣν δ' ἂν πόλιν ἢ κώμην εἰσέρχεσθε, ἐξετάσατε 28
τῆς τροφῆς αὐτοῦ ἐστιν. **11** εἰς ἣν ἂν πόλιν ἢ κώμην εἰσέλθητε, ἐξετάσατε 1071
τῆς τροφῆς αὐτοῦ ἐστιν. **11** εἰς ἣν δ' ἂν πόλιν εἰσέλθητε ἢ κώμην, ἐξετάσατε 1346 [↓2 33 579 τ
τῆς τροφῆς αὐτοῦ ἐστιν. **11** εἰς ἣν δ' ἂν πόλιν ἢ κώμην εἰσέλθητε, ἐξετάσατε 𝔐 N P U W Θ 1582ᶜ

 τίς ἐν αὐτῇ ἄξιός ἐστιν· κἀκεῖ μείνατε ἕως ἂν ἐξέλθητε. B **uwτ** rell
 ἐν αὐτῇ τίς ἄξιός ἐστιν· κἀκεῖ μείνατε ἕως ἂν ἐξέλθητε. ℵ K
 τίς ἐν αὐτῇ ἄξιός· κἀκεῖ μείνατε ἕως ἂν ἐξέλθητε. L
 τίς ἐν αὐτῇ ἄξιός ἐστιν· κἀκεῖ μείνατε ἕως ἂν ἐξέλθητε ἐκεῖθεν. N
 τίς ἐν αὐτῇ ἄξιός ἐστιν· καὶ ἐκεῖ μείνατε ἕως ἂν ἐξέλθητε. 2
 τίς ἐν αὐτῇ ἄξιός ἐστιν· κἀκεῖ μένετε ἕως ἂν ἐξέλθητε. 28
πρῶτον τίς ἐν αὐτῇ ἄξιός ἐστιν· κἀκεῖ μείνατε ἕως ἂν ἐξέλθητε. 157
 ἐν αὐτῇ εἰ ἄξιός ἐστιν· κἀκεῖ μείνατε ἕως ἂν ἐξέλθητε. 1424

lac. 10.8-11 𝔓⁴⁵ A H Q Γ 69

A **8** εγειρεται ℵ P W ¦ εγιρετε N ¦ καθαριζεται ℵ P W Δ 2* 579 ¦ καριζεται Θ ¦ δαιμονεια N ¦ εκβαλλεται P W 579 ¦ εκβαλεται Θ 2* ¦ δωραιαν¹·² N W ¦ ελαβεται W Θ 2* 579 ¦ δωραιαν² 579 ¦ δωτε G L 13 2 ¦ δοται W **9** κτησησθαι ℵ W ¦ κτησεισθε L ¦ κτησεσθε Θ ¦ κτισησθε 2 1071 1424 ¦ χρυσον L **10** πειραν E* L Ω 13 2 1071 1346 1424 ¦ παραν Θ ¦ χειτωνας Dᶜ ¦ χειτονας L ¦ χιτονας Θ ¦ εργατις 2* **11** κομιν L ¦ κομην Θ ¦ εισελθηται ℵ W ¦ εξετασαται ℵ ¦ της (τις) L ¦ εστι Y S f¹ 157 565 700 1071 ¦ κακειν Δ ¦ μινατε ℵ N ¦ μειναται W ¦ μηνατε Θ 118 ¦ εξελθηται ℵ L W Θ

C **8** τελος (post δοτε) E Y L S Θ 118 f¹³ 2 788 1071 1346 ¦ τελος της ε͞ G M ¦ τὲ του αγιου αναρ.γ Ω ¦ τελ παντ͞ f¹ ¦ τελ τς β͞ κ, ··· β͞ 28 **9** αρχη: τη παρ, της β͞ εβδομαδος ειπεν ο κς τοις εαυτου μη κτισησθε G ¦ αρχ: τη παρ,α της β͞ εβδ αρχ ειπεν ο κς τοις εαυτ μαθ μη κτησησθε χρυσον μητ, Y ¦ αρχ: Μθ τη παρασκε τς β͞ εβδ,ο ειπεν ο κς τοις εαυτου, μη κτησησθ χρυσο, M ¦ τη παρασκ τς β͞ εβδ ειπ ο κς τ εαυτ μαθ S ¦ αρχ τς γ: τη γ͞ τς γ͞ εβδ ειπ ο κς τοις εαυτοις μαθηταις μη κτισησθε χρυσον Π ¦ λ͞ε αρχ τη γ͞ τς γ͞ εβδ ειπ ο κς τοις μη κτησησ f¹ ¦ αρχ f¹³ 124 788 1346¦ αρχ της γ͞ ειπεν ο κς τς εαυτ μαθητ μη κτησησθε 28 ¦ αρχ τη γ͞ 157 **10** τελος (post τροφης αυτου) D (Nov 17: του αγιου γρηγοριου του θαυματουργου και των αγιων αναργυρων 10.1-10] **11** αρχ ειπεν ο κς τς εαυτ μαθητ εις ην δαν 28

D **9** π͞β L 157 **11** π͞γ/β͞ ℵ E G Y M S U Π Ω 118 124 28 788 1424 ¦ π͞γ C D F K L Θ f¹ 2 28² 157 1071 1346 ¦ Ευ Μθ π͞γ : Ιω . : Λο π͞ζ : Μρ νδ̄ E ¦ Μθ π͞γ : Μρ νγ, νδ̄ : Λο π͞ς, π͞ζ, ρι Μ ¦ Μθ π͞γ : Μρ ᾱ : Λο π͞ζ : Ιω ριβ̄ 124

[↓788 1071 **uwτ**]

12 εἰσερχόμενοι δὲ εἰς τὴν οἰκίαν ἀσπάσασθε αὐτήν·   B ℵ^c C 𝔐 K M N P U Δ Π ƒ¹³ 2 33 28 157 565 579 700

12 εἰσερχόμενοι δὲ εἰς τὴν οἰκίαν ἀσπάσασθε αὐτὴν <u>λέγοντες</u> <u>εἰρήνη</u>   <u>τῷ</u> <u>οἴκῳ</u> <u>τούτῳ</u>·   ℵ* D L W Θ ƒ¹

12 εἰσερχόμενοι δὲ εἰς τὴν οἰκίαν ἀσπάσασθε αὐτὴν <u>λέγοντες</u> <u>εἰρήνη</u> <u>ἐν</u> <u>τῷ</u> <u>οἴκῳ</u> <u>τούτῳ</u>·   1346

12 εἰσερχόμενοι δὲ εἰς τὴν οἰκίαν ἀσπάσασθε αὐτὴν <u>λέγοντες</u> <u>εἰρήνη</u>   <u>τῷ</u> <u>οἴκῳ</u>·   1424

[↓700 1071 **τ**]

13	καὶ ἐὰν μὲν ᾖ	ἡ οἰκία	ἀξία,	ἔλθέτω	ἡ εἰρήνη ὑμῶν ἐπ᾽ αὐτήν·	B 𝔐 K P U Δ Θ Π ƒ¹ 2 565
13	καὶ ἐὰν μὲν ᾖ	ἡ οἰκία	ἀξία,	<u>ἐλθάτω</u>	ἡ εἰρήνη ὑμῶν ἐπ᾽ αὐτήν·	ℵ C^c N W ƒ¹³ 33 788 1346
13	καὶ ἐὰν μὲν <u>ἦν</u>	ἡ οἰκία	ἀξία,	<u>ἐλθάτω</u>	ἡ εἰρήνη ὑμῶν ἐπ᾽ αὐτήν·	C* [↑**uw**
13	ἐὰν μὲν ᾖ	ἡ οἰκία	ἀξία,	<u>ἔστε</u>	ἡ εἰρήνη ὑμῶν ἐπ᾽ αὐτήν·	D
13	καὶ ἐὰν μὲν ᾖ	ἡ οἰκία,		<u>ἐλθάτω</u>	ἡ εἰρήνη ὑμῶν ἐπ᾽ αὐτήν·	L
13	καὶ ἐὰν μὲν ᾖ	ἡ οἰκία <u>ἐκείνη</u>	ἀξία,	ἔλθέτω	ἡ εἰρήνη ὑμῶν ἐπ᾽ αὐτήν·	M
13	καὶ ἐὰν μὲν ᾖ	ἡ οἰκία	ἀξία,	<u>εἰσελθέτω</u>	ἡ εἰρήνη ὑμῶν ἐπ᾽ αὐτήν·	S Ω 28
13	καὶ ἐὰν μὲν <u>ἦν</u>	ἡ οἰκία	ἀξία,	ἔλθέτω	ἡ εἰρήνη ὑμῶν ἐπ᾽ αὐτήν·	157
13	καὶ ἐὰν μὲν ᾖ	ἡ οἰκία	ἀξία,	ἔλθέτω	ἡ εἰρήνη ὑμῶν	579
13	καὶ ἐὰν	ᾖ ἡ οἰκία	ἀξία,	ἔλθέτω	ἡ εἰρήνη ὑμῶν ἐπ᾽ αὐτήν·	1424

ἐὰν	δὲ μὴ	ᾖ ἀξία,	ἡ εἰρήνη ὑμῶν ἐφ᾽	ὑμᾶς ἐπιστραφήτω.	14 καὶ	B ℵ W [**w**]
<u>εἰ</u>	δὲ μή <u>γε</u>		εἰρήνη ὑμῶν <u>πρὸς</u>	ὑμᾶς ἐπιστραφήτω.	14 καὶ	D*
<u>εἰ</u>	δὲ μή <u>γε</u>		ἡ εἰρήνη ὑμῶν <u>πρὸς</u>	ὑμᾶς ἐπιστραφήτω.	14 καὶ	D^c
ἐὰν	δὲ μὴ	ᾖ ἀξία,	ἡ εἰρήνη ὑμῶν <u>πρὸς</u>	ὑμᾶς <u>ἐπαναστραφήτω</u>.	14 καὶ	Y
<u>εἰ</u>	δὲ μὴ	ἀξία,	ἡ εἰρήνη ὑμῶν <u>πρὸς</u>	ὑμᾶς ἐπιστραφήτω.	14 καὶ	L
			<u>πρὸς</u>	ὑμᾶς ἐπιστραφήτω.	14 καὶ	579
ἐὰν	δὲ μὴ	ᾖ ἀξία,	ἡ εἰρήνη ὑμῶν <u>πρὸς</u>	ὑμᾶς <u>ἀπιστραφήτω</u>.	14 καὶ	700
ἐὰν	δὲ μὴ	ᾖ ἀξία,	ἡ εἰρήνη ὑμῶν <u>πρὸς</u>	ὑμᾶς ἐπιστραφήτω.	14 καὶ	**u**[**w**]**τ** rell

ὃς	ἂν	ὑμᾶς μηδὲ ἀκούσῃ	τοὺς λόγους ὑμῶν, ἐξερχόμενοι	B*
ὃς	<u>ἐὰν μὴ δέξηται</u>	ὑμᾶς μηδὲ ἀκούσῃ	τοὺς λόγους ὑμῶν, ἐξερχόμενοι	C 𝔐 M P U Δ Θ Π ƒ¹ 2 28
<u>ὅσοι</u>	ἂν <u>μὴ δέξονται</u>	ὑμᾶς μηδὲ <u>ἀκούσωσιν</u>	τοὺς λόγους ὑμῶν, ἐξερχόμενοι	L [↑579 1071 1346 τ
ὃς	ἂν <u>μὴ δέξηται</u>	ὑμᾶς μηδὲ ἀκούσῃ	<u>τῶν</u> <u>λόγων</u> ὑμῶν, ἐξερχόμενοι	W* [↓565 700 788 1424 **uw**
ὃς	ἂν <u>μὴ δέξηται</u>	ὑμᾶς μηδὲ ἀκούσῃ	τοὺς λόγους ὑμῶν, ἐξερχόμενοι	B^c ℵ D K N W^c ƒ¹³ 33 157

ἔξω	τῆς οἰκίας ἢ τῆς πόλεως		ἐκείνης ἐκτινάξατε τὸν κονιορτὸν τῶν	B Θ **u**[**w**]
ἔξω	τῆς οἰκίας ἢ	πόλεως <u>ἢ κώμης</u>	ἐκείνης ἐκτινάξατε τὸν κονιορτὸν <u>ἐκ</u> τῶν	ℵ
	τῆς οἰκίας ἢ τῆς πόλεως		ἐκείνης ἐκτινάξατε τὸν κονιορτὸν <u>ἐκ</u> τῶν	C
ἔξω	τῆς πόλεως		ἐκτινάξατε τὸν κονιορτὸν τῶν	D
<u>ἐκ</u>	τῆς οἰκίας τῆς πόλεως		ἐκείνης ἐκτινάξατε τὸν κονιορτὸν τῶν	L
	τῆς οἰκίας ἢ τῆς πόλεως <u>ἢ κώμης</u>		ἐκείνης ἐκτινάξατε τὸν κονιορτὸν τῶν	ƒ¹³ 1346
ἔξω	τῆς οἰκίας ἢ τῆς πόλεως		ἐκείνης ἐκτινάξατε τὸν κονιορτὸν <u>ἐκ</u> τῶν	33 157 [**w**]
ἔξω	τῆς οἰκίας ἢ	πόλεως	ἐκείνης ἐκτινάξατε τὸν κονιορτὸν τῶν	1424
	τῆς οἰκίας ἢ τῆς πόλεως		ἐκείνης ἐκτινάξατε τὸν κονιορτὸν τῶν	𝔐 K M N P U W Δ Π

ƒ¹ 124 2 28 565 579 700 788 1071 τ

ποδῶν ὑμῶν. 15 ἀμὴν	λέγω ὑμῖν, ἀνεκτότερον ἔσται γῇ Σοδόμων καὶ		B **uwτ** rell
ποδῶν ὑμῶν. 15 ἀμὴν <u>γὰρ</u>	λέγω ὑμῖν, ἀνεκτότερον ἔσται Σοδόμων καὶ		L
ποδῶν ὑμῶν. 15 ἀμὴν <u>ἀμήν</u>	λέγω ὑμῖν, ἀνεκτότερον ἔσται γῇ Σοδόμων καὶ		ƒ¹
ποδῶν ὑμῶν. 15 ἀμὴν <u>γὰρ</u>	λέγω ὑμῖν, ἀνεκτότερον ἔσται γῇ Σοδόμων καὶ		565
ποδῶν ὑμῶν. 15 ἀμὴν	λέγω ὑμῖν, ἀνεκτότερον ἔσται γῇ <u>Σοδώμων</u> καὶ		579

lac. 10.12-15 𝔓⁴⁵ A H Q Γ 69

A 12 οικειαν D W 13 2* 1071 | ασπασασθαι C D P W 2 **13** οικεια D W 2* 1071 ¦ ηκοια (η οικια) 1346 | ελθετο 579 | ιρηνη^{1.2} ℵ | ει ηρηνη M | επιστραφητο 1 **14** δεξητε E K Θ 2 1071 | ακουσει 2* 1071 | λογου F ¦ οικειας W 2* 1071 | πολεω F ¦ πολεος M | εκινης ℵ | εκτειναξατε D G L Δ 13 33 28 565 788 | εκτιναξα Y* ¦ εκτειναξαται W ¦ εκτηναξατε Θ 2 | εκτειναξατε 124 1071 1346 ¦ εκτειναξαται 1424 **15** υμειν D | εστε D L Δ

D 12 π̄δ̄/ε̄ ℵ G Y M S U Π Ω 118 28 788 1424 ¦ π̄δ̄ D F K L Θ ƒ¹ 124 2 28² 157 1071 1346 ¦ π̄δ̄/ς̄ E | Ευ Μθ π̄δ̄ : Ιω . : Λο ρ̄ῑα : Μρ . E | Μθ π̄δ̄ : Μρ ν̄γ̄ : Λο . : Ιω . 124 **13** π̄δ̄ C **14** π̄ε̄/β̄ ℵ E G Y M N S U Π Ω 118 28 1424 ¦ π̄ε̄ C D F K L Θ ƒ¹ 2 28² 157 1071 1346 ¦ π̄ε̄/ς̄ 124 788 | Ευ Μθ π̄ε̄ : Ιω . : Λο π̄η̄ : Μρ νε E | Μθ π̄ε̄ : Μρ ν̄δ̄ : Λο ρ̄ῑα : Ιω . 124

	Γομόρρων	ἐν	ἡμέρᾳ κρίσεως ἢ τῇ πόλει ἐκείνῃ.	B 𝔐 K U Δ Π f¹³ 2 33 565 579 700 788 1071 1346 **uwτ**
γῆ	Γομόρρων	ἐν	ἡμέρᾳ κρίσεως ἢ τῇ πόλει ἐκείνῃ.	ℵ 157
γῆ	Γομόρρας	ἐν	ἡμέρᾳ κρίσεως ἢ τῇ πόλει ἐκείνῃ.	C
	Γομόρας	ἔνη	ἡμέρᾳ κρίσεως ἢ τῇ πόλει ἐκείνῃ.	D*
	Γομόρας	ἐν τῇ	ἡμέρᾳ κρίσεως ἢ τῇ πόλει ἐκείνῃ.	Dᶜ
	Γεμόρρων	ἐν	ἡμέρᾳ κρίσεως ἢ τῇ πόλει ἐκείνῃ.	E
	Γομόρας	ἐν	ἡμέρᾳ κρίσεως ἢ τῇ πόλει ἐκείνῃ.	L*
	Γομώρας	ἐν	ἡμέρᾳ κρίσεως ἢ τῇ πόλει ἐκείνῃ.	Lᶜ
	Γομμόρας	ἐν	ἡμέρᾳ κρίσεως ἢ τῇ πόλει ἐκείνῃ.	N 1424
	Γομόρων	ἐν	ἡμέρᾳ κρίσεως ἢ τῇ πόλει ἐκείνῃ.	W Ω 28
	Γομόρρας	ἐν	ἡμέρᾳ κρίσεως ἢ τῇ πόλει ἐκείνῃ.	Y M P Θ f¹

Persecution And Death Predicted For Witnesses
(Mark 13.9-13; Luke 10.3; 12.11-12)

16 Ἰδοὺ ἐγὼ ἀποστέλλω ὑμᾶς ὡς πρόβατα εἰς μέσον λύκων· γείνεσθε οὖν φρόνιμοι	B
16 Ἰδοὺ ἐγὼ ἀποστέλλω ὑμᾶς ὡς πρόβατα ἐμμέσω λύκων· γίνεσθε οὖν φρόνιμοι	C L Ω
16 Ἰδοὺ ἐγὼ ἀποστέλλω ὑμᾶς ὡς πρόβατα ἐν μέσῳ λύκων· γείνεσθε οὖν φρόνιμοι	D Δ
16 Ἰδοὺ ἐγὼ ἀποστέλω ὑμᾶς ὡς πρόβατα ἐν μέσῳ λύκων· γίνεσθε οὖν φρόνιμοι	L
16 Ἰδοὺ ἐγὼ ἀποστέλλω ὑμᾶς ὡς πρόβατα ἐν μέσῳ λύκων· γίνεσθε οὖν φρόνιμοι	33
16 Ἰδοὺ ἐγὼ ἀποστέλλω ὑμᾶς ὡς πρόβατα ἐν μέσῳ λύκων· γίνεσθε οὖν φρόνιμοι	**uwτ** rell

ὡς	οἱ ὄφις	καὶ ἀκέραιοι	ὡς	αἱ περιστεραί.	ξδ **17** προσέχετε δὲ ἀπὸ τῶν	B* K Θ f¹³ 33
ὡς	ὁ ὄφις	καὶ ἀκέραιοι	ὡς	αἱ περιστεραί.	**17** προσέχετε δὲ ἀπὸ τῶν	ℵ* ⌈↑579
ὡς	οἱ ὄφεις	καὶ ἁπλούστατοι	ὡς	αἱ περιστεραί.	**17** προσέχετε ἀπὸ τῶν	D
ὡσεὶ	ὄφεις	καὶ ἀκέραιοι	ὡσεὶ	περιστεραί.	**17** προσέχετε δὲ ἀπὸ τῶν	L
ὡς	οἱ ὄφις	καὶ ἀκέραιοι	ὡς	αἱ περιστεραί.	**17** προσέχετε ἀπὸ τῶν	28 1071
ὡσεὶ	ὄφεις	καὶ ἀκέραιοι	ὡς	αἱ περιστεραί.	**17** προσέχετε δὲ ἀπὸ τῶν	157* 700
ὡσεὶ	οἱ ὄφις	καὶ ἀκέραιοι	ὡς	αἱ περιστεραί.	**17** προσέχετε δὲ ἀπὸ τῶν	157ᶜ
ὡς	ὄφις	καὶ ἀκέραιοι	ὡς	αἱ περιστεραί.	**17** προσέχετε ἀπὸ τῶν	1346
ὡς	ὄφις	καὶ ἀκέραιοι	ὡς	αἱ περιστεραί.	**17** προσέχετε δὲ ἀπὸ τῶν	1346ᶜ
ὡς	οἱ ὄφεις	καὶ ἀκέραιοι	ὡς	αἱ περιστεραί.	**17** προσέχετε δὲ ἀπὸ τῶν	Bᶜ ℵᶜ C 𝔐 M N P

U W Δ Π f¹ 124 2 565 788 1424 **uwτ**

ἀνθρώπων· παραδώσουσιν γὰρ ὑμᾶς εἰς συνέδρια, καὶ ἐν ταῖς συναγωγαῖς αὐτῶν	B **uwτ** rell
ἀνθρώπων· παραδώσουσιν γὰρ εἰς συνέδρια, καὶ ἐν ταῖς συναγωγαῖς αὐτῶν	C*
ἀνθρώπων· παραδώσουσιν γὰρ ὑμᾶς εἰς συνέδρια, καὶ εἰς τὰς συναγωγὰς αὐτῶν	D
ἀνθρώπων· παραδώσουσιν γὰρ ὑμᾶς εἰς συνέδρια, καὶ ἐν ταῖς συναγωγαῖς	W

μαστιγώσουσιν ὑμᾶς· **18** καὶ ἐπὶ ἡγεμόνας δὲ καὶ βασιλεῖς ἀχθήσεσθε ἕνεκεν ἐμοῦ	B **uwτ** rell
μαστιγώσουσιν ὑμᾶς· **18** καὶ ἐπὶ ἡγεμόνων σταθήσεσθαι ἕνεκεν ἐμοῦ	D
μαστιγώσουσιν ὑμᾶς· **18** καὶ ἐπὶ ἡγεμόνας καὶ βασιλεῖς ἀχθήσεσθε ἕνεκεν ἐμοῦ	F G L Δ 700

lac. 10.15-18 𝔓⁴⁵ A H Q Γ 69

A 15 πολι ℵ ¦ πολη L ¦ εκινη ℵ Θ ¦ εκηνη 28 **16** γινεσθαι C P W Θ Ω 13 2 1071 ¦ ουο (ουν) 13 ¦ φρονημοι E G L 1071 1424 ¦ ακαιρεοι ℵ ¦ ακερεοι L Θ 124 579 ¦ ακαιραιοι 33 1071 ¦ ε (αι) Θ ¦ περισταιρε C **17** προσεχεται W 2* 579 ¦ παραδωσουσι S Y U f¹ 118 f¹³ 28 157 700 788 1071 ¦ παραδωσωσιν N W ¦ συνεδρεια C ¦ υνεδρια G* ¦ τες Θ ¦ συναγωγες Θ* ¦ αυτων Θ ¦ μαστειγωσουσιν D ¦ μιστηγωσουσιν E L 2* 1071 **18** ηγεμωνας L 5791424 ¦ βασιλις ℵ ¦ αχθησεσθαι ℵ P W Δ Θ 2* 33 157

B 17 ανων ℵ C E G Y K L M N S U W Δ Θ Π Ω f¹ 118 f¹³ 124 2 33 28 157 565 579 700 788 1071 1346 1424

C 15 τελος της παρ, [παρασκευ, M] (post εκεινη) G Y M f¹³ ¦ τελ S 118 124 788 1346 ¦ τε τς δ̄ Π ¦ τελ γ̄ f¹28 **16** αρχη: εις διαφορους μ̄ρμ̄ρ E ¦ αρχ: εις μ̄ρ μ̄ρ διαφο και εις τ αγιω γεωργιου 2 ¦ αρχ: εις μ̄ρ μ̄ρ διαφο ειπ ο κ̄ς· ιδου εγω αποσ: των αγ μακκαβαι 1071 ¦ αρχη F Θ ¦ αρχ: τη β̄ της γ εβδομαδος και εις το μνημα των αγιων μακκαββαιων ειπεν ο κ̄ς τοις εαυτου μαθηταις ιδου G ¦ αρχ: τη β̄ της γ εβδ λεγεται δ εις μ̄μαιβω κ̄α τω αγιω βασικων σταντ κ, ελθ, αρχ ειπεν ο κ̄ς τοις εαυτ μαθ ιδου εγω αποστελλω υμας Y ¦ αρχ εν μ̄ρ μ̄ρ L ¦ αρχ: Μ̄θ τη β̄ τς γ εβδ κ, μημαιω κ̄β του αγιου βασιλισκου αρχ ειπεν ο κ̄ς τοις εαυτ, ιδου εγω αποστελω, M ¦ τη β̄ τς γ εβδ ειπ ο κ̄ς τ εαυτ μαθ S ¦ αρχ τς δ̄ λη: τη δ̄ τς δ̄ εβδ εις μ̄ρ ειπ ο κ̄ς τοις εαυτου μαθηταις ιδου εγω Π ¦ αρχ ειπ ο κ̄ς εις μ̄ρμ̄ρ Ω ¦ λ̄ς αρχ τη δ̄ τς γ ειπ ο κ̄ς τοις ιδου εγω αποστε f¹ ¦ λ̄ς αρχ τη γ̄ τς γ̄ εβδ ειπεν ο κ̄ς τοις εαυτου μαθ μη κτιο········ 118 ¦ ο κ̄ς τοις εαυτου μαθ ιδου εγω απο 118 ¦ αρχ εις μ̄ρμ̄ρ f¹³ ¦ αρχ τς ϛ συνοδου και εις μ̄ρμ̄ρ 124 ¦ τη δ̄ ειπεν ο κ̄ς τς εαυτου μαθητ: ιδου ε 28 ¦ αρχ τη δ̄ και εις μαρ μ̄ζ 157 ¦ αρχ: καὶ εις μ̄ρ μ̄ρ 788 ¦ αρχ λεγγ εις μαρτυρας 1346

D 16 π̄ς/ε ℵ G Y M S U Π Ω 124 28 788 1424 ¦ π̄ς C D F K L Θ f¹ f¹³ 2 157 1071 1346 ¦ π̄ς/ϛ E ¦ Ευ Μθ π̄ς : Ιω. : Λο . : Μρ ν̄θ E ¦ Μθ π̄ς : Μρ ρ̄ο : Λο . : Ιω . 124 **17** π̄ζ/ϛ ℵ S Π Ω 118 124 28 788 ¦ π̄ζ C F K Θ f¹ f¹³ 2 28² 1071 1346 ¦ π̄ζ/α E G Y N U 1424 ¦ Ευ Μθ π̄ζ : Ιω ρη : Λο ρη : Μρ ρ̄λθ E ¦ Μθ π̄ζ : Μρ ρ̄λθ : Λο . : Ιω . 124

εἰς μαρτύριον αὐτοῖς καὶ τοῖς ἔθνεσιν. **19** ὅταν δὲ παραδῶσιν   ὑμᾶς, μὴ   B ℵ E* ƒ¹ **uw**
εἰς μαρτύριον αὐτοῖς καὶ τοῖς ἔθνεσιν. **19** ὅταν δὲ παραδώσουσιν ὑμᾶς, μὴ   D G L N W 124 33 157 579 1346
εἰς μαρτύριον αὐτοῖς καὶ τοῖς ἔθνεσιν. **19** ὅταν δὲ παρα·········   ·····   P   [↑1424
εἰς μαρτύριον αὐτοῖς καὶ τοῖς ἔθνεσιν. **19** ὅταν δὲ παραδιδῶσιν   ὑμᾶς, μὴ   C 𝔐 K M U Δ Θ Π ƒ¹³ 2 28 565
                                                                              700 788 τ

                                  [↓Y N P W Δᶜ 1 1582* 118 ƒ¹³ 2 33 28 565 1346 **uw**

μεριμνήσητε   πῶς ἢ τί λαλήσητε·   δοθήσεται γὰρ ὑμῖν ἐν ἐκείνῃ τῇ ὥρᾳ   τί λαλήσητε·   B ᶜ ℵ Cᶜ F G
μεριμήσητε   πῶς ἢ τί λαλήσητε·   δοθήσεται γὰρ ὑμῖν ἐν ἐκείνῃ τῇ ὥρᾳ   τί λαλήσητε·   B*
μεριμνήσητε   πῶς ἢ τί λαλήσητε·   D L 788
μεριμνήσητε   πῶς ἢ τί λαλήσητε·   δοθήσεται γὰρ ὑμῖν ἐν ἐκείνῃ τῇ ἡμέρᾳ   τί λαλήσητε·   C* 1424
μεριμνήσητε   πῶς ἢ τί λαλήσητε·   δοθήσεται γὰρ ὑμῖν ἐν ἐκείνῃ τῇ ὥρᾳ   τί λαλήσετε·   E S U Π Ω τ
μεριμνήσητε   πῶς ἢ τί λαλήσετε·   δοθήσεται γὰρ ὑμῖν ἐν ἐκείνῃ τῇ ὥρᾳ   τί λαλήσετε·   K 1582ᶜ 700
μεριμνήσητε   πῶς ἢ τί λαλήσητε·   δοθήσεται γὰρ ὑμῖν ἐν ἐκείνῃ τῇ ὥρᾳ   τί λαλήσεται·   M
μεριμνήσητε   πῶς ἢ τί λαλήσητε· οὐ γὰρ δοθήσεται γὰρ ὑμῖν ἐν ἐκείνῃ τῇ ὥρᾳ τί λαλήσητε· Δ*
μεριμνήσετε   πῶς ἢ τί λαλήσετε·   δοθήσεται γὰρ ὑμῖν ἐν ἐκείνῃ τῇ ὥρᾳ   τί λαλήσητε·   Θ
μεριμνήσητε   πῶς ἢ τί λαλήσητε·   δοθήσεται γὰρ ἐν ἐκείνῃ τῇ ὥρᾳ ὑμῖν   τί λαλήσετε·   157*
μεριμνήσητε   πῶς ἢ τί λαλήσητε·   δοθήσεται γὰρ ἐν ἐκείνῃ τῇ ὥρᾳ ὑμῖν   τί λαλήσετε·   157ᶜ
μεριμνήσειτε πῶς ἢ τί λαλήσεται· δοθήσεται γὰρ ὑμῖν ἐν ἐκείνῃ τῇ ὥρᾳ   τί λαλήσεται·   579
μεριμνήσητε   πῶς ἢ τί εἴπειτε·   δωθήσεται γὰρ ὑμῖν ἐν ἐκείνῃ τῇ ὥρᾳ   τί λαλήσετε·   1071

                                                                         [↓**uwτ** rell
20 οὐ γὰρ ὑμεῖς ἐστε οἱ λαλοῦντες ἀλλὰ τὸ πνεῦμα τοῦ   πατρὸς ὑμῶν τὸ λαλοῦν ἐν ὑμῖν.   B
20 οὐ γὰρ ὑμεῖς ἐστε οἱ λαλοῦντες ἀλλὰ τὸ πνεῦμα τοῦ   πατρὸς   τὸ λαλοῦν ἐν ὑμῖν.   D
20 οὐ γὰρ ὑμεῖς ἐστε οἱ λαλοῦντες ἀλλὰ τὸ πνεῦμα τοῦ θεοῦ καὶ πατρὸς ὑμῶν τὸ λαλοῦν ἐν ὑμῖν.   579
20 οὐ γὰρ ὑμεῖς ἐστε οἱ λαλοῦντες ἀλλὰ τὸ πνεῦμα τοῦ   πατρὸς ὑμῶν λαλοῦν ἐν ὑμῖν.   1346

        [Cl S IV 73.4 ει δε τὸ πνεῦμα τοῦ πατρὸς ἐν ὑμῖν μαρτυρεῖ].

21 παραδώσει δὲ ἀδελφὸς ἀδελφὸν εἰς θάνατον καὶ πατὴρ τέκνον, καὶ ἐπαναστήσεται   B Δ 700 [w]
21 παραδώσει δὲ ἀδελφὸς ἀδελφὸς εἰς θάνατον καὶ πατὴρ τέκνον, καὶ ἐπαναστήσονται   ℵ*
21 παραδώσει δὲ ἀδελφὸς ἀδελφὸν εἰς θάνατον καὶ πατὴρ τέκνα, καὶ ἐπαναστήσονται   W
21 παραδώσει δὲ ἀδελφὸς ἀδελφὸν εἰς θάνατον καὶ πατὴρ τέκνον, καὶ ἐπαναστήσονται   u[w]τ rell

τέκνα ἐπὶ γονεῖς καὶ θανατώσουσιν αὐτούς. **22** καὶ ἔσεσθε μεισούμενοι ὑπὸ πάντων   B C D
τέκνα ἐπὶ γονεῖς καὶ θανατώσουσιν αὐτούς. **22** καὶ ἔσεσθε μισούμενοι ὑπὸ πάντων   **uwτ** rell

διὰ τὸ ὄνομά μου· ὁ δὲ ὑπομείνας εἰς τέλος οὗτος σωθήσεται. ξ̄ε̄ **23** ὅταν δὲ   Bᶜ **uwτ** rell
διὰ τὸ ὄνομά μου· ὁ δὲ ὑπομένας εἰς τέλος οὗτος σωθήσεται.   **23** ὅταν δὲ   B*
διὰ τὸ ὄνομά μου· ὁ δὲ ὑπομείνας εἰς τέλος   σωθήσεται.   **23** ὅταν δὲ   W

[Cl S IV 74.1; Q 32.6 ο δε (αλλ ο Q 32.6) υπομεινας εις τελος, ουτος σωθησεται].

διώκωσιν ὑμᾶς ἐν τῇ πόλει ταύτῃ, φεύγετε εἰς τὴν ἑτέραν· ᵀ B ℵ W ƒ¹ 33 1424 **uw**
διώκουσιν ὑμᾶς ἐν τῇ πόλει ταύτῃ, φεύγετε εἰς τὴν ἄλλην·   D N Δ Θ 1071
διώκουσιν ὑμᾶς ἐν τῇ πόλει ταύτῃ, φεύγετε εἰς ἑτέραν·   ƒ¹³ 788 1346
διώκωσιν ὑμᾶς ἐκ τῆς πόλεως ταύτης, φεύγετε εἰς τὴν ἄλλην· 157
διώκωσιν ὑμᾶς ἐν τῇ πόλει ταύτῃ, φεύγετε εἰς τὴν ἄλλην·   C 𝔐 K L M U Π 2 28 565 579 700 τ

---

lac. **10.18-23** 𝔓⁴⁵ A H P Q Γ 69 ¦ vs. 19 P

A 18 εθνεσι 1071 **19** μεριμνησηται W ¦ μεριμνησειτε 579 ¦ μεριμνησιτε 1424 ¦ λαλησηται W 33 ¦ λαλησειτε 2* ¦ δοθησετε 13 ¦ δοθησεται 1346 ¦ εκινη ℵ ¦ τη (τι) 579 ¦ λαλησηται W ¦ λαλησει Δ **20** υμις ℵ N 28 ¦ υυμεις G ¦ εσται M W Θ ¦ λαλουνταις L ¦ τω (το¹) 579 ¦ αλλλα C ¦ υμειν D **21** παραδωσι ℵ Θ ¦ παραδοσι 28 ¦ επαναστησοντε L N ¦ επη 28 ¦ γονις Θ ¦ γωνεις L 2 ¦ εσεσθαι D W Δ Θ 2* ¦ μησουμενοι K L 2* ¦ υπομινας ℵ N ¦ υπομηνας Θ ¦ ουτως M 13 **23** πολι ℵ D N Θ ¦ πολη L ¦ φευγεται¹ ℵ D W 579 ¦ τιν (την) E Θ

B 20 π̄ν̄ᾱ ℵ C D 𝔐 K L M N S U W Δ Θ Π Ω ƒ¹ 118 ƒ¹³ 124 2 33 28 157 565 579 700 788 1071 1346 1424 ¦ θ̄ῡ 579 ¦ π̄ρ̄ς̄ ℵ C 𝔐 K L M N S U W Θ Π Ω ƒ¹ 118 ƒ¹³ 124 2 33 28 157 565 579 700 788 1071 1346 1424 **21** π̄η̄ρ̄ ℵ C 𝔐 K L M S U W Θ Π Ω ƒ¹ 118 ƒ¹³ 124 2 33 28 157 565 579 700 788 1071 1346 1424

C 22 τελος (post σωθησ.) E F S Θ Ω ƒ¹³ 157 788 1071 ¦ τελος της β̄ G ¦ τελ της β̄ της γ̄ εβδ Y M ¦ τελ τς δ Π ƒ¹ 28 **23** αρχ: τη γ̄ της γ̄ εβδ αρχ ειπεν ο κ̄ς̄ τοις εαυτ μαθ ουδεν εστι κεκαλυμ. Υ ¦ αρχ τς ε: τη ε τς γ̄ εβδ ειπεν ο κ̄ς̄ τοις εαυτου μαθηταις οταν διωκωσιν υ Π ¦ αρχ λ̄ζ̄ τη ε τς γ̄ εβδ ειπ ο κ̄ς̄ τς εαυτου οταν διωκωσιν υμας ƒ¹ ¦ αρχ ε της ε̄ ειπεν ο κ̄ς̄ τς εαυτου μαθητ. οταν διοκου 28 ¦ αρχ εις μ̄ρ̄ 157

D 19 π̄η̄/β̄ ℵ E G Y M S U Π Ω 118 124 28 788 1424 ¦ π̄η̄ C D F K P Θ 1582 ƒ¹³ 2 28² 157 1071 1346 ¦ Ευ Μθ π̄η̄ : Ιω. : Λο ρ̄ν̄η̄ : Μρ ρ̄μ̄δ̄ E ¦ Μθ μ̄ᾱ : Λο ρ̄μ̄η̄ : Ιω ρ̄ῑη̄ M ¦ Μθ π̄η̄ : Μρ. : Λο. : Ιω. 124 **23** π̄θ̄/ῑ ℵ E G S Y U Ω 118 124 28 788 1424 ¦ π̄θ̄ C D F K L Θ Π ƒ¹ ƒ¹³ 2 28² 157 1071 1346 ¦ π̄θ̄/β̄ M ¦ Ευ Μθ π̄θ̄ : Ιω. : Λο. : Μρ. E ¦ Μθ π̄θ̄ : Λο ν̄η̄ : Ιω ρ̄λ̄θ̄ M ¦ Μθ π̄θ̄ : Μρ ρ̄μ̄ᾱ : Λο ρ̄μ̄η̄ : Ιω ρ̄ῑη̄ 124

ᵀἐὰν δὲ ἐν τῇ ἄλλῃ   διώκουσιν   ὑμᾶς φεύγετε εἰς τὴν ἄλλην   D
ᵀκἂν   ἐκ ταύτης ἐκδιώξουσιν   ὑμᾶς φεύγετε εἰς τὴν ἑτέραν   L
ᵀκἂν   ἐκ ταύτης   διώκωσιν   ὑμᾶς φεύγετε εἰς τὴν ἑτέραν   Θ
ᵀκἂν   ἐκ ταύτης   διώκωσιν   ὑμᾶς φεύγετε εἰς τὴν ἄλλην   f¹ f¹³ 565 788
ᵀκἂν   ἐκ ταύτης   διώκουσιν   ὑμᾶς φεύγετε εἰς τὴν ἄλλην   1346

ἀμὴν γὰρ λέγω ὑμῖν,   οὐ μὴ τελέσητε   τὰς πόλεις   Ἰσραὴλ ἕως   ἔλθῃ   B [w]
ἀμὴν γὰρ λέγω ὑμῖν,   οὐ μὴ τελέσητε   τὰς πόλεις τοῦ Ἰσραὴλ ἕως   ἔλθῃ   ℵ* [w]
ἀμὴν γὰρ λέγω ὑμῖν,   οὐ μὴ τελέσητε   τὰς πόλεις τοῦ Ἰσραὴλ ἕως οὗ ἔλθῃ   ℵᶜ
ἀμὴν λέγω ὑμῖν, ὅτι οὐ μὴ τελέσητε   τὰς πόλεις τοῦ Ἰσραὴλ ἕως ἂν ἔλθῃ   C*
ἀμὴν λέγω ὑμῖν,   οὐ μὴ τελέσητε   τὰς πόλεις   Ἰσραὴλ ἕως ἂν ἔλθῃ   D
ἀμὴν λέγω ὑμῖν,   οὐ μὴ τελέσητε   τὰς πόλεις τοῦ Ἰσραὴλ ἕως ἂν ἔλθῃ   M 28 157 565 700
ἀμὴν γὰρ λέγω ὑμῖν,   οὐ μὴ τελέσεται τὰς πόλεις τοῦ Ἰσραὴλ ἕως ἂν ἔλθῃ   579
ἀμὴν γὰρ λέγω ὑμῖν,   οὐ μὴ τελέσητε   τὰς πόλεις τοῦ Ἰσραὴλ ἕως ἂν ἔλθῃ   uτ rell

ὁ υἱὸς τοῦ ἀνθρώπου.

[Cl S IV 76.1 επαν δ εμπαλιν ειπη, οταν διωκωσιν υμας εν τη πολει φευγετε εις την αλλην.

The Disciple Is To Be Like The Teacher
(Luke 6.40)

24 Οὐκ ἔστιν μαθητὴς ὑπὲρ τὸν διδάσκαλον   οὐδὲ δοῦλος ὑπὲρ τὸν κύριον   B uwτ rell
24 Οὐκ ἔστιν μαθητὴς ὑπὲρ τὸν διδάσκαλον   W
24 Οὐκ ἔστιν μαθητὴς ὑπὲρ τὸν διδάσκαλον αὐτοῦ οὐδὲ δοῦλος ὑπὲρ τὸν κύριον   ℵ F M W f¹³ 1424
24 Οὐκ ἔστιν μαθητὴς ὑπὲρ τὸν διδάσκαλον αὐτοῦ οὐδὲ δοῦλος ὑπὲρ τοῦ κυρίου   1346

αὐτοῦ. 25 ἀρκετὸν τῷ μαθητῇ ἵνα γένηται ὡς ὁ διδάσκαλος αὐτοῦ, καὶ ὁ δοῦλος   B uwτ rell
αὐτοῦ. 25 ἀρκετὸν τῷ μαθητῇ ἵνα τένηται ὡς ὁ διδάσκαλος αὐτοῦ, καὶ ὁ δοῦλος   D
αὐτοῦ. 25 ἀρκετὸν τῷ μαθητῇ ἵνα γένηται ὡς ὁ διδάσκαλος αὐτοῦ, καὶ τῷ δούλῳ   L Θ 1424
αὐτοῦ. 25 ἀρκετὸν τῷ μαθητῇ ἵνα γένηται ὡς ὁ διδάσκαλος αὐτοῦ, καὶ ὁ δοῦλος αὐτοῦ   Δ*
αὐτοῦ. 25 ἀρκετὸν τῷ μαθητῇ ἵνα γένηται ὡς ὁ διδάσκαλος,   καὶ ὁ δοῦλος   700
αὐτοῦ. 25   788

ὡς ὁ κύριος αὐτοῦ. εἰ τῷ οἰκοδεσπότῃ Βεεζεβοὺλ   ἐπεκάλεσαν,   B* [w]
ὡς ὁ κύριος αὐτοῦ. εἰ τὸν οἰκοδεσπότην Βεεζεβοὺλ   ἐπεκάλεσαν,   Bᶜ ℵᶜ [w]
ὡς ὁ κύριος αὐτοῦ. εἰ τὸν οἰκοδεσπότην Βεεζεβοὺλ   ἐπεκαλέσαντο,   ℵ*
ὡς ὁ κύριος αὐτοῦ. εἰ τὸν οἰκοδεσπότην Βελζεβοὺλ   κάλουσιν,   D
ὡς ὁ κύριος αὐτοῦ. εἰ τὸν   δεσπότην Βελζεβοὺλ   ἐπεκάλεσαν,   K*
ὡς ὁ κύριος αὐτοῦ. εἰ τὸν οἰκοδεσπότην Βελζεβοὺλ   ἐκαλεσάντω,   L
ὡς ὁ κύριος αὐτοῦ. εἰ τὸν οἰκοδεσπότην Βεελζεβοὺλ ἐπεκαλέσαντο,   N
ὡς ὁ κύριος αὐτοῦ. εἰ τὸν οἰκοδεσπότην Βεελζεβοὺλ ἀπεκάλεσαν,   Y U 157*
ὡς ὁ κύριος αὐτοῦ. εἰ τὸν οἰκοδεσπότην Βεελζεβοὺλ   ἐκάλεσαν,   Θ f¹ 124 2 700 1424 τ
                   εἰ τὸν οἰκοδεσπότην Βεελζεβοὺλ   ἐπεκάλεσαν,   788   [↓565 579 1071 1346 u
ὡς ὁ κύριος αὐτοῦ. εἰ τὸν οἰκοδεσπότην Βεελζεβοὺλ   ἐπεκάλεσαν,   C 𝔐 Kᶜ M W Δ Π f¹³ 33 28 157ᶜ

πόσῳ μᾶλλον τοῖς οἰκιακοῖς   αὐτοῦ.   B* [w]
πόσῳ μᾶλλον τοὺς οἰκειακοὺς αὐτοῦ.   C D Y M U W f¹ 157
πόσῳ μᾶλλον τοὺς οἰκιακοὺς   αὐτοῦ.   Bᶜ ℵ 𝔐 K L N Δ Θ Π f¹³ 2 33 28 565 579 700 788 1071 1346 1424 u[w]τ

[Cl S II 77.4 ουδεις γαρ μαθητης υπερ τον διδασκαλον. αρκετον δε εαν γενωμεθα ως ο διδασκαλος]
[Cl S VI 114.5 αλλ αρκετον γαρ τω μαθητη γενεσθαι ως ο διδασκαλος λεγει ο διδασκαλος].

lac. 10.23-25 𝔓⁴⁵ A H P Q Γ 69

A 23 φευετε² 124 | υμειν D ¦ υμην 1071 | τελεσειτε L ¦ τελεσηται W Δ Θ 1424 | πολις ℵ Θ ¦ πολης 2 24 εστι K Y U Π f¹ 118 157 565 700 1071 ¦ εστην 579 | των (τον¹) 13 | των (τον²) 2* 25 αρκετων, γενητε L | ος (ως¹) K | πωσο L | οικειακους 1071 |

B 23 ιηλ ℵ C 𝔐 K L M N S U Θ Π Ω f¹ 118 f¹³ 124 2 33 28 157 565 579 700 788 1071 1346 1424 ¦ ισλ Δ | υς ℵ C 𝔐 K L M N U Δ Π Ω 2 33 28 565 1424 | ανου ℵ E F Y K L M N C S U W Θ Π Ω f¹ 118 f¹³ 124 2 33 28 157 565 579 700 788 1071 1346 1424 24 κν B ℵ D K L M N U W Θ 28 1071 25 κς ℵ C D K L M N U Θ Ω f¹³ 124 2 157 579 1071 1346

D 24 ο̅/ι̅ ℵ S 28 ¦ ο̅ C D F K L Θ f¹ f¹³ 2 28² 157 1071 1346 ¦ ο̅/δ̅ E ¦ ο̅/γ̅ G Y M N U Π Ω 118 124 788 1424 | Ευ Μθ ο̅ : Ιω ριη : Λο νη : Μρ . Ε | Μθ ο̅ : Λο σ̅ν̅α̅ M | Μθ ο̅ : Μρ . : Λο σ̅ν̅α̅ : Ιω ρ̅λ̅θ̅ 124 25 (ante ει τον οικοδ.) ο̅α/ι̅ ℵ G Y M N S U 118 124 28 788 1424 ¦ ο̅α̅ C D F K L Θ f¹ f¹³ 2 28² 157 1071 1346 ¦ ο̅α/β̅ E ‖ Ευ Μθ ο̅α̅ : Ιω . : Λο ρ̅κ̅ζ̅ : Μρ λ̅β̅ E | Μθ ο̅α̅ M | Μθ ο̅α̅ : Μρ . : Λο . : Ιω . 124

Admonitions Against Fear
(Mark 4.22; Luke 8.17; 12.1-7)

26 Μὴ οὖν φοβηθῆτε αὐτούς· οὐδὲν γάρ ἐστιν   κεκαλυμμένον ὃ οὐκ ἀποκαλυφθήσεται,   B uwτ rell
26 Μὴ οὖν φοβηθῆτε αὐτούς· οὐδὲν γάρ ἐστιν   κεκαλυμμένον ὃ οὐκ <u>ἀποκαλυψθήσεται</u>,   Δ
26 Μὴ οὖν φοβηθῆτε αὐτούς· <u>οὐδὲ</u> γάρ ἐστιν <u>συγκεκαλυμμένον</u> ὃ οὐκ ἀποκαλυφθήσεται,   f¹³
26 Μὴ οὖν φοβηθῆτε αὐτούς· οὐδὲν γάρ ἐστιν   κεκρυμμένον ὃ οὐκ ἀποκαλυφθήσεται,   700
26 Μὴ οὖν φοβηθῆτε αὐτούς· οὐδὲν γὰρ <u>συγκεκαλυμμένον</u> ἐστιν ὃ οὐκ ἀποκαλυφθήσεται,   1071 [↓1346
26 Μὴ οὖν φοβηθῆτε αὐτούς· οὐδὲν γάρ ἐστιν <u>συγκεκαλυμμένον</u> ὃ οὐκ ἀποκαλυφθήσεται,   28 124 788

[Cl S I 13.3 καν τις λεγη γεγραφθαι, <u>ουδεν κρυπτον ο ου</u> φανερωθησεται, <u>ουδε κεκαλυμμενον ο ουκ</u> αποκαλυφθησεται).

καὶ κρυπτὸν ὃ οὐ   γνωσθήσεται. 27 ὃ λέγω ὑμῖν ἐν τῇ σκοτίᾳ, εἴπατε ἐν τῷ φωτί·   B uwτ rell
καὶ κρυπτὸν ὃ <u>οὐκ</u> <u>ἀποκαλυφθήσεται</u>. 27 ὃ λέγω ὑμῖν ἐν τῇ σκοτίᾳ, εἴπατε ἐν τῷ φωτί·   E
                                        27 ὃ λέγω ὑμῖν ἐν τῇ σκοτίᾳ, εἴπατε ἐν τῷ φωτί·   1071*

καὶ ὃ εἰς   τὸ οὖς ἀκούετε   κηρύξατε   ἐπὶ τῶν δωμάτων.   28 καὶ μὴ   B uwτ rell
καὶ ὃ εἰς   τὸ οὖς ἀκούετε   <u>κηρύσσεται</u>   ἐπὶ τῶν δωμάτων.   28 καὶ μὴ   D Θ
καὶ ὃ εἰς   τὸ οὖς ἀκούετε   <u>κηρυχθήσετε</u>   ἐπὶ τῶν δωμάτων.   28 καὶ μὴ   L
καὶ ὃ <u>πρὸς</u> τὸ οὖς ἀκούετε   κηρύξατε   ἐπὶ τῶν δωμάτων.   28 καὶ μὴ   M 700
καὶ ὃ εἰς   τὸ οὖς <u>ἠκούσατε</u>   κηρύξατε   ἐπὶ τῶν δωμάτων <u>ὑμῶν</u>.   28 καὶ μὴ   1 1582* 118
καὶ ὃ εἰς   τὸ οὖς <u>ἠκούσατε</u>   κηρύξατε   ἐπὶ τῶν δωμάτων.   28 καὶ μὴ   1582ᶜ 157 1424
καὶ <u>οἳ</u> εἰς τὸ οὖς ἀκούετε   κηρύξατε   ἐπὶ τῶν δωμάτων.   28 καὶ μὴ   124
καὶ ὃ <u>πρὸς</u> τὸ οὖς <u>ἠκούσατε</u>   κηρύξατε   ἐπὶ τῶν δωμάτων.   28 καὶ μὴ   28

[Cl S I 56.2 αλλ <u>ο ακουετε εις το ους</u>, φησιν ο κυριος, <u>κηρυξατε επι των δωματων</u>]
[Cl S VI 124.5 <u>ο δε ακουετε εις το ους</u> . . . <u>επι των δωματων</u>, φησι, <u>κηρυξατε</u>]

φοβηθῆτε ἀπὸ τῶν ἀποκτεινόντων   τὸ σῶμα, τὴν δὲ ψυχὴν μὴ δυναμένων   B wτ
<u>φοβεῖσθε</u> ἀπὸ τῶν <u>ἀποκτεννόντων</u>   τὸ σῶμα, τὴν δὲ ψυχὴν μὴ δυναμένων   ℵ C U Δ 700* u
φοβηθῆτε ἀπὸ τῶν <u>ἀποκτεννόντων</u>   τὸ σῶμα, τὴν δὲ ψυχὴν μὴ δυναμένων   D W Θ 1 1582* 33
<u>φοβεῖσθε</u> ἀπὸ ....   F
φοβηθῆτε ἀπὸ τῶν <u>ἀποκτενόντων</u>   τὸ σῶμα, τὴν δὲ ψυχὴν μὴ δυναμένων   Y N S Ω 1582ᶜ 118 28 1424
<u>φοβεῖσθε</u> ἀπὸ τῶν <u>ἀποκτενόντων</u>   τὸ σῶμα, τὴν δὲ ψυχὴν μὴ δυναμένων   𝔐 K L M Π f¹³ 2 157 565 579
                                                                            700ᶜ 788 1071 1346

ἀποκτεῖναι·   φοβεῖσθε δὲ μᾶλλον τὸν δυνάμενον καὶ   ψυχὴν καὶ   σῶμα   B C uw
ἀποκτεῖναι·   φοβεῖσθε δὲ μᾶλλον τὸν δυνάμενον καὶ   ψυχὴν καὶ <u>τὸ</u> σῶμα   ℵ*
ἀποκτεῖναι·   φοβεῖσθε δὲ μᾶλλον τὸν δυνάμενον καὶ <u>τὴν</u> ψυχὴν καὶ <u>τὸ</u> σῶμα   ℵᶜ W
<u>σφάξαι</u>·   <u>φοβηθῆτε</u> δὲ μᾶλλον τὸν δυνάμενον καὶ   ψυχὴν καὶ   σῶμα   D*
ἀποκτεῖναι·   <u>φοβηθῆτε</u> δὲ μᾶλλον τὸν δυνάμενον καὶ   ψυχὴν καὶ   σῶμα   Dᶜ Y Π Ω 118 565
....   F   [↑1071 τ
ἀποκτεῖναι·   <u>φοβηθῆτε</u>   μᾶλλον τὸν δυνάμενον καὶ   ψυχὴν καὶ   σῶμα   L f¹ 157
ἀποκτεῖναι·   <u>φοβηθῆτε</u> δὲ μᾶλλον τὸν δυνάμενον καὶ   ψυχὴν ....   N
ἀποκτεῖναι·   <u>φοβηθῆτε</u> δὲ μᾶλλον τὸν δυνάμενον   <u>τὴν</u> ψυχὴν καὶ <u>τὸ</u> σῶμα   Θ 1346
ἀποκτεῖναι·   <u>φοβηθῆτε</u> δὲ μᾶλλον τὸν δυνάμενον   <u>τὴν</u> ψυχὴν καὶ <u>τῷ</u> σῶμα   f¹³ 788
ἀποκτεῖναι·   <u>φοβηθῆτε</u> δὲ μᾶλλ·····   ·····ον καὶ   ψυχὴν καὶ <u>τὸ</u> σῶμα   33
<u>ἀποκτείναντα</u>·   <u>φοβηθῆτε</u> δὲ μᾶλλον τὸν δυνάμενον <u>τὴν δὲ</u> ψυχὴν καὶ <u>τὸ</u> σῶμα   579
ἀποκτεῖναι·   <u>φοβηθῆτε</u> δὲ μᾶλλον τὸν δυνάμενον   <u>τὴν</u> ψυχὴν καὶ <u>τὸ</u> σῶμα   700
ἀποκτεῖναι·   <u>φοβηθῆτε</u> δὲ   τὸν δυνάμενον καὶ   ψυχὴν καὶ   σῶμα   1424
ἀποκτεῖναι·   <u>φοβηθῆτε</u> δὲ μᾶλλον τὸν δυνάμενον καὶ <u>τὴν</u> ψυχὴν καὶ <u>τὸ</u> σῶμα   𝔐 K M U Δ 2 28

lac. 10.26-28 𝔓⁴⁵ A H P Q Γ 69 ¦ vss. 27-28 F ¦ vs. 28 N

A 26 φοβηθηται K W Θ 579 ¦ φοβηθειτε 2 ¦ εστι Y K M S U Π f¹ 118 157 700 ¦ καικαλυμμενον M ¦ αποκαλυφθησετε ℵ ¦ γνωσθησετε ℵ 27 υμειν D ¦ σκοτηα L ¦ σκοτεια W 2 1071 1424 ¦ ειπατ Δ ¦ φαιντει E* ¦ φωτει Eᶜ ¦ ακουεται L W Θ 2 ¦ καιρυξητε E* ¦ κηρυξαται W ¦ δοματων Y L U 2 33 28 28 φοβισθε¹ ℵ ¦ φοβεισθαι C 13 1346 ¦ φοβησθε F K 1071 ¦ φοβηθηται W Θ ¦ φωβεισθε 2 ¦ φοβηθσε 579 ¦ αποκτιναι ℵ Dᶜ N W Θ ¦ τω (το¹) Ω 579 ¦ φοβισθε² ℵ ¦ φοβεισθαι C W ¦ φοβιθητε L ¦ των (τον) L 157 ¦ δυναμενων 579 ¦ τω (το²) 13 124 579 788

C 26 (post αυτους) τελ S ¦ τη ͞γ της ͞γ εβδομαδος ειπεν ο ͞κς ουδεν γαρ εστιν κεκαλυ, G ¦ αρχ (ante ουδεν) Y L Θ f¹³ 124 1346 ¦ αρχ (ante ουδεν): Μθ τη ͞γ τς ͞γ εβδ ειπεν ο ͞κς τοις εαυτ μαθ ουδεν εστιν κεκαλυμ, M ¦ τη ͞γ τς ͞γ εβδ ειπ ο ͞κς τ εαυτ μαθ S ¦ ¦ εις μρμ ειπ ο ͞κς ουδεν συγ Ω

D 26 ͞ρ͞β D K Θ f¹ f¹³ 28² 157 ¦ (ante ουδεν) ͞ρ͞β/β ℵ E G Y M N U Π 124 788 1424 ¦ ͞ρ͞β C F L 2 1071 1346 ¦ Ευ Μθ ͞ρ͞β : Ιω .¦ Λο ͞π .: Μρ ͞μ E ¦ Μθ ͞ρ͞β : Μρ ͞μ : Λο ͞ν͞η : Ιω ͞ρ͞λ͞θ 124 27 ͞ρ͞γ/ε ℵ G Y N U Π 124 788 ¦ ͞ρ͞γ C D K Θ f¹ f¹³ 157 ¦ ͞ρ͞γ/β E M 1424 ¦ ͞ρ͞β/β S 118 ¦ Ευ Μθ ͞ρ͞γ : Ιω . : Λο ͞π: Μρ ͞μ E ¦ Μθ ͞ρ͞γ : Μρ . : Λο ͞ρ͞μ͞ε : Ιω . 124 ¦ ͞ρ͞β/͞β͞Ω 28 28 ͞ρ͞γ L

ἀπολέσαι ἐν γεέννῃ.   **29** οὐχὶ δύο στρουθία   ἀσσαρίου πωλεῖται;   καὶ ἓν   B **uwτ** rell
ἀπολέσαι εἰς γέενναν.   **29** οὐχὶ δύο στρουθία τοῦ ἀσσαρίου πωλοῦνται;   καὶ ἓν   D*
ἀπολέσαι εἰς γέενναν.   **29** οὐχὶ δύο στρουθία   ἀσσαρίου πωλοῦνται;   καὶ ἓν   Dᶜ
....   **29** οὐχὶ δύο στρουθία   ἀσσαρίου πωλεῖται;   καὶ ἓν   F
ἀπολέσαι ἐν γε........ **29** οὐχὶ δύο στρουθία   ....   καὶ ἓν   33

[Cl Exc 14.3 φοβηθητε γουν λεγει τον μετα θανατον δυναμενον και ψυχην και σωμα εις γεενναν βαλειν]
[Cl Exc 51.3 περι τουτων των δυειν και ο σωτηρ λεγει, φοβεισθαι δειν τον δυναμενον ταυτην την ψυχην και τουτο το σωμα το ψυχικον εν γεεννη απολεσαι]

ἐξ αὐτῶν   οὐ πεσεῖται ἐπὶ   τὴν γῆν ἄνευ τοῦ πατρὸς ὑμ̂. B **uwτ** rell
ἐξ αὐτῶν   οὐ πεσεῖται   ἄνευ τοῦ πατρὸς ὑμῶν. L
ἐξ αὐτῶν   οὐ πεσεῖται ἐπὶ   τὴν γῆν ἄνευ τοῦ πατρὸς ἡμῶν. U
ἐξ αὐτῶν   οὐ πεσεῖται ἐπὶ   τὴν γῆν ἄνευ τοῦ τοῦ πατρὸς ὑμῶν. 118
ἐξ αὐτῶν   οὐ πεσεῖται ἐπὶ   τὴν ......υ τοῦ πατρὸς ὑμῶν. 33
ἐξ αὐτῶν   οὐ πεσεῖται ἐπὶ ἐπὶ τὴν γῆν ἄνευ τοῦ πατρὸς ὑμῶν. 157*
ἐξ αὐτῶν οὐκ ἐστι ἐπιλελισμένον οὐδὲ πεσεῖται ἐπὶ τὴν γῆν ἄνευ τοῦ πατρὸς ὑμῶν. 1071
ἐξ αὐτῶν   οὐ πεσεῖται ἐπὶ   τῆς γῆς ἄνευ τοῦ πατρὸς ὑμῶν. 1424

30 ὑμῶν δὲ καὶ αἱ τρίχες τῆς κεφαλῆς   πᾶσαι ἠριθμημέναι εἰσίν. B **uwτ** rell
30 ἀλλὰ καὶ αἱ τρίχες τῆς κεφαλῆς ὑμῶν πᾶσαι ἠριθμημέναι εἰσίν. D
30 ὑμῶν δὲ καὶ αἱ τρίχες τῆς κεφαλῆς   πᾶσαι .... F
30 ὑμῶν δὲ καὶ αἱ τρίχες τῆς κεφαλῆς ὑμῶν πᾶσαι ἠριθμημέναι εἰσίν. L
30 .... τῆς κεφαλῆς   πᾶσαι ἠριθμημέναι εἰ... 33
30 ὑμῶν δὲ καὶ αἱ τρίχες τῆς κεφαλῆς   πᾶσαι ἠρίθμηνται. 28 1424

[Cl S VI 153.2 αλλ αι μεν τριχες ηριθμηνται] [Cl Pd III 19.4 αλλα και αι τριχες της κεφαλης υμων πασαι ηριθμημεναι).

31 Μὴ οὖν φοβεῖσθε·   πολλῶν   στρουθίων διαφέρετε ὑμεῖς. B ℵ D L ƒ¹ 157 **uw**
31 .... F
31 Μὴ οὖν φοβηθῆτε αὐτούς· πολλῶν   στρουθίων διαφέρετε ὑμεῖς. M ƒ¹³ 1346
31 Μὴ οὖν φοβεῖσθε αὐτούς· πολλῶν   στρουθίων διαφέρετε ὑμεῖς. W
31 ...... φο.....   .... τε ὑμεῖς. 33
31 Μὴ οὖν φοβηθῆτε αὐτούς· πολλῶν γὰρ στρουθίων διαφέρετε ὑμεῖς. 1424   [↓700 788 1071 τ
31 Μὴ οὖν φοβηθῆτε·   πολλῶν   στρουθίων διαφέρετε ὑμεῖς. C 𝔐 K M U Θ Π 124 2 28 565 579

Publicly Acknowledging Or Denying Jesus
(Luke 12.8-10)

ξϛ **32** Πᾶς οὖν ὅστις ὁμολογήσει ἐν ἐμοὶ ἔμπροσθεν τῶν ἀνθρώπων, ὁμολογήσω B **uwτ** rell
32 Πᾶς οὖν ὅστις ὁμολογήσει ἐν   ἔμπροσθεν τῶν ἀνθρώπων, ὁμολογήσω E*
32 .... F
32 Πᾶς   ὅστις ὁμολογήσει ἐν ἐμοὶ ἔμπροσθεν τῶν ἀνθρώπων, ὁμολογήσω 124 788
32 Πᾶς οὖν ὅστις ὁμολογήσει 33

lac. **10.28-32** 𝔓⁴⁵ A H N P Q Γ 69 ¦ vss. 30-32 F

A 28 απολεσε ℵ L Θ 579 ¦ γεενη 2 **29** στρουθα L Θ ¦ στρουθεια 2* ¦ ασαριου L ¦ πωλειτε ℵ K L Θ 579 ¦ πολειται Y* Δ Ω 13 2 ¦ πεσιται ℵ ¦ πεσειτε Δ **30** ε (αι) L Θ ¦ τριχαις F ¦ τριχε L ¦ πασε Θ* ¦ ηριθμημενε ℵ ¦ ηρηθμημεναι L ¦ ηριθμιμεναι 579 ¦ εισι Y 118 157 700 1071 **31** μι (μη) 2 ¦ φοβισθε ℵ ¦ φοβεισθαι D L W ¦ φοβηθηται 2 579 ¦ πωλλων E ¦ πολλω 1582 ¦ στρουθειων D 2 ¦ στρουθηων L ¦ διαφερεται ℵ U W Δ 13 2 33 ¦ υμις ℵ **32** οστεις D 579 ¦ ομολογησι ℵ ¦ ομολογηση E U Ω 1582* 28 ¦ ενπροσθεν¹·² D ¦ ενπροσθεν¹ Δ

B 29 π̅ρ̅ς̅ ℵ C 𝔐 K L M S Δ Θ Π Ω ƒ¹ 118 ƒ¹³ 124 2 33 28 157 565 579 700 788 1071 1346 1424 ¦ προς W **32** αν̅ω̅ν̅ ℵ C 𝔐 K L M S U W Δ Θ Π Ω ƒ¹ 118 ƒ¹³ 124 2 28 157 565 579 700 788 1071 1346 1424

C 31 τελος της γ̅ (post υμεις) G ¦ τελ Y ƒ¹³ 124 157 788 ¦ τ L ¦ τε ς ·· Π ¦ τελ τς ε̅ ƒ¹ 28 **32** αρχη: κυριακη τω αγιω παντω ειπεν ο κ̅ς̅ τοις εαυτου μαθηταις· Y ¦ αρχ L 1424 ¦ αρχ: κ,υ α̅ τω αγιω παντ αρχ ειπεν ο κ̅ς̅ τοις εαυτ μαθ πας οστις ομολογησει Y ¦ αρχ L 1424 ¦ αρχ: Μθ κ,υ α̅ των αγ, παντω αρχ ειπεν ο κ̅ς̅ τοις εαυτου μαθ, πας οστις ομολογησει εν εμοι M ¦ κυ τ̄ αγ̅ι̅ παντ ειπ ο κ̅ς̅ τ εαυτ μαθ S ¦ αρχ λ̅η̅ κ, τ̄ αγ̅ι̅ παντ, κ̄ πταη τς γ̅ εβδ ειπ ο κ̅ς̅ πας οστις ƒ¹ ¦ αρχ κ,υ α̅ των αγιων παντων. ειπεν ο κ̅ς̅ τοις εαυτου μαθηταις πας οστις 118 ¦ κ,υ α̅ των αγιων παντ ƒ¹³ ¦ αρχ: κ,υ α̅ των αγιων παντων 124 788 ¦ τω αγιω παντ κ,υ μετ τ ν ειπ ο κ̅ς̅ τοις εαυτ μαθητ 2 ¦ αρχ ϛ 28 ¦ αρχ κυριακη α̅ τ̄ αγ̅ παντων 157 1071 ¦ της ϛ ειπεν ο κ̅ς̅ τς εαυτου μαθητ. πας 28

D 29 ο̅γ̅/ε S Ω 118 28 **32** ο̅δ̅/β U Ω 118 28 ¦ ο̅δ̅ ƒ¹ ¦ ο̅γ̅ 2 1346 **33** ο̅δ̅/β̅ ℵ 𝔐 M S Π 1424 ¦ ο̅δ̅ C D K L Θ 2 1071 1346 ¦ ο̅δ̅/ε̅ 124 788 ¦ Ευ Μθ ο̅δ̅ : Ιω . : Λο ο̅ζ̅ : Μρ π̅ς̅ E ¦ Μθ ο̅δ̅ : Μρ μ̅ς̅ : Λο ο̅ζ̅ : Ιω ρ̅θ̅ 124

κἀγὼ ἐν	αὐτῷ	ἔμπροσθεν τοῦ πατρός μου τοῦ ἐν τοῖς	οὐρανοῖς·	B C K Ω f¹³ 565 788 1346 [u]w
⋯⋯⋯ ⋯	⋯⋯⋯	⋯⋯⋯σθεν τοῦ⋯⋯⋯ ⋯⋯ τοῦ ἐ·	οὐρανοῖς·	𝔓¹⁹
κἀγὼ	αὐτὸν	ἔμπροσθεν τοῦ πατρός μου τοῦ ἐν	οὐρανοῖς·	D
⋯⋯⋯	⋯⋯⋯ πατρός μου τοῦ ἐν	οὐρανοῖς·	F
κἀγὼ	αὐτῷ	ἔμπροσθεν τοῦ πατρός μου τοῦ ἐν	οὐρανοῖς·	G
αὐτὸν	κἀγὼ	ἔμπροσθεν τοῦ πατρός μου τοῦ ἐν	οὐρανοῖς·	L
⋯⋯⋯ ἐν	αὐτῷ	ἔμπροσθεν τοῦ πατρός μου τοῦ ⋯⋯	⋯⋯⋯⋯	33	[↓700 1071 1424 [u]τ
κἀγὼ ἐν	αὐτῷ	ἔμπροσθεν τοῦ πατρός μου τοῦ ἐν	οὐρανοῖς·	ℵ 𝔐 M U W Δ Θ Π f¹ 2 28ˢᵘᵖ 157 579

[Cl S IV 70.3 πας ουν οστις εαν ομολογηση εν εμοι εμπροσθεν των ανθρωπων, ομολογησω καγω εν αυτω
εμπροσθεν του πατρος μου του εν ουρανοις].

33	ὅστις δὲ	ἀρνήσηταί με	ἔμπροσθεν τῶν ἀνθρώπων,	ἀρνήσομαι	B 1424 [w]
33	ὅσ⋯⋯	⋯⋯σητέ με	ἔμπροσθεν τῶ·⋯⋯⋯,	⋯⋯⋯⋯	𝔓¹⁹
33	ὅστις δ̅	ἀπαρνήσηταί με	ἔμπροσθεν τῶν ἀνθρώπων,	ἀρνήσομαι	C
33	ὅστις δὲ	ἀρνήσεται με	ἔμπροσθεν τῶν ἀνθρώπων,	ἀρνήσομαι	L
33	ὅστις δ̅ ἂν	ἀρνήσηταί με	ἔμπροσθεν τῶν ἀνθρώπων,	ἀρνήσομαι	U
33	καὶ ὅστις	ἀρνήσηταί με	ἔμπροσθεν τῶν ἀνθρώπων,	ἀρνήσομαι	W
33	om.				Δ* 157
33	ὅστις δ̅ ἂν	ἀπαρνήσηταί με	ἔμπροσθεν τῶν ἀνθρώπων,	ἀρνήσομαι	Θ f¹³ 565 788 1346
33	ὅστις δ̅ ἂν	ἀρνήσηταί με	ἔμπροσθεν τῶν ἀνθρώπων,	ἀρνήσωμαι	Ω 2*
33	ὅστις δ̅ ἂν	ἀπαρνήσηταί με	ἔμπροσθεν τῶν ἀνθρώπων,	ἀπαρνήσομαι	f¹
33	⋯⋯⋯ ⋯⋯⋯	⋯⋯ροσθεν τῶν ἀνθρώπων,	ἀρνήσομαι	33
33	ὅστις δ̅ ἂν	ἀρνήσεται με	ἔμπροσθεν τῶν ἀνθρώπων,	ἀρνήσομαι	28ˢᵘᵖ
33	ὅστις δ̅ ἂν	ἀρνήσηταί μοι	ἔμπροσθεν τῶν ἀνθρώπων,	ἀρνήσωμαι	1071	[↓u[w]τ
33	ὅστις δ̅ ἂν	ἀρνήσηταί με	ἔμπροσθεν τῶν ἀνθρώπων,	ἀρνήσομαι	ℵ D 𝔐 K M Δᶜ Π 2ᶜ 579 700

κἀγὼ αὐτὸν ἔμπροσθεν τοῦ πατρός μου τοῦ ἐν τοῖς οὐρανοῖς.	B [u]w
⋯⋯⋯ αὐτὸν ἔμ⋯⋯⋯ ⋯⋯ πατρός μου τοῦ ἐν οὐρα⋯⋯.	𝔓¹⁹
κἀγὼ αὐτὸν ἔμπροσθεν τοῦ πατρός μου τοῦ ἐν οὐρανοῖς.	ℵ D W Θ f¹ [u]
αὐτὸν κἀγὼ ἔμπροσθεν τοῦ πατρός μου ⋯⋯ ⋯⋯⋯⋯	F
κἀγὼ αὐτὸν ἔμπροσθεν τοῦ πατρός μου τοῦ ἐν οὐρανούς.	Δᶜ
αὐτὸν κἀγὼ ἔμπροσθεν τοῦ πατρός μου τοῦ ἐν τοῖς οὐρανοῖς.	Ω 124 788 1424
κἀγὼ αὐτὸν ⋯⋯⋯ ⋯⋯⋯ ⋯⋯⋯ ⋯⋯⋯ ⋯⋯	33
om.	Δ* 157	[↓1346 τ
αὐτὸν κἀγὼ ἔμπροσθεν τοῦ πατρός μου τοῦ ἐν οὐρανοῖς.	C 𝔐 K L M U Π f¹³ 2 28ˢᵘᵖ 565 579 700 1071

The Message Causes Divisions And A Cross For The Follower
(Luke 12.51-53)

ξξ̅	34	Μὴ	νομίσητε ὅτι ἦλθον βαλεῖν	εἰρήνην ἐπὶ τὴν γῆν·	οὐκ ἦλθον	B 124 uwτ rell
	34	⋯⋯⋯ οὖν	νομίσητε ὅτι ἦλ⋯⋯⋯ ⋯⋯⋯⋯	εἰρήνην ἐπὶ τὴν γῆν· ⋯⋯⋯	⋯⋯⋯	𝔓¹⁹
	34	Μὴ	νομίσητε ὅτι ἦλθον εἰρήνην	βαλεῖν ἐπὶ τὴν γῆν·	οὐκ ἦλθον	ℵ
	34	⋯⋯⋯	⋯⋯⋯⋯ ⋯⋯⋯⋯ ⋯⋯⋯⋯	⋯⋯⋯⋯ ⋯⋯⋯	⋯⋯⋯	F
	34	Μὴ	νομίσητε ὅτι ἦλθον βαλλεῖν	εἰρήνην ἐπὶ τὴν γῆν·	οὐκ ἦλθον	K
	34	Μὴ	νομίσητε ὅτι ἦλθον βαλεῖν	εἰρήνην	οὐκ ἦλθον	13 2ᶜ 1346
	34	Μὴ	νομίσητε ὅτι ἦλθον βαλεῖν	εἰρήνην		118 2*
	34	⋯⋯⋯	⋯⋯μίσητε ὅτι ἦλθον βαλεῖν	εἰρήνην ἐπὶ		33
	34	Μὴ	νομίσητε ὅτι ἦλθον βαλεῖν	εἰρήνην ἐπὶ τῆς γῆς·	οὐκ ἦλθον	1071
	34	Μὴ οὖν	νομίσητε ὅτι ἦλθον βαλλεῖν	εἰρήνην ἐπὶ τῆς γῆς·	οὐκ ἦλθον	1424

lac. 10.32-34 𝔓⁴⁵ A H N P Q Γ 69 ¦ frgs. vss. 32-33 F

A 33 αρνηστητε (𝔓¹⁹) D ¦ απαρνηστητε 13 124 788 1346 ¦ αρνησειται 2 ¦ ενπροσθεν¹·² D ¦ αρνησομε ℵ Θ ¦ αρνησωμε K L 2*
28ˢᵘᵖ ¦ αρνισομαι 579 34 νομισιται ℵ D Δ ¦ νομησειτε L ¦ νομεισηται W ¦ νομηστητε Θ 2 28 788 1346

B 32 π̅ρ̅ς̅ B ℵ C 𝔐 K L M S U Δ Θ Π Ω f¹ 118 f¹³ 124 2 33 28 157 565 579 700 788 1071 1346 1424 ¦ π̅ρ̅ς̅ W ¦ ου̅νοι̅ς̅ 𝔐 K L
M S U Δ Π Ω f¹ 118 f¹³ 124 2 28ˢᵘᵖ 157 565 579 700 788 1071 1346 1424 33 α̅ν̅ω̅ν̅ ℵ C 𝔐 K L M S U W Δᶜ Θ Π Ω f¹ 118 f¹³
124 33 28ˢᵘᵖ 565 579 700 788 1071 1346 1424 ¦ π̅ρ̅ς̅ ℵ C 𝔐 K L M S U W Δᶜ Θ Π Ω f¹ 118 f¹³ 124 2 28ˢᵘᵖ 565 579 700 788
1071 1346 1424 ¦ ου̅νοι̅ς̅ G K L M S U Π Ω f¹ 118 f¹³ 124 2 28 565 579 700 788 1071 1346 ¦ ενοις Υ ¦ ου̅νου̅ς̅ Δᶜ

C 32 τελ Θ 33 υπ (post ου̅νοι̅ς̅) Ε Υ Ω 118 2 1346 1424 ¦ υπ της κυ, εις κεφ, ο̅ς̅ κ, λεγει ο φιλων πρ̅α̅ η G ¦ κ,υ α των απ παντ
28² 34 Σαβ ζ̅ L ¦ υπερ βατ̅ αγι φωτι: τη κ,υ αγι παντ τε ς̅ της γ̅ εβδ ειπεν ο κ̅ς̅ τοις εαυτου μαθηταις τας οστις Π ¦ υπ̅ εις τ̅ αγι
παντ f¹ ¦ υπο των απχ τς τ̅ 28

D 34 ο̅ε̅/ε̅ ℵ Υ U Π Ω 124 28 788 1424 ¦ ο̅ε̅/ς̅ Ε ¦ ο̅ε̅ K L Θ f¹ 28² 1071 1346 ¦ ο̅ε̅/β̅ Μ ¦ ο̅δ̅ 157 ¦ Ευ Μθ ο̅ε̅ : Ιω . : Λο ρ̅ξ̅ : Μρ . Ε
¦ Μθ ο̅ε̅ : Μρ ο̅ς̅ : Λο ρ̅ξ̅ : Ιω ρ̅κ̅, ρ̅ι̅α̅ 124¦ (ante ουκ ηλθον) ο̅ε̅ C D 157 ¦ ο̅ε̅/ε̅ G

βαλεῖν	εἰρήνην ἀλλὰ		μάχαιραν. 35	ἦλθον γὰρ διχάσαι	B **uwτ** rell
....	....	....	 35	.... διχάσαι	𝔭19
....	....	....	 35		F
βαλεῖν	εἰρήνην ἀλλὰ		μάχαιραν. 35	ἦλθον γὰρ <u>δικάσαι</u>	Δ
	ἀλλὰ		μάχαιραν. 35	ἦλθον γὰρ διχάσαι	118 2*
....	....	....	.... ν. 35	ἦλθον γὰρ διχάσαι	33
βαλεῖν	εἰρήνην ἀλλὰ <u>μάχην</u> <u>καὶ</u>		μάχαιραν. 35	ἦλθον γὰρ διχάσαι	28
βαλεῖν	εἰρήνην ἐπὶ τὴν γῆν ἀλλὰ		μάχαιραν. 35	ἦλθον γὰρ διχάσαι	1346
<u>βαλλεῖν</u>	εἰρήνην ἀλλὰ		μάχαιραν. 35	ἦλθον γὰρ διχάσαι	1424

ἄνθρωπον	**κατὰ** **τοῦ**	**πατρὸς**	**αὐτοῦ**	B **uwτ** rell
ἄν...........	....	··ατρὸς	αὐτοῦ	𝔭19
<u>υἱὸν</u>	**κατὰ**	**πατρὸς**	**αὐτοῦ**	D
....	....	....	....	F
ἄνθρωπον	**κατὰ**	....		33

καὶ **θυγατέρα**	**κατὰ** **τῆς** **μητρὸς** **αὐτῆς**		B **uwτ** rell
.... ·····**ατέρα**	....		𝔭19
······ **θυγατέρα**	**κατὰ** **τῆς** **μητρὸς** **αὐτῆς**		F
καὶ **θυγα**······			Y
καὶ <u>**θυγατέραν**</u>	**κατὰ** **τῆς** **μητρὸς** **αὐτῆς**		L
....	....**ῆς**		33

καὶ **νύμφην** **κατὰ** **τῆς** **πενθερᾶς** **αὐτῆς,**		B **uwτ** rell
....		𝔭19
καὶ **νύμφην** **κατὰ** **τῆς** **πενθερᾶς,**		700

36	**καὶ**	**ἐχθροὶ** **τοῦ** **ἀνθρώπου**		**οἱ** **οἰκειακοὶ** **αὐτοῦ.**	B U 1582 118 1071
36	......				𝔭19
36	**καὶ**	**ἐχθροὶ** **τοῦ** **ἀνθρώπου**	<u>εἰσιν</u>	**οἱ** <u>**οἰκιακοὶ**</u> **αὐτοῦ.**	157
36	**καὶ**	**ἐχθροὶ** **τοῦ** **ἀνθρώπου**		**οἱ** <u>**οἰκία**</u> **αὐτοῦ.**	579
36	**καὶ** <u>**οἱ**</u>	**ἐχθροὶ** **τοῦ** **ἀνθρώπου**		<u>**οἰκιακοὶ**</u> **αὐτοῦ.**	1346
36	**καὶ**	**ἐχθροὶ** **τοῦ** **ἀνθρώπου**		**οἱ** <u>**οἰκιακοὶ**</u> **αὐτοῦ.**	**uwτ** rell

ξη̄ 37	Ὁ φιλῶν πατέρα ἢ μητέρα ὑπὲρ ἐμὲ οὐκ ἔστιν μου ἄξιος·	B **uwτ** rell
37	.... ··τέρα ὑπὲρ ἐμὲ οὐκ .... ξιος·	𝔭19
37	Ὁ φιλῶν πατέρα	F
37	<u>Εἶπεν ὁ κύριος,</u> Ὁ φιλῶν πατέρα ἢ μητέρα ὑπὲρ ἐμὲ οὐκ ἔστιν μου ἄξιος·	1071

om.
καὶ ὁ φιλῶν υἱὸν ἢ θυγατέρα ὑπὲρ ἐμὲ οὐκ ἔστιν μου ἄξιος·

B* (𝔭19 cj. space) D **u**
B^mg ℵ C 𝔐 K L M U W Δ Θ Π f¹ f¹³ 33 2 28
157 565 579 700 788 1071 1346 1424 **wτ**

[Cl S VII 93.5 <u>ο γαρ</u> <u>φιλων</u> <u>πατερα</u> <u>η</u> <u>μητερα</u> <u>υπερ</u> <u>εμε,</u> <u>ουκ</u> <u>εστι</u> <u>μου</u> <u>αξιος</u>].

---

lac. 10.34 - 36 𝔭45 A H N P Q Γ 69 ¦ frgs. vss. 34-37 F ¦ vss. 35-37 Y

A 34 βαλιν^{1.2} ℵ W ¦ βαλην^{1.2} 579 ¦ ιρηνην^{1.2} ℵ ¦ τιν (την) Θ ¦ ειρην² D* ¦ ηρηνην² Θ ¦ μαχεραν L **35** δικασαι D* ¦ ανθροπον Θ ¦ νυμφιν Ω **36** εκθροι D ¦ οικειακοι W 1 1582 **37** εστι^{1.2} U f¹ 118 f¹³ 157 565 700 788 1071 ¦ εστι² 1346 ¦ φιλον² E*

B 35 αν̄ον̄ ℵ C 𝔐 K L M S U Π f¹ 118 f¹³ 124 2 33 28 157 565 579 700 1071 1346 1424 ¦ π̄ρ̄ς̄ C E G K L M S U W Δ Θ Π Ω f¹ 118 f¹³ 124 2 28 157 565 579 700 788 1071 1346 1424 ¦ μ̄ρ̄ς̄ C E F G L M S U Π Ω f¹ 118 f¹³ 124 2 28 157 565 579 700 788 1071 1346 1424 **36** αν̄ον̄ ℵ E F G K L M S U W Δ Θ Π Ω f¹ 118 f¹³ 124 2 33 28 157 565 579 700 788 1071 1346 1424 ¦ ανοι C **37** κ̄ς̄ 1071 ¦ π̄ρ̄ᾱ ℵ C 𝔐 K L M S U W Π Ω f¹ 118 f¹³ 124 2 33 28 157 565 579 700 788 1071 1346 1424 ¦ μ̄ρ̄ᾱ ℵ C E G L M S U Π Ω f¹ 118 f¹³ 124 2 33 28 157 579 700 788 1071 1346 1424 ¦ ῡν̄ L M S U Ω f¹ 2 1424

C 36 αρξαι της κυρ (post αυτου) G ¦ αρξ των αγ, παντω: M ¦ υπ τς ϛ̄ f¹ ¦ τελ 1071 **37** αρξου 1346 ¦ αρχη: Σαββατω ζ̄ ειπεν ο κ̄ς̄ E ¦ αρχη F Θ 1346 ¦ αρχη: της α̅ εβδ ειν, τοις εαυτου μαθηταις πας ουν κ, της Σα ζ̄ προ της υφη······ ειπεν ο κ̄ς̄ τοις εαυτου μαθηταις ο φιλων π̄ρ̄ᾱ G ¦ αρχ: Μθ Σα ζ̄ ειπεν ο κ̄ς̄ ο φιλων π̄ρ̄ᾱ η μ̄ρ̄ᾱ M ¦ Σα ζ̄ και προ τς υψω S ¦ λ̄θ̄ υπερ βη τς ϛ̄ αρχ αγι παυλω: σα ζ̄ εις σ̄η̄ω̄ρ̄ς̄ τς υψω ειπεν ο κ̄ς̄ ο φιλων Π ¦ αρξ Σα προ τς υψωσει ειπ ο κ̄ς̄ ι φιλων π̄ρ̄ᾱ f¹ ¦ αρχ Σα αρξου τ̄ αγι παντ <u>Σα ζ̄</u> ειπεν ο κ̄ς̄ ο φιλων π̄ρ̄ς̄ 28 ¦ αρξαι <u>της</u> κυ G² ¦ αρξ και του αγιου παυλου του ομο̄ νοεμβρ, ϛ̄ Ω ¦ (post αξιος²) υπ εις α εφ ργε Ω ¦ κ,ε κ̄δ̄ κ,υ κ,ε ιη Σα δ̄ ειπεν ο κ̄ς̄ ο φιλων 118 ¦ Σα προ των υφωος, ειπεν ο κ̄ς̄ ο φιλων π̄ρ̄ᾱ 118 ¦ λ̄θ̄ αρξ τς αγι παντ f¹ ¦ αρχ ε̄ζ̄ f¹³ ¦ αρξ Σα ειπεν ο κ̄ς̄ 2 ¦ αρχ Σα πρὸ της υφω και εις σχημα μοναχου 157 ¦ αρχ: Σα ζ̄ 124 788 1071 ¦ αρξ 1424 ¦ τελ f¹

D 37 ϙ̄ϛ̄/ε̄ ℵ M S U Ω 118 124 28 788 ¦ ϙ̄ϛ̄ C D F K L Θ Π f¹ f¹³ 2 157 1071 1346 ¦ ϙ̄ϛ̄/ϛ̄ E ¦ ϙ̄ϛ̄/ῑ G M 1424 ¦ Ευ Μθ ϙϛ : Ιθ . : Λο ρπβ : Μρ . E ¦ Μθ ϙ̄ϛ̄ : Μρ . : Λο ρ̄π̄β̄ : Ιω ρ̄κ̄θ̄ 124 ¦ (ante και ο φιλων) ϙ̄ϛ̄ 1346

38 καὶ ὃς οὐ λαμβάνει τὸν σταυρὸν αὐτοῦ καὶ ἀκολουθεῖ ὀπίσω μου, οὐκ ἔστιν μου ἄξιος. B **uwτ** rell
38 om 𝔓[19] (cj.) M* (added orig. hand)
38 ⋯⋯ ⋯⋯ ⋯⋯ ⋯⋯ ⋯⋯ ⋯⋯ ⋯⋯ F

[Cl Exc 42.3 οθεν ειρηται, <u>ος</u> ουκ αιρει <u>τον σταυρου αυτου</u> <u>και</u> <u>ακολουθει μοι</u>, <u>ουκ εστι μου</u> αδελφος].

39 ὁ εὑρὼν τὴν ψυχὴν αὐτοῦ ἀπολέσει αὐτήν, καὶ ὁ ἀπολέσας B **uwτ** rell
39 ὁ εὑρὼν τὴν ⋯⋯ ⋯⋯ ⋯⋯ ⋯⋯ ⋯ 𝔓[19]
39 ὁ ἀπολέσας ℵ*
39 ὁ εὑρὼν τὴν ψυχὴν αὐτοῦ ἀπολέσει αὐτήν, <u>ὁ δὲ</u> ἀπολέσας D
39 ⋯ ⋯⋯ ⋯⋯ ⋯⋯ ⋯⋯ αὐτήν, καὶ ὁ ἀπολέσας F

τὴν ψυχὴν αὐτοῦ ἕνεκεν ἐμοῦ εὑρήσει αὐτήν.[T] B **uwτ** rell
τὴν ψυχὴν αὐτοῦ ⋯⋯ εὑρήσει αὐτήν. 𝔓[19]
τὴν ψυχὴν αὐτοῦ ἕνεκεν ἐμοῦ <u>οὗτος σώσει</u> αὐτήν. 118
τὴν ψυχὴν αὐτοῦ ἕνεκεν ἐμοῦ <u>ἀπὸ</u> εὑρήσει αὐτήν. 28*

[T]καὶ ὁ ἀπολέσας τὴν ψυχὴν αὐτοῦ ἕνεκεν ἐμοῦ εὑρήσει αὐτήν. 579

[Cl S II 108.3 <u>ο απολεσας</u> <u>την ψυχην</u> την εαυτου, φησιν ο κυριος, <u>σωσει</u> <u>αυτην</u>] [Cl S IV 27.2 <u>ο γαρ</u> <u>ευρων</u> <u>την</u> <u>ψυχην</u> αυτου <u>απολεσει</u> <u>αυτην</u> <u>και</u> <u>ο απολεσας</u> <u>ευρησει</u> <u>αυτην</u>].

Receiving Jesus, Prophets, The Righteous, And A Cup Of Water For The Thirsty
(Mark 9.41)

ξη **40** Ὁ δεχόμενος ὑμᾶς ἐμὲ δέχεται, καὶ ὁ ἐμὲ δεχόμενος δέχεται τὸν B **uwτ** rell
40 ⋯⋯ ⋯ ὑμᾶς ἐμὲ δέχεται, ⋯⋯ ⋯ ⋯χόμενος <u>δέξεται</u> τὸ· 𝔓[19]
40 Ὁ δεχόμενος ὑμᾶς ἐμὲ δέχεται, <u>ὁ δὲ</u> ἐμὲ δεχόμενος δέχεται τὸν ℵ*
40 Ὁ δεχόμενος ὑμᾶς ἐμὲ δέχεται, ⋯⋯ ⋯ τὸν D
40 Ὁ δεχόμενος ὑμᾶς ἐμὲ δέχεται τὸν 579

[Cl Q 30.6 <u>ο υμας</u> <u>δεχομενος</u> <u>εμε</u> <u>δεχεται</u>, ο υμας μη <u>δεχομενος</u> <u>εμε</u> αθετει]

ἀποστείλαντά με. **41** ὁ δεχόμενος προφήτην εἰς ὄνομα προφήτου μισθὸν προφήτου B **uwτ** rell
⋯⋯⋯⋯ ⋯ **41** ⋯ δεχόμενος προφήτην ⋯⋯ προφήτου μ·σθὸν π⋯⋯ 𝔓[19]
ἀποστείλαντά με. **41** ὁ δεχόμενος προφήτην εἰς ὄνομα προφήτου Θ

λήμψεται, καὶ ὁ δεχόμενος δίκαιον εἰς ὄνομα δικαίου μισθὸν δικαίου λήμψεται. Bℵ C L W Δ Θ **uw**
⋯ μψεται, ⋯⋯ ⋯ ⋯ις ὄνομα δικαίου μισθ⋯ ⋯⋯ λήμψεται. 𝔓[19]
λήμψεται, D
<u>λήψεται,</u> καὶ ὁ δεχόμενος δίκαιον εἰς ὄνομα δικαίου μισθὸν δικαίου <u>λήψεται.</u> 𝔐 K M U Π f[1] f[13] 2
33 28 157 565 579 700 788 1071 1346 1424 τ

[Cl Q 31.4 <u>ο δεχομενος</u> <u>δικαιον</u> η <u>προφητην</u> <u>εις ονομα</u> <u>δικαιου</u> η <u>προφητου</u> τον εκεινων <u>μισθον</u> <u>ληψεται</u>]
[Cl S IV 36.4 ος γαρ αν δεξηται, φησι, <u>προφητην</u> <u>εις ονομα</u> <u>προφητου</u> <u>μισθον</u> <u>προφητου</u> <u>ληψεται</u>, <u>και</u> ος αν δεξηται <u>δικαιον</u> <u>εις ονομα</u> <u>δικαιου</u> <u>μισθον</u> <u>δικαιου</u> <u>ληψεται</u>].

---

lac. **10.38-41** 𝔓[45] A H Y N P Q Γ 69 ¦ frgs. vss. 38-39 F

A 38 λαμβανι ℵ Θ ¦ λαμβανη E* K ¦ ακολουθι ℵ C Θ ¦ ακολουθη L 28 579 1071 ¦ οποισω 579 ¦ εστην Θ ¦ εστι U f[1] f[13] 157 565 700 788 1071 1346 **39** ευρον L ¦ απολεσει L[c] ¦ απολεση 1424 ¦ ευρησι ℵ ¦ ευρεσει 1071 **40** εμαι (εμε[1]) 788 ¦ δεχετε[1] ℵ L 1346 1424 ¦ δεχετε[2] ℵ L Θ 1346 1424 **40** αποστιλαντα ℵ W Θ ¦ αποστηλαντα 2* ¦ μαι (με) L **41** ομα[1.2] K ¦ ποφητου[1] L ¦ λημψετε[1] ℵ L ¦ δικεον L ¦ δικεου[2] ℵ ¦ λημψετε[2] ℵ ¦ λιψιται 28

B 38 σ̄τ̄ρ̄ο̄ν̄ K M[c] S U Ω f[1] 118 f[13] 124 2 28 157 565 700 788 1071 1346 1424

C 38 υπ: (+ κυ, G) εις κεφαλαιον ρ̅ρ̅ε̅ (post αξιος) E G ¦ τω αγ, παντ εις κε,φ ρ̅ρ̅ε̅ τοτε αποκριθεις ο πετρος ειπεν αυτω M ¦ υπ τ̅ αγι παντ̅ εν κ,ε ο π̅ αποκριθης δε ο πετρος απο του μ,ε f[1] ¦ υπ τ αγ f[13] ¦ των αγι̅ παντ απελ υπ κ,ε ρ̅ρ̅ε̅ 28 **40** εις π̄ρ̄ο̄ 157

D 39 ϙ̄ζ̄/γ̄ ℵ[c] G M S U Π Ω 28 1424 ¦ ϙ̅ζ̅ C D K L Θ f[1] f[13] 124 2 1071 1346 ¦ ϙ̅ζ̅/α E ¦ ϙ̅ζ̅/ι 788 ¦ Ευ Μθ ϙ̅ζ̅ : Ιω ρ̅ε̅ : Λο ϙ̅ϛ̅ : Μρ π̅ε̅ E ¦ Μθ ϙ̅ζ̅ : Μρ . : Λο σ̄ια̅, ρ̄ῑς̅ : Ιω . 124 ¦ (ante και ο απολεσας) ϙ̅η̅ 2 **40** ϙ̅η̅/α̅ ℵ E G M S U Ω 118 124 28 788 1424 ¦ ϙ̅η̅ C D F L Θ f[1] f[13] 157 1071 1346 ¦ ϙ̅η̅/δ̅ Π ¦ ϙ̅θ̅ 2 ¦ Ευ Μθ ϙ̅η̅ : Ιω μ̅ : Λο ρ̄ῑς̅ : Μρ ϙ̅ϛ̅ E ¦ Μθ ϙ̅η̅ : Μρ ρ̅η̅ : Λο ξ̅θ̅ : Ιω . 124 **41** ϙ̅θ̅/ι̅ ℵ E G M S U Π Ω 118 124 28 ¦ ϙ̅θ̅ C F K L Θ f[1] 157 1071 1346 ¦ ϙ̅θ̅/ζ̅ 788 ¦ Ευ Μθ ϙ̅θ̅ : Ιω . : Λο . : Μρ . E ¦ Μθ ϙ̅θ̅ : Μρ . : Λο . : Ιω . 124 ¦ ρ̅ (ante και ο) L

42 καὶ ὃς ἂν ποτίσῃ ἕνα τῶν μεικρῶν　τούτων　　　　　ποτήριον ψυχροῦ　B
42 καὶ ⸳⸳⸳ ⸳⸳⸳⸳⸳⸳⸳⸳ τῶν <u>μικρῶν</u>　τούτ⸳⸳⸳⸳　　　⸳⸳⸳⸳⸳⸳⸳⸳ ψυχροῦ　𝔭19
42 καὶ ὃς ἂν ποτίσῃ ἕνα τῶν <u>ἐλαχίστων</u>　τούτων　　ποτήριον <u>ὕδατος</u>　D
42 καὶ ὃς <u>ἐὰν</u> ποτίσῃ ἕνα τῶν μικρῶν　τούτων　　ποτήριον ψυχροῦ　E*
42 καὶ ὃς <u>ἐὰν</u> ποτίσῃ ἕνα τῶν <u>μικρῶν</u>　τούτων　ποτήριον <u>ψυχροῦν</u>　M 2*
42 καὶ ὃς ἂν ποτίσῃ ἕνα τῶν <u>μικρῶν</u>　τούτων　　ποτήριον ψυχροῦ　Θ 124 700 788 **uw**
42 καὶ ὃς <u>ἐὰν</u> ποτίσῃ ἕνα τῶν <u>μικρῶν</u>　τούτων　ποτήριον ψυχροῦ　Δ*
42 καὶ ὃς ἂν ποτίσῃ ἕνα τῶν <u>μικρῶν</u>　τούτων　　ποτήριον <u>ψυχροῦν</u>　33
42 καὶ ὃς <u>ἐὰν</u> ποτίσῃ ἕνα τῶν <u>μικρῶν</u>　τούτων <u>τῶν</u> <u>ἐλαχίστων</u>　ποτήριον <u>ψυχροῦν</u>　157
42 καὶ ὃς <u>ἐὰν</u> ποτίσῃ ἕνα τῶν <u>μικρῶν</u>　τούτων <u>τῶν</u> <u>ἐλαχίστων</u>　ποτήριον ψυχροῦ　1424
42 καὶ ὃς <u>ἐὰν</u> ποτίσῃ ἕνα τῶν <u>μικρῶν</u>　τούτων　　ποτήριον ψυχροῦ　ℵ C 𝔐 K L P U W
　　　　　　　　　　　　　　　　　　　　　　　　　　Δᶜ Π f¹ f¹³ 2ᶜ 28 565 579 1071 τ

μόνον　εἰς ὄνομα μαθητοῦ, ἀμὴν λέγω ὑμῖν, οὐ μὴ ἀπολέσῃ τὸν μισθὸν αὐτοῦ.　B **uwτ** rell
μόνον　εἰς ὄ⸳⸳⸳⸳⸳⸳⸳ ⸳⸳⸳⸳θητοῦ, ἀμὴν λέγω ὑμ⸳⸳⸳ ⸳⸳ ⸳⸳⸳⸳⸳⸳⸳⸳⸳ ⸳⸳⸳⸳ ⸳⸳⸳⸳⸳⸳⸳ ⸳⸳⸳⸳⸳⸳⸳.　𝔭19
<u>ψυχροῦ</u>　εἰς ὄνομα μαθητοῦ, ἀμὴν λέγω ὑμῖν, οὐ μὴ <u>ἀπόληται</u> <u>ὁ</u> <u>μισθὸς</u> αὐτοῦ.　D
　　　　　　　　 ἀμὴν λέγω ὑμῖν, οὐ μὴ ἀπολέσῃ τὸν μισθὸν αὐτοῦ.　E*
<u>μένον</u>　εἰς ὄνομα <u>μαθηταῦ</u>, ἀμὴν λέγω ὑμῖν, οὐ μὴ ἀπολέσῃ τὸν μισθὸν αὐτοῦ.　Δ*

[Cl Q 31.4 ο δε μαθητην ποτισας <u>εις</u> <u>ονομα</u> <u>μαθητου</u> <u>ποτηριον</u> <u>ψυχρου</u> <u>υδατος</u> <u>τον</u> <u>μισθον</u> ουκ απολεσει]
[Cl S IV 36.4 <u>και</u> <u>ος</u> <u>αν</u> δεξηται <u>ενα</u> των μαθητων τουτων <u>των</u> <u>μικρων</u>, <u>τον</u> <u>μισθον</u> ουκ απολεσει]

Instruction Of The Disciples Completed

ō 11.1 Καὶ ἐγένετο ὅτε　　ἐτέλεσεν ὁ Ἰησοῦς διατάσσων τοῖς δώδεκα μαθηταῖς　B **uwτ** rell
　 11.1 Καὶ ἐγένετο ὅτε　　ἐτέλεσεν ὁ Ἰησοῦς διατάσσων τοῖς δώδεκα <u>μαθητὰς</u>　F
　 11.1 Καὶ ἐγένετο ὅτε <u>συνετέλεσεν</u> ὁ Ἰησοῦς διατάσσων τοῖς δώδεκα μαθηταῖς　M
　 11.1 Καὶ ἐγένετο ὅτε　　ἐτέλεσεν ὁ Ἰησοῦς <u>διάσσων</u>　τοῖς δώδεκα μαθηταῖς　Δ*
　 11.1 Καὶ ἐγένετο ὅτε　　ἐτέλεσεν ὁ Ἰησοῦς διατάσσων τοῖς　　　μαθηταῖς　1 1582*
　 11.1 Καὶ ἐγένετο ὅτε　　ἐτέλεσεν ὁ Ἰησοῦς διατάσσων <u>τοὺς</u> δώδεκα <u>μαθητὰς</u>　118 28 157 565
　 11.1　　ἐγένετο ὅτε　　ἐτέλεσεν ὁ Ἰησοῦς διατάσσων τοῖς δώδεκα μαθηταῖς　700

αὐτοῦ, μετέβη ἐκεῖθεν τοῦ διδάσκειν καὶ κηρύσσειν ἐν ταῖς πόλεσιν αὐτῶν.　B **uwτ** rell
αὐτοῦ, μετέβη ἐκεῖθεν τοῦ　　　κηρύσσειν ἐν ταῖς πόλεσιν αὐτῶν.　1424

---

lac. 10.42-11.1 𝔭⁴⁵ A H Y N Q Γ 69

A 42 ως (ος) Ω ¦ ποτειση D ¦ ποτησει L 1071 1424 ¦ ποτηση Δ 13 124 ¦ ποτιει 2 33 1346 ¦ τω (των) 579 ¦ μηκρον Θ ¦ μικρον 13 1346 ¦ ομα (ονομα) K ¦ ονο Θ ¦ υμειν D ¦ απωλεσει L 1 ¦ απολεσει f¹ 2 28 579 1071 1346 ¦ μησθων Θ **11.1** οτελεσεν (οτε ετελεσεν) 579 ¦ διατασσον L 2* ¦ μαθητας αυ 28 ¦ ματαις 579 ¦ αυαυτου 28 ¦ μεταβη L ¦ διδασκιν ℵ ¦ κηρυσσιν ℵ L W ¦ κηρυσιν E 2ᶜ ¦ κηρυσειν Θ ¦ κυρυσσην 2* ¦ τες L Θ

B 11.1 ις̄ B ℵ C 𝔐 K L M P S U W Δ Θ Π Ω f¹ 118 f¹³ 124 2 33 28 157 565 579 700 788 1071 1346 1424 ¦ ιη̄ς D ¦ ιβ̄ ℵ

C 11.1 κ̄ πε των αποσταλεντων παρα (υπο S ¦ υπ Ω) ιω̄ S Ω 28 ¦ αρξου τς ·· Π ¦ αρξ τς ···· του Σα f¹ ¦ αρχη τω καιρω 1424 ¦ τελος (post πολ. αυτων) E F M S Θ Π f¹³ 118 124 579 788 1346 ¦ τελος τ····· Σα G ¦ τελ του Σα Ω 28

D 42 ρ̄/ς̄ ℵ G M S U Π 118 124 28 788 1424 ¦ ρ̄ C D F K Θ f¹ f¹³ 2 157 579 1071 1346 ¦ ρ̄/ε̄ E ¦ Ευ Μθ ρ̄ : Ιω . : Λο . : Μρ ρ̄η̄ E ¦ Μθ ρ̄ : Μρ . : Λο . : Ιω . 124 **11.1** ρᾱ/ῑ ℵ E G M S U Π Ω 124 28 1424 ¦ ρᾱ C D F K L Θ f¹ f¹³ 2 157 579 788 1071 1346 ¦ ρᾱ/ᾱ 118 ¦ Ευ Μθ ρᾱ : Ιω . : Λο . : Μρ . E ¦ Μθ ρᾱ : Μρ . : Λο . : Ιω . 124

κ̅ περὶ τῶν ἀποσταλέντων παρὰ Ἰωάννου

John's Question About The Coming One And Jesus' Answer
(Luke 7.18-35; 16.16-17)

2 Ὁ δὲ Ἰωάνης ἀκούσας ἐν τῷ δεσμωτηρίῳ τὰ ἔργα τοῦ Χριστοῦ πέμψας διὰ τῶν Β w
2 Ὁ δὲ Ἰωάννης ἀκούσας ἐν τῷ δεσμωτηρίῳ τὰ ἔργα τοῦ Χριστοῦ πέμψας διὰ τῶν ℵ C* P W Δ Θ Π^c 124
2 Ὁ δὲ Ἰωάννης ἀκούσας ἐν τῷ δεσμωτηρίῳ τὰ ἔργα τοῦ Ἰησοῦ πέμψας διὰ τῶν D [↑33 788 u
2 Ὁ δὲ Ἰωάννης ἐν τῷ δεσμωτηρίῳ τὰ ἔργα ἀκούσας τοῦ Χριστοῦ πέμψας δύο τῶν M
2 Ὁ δὲ Ἰωάννης ἀκούσας ἐν τῷ δεσμωτηρίῳ τὰ ἔργα τοῦ Ἰησοῦ πέμψας δύο τῶν 1071 1424
2 Ὁ δὲ Ἰωάννης ἀκούσας ἐν τῷ δεσμωτηρίῳ τὰ ἔργα τοῦ Χριστοῦ πέμψας δύο τῶν C^c 𝔐 K L U Π* f¹
f¹³ 2 28 157 565 700 1346 τ

μαθητῶν αὐτοῦ 3 εἶπεν αὐτῷ, Σὺ εἶ ὁ ἐρχόμενος ἢ ἕτερον προσδοκῶμεν; Β uwτ rell
μαθητῶν αὐτοῦ 3 εἶπεν αὐτῷ, Σὺ εἶ ὁ ἐργαζόμενος ἢ ἕτερον προσδοκῶμεν; D*
μαθητῶν αὐτοῦ 3 εἶπεν αὐτοῖς, Σὺ εἶ ὁ ἐρχόμενος ἢ ἕτερον προσδοκῶμεν; M

[Cl Pd 90.2 ως εκεινο ειρηται προς τους ερχομενους τον κυριον· ει αυτος ει ο Χριστος, η αλλον περιμενομεν]

4 καὶ ἀποκριθεὶς ὁ Ἰησοῦς εἶπεν αὐτοῖς, Πορευθέντες ἀπαγγείλατε Ἰωάνει ἃ Β* w
4 καὶ ἀποκριθεὶς ὁ Ἰησοῦς εἶπεν αὐτοῖς, Πορευθέντες ἀπαγγείλατε Ἰωάνη ἃ Β^c
4 καὶ ἀποκριθεὶς ὁ Ἰησοῦς εἶπεν αὐτοῖς, Πορευθέντες ἀπαγγείλατε τῷ Ἰωάννη ἃ ℵ* f¹³ 788
4 ἀποκριθεὶς δὲ ὁ Ἰησοῦς εἶπεν αὐτοῖς, Πορευθέντες ἀπαγγείλατε Ἰωάννη ἃ D
4 καὶ ἀποκριθεὶς ὁ Ἰησοῦς εἶπεν αὐτοῖς, Πορευθέντες ἀπαγγείλατε Ἰωάννην ἃ E
4 καὶ ἀποκριθεὶς ὁ Ἰησοῦς εἶπεν αὐτοῖς, Πορευθέντες ἀπαγγείλατε Ἰωάννει ἃ W Δ
4 ······ ·ποκριθεὶς ὁ Ἰησοῦς εἶπεν αὐτοῖς, Πορευθέντες ἀπαγγείλατε Ἰωάννη ἃ N
4 καὶ ἀποκριθεὶς ὁ Ἰησοῦς εἶπεν αὐτῷ, Πορευθέντες ἀπαγγείλατε τῷ Ἰωάννη ἃ 1346
4 καὶ ἀποκριθεὶς ὁ Ἰησοῦς εἶπεν αὐτοῖς, Πορευθέντες ἀπαγγείλατε Ἰωάννη ἃ ℵ^c C 𝔐 K L M P U
Θ Π f¹ 124 2 33 28 157 565 579 700 1071 1424 uτ

ἀκούετε καὶ βλέπετε· 5 τυφλοὶ ἀναβλέπουσιν καὶ χωλοὶ περιπατοῦσιν, λεπροὶ Β u[w]τ rell
················ ······ 5 ·············· λέ·············· χωλοὶ ·················· 𝔓¹⁹
ἀκούετε καὶ βλέπετε· 5 τυφλοὶ ἀναβλέπουσιν, λεπροὶ D Cl
················ ······ 5 τυφλοὶ ἀναβλέπουσιν καὶ χωλοὶ περιπατοῦσιν, λεπροὶ Y
ἀκούετε καὶ βλέπετε· 5 τυφλοὶ ἀναβλέπουσιν καὶ χωλοὶ περιπατοῦσιν, καὶ λεπροὶ K
βλέπετε καὶ ἀκούετε· 5 τυφλοὶ ἀναβλέπουσιν καὶ χωλοὶ περιπατοῦσιν, λεπροὶ L
ἀκούετε καὶ βλέπετε· 5 τυφλοὶ ἀναβλέπουσιν χωλοὶ περιπατοῦσιν, λεπροὶ Δ 28 [w]
ἀκούετε καὶ βλέπετε· 5 τυφλοὶ ἀναβλέπουσιν καὶ χωλοὶ περιπατοῦσιν, λεπροὶ 579

καθαρίζοντε καὶ κωφοὶ ἀκούουσιν, καὶ νεκροὶ ἐγείροντε καὶ πτωχοὶ εὐαγγελίζονται· Β*
καθαρίζονται καὶ κωφοὶ ἀκούουσιν, καὶ νεκροὶ ἐγείρονται καὶ πτωχοὶ εὐαγγελίζονται· Β^c D L P S W f¹
καθαρίζοντε καὶ κωφοὶ ἀκούουσιν, καὶ νεκροὶ ἐγίροντε καὶ πτωχοὶ εὐαγγελίζονται· ℵ [↑565 uw
καθαρίζοντε καὶ κωφοὶ ἀκούουσιν, νεκροὶ ἐγίροντε καὶ πτωχοὶ εὐαγγελίζονται· N
καθαρίζονται καὶ κωφοὶ ἀκούουσιν, καὶ νεκροὶ ἐγείρονται καὶ πτωχοὶ εὐαγγελίζονται· Δ
καθαρίζονται καὶ κωφοὶ ἀκούουσιν, καὶ πτωχοὶ εὐαγγελίζονται καὶ νεκροὶ ἐγείρονται· Θ f¹³ 788 1346
καθαρίζονται καὶ κωφοὶ ἀκούουσιν, νεκροὶ ἐγείρονται καὶ πτωχοὶ εὐαγγελίζονται· C 𝔐 K M Π U
118 2 33 28 157 579 700 1071 1424 τ

lac. 11.2-5 𝔓⁴⁵ A H Q Γ 69 ¦ vss. 2-4 N ¦ vss. 2-4 Y

A 2 δεσμοτηριω F L 13 579 788 1071 3 προσδωκωμεν 1071 4 αποκριθις ℵ ¦ απαγγιλατε ℵ N Θ ¦ ακουεται, βλεπεται W 2* 579 5 αναβλεπουσι Y M S f¹ f¹³ 124^c 28 700 788 1071 1346 ¦ χολοι Ε* M 13 ¦ περιπατουσι S Y 118 124^c 28 157 565 700 1071 ¦ περηπατουσιν Θ ¦ καθαριζοντε ℵ ¦ καριζονται Θ ¦ κοφοι 2* ¦ ακουουσι Y M S U f¹ 118 f¹³ 124^c 157 565 700 788 1071 1346 ¦ ναικροι 2* ¦ ευαγγελιζοντε ℵ L N

B 2 ιω 118 1071 ¦ χυ Β ℵ C 𝔐 K L M P S U W Δ Θ Π Ω f¹ 118 f¹³ 124 2 33 28 157 565 579 700 788 1346 ¦ ιηυ D ¦ ιυ 1424
4 ις Β ℵ C 𝔐 K L M N P S U W Δ Θ Π Ω f¹ 118 f¹³ 124 2 33 28 157 565 579 700 788 1071 1346 1424 ¦ ιης D

C 2 (+ κατα G K) κ̅ περι των αποσταλεντων παρα (υπο U 1071 ὁ ομ. 1346) Ιωαννου (ιω 1 118 f¹³ 2 33 579 788 1071 1346):
𝔐 K M U Δ Π f¹ f¹³ 124 2 33 157 565 579 788 1071 1346 1424 ¦ κ̅ περι των αποσταλλεντων υπο ιαννου Θ ¦ αρχη F ¦ αρχη: εις την ευρεσιν την τιμιην κεφαλης του προδρομου. τω καιρω εκεινω ακουσας ο Ιωαννης (ιωανης Ε^c)· (ante εν τω δεσμω.) Ε ¦ αρχη: Σαββατω πρωτος φωτος και εις τ ευρεσ, της κεφαλ του προδρομου τη δ της γ εβδ τω καιρω εκεινω· ακουσας ιωαννης εν τω δεσ,θ G ¦ Μθ τη δ τς γ κ, μη φευρου αρ, κδ εις τ ευρεσιν τς τιμιας κεφ του προδρομου: αρχ τω καιρω, ακουσας ο ιωαννης εν τω δεσμω, M ¦ εις τ ευρεσ της κεφαλης του προδ τω κ ακουσας ιω S ¦ τη β τς δ εβδ εις τ ευρεσιν της τιμι κεφαλης του προδ τω καιρω εκεινω ακουσας ο ιω εν τω δεσμωτηριω Π ¦ αρχ β τη β τς δ εβδ τω καιρω ακουσας ο ιω εν τω δεσμωτη κ εις τ γ ερχο τη προσδ f¹ ¦ αρχ τη β τς δ εβδ τω εκ,ει ακουσας ο ιω εν τω δεσμω εις τ ευρεσιν τς αγ του προδο 118 ¦ ευρεσ, της κεφαλ του προδρ 124 ¦ αρχ: Σα προτ φωτ και εις τ ευρεσ τς κεφα του προδρομ· τω καιρω ακουσας ο ιω 2 ¦ αρχ τς β τω καιρω εκεινω ακουσας ο ιω εν τω δεσμ: αρχ του πρδρ 28 ¦ αρχ τ σαββατ φω····φα····· ς L ¦ αρχ f¹³ ¦ εις τ ευρτ κ εφ,α του πρ,δ Ω ¦ αρχ εβδ δ τη β· γενε´ του παδ´ 157 ¦ αρχ ευρεσις τς κεφαλης του προδ 788 ¦ αρχ εις τ ευρεσ τς κεφα τ προδ, 1346 ¦ αρχη τω καιρω 1424

D 2 ρβ/ε ℵ M S U Π 788 1424 ¦ ρβ C D F K L Θ 1582 f¹³ 2 579 1071 1346 ¦ ρβ/ς Ε ¦ ρβ/β G 118 ¦ ρβ/ι Ω 28

6 καὶ μακάριός ἐστιν ὃς ἂν μὴ σκανδαλισθῇ ἐν ἐμοί. o͞a͞ 7 Τούτων δὲ πορευομένων   B D f¹ 33 565 w
6 καὶ μακάριός ἐστιν ὃς ἐὰν μὴ σκανδαλισθῇ ἐν ἐμοί.   7 Τούτων δὲ πορευομένων   ℵ C 𝔐 K L M N
         P U W Δ Θ Π 118 f¹³ 2 28 157 579 700 788 1071 1346 1424 u𝛕

[Cl Pd I 90.2 απελθετε και ειπατε Ιωαννη· τυφλοι αναβλεπουσιν, κωφοι ακουουσιν, λεπροι καθαριζονται, ανιστανται νεκροι. και μακαριος εστιν ος εαν μη σκανδαλισθη εν εμοι].

ἤρξατο ὁ Ἰησοῦς λέγειν τοῖς ὄχλοις   περὶ Ἰωάνου,   Τί ἐξήλθατε   εἰς τὴν   B w
ἤρξατο ὁ Ἰησοῦς λέγειν τοῖς ὄχλοις   περὶ Ἰωάννου,   Τί ἐξήλθατε   εἰς τὴν   ℵ C G L N P W Θ Ω 33 28
ἤρξατο   Ἰησοῦς λέγειν τοῖς ὄχλοις   περὶ Ἰωάννου,   Τί ἐξήλθατε   εἰς τὴν   D   [↑157 700 u
ἤρξατο ὁ Ἰησοῦς λέγειν τοῖς ὄχλοις   περὶ Ἰωάννου,   Τί εξεληλύθατε   εἰς τὴν   F Δ
ἤρξατο ὁ Ἰησοῦς λέγειν τοῖς ὄχλοις   περὶ Ἰωάννου,   Τί ἐξήλθετε   εἰς τὴν   2 579 700
ἤρξατο ὁ Ἰησοῦς λέγειν τοῖς ὄχλοις   περὶ Ἰωάννου,   Τί ἐξήλθητε   εἰς τὴν   1071   [↓1424 𝛕
ἤρξατο ὁ Ἰησοῦς λέγειν τοῖς ὄχλοις   περὶ Ἰωάννου,   Τί ἐξήλθετε   εἰς τὴν   𝔐 K M U Π f¹ f¹³ 565 1346

ἔρημον θεάσασθαι; κάλαμον ὑπὸ ἀνέμου σαλευόμενον; 8 ἀλλὰ τί   B u w𝛕 rell
ἔρημον θεάσασθαι; κάλαμον ὑπ ἀνέμου σαλευόμενον; 8 ἀλλὰ τί   Y

ἐξήλθατε   ἰδεῖν; ἄνθρωπον ἐν μαλακοῖς   ἠμφιεσμένον; ἰδοὺ οἱ τὰ μαλακὰ   B ℵᶜ u w
ἐξήλθατε;   ἄνθρωπον ἰδεῖν ἐν μαλακοῖς   ἠμφιεσμένον; ἰδοὺ οἱ τὰ μαλακὰ   ℵ*
ἐξήλθατε   ἰδεῖν; ἄνθρωπον ἐν μαλακοῖς ἱματίοις   ἠμφιεσμένον; ἰδοὺ οἱ τὰ μαλακὰ   C N P W Δ Θ 124
ἐξήλθατε   ἰδεῖν; ἄνθρωπον μαλακοῖς   ἠμφιασμένον; ἰδοὺ οἱ τὰ μαλακὰ   D* [↑33 28 157 788*
ἐξήλθατε   ἰδεῖν; ἄνθρωπον ἐν μαλακοῖς   ἠμφιασμένον; ἰδοὺ οἱ τὰ μαλακὰ   Dᶜ
εξεληλύθατε ἰδεῖν; ἄνθρωπον ἐν μαλακοῖς ἱματίοις   ἠμφιεσμένον; ἰδοὺ οἱ τὰ μαλακὰ   F
ἐξήλθατε   ἰδεῖν; ἄνθρωπων ἐν μαλακοῖς ἱματίοις   ἠμφιεσμένον; ἰδοὺ οἱ τὰ μαλακὰ   L
ἐξήλθετε   ἰδεῖν; ἄνθρωπον ἐν μαλακοῖς ἱματίοις   ἠμφιεσμένον; ἰδοὺ οἱ τὰ μαλακὰ   𝔐 K M U Π f¹ f¹³
         2 565 579 700 788ᶜ 1071 1346 1424 𝛕

φοροῦντες ἐν τοῖς οἴκοις τῶν βασιλέων.   9 ἀλλὰ τί ἐξήλθατε;   B ℵ* w
φοροῦντες ἐν τοῖς οἴκοις τῶν βασιλέων εἰσίν.   9 ἀλλὰ τί ἐξήλθατε   ℵᶜ C D L P Δ Θ 124 33 28 157 u
φοροῦσιν ἐν τοῖς οἴκοις τῶν βασιλείων εἰσίν.   9 ἀλλὰ τί ἐξήλθετε   E* (corr.*)
φοροῦντες ἐν τοῖς οἴκοις τῶν βασιλείων εἰσίν.   9 ἀλλὰ τί εξεληλύθατε   F
φοροῦντες ἐν τοῖς οἴκοις τῶν βασιλέων εἰσίν.   9 ἀλλὰ τί ἐξήλθετε   M U Π f¹ f¹³ 2ᶜ 579* 700 788
φοροῦντες ἐν τοῖς οἴκοις τῶν βασιλείων εἰσίν.   9 ἀλλὰ τί ἐξήλθατε   N   [↑1071 1346 1424 𝛕
φοροῦντες ἐν τοῖς οἴκοις τῶν βασιλέων εἰσίν.   9 ἀλλὰ τί εξεληλύθατε;   W
φοροῦντες ἐν τοῖς οἴκοις τῶν βασιλείων εἰσίν.   9 ἀλλὰ τί ἐξήλθετε   𝔐 K 2* 565 579ᶜ
φοροῦντες ἐν τοῖς οἴκοις τῶν βασιλείων εἰσίν.   9 ἀλλὰ τί ἐξήλθετε   118

προφήτην ἰδεῖν; ναί, λέγω ὑμῖν, καὶ περισσότερον προφήτου.   B ℵ* W w
ἰδεῖν; προφήτην; ναί, λέγω ὑμῖν, καὶ περισσότερον προφήτου.   u𝛕 rell

10 οὗτός   ἐστιν περὶ οὗ γέγραπται,   B ℵ D u w
10 οὗτός γὰρ ἐστιν περὶ οὗ γέγραπται,   𝛕 rell

     Ἰδοὺ ἐγὼ ἀποστέλλω τὸν ἄγγελόν μου πρὸ   προσώπου σου,   B u w𝛕 rell
     Ἰδοὺ ἐγὼ ἀποστέλω τὸν ἄγγελόν μου πρὸ   προσώπου σου,   157 1071
     Ἰδοὺ ἐγὼ ἀποστέλλω τὸν ἄγγελόν μου πρὸ πρὸ προσώπου σου,   565

     ὃς   κατασκευάσει τὴν ὁδόν σου ἔμπροσθέν σου.   B u w𝛕 rell
     καὶ κατασκευάσει τὴν ὁδόν σου ἔμπροσθέν σου.   P

lac. 11.6-10 𝔓⁴⁵ A H Q Γ 69

A 6 εστι S Θ 7 περευομενον Θ* | ειρξατο 1071 | λεγιν ℵ | εξηλθεται 2* 579 | τη (τι), τιν ερημην Θ | θεασασθε ℵ E L M N 13 124 28 1071 1424 | σαλευομεν N* 8 εξηλθεται ℵ Θ ¦ εξηλθεται 2* | ιδιν ℵ N | ειδειν D M W Δ | μαλακιοις Δ ¦ μαλακιοις 1 | φωρουντες 1071 | ειματιοις P | ηματιοις 2* | ημφισεμενον 13 | ειδου D | οικεις 1346 9 τει (τι) D¦ ιδην 118 | εξηλθεται 2* ¦ εξηλθεται 579 | ιδιν ℵ | ειδειν D M 124 | υμειν D 10 ουτο 13 | εστι M U f¹ f¹³ 157 565 700 788 1071 1346 | γεγραπαι 700* | αποστελλωι 700 | αγγελον D | κατασκευασι ℵ ¦ κατασκευασοι 1346 | ενπροσθεν D L

B 7 ι͞ς B ℵ C 𝔐 K L M N P S U W Δ Θ Π Ω f¹ 118 f¹³ 124 2 33 28 157 565 579 700 788 1071 1346 1424 ¦ ι͞η͞ς D 8 ανον ℵ C 𝔐 K M N S P U W Δ Π Ω f¹ 118 f¹³ 124 2 33 28 157 565 579 700 788 1071 1346 1424 ¦ αν͞ω͞ν L

C 10 ησαιου M | μαλαχ Ω

D 10 ρ͞γ CF K Θ f¹ f¹³ 2 157 579 1346 ¦ ρ͞γ/β E G M S U Π Ω 118 124 788 1071 1424 | ρ͞γ/β (ante ιδου) ℵ Y 28 | Ευ Μθ ρ͞γ : Ιω . : Λο o : Μρ α E | Μθ ρ͞γ : Μρ α̅ : Λο o̅ M | Μθ ρ͞γ : Μρ α̅ : Λο ξ͞θ : Ιω . 124

11 ἀμὴν   λέγω ὑμῖν, οὐκ ἐγήγερται ἐν   γεννητοῖς   γυναικῶν μείζων Ἰωάνου   B w
11 ἀμὴν   λέγω ὑμῖν, οὐκ ἐγήγερται ἐν τοῖς γεννητοῖς τῶν γυναικῶν μείζων Ἰωάννου   D*
11 ἀμὴν   λέγω ὑμῖν, οὐκ ἐγήγερται ἐκ   γεενητοῖς   γυναικῶν μείζων Ἰωάννου   L
11 ἀμὴν   λέγω ὑμῖν, οὐκ ἐγήγερται ἐν   γεννητοῖς   γυναικῶν μείζων Ἰάννου   Y*
11 ἀμὴν   ....   P
11 ἀμὴν   λέγω ὑμῖν, οὐκ ἐγήγερται ἐν   γεννητῆς   γυναικῶν μείζων Ἰωάννου   157 579
11 ἀμὴν γὰρ λέγω ὑμῖν, οὐκ ἐγήγερται ἐν   γεννητοῖς   γυναικῶν μείζων Ἰωάννου   565
11 ἀμὴν   λέγω ὑμῖν, οὐκ ἐγήγερται ἐν   γεννητοῖς   γυναικῶν μείζων Ἰωάννου   uτ rell

τοῦ βαπτιστοῦ· ὁ δὲ μεικρότερος ἐν τῇ βασιλείᾳ τῶν οὐρανῶν μείζων αὐτοῦ ἐστιν.   B
τοῦ βαπτιστοῦ· ὁ δὲ μικρότερος ἐν τῇ βασιλείᾳ τῶν οὐρανῶν μείζων ἐστιν αὐτοῦ.   C
τοῦ βαπτιστοῦ· ὁ δὲ μεικρότερος ἐν τῇ βασιλείᾳ τῶν οὐρανῶν μείζων ἐστιν αὐτοῦ.   W
τοῦ βαπτιστοῦ· ὁ δὲ μικρότερος ἐν τῇ βασιλείᾳ τῶν οὐρανῶν μείζων αὐτοῦ ἐστιν.   uwτ rell

12 ἀπὸ δὲ τῶν ἡμερῶν Ἰωάνου   τοῦ βαπτιστοῦ ἕως ἄρτι ἡ βασιλεία τῶν οὐρανῶν   B w
12 ἀπὸ   τῶν ἡμερῶν Ἰωάννους τοῦ βαπτιστοῦ ἕως ἄρτι ἡ βασιλεία τῶν οὐρανῶν   D*
12 ἀπὸ δὲ τῶν ἡμερῶν Ἰάννου   τοῦ βαπτιστοῦ ἕως ἄρτι ἡ βασιλεία τῶν οὐρανῶν   E 565
12 ἀπὸ δὲ τῶν ἡμερῶν Ἰωάννου   ἕως ἄρτι ἡ βασιλεία τῶν οὐρανῶν   28
12 ἀπὸ δὲ τῶν ἡμερῶν Ἰωάννου   ἡ βασιλεία τῶν οὐρανῶν   1071
12 ἀπὸ δὲ τῶν ἡμερῶν Ἰωάννου   τοῦ βαπτιστοῦ ἕως ἄρτι ἡ βασιλεία τῶν οὐρανῶν   ℵ C Dᶜ 𝔐 K L M N U
      W Δ Θ Π f¹ f¹³ 2 33 28 157 700 788 1346 1424 uτ

βιάζεται, καὶ   βιασταὶ ἁρπάζουσιν αὐτήν. 13 πάντες γὰρ οἱ προφῆται καὶ ὁ νόμος   B uwτ rell
βιάζεται, καὶ   βιαζεστὲ ἁρπάζουσιν αὐτήν. 13 πάντες γὰρ οἱ προφῆται καὶ ὁ νόμος   ℵ*
βιάζεται, καὶ οἱ βιασταὶ ἁρπάζουσιν αὐτήν. 13 πάντες γὰρ οἱ προφῆται καὶ ὁ νόμος   D

[Cl Q 21.3 ουδε των καθευδοντων και βλακευοντων εστιν η βασιλεια του θεου αλλ οι βιασται αρπαζουσιν αυτην]
[Cl S IV 5.3 και βιαστων εστιν η βασιλεια του θεου] [Cl S V 16.7 οι γαρ αρπαζοντες την βασιλειαν βιασται]
[Cl S VI 149.5 οτι μαλιστα βιαστων εστιν η βασιλεια].

ἕως Ἰωάνου   ἐπροφήτευσαν· 14 καὶ εἰ θέλετε δέξασθαι,   αὐτός   B* w
ἕως Ἰωάνου   προεφήτευσαν 14 καὶ εἰ θέλετε δέξασθε,   αὐτός   Bᶜ
ἕως Ἰωάννου   ἐπροφήτευσαν· 14 καὶ εἰ θέλετε δέξασθε,   αὐτός   ℵ
ἕως Ἰάννου   ἐπροφήτευσαν· 14 καὶ εἰ θέλετε δέξασθαι,   αὐτός   C 124
ἕως Ἰωάννου   ἐπροφήτευσαν· 14 καὶ εἰ θέλετε δέξασθαι,   αὐτός   D 1 1582* f¹³ 33 579 788
ἕως Ἰωάννου   προεφήτευσαν 14 καὶ εἰ θέλετε δέξασθε,   αὐτός   E L N Θ 2   [⇑u
ἕως Ἰωάννου   προεφήτευσαν· 14 καὶ εἰ θέλετε δέξασθαι,   αὐτός   118
ἕως Ἰωάννου τοῦ βαπτίστου προεφήτευσαν 14 καὶ εἰ θέλετε δέξασθαι,   αὐτός   1071
ἕως Ἰωάννου   ἐπροεφήτευσαν· 14 καὶ εἰ θέλετε δέξασθαι,   αὐτός   1346
ἕως Ἰωάννου   προεφήτευσαν· 14 καὶ εἰ θέλετε δέξασθαι,   αὐτός   𝔐 K M U W Δ Π 1582ᶜ
      28 157 565 700 1424 τ

ἐστιν Ἠλείας ὁ μέλλων ἔρχεσθαι. 15 ὁ ἔχων ὦτα   ἀκουέτω.   B* D w
ἐστιν Ἠλίας ὁ μέλλων ἔρχεσθαι. 15 ὁ ἔχων ὦτα   ἀκουέτω.   Bᶜ 700 u
ἐστιν Ἠλίας ὁ μέλλων ἐλεύσεσθαι. 15 ὁ ἔχων ὦτα ἀκούειν ἀκουέτω.   28*
ἐστιν Ἠλίας ὁ μέλλων ἔρχεσθαι. 15 ὁ ἔχων ὦτα ἀκούειν ἀκουέτω.   τ rell

[Cl S II 24.4 ο δε εχων ωτα ακουειν ακουετω λεγει] [Cl S V 2.1 ο κυριος λεγων ο εχων ωτα ακουειν ακουετω]
[Cl S VI 115.6 οτι φησιν ο κυριος, ο εχων ωτα ακουειν ακουετω] [Cl V 115.3 καν το λητον εκεινο αναγαγειν
εθελης ο εχων ωτα ακουειν ακουετω].

lac. 11.11-15 𝔓⁴⁵ A H P Q Γ 69

A 11 υμειν D | εγηγερτε ℵ | εγειγερται 𝔐 124 2 33 1071 1424 | αιγειγερτε L | γυναικων ℵ L | γαυαικων 565 | μιζων¹·² ℵ N Θ | μιζων¹ W | μειζον¹ 565 | μιζων² W | βαπτηστου Θ | μηκροτερος 2* | βασιλια ℵ 12 ιμερων N | εω (εως) K | βασιλια ℵ | βιαζετε ℵ 1346 | βιαζετεται L | βιαστε ℵᶜ 1071 13 προφητε 2* | προφητευσαν Δ 14 η (ει) E* L 2 | θελεται D M W Δ 2 28 579 788 | μελλον U 565 | ερχεσθε ℵ L Θ 15 ωτα 579

B 11 ιῶου 118 | οῦνων ℵ 𝔐 K L M S U Δ Π f¹ 118 f¹³ 124 2 28 157 565 579 700 1071 1346 12 ιῶ 1071 | οῦνων 𝔐 L M S U ΠΔ ΠΩ f¹ 118 f¹³ 124 2 28 157 565 579 700 788 1071

C 13 ιῶ 1071 15 τελος (post ακουετω) E S Ω 118 f¹³ 157 788 1071 1346 | τελ της δ̄ G Y | τελ τς δ̄ γ̄ M | τε τς υπ Π | τελ τς β̄ f¹ 28

D 11 ρδ̄/ε̄ ℵ G Y N S U Π Ω 118 124 28 788 1071 1346 1424 | ρδ̄ C D F K P Θ f¹ f¹³ 2 157 579 | ρδ̄/ϛ̄ E | ρδ̄/δ̄ M | Ευ Μθ ρδ̄ : Ιω . : Λο ογ : Μρ . E | Μθ ρδ̄ : Λο οδ̄ M | Μθ ρδ̄ : Μρ . : Λο . : Ιω . 124 12 ρε̄/ε̄ ℵ G Y M N S U Π Ω 118 124 28 788 1071 1424 | ρε̄ C D F K Θ f¹ 2 579 1346 | ρε̄/ϛ̄ E | Ευ Μθ ρε : Ιω . : Λο ργγ : Μρ . E | Μθ ρε : Λο ργγ M | Μθ ρε̄ : Μρ α̅ : Λο ρηγ : Ιω . 124 13 ρϛ̄/ῑ ℵ E G Y M S U Ω 124 28 788 1071 1424 | ρϛ̄ C F K Θ 1582 2 157 579 1346 | Ευ Μθ ρϛ̄ : Ιω . : Λο . : Μρ . E | Μθ ρϛ̄ : Λο ογ M | Μθ ρϛ̄ : Μρ . : Λο . : Ιω . 124 14 ρϛ̄ D f¹ | ρϛ̄/ῑ N 118

o̅β̅ **16** Τίνι δὲ ὁμοιώσω τὴν γενεὰν ταύτην; ὁμοία ἐστὶν παιδίοις   B **uw** rell
    16 Τίνι δὲ ὁμοιώσω τὴν γενεὰν ταύτην; ὁμοία ἐστὶν παιδίοις <u>ἐν ἀγορᾷ</u>   *f*¹ 1071
    16 Τίνι δὲ ὁμοιώσω τὴν γενεὰν ταύτην; ὁμοία ἐστὶν παιδίοις <u>ἐν ἀγοραῖς</u>   118
    16 Τίνι   ὁμοιώσω τὴν γενεὰν ταύτην; ὁμοία ἐστὶν παιδίοις   124
    16 Τίνι δὲ ὁμοιώσω τὴν γενεὰν ταύτην; ὁμοία ἐστὶν <u>παιδαρίοις</u>   2 τ

καθημένοις	ἐν ταῖς	ἀγοραῖς	ἃ προσφωνοῦντα	τοῖς ἑτέροις		B ℵ 1 1582* **uw**
καθημένοις	ἐν	ἀγοραῖς	<u>ἃ προσφωνοῦσιν</u>	τοῖς ἑτέροις	<u>αὐτῶν</u>	C
καθημένοις	ἐν <u>τῇ</u>	ἀγορᾷ	ἃ προσφωνοῦντα	τοῖς ἑτέροις		D
ἐν	ἀγοραῖς	καθημένοις	<u>καὶ προσφωνοῦσιν</u>	τοῖς ἑτέροις	<u>αὐτῶν</u>	E F K Π Ω 2* 579
ἐν	ἀγοραῖς	καθημένοις	<u>καὶ προσφωνοῦσιν</u>	τοῖς <u>ἑταίροις</u>	<u>αὐτῶν</u>	G Y S U 2ᶜ τ
καθημένοις	ἐν	ἀγοραῖς	<u>καὶ προσφωνοῦσιν</u>	τοῖς ἑτέροις	<u>αὐτῶν</u>	L M N W Δ
καθημένοις	ἐν	ἀγοραῖς	ἃ προσφωνοῦντα	τοῖς ἑτέροις	<u>αὐτῶν</u>	Θ *f*¹³ 788 1346
καθημένοις			ἃ προσφωνοῦντα	τοῖς <u>ἑταίροις</u>		1582ᶜ
καθημένοις			<u>καὶ προσφωνοῦσιν</u>	τοῖς <u>ἑταίροις</u>	<u>αὐτῶν</u>	118
<u>καθεζομένοις</u>	ἐν ταῖς ἀγοραῖς		<u>καὶ προσφωνοῦσιν</u>	τοῖς ἑτέροις	<u>αὐτῶν</u>	33
ἐν	<u>ἀγορᾷ</u>	καθημένοις	<u>καὶ προσφωνοῦσιν</u>	τοῖς ἑτέροις	<u>αὐτῶν</u>	28
καθημένοις	ἐν	ἀγοραῖς	<u>καὶ προσφωνοῦσιν</u>	τοῖς <u>ἑταίροις</u>	<u>αὐτῶν</u>	157*
καθημένοις	ἐν	ἀγοραῖς	<u>καὶ προσφωνοῦσιν</u>	τοῖς ἑτέροις	<u>αὐτῶν</u>	157ᶜ
ἐν	ἀγοραῖς	καθημένοις	<u>καὶ προφωνοῦσι</u>	τοῖς ἑτέροις	<u>αὐτῶν</u>	565
καθημένοις	ἐν	ἀγοραῖς	<u>καὶ προσφωνοῦσιν</u>	τοῖς <u>ἑταίροις</u>	<u>αὐτῶν</u>	700
καθημένοις			<u>καὶ προσφωνοῦσιν</u>	τοῖς ἑτέροις	<u>αὐτῶν</u>	1071
<u>καθεζομένοις</u>	ἐν ταῖς ἀγοραῖς		<u>ἃ προφωνοῦντα</u>	τοῖς ἑτέροις	<u>αὐτῶν</u>	1424

17 λέγουσιν,   B ℵ D Θ *f*¹ *f*¹³ 788 1346 **uw**
17 <u>καὶ</u> λέγουσιν,   C 𝔐 K L M N U W Δ Π 118 2 33 28 157 565 579 700 1071 τ

Ηὐλήσαμεν ὑμῖν καὶ οὐκ ὠρχήσασθε·   B **uw**τ rell
Ηὐλήσαμεν   καὶ οὐκ ὠρχήσασθε·   579

      ἐθρηνήσαμεν   καὶ οὐκ   ἐκόψασθε.   B ℵ D 1 1582* **uw**
      ἐθρηνήσαμεν <u>ὑμῖν</u> καὶ οὐκ <u>ἐκλαύσασθαι.</u>   W
      ἐθρηνήσαμεν <u>ὑμῖν</u> καὶ <u>οὐ</u>   <u>κόψασθαι.</u>   Θ 1071
      ἐθρηνήσαμεν <u>ὑμῖν</u> καὶ οὐκ <u>ἐκλαύσατε.</u>   1424ᶜ   [↓700 788 1346 1424* τ
      ἐθρηνήσαμεν <u>ὑμῖν</u> καὶ οὐκ ἐκόψασθε.   C 𝔐 K L M U Δ Π 1582ᶜ 118 *f*¹³ 2 33 28 157 565

[Cl Pd I 13.3 αυθις τε <u>παιδιοις</u> ομοιοι την βασιλειαν των ουρανων <u>εν αγοραις</u> <u>καθημενοις</u> και <u>λεγουσιν</u>, <u>ηυλησαμεν υμιν</u> και <u>ουκ</u> <u>ωρχησασθε</u> <u>εθρηνησαμεν</u> και <u>ουκ</u> <u>εκοψασθε</u> και οσα αλλα τουτοις οικειως επηγαγεν].

18 ἦλθεν γὰρ   Ἰωάνης   μήτε ἐσθίων μήτε πείνων,   καὶ λέγουσιν, Δαιμόνιον   B
18 ἦλθεν γὰρ   <u>Ἰωάννης</u> μήτε ἐσθίων μήτε πείνων,   καὶ λέγουσιν, Δαιμόνιον   D
18 ἦλθεν   <u>πρὸς ὑμᾶς</u>   <u>Ἰωάννης</u> μήτε ἐσθίων μήτε <u>πίνων,</u>   καὶ λέγουσιν, Δαιμόνιον   L
18 ἦλθεν γὰρ <u>πρὸς ὑμᾶς</u>   <u>Ἰωάννης</u> μήτε ἐσθίων μήτε <u>πίνων,</u>   καὶ λέγουσιν, Δαιμόνιον   Θ *f*¹³ 788
18 ἦλθεν γὰρ   <u>Ἰωάννης</u> μήτε ἐσθίων μήτε <u>πίνων,</u>   καὶ λέγουσιν <u>ὅτι</u> <u>πνεῦμα</u>   2*
18 ἦλθεν γὰρ   <u>Ἰωάννης</u> μήτε ἐσθίων μήτε <u>πίνων,</u>   καὶ λέγουσιν,   579
18 ἦλθεν γὰρ <u>πρὸς ὑμᾶς ὁ</u> <u>βαπτιστὴς</u>   Ἰωάννης μήτε ἐσθίων μήτε <u>πίνων,</u>   καὶ λέγουσιν, Δαιμόνιον   1346
18 ἦλθεν γὰρ   Ἰωάνης   μήτε ἐσθίων μήτε <u>πίνων,</u>   καὶ λέγουσιν, Δαιμόνιον   w
18 ἦλθεν γὰρ   <u>Ἰωάννης</u> μήτε ἐσθίων μήτε <u>πίνων,</u>   καὶ λέγουσιν, Δαιμόνιον   **u**τ rell

[Cl S III 52.4 αλλα και ο κυριος περι εαυτουψ λεγων <u>ηλθεν</u>, φησιν, <u>Ιωαννης</u> <u>μητε</u> <u>εσθιων</u> <u>μητε</u> <u>πινων</u> και <u>λεγουσι·</u> <u>δαιμονιον</u> <u>εχει</u>].

---

lac. **11.16-18** 𝔓⁴⁵ A H P Q Γ 69

A 16 τινη 2 | ομοι K | εστι Y M S *f*¹ 118 124ᶜ 28 157 565 700 | πεδιοις Θ | αγωρα 1071 | τες (ταις) ℵ* | αγορες ℵ* | προσφωνουσι S Y U 28 157 700 **17** λεγουσι M 28 1071 | ηυλισαμεν L Y 13 2 788 1346 1424 | υμειν D | ωρχησασθαι C D W Δᶜ Θ 33 579 | ορχισασθε L | ορχησασθε N U 28 1071 | ωρχησαυσθαι Δ* | ορχησασθαι 1424 | εθρινησαμεν E L | εκοψασθαι C D L Δ 33 579 1424 | κοψεσθε 1071 **18** ηλθε 118 157 700 1071 | εσθιον, πινον L | λεγουσι Y M S U *f*¹ 118 28 157 700 1071 | δεμονιον ℵ* | δαιμονιων Θ

B 18 π̅ν̅α̅ 2

C 16 αρχη: τη ε̅ της γ̅ εβδ ειπεν ο κ̅ς̅ <u>τοις</u> εαυτου μαθ, τινι δε ομοιωσω G ¦ αρχ: τη ε̅ <u>της</u> γ̅ εβδ αρχ ειπεν ο κ̅ς̅ τινι <u>ομοιωσω</u> την γενε, Y ¦ Μθ τη ε̅ τς γ̅ εβδ ειπεν ο κ̅ς̅ τινι ομοιωσω· την γε, M ¦ τη ε̅ τς γ̅ εβδ ειπ ο κ̅ς̅ S ¦ αρχ· τς β̅ κ, του αγ τη γ̅ τς δ̅ εβδ ειπεν ο κ̅ς̅ τινι ομοιωσω Π ¦ αρχ μ̅α̅ τη γ̅ τς δ̅ εβδ ειπ ο κ̅ς̅ τινι ομοιωσω τ̇ γενεαν (+ ταυτην 118) *f*¹ 118 ¦ αρχ γ̅ 28 ¦ αρχ τη γ̅ 157 ¦ αρχ 788 1346 | τη γ̅ ειπεν ο κ̅ς̅: τινι ομοιωσω 28

D 16 ρ̅ζ̅/ε̅ ℵ G Y M S U Π Ω 118 124 788 1071 1424 | ρ̅ζ̅ C D F K L N Θ *f*¹ 2 157 579 1346 | ρ̅ζ̅/ς̅ E ¦ ρ̅ς̅/ε̅ 28 (sic!) | Ευ Μθ ρ̅ζ̅ : Ιω . : Λο ογ : Μρ . E | Μθ ρ̅ζ̅ M | Μθ ρ̅ζ̅ : Μρ . : Λο . : Ιω . 124

ἔχει·	**19** ἦλθεν	ὁ υἱὸς τοῦ ἀνθρώπου ἐσθείων καὶ πείνων,	καὶ λέγουσιν,	Ἰδοὺ	B
ἔχει·	**19** ἦλθεν	ὁ υἱὸς τοῦ ἀνθρώπου ἐσθίων καὶ πείνων,	καὶ λέγουσιν,	Ἰδοὺ	D
ἔχει·	**19** ἦλθεν	ὁ υἱὸς τοῦ ἀνθρώπου ἐσθίων καὶ πίνων,		Ἰδοὺ	1
ἐστιν·	**19** ἦλθεν	ὁ υἱὸς τοῦ ἀνθρώπου ἐσθίων καὶ πίνων,	καὶ λέγουσιν,	Ἰδοὺ	2*
	19			Ἰδοὺ	579
ἔχει·	**19** ἦλθεν	υἱὸς τοῦ ἀνθρώπου ἐσθίων καὶ πίνων,	καὶ λέγουσιν,	Ἰδοὺ	1071
ἔχει·	**19** ἦλθεν γὰρ	ὁ υἱὸς τοῦ ἀνθρώπου ἐσθίων καὶ πίνων,	καὶ λέγουσιν,	Ἰδοὺ	1346
ἔχει·	**19** ἦλθεν	ὁ υἱὸς τοῦ ἀνθρώπου ἐσθίων καὶ πίνων,	καὶ λέγουσιν,	Ἰδοὺ	uwτ rell

ἄνθρωπος φάγος καὶ οἰνοπότης, τελωνῶν φίλος καὶ ἁμαρτωλῶν. καὶ ἐδικαιώθη ἡ σοφία	B uwτ rell
ἄνθρωπος φάγος καὶ οἰνοπότης, φίλος τελωνῶν καὶ ἁμαρτωλός.	Cl S III 52.4
ἄνθρωπος φάγος καὶ οἰνοπότης, τελωνῶν φίλος.	Cl Pd II 32.4
ἄνθρωπος φάγος καὶ οἰνοπότης, φίλος τελωνῶν καὶ ἁμαρτωλῶν. καὶ ἐδικαιώθη ἡ σοφία	ℵ L f^{13} 28 157 788 1346

ἀπὸ	τῶν ἔργων	αὐτῆς.	B* ℵ W uw
ἀπὸ πάντων	τῶν τέκνων	αὐτῆς.	f^{13} 1346
ἀπὸ πάντων	τῶν ἔργων	αὐτῆς.	124 788
ἀπὸ	τῶν τέκνων	αὐτῆς.	τ rell

[Cl S III 52.4 ἦλθεν ο υιος του ανθρωπου εσθιων και πινων, και λεγουσιν· ιδου ανθρωπος φαγος και οινοποτης, φιλος τελωνων και αμαρτωλος] [Cl Pd II 32.4 ἦλθεν γαρ, φησιν, ο υιος του ανθρωπου, και λεγουσιν· ιδου ανθρωπος φαγος και οινοποτης, τελωνων φιλος].

Jesus Pronounces Woes Upon Unrepentant Cities
(Luke 10.12-15)

ογ	**20** Τότε ἤρξατο	ὀνειδίζειν τὰς πόλεις	ἐν αἷς	B ℵ D 𝔐 M U Δ 118 2 33 28 157 700
	20 Τότε ἤρξατο	ὀνειδίζειν τὰς πόλεις αὐτῶν ἐν αἷς	1424	[↑1071 uwτ
	20 Τότε ἤρξατο ὁ Ἰησοῦς	ὀνειδίζειν τὰς πόλεις	ἐν αἷς	C Y K L N W Θ Π f^1 f^{13} 565 579 788 1346

ἐγένοντο	αἱ πλεῖσται δυνάμεις αὐτοῦ,	ὅτι οὐ μετενόησαν·	B uwτ rell
γεγόνεισαν	ἁ πλεῖσται δυνάμεις,	ὅτι οὐ μετενόησαν·	D*
γεγόνεισαν	αἱ πλεῖσται δυνάμεις,	ὅτι οὐ μετενόησαν·	Dc
ἐγένετο	αἱ πλεῖσται δυνάμεις αὐτοῦ,	ὅτι οὐ μετενόησαν·	Π*
ἐγίνοντο	αἱ πλεῖσται δυνάμεις αὐτοῦ,	ὅτι οὐ μετενόησαν·	1071
ἐγένοντο	αἱ πλεῖσται δυνάμεις αὐτοῦ·		1424

21	Οὐαί σοι,	Χοραζείν·	B ℵ C E Y K M W Δ Θ Π 124 2 33 788 w
21	Οὐαί σοι,	Χοραζαίν·	D
21	Οὐαί σοι,	Χωραζείν·	F G S f^{13} 157 1071 1346 1424
21	Οὐαί σοι,	Χοραζζή·	L
21	Οὐαί σοι,	Χοραζίν·	N U f^1 579 700 uτ
21	Οὐαί σου,	Χοραζείν·	Ω
21	Οὐαί σοι,	Χωραζεί·	28
21	Οὐαί σοι,	Χοραζεί·	565

---

lac. 11.18-21 𝔓⁴⁵ A H P Q Γ 69

A **19** εσθιον L | πεινων D | πινον L | λεγουσι 28 | οινοπωτης Y f^1 | αμαρτολων L* | εδικεωθη ℵ | εδικαιοθη L | σωφηα L **20** ειρξατο 1071 | ονιδιζειν ℵ W Δ Θ | ονιδιζεν L | αιν ες (εν αις) L **20** πλισται ℵ Θ | πλειστε L | πλησται 13 1071 | δυναμις ℵ | δυναμης Θ | ε (αι²) 579 | μεταινοησαν Θ

B **19** υς ℵ C 𝔐 K L M N S U Δ Π Ω 2 33 1424 | ανου ℵ C E G Y K L M N S U W Δ Π Ω f^1 118 f^{13} 124 2 28 157 565 700 788 1071 1346 | ανος ℵ C 𝔐 K L M N S U W Δ Π Θ Ω f^1 118 f^{13} 124 2 28 157 565 579 700 788 1346 1424 **20** ις C Y K L N W Π Θ f^1 f^{13} 124 565 579 788 1346

C **19** τελ 118 **20** αρχ τς δ̄: τη δ της δ̄ εβδ τω καιρω εκεινω ηρξατο ο ις ονειδιζειν Π | αρχ μβ τη δ τς δ̄ εβδ τω καιρω (+ εκεινω 118) ηρξατο ο ις ονειδιζειν f^1 118 | αρχ τς δ̄: τω καιρω εκεινω. ηρξατο ο ις ονειδιζειν 28 | αρχ τη δ̄ 157 | τε τς υ̅ Π | τελ ή f^1

D **20** ρη/ε ℵ G Y M N S U Π Ω 118 124 28 | ρη C D F K L Θ f^1 f^{13} 2 157 579 1071 1346 | ρη/ε E | ρη/ι 788 1424 | Ευ Μθ ρη : Ιω . : Λο ριε : Μρ . E | Μθ ρη : Λο ριε Μ | Μθ ρη : Μρ ριη : Λο . : Ιω . 124 **21** ρθ/ι Y U | ρθ/ε 1424

οὐαί σοι, Βηθσαϊδάν· B 𝕸 M U W Δ Θ f¹³ 700 788 1346 **wτ**
οὐαί σοι, <u>Βηδσαϊδάν</u>· ℵ K Π 565
οὐαί σοι, <u>Βηθσαϊδά</u>· C N f¹ 33 157 579 1071 1424 **u**
<u>καὶ</u> <u>Βεθσαειδά</u>· D
οὐαί σοι, <u>Βιθσαϊδά</u>· L
οὐαί <u>σου</u>, <u>Βιθσαϊδάν</u>· S
οὐαί <u>σου</u>, Βηθσαϊδάν· Ω
οὐαί σοι, <u>Βιθσαϊδάν</u>· 28

ὅτι εἰ ἐν Τύρῳ καὶ Σειδῶνι ἐγένοντο B* Δ Θ
ὅτι εἰ ἐν Τύρῳ καὶ <u>Σιδῶνι</u> ἐγένοντο Bᶜ ℵ* C 𝕸 K M N U W Π f¹ f¹³ 2 28 579 700 788
ὅτι <u>ἡ</u> ἐν Τύρῳ καὶ <u>Σιδῶνι</u> ἐγένοντο ℵᶜ 565 [↑1346 **uwτ**
ὅτι εἰ ἐν Τύρῳ καὶ <u>Σιδώνει</u> <u>ἐγεγόνεισαν</u> D
<u>ὅτι</u> ἐν Τύρῳ καὶ <u>Σιδῶνι</u> ἐγένοντο L 1071
ὅτι εἰ ἐν Τύρῳ καὶ <u>Σιδῶνι</u> <u>ἐγενήθησαν</u> 33 157 1424

αἱ δυνάμεις αἱ γενόμεναι ἐν ὑμῖν, B **uwτ** rell
αἱ δυνάμεις αἱ γενόμεναι ἐν <u>σοι</u>, 1424

πάλαι ἂν ἐν σάκκῳ καὶ σποδῷ μετενόησαν. B **uwτ** rell
πάλαι ἂν ἐν σάκκῳ καὶ σποδῷ <u>καθήμενοι</u> μετενόησαν. ℵ C U 33
πάλαι ἂν ἐν σάκκῳ καὶ σποδῷ <u>καθημεναι</u> μετενόησαν. Δ f¹ 1424

22 πλὴν λέγω ὑμῖν,

Τύρῳ καὶ Σειδῶνι ἀνεκτότερον ἔσται B D Δ
<u>ὅτι γῆ</u> <u>Σοδομῶν</u> ἀνεκτότερον ἔσται N
Τύρῳ καὶ <u>Σιδόνει</u> ἀνεκτότερον ἔσται W
Τύρῳ καὶ <u>Σιδῶνι</u> ἀνεκτότερον ἔσται **uwτ** rell

ἐν ἡμέρᾳ κρίσεως ἢ ὑμῖν. B **uwτ** rell
ἐν ἡμέρᾳ κρίσεως <u>ἢν</u> ὑμῖν. D*
ἐν ἡμέρᾳ κρίσεως ἢ <u>σοι</u>. M*
ἐν ἡμέρᾳ κρίσεως. 1346

23 καὶ σύ, Καφαρναούμ, B ℵ D 700 **uw**
23 καὶ σύ, <u>Καπερναούμ</u>, **τ** rell

μὴ ἕως οὐρανοῦ ὑψωθήσῃ; B ℵ D W Θ **uw**
μὴ ἕως <u>τοῦ</u> οὐρανοῦ ὑψωθήσῃ; C 1 1582*
<u>ἢ</u> ἕως <u>τοῦ</u> οὐρανοῦ <u>ὑψώθης</u>; 𝕸 U 118 f¹³ 700 1346
<u>ἢ</u> ἕως <u>τοῦ</u> οὐρανοῦ <u>ὑψωθεῖσα</u>; K M N Π 1582ᶜ 2 33 565 579 1424 **τ**
μὴ ἕως <u>τοῦ</u> οὐρανοῦ <u>ὑψώθης</u>; Y*
μὴ ἕως <u>τοῦ</u> οὐρανοῦ <u>ὑψωθήσα</u>; Yᶜ
<u>ἢ</u> ἕως <u>τοῦ</u> οὐρανοῦ <u>ὑψωθήσει</u>; L
<u>ἢ</u> ἕως οὐρανοῦ <u>ὑψωθεῖσα</u>; Δ 124 157
<u>ἢ</u> ἕως οὐρανοῦ <u>ὑψώθης</u>; 28 788
<u>ἢ</u> ἕως <u>τοῦ</u> οὐρανοῦ <u>ὑψωθῆσα</u>; 1071

ἕως ᾅδου καταβήσῃ. B Dᶜ W **uw**
<u>ἢ</u> ἕως ᾅδου καταβήσῃ. D*
<u>ἢ</u> ἕως ᾅδου <u>καταβιβασθήσῃ</u>. L
ἕως ᾅδου <u>καταβιβασθήσῃ</u>. **τ** rell

lac. 11.21-23 𝔓⁴⁵ A H P Q Γ 69

A 21 οτ C | δυναμις ℵ 579 | ε γενομενε L | υμειν D | σακω L **22** υμειν^1.2 D | ανεκτωτερον K 579 | εστε ℵ D L | κρεισεως D | κρησεως 2* | ι (η) Θ **23** σοι (συ) L | ι (η) 2 | ες¹ (εως) S | υψωθησα Yᶜ 2* 565 | ες² (εως) E* | καταβιβασθησει L 13 565 | καταβιβασθειση 118 | καταβηβασθησει 2* | καταβηβασθειση 28* | καταβιβασθησει 28ᶜ | καταβασθηση 579* | καταβιβασθησει 124 1071 1424

B 23 ουνου ℵ F G Y K L M S U Π Ω f¹ 118 f¹³ 2 28 157 565 579 700 788 1071 1346 1424

D 23 ρ̄θ̄ L f¹ 579 1071

ὅτι εἰ ἐν Σοδόμοις ἐγενήθησαν   Β ℵ D *f*¹ **uw**
ὅτι   ἐν Σοδόμοις ἐγενήθησαν   C
ὅτι   ἐν <u>Σωδόμοις</u> <u>ἐγένοντο</u>   L
ὅτι   ἐν Σοδόμοις <u>ἐγένοντο</u>   U 1346
ὅτι εἰ ἐν Σοδόμοις <u>ἐγένοντο</u>   τ rell

αἱ δυνάμεις αἱ γενόμεναι ἐν σοί,

ἔμεινεν ἂν μέχρι τῆς σήμερον.   Β ℵ C 1 1582* 118 33 **uw**
<u>ἔμειναν</u> ἂν μέχρι τῆς σήμερον.   D 𝔐 K U Π 1582ᶜ *f*¹³ 2 28 157 565 700 788 1071 1346 τ
<u>ἔμεινον</u> ἂν μέχρι τῆς σήμερον.   L W Δ Θ
<u>ἔμενον</u> ἂν μέχρι τῆς σήμερον.   M
<u>ἔμενεν</u> ἂν μέχρι τῆς σήμερον.   N
<u>ἔμειναν</u>   μέχρι τῆς σήμερον.   579
<u>ἔμειναν</u> ἂν μέχρι   σήμερον.   1424

24   πλὴν λέγω ὑμῖν

ὅτι   γῇ Σοδόμων ἀνεκτότερον ἔσται   Β **uwτ** rell
        <u>ἀνεκτότερον</u> <u>ἔσται</u>   <u>γῇ</u> <u>Σοδόμων</u>   ℵ
ὅτι   <u>γῆς</u> Σοδόμων ἀνεκτότερον ἔσται   D
ὅτι   γῇ <u>Σω δόμων</u> ἀνεκτότερον ἔσται   L
        <u>γῇ Σοδόμων ἀνεκτότερον ἔσται</u>   N 33
ὅτι   γῇ <u>Σοδώμον</u> ἀνεκτότερον ἔσται   2
ὅτι   <u>ἀνεκτότερον</u> <u>ἔσται</u>   <u>γῇ</u> <u>Σοδόμων</u>   1424

ἐν ἡμέρᾳ κρίσεως ἢ   σοί.   Β **uwτ** rell
ἐν ἡμέρᾳ κρίσεως <u>ἦν</u>   <u>ὑμεῖν</u>.   D*
ἐν ἡμέρᾳ κρίσεως ἢ   <u>ὑμεῖν</u>.   Dᶜ
ἐν ἡμέρᾳ κρίσεως ἢ   <u>σύ</u>.   157
ἐν ἡμέρᾳ <u>κρίσεως</u>.   565
ἐν ἡμέρᾳ κρίσεως ἢ   <u>ὑμῖν</u>.   1424

The Truth Hidden From The Wise And Revealed To The Immature
(Luke 10.21-22)

o̅δ̅ **25** Ἐν ἐκείνῳ τῷ καιρῷ ἀποκριθεὶς ὁ Ἰησοῦς εἶπεν,   Β **uwτ** rell
25 Ἐν ἐκείνῳ τῷ καιρῷ ἀποκριθεὶς <u>εἶπεν</u> <u>ὁ</u> <u>Ἰησοῦς</u>,   𝔭⁶²

Ἐξομολογοῦμαί σοι, πάτερ,   Β **uwτ** rell
<u>Ἐξομωλογοῦμεν</u> σοι, πάτερ,   Θ

κύριε τοῦ οὐρανοῦ καὶ τῆς γῆς,

ὅτι   ἔκρυψας ταῦτα ἀπὸ σοφῶν καὶ συνετῶν   Β ℵ D **uw**
ὅτι   <u>ἔγρυψας</u> ταῦτα ἀπὸ σοφῶν καὶ συνετῶν   𝔭⁶²
ὅτι <u>ἀπέκρυψας</u> <u>αὐτὰ</u> ἀπὸ σοφῶν καὶ συνετῶν   L 2 565
ὅτι <u>ἀπέκρυψας</u> ταῦτα ἀπὸ σοφῶν καὶ <u>δυνατῶν</u>   1
ὅτι <u>ἀπέκρυψας</u> ταῦτα ἀπὸ σοφῶν καὶ συνετῶν   τ rell

---

lac. 11.23-25 𝔭⁴⁵ A H P Q Γ 69

A **23** δυναμις ℵ | ε γενομενε L | ε (αι²) 1071 | γενομενε, συ 579 | εμινον Δ Θ | μεχρη L | τη (της) C L **24** υμειν D | υμι L | εστε ℵ | κρησεως 2* **25** εκινω ℵ ¦ εκειν Υ* | αποκριτις ℵ ¦ αποκρειθεις D | αποκριθης 579 | εξομολογουμε L | σωφων L

B **25** ι̅ς̅ Β 𝔭⁶² ℵ C 𝔐 K L M N S U W Δ Θ Π Ω *f*¹ 118 *f*¹³ 124 2 33 28 157 565 579 700 788 1071 1346 1424 ¦ ι̅η̅ς̅ D | π̅ε̅ρ̅ ℵ C 𝔐 K L M N S U Δ Θ Π Ω *f*¹ 118 *f*¹³ 124 2 33 28 157 565 579 700 788 1071 1346 1424 ¦ π̅ρ̅ 𝔭⁶² ¦ κ̅ε̅ Β 𝔭⁶² ℵ C D 𝔐 L M N S U W Δ Θ Π Ω *f*¹ 118 *f*¹³ 124 2 33 28 157 565 579 700 788 1071 1346 1424 | ουνου F G Y K L M S U Δ Π Ω *f*¹ 118 *f*¹³ 124 2 28 157 565 579 700 788 1071 1346 1424

C **24** τελ 157

D **23** (ante οτι) ρ̅θ̅/ι̅ ℵ E G N S Π Ω 118 124 28 ¦ ρ̅θ̅ C D F K Θ *f*¹³ 157 1346 ¦ ρ̅θ̅/α M ¦ ρ̅θ̅/γ̅ 788 | Ευ Μθ ρ̅θ̅ : Ιω . : Λο . : Μρ . Ε | Μθ ρ̅θ̅ : Λο ριη M ¦ Μθ ρ̅θ̅ : Μρ . : Λο . : Ιω. 124 **25** ρ̅ι̅/ε̅ ℵ G Y M S U Π 118 124 788 1071 1424 ¦ ρ̅ι̅ C D F K L Θ Ω 1582 *f*¹³ 2 157 579 1346 ¦ ρ̅ι̅/ς̅ E ¦ ρ̅ι̅/ι̅ 28 | Ευ Μθ ρι : Ιω . : Λο ριη : Μρ . Ε | Μθ ρι M | Μθ ρι : Μρ . : Λο . : Ιω ρμι·λ· 124

καὶ ἀπεκάλυψας αὐτὰ νηπίοις·   B **uwτ** rell
καὶ <u>ἀπεκάλυψες</u> αὐτὰ νηπίοις·   D

[Cl Pd I 32.2 αγαλλιασαμενος γουν εν τω πνευματι Ιησους, <u>εξομολογουμαι σοι, πατερ</u>, φησιν, ο θεος <u>του</u>
<u>ουρανου και της γης, οτι απεκρυψας ταυτα απο σοφων και συνετων, και απεκαλυψας αυτα νηπιοις</u>]
[Cl Pd I 32.3 δια τουτο τα κεκρυμμενα <u>απο σοφων και συνετων</u> του νυν αιωνος απεκαλυφθη τοις <u>νηπιοις</u>]

26   ναί, ὁ πατήρ,   B **uwτ** rell
26   ναί, ὁ <u>πατέρ</u>,   Δ

ὅτι οὕτως εὐδοκία ἐγένετο ἔμπροσθέν σου.   B 𝔓[62] ℵ W Θ *f*[1] 33 **uw**
ὅτι οὕτως <u>ἐγένετο εὐδοκία</u> ἔμπροσθέν σου.   C D 𝔐 K L M N U Δ Π 118 *f*[13] 2 28 157 565 579
700 788 1071 1346 1424 τ

[Cl Pd I 32.3 <u>ναι, ο πατηρ, οτι ουτως ευδοκια εγενετο εμπροσθεν σου</u>].

27   Πάντα μοι παρεδόθη ὑπὸ τοῦ πατρός μου,   B **uwτ** rell
27   Πάντα μοι παρεδόθη ὑπὸ τοῦ πατρός,   ℵ*

καὶ οὐδεὶς ἐπιγινώσκει   τὸν υἱὸν   B **uwτ** rell
καὶ οὐδεὶς   <u>γινώσκει</u>   τὸν υἱὸν   C
καὶ οὐδεὶς <u>ἐπιγεινώσκει</u> τὸν υἱὸν   D
καὶ οὐδεὶς ἐπιγινώσκει   τὸν <u>πατὴρ</u>   N
καὶ οὐδεὶς <u>ἐπιγιγνώσκει</u> τὸν υἱὸν   W

εἰ μὴ ὁ πατήρ,   B **uwτ** rell
εἰ μὴ ὁ <u>υἱός</u>,   N

οὐδὲ τὸν πατέρα τις ἐπιγεινώσκει   B D
οὐδὲ τὸν <u>υἱὸν</u> τις ἐπιγινώσκει   N
οὐδὲ τὸν πατέρα τις <u>ἐπιγιγνώσκει</u>   W   [↓1071 1346 1424 **uwτ**
οὐδὲ τὸν πατέρα τις ἐπιγινώσκει   𝔓[62] ℵ C 𝔐 K L M U Δ Θ Π *f*[1]*f*[13] 2 33 28 157 565 579 700 788

εἰ μὴ ὁ υἱός   B **uwτ** rell
εἰ μὴ ὁ <u>πατὴρ</u>   N

---

lac. 11.25-27 𝔓[45] A H P Q Γ 69

A 25 απεκαλυλυψας E ¦ νιπιοις E L **26** ουτος L 1346 ¦ ευδοκεια D W ¦ ευδωκια Θ* ¦ ενπροσθεν D **27** παρεδωθη L Θ 579 1071
1424 ¦ ουδις ℵ ¦ επιγινωσκι[1.2] ℵ ¦ μει (μη[1]) L ¦ μι 1346 1424 ¦ μι (μη[2]) L 1424 ¦

B 26 π̅η̅ρ̅ 𝔓[62] ℵ C 𝔐 K L M N S U W Θ Π Ω *f*[1] 118 *f*[13] 124 2 33 28 157 565 579 700 788 1071 1346 1424 ¦ πε̅ρ̅ Δ **27** π̅ρ̅ς̅ ℵ C
D F G Y K L M N S U W Δ Θ Π Ω *f*[1] 118 *f*[13] 124 2 28 157 565 579 700 788 1071 1346 1424 ¦ υ̅ν̅ ℵ C 𝔐 K L M S U Π Ω *f*[1] 2
33 28 565 1424 ¦ π̅ρ̅α̅ N ¦ π̅η̅ρ̅ ℵ C 𝔐 K L M S U W Δ Θ Π Ω *f*[1] 118 *f*[13] 124 2 33 28 157 565 579 700 788 1071 1346 1424 ¦ υ̅ς̅ N
¦ π̅ρ̅α̅ ℵ C 𝔐 K L M S U W Δ Θ Π Ω *f*[1] 118 *f*[13] 124 2 33 28 157 565 579 700 788 1071 1346 1424 ¦ υ̅ν̅ N ¦ υ̅ς̅[1.2] 𝔓[62] ℵ C 𝔐 K L
M S U Π Ω *f*[1] 2 33 28 565 1424 ¦ π̅η̅ρ̅[1] N ¦ υ̅ς̅[2] N Δ

C 26 τελος της ε̅ (post εμπρ. σου) G *f*[13] ¦ τελ S Y 788 1346 ¦ τελ τς ε̅ γ̅ εβδ M ¦ τελ τς δ̅ Π *f*[1] 28 **27** αρχη: εις ουσιος· ειπεν ο
κ̅ς̅ τοις εαυτου μαθηταις E ¦ αρχ: τη παρασ, της γ̅ εβδ <u>ειπεν</u> ο κ̅ς̅ τοις εαυτου μαθητ, παντα μοι παρ, εις οσιους G ¦ αρχ: τη
παρα, της γ̅ εβδ <u>λεγει</u> δε κ, τ̅ Σο ευθυμιου αρχ ειπεν ο κ̅ς̅ παντα <u>μοι</u> παρεδοθη υπο του Υ ¦ αρχ εκ μου του αγιου <u>σαβα</u> L ¦ Μθ
τη παρασκ ε τς γ̅ κ, μη ιαννου αρ, κ του Σο ευθυμιου αρχ ειπεν ο κ̅ς̅ τοις εαυτου μαθ παντα μ, M ¦ τη παρασκ τς γ̅ εβδ ειπ ο κ̅ς̅
τ εαυτ <u>μαθ</u> S ¦ αρχ· τη γ̅ τς δ̅ εβδ και εις οσιους ειπ ο κ̅ς̅ τοις εαυτου μαθηταις παντα μοι παρεδοθη Π ¦ αρχ μ̅γ̅ τη ε̅ τς δ̅ εβδ
ειπ ο κ̅ς̅ τοις εαυτου (+ μαθ 118) παντα μοι παρεδοθη *f*[1] 118 ¦ αρχ: εις Σο ειπεν ο κ̅ς̅ τοις εαυτ μαθητ 2 ¦ αρχ ειπεν <u>ο</u> κ̅ς̅ εις τ
Σα ιαββαν κ, ευθυμι Ω ¦ αρχ της ε̅ 28 ¦ της ε̅: ειπεν ο κ̅ς̅ τοις εαυτου μαθητ. παντ μοι παρεδωθη υπο του 28 ¦ αρχ τη ε̅ του αγ̅
ευθμ́του και εις τον αγιον σάββ 157 ¦ αρχ λεγτ του αγ̅ ευθμ 1346 ¦ και εις Σο′ 157

D 27 ρ̅ι̅α̅/γ̅ ℵ G Y S U Ω 118 124 788 1071 1424 ¦ ρ̅ι̅α̅ C D F K L Θ *f*[1] *f*[13] 28[2] 157 579 1346 ¦ ρ̅ι̅α̅/δ̅ E Π ¦ ρ̅ι̅α̅/ε̅ M ¦ ρ̅ι̅α̅/ι̅ N 28
¦ Ευ   Μθ ρ̅ι̅α̅ : Ιω λ̅ : Λο ρ̅ι̅θ̅ : Μρ . E ¦ Μθ ρ̅ι̅α̅ : Μρ κ̅δ̅ : Λο ρ̅ι̅η̅ M ¦ Μθ ρ̅ι̅α̅ : Μρ ρ̅ι̅η̅ : Λο . : Ιω ρ̅ι̅α̅, π̅ζ̅ 124 ¦ ρ̅ι̅β̅ (ante και
ουδεις) C D F K Θ *f*[1] 2 157 579 1346 ¦ ρ̅ι̅β̅/δ̅ E ¦ ρ̅ι̅β̅/γ̅ G S Y M U Π Ω 118 124 28 788 1071 1424 ¦ ρ̅ι̅β̅/ς̅ N ¦ Ευ Μθ ρ̅ι̅β̅ : Ιω η̅ :
Λο ρ̅ι̅θ̅ : Μρ . E ¦ Μθ ρ̅ι̅β̅ : Λο ρ̅ι̅θ̅ M ¦ Μθ ρ̅ι̅β̅ : Μρ ρ̅ι̅θ̅ : Λο . : Ιω μ̅δ̅, ξ̅α̅ 124 ¦ (ante ουδε τον) ρ̅ι̅β̅/γ̅ ℵ

καὶ ᾧ ἐὰν βούληται ὁ υἱὸς ἀποκαλύψαι.   B **uwτ** rell
καὶ ᾧ <u>ἂν</u> βούληται ὁ υἱὸς ἀποκαλύψαι.   D
καὶ ᾧ <u>ἂν</u> <u>βούλεται</u> ὁ υἱὸς ἀποκαλύψαι.   124
καὶ ᾧ <u>ἂν</u> <u>βουλήθη</u> ὁ υἱὸς ἀποκαλύψαι.   33
καὶ ᾧ ἐὰν <u>βούλεται</u> ὁ υἱὸς ἀποκαλύψαι.   579 1071

[Cl S I 178.2 <u>ουδεις</u> γαρ εγνω <u>τον υιον</u> ει μη <u>ο πατηρ</u>, <u>ουδε τον πατερα</u> ει μη <u>ο υιος</u> <u>και ω αν ο υιος</u> αποκαλυψη]
[Cl Pr 10.3 θεον <u>ουδεις</u> εγνω, <u>ει μη ο υιος</u> <u>και ω αν ο υιος</u> <u>αποκαλυψη</u>] [Cl S VII 109.4 <u>ουδεις</u> γαρ, φησι, <u>γινωσκει</u>
<u>τον πατερα</u> <u>ει μη ο υιος</u> <u>και ω αν ο υιος</u> <u>αποκαλυψη</u>] [Cl Q 8.1 τουτον ουν πρωτον επιγνωναι τω ζησομενω την οντως
ζωην παρακελευεται ου <u>ουδεις</u> <u>επιγινωσκει</u> <u>ει μη ο υιος</u> <u>και ω αν ο υιος</u> <u>αποκαλυψη</u>] [Cl Pd I 20.2 θεον γαρ <u>ουδεις</u>
εγνω, <u>ει μη ο υιος</u> <u>και ω αν ο υιος</u> <u>αποκαλυψη</u>] [Cl Pd I 74.1 και τουτο ην το <u>ουδεις</u> εγνω <u>τον πατερα</u> παντα αυτον
οντα, πριν ελθειν τον υιον] [Cl S V 84.3 επει μηδεις, φησιν ο κυριος, <u>τον πατερα</u> εγνω, <u>ει μη ο υιος</u> <u>και ω αν ο υιος</u>
<u>αποκαλυψη</u>] [Cl S VII 58.4 και μονος ο παντοκρατωρ ον <u>ουδεις</u> εγνω <u>ει μη ο υιος</u> <u>και ω αν ο υιος</u> αποκαλυψη]
[Cl Pd I 88.2 και πρωτος ουτος την εξ ουρανων αγαθην κατηγγειλεν δικαιοσυνην <u>ουδεις</u> εγνω <u>τον υιον</u> ει μη <u>ο</u>
<u>πατηρ</u>, λεγων, <u>ουδε τον πατερα</u> <u>ει μη ο υιος</u>] [Cl Exc 7.1 τουτεστιν ο υιος οτι δι υιου ο πατηρ εγνωσθη].

The Easy Yoke And The Light Burden

o̅ε̅ **28** Δεῦτε   πρός με   B **uwτ** rell
28 Δεῦτε   118
28 Δεῦτε <u>πάντες</u> πρός με   1071

πάντες οἱ κοπιῶντες καὶ πεφορτισμένοι,   B **uwτ** rell
πάντες οἱ κοπιῶντες καὶ πεφορτισμένοι <u>ἔσται</u>,   D
πάντες οἱ κοπιῶντες καὶ πεφο·················   33
οἱ κοπιῶντες καὶ πεφορτισμένοι,   1071

κάγὼ ἀναπαύσω ὑμᾶς.   B **uwτ** rell
········· ········ παύσω ὑμᾶς.   33

[Cl Pd I 91.2 και παλιν λεγει, <u>δευτε</u> <u>προς με</u> <u>παντες</u> <u>οι κοπιωντες</u> <u>και</u> <u>πεφορτισμενοι</u>, <u>καγω</u> αναπαυσω <u>υμας</u> και τα
επι τουτοις α αυτοπροσωπει ο κυριος] [Cl Pr 120.5 <u>δευτε</u> <u>προς με</u> <u>παντες</u> <u>οι</u> <u>κοπιωντες</u> <u>και</u> <u>πεφορτισμενοι</u>, <u>καγω</u>
<u>αναπαυσω</u> <u>υμας</u>].

29 ἄρατε τὸν ζυγόν μου ἐφ᾿ ὑμᾶς   B **uwτ** rell
29 ἄρατε τὸν ζυγόν   ἐφ᾿ ὑμᾶς   13
29 ἄρατε ······ ······ γόν μου ἐφ᾿ ὑμᾶς   33

καὶ μάθετε ἀπ᾿ ἐμοῦ,   B **uwτ** rell
καὶ μάθετε,   ℵ*
καὶ μάθετε ἀπ᾿ ·········   33

ὅτι πραΰς εἰμι καὶ ταπεινὸς τῇ καρδίᾳ,   B 𝔓⁶² ℵ C* D Cl **uw**
······ ·············· ······ ················· ········   33
ὅτι <u>πρᾶός</u> εἰμι καὶ ταπεινὸς τῇ καρδίᾳ,   τ rell

καὶ εὑρήσεται ἀνάπαυσιν ταῖς ψυχαῖς ὑμῶν·   B* C D U W Δ Θ Ω 118 13 157 788 1346
καὶ <u>εὑρήσετε</u> ἀνάπαυσιν ταῖς ψυχαῖς <u>ἡμῶν</u>·   L 2ᶜ
καὶ εὑρήσεται ἀνάπαυσιν ταῖς ψυχαῖς <u>ἡμῶν</u>·   2*
······ ····ρήσεται ἀνάπαυσιν ταῖς ψυχαῖς ·········   33
καὶ <u>εὑρήσητε</u> ἀνάπαυσιν ταῖς ψυχαῖς ὑμῶν·   28   [↓1424 **uwτ**
καὶ <u>εὑρήσετε</u> ἀνάπαυσιν ταῖς ψυχαῖς ὑμῶν·   𝔓⁶² ℵ 𝔐 K M N Π f¹ 124 28 565 579 700 1071

[Cl Pr 120.5 <u>αρατε</u> <u>τον ζυγον</u> <u>μου</u> <u>εφ υμας</u> <u>και</u> <u>μαθετε</u> <u>απ εμου</u>, οτι <u>πραυς</u> <u>ειμι</u> <u>και</u> <u>ταπεινος</u> <u>τη καρδια</u>, <u>και</u>
<u>ευρησετε</u> <u>αναπαυσιν</u> <u>τοις</u> <u>ψυχαις</u> <u>υμων</u>] [Cl S II 22.5 <u>αρατε</u>, φησιν, αφ υμων τον βαρυν <u>ζυγον</u> και λαβετε τον
πραον η γραφη φησι].

lac. **11.27-29** 𝔓⁴⁵ A H P Q Γ 69

A 27 ο (ω) L S Θ Ω 124 2*157 1071 ¦ εν (εαν)) E ¦ βουλητε ℵ Θ ¦ βουλετε L ¦ βουλεται N W 28 157 1424 ¦ αποκαλυψε ℵ
28 δευται Θ ¦ κωκπιοντες 𝔓⁶² ¦ κοπιοντες E 1071 ¦ πεφορτησμενοι 2* **29** των (τον) Θ ¦ υμα L ¦ μαθεται D W Θ 2* ¦ ειμει D W ¦
ταπινος ℵ L* N W Θ ¦ ψυχες ℵ

D 28 ριγ/ι̅ ℵ G Y N S U Π Ω 118 <u>124</u> 28 788 <u>1071</u> 1424 ¦ ριγ C D F K Θ f¹ 2 28² 157 579 1346 ¦ ριγ/γ̅ M ¦ ριβ f¹³ ¦ Ευ Μθ ριγ
: Ιω . : Λο . : Μρ . E ¦ Μθ ριγ : Λο ριθ M ¦ Μθ ριγ : Μρ . : Λο . : Ιω η, ος, ρ̅, ρνδ, ρμβ 124

30	ὁ γὰρ ζυγός μου χρηστὸς		B uwτ rell
30	ὁ γὰρ ζυγός μου χριστὸς		E K L 13 124 2* 579 1071
30	....		33
30	ὁ γὰρ ζυγός μου χρηστός ἐστι		157

καὶ τὸ φορτίον μου ἐλαφρόν ἐστιν. B uwτ rell
.... ἐλαφρόν ἐστιν. 33
καὶ τὸ φορτίον μου ἐλαφρόν. 157

[Cl S V 30.3 δια τουτο ο κυριος αρατε τον ζυγον μου, φησιν, οτι χρηστος εστι και αβαρης]
[Cl S II 126.3 ουτω τοινυν ημας ευλαβως προσιεναι πειρωμενους εκδεξεται ο χρηστος του κυριου ζυγος].

Harvesting And Threshing On The Sabbath
(Mark 2.23-28; Luke 6.1-5)

ο̅ς̅	**12.1** Ἐν ἐκείνῳ τῷ καιρῷ ἐπορεύθη	ὁ Ἰησοῦς	τοῖς σαββάτοις	διὰ τῶν	B
	12.1 Ἐν ἐκείνῳ τῷ καιρῷ ἐπορεύθη	ὁ Ἰησοῦς	σάββασιν	διὰ τῶν	D*
	12.1 Ἐν ἐκείνῳ τῷ καιρῷ ἐπορευ····	··	··········	··· ······	F
	12.1 Ἐν ἐκείνῳ τῷ καιρῷ ἐπορεύθη	ὁ Ἰησοῦς ἐν	τοῖς σάββασιν	διὰ τῶν	W
	12.1 Ἐν ἐκείνῳ τῷ καιρῷ ἐπορεύετο	ὁ Ἰησοῦς	τοῖς σάββασιν	διὰ τῶν	U 1424
	12.1 Ἐν ἐκείνῳ τῷ και····	··	··········	··· ······	33
	12.1 Ἐν ἐκείνῳ τῷ καιρῷ ἐπορεύθη	ὁ Ἰησοῦς	τοῖς σάββασιν	διὰ τῶν	uwτ rell

σπορίμων· οἱ δὲ μαθηταὶ αὐτοῦ ἐπείνασαν, καὶ ἤρξαντο	τίλλειν	στάχυας	Bᶜ uwτ rell
σπορίμων· ὁ δὲ μαθηταὶ αὐτοῦ ἐπείνασαν, καὶ ἤρξαντο	τίλλειν	στάχυας	B*
σπορίμων· οἱ δὲ μαθηταὶ αὐτοῦ ἐπείνασαν, καὶ ἤρξαντο τοῦ	στάχυας	τίλλειν	D
σπορίμων· οἱ δὲ μαθηταὶ αὐτοῦ ἐπείνασαν, καὶ ἤρξαντο	τίλλειν τοὺς	στάχυας	U W 118 28 700
.... οἱ δὲ μαθηταὶ αὐτοῦ ἐπείνασαν, ...	....	......	33
σπορίμων· οἱ δὲ μαθηταὶ αὐτοῦ ἐπείνασαν, καὶ εἴρξατο	τίλλειν	στάχυας	579
σπορίμων· οἱ δὲ μαθηταὶ αὐτοῦ ἐπείνασαν, καὶ ἤρξαντο	στάχυας	τίλλειν	1424

καὶ ἐσθίειν. 2	οἱ δὲ Φαρεισαῖοι	ἰδόντες		εἶπαν αὐτῷ, Ἰδοὺ οἱ	B
καὶ ἐσθίειν. 2	οἱ δὲ Φαρισαῖοι	ἰδόντες		εἶπαν αὐτῷ, Ἰδοὺ οἱ	ℵ uw
καὶ ἐσθίειν. 2	οἱ δὲ Φαρισαῖοι	ἰδόντες αὐτοὺς		εἶπαν αὐτῷ, Ἰδοὺ οἱ	C
καὶ ἐσθίειν. 2	οἱ δὲ Φαρισαῖοι	ἰδόντες αὐτοὺς		εἶπον αὐτῷ, Ἰδοὺ οἱ	D L Δ f¹³ 788 1346
καὶ ἐσθίειν. 2	οἱ δὲ Φαρισέοι	ἰδόντες αὐτοὺς αὐτοὺς	εἶπαν αὐτῷ, Ἰδοὺ οἱ	Θ*
καὶ ἐσθίειν. 2	οἱ δὲ Φαρισαῖοι	ἰδόντες αὐτοὺς αὐτοὺς	εἶπαν αὐτῷ, Ἰδοὺ οἱ	Θᶜ
.... 2	......σαῖοι	ἰδόντες αὐτοὺς		εἶπον	33
καὶ ἐσθίειν. 2	οἱ δὲ Φαρισαῖοι	ἰδόντες		εἶπον αὐτῷ, Ἰδοὺ οἱ	𝔐 K M N U W Π f¹ 2 28
					157 565 579 700 1071 1424 τ

lac. 11.30-12.2 𝔓⁴⁵ A H P Q Γ 69 ⁞ vss. 12.1-3 F

A 30 φορτιων 579 | εστην N **12.1** εκινω ℵ | επορευθει Θ | σαβασι K | σαββασι M U f¹ 124ᶜ 28 157 700 ⁞ σαββασιν 565 | μαθητε ℵ | επινα^σαν ℵ C D L M N W Θ | ηρξαττο M | ειρξαντο 1071 | τιλλιν ℵ E N W | τιλειν L | τιλλην 1346 | σταχοιας L | στραχυας 565 | αισθειν D | εσθειεν 1071 2 ο (οι) 28 | ειδοντες Dᶜ| ειπαν E*

B 30 χ̅ς̅ 13 124 1071 **12.1** ι̅ς̅ B ℵ C 𝔐 K L M N U W Δ Θ Π Ω S f¹ 118 f¹³ 124 2 28 157 565 579 700 788 1071 1346 1424 ⁞ ι̅η̅ς̅ D

C 30 τελος (post εστιν) E F S Y Ω 118 f¹³ 788 1071 1346 ⁞ τελος της παρ. G M ⁞ τε τς ε̅ και τω νοσο Π ⁞ τελ του ε̅ f¹ 28 **12.1** αρχη F 124 1346 | αρχη: εις τον αγιον κληματον τω καιρω εκεινω (ante επορευθη) E ⁞ αρχη· τη β̅ της δ̅ εβδ εις τον αγιον κλιμεντον τω καιρω επορευθη ο ι̅ς̅ G ⁞ αρχ: μ̅, Ιανν,ου κγ̅ του αγιου κλημ. αρχ τω κ,ρ,ω επορευθη ο ι̅ς̅ τοις σαββασι δια των σποριμω Υ ⁞ του αγιου ιερ μρ κλημεντ L ⁞ αρχ: Μθ τη β̅ τς δ̅ κ, μη ιαννου αρ, κγ̅ του αγ, ιερο μρ και μεντος αγκυρ, αρχ τω καιρ, επορευθη ο ι̅ς̅ τοις σαββασι δια τ,ω M ⁞ τη β̅ τς δ̅ εβδ τω κ S ⁞ τη παρ, τς δ̅ εβδ τω καιρω εκεινω επορευθη ο ι̅ς̅ Π ⁞ αρχ τω καιρω ιανου κγ̅ του αγιου μρ κλημεντ Ω ⁞ αρχ μ̅δ̅τη ε̅ τς δ̅ εβδ τω καιρω επορευθη ο ι̅ς̅ f¹ ⁞ αρχ μ̅δ̅τη δ̅εβδ τω εκεινω επορευετοο ι̅ς̅ τοιδς Σα κ,ε βκ̅α̅ κ,υ κ,ε κ̅ε̅ 118 ⁞ αρχ λ,ειτο ···· f¹³ ⁞ αρχ: εις τ αγιο κλημ· τω καιρω εκ, 2 ⁞ αρχ της β̅: τω καιρω εκειν επορευθη ο ι̅ς̅ τς σαββασιν 28⁞ αρχ τη ς̅ και μ̅ρ̅μ̅ρ̅ και εις τον αγιον κλημεντα αγκυ 157 ⁞ αρχ + Σο Σο και του αγ μω 1071 ⁞ αρχη τω καιρω 1424

D 30 ρι̅δ̅ 2 **12.1** ρι̅δ̅/β̅ ℵ E Y M N S U Π Ω 118 28 1071 1424 ⁞ ρι̅δ̅ C D K Θ f¹ f¹³ 28² 157 579 1346 ⁞ ρι̅δ̅/ι̅ G ⁞ ρι̅δ̅/ε̅ 124 788| Ευ Μθ ρι̅δ̅ : Ιω . : Λο μ̅α̅ : Μρ κ̅δ̅ E | Μθ ρι̅δ̅ : Λο μ̅α̅ M | Μθ ρι̅δ̅ : Μρ κ̅δ̅ : Λο μ̅α̅ : Ιω ο̅δ̅ 124

μαθηταί σου   ποιοῦσιν ὃ οὐκ ἔξεστιν ποιεῖν ἐν   σαββάτῳ. 3 ὁ δὲ   B uwτ rell
μαθηταί σου   ποιοῦσιν ὃ οὐκ ἔξεστιν ποιεῖν ἐν   σαββάτῳ. 3 ὁ δὲ ᾽Ιησοῦς   Θ 28
....   ἐν   σαββάτῳ. 3 ὁ δὲ   33
μαθηταί σου   ποιοῦσιν ὃ οὐκ ἔξεστιν ποιεῖν ἐν τοῖς σάββασιν. 3 ὁ δὲ   157
μαθηταί σου   ποιοῦσιν ὃ οὐκ ἔξεστιν ποιεῖν ἐν τοῖς σάββασιν. 3 οἱ δὲ   1071
μαθηταί σου   ποιοῦσιν ἃ οὐκ ἔξεστιν ποιεῖν ἐν   σαββάτῳ. 3 ὁ δὲ ᾽Ιησοῦς   1346
μαθηταί σου, τι ποιοῦσιν ὃ οὐκ ἔξεστιν ποιεῖν ἐν   σαββάτῳ; 3 ὁ δὲ   1424

εἶπεν αὐτοῖς, Οὐκ ἀνέγνωτε τί ἐποίησεν Δαυεὶδ ὅτε ἐπείνασε   καὶ οἱ   B D W w
εἶπεν αὐτοῖς, Οὐκ ἀνέγνωτε τί ἐποίησεν δαδ̄ ὅτε ἐπείνασεν αὐτὸς καὶ οἱ   Y L Θ 1582ᶜ 118 f¹³ 157
εἶπεν αὐ........ ....   καὶ οἱ   33   [↑1346 1424
εἶπεν αὐτοῖς, Οὐκ ἀνέγνωτε ὁ ἐποίησεν δαδ̄ ὅτε ἐπείνασεν   καὶ οἱ   1071
εἶπεν αὐτοῖς, Οὐκ ἀνέγνωτε τί ἐποίησεν Δαυὶδ ὅτε ἐπείνασεν   καὶ οἱ   u
εἶπεν αὐτοῖς, Οὐκ ἀνέγνωτε τί ἐποίησεν Δαβὶδ ὅτε ἐπείνασεν αὐτὸς καὶ οἱ τ
εἶπεν αὐτοῖς, Οὐκ ἀνέγνωτε τί ἐποίησεν δαδ̄ ὅτε ἐπείνασε   καὶ οἱ   ℵ C 𝔐 K M N U Δ Π 1
                                                                       1582* 124 2 28 565 579 700 788

μετ᾽ αὐτοῦ; 4 πῶς εἰσῆλθεν εἰς τὸν οἶκον τοῦ θεοῦ καὶ τοὺς ἄρτους τῆς προθέσεως   B uwτ rell
μετ᾽ αὐτοῦ; 4 πῶς εἰσῆλθεν εἰς τὸν οἶκον τοῦ θεοῦ καὶ τοὺς ἄρτους τῆς προσθέσεως   D
μετ᾽ αὐτοῦ; 4 ὡς εἰσῆλθεν εἰς τὸν οἶκον τοῦ θεοῦ καὶ τοὺς ἄρτους τῆς προθέσεως   W
μετ᾽ αὐτῷ; 4 πῶς εἰσῆλθεν εἰς τὸν οἶκον τοῦ θεοῦ καὶ τοὺς ἄρτους τῆς προθέσεως   Δ
μετ᾽ αὐτοῦ; 4 πῶς εἰση........   33

ἔφαγον, ὃ   οὐκ ἐξὸν ἦν   αὐτῷ φαγεῖν οὐδὲ τοῖς μετ᾽ αὐτοῦ, εἰ μὴ τοῖς ἱερεῦσιν μόνος;   B uw
ἔφαγον, οὓς οὐκ ἐξὸν ἦν   αὐτῷ φαγεῖν οὐδὲ τοῖς μετ᾽ αὐτοῦ, εἰ μὴ τοῖς ἱερεῦσιν μόνος;   ℵ
ἔφαγεν, οὓς οὐκ ἔξεστιν   αὐτῷ φαγεῖν οὐδὲ τοῖς μετ᾽ αὐτοῦ, εἰ μὴ τοῖς ἱερεῦσιν μόνος;   C 2
ἔφαγεν, ὃ   οὐκ ἦν ἐξὸν   αὐτῷ φαγεῖν οὐδὲ τοῖς μετ᾽ αὐτοῦ, εἰ μὴ τοῖς ἱερεῦσιν μόνος;   D
ἔφαγεν, οὓς οὐκ ἐξὸν ἦν   αὐτῷ φαγεῖν οὐδὲ τοῖς τοὺς μετ᾽ αὐτοῦ, εἰ μὴ τοῖς ἱερεῦσιν μόνον; L
ἔφαγεν, ὃ   οὐκ ἐξὸν ἦν   αὐτῷ φαγεῖν οὐδὲ τοῖς μετ᾽ αὐτοῦ, εἰ μὴ τοῖς ἱερεῦσιν μόνοις;   W f¹³ 788
ἔφαγεν, οὓς οὐκ ἐξὸν ἦν   αὐτῷ φαγεῖν οὐδὲ τοῖς μετ᾽ αὐτοῦ, εἰ μὴ τοῖς ἱερεῦσιν μόνον;   Δ
ἔφαγεν, οὓς οὐκ ἐξὸν ἦν   αὐτῷ φαγεῖν οὐδὲ τοῖς μετ᾽ αὐτοῦ, ἀλλ᾽ ἢ τοῖς ἱερεῦσιν;   f¹
ἔφαγεν, οὓς οὐκ ἔξεστιν   φαγεῖν οὐδὲ τοῖς μετ᾽ αὐτοῦ, εἰ μὴ τοῖς ἱερεῦσιν μόνοις;   118
.φαγεν, οἷς οὐκ ἔξεστιν   α.........   33
ἔφαγεν, οὓς οὐκ ἔξεστιν   φαγεῖν αὐτῷ οὐδὲ τοῖς μετ᾽ αὐτοῦ, εἰ μὴ τοῖς ἱερεῦσιν μόνοις;   28
ἔφαγεν, οὓς οὐκ ἐξὸν ἦν   φαγεῖν αὐτῷ οὐδὲ τοῖς μετ᾽ αὐτοῦ, εἰ μὴ τοῖς ἱερεῦσιν μόνοις;   1071
ἔφαγεν, ἢ   οὐκ ἐξὸν ἦν   αὐτῷ φαγεῖν οὐδὲ τοῖς μετ᾽ αὐτοῦ, εἰ μὴ τοῖς ἱερεῦσιν μόνοις;   1346
ἔφαγεν, οὓς οὐκ ἐξὸν ἦν   φαγεῖν αὐτῷ οὐδὲ τοῖς μετ᾽ αὐτοῦ, εἰ μὴ μόνον τοῖς ἱερεῦσιν;   1424
ἔφαγεν, οὓς οὐκ ἐξὸν ἦν   αὐτῷ φαγεῖν οὐδὲ τοῖς μετ᾽ αὐτοῦ, εἰ μὴ τοῖς ἱερεῦσιν μόνοιςᵀ; 𝔐 K M N U
                                                                                        Θ Π 157 565 579 700 τ

ᵀἐν τῷ ἱερῷ. 579

5 ἢ οὐκ ἀνέγνωτε ἐν τῷ νόμῳ ὅτι   τοῖς σάββασιν οἱ ἱερεῖς ἐν τῷ ἱερῷ   B 124 uwτ rell
5 ἢ οὐκ ἀνέγνωτε ἐν τῷ νόμῳ ὅτι ἐν   τοῖς σάββασιν οἱ ἱερεῖς ἐν τῷ ἱερῷ   C D W 157
5 ἢ οὐκ ἀνέγνωτε ἐν τῷ νόμῳ ὅτι τοῖς ἐν τῷ ἱερῷ τοῖς σάββασιν οἱ ἱερεῖς ἐν τῷ ἱερῷ   f¹³ 1346
5 ἢ ἂν ἀνέγνωτε ἐν τῷ νόμῳ ὅτι   τοῖς σάββασιν οἱ ἱερεῖς ἐν τῷ ἱερῷ   33
5 ἢ οὐκ ἀνέγνωτε ἐν τῷ νόμῳ ὅτι   τοῖς σάββασιν οἱ ἱερεῖς   579

lac. 12.2-5 𝔓⁴⁵ A F H P Q Γ 69

A 2 εξεστι Y M S U Θ f¹ 118 28 157 700 788 ¦ αιξεστιν L ¦ ποιην E 3 ανεγνωται D L W Θ ¦ εποιησε Y M U 118 157 700ᶜ 788 1346 ¦ επινασεν ℵ C D L* N W Θ 579 ¦ επεινασεν Y K Lᶜ S U Δ Π Ω f¹ f¹³ 124 2 28 157 565 700* 1424 4 εισηλλθεν Θ ¦ οικοιν E ¦ προσεως C ¦ εφαγε 157 ¦ εξων K 1071 1424 ¦ αιξων L ¦ εξεστι 28 ¦ φαγιν ℵ ¦ μι (μη) K L 2* 579 ¦ ιερευσι Y K M S U Ω 118 f¹³ 28 157 565 700 788 1346 5 ει (η) 1071 ανεγνωται L W 579 ¦ νωμω, σσαββασιν L ¦ σαββασι S ¦ ιερις ℵ ¦ ειερεις D ¦ ερεις Θ*

B 3 ις̄ Θ 28 1346 4 θῡ B ℵ C D 𝔐 K L M N S U W Δ Θ Π Ω f¹ 118 f¹³ 124 28 157 565 579 700 788 1071 1346 1424

D 3 ρ̄ιε K ¦ ρ̄ιε/ῑ Π 5 ρ̄ιε/ῑ ℵ 𝔐 M S U Ω 28 118 788 1424 ¦ ρ̄ιε C D L Θ f¹ f¹³ 124 2 157 579 1071 1346 ¦ ρ̄ιε/β̄ N ¦ Ευ Μρ ρ̄ιε : Ιω . : Λο . : Μρ . E ¦ Μθ ρ̄ιε : Μρ κ̄ε : Λο μ̄β M

τὸ σάββατον βεβηλοῦσιν καὶ ἀναίτιοί εἰσιν; 6 λέγω δὲ ὑμῖν ὅτι τοῦ ἱεροῦ μεῖζόν B uw rell
τὸ σάββατον βεβηλοῦσιν καὶ ἀναίτιοί εἰσιν; 6 λέγω γὰρ ὑμῖν ὅτι τοῦ ἱεροῦ μεῖζόν D
τὸ σάββατον βεβηλοῦσιν; 6 λέγω δὲ ὑμῖν ὅτι τοῦ ἱεροῦ μεῖζόν E
τὸ σάββατον βεβηλῶσιν καὶ ἀναίτιοί εἰσιν; 6 λέγω δὲ ὑμῖν ὅτι τοῦ ἱεροῦ μείζων Δ
τὸ σάββατον βεβηλοῦσιν; 6 λέγω δὲ ὑμῖν ὅτι τοῦ ἱεροῦ μείζων f¹³
τὸ σάββατον βεβηλοῦσιν καὶ ἀναίτιοί εἰσιν; 6 λέγω δὲ ὑμῖν ὅτι ιερ ἱεροῦ μεῖζόν 33
τὸ σάββατον βεβηλοῦσιν καὶ ἀναίτιοί εἰσιν; 6 λέγω ὑμῖν ὅτι τοῦ ἱεροῦ μεῖζόν 565
τὸ σάββατον βεβηλοῦσιν καὶ ἀναίτιοί εἰσιν; 6 λέγω δὴ ὑμῖν ὅτι τοῦ ἱεροῦ μεῖζόν 700
τὸ σάββατον βεβηλοῦσιν καὶ ἀναίτιοί εἰσιν; 6 λέγω δὲ ὑμῖν ὅτι τοῦ ἱεροῦ μείζων Cᶜ L 118 124 2
788 1071 1346 1424 τ

ἔστιν ὧδε. 7 εἰ δὲ ἐγνώκειτε τί ἐστιν, Ἔλεος θέλω καὶ οὐ θυσίαν, οὐκ ἂν B ℵ C D N Θ f¹ 124 33 uw
ἔστιν ὧδε. 7 εἰ δὲ ἐγνώκειτε τί ἐστιν, Ἔλεον θέλω καὶ οὐχὶ θυσίαν, οὐκ ἂν Δ
ἔστιν ὧδε. 7 εἰ δὲ ἐγνώκειτε τί ἐστιν, Ἔλαιον θέλω καὶ οὐ θυσίαν, οὐκ ἂν 1346
ἔστιν ὧδε. 7 εἰ δὲ ἐγνώκειτε τί ἐστιν, Ἔλεον θέλω καὶ οὐ θυσίαν, οὐκ ἂν 𝕸 K L M U W Π 118 f¹³ 2
28 157 565 579 700 788 1071 1346 1424 τ

[Cl Q 39.4 διο και κεκραγεν, ελεον θελω και ου θυσιαν].

κατεδικάσατε τοὺς ἀναιτίους. 8 κύριος γάρ ἐστιν B uw rell
κατεδικάσατε τοὺς ἀναιτίους. 8 κύριος γάρ ἐστιν καὶ τ

τοῦ σαββάτου ὁ υἱὸς τοῦ ἀνθρώπου. B 118 uwτ rell
ὁ υἱὸς τοῦ ἀνθρώπου καὶ τοῦ σαββάτου . f¹ 33 157 788 1424

κ̅α̅ περὶ τοῦ ξηρὰν ἔχοντος χεῖρα

A Withered Hand Restored And Other Healings
(Mark 3.1-12; Luke 6.6-11, 17-19)

ο̅ζ̅ 9 Καὶ μεταβὰς ἐκεῖθεν ἦλθεν εἰς τὴν συναγωγὴν αὐτῶν. 10 καὶ ἰδοὺ B uwτ rell
9 Καὶ μεταβὰς ἐκεῖθεν ὁ Ἰησοῦς ἦλθεν εἰς τὴν συναγωγὴν αὐτῶν. 10 καὶ ἰδοὺ C E G N

ἄνθρωπος χεῖρα ἔχων ξηράν. καὶ ἐπηρώτησαν αὐτὸν λέγοντες, B ℵ C uw
ἄνθρωπος ἦν ἐκεῖ τὴν χεῖρα ἔχων ξηράν. καὶ ἐπηρώτησαν αὐτὸν λέγοντες, D M Θ f¹ 33 1424
ἦν ἐκεῖ ἄνθρωπος τὴν χεῖρα ἔχων ξηράν. καὶ ἐπηρώτησαν αὐτὸν λέγοντες, E
ἄνθρωπος ἦν ἐκεῖ τὴν χεῖραν ἔχων ξηράν. καὶ ἐπηρώτησαν αὐτὸν λέγοντες, L f¹³ 157 788 1346
ἄνθρωπος ἦν ἐκει ἔχων τὴν χεῖρα ξηράν. καὶ ἐπηρώτησαν αὐτὸν λέγοντες, N
ἦν ἄνθρωπος ἐκεῖ τὴν χεῖρα ἔχων ξηράν. καὶ ἐπηρώτησαν αὐτὸν λέγοντες, U
ἄνθρωπος χεῖραν ἔχων ξηράν. καὶ ἐπηρώτησαν αὐτὸν λέγοντες, W
ἄνθρωπος ἦ ἐκεῖ τὴν χεῖρα ἔχων ξηράν. καὶ ἐπηρώτησαν αὐτὸν λέγοντες, Δ
ἄνθρωπος ἦν τὴν χεῖραν ἔχων ξηράν. καὶ ἐπηρώτησαν αὐτὸν λέγοντες, 118 [↓1071 τ
ἄνθρωπος ἦν τὴν χεῖρα ἔχων ξηράν. καὶ ἐπηρώτησαν αὐτὸν λέγοντες, 𝕸 K Π 2 28 565 579 700

lac. 12.5-10 𝔓⁴⁵ A F H P Q Γ 69

A 5 βεβηλουσι Y M S U f¹ 118 124 157 700 1071 | ανετιοι D L Θ ¦ αναιτειοι 579 | εισι Y M S 118 157 700 1071 6 υμειν D | μειζοων C* | μιζον ℵ N W Θ 7 εγνωκιτε N Θ ¦ εγνωκειται 33 ¦ εγνωκητε 2ᶜ 1424 | κατεσατε C ¦ καταιδικασαται L ¦ καταδικασατε Δ ¦ τεδικασατε 33* | ανετιους D 2* 579 8 εστι Y M S 118 124ᶜ 28 700 1071 9 εκιθεν ℵ | τιν (την) Θ | συναγωγειν E* 10 χιρα ℵ | ξαραν 1 | επερωτησαν C ¦ επηρωτισαν E ¦ επιρωτησαν L | αυτων λεγωντες Θ ¦ η (ει) L

B 8 κ̅ς̅ ℵ C D 𝕸 K L M N S U W Δ Θ Π Ω f¹³ 124 2 33 157 565 579 788 1071 1346 1424 | υ̅ς̅ ℵ C 𝕸 K L M N S U Δ Π Ω f¹ 2 33 28 565 1424 | ανου ℵ C 𝕸 K L M N S U W Δ Θ Π Ω f¹ 118 f¹³ 124 2 33 28 157 565 579 700 788 1071 1346 1424 9 ι̅ς̅ C E G N 10 ανος ℵ C 𝕸 K L M N S U W Δ Θ Π Ω f¹ 118 f¹³ 124 2 33 28 157 565 579 700 788 1346 1071

C 8 τελ Υ Ω 118 1071 | κ, τελ του αγ, Μ ¦ τε τς παρ, Π ¦ τελ ς̅ f¹ 9 (post εκειθεν) τελ τς β̅ 28 | κ̅α̅ πε του ξηραν εχ χειρα Ω ¦ κα (om. 118) πε του ξηραν εχοντος (+ την 1582 118 788 1071) χειρα U Δ 1582 118 788 1071 | (ante η̅λθεν) κα πε του ξηραν εχοντ την χειρ, Π 28 1424 | μ̅ε̅ αρχ τη β τς ε̅ εβδ τω καιρω ηλθεν ο ι̅ς̅ εις τ̅ συναγωγ τ̅ ιουδαιων f¹ | μ̅ε̅ αρχ τη β τς ε̅ εβδ τω καιρω εκεινω ηλθεν ο ι̅ς̅ εις τ̅ συναγωγ 118 | αρχ τη β̅ τω καιρω εκεινω ηλθεν ο ι̅ς̅ εις την συ 28 10 κα περι του ξηραν εχοντος (εχωντος 579 | + την 1 f¹³ 124 157) χειρα 𝕸 K M N S 1 f¹³ 124 33 157 565 579 (ante vs. 9 Θ)| αρχ (ante ηλθεν): τη β̅ της δ̅ εβδ αρχ τω καιρ̅ω̅ ηλθεν ο ι̅ς̅ εις την συναγω, Υ ¦ αρχ: τη β̅ τς ε̅ εβδ τω καιρω εκεινω ηλθεν ο ι̅ς̅ εις τ̅ συναγωγην των Ιουδαιων και ιδου ανος Π ¦ αρχ τη β̅ 157

D 8 ρι̅ς̅/β̅ ℵ M N 788 ¦ ρι̅ς̅ Θ 124 | Μθ ρι̅ς̅ : Μρ κ̅ς̅ : Λο ρο̅ζ̅ : Ιω θ̅ε̅ 124 9 ρι̅ς̅ C D K f¹ 579 1346 ¦ ρι̅ς̅/β̅ E S Y U Π Ω 118 1424 (ante ηλθεν 28) ¦ ρι̅ς̅/ε̅ G | Ευ Μθ ρι̅ς̅ : Ιω·. Λο μ̅β̅ : Μρ κ̅ε̅ E | Μθ ρι̅ς̅ : Λο ρ̅ξ̅ε̅ M | Μρ ζ̅ Λο ι̅ε̅ Π | Μθ ρι̅ε̅ : Μρ κ̅ε̅ : Λο μ̅σ̅, ρ̅ξ̅ε̅ : Ιω . 124 10 ρι̅ς̅ L 157 1071 | Μθ κ̅α̅ : Μρ ζ̅ : Λο ι̅ε̅ M

Εἰ ἔξεστι τοῖς σάββασι θεραπεύειν; ἵνα κατηγορήσωσι αὐτοῦ. **11** ὁ δὲ εἶπεν αὐτοῖς,   B*
Εἰ ἔξεστι τοῖς σάββασι θεραπεῦσαι; ἵνα κατηγορήσωσι αὐτοῦ. **11** ὁ δὲ εἶπεν αὐτοῖς,   ℵ u
Εἰ ἔξεστι τοῖς σάββασι θεραπεῦσαι; ἵνα κατηγορήσουσιν αὐτοῦ. **11** ὁ δὲ εἶπεν αὐτοῖς,   D W
Εἰ ἔξεστι τοῖς σάββασι θεραπεῦσαι; ἵνα κατηγορήσωσι αὐτοῦ. **11** ὁ δὲ εἶπεν αὐτοῖς,   L
Εἰ ἔξεστι τοῖς σάββασι θεραπεύειν; ἵνα κατηγορήσουσιν αὐτοῦ. **11** ὁ δὲ εἶπεν αὐτοῖς,   1346
Εἰ ἔξεστι τοῖς σάββασι θεραπεύειν; ἵνα κατηγορήσωσι αὐτοῦ. **11** ὁ δὲ εἶπεν αὐτοῖς,   Bᶜ C 𝕸 K M
                                                           N U Δ Θ Π f¹ f¹³ 2 33 28 157 565 579 700 788 1071 1424 **wτ**

Τίς ἔσται ἐξ ὑμῶν ἄνθρωπος ὃς ἕξει πρόβατον ἕν, καὶ ἐὰν ἐμπέση τοῦτο   B Cᶜ 𝕸 M U Δ Π f¹·¹³ 2 579
Τίς ἔσται ἐξ ὑμῶν ἄνθρωπος ὃς ἕξει πρόβατον ἕν, καὶ ἐὰν πέση τοῦτο   ℵ*   [↑u[w]τ
Τίς ἔσται ἐξ ὑμῶν ἄνθρωπος ὃς ἕξει πρόβατον ἕν, καὶ ἐὰν ἐνπέση τοῦτο   ℵᶜ
Τίς   ἐξ ὑμῶν ἄνθρωπος ὃς ἕξει πρόβατον ἕν, καὶ ἐὰν ἐμπέση τοῦτο   C* [w]
Τί ἐστιν ἐν ὑμεῖν ἄνθρωπος ὃς ἔχει πρόβατον ἕν, καὶ   ἐνπέση   D*
Τί ἐστιν ἐν ὑμεῖν ἄνθρωπος ὃς ἔχει πρόβατον ἕν, καὶ   ἐνπέση   Dᶜ
Τίς ἔσται ἐξ ὑμῶν ἄνθρωπος ὃς ἕξει ἕν πρόβατον, καὶ ἐὰν ἐμπέση τοῦτο   K
Τίς   ἐξ ὑμῶν   ὃς ἕξει πρόβατον ἕν, καὶ ἂν ἐνπέση τοῦτο   L
Τίς ἔσται ἐξ ὑμῶν ἄνθρωπος ὃς ἕξει πρόβατον ἕν, καὶ ἐὰν ἐνπέση τοῦτο   N W 28
Τίς ἐστιν ἐξ ὑμῶν ἄνθρωπος ὃς ἕξει πρόβατον ἕν, καὶ ἐὰν ἐνπέση τοῦτο   Θ
Τίς   ἐξ ὑμῶν ἄνθρωπος ὃς ἕξει πρόβατον ἕν, καὶ   ἐμπέση τοῦτο   124 788
Τίς ἐστιν ἐξ ὑμῶν ἄνθρωπος ὃς ἕξει πρόβατον ἕν, καὶ ἐὰν ἐμπέση τοῦτο   33 157 565 1424
Τίς ἔσται ἐξ ὑμῶν ἄνθρωπος ὃς ἕξει πρόβατον ἕν, καὶ   ἐμπέση τοῦτο   700
Τίς ἔσται ἐξ ὑμῶν ἄνθρωπος ὃς ἕξει πρόβατον,   καὶ ἐὰν ἐμπέσει τοῦτο   1071
Τίς ἔσται ἐξ ὑμῶν ἄνθρωπος ὃς ἕξει πρόβατον ἕν, καὶ ἐὰν ἐμπέσει τοῦτο   1346

τοῖς σάββασι εἰς βόθυνον, οὐχὶ κρατήσει αὐτὸ καὶ ἐγερεῖ; **12** πόσῳ   B*
τοῖς σάββασιν εἰς βόθυνον, οὐχὶ κρατήσας ἐγερεῖ αὐτό; **12** πόσῳ   ℵ
τοῖς σάββασιν εἰς βόθυνον, οὐχὶ κρατήσει αὐτὸ καὶ ἐγείρει; **12** πόσῳ   C 124
τοῖς σάββασιν εἰς βόθυνον, οὐχὶ κράτει αὐτὸ καὶ ἐγείρει; **12** πόσῳ   D
τοῖς σάββασιν εἰς βόθυνον, οὐχὶ κρατήσει αὐτῷ καὶ ἐγερεῖ; **12** πόσῳ   K Θ 2* 28 579 700 1071
τοῖς σάββασι εἰς τὸν βόθυνον, οὐχὶ κρατήσει αὐτῷ καὶ ἐγείρι; **12** πῶς   L   [↑1424
τοῖς σάββασιν εἰς βόθυνον, οὐχὶ κρατήσει   καὶ ἐγερεῖ; **12** πόσῳ   U
τοῖς σάββασιν εἰς βόθυνον, οὐχὶ κρατήσει αὐτὸν καὶ ἐγερεῖ; **12** πόσῳ   f¹³
τοῖς σάββασιν εἰς βόθυνον, οὐχὶ κρατήσει αὐτὸ καὶ ἐγερεῖ; **12** πόσῳ   Bᶜ 𝕸 M N W Δ Π f¹ 2ᶜ
                                                           33 157 565 788 1346 **uwτ**

οὖν   διαφέρει ἄνθρωπος   προβάτου. ὥστε ἔξεστιν τοῖς σαββάτοις καλῶς   B
οὖν   διαφέρει ἄνθρωπος τοῦ προβάτου. ὥστε ἔξεστιν τοῖς σάββασιν καλῶς   D*
οὖν μᾶλλον διαφέρει ἄνθρωπος   προβάτου. ὥστε ἔξεστιν τοῖς σάββασιν καλῶς   Θ f¹³ 33 157 565
    μᾶλλον διαφέρει ἄνθρωπος   προβάτου. ὥστε ἔξεστιν τοῖς σάββασιν καλῶς   1424 [↑788
1346
οὖν   διαφέρει ἄνθρωπος   προβάτου. ὥστε ἔξεστιν τοῖς σάββασιν καλῶς   **uwτ** rell

ποιεῖν. **13** τότε λέγει τῷ ἀνθρώπῳ, Ἔκτεινόν σου τὴν χεῖρα. καὶ   B ℵ* L N Θ f¹ f¹³ 33 157 788 1346 1424 **uw**
ποιεῖν. **13** τότε λέγει τῷ ἀνθρώπῳ, Ἔκτεινόν τὴν χεῖρα σου. καὶ   ℵᶜ C D 𝕸 K M U W Δ Π 118 2 28 565 579
                                                           700 1071 **τ**

ἐξέτεινεν,   καὶ ἀπεκατεστάθη   ὑγιὴς ὡς ἡ ἄλλη.   B Cᶜ 𝕸 M N W Δ Θ f¹³ 2 33 157 565
ἐξέτεινεν,   καὶ ἀπεκατεστάθη   ὑγιής.   ℵ   [↑579 788 1071 1346 **uw**
ἐξέτεινεν, καὶ καὶ ἀπεκατεστάθη   ὑγιὴς ὡς ἡ ἄλλη.   C*
ἐξέτεινεν,   καὶ ἀποκατεστάθη   ὑγιὴς ὡς ἡ ἄλλη.   D Y K 700 **τ**
ἐξέτεινεν,   καὶ ἀπεκατεστάθη   ὑγιὴς ὡσεὶ ἄλλη.   L 28
ἐξέτεινεν,   καὶ ἀπεκατέστη   ὑγιὴς ὡς ἡ ἄλλη.   U
ἐξέτεινεν,   καὶ ἀποκατέστη   ὑγιὴς ὡς ἡ ἄλλη.   Π f¹
ἐξέτεινεν,   καὶ ἀπεκατεστάθη ἡ χεὶρ αὐτοῦ ὑγιὴς ὡσεὶ ἄλλη.   118 1424

lac. 12.10-13 𝔓⁴⁵ A F H P Q Γ 69

A 10 εξεστιν ℵ C D E G L N W Δ Θ 13 2 33 579 788 1346 | σαββασιν ℵ C D G K W Δ Θ Ω 13 2 33 579 788 1424 | σαββασειν N | θεραπευσε ℵ D | κατηγορη') L **11** ως (ος) L | εξι ℵ | εξη Θ | επεση E* | ενπεσει τουτω L | εμπεσει 2ᶜ | σαββασειν N | ουχει D N | κρατισει L 2* **12** ποσο Ω | ου (ουν) W | διαφερι ℵ | εξεστι Y M S U Π Ω f¹ 118 f¹³ 124 28 157 565 700 788 1071 1346 | εξεστην L | τος (τοις) 565 | σαββασι Y M S U f¹ 118 124 28 157 700 1346 | σαβασιν K | σαββασειν N | καλω 13 **13** λεγι ℵ | εκτινον ℵ C N W Θ | εξετεινεν ℵ N W Θ 2 | εξετειε Y 124 700 1071 | υγειης Dᶜ | ηγυης D* | υγιη E* | υγιες L Θ | ει (η) 2 | αλη 1424

B 11 α̅ν̅ο̅ς̅ ℵ C 𝕸 K M N S U Δ Π Ω f¹ 118 f¹³ 124 2 28 157 565 579 700 788 1071 1346 1424 **12** α̅ν̅ο̅ς̅ ℵ C 𝕸 K L M N S U W Δ Θ Π Ω f¹ 118 f¹³ 124 2 33 28 157 565 579 700 788 1071 1346 1424 **13** α̅ν̅ω̅ ℵ C 𝕸 K L M N S U W Π Ω f¹ 118 f¹³ 2 33 28 157 565 579 700 788 1071 1346 1424 |

C 13 εβδ ε̅ Σα πρὸ τη κυριακει των αγιων π̅ρ̅ω̅ν 157 | τελος της β̅ G Y Π f¹ 118 28 | τελ L S f¹³ 124 788 1346 | τελ τς β̅ δ̅ M

o͞η 14 ἐξελθόντες δὲ οἱ Φαρεισαῖοι συμβούλιον ἔλαβον κατ᾽ αὐτοῦ B
14 ἐξελθόντες δὲ οἱ <u>Φαρισέοι</u> συμβούλιον ἔλαβον κατ᾽ αὐτοῦ ℵ
14 ἐξελθόντες δὲ οἱ <u>Φαρισαῖοι</u> συμβούλιον ἔλαβον κατ᾽ αὐτοῦ C *f*¹ 33 uw
14 <u>καὶ ἐξελθόντες</u> οἱ Φαρεισαῖοι συμβούλιον ἔλαβον κατ᾽ αὐτοῦ D
14 <u>οἱ δὲ Φαρισαῖοι συμβούλιον</u> <u>ἔλαβον κατ᾽ αὐτοῦ ἐξελθόντες</u> 𝔐 K M N U Π 2 28 565 700
14 <u>οἱ δε Φαρισαῖοι ἐξελθόντες</u> συμβούλιον <u>ἐποίησαν</u> κατ᾽ αὐτοῦ L [↑1071 τ
14 <u>οἱ δὲ Φαρισαῖοι συμβούλιον</u> <u>ἔλαβον</u> <u>κατ᾽ αὐτοῦ</u> W Δ
14 <u>οἱ δε Φαρισέοι ἐξελθόντες</u> συμβούλιον ἔλαβον κατ᾽ αὐτοῦ Θ*
14 <u>οἱ δε Φαρισαῖοι ἐξελθόντες</u> συμβούλιον ἔλαβον κατ᾽ αὐτοῦ Θ^c *f*¹³ 157 579 788 1346
14 <u>καὶ ἐξελθόντες</u> οἱ <u>Φαρισαῖοι</u> συμβούλιον ἔλαβον κατ᾽ αὐτοῦ 1424

ὅπως αὐτὸν ἀπολέσωσιν.

The Word Of The Prophet Fulfilled Through Jesus' Ministry
(Mark 3.7-11; Luke 6.17-19)

15 Ὁ δὲ Ἰησοῦς γνοὺς ἀνεχώρησεν ἐκεῖθεν. καὶ ἠκολούθησαν αὐτῷ πολλοί, B ℵ Π* [u]w
15 Ὁ δὲ Ἰησοῦς γνοὺς ἀνεχώρησεν ἐκεῖθεν. καὶ ἠκολούθησαν αὐτῷ <u>ὄχλοι</u>, N*
15 Ὁ δὲ Ἰησοῦς γνοὺς ἀνεχώρησεν ἐκεῖθεν. καὶ ἠκολούθησαν αὐτῷ <u>ὄχλοι</u> πολλοί, [u]τ rell

καὶ ἐθεράπευσεν αὐτοὺς πάντας, 16 καὶ B 118 uwτ rell
καὶ ἐθεράπευσεν αὐτοὺς, 16 πάντας <u>δὲ οὓς ἐθεράπευσεν</u> D W *f*¹
καὶ ἐθεράπευσεν <u>αὐτοῖς</u> πάντας, 16 καὶ E*
καὶ ἐθεράπευσεν αὐτοὺς, 16 καὶ Θ

ἐπετείμησεν αὐτοῖς ἵνα μὴ φανερὸν αὐτὸν ποιήσωσιν· B
<u>ἐπεπληξεν</u> αὐτοῖς ἵνα μὴ φανερὸν αὐτὸν ποιήσωσιν· D*
<u>ἐπεπληξεν</u> αὐτοῖς ἵνα μὴ φανερὸν αὐτὸν <u>ποιῶσιν·</u> D^c
<u>ἐπέπληξεν</u> <u>αὐτοῖς καὶ ἐπετίμησεν αὐτοῖς</u> ἵνα μὴ φανερὸν αὐτὸν ποιήσωσιν· W
ἐπετείμησεν <u>αὐτοὺς</u> ἵνα μὴ φανερὸν αὐτὸν <u>ποιήσσοσιν·</u> Δ
<u>ἐπετίμα</u> αὐτοῖς ἵνα μὴ φανερὸν αὐτὸν ποιήσωσιν· Θ
<u>ἐπέπλησσεν</u> αὐτοῖς ἵνα μὴ φανερὸν αὐτὸν ποιήσωσιν· *f*¹
ἐπετίμησεν <u>αὐτοὺς</u> ἵνα μὴ φανερὸν αὐτὸν ποιήσωσιν· 2 700
ἐπετίμησεν αὐτοῖς ἵνα μὴ φανερὸν αὐτὸν ποιήσωσιν· ℵ C 𝔐 K L M N U Π
118 *f*¹³ 33 28 157 565 579 788 1071 1346 1424 uwτ

17 ἵνα πληρωθῇ τὸ ῥηθὲν διὰ Ἡσαΐου τοῦ προφήτου λέγοντος, B ℵ D *f*¹ 33 uw
17 ἵνα πληρωθῇ τὸ ῥηθὲν <u>ὑπὸ</u> Ἡσαΐου τοῦ προφήτου λέγοντος, C
17 <u>ὅπως</u> πληρωθῇ τὸ ῥηθὲν διὰ <u>Ἰσαΐου</u> τοῦ προφήτου λέγοντος, L 2
17 <u>ὅπως</u> πληρωθῇ τὸ ῥηθὲν <u>ὑπὸ</u> Ἡσαΐου τοῦ προφήτου λέγοντος, N
17 <u>ὅπως</u> πληρωθῇ τὸ ῥηθὲν διὰ Ἡσαΐου προφήτου λέγοντος, Δ
17 ἵνα πληρωθῇ τὸ ῥηθὲν <u>ὑπὸ</u> Ἡσαΐου τοῦ προφήτου λέγοντος, 1424 [↓700 788 1071 1346 τ
17 <u>ὅπως</u> πληρωθῇ τὸ ῥηθὲν διὰ Ἡσαΐου τοῦ προφήτου λέγοντος, 𝔐 K M U W Θ Π 118 *f*¹³ 28 157 565 579

lac. 12.14-17 𝔓⁴⁵ A F H P Q Γ 69

A 14 συνβουλιον D N | εξελθωντες 2 579 | ελαβων E* | οπος Θ 15 ανεχωρισεν E K | εκιθεν ℵ | οικολουθησαν 124 | οιχλοι M 16 επετημησεν 1071 | φαναιρον N 17 ρηαθεν E^c ονν ℵ* | πες L Θ* | ηρετησα E L M N Θ 28

B 15 ι͞ς B ℵ C 𝔐 K L M N S U W Δ Θ Π Ω *f*¹ 118 *f*¹³ 124 2 33 28 157 565 579 700 788 1071 1346 1424 ¦ ι͞η͞ς D

C 14 αρχ Υ ¦ αρχ τη γ τς ι͞ εβδ τω καιρω εκεινω συμβουλιον εποιησαν οι Φαρισαιοι Π ¦ αρχ μ͞ς τη γ τς ε͞ εβδ τω καιρω συμβουλιον εποιησαν οι φαρισαιοι κατα του ι͞υ οπως *f*¹ ¦ αρχ τη γ τω καιρω συμβουλιον ελαβον κατα του ι͞υ οπως αιτ 28 | τελ Υ 15 αρχη: Σαββατω πρωτης (προτης G) χ͞υ γεννησεως (γεννισ. G)· τω καιρω (om. G) εκεινω ηκολουθησαν τω ι͞υ (+ οχλοι G) (ante οχλοι πολ.) E G ¦ αρχ: Σα μετ τ χυ γεννησιν· αρχ τω κ.ρ.ω ηκολουθησαν τω ι͞υ οχλοι πολλοι· (ante και ηκολ.) Υ ¦ αρχ L (ante και ηκολ. 2 1071) ¦ (ante οχλοι) αρχ του σ.α: Σαββατ μ.γ τ͞ χ͞υ γεννησ τω καιρω εκεινω ηκολουθησαν τω ι͞υ οχλοι πολλοι Π ¦ (ante ηκολουθ.) τω καιρω ηκολουθησαν ι͞υ Ω ¦ αρχ Σα μ.τ τ͞ χ͞υ γενη τω καιρω ηκολουθησαν τω ι͞υ ο͞ *f*¹ ¦ (ante κ. ηκολουθησαν) αρχ μπ τη γ τς ε͞ εβδ τω εκεινω συμβουλιον ελ.α 118 ¦ αρχ Σα μ͞ετ την χ͞υ γενναν 124 788 1346 ¦ αρχ: Σα προ τς χ͞υ γεννη,· τω καρω εκεινω 2¦ αρχ α͞ μ.τ τ͞ χ͞υ γενη *f*¹³ ¦ αρχ: τη τριτη μετ την χ͞υ γεννη 157 ¦ αρχη τω καιρω 1424 17 υπερ Βα τς υπ Π ¦ υπ τς γ͞ *f*¹ 118

D 14 ρι͞ζ/δ ℵ Υ M N S U Π Ω 118 124 28 788 1424 ¦ ρι͞ζ C D L Θ *f*¹ 2 157 579 1071 1346 ¦ ρι͞ζ/γ E ¦ ρι͞ζ/α G ¦ Ευ Μθ ρι͞ζ : Ιω ο͞γ : Λο . : Μρ κ͞ς E ¦ Μθ ρι͞ζ : Μρ κ͞ς : Λο ρκ͞ς : Ιω ο͞γ M ¦ Μθ ρι͞ζ : Μρ . : Λο ρλ͞ς : Ιω. 124 15 ρι͞η/τ L 1582 157 579 ¦ ρι͞η/ι U Π ¦ (ante και ηκολουθ.) ρι͞η/τ ℵ N Ω 124 28 788 1424 ¦ ρι͞η C D Θ 1 *f*¹³ 1071 1346 ¦ ρι͞η/δ E Υ ¦ ρι͞η/ε G ¦ Ευ Μθ ρι͞η : Ιω . : Λο . : Μρ . E ¦ Μθ ρι͞η : Μρ . : Λο . : Ιω . 124 16 ρι͞η/ι S 118

18 Ἰδοὺ ὁ παῖς μου   ὃν ᾑρέτισα,   B uwτ rell
18 Ἰδοὺ ὁ παῖς μου εἰς   ὃν ᾑρέτισα,   D
18 Ἰδοὺ   παῖς μου   ὃν ᾑρέτισα,   Δ

ὁ ἀγαπητός μου   ὃν εὐδόκησεν ἡ ψυχή μου·   B w
ὁ ἀγαπητός μου   ὃν ηὐδόκησεν ἡ ψυχή μου·   ℵ*
ὁ ἀγαπητός μου εἰς ὃν ηὐδόκησεν ἡ ψυχή μου·   ℵᶜ Cᶜ W 28 157 579
ὁ ἀγαπητός μου ἐν ᾧ ηὐδόκησεν ἡ ψυχή μου·   C* D 1424
ὁ ἀγαπητός μου ἐν ᾧ εὐδόκησεν ἡ ψυχή μου·   f¹ 33
ὁ ἀγαπητός μου εἰς ὃ εὐδόκησεν ἡ ψυχή μου·   f¹³ 1346
.... Γ   [↓788 1071 uτ
ὁ ἀγαπητός μου εἰς ὃν εὐδόκησεν ἡ ψυχή μου·   𝔐 K L M N U Δ Θ Π 118 124 2 565 700

θήσω τὸ πνεῦμά μου ἐπ’ αὐτόν,   B uwτ rell
θήσω τὸ πνεῦμά μου ἐπ’ αὐτῶν,   f¹³
θύσω τὸ πνεῦμά μου ἐπ’ αὐτῷ,   1071

καὶ κρίσιν τοῖς ἔθνεσιν   ἀπαγγελεῖ.   B uwτ rell
καὶ κρίσιν τοῖς ἔθνεσιν   ἀπαγγελλεῖ.   D
καὶ κρίσιν τοῖς ἔθνεσιν   ἀπαιτελεῖ.   L
καὶ κρίσιν τοῖς ἔθνεσιν οὐκ ἀπαγγελεῖ;   33
καὶ κρίσιν τοῖς ἔθνεσιν   ἀναγγελεῖ.   700

19 οὐκ ἐρείσει   οὐδὲ κραυγάσει,   B f¹³ 788 1071 1346
19 οὐκ ἐρήσει   οὐδὲ κραυγάσει,   E Ω 1424
19 οὐκ αἰρήσει   οὐδὲ κραυγάσει,   L
19 οὐκ ἐρίσει   οὐδὲ κραυγάσει,   uwτ rell

οὐδὲ ἀκούσει τις ἐν ταῖς πλατείαις τὴν φωνὴν αὐτοῦ.   B uwτ rell
οὐδὲ ἀκούει τις ἐν ταῖς πλατείαις τὴν φωνὴν αὐτοῦ.   D
οὐδὲ ἀκούσει τις ἐν   πλατείαις τὴν φωνὴν αὐτοῦ.   N 700
οὐδὲ ἀκούσῃ τις ἐν ταῖς πλατείαις τὴν φωνὴν αὐτοῦ.   28
οὐδὲ ἀκούσει τις   τὴν φωνὴν αὐτοῦ.   1424

20 κάλαμον συντετρειμμένον οὐ   κατεάξει   B
20   οὐ   κατιάξεις   D*
20 κάλαμον συντετριμμένον οὐ   κατέαξεν   Dᶜ
20 κάλαμον συντετριμμένον οὐ μὴ κατεάξει   W
20 κάλαμον συντετριμμένον οὐ   κατεάξει   uwτ rell

καὶ λίνον τυφόμενον οὐ   σβέσει,   B* uwτ rell
καὶ ληνόν τυφόμενον οὐ   σβέσει,   Bᶜ Eᶜ 157
καὶ λίνον τυφόμενον οὐ μὴ ζβέσει,   D*
καὶ λίνον τυφοῦμενον οὐ   σβέσει,   565

ἕως ἂν ἐκβάλῃ εἰς νεῖκος τὴν κρίσιν.   B
ἕως   ἐκβάλει εἰς νῖκος τὴν κρίσιν.   L
ἕως ἂν ἐκβάλει εἰς νῖκος τὴν κρίσιν.   Γ f¹³ 579 1071 1346
ἕως ἂν ἐκβάλει εἰς νῖκος τὴν κρίσιν αὐτοῦ.   28 1424
ἕως ἂν ἐκβάλλῃ εἰς νῖκος τὴν κρίσιν.   118 565
ἕως   ἐκβάλῃ εἰς νῖκος τὴν κρίσιν.   700
ἕως ἂν ἐκβάλῃ εἰς νῖκος τὴν κρίσιν.   uwτ rell

21 καὶ   τῷ ὀνόματι αὐτοῦ ἔθνη ἐλπιοῦσιν.   B uw rell
21 καὶ ἐν τῷ ὀνόματι αὐτοῦ ἔθνη ἐλπίζουσιν.   D
21 καὶ τ ἐν   ὀνόματι αὐτοῦ ἔθνη ἐλπιοῦσιν.   L*
21 καὶ ἐπὶ τῷ ὀνόματι αὐτοῦ ἔθνη ἐλπιοῦσιν.   W 157
21 om.   33
21 καὶ ἐν   τῷ ὀνόματι αὐτοῦ ἔθνη ἐλπιοῦσιν.   τ

lac. 12.18-21 𝔓⁴⁵ A F H P Q 69 ¦ vs. 18 Γ

A 18 πες L Θ* ¦ ηρετησα L N Θ 33 788 1346 1424 ¦ εθνεσι L 19 ερησει 2* ¦ κραυασει L ¦ τες ℵ* ¦ πλατιαις ℵ K W Θ 124 2 565 ¦ πλατειες L 20 συντετριμμεν Δ ¦ τυφωμενον M 118 2 ¦ σβεσι ℵ ¦ σβεσσει Δ ¦ σ···σεις 1071 ¦ νηκος L ¦ κρισην M 21 το (τω) K ¦ ελπιουσι Υ 118 157 700 1071

B 18 πνα ℵ C D 𝔐 K L M N S U W Γ Δ Θ Π Ω f¹ 118 f¹³ 124 2 33 28 157 579 700 788 1071 1346 1424

C 21 τελος (post ελπιουσιν) E Y L S Ω 118 f¹³ 2 788 1346 ¦ τελος του Σα G f¹ ¦ τε του σ,α αρξ τς γ̄ Π κβ̄   περὶ τοῦ δαιμονιζομένου τυφλοῦ καὶ κωφοῦ

Jesus Accused Of Casting Out Demons By Beezeboul
(Mark 3.20-27; 9.40; Luke 11.14-23)

ο̄θ̄ 22 Τότε προσήνεγκαν αὐτῷ δαιμονιζόμενον τυφλὸν καὶ κωφόν· καὶ ἐθεράπευσεν B [w]
    22 Τότε προσηνέχθη αὐτῷ δαιμονιζόμενος   κωφός· καὶ ἐθεράπευσεν C*
    22 Τότε προσηνέχθη αὐτῷ   τυφλὸς καὶ κωφός· καὶ ἐθεράπευσεν 1071
    22 Τότε προσηνέχθη αὐτῷ δαιμονιζόμενον τυφλὸν καὶ κωφόν· καὶ ἐθεράπευσεν 1424
    22 Τότε προσηνέχθη αὐτῷ δαιμονιζόμενος τυφλὸς καὶ κωφός· καὶ ἐθεράπευσεν u[w]τ rell

αὐτόν, ὥστε τὸν κωφὸν   λαλεῖν καὶ βλέπειν. 23 καὶ ἐξίσταντο B D 1424 uw
αὐτούς, ὥστε τὸν κωφὸν   λαλεῖν καὶ βλέπειν. 23 καὶ ἐξίσταντο ℵ*
αὐτόν, ὥστε τὸν κωφὸν καὶ   λαλεῖν καὶ βλέπειν. 23 καὶ ἐξίσταντο ℵc
αὐτόν, ὥστε τὸν κωφὸν καὶ τυφλὸν καὶ λαλεῖν καὶ βλέπειν. 23 καὶ ἐξίσταντο L Δ 700
αὐτόν, ὥστε τὸν κωφὸν καὶ τυφλὸν   λαλεῖν καὶ βλέπειν. 23 καὶ ἐξίσταντο W Θ f1 f13 788 1346
αὐτόν, ὥστε τὸν τυφλὸν καὶ κωφὸν   λαλεῖν καὶ βλέπειν. 23 καὶ ἐξίσταντο 33
αὐτόν, ὥστε τὸν τυφλὸν καὶ κωφὸν καὶ ἀκούειν καὶ βλέπειν. 23 καὶ ἐξίσταντο 1071 [↓28 157 565 τ
αὐτόν, ὥστε τὸν τυφλὸν καὶ κωφὸν καὶ λαλεῖν καὶ βλέπειν. 23 καὶ ἐξίσταντο C 𝔐 K M N U Γ Π 118 2

πάντες οἱ ὄχλοι καὶ ἔλεγον, Μήτι   οὗτός ἐστιν ὁ υἱὸς   Δαυείδ; B Dc w
πάντες οἱ ὄχλοι καὶ ἔλεγον, Μήτι ὅτι οὗτός ἐστιν ὁ υἱὸς   Δαυείδ; D*
πάντες οἱ ὄχλοι καὶ ἔλεγον, Μήτι   οὗτός ἐστιν ὁ υἱὸς τοῦ δαδ; L
πάντες οἱ ὄχλοι   λέγοντες Μήτι   οὗτός ἐστιν ὁ υἱὸς   δαδ; N U
πάντες οἱ ὄχλοι καὶ ἔλεγον, Μήτι τοιοῦτός ἐστιν ὁ υἱὸς   δαδ; 157
πάντες οἱ ὄχλοι καὶ ἔλεγον, Μήτι   οὗτός ἐστιν ὁ υἱὸς   Δαυίδ; u
πάντες οἱ ὄχλοι καὶ ἔλεγον, Μήτι   οὗτός ἐστιν ὁ υἱὸς   Δαβίδ; τ
πάντες οἱ ὄχλοι καὶ ἔλεγον, Μήτι   οὗτός ἐστιν ὁ υἱὸς   δαδ; ℵ C 𝔐 K M W Γ Δ Θ Π f1 f13
                                                            2 33 28 565 579 700 788 1071 1346 1424

24 οἱ δὲ Φαρεισαῖοι ἀκούσαντες εἶπον, Οὗτος οὐκ ἐκβάλλει τὰ δαιμόνια εἰ μὴ B
24 οἱ δὲ Φαρισαῖοι ἀκούσαντες εἶπον, Οὗτος οὐκ ἐκβάλι τὰ δαιμόνια εἰ μὴ Θ
24 οἱ δὲ Φαρισαῖοι ἀκούσαντες εἶπον, Οὗτος οὐκ ἐκβάλει τὰ δαιμόνια εἰ μὴ 1424
24 οἱ δὲ Φαρισαῖοι ἀκούσαντες εἶπον, Οὗτος οὐκ ἐκβάλλει τὰ δαιμόνια εἰ μὴ uwτ rell

ἐν τῷ Βεεζεβοὺλ ἄρχοντι τῶν δαιμονίων. 25 εἰδὼς δὲ   τὰς ἐνθυμήσεις B ℵ* w
ἐν τῷ Βεεζεβοὺλ ἄρχοντι τῶν δαιμονίων. 25 ἰδὼν δὲ   τὰς ἐνθυμήσεις ℵc
ἐν τῷ Βεελζεβοὺλ ἄρχοντι τῶν δαιμονίων. 25 ἰδὼν δὲ   τὰς ἐνθυμήσεις D
ἐν   Βεελζεβοὺλ ἄρχοντι τῶν δαιμονίων. 25 εἰδὼς δὲ ὁ Ἰησοῦς τὰς ἐνθυμήσεις E 28 1071 1424
ἐν τῷ Βελζεβοὺλ ἄρχοντι τῶν δαιμονίων. 25 εἰδὼς δὲ ὁ Ἰησοῦς τὰς ἐνθυμήσεις L 579
ἐν τῷ Βεελζεβοὺλ ἄρχοντι τῶν δαιμονίων. 25 εἰδὼς δὲ ὁ Ἰησοῦς τὰς ἐνθυμήσεις f13
ἐν   Βεελζεβοὺλ ἄρχοντι τῶν δαιμονίων. 25 ἰδὼν δὲ   τὰς ἐνθυμήσεις 33
ἐν τῷ Βεελζεβοὺλ ἄρχοντι τῶν δαιμονίων. 25 εἰδὼς δὲ   τὰς ἐνθυμήσεις u
ἐν τῷ Βεελζεβοὺλ ἄρχοντι τῶν δαιμονίων. 25 εἰδὼς δὲ ὁ Ἰησοῦς τὰς ἐνθυμήσεις C 𝔐 K M N U W
                                                       Γ Δ Θ Π f1 124 2 157 565 700 788 1346 τ

---

lac. 12.22-25 𝔓45 A F H P Q 69

A 22 δαιμονηζομενος 2* | κοφος (κωφον1) Θ ˋ κοφον 2* | λαλιν N W 2c ¦ λαλην 2* | βλεπιν ℵ N 2c ¦ βλεπην 2* 23 εξηστατο L | ελεγαν 28 24 ουτως 2 | εκβαλλι ℵ | εβαλλει Δ | μι (μη) L 579 1071 1424 | αρχωντι Δ | τον δεμονιων Θ | δαιμονιον L 25 ιδως ℵ* N W ¦ εδως L ¦ ειδων 13 | ενθυμισεις 700

B 23 υς ℵ C 𝔐 K L M N U Δ Π Ω f1 124 2 28 565 700 1424 25 ις C 𝔐 K L M N S W Γ Δ Θ Π Ω f1 118 f13 2 33 28 157 565 579 788 1071 1346 1424

C 22 κβ̄ περι (περη Θ) του δαιμονιζομενου τυφλου και κοφου (τυφλου και κωφου G K L S Γ Δ Θ Ω f1 f13 33 28 157 565 579 788 1071 1424 ¦ κωφου και τυφλου Υ Π 124)· Ε Κ (G ante και εθεραπευσ.) Υ L N S Γ Δ Θ Π Ω f1 f13 124 33 28 157 565 579 788 1071 1424 ¦ κβ̄ περι του δαιμονιου ······· M ¦ κβ̄ πε του τυφλου και κωφου U ¦ περι του δαιμονιζομενου κωφου 118 ¦ τη γ̄ της δ̄ εβδ τω καιρω εκεινω προσηνεχθη αυτω G | αρχ: τη γ̄ της δ̄ εβδ αρχ τω κ.ρ.ω προσηνεχθη τω ιυ δαιμονιζ., Υ ¦ αρχ: Μθ τη γ̄ τς δ̄ εβδ τω καιρω, προσηνεχθη τω ιυ δαιμονιζομενος Μ ¦ τη γ̄ τς δ̄ εβδ τω κ S ¦ αρξ τς γ̄ f1 ¦ αρχ f13 124 788 ¦ αρχ κυριακει ς τη γ̄ 157

D 22 ριθ/ε ℵ Υ M N S U Γ Π Ω 118 124 28 788 1424 ¦ ριθ C D K L Θ f1 f13 2 157 579 1071 ¦ ριθ/ς E ¦ ριθ/α G | Ευ Μθ ριθ : Ιω . : Λο ρκς : Μρ . E | Μθ ριθ M | Μθ κβ̄ : Λο λ̄θ M | Λο λ̄θ Π | Μθ ριθ : Μρ λ̄β : Λο ρλ̄ς : Ιω . 124 23 ρκ/ζ ℵ 𝔐 M S U Γ Π Ω 118 124 579 788 1424 ¦ ρκ C D K L Θ f1 f13 2 157 1071 | Ευ Μθ ρ̄·κ : Ιω πβ̄ : Λο . : Μρ . E | Μθ ρκ : Μρ νη : Λο ο̄δ M | Μθ ρκ : Μρ . : Λο ρκ̄ζ : Ιω . 124 | ρκα/β (ante και ελεγον) Θ | ρκ 1346 24 ρκα/β ℵ 𝔐 M S U Γ Π Ω 118 124 579 788 1424 ¦ ρκα C D K L f1 f13 2 157 1071 1346 | ρκα Θ | ρκα/β (ante α N | Ευ Μθ ρκα : Ιω . : Λο ρκζ : Μρ λ̄β E | Μθ ρκα : Μρ λ̄β : Λο ρκ̄ζ : Ιω . : Λο . : Ιω . 124 25 ρκβ/β ℵ Ε Υ Μ N S U Γ Π Ω 118 28 579 788 1424 ¦ ρκβ C D K L Θ 124 1582 f13 2 28² 157 1346 ¦ ρκβ/ι G | Ευ Μθ ρκβ : Ιω . : Λο ρκθ : Μρ λ̄γ E | Μθ ρκβ : Μρ λ̄γ : Λο ρκ̄ζ M | Μθ ρκβ : Μρ λ̄γ : Λο ρκ̄θ : Ιω . 124

αὐτῶν εἶπεν αὐτοῖς, Πᾶσα βασιλεία μερισθεῖσα καθ' ἑαυτῆς   B **uwτ** rell
αὐτῶν εἶπεν αὐτοῖς, Πᾶσα βασιλεία μερισθεῖσα ἐφ' <u>ἑαυτὴν</u>   D
αὐτῶν εἶπεν αὐτοῖς, Πᾶσα βασιλεία μερισθεῖσα καθ' <u>ἑαυτὴν</u>   L 118 33 28 1424
αὐτῶν εἶπεν αὐτοῖς, Πᾶσα βασιλεία μερισθεῖσα καθ' ἑαυτῆς <u>οὐχ ἵσταται ἀλλ'</u>   1071

ἐρημοῦται, καὶ πᾶσα πόλις ἢ οἰκία μερισθεῖσα καθ' ἑαυτῆς οὐ σταθήσεται.   B **uwτ** rell
<u>ἐρημοῦτει</u>, καὶ πᾶσα πόλις ἢ οἰκία μερισθεῖσα <u>ἐφ'</u> <u>ἑαυτὴν</u> οὐ <u>στήσεται.</u>   D*
ἐρημοῦται, καὶ πᾶσα πόλις ἢ οἰκία μερισθεῖσα <u>ἐφ'</u> <u>ἑαυτὴν</u> οὐ <u>στήσεται.</u>   Dᶜ
<u>οὐ σταθήσεται, καὶ πᾶσα πόλις ἢ οἰκία μερισθεῖσα καθ'</u> ἑαυτῆς <u>ἐρημοῦται</u> .   K
                         οὐ σταθήσεται.   Δ
ἐρημοῦται, καὶ πᾶσα πόλις   οἰκία μερισθεῖσα καθ' ἑαυτῆς οὐ σταθήσεται.   1*
ἐρημοῦται, καὶ πᾶσα πόλις ἢ οἰκία μερισθεῖσα καθ' ἑαυτῆς οὐ <u>στήσεται.</u>   f¹³ 788
ἐρημοῦται, καὶ πᾶσα πόλις ἢ οἰκία μερισθεῖσα καθ' <u>ἑαυτὴν</u> οὐ σταθήσεται.   33 28 157
ἐρημοῦται, καὶ πᾶσα <u>βασιλεια</u> οἰκία μερισθεῖσα καθ' ἑαυτῆς οὐ σταθήσεται.   579

26 καὶ εἰ   ὁ Σατανᾶς τὸν Σατανᾶν ἐκβάλλει, ἐφ' ἑαυτὸν ἐμερίσθη· πῶς οὖν   B **uwτ** rell
26 <u>εἰ δὲ καὶ</u> ὁ Σατανᾶς τὸν Σατανᾶν ἐκβάλλει, ἐφ' ἑαυτὸν ἐμερίσθη· πῶς οὖν   D
26 καὶ εἰ   ὁ Σατανᾶς τὸν Σατανᾶν <u>ἐκβάλει,</u> ἐφ' ἑαυτὸν ἐμερίσθη· πῶς οὖν   L
26 καὶ εἰ   ὁ Σατανᾶς τὸν Σατανᾶν ἐκβάλλει, ἐφ' <u>ἑαυτὴν</u> ἐμερίσθη· πῶς οὖν   118*
26 καὶ εἰ   ὁ Σατανᾶς τὸν <u>Σατανᾶ</u> ἐκβάλλει, ἐφ' ἑαυτὸν ἐμερίσθη· πῶς οὖν   565*
26 καὶ εἰ   ὁ Σατανᾶς τὸν Σατανᾶν <u>ἐκβάλῃ,</u> ἐφ' ἑαυτὸν ἐμερίσθη· πῶς οὖν   1424

σταθήσεται ἡ βασιλεία αὐτοῦ; **27** καὶ εἰ ἐγὼ ἐν Βεεζεβοὺλ ἐκβάλλω τὰ δαιμόνια,   B ℵ **w**
<u>στήσεται</u>   ἡ βασιλεία αὐτοῦ; **27** <u>εἰ δὲ</u> ἐγὼ ἐν <u>Βεελζεβοὺς</u> ἐκβάλλω τὰ δαιμόνια,   D*
σταθήσεται ἡ βασιλεία αὐτοῦ; **27** <u>εἰ δὲ</u> ἐγὼ ἐν <u>Βεελζεβοὺλ</u> ἐκβάλλω τὰ δαιμόνια,   Dᶜ f¹ 33
σταθήσεται ἡ βασιλεία αὐτοῦ; **27** καὶ εἰ ἐγὼ ἐν <u>Βελζεβοὺλ</u> <u>ἐκβάλω</u> τὰ δαιμόνια,   L
σταθήσεται ἡ βασιλεία αὐτοῦ; **27** καὶ εἰ ἐγὼ ἐν <u>Βελζεβοὺλ</u> <u>ἐκβάλω</u> τὰ δαιμόνια,   1346
σταθήσεται ἡ βασιλεία αὐτοῦ; **27** <u>εἰ δὲ</u> ἐγὼ ἐν <u>Βεελζεβοὺλ</u> <u>ἐκβάλω</u> τὰ δαιμόνια,   1424
σταθήσεται ἡ βασιλεία αὐτοῦ; **27** καὶ εἰ ἐγὼ ἐν <u>Βεελζεβοὺλ</u> ἐκβάλλω τὰ δαιμόνια,   118 **uτ** rell

οἱ υἱοὶ ὑμῶν ἐν τίνι ἐκβάλλουσιν; διὰ τοῦτο αὐτοὶ κριταὶ   ἔσονται ὑμῶν.   B ℵ D 1424 **uw**
οἱ υἱοὶ ὑμῶν ἐν τίνι <u>ἐκβάλουσιν;</u> διὰ τοῦτο αὐτοὶ <u>ὑμῶν</u> ἔσονται κριται.   E* N
   υἱοὶ ὑμῶν ἐν τίνι <u>ἐκβάλουσιν;</u> διὰ τοῦτο αὐτοὶ <u>ὑμῶν</u> κριταὶ ἔσονται.   L
οἱ υἱοὶ ὑμῶν ἐν τίνι ἐκβάλλουσιν; διὰ τοῦτο <u>κριταὶ ἔσονται</u> <u>αὐτοὶ</u> ὑμῶν.   W
οἱ υἱοὶ ὑμῶν ἐν τίνι ἐκβάλλουσιν; διὰ τοῦτο αὐτοὶ κριται <u>ὑμῶν ἔσονται.</u>   Θ f¹ 124
οἱ υἱοὶ ὑμῶν ἐν τίνι ἐκβάλλουσιν; διὰ τοῦτο αὐτοὶ κριταὶ <u>καὶ ὑμῶν ἔσονται.</u>   118
om.   33
οἱ υἱοὶ ὑμῶν ἐν τίνι <u>ἐκβάλουσιν;</u> διὰ τοῦτο αὐτοὶ κριταὶ   ἔσονται ὑμῶν.   157
οἱ υἱοὶ ὑμῶν ἐν τίνι ἐκβάλλουσιν; διὰ τοῦτο αὐτοὶ <u>ἡμῶν</u> ἔσονται κριταὶ.   579
οἱ υἱοὶ ὑμῶν ἐν τίνι ἐκβάλλουσιν; διὰ τοῦτο αὐτοὶ <u>ὑμῶν</u> ἔσονται κριταὶ.   C 𝔐 K M U Γ Δ Π f¹³ 2 28
                                                     565 700 788 1071 1346 **τ**

28 εἰ δὲ   ἐν πνεύματι θεοῦ ἐγὼ ἐκβάλλω τὰ δαιμόνια, ἄρα ἔφθασεν   B 118 **uw** rell
28 εἰ δὲ   ἐν πνεύματι θεοῦ ἐγὼ ἐκβάλλω τὰ δαιμόνια, ἄρα <u>ἔφθασαν</u>   D*
28 εἰ δὲ   ἐν πνεύματι θεοῦ   ἐκβάλλω τὰ δαιμόνια, ἄρα ἔφθασεν   M 1071
28 εἰ δὲ   ἐν <u>δακτύλω</u>   ἐγὼ ἐκβάλλω τὰ δαιμόνια, ἄρα ἔφθασεν   N*
28 εἰ δὲ   ἐν <u>δακτύλω</u> θεοῦ ἐγὼ ἐκβάλλω τὰ δαιμόνια, ἄρα ἔφθασεν   Nᶜ
28 εἰ δὲ <u>ἐγὼ</u> ἐν πνεύματι θεοῦ ἐγὼ ἐκβάλλω τὰ δαιμόνια, ἄρα ἔφθασεν   1 1582*
28 εἰ δὲ <u>ἐγὼ</u> ἐν πνεύματι θεοῦ   ἐκβάλλω τὰ δαιμόνια, ἄρα ἔφθασεν   1582ᶜ 157 **τ**
28   ἄρα ἔφθασεν   33
28 εἰ δὲ <u>ἐγὼ</u> ἐν πνεύματι θεοῦ   <u>ἐκβάλω</u> τὰ δαιμόνια, ἄρα ἔφθασεν   1424

ἐφ' ὑμᾶς ἡ βασιλεία τοῦ θεοῦ. **29** ἢ πῶς δύναταί τις εἰσελθεῖν εἰς τὴν οἰκίαν τοῦ   B **uwτ** rell
ἐφ' ὑμᾶς ἡ βασιλεία τοῦ θεοῦ. **29** ἢ πῶς δύναταί   εἰσελθεῖν εἰς τὴν οἰκίαν τοῦ   L
ἐφ' ὑμᾶς ἡ βασιλεία τοῦ.   **29** ἢ πῶς δύναταί τις εἰσελθεῖν εἰς τὴν οἰκίαν τοῦ   Γ
ἐφ' ὑμᾶς ἡ βασιλεία τοῦ θεοῦ. **29** ἢ πῶς <u>τις δύναται</u> <u>εἰς τὴν οἰκίαν τοῦ ἰσχυροῦ</u>   Δ

---

lac. 12.25-29 𝔓⁴⁵ A F H P Q 69

A **25** βασιλια ℵ | πολης 2* | οικεια 2* | μερισθισα¹ ℵ | μερισθησα K L Θ 2* 565 579 | ερημουτε 1071 | πολεις C Γ | πολης E L | οικεια W 1071 | μερισθισα² ℵ D | μερισθησα K L Γ Θ 13 124* **26** εκβαλλι ℵ | πος Θ* | συν (ουν) L | σταθησετε ℵ L | βασιλια ℵ | βασιλει E **27** η (ει) 1071 δαιμωνια Θ | τινη E | τινει N | εκβαλλουσι Υ Γ 124ᶜ 700ᶜ 1071 | εσοντε L N | εσωνται 579 **28** εκβαλω 2* | δακτυλ N* | δεμονια ℵ* | δεμωνια Θ | βασιλια ℵ **29** δυνατε L | εισελθιν ℵ | τιν (την¹.²) L | οικειαν¹ D W 2* 1071

B **28** π̅ν̅ι̅ ℵ C D 𝔐 K L M S U W Γ Δ Θ Π Ω f¹ 118 f¹³ 124 2 28 157 565 579 700 788 1071 1346 1424 | θ̅υ̅¹.² B ℵ C D 𝔐 K L M S U W Δ Θ Π Ω f¹ 118 f¹³ 124 2 28 157 565 579 700 788 1071 1346 1424 | θ̅υ̅¹ Nᶜ Γ | θ̅υ̅² N 33

D **30** ρ̅κ̅γ̅ L 1582

ἰσχυροῦ καὶ τὰ σκεύη αὐτοῦ ἁρπάσαι, ἐὰν μὴ πρῶτον δήσῃ τὸν ἰσχυρόν; B C* N W 1 1582* 1071
εἰσελθεῖν καὶ τὰ σκεύη αὐτοῦ διαρπάσαι, ἐὰν μὴ πρῶτον τὸν ἰσχυρὸν δήσῃ; Δ [↑1424 uw
ἰσχυροῦ καὶ τὰ σκεύη αὐτοῦ διαρπάσαι, ἐὰν μὴ πρῶτον τὸν ἰσχυρόν δήσῃ; f¹³ 788 1346
ἰσχυροῦ καὶ τὰ σκεύη Χριστοῦ διαρπάσαι; 579
ἰσχυροῦ καὶ τὰ σκεύη αὐτοῦ διαρπάσαι, ἐὰν μὴ πρῶτον δήσῃ τὸν ἰσχυρόν; ℵ Cᶜ D 𝔐 K L M U Γ Θ Π
1582ᶜ 118 2 33 28 157 565 700 τ

[Cl Exc 52.1 και δυσαι παραινει και αρπασαι ως ισχυρου τα σκευη].

καὶ τότε τὴν οἰκίαν αὐτοῦ διαρπάσει. **30** ὁ μὴ ὢν μετ᾽ B C 𝔐 L N U Δ Θ 1 1582* 118
καὶ τότε τὴν οἰκίαν αὐτοῦ διαρπάσῃ. **30** εἶπεν ὁ κύριος, ὁ μὴ ὢν μετ᾽ Γ [↑2 1071 uwτ
30 ὁ μὴ ὢν μετ᾽ 579
καὶ τότε τὴν οἰκίαν αὐτοῦ ἁρπάσῃ. **30** ὁ γὰρ μὴ ὢν μετ᾽ 1424
καὶ τότε τὴν οἰκίαν αὐτοῦ διαρπάσῃ. **30** ὁ μὴ ὢν μετ᾽ ℵ D G K M S W Π 1582ᶜ f¹³
33 28 157 565 700 788 1346

ἐμοῦ κατ᾽ ἐμοῦ ἐστι, καὶ ὁ μὴ συνάγων μετ᾽ ἐμοῦ σκορπίζει. B uwτ rell
ἐμοῦ κατ᾽ ἐμοῦ ἐστι, καὶ ὁ μὴ συνάγων μετ᾽ ἐμοῦ σκορπίζει με. ℵ 1582* 33

Blasphemy Against The Spirit Never Forgiven
(Mark 3.28-30; Luke 12.10-12)

31 Διὰ τοῦτο λέγω ὑμῖν, πᾶσα ἁμαρτία καὶ βλασφημία ἀφεθήσεται ὑμῖν τοῖς B 1 1582* [w]
31 Διὰ τοῦτο λέγω ὑμῖν, πᾶσα ἁμαρτία καὶ βλασφημία ἀφεθήσεται Δ
31 Διὰ τοῦτο λέγω ὑμῖν, ὅτι πᾶσα ἁμαρτία καὶ βλασφημία ἀφεθήσεται τοῖς 28
31 Διὰ τοῦτο λέγω ὑμῖν, πᾶσα ἁμαρτία καὶ βλασφημίαι ἀφεθήσεται τοῖς 700
31 Διὰ τοῦτο λέγω ὑμῖν, πᾶσα ἁμαρτία καὶ βλασφημία ἀφεθήσεται τοῖς u[w]τ rell

ἀνθρώποις, ἡ δὲ τοῦ πνεύματος βλασφημία οὐκ ἀφεθήσεται. B ℵ f¹ 1424 uw
ἀνθρώποις. 579
ἀνθρώποις, ἡ δὲ τοῦ πνεύματος βλασφημία οὐκ ἀφεθήσεται τοῖς ἀνθρώποις τ rell

32 καὶ ὃς ἐὰν εἴπῃ λόγον κατὰ τοῦ υἱοῦ τοῦ ἀνθρώπου, οὐκ ἀφεθήσεται B*
32 καὶ ὃς ἂν εἴπῃ λόγον κατὰ τοῦ υἱοῦ τοῦ ἀνθρώπου, ἀφεθήσεται D f¹ f¹³ 33 565 788 1346 1424 τ
32 καὶ ὃς ἐὰν εἴπῃ λόγον κατὰ τοῦ υἱοῦ τοῦ ἀνθρώπου, ἀφεθήσεται Bᶜ ℵ C 𝔐 K L M N U W Γ Δ Θ Π
118 2 28 157 579 700 1071 uw

αὐτῷ· ὃς δ᾽ ἂν εἴπῃ κατὰ τοῦ πνεύματος τοῦ ἁγίου, οὐ μὴ ἀφέθη αὐτῷ B [w]
αὐτῷ· ὃς δ᾽ ἂν εἴπῃ κατὰ τοῦ πνεύματος τοῦ ἁγίου, οὐ μὴ ἀφεθήσετε αὐτῷ ℵ*
αὐτῷ· ὃς δ᾽ ἂν εἴπῃ κατὰ τοῦ ἁγίου πνεύματος, οὐκ ἀφεθήσεται αὐτῷ f¹³ 788 1346
αὐτῷ· ὃς δ᾽ ἂν εἴπῃ κατὰ τοῦ πνεύματος τοῦ ἁγίου, οὐκ ἀφεθήσεται αὐτῷ u[w]τ rell

οὔτε ἐν τούτῳ τῷ αἰῶνι οὔτε ἐν τῷ μέλλοντι. B ℵ C D N W f¹ 33 157 uwτ
οὔτε ἐν τῷ νῦν αἰῶνι οὔτε ἐν τῷ μέλλοντι. 𝔐 L M U Γ 118 2 579 700 1071 1424
οὔτε ἐν τῷ αἰῶνι τούτῳ οὔτε ἐν τῷ μέλλοντι. K Υ Δ Θ Π f¹³ 565 788 1346
οὔτε ἐν τῷ νῦν οὔτε ἐν τῷ μέλλοντι. 28

---

lac. **12.29-32** 𝔓⁴⁵ A F H P Q 69

A 29 σκευει E L 2*1424 ¦ δισει L 1071 ¦ δησει 2* ¦ ισχοιρον L ¦ οικειαν² D 2* 1071 **30** ον (ων) L ¦ εστιν C D 𝔐 K M L N S W Γ Δ Θ Π Ω 2 33 565 579 1424 ¦ συναγον 700 ¦ σκορπιζι ℵ ¦ σκορπηζει 579 **31** τουτω 579 ¦ υμειν D ¦ αμαρτηα L ¦ βλασφια¹ 1071 ¦ καις 13 ¦ αφεθησετε¹ ℵ L ¦ βλασφια² E 1071 ¦ αφεθησετε² ℵ ¦ ανθροποις L **32** ειπει¹ L 28 1071 ¦ ηπει 579 ¦ λογγον Δ ¦ αφεθησετε¹ ℵ K L Θ* ¦ ειπει² K L 28 1071 ¦ αφεθησετε² ℵᶜ L ¦ ουται¹ Θ ¦ τουτο Υ 1346 ¦ εωνι L ¦ αιωνει N ¦ μελοντι Θ 1424

B 30 κς Γ **31** ανοις¹ ℵ C 𝔐 K L M N S U W Γ Θ Π Ω f¹ 118 f¹³ 124 2 33 28 157 565 700 788 1071 1346 1424 ¦ πνς ℵ C D 𝔐 K L M N S U W Δ Θ Π Ω f¹ 118 f¹³ 124 2 33 28 157 565 700 788 1071 1346 1424 ¦ ανοις² C 𝔐 K M N S U Γ Δ Π Ω f¹³ 124 2 33 28 157 565 579 700 788 1071 1346 **32** υυ C E G K L M N U Δ Π Ω 1582 33 565 1424 ¦ ανου ℵ C 𝔐 K L M N S U W Γ Δ Θ Π Ω f¹ 118 f¹³ 124 2 33 28 157 565 579 700 788 1071 1346 1424 ¦ πνς ℵ C D 𝔐 K L M N S U W Δ Θ Π Ω f¹ 118 f¹³ 124 2 33 28 157 565 579 700 788 1071 1346 1424

C 29 τελος της γ G Υ ¦ τελ 124 788 1346 **30** αρχη: Σαββατω η ειπεν ο κς (+ ο μη ων μετ εμου G) E G 2 ¦ αρχ: Σα η αρχ ειπεν ο κς ο μη ων μετ εμου κατ εμου Υ ¦ αρχ Σαβ η L 788 1346 124 1071 ¦ αρχ: Μθ Σα η αρχ ειπεν ο κς ο μη ων μετ εμου᾽ κατ εμου εστιν, M ¦ Σα η ειπ ο κς S ¦ Σα η Γ ¦ αρχ Θ f¹³ ¦ αρξ Σαββατω η α᾽ τρ ν ειπεν ο κς ο μη ων μετ εμου Π ¦ αρχ ειπ ο κς Σα η Ω ¦ αρχ μζ Σα η ειπ ο κς ο μη ων μετ εμου f¹ ¦ αρχ μζ Σα η ειπεν ο κς ο μη ων 118 ¦ αρχ του Σα· ειπεν ο κς ο μη ων μετ ε 28 ¦ αρχ Σα η 157 ¦ αρχη ειπεν ο κς 1424 ¦ τε τς ῡ Π

D 30 ρκγ_2 1346 **31** ρκγ/β ℵ Eᶜ Υ M N S U Γ Π Ω 118 124 28 788 1071 1424 ¦ ρκγ C D K Θ 1 f¹³ 28² 579¦ ρλγ/β E* ¦ ρκγ/γ G ¦ Ευ Μθ ρκγ : Ιω . : Λο ρνζ : Μρ λδ E ¦ Μθ ρκγ : Μρ λδ : Λο ρμζ M ¦ Μθ ρκβ : Μρ λδ : Λο ρμζ : Ιω . 124

110

The Fruits Of The Healthy And Of The Diseased Trees
(Luke 6.43-45)

33 Ἢ ποιήσατε	τὸ	δένδρον καλὸν καὶ τὸν καρπὸν αὐτοῦ καλόν, ἢ ποιήσατε τὸ	B uwτ rell
33 Ἢ ποιήσατε	τὸν	δένδρον καλὸν καὶ τὸν καρπὸν αὐτοῦ καλόν, ἢ ποιήσατε τὸ	D Θ
33 Ἢ ποιήσηται	τὸ	δένδρον καλὸν καὶ τὸν καρπὸν αὐτοῦ καλόν, ἢ ποιήσατε τὸ	W
33 Ἢ ποιήσατε	τὸ	δένδρον καλὸν καὶ τὸν καρπὸν αὐτοῦ καλόν, ποιήσατε τὸ	33
33 Ἢ ποιήσατε	τὸ	δένδρον καλὸν καὶ τὸν καρπὸν αὐτοῦ καλόν, ἢ ποιήσατε τὸν	1346

δένδρον σαπρὸν καὶ τὸν καρπὸν αὐτοῦ σαπρόν· ἐκ γὰρ τοῦ καρποῦ τὸ δένδρον	Bᶜ uwτ rell
δένδρον απρὸν καὶ τὸν καρπὸν αὐτοῦ σαπρόν· ἐκ γὰρ τοῦ καρποῦ τὸ δένδρον	B*

γεινώσκεται.	34 γεννήματα	ἐχιδνῶνᵀ,	πῶς δύνασθε ἀγαθὰ λαλεῖν πονηροι ὄντες; B D
γινώσκεται.	34 γέννημα	ἐχιδνῶν,	πῶς δύνασθε ἀγαθὰ λαλεῖν πονηροι ὄντες; ℵ*
γινώσκετε.	34 γενήματα	ἐχιδνῶν,	πῶς δύνασθε ἀγαθὰ λαλεῖν πονηροι ὄντες; Δ
ἐπιγινώσκεται.	34 γεννήματα	ἐχιδνῶν,	πῶς δύνασθε ἀγαθὰ λαλεῖν πονηροι ὄντες; Ω 28 1424
γινώσκεται.	34 γεννήματα	ἐχιδνῶν,	πῶς δύνασθε ἀγαθὰ λαλεῖν πονηροι ὄντες; uwτ rell

ᵀerasure 17 letters 1424 [Cl S IV 100.3 ενθεν και γεννηματα εχιδνων τους τοιουτους εκαλεσεν].

ἐκ γὰρ τοῦ περισσεύματος τῆς καρδίας τὸ στόμα λαλεῖ.	35 ὁ ἀγαθὸς	B uwτ rell
ἐκ γὰρ τοῦ περισσεύματος τῆς καρδίας τὸ στόμα λαλεῖ ἀγαθά.	35 ἀγαθὸς	D*
ἐκ γὰρ τοῦ περισσεύματος τῆς καρδίας τὸ στόμα λαλεῖ.	35 ὁ ἀγαθὸς	L Y* N W Γ
ἐκ γὰρ τοῦ περισσεύματος τῆς καρδίας λαλεῖ λαλεῖ.	35 ὁ ἀγαθὸς	118*
ἐκ γὰρ τοῦ περισσεύματος τὸ στόμα λαλεῖ.	35 ὁ ἀγαθὸς	579

ἄνθρωπος ἐκ τοῦ ἀγαθοῦ θησαυροῦ	ἐκβάλλει	B D 𝔐 K M W Γ Θ Π 124 565 579 700
ἄνθρωπος ἐκ τοῦ ἀγαθοῦ θησαυροῦ τῆς καρδίας αὐτοῦ	ἐκβάλλει τὰ	L f¹ 33 157 [↑788 1071 u[w]
ἄνθρωπος ἐκ τοῦ ἀγαθοῦ θησαυροῦ	ἐκβάλη τὰ	1424
ἄνθρωπος ἐκ τοῦ ἀγαθοῦ θησαυροῦ τῆς καρδίας	ἐκβάλλει τὰ	τ
ἄνθρωπος ἐκ τοῦ ἀγαθοῦ θησαυροῦ	ἐκβάλλει τὰ	ℵ C G N U Δ 118 f¹³ 2 28 1346 [w]

ἀγαθά, καὶ ὁ πονηρὸς ἄνθρωπος ἐκ τοῦ πονηροῦ θησαυροῦ	B uwτ rell
ἀγαθά, καὶ ὁ πονηρὸς ἄνθρωπος	579
ἀγαθά, καὶ ὁ πονηρὸς ἄνθρωπος ἐκ τοῦ πονηροῦ θησαυροῦ τῆς καρδίας αὐτοῦ	L 33 157

[Cl Q 17.2 θησαυρους δε γε ο κυριος οιδε διττους τον μεν αγαθον, ο γαρ αγαθος ανθρωπος εκ του αγαθου θησαυρου της καρδιας προφερει το αγαθον, τον δε πονηρον ο γαρ κακος εκ του κακου θησαυρου προφερει το κακον, οτι εκ περισσευματος της καρδιας το στομα λαλει].

ἐκβάλλει	πονηρά. 36	λέγω δὲ ὑμῖν ὅτι πᾶν ῥῆμα ἀργὸν ὃ		λαλήσουσιν	B ℵ uw
ἐκβάλλει	πονηρά. 36	λέγω δὲ ὑμῖν ὅτι πᾶν ῥῆμα ἀργὸν ὃ ἐὰν		λαλήσουσιν	C Θ
ἐκβάλλει	πονηρά. 36	λέγω δὲ ὑμῖν ὅτι πᾶν ῥῆμα ἀργὸν ὃ		λαλοῦσιν	D
ἐκβάλλει τὰ	πονηρά. 36	λέγω δὲ ὑμῖν ὅτι πᾶν ῥῆμα ἀργὸν ὃ ἂν		λαλήσωσιν	L
προσφέρει τὰ	πονηρά. 36	λέγω δὲ ὑμῖν ὅτι πᾶν ῥῆμα ἀργὸν ὃ ἐὰν		λαλήσωσιν	N
ἐκβάλλει τὰ	πονηρά. 36	λέγω δὲ ὑμῖν ὅτι πᾶν ῥῆμα ἀργὸν ὃ ἐὰν		λαλήσωσιν	U 118 f¹³ 28
ἐκβάλλει	πονηρά. 36	λέγω ὑμῖν ὅτι πᾶν ῥῆμα ἀργὸν ὃ ἐὰν		λαλήσωσιν	1 [↑157 1346
ἐκβάλλει	πονηρά. 36	λέγω δὲ ὑμῖν ὅτι πᾶν	ἀργὸν ὃ ἐὰν	λαλήσωσιν	124*
ἐκβάλλει τὰ	πονηρά. 36	λέγω δὲ ὑμῖν ὅτι πᾶν ῥῆμα ἀργὸν ὃ ἐὰν		λαλήσουσιν	33
ἐκβάλει	πονηρά. 36	λέγω δὲ ὑμῖν ὅτι πᾶν ῥῆμα ἀργὸν ὃ ἐὰν		λαλήσωσιν	1071
ἐκβάλη τὰ	πονηρά. 36 ἀμὴν	δὲ λέγω ὑμῖν ὅτι πᾶν ῥῆμα ἀργὸν ὃ ἐὰν		λαλήσωσιν	1424*
προσφέρει τὰ	πονηρά. 36 ἀμὴν	δὲ λέγω ὑμῖν ὅτι πᾶν ῥῆμα ἀργὸν ὃ ἐὰν		λαλήσωσιν	1424ᶜ
ἐκβάλλει	πονηρά. 36	λέγω δὲ ὑμῖν ὅτι πᾶν ῥῆμα ἀργὸν ὃ ἐὰν		λαλήσωσιν	𝔐 K M W Γ

Π 1582 124ᶜ 2 565 579 700 788 τ

---

lac. 12.33-36 𝔓⁴⁵ A F H P Q 69

A 33 ποιησαται¹ ℵ D | ποιησαται² Θ | γινοσκετε ℵ Δ | γινοσκεται Θ* 34 γεναματα 1424 | αιχιδναν W 1424 | δυνασθαι C D E W Γ Δ Π* 124 33 28 579 1071 | λαλιν ℵ W | ωντες L 35 εκβαλλι¹·² Θ | εκβαλει¹ 2* 36 υμειν D

B 35 ᾱνος¹·² ℵ C 𝔐 K L M N S U W Γ Δ Θ Π Ω f¹ 118 f¹³ 124 2 33 28 157 565 700 788 1071 1346 1424 | ᾱνου² 579

C 36 κυ πε των αιτουντ σημ 1071*

D 33 ρ̅κ̅δ̅/ι̅ ℵ 𝔐 M N S U Γ Π Ω 118 124 28 788 | ρ̅κ̅δ̅ C D K L Θ f¹ f¹³ 2 28² 157 579 1071 1346 | ρ̅κ̅δ̅/ε̅1424 | Ευ Μθ ρ̅κ̅δ̅ : Ιω . : Λο . : Μρ . Ε | Μθ ρ̅κ̅δ̅ : Λο ξ̅β̅ Μ | Μθ ρ̅κ̅δ̅ : Μρ . : Λο ξ̅β̅ : Ιω . 124 34 ρ̅κ̅ε̅ (ante το στομα) D 35 ρ̅κ̅ε̅/ε̅ ℵ G Y M N S U Γ Π Ω 118 28 788 1424 | ρ̅κ̅ε̅ C K L Θ f¹ 2 579 1071 1346 | ρ̅κ̅ε̅/ς̅ Ε | ρ̅κ̅ε̅/ι̅ 124 | Ευ Μθ ρ̅κ̅ε̅ : Ιω . : Λο ξ̅β̅ : Μρ . Ε | Μθ ρ̅κ̅ε̅ Μ | Μθ ρ̅κ̅ε̅ : Μρ . : Λο . : Ιω . 124 36 ρ̅κ̅ς̅/ι̅ ℵ Μ Υ S U Γ Π Ω 118 124 28 1071 1424 | ρ̅κ̅ς̅ C D K L Θ f¹ 157 579 1346 | ρ̅κ̅ς̅/ε̅ Ν | Μθ ρ̅κ̅ς̅ Μ

οἱ   ἄνθρωποι ἀποδώσουσιν περὶ αὐτοῦ λόγον ἐν ἡμέρᾳ κρίσεως· **37** ἐκ γὰρ   B **uwτ** rell
οἱ   ἄνθρωποι ἀποδώσουσῖν <u>λόγον</u> <u>περὶ</u> <u>αὐτου</u> ἐν ἡμέρᾳ κρίσεως· **37** ἐκ γὰρ   L
οἱ   ἄνθρωποι <u>ἀποδώσωσιν</u> περὶ αὐτοῦ λόγον ἐν ἡμέρᾳ κρίσεως· **37** ἐκ γὰρ   N W
οἱ <u>οἱ</u> ἄνθρωποι ἀποδώσουσιν περὶ αὐτοῦ λόγον ἐν ἡμέρᾳ κρίσεως· **37** ἐκ γὰρ   1424

τῶν λόγων σου δικαιωθήσῃ, καὶ ἐκ τῶν λόγων   σου καταδικασθήσῃ.   B **uwτ** rell
τῶν λόγων σου δικαιωθήσῃ, καὶ ἐκ τῶν λόγων   καταδικασθήσῃ.   ℵ
τῶν λόγων σου δικαιωθήσῃ, <u>ἢ</u> ἐκ τῶν λόγων   σου καταδικασθήσῃ.   D
τῶν λόγων σου δικαιωθήσῃ, καὶ ἐκ τῶν λόγων   σου <u>κατακριθήσῃ</u>.   G Γ Ω 118 33 565 700 1424
τῶν λόγων σου δικαιωθήσῃ, καὶ ἐκ τῶν λόγων   σου <u>κατακριθήσει</u>.   L 28
τῶν λόγων σου δικαιωθήσῃ, καὶ ἐκ τῶν λόγων <u>ἔργων</u> σου καταδικασθήσῃ.   Θ
τῶν λόγων σου δικαιωθήσῃ.   Π*

[Cl Pd II 50.2 η και περι τουτου γεγραπται· ος <u>αν</u> λαλησῃ λογον <u>αργον</u>, αποδωσει <u>λογον</u> κυριω <u>εν ημερα</u> <u>κρισεως</u>. αυθις τε <u>εκ</u> του λογου <u>σου</u> <u>δικαιωθηση</u>, φησιν, <u>και εκ</u> του λογου <u>σου</u> <u>καταδικασθηση</u>].

$\overline{κγ}$ περὶ τῶν αἰτούντων σημεῖον

The Sign Of Jonah
(Mark 8.11-13; Luke 11.29-32)

$\overline{π}$ **38** Τότε ἀπεκρίθησαν αὐτῷ τινες τῶν γραμματέων   λέγοντες,   B
   38 Τότε ἀπεκρίθησαν αὐτῷ τινες τῶν γραμματέων <u>καὶ Φαρισαίων</u> λέγοντες,   ℵ C D L N f^{13} 33 157 788
   38 Τότε ἀπεκρίθησαν   τινες τῶν <u>Φαρισαίων</u> <u>καὶ</u> γραμματέων λέγοντες,   K   [↑1346 1424 **uw**
   38 Τότε ἀπεκρίθησαν αὐτῷ τινες τῶν γραμματέων <u>καὶ Φαρισέων</u> λέγοντες,   M Θ
   38 Τότε ἀπεκρίθησαν αὐτῷ <u>τινες</u> τινες τῶν γραμματέων <u>καὶ Φαρισαίων</u> λέγοντες,   565
   38 Τότε ἀπεκρίθησαν   τινες τῶν   <u>Φαρισαίων</u> λέγοντες,   579   [↓1071 **τ**
   38 Τότε ἀπεκρίθησαν   τινες τῶν γραμματέων <u>καὶ Φαρισαίων</u> λέγοντες,   𝔐 U W Γ Δ Π f^1 2 28 700

Διδάσκαλε, θέλομεν ἀπὸ σοῦ σημεῖον ἰδεῖν. **39** ὁ δὲ ἀποκριθεὶς εἶπεν αὐτοῖς, Γενεὰ   B **uwτ** rell
Διδάσκαλε, <u>θέλωμεν</u> ἀπὸ σοῦ σημεῖον ἰδεῖν. **39** ὁ δὲ ἀποκριθεὶς εἶπεν,   Γενεὰ   1424

πονηρὰ καὶ μοιχαλὶς σημεῖον ἐπιζητεῖ, καὶ σημεῖον οὐ δοθήσεται αὐτῇ εἰ μὴ τὸ σημεῖον   B **uwτ** rell
πονηρὰ καὶ μοιχαλὶς σημεῖον ἐπιζητεῖ, καὶ σημεῖον οὐ δοθήσεται <u>σοι</u> εἰ μὴ τὸ σημεῖον   D*
πονηρὰ καὶ μοιχαλὶς σημεῖον   <u>ζητεῖ</u>, καὶ σημεῖον οὐ δοθήσεται αὐτῇ εἰ μὴ τὸ σημεῖον   L
πονηρὰ καὶ μοιχαλὶς ··········ον ἐπιζητεῖ, καὶ σημεῖον ···· ················τῇ εἰ μὴ τὸ σημεῖον   33
πονηρὰ καὶ <u>μηχαλεὶς</u> σημεῖον ἐπιζητεῖ, καὶ σημεῖον οὐ δοθήσεται αὐτῇ εἰ μὴ τὸ σημεῖον   1346

[Cl S III 90.2 παλιν τε αυ ο σωτηρ τους Ιουδαιους γενεαν ειπων πονηραν και μοιχαλιδα διδασκει].

lac. 12.36-39 $\mathfrak{P}^{45}$ A F H P Q 69

A 36 αποδωσουσι Y M S U f^1 118 157 565 700 788 1071 1346 ¦ αποδοσουσιν Θ 37 τον λογον[1] Θ* ¦ λογον[1] L 579 ¦ δικεωθηση ℵ ¦ δικαιοθησει L ¦ δικαιωθησει 13 2* 28 579 1071 ¦ τον λογον[2] L ¦ λογον[2] M Θ ¦ καταδικασθησει 13 2* 579 1071 38 απεκρηθησαν Θ ¦ γραμματαιων C L Δ 1071 ¦ φαρεσεων ℵ N W Θ ¦ λεγωντες Θ ¦ διδασσκαλε Θ[c] ¦ θελωμεν L 2* 579 1071 1424 ¦ σημιον ℵ N W Θ ¦ σημειον L 2* ¦ ιδιν ℵ ¦ ειδειν Θ 39 αποκρθις ℵ ¦ αποκριθης 579 ¦ μοιχαλλης L ¦ μυχαλις N ¦ μοιχαλλις Υ 565 ¦ μοιχαλεις Δ 124 788 ¦ μηχαλης 13 ¦ μοχαλης 2* ¦ μοχαλις 2[c] ¦ μιχαλλης 1071 ¦ σημιον[1] ℵ N W Θ ¦ σιμειον L 2* ¦ επιζητι ℵ ¦ επιζειτε 579 ¦ επειζητει 1071 ¦ σημιον[2,3] ℵ D N W Θ ¦ σιμειον[2,3] L ¦ δοθησετε ℵ ¦ δωθησετε L Θ* ¦ δωθησεται Θ[c] 579 1071 ¦ ε μει L* ¦ ει μει L[c]

B 36 ανοι ℵ C 𝔐 K L M N S U Γ Δ Θ Π Ω f^1 118 f^{13} 124 2 33 28 157 565 579 700 788 1071 1346 1424

C 37 τελος (post κατδικ.) E S Y Θ 118 f^{13} 124 2 579 788 1071 1346 ¦ τελος του Σα G Π Ω f^1 28 38 $\overline{κγ}$ περι των αιτουντων (αιτουντον Θ) σημειον (σιμειον ιδειν L ¦ σημειων Γ 1346 ¦ σιμιον Θ): 𝔐 K L S U Γ Δ Θ Π Ω f^1 f^{13} 124 28 157 565 579 788 1071[c] 1346 1424 ¦ $\overline{κγ}$ M ¦ αρχη: τη $\overline{δ}$ της $\overline{δ}$ εβδ τω καιρω κ, απεκριθ τω $\overline{ιυ}$ τινες των γραμ, G ¦ αρχ: τη $\overline{δ}$ της $\overline{δ}$ εβδ αρχ τω κ,ρ,ω απεκριθησαν τω ιυ τινες των γραμματεων Υ ¦ αρχ: Μθ τη $\overline{δ}$ τς $\overline{δ}$ εβδ τω καιρ,ω απεκριθησαν τω ιυ M ¦ τη $\overline{δ}$ τς $\overline{δ}$ εβδ τω κ S ¦ αρχ τη $\overline{δ}$ τς $\overline{ε}$ εβδ τω καιρω εκεινω προσηλθον τω ιυ γραμματεις κ, φαρισαιοι λεγοντες Π ¦ αρχ μή τη $\overline{δ}$ τς εεβδ τω καιρω προσηλθ τω ιυ γραμματοις κ φαισαιοι λεγοντες f^1 ¦ αρχ μή τη $\overline{δ}$ τς $\overline{ε}$ εβδ τω καιρω εκεινω προσηλθ τω ιυ γραμματοις κ λεγοντες διδασκαλε 118 ¦ αρχ τη $\overline{δ}$ τω καιρω εκεινω. απεκριθησαν 28 ¦ τη $\overline{δ}$ 157

D 37 $\overline{ρκϛ/ι}$ E G ¦ $\overline{ρκζ}$ 2 157 ¦ Ευ Μθ $\overline{ρκϛ}$: Ιω . : Λο . : Μρ . ¦ Μθ $\overline{ρκϛ}$: Λο $\overline{ρκη}$: Ιω . 124 **38** $\overline{ρκζ/ε}$ ℵ Υ Μ S U Γ Π Ω 118 124 28 788 1424 ¦ $\overline{ρκζ}$ C D K L Θ f^1 2 28[2] 579 1071 1346 ¦ $\overline{ρκζ/ζ}$ G ¦ $\overline{ρκη}$ 157 ¦ Ευ Μθ $\overline{ρκζ}$: Ιω . : Λο $\overline{ρη}$: Μρ . ¦ Μθ $\overline{ρκζ}$: Λο $\overline{ρκη}$ M ¦ Μθ $\overline{κγ}$: Λο $\overline{μα}$ M ¦ Λο $\overline{μα}$ Π ¦ Μθ $\overline{ρκζ}$: Μρ . : Λο $\overline{ρλβ}$: Ιω . 124 **39** $\overline{ρκη/ε}$ ℵ G Υ Μ Ν S U Γ Ω 124 28 788 1424 ¦ $\overline{ρκη}$ C D K L Θ f^1 2 579 1071 1346 ¦ $\overline{ρκη/ϛ}$ E ¦ $\overline{ρκθ}$ 157 ¦ Ευ Μθ $\overline{ρκη}$: Ιω . : Λο $\overline{ρλη}$: Μρ . E ¦ Μθ $\overline{ρκη}$: Λο $\overline{ρλβ}$ M ¦ Μθ $\overline{ρκε}$: Μρ . : Λο . : Ιω . 124

		Ἰωνᾶ τοῦ προφήτου. **40** ὥσπερ γὰρ ἦν	Ἰωνᾶς	B **uwτ** rell
		Ἰωνᾶ τοῦ προφήτου. **40** ὥσπερι γὰρ	Ἰωνᾶς	D*
		Ἰωνᾶ τοῦ προφήτου. **40** ὥσπερ γὰρ ἐγένετο	Ἰωνᾶς	Θ
οὐ δοθήσεται αὐτῇ	⋯⋯ σημεῖον	Ἰω⋯⋯ **40** ⋯⋯ ·ὰρ ἦν	Ἰωνᾶς	33
		Ἰωνᾶ τοῦ προφήτου. **40** ἦν	Ἰωνᾶς	565
		Ἰωνᾶ τοῦ προφήτου. **40** ὥσπερ γὰρ ἐγένετο	Ἰωνᾶς ὁ προφήτης	1424

ἐν τῇ κοιλίᾳ τοῦ κήτους τρεῖς ἡμέρας καὶ τρεῖς νύκτας,	οὕτως ἔσται	ὁ υἱὸς του	B **uwτ** rell
ἐν τῇ κοιλίᾳ τοῦ κήτους τρεῖς ἡμέρας ⋯⋯			N
ἐν τῇ κοιλίᾳ τοῦ κήτους τρεῖς ἡμέρας καὶ τρεῖς νύκτας,	οὕτως ἔσται καὶ	ὁ υἱὸς τοῦ	D E L W 1424
ἐν κοιλίᾳ τοῦ κήτους τρεῖς ἡμέρας καὶ τρεῖς νύκτας,	οὕτως ἔσται	ὁ υἱὸς τοῦ	G
ἐν τῇ κοιλίᾳ τοῦ κήτους		⋯⋯ ς τοῦ	33

ἀνθρώπου ἐν τῇ καρδίᾳ τῆς γῆς τρεῖς ἡμέρας καὶ τρεῖς νύκτας.	**41** ἄνδρες Νινευεῖται	B C L W Δ Θ w
ἀνθρώπου ἐν τῇ καρδίᾳ τῆς γῆς τρεῖς ἡμέρας καὶ τρεῖς νύκτας.	**41** ἄνδρες Νινευεῖτε	ℵ
ἀνθρώπου ἐν τῇ καρδίᾳ τῆς γῆς τρεῖς ἡμέρας καὶ τρεῖς νύκτας.	**41** ἄνδρες Νεινευέται	D*
ἀνθρώπου ἐν τῇ καρδίᾳ τῆς γῆς τρεῖς ἡμέρας καὶ τρεῖς νύκτας.	**41** ἄνδρες Νεινευεῖται	Dᶜ
ἀνθρώπου ἐν τῇ καρδίᾳ τῆς γῆς τρεῖς ἡμέρας καὶ τρεῖς νύκτας.	**41** ἄνδρες Νηνευῖται	Γ
ἀνθρώπου ἐν τῇ κοιλίᾳ τῆς γῆς τρεῖς ἡμέρας καὶ τρεῖς νύκτας.	**41** ἄνδρες Νινευῖται	118
ἀνθρώπου ἐν τῇ καρδίᾳ τῆς γῆς ⋯⋯	**41** ⋯⋯ ται	33
ἀνθρώπου ἐν τῇ καρδίᾳ τῆς γῆς τρεῖς ἡμέρας καὶ τρεῖς νύκτας.	**41** ἄνδρες Νινευῖται	𝔐 K M U Π ƒ¹

ƒ¹³ 2 28 157 565 579 700 788 1071 1346 1424 **uτ**

ἀναστήσονται ἐν τῇ κρίσει μετὰ τῆς γενεᾶς ταύτης καὶ κατακρινοῦσιν αὐτήν·	B **uwτ** rell
ἀναστήσονται ἐν τῇ κρίσει μετὰ τῆς γενεᾶς αὐτῆς καὶ κατακρινοῦσιν αὐτήν·	Δ
ἀναστήσονται ἐν τῇ κρίσει ⋯⋯ τήν·	33

ὅτι μετενόησαν εἰς τὸ κήρυγμα Ἰωνᾶ, καὶ ἰδοὺ πλεῖον Ἰωνᾶ ὧδε.	**42** βασίλισσα νότου	B **uwτ** rell
om.	**42**	G
ὅτι μετενόησαν ἐπὶ τὸ κήρυγμα Ἰωνᾶ, καὶ ἰδοὺ πλεῖον Ἰωνᾶ ὧδε.	**42** βασίλισσα νότου	L
ὅτι μετενόησαν εἰς τὸ κήρυγμα ⋯⋯	**42** ⋯⋯	33
ὅτι μετενόησαν εἰς τὸ κήρυγμα Ἰωνᾶ, καὶ ἰδοὺ πλοῖον Ἰωνᾶ ὧδε.	**42** βασίλισσα νότου	1071

ἐγερθήσεται ἐν τῇ κρίσει μετὰ τῆς γενεᾶς ταύτης καὶ κατακρινεῖ	αὐτήν· ὅτι ἦλθεν ἐκ	B **uwτ** rell
	ὅτι ἦλθεν ἐκ	G
ἐγερθήσεται ἐν τῇ κρίσει μετὰ τῆς γενεᾶς ταύτης καὶ κατακρινοῦσιν αὐτήν·	ὅτι ἦλθεν ἐκ	U
ἐγερθήσεται ἐν τῇ κρίσει μετὰ τῆς γενεᾶς ταύτης καὶ κατακρινεῖ	αὐτήν· ὅτι ἦλθεν ἀπὸ	ƒ¹³ 700 788
ἐγερθήσεται ἐν τῇ κρίσει ⋯⋯	θεν ἐκ	33
ἐγερθήσεται ἐν τῇ κρίσει μετὰ τῆς γενεᾶς ταύτης καὶ κατακρινοῦσιν αὐτήν·	ὅτι ἦλθεν ἀπὸ	1346

τῶν περάτων τῆς γῆς	ἀκοῦσαι τὴν σοφίαν	Σολομῶνος,	καὶ ἰδοὺ πλεῖον	B **uw** rell
τῶν περάτων τῆς γῆς	ἀκοῦσαι τὴν σοφίαν	Σολομῶντος,	καὶ ἰδοὺ πλεῖον	C Δ 118 157 τ
τῶν περάτων τῆς γῆς	ἀκοῦσαι τὴν σοφίαν τοῦ	Σολομῶνος,	καὶ ἰδοὺ πλεῖον	D*
τῶν περάτων τῆς γῆς	ἀκοῦσαι τὴν σοφίαν	Σολομῶνος,	καὶ ἰδοὺ πλεῖον	L
τῶν περάτων τῆς γῆς	ἀκοῦσαι τὴν σοφίαν	Σολομόνος,	καὶ ἰδοὺ πλεῖον	124
τῶν περάτων τῆς ⋯⋯				33
τῶν περάτων τῆς γῆς ἵνα	ἀκούσει τὴν σοφίαν	Σολομῶνος,	καὶ ἰδοὺ πλεῖον	28
τῶν περάτων τῆς γῆς ἵνα	εἴδη τὴν σοφίαν	Σολομῶνος,	καὶ ἰδοὺ πλοῖον	1071

Σολομῶνος	ὧδε.	B **uw** rell
Σολομῶνος	ὧδε.	L
Σολομόνος	ὧδε.	124
Σολομῶντος	ὧδε.	118 157 τ

lac. **12.39-42** 𝔓⁴⁵ A H N P Q 69 ¦ vss. 40-42 N

A 40 κοιλεια N ¦ κιτους K 579 ¦ κοιτους 13 ¦ τρις¹·²·³ ℵ W ¦ τρις¹ N ¦ ουτος L ¦ εστε ℵ D ¦ τρις⁴ W **41** αναστησοντε ℵ ¦ αναστισονται K ¦ αναστησωνται 579 ¦ κρισι ℵ ¦ κρειση Θ ¦ νεας D* ¦ γεναιας E ¦ κακρινουσιν D* ¦ μετενωησαν E ¦ μετανοεισαν, τω (το) Θ ¦ πλιον L W Θ ¦ ωιδε 124 **42** βασιλεισσα E L Ω 13 2 579 1071 1346 ¦ βασιλεισα Θ ¦ βασιλισα 700 ¦ νωτου 28 ¦ εγερθησετε ℵ ¦ τι (τη) Θ ¦ γεναιας E ¦ κατακρινι ℵ ¦ κατακρεινι D ¦ κατακρινη L ¦ ακουσε ℵ ¦ σοφηαν L ¦ ειδου D ¦ πλιον L W Θ ¦ ωιδε 124

B 40 υϛ̅ ℵ C 𝔐 K L M U Δ Π Ω ƒ¹ 2 1424 ¦ α̅ν̅ο̅υ̅ ℵ C 𝔐 K L M S U Γ Δ Θ Π Ω ƒ¹ 118 ƒ¹³ 124 2 33 28 157 579 700 1071 1346 1424 ¦ γ̅⁴ ℵ

The Unclean Spirit Seeking Rest
(Luke 11.24-26)

43 Ὅταν δὲ τὸ ἀκάθαρτον πνεῦμα ἐξέλθῃ ἀπὸ τοῦ ἀνθρώπου, διέρχεται δι' B u**w**τ rell
43 Ὅταν δὲ τὸ ἀκάθαρτον πνεῦμα ἐξῆλθῃ ἀπὸ τοῦ ἀνθρώπου, διέρχεται δι' D
43 Ὅταν τὸ ἀκάθαρτον πνεῦμα ἐξέλθῃ ἀπὸ τοῦ ἀνθρώπου, διέρχεται δι' L
43 Ὅταν δὲ τὸ ἀκάθαρτον πνεῦμα ἐξέλθῃ ἀπὸ τοῦ ἀνθρώπου, διέρχεται διὰ S
43 Ὅταν .... διέρχεται δι' 33

ἀνύδρων τόπων ζητοῦν ἀνάπαυσιν, καὶ οὐχ εὑρίσκει. 44 τότε λέγει, B u**w**τ rell
ἀνύδρων τόπων ζητοῦν ἀνάπαυσιν, καὶ οὐκ εὑρίσκει. 44 τότε λέγει, L
ἀνύδρων τόπων ζητοῦν ἀνάπασιν, καὶ οὐχ εὑρίσκει. 44 τότε λέγει, Δ
ἀνύδρων τόπων ζητοῦν ἀνάπαυσιν, καὶ μὴ εὕρισκον. 44 τότε λέγει, 700

Εἰς τὸν οἶκόν μου ἐπιστρέψω	ὅθεν ἐξῆλθον· καὶ		ἐλθὸν	εὑρίσκει	B ℵᶜ u**w**
Εἰς τὸν οἶκόν μου ἐπιστρέψω	ὅθεν ἐξῆλθον· καὶ			εὑρίσκει	ℵ*
Εἰς τὸν οἶκόν μου ἐπιστρέψω	ὅθεν ἐξῆλθον· καὶ	ἐλθὼν	εὑρείσκει τὸν οἶκον		D
....	..........θον· καὶ	ἐλθὼν	εὑρίσκει		F
Ἐπιστρέψω εἰς τὸν οἶκόν μου	ὅθεν ἐξῆλθον· καὶ	ἐλθὼν	εὑρίσκει		G Γ Ω 2 157 700
Ἐπιστρέψω εἰς τὸν οἶκόν μου	ὅθεν ἐξῆλθον· καὶ	ἐξελθὸν	εὑρίσκει		U
Ἐπιστρέψω εἰς τὸν οἶκόν μου	ὅθεν ἐξῆλθον· καὶ	ἦλθον	εὑρίσκει		Δ
Ὑποστρέψω εἰς τὸν οἶκόν μου	ὅθεν ἐξῆλθον· καὶ	ἐλθὸν	εὑρίσκει		f¹ 28
Ὑποστρέψω εἰς τὸν οἶκόν μου	ὅθεν ἐξῆλθον· καὶ	ἐλθὼν	εὑρίσκει		f¹³ 788
Ὑποστρέψω εἰς τὸν οἶκόν μου	ὅθεν ἐξῆλθον· καὶ ἐὰν	ἐλθὼν	εὑρήσει		124
Εἰς τὸν οἶκόν μου ἐπιστρέψω	ὅθεν ἐξῆλθον· καὶ	ἐλθὼν	εὑρίσκει		33 1424
Ἐπιστρέψω εἰς τὸν οἶκόν μου	ὅθεν ἐξῆλθον· καὶ	ἐξελθὸν	εὑρίσκει		1071
Ὑποστρεψάτω εἰς τὸν οἶκόν μου	ὅθεν ἐξῆλθον· καὶ	ἐλθὼν	εὑρίσκει		1346
Ἐπιστρέψω εἰς τὸν οἶκόν μου	ὅθεν ἐξῆλθον· καὶ	ἐλθὸν	εὑρίσκει		C 𝔐 K L M W Θ Π 118 565 579 τ

σχολάζοντα σεσαρωμένον καὶ κεκοσμημένον. 45 τότε πορεύεται καὶ B u[w]τ rell
σχολάζοντα καὶ σεσαρωμένον καὶ κεκοσμημένον. 45 τότε πορεύεται καὶ ℵ C* 118 1424 [w]
σχολάζοντα σεσαρωμένον καὶ κοσμημένον. 45 τότε πορεύεται καὶ E L 13* 124 1071 1346

παραλαμβάνει μεθ' ἑαυτοῦ ἑπτὰ ἕτερα πνεύματα πονηρότερα ἑαυτοῦ, καὶ εἰσελθόντα B u**w**τ rell
παραλαμβάνει μεθ' ἑαυτοῦ ἑπτὰ ἕτερα πνεύματα πονηρότερα αὐτοῦ, καὶ εἰσελθόντα D
παραλαμβάνει μεθ' ἑαυτοῦ ἑπτὰ ἕτερα πνεύματα πονηρότερα αὐτοῦ, καὶ εἰσελθὸν E*
παραλαμβάνει μεθ' ἑαυτοῦ ἑπτὰ ἕτερα πνεύματα πονηρότερα ἑαυτοῦ, καὶ εἰσελθὼν Eᶜ
παραλαμβάνει μεθ' ἑαυτοῦ ἑπτὰ ἕτερα πνεύματα πονηρότερα ἑαυτοῦ, καὶ εἰσελθὼν L f¹³ 788 1346
παραλαμβάνει μεθ' ἑαυτοῦ ἑπτὰ ἕτερα πνεύματα πονηρότερα ἑαυτοῦ, καὶ ἐλθόντα Δ* 700
παραλαμβάνει μεθ' ἑαυτοῦ ἕτερα πνεύματα πονηρότερα ἑαυτοῦ, καὶ εἰσελθόντα 28
παραλαμβάνει μεθ' ἑαυτοῦ ἕτερα πνεύματα ἑπτὰ πονηρότερα ἑαυτοῦ, καὶ εἰσελθόντα 157
λαμβάνει μεθ' ἑαυτοῦ ἑπτὰ ἕτερα πνεύματα πονηρότερα ἑαυτοῦ, καὶ εἰσελθόντα 1424

κατοικεῖ ἐκεῖ·	καὶ γείνεται τὰ ἔσχατα		τοῦ ἀνθρώπου	B Dᶜ W
κατοικεῖ ἐκεῖ·	καὶ γείνεται τὰ ἔσχατα αὐτοῦ		τοῦ ἀνθρώπου	D*
κατοικεῖ ἐκεῖ·	καὶ γίνεται τὰ ἔσχατα χείρονα τῷ		τοῦ ἀνθρώπου	E
κατοικεῖ ἐκεῖ·	καὶ γίνεται τὰ ἔσχατα		τοῦ οὐρανοῦ	Θ
κατεικεῖ ἐκεῖ·	καὶ γίνετε τὰ ἔσχατα		τοῦ ἀνθρώπου	1346
κατοικεῖ ἐν τῷ ἀνθρώπῳ ἐκείνῳ·	καὶ γίνεται τὰ ἔσχατα		τοῦ ἀνθρώπου	1424
κατοικεῖ ἐκεῖ·	καὶ γίνεται τὰ ἔσχατα		τοῦ ἀνθρώπου	u**w**τ rell

lac. 12.43-45 𝔓⁴⁵ A H N P Q 69 ┊ vss. 43-44 F

A 43 διερχετε ℵ ┊ διανοιδρων 579 ┊ ζητων L 1071 ┊ ευρεισκει D 44 λεγι ℵ ┊ λεγη Θ ┊ οις τον εικον 13 ┊ οικων Θ ┊ εελθον Θ ┊ ευρισκη 2* ┊ σεσαρωμενων L ┊ κοσμιμενον 1071 ┊ κοσμημενων 1346 45 πορευετε ℵ U ┊ πορευται E* ┊ παραλαμβανι ℵ Θ ┊ λαμβαννει 579 ┊ πονεροτερα C ┊ πονηρωτερα L 1424 ┊ ηελθοντα Θ ┊ εισελθωντα 579 ┊ κατοικι εκι ℵ ┊ γινετε ℵ L 1346 ┊ αισχατα D Ω

B 43 π̅ν̅α̅ ℵ D E G K L M U W Θ Π f¹ 118 124 2 28 157 565 579 700 788 1071 1346 1424 ┊ α̅ν̅ο̅υ̅ ℵ C 𝔐 K L M S Γ Θ Π Ω f¹ 118 f¹³ 124 2 28 157 565 579 700 788 1071 1346 1424 45 π̅ν̅α̅τ̅α̅ ℵ K L M Γ 124 2 700 1071 1346 ┊ π̅ν̅τ̅α̅ W ┊ π̅ν̅α̅ Θ 13 579 788 ┊ α̅ν̅ω̅ 1424 ┊ α̅ν̅ο̅υ̅ ℵ C F G Y K L M S U W Γ Π Ω f¹ 118 f¹³ 124 2 33 28 157 565 579 700 788 1071 1346 1424 ┊ ο̅υ̅ν̅ο̅υ̅ Θ

D 43 ρ̅κ̅θ̅/ε̅ ℵ G Y M S U Γ Π Ω 124 28 788 1424 ┊ ρ̅κ̅θ̅ C D L Θ f¹ 118 f¹³ 2 157 1071 1346 ┊ ρ̅κ̅θ̅/ς̅ E ┊ Μθ ρ̅κ̅θ̅ : Λο ρ̅λ̅ Μ ┊ Μθ ρ̅κ̅θ̅ : Μρ . : Λο ρ̅λ̅ : Ιω . 124

ἐκείνου χείρονα	τῶν πρώτων. οὕτως ἔσται καὶ τῇ γενεᾷ ταύτῃ τῇ πονηρᾷ.	B **uwτ** rell
ἐκείνου χείρονα	τῶν πρώτων. οὕτως ἔσται καὶ τῇ γενεᾷ τῇ πονηρᾷ.	33
ἐκείνου χείρονα <u>τὸν</u>	τῶν πρώτων. οὕτως ἔσται καὶ τῇ γενεᾷ <u>τῇ πονηρᾷ ταύτῃ</u>.	579
ἐκείνου χείρονα	τῶν πρώτων. οὕτως ἔσται καὶ τῇ γενεᾷ ταύτῃ τῇ πονηρᾷ.	700

[Cl Ecl 20.3 επανεισι γαρ εις τον κεκαθαρμενον <u>οικον</u> και κενον, εαν μηδεν των σωτηριων εμβληθη, το προενοικησαν ακαθαρτον πνευμα, συμπαραλαμβανον αλλα <u>επτα</u> ακαθαρτα <u>πνευματα</u>].

The True Mother And Brothers Of Jesus
(Mark 3.31-35; Luke 8.19-21)

π̅α̅	46	Ἔτι	αὐτοῦ λαλοῦντος	τοῖς ὄχλοις ἰδοὺ	ἡ μήτηρ καὶ οἱ ἀδελφοὶ αὐτοῦ	B ℵ 33 1424 **uw**
	46	<u>Λαλοῦντος δὲ</u> αὐτοῦ		τοῖς ὄχλοις ἰδοὺ	ἡ μήτηρ καὶ οἱ ἀδελφοὶ αὐτοῦ	D L
	46	Ἔτι <u>δὲ</u> αὐτοῦ λαλοῦντος		τοῖς ὄχλοις ἰδοὺ	ἡ μήτηρ <u>μου</u> καὶ οἱ ἀδελφοὶ αὐτοῦ	Δ*
	46	Ἔτι <u>δὲ</u> αὐτοῦ λαλοῦντος		τοῖς ὄχλοις ἰδοὺ <u>καὶ</u>	ἡ μήτηρ καὶ οἱ ἀδελφοὶ αὐτοῦ	13
	46	Ἔτι <u>δὲ</u> αὐτοῦ λαλοῦντος		τοῖς ὄχλοις ἰδοὺ	ἡ μήτηρ καὶ <u>ἡ</u> ἀδελφοὶ αὐτοῦ	579
	46	Ἔτι <u>δὲ</u> αὐτοῦ λαλοῦντος		τοῖς ὄχλοις ἰδοὺ	ἡ μήτηρ καὶ οἱ ἀδελφοὶ αὐτοῦ	C 𝔐 K M U W Γ

Δ^c Θ Π f^1 124 2 28 157 565 700 788 1071 1346 τ

ἱστήκεισαν	ἔξω ζητοῦντες αὐτῷ λαλῆσαι.	B* ℵ^c C F G W Δ w
ἱστήκεισαν	ἔξω.	ℵ*
<u>εἱστήκεισαν</u>	ἔξω ζητοῦντες <u>λαλῆσαι αὐτῷ</u>.	D f^13 788 1346 1424
<u>ἱστήκασι</u>	ἔξω ζητοῦντες <u>λαλῆσαι αὐτῷ</u>.	L
ἱστήκεισαν	ἔξω ζητοῦντες <u>λαλῆσαι αὐτῷ</u>.	Θ 33
<u>εἱστήκεισαν</u>	ἔξω ζητοῦντες <u>αὐτὸν</u> λαλῆσαι.	28
<u>ἑστήκασιν</u>	ἔξω ζητοῦντες αὐτῷ λαλῆσαι.	700
<u>εἱστήκεισαν</u>	ἔξω ζητοῦντες αὐτῷ λαλῆσαι.	B^c 𝔐 K M U Γ Π f^1 2 157 565 579 1071 **uτ**

	47	om.	B ℵ* L Γ [**uw**]
	47	εἶπεν δέ τις <u>τῶν μαθητῶν αὐτοῦ</u>, Ἰδοὺ ἡ μήτηρ σου καὶ οἱ ἀδελφοί σου	ℵ^c
	47	εἶπεν δέ τις <u>αὐτῷ</u> <u>αὐτῷ</u>, Ἰδοὺ ἡ μήτηρ σου καὶ οἱ ἀδελφοί σου	C
	47	εἶπεν δέ τις αὐτῷ, Ἰδοὺ ἡ μήτηρ σου καὶ οἱ ἀδελφοί σου	D 𝔐 K M U W Δ Θ Π f^1 f^13

124 2 33 28 157 565 579 700 788 1071 1346 1424 [**uw**]τ

		48 ὁ δὲ ἀποκριθεὶς εἶπεν	B ℵ* L Γ [**uw**]
ἔξω	<u>ζητοῦσιν</u> σε	48 ὁ δὲ ἀποκριθεὶς εἶπεν	ℵ^c
<u>ἑστήκεισαν</u> ἔξω	ζητοῦντές <u>λαλῆσαι σοι</u>.	48 ὁ δὲ ἀποκριθεὶς εἶπεν	D
ἑστήκασιν	ζητοῦντές <u>σοι λαλῆσαι</u>.	48 ὁ δὲ ἀποκριθεὶς εἶπεν	1 1582*
	ζητοῦντές <u>σοι λαλῆσαι</u>.	48 ὁ δὲ ἀποκριθεὶς εἶπεν	f^13
ἑστήκασιν ἔξω	ζητοῦντές <u>σοι λαλῆσαι</u>.	48 ὁ δὲ ἀποκριθεὶς εἶπεν	33
<u>ἔξω ἑστήκεισαν</u>	ζητοῦντές <u>σοι λαλῆσαι</u>.	48 ὁ δὲ ἀποκριθεὶς εἶπεν	28
ἑστήκασιν ἔξω	<u>ἰδεῖν</u> <u>σε θέλοντες</u>.	48 ὁ δὲ ἀποκριθεὶς εἶπεν <u>αὐτῷ</u>	1071
ἑστήκασιν ἔξω	ζητοῦντές <u>σε</u> <u>ἰδεῖν</u>.	48 ὁ δὲ ἀποκριθεὶς εἶπεν	1424
ἔξω ἑστήκασιν	ζητοῦντές σοι λαλῆσαι.	48 ὁ δὲ ἀποκριθεὶς εἶπεν	C 𝔐 K M U W Δ Θ Π 1582^c

118 124 2 157 565 579 700 788 1346 [**uw**]τ

lac. 12.45-48 𝔓^45 A H N P Q 69

A 45 εκινου ℵ | χιρονα ℵ | χειρων D* | χειρωνα L 124 | προτων K | πρωτων Y 13 1346 | ουτος L | εστε ℵ D| ταυταυτη U | ταυτι 2* 46 ιστηκισαν ℵ | ιστικεισαν Δ | εισηκησαν 2* 47 ειπε U 118 | εστηκεισαν D^c | εστικασιν E 2* | εστηκασι Y K M S U Π Ω f^1 118 157 700 | ζητουτες L | λαλησε Θ 48 ειπε Y U 157

B 46 μ̅η̅ρ̅ C 𝔐 K L M S U W Γ Π Ω f^1 118 f^13 124 2 33 28 157 565 579 700 788 1071 1346 1424 47 μ̅η̅ρ̅ ℵ^c C E F G K M S U W Π Ω f^1 118 f^13 2 33 28 157 565 579 700 788 1071 1346 1424

C 45 τελ τς δ̅ Π f^1 28 | τελ 118 1071 46 αρχη F Y 1071 | (ante ιδου) τη ε̅ τς ε̅ εβδ τω καιρω εκεινω λαλουντος του ι̅υ̅ τοις οχλοις Π | αρχ μ̅θ̅ τη ε̅ τς ε̅ εβδ τω καιρω λαλουντος του ι̅υ̅ τοις οχλοις f^1 | αρχ μ̅θ̅ η ε̅ τς ε̅ εβδομα, και ειδς το συναξ τς θκου: τω εκ,ει λαλουντος του ι̅υ̅ τοις οχλοις 118 | τ αρχ τς ε̅ τω καιρω εκ, λαλουντος του ι̅υ̅ τς οχλοις 28 | αρχ τη ε̅ εις τ̅ κοιμ τς υπ θκου 157

D 46 ρ̅λ̅/β̅ ℵ E G Y M S U Γ Π 124 28 579 788 1424 | ρ̅λ̅ C D F K L Θ Ω f^1 f^13 2 28^2 157 1071 1346 | Ευ Μθ ρ̅λ̅ : Ιω . : Λο π̅β̅ : Μρ λ̅ε̅ Ε | Μθ ρ̅λ̅ : Μρ λ̅ε̅ : Λο π̅β̅ Μ | Μθ ρ̅λ̅ : Μρ λ̅ε̅ : Λο π̅β̅ : Ιω . 124

τῷ λέγοντι αὐτῷ, Τίς ἐστιν ἡ μήτηρ μου, καὶ τίνες εἰσὶν οἱ ἀδελφοί;   B*
τῷ λέγοντι αὐτῷ, Τίς ἐστιν ἡ μήτηρ μου, καὶ τίνες εἰσὶν οἱ ἀδελφοί μου;   Bᶜ ℵ 33 1424 **uw**
τῷ λέγοντι αὐτῷ, Τίς ἐστιν ἡ μήτηρ μου, ἢ   τίνες εἰσὶν οἱ ἀδελφοί μου;   D
        Τίς ἐστιν ἡ μήτηρ μου, η   τίνες   οἱ ἀδελφοί μου;   W
τῷ εἴποντι αὐτῷ, Τίς ἐστιν ἡ μήτηρ μουᵀ, καὶ τίνες εἰσὶν οἱ ἀδελφοί μου;   Δ
τῷ εἴποντι αὐτῷ, Τίς ἐστιν ἡ μήτηρ μου, ἢ   τίνες εἰσὶν οἱ ἀδελφοί μου;   Θ
   εἴποντι αὐτῷ, Τίς ἐστιν ἡ μήτηρ μου, καὶ τίνες εἰσὶν οἱ ἀδελφοί μου;   1071
τῷ εἴποντι αὐτῷ, Τίς ἐστιν ἡ μήτηρ μου, καὶ τίνες εἰσὶν οἱ ἀδελφοί μου;   C 𝔐 K L M U Γ Π *f*¹ *f*¹³ 2 28
                                                                             157 565 579 700 788 1346 τ

   ᵀκαὶ ἡ μήτηρ μου Δ

49 καὶ ἐκτείνας τὴν χεῖρα αὐτοῦ ἐπὶ τοὺς μαθητὰς αὐτοῦ εἶπεν, Ἰδοὺ ἡ μήτηρ μου   B **u**[**w**]τ rell
49 καὶ ἐκτείνας τὴν χεῖραν   ἐπὶ τοὺς μαθητὰς αὐτοῦ εἶπεν, Ἰδοὺ ἡ μήτηρ μου   ℵ*
49 καὶ ἐκτείνας τὴν χεῖρα   ἐπὶ τοὺς μαθητὰς αὐτοῦ εἶπεν, Ἰδοὺ ἡ μήτηρ μου   D 124 [**w**]
49 καὶ ἐκτείνας τὴν χεῖρα αὐτοῦ ἐπὶ τοὺς μαθητὰς   εἶπεν, Ἰδοὺ ἡ μήτηρ μου   Δ
49 καὶ ἐκτείνας τὴν χεῖρα αὐτοῦ ἐπὶ τοὺς μαθητὰς αὐτοῦ εἶπεν, Ἰδοὺ ἡ μήτηρ   *f*¹³
49 καὶ ἐκτείνας τὰς χεῖρας αὐτοῦ εἰς τοὺς μαθητὰς αὐτοῦ εἶπεν, Ἰδοὺ ἡ μήτηρ μου   28
49 καὶ ἐκτείνας τὴν χεῖρα αὐτοῦ ἐπὶ τοὺς μαθητὰς αὐτοῦ ἔφη, Ἰδοὺ ἡ μήτηρ μου   1424

καὶ οἱ ἀδελφοί μου· 50 ὅστις γὰρ ἂν ποιήσῃ   τὸ θέλημα τοῦ πατρός μου   B ℵ 𝔐 M U W Π *f*¹ 2 33 157
καὶ οἱ ἀδελφοί μου· 50 ὅστις γὰρ ἂν ποιῇ   τὸ θέλημα τοῦ πατρός μου   C Δ 700   [↑**uwτ**
καὶ οἱ ἀδελφοί μου· 50 ὅστις γὰρ   ποιεῖ   τὸ θέλημα τοῦ πατρός μου   D
καὶ οἱ ἀδελφοί μοι· 50 ὅστις γὰρ ἂν ποιήσῃ   τὸ θέλημα τοῦ πατρός μου   E*
καὶ οἱ ἀδελφοί μου· 50 ὅστις γὰρ ἂν ποιήσει τὸ θέλημα τοῦ πατρός μου   Y K Γ Θ 28 579 1071 1424
καὶ οἱ ἀδελφοί μου· 50 ὃς γὰρ ἂν ποιήσει   τὸ θέλημα τοῦ πατρός μου   L
καὶ οἱ ἀδελφοί μου· 50 ὅστις γὰρ ἐὰν ποιήσει τὸ θέλημα τοῦ πατρός μου   *f*¹³ 1346
καὶ οἱ ἀδελφοί μου· 50 ὅστις γὰρ ἐὰν ποιήσῃ τὸ θέλημα τοῦ πατρός μου   124 788
καὶ οἱ ἀδελφοί μου· 50 ὅστις γὰρ ἂν ποιήσῃ   τὸ θέλημα τοῦ πατρός   565

τοῦ ἐν   οὐρανοις αὐτός μου   ἀδελφὸς καὶ ἀδελφὴ καὶ   μήτηρ ἐστίν.   B **uwτ** rell
τοῦ ἐν   οὐρανοις οὗτος μου   ἀδελφὸς καὶ ἀδελφὴ καὶ   μήτηρ ἐστίν.   L Δ 28 157
τοῦ ἐν   οὐρανοις αὐτός μου καὶ ἀδελφὸς καὶ ἀδελφὴ καὶ ἡ μήτηρ ἐστίν.   Θ
τοῦ ἐν   οὐρανοις αὐτός μου καὶ ἀδελφὸς καὶ ἀδελφὴ καὶ   μήτηρ ἐστίν.   *f*¹³ 788 1346
τοῦ ἐν τοῖς οὐρανοις αὐτός μου   ἀδελφὸς καὶ ἀδελφὴ καὶ   μήτηρ ἐστίν.   33
τοῦ ἐν   οὐρανοις οὗτος μου καὶ ἀδελφὸς καὶ ἀδελφὴ καὶ   μήτηρ ἐστίν.   700 1424

[Cl Ecl. 20.3 αδελφοι μου γαρ, φησιν ο κυριος, και συγκληρονομοι οι ποιουντες το θελημα του πατρος μου].

            $\overline{κδ}$ περὶ τῶν παραβολῶν

        Jesus Teaches In Parables By The Sea
                (Mark 4.1-2; Luke 8.4)

$\overline{πβ}$ 13.1 Ἐν τῇ   ἡμέρᾳ   ἐκείνῃ   ἐξελθὼν ὁ Ἰησοῦς   τῆς οἰκίας   B **u**[**w**]
    13.1 Ἐν τῇ   ἡμέρᾳ   ἐκείνῃ   ἐξελθὼν ὁ Ἰησοῦς ἐκ   τῆς οἰκίας   ℵ 33 [**w**]
    13.1 Ἐς δὲ τῇ   ἡμέρᾳ   ἐκείνῃ   ἐξῆλθεν ὁ Ἰησοῦς καὶ   D*
    13.1 Ἐν δὲ τῇ   ἡμέρᾳ   ἐκείνῃ   ἐξῆλθεν ὁ Ἰησοῦς καὶ   Dᶜ
    13.1 Ἐν δὲ ταῖς ἡμέραις ἐκείναις ἐξελθὼν ὁ Ἰησοῦς ἀπο τῆς οἰκίας   E*
    13.1 Ἐν δὲ τῇ   ἡμέρᾳ   ἐκείνῃ   ἐξελθὼν ὁ Ἰησοῦς   τῆς οἰκίας   Θ 1 1582* 124 788 1424
    13.1 Ἐν δὲ τῇ   ἡμέρᾳ   ἐκείνῃ   ἐξελθὼν ὁ Ἰησοῦς ἀπὸ τῆς οἰκίας   C 𝔐 K L M U W Γ Δ Π
                                                                       1582ᶜ 118 *f*¹³ 2 28 157 565 579 700 1071 1346 τ

lac. 12.48-13.1 𝔓⁴⁵ A H N P Q 69

A 48 ειποντη L | της (τις) Θ ¦ τηνες Θ 49 εκτινας ℵ W Θ ¦ εκτηνας 2* | χιρα ℵ 50 οστης E 13.1 εκινη ℵ | οικειας W 2* 1071

B 48 μ̅η̅ρ̅ ℵ C 𝔐 K L M S U W Γ Π Ω *f*¹ 118 *f*¹³ 124 2 33 28 157 565 579 700 788 1071 1346 1424 49 μ̅η̅ρ̅ ℵ C 𝔐 K L M S U W Γ Π Ω *f*¹ 118 *f*¹³ 124 2 33 28 157 565 579 700 788 1071 1346 1424 50 π̅η̅ρ̅ ℵ ¦ π̅ρ̅ς̅ C 𝔐 K L M S U W Γ Δ Θ Π Ω *f*¹ 118 *f*¹³ 124 2 33 28 157 565 579 700 788 1071 1346 1424 50 ουνοις ℵ F G Y K L M S U Γ Π *f*¹ 118 *f*¹³ 124 2 28 157 565 579 700 788 1071 1346 1424 | μ̅η̅ρ̅ ℵ C 𝔐 K L M S U W Γ Π Ω *f*¹ 118 *f*¹³ 2 33 28 157 565 579 700 788 1071 1346 1424 13.1 ι̅ς̅ B ℵ C 𝔐 K L M S U W Γ Δ Θ Π Ω *f*¹ 118 *f*¹³ 124 2 33 28 157 565 579 700 788 1071 1346 1424 ¦ ι̅η̅ς̅ D

C 50 τελος F S 118 *f*¹³ 124 788 1071¦ τελος της δ̅ G Y 13.1 κ̅δ̅ περι των παραβολων [+ του σπορου 1071]: E F S Y Θ Π Ω *f*¹ 28 157 1071 ¦ κ̅δ̅ περι του σπορου παραβολη L ¦ κ̅δ̅ 118 ¦ αρχ 157 | αρχ τη ξ̅ τς ε̅ εβδ τω εκ,ει εξηλθ ο ι̅ς̅ απο της οικιας 118

D 13.1 ρ̅λ̅α̅/ι̅ ℵ ¦ ρ̅λ̅α̅ C D F K L *f*¹ *f*¹³ 2 157 579 788 1071 1346 ¦ ρ̅λ̅α̅/β̅ E G Y M S U Π Ω 118 124 28 1424 | Ευ Μθ ρ̅λ̅α̅ : Ιω . : Λο ο̅ς̅ : Μρ λ̅ς̅ E | Μθ ρ̅λ̅α̅ : Μρ λ̅ς̅ : Λο ο̅ς̅ M | Μθ ρ̅λ̅α̅ : Μρ λ̅ς̅ : Λο ο̅ς̅ : Ιω . 124 | Μθ κ̅δ̅ : Μρ θ̅ : Λο κ̅β̅ M | Μρ θ̅ Λο κ̅β̅ μθ Π

ἐκάθητο παρὰ τὴν θάλασσαν· 2 καὶ συνήχθησαν πρὸς αὐτὸν ὄχλοι πολλοί. ὥστε αὐτὸν   B uwτ rell
ἐκάθητο παρὰ τὴν θάλασσαν· 2 καὶ συνήχθησαν πρὸς αὐτὸν <u>ὄχλον</u> <u>πολλόν</u>. ὥστε αὐτὸν   W
ἐκάθητο παρὰ τὴν θάλασσαν· 2 καὶ συνήχθησαν πρὸς αὐτὸν <u>ὄχλοι</u> πολλοί. ὥστε <u>πάλιν</u>   118*

εἰς   πλοῖον ἐμβάντα καθῆσθαι,   καὶ πᾶς ὁ ὄχλος ἐπὶ τὸν αἰγιαλὸν ἱστήκει.   B* ℵ C W Θ 33 w
εἰς   πλοῖον ἐμβάντα καθῆσθαι,   καὶ πᾶς ὁ ὄχλος ἐπὶ τὸν αἰγιαλὸν <u>εἱστήκει</u>.   Bᶜ Y f¹ 124 700 u
εἰς <u>τὸ</u> πλοῖον ἐμβάντα καθῆσθαι,   καὶ πᾶς ὁ ὄχλος ἐπὶ τὸν αἰγιαλὸν <u>ἐστήκει</u>.   D*
εἰς <u>τὸ</u> πλοῖον ἐμβάντα καθῆσθαι,   καὶ πᾶς ὁ ὄχλος ἐπὶ τὸν αἰγιαλὸν <u>ἱστ·ήκη</u>.   E*
εἰς <u>τὸ</u> πλοῖον ἐμβάντα καθῆσθαι,   καὶ πᾶς ὁ ὄχλος ἐπὶ τὸν αἰγιαλὸν ἱστήκει.   Eᶜ F G Δ 2
εἰς   πλοῖον ἐμβάντα καθῆσθαι,   καὶ πᾶς ὁ ὄχλος ἐπὶ τὸν αἰγιαλὸν ἱστήκει.   L
εἰς <u>τὸ</u> πλοῖον ἐμβάντα <u>καθῆσαι</u>,   καὶ πᾶς ὁ ὄχλος ἐπὶ τὸν αἰγιαλὸν <u>εἱστήκει</u>.   S 1071
<u>ἐμβάντα</u> <u>εἰς</u> <u>τὸ</u> <u>πλοῖον</u> καθῆσθαι,   καὶ πᾶς ὁ ὄχλος ἐπὶ τὸν αἰγιαλὸν <u>εἱστήκει</u>.   118
εἰς <u>τὸ</u> πλοῖον ἐμβάντα καθῆσθαι.   13
εἰς   πλοῖον ἐμβάντα <u>καθίσαι</u>,   καὶ πᾶς ὁ ὄχλος ἐπὶ τὸν αἰγιαλὸν <u>εἱστήκει</u>.   1424
εἰς <u>τὸ</u> πλοῖον ἐμβάντα καθῆσθαι.   καὶ πᾶς ὁ ὄχλος ἐπὶ τὸν αἰγιαλὸν <u>εἱστήκει</u>.   Dᶜ K M U Γ Π Ω 28 157
565 579 788 1346 τ

3 καὶ ἐλάλησεν   αὐτοῖς πολλὰ ἐν παραβολαῖς λέγων,   B uwτ rell
3 καὶ ἐλάλησεν   αὐτοῖς <u>ἐν</u> <u>παραβολαῖς</u> <u>πολλὰ</u> λέγων,   C 157
3 καὶ <u>ἐλάλη</u>   αὐτοῖς   ἐν παραβολαῖς λέγων,   L
3 καὶ <u>ἐλάλει</u>   αὐτοῖς πολλὰ ἐν παραβολαῖς λέγων,   1071
3 καὶ ἐλάλησεν   αὐτοῖς πολλὰ ἐν παραβολαῖς,   1424

The Parable Of The Sower
(Mark 4.3-9; Luke 8.5-8)

Ἰδοὺ ἐξῆλθεν ὁ   σπείρων τοῦ σπείρειν.   4 καὶ ἐν τῷ σπείρειν   B 𝔐 K U Γ Δ Π 2 157 565
Ἰδοὺ ἐξῆλθεν ὁ   σπείρων τοῦ <u>σπίρε</u>.   4 καὶ ἐν τῷ σπείρειν   ℵ   [↑uwτ
Ἰδοὺ ἐξῆλθεν ὁ   σπείρων τοῦ σπείρειν.   4   C
Ἰδοὺ ἐξῆλθεν ὁ   σπείρων   <u>σπεῖραι</u>.   4 καὶ ἐν τῷ σπείρειν   D
Ἰδοὺ ἐξῆλθεν ὁ   σπείρων τοῦ <u>σπεῖραι</u> <u>τὸν</u> <u>σπόρον</u> <u>αὐτοῦ</u>. 4 καὶ ἐν τῷ σπείρειν   28 579
Ἰδοὺ ἐξῆλθεν <u>ὃς</u>   σπείρων τοῦ σπείρειν.   4 καὶ ἐν τῷ σπείρειν   1071
Ἰδοὺ ἐξῆλθεν ὁ   σπείρων τοῦ <u>σπεῖραι</u>.   4 καὶ ἐν τῷ σπείρειν   L M S W Θ Ω f¹ f¹³ 33
700 788 1346 1424

αὐτὸν ἃ μὲν ἔπεσεν παρὰ τὴν ὁδόν, καὶ ἐλθόντα   τὰ πετεινὰ   B u[w]
αὐτὸν ἃ μὲν ἔπεσεν παρὰ τὴν ὁδόν, καὶ <u>ἦλθον</u>   τὰ πετεινὰ   <u>καὶ</u>   D L 33 [w]
αὐτὸν ἃ μὲν ἔπεσεν παρὰ τὴν ὁδόν, καὶ <u>ἦλθεν</u>   τὰ πετεινὰ <u>τοῦ</u> <u>οὐρανοῦ</u> <u>καὶ</u>   E* K M Π 28 157
.... ·.......   ....·.........   ....· ....   N
αὐτὸν ἃ μὲν ἔπεσεν παρὰ τὴν ὁδόν, καὶ ἐλθόντα   τὰ πετεινὰ <u>τοῦ</u> <u>οὐρανοῦ</u>   Θ f¹³ 788 1424
αὐτὸν <u>ὃ</u> μὲν ἔπεσεν παρὰ τὴν ὁδόν, καὶ <u>ἦλθεν</u>   τὰ πετεινὰ   <u>καὶ</u>   Δ
αὐτὸν ἃ μὲν ἔπεσεν παρὰ τὴν ὁδόν, καὶ <u>ἦλθον</u>   τὰ πετεινὰ <u>τοῦ</u> <u>οὐρανοῦ</u> <u>καὶ</u>   565
αὐτὸν ἃ μὲν ἔπεσεν παρὰ τὴν ὁδόν <u>καὶ</u> <u>κατεπατήθη</u>, καὶ ἐλθόντα τὰ πετεινὰ <u>τοῦ</u> <u>οὐρανοῦ</u> <u>καὶ</u>   1346
αὐτὸν ἃ μὲν ἔπεσεν παρὰ τὴν ὁδόν, καὶ <u>ἦλθεν</u>   τὰ πετεινὰ   <u>καὶ</u>   ℵ C 𝔐 U W Γ f¹ 2 579
700 1071 τ

κατέφαγεν αὐτά. 5 ἄλλα δὲ ἔπεσεν ἐπὶ τὰ πετρώδη ὅπου οὐκ εἶχεν γῆν πολλήν,   B uwτ rell
κατέφαγεν αὐτά. 5 <u>ἃ</u>   δὲ ἔπεσεν ἐπὶ τὰ πετρώδη ὅπου οὐκ εἶχεν γῆν πολλήν,   D
κατέφαγεν αὐτά. 5 ἄλλα δὲ ἔπεσεν ἐπὶ τὰ πετρώδη ὅπου οὐκ εἶχεν γῆν <u>καλήν</u>,   157

---

lac. 13.1-5 𝔓⁴⁵ A H N P Q 69 ¦ vss. 1-4 N

A 13.1 εκαθητω E* L Θ 13. 2 συνηχθεισαν Θ ¦ πλοιων 2 ¦ ενβαντα D W Θ ¦ καθησθε ℵ ¦ καθησαι Y* ¦ καθεισθαι 2 579 ¦ ττον Θ* ¦ εγειαλον W ¦ ιστηκι ℵ ¦ ιστηκη E* ¦ ιστικει 2* 3 παραβολες Θ ¦ σπιραν ℵ ¦ σπειρον K L ¦ σπηρων Θ 2* ¦ σπιραι D 4 σπιριν ℵ ¦ σπειριν D E ¦ σπιρειν W Θ ¦ επεσε Y M S U f¹ 118 f¹³ 157 700 788 1346 ¦ ηλθε Y M U 118 157 700 1071 ¦ πετινα ℵ 2* ¦ πετηνα Θ ¦ το (του) E 5 επει D ¦ ειχε Y U Γ 118 157 788 1346

B 4 ουνου K M Π f¹³ 124 157 565 788 1346 1424

C 3 κ̄δ̄ περι των παραβολων Δ ¦ κ̄δ̄ περι των (om. 788) παραβολων G K U Γ 788 1424 ¦ κ̄δ̄ περι του σπορου παραβολη 579 ¦ τελ τς ε̄ Π f¹ 28 ¦ αρχη: τη ε̄ της δ̄ εβδ ειπεν ο κ̄ς̄ την παραβολην ταυτην ιδου εξηλ, (ante ιδου) G ¦ αρχ: τη ε̄ της δ̄ εβδ αρχ ειπεν ο κ̄ς̄ τ παραβ, ταυτ εξηλθεν ο σπειρω Y ¦ αρχ: Μθ τη ε̄ τς δ̄ εβδ ειπεν ο κ̄ς̄ την παρ, εξηλθεν Μ ¦ (ante ιδου) τη ε̄ τς δ̄ εβδ ειπ ο κ̄ς̄ τ παραβ S ¦ (ante ιδου) αρχ τη παρ, τς ε̄ εβδ ειπεν ο κ̄ς̄ την παραβολην ταυτην Π ¦ αρχ ν̄ τη ς̄ τς ε̄ εβδ ειπ ο κ̄ς̄ τ παραβολ τουτ ιδου εξηλθ f¹ ¦ αρχ,κ,ε λ̄ κ,υ κ,ε κ̄β̄ 118 ¦ αρχ 124 788 1346 ¦ αρχ τς β̄ ειπεν ο κ̄ς̄ τ παραβολ ταυτ· ιδου εξηλθεν 28 ¦ αρχ τη πα 157 ¦ αρχ τω καιρω 1424

D 3 ρ̄λ̄β̄ f¹³ 28²

καὶ εὐθέως εξανέτειλαν διὰ τὸ μὴ ἔχειν βάθος τῆς γῆς. 6 ἡλίου δὲ B
καὶ εὐθὺς εξανέτειλεν διὰ τὸ μὴ ἔχειν βάθος γῆς. 6 τοῦ δὲ ἡλίου D
καὶ εξανέτειλεν διὰ τὸ μὴ ἔχειν βάθος γῆς. 6 ἡλίου δὲ L
καὶ εὐθέως εξανέτειλεν καὶ διὰ τὸ μὴ ἔχειν βάθος γῆς. 6 ἡλίου δὲ 157
καὶ εὐθέως εξανέτειλεν διὰ τὸ μὴ ἔχειν βάθος γῆς. 6 ἡλίου δὲ uwτ rell

ἀνατείλαντος ἐκαυματώθη καὶ διὰ τὸ μὴ ἔχειν ῥίζαν ἐξηράνθη. B
ἀνατείλαντος ἐκαυματίσθησαν καὶ διὰ τὸ μὴ ἔχειν ῥίζαν ἐξηράνθησαν. D
ἀνατείλαντος ἐκαυματίσθη καὶ διὰ τὸ μὴ ἔχειν ῥίζαν ἂν ἀπεξηράνθη. E*
ἀνατείλαντος ἐκαυματίσθη καὶ διὰ τὸ μὴ ἔχειν ῥίζαν ἂν ἐξηράνθη. Eᶜ
ἀνατείλαντος εὐθέως ἐκαυματίσθη καὶ διὰ τὸ μὴ ἔχειν ῥίζαν ἐξηράνθη. L
ἀνατείλαντος ἐκαυμαστισένθη καὶ διὰ τὸ μὴ ἔχειν ῥίζαν ἐξηράνθη. Δ*
ἀνατείλαντος ἐκαυμαστίσθη καὶ διὰ τὸ μὴ ἔχειν ῥίζαν ἐξηράνθη. Δᶜ
ἀνατείλαντος ἐκαυματίσθη καὶ διὰ τὸ μὴ ἔχειν βάθος ῥίζης ἐξηράνθη. Θ f¹³ 788 1346
ἀνατείλαντος ἐκαυματίσθη καὶ διὰ τὸ μὴ ἔχειν ῥίζαν ἐξηράνθη. ℵ C 𝔐 K M
N U W Γ Π f¹ 2 33 28 157 565 579 700 1071 1424 uwτ

7 ἄλλα δὲ ἔπεσεν ἐπὶ τὰς ἀκάνθας, καὶ ἀνέβησαν αἱ ἄκανθαι καὶ B uwτ rell
7 ἄλλα δὲ ἔπεσεν εἰς τὰς ἀκάνθας, καὶ ἀνέβησαν αἱ ἄκανθαι καὶ D f¹³ 788
7 ἄλλα δὲ ἔπεσεν ἐπὶ ταῖς ἀκάνθαις, καὶ ἀνέβησαν αἱ ἄκανθαι καὶ 118
7 ἄλλα δὲ ἔπεσον ἐπὶ τὰς ἀκάνθας, καὶ ἀνέβησαν αἱ ἄκανθαι καὶ 157

ἀπέπνιξαν αὐτά. 8 ἄλλα δὲ ἔπεσεν ἐπὶ τὴν γῆν τὴν καλὴν καὶ B* 𝔐 K L M N Γ Δ Π f¹ 28 157 579 700 1424
ἀπέπνιξαν αὐτά. 8 ἄλλα δὲ ἔπεσαν ἐπὶ τὴν γῆν τὴν καλὴν καὶ C W 2 33 1071 [↑[w]τ
ἔπνιξαν αὐτά. 8 ἄλλα δὲ ἔπεσεν ἐπὶ τὴν γῆν τὴν καλὴν καὶ Bᶜ ℵ D Θ f¹³ 565 788 1346 u[w]

ἐδίδου καρπόν, ὃ μὲν ἑκατόν, ὃ δὲ ἑξήκοντα, ὃ δὲ τριάκοντα. B uwτ rell
ἐδίδουν καρπόν, ὃ μὲν ἑκατόν, ὃ δὲ ἑξήκοντα, ὃ δὲ τριάκοντα.. D

[Cl S VI 114.3 ταυτας εκλεκτας ουσας τας τρεις μονας οι εν τω ευαγγελιω αριθμοι αινισσονται ο τριακοντα και ο εξηκοντα και ο εκατον].

9 ὁ ἔχων ὦτα ἀκουέτω. B ℵ* L uw
9 ὁ ἔχων ὦτα ἀκούειν ἀκούειν ἀκουέτω. 1424*
9 ὁ ἔχων ὦτα ἀκούειν ἀκουέτω. τ rell

[Cl VI 115.6 καν το ρητον εκεινο αναγαγειν εθελης ο εχων ωτα ακουειν ακουετω].

The Secrets Of The Kingdom Are For Disciples
(Mark 4.10-13; Luke 8.9-11; 10.23-24)

π͞γ 10 Καὶ προσελθόντες οἱ μαθηταὶ εἶπαν αὐτῷ, Διὰ τί ἐν παραβολαῖς B ℵ L Θ 124 33 788
10 Καὶ προσελθόντες αὐτῷ οἱ μαθηταὶ αὐτοῦ εἶπον αὐτῷ, Διὰ τί ἐν παραβολαῖς C [↑1346 uw
10 Καὶ προσελθόντος οἱ μαθηταὶ εἶπον αὐτῷ, Διὰ τί ἐν παραβολαῖς U
10 Καὶ προσελθόντες οἱ μαθηταὶ εἶπον αὐτῷ αὐτῷ, Διὰ τί ἐν παραβολαῖς f¹³
10 Καὶ προσελθόντες οἱ μαθηταὶ εἶπον αὐτῷ, Διὰ τί ἐν παραβολαῖς D 𝔐 K M N W Γ Δ
Π f¹ 2 28 157 565 579 700 1071 1424 τ

λαλεῖς αὐτοῖς; 11 ὁ δὲ ἀποκριθεὶς εἶπεν αὐτοῖς ὅτι Ὑμῖν δέδοται γνῶναι B u[w]τ rell
αὐτοῖς λαλεῖς; 11 ὁ δὲ ἀποκριθεὶς εἶπεν ὅτι Ὑμῖν δέδοται γνῶναι ℵ*
λαλεῖς αὐτοῖς; 11 ὁ δὲ ἀποκριθεὶς εἶπεν ὅτι Ὑμῖν δέδοται γνῶναι ℵᶜ C [w]
λαλεῖς αὐτοῖς; 11 ὁ δὲ ἀποκριθεὶς εἶπεν αὐτοῖς Ὑμῖν δέδοται γνῶναι M

---

lac. 13.5-11 𝔓⁴⁵ A H P Q 69

A 5 εξανετειλεν ℵ N W Θ 2 ¦ εξανετειλε Υ Γ 118 157 700 ¦ τω (το) Θ ¦ εχιν ℵ N ¦ ηχεν L ¦ ειχε 700 ¦ γεις 2 6 ανατιλαντος ℵ N W ¦ ανατιλαντος Θ ¦ εκαυματηθη Θ 2* ¦ εχιν N ¦ ρηζης Θ 7 απεπνηξαν Ω 2 1071 8 εδηδου Θ ¦ εξικοντα 565 9 ωιτα 700 10 προσελθοτες L ¦ προσελθωντες 2* ¦ τη (τι) L ¦ λαλης E* L ¦ λαλις N 11 αποκριθη Θ 579 ¦ υμειν D ¦ δεδωται¹ L 13 2* ¦ δεδοτε 28 579 ¦ δεδωτε 1424 ¦ γνωνε, βασιλιας, εκινοις ℵ

B 8 p̄ D ¦ ξ̄ D ¦ λ̄ N D

C 8 τε του παρ. Π 9 τελ 118 157 10 αρχ μ͞α τη β̄ τς ϛ εβδομα τω καιρω εκεινω προ 118 ¦ αρχ: τω καιρω εκεινω. προσελθοντες οι μαθηται τω ιυ ειπον 28 ¦ αρχ τη β̄ 157

D10 ρ̄λ̄ᾱ 118 12 ρ̄λ̄β̄/ε ℵ Υᶜ 124 788 (ρτβ/ε Υ*) ¦ ρ̄λ̄β̄ C D K f¹ 2 157 579 1071 1346 ¦ ρ̄λ̄β̄/β E L M S Π Ω 118 28 1424 ¦ ρ̄λ̄β̄ /γ G ¦ ρ̄λ̄ᾱ/ε U Γ ¦ Ευ Μθ ρ̄λ̄β̄ : Ιω . : Λο π̄ᾱ : Μρ μ̄β̄ E ¦ Μθ ρ̄λ̄β̄ : Μρ μ̄ᾱ : Λο π̄ᾱ : Ιω ρ̄θ̄ M ¦ Μθ ρ̄λ̄β̄ : Μρ λ̄ζ̄ : Λο π̄ᾱ : Ιω ρο 124

τὰ μυστήρια τῆς βασιλείας τῶν οὐρανῶν,   ἐκείνοις δὲ οὐ δέδοται.   B **uwτ** rell
τὰ μυστήρια τῆς βασιλείας τῶν οὐρανῶν,   ἐκείνοις   δέδοται.   Θ 124*
τὰ μυστήρια τῆς βασιλείας τῶν,   ἐκείνοις δὲ οὐ δέδοται.   1
τὰ μυστήρια τῆς βασιλείας τῶν οὐρανῶν,   ἐκείνοις   οὐ δέδοται.   124ᶜ
τὰ μυστήρια τῆς βασιλείας τῶν θεοῦ,   ἐκείνοις δὲ οὐ δέδοται.   157
τὰ μυστήρια τῆς βασιλείας τῶν οὐρανῶν,   ἐκείνοις δὲ ἐν παραβολαῖς.   1424

[Cl S V 80.6 επισφραγιζεται ταυτα ο σωτηρ ημων αυτος ωδε πως λεγων υμιν δεδοται γνωναι το μυστηριον της βασιλειας των ουρανων].

12 ὅστις γὰρ   ἔχει, δοθήσεται αὐτῷ καὶ περισσευθήσεται·   ὅστις δὲ οὐκ ἔχει,   B **uwτ** rell
12 ὅστις γὰρ ἂν ἔχει, δοθήσεται αὐτῷ καὶ περισσευθήσεται·   ὅστις δὲ οὐκ ἔχει,   Δ
12 ὅστις γὰρ   ἔχει, δοθήσεται αὐτῷ καὶ περισσευθήσεται αὐτῷ· ὅστις δὲ οὐκ ἔχει, 700
12 ὅστις οὖν   ἔχει, δοθήσεται αὐτῷ καὶ περισσευθήσεται·   ὅστις δὲ οὐκ ἔχει,   1071

καὶ ὃ ἔχει ἀρθήσεται ἀπ' αὐτοῦ. **13** διὰ τοῦτο ἐν παραβολαῖς   αὐτοῖς λαλῶ,   B 118 **uwτ** rell
καὶ ὃ ἔχει ἀρθήσεται ἀπ' αὐτοῦ. **13** διὰ τοῦτο ἐν παραβολαῖς λαλεῖ αὐτοῖς,   D*
καὶ ὃ ἔχει ἀρθήσεται ἀπ' αὐτοῦ. **13** διὰ τοῦτο ἐν παραβολαῖς ἐλάλει αὐτοῖς,   Dᶜ
καὶ ὃ ἔχει ἀρθήσεται ἀπ' αὐτοῦ. **13** διὰ τοῦτο ἐν παραβολαῖς   λαλῶ,   L
           ἀρθήσεται ἀπ' αὐτοῦ. **13** διὰ τοῦτο ἐν παραβολαῖς   αὐτοῖς λαλῶ,   M*
καὶ ὃ ἔχει ἀρθήσεται ἀπ' αὐτοῦ. **13** διὰ τοῦτο ἐν παραβολαῖς λαλῶ αὐτοῖς,   N Θ f^1 f^{13} 33 565 788 1424

ὅτι   βλέποντες οὐ βλέπουσιν καὶ ἀκούοντες   B ℵ C 𝔐 K L M N U Γ Δ Π 118 2 33 28 157 565 579 700 1071
ἵνα   βλέποντες μὴ βλέπωσιν   καὶ ἀκούοντες   D Θᶜ 124 1 1582* 788 1424   [↑**uwτ**
τί   βλέποντες οὐ βλέπουσιν καὶ ἀκούοντες   W
ἵνα   βλέποντες μὴ βλέποσιν   καὶ ἀκούοντες   Θ*
ὅτι   βλέποντες οὐ βλέπωσι   καὶ ἀκούοντες   1582ᶜ
ὃ τίνα   βλέποντες μὴ βλέπωσιν   καὶ ἀκούοντες f^{13}
ὅτι ἵνα   βλέποντες μὴ βλέπωσιν   καὶ ἀκούοντες   1346

οὐκ ἀκούουσιν οὐδὲ συνίουσιν·   B* ℵ C 𝔐 K L M N W Γ Δ Π 1582ᶜ 118 2 565 700 1071
οὐκ ἀκούουσιν οὐδὲ συνίωσιν·   Bᶜ 33 157   [↑**uwτ**
μὴ ἀκούσωσιν   καὶ μὴ συνῶσιν μήποτε ἐπιστρέψωσιν·   D
μὴ ἀκούωσιν   καὶ μὴ συνιῶσιν μήποτε ἐπιστρέψωσιν·   Θ 1 1582* f^{13} 788 1346
οὐκ ἀκούουσιν·   28
οὐκ ἀκούουσιν οὐδὲ συνοῦσιν·   579
μὴ ἀκούσωσιν   μηδὲ συνῶσιν·   1424

[Cl S I 2.3 δια τουτο, φησιν ο κυριος, εν παραβολαις αὐτοῖς λαλω, οτι βλεποντες ου βλεπουσι και ακουοντες
ουκ ακουουσι και ου συνιασι]

                                        [↓Δ Π 1582ᶜ 118 124 2 33 28 157 565ᶜ 700 **uw**
14 καὶ   ἀναπληροῦται   αὐτοῖς ἡ προφητεία   Ἠσαΐου ἡ λέγουσα,ᵀ   B ℵ C 𝔐 K N U W* Γ
14 καὶ τότε πληρωθήσεται επ' αὐτοῖς ἡ προφητεία τοῦ Ἠσαΐου λέγουσα,   D
14 καὶ   ἀναπληροῦται   αὐτοῖς ἡ προφητεία   Ἰσαΐου ἡ λέγουσα,   L
14 καὶ   ἀναπληροῦται επ' αὐτοῖς ἡ προφητεία   Ἠσαΐου ἡ λέγουσα,   M Wᶜ τ
14 καὶ   ἀναπληροῦται   αὐτοῖς ἡ προφητεία   Ἠσαΐου λέγουσα,   S 565* 788 1071
14 καὶ   ἀναπληρονται   αὐτοῖς ἡ προφητεία   Ἠσαΐου λέγουσα,   Θ 579
14 καὶ τότε πληροῦται   αὐτοῖς ἡ προφητεία   Ἠσαΐου ἡ λέγουσα,   1 1582*
14 καὶ   ἀναπληροῦται   αὐτῆς ἡ προφητεία   Ἠσαΐου λέγουσα, f^{13}
14 καὶ   ἀναπληροῦται   αὐτοῖς ἡ προφητεία   Ἠσαΐου λέγοντες,   1346
14 καὶ τότε πληρωθήσεται   αὐτοῖς ἡ προφητεία   Ἠσαΐου ἡ λέγουσα,   1424

            ᵀΠορεύθητι καὶ εἰπὲ τῷ λαῷ τούτῳ   D

---

lac. 13.11-14 𝔓⁴⁵ A H P Q 69

A 11 δεδοτε² L ¦ δεδωται 579 ¦ μυστιρια 700 12 δοθησετε ℵ U ¦ δωθησεται Θ 579 1071 1424 ¦ περισσευθησετε ℵ ¦ περισευθη-
σεται N 1424 ¦ εχι ℵ ¦ αιχει¹ L ¦ αρθησετε ℵ L 13 τουτω 2* ¦ εμ (εν) N ¦ παραβολες ℵ* ¦ λαλωι 700 ¦ βλεπωντες 579 ¦ βλεπουσι
Υ M S U Γ Ω 118 157 700 1071 ¦ βλεπωσι f^1 ¦ ακουουντες 579 ¦ ου συκουουσιν U ¦ ακουσαι f^1 ¦ ακουουσι S 1582ᶜ ¦ συνιουσι
Γ 118 1071 ¦ συνιωσι, επιστρεψωσι f^1 ¦ συνιωσι 157 ¦ συνιουσι 700 14 αναπληρουτε W ¦ προφητια ℵ D N W Θ 2

B 11 οὖνον̄ E G Y K L M S U Γ Δ Π Ω 1582 118 f^{13} 124 2 33 28 565 579 700 788 1071 1346 1424 ¦ θ̄ῡ 157

C 11 αρχ τη β̄ τς ϛ τω καιρω εκεινω προσελθον οι μαθηται τω ιῡ ειπον αυτω δια τι εν παραβολαις λαλοις τοις οχλοις ο δε
απαοκριθεις Π ¦ αρξ νά τη β̄ τς ϛ εβδ τω καιρω προσελθο οι μαθηται τω ιῡ ειπον αυτ f^1 12 τελ Υ ¦ τελ τς ϛ̄ f^1 13 εβδ ϛ̄ 157

D 13 ρ̄λγ̄/ᾱ ℵ E G Yᶜ M N S U Π Ω 124 28 788 1424 ¦ ρ̄λγ̄ C D F K L Θ f^1 157 579 1071 1346 ¦ ρ̄τγ̄/α Υ* ¦ ρ̄λβ̄/ε Γ ¦ Ευ Μθ ρ̄λγ̄
: Ιω ρ̄θ̄ : Λο ο̄ζ̄ : Μρ λ̄ζ̄ Ε ¦ Μθ ρ̄λγ̄ : Μρ λ̄ζ̄ : Λο ο̄ζ̄ Μ ¦ ρ̄λγ̄ : Μρ . : Λο ο̄ζ̄ : Ιω . 124

Ἀκοῇ ἀκούσατε καὶ οὐ μὴ συνῆτε, B*
Ἀκοῇ ἀκούσετε καὶ οὐ μὴ συνῆτε, B^c ℵ C Y K L Δ Π f¹ 2^c 33 565 uwτ
Ἀκοῇ ἀκούσεται καὶ οὐ μὴ συνῆται, D
Ἀκούῃ ἀκούσετε καὶ οὐ μὴ συνῆτε, 28
Ἀκοῇ ἀκούσετε καὶ οὐ μὴ συνεῖτε, 157
Ἀκοῇ ἀκούσεται καὶ οὐ μὴ συνῆτε, 579
Ἀκοῇ ἀκούσηται καὶ οὐ μὴ συνεῖτε, 1071
Ἀκοῇ ἀκούσητε καὶ οὐ μὴ συνῆτε, 𝕸 M N U W Γ Θ 118 f¹³ 2* 700 788 1346 1424

καὶ βλέποντες βλέψετε καὶ οὐ μὴ ἴδητε. B C Y K L Δ Π f¹ f¹³ 2^c 157 565 700 1071 1346
καὶ βλέποντες βλέψητε καὶ οὐ μὴ ἴδητε. ℵ 𝕸 M N U Γ Θ 118 33 28 788 1424 [⇧uwτ
καὶ βλέποντες βλέψεται καὶ οὐ μὴ ἴδητε. D 579
καὶ βλέποντες βλέψηται καὶ οὐ μὴ ἴδητε. W 2*

15 ἐπαχύνθη γὰρ ἡ καρδία τοῦ λαοῦ τούτου, B uwτ rell
15 ἐπαχύνθη γὰρ ἡ καρδία τούτου, 118

καὶ τοῖς ὠσὶν βαρέως ἤκουσαν, B^c uwτ rell
καὶ τοῖ ὠσὶν βαρέως ἤκουσαν, B*
καὶ τοῖς ὠσὶν αὐτῶν βαρέως ἤκουσαν, ℵ C 33 157

καὶ τοὺς ὀφθαλμοὺς αὐτῶν ἐκάμμυσαν·
μήποτε ἴδωσιν τοῖς ὀφθαλμοῖς

καὶ τοῖς ὠσὶν ἀκούσωσιν B uwτ rell
καὶ τοῖς ὠσὶν αὐτῶν ἀκούσωσιν ℵ^c
καὶ τοῖς ὠσὶν C

καὶ τῇ καρδίᾳ συνῶσιν B uwτ rell
καὶ τῇ καρδίᾳ συνειῶσιν C
καὶ τῇ καρδίᾳ συνιῶσιν 2 33 1071

καὶ ἐπιστρέψωσιν, καὶ ἰάσομαι αὐτούς. B uw rell
καὶ ἐπιστρέψουσιν, καὶ ἰάσομαι αὐτούς. 𝕸 K N W Π 118 2*
καὶ ἐπιστρέψωσιν, καὶ ἰάσωμαι αὐτούς. K U W Δ f¹ 28 1346 τ
καὶ ἐπιστρέψουσιν, καὶ ἰάσωμαι αὐτούς. 579 1071

16 ὑμῶν δὲ μακάριοι οἱ ὀφθαλμοὶ ὅτι βλέπουσιν, B uw τ rell
16 ὑμῶν δὲ μακάριοι ὀφθαλμοὶ ὅτι βλέπουσιν, D M*

καὶ τὰ ὦτα ὅτι ἀκούουσιν. B [w]
καὶ τὰ ὦτα ὑμῶν ὅτι ἀκούουσιν. ℵ C M N Θ f¹ f¹³ 33 28 700 1424 u[w]
καὶ ὦτα ὑμῶν ὅτι ἀκούουσιν. D
καὶ τὰ ὦτα ὑμῶν ὅτι ἀκούει. 𝕸 K L U W Γ Δ Π 2 565 579 1071 τ
καὶ τὰ ὦτα ὑμῶν ὅτι ἀκούωσιν. 124 788 1346

17 ἀμὴν γὰρ λέγω ὑμῖν ὅτι B uw τ rell
17 ἀμὴν λέγω ὑμῖν ὅτι ℵ

πολλοὶ προφῆται ἐπεθύμησαν B*
πολλοὶ προφῆται καὶ δίκαιοι ἐπεθήμησαν Δ
πολλοὶ προφῆται καὶ δίκαιοι ἐπεπόθησαν 1424
πολλοὶ προφῆται καὶ δίκαιοι ἐπεθύμησαν B^c uwτ rell

---

lac. 13.14-17 𝔓⁴⁵ A H P Q 69

A 14 βλεψηται W | ιδιτε L ¦ ιδηται 579 15 επαχοινθη, τοις¹ L | ωσι¹ Y L M S U Ω f¹ 118 28 565 700 1071 ¦ τοις (τους) Θ | οφθαμους E* | αυτον Θ* | εκαμυσαν Γ Θ | ιδωσι Y M S U Γ Ω f¹ 118 28 157 565 700 1071 ¦ ειδωσιν L | τοι² L | ωσι² 565 | ακουσωσι Y^c K M U Π Ω f¹ 118 28 157 565 700 1071 ¦ ακουσω Y* | συνωσιν E* | συνων Y M S U Ω f¹ 118 157 700 ¦ συνιωσι 1071 | επιστρεψουσι Y K S 118 1071 ¦ επιστρεψωσι M U f¹ f¹³ 157 700 788 1346 ¦ ιασομα ℵ L | ιασωμε K 16 υμω¹ L | οφθαμοι F | βλεπουσι Y M S U Γ f¹ 118 157 565 700 1071 17 λεγωι 700 | υμειν D | προφητε ℵ 2* | δικεοι ℵ*

D 16 ρ̅λ̅δ̅/ε̅ ℵ G Y^c L N S U Π Ω 118 124 28 788 1424 ¦ ρ̅λ̅δ̅ C D F K Θ f¹ f¹³ 2 157 579 1071 1346 ¦ ρ̅λ̅δ̅/β̅ E | ρ̅τ̅δ̅/ε̅ Y* | ρ̅λ̅δ̅/α̅ M | ρ̅λ̅γ̅/ε̅ Γ | Ευ Μθ ρ̅λ̅δ̅ : Ιω . : Λο ρ̅κ̅ : Μρ . Ε | Μθ ρ̅λ̅δ̅ : Λο ρ̅κ̅ Μ | Μθ ρ̅λ̅δ̅ : Μρ λ̅η̅ : Λο ρ̅ν̅ : Ιω . 124 17 ρ̅λ̅ε̅/β̅ N | ρ̅λ̅δ̅/ε̅ Γ

ἰδεῖν ἃ βλέπετε καὶ οὐκ   εἶδαν,   Β ℵ Ν 33 **uw**
ἰδεῖν ἃ βλέπετε καὶ οὐκ   εἶδον,   C 𝕸 K L M U W Γ Δ Π f^1 2 28 157 565 579
ἰδεῖν ἃ βλέπετε καὶ οὐκ ἠδυνήθησαν εἰδεῖν,   D   [↑700 1071 1424 τ
ἰδεῖν ἃ βλέπετε καὶ οὐχ   ἰδον,   Θ f^{13} 788 1346

καὶ ἀκοῦσαι   ἃ ἀκούετε καὶ οὐκ ἤκουσαν.   Β **uw** τ rell
καὶ ἀκοῦσαι μου ἃ ἀκούετε καὶ οὐκ ἤκουσαν. f^{13} 788 1346

[Cl Q 29.6 και υμεις μακαριοι οι ορωντες και ακουοντες α μητε δικαιοι μητε προφηται, εαν ποιητε α λεγω].

π̄δ̄ **18** Ὑμεῖς οὖν ἀκούσατε τὴν παραβολὴν   τοῦ σπείραντος.   Β ℵ* 13 33 1071 1346 **uw**
18 Ὑμεῖς οὖν ἀκούσατε τὴν παραβολὴν   σπείροντος.   Δ
18 Ὑμεῖς οὖν ἀκούσατε τὴν παραβαλὴν   τοῦ σπείροντος.   Θ
18 Ὑμεῖς οὖν ἀκούσατε τὴν παραβολὴν ταύτην τοῦ σπείροντος.   28
18 Ὑμεῖς οὖν ἀκούσατε τὴν παραβολὴν   τοῦ σπείροντος.   τ rell

The Parable Of The Sower Explained
(Mark 4.14-20; Luke 8.11-15)

19 παντὸς   ἀκούοντος τὸν λόγον τῆς βασιλείας καὶ μὴ συνιέντος, ἔρχεται   Β **uw** τ rell
19 παντὸς   ἀκούοντος τὸν λόγον τῆς βασιλείας καὶ μὴ συνιόντος, ἔρχεται   D F L 157
19 παντὸς   ἀκούοντος   λόγον τῆς βασιλείας καὶ μὴ συνιέντος, ἔρχεται   124 788
19 πάντες   ἀκούωντες τὸν λόγον τῆς βασιλείας καὶ μὴ συνιέντος, ἔρχεται   579
19 παντὸς ἀνθρώπου ἀκούοντος τὸν λόγον τῆς βασιλείας καὶ μὴ συνιέντος, ἔρχεται   1424

ὁ πονηρὸς καὶ ἁρπάζει τὸ ἐσπαρμένον ἐν τῇ καρδίᾳ αὐτοῦ. οὗτός ἐστιν   Β **uw** τ rell
ὁ πονηρὸς καὶ ἁρπάζει τὸ σπειρόμενον ἐν τῇ καρδίᾳ αὐτῶν. οὗτός ἐστιν   D
ὁ πονηρὸς καὶ ἁρπάζει τὸ σπειρόμενον ἐν τῇ καρδίᾳ αὐτοῦ. οὗτός ἐστιν   W
 πονηρὸς καὶ ἁρπάζει τὸ ἐσπαρμένον ἐν τῇ καρδίᾳ αὐτοῦ. οὗτός ἐστιν   Δ
ὁ πονηρὸς καὶ ἁρπάζει τὸ ἐσπαρμένον ἐν τῇ καρδίᾳ αὐτοῦ. οὕτώς ἐστιν   1071
ὁ πονηρὸς καὶ αἴρει   τὸ ἐσπαρμένον ἐν τῇ διανοίᾳ αὐτοῦ. οὗτός ἐστιν   1424

ὁ παρὰ τὴν ὁδὸν σπαρείς. **20** ὁ δὲ ἐπὶ τὰ πετρώδη σπαρείς, οὗτός ἐστιν ὁ τὸν λόγον   Β **uw** τ rell
ὁ παρὰ τὴν ὁδὸν σπαρείς. **20** ὁ δὲ ἐπὶ τὰ πετρώδη σπαρείς,   ὁ τὸν λόγον   U
ὁ παρὰ τὴν ὁδὸν σπαρείς. **20** ὁ δὲ ἐπὶ τὰ πετρώδη σπαρείς, οὗτός ἐστιν ὁ τὸν λόγον μου   W Δ
ὁ παρὰ τὴν ὁδὸν σπαρείς. **20** ὁ δὲ ἐπὶ τὰ πετρώδη σπαρείς, οὕτώς ἐστιν ὁ τὸν λόγον   1071

ἀκούων καὶ εὐθὺς   μετὰ χαρᾶς   λαμβάνων αὐτόν· **21** οὐκ ἔχει δὲ   Β **uw** τ rell
ἀκούων καὶ εὐθέως   μετὰ χαρᾶς   λαμβάνων αὐτόν· **21** οὐκ ἔχει δὲ   Ε U
ἀκούων καὶ εὐθὺς   μετὰ χαρᾶς   λαμβάνων αὐτόν· **21** οὐκ ἔχει   F L
ἀκούων καὶ εὐθὺς καὶ μετὰ χαρᾶς   λαμβάνων αὐτόν· **21** οὐκ ἔχει δὲ   W
ἀκούων καὶ εὐθὺς   μετὰ χαρᾶς   λαμβάνει αὐτόν· **21** οὐκ ἔχει δὲ   118
ἀκούων καὶ εὐθέως μετὰ χαρᾶς δὲ ἐχόμενος καὶ λαμβάνων αὐτόν· **21** οὐκ ἔχει δὲ   1424

ρίζαν ἐν ἑαυτῷ ἀλλὰ πρόσκαιρός ἐστιν,   γενομένης δὲ θλείψεως ἢ διωγμοῦ   Β D^c
ρίζαν ἐν ἑαυτῷ ἀλλὰ πρόσκαιρός ἐστιν,   γενομένης δὲ θλείψεως ἢ διωγμοῦ   D*
ρίζαν ἐν ἑαυτῷ ἀλλὰ πρόσκαιρός ἐστιν, ἦτα γενομένης δὲ θλίψεως ἢ διωγμοῦ   G
ρίζαν ἐν αὐτῷ   ἀλλὰ πρόσκαιρός ἐστιν,   γενομένης δὲ θλίψεως ἢ διωγμοῦ   Δ
ρίζαν   ἑαυτῷ ἀλλὰ πρόσκαιρός ἐστιν, εἶτα γενομένης   θλίψεως ἢ διωγμοῦ   Θ
ρίζαν ἐν ἑαυτῷ ἀλλὰ πρόσκαιρός ἐστιν,   γινομένης δὲ θλήψεως ἢ διωγμοῦ   1071
ρίζαν ἐν ἑαυτῷ ἀλλὰ πρόσκαιρός ἐστιν,   γενομένης δὲ θλίψεως ἢ διωγμοῦ   **uw** τ rell

---

lac. **13.17-21** 𝔓^{45} A H P Q 69

A 17 ιδιν ℵ ¦ ειδειν D W ¦ ιδεινν Θ ¦ βλεπεται D W 2* 33 579 ¦ βλεπτε Ε ¦ ιδαν ℵ Ν 33 ¦ ιδον Κ Π 565 1424 ¦ ειδων L ¦ ακουσε ℵ 13 124 788 1346 ¦ ακουσεαι Θ ¦ ακουεται D W 2* 579 1071 **18** υμις ℵ ¦ ακουσαται L W ¦ σπιραντος ℵ* ¦ σπιροντος Ν ¦ σπηροντος Θ **19** πατος L* ¦ βασιλιας ℵ ¦ συνηωντος L ¦ ερχετε ℵ L 13 ¦ αρπαζι ℵ ¦ σπαρις ℵ Ν W **20** επει D ¦ πετροδη Κ ¦ πετρωδει Θ ¦ σπαρις ℵ Ν ¦ σπαρης 2* ¦ εστι S ¦ των (τον) 1346 ¦ λαμβανον 2* **21** εχι ℵ ¦ αιχει L ¦ ρηζαν Θ 2 ¦ αυω (εαυτω) L ¦ προσκερος Ε ¦ εστι U f^1 118 157 700 1071 ¦ θλειψαιως D ¦ διογμου L

B 19 ανου 1424

D 18 ρ̄λ̄ε̄/β ℵ Ε G Y^c M U Γ Π Ω 118 124 28 1424 ¦ ρ̄λ̄ε̄ C D F K L Θ f^1 f^{13} 2 579 1071 ¦ ρ̄τ̄ε̄/β Y* ¦ ρ̄λ̄ε̄/ε̄ S ¦ Ευ Μθ ρ̄λ̄ε̄ : Ιω . : Λο ση : Μρ λ̄η̄ Ε ¦ Μθ ρ̄λ̄ε̄ : Μρ λ̄η̄ : Λο ση Μ ¦ Μθ ρ̄λ̄ε̄ : Μρ . : Λο λ̄η̄ : Ιω . 124

διὰ τὸν λόγον εὐθὺς	σκανδαλίζεται.	22 ὁ δὲ εἰς τὰς ἀκάνθας σπαρείς,	οὗτός	B uw τ rell
διὰ τὸν λόγον εὐθέως	σκανδαλίζεται.	22 ὁ δὲ εἰς τὰς ἀκάνθας σπειρόμενος,	οὗτός	D
διὰ τὸν λόγον εὐθέως	σκανδαλίζεται.	22 ὁ δὲ εἰς τὰς ἀκάνθας σπαρείς,	οὗτός	Θ
διὰ τὸν λόγον εὐθέως	σκανδαλίζεται.	22 ὁ δὲ ἐπὶ τὰς ἀκάνθας σπαρείς,	οὗτός	33
διὰ τὸν λόγον εὐθὺς	σκανδαλίζονται.	22 ὁ δὲ εἰς τὰς ἀκάνθας σπαρείς,	οὗτός	28
διὰ τὸν λόγον εὐθέως	σκανδαλίζονται.	22 ὁ δὲ ἐπὶ τὰς ἀκάνθας σπαρείς,	οὗτός	1424

ἐστιν ὁ τὸν λόγον	ἀκούων καὶ ἡ μέριμνα τοῦ	αἰῶνος	καὶ ἡ ἀπάτη τοῦ	B ℵ* D uw
ἐστιν ὁ τὸν λόγον μου	ἀκούων καὶ ἡ μέριμνα τοῦ	αἰῶνος τούτου	καὶ ἡ ἀπάτη τοῦ	W
ἐστιν ὁ τὸν λόγον	ἀκούων καὶ ἡ μέριμνα τούτου	αἰῶνος τούτου	καὶ ἡ ἀπάτη τοῦ	Θ
ἐστιν ὁ τὸν λόγον	ἀκούων καὶ ἡ μέριμνα τοῦ	αἰῶνος τούτου	καὶ ἡ ἀπάτη τοῦ	ℵ^c C 𝔐 K L

M N U Γ Δ Π f¹ f¹³ 2 33 28 157 565 579 700 788 1071 1346 1424 τ

πλούτου	συνπνείγει	τὸν λόγον,	καὶ ἄκαρπος γείνεται.	23 ὁ δὲ ἐπὶ τὴν	B* D^c
πλούτου	συμπνίγει	τὸν λόγον,	καὶ ἄκαρπος γείνεται.	23 ὁ δὲ ἐπὶ τὴν	B^c
πλούτου^τ	συνπνίγει	τὸν λόγον,	καὶ ἄκαρπος γίνεται.	23 ὁ δὲ ἐπὶ τὴν	ℵ L N Δ Θ f¹³ 2* 788 565 w
πλούτου	συνπνίγει	τὸν λόγον,	καὶ ἄκαρπος γείνεται.	23 ὁ δὲ ἐπὶ τὴν	C W
πλούτους	συνπνείγει	τὸν λόγον,	καὶ ἄκαρπος γείνεται.	23 ὁ δὲ ἐπὶ τὴν	D*
πλούτου	συμπνείγει	τὸν λόγον,	καὶ ἄκαρπος γίνεται.	23 ὁ δὲ ἐπὶ τὴν	2^c 28
κόσμου	συμπνίγει	τὸν λόγον,	καὶ ἄκαρπος γίνεται.	23 ὁ δὲ ἐπὶ τὴν	157
πλούτου	συμπνίγει	τὸν λογισμόν,	καὶ ἄκαρπος γίνεται.	23 ὁ δὲ ἐπὶ τὴν	1424 [↓700 1071 1346 ut
πλούτου	συμπνίγει	τὸν λόγον,	καὶ ἄκαρπος γίνεται.	23 ὁ δὲ ἐπὶ τὴν	𝔐 K M U Γ Π f¹ 33 579

^τκαὶ περὶ τὰ λυπὰ ἐπιθυμία εἰσπορευόμεναι L^{mg} |

καλὴν	γῆν σπαρείς, οὗτός ἐστιν ὁ τὸν λόγον	ἀκούων καὶ συνιείς,		B ℵ uw
καλὴν	γῆν σπαρείς, οὗτός ἐστιν ὁ τὸν λόγον	ἀκούων καὶ συνιῶν,		C L N Δ f¹ 124 33 157 700
γῆν τὴν καλὴν	σπαρείς, οὗτός ἐστιν ὁ ἀκούων	τὸν λόγον καὶ συνιείς,		D
γῆν τὴν καλὴν	σπαρείς, οὗτός ἐστιν ὁ τὸν λόγον	ἀκούσας καὶ συνιῶν		U
γῆν τὴν καλὴν	σπαρείς, οὗτός ἐστιν ὁ τὸν λόγον μου	ἀκούων καὶ συνιῶν,		W
γῆν τὴν καλὴν	σπαρείς, οὗτός ἐστιν ὁ τὸν λόγον	ἀκούων καὶ συνιείς,		Θ
γῆν τὴν καλὴν	σπαρείς, οὗτός ἐστιν ὁ τῶν λόγων	ἀκούων καὶ συνιῶν,		Ω
γῆν καλὴν	σπαρείς, οὗτός ἐστιν ὁ τῶν λόγων	ἀκούων καὶ συνιῶν,		f¹³
γῆν τὴν καλὴν	σπαρείς, οὗτός ἐστιν ὁ τὸν λόγον	ἀκούων καὶ συνιῶν		𝔐 K M Γ Π 118 2 28 565

579 788 1071 1346 1424 τ

ὃς δὴ	καρποφορεῖ	καὶ ποιεῖ ὃ μὲν ἑκατόν, ὃ δὲ ἑξήκοντα, ὃ δὲ τριάκοντα.^τ	B uw τ rell
τότε	καρποφορεῖ	καὶ ποιεῖ ὃ μὲν ἑκατόν, ὃ δὲ ἑξήκοντα, ὃ δὲ τριάκοντα.	D
ὃς δεῖ	καρποφορεῖ	καὶ ποιεῖ ὃ μὲν ἑκατόν, ὃ δὲ ἑξήκοντα, ὃ δὲ τριάκοντα.	U
ὃς δὲ	καρποφορεῖ	καὶ ποιεῖ ὃ μὲν ἑκατόν, ὃ δὲ ἑξήκοντα, ὃ δὲ τριάκοντα.	Δ
ὃς δὴ	καρποφορεῖ	καὶ ποιεῖ ὃ μὲν ἑκατόν, ὃ δὲ ἑξακόσιοι, ὃ δὲ τριάκοντα.	1582
ὃς δὴ	καρπον φερεῖ	καὶ ποιεῖ ὃ μὲν ἑκατόν, ὃ δὲ ἑξήκοντα, ὃ δὲ τριάκοντα.	579
ὃς δὴ καὶ	καρποφορεῖ	καὶ ποιεῖ ὃ μὲν ἑκατόν, ὃ δὲ ἑξήκοντα, ὃ δὲ τριάκοντα.	700

^τὁ ἔχων ὦτα ἀκούειν ἀκουέτω   G Y^c M

---

lac. 13.21-23 𝔓⁴⁵ A H P Q 69

A 21 των (τον) Θ | λογων 579 | σκανδαλιζετε C 13 **22** ακανθα 28* | σπαρις N | το (τον[1]) 579 | των λογων 2* | ακουον 1071 | μερημνη K ¦ μεριμνα L 2* | απατι 2* | συνπνηγη 2* | συμπνηγη 2^c | συμπνιγει 28 | γινετε ℵ | γηνεται Θ **23** σπαρις ℵ N | εστι Θ | των λογων 579 | λογων 2* | ακουον 1071 | συνειων C | ως (ος) 2* 28 | καρποφορι ℵ W 2^c ¦ καρποφωρι Θ ¦ καρποφορη 2* | εξικοντα 565 | τριακον Γ

B 23 ρ̄ ℵ D Θ | ξ̄ D Θ 1582 | λ̄ ℵ D Θ f¹

C 22 και περι τα λυπα επεθυμια εισπορευομεναι L^{mg} **23** τελος της ε̄ (post ακουετω) G ¦ τελ Y 118 f¹³ 124 788 1346 ¦ λο εχ ῶ του ουρανου ειν ··· εαυτ τε τς · Π ¦ τελ τς β̄ f¹ **28** αρχη: τη παρ, της δ̄ εβδ ειπεν ο κ̄ς την παραβολην ταυτην ωμοιωθ G

The Parable Of The Weeds Among The Wheat
(Mark 4.26-29)

π͞ε 24 Ἄλλην παραβολὴν παρέθηκεν αὐτοῖς λέγων, Ὡμοιώθη ἡ βασιλεία τῶν οὐρανῶν B **uw** τ rell
24 Ἄλλην παραβολὴν παρέθηκεν αὐτοῖς λέγων, Ὁμοιώθη ἡ βασιλεία τῶν οὐρανῶν C F N W Θ f 13
1071 1346 1424

ἀνθρώπῳ σπείραντι καλὸν σπέρμα ἐν τῷ   ἀγρῷ ἑαυτοῦ. **25** ἐν δὲ τῷ B
ἀνθρώπῳ σπείραντι καλὸν σπέρμα ἐν τῷ   ἀγρῷ αὐτοῦ. **25** ἐν δὲ τῷ א M N S W Δ Π Ω f 1 f 13 33
ἀνθρώπῳ σπείροντι καλὸν σπέρμα ἐν τῷ ἰδίῳ ἀγρῷ.   **25** ἐν δὲ τῷ D   [↑28 788 1346 **uw**
ἀνθρώπῳ σπείροντι καλὸν σπέρμα εἰς τὸν   ἀγρὸν αὐτοῦ. **25** ἐν δὲ τῷ 1424   [↓579 700 1071 τ
ἀνθρώπῳ σπείροντι καλὸν σπέρμα ἐν τῷ   ἀγρῷ αὐτοῦ. **25** ἐν δὲ τῷ C 𝔐 K L U Γ Θ 118 2 157 565

καθεύδειν τοὺς ἀνθρώπους ἦλθεν αὐτοῦ ὁ ἐχθρὸς καὶ ἐπέσπειρεν   ζειζάνια B
καθεύδειν τοὺς ἀνθρώπους ἦλθεν αὐτοῦ ὁ ἐχθρὸς καὶ ἐπέσπαρκεν ζιζάνια א*
καθεύδειν τοὺς ἀνθρώπους ἦλθεν αὐτοῦ ὁ ἐχθρὸς καὶ ἐπέσπειρεν   ζιζάνια אͨ N Θ f 1 33 157 **uw**
καθεύδειν αὐτῷ   ἦλθεν αὐτοῦ ὁ ἐχθρὸς καὶ ἔσπειρεν   ζιζάνια 1071
καθεύδειν αὐτὸν   ἦλθεν αὐτοῦ ὁ ἐχθρὸς καὶ ἔσπειρεν   ζιζάνια 1424
καθεύδειν τοὺς ἀνθρώπους ἦλθεν αὐτοῦ ὁ ἐχθρὸς καὶ ἔσπειρεν   ζιζάνια C D 𝔐 K L M U W Γ Δ Π
118 f 13 2 28 565 579 700 788 1346 τ

ἀνὰ μέσον   τοῦ σίτου καὶ ἀπῆλθεν. **26** ὅτε δὲ ἐβλάστησεν   ὁ χόρτος καὶ καρπὸν B **uwτ** rell
ἀνὰ μέσον   τοῦ σίτου   ἀπῆλθεν. **26** ὅτε δὲ ἐβλάστησεν   ὁ χόρτος καὶ καρπὸν D*
ἀνὰ μέσοντες τοῦ σίτου καὶ ἀπῆλθεν. **26** ὅτε δὲ ἐβλάστησεν   ὁ χόρτος καὶ καρπὸν Δ
ἀνὰ μέσον   τοῦ σίτου καὶ ἀπῆλθεν. **26** ὅτε δὲ ἀνεβλάστησεν ὁ χόρτος καὶ καρπὸν 1071

ἐποίησεν, τότε ἐφάνη   καὶ τὰ ζειζάνια. **27** προσελθόντες δὲ οἱ δοῦλοι τοῦ B
ἐποίησεν, τότε ἐφάνη   τὰ ζιζάνια.   **27** προσελθόντες δὲ οἱ δοῦλοι τοῦ D W Θ Ω f 13 788
ἐποίησεν, τότε ἐφάνησαν καὶ τὰ ζιζάνια.   **27** προσελθόντες   οἱ δοῦλοι τοῦ N* [↑1346 1424
ἐποίησεν, τότε ἐφάνησαν καὶ τὰ ζιζάνια.   **27** προσελθόντες δὲ οἱ δοῦλοι τοῦ Nͨ
ἐποίησεν, τότε ἐφάνη   καὶ τὰ ζιζάνια.   **27** καὶ προσελθόντες οἱ δοῦλοι τοῦ Γ
ἐποίησεν, τότε ἐφάνη   καὶ τὰ ζιζάνια.   **27** προσελθόντες δὲ οἱ δοῦλοι τοῦ **uwτ** rell

οἰκοδεσπότου   εἶπον αὐτῷ, Κύριε, οὐχὶ καλὸν σπέρμα ἔσπειρας   ἐν τῷ σῷ B **uwτ** rell
οἰκοδεσπότου   εἶπον αὐτῷ, Κύριε, οὐχὶ καλὸν σπέρμα ἔσπειρες   ἐν τῷ σῷ C E F G W Ω
οἰκοδεσπότου ἐκεινου εἶπον αὐτῷ, Κύριε, οὐχὶ καλὸν σπέρμα ἔσπειρες   ἐν τῷ σῷ D
οἰκοδεσπότου   εἶπον αὐτῷ, Κύριε, οὐχὶ καλὸν σπέρμα ἔσπειρες   ἐν τῷ σῷ K 118 565 579
οἰκοδεσπότου   εἶπον αὐτῷ, Κύριε, οὐχὶ καλὸν σπέρμα ἐσπείραμεν ἐν τῷ σῷ M   [↑700
οἰκοδεσπότου   εἶπαν αὐτῷ, Κύριε, οὐχὶ καλὸν σπέρμα ἔσπειρας   ἐν τῷ σῷ Θ f 13 788 1346
οἰκοδεσπότου   εἶπον αὐτῷ, Κύριε, οὐ καλὸν σπέρμα ἔσπειρες   ἐν τῷ σῷ 2
οἰκοδεσπότου   εἶπον αὐτῷ, Κύριε, ⋯⋯⋯ καλὸν σπέρμα ἔσπειρας   ἐν τῷ σῷ 33
οἰκοδεσπότου ἐκείνου εἶπον αὐτῷ, Κύριε, οὐχὶ καλὸν σπέρμα ἔσπειρας   ἐν τῷ 1424

ἀγρῷ; πόθεν οὖν ἔχει   ζειζάνια; **28** ὁ δὲ ἔφη αὐτοῖς, Ἐχθρὸς ἄνθρωπος τοῦτο B
ἀγρῷ; πόθεν οὖν ἔχει τὰ ζιζάνια; **28** ὁ δὲ ἔφη αὐτοῖς, Ἐχθρὸς ἄνθρωπος τοῦτο א* L Θ f 13 28 788 1071
ἀγρῷ; πόθεν οὖν ἔχει   ζιζάνιαν; **28** ὁ δὲ ἔφη αὐτοῖς, Ἐχθρὸς ἄνθρωπος τοῦτο E* [↑1346 1424 τ
ἀγρῷ; πόθεν   ἔχει   ζιζάνιαν; **28** ὁ δὲ ἔφη αὐτοῖς, Ἐχθρὸς ἄνθρωπος τοῦτο 118
ἀγρῷ; πο⋯⋯ ⋯⋯⋯   ⋯⋯⋯ια; **28** ὁ δὲ ἔφη αὐτοῖ⋯ ⋯⋯⋯ ἄνθρωπος τοῦτο 33
ἀγρῷ; πόθεν οὖν ἔχει   ζιζάνια; **28** ὁ δὲ ἔφη αὐτοῖς, Ἐχθρὸς ἄνθρωπος τοῦτο **uw** rell

---

lac. 13.24-28 𝔓45 A H P Q 69

A 24 βασιλια א ¦ βασσιλεια L | σπιραντι א N ¦ σπιροντι Θ ¦ το (τω) 33 25 το (τω) F L 28 | καθευδιν א N ¦ εκθρος D N | εσπειρε Υ Γ 118 28 700ͨ 1071 ¦ εσσπειρεν Κͨ ¦ επεσπιρεν Ν Θ ¦ επεσπειρε 157 ¦ ζηζανια Π 2 33 28 ¦ μεσων 13 28 ¦ σειτου D Θ ¦ σητου Ε* 26 οε (οτε) L | εβλαστισεν Κ ¦ ορτος Ν* ¦ εποιησε Υ Γ 118 157 700ͨ ¦ εφανει 28 ¦ ζηζανια Θ 2* 28 579 ¦ ζαζανια 1071 27 προσελθωντες Θ ¦ ουχει Ν ¦ εσπιρας א Ν Θ ¦ εχι א ¦ εχη Ε ¦ ζηζανια Θ 2* 28 28 τουτω 579

B 24 ουνων 𝔐 K L M S U Γ Δ Π Ω f 1 118 f 13 124 2 28 157 565 579 700 788 1071 1346 1424 | ανω א C 𝔐 K L M N S U Γ Δ Π Ω f 1 118 f 13 124 2 33 28 157 579 700 788 1071 1346 1424 25 ανους C 𝔐 K L M N S U W Γ Θ Π Ω f 1 118 f 13 124 2 33 28 157 579 700 788 1346 27 κ͞ε Β א 𝔐 K L M N S U W Γ Δ Θ Π Ω f 1 118 f 13 124 2 33 28 157 565 579 700 788 1071 1346 28 ανος א C 𝔐 K L M N S U W Γ Δ Θ Π Ω f 1 118 f 13 124 2 33 28 157 565 579 700 788 1071 1346 1424

C 24 (ante ωμοιωθη) αρχ: τη παρα, της δ͞ εβδ αρχ ειπεν ο κ͞ς τ̔ παραβ, ταυτ ομοιωθ̲η̲ η βασιλεια των ουνων Υ ¦ αρχ: τη παρασκ,ε τς δ͞ εβδ ειπεν ο κς την παρα, ωμοιωθη η βασιλ, Μ ¦ τη παρασκ τς δ͞ εβδ ειπ ο κς την παραβολ S ¦ τη γ̔ τς ς̔ εβδ ειπεν ο κς τ παραβολ ταυτην ωμοιω Π ¦ αρχ νβ̄ τη γ̔ τς ς̔εβδ ειπ ο κς τοι πἑ ταυτ ωμοιωθ η βασιλ f 1 118 2¦ αρχ f 13 788 1346 ¦ αρχ τς γ̔ ειπεν ο κς την παραβολ ταυτ ωμοιωθ, η βασιλεια 28 ¦ αρχ τη γ̔ 157

D 24 ρ̅λ̅ς̅ C D F K L f 1 f 13 157 579 1071 1346 (ante ομοιωθη Θ) ¦ ρ̅λ̅ς̅/ι̅ E G S Υͨ (ρ̅τ̅ς̅/ι̅ Υ*) M U Π Ω 118 2 28 788 1424 | Ευ Μθ ρ̅λ̅ς̅ : Ιω . : Λο . : Μρ . E | Μθ ρ̅λ̅ς̅ M ¦ ρ̅λ̅ς̅/ι̅ (ante ωμοιωθη) א 124 | Μθ ρ̅λ̅ς̅ : Μρ . : Λο . : Ιω . 124

ἐποίησεν. οἱ δὲ   αὐτῷ λέγουσιν, Θέλεις οὖν ἀπελθόντες συλλέξωμεν αὐτά;   B w
ἐποίησεν. οἱ δὲ <u>δοῦλοι</u> <u>λέγουσιν</u> <u>αὐτῷ</u>, Θέλεις οὖν ἀπελθόντες συλλέξωμεν αὐτά;   ℵ u
ἐποίησεν. οἱ δὲ <u>δοῦλοι</u>   αὐτῷ λέγουσιν, Θέλεις οὖν ἀπελθόντες συλλέξωμεν αὐτά;   C
ἐποίησεν. <u>λέγουσιν αὐτῷ</u>   <u>οἱ δοῦλοι</u>, Θέλεις   ἀπελθόντες <u>συλλέξωμεν</u> αὐτά;   D
ἐποίησεν. οἱ δὲ <u>δοῦλοι</u> <u>εἶπαν</u>   <u>αὐτῷ</u>, Θέλεις οὖν ἀπελθόντες συλλέξωμεν αὐτά;   N Θ 124
ἐποίησεν. οἱ δὲ <u>δοῦλοι</u> <u>εἶπον</u>   <u>αὐτῷ</u>, Θέλεις οὖν ἀπελθόντες <u>συλλέξωμεν</u> αὐτά;   W
ἐποίησεν. οἱ δὲ <u>δοῦλοι</u> <u>εἶπον</u>   <u>αὐτῷ</u>, Θέλεις οὖν ἀπελθόντες <u>συλλέξουσιν</u> αὐτά;   Δ
ἐποίησεν. οἱ δὲ <u>δοῦλοι</u> <u>εἶπαν</u>   <u>αὐτῷ</u>, Θέλεις οὖν   <u>ἐλθόντες</u> <u>συλλέξομεν</u> αὐτά;   f[13] 1346
ἐποίησεν. οἱ δὲ <u>δοῦλοι</u> <u>εἶπον</u>   <u>αὐτῷ</u>, Θέλεις οὖν ἀπελθόντες <u>συλλέξομεν</u> αὐτά;   F K L M S Π Ω 1
ἐποίησεν. οἱ δὲ <u>δοῦλοι</u> λέ········· ········· ········· οὖν ἀπελθ········· ·········<u>ξωμεν</u> αὐτά;   33 [↑1582[c] 118 28
ἐποίησεν. οἱ δὲ   <u>λέγουσιν</u> <u>αὐτῷ</u>, Θέλεις οὖν ἀπελθόντες <u>συλλέξομεν</u> αὐτά;   157
ἐποίησεν. οἱ δὲ <u>δοῦλοι</u> <u>εἶπον</u>   <u>αὐτῷ</u>, Θέλεις   ἀπελθόντες <u>συλλέξομεν</u> αὐτά;   579
ἐποίησεν. οἱ δὲ <u>δοῦλοι</u> <u>εἶπαν</u>   <u>αὐτῷ</u>, Θέλεις οὖν ἀπελθόντες <u>συλλέξομεν</u> αὐτά;   788
ἐποίησεν.   <u>λέγουσιν</u> <u>αὐτῷ</u>, Θέλεις οὖν ἀπελθόντες συλλέξωμεν αὐτά;   1424
ἐποίησεν. οἱ δὲ <u>δοῦλοι</u> <u>εἶπον</u>   <u>αὐτῷ</u>, Θέλεις οὖν ἀπελθόντες συλλέξωμεν αὐτά;   𝔐 U Γ 1582* 2
     565 700 1071 τ

29 ὁ δέ φησιν,   Οὔ,   μήποτε συλλέγοντες τὰ ζειζάνια   B
29 ὁ δέ φησιν,   Οὔ,   μήποτε συλλέγοντες τὰ <u>ζιζάνια</u>   ℵ C uw
29   <u>λέγει</u> <u>αὐτοῖς</u>, Οὔ,   μήποτε <u>συλλέγοντες</u> τὰ <u>ζιζάνια</u>   D
29 ὁ δέ <u>ἔφη</u>   <u>αὐτοῖς</u>, Οὔ,   μήποτε συλλέγοντες τὰ <u>ζιζάνια</u>   N
29 ὁ δέ <u>ἔφη</u>   <u>αὐτοῖς</u>, Οὔ,   μήποτε <u>συλλέγοντες</u> τὰ <u>ζιζάνια</u>   Θ
29 ὁ δέ φησιν,   Οὔ,   μήποτε <u>συλλέγοντες</u> τὰ <u>ζιζάνια</u>   Δ
29 ὁ δέ <u>ἔφη</u>,   <u>Οὐχὶ</u> μήποτε συλλέγοντες τὰ <u>ζιζάνια</u>   f[13] 788 1346
29 ὁ δέ <u>λέγει</u> <u>αὐτοῖς</u>, Οὔ,   μ········· ········· ········· ···· ·········   33
29 ὁ δέ <u>ἔφη</u>   <u>αὐτοῖς</u>, <u>Οὐχὶ</u> μήποτε συλλέγοντες τὰ <u>ζιζάνια</u>   1071
29 ὁ δέ <u>λέγει</u> <u>αὐτοῖς</u>, Οὔ,   μήποτε συλλέγοντες τὰ <u>ζιζάνια</u>   1424   [↓700 τ
29 ὁ δέ <u>ἔφη</u>,   Οὔ,   μήποτε συλλέγοντες τὰ <u>ζιζάνια</u>   𝔐 K L M U W Γ Π f[1] 2 28 157 565 579

ἐκριζώσητε ἅμα   αὐτοῖς   τὸν σῖτον. 30 ἄφετε   συναυξάνεσθαι ἀμφότερα   B uwτ rell
ἐκριζώσητε ἅμα <u>καὶ</u> <u>τὸν σεῖτον σὺν αὐτοῖς</u>. 30 ἄφετε   <u>ἀμφότερα συναυξάνεσθαι</u>   D
ἐκριζώσητε ἅμα   αὐτοῖς   τὸν σῖτον. 30 ἄφετε <u>οὖν</u> <u>αὐξάνεσθαι</u>   ἀμφότερα   L 1 1582*
ἐκριζώσητε ἅμα   αὐτοῖς   τὸν σῖτον. 30 ἄφετε <u>οὖν</u> <u>συναυξάνεσθαι</u> ἀμφότερα   U
<u>ἐκριζώετε</u> ἅμα <u>σύν</u> αὐτοῖς   τὸν σῖτον. 30 ἄφετε   συναυξάνεσθαι ἀμφότερα   Γ
<u>ἐκριζώετε</u> ἅμα   αὐτοῖς   τὸν σῖτον. 30 ἄφετε   συναυξάνεσθαι ἀμφότερα   Ω
ἐκριζώσητε ἅμα   αὐτοῖς   τὸν σῖτον. 30 ἄφετε συναυξάνεσθαι <u>αὐτοῖς</u> ἀμφότερα   118
········· ········· ἅμα   αὐτοῖς   τὸν σῖτον. 30 ἄφετε   συναυ········· ·········   33
ἐκριζώσητε ἅμα   αὐτοῖς <u>καὶ</u> τὸν σῖτον. 30 ἄφετε   συναυξάνεσθαι ἀμφότερα   28
ἐκριζώσητε ἅμα   αὐτοῖς   τὸν σῖτον. 30 ἄφετε   <u>αὐξάνεσθαι</u>   ἀμφότερα   1582[c] 2
ἐκριζώσητε ἅμα <u>μετ</u> αὐτοῖς   τὸν σῖτον. 30 ἄφετε   συναυξάνεσθαι ἀμφότερα   579

ἕως   τοῦ θερισμοῦ· καὶ ἐν   καιρῷ τοῦ θερισμοῦ ἐρῶ τοῖς θερισταῖς, Συλλέξατε   B u[w]
<u>ἄχρι</u> τοῦ θερισμοῦ· καὶ ἐν <u>τῷ</u> καιρῷ τοῦ θερισμοῦ ἐρῶ τοῖς θερισταῖς, Συλλέξατε   ℵ* L
<u>ἄχρι</u> τοῦ θερισμοῦ· καὶ ἐν   καιρῷ τοῦ θερισμοῦ ἐρῶ τοῖς θερισταῖς, Συλλέξατε   ℵ[2]
<u>μέχρι</u> τοῦ θερισμοῦ· καὶ ἐν <u>τῷ</u> καιρῷ τοῦ θερισμοῦ ἐρῶ τοῖς θερισταῖς, Συλλέξατε   C 565 τ
ἕως   τοῦ θερισμοῦ· καὶ ἐν   καιρῷ τοῦ θερισμοῦ ἐρῶ τοῖς θερισταῖς, <u>Συλλέξατε</u>   D
<u>μέχρις</u> τοῦ θερισμοῦ· καὶ ἐν   καιρῷ τοῦ θερισμοῦ ἐρῶ τοῖς θερισταῖς, Συλλέξατε   W
········· ·········   ἐν   καιρῷ τοῦ θερισμοῦ ἐρῶ τοῖς θερι········· ·········   33
ἕως   τοῦ θερισμοῦ· καὶ ἐν <u>τῷ</u> καιρῷ τοῦ θερισμοῦ ἐρῶ τοῖς θερισταῖς, Συλλέξατε   1424
<u>ἄχρι</u> τοῦ θερισμοῦ· καὶ ἐν   καιρῷ τοῦ θερισμοῦ ἐρῶ τοῖς θερισταῖς, Συλλέξατε   [w]
<u>μέχρι</u> τοῦ θερισμοῦ· καὶ ἐν   καιρῷ τοῦ θερισμοῦ ἐρῶ τοῖς θερισταῖς, Συλλέξατε   ℵ[1] 𝔐 K M N
     U Γ Δ Θ Π f[1] f[13] 2 28 157 579 700 788 1071 1346 [w]

lac. 13.28-31 𝔓[45] A   H P Q 69

A   28 θελις ℵ N 2[c] ¦ θελης Δ 2* ¦ απελθωντες 2*   29 ζηζανια Θ 2* ¦ 28 579 ¦ εκριζωσιτε Ε Θ ¦ εκριζωσειται L 579 1071 ¦ εκριζωσηται W 1424 ¦ εκριζωσειτε 2 ¦ σειτον Θ   30 αφεται 13 2* 579 ¦ συναυξανεσθε ℵ Μ 788 ¦ αυξανεσθε L ¦ συναυξανεσται 1346 ¦ μεχρη G ¦ κερω Θ ¦ θερησμου[2] Θ ¦ ερο Θ* ¦ θεριστες ℵ ¦ θερησταις 1071

D 31 ρ̅λ̅ζ̅/β̅ ℵ E L M N S U Γ Π Ω 118 124 28 788 1424 ¦ ρ̅λ̅ζ̅ C D F K Θ 1582 2 157 579 1071 1346 ¦ ρ̅λ̅ζ̅/θ̅ G ¦ ρ̅λ̅ζ̅/α̅ Y[c] (ρ̅τ̅ζ̅/α̅ Y*) ¦ Ευ Μθ ρ̅λ̅ζ̅ : Ιω . : Λο ρ̅ξ̅η̅ : Μρ μ̅δ̅ E ¦ Μθ ρ̅λ̅ζ̅ : Μρ μ̅δ̅ : Λο ρ̅ξ̅ζ̅, ρ̅ξ̅η̅ Μ ¦ Μθ ρ̅λ̅ζ̅ : Μρ μ̅α̅ : Λο ρ̅ξ̅ζ̅ : Ιω . 124

πρῶτον τὰ ζειζάνια καὶ δήσατε αὐτὰ εἰς δέσμας πρὸς τὸ κατακαῦσαι αὐτά,   B
πρῶτον τὰ ζιζάνια   καὶ δήσατε   δέσμας πρὸς τὸ κατακαῦσαι,   D
πρῶτον τὰ ζιζάνια   καὶ δήσατε αὐτὰ   δέσμας πρὸς τὸ κατακαῦσαι αὐτά,   L Δ 1 1582* 700 [w]
....σατε αὐτὰ δέσμα πρὸς τὸ κατακαῦ......   33
πρῶτον τὰ ζιζάνια   καὶ δήσατε αὐτὰ εἰς δέσμας εἰς   τὸ κατακαῦσαι αὐτά,   157
πρῶτον τὰ ζιζάνια   καὶ δήσατε αὐτὰ   δέσμας εἰς   τὸ κατακαῦσαι αὐτά,   1424
πρῶτον τὰ ζιζάνια   καὶ δήσατε αὐτὰ εἰς δέσμας πρὸς τὸ κατακαῦσαι αὐτά,   u[w]τ rell

τὸν δὲ σῖτον συνάγετε   εἰς τὴν ἀποθήκην μου.   B Y* Γ 1 [w]
τὸν δὲ σῖτον συνλέγεται εἰς τὴν ἀποθήκην μου.   D
τὸν δὲ σῖτον συναγάγετε εἰς τὴν ἀποθήκην αὐτοῦ.   124
....θήκην μου.   33
τὸν δὲ σῖτον συναγάγετε εἰς τὴν ἀποθήκην.   1071
τὸν δὲ σῖτον συναγάγετε εἰς τὴν ἀποθήκην μου.   u[w]τ rell

The Parable Of The Mustard Seed
(Mark 4.30-32; Luke 13.18-19)

π̄ς 31 Ἄλλην παραβολὴν παρέθηκεν   αὐτοῖς   B 118 uwτ rell
     31 Ἄλλην παραβολὴν ἐλάλησεν   αὐτοῖς   D N Θ f¹ f¹³ 788 1346
     31 Ἄλλην παραβολὴν ἐλάλησεν αὐτοῖς λέγων παρέθηκεν αὐτοῖς ὁ Ἰησοῦς L*   [↑1424
     31 Ἄλλην παραβολὴν   33

λέγων, Ὁμοία ἐστὶν ἡ βασιλεία τῶν οὐρανῶν κόκκῳ σινάπεως, ὃν λαβὼν ἄνθρωπος B uwτ rell
λέγων, Ὡμοιώθη   ἡ βασιλεία τῶν οὐρανῶν κόκκῳ σινάπεως, ὃν λαβὼν ἄνθρωπος L
λέγων, Ὁμοία ἐστὶν ἡ βασιλεία τῶν οὐρανῶν κόκκων σινάπεως, ὃν λαβὼν ἄνθρωπος 2*
.... τῶν οὐρανῶν κόκκῳ σινάπεως, ὃν 33

[Cl Pd I 96 1 διοπερ παγκαλως αυτος αυτον εξηγουμενος κοκκω ναπτυος εικασεν].

ἔσπειρεν ἐν τῷ ἀγρῷ αὐτοῦ· 32 ὃ μεικρότερον μέν ἐστι πάντων τῶν σπερμάτων,   B D W
ἔσπειρεν ἐν τῷ ἀγρῷ αὐτοῦ· 32 ὃ μικρότερον μέν ἐστι πάντων   σπερμάτων,   D* 124
ἔσπειρεν εἰς   ἀγρὸν αὐτοῦ· 32 ὃ μικρότερον μέν ἐστι πάντων τῶν σπερμάτων,   28
.... 32 .... μέν ἐστι πάντων τῶν σπερμάτων,   33
ἔσπειρεν ἐν τῷ ἀγρῷ αὐτοῦ· 32 ὃ μικρότερον   ἐστι πάντων τῶν σπερμάτων,   118 157
ἔσπειρεν ἐν τῷ ἀγρῷ αὐτοῦ· 32 ὃ μικρότερον μέν ἐστι πάντων τῶν σπερμάτων,   uwτ rell

ὅταν δὲ αὐξηθῇ μεῖζον   τῶν λαχάνων ἐστὶν καὶ γίνεται δένδρον, B ℵ 𝔐 L M N U Γ Δ 1 118 2ᶜ
ὅταν δε αὐξηθῇ μεῖζον   τῶν λαχάνων ἐστὶν καὶ γείνεται δένδρον, C W   [↑1582 33 700 uw
ὅταν δὲ αὐξησῇ μείζων   τῶν λαχάνων ἐστὶν καὶ γείνεται δένδρον, D
ὅταν δὲ αὐξηθῇ μεῖζον πάντων τῶν λαχάνων ἐστὶν καὶ γείνεται δένδρον, Y K Π 1582ᶜ 157 565
ὅταν δὲ αὐξηθῇ μείζων   τῶν λαχάνων ἐστὶν καὶ γείνεται δένδρον, Θ
ὅταν δὲ αὐξησῇ μείζων   τῶν λαχάνων ἐστὶν καὶ γίνεται δένδρον, f¹³ 788 1346
ὅταν δὲ αὐξηθῇ μείζων πάντων τῶν λαχάνων ἐστὶν καὶ γίνεται δένδρον, 28 1071 1424
ὅταν δὲ αὐξηθῇ μείζων   τῶν λαχάνων ἐστὶν καὶ γίνεται δένδρον, 2* 579

lac. 13.30-32 𝔓⁴⁵ A H P Q 69

A 30 προτων Θ | ζιζανια Θ 2* 28 | δισατε Θ | κατακαυσε ℵ | σειτον D Θ | συναγαγεται W 2* 28 579 | συναταγετε Δ* | αποθην
D* | αποθηκιν Ω 31 βασιλια ℵ | κοκω L Δ | κοκκο 579 | σιναπεος 1346 | εσπιρεν ℵ N Θ 32 μηκροτερον K | μικρωτερον 2* |
εστιν¹ ℵ C D E F G K L N W Δ Θ Π Ω 124 2 579 1424 | αυξηθη K | αυξηθει 2 | μιζον N W | αιξηθη Δ | μιζων Θ | εστι² Y M S U
Ω f¹ 157 565 700 1071 | γινετε ℵ E | γηνετε Θ* | γηνεται Θᶜ | δενδρων 2* 1346 | δεδρον 1071

B 31 ο̄υν̄ω̄ν E G Y K L M S U Δ Π Ω f¹ 118 f¹³ 124 2 28 157 565 579 700 788 1071 1346 1424 | ανος̄ ℵ C 𝔐 K L M N S U Γ Δ
Θ Π f¹ 118 f¹³ 124 2 28 157 579 700 788 1071 1346 1424

C 30 τελ Y f¹ 118 | τελ τς γ̄ 28 31 αρχ Y | αρχ τς δ̄ ειπεν ο κς̄ την παραβολ ταυτ ομοια εστιν 28 | (αντε ομοια) αρχ ν̄γ τη δ̄ τς ς̄
εβδ ειπ ο κς̄ τ̄ πε̄ ομοια εστιν η βα f¹ | αρχ ν̄γ τη δ̄ τς ς̄ εβδ ειπ ο κς̄ τ̄ πε̄ ωμοιωθη η βασι 118 | (αντε κοκκω) αρχ τη δ̄ τς ς̄ εβδ
ειπεν ο κς̄ τ̄ παραβολ ταυτη ομοια εστιν η βασιλεια των ουνων̄ Π | αρχ τη δ̄ 157

ὥστε ἐλθεῖν τὰ πετεινὰ τοῦ οὐρανοῦ καὶ κατασκηνοῖν ἐν τοῖς κλάδοις αὐτοῦ.   B* D w
ὥστε ἐλθεῖν τὰ πετεινὰ τοῦ οὐρανοῦ καὶ κατασκηνοῦν ἐν τοῖς κλάδοις αὐτοῦ.   B^c ut rell
ὥστε   τὰ πετεινὰ τοῦ οὐρανοῦ   κατασκηνοῦν ἐν τοῖς κλάδοις αὐτοῦ.   M
ὥστε ἐλθεῖν τὰ πετεινὰ τοῦ οὐρανοῦ   κατασκηνοῦν ἐν τοῖς κλάδοις αὐτοῦ.   S
ὥστε τὰ πετεινὰ τοῦ οὐρανοῦ ἐλθεῖν καὶ κατασκηνοῦν ἐν τοῖς κλάδοις αὐτοῦ.   f¹

[Cl F 54 ωστε εν τοις κλαδοις αυτης κατασκηνωσαι τα πετεινα του ουρανου].

The Parable Of The Leaven
(Luke 13.20-21)

[↓1071 1424 u[w]τ
π϶ 33 Ἄλλην παραβολὴν ἐλάλησεν   αὐτοῖς·   Ὁμοία ἐστὶν   B 𝔐 K N W Γ Δ Π f¹ 2 33 565 579 700
      33 Ἄλλην παραβολὴν ἐλάλησεν   αὐτοῖς λέγων· Ὁμοία ἐστὶν   ℵ L M U Θ 118 f¹³ 28 157 788 1346
      33 Ἄλλην παραβολὴν παρέθηκεν αὐτοῖς λέγων· Ὁμοία ἐστὶν   C
      33 Ἄλλην παραβολὴν·   Ὁμοία ἐστὶν   D [w]

[↓788 uwτ
ἡ βασιλεία τῶν οὐρανῶν ζύμη, ἣν λαβοῦσα γυνὴ ἐνέκρυψεν   B ℵ C D 𝔐 K M U W Γ Δ Θ Π f¹³ 33 565 579
ἡ βασιλεία τῶν οὐρανῶν ζύμη, ἣν λαβοῦσα γυνὴ   ἔκρυψεν   G L N f¹ 2 28 157 700 1071 1346 1424

εἰς ἀλεύρου σάτα τρία ἕως οὗ ἐξυμώθη ὅλον.   B uwτ rell
ἐν ἀλεύρου σάτα τρία ἕως οὗ ἐξυμώθη ὅλον.   C
εἰς ἀλευ······   ······   ······   ····················   ······   N

[Cl S V 80.8 φησι γαρ, ομοια εστιν η βασιλεια των ουρανων ζυμη, ην λαβουσα γυνη ενεκρυψεν εις αλευρου σατα τρια, εως ου εξυμωθη ολον].

The Reason For Teaching In Parables
(Mark 4.33-34)

34 Ταῦτα πάντα ἐλάλησεν   ὁ Ἰησοῦς ἐν παραβολαῖς τοῖς ὄχλοις, καὶ χωρὶς   B uwτ rell
34 Ταῦτα πάντα ἐλάλησεν αὐτοῖς ὁ Ἰησοῦς ἐν παραβολαῖς,   καὶ χωρὶς   28

παραβολῆς οὐδὲν ἐλάλει   αὐτοῖς· 35 ὅπως πληρωθῇ τὸ ῥηθὲν διὰ   B C W u[w]
παραβολῆς οὐδὲν ἐλάλησεν αὐτοῖς· 35 ὅπως πληρωθῇ τὸ ῥηθὲν διὰ Ἠσαΐου   ℵ*
παραβολῆς οὐκ   ἐλάλη   αὐτοῖς· 35 ὅπως πληρωθῇ τὸ ῥηθὲν διὰ   Ε Μ Γ 2 565 579
παραβολῆς οὐκ   ἤλάλη   αὐτοῖς· 35 ὅπως πληρωθῇ τὸ ῥηθὲν διὰ Ἰσαΐου   Θ
παραβολῆς οὐδὲν ἐλάλησεν αὐτοῖς· 35 ὅπως πληρωθῇ τὸ ῥηθὲν διὰ   Δ
παραβολῆς οὐκ   ἐλάλει   αὐτοῖς· 35 ὅπως πληρωθῇ τὸ ῥηθὲν διὰ Ἠσαΐου   f¹ 124 33
παραβολῆς οὐδὲν ἐλάλει   αὐτοῖς· 35 ὅπως πληρωθῇ τὸ ῥηθὲν διὰ Ἠσαΐου   f¹³ 788 1346 [w]
παραβολῆς οὐκ   ἐλάλει τοῖς ὄχλοις· 35 ὅπως πληρωθῇ τὸ ῥηθὲν διὰ   28   [↓700 1071 1424 τ
παραβολῆς οὐκ   ἐλάλει   αὐτοῖς· 35 ὅπως πληρωθῇ τὸ ῥηθὲν διὰ   ℵ^c D 𝔐 K L U Π 118 157

[Cl S VI 125.1 λεγουσιν γουν οι αποστολοι περι του κυριου οτι παντα εν παραβολαις ελαλησεν και ουδεν ανευ παραβολης ελαλει αυτοις].

τοῦ προφήτου λέγοντος,
    Ἀνοίξω ἐν παραβολαῖς τὸ στόμα μου,

lac. 13.32-35 𝔭⁴⁵ A H N P Q 69 ¦ vss. 33-35 N

A 32 πετινα ℵ N W Θ ¦ πετηνα Ω ¦ πεινα 124* ¦ τασκηνουν E* ¦ κατασκεινουν L ¦ κατασκινουν 1346 33 αυττοις Θ* ¦ ζημη 1346 ¦ τρεια D 34 ελαλησεν D* ¦ ελαλι ℵ^c W ¦ χωρεις L ¦ παραβολεις L ¦ παραβολαις Θ ¦ παραβωλης 2 ¦ ελαλι W 35 τω (το¹) Θ ¦ ριθεν Γ ¦ παραβολες ℵ

B 32 ουνου ℵ 𝔐 K L M N S U Γ Δ Π Ω f¹ 118 f¹³ 124 2 28 157 565 579 700 788 1071 1346 1424 33 ουνων ℵ E F Y K L M S U Γ Δ Π Ω f¹ 118 f¹³ 124 2 28 157 565 579 700 788 1071 1346 1424 34 ι϶ B ℵ C 𝔐 K L M S U W Γ Δ Θ Π Ω f¹ 118 f¹³ 124 2 33 28 157 565 579 700 788 1071 1346 1424 ¦ ιης D

C 32 τελος της παρ G Y ¦ τελ τς παρ δ M ¦ τελ S f¹³ 124 788 1071 1346 33 αρχ 124 788 1346 ¦ τελ 1071 ¦ αρχη: τη β της ε εβδ (+αρχ Y) ειπεν ο κς την παραβολ ταυτ ⌐ομοιωθ (⌐ομοια εστιν Y) η βασιλεια των ουνων ζυμη G (ante ομοια Y) ¦ αρχ (ante ομοια): Μθ τη β τς ε εβδ ειπεν ο κς την παρ, ομοια εστ M ¦ τη β τς ε εβδ ειπ ο κς τ παραβολ S ¦ αρχ f¹³ 34 τελ 1071 35 ψαλ, ο϶ M

D 33 ρ̅λ̅η̅/ε ℵ G Y M N S U Γ Π Ω 118 124 28 788 1424 ¦ ρ̅λ̅η̅ C D F K L Θ f¹ f¹³ 2 157 579 1071 1346 ¦ ρ̅λ̅η̅/϶ E ¦ Ευ Μθ ρ̅λ̅η̅ : Ιω . : Λο ρ̅ξ̅η̅ : Μρ . E ¦ Μθ ρ̅λ̅η̅ ¦ Μρ με M ¦ Μθ ρ̅λ̅η̅ : Μρ με : Λο ρ̅ξ̅η̅ : Ιω . 124 34 ρ̅λ̅θ̅/϶ ℵ G Y M S U Γ Π Ω 124 28 788 1424 ¦ ρ̅λ̅θ̅ C D F K L Θ f¹ 118 f¹³ 2 157 579 1071 1346 ¦ ρ̅λ̅θ̅/ε E ¦ Ευ Μθ ρ̅λ̅θ̅ : Ιω . : Λο . : Μρ με E ¦ Μθ ρ̅λ̅θ̅ M ¦ Μθ ρ̅λ̅θ̅ : Μρ . : Λο . : Ιω . 124 35 ρ̅μ̅/ι̅ ℵ E G Y M S U Π Ω 28 ¦ ρ̅μ̅ C F K L Γ 2 28² 157 579 1071 ¦ Ευ Μθ ρ̅μ̅ : Ιω . : Λο . : Μρ . E ¦ Μθ ρ̅μ̅ι̅ M ἐρεύξομαι **κεκρυμμένα ἀπὸ καταβολῆς.**   B ℵ^c *f*¹ [u]w

<u>φθέγξομαι</u> **κεκρυμμένα ἀπὸ καταβολῆς** <u>κόσμου.</u>   2* 28

ἐρεύξομαι **κεκρυμμένα ἀπὸ καταβολῆς** <u>κόσμου.</u>   [u]τ rell

^Tεν τωι πρωτωι τοσουτων εις τας παροιμιας εξηγη τικων ουτως μνημονευει της χρησεως <u>οπως πληρωθη το ρηθεν</u> <u>δια Ησαιου του προφητου</u> και τα εξης μη λεγων ειναι εν τοις αντιγραφοις διαφωνιαν ενθακαι θαυμασιως απολογηται μη ευρισκομενου εν τωι Ησαια του ανοιξω <u>εν παραβολαις το στομα μου</u> οι δε μετα ταυτα τολμηρως το Ησαιου ηθετησαν 1582^{mg}

[Cl S V 80.7 και γαρ η προφητεια περι αυτου φησιν, ανοιζει εν παραβολαις <u>το στομα αυτου</u> και <u>εξερευξεται</u> τα <u>απο καταβολης κοσμου κεκρυμμενα</u>].

The Parable Of The Weeds Explained

πη̄ 36 Τότε ἀφεὶς   τοὺς ὄχλους   ἦλθεν εἰς τὴν οἰκίαν.   καὶ   B D **uw**

36 Τότε ἀφεὶς   τοὺς ὄχλους <u>εἰσῆλθεν</u> εἰς τὴν οἰκίαν.   καὶ   ℵ

36 Τότε ἀφεὶς   τοὺς ὄχλους <u>ὁ Ἰησοῦς</u> <u>ἦλθεν εἰς τὴν οἰκίαν.</u> καὶ   Γ

36 Τότε ἀφεὶς   τοὺς ὄχλους   ἦλθεν εἰς τὴν οἰκίαν <u>αὐτοῦ.</u> καὶ   1 1582* 118 1424

36 Τότε ἀφεὶς <u>ὁ Ἰησοῦς</u> <u>τοῖς ὄχλοις</u> ἦλθεν εἰς τὴν οἰκίαν . καὶ   157

36 Τότε ἀφεὶς τοὺς ὄχλους <u>ὁ Ἰησοῦς</u> ἦλθεν εἰς τὴν οἰκίαν . καὶ   700

36 Τότε ἀφεὶς   τοὺς ὄχλους   ἦλθεν εἰς τὴν οἰκίαν <u>ὁ Ἰησοῦς.</u> καὶ   τ rell

<u>προσῆλθαν</u> αὐτῷ οἱ μαθηταὶ αὐτοῦ λέγοντες, Διασάφησον ἡμῖν τὴν παραβολὴν   B **w**

<u>προσῆλθον</u> αὐτῷ οἱ μαθηταὶ αὐτοῦ λέγοντες, Διασάφησον ἡμῖν τὴν παραβολὴν   ℵ* Θ **u**

<u>προσῆλθον</u> αὐτῷ οἱ μαθηταὶ   λέγοντες, <u>Φράσον</u> ἡμῖν τὴν παραβολὴν   1 1582*

προσῆλθαν αὐτῷ οἱ μαθηταὶ αὐτοῦ λέγοντες, <u>Φράσον</u> ἡμῖν τὴν παραβολὴν   33

<u>προσῆλθον</u> αὐτῷ οἱ μαθηταὶ αὐτοῦ λέγοντες, <u>Φράσον</u> <u>ὑμῖν</u> τὴν παραβολὴν   1071

<u>προσῆλθον</u> αὐτῷ οἱ μαθηταὶ αὐτοῦ λέγοντες, <u>Φράσον</u> ἡμῖν τὴν παραβολὴν   τ rell

τῶν ζειζανίων τοῦ ἀγροῦ. 37 ὁ δὲ ἀποκριθεὶς εἶπεν,   Ὁ σπείρων τὸ καλὸν   B

τῶν <u>ζιζανίων</u> τοῦ ἀγροῦ. 37 ὁ δὲ ἀποκριθεὶς εἶπεν,   Ὁ σπείρων τὸ καλὸν   ℵ D 1424 **uw**

τῶν <u>ζιζανίων</u> τοῦ ἀγροῦ. 37 ὁ δὲ ἀποκριθεὶς εἶπεν <u>αὐτοῖς,</u> Ὁ σπείρων τὸ καλὸν   τ rell

σπέρμα ἐστὶν ὁ υἱὸς τοῦ ἀνθρώπου· 38 ὁ δὲ ἀγρός ἐστιν ὁ κόσμος· τὸ δὲ καλὸν σπέρμα,   B **uw** τ rell

σπέρμα ἐστὶν ὁ υἱὸς τοῦ <u>θεοῦ·</u>   38 ὁ δὲ ἀγρός ἐστιν ὁ κόσμος· τὸ δὲ καλὸν σπέρμα,   28

οὗτοί εἰσιν οἱ υἱοὶ   τῆς βασιλείας· τὰ δὲ ζειζάνιά εἰσιν οἱ υἱοὶ τοῦ πονηροῦ,   B

οὗτοί εἰσιν οἱ <u>υἱο</u> <u>τῆς βασ</u> τῆς βασιλείας· τὰ δὲ <u>ζιζάνιά</u> εἰσιν οἱ υἱοὶ τοῦ πονηροῦ,   D*

οὗτοί εἰσιν οἱ υἱοὶ   τῆς βασιλείας· τὰ δὲ <u>ζιζάνιά</u> εἰσιν   υἱοὶ τοῦ πονηροῦ,   M Ω 157

οὗτοί εἰσιν οἱ υἱοὶ   τῆς βασιλείας· τὰ δὲ <u>ζιζάνιά</u> <u>οἱ υἱοί εἰσιν</u>   πονηροῦ,   Δ

οὗτοί εἰσιν οἱ υἱοὶ   τῆς βασιλείας· τὰ δὲ <u>ζιζάνιά</u> εἰσιν,   Θ

οὗτοί εἰσιν οἱ υἱοὶ   τῆς βασιλείας· τὰ δὲ <u>ζιζάνιά</u> εἰσιν οἱ υἱοὶ τοῦ πονηροῦ,   **uwτ** rell

[Cl Pd II 104.3 <u>αγρος</u> γαρ <u>ο κοσμος</u>).

39 ὁ δὲ   ἐχθρός ἐστὶν ὁ σπείρας αὐτὰ ὁ διάβολος·   B

39 ὁ δὲ   ἐχθρὸς <u>ὁ σπείρων</u> <u>αὐτά</u> ἐστιν ὁ διάβολος·   L 2 1346

39 ὁ δὲ <u>ἀγρὸς</u> ἐχθρὸς <u>ὁ σπείρας</u> <u>αὐτά</u> ἐστιν ὁ διάβολος·   Δ

39 ὁ δὲ   ἐχθρὸς <u>ὁ σπείρας</u> <u>αὐτά</u> <u>ἐστιν</u> ὁ διάβολος·   **uwτ** rell

lac. 13.36-39 𝔓⁴⁵ A H Q 69 ¦ vss. 37-40 P

A 35 ερευξομε L ¦ φθεγξωμαι 2* ¦ ερευξωμαι 1071 ¦ κεκρυμμεν Κ ¦ καικρυμενα L 2* 36 αφις ℵ ¦ αφης Θ ¦ τιν (την¹) L Θ ¦ οικειαν D W 2 ¦ οικιαναν 565 ¦ μαθητε ℵ ¦ ημειν D ¦ ημιν L ¦ ζηζανιων G 2* 28 ¦ ζιζανιον L* 37 αποκρειθεις D ¦ σπιρων ℵ W Θ ¦ σπειρον G K L* Γ 565 579 1424 ¦ καλων Θ 38 ουτιοι 1346 ¦ ησιν¹ Y ¦ βασιλιας ℵ ¦ ζηζανια Θ 2* 28 1346 ¦ πονιρου L 39 σπιρας ℵ Θ ¦ σπειων L*

B 36 ι̅ς̅ C 𝔐 K L M S U W Γ Δ Θ Π Ω *f*¹³ 124 2 33 28 157 565 579 700 788 1071 1346 37 υ̅ς̅ ℵ C 𝔐 K L M S U Π Ω *f*¹ 2 33 28 1424 ¦ α̅ν̅ο̅υ̅ ℵ C 𝔐 K L M S U Γ Δ Θ Π Ω 1582 118 *f*¹³ 124 2 33 157 565 579 700 788 1071 1346 1424 ¦ θ̅υ̅ 28

C 36 αρχ Y ¦ αρχ ε̅ τω καιρω εκ, ελθοντ τω ι̅υ̅ εις την οικιαν αυτ προσηλθ 28 ¦ τελ (post ο ι̅ς̅) Y ¦ μρ τε τς δ̅ μ̅δ̅ Π ¦ τελ δ̅ *f*¹ 28 ¦ (ante προσηλθον) αρχ: τη ε̅ τς η̅ εββ τω καιρω εκεινω ελθοντι τω ι̅υ̅ εις τ οικιαν κ, προσηλθον αυτω Π ¦ ν̅δ̅ αρχ τη ε̅ τς ς̅ εβδ τω καιρω ελθοντ τω ι̅υ̅ εις οικιαν προσηλθ *f*¹ ¦ αρχ ν̅δ̅ τη ε̅ τς ς̅ εβδομα τω ελθοντ τω ι̅υ̅ εις οικιαν προσηλθον 118 ¦ αρχ τη ε̅ 157

D 36 ρ̅μ̅ D L Θ *f*¹³ 1346 1424 ¦ ρ̅μ̅/ι̅ 124 788 ¦ ρ̅μ̅α̅ 579 ¦ Μθ ρ̅μ̅ : Μρ . : Λο . : Ιω . 124

127

ὁ δὲ θερισμὸς συντέλεια αἰῶνός ἐστιν, οἱ δὲ θερισταὶ ἄγγελοί εἰσιν. Β D Θ *f*¹³ 33 788
                 οἱ δὲ θερισταὶ ἄγγελοί εἰσιν. ℵ* [↑1346 **uw**
ὁ δὲ θερισμὸς ἡ συντέλεια <u>του</u> αἰῶνός <u>τούτου</u>, οἱ δὲ θερισταὶ ἄγγελοί εἰσιν. 28
ὁ δὲ θερισμὸς συντέλεια <u>τοῦ</u> αἰῶνός, οἱ δὲ θερισταὶ ἄγγελοί εἰσιν. 700
ὁ δὲ θερισμὸς συντέλεια <u>τοῦ</u> αἰῶνος <u>τούτου</u> ἐστι. 1071
ὁ δὲ θερισμὸς <u>ἐστιν ἡ συντέλεια</u> <u>τοῦ</u> <u>αἰῶνός</u> , οἱ δὲ θερισταὶ ἄγγελοί εἰσιν. 1424
ὁ δὲ θερισμὸς συντέλεια <u>τοῦ</u> αἰῶνός ἐστιν, οἱ δὲ θερισταὶ ἄγγελοί εἰσιν. τ rell

40 ὥσπερ οὖν συλλέγεται τὰ ζειζάνια καὶ πυρὶ κατακαίεται, οὕτως ἔσται ἐν τῇ Β
40 ὥσπερ οὖν συλλέγεται τὰ <u>ζιζάνια</u> καὶ πυρὶ κατακαίεται, οὕτως ἔσται ἐν τῇ ℵ *f*¹ [**u**]**wτ**
40 ὥσπερ οὖν <u>συλλέγονται</u> τὰ <u>ζιζάνια</u> καὶ πυρὶ <u>κατακαίονται</u>, οὕτως ἔσται ἐν τῇ D
40 ὥσπερ οὖν συλλέγεται τὰ <u>ζιζάνια</u> καὶ πυρὶ <u>καίεται</u>, οὕτως ἔσται <u>καὶ</u> τῇ K
40 ὥσπερ οὖν <u>τὰ ζιζάνια</u> <u>συλλέγεται</u> καὶ πυρὶ <u>καίεται</u>, οὕτως ἔσται ἐν τῇ L
40 .... ἐν τῇ P
40 om. 1071
40 ὥσπερ οὖν συλλέγεται τὰ <u>ζιζάνια</u> καὶ πυρὶ <u>καίεται</u>, οὕτως <u>ἐστιν</u> ἡ 1424
40 ὥσπερ οὖν συλλέγεται τὰ <u>ζιζάνια</u> καὶ πυρὶ <u>καίεται</u>, οὕτως ἔσται ἐν τῇ 118 [**u**] rell

συντελείᾳ τοῦ αἰῶνος· **41** ἀποστελεῖ ὁ υἱὸς τοῦ ἀνθρώπου τοὺς ἀγγέλους Β ℵ D *f*¹ **uw**
.... **41** .... τοὺς ἀγγέλους N
συντελείᾳ τοῦ αἰῶνος <u>τούτου</u>· **41** <u>καὶ</u> ἀποστελεῖ ὁ υἱὸς τοῦ ἀνθρώπου τοὺς ἀγγέλους W
συντελείᾳ τοῦ αἰῶνος· **41** <u>ἀποστελλεῖ</u> ὁ υἱὸς τοῦ ἀνθρώπου τοὺς ἀγγέλους Γ
συντελείᾳ τοῦ αἰῶνος <u>τούτου</u>· **41** ἀποστελεῖ ὁ υἱὸς τοῦ ἀνθρώπου ἀγγέλους Δ
συντελείᾳ τοῦ αἰῶνος <u>τούτου</u> <u>τούτου</u>· **41** ἀποστελεῖ ὁ υἱὸς τοῦ ἀνθρώπου τοὺς ἀγγέλους 13
συντελείᾳ τοῦ αἰῶνος <u>τούτου</u>· **41** <u>ἀποστέλλει</u> ὁ υἱὸς τοῦ ἀνθρώπου τοὺς ἀγγέλους 157
          41 <u>ἀποστελεῖ</u> <u>οὖν</u> ὁ υἱὸς τοῦ ἀνθρώπου τοὺς ἀγγέλους 1071
<u>συντελείᾳ</u> τοῦ αἰῶνος <u>τούτου</u>· **41** ἀποστελεῖ ὁ υἱὸς τοῦ ἀνθρώπου τοὺς ἀγγέλους 1424
συντελείᾳ τοῦ αἰῶνος <u>τούτου</u>· **41** ἀποστελεῖ ὁ υἱὸς τοῦ ἀνθρώπου τοὺς ἀγγέλους C 𝔐 K L M N
               P U Θ Π 118 *f*¹³ 2 33 28 565 579 700 788 1346 τ

αὐτοῦ, καὶ συλλέξουσιν ἐκ τῆς βασιλείας αὐτοῦ πάντα τὰ σκάνδαλα καὶ τοὺς Β **uwτ** rell
    καὶ συλλέξουσιν ἐκ τῆς βασιλείας αὐτοῦ πάντα τὰ σκάνδαλα καὶ τοὺς ℵ F
αὐτοῦ, καὶ <u>συνλέξουσιν</u> ἐκ τῆς βασιλείας αὐτοῦ πάντα τὰ σκάνδαλα καὶ τοὺς D

ποιοῦντας τὴν ἀνομίαν, **42** καὶ βαλοῦσιν αὐτοὺς εἰς τὴν <u>κάμεινον</u> τοῦ πυρός· Β Δ
ποιοῦντας τὴν ἀνομίαν, **42** καὶ <u>βάλλουσιν</u> αὐτοὺς εἰς τὴν <u>κάμινον</u> τοῦ πυρός· ℵ* D 565
ποιοῦντας τὴν ἀνομίαν, **42** καὶ <u>ἐμβαλοῦσιν</u> αὐτοὺς εἰς τὴν <u>κάμινον</u> τοῦ πυρός· 700
ποιοῦντας τὴν ἀνομίαν, **42** καὶ <u>βαλοῦσιν</u> αὐτοὺς εἰς τὴν <u>κάμινον</u> τοῦ πυρὸς <u>τὴν</u> <u>καιομένην</u>· 1424
ποιοῦντας τὴν ἀνομίαν, **42** καὶ βαλοῦσιν αὐτοὺς εἰς τὴν <u>κάμινον</u> τοῦ πυρός· **uwτ** rell

ἐκεῖ ἔσται ὁ κλαυθμὸς καὶ ὁ βρυγμὸς τῶν ὀδόντων. **43** Τότε οἱ δίκαιοι ἐκλάμψουσιν Β **uwτ** rell
ἐκεῖ ἔσται ὁ κλαυθμὸς καὶ ὁ βρυγμὸς τῶν ὀδόντων. **43** Τότε οἱ δίκαιοι <u>λάμψουσιν</u> D 124 788 1071
                              1424

ὡς ὁ ἥλιος ἐν τῇ βασιλείᾳ τοῦ πατρὸς αὐτῶν. ὁ ἔχων ὦτα ἀκουέτω. Β ℵ* Θᶜ **uw**
ὡς ὁ ἥλιος ἐν τῇ βασιλείᾳ <u>τῶν</u> <u>οὐρανῶν</u>. ὁ ἔχων ὦτα ἀκουέτω. Θ* 124 700
ὡς ὁ ἥλιος ἐν τῇ βασιλείᾳ <u>τῶν</u> <u>οὐρανῶν</u>. ὁ ἔχων ὦτα <u>ἀκούειν</u> ἀκουέτω. 788
ὡς ὁ ἥλιος ἐν τῇ βασιλείᾳ τοῦ πατρὸς αὐτῶν. ὁ ἔχων ὦτα <u>ἀκούειν</u> ἀκουέτω. τ rell

[Cl Ecl 56.4 λαμψαντες <u>ως ο ηλιος</u>] [Cl S VI 149.5 ο δε <u>ο εχων ωτα ακουειν ακουετω</u> λεγει] [Cl V 2.1 ο κυριος
λεγων <u>ο εχων ωτα ακουειν ακουετω</u>] [Cl S VI 115.6 οτι φησιν ο κυριος, <u>ο εχων ωτα ακουειν ακουετω</u>]
[Cl S V 115.3 καν το ρητον εκεινο αναγαγειν εθελης <u>ο εχων ωτα ακουειν ακουετω</u>].

---

lac. **13.41-44** 𝔓⁴⁵ A H Q 69 ¦ vs. 41 N

A 39 συντελια Θ | θερεισται αγγελοι D **40** συλλεγετε ℵ K | ζιζανια Θ 2 28 | καιετε 2* 1346 | εστε, συντελια ℵ Θ **41** αποστελι ℵ | συλεξουσιν L | βασιλιας ℵ | τιν (την) Θ **42** τιν καμηνον Θ | καμηνον 1346 | εκι ℵ | εστε ℵ* L | κλαθμος E | ωδωντων Θ **43** δικεοι ℵ* | ος ω (ως ο) L | τι (τη) Θ | ουρανον Θ* | κουειν E*

B 41 υ̅ς̅ ℵ C 𝔐 K L M P U Δ Π Ω *f*¹ 2 33 28 565 1424 | α̅ν̅ο̅υ̅ ℵ C 𝔐 K L M P S U Γ Δ Θ Π Ω *f*¹ 118 *f*¹³ 124 33 28 157 565 579 700 788 1071 1346 1424 **43** π̅ρ̅ς̅ ℵ C D 𝔐 K L M N P S U W Γ Δ Π Ω *f*¹ 118 *f*¹³ 2 33 28 157 565 579 1071 1346 1424 ¦ ουνον Θ*

C 43 τελος της β̅ G Y ¦ τελ τς β̅ ε̅ M ¦ τελ S *f*¹³ 788 1071 1346 ¦ τελ τς ε̅ *f*¹ 28

The Parable Of The Hidden Treasure

π̄θ̄ 44   Ὁμοία   ἐστὶν ἡ βασιλεία τῶν οὐρανῶν θησαυρῷ κεκρυμμένῳ ἐν τῷ ἀγρῷ,   B uw
    44   Ὁμοία   ἐστὶν ἡ βασιλεία τῶν οὐρανῶν θησαυρῷ κεκρυμμένῳ,   ℵ*
    44   Ὁμοία δὲ ἐστὶν ἡ βασιλεία τῶν οὐρανῶν θησαυρῷ κεκρυμμένῳ ἐν τῷ ἀγρῷ,   ℵc
    44   Ὁμοία   ἐστὶν ἡ βασιλεία τῶν οὐρανῶν θησαυρῷ κεκρυμμένῳ ἐν   ἀγρῷ,   D [↓1424
    44 Πάλιν ὁμοία ἐστὶν ἡ βασιλεία τῶν οὐρανῶν θησαυρῷ κεκρυμμένῳ ἐν   ἀγρῷ,   N 700 1071
    44 Πάλιν ὁμοία ἐστὶν ἡ βασιλεία τῶν οὐρανῶν θησαυρῷ κεκρυμμένῳ ἐν τῷ   ἀγρῷ,   τ rell

ὃν εὑρὼν ἄνθρωπος ἔκρυψεν, καὶ ἀπὸ τῆς χαρᾶς αὐτοῦ ὑπάγει   B uwτ rell
ὃν εὑρών τις   ἔκρυψεν, καὶ ἀπὸ τῆς χαρᾶς αὐτοῦ ὑπάγει   D
ὃ εὑρὼν ἄνθρωπος ἔκρυψεν, καὶ ἀπὸ τῆς χαρᾶς αὐτοῦ ὑπάγει   Θ
ὃν εὑρὼν ἄνθρωπος ἔκρυψεν, καὶ ἀπὸ   χαρᾶς αὐτοῦ ὑπάγει   565
ὃν εὑρὼν ἄνθρωπος ἔκρυψαι, καὶ ἀπὸ τῆς χαρᾶς αὐτοῦ ὑπάγει   1071

καὶ πωλεῖ   ὅσα ἔχει καὶ ἀγοράζει τὸν ἀγρὸ ἐκεῖνον.   B [w]
καὶ πωλεῖ πάντα ὅσα ἔχει καὶ ἀγοράζει τὸν ἀγρὸν ἐκεῖνον.   ℵ D f¹ u[w]
          ὅσα ἔχει πωλεῖ καὶ ἀγοράζει τὸν ἀγρὸν ἐκεῖνον.   28   [↓579 700 788 1071 1346 1424 τ
καὶ πάντα ὅσα ἔχει πωλεῖ   καὶ ἀγοράζει τὸν ἀγρὸν ἐκεῖνον.   C 𝔐 K L M N P U W Γ Δ Θ Π f¹³ 2 33 157 565

The Parable Of The Pearl

ϙ̄ 45 Πάλιν ὁμοία ἐστὶν ἡ βασιλεία τῶν οὐρανῶν   ἐμπόρῳ ζητοῦντι καλοὺς   B ℵ* 1424 [w]
   45 Πάλιν ὁμοία ἐστὶν ἡ βασιλεία τῶν οὐρανῶν ἀνθρώπῳ ἐμπόρῳ ζητοῦντι καλοὺς   u[w]τ rell

μαργαρείτας· 46 εὑρὼν δὲ ἕνα πολύτειμον μαργαρείτην ἀπελθὼν   B
μαργαρίτας· 46 εὑρὼν δὲ ἕνα πολύτιμον μαργαρίτην ἀπελθὼν   ℵ L f¹ 33 uw
μαργαρείτας· 46 εὑρὼν δὲ   πολύτιμον μαργαρείτην ἀπελθὼν   D
μαργαρείτας· 46 ὃς εὑρὼν ἕνα πολυτίμιον μαργαρίτην ἀπελθὼν   W
μαργαρείτας· 46 ὃς εὑρὼν ἕνα πολύτιμον μαργαρίτην ἀπελθὼν   Δ
μαργαρίτας· 46 εὑρὼν δὲ   πολύτιμον μαργαρίτην ἀπελθὼν   Θ 788
μαργαρίτας· 46 ὃς εὑρὼν δὲ   πολύτιμον μαργαρίτην ἀπελθὼν   124
μαργαρίτας· 46 ὃς εὑρὸν ἕνα πολύτιμον   ἀπελθὼν   579   [↓565 700 1071 1346 1424 τ
μαργαρίτας· 46 ὃς εὑρὼν ἕνα πολύτιμον μαργαρίτην ἀπελθὼν   C 𝔐 K M N P U Γ Π 118 f¹³ 2 28 157

πέπρακεν πάντα ὅσα εἶχεν καὶ ἠγόρασεν αὐτόν.   B uwτ rell
ἐπώλησεν   ἃ εἶχεν καὶ ἠγόρασεν αὐτόν.   D
πέπρακεν πάντα ὅσα εἶχεν καὶ ἠγόρασεν τὸν μαργαρίτην ἐκεῖνον. Θ 1424
πέπρακεν   ὅσα εἶχεν καὶ ἠγόρασεν αὐτόν.   1071

lac. 13.44-46 𝔓⁴⁵ A H Q 69

A 44 παλην, εστην L ¦ βασιλια ℵ* ¦ τω (των) C ¦ θηνσαυρω D ¦ καικρυμμενω E K L Θ 2 ¦ καικρυμμεν K ¦ εκρυψε Γ 118 157 700 ¦ υπαγι ℵ N ¦ υπαγη L ¦ ωσα 579 ¦ πωλι ℵ ¦ πολη Θ ¦ πολει Δ Ω 1 28 579 1071 ¦ εχι ℵ ¦ αγωαζει Θ 579 1071 ¦ εκινον ℵ ¦ εκεινων 579 45 βασιλια ℵ ¦ ενπορω D Θ ¦ ζιτουντι L ¦ ζητουν Θ ¦ μαργαρητας 2 46 ευρον Θ 579 ¦ πολυτιμων Θ ¦ μαργαρριτην Δ ¦ πεπρακε Y U f¹ 118 f¹³ 2 157 700 788 1346 ¦ ειχε U 118 157 700c 1071

B 44 ουνων ℵ 𝔐 K L M S U Γ Δ Π Ω f¹ 118 f¹³ 124 2 28 157 565 579 700 788 1071 1346 1424 ¦ α̅ν̅ο̅ς̅ ℵ C 𝔐 K L M N P S U Γ Δ Θ Π Ω f¹ 118 f¹³ 124 2 33 28 157 565 579 700 788 1071 1346 1424 45 ο̅υ̅ν̅ω̅ν̅ E G Y K L M S U Γ Δ Π Ω f¹ 118 f¹³ 124 2 28 157 565 579 700 788 1071 1346 1424 ¦ α̅ν̅ω̅ C 𝔐 K L M N P S U W Γ Π Ω f¹ 118 f¹³ 124 2 28 157 565 579 700 788 1071 1346

C 44 αρχη D 788 1071 1346 ¦ αρχη: τη γ̅ της ε̅ εβδ ειπ, την παρ, παλιν ομοια G ¦ αρχ: (ante ομοια) τη γ̅ της ε̅ εβδ ειπεν ο κ̅ς̅ την παραβ, ταυτ ομοια εστιν η βασιλεια των ουνων θησαυρω κεκρυ, Υ ¦ αρχ: Μθ τη γ̅ τς ε̅ εβδ ειπεν ο κ̅ς̅ την παρ, ομοια εστ̅ Μ ¦ τη γ̅ τς ε̅ εβδ ειπ ο κ̅ς̅ τ παραβολ S ¦ του αγιου διονυσιου Γ ¦ αρχ με: τη παρ,α τς ε̅ εβδ ειπεν ο κ̅ς̅ την παραβολην ταυτην ομοια εστιν Π ¦ ν̅ε αρχ τη ς̅ τς ς̅ εβδ ειπ ο κ̅ς̅ τ απ̅ ομοια εστιν η α f¹ ¦ αρχ ν̅ε τη παρα α̅ τς ς̅ εβδομα ειπ ο κ̅ς̅ ομοια εστιν (+ την παραβολην 118²) 118 ¦ αρχ αρ τη α̅ δια νοσιου f¹³ ¦ αρχ: εις τον αγιον διονυσιον 2 ¦ αρχ τς γ̅ ειπεν ο κ̅ς̅ ταις παραβολ ταυτ ομοια εστιν η βασιλεια 28 ¦ αρχ τη π̅α̅ 157 45 αρχη: μηνηοκτοβριω γ̅ του αγιου Διονυσιου· ειπεν ο κ̅ς̅ την παραβολ ταυτ ομοια (ante ομοια) Ε ¦ αρχ (ante ομοια): μη οκτω, γ̅ του αγιου διονυσιου του αρεοπαγητ αρχ ειπεν ο κ̅ς̅ την παραβολ ταυτ ομοια εστιν η βασιλεια των ουνων ανω εμπορω, Υ ¦ αρχ: Μθ μη εις το βρ, γ̅ του αγ, διε̅ι ειου του ·· αρχ ειπεν ο κ̅ς̅ πραβολ, ομοια εστην η βασιλεια των ουνων ανω εμπορω ζητουν Μ ¦ εις τ αγιου διονυσ S ¦ εις τ αγιον διονυσιον Ω ¦ αρχ χυσι: τη γ̅ μη οκτοβριω του αγιου διονυσιου του αρεοπαγητ ειπεν ο κ̅ς̅ τ̅ παραβολ ταυτην ομοια εστιν Π ¦ αρχ οκτω γ̅ του αγι διονυσ του αρεοπαγ· ειπ ο ομοια ε f¹ ¦ αρχ f¹³ ¦ αρχ: λ,εγ του αγιου ιεροημ διονυσιου του αρεοπαγιτο 124 ¦ αρχ: του αγιου διονυσιου του αρεοπαγιτο 788 ¦ αρχ: του αγιου διονυσιου 1346 ¦ αρχ ειπεν ο κ̅ς̅ 1424

D 44 ρμα 118

The Parable Of The Net

ϙα̅ 47 Πάλιν ὁμοία ἐστὶν ἡ βασιλεία τῶν οὐρανῶν σαγήνῃ

βληθείσῃ εἰς τὴν θάλασσαν καὶ ἐκ παντὸς	B **uwτ** rell
βληθείσῃ <u>ἐν</u> <u>τῇ</u> <u>θαλάσσῃ</u> καὶ ἐκ παντὸς	700
<u>βληθήσει</u> εἰς τὴν θάλασσαν καὶ ἐκ παντὸς	788*

γένους συναγαγούσῃ·	**48** ἦν ὅτε ἐπληρώθη ἀναβιβάσαντες	ἐπὶ τὸν αἰγιαλὸν καὶ	B*
γένους συναγαγούσῃ·	**48** ἦν ὅτε ἐπληρώθη ἀναβιβάσαντες <u>καὶ</u>	ἐπὶ τὸν <u>αἰγιαλον</u>	C *f*¹
γένους συναγαγούσῃ·	**48** <u>ὅτε</u> <u>δὲ</u> ἐπληρώθη <u>ἀναβίβασαν</u> <u>αὐτὴν</u>	ἐπὶ τὸν <u>αἰγιαλὸν</u> καὶ	D
γένους <u>συναγούσῃ</u>·	**48** ἦν ὅτε ἐπληρώθη ἀναβιβάσαντες	ἐπὶ τὸν <u>αἰγιαλὸν</u> καὶ	E F Y* 33
γένους <u>συνάγουσιν</u>·	**48** ἦν ὅτε ἐπληρώθη ἀναβιβάσαντες <u>καὶ</u>	ἐπὶ τὸν <u>αἰγιαλὸν</u>	L
γένους συναγαγούσῃ·	**48** ἦν ὅτε ἐπληρώθη ἀναβιβάσαντες <u>αὐτὴν</u>	ἐπὶ τὸν <u>αἰγιαλὸν</u> καὶ	P S Ω
γένους <u>συναπαγούσῃ</u>	**48** ἦν ὅτε ἐπληρώθη ἀναβιβάσαντες <u>αὐτὴν</u>	ἐπὶ τὸν <u>αἰγιαλὸν</u> καὶ	Δ
γένους <u>συναγούσῃ</u>·	**48** <u>ὅτε</u> <u>δὲ</u> ἐπληρώθη ἀναβιβάσαντες <u>καὶ</u>	ἐπὶ τὸν <u>αἰγιαλὸν</u>	Θ
γένους <u>συναγάγουσι</u>·	**48** ἦν ὅτε ἐπληρώθη ἀναβιβάσαντες <u>καὶ</u>	ἐπὶ τὸν <u>αἰγιαλὸν</u>	*f*¹³
γένους συναγαγούσῃ·	**48** ἦν ὅτε ἐπληρώθη ἀναβιβάσαντες	ἐπὶ τὸν <u>αἰγιαλὸν</u>	124 788 1346
γένους <u>συναγάγουσι</u>·	**48** ἦν ὅτε ἐπληρώθη ἀναβιβάσαντες	ἐπὶ τὸν <u>αἰγιαλὸν</u> καὶ	28 1071
γένους συναγαγούσῃ·	**48** <u>ὅτε</u> <u>δὲ</u> ἐπληρώθη ἀναβιβάσαντες <u>αὐτὴν</u>	ἐπὶ τὸν <u>αἰγιαλὸν</u> καὶ	1424
γένους συναγαγούσῃ·	**48** ἦν ὅτε ἐπληρώθη ἀναβιβάσαντες	ἐπὶ τὸν <u>αἰγιαλὸν</u> καὶ	Bᶜ ℵ G Yᶜ K

M N U W Γ Π 118 2 157 565 579 700 **uwτ**

καθίσαντες συνέλεξαν τὰ καλὰ	εἰς	ἄγγη,	τὰ δὲ σαπρὰ ἔξω ἔβαλον.	B ℵᶜ C N Θ 124 1582 **uw**
καθίσαντες συνέλεξαν τὰ καλὰ	εἰς	ἄγγη,	τὰ δὲ σαπρὰ ἔξω <u>ἔβαλλον</u>.	ℵ*
καθίσαντες συνέλεξαν τὰ <u>καλλίστα</u>	εἰς <u>τὰ</u>	<u>ἀγγῖα</u>,	τὰ δὲ σαπρὰ ἔξω <u>ἔβαλαν</u>.	D
καθίσαντες συνέλεξαν τὰ καλὰ	εἰς	ἄγγη,	τὰ δὲ <u>σαθρὰ</u> ἔξω ἔβαλον.	1
καθίσαντες συνέλεξαν τὰ καλὰ	εἰς	<u>ἀγεῖον</u>,	τὰ δὲ σαπρὰ ἔξω ἔβαλον.	33
καθίσαντες συνέλεξαν τὰ καλὰ	εἰς	<u>ἀγγεῖα</u>,	τὰ δὲ σαπρὰ ἔξω <u>ἔβαλλον</u>.	Δ 1424
καθίσαντες συνέλεξαν τὰ <u>κακὰ</u>	εἰς	<u>ἀγγεῖα</u>,	τὰ δὲ σαπρὰ ἔξω ἔβαλον.	579
καθίσαντες συνέλεξαν τὰ <u>καλλίστα</u>	εἰς	ἄγγη,	τὰ δὲ σαπρὰ ἔξω <u>ἔβαλαν</u>.	700
καθίσαντες συνέλεξαν τὰ καλὰ	εἰς	<u>ἀγγεῖα</u>,	τὰ δὲ σαπρὰ ἔξω ἔβαλον.	𝔐 K L M P U W Γ Π 118

*f*¹³ 2 28 157 565 788 1071 1346 τ

[Cl S VI 95.3 σιωπω τα νυν την εν τω ευαγγελιω παραβολην λεγουσαν, <u>ομοια εστιν η βασιλεια των ουρανων</u> ανθρωπω <u>σαγηνην εις θαλασσαν</u> βεβληκοτι και του πληθους των εαλωκοτων ιχθυων την εκλογην των αμεινονων ποιουμενω].

49 οὕτως ἔσται ἐν τῇ συντελείᾳ τοῦ αἰῶνος·	ἐξελεύσονται οἱ ἄγγελοι	B **uwτ** rell
49 οὕτως ἔσται ἐν τῇ συντελείᾳ τοῦ αἰῶνος·	ἐξελεύσονται οἱ ἄγγελοι <u>τοῦ</u> <u>θεοῦ</u>	C 1424
49 οὕτως ἔσται ἐν τῇ συντελείᾳ τοῦ <u>κόσμου</u>·	ἐξελεύσονται οἱ ἄγγελοι	D
49 οὕτως ἔσται ἐν τῇ συντελείᾳ τοῦ αἰῶνος <u>τούτου</u>·	ἐξελεύσονται οἱ ἄγγελοι	N
49 οὕτως ἔσται ἐν <u>τῆς</u> συντελείᾳ τοῦ αἰῶνος·	ἐξελεύσονται οἱ ἄγγελοι	Δ
49 οὕτως ἔσται ἐν τῇ συντελείᾳ τοῦ αἰῶνος·	ἐξελεύσονται ἄγγελοι	124 700*
49 οὕτως ἔσται ἐν τῇ συντελείᾳ τοῦ αἰῶνος·	<u>ἐλεύσονται</u> οἱ ἄγγελοι	1346

καὶ ἀφοριοῦσιν τοὺς πονηροὺς ἐκ μέσου τῶν δικαίων **50** καὶ βαλοῦσιν αὐτοὺς εἰς	B **uwτ** rell
καὶ ἀφοριοῦσιν τοὺς πονηροὺς ἐκ μέσου τῶν δικαίων **50** καὶ <u>βαλλοῦσιν</u> αὐτοὺς εἰς	ℵ* D* *f*¹³ 565 788
	1346 1424

τὴν κάμεινον τοῦ πυρός·	ἐκεῖ ἔσται ὁ κλαυθμὸς καὶ ὁ βρυγμὸς τῶν ὀδόντων.	B D Δ
τὴν <u>κάμινον</u> τοῦ πυρὸς <u>τὴν</u> <u>καιομένην</u>·	ἐκεῖ ἔσται ὁ κλαυθμὸς καὶ ὁ βρυγμὸς τῶν ὀδόντων.	1424
τὴν <u>κάμινον</u> τοῦ πυρός·	ἐκεῖ ἔσται ὁ κλαυθμὸς καὶ ὁ βρυγμὸς τῶν ὀδόντων.	**uwτ** rell

lac. 13.47-50 𝔓⁴⁵ A H Q 69

A **47** παλειν D ┆ εστην L ┆ βασιλια ℵ D ┆ σαγιη L Γ Θ 28 ┆ βληθιση ℵ Θ ┆ βληθησα E* 1346 ┆ βληθεισα Eᶜ ┆ βληθηση L Ρ Γ Ω 2 1424 ┆ τιν (την) Θ ┆ συναγουσει 2* **48** αναβηβασαντες F L Θ 13 2 579 1346 1424 ┆ αναβασαντες 118 ┆ εγιαλον W ┆ καθησαντες L Θ Ω 2* 28 1071 1346 ┆ καθεισαντες W ┆ αγια L ┆ αγγια P W 2 1424 ┆ αγγηι 1582 ┆ σαθρα 1 ┆ εξωι 700 **49** εστε ℵ D L ┆ εστα Θ* ┆ συντελια ℵ W Θ ┆ εξελευσονται 579 ┆ αγγελοι D ┆ αφοριουσιν ℵ S Υ U Γ *f*¹ 118 28 157 700 788 1071 1346 ┆ αφοριουσιν 13 ┆ αφοριουσι 2* **50** βαλουσι 1071 ┆ αυτου (αυτους) K ┆ ες (εις) L ┆ καμηνον E Θ 1346 ┆ καμεινον 2* ┆ εστε ℵ ┆ κλαθμος E W ┆ κλυθμος L ┆ ωδοντων Θ

B **47** ο̅υ̅ν̅ω̅ν̅ 𝔐 K L M S U Δ Π Ω *f*¹ 118 *f*¹³ 124 2 28 157 565 579 700 788 1071 1346 1424 **49** θ̅υ̅ C 1424

C **48** υπ (post εβαλον) E F G **50** τε̅ του αγ, M ┆ τελ 1071

The Householder And His Treasure New And Old

51   Συνήκατε ταῦτα πάντα; λέγουσιν αὐτῷ, Ναί.   B ℵ D **uw**
51 <u>Λέγει αὐτοῖς ὁ</u> Ἰησοῦς, Συνήκατε <u>πάντα ταῦτα</u>; λέγουσιν αὐτῷ, Ναί, <u>κύριε</u>.   M N
51 ....   P
51 <u>Λέγει αὐτοῖς ὁ</u> Ἰησοῦς, Συνήκατε ταῦτα πάντα; λέγουσιν αὐτῷ, Ναί.   Θ f^1 f^{13} 788 1346 1424
51 <u>Λέγει αὐτοῖς ὁ</u> Ἰησοῦς, Συνήκατε ταῦτα πάντα; λέγουσιν αὐτῷ, Ναί, <u>κύριε</u>.   C 𝔐 K L U W Γ Δ Π 118
                                                                                      2 33 28 157 565 579 700 1071 τ

                                                   [↓565 579 700 1071 788 1346 **u**[**w**]

52 ὁ δὲ   εἶπεν αὐτοῖς, Διὰ τοῦτο πᾶς γραμματεὺς μαθητευθεὶς   B*ℵ K M N W Δ Θ Π f^1 f^{13} 2 33
52 ὁ δὲ   <u>λέγει</u> αὐτοῖς, Διὰ τοῦτο πᾶς γραμματεὺς μαθητευθεὶς   B^c [**w**]
52 ὁ δὲ Ἰησοῦς εἶπεν αὐτοῖς, Διὰ τοῦτο πᾶς γραμματεὺς μαθητευθεὶς   C N U 157
52   <u>λέγει</u> αὐτοῖς, Διὰ τοῦτο πᾶς γραμματεὺς <u>μαθηθευθεὶς</u>   D
52 ὁ δὲ   εἶπεν αὐτοῖς, Διὰ τοῦτο πᾶς γραμματεὺς <u>μαθητεύθη</u>   L
52   <u>λέγει</u> αὐτοῖς, Διὰ τοῦτο πᾶς γραμματεὺς μαθητευθεὶς   1424
52 ὁ δὲ   εἶπεν αὐτοῖς, Διὰ τοῦτο πᾶς γραμματεὺς μαθητευθεὶς   𝔐 Γ 28 τ

  τῇ βασιλείᾳ   τῶν οὐρανῶν ὅμοιός ἐστιν ἀνθρώπῳ οἰκοδεσπότῃ   B ℵ^c C K N W Θ Π f^1 124 33 565
  τῇ βασιλείᾳ   τῶν οὐρανῶν <u>ὅμοιά</u> ἐστιν ἀνθρώπῳ οἰκοδεσπότῃ   ℵ* Θ   [↑1346 1424 **uw**
<u>ἐν</u> τῇ βασιλείᾳ   τῶν οὐρανῶν ὅμοιός ἐστιν ἀνθρώπῳ οἰκοδεσπότῃ   D M 579 700
  τῇ βασιλείᾳ   τῶν οὐρανῶν ὅμοιός ἐστιν <u>ἀνθρώπων</u> οἰκοδεσπότῃ f^{13}
<u>εἰς τὴν</u> <u>βασιλείαν</u> <u>τοῦ θεοῦ</u> ὅμοιός ἐστιν ἀνθρώπῳ οἰκοδεσπότῃ   157
<u>εἰς τὴν</u> <u>βασιλείαν</u> τῶν οὐρανῶν ὅμοιός ἐστιν ἀνθρώπῳ οἰκοδεσπότῃ   𝔐 L Γ Δ 118 2 28 788 1071 τ

ὅστις ἐκβάλλει ἐκ τοῦ θησαυροῦ αὐτοῦ καινὰ καὶ παλαιά.   B **uw**τ rell
ὅστις <u>ἐκβάλει</u> ἐκ τοῦ θησαυροῦ αὐτοῦ καινὰ καὶ παλαιά.   E G L W 2*
ὅστις <u>προφέρει</u> ἐκ τοῦ θησαυροῦ αὐτοῦ καινὰ καὶ παλαιά.   1 1582^c
ὅστις <u>ἐκβάλει</u> ἐκ τοῦ θησαυροῦ αὐτοῦ <u>νέα</u> καὶ παλαιά.   700*
ὅστις ἐκβάλλει ἐκ τοῦ θησαυροῦ αὐτοῦ <u>νέα</u> καὶ παλαιά.   700^c
ὅστις <u>φέρει</u> ἐκ τοῦ θησαυροῦ αὐτοῦ καινὰ καὶ παλαιά.   1424

Jesus Completes His Teaching In Parables
(Mark 6.1a)

ρ̄β̄ 53 Καὶ ἐγένετο ὅτε ἐτέλεσεν ὁ Ἰησοῦς τὰς παραβολὰς ταύτας, μετήρεν ἐκεῖθεν.

Jesus Rejected In His Own Country By His People
(Mark 6.1b-6a)

54 καὶ ἐλθὼν εἰς τὴν   πατρίδα αὐτοῦ ἐδίδασκεν αὐτοὺς ἐν τῇ συναγωγῇ αὐτῶν,   B **uw** τ rell
54 καὶ ἐλθὼν εἰς τὴν <u>ἀντιπατρίδα</u> αὐτοῦ ἐδίδασκεν αὐτοὺς ἐν τῇ συναγωγῇ αὐτῶν,   ℵ*
54 καὶ <u>ἦλθεν</u> εἰς τὴν   πατρίδα αὐτοῦ ἐδίδασκεν αὐτοὺς ἐν τῇ συναγωγῇ αὐτῶν,   L

lac. 13.51-54 𝔓^{45} A H P Q 69

A 52 μαθητευθις ℵ | βασιλια ℵ | τω (των) K | ουρανον Θ* | εστην L ¦ εστι S | αανθρωπο Θ | οιδεσποτη 13* | οστι 565* | οστης εκβαλλη Θ | κενα 1071 | παλεα L **53** ετελενν K | μετειρεν E* 565 1071 | εκιθεν ℵ Θ

B 51 ι̅ς̅ C 𝔐 K L M N S U W Γ Δ Θ Π Ω f^1 118 f^{13} 124 2 33 28 157 579 700 788 1071 1346 1424 ¦ κ̅ε̅ C 𝔐 K L M N S U W Γ Δ Π Ω 118 2 33 28 157 565 579 700 1071 **52** ι̅ς̅ C N U 157 | ο̅υ̅ν̅ω̅ν̅ 𝔐 L M S U Γ Δ Π Ω f^1 118 f^{13} 124 2 28 565 579 700 788 1071 1346 1424 ¦ θ̅υ̅ 157 | α̅ν̅ω̅ ℵ C 𝔐 K L M N S U Γ Δ Π Ω f^1 118 124 2 33 28 157 565 579 700 788 1071 1346 1424 ¦ α̅ν̅ο̅ν̅ f^{13} **53** ι̅ς̅ B ℵ C 𝔐 K L M N S U W Γ Δ Θ Π Ω f^1 118 f^{13} 124 2 33 28 157 565 579 700 788 1071 1346 1424 ¦ ι̅η̅ς̅ D **54** π̅ρ̅ι̅δ̅α̅ 2 579 1071

C 51 αρξ (ante λεγει αυτ.) E F G 1424 | αρχ 1071 **53** αρχ Y | τελ τ̅ β̅ f^1 ¦ τελ 118 **54** αρχ τς β̅ τω καιρω εκ, ελθ ο ι̅ς̅ εις την πατριδα αυτου 28 | τελος (post αυτων) E Y 124 2 788 ¦ τε τς παραβ, και του εκγ Π | (ante ωστε) αρχ μ̅ς̅: τη β̅ τς ζ̅ εβδ τω καιρω εκεινω ηλθεν ο ι̅ς̅ εις την πριδα αυτου κ, εδιδασκε τους οχλους εν τη συναγωγη αυτ ωστε Π | αρχ νς τη β̅ τς ζ̅ εβδ τω καιρω ηλθ ο ι̅ς̅ εις τ πριδα αυτ κ̇ εδιδασκ αυτ οχλους εν τη f^1 ¦ αρχ μ̅ς̅: τη β̅ τς ζ̅ εβδομα τω ηλθεν ο ι̅ς̅ εις την πριδα 118 ¦ αρχ τη β̅ εβδ ζ̅ 157 | (post συναγ. αυτων) τελ f^{13}

D 53 ρ̅μ̅α̅ C D F K L 2 157 1071 ¦ ρ̅μ̅α̅/α̅ E G Y M S U Γ Π Ω 124 28 788 | Ευ Μθ ρ̅μ̅α̅ : Ιω ν̅θ̅ : Λο ι̅θ̅ : Μρ η̅ E | Μθ ρ̅μ̅α̅ : Μρ ν̅ : Λο ι̅θ̅ : Ιω . 124 **54** ρ̅μ̅α̅/α̅ ℵ 1424 ¦ ρ̅μ̅α̅ Θ f^{13} 1346

ὥστε ἐκπλήσσεσθαι αὐτοὺς καὶ λέγειν, Πόθεν τούτῳ   ἡ σοφία αὕτη B uw rell
ὥστε ἐκπλήσσεσθαι αὐτοὺς καὶ λέγειν, Πόθεν τούτῳ πᾶσα   ἡ σοφία αὕτη D
ὥστε ἐκπλήττεσθαι αὐτοὺς καὶ λέγειν, Πόθεν τούτῳ   ἡ σοφία αὕτη K M S Γ Ω 2 28 157 700
ὥστε ἐκπλήσσεσθαι αὐτοὺς καὶ λέγειν, Πόθεν τούτῳ ταυτα καὶ τίς ἡ σοφία αὕτη W   [↑1071 1424 τ
ὥστε ἐκπλήσσεσθαι αὐτοὺς καὶ λέγειν, Τούτῳ πόθεν   ἡ σοφία αὕτη Θ

καὶ αἱ δυνάμεις; 55 οὐχ οὗτός ἐστιν ὁ τοῦ τέκτονος υἱός; οὐχ ἡ μήτηρ αὐτοῦ B ℵ C N W Δ Θ f¹³ 33 788
                 55 οὐχ οὗτός ἐστιν ὁ τοῦ τέκτονος υἱός; οὐχὶ ἡ μήτηρ αὐτοῦ f¹   [↑1346 uw
καὶ   δυνάμεις; 55 οὐχ οὗτός ἐστιν ὁ τοῦ τέκτονος υἱός; οὐχὶ ἡ μήτηρ αὐτοῦ 579
καὶ   δυνάμεις; 55 οὐχ οὗτός ἐστιν ὁ τοῦ τέκτονος υἱός; οὐχ ἡ μήτηρ αὐτοῦ 700
καὶ αἱ δυνάμεις; 55 οὐχ οὗτός ἐστιν ὁ τοῦ τέκτονος υἱός; οὐχὶ ἡ μήτηρ αὐτοῦ 118 τ rell

λέγεται Μαριὰμ καὶ οἱ ἀδελφοὶ αὐτοῦ Ἰάκωβος καὶ Ἰωσὴφ   καὶ Σίμων καὶ B ℵᶜ N Θ 1 1582* 33 uw
λέγεται Μαριὰμ καὶ οἱ ἀδελφοὶ αὐτοῦ Ἰάκωβος καὶ Ἰωάννης καὶ Σίμων καὶ ℵ* D 𝔐 M U Γ 2 28 579
λέγεται Μαρία καὶ οἱ ἀδελφοὶ αὐτοῦ Ἰάκωβος καὶ Ἰωσὴφ   καὶ Σίμων καὶ C
λέγεται Μαριὰμ καὶ οἱ ἀδελφοὶ αὐτοῦ Ἰάκωβος καὶ Ἰωσῆς   καὶ Σίμων καὶ Y K L W Δ Π 1582ᶜ f¹³ 565
.... F   [↑788 τ
λέγεται Μαριὰμ καὶ οἱ ἀδελφοὶ αὐτοῦ Ἰάκωβος καὶ Ἰωσῆ   καὶ Σίμων καὶ Sᶜ 118 157 700 1071
λέγεται Μαριὰμ καὶ οἱ ἀδελφοὶ αὐτοῦ Ἰάκωβος καὶ Ἰωσῆς   καὶ Σήμων καὶ 1346
λέγεται Μαρία καὶ οἱ ἀδελφοὶ αὐτοῦ Ἰάκωβος καὶ Ἰωάννης καὶ Σίμων καὶ 1424

Ἰούδας; 56 καὶ αἱ ἀδελφαὶ αὐτοῦ οὐχὶ πᾶσαι πρὸς ἡμᾶς εἰσιν; πόθεν οὖν B uw τ rell
Ἰούδας; 56 καὶ αἱ ἀδελφαὶ αὐτοῦ οὐχὶ πᾶσαι πρὸς ἡμᾶς εἰσιν; πόθεν   M
Ἰούδας; 56 καὶ αἱ ἀδελφαὶ αὐτοῦ οὐχὶ πᾶσαι παρ᾽ ἡμῖν εἰσιν; πόθεν οὖν N Δ 1424
Ἰούδας; 56 καὶ   ἀδελφαὶ αὐτοῦ οὐχὶ πᾶσαι πρὸς ἡμᾶς εἰσιν; πόθεν οὖν S U
Ἰούδας; 56 καὶ αἱ ἀδελφαὶ αὐτοῦ πᾶσαι οὐχὶ πρὸς ἡμᾶς εἰσιν; πόθεν οὖν 118

τούτῳ ταῦτα πάντα; 57 καὶ ἐσκανδαλίζοντο ἐν αὐτῷ. ὁ δὲ Ἰησοῦς εἶπεν αὐτοῖς, B uwτ rell
τούτῳ ταῦτα πάντα; 57 καὶ ἐσκανδαλίζοντο ἐν αὐτῷ. ὁ δὲ   εἶπεν αὐτοῖς, ℵ
τούτῳ πάντα ταῦτα; 57 καὶ ἐσκανδαλίζοντο ἐπ᾽ αὐτῷ. ὁ δὲ Ἰησοῦς εἶπεν αὐτοῖς, D 𝔐 K L Δ 579
τούτῳ ταῦτα πάντα; 57 καὶ ἐσκανδαλίζοντο εἰς αὐτόν. ὁ δὲ Ἰησοῦς εἶπεν αὐτοῖς, W
τούτῳ ταῦτα πάντα; 57 καὶ ἐσκανδαλίζοντο εἰς αὐτόν. ὁ δὲ Ἰησοῦς εἶπεν αὐτοῖς, 28
τούτον τοσαύτη σοφία; 57 καὶ ἐσκανδαλίζοντο ἐν αὐτῷ. ὁ δὲ Ἰησοῦς εἶπεν αὐτοῖς, 1071

Οὐκ ἔστιν προφήτης ἄτειμος εἰ μὴ ἐν τῇ   πατρίδι   καὶ ἐν τῇ οἰκία αὐτοῦ. B D
Οὐκ ἔστιν προφήτης ἄτιμος εἰ μὴ ἐν τῇ ἰδία πατρίδι   καὶ ἐν τῇ οἰκία αὐτοῦ. ℵ f¹³ 788 1346 [w]
Οὐκ ἔστιν προφήτης ἄτιμος εἰ μὴ ἐν τῇ ἰδία πατρίδι αὐτοῦ καὶ ἐν τῇ οἰκία αὐτοῦ. C
Οὐκ ἔστιν προφήτης ἄτιμος εἰ μὴ ἐν τῇ   πατρίδι αὐτοῦ. L 118 565 579
Οὐκ ἔστιν προφήτης ἄτιμος εἰ μὴ ἐν τῇ   πατρίδι   καὶ ἐν τῇ οἰκία αὐτοῦ. Θ 33 700 u[w]
Οὐκ ἔστιν προφήτης ἄτιμος εἰ μὴ ἐν τῇ   πατρίδι   καὶ   τῇ οἰκία αὐτοῦ. 1424
Οὐκ ἔστιν προφήτης ἄτιμος εἰ μὴ ἐν τῇ   πατρίδι αὐτοῦ καὶ ἐν τῇ οἰκία αὐτοῦ. 𝔐 K M N U W Γ
                                                                              Δ Π f¹ 28 157 1071 τ

58 καὶ οὐκ ἐποίησεν ἐκεῖ δυνάμεις πολλὰς διὰ τὴν ἀπιστίαν αὐτῶν. B uwτ rell
58 καὶ οὐκ ἐποίησεν ἐκεῖ δυνάμεις πολλὰς διὰ τὰς ἀπιστείας αὐτῶν. D

lac. 13.54-58 𝔓⁴⁵ A H F P Q 69 ¦ vss. 55-58 F

A 54 ωσται 579 | εκπλησσεσθε ℵ Y Δᶜ | εκπλησεσθαι Dᶜ E F L | εκεπλησσεσθε Δ* | εκλησσεσθαι Θ | εκπλητγεσθαι 2* | λεγιν N | ποθε L | τουτο Θ 13 700 1071 | σοφεια D | σοφι F* | σωφια L | ε (αι) L Θ 2 | δυναμις ℵ | δυναμης Θ 55 λεγετε ℵ L 1346 56 ε (αι) L 2 | δελφαι 1071 | ουχει N | εισι Y M S U Γ f¹ 118 157 700ᶜ 1071 57 ενσκανδαλιζοντο Θ | εστι Y K M U Γ Π Ω f¹ 118 157 700 1346 | προφητις 2 | μι (μη) E* Γ 2* | πατριδη 2 28 | οικεια D N W 2 1071 58 εκι δυναμις ℵ | δυναμης 2* | τιν (την) Θ | απιστειαν E 2 33 565 579 1071 ¦ απιστηαν L

B 55 υς ℵ C 𝔐 L M N U Π Ω 1 2 33 28 1424 | μηρ ℵ C 𝔐 K L M N S U W Γ Π Ω f¹ 118 f¹³ 124 2 33 28 157 565 579 700 788 1071 1346 1424 57 ις B C 𝔐 K L M N S U W Γ Δ Θ Π Ω f¹ 118 f¹³ 124 2 33 28 157 565 579 700 788 1346 1424 ¦ ιης D | πριδι 579 1071 ¦ πριδη 2

C 57 τελ (post αυτω) 1071 58 τελος της γ̅ G Y | τελ τς γ̅ ε̅ M | τελ τς β̅ Π f¹ 28 | τελ S f¹³ 788 1346

D 57 (ante ο δε) ρμβ̅/α̅ ℵ E Y M S U Π Ω 118 124 28 788 1424 | ρμβ̅ C D K L Θ f¹³ 2 157 579 1071 1346 | Ευ Μθ ρμβ̅ : Ιω λε̅ : Λο κα̅ : Μρ να̅ Ε | Μθ ρμβ̅ : Μρ να̅ : Λο κα̅ : Ιω . 124

κε̄   περὶ ᾿Ιωάννου καὶ ῾Ηρῴδου

John The Baptist Beheaded By Herod
(Mark 6.14-29; Luke 9.7-9; 3.19-20)

ρ̄γ̄ 14.1 ᾿Εν ἐκείνῳ   τῷ καιρῷ ἤκουσεν ῾Ηρῴδης ὁ τετράρχης τὴν ἀκοὴν ᾿Ιησοῦ,   Β τ rell
   14.1 ῞Ηκουσεν ῾Ηρῴδης   ἐν ἐκείνῳ τῷ καιρῷ ὁ τετραάρχης τὴν ἀκοὴν ᾿Ιησοῦ,   ℵ*
   14.1 ᾿Εν ἐκείνῳ   τῷ καιρῷ ἤκουσεν ῾Ηρῴδης ὁ τετραάρχης τὴν ἀκοὴν ᾿Ιησοῦ,   ℵᶜ C Δ uw
   14.1 ᾿Εν ἐκείνῳ δὲ τῷ καιρῷ ἤκουσεν ῾Ηρῴδης ὁ τετράρχης τὴν ἀκοὴν ᾿Ιησοῦ,   D 157
   14.1 ᾿Εν ἐκείνῳ   τῷ καιρῷ ἤκουσεν ῾Ηρῴδης ὁ τετράρχης τὴν ἀκοὴν ᾿Ιησοῦ,   Θ

2 καὶ εἶπεν τοῖς παισὶν αὐτοῦ,   Οὗτός ἐστιν ᾿Ιωάνης ὁ βαπτιστής·   Β C 700 w
2 καὶ εἶπεν τοῖς παισὶν αὐτοῦ, Μήτι οὗτός ἐστιν ᾿Ιωάνης ὁ βαπτιστὴς ὃν ἐγὼ ἀπεκεφάλισα·   D
2 καὶ εἶπεν τοῖς παισὶν αὐτοῦ,   Οὗτός ἐστιν ᾿Ιωάννης ὁ βαπτιστής·   uτ rell

αὐτὸς ἠγέρθη ἀπὸ τῶν νεκρῶν, καὶ   αἱ δυνάμεις ἐνεργοῦσιν ἐν αὐτῷ.   Β*
οὗτος ἠγέρθη ἀπὸ τῶν νεκρῶν, καὶ διὰ τοῦτο αἱ δυνάμεις ἐνεργοῦσιν ἐν αὐτῷ.   C f¹
αὐτὸς ἠγέρθη ἀπὸ τῶν νεκρῶν, καὶ διὰ τοῦτο αἱ δυνάμεις ἐναργοῦσιν ἐν αὐτῷ.   D*
αὐτὸς ἠγέρθη ἀπὸ τῶν νεκρῶν, καὶ διὰ τοῦτο ἐνεργοῦσιν αἱ δυνάμεις ἐν αὐτῷ.   M 28
αὐτὸς ἠγέρθη ἀπὸ τῶν νεκρῶν, καὶ διὰ τοῦτο αἱ δυνάμεις ἐνεργοῦσιν ἐν αὐτῷ.   Βᶜ 118 uwτ rell

3 ῾Ο γὰρ ῾Ηρῴδης τότε   κρατήσας τὸν ᾿Ιωάνην   ἔδησεν   καὶ ἐν   φυλακῇ ἀπέθετο   Β*
3 ῾Ο γὰρ ῾Ηρῴδης τότε   κρατήσας τὸν ᾿Ιωάνην   ἔδησεν   καὶ ἐν τῇ φυλακῇ ἀπέθετο   Βᶜ
3 ῾Ο γὰρ ῾Ηρῴδης   κρατήσας τὸν ᾿Ιωάννην ἔδησεν αὐτὸν καὶ ἐν   φυλακῇ ἀπέθετο   ℵ* 33 1424
3 ῾Ο γὰρ ῾Ηρῴδης   κρατήσας τὸν ᾿Ιωάννην ἔδησεν   ἐν τῇ φυλακῇ καὶ ἀπέθετο   ℵᶜ [↑[u]
3 ῾Ο γὰρ ῾Ηρῴδης   κρατήσας τὸν ᾿Ιωάννην ἔδησεν αὐτὸν   ἐν τῇ   φυλακῇ   D
3 ῾Ο γὰρ ῾Ηρῴδης τότε   κρατήσας τὸν ᾿Ιωάννην ἔδησεν αὐτὸν καὶ ἐν τῇ φυλακῇ ἀπέθετο   Θ
3 ῾Ο γὰρ ῾Ηρῴδης   κρατήσας τὸν ᾿Ιωάννην ἔδησεν αὐτὸν καὶ ἀπέθετο ἐν τῇ φυλακῇ   f¹
3 ῾Ο γὰρ ῾Ηρῴδης τότε   κρατήσας τὸν ᾿Ιωάννην ἔδησεν αὐτὸν καὶ ἀπέθετο ἐν   φυλακῇ   f¹³
3 ῾Ο γὰρ ῾Ηρῴδης   κρατήσας τὸν ᾿Ιωάννην ἔδησεν αὐτὸν καὶ ἐν   φυλακῇ ἀπέθετο   124
3 ῾Ο γὰρ ῾Ηρῴδης   κρατήσας τὸν ᾿Ιωάννην ἔδησεν αὐτὸν καὶ   ἔθετο εἰς φυλακὴν   2 28
3 ῾Ο γὰρ ῾Ηρῴδης   κρατήσας τὸν ᾿Ιωάννην ἔδησεν αὐτὸν καὶ   ἔθετο ἐν τῇ φυλακῇ   157 1071
3 ῾Ο γὰρ ῾Ηρῴδης τότε   κρατήσας τὸν ᾿Ιωάννην ἔδησεν   καὶ ἀπέθετο ἐν τῇ φυλακῇ   700
3 ῾Ο γὰρ ῾Ηρῴδης τότε   κρατήσας τὸν ᾿Ιωάννην ἔδησεν αὐτὸν καὶ ἐν   φυλακῇ ἀπέθετο   788 1346
3 ῾Ο γὰρ ῾Ηρῴδης   κρατήσας τὸν ᾿Ιωάνην   ἔδησεν   καὶ ἐν   φυλακῇ ἀπέθετο   [u]
3 ῾Ο γὰρ ῾Ηρῴδης   κρατήσας τὸν ᾿Ιωάνην   ἔδησεν   καὶ ἐν   φυλακῇ ἀπέθετο   w
3 ῾Ο γὰρ ῾Ηρῴδης   κρατήσας τὸν ᾿Ιωάννην ἔδησεν αὐτὸν καὶ   ἔθετο ἐν   φυλακῇ   C 𝔐 K L M
N U W Γ Δ Π 118 565 579 τ

διὰ ῾Ηρωδιάδα   τὴν γυναῖκα Φιλίππου τοῦ ἀδελφοῦ αὐτοῦ· 4 ἔλεγεν γὰρ   Β uwτ rell
διὰ ῾Ηρωδιάδα   τὴν γυναῖκα   τοῦ ἀδελφοῦ αὐτοῦ· 4 ἔλεγεν γὰρ   D
δι᾿ ῾Ηρωιάδα   τὴν γυναῖκα Φιλίππου τοῦ ἀδελφοῦ αὐτοῦ· 4 ἔλεγεν γὰρ   Y
διὰ ῾Ηρωδιάδα   τὴν γυναῖκα Φιλίππου τοῦ ἀδελφοῦ αὐτοῦ· 4 ἔλεγεν γὰρ   W
διὰ ῾Ηρωδιάδα   γυναῖκα Φιλίππου τοῦ ἀδελφοῦ αὐτοῦ· 4 ἔλεγεν γὰρ   118
διὰ ῾Ηρωδιαῖδα τὴν γυναῖκα Φιλίππου τοῦ ἀδελφοῦ αὐτοῦ· 4 ἔλε   γὰρ   700*

---

lac. 14.1-4 𝔓⁴⁵ A H F P Q 69

A 14.1 εκινω ℵ | τεταρχης Ν* 1 | τεταρ 1071* | **2** ειπε Y U 118 | πεσιν L Μ Θ 28 28 1071 | εστι K | αυυτος Θ | δυναμις ℵ | ενεργουσειν Ν **3** κρατισας 2* | εδεισεν L | εδησε 700ᶜ | αυτων L Θ | εθετω 579 | τιν (την) Θ **4** ελεγε Y 118 157 700ᶜ 788 1071 1346 | ελε Κ*

B 14.1 ιῡ Β ℵ C 𝔐 K L M N S U W Γ Δ Θ Π Ω f¹ 118 f¹³ 124 2 33 28 157 565 579 700 788 1071 1346 1424 | ιη̄ῡ D

C 14.1 κε̄ (κη̄ 1346) περι Ιωαννου (ιω̄ S 1346) και Ηρωδου: E Y L S Γ Δ Θ Π Ω 124 565 579 1346 1424 | κε̄ περι ηρωδου και ιωαννου K | κε πε ιω και ηρωδ, 28 | κε πε Ιωαννου και Ηρωδ: εις την αποτομ̄ του προδρομ 157 | Μρ ιε Π | αρχ: τη δ̄ της ε εβδ τω καιρω ηκουσεν ηρωδ, G | αρχ: τη δ̄ της ε̄ εβδ αρχ τω κρ,ω ηκουσεν ηρωδης ο τετραρχης Υ | κε̄ Μθ κε : Μρ ιε Μ | αρχ (ante ηκουσεν): Μθ τη δ̄ τς ε εβδ τω καιρω, ηκουσεν Μ | τη α̅ τς ε̅ εβδ τω κ̅ S | αρχ μς̄: τη γ̄ τς ζ̄ εβδ και εις τ̄ ορθρου της αποτομης τω καιρω εκεινω ηκουσεν Π | αρχ νζ̄ τη γ̄ τς ζ̄ εβδ τω καιρω ηκους ηρωδ ο τετραρχ κ εις τ̄ ορθρ, τς αποτομης f¹ | αρχ νζ̄ τη γ̄ τς ζ̄ εβδ ομα ηκουσεν ηρωδ (+ εις τ ορθ τω κ,αι εκ,ει: μ.ε αυτου εις τ κ̄θ του τιμιου προφτ προδ 118²) 118 | αρχ f¹³ 124 1346 | αρχ τς γ̄ τω καιρω εκεινω ηκουσεν ηρωδ 28 **2** τελ 1071 **3** κε̄ περι ιωαννου (ιω̄ 1071) και ηρωδου G 1071

D 14.1 ρ̄μ̄γ̄/β̄ ℵ 𝔐 L S U Γ Ω 118 124 28 788 1071 1424 | ρ̄μ̄γ̄ C D K Θ f¹ f¹³ 2 157 579 1346 | ρ̄μ̄γ̄/α Μ | ρ̄μ̄γ̄/ς̄ N | Ευ Μθ ρ̄μ̄γ̄ : Ιω . : Λο ρ̄ : Μρ νζ̄ E | Μθ ρ̄μ̄γ̄ : Μρ νζ̄ : Λο ρ̄ : Ιω . 124 **3** ρ̄μ̄δ̄/β̄ ℵ L M S 118 124 28 788 1424 | ρ̄μ̄δ̄ C K Θ f¹³ 2 28² 157 579 1346 | ρ̄μ̄δ̄/β̄ 𝔐 U Γ Π Ω 1071 | Ευ Μθ ρ̄μ̄δ̄ : Ιω . : Λο ιβ̄ : Μρ νε E | Μθ ρ̄μ̄δ̄ : Μρ νζ̄ : Λο ρ̄ Μ | Μθ ρ̄μ̄δ̄ : Μρ νθ̄ : Λο λβ̄ : Ιω . 124

ὁ Ἰωάνης αὐτῷ,	Οὐκ ἔξεστίν σοι ἔχειν αὐτήν. 5 καὶ θέλων αὐτὸν ἀποκτεῖναι ἐφοβήθη	B w
Ἰωάννης,	Οὐκ ἔξεστίν σοι ἔχειν αὐτήν. 5 καὶ θέλων αὐτὸν ἀποκτεῖναι ἐφοβήθη	ℵ*
Ἰωάννης αὐτῷ,	Οὐκ ἔξεστίν σοι ἔχειν αὐτήν. 5 καὶ θέλων αὐτὸν ἀποκτεῖναι ἐφοβήθη	ℵᶜ
αὐτῷ Ἰωάννης,	Οὐκ ἔξεστίν σοι ἔχειν αὐτήν. 5 καὶ θέλων αὐτὸν ἀποκτεῖναι ἐφοβήθη	D
αὐτῷ ὁ Ἰωάννης ὅτι	οὐκ ἔξεστίν σοι ἔχειν αὐτήν. 5 καὶ θέλων αὐτὸν ἀποκτεῖναι ἐφοβήθη	M
ὁ Ἰωάννης,	Οὐκ ἔξεστίν σοι ἔχειν αὐτήν. 5 καὶ θέλων αὐτὸν ἀποκτεῖναι ἐφοβήθη	28 565
αὐτῷ ὁ Ἰωάννης,	Οὐκ ἔξεστίν σοι ἔχειν αὐτήν. 5 καὶ θέλων αὐτὸν ἀποκτεῖναι ἐφοβήθη διὰ	700
αὐτῷ ὁ Ἰωάννης,	Οὐκ ἔξεστίν σοι ἔχειν αὐτήν. 5 καὶ θέλων αὐτὸν ἀποκτεῖναι ἐφοβήτω	1424
ὁ Ἰωάννης αὐτῷ,	Οὐκ ἔξεστίν σοι ἔχειν αὐτήν. 5 καὶ θέλων αὐτὸν ἀποκτεῖναι ἐφοβήθη	u
αὐτῷ ὁ Ἰωάννης,	Οὐκ ἔξεστίν σοι ἔχειν αὐτήν. 5 καὶ θέλων αὐτὸν ἀποκτεῖναι ἐφοβήθη	C 𝔐 K

L N U W Γ Δ Θ Π f¹ f¹³ 2 33 157 579 788 1071 1346 τ

τὸν ὄχλον, ἐπεὶ	ὡς προφήτην αὐτὸν εἶχον. 6 γενεσίοις δὲ γενομένοις	τοῦ	B*
τὸν ὄχλον, ὅτι	ὡς προφήτην αὐτὸν εἶχον. 6 γενεσίοις δὲ γενομένοις	τοῦ	Bᶜ ℵ D L uw
τὸν ὄχλον, ὅτι	ὡς προφήτην αὐτὸν εἶχον. 6 γενεσίων δὲ γενομένων		C K 565 1424
τὸν ὄχλον, ἐπιδὴ	ὡς προφήτην αὐτὸν εἶχον. 6 γενεσίων δὲ γενομένων		N
τὸν ὄχλον, ὅτι	ὡς προφήτην αὐτὸν ἔχον. 6 γενεσίων δὲ ἀγομένων	τοῦ	Δ
τὸν ὄχλον, ὅτι	εἰς προφήτην αὐτὸν εἶχον. 6 γενεσίων δὲ γενομένων	τοῦ	Θ
τὸν ὄχλον, ἐπὶ	ὡς προφήτην αὐτὸν εἶχον. 6 γενεσίων δὲ ἀγομένων	τοῦ	Π
τὸν ὄχλον, ὅτι	ὡς προφήτην αὐτὸν εἶχον. 6 γενεσίοις δὲ ἀγομένοις	τοῦ	1 1582*
τὸν ὄχλον, ὅτι	ὡς προφήτην αὐτὸν εἶχον. 6 γενεσίων δὲ ἀγομένοις	τοῦ	1582ᶜ
τὸν ὄχλον, ὅτι	εἰς προφήτην αὐτὸν εἶχον. 6 γενεσίων δὲ ἀγομένων	τοῦ	124
τὸν ὄχλον, ἐπεὶ	ὡς προφήτην αὐτὸν εἶχον. 6 γενεσίων δὲ ἀγομένων	τοῦ	700
τὸν ὄχλον, ὅτι	ὡς προφήτην αὐτὸν εἶχον. 6 γενεσίων δὲ ἀγομένων	τοῦ	𝔐 M U W Γ 118 f¹³

2 33 28 157 579 788 1071 τ

Ἡρῴδου ὠρχήσατο ἡ θυγάτηρ τῆς	Ἡρῳδιάδος ἐν τῷ μέσῳ καὶ ἤρεσεν τῷ Ἡρῴδῃ,	B uwτ rell
Ἡρῴδου ὠρχήσατο ἡ θυγάτηρ αὐτοῦ	Ἡρῳδιὰς ἐν τῷ μέσῳ καὶ ἤρεσεν τῷ Ἡρῴδῃ,	D
Ἰρῴδου ὠρχήσατο ἡ θυγάτηρ τῆς	Ἡρῳδιάδος ἐν τῷ μέσῳ καὶ ἤρεσεν τῷ Ἡρῴδῃ,	L 2
Ἡρῴδου ὠρχήσατο ἡ θυγάτηρ	Ἡρῳδιάδος ἐν τῷ μέσῳ καὶ ἤρεσεν τῷ Ἡρῴδῃ,	W 124 788
Ἡρόδου ὠρχήσατο ἡ θυγάτηρ	Ἡροδιάδος ἐν τῷ μέσῳ καὶ ἤρεσεν τῷ Ἡρῴδῃ,	Θ
Ἡρῴδ····· ··········το ἡ θυγάτηρ τῆς	Ἡρῳδιάδος ἐν τῷ μέσῳ ······ ········εν τῷ Ἡρῴδῃ,	33

7 ὅθεν μεθ'	ὅρκου ὡμολόγησεν αὐτῇ δοῦναι ὃ ἂν αἰτήσηται. 8 ἡ δὲ προβιβασθεῖσα	B D
7 ὅθεν μετὰ	ὅρκου ὡμολόγησεν αὐτῇ δοῦναι ὃ ἐὰν αἰτήσηται. 8 ἡ δὲ προβιβασθεῖσα	ℵ w
7 ὅθεν μετ'	ὅρκου ὡμολόγησεν αὐτῇ δοῦναι ὃ ἂν αἰτήσηται. 8 ἡ δὲ προβιβασθεῖσα	Θ 124
7 ὅθεν μεθ'	ὅρκου ὤμωσεν αὐτῇ δοῦναι ὃ ἂν αἰτήσηται. 8 ἡ δὲ προβιβασθεῖσα	f¹³
7 ὅθεν ········	··········· ········γησεν αὐτῇ δοῦναι ὃ ἂν αἰτήσητε. 8 ἡ δὲ ················εῖσα	33
7 ὅθεν μεθ'	ὅρκου ὡμολόγησεν αὐτῇ δοῦναι ὃ ἐὰν αἰτήσηται. 8 ἡ δὲ προβιβασθεῖσα	118 uτ rell
7 ὅθεν μεθ'	ὅρκου ὤμωσεν αὐτῇ δοῦναι ὃ ἂν αἰτήσεται. 8 ἡ δὲ προβιβασθεῖσα	788
7 ὅθεν μεθ'	ὅρκου ὤμωσεν αὐτὴν δοῦναι ὃ ἂν αἰτήσηται. 8 ἡ δὲ προβιβασθεῖσα	1346
7 ὅθεν μεθ'	ὅρκου ὡμολόγησεν δοῦναι αὐτῇ ὃ ἐὰν αἰτήσηται. 8 ἡ δὲ προβιβασθεῖσα	K W Γ Π f¹ 157 565

ὑπὸ τῆς μητρὸς αὐτῆς,	Δός	μοι, φησίν,	ὧδε ἐπὶ πίνακι τὴν κεφαλὴν	B* uwτ rell
ἀπὸ τῆς μητρὸς αὐτῆς,	Δός	μοι, φησίν,	ὧδε ἐπὶ πίνακι τὴν κεφαλὴν	Bᶜ
ὑπὸ τῆς μητρὸς αὐτῆς εἶπεν,	Δός	μοι	ὧδε κεφαλὴν	D*
ὑπὸ τῆς μητρὸς αὐτῆς εἶπεν,	Δός	μοι	ὧδε τὴν κεφαλὴν	Dᶜ
ὑπὸ τῆς μητρὸς αὐτῆς εἰπεν,	Δός	μοι, φησίν,	ὧδε ἐπὶ πίνακι τὴν κεφαλὴν	W
ὑπὸ τῆς μητρὸς αὐτῆς,	Δός	μοι, φησίν,	ὧδε ἐπὶ πίνακι τὴν κεφαλὴν τοῦ	Δ
ὑπὸ τῆς ·············	····· φησίν,	ὧδε ἐπὶ πίνακι τὴν κεφαλὴν	33
ὑπὸ τῆς μητρὸς αὐτῆς εἶπεν,	Θέλω ἵνα	μοι δός ἐξ αὐτῆς	ὧδε ἐπὶ πίνακι τὴν κεφαλὴν	1424

---

lac. 14.6-8 𝔓⁴⁵ A H N P Q 69 ¦ vss. 6-9 F ¦ vss. 6-8 N

A 4 εξεστι Y M S U Γ f¹ 118 f¹³ 124 28 157 565 700 788 1071 1346 ¦ αιξεστιν οι L ¦ εχιν ℵ ¦ εχεν C 5 αποκτιναι ℵ N Θ
6 γενεσειοις D ¦ γενεσιον 13 124 788 1346 ¦ αγομενον E* ¦ αγωμενων 579 ¦ γενωμενων Θ 1424 ¦ ορχησατο L 1346 1424 ¦ ωρχησατω Θ ¦ ωρχισατο 788 ¦ ηρεσε Y Γ 118 f¹³ 700 788 1071 1346 ¦ ειρεσεν 2* 7 ωρκου L* ¦ ωμωλογησεν Θ ¦ ωμολογησε f¹ ¦ ωμοσεν 124 788 ¦ ομωλογησεν 2 ¦ ομολογησεν 579 1424 ¦ αιτησητε Θ 124 565 ¦ αιτισεται 13 ¦ αιτησεται 2* 579 8 προβιβασθισα ℵ 788 ¦ προβειβασθεισα C ¦ προβιβασθησα E* Θ 13 2ᶜ 579 ¦ προβιβασθησα K ¦ προβηβασθησα L 2* 1346 ¦ φισιν K ¦ ωιδε 124 ¦ πινακει W Δ ¦ πινακη 2* ¦ ηνακι 565 ¦ καιφαλην Θ

B 8 μ̅ρ̅ς̅ ℵ C 𝔐 K L M S U Γ Π Ω f¹ 118 f¹³ 124 2 28 157 565 579 700 788 1071 1346 1424 ¦ ιωου 118

D 6 ρ̅μ̅ε̅/ϛ̅ ℵ G Y M S U Π Ω 118 124 28 788 1424 ¦ ρ̅μ̅ε̅ C D K Θ f¹ f¹³ 28² 157 579 1071 1346 ¦ ρ̅μ̅ε̅/ε̅ E ¦ ρ̅μ̅ε̅/ι̅ L N ¦ Ευ Μθ ρμε : Ιω . : Λο . : Μρ ζ E ¦ Μθ ρμε : Μρ νθ : Λο ιβ M ¦ Μθ ρμε : Μρ ξ : Λο ϙβ : Ιω . 124 8 ρμε 2

134

Ἰωάνου τοῦ βαπτιστοῦ. **9** καὶ λυπηθεὶς ὁ βασιλεὺς διὰ τοὺς ὅρκους καὶ τοὺς B w
Ἰωάννου τοῦ βαπτιστοῦ. **9** καὶ <u>ἐλυπήθη</u> ὁ βασιλεὺς διὰ <u>δὲ</u> τοὺς ὅρκους καὶ ℵ
Ἰωάννου τοῦ βαπτιστοῦ. **9** καὶ λυπηθεὶς ὁ βασιλεὺς διὰ τοὺς ὅρκους καὶ <u>διὰ</u> τοὺς D
.... **9** .... καὶ τοὺς F
Ἰωάννου τοῦ βαπτιστοῦ. **9** καὶ <u>ἐλυπήθη</u> ὁ βασιλεὺς διὰ τοὺς ὅρκους καὶ τοὺς L*
Ἰωάννου τοῦ βαπτιστοῦ. **9** καὶ λυπηθεὶς ὁ βασιλεὺς διὰ τοὺς ὅρκους καὶ τοὺς Θ f^1 f^{13} 700
788
Ἰ............ .... **9** .... ευς διὰ <u>δὲ</u> τοὺς ὅρκους καὶ τοὺς 33 [↑1346 1424 u
Ἰωάννου τοῦ βαπτιστοῦ. **9** καὶ <u>ἐλυπήθη</u> ὁ βασιλεὺς διὰ <u>δὲ</u> τοὺς ὅρκους καὶ τοὺς C 𝔐 K L^c M U
W Γ Δ Π 118 2 28 157 565 579 1071 τ

συνανακειμένους ἐκέλευσεν δοθῆναι, **10** καὶ πέμψας ἀπεκεφάλισεν B 118 **uwτ**
συνανακειμένους ἐκέλευσεν δοθῆναι, **10** καὶ πέμψας ἀπεκεφάλισεν ℵ* [↑rell
συνανακειμένους **10** ἀπεκεφάλισεν 2*
συνα............ **10** ....ας ἀπεκεφάλισεν 33
συνανακειμένους ἐκέλευσεν δοθῆναι <u>αὐτήν</u>, **10** καὶ πέμψας ἀπεκεφάλισεν 565
συνανακειμένους ἐκέλευσεν <u>δω</u> <u>ἐκέλευσεν</u> <u>δωθῆναι</u>, **10** καὶ πέμψας ἀπεκεφάλισεν 579
συνανακειμένους ἐκέλευσεν δοθῆναι <u>αὐτῇ</u>, **10** καὶ πέμψας ἀπεκεφάλισεν Θ f^1 f^{13}
788 1346 1424

Ἰωάνην ἐν τῇ φυλακῇ· **11** καὶ ἠνέχθη ἡ κεφαλὴ αὐτοῦ ἐπὶ πίνακι καὶ ἐδόθη τῷ B w
Ἰωάννην ἐν τῇ φυλακῇ· **11** καὶ ἠνέχθη ἡ κεφαλὴ αὐτοῦ ἐπὶ πίνακι καὶ ἐδόθη τῷ ℵ* 28 [**u**]
<u>τὸν</u> Ἰωάννην ἐν τῇ φυλακῇ· **11** καὶ ἠνέχθη ἡ κεφαλὴ αὐτοῦ ἐπὶ <u>τῷ</u> πίνακι καὶ ἐδόθη τῷ D
<u>τὸν</u> Ἰωάννην ἐν τῇ φυλακῇ· **11** καὶ ἠνέχθη ἡ κεφαλὴ αὐτοῦ <u>ἐν</u> <u>τῷ</u> πίνακι καὶ ἐδόθη τῷ Θ 700
Ἰωάννην ἐν τῇ φυλακῇ· **11** καὶ ἠνέχθη ἡ κεφαλὴ αὐτοῦ <u>ἐν</u> <u>τῷ</u> πίνακι καὶ ἐδόθη τῷ f^1
<u>τὸν</u> Ἰωάννην ἐν τῇ φυλακῇ· **11** καὶ ἠνέχθη ἡ κεφαλὴ αὐτοῦ <u>ἐν</u> πίνακι καὶ ἐδόθη τῷ f^{13} 788 1346
<u>τὸν</u> Ἰωάννην ἐν ..... **11** .... πίνακι καὶ ἐδόθη τῷ 33
<u>τὸν</u> Ἰωάννην ἐν τῇ φυλακῇ· **11** καὶ ἠνέχθη ἡ κεφαλὴ αὐτοῦ ἐπὶ πίνακι καὶ ἐδόθη τῷ 565
<u>τὸν</u> Ἰωάννην ἐν τῇ φυλακῇ· **11** καὶ ἠνέχθη ἡ κεφαλὴ αὐτοῦ ἐπὶ πίνακι καὶ ἐδόθη τῷ 579
<u>τὸν</u> Ἰωάννην ἐν τῇ φυλακῇ· **11** καὶ ἠνέχθη ἡ κεφαλὴ αὐτοῦ ἐπὶ πίνακι καὶ ἐδόθη τῷ 118 [**u**]τ
rell

κορασίῳ, καὶ ἤνεγκεν τῇ μητρὶ αὐτῆς. **12** καὶ προσελθόντες B **uwτ** rell
κορασίῳ, καὶ ἤνεγκεν <u>αὐτὴν</u> τῇ μητρὶ αὐτῆς. **12** καὶ προσελθόντες M
κορασίῳ, καὶ ἤνεγκεν τῇ μητρὶ αὐτῆς. **12** καὶ <u>καὶ</u> προσελθόντες 1582*
κορασίῳ, καὶ ἤνεγκεν τῇ μητρὶ αὐτῆς. **12** 2*
κορασίῳ, καὶ ἤνεγ......... **12** 33
κορασίῳ, καὶ ἤνεγκεν <u>αὐτῇ</u> τῇ μητρὶ αὐτῆς. **12** καὶ προσελθόντες 157
κορασίῳ, καὶ <u>τὸ</u> <u>κοράσιον</u> <u>ἔδωκεν</u> <u>αὐτὴν</u> τῇ μητρὶ αὐτῆς. **12** καὶ προσελθόντες 1424

οἱ μαθηταὶ αὐτοῦ ἦραν τὸ πτῶμα καὶ ἔθαψαν αὐτόν, καὶ B [**u**]w
οἱ μαθηταὶ αὐτοῦ ἦραν τὸ πτῶμα <u>αὐτοῦ</u> καὶ ἔθαψαν αὐτόν, καὶ ℵ*
οἱ μαθηταὶ αὐτοῦ ἦραν τὸ πτῶμα καὶ ἔθαψαν <u>αὐτό</u>, καὶ ℵ^c C Θ 1 1582* f^{13} 788 1346 [**u**]
οἱ μαθηταὶ αὐτοῦ ἦραν τὸ πτῶμα <u>αὐτοῦ</u> καὶ ἔθαψαν <u>αὐτό</u>, καὶ D 565
οἱ μαθηταὶ αὐτοῦ <u>καὶ</u> ἦραν τὸ <u>σῶμα</u> καὶ ἔθαψαν <u>αὐτό</u>, καὶ E*
οἱ μαθηταὶ αὐτοῦ ἦραν τὸ <u>σῶμα</u> καὶ <u>ἔθαψεν</u> <u>αὐτό</u>, καὶ F*
οἱ μαθηταὶ αὐτοῦ ἦραν τὸ πτῶμα <u>αὐτοῦ</u> καὶ <u>ἔθαψαν</u> <u>αὐτῷ</u>, καὶ L
οἱ μαθηταὶ αὐτοῦ ἦραν τὸ <u>σῶμα</u> καὶ ἔθαψαν <u>αὐτῷ</u>, καὶ Υ Ω 28 579 1071
οἱ μαθηταὶ αὐτοῦ ἦραν τὸ πτῶμα καὶ ἔθαψαν <u>αὐτῷ</u>, καὶ 124
om. 2*
οἱ μαθηταὶ αὐτοῦ ἦραν τὸ <u>σῶμα</u> καὶ ἔθαψαν <u>αὐτό</u>, 2^c
....ται αὐτοῦ ἦραν τὸ πτῶμα καὶ ἔθαψαν 33
οἱ μαθηταὶ αὐτοῦ ἦραν τὸ <u>σῶμα</u> <u>αὐτοῦ</u> καὶ ἔθαψαν <u>αὐτό</u>, καὶ 157
οἱ μαθηταὶ ἦραν τὸ πτῶμα καὶ ἔθαψαν <u>αὐτό</u>, καὶ 700
οἱ μαθηταὶ ἦραν τὸ πτῶμα καὶ ἔθαψαν <u>αὐτῷ</u>, καὶ 1424
οἱ μαθηταὶ αὐτοῦ ἦραν τὸ <u>σῶμα</u> καὶ ἔθαψαν <u>αὐτό</u>, καὶ E^c F^c G K M S U W Γ Δ Π 1582^c 118 τ

lac. **14.12-15** 𝔓^{45} A H N P Q 69

A **9** λυπιθης 13 ¦ λυπηθης 1346 ¦ συνανακιμενους ℵ ¦ συνακειμενους G K ¦ συνανακημενους M Θ 1346 ¦ συνανκειμενους Δ ¦ εκελευσε Υ Γ 1582 118 f^{13} 2^c 157 700 788 1346 ¦ δωθηναι L **10** απεκεφαλισεν E F L Θ Ω 2 28 565 579 1424 ¦ απεκεφαλισε Υ U 118 700 788 ¦ απεκεφαλησε 13 1071 1346 **11** ηνεκχθη E* ¦ ηνεγκε 118 28 700 ¦ πινακει W ¦ πινακι 2* ¦ εδωθη L 579 ¦ το (τω) L Θ 579 ¦ ηνεγκε Υ **12** προσελθωντες 579 ¦ τω (το) 1071

B **10** ιω̅ 118 **11** μ̅ρι̅ ℵ C 𝔐 K L M S Γ Π Ω f^1 118 f^{13} 124 2 28 157 565 579 700 788 1071 1346 1424

έλθόντες ἀπήγγειλαν τῷ Ἰησοῦ.   B uwτ rell
om.   2
....   33
προσελθόντες ἀπήγγειλαν τῷ Ἰησοῦ.   1424

κϛ̄   περὶ τῶν πέντε ἄρτων καὶ τῶν δύο ἰχθύων

Jesus Feeds Five Thousand With Five Loaves And Two Fish
(Mark 6.30-44; Luke 9.10-17; John 6.1-14)

ϙδ̄ 13   Ἀκούσας δὲ ὁ Ἰησοῦς ἀνεχώρησεν ἐκεῖ   ἐν πλοίῳ εἰς ἔρημον   B*
13   Ἀκούσας δε ὁ Ἰησοῦς ἀνεχώρησεν ἐκειθεν   ἐν πλοίῳ εἰς ἔρημον   Bᶜ ℵ D L Θ f¹ f¹³ 565 700 788
13   Καὶ ἀκούσας ὁ Ἰησοῦς ἀνεχώρησεν ἐκεῖθεν   εἰς ἔρημον   Γ   [↑1346 1424 uw
13   .... δε ὁ Ἰησοῦς ἀνεχώρησεν ἐκειθεν   ἐν πλο···   ······   33   [↓1071 τ
13   Καὶ ἀκούσας ὁ Ἰησοῦς ἀνεχώρησεν ἐκεῖθεν   ἐν πλοίῳ εἰς ἔρημον   C 𝔐 K M U W Δ Π 2 28 157 579

τόπον κατ' ἰδίαν· καὶ ἀκούσαντες οἱ ὄχλοι ἠκολούθησαν αὐτῷ πεζῇ ἀπὸ τῶν πόλεων.   B u[w]τ rell
....   ······ ···χλοι ἠκολούθησαν αὐτῷ πεζῇ ἀπὸ τῶν πόλεων.   33
τόπον κατ' ἰδίαν· καὶ ἀκούσαντες οἱ ὄχλοι ἠκολούθησαν αὐτῷ πεζοὶ ἀπὸ τῶν πόλεων.   ℵ L 157 1071 [w]

14 καὶ ἐξελθὼν   εἶδεν   πολὺν ὄχλον, καὶ ἐσπλαγχνίσθη   B ℵ Θ f¹ 124 788 uw
14 καὶ ἐξελθὼν   εἶδεν   ὄχλον πολὺν, καὶ ἐσπλαγχνίσθη   D 33 700
14   ἐξελθὼν ὁ Ἰησοῦς εἶδεν   πολὺν ὄχλον, καὶ ἐσπλαγχνίσθη   G
14 καὶ ἐξελθὼν εἶδεν ὁ Ἰησοῦς   πολὺν ὄχλον, καὶ ἐσπλαγχνίσθη   L
14 καὶ ἐξελθὼν ὁ Ἰησοῦς εἶδεν   πολὺ ὄχλον, καὶ ἐσπαγχνίσθη   Δ
14 καὶ ἐξελθὼν ὁ Ἰησοῦς εἶδεν ὁ Ἰησοῦς πολὺν ὄχλον, καὶ ἐσπλαγχνίσθη   579
14 καὶ ἐξελθὼν ὁ Ἰησοῦς εἶδεν   τὸν ὄχλον, καὶ ἐσπλαγχνίσθη   1071
14 καὶ ἐξελθὼν ὁ Ἰησοῦς εἶδεν   πολὺν ὄχλον, καὶ ἐσπλαγχνίσθη   C 𝔐 K M U W Γ Π f¹³ 2
28 157 565 1346 1424 τ

ἐπ' αὐτοῖς καὶ ἐθεράπευσεν τοὺς ἀρρώστους   αὐτῶν. ϙε̄ 15 ὀψίας δὲ γενομένης   B uw rell
περὶ αὐτῶν καὶ ἐθεράπευσεν τοὺς ἀρρωστούντας αὐτῶν.   15 ὀψίας δὲ γενομένης   D
ἐπ' αὐτοῖς καὶ ἐθεράπευσεν τοὺς ἀρρώστους   αὐτῶν.   15 καὶ ὀψίας γενομένης   Π
ἐπ' αὐτῆς καὶ ἐθεράπευσεν τοὺς ἀρρώστους   αὐτῶν.   15 ὀψίας δὲ γενομένης   1346 [↓1424 τ
ἐπ' αὐτοὺς καὶ ἐθεράπευσεν τοὺς ἀρρώστους   αὐτῶν.   15 ὀψίας δὲ γενομένης   G K W f¹³ 33

προσῆλθαν   αὐτῷ οἱ μαθηταὶ   λέγοντες, Ἔρημός ἐστιν ὁ τόπος καὶ ἡ ὥρα   B 33 w
προσῆλθον   αὐτῷ οἱ μαθηταὶ   λέγοντες, Ἔρημός ἐστιν ὁ τόπος καὶ ἡ ὥρα   ℵ 1346 u
προσῆλθον οἱ αὐτῷ οἱ μαθηταὶ αὐτοῦ λέγοντες, Ἔρημός ἐστιν ὁ τόπος καὶ ἡ ὥρα   E*
προσῆλθον   αὐτῷ οἱ μαθηταὶ αὐτοῦ λέγοντες, ...   Γ
προσῆλθον   αὐτῷ οἱ μαθηταὶ αὐτοῦ λέγοντες, Ἔρημός ἐστιν ὁ τόπος καὶ ἡ ὥρα   τ rell

lac. 14.12-15 𝔓⁴⁵ A H N P Q 69 ¦ vs. 15 Γ

A 12 απηγγιλαν ℵ Θ ¦ απιγγηλαν L ¦ απεγγειλαν Δ 13 ανεχωρισεν E ¦ εκιθεν ℵ ¦ πλειω 143 ¦ ερημων Θ ¦ ειδιαν D ¦ ηδιαν L 579 ¦ πολαιων Θ 14 ιδεν C E K L W Θ 13 124 33 788 1346 1424 ¦ ειδε Υ Γ 118 28 157 1071 ¦ πολλυν L 579 ¦ εσπλαχνισθη K ¦ εσπλαγχνισθη L Ω 2 ¦ εθεραπευσε Υ Μ U Γ 1582 118 f¹³ 28 157 565 700ᶜ 788 1346 ¦ θεραπευσεν Δ ¦ αρωστους L 2* 15 οψειας D ¦ γενομενης L ¦ μαθητε ℵ

B 12 ιῡ B ℵ C 𝔐 K L M S U W Γ Δ Θ Π Ω f¹ 118 f¹³ 124 28 157 565 579 700 788 1071 1346 1424 ¦ ιη̄ῡ D 13 ις̄ B ℵ C 𝔐 K L M S U W Γ Δ Θ Π Ω f¹ 118 f¹³ 124 2 33 28 157 565 579 700 788 1071 1346 1424 ¦ ιη̄ς̄ D 14 ις̄ C 𝔐 K L M S U W Γ Δ Π Ω f¹³ 2 28 157 565 579 1071 1346 1424 ¦ ις̄ᶻ 579

C 12 τελ (post ιη̄ῡ) D 13 κϛ̄ πε των ε̄ αρτων 28 ¦ κϛ̄ πε των ε̄ αρτων και των β̄ ιχθυων 788 1071 1346 ¦ αρχ 157 ¦ εκ της κατα ματθαιον (post ιδιαν) G ¦ τελο: (post πολεων) D ¦ ημερα ϛ̄ της ϛ̄ εβδομ.: 13.44-54; ημερα η̄ της ζ̄ εβδομ.: 14.1-13] ¦ τελος της δ̄ G ¦ τε τς γ̄ κ, του ο·· τς αποτομης Π ¦ τελ της δ̄ G Υ ¦ τελ τς δ̄ ε̄ Μ ¦ τελ τς γ̄ f¹ 28 ¦ τελ S 14 κϛ̄ πε των ε̄ αρτων S Ω ¦ κϛ̄ περι των πεντε αρτων 1424 ¦ αρχη: κυριακη η τω καιρω εκεινω E G ¦ αρχη: περι των ε̄ αρτων F ¦ αρχ: κυ, η αρχ τω κ,ρ,ω ειδεν ο ις πολυν οχλον κ, εσπλαγχνησθη επ αυτοις Υ ¦ Μθ κ,υ η̄ τω καιρω, ειδεν ο ις πολυν οχλον· και εσπλαγ Μ ¦ κυ η̄ τω κ ειδεν ο ις πολυν S ¦ αρχ τω καιρω ειδεν ο ις̄ Ω ¦ αρχ Θ ¦ αρχ: κ,υ η̄ τς ν̄ τω καιρω εκεινω εξελθων ο ις̄ ειδεν πολυν οχλον κ, εσπλαγχνισθη Π ¦ νη̄ αρχ κ,υ ν̄ τω καιρω ειδεν ο ις̄ πολ οχλον f¹ ¦ αρχ νη̄ κ,υ ν̄ απ τς ν̄: τω καιρω εκεινω ειδεν ο ις̄ πολ υν ο 118 ¦ αρχ f¹³ ¦ αρχ: κ,υ η̄ 124 788 1346 ¦ αρχ: κ,υ η̄ τω καιρω εκ, 2 ¦ αρχ τς κ,υ τω καιρω εκειν, ειδεν ο ις̄ πολυν οχλον 28 ¦ αρχ : κυ η̄ + κυ ρ̄ με 1071 ¦ αρχ τω καιρω 1424 15 κϛ̄ (ις̄ L) περι των πεντε (ε̄ G L M Π f¹³ 124 157) αρτων (αρτον K L) και των δυο (β̄ G L M Π 1 f¹³ 157) ιχθυων: E (ante v.17 G) K L M Δ Θ Π 1 f¹³ 124 157 565 ¦ κϛ̄ πε τῶ πεντε αρτων Υ ¦ κϛ̄ τω καιρω εκεινω Γ ¦ κϛ̄ 1582 ¦ Μθ κϛ̄ : Μρ ιϛ̄ : Λο κη ¦ Ιω η Μ ¦ Μρ ιϛ̄ Λο κη Ιω η Π ¦ αρχ κυριακη η 157

D 13 ρμϛ̄/γ̄ ℵ Υ Μ S U Γ Π Ω 118 124 28 788 1424 ¦ ρμϛ̄ C D F K Θ f¹ f¹³ 2 157 579 1071 1346 ¦ ρμϛ̄/δ E ¦ ρμϛ̄/ι G ¦ Ευ Μθ ρμϛ̄ : Ιω μζ̄ : Λο ϙβ̄ : Μρ . E ¦ Μθ ρμϛ̄ : Μρ ξδ̄ : Λο ξγ̄ : Ιω μζ̄ Μ ¦ Μθ ρμϛ̄ : Μρ ξδ̄ : Λο ϙβ̄ : Ιω μζ̄ 124 14 ρμϛ̄/α L ¦ ρμϛ̄ 118 15 ρμζ̄/α ℵ E G Υ L M S U Γ Π Ω 124 28 788 1424 ¦ ρμζ̄ D F K Θ f¹ f¹³ 157 579 1071 1346 ¦ Ευ Μθ ρμζ̄ : Ιω με : Λο ϙγ̄ : Μρ ξᾱ E ¦ Μθ ρμζ̄ : Μρ ξδ̄ : Λο ξβ̄, ιγ̄ : Ιω μθ̄ Μ ¦ Μθ ρμζ̄ : Μρ . : Λο ϙγ̄ : Ιω μθ̄ 124

ἤδη παρῆλθεν· ἀπόλυσον   τοὺς ὄχλους, ἵνα ἀπελθόντες εἰς τὰς   κώμας   B u[w]τ rell
<u>παρῆλθεν ἤδη</u>· ἀπόλυσον <u>οὖν</u> τοὺς ὄχλους, ἵνα ἀπελθόντες εἰς τὰς   χώρας   ℵ*
<u>παρῆλθεν ἤδη</u>· ἀπόλυσον <u>οὖν</u> τοὺς ὄχλους, ἵνα ἀπελθόντες εἰς τὰς   κώμας   ℵc f¹ [w]
ἤδη παρῆλθεν· ἀπόλυσον <u>οὖν</u> τοὺς ὄχλους, ἵνα ἀπελθόντες εἰς τὰς <u>κύκλω</u> κώμας   C*
ἤδη παρῆλθεν· ἀπόλυσον <u>οὖν</u> τοὺς ὄχλους, ἵνα ἀπελθόντες εἰς τὰς   κώμας   Cc
....   P
ἤδη παρῆλθεν· ἀπόλυσον   τοὺς ὄχλους, ἵνα ἀπελθόντες εἰς τὰς   χώρας   Δ
ἤδη παρῆλθεν· ἀπόλυσον   τοὺς ὄχλους, ἵνα ἀπελθόντες εἰς τὰς <u>κύκλω</u> κώμας   Θ 33 700

ἀγοράσωσιν ἑαυτοῖς βρώματα. **16** ὁ δὲ Ἰησοῦς εἶπεν αὐτοῖς, Οὐ χρείαν ἔχουσιν   B 118 [u]wτ rell
ἀγοράσωσιν ἑαυτοῖς βρώματα. **16** ὁ δὲ   εἶπεν αὐτοῖς, Οὐ χρείαν ἔχουσιν   ℵ* D 579 1424 [u]
ἀγοράσωσιν <u>αὐτοῖς</u> βρώματα. **16** ὁ δὲ Ἰησοῦς εἶπεν αὐτοῖς, Οὐ χρείαν ἔχουσιν   L
ἀγοράσωσιν ἑαυτοῖς βρώματα. **16** ὁ δὲ Ἰησοῦς <u>φησίν</u>,   Οὐ χρείαν ἔχουσιν   f¹ 700
ἀγοράσωσιν ἑαυτοῖς <u>τρόφας</u>. **16** ὁ δὲ Ἰησοῦς εἶπεν αὐτοῖς, Οὐ χρείαν ἔχουσιν   28

ἀπελθεῖν· δότε αὐτοῖς ὑμεῖς φαγεῖν. **17** οἱ δὲ λέγουσιν αὐτῷ, Οὐκ ἔχομεν ὧδε   B uwτ rell
ἀπελθεῖν· δότε <u>ὑμεῖς φαγεῖν αὐτοῖς</u>. **17** οἱ δὲ λέγουσιν αὐτῷ, Οὐκ ἔχομεν ὧδε   D
ἀπελθεῖν· δότε αὐτοῖς ὑμεῖς φαγεῖν. **17**   λέγουσιν αὐτῷ, Οὐκ ἔχομεν ὧδε   28*

εἰ μὴ πέντε ἄρτους καὶ δύο ἰχθύας. **18** ὁ δὲ εἶπεν,   Φέρετέ μοι ὧδε αὐτούς.   B ℵc 33 uw
<u>ἄρτους εἰ μὴ πέντε</u> καὶ δύο ἰχθύας. **18** ὁ δὲ εἶπεν,   Φέρετέ μοι ὧδε αὐτούς.   ℵ*
εἰ μὴ πέντε ἄρτους καὶ δύο ἰχθύας. **18** ὁ δὲ εἶπεν,   Φέρετέ μοι   αὐτούς.   D Θ f¹
εἰ μὴ πέντε ἄρτους καὶ δύο ἰχθύας. **18** ὁ δὲ εἶπεν <u>αὐτοῖς</u>, Φέρετέ μοι <u>αὐτούς</u> ὧδε.   P 579
εἰ μὴ πέντε ἄρτους καὶ δύο ἰχθύας. **18** ὁ δὲ εἶπεν <u>αὐτοῖς</u>, Φέρετέ μοι <u>αὐτούς</u>.   700
εἰ μὴ πέντε ἄρτους καὶ δύο ἰχθύας. **18** ὁ δὲ εἶπεν,   Φέρετέ μοι <u>αὐτούς</u> ὧδε.   118 τ rell

19 καὶ κελεύσατε τοὺς ὄχλους ἀνακλιθῆναι ἐπὶ τοῦ χόρτου,   λαβὼν τοὺς B*
19 καὶ <u>ἐκέλευσεν</u> τοὺς ὄχλους ἀνακλιθῆναι ἐπὶ τοῦ χόρτου, <u>καὶ</u> λαβὼν τοὺς ℵ [w]
19 καὶ <u>κελεύσας</u> τοὺς ὄχλους ἀνακλιθῆναι ἐπὶ τοῦ χόρτου, <u>καὶ</u> λαβὼν τοὺς C* W
19 καὶ <u>κελεύσας</u> τοὺς ὄχλους ἀνακλιθῆναι ἐπὶ <u>τοὺς χόρτους</u>,   λαβὼν τοὺς Cc 𝔐 K M P U Δ Πc 118c
19 καὶ <u>κελεύσας</u> <u>τὸν ὄχλον</u> ἀνακλιθῆναι ἐπὶ <u>τὸν χόρτον</u>   <u>ἔλαβεν</u> τοὺς D [↑788 f¹³ 1071 1346
19 καὶ <u>κελεύσας</u> τοὺς ὄχλους ἀνακλιθῆναι ἐπὶ τοῦ <u>χόρτους</u>,   λαβὼν τοὺς L
19 καὶ <u>κελεύσας</u> τοὺς ὄχλους ἀνακλιθῆναι ἐπὶ <u>τοὺς χόρτους</u>,   λαβὼν τοὺς Π*
19 καὶ <u>κελεύσας</u> τοὺς ὄχλους ἀνακλιθῆναι ἐπὶ <u>τοὺς ⋯⋯⋯τους</u>,   λαβὼν τοὺς 118*
19 καὶ <u>κελεύσας</u> τοὺς ὄχλους ἀνακλιθῆναι ἐπὶ <u>τοὺς χόρτους</u>, <u>καὶ</u> λαβὼν τοὺς 2 τ
19 καὶ <u>κελεύσας</u> τοὺς ὄχλους <u>ἀναπεσεῖν</u>   ἐπὶ <u>τοὺς χόρτους</u>,   λαβὼν τοὺς 28   [↓700 1424 u[w]
19 καὶ <u>κελεύσας</u> τοὺς ὄχλους ἀνακλιθῆναι ἐπὶ τοῦ χόρτου,   λαβὼν τοὺς Bc Θ f¹ 33 157 565 579

πέντε   ἄρτους καὶ τοὺς δύο ἰχθύας, ἀναβλέψας εἰς τὸν οὐρανὸν εὐλόγησεν καὶ B uwτ rell
πέντε   ἄρτους καὶ τοὺς δύο ἰχθύας, ἀναβλέψας εἰς τὸν οὐρανὸν <u>ηὐλόγησεν</u> καὶ C P W
πέντε <u>τοὺς πέντε</u> ἄρτους καὶ τοὺς δύο ἰχθύας, ἀναβλέψας εἰς τὸν οὐρανὸν εὐλόγησεν καὶ 579*

κλάσας ἔδωκεν τοῖς μαθηταῖς   τοὺς ἄρτους οἱ δὲ μαθηταὶ τοῖς ὄχλοις. **20** καὶ B uwτ rell
κλάσας ἔδωκεν τοῖς μαθηταῖς <u>αὐτοῦ</u> τοὺς ἄρτους οἱ δὲ μαθηταὶ τοῖς ὄχλοις. **20** καὶ Θ f¹³ 788 1346

ἔφαγον πάντες καὶ ἐχορτάσθησαν, καὶ ἦραν τὸ περισσεῦον   τῶν κλασμάτων δώδεκα B uwτ rell
ἔφαγον πάντες καὶ ἐχορτάσθησαν,   ἦραν τὸ περισσεῦον   τῶν κλασμάτων δώδεκα f¹³
ἔφαγον πάντες καὶ ἐχορτάσθησαν, καὶ ἦραν τὸ περισσεῦον   τῶν <u>κλασμάσων</u> δώδεκα 579*
ἔφαγον πάντες καὶ ἐχορτάσθησαν, καὶ ἦραν τὸ <u>περισσεῦσαν</u>   τῶν κλασμάτων δώδεκα 1424

lac. 14.15-20 𝔓⁴⁵ A H N Q Γ 69 ¦ vs. 15 P

A **15** ειδι L | παρελθεν Θ ¦ παρηλθε 28 | απελθωντες 2* 579 | αγωρασωσιν E L Θ 579 1071 | βρωματα L* **16** χριαν ℵ P Θ | απελθιν ℵ ¦ απελθην Θ | υμις ℵ Θ | φαγιν ℵ **17** εχωμεν K L U 28 579 1071 1346 | ωιδε 124 | μι (μη) L 1071 **18** ειπε 118 157 | φερεται D W 2* 579 | ωιδε 124 **19** ανακλειθηναι D 565 ¦ ανακληθηναι L M 2* 579 1071 1424 | λαμβων Δ | ουρανων L Θ* Δ* 2 | ευλογησε Y 118 28 157 700 1071 | εδωκε Y M U 118 f¹³ 28 157 700 788 1346 | δα (δε) Θ **20** εφαγων E L | περισσευων 13 2* 28 1346 | περησσευον 579

B **16** ιϛ B ℵc C D E G Y K L M P S U W Δ Θ Π Ω f¹ 118 f¹³ 124 2 33 28 157 565 700 788 1071 1346 **19** ε̅ ℵ | β̅ ℵ | ουνον ℵ 𝔐 K M S U Δc Π Ω f¹ 118 f¹³ 124 28 157 565 579 700 788 1071 1346 1424 ¦ ουνων L Δ* 2 **20** ι̅β̅ D

C **16** κϛ πε των ε̅ αρτων και των β̅ ιχθυας 33 **18** κϛ πε των πεντε αρτων και των δυο (β̅ 2) ιχθυων 2 579

D **17** ρ̅μ̅η̅/ϛ 1071

κοφίνους πλήρεις. **21** οἱ δὲ ἐσθίοντες ἦσαν ἄνδρες ὡσεὶ πεντακισχείλιοι χωρὶς   B
κοφίνους πλήρεις. **21** οἱ δὲ ἐσθίοντες ἦσαν ἄνδρες <u>ὡς</u> πεντακισχείλιοι χωρὶς   D Θ
κοφίνους πλήρεις. **21** οἱ δὲ ἐσθίοντες ἦσαν ἄνδρες   πεντακισχείλιοι χωρὶς   W
κοφίνους πλήρεις. **21** οἱ δὲ ἐσθίοντες ἦσαν ἄνδρες <u>ὡς</u> <u>πεντακισχίλιοι</u> χωρὶς   Δ f¹ 33 1071
κοφίνους πλήρεις. **21** οἱ δὲ ἐσθίοντες ἦσαν   ὡσεὶ <u>πεντακισχίλιοι</u> χωρὶς   700*
κοφίνους πλήρεις. **21** οἱ δὲ ἐσθίοντες ἦσαν   <u>ὡς</u> <u>πεντακισχίλιοι</u> χωρὶς   700ᶜ
κοφίνους πλήρεις. **21** οἱ δὲ ἐσθίοντες ἦσαν ἄνδρες ὡσεὶ <u>πεντακισχίλιοι</u> χωρὶς   118 **uwτ** rell

γυναικῶν καὶ παιδίων.   B **uwτ** rell
<u>παιδίων</u> καὶ <u>γυναικῶν</u> .   D Θ f¹

ιζ   περὶ τοῦ ἐν θαλάσσῃ περιπάτου

Jesus Walks On The Waters Of Galilee
(Mark 6.45-52; John 6.16-21)

ϱϛ **22** Καὶ εὐθέως ἠνάγκασεν   τοὺς μαθητὰς αὐτοῦ ἐμβῆναι εἰς   πλοῖον   B
22 Καὶ   ἠνάγκασεν   τοὺς μαθητὰς   ἐμβῆναι εἰς <u>τὸ</u> πλοῖον   ℵ* C* [w]
22 Καὶ εὐθέως ἠνάγκασεν   τοὺς μαθητὰς   ἐμβῆναι εἰς <u>τὸ</u> πλοῖον   ℵᶜ Δ 118 579
22 Καὶ εὐθέως ἠνάγκασεν ὁ Ἰησοῦς τοὺς μαθητὰς   ἐμβῆναι εἰς <u>τὸ</u> πλοῖον   Cᶜ G Y L M S U Ω
22 Καὶ εὐθέως ἠνάγκασεν   τοὺς μαθητὰς   ἐμβῆναι εἰς <u>τὸ</u> πλοῖον   D W **u** [28 1071
22 Καὶ εὐθέως ἠνάγκασεν   τοὺς μαθητὰς αὐτοῦ ἐμβῆναι εἰς <u>τὸ</u> πλοῖον   P Θ 124 788
22 Καὶ εὐθέως ἠνάγκασεν   τοὺς μαθητὰς   ἐμβῆναι εἰς   πλοῖον   f¹ 33 700 [w]
22 Καὶ εὐθέως ἠνάγκασεν ὁ Ἰησοῦς τοὺς μαθητὰς αὐτοῦ ἐμβῆναι εἰς   πλοῖον   565 [↓1346 1424 τ
22 Καὶ εὐθέως ἠνάγκασεν ὁ Ἰησοῦς τοὺς μαθητὰς αὐτοῦ ἐμβῆναι εἰς <u>τὸ</u> πλοῖον   E F K Π f¹³ 2 157

καὶ προάγειν αὐτὸν εἰς τὸ πέραν, ἕως οὗ ἀπολύσῃ τοὺς ὄχλους. **23** καὶ ἀπολύσας   B **uwτ** rell
καὶ προάγειν αὐτὸν εἰς τὸ πέραν, ἕως οὗ ἀπολύσῃ τοὺς ὄχλους. **23** καὶ   ℵ*
καὶ προάγειν   εἰς τὸ πέραν, ἕως οὗ ἀπολύσῃ τοὺς ὄχλους. **23** καὶ ἀπολύσας   D
καὶ προάγειν αὐτὸν εἰς τὸ πέραν, ἕως οὗ ἀπολύσῃ <u>τὸν</u> <u>ὄχλον</u>. **23** καὶ ἀπολύσας   F*
καὶ <u>προσάγειν</u> αὐτὸν εἰς τὸ πέραν, ἕως οὗ ἀπολύσῃ τοὺς ὄχλους. **23** καὶ ἀπολύσας   118

τοὺς ὄχλους ἀνέβη εἰς τὸ ὄρος κατ᾽ ἰδίαν προσεύξασθαι. ὀψίας δὲ γενομένης   B **uwτ** rell
   ἀνέβη εἰς τὸ ὄρος κατ᾽ ἰδίαν προσεύξασθαι. ὀψίας δὲ γενομένης   ℵ*
τοὺς ὄχλους ἀνέβη εἰς τὸ ὄρος <u>καθ</u>᾽ ἰδίαν προσεύξασθαι. ὀψίας δὲ γενομένης   D

lac. **14.20-23** 𝔓⁴⁵ A H N Q Γ 69

A 20 κωφηνους L ¦ κωφινους 28 157 1071 ¦ πληρης E G M 2 28 157 1424 ¦ πληρις F L **21** αισθιωντες D* ¦ αισθιοντες Dᶜ ¦ εσθιωντες 579 ¦ εισαν 579 ¦ ωσι ℵ* ¦ πεντασκισχιλιοι Υ ¦ πεντακεισχιλιοι Θ ¦ πεδιων L ¦ παιδων Θ f¹ **22** αναγκασε f¹ ¦ ηναγκασε 118 700 788 ¦ εμβηνε ℵ ¦ ενβηναι D 28 ¦ πλοιοι L ¦ προαγιν ℵ D ¦ τω (το) Θ ¦ απολυσει K 2* 28 157 579 1071 1346 **23** ρος (ορος) 1071 ¦ ειδιαν W ¦ ηδιαν 2* ¦ προσευξασθε ℵ Δ 33 1424 ¦ οψειας D W

B 22 ι̅ς̅ 𝔐 K L M S U Θᶜ Π Ω f¹³ 28 157 565 1071 1346 1424

C 21 τελ Υ 579 **22** αnναγνοσμα περη το σαβατο D ¦ (ante ηναγκ.) αρχη: κυριακη θ̅ τω καιρω εκεινω E ¦ αρχη: κυριακη θ̅ F 124 ¦ αρχ: κ,υ θ̅ αρχ τω κ,ρ,ω ηναγκασεν ο ι̅ς̅ τους μαθ, αυτ εμβηναι Υ ¦ κ̅ζ̅ πε του εν θαλ (θαλασση S̲ Π Ω 1582 124 2 28 157 788) περιπατου Υ S̲ Π Ω 1582 124 2 28 157 788 ¦ ι̅ζ̅ περι του εν θαλασση περιπατου L ¦ Μρ ι̅ζ̅ Ιω θ̅ Π ¦ Μθ κ,υ θ̅ αρχ τω καιρ,ω ηναγκασεν ο ι̅ς̅ τους μαθητας αυτ εμβηναι ει, M ¦ κυ θ̅ τω κ ηναγκα S ¦ αρχ: τω κ,ρω ην αγκασεν ο ι̅ς̅ Θ ¦ αρχ τς κ,υ:κ, β̅ μγ τς ν̅ τω καιρω εκεινω ηναγκασεν Π ¦ αρχ κ,υ θ̅ τω καιρω ηναγκασεν ο ι̅ς̅ τους μαθητας Ω ¦ αρχ ν̅θ̅ κ,υ θ̅ τω καιρω ηναγκασεν ο ι̅ς̅ τους f¹ ¦ αρχ κ,υ θ̅ τω κ,αι εκ,ει ηναγκασ 118 ¦ αρχ κ,υ η̅ f¹³ ¦ αρχ 2 ¦ αρχ τς κ,υ αρχ τω καιρω εκειν ηναγκασεν ο ι̅ς̅ τοις μαθ 28 ¦ αρχ (om. 788) κυριακη θ̅ 157 788 1071 ¦ αρχ κ,υ 1346 ¦ αρχ τω καιρω 1424 ¦ τελος (post οχλους) E F S Θ 118 f¹³ 124 2 579 788 1071 1346 ¦ τελος της κυ, G Ω f¹ ¦ τε τς ν̅ κ,υ Π 23 κ̅ζ̅ περι του εν θαλασση (θαλαση U) περιπατου: (ante οψιας) E F K U Δ f¹ f¹³ ¦ κ̅ζ̅ Μθ κζ Μρ ιζ Λο θ M ¦ κ̅ζ̅ περι του εν θαλασει (θαλασσει Θᶜ) περηπατου (ante οψ.) Θ ¦ κ̅ζ̅ περι του εν θαλασση περιπατουντος· κυ θ̅ 1071

D 22 ρ̅μ̅η̅/ϛ ℵ M S 118 124 28 788 1424 ¦ ρ̅μ̅η̅ C D F K L P Θ 1582 2 157 579 1071 1346 ¦ ρ̅μ̅η̅/ε E ¦ ρ̅μ̅η̅/ϛ G Y U Π Ω ¦ Ευ Μθ ρ̅μ̅η̅ : Ιω . : Λο . : Μρ ξ̅ε̅ E ¦ Μθ ρ̅μ̅η̅ : Μρ ξ̅ε̅ : Λο λ̅β̅ : Ιω ν̅α̅ M ¦ Μθ ρ̅μ̅η̅ : Μρ ξ̅ε̅ : Λο λ̅ : Ιω να 124 **23** ρ̅μ̅θ̅/β̅ ℵ E G Y L M S U Π Ω 118 124 28 788 1424 ¦ ρ̅μ̅θ̅ C D F K P Θ 1582 f¹³ 157 579 1071 1346 ¦ ρν 2 ¦ Ευ Μθ ρ̅μ̅θ̅ : Ιω . : Λο λ̅ε̅ : Μρ ξ̅ϛ̅ E ¦ Μθ ρ̅μ̅θ̅ : Μρ ξ̅ϛ̅ M ¦ Μθ ρ̅μ̅θ̅ : Μρ ξ̅ϛ̅ : Λο μ̅γ̅ : Ιω . 124 ¦ (ante οψιας) ρν C D F K Θ 1582 f¹³ 1071 1346 ¦ ρν/γ E ¦ ρν/δ G L S U Π Ω 1424 ¦ ρν/α Υ M 28 ¦ Ευ Μθ ρν : Ιω να : Λο . : Μρ ξ̅ζ̅ E ¦ Μθ ρν : Μρ ξ̅ζ̅ M

[↓1346 **u**[**w**]]

μόνος ἦν ἐκεῖ. **24** τὸ δὲ πλοῖον ἤδη σταδίους πολλοὺς ἀπὸ τῆς γῆς ἀπεῖχεν βασανιζόμενον B *f*[13] 788
μόνος ἦν ἐκεῖ. **24** τὸ δὲ πλοῖον ἦν εἰς μέσον τῆς θαλάσσης βασανιζόμενον D
ἦν ἐκεῖ. **24** τὸ δὲ πλοῖον ἤδη μέσον τῆς θαλάσσης ἦν βασανιζόμενον F
μόνος ἦν ἐκεῖ. **24** τὸ δὲ πλοῖον ἤδη ἀπεῖχεν ἀπὸ τῆς γῆς σταδίους ἱκανοὺς βασανιζόμενον Θ
μόνος ἦν ἐκεῖ. **24** τὸ δὲ πλοῖον μέσον τῆς θαλάσσης ἦν βασανιζόμενον 28
μόνος ἦν ἐκεῖ. **24** τὸ δὲ πλοῖον ἤδη σταδίους τῆς γῆς ἀπεῖχεν ἱκανοὺς βασανιζόμενον 700
μόνος ἦν ἐκεῖ. **24** τὸ δὲ πλοῖον ἤδη ἦν μέσον τῆς θαλάσσης βασανιζόμενον 1424
μόνος ἦν ἐκεῖ. **24** τὸ δὲ πλοῖον ἤδη μέσον τῆς θαλάσσης ἦν βασανιζόμενον ℵ C 𝔐 K L
M P U W Δ Π *f*[1] 2 33 157 565 579 1071 [**w**]τ

ὑπὸ τῶν κυμάτων, ἦν γὰρ ἐναντίος ὁ ἄνεμος. **25** τετάρτη δὲ φυλακῇ τῆς B **uw**τ rell
ὑπὸ τῶν κυμάτων, ᾗ γὰρ ἐναντίος ὁ ἄνεμος. **25** τετάρτης δὲ φυλακῆς τῆς D*
ὑπὸ τῶν κυμάτων, ἦν γὰρ ἐναντίος ὁ ἄνεμος. **25** τετάρτης δὲ φυλακῆς τῆς D^c
ὑπὸ τῶν καμάτων, ἦν γὰρ ἐναντίος ὁ ἄνεμος. **25** τετάρτη δὲ φυλακῇ τῆς M
ὑπὸ τῶν κυμάτων, ἦν γὰρ ἐναντίος ὁ ἄνεμος. **25** τετάρτη οὖν φυλακῇ τῆς W
ὑπὸ τῶν κυμάτων, ἦν γὰρ ἐναντίος ὁ ἄνεμος αὐτοῖς. **25** τετάρτη δὲ φυλακῇ τῆς Θ

νυκτὸς ἦλθεν πρὸς αὐτούς περιπατῶν ἐπὶ τὴν θάλασσαν. B ℵ *f*[1] 33 **uw**
νυκτὸς ἀπῆλθεν πρὸς αὐτούς περιπατῶν ἐπὶ τῆς θαλάσσης. C* S 157
νυκτὸς ἦλθεν πρὸς αὐτοὺς ὁ Ἰησοῦς περιπατῶν ἐπὶ τῆς θαλάσσης. C^c 565 1424
νυκτὸς ἀπῆλθεν περιπατῶν πρὸς αὐτοὺς ἐπὶ τῆς θαλάσσης. D
νυκτὸς ἀπῆλθεν πρὸς αὐτοὺς περιπατῶν ἐπὶ τὴν θάλασσαν. P W Δ
νυκτὸς ἦλθεν πρὸς αὐτοὺς ὁ Ἰησοῦς περιπατῶν ἐπὶ τὴν θάλασσαν. Θ *f*[13] 700 788 1346
νυκτὸς ἀπῆλθεν ὁ Ἰησοῦς πρὸς αὐτοὺς περιπατῶν ἐπὶ τῆς θαλάσσης. 28
νυκτὸς ἀπῆλθεν πρὸς αὐτοὺς ὁ Ἰησοῦς περιπατῶν ἐπὶ τῆς θαλάσσης. 𝔐 K L M U Π 118 2 579 1071 τ

26 οἱ δὲ μαθηταὶ ἰδόντες αὐτὸν ἐπὶ τῆς θαλάσσης περιπατοῦντα ἐταράχθησαν B ℵ^c D **uw**
26 ἰδόντες δὲ αὐτὸν ἐπὶ τῆς θαλάσσης περιπατοῦντα ἐταράχθησαν ℵ*
26 καὶ ἰδόντες αὐτὸν οἱ μαθηταὶ ἐπὶ τῆς θαλάσσης περιπατοῦντα ἐταράχθησαν C 1582^c 33
26 ἰδόντες δὲ αὐτὸν περιπατοῦντα ἐπὶ τῆς θαλάσσης ἐταράχθησαν Θ 700
26 καὶ ἰδόντες αὐτὸν ἐπὶ τῆς θαλάσσης περιπατοῦντα ἐταράχθησαν 1 1582*
26 οἱ δὲ μαθηταὶ ἰδόντες αὐτὸν περιπατοῦντα ἐπὶ τῆς θαλάσσης ἐταράχθησαν *f*[13] 788 1346
26 καὶ ἰδόντες αὐτὸν ἐταράχθησαν 1424
26 καὶ ἰδόντες αὐτὸν οἱ μαθηταὶ ἐπὶ τὴν θάλασσαν περιπατοῦντα ἐταράχθησαν 𝔐 K L M P U W Δ
Π 118 2 28 157 565 579 1071 τ

λέγοντες ὅτι Φάντασμά ἐστιν, καὶ ἀπὸ τοῦ φόβου ἔκραξαν. **27** εὐθὺς δὲ ἐλάλησεν B ℵ D Θ *f*[13] 700 788
πάντες ὅτι Φάντασμά ἐστιν, καὶ ἀπὸ τοῦ φόβου ἔκραξαν. **27** εὐθέως δὲ ἐλάλησαν 579 [↑1346 **uw**
λέγοντες ὅτι Φάντασμά ἐστιν, καὶ ἀπὸ τοῦ φόβου ἔκραξαν. **27** εὐθέως δὲ ἐλάλησεν τ rell

ὁ Ἰησοῦς αὐτοῖς λέγων, Θαρσεῖτε, ἐγώ εἰμι· μὴ φοβεῖσθε. **28** ἀποκριθεὶς δὲ B [**uw**]
αὐτοῖς λέγων, Θαρσεῖτε, ἐγώ εἰμι· μὴ φοβεῖσθε. **28** ἀποκριθεὶς δὲ ℵ* [**uw**]
αὐτοῖς λέγων, Θαρρεῖτε, ἐγώ εἰμι· μὴ φοβεῖσθε. **28** ἀποκριθεὶς δὲ D
αὐτοῖς ὁ Ἰησοῦς λέγων, ἐγώ εἰμι· μὴ φοβεῖσθε. **28** ἀποκριθεὶς δὲ 1424
αὐτοῖς ὁ Ἰησοῦς λέγων, Θαρσεῖτε, ἐγώ εἰμι· μὴ φοβεῖσθε. **28** ἀποκριθεὶς δὲ τ rell

lac. **14.23-28** 𝔓[45] A H N Q Γ 69

A 23 ιν (ην) Θ **24** πλειον 579 | ηδει 579 | μεσων 28 | απιχεν Θ | απειχε 13 | απηχε 1346 | θαλασις K* | θαλασσις K^c | κοιματων, εναντηος L | εναντιως 579 **25** τεταρτι E K | απηλθε Y M 118 157 1071 | ηλθε 700 1346* | περιπατον L | θαλασση M **26** ειδον- τες P | ιδωντες 579 | εστι Y M S U *f*[1] 118 *f*[13] 28 157 700 788 1071 | εστην L **27** θαρσιτε ℵ | θαρσειται W Θ 2* | ειμει D W Θ | ειμη L | φοβισθε ℵ | φοβεισθαι C D P 2 28 157 579 | φοβησθε E* 565 1071 | φοβισθαι W | φωβεισθε Θ **28** αποκριθις ℵ | απο- κρειθεις D | αποκριθει Θ

B 25 ῑϛ 𝔐 K L M U Θ Π Ω 118 *f*[13] 124 2 28 565 579 700 788 1071 1346 1424 **27** ῑϛ B ℵ^c C 𝔐 K L M P S U W Δ Θ Π Ω *f*[1] 118 *f*[13] 124 2 33 28 157 565 579 700 788 1071 1346 1424

C 24 κ̅ζ̅ περι του εν θαλαση περιπατουντ (ante ην βασν.) G **25** κ̅ζ̅ πε του εν θαλασσης περιπατ 579

D 24 ρ̅ν̅/δ̅ ℵ 118 | ρ̅ν̅/α̅ 124 788 | ρ̅ν̅ 579 | Μθ ρ̅ν̅ : Μρ ξ̅ζ̅ : Λο . : Ιω . 124 **25** ρ̅ν̅ 157 **28** ρ̅ν̅α̅/ι̅ ℵ E G Y (L) M S U Π Ω 118 124 28 788 1424 | ρ̅ν̅α̅ C D F K Θ 1582 *f*[13] 157 579 1071 1346 | Ευ Μθ ρ̅ν̅α̅ : Μρ . : Λο . : Ιω . E | Μθ ρ̅ν̅α̅ : Μρ ξ̅η̅ Μ | Μθ ρ̅ν̅α̅ : Μρ ξ̅ζ̅ : Λο μ̅γ̅ : Ιω . 124

ὁ Πέτρος εἶπεν αὐτῷ,   Κύριε, εἰ σὺ εἶ,   κέλευσόν με   ἐλθεῖν πρός σε ἐπὶ τὰ ὕδατα·   B w
αὐτῷ ὁ Πέτρος εἶπεν,   εἰ σὺ εἶ, Κύριε,   κέλευσόν με   ἐλθεῖν πρός σε ἐπὶ τὰ ὕδατα·   ℵ
αὐτῷ ὁ Πέτρος εἶπεν,   Κύριε, εἰ σὺ εἶ,   κέλευσόν μοι   ἐλθεῖν πρός σε ἐπὶ τὰ ὕδατα·   C
αὐτῷ   Πέτρος εἶπεν,   Κύριε, εἰ σὺ εἶ,   κέλευσόν με   ἐλθεῖν πρός σε ἐπὶ τὰ ὕδατα·   D
αὐτῷ ὁ Πέτρος εἶπεν,   Κύριε, εἰ σὺ εἶ,   κέλευσόν με   ἐλθεῖν πρός σε ἐπὶ τὰ ὕδατα·   W Θ f¹ f¹³ 788 u
ὁ Πέτρος εἶπεν,   Κύριε, εἰ σὺ εἶ,   κέλευσόν μοι   ἐλθεῖν πρός σε ἐπὶ τὰ ὕδατα·   Δ
ὁ Πέτρος αὐτῷ εἶπεν,   Κύριε, εἰ σὺ εἶ,   κέλευσόν με   ἐλθεῖν πρός σε ἐπὶ τὰ ὕδατα·   33
ὁ Πέτρος εἶπεν,   Κύριε, εἰ σὺ εἶ,   κέλευσόν με   ἐλθεῖν πρός σε ἐπὶ τὰ ὕδατα·   157
ὁ Πέτρος εἶπεν,   Κύριε, εἰ σὺ εἶ,   κέλευσόν με   πρός σε ἐλθεῖν ἐπὶ τὰ ὕδατα·   118 579 1071
αὐτῷ ὁ Πέτρος εἶπεν,   Κύριε, εἰ σὺ εἶ,   κέλευσόν με   ἐλθεῖν ἐπὶ τὰ ὕδατα πρός σε·   700
αὐτῷ ὁ Πέτρος εἶπεν,   Κύριε, εἰ σὺ εἶ,   κέλευσόν με   ἀπελθεῖν πρός σε ἐπὶ τὰ ὕδατα·   1346
ὁ Πέτρος εἶπεν αὐτῷ,   Κύριε, εἰ σὺ εἶ,   κέλευσόν με   πρός σε ἐλθεῖν ἐπὶ τὰ ὕδατα·   1424   [↓28 565 τ
αὐτῷ ὁ Πέτρος εἶπεν,   Κύριε, εἰ σὺ εἶ,   κέλευσόν με   πρός σε ἐλθεῖν ἐπὶ τὰ ὕδατα·   𝔐 K L M P U Π 2

29 ὁ δὲ εἶπεν,   Ἐλθέ. καὶ καταβὰς ἀπὸ τοῦ πλοίου   Πέτρος περιεπάτησεν ἐπὶ   ℵ B D [u]w
29 ὁ δὲ Ἰησοῦς εἶπεν,   Ἐλθέ. καὶ καταβὰς ἀπὸ τοῦ πλοίου ὁ Πέτρος περιεπάτησεν ἐπὶ   E
29 ὁ δὲ εἶπεν,   Ἐλθέ. καὶ καταβὰς ἐκ τοῦ πλοίου ὁ Πέτρος περιεπάτησεν ἐπὶ   700
29 ὁ δὲ εἶπεν,   Ἐλθέ. καὶ καταβὰς ἀπὸ τοῦ πλοίου ὁ Πέτρος περιεπάτησεν ἐπὶ   [u]τ rell

τὰ ὕδατα   καὶ ἦλθεν   πρὸς τὸν Ἰησοῦν. 30 βλέπων δὲ τὸν ἄνεμον   B* [uw]
τὰ ὕδατα   καὶ ἦλθεν   πρὸς τὸν Ἰησοῦν. 30 βλέπων δὲ τὸν ἄνεμον   ἰσχυρὸν   Bᶜ 700 [u]
τὰ ὕδατα ἐλθῖν· ἦλθεν οὖν πρὸς τὸν Ἰησοῦν. 30 βλέπων δὲ τὸν ἄνεμον   ℵ*
τὰ ὕδατα   ἐλθεῖν   πρὸς τὸν Ἰησοῦν. 30 βλέπων δὲ τὸν ἄνεμον   ℵᶜ [w]
τὰ ὕδατα   καὶ ἦλθεν   πρὸς τὸν Ἰησοῦν. 30 βλέπων δὲ τὸν ἄνεμον   ἰσχυρὸν   C*
τὰ ὕδατα   ἐλθεῖν   πρὸς τὸν Ἰησοῦν. 30 βλέπων δὲ τὸν ἄνεμον   ἰσχυρὸν σφόδρα   W
τὰ ὕδατα   ἐλθεῖν   πρὸς τὸν Ἰησοῦν. 30 βλέπων δὲ τὸν ἀνεμένον ἰσχυρὸν   33
τὰ ὕδατα   ἐλθεῖν   πρὸς τὸν Ἰησοῦν. 30 βλέπων δὲ τὸν ἄνεμον   ἰσχυρὸν   Cᶜ D 𝔐 K L
M P U Δ Θ Π f¹ f¹³ 2 28 157 565 579 788 1071 1346 1424 τ

ἐφοβήθη,   καὶ ἀρξάμενος καταποντίζεσθαι ἔκραξεν   λέγων, Κύριε, σῶσόν με.   B 118 uwτ rell
ἐφοβήθη ἐλθεῖν, καὶ ἀρξάμενος καταποντίζεσθαι ἔκραξεν   λέγων, Κύριε, σῶσόν με.   W
ἐφοβήθη,   καὶ ἀρξάμενος καταποντίζεσθαι ἔκραξεν   λέγων, Κύριε, σῶσόν.   1 1582*
ἐφοβήθη,   καὶ ἀρξάμενος καταποντίζεσθαι ἐκραύγαζεν λέγων, Κύριε, σῶσόν με.   565

31 εὐθέως δὲ ὁ Ἰησοῦς ἐκτείνας τὴν χεῖρα ἐπελάβετο αὐτοῦ καὶ λέγει αὐτῷ,   B uwτ rell
31 εὐθὺς δὲ ὁ Ἰησοῦς ἐκτείνας τὴν χεῖρα ἐπελάβετο αὐτοῦ καὶ λέγει αὐτῷ,   ℵ Θ 700
31 εὐθέως δὲ   Ἰησοῦς ἐκτείνας τὴν χεῖρα ἐπελάβετο αὐτοῦ καὶ λέγει αὐτῷ,   D
31 εὐθέως δὲ   ἐκτείνας τὴν χεῖρα ἐπελάβετο αὐτοῦ καὶ λέγει αὐτῷ,   E*
31 .... το αὐτοῦ καὶ λέγει αὐτῷ,   N
31 εὐθέως δὲ ὁ Ἰησοῦς ἐκτείνας τὴν χεῖρα ἐπελάβετο αὐτοῦ καὶ εἶπεν αὐτῷ,   2

Ὀλιγόπιστε, εἰς τί ἐδίστασας; 32 καὶ ἀναβάντων αὐτῶν εἰς τὸ πλοῖον ἐκόπασεν ὁ   B ℵ D Θ f¹³ 33 700 788
Ὀλιγόπιστε, εἰς τί ἐδίστασας; 32 καὶ ἐμβάντων αὐτῶν εἰς τὸ πλοῖον ἐκόπασεν ὁ   τ rell [↑1346 1424 uw

ἄνεμος. 33 οἱ δὲ ἐν τῷ πλοίῳ   προσεκύνησαν αὐτῷ λέγοντες,   B ℵ Cᶜ N f¹ 700 uw
ἄνεμος. 33 οἱ δὲ   ἐλθόντες προσεκύνησαν αὐτῷ λέγοντες,   C*
ἄνεμος. 33 οἱ δὲ ἐν τῷ πλοίῳ προσελθόντες προσεκύνησαν αὐτῷ λέγοντες,   Θ f¹³ 788 1346 1424
ἄνεμος. 33 οἱ δὲ ἐν τῷ πλοίῳ   ὄντες προσεκύνησαν αὐτῷ λέγοντες,   118
ἄνεμος. 33 οἱ δὲ ἐν τῷ πλοίῳ   ὄντες   28
ἄνεμος. 33 οἱ δὲ ἐν τῷ πλοίῳ   προσεκύνουν αὐτῷ λέγοντες,   579   [↓157 565 1071 τ
ἄνεμος. 33 οἱ δὲ ἐν τῷ πλοίῳ   ἐλθόντες προσεκύνησαν αὐτῷ λέγοντες,   D 𝔐 K L M P U W Δ Π 2 33

lac. 14.28-33 𝔓⁴⁵ A H Q Γ 69 ¦ vss. 28 - 31 N ¦ vs. 33 28

A 28 ειπε Y 118 | καιελευσον Θ | ελθιν ℵ 29 περιπατισεν E ¦ περιεπατεισεν 1071 | ελθιν ℵ | ελθην Θ | ηλθε 700ᶜ 30 βλεπον E Θ 2* 28 | ανεμος Θ* | καταποντιζεσθε ℵ 788 | καταποντηζεσθαι Θ | εκραξε Y M U f¹ 118 f¹³ 157 700 788 1071 1346 | λεγον Θ* | σωσων Θ 31 εκτινας ℵ E* W Θ | χηρα επελαβητο Θ | εδηστασας L 32 ενβαντων W | τω (το) Θ* | πλοιων L 33 το ποιω L | ελθωντες 2*

B 28 κε B ℵ C D 𝔐 K L M P S U W Δ Θ Π Ω f¹ 118 f¹³ 124 2 33 28 157 565 579 700 788 1071 1346 1424 29 ις E | ιν B ℵ C 𝔐 K L M P S U W Δ Θ Π Ω f¹ 118 f¹³ 124 2 33 28 157 565 579 700 788 1071 1346 1424 ¦ ιην D 30 κε B ℵ C D 𝔐 K L M P S U W Δ Θ Π Ω f¹ 118 f¹³ 124 2 33 28 157 565 579 700 788 1071 1346 1424 31 ις B ℵ C Eᶜ F G Y K L M P S U W Δ Θ Π Ω f¹ 118 f¹³ 124 2 33 28 157 565 579 700 788 1071 1346 1424 ¦ ιης D

C 24 κζ περι του εν θαλαση περιπατουντ (ante ην βασν.) G

D 32 ρνβ/ϛ ℵ G Y M S U Π Ω 124 28 1424 ¦ ρνβ C D F K Θ f¹ f¹³ 157 579 1071 1346 ¦ ρνβ/ε E ¦ ρνβ/β L ¦ ρνγ 118 | Ευ Μθ ρνβ : Μρ ξη Λο . : Ιω . E | Μθ ρνβ : Μρ ξη M | Μθ ρνβ : Μρ τμϛ, ξα : Λο λϛ · Ιω . 124

Ἀληθῶς θεοῦ υἱὸς εἶ.　　Β nwτ rell
Ἀληθῶς <u>υἱὸς θεοῦ</u> εἶ σύ.　Δ

Many Touch His Garment At Gennesaret And Are Healed
(Mark 6.53-56)

ρ̅ϛ̅	**34** Καὶ διαπεράσαντες ἦλθον ἐπὶ τὴν γῆν εἰς	Γεννησαρέτ.	**35** καὶ ἐπιγνόντες	Β ℵ W 33 579 **u**
	34 Καὶ διαπεράσαντες ἦλθον ἐπὶ τὴν γῆν	Γεννησαρέτ.	**35** καὶ ἐπιγνόντες	C 788
	34 Καὶ διαπεράσαντες ἦλθον ἐπὶ τὴν γῆν εἰς	<u>Γεννησάρ.</u>	**35** καὶ ἐπιγνόντες	D*
	34 Καὶ διαπεράσαντες ἦλθον ἐπὶ τὴν γῆν εἰς	Γεννησαράτ.	**35** καὶ ἐπιγνόντες	Dᶜ
	34 Καὶ διαπεράσαντες ἦλθον <u>εἰς</u> τὴν γῆν	<u>Γενησαρέθ.</u>	**35** καὶ ἐπιγνόντες	F L 565
	34 Καὶ διαπεράσαντες ἦλθον ἐπὶ τὴν γῆν	<u>Γενησαρέτ.</u>	**35** καὶ ἐπιγνόντες	N 1424
	34 Καὶ διαπεράσαντες ἦλθον ἐπὶ τὴν γῆν εἰς	<u>Γεννησαρέθ.</u>	**35** καὶ ἐπιγνόντες	Δ
	34 Καὶ διαπεράσαντες ἦλθον ἐπὶ τὴν γῆν εἰς	<u>Γεννησαρέθ.</u>	**35** καὶ ἐπιγνόντες	Θ
	34 Καὶ διαπεράσαντες ἦλθον <u>εἰς</u> γῆν	<u>Γεννησαρέθ.</u>	**35** καὶ ἐπιγνόντες	Ω
	34 Καὶ διαπεράσαντες ἦλθον <u>εἰς</u> τὴν γῆν	Γεννησαρέτ.	**35** καὶ ἐπιγνόντες	f¹ 1071 τ
	34 Καὶ διαπεράσαντες ἦλθον <u>εἰς</u> τὴν γῆν	<u>Γενησαρέτ.</u>	**35** καὶ ἐπιγνόντες	118
	34 Καὶ διαπεράσαντες ἦλθον ἐπὶ τὴν γῆν	<u>Γεννησαρέθ.</u>	**35** καὶ ἐπιγνόντες	f¹³ 1346
	34 Καὶ <u>ἀπάραντες</u> ἦλθον <u>εἰς</u> τὴν γῆν	Γεννησαρέθ.	**35** καὶ ἐπιγνόντες	2
	34 Καὶ διαπεράσαντες ἦλθον ἐπὶ τὴν γῆν	<u>Γενισαρέτ.</u>	**35** καὶ ἐπιγνόντες	157
	34 Καὶ διαπεράσαντες ἦλθον <u>εἰς</u> γῆν	<u>Γεννησάρ.</u>	**35** καὶ ἐπιγνόντες	700
	34 Καὶ διαπεράσαντες <u>ἦλθαν</u> ἐπὶ τὴν γῆν εἰς	Γεννησαρέτ..	**35** καὶ ἐπιγνόντες	**w**
	34 Καὶ διαπεράσαντες ἦλθον <u>εἰς</u> τὴν γῆν	Γεννησαρέθ.	**35** καὶ ἐπιγνόντες	𝔐 Κ Μ Ρ U Π

αὐτὸν οἱ ἄνδρες τοῦ τόπου ἐκείνου ἀπέστειλαν εἰς ὅλην τὴν περίχωρον ἐκείνην,	Β **uwτ** rell
αὐτὸν οἱ ἄνδρες τοῦ τόπου ἀπέστειλαν εἰς ὅλην τὴν περίχωρον ἐκείνην,	ℵ 579
οἱ ἄνδρες τοῦ τόπου ἐκείνου ἀπέστειλαν εἰς ὅλην τὴν περίχωρον ἐκείνην,	N
αὐτὸν οἱ ἄνδρες τοῦ τόπου ἐκείνου <u>ἀπέστιλον</u> εἰς ὅλην τὴν περίχωρον ἐκείνην,	W
αὐτὸν οἱ ἄνδρες <u>ἐκείνου</u> <u>τοῦ</u> <u>τόπου</u> ἀπέστειλαν εἰς ὅλην τὴν περίχωρον ἐκείνην,	Θ f¹³ 700 788 1346
αὐτὸν οἱ ἄνδρες τοῦ τόπου ἐκείνου ἀπέστειλαν εἰς ὅλην τὴν <u>γῆν</u> ἐκείνην,	1424

καὶ προσήνεγκαν αὐτῷ πάντας τοὺς κακῶς ἔχοντας, **36** καὶ παρεκάλουν ἵνα	Β* **[w]**
καὶ προσήνεγκαν αὐτῷ πάντας τοὺς κακῶς ἔχοντας, **36** καὶ παρεκάλουν <u>αὐτὸν</u> ἵνα <u>κᾶν</u>	Θ f¹ f¹³ 33 788
καὶ προσήνεγκαν πάντας τοὺς κακῶς ἔχοντας, **36** καὶ παρεκάλουν <u>αὐτὸν</u> ἵνα <u>κᾶν</u>	1424 [↑1346
καὶ προσήνεγκαν αὐτῷ πάντας τοὺς κακῶς ἔχοντας, **36** καὶ παρεκάλουν <u>αὐτὸν</u> ἵνα	118 **u[w]**τ rell

μόνον ἅψωνται τοῦ κρασπέδου τοῦ ἱματίου αὐτοῦ· καὶ ὅσοι ἥψαντο διεσώθησαν.	Β **uwτ** rell
μόνον ἅψωνται τοῦ κρασπέδου τοῦ ἱματίου αὐτοῦ· καὶ ὅσοι ἥψαντο <u>ἐσώθησαν.</u>	ℵ 579
μόνον ἅψωνται τοῦ κρασπέδου τοῦ ἱματίου αὐτοῦ· καὶ ὅσοι <u>ἂν</u> ἥψαντο διεσώθησαν.	C 33 157
μόνον ἅψωνται τοῦ κρασπέδου τοῦ ἱματίου αὐτοῦ· καὶ ὅσοι ἥψαντο <u>διελώθησαν.</u>	W
μόνον ἅψωνται τοῦ κρασπέδου ἱματίου αὐτοῦ· καὶ ὅσοι ἥψαντο διεσώθησαν.	Δ
μόνον ἅψωνται <u>αὐτοῦ</u> <u>τοῦ</u> <u>κρασπέδου</u> <u>τοῦ</u> <u>ἱματίου</u>· καὶ ὅσοι ἥψαντο διεσώθησαν.	1424

lac. 14.33-36 𝔓⁴⁵ Α Η Q Γ 28 69

A 33 αληθος E* L **34** ηλθων 1071 **35** επιγνωντες F 13 124 2* 579 788 1346 | αυτων 124 | εκεινη L | εκινου N | απεστιλαν ℵ N Θ | περηχωρον L | περιχωρων Θ | περιχορον Ω 13 2* | εκινην ℵ | εχωντας 579 **36** αψονται E Ω 1 13 2* 579 1071 1346 | αψοντε N | ειματιου P | ηματιου 2* | οσυ Θ

B 33 θ̅υ̅ Β ℵ C D 𝔐 K L M N P S U W Δ Θ Π Ω f¹ 118 f¹³ 124 2 33 157 565 579 700 788 1071 1346 1424 | υ̅ς̅ ℵ C 𝔐 K L M N P S U Δ Π Ω f¹ 2 33 1424

C 34 τελος (post γεννησ.) D [κυριακη θ´: 14.22-34] E S Y 118 f¹³ 124 2 1346 | τελος της κυ, G M Π f¹ | τελ Θ **35** αρχη: τη ε της ε εβδ τω καιρω εκεινω επηγνωντες τον ιν οι ανδρες του τοπου G | αρχ: τη ε της ε εβδ αρχ τῶ κ,ρ,ω επιγνοντες τον ιν οι ανδρες του τοπου Υ | Μθ τη ε τς ε εβδ τω καιρ,ω επιγνοντες τον ι̅ν̅ οι ανδρ, M | (ante απεστειλαν) αρχ: τη δ̅ τς ζ̅ εβδ τω καιρω εκεινω επιγνοντες του ι̅υ̅ οι ανδρες της Γενησαρετ Π | αρχ ξ̅η̅ τη δ̅ τς ζ̅ τω καιρω επιγνοντ τον ιν οι ανδρες τς γς γεννησαρ απεστει f¹ | αρχ ξ̅ τη δ̅ τς ζ̅ εβδομα τω επιγνοντ οι ανδρες τς γς γεννη 118 | αρχ f¹³ 788 1346 | αρχ τη δ̅ 157

D 34 ρ̅ν̅γ̅ C | ρ̅ν̅γ̅/β̅ Y L Π 118 **35** ρ̅ν̅γ̅/β̅ ℵ M N U Ω 124 788 1424 | ρ̅ν̅γ̅ D K Θ f¹³ 579 1071 1346 | Μθ ρ̅ν̅γ̅ : Μρ ξ̅η̅ M | Μθ ρ̅ν̅γ̅ : Μρ ξ̅δ̅ : Λο . : Ιω . 124

κη̅   περὶ τῆς παραβασέως τῆς ἐντολῆς τοῦ θεοῦ

A Controversy About Tradition And What Defiles
(Mark 7.1-23; Luke 11.37-39; 6.39)

ϙη̅ 15.1 Τότε προσέρχονται τῷ Ἰησοῦ   ἀπὸ Ἰεροσολύμων Φαρεισαῖοι καὶ γραμματεῖς   Β
15.1 Τότε προσέρχονται τῷ Ἰησοῦ   ἀπὸ Ἰεροσολύμων <u>Φαρισαῖοι</u>   καὶ γραμματεῖς   ℵ Θ 124* 579
15.1 Τότε <u>προέρχονται</u> <u>πρὸς αὐτὸν</u> ἀπὸ Ἰεροσολύμων <u>Φαρισαῖοι</u>   καὶ γραμματεῖς   D* [↑788 uw
15.1 Τότε προσέρχονται <u>πρὸς αὐτὸν</u> ἀπὸ Ἰεροσολύμων <u>Φαρισαῖοι</u>   καὶ γραμματεῖς   Dᶜ
15.1 Τότε προσέρχονται <u>αὐτω</u>   <u>Φαρισαῖοι καὶ γραμματεῖς</u>   <u>ἀπὸ</u> Ἰεροσολύμων   f¹
15.1 Τότε προσέρχονται τῷ Ἰησοῦ <u>οἱ</u> ἀπὸ Ἰεροσολύμων <u>Φαρισαῖοι</u>   καὶ γραμματεῖς   f¹³ 33 565
15.1 Τότε προσέρχονται τῷ Ἰησοῦ   ἀπὸ Ἰεροσολύμων <u>γραμματεῖς</u>   καὶ <u>Φαρισαῖοι</u>   118 157 700
15.1 Τότε προσέρχονται τῷ Ἰησοῦ <u>οἱ</u> <u>Ἐροσολύμων</u> <u>Φαρισαῖοι</u>   καὶ γραμματεῖς   1346 [↑1071
15.1 Τότε προσέρχονται <u>αὐτῷ</u>   ἀπὸ Ἰεροσολύμων <u>Φαρισαῖοι</u>   καὶ γραμματεῖς   1424
15.1 Τότε προσέρχονται τῷ Ἰησοῦ <u>οἱ</u> ἀπὸ Ἰεροσολύμων <u>γραμματεῖς</u>   καὶ <u>Φαρισαῖοι</u>   C 𝔐 K L M N
P U W Δ Π 2 τ

λέγοντες, **2** Διὰ τί οἱ μαθηταί σου παραβαίνουσιν^Τ τὴν παράδοσιν τῶν πρεσβυτέρων; οὐ Β uwτ rell
λέγοντες, **2** Διὰ τί οἱ μαθηταί σου <u>παραλαμβανουσι</u> τὴν παράδοσιν τῶν πρεσβυτέρων; οὐ 1071

^Τοι δε παραβαινουσι   788*

[↓579 700 **[u]w**
γὰρ νίπτονται τὰς χεῖρας   ὅταν   ἄρτον ἐσθίωσιν. **3** ὁ δὲ ἄποκριθεὶς εἶπεν αὐτοῖς,   Β ℵ* Δ f¹
γὰρ νίπτονται τὰς χεῖρας <u>αὐτῶν</u> ὅταν   ἄρτον ἐσθίωσιν. **3** ὁ δὲ ἄποκριθεὶς εἶπεν,   D
γὰρ νίπτονται τὰς χεῖρας <u>αὐτῶν</u> ὅταν <u>τὸν</u> ἄρτον ἐσθίωσιν. **3** ὁ δὲ ἄποκριθεὶς εἶπεν αὐτοῖς,   Υ Π 565
γὰρ νίπτονται τὰς χεῖρας <u>αὐτῶν</u> ὅταν   ἄρτον <u>ἐσθίουσιν</u>. **3** ὁ δὲ ἄποκριθεὶς εἶπεν αὐτοῖς,   W 157
γὰρ νίπτονται <u>ταῖς χερσὶν</u> αὐτῶν ὅταν   ἄρτον <u>ἐσθίουσιν</u>. **3** ὁ δὲ ἄποκριθεὶς εἶπεν αὐτοῖς,   1346
γὰρ νίπτονται τὰς χεῖρας   ὅταν   ἄρτον <u>ἐσθίουσιν</u>. **3** ὁ δὲ ἄποκριθεὶς εἶπεν αὐτοῖς,   1424
γὰρ νίπτονται τὰς χεῖρας <u>αὐτῶν</u> ὅταν   ἄρτον ἐσθίωσιν. **3** ὁ δὲ ἄποκριθεὶς εἶπεν αὐτοῖς,   118 **[u]**τ
rell

Διὰ τί καὶ ὑμεῖς παραβαίνετε τὴν ἐντολὴν τοῦ θεοῦ διὰ τὴν παράδοσιν ὑμῶν; **4** ὁ γὰρ θεὸς   Β 124 **uwτ**
Διὰ τί   ὑμεῖς παραβαίνετε τὴν ἐντολὴν τοῦ θεοῦ διὰ τὴν παράδοσιν ὑμῶν; **4** ὁ γὰρ θεὸς   ℵ* 579 [↑rell
Διὰ τί καὶ ὑμεῖς <u>παραβαῖναι</u> τὴν ἐντολὴν τοῦ θεοῦ διὰ τὴν παράδοσιν ὑμῶν; **4** ὁ γὰρ θεὸς   D
Διὰ τί καὶ ὑμεῖς παραβαίνετε τὴν ἐν............ .... **4** .. .. P
Διὰ τί καὶ ὑμεῖς <u>ἡμεῖς</u> παραβαίνετε τὴν ἐντολὴν τοῦ θεοῦ διὰ τὴν παράδοσιν ὑμῶν; **4** ὁ γὰρ θεὸς   f¹³
Διὰ τί   ὑμεῖς <u>παραλαμβαίνετε</u> τὴν ἐντολὴν τοῦ θεοῦ διὰ τὴν παράδοσιν ὑμῶν; **4** ὁ γὰρ θεὸς   1071

εἶπεν,   **Τεῖμα** τὸν πατέρα   καὶ τὴν μητέρα,   καί, Ὁ κακολογῶν   Β D
<u>ἐνετείλατο</u> <u>λέγων</u>, **Τίμα** τὸν πατέρα   καὶ τὴν μητέρα,   καί, Ὁ κακολογῶν   ℵ* C* 𝔐 118 2
εἶπεν,   **Τίμα** τὸν πατέρα   καὶ τὴν μητέρα,   καί, Ὁ κακολογῶν   ℵᶜ 700 **uw**
<u>ἐνετείλατο</u> <u>λέγων</u>, **Τίμα** τὸν πατέρα <u>σου</u> καὶ τὴν μητέρα <u>σου</u>, καί, Ὁ κακολογῶν   Ν W 1071
1424
<u>ἐνετείλατο</u> <u>λέγων</u>, **Τίμα** τὸν πατέρα   καὶ τὴν μητέρα,   καί, Ὁ <u>κακαλογῶν</u>   Δ
εἶπεν,   **Τίμα** τὸν πατέρα <u>σου</u> καὶ τὴν μητέρα,   καί, Ὁ κακολογῶν   Θ 124 579 788
εἶπεν,   **Τίμα** τὸν πατέρα   καὶ τὴν μητέρα,   καί, Ὁ κακολογῶν   f¹
<u>ἐνετείλατο</u> <u>λέγων</u>, **Τίμα** τὸν πατέρα <u>σου</u> καὶ τὴν μητέρα,   καί, Ὁ κακολογῶν   Cᶜ Υ K L M U
Π f¹³ 33 157 565 1346 τ

---

lac. **15.1-4** 𝔓⁴⁵ A H Q Γ 28 69 ¦ vss. 3-4 P

A 15.1 προσερχοντε ℵ N ¦ το (τω) Θ ¦ γραμματις W ¦ γραματεις Θ **2** τη (τι) L ¦ μαθητε ℵ Θ ¦ μαται C ¦ παραβενουσι ℵ L ¦ παραβαινουσι S Υ K U Π f¹ 118 f¹³ 157 565 700 1346 ¦ παραβανουσιν Δ ¦ παραβενουσιν Θ* ¦ παραδωσιν Ε* F* L Θ 13 ¦ παραδωσι 1071 ¦ παραδωσιν 1346 ¦ πρεσβυτερον Θ* ¦ νιπτοντε Θ K L N ¦ νιπτωνται Θ* 13 ¦ χιρας ℵ* ¦ εσθιωσιν K ¦ αισθιωσιν Δ **3** τη (τι) L ¦ υμις N ¦ παραβενετε ℵ L ¦ παραβαινεται Ε W Δ Θ Ω 13 2* 579 788 1424 ¦ παραβεναται P ¦ εντωλην 1071 ¦ τιν Θ 1424 ¦ παραδωσιν Θ 1071 1346 1424 ¦ παραδωσν L **4** ενετιλατο ℵ N W ¦ τιν (την) Θ ¦ κακολογον Ε 13 1071 ¦ καιολογων L

B 15.1 ι̅υ̅ ℵ C 𝔐 K L M N P S U W Δ Θ Π Ω 118 f¹³ 124 2 33 157 565 579 700 788 1071 1346 **3** θ̅υ̅ Β ℵ C D 𝔐 K L M N S U W Δ Θ Π Ω f¹ 118 f¹³ 124 2 33 157 565 579 700 788 1071 1346 1424 **4** θ̅ς̅ Β ℵ C D 𝔐 K L M N S U W Δ Θ Π Ω f¹ 118 f¹³ 124 2 33 157 565 579 700 788 1071 1346 1424 ¦ π̅ρ̅α̅¹·² ℵ C 𝔐 K L M N S U W Δ Π Ω f¹ 118 f¹³ 124 2 33 157 565 579 700 788 1071 1346 1424 ¦ μ̅ρ̅α̅¹·² ℵ C 𝔐 K L M N S U Π Ω f¹ 118 f¹³ 124 2 33 157 565 579 700 788 1071 1346 1424 ¦ μ̅ρ̅α̅¹ Δ ¦ μ̅ρ̅α̅² W

C 15.1 κ̅η̅ περι της παραβασεως της (τοις 1346) εντολης (εντ 1346) του θ̅υ̅ (om. του θεου 33 579): Ε G Υ K L M N S U Δ Π Ω f¹ 124 33 157 579 1071 1346 1424 ¦ κη περι τις παραβασεος της εντολεις Θ ¦ κη πε των παραβασεως τς εντολ του θ̅υ̅ 2 ¦ Μθ κ̅η̅ ····· Μ ¦ Μρ ι̅η̅ Π 2 ¦ τε 1071 **3** κ̅η̅ περι της παραβασεως εντολης του θ̅υ̅ F **4** Δευτερονομιου Μ

D 15.1 ρ̅ν̅δ̅/ς̅ ℵ Υ L N S U Π Ω 118 1424 ¦ ρ̅ν̅δ̅ C K M Θ f¹³ 579 1071 1346 ¦ ρ̅ν̅γ̅/β̅ Ε G ¦ ρ̅ν̅γ̅ F f¹ 2 157 ¦ ρ̅ν̅δ̅/β̅ 124 788 ¦ Ευ Μθ ρ̅ν̅γ̅ : Μρ ξ̅η̅ : Λο λ̅ς̅ : Ιω . Ε ¦ Μθ ρ̅ν̅δ̅ · Μρ ξ̅η̅, οα : Λο λ̅ς̅ Μ ¦ Μθ ρ̅ν̅δ̅ : Μρ . : Λο . : Ιω . 124 **3** ρ̅ν̅δ̅/ε̅ Ε ¦ ρ̅ν̅δ̅ F K 1582 2 157 1071 ¦ ρ̅ν̅δ̅/ς̅ G ¦ Ευ Μθ ρ̅ν̅δ̅ : Μρ ο̅δ̅ : Λο . : Ιω . Ε

πατέρα ἢ μητέρα θανάτῳ τελευτάτω· 5 ὑμεῖς δὲ λέγετε, Ὃς   ἂν εἴπῃ τῷ πατρὶ   B uwτ rell
πατέρα ἢ μητέρα θανάτῳ τελευτάτω· 5 ὑμεῖς δὲ λέγετε, Ὃς δ̓ ἂν εἴπῃ τῷ πατρὶ   D f¹³ 788 1346
πατέρα ἢ μητέρα θανάτῳ τελευτάτω· 5 ὑμεῖς δὲ λέγετε, Ὃς ἐὰν εἴπῃ τῷ πατρὶ αὐτοῦ 1071
πατέρα ἢ μητέρα θανάτῳ τελευτάτω· 5 ὑμεῖς δὲ λέγετε, Ὃς ἐὰν εἴπῃ τῷ πατρὶ   S Y L W Ω 118
                                                                                   157 33 579

ἢ τῇ μητρί, Δῶρον ὃ ἐὰν ἐξ ἐμοῦ ὠφελήθῃς,   6   οὐ μὴ τιμήσει τὸν B C 33 565 uw
ἢ τῇ μητρί, Δῶρον ὃ ἐὰν ἐξ ἐμοῦ ὠφελήθῃς οὐδέν ἐστιν, 6   οὐ μὴ τιμήσῃ τὸν ℵ*
ἢ τῇ μητρί, Δῶρον ὃ ἐὰν ἐξ ἐμοῦ ὠφελήθῃς,   6   οὐ μὴ τιμήσῃ τὸν ℵᶜ 118 579 700
ἢ τῇ μητρί, Δῶρον ὃ δ̓ ἂν ἐξ ἐμοῦ ὠφελήθῃς,   6   οὐ μὴ τιμήσει τὸν D*
ἢ τῇ μητρί, Δῶρον ὃ   ἂν ἐξ ἐμοῦ ὠφελήθῃς,   6   οὐ μὴ τιμήσει τὸν Dᶜ Θ 1 1582*
ἢ τῇ μητρί, Δῶρον ὃ ἐὰν ἐξ ἐμοῦ ὠφελήθῃς,   6 καὶ οὐ μὴ τιμήσει τὸν Eᶜ N 124 1071
ἢ τῇ μητρί, Δῶρον ὃ   ἂν ἐξ ἐμοῦ ὠφελήθῃς,   6 καὶ οὐ μὴ τιμήσει τὸν W   [↑1346
ἢ τῇ μητρί, Δῶρον ὃ   ἂν ἐξ ἐμοῦ ὠφελήθῃς,   6 καὶ οὐ μὴ τιμήσῃ τὸν 1582ᶜ
ἢ τῇ μητρί, Δῶρον ὃ δ̓ ἂν ἐξ ἐμοῦ ὠφελήθῃς,   6 καὶ οὐ μὴ τιμήσει τὸν f¹³
ἢ τῇ μητρί, Δῶρον ὃ ἐὰν ἐξ ἐμοῦ ὠφελήθῃς,   6   οὐ μὴ τιμήσει τὸν 788   [↓1424 τ
ἢ τῇ μητρί, Δῶρον ὃ ἐὰν ἐξ ἐμοῦ ὠφελήθῃς,   6 καὶ οὐ μὴ τιμήσῃ τὸν 𝔐 K L M Δ Π 2 157

πατέρα αὐτοῦ·   και ἠκυρώσατε τὸν λόγον τοῦ θεοῦ B ℵ D u[w]
πατέρα αὐτοῦ·   και ἠκυρώσατε τὸν νόμον τοῦ θεοῦ ℵ* [w]
πατέρα αὐτοῦ ἢ τὴν μητέρα αὐτοῦ και ἠκυρώσατε τὸν νόμον τοῦ θεοῦ C
πατέρα αὐτοῦ ἢ τὴν μητέρα αὐτοῦ· και ἠκυρώσατε   ἐντολὴν τοῦ θεοῦ Δ
πατέρα   ἢ τὴν μητέρα αὐτοῦ· και ἠκυρώσατε τὸν λόγον τοῦ θεοῦ Θ
πατέρα αὐτοῦ·   και ἠκυρώσατε τὴν ἐντολὴν τοῦ θεοῦ Ω
πατέρα   ἢ τὴν μητέρα αὐτοῦ· και ἠκυρώσατε τὴν ἐντολὴν τοῦ θεοῦ f¹ 1424
πατέρα αὐτοῦ ἢ τὴν μητέρα· και ἠκυρώσατε τὸν νόμον τοῦ θεοῦ f¹³ 788 1346
πατέρα αὐτοῦ καὶ τὴν μητέρα αὐτοῦ· και ἠκυρώσατε τὴν ἐντολὴν τοῦ θεοῦ 565
πατέρα αὐτοῦ ἢ τὴν μητέρα· και ἠκυρώσατε τὸν λόγον τοῦ θεοῦ 579 700
πατέρα αὐτοῦ ἢ τὴν μητέρα· και ἠκυρώσατε τὴν ἐντολὴν τοῦ θεοῦ 33 1071   [↓157 τ
πατέρα αὐτοῦ ἢ τὴν μητέρα αὐτοῦ· και ἠκυρώσατε τὴν ἐντολὴν τοῦ θεοῦ 𝔐 K L M N U W Π 2

διὰ τὴν παράδοσιν ὑμῶν. 7 ὑποκριταί, καλῶς ἐπροφήτευσεν B* ℵ C D L Θ 124 579 uw
διὰ τὴν παράδοσιν ὑμῶν. 7 ὑποκριταί, καλῶς προφήτευσεν   Δ   [↓788 1071 1346 1424 τ
διὰ τὴν παράδοσιν ὑμῶν. 7 ὑποκριταί, καλῶς προεφήτευσεν Bᶜ 𝔐 K M N U W Π f¹ f¹³ 2 33 157 565 700

περὶ ὑμῶν Ἡσαΐας   λέγων,   B uwτ rell
Ἡσαΐας περὶ ὑμῶν   λέγων,   K Π 33 565
περὶ ὑμῶν ὁ Ἡσαΐας   λέγων,   157
περὶ ὑμῶν Ἡσαΐας ὁ προφήτης λέγων, 1424

                                                    [↓33 579 700 788 1424 uw
8   Ὁ λαὸς οὗτος   τοῖς χείλεσίν με τιμᾷ, B ℵ D L Θ 124
8 Ἐγγίζει μοι ὁ λαὸς οὕτως τῷ στόματι αὐτῶν καὶ τοῖς χείλεσίν με τιμᾷ, E* f¹³
8 Ἐγγίζει με ὁ λαὸς οὗτος τῷ στόματι αὐτῶν καὶ τοῖς χείλεσίν με τιμᾷ, F
8 Ἐγγίζει   ὁ λαὸς   τῷ στόματι αὐτῶν καὶ τοῖς χείλεσίν με τιμᾷ, Δ
8 Ἐγγίζει μοι ὁ λαὸς οὗτος τὸ στόματι αὐτῶν,   Ω
8   Ὁ λαὸς οὗτος ἐγγίζει μοι   τοῖς χείλεσίν με τιμᾷ, f¹
8 Ἐγγίζει μοι ὁ λαὸς οὗτος τῷ στόματι αὐτῶν καὶ τοῖς χείλεσίν με τιμᾷ, C 𝔐 K M N U
                                                    W Π 118 2 565 157 1071 1346 τ

lac. 15.4-8 𝔓⁴⁵ A H P Q Γ 28 69

A 5 υμις ℵ N | λεγεται D E* W Δ 2* 33 579 | επη 579 | ως M S Ω | το (τω) L | δωραν 1346 | ωφελης G | ωφηληθης Θ | ωφεληθεις
1071 6 τειμησει D | τημηση E* K | τημησει Eᶜ 2* | τιμισει Θ | τημισει 579 | ηκυρωσαται Dᶜ 579 | εικυρωσατε 1071 | εντωλην
2* 1071 | παραδωσιν L Θ 579 1071 1346 1424 | πηραδοσιν 13 7 υποκροιται 1071 | καλος Θ 2* | προεφητευσε Y U f¹ 118 700
788 | επροφητεσε L 8 εγγιζι N | μι (μοι) 1346 | το (τω) 1071 | χιλεσιν ℵ N Θ | χειλεσι Y K M f¹ 118 f¹³ 157 565 700 1071
1346 1424 | ματ (με) 1071 | τειμα D | τημα L 2

B 5 π̅ρ̅ι̅ ℵ C 𝔐 K L M N S U W Δ Θ Π Ω f¹ 118 f¹³ 124 2 33 157 565 579 700 788 1071 1346 1424 | μ̅ρ̅ι̅ ℵ C 𝔐 K L M N S U Π
Ω f¹ 118 f¹³ 124 2 33 157 565 579 700 788 1071 1346 1424 6 π̅ρ̅α̅ ℵ C 𝔐 K L M N S U W Δ Θ Π Ω f¹ 118 f¹³ 124 2 33 157
565 579 700 788 1071 1346 1424 | μ̅ρ̅α̅ C 𝔐 K L M N S U Π f¹ 118 f¹³ 124 2 33 157 565 579 700 788 1071 1346 1424 | θ̅υ̅ B ℵ
C D 𝔐 K L M N S U W Δ Θ Π Ω f¹ 118 f¹³ 2 33 157 565 579 700 788 1071 1346 1424

C 8 Ησαιου M

ἡ δὲ καρδία αὐτῶν πόρρω ἀπέχει ἀπ' ἐμοῦ·   B uwτ rell
ἡ δὲ καρδία αὐτῶν πόρρώ ἐστιν ἀπ' ἐμοῦ·   D 1424
ἡ δὲ καρδία αὐτῶν πόρρω   ἀπ' ἐμοῦ·   S*
ἡ δὲ καρδία αὐτοῦ πόρρω ἀπέχει ἀπ' ἐμοῦ·   Θ

[Cl S II 61.3 διο μηδε επιθυμησης λεγει και ο λαος ουτος τοις χειλεσι με τιμα, φησιν η δε καρδια αυτων πορρω εστιν απ εμου] [Cl S IV 32.4 ο γαρ λαος ο ετερος τοις χειλεσι τιμα, η δε καρδια αυτου πορρω απεστιν απο κυριου][Cl S IV 43.3 ο μεν γαρ τοις χειλεσειν αγαπων λαος, την δε καρδιαν μακραν εχων απο του κυριου αλλος εστιν] [Cl S IV 112.1 εστι γαρ και ο λαος ο τοις χειλεσιν αγαπων].

9 μάτην δὲ σέβονταί με,   B uwτ rell
9 μάτην δὲ σέβονταί,   Δ
9 μάτην δὲ σέβονταί με, καὶ   1346

διδάσκοντες   διδασκαλίας ἐντάλματα ἀνθρώπων.   B uwτ rell
διδάσκοντες   διδασκαλίαν ἐντάλματα ἀνθρώπων.   2
διδάσκοντες διδάσκοντες διδασκαλίας ἐντάλματα ἀνθρώπων.   700*

10 Καὶ προσκαλεσάμενος τὸν ὄχλον εἶπεν αὐτοῖς, Ἀκούετε καὶ συνίετε·   B uwτ rell
10 Καὶ προσκαλεσάμενος τῶν ὄχλων εἶπεν αὐτοῖς, Ἀκούετε καὶ συνίετε·   Δ
10 Καὶ προσκαλεσάμενος τὸν ὄχλον εἶπεν αὐτοῖς, Ἀκούσαται καὶ συνίετε·   Θ
10 Καὶ προσκαλεσάμενος τὸν ὄχλον εἶπεν αὐτοῖς, Ἀκούετε καὶ σύνετε·   1424

11 οὐ τὸ ἐρχόμενον   εἰς τὸ στόμα   κοινοῖ τὸν ἄνθρωπον, ἀλλὰ   B
11 οὐ τὸ εἰσερχόμενον   εἰς τὸ στόμα τοῦτο κοινοῖ τὸν ἄνθρωπον, ἀλλὰ   ℵ*
11 οὐ τὸ εἰσερχόμενον   εἰς τὸ στόμα   κοινοῖ τὸν ἄνθρωπον, ἀλλὰ   ℵᶜ
11 οὐ τὸ εἰσερχόμενον   εἰς τὸ στάμα   κοινοῖ τὸν ἄνθρωπον, ἀλλὰ   C
11 οὐ πᾶν τὸ εἰσερχόμενον εἰς τὸ στόμα   κοινώνι τὸν ἄνθρωπον, ἀλλὰ   D
11 οὐ τὸ εἰσερχόμενον   εἰς τὸ στόμα   κοινοῖ τὸν ἄνθρωπον, ...   F
11 οὐ τὸ εἰσπορευόμενον εἰς τὸ στόμα   κοινοῖ τὸν ἄνθρωπον, ἀλλὰ   157
11 οὐ τὸ εἰσερχόμενον   εἰς τὸ στόμα   κοινοῖ τὸν ἄνθρωπον,   579
11 οὐ τὸ εἰσερχόμενον   εἰς τὸ στόμα   κοινοῖ τὸν ἄνθρωπον, ἀλλὰ   𝔐 K L M N U W Δ Θ
                                                                    Π f¹ f¹³ 2 33 565 700 788 1071 1346 1424 uwτ

τὸ ἐκπορευόμενον ἐκ τοῦ στόματος τοῦτο κοινοῖ τὸν ἄνθρωπον. 12 Τότε   B uwτ rell
τὸ ἐκπορευόμενον ἐκ τοῦ στόματος ἐκεῖνο κοινώνει τὸν ἄνθρωπον. 12 Τότε   D
τὸ ἐκπορευόμενον εἰς ἐκ τοῦ στόματος τοῦτο κοινοῖ τὸν ἄνθρωπον. 12 Τότε   118*
τὸ ἐκπορευόμενον ἐκ τοῦ στόματος. 12 Τότε   f¹ 124 1071
τὸ ἐκπορευόμενον ἀπὸ τοῦ στόματος τοῦτο κοινοῖ τὸν ἄνθρωπον. 12 Τότε   33
                                                          12 Τότε   579

[Cl Pd II 8.4ουδε τα εισιοντα κοινοι τον ανθρωπον, αλλα τα εξιοντα, φησι, του στοματος][Cl Pd II 16.3 ου γαρ εισερχομενα εις το στομα κοινοι τον ανθρωπον, αλλα η περι της ακρασιας διαληψις κενη][Cl S II 50.2 κακεινο επισταμενος οτι ου τα εισερχομενα εις το στομα κοινοι τον ανθρωπον, αλλα το εξερχομενα δια του στοματος εκεινα κοινοι τον ανθρωπον].

προσελθόντες οἱ μαθηταὶ   λέγουσιν αὐτῷ, Οἶδας ὅτι οἱ Φαρεισαῖοι   B
προσελθόντες οἱ μαθηταὶ   εἶπαν αὐτῷ, Οἶδας ὅτι οἱ Φαρισαῖοι   ℵ
προσελθόντες οἱ μαθηταὶ   λέγουσιν αὐτῷ, Οἶδας ὅτι οἱ Φαρισαῖοι   D Θ f¹³ 579 700 788 1346
προσελθόντες οἱ μαθηταὶ αὐτοῦ λέγουσιν αὐτῷ, Οἶδας ὅτι οἱ Φαρισαῖοι   f¹ 33   [↑uw
προσελθόντες οἱ μαθηταὶ αὐτοῦ εἶπον αὐτῷ, Οἶδας ὅτι οἱ Φαρισαῖοι   C 𝔐 K L M N U W Δ Π 118
                                                                    2 157 565 1071 1424 τ

lac. 15.8-12 𝔓⁴⁵ A H P Q Γ 28 69 ¦ vss. 11- 12 F

A 8 καρδι Θ* | απεχι Θ 9 σεβοντε Ν 13 579 1071 | διδασκαλειας C D 13 124 788 1071 | ανθροπων 579 10 ακουεται D L W 2* 579 | συνειετε C ¦ συνιεται W 2* 579 11 τω (το¹) M | τω (το²) 579 | ανθρωπων¹ L | κοι (κοινοι²) K* | ανθρωπων² L | ανθροπον Θ* ¦ ανθροπων Θᶜ 12 προσελθωντες 2* 579 | μαθητε Θ* | ειπων E*

B 9 ανων ℵ C 𝔐 L M N S U Θ Π Ω f¹ 118 f¹³ 124 2 33 157 565 700 788 1071 1346 11 ανον¹ C 𝔐 K M N S U W Δ Θ Π Ω f¹ 118 f¹³ 124 2 33 157 565 579 700 788 1071 1346 1424 ¦ ανων¹·² L | ανον² ℵ C 𝔐 K M N S U W Δ Π Ω f¹³ 2 33 157 565 700 788 1346 1424

C 11 τε τς δ̄ Π f¹ ¦ τελ 118 12 αρχ Υ ¦ αρχ ζᾱ: τη ε̄ τς ζ εβδ τω καιρω εκεινω προσηλθον οι μαθηται τω ιῡ κ, ειπον αυτω Π ¦ ξᾱ αρχ τη ε̄ τς ζ εβδ τω καιρω προσηλθ οι μαθητ τω ιῡ κ ειπον αυτω οιδας f¹ ¦ αρχ ξᾱ τη ε̄ τς ζ εβδομα τω προσηλθον οι μαθ τω ιῡ κ ειπον 118 ¦ αρχ τη ε 157

D 12 ρνε/ι ℵ 𝔐 (L) M S U Π Ω 124 788 1424 ¦ ρνε C D F K Θ f¹ 2 157 579 1071 1346 ¦ ρνε/ε 118 | Ευ Μθ ρνε : Μρ . : Λου . : Ιω . E | Μθ ρνε : Μρ οβ̄ : Λο νζ̄ M | Μθ ρνε : Μρ . : Λο νζ̄ : Ιω . 124

ἀκούσαντες τὸν λόγον ἐσκανδαλίσθησαν; **13** ὁ δὲ ἀποκριθεὶς εἶπεν,   Πᾶσα   B **uwτ** rell
ἀκούσαντες   ἐσκανδαλίσθησαν; **13** ὁ δὲ ἀποκριθεὶς εἶπεν,   Πᾶσα   K
ἀκούσαντες τὸν λόγον ἐσκανδαλίσθησαν; **13** ὁ δὲ ἀποκριθεὶς εἶπεν <u>αὐτοῖς</u>, Πᾶσα   N Δ 565
                     ἐσκανδαλίσθησαν; **13** ὁ δὲ ἀποκριθεὶς εἶπεν,   Πᾶσα   1424

φυτεία ἣν οὐκ ἐφύτευσεν ὁ πατήρ μου ὁ   οὐράνιος ἐκριζωθήσεται. **14** ἄφετε   B **uwτ** rell
φυτεία ἣν οὐκ ἐφύτευσεν ὁ πατήρ μου ὁ <u>ἐν</u> <u>οὐρανοῖς</u> ἐκριζωθήσεται. **14** ἄφετε   157

αὐτούς·   τυφλοί εἰσιν ὁδηγοί·   τυφλὸς δὲ τυφλὸν B [**uw**]
αὐτούς·   <u>ὁδηγοί εἰσιν τυφλοί·</u>   τυφλὸς δὲ τυφλὸν ℵ* [**w**]
αὐτούς·   τυφλοί εἰσιν ὁδηγοὶ <u>τυφλῶν·</u> τυφλὸς δὲ τυφλὸν ℵ^c L Θ *f*¹ *f*¹³ 33 579 700 788 1346 1424 [**u**]
<u>τοὺς τυφλούς·</u> τυφλοί εἰσιν <u>ὁδαγοί·</u>   τυφλὸς δὲ τυφλὸν D
.... <u>τυφλῶν·</u> τυφλὸς δὲ τυφλὸν F
αὐτούς·   <u>ὁδηγοί εἰσιν τυφλῶν·</u> τυφλὸς δὲ τυφλὸν K
αὐτούς·   <u>ὁδηγοί εἰσιν τυφλοὶ τυφλῶν·</u> .... N
αὐτούς·   <u>ὁδηγοί εἰσιν τυφλοὶ τυφλῶν·</u> τυφλὸς δὲ τυφλὸν C 𝔐 M U W Δ Π 2 157 565 1071 [**w**]τ

ἐὰν ὁδηγῇ,   ἀμφότεροι εἰς βόθυνον   πεσοῦνται.   Bℵ C 𝔐 K M U Δ Π 118 2 33 157 579
ἐὰν <u>ὁδαγῇ,</u>   ἀμφότεροι <u>ἐνπεσοῦνται εἰς</u>   <u>βόθρον.</u>   D   [↑**uwτ**
    ὁδηγῇ,   ἀμφότεροι εἰς βόθυνον   <u>ἐμπεσοῦνται.</u>   F
ἐὰν ὁδηγῇ,   ἀμφότεροι <u>πεσοῦνται εἰς</u>   <u>βόθυνον.</u>   L
ἐὰν ὁδηγῇ,   ἀμφότεροι <u>εἰς βόθυνον</u>   <u>ἐμπεσοῦνται.</u>   W 565
    <u>ὁδιγῶν σφαλήσεται καὶ</u> ἀμφότεροι <u>πεσοῦνται εἰς τὸν</u> <u>βόθυνον.</u> Θ *f*¹³ 788 1346
ἐὰν ὁδηγῇ,   ἀμφότεροι <u>πεσοῦνται εἰς</u>   <u>βόθρον.</u>   *f*¹
ἐὰν ὁδηγῇ,   ἀμφότεροι <u>ἐμπεσοῦνται εἰς</u>   <u>βόθυνον.</u>   700
    <u>ὁδηγῶν,</u>   ἀμφότεροι εἰς βόθυνον   πεσοῦνται.   1071
ἐὰν <u>ὁδηγεῖ, οὐχὶ</u>   ἀμφότεροι εἰς βόθυνον   <u>ἐμπεσοῦνται.</u>   1424

[Cl Pd I 9.2 οδηγος δε αριστος ουχι ο τυφλος, καθα φησιν η γραφη, τυφλους εις το βαραθρον χειραγωγων]

15 Ἀποκριθεὶς δὲ ὁ Πέτρος αὐτῷ εἶπεν,   Φράσον ἡμῖν   τὴν παραβολήν.   B
15 Ἀποκριθεὶς δὲ ὁ Πέτρος <u>εἶπεν αὐτῷ,</u>   Φράσον ἡμῖν   τὴν παραβολήν.   ℵ *f*¹ [**u**]**w**
15 Ἀποκριθεὶς δὲ ὁ Πέτρος <u>εἶπεν αὐτῷ,</u>   Φράσον ἡμῖν τὴν παραβολὴν <u>αὐτή.</u>   Δ
15 Ἀποκριθεὶς δὲ <u>αὐτῷ ὁ Πέτρος</u> εἶπεν,   Φράσον ἡμῖν τὴν παραβολὴν <u>ταύτην.</u>   Θ
15 Ἀποκριθεὶς δὲ ὁ Πέτρος <u>εἶπεν αὐτῷ,</u>   Φράσον ἡμῖν <u>ταύτην</u> τὴν παραβολήν.   *f*¹³ 1346
15 Ἀποκριθεὶς δὲ <u>αὐτῷ ὁ Πέτρος</u> εἶπεν,   Φράσον ἡμῖν <u>ταύτην</u> τὴν παραβολήν.   124 788
15 Ἀποκριθεὶς δ... ....<u>εν αὐτῷ,</u>   Φράσον ἡμῖν ....<u>ραβολὴν ταύτην.</u>   33
15 Ἀποκριθεὶς δὲ ὁ Πέτρος <u>εἶπεν αὐτοῖς,</u>   Φράσον ἡμῖν   τὴν παραβολήν.   579
15 Ἀποκριθεὶς δὲ ὁ Πέτρος <u>εἶπεν αὐτῷ,</u>   Φράσον ἡμῖν   τὴν παραβολήν.   700
15 Ἀποκριθεὶς δὲ ὁ Πέτρος <u>εἶπεν αὐτῷ,</u>   Φράσον ἡμῖν τὴν παραβολὴν <u>ταύτην.</u>   C D 𝔐 K L M U W Π
                                                                  118 2 157 565 1071 1424 [**u**]τ

16 ὁ δὲ   εἶπεν,   Ἀκμὴν καὶ ὑμεῖς ἀσύνετοί ἐστε; **17** οὐ   νοεῖτε ὅτι   B D **uw**
16 ὁ δὲ   εἶπεν,   Ἀκμὴν καὶ ὑμεῖς ἀσύνετοί ἐστε; **17** <u>οὔπω</u> νοεῖτε ὅτι   ℵ
16 ὁ δὲ Ἰησοῦς εἶπεν,   Ἀκμὴν καὶ ὑμεῖς ἀσύνετοί ἐστε; **17** οὐ   νοεῖτε ὅτι   Θ 565 788
16 ὁ δὲ   εἶπεν,   Ἀκμὴν καὶ .... **17** οὐ   νοεῖτε ὅτι   33
16 ὁ δὲ Ἰησοῦς εἶπεν <u>αὐτῷ,</u> Ἀκμὴν καὶ ὑμεῖς ἀσύνετοί ἐστε; **17** <u>οὔπω</u> νοεῖτε ὅτι   157
16   Ἀκμὴν καὶ ὑμεῖς ἀσύνετοί ἐστε; **17** οὐ   νοεῖτε ὅτι   579
16 ὁ δὲ   εἶπεν,   Ἀκμὴν καὶ ὑμεῖς ἀσύνετοί ἐστε; **17** <u>οὔπω</u> νοεῖτε ὅτι   1424
16 ὁ δὲ Ἰησοῦς εἶπεν,   Ἀκμὴν καὶ ὑμεῖς ἀσύνετοί ἐστε; **17** <u>οὔπω</u> νοεῖτε ὅτι   τ rell

---

lac. **15.12-17** 𝔓⁴⁵ A H P Q Γ 28 69 ¦ vss. 12-14 F ¦ vss. 14-17 N

A **12** τονν Θ ¦ εσκανδαλησθησαν Θ 2* **13** αποκριθις ℵ ¦ αποκρειθεις D ¦ αποκρηθης Θ ¦ ειπε Y *f*¹ ¦ ει (ειπεν) 1071 ¦ φυτια ℵ N W Θ 13 124 788 1346 ¦ εφοιτευσεν 579 ¦ εκριζωθησετε ℵ **14** αφεται W Δ 2* 157 579 ¦ εισι Y M S U Ω 157 565 1071 ¦ οδιγοι L ¦ ωδηγοι 579 ¦ τοιδλοι 2 ¦ τυφλον (τυφλων) Θ ¦ οδηγον 13 124 788 ¦ οδηγει 2 ¦ σφαλησετε 1346 ¦ πεσουντε 579 **15** αποκριθης Θ 579 ¦ φρασων 1424 ¦ ημειν D **16** ακνην D ¦ υμις ℵ ¦ υμης 579 ¦ ασυνετου Δ* ¦ εσται L W Θ 2* 579 **17** νοιτε ℵ ¦ νοειται W 579

B **13** π̅η̅ρ̅ ℵ C 𝔐 K L M N S U W Δ Θ Π Ω *f*¹ 118 *f*¹³ 124 2 33 157 565 579 700 788 1071 1346 1424 ¦ ο̅υ̅νιο̅ς 𝔐 K L M S Π Ω *f*¹ 118 *f*¹³ 124 2 579 700 788 1071 1424 ¦ ουνο̅ις 157 **16** ι̅ς̅ C 𝔐 K L M S U W Δ Θ Π Ω *f*¹ 118 *f*¹³ 124 2 157 565 700 788 1071 1346

C **13** τε 1071

D **14** ρ̅ν̅ς̅/ε̅ ℵ Y L M S U Π Ω 118 124 788 1424 ¦ ρ̅ν̅ς̅ C D K Θ *f*¹ 157 579 1071 1346 ¦ ρ̅ν̅ς̅/ς̅ E G ¦ Ευ Μθ ρ̅ν̅ς̅ : Μρ . : Λου ν̅ζ̅ : Ιω . E ¦ Μθ ρ̅ν̅ς̅ : Μρ ο̅β̅ : Λο ν̅ζ̅ Μ ¦ Μθ ρ̅ν̅ς̅ : Μρ . : Λο ο̅β̅ : Ιω . 124 **15** ρ̅ν̅ζ̅/ς̅ ℵ Y L S U Ω 118 124 788 1424 ¦ ρ̅ν̅ζ̅ C D K Θ *f*¹³ 579 1346 ¦ ρ̅ν̅ζ̅/ε̅ E ¦ ρ̅ν̅ζ̅/α̅ Μ ¦ ρ̅ν̅ζ̅/γ̅ Π ¦ ρ̅ν̅ς̅ 2 ¦ Ευ Μθ ρ̅ν̅ζ̅ : Μρ ο̅β̅ : Λου . : Ιω . E ¦ Μθ ρ̅ν̅ζ̅ : Μρ ο̅β̅ : Λο ν̅ζ̅ Μ ¦ Μθ ρ̅ν̅ζ̅ : Μρ . : Λο . : Ιω . 124

145

πᾶν τὸ εἰσερχόμενον εἰς τὸ στόμα εἰς τὴν κοιλίαν χωρεῖ καὶ εἰς ἀφεδρῶνα B Θ
πᾶν τὸ εἰσπορευόμενον εἰς τὸ στόμα εἰς τὴν κοιλίαν χωρεῖ καὶ εἰς τὸν ἀφεδρῶνα ℵ
πᾶν .... ρευόμενον εἰς τὸ στόμα εἰς τὴν κοιλίαν χ.......... 33
πᾶν τὸ εἰσπορευόμενον διὰ τοῦ στόματος εἰς τὴν κοιλίαν χωρεῖ καὶ εἰς ἀφεδρῶνα 1071
πᾶν τὸ εἰσπορευόμενον εἰς τὸ στόμα εἰς τὴν κοιλίαν χωρεῖ καὶ εἰς ἀφεδρῶνα **uwτ** rell

ἐκβάλλεται; 18 τὰ δὲ ἐκπορευόμενα ἐκ τοῦ στόματος ἐκ τῆς καρδίας B **uwτ** rell
ἐκβάλλετε; 18 τὰ δὲ ἐκπορευόμενα ἐκ τοῦ στόματος ἐκ τῆς καρδίας ℵ C L
ἐκβάλλεται; 18 τὰ .... ρευόμενα ἐκ τοῦ στόματος ἐκ τῆς κ........... 33
ἐκβάλεται; 18 τὰ δὲ ἐκπορευόμενα ἐκ τοῦ στόματος ἐκ τῆς καρδίας 579
ἐκβάλλετε; 18 τὰ δὲ ἐκπορευόμενα ἐκ στόματος ἐκ τῆς καρδίας 1071

ἐξέρχεται, κἀκεῖνα κοινοῖ τὸν ἄνθρωπον. B ℵ^c C 𝔐 K L U Δ Π* f^1 f^13 2 157 565 579 700 1346 **uwτ**
om. ℵ* 33
ἐξέρχεται, ἐκεῖνα κοινώνει τὸν ἄνθρωπον. D*
ἐξέρχεται, ἐκεῖνα κοινοῖ τὸν ἄνθρωπον. D^c
ἐξέρχονται, κἀκεῖνα κοινοῖ τὸν ἄνθρωπον. F M Π^c 1424
ἐξέρχεται. W*
ἐξέρχονται. W^c
ἐξέρχονται, καὶ ἐκεῖνα κοινοῖ τὸν ἄνθρωπον. Θ
ἐξέρχεται, καὶ ἐκεῖνα κοινοῖ τὸν ἄνθρωπον. 124 788 1071

[Cl Pd II 49.1 τα γαρ εξιοντα, φησιν, εκ του στοματος κοινοι τον ανθρωπον].

19 ἐκ γὰρ τῆς καρδίας ἐξέρχονται διαλογισμοὶ πονηροί, φόνοι, μοιχεῖαι, πορνεῖαι, B **uwτ** rell
19 ἐξέρχονται διαλογισμοὶ πονηροί, φόνοι, μοιχεῖαι, πορνεῖαι, ℵ
19 ἐκ γὰρ τῆς καρδίας ἐξέρχονται διαλογισμοὶ πονηροί, φόνοι, μοιχεῖαι, E
19 ἐκ γὰρ τῆς καρδίας ἐξέρχονται διαλογισμοὶ πονηροί, πορνεῖαι, μοιχεῖαι, φόνοι, L
19 διαλογισμοὶ πονηροί, πορνεῖαι, μοιχεῖαι, φόνοι, W
19 ἐκ γὰρ τῆς καρδίας ἐξέρχονται διαλογισμοὶ πονηροί, φθόνοι, μοιχεῖαι, πορνεῖαι, 1 1582*
19 .... ··ονη···· .... μοιχεῖαι, πορνεῖαι, 33
19 ἐκ γὰρ τῆς καρδίας ἐξέρχονται καὶ διαλογισμοὶ πονηροί, φόνοι, μοιχεῖαι, πορνεῖαι, 579
19 ἐκ γὰρ τῆς καρδίας ἐξέρχονται διαλογισμοὶ πονηροί, μοιχεῖαι, φόνοι, πορνεῖαι, 1424

[Cl S II 50.2 εκ γαρ της καρδιας εξερχονται διαλογισμοι].

κλοπαί, ψευδομαρτυρίαι, βλασφημίαι. 20 ταῦτά ἐστιν τὰ κοινοῦντα B **uwτ** rell
κλοπαί, ψευδομαρτυρίαι, βλασφημεία. 20 ταῦτά εἰσιν τὰ κοινονοῦντα D*
κλοπαί, ψευδομαρτυρίαι, βλασφημίαι. 20 ταῦτά εἰσιν τὰ κοινοῦντα D^c
κλοπαί, ψευδομαρτ.......... .... 20 .... α 33
ψευδομαρτυρίαι, κλοπαί, βλασφημίαι. 20 ταῦτά ἐστιν τὰ κοινοῦντα 157

τὸν ἄνθρωπον, τὸ δὲ ἀνίπτοις χερσὶν φαγεῖν οὐ κοινοῖ τὸν ἄνθρωπον. B **uwτ** rell
τὸν ἄνθρωπον, τὸ δὲ ἀνίπτοις χερσὶν φαγεῖν οὐ κοινεῖ τὸν ἄνθρωπον. C
τὸν ἄνθρωπον, τὸ δὲ ἀνίπτοις χερσὶν φαγεῖν οὐ κοινωνεῖ τὸν ἄνθρωπον. D*
τὸν ἄνθρωπον, τὸ δὲ ἀνίπτοις χερσὶν .... F 33
τὸν ἄνθρωπον. 1071 1424

---

lac. 15.17-20 𝔓^45 A H N P Q Γ 28 69 ¦ vs. 20 F

A 17 τομα K* ¦ κοιλειαν D ¦ χωρι ℵ ¦ ααφαιδρωνα 2* ¦ αφραιδρωνα 1346 ¦ αφαιδρονα 579 ¦ αφεδονα 1071 1424 ¦ εκβαλλαιται Θ 18 ανθρωπων L 19 φωνοι 1582 ¦ μοιχιαι D W Θ ¦ πορνιαι ℵ W Θ^c ¦ πονιαι Θ* ¦ κλωπαι 157 ¦ ψευδομαρτυρειαι 1071 ¦ βλασφημειαι D^c 1071¦ βλασφιμιαι E ¦ βλασφημηαι Δ 20 εστι Y L M S U Π Ω f^1 118 157 565 700 788 1071 1346 ¦ εστην Θ ¦ των ανθρωπων^1 L ¦ ανειπτοις D ¦ χερσι Y M S Ω f^1 157 565 700 788 ¦ φαγιν ℵ ¦ φαγην E* ¦ ανθρωπων^2 L

B 18 ανον C 𝔐 K M S U Δ Θ Π Ω f^1 118 f^13 124 2 157 565 579 700 788 1071 1346 1424 ¦ ᾱν̄ω̄ν L 20 ανον^1.2 ℵ C 𝔐 K M S U Δ Ω Π Ω f^1 118 f^13 124 2 157 565 579 700 788 1346 ¦ ανον^1 F 33 1071 1424 ¦ ανων^1.2 L ¦ ανον^2 W

C 20 τε (post ανθρωκπον^1) 1071 ¦ τελος (post ανθρωκπον^2) 118 579

κθ̄   περὶ τῆς Χαναναίας

Jesus Heals The Daughter Of A Canaanite Woman
(Mark 7.24-30)

ϙθ̄ **21** Καὶ ἐξελθὼν ἐκεῖθεν ὁ Ἰησοῦς ἀνεχώρησεν εἰς τὰ μέρη Τύρου καὶ Σειδῶνος.   B D
   21 Καὶ ἐξελθὼν ἐκεῖθεν ὁ Ἰησοῦς ἀνεχώρησεν εἰς τὰ μέρη Τύρου καὶ <u>Σιδόνος</u>.   Θ* 1071
   21 Καὶ ἐξελθὼν ἐκεῖθεν ὁ Ἰησοῦς ἀνεχώρησεν εἰς τὰ μέρη Τύρου καὶ <u>Σοδῶνος</u>.   13
   21 Καὶ ἐξελθὼν ἐκεῖθεν ὁ Ἰησοῦς ἀνεχώρησεν εἰς τὰ μέρη Τύρου καὶ <u>Σηδῶνος</u>.   2
   21 ⋯⋯ ⋯⋯⋯ ⋯⋯θεν   ἀνεχώρησεν εἰς τὰ μέρη Τύρου ⋯⋯ ⋯⋯⋯   33
   21 Καὶ ἐξελθὼν <u>ὁ Ἰησοῦς ἐκεῖθεν</u> ἀνεχώρησεν εἰς τὰ μέρη Τύρου καὶ <u>Σιδῶνος</u>.   788
   21 Καὶ ἐξελθὼν ἐκεῖθεν ὁ Ἰησοῦς ἀνεχώρησεν εἰς τὰ μέρη Τύρου καὶ <u>Συδῶνος</u>.   1346
   21 Καὶ ἐξελθὼν ἐκεῖθεν ὁ Ἰησοῦς ἀνεχώρησεν εἰς τὰ μέρη Τύρου καὶ <u>Σιδῶνος</u>.   ℵ C 𝔐 K L
                                                                M U W Δ Θ^c Π f[1] 124 157 565 579 700 1424 **uwτ**

22 καὶ ἰδοὺ γυνὴ Χαναναία ἀπὸ τῶν ὁρίων ἐκείνων ἐξελθοῦσα ἔκραζεν   B ℵ^c Θ f[1] 700 **u[w]**
22 καὶ ἰδοὺ γυνὴ Χαναναία ἀπὸ τῶν ὁρίων ἐκείνων ἐξελθοῦσα <u>ἔκραξεν</u>   ℵ* f[13] 579 788 1346 **[w]**
22 καὶ ἰδοὺ γυνὴ Χαναναία ἀπὸ τῶν ὁρίων ἐκείνων ἐξελθοῦσα <u>ἐκραύγασεν</u>   C
22 καὶ ἰδοὺ γυνὴ Χαναναία ἀπὸ τῶν ὁρίων ἐκείνων ἐξελθοῦσα ἔκραζεν <u>ὀπίσω αὐτοῦ</u>   D
22 καὶ ἰδοὺ γυνὴ <u>Χανανέα</u> ἀπὸ τῶν ὁρίων ἐκείνων ἐξελθοῦσα <u>ἐκραύγασεν</u> αυτω   L
22 καὶ ἰδοὺ γυνὴ Χαναναία ἀπὸ τῶν ὁρίων ἐκείνων ἐξελθοῦσα <u>ἐκραύγαζεν αὐτῷ</u>   M
22 ⋯⋯ ⋯⋯⋯ ⋯⋯⋯ ⋯⋯ <u>ρίων ἐκείνων ἐξελθοῦσα ἐκ</u>⋯⋯ ⋯⋯   33
22 καὶ ἰδοὺ γυνὴ Χαναναία ἀπὸ τῶν ὁρίων <u>αὐτῆς</u> ἐξελθοῦσα <u>ἐκραύγασεν</u>   1424
22 καὶ ἰδοὺ γυνὴ Χαναναία ἀπὸ τῶν ὁρίων ἐκείνων ἐξελθοῦσα <u>ἐκραύγασεν</u> <u>αὐτῷ</u>   𝔐 K U W Δ Π
                                                                118 2 157 565 1071 τ

λέγουσα, Ἐλέησόν με, κύριε, υἱὸς Δαυείδ· ἡ θυγάτηρ μου κακῶς δαιμονίζεται.   B D W **[w]**
λέγουσα, Ἐλέησόν με, κύριε, υἱὸς <u>δαδ</u>· ἡ θυγάτηρ μου κακῶς δαιμονίζεται.   Θ 565 700
λέγουσα, Ἐλέησόν με, κύριε, <u>υἱὲ</u> <u>δαδ</u>· ἡ θυγάτηρ μου <u>δεινῶς</u> δαιμονίζεται.   1 1582*
⋯⋯⋯ ⋯⋯⋯ ⋯⋯⋯ ⋯⋯ ⋯⋯ ⋯⋯⋯ ⋯⋯ κακῶς δαιμονίζεται.   33
λέγουσα, Ἐλέησόν με, κύριε, υἱὸς <u>Δαυίδ</u>· ἡ θυγάτηρ μου κακῶς δαιμονίζεται.   **u**
λέγουσα, Ἐλέησόν με, κύριε, <u>υἱὲ</u> Δαυείδ· ἡ θυγάτηρ μου κακῶς δαιμονίζεται.   **[w]**
λέγουσα, Ἐλέησόν με, κύριε, <u>υἱὲ</u> <u>Δαβίδ</u>· ἡ θυγάτηρ μου κακῶς δαιμονίζεται.   τ
λέγουσα, Ἐλέησόν με, κύριε, <u>υἱὲ</u> <u>δαδ</u>· ἡ θυγάτηρ μου κακῶς δαιμονίζεται.   ℵ C 𝔐 K L M U Δ Π
                                                                1582^c 118 f[13] 2 157 579 788 1071 1346 1424

[Cl S VI 132.4 αμελει και των επιβωωμενων τον κυριον αυτον οι μεν πολλοι, υιε <u>Δαβιδ</u>, ελεησον με, ελεγον].

23 ὁ δὲ οὐκ ἀπεκρίθη αὐτῇ λόγον. καὶ προσελθόντες οἱ μαθηταὶ αὐτοῦ ἠρώτουν   B ℵ C D **uw**
23 ὁ δὲ οὐκ ἀπεκρίθη <u>αὐτῷ λόγῳ</u>. καὶ προσελθόντες οἱ μαθηταὶ αὐτοῦ <u>ἠρώτων</u>   13*
23 ὁ δὲ οὐκ ἀπεκρίθη αὐτῇ <u>λόγῳ</u>. καὶ προσελθόντες οἱ μαθηταὶ αὐτοῦ <u>ἠρώτων</u>   13^c
23 ὁ δὲ οὐκ ἀπεκρίθη αὐτῇ λόγον. καὶ προσελθόντες οἱ μαθηταὶ αὐτοῦ <u>ἠρώτησαν</u>   1424
23 ὁ δὲ οὐκ ἀπεκρίθη αὐτῇ λόγον. καὶ προσελθόντες οἱ μαθηταὶ αὐτοῦ <u>ἠρώτων</u>   τ rell

αὐτὸν λέγοντες, Ἀπόλυσον αὐτήν, ὅτι κράζει ὄπισθεν ἡμῶν. **24** ὁ δὲ ἀποκριθεὶς   B **uwτ** rell
αὐτὸν λέγοντες, Ἀπόλυσον αὐτήν, ὅτι <u>κράζῃ</u> ὄπισθεν ἡμῶν. **24** ὁ δὲ ἀποκριθεὶς   L f[13]
αὐτὸν λέγοντες, Ἀπόλυσον αὐτήν, ὅτι κράζει <u>ἔμπροσθεν</u> ἡμῶν. **24** ὁ δὲ ἀποκριθεὶς   W
αὐτὸν λέγοντες, <u>Ἀπόλησον</u> αὐτήν, ὅτι κράζει ὄπισθεν ἡμῶν. **24** ὁ δὲ ἀποκριθεὶς   Δ

---

lac. 15.21-24 𝔓⁴⁵ A H N P Q Γ 28 69

A 21 εκιθεν ℵ | ανεχωρισεν K | μερι E 579 ¦ μερει 1071 **22** τον ορειων Θ ¦ ωριων 1071 | εκινων ℵ ¦ εκειων D* ¦ εκεινον L | εκραυασεν E* ¦ εκραυγασεν Δ ¦ εκραζε 700 | δαιμονιζετε ℵ 1071 ¦ δαιμωνιζεται Θ **23** απεκρηθη Θ | προσελθονταις E ¦ προσελθωντες Θ 2 | ηρωτον E* M 2 579 **24** αποκριθις ℵ ¦ αποκρηθης 579

B 21 τς̄ B ℵ C 𝔐 K L M S U W Θ Π Ω f[1] 118 f[13] 2 157 565 579 700 788 1071 1346 1424 ¦ της̄ D **22** κε̄ B ℵ C D 𝔐 K L M S U W Θ Π Ω f[1] 118 f[13] 124 2 157 565 579 700 788 1071 1346 1424 | υε̄ C 𝔐 K L M Π Ω 1424 | υς̄ 565

C 21 κθ̄ περι της Χαναναιας: E L M S U Π Ω 118 f[13] 124 2 157 788 (G K ante vs. 22) ¦ κθ̄ περη τις (της Θ^c) φυνικησης Θ ¦ κθ̄ πε της φοινικισσης f[1] 579 ¦ περι της γυναικος 1071* ¦ κθ̄ πετ ης φοινηκησης 1071^c ¦ κθ̄ περι της φυνηκισις· η γουν χαναναιας 1424 | Μθ κθ̄ : ·· τθ̄ M | Μρ ιθ̄ Π | αρχη: (ante εις τα μ.) D [κυριακη ιζ̄: 15.21-28] E ¦ αρχ L ¦ αρχη: κυρ, ιζ̄ τω καιρω εισηλθεν ο ις εις τα μερη τυρου κ, G ¦ αρχ: κ,υ ιζ̄ αρχ τω κ,ρ,ω ηλθεν ο ις εις τ μερη τυρου κ, σιδωνο, Υ ¦ αρχ: Μθ κ,υ ιζ̄ αρχ τω καιρ,ω ηλθεν ο ις εις τα μερη τυρου, M ¦ κ,υ ιζ̄ αρ τ̄ ν̄ τω καιρω εκεινω εισηλθον ο ις εις τα μερη τυρου και σιδωνος Π ¦ ξβ̄ αρχ κ,υ ζ̄ τω καιρω εισηλθ ο ις εις τ μερη τυρου ϗ σι f[1] ¦ αρχ ξβ̄ κ,υ ιζ̄ τω καιρω εκεινω εισηλθ ο ις εις τα μερη 118 ¦ αρχ κ,υ ιζ̄ f[13] ¦ αρχ κ,υ ιζ̄ λ,ε και τς αγιου αναστασιας124 ¦ αρχη: κυρ, ιζ̄ τω καιρω εισηλθεν ο ις 2 ¦ αρχ κυριακη ιζ̄ 157 1071 ¦ αρχ κ,υ β̄ 1346 ¦ αρχ τω καιρω 1424 ¦ τελος της ε̄ (post σιδωνος) G Υ f[1] ¦ τελ τς ε̄ ε̄ M ¦ τε f[13] 124 788 1346 **22** κθ̄ περι της χαναναιας της φοινικισσης Δ **24** κθ̄ πε της χαναναιας Υ

D 21 ρνζ̄/ς̄ G | ρνζ̄ f[1] 118 2 157 788 1071 **23** ρνη/ῑ 118 | ρνη̄ 157 1071 24 ρνη/ε̄ ℵ G Υ L M S U Π Ω 124 788 1424 ¦ ρνη̄ C D K f[1] f[13] 2 579 1346 (ante ουκ απ. Θ)¦ ρνη/ς̄ E | ρνθ̄ 157 | Ευ Μθ ρνη̄ : Ιω . : Λο σκς̄ : Μρ . E | Μθ ρνη̄ : Μρ ογ̄ : Λο σκς̄ M | Μθ ρνη : Μρ σϙα, σο, ογ : Λο κς̄ : Ιω . 124

εἶπεν, Οὐκ ἀπεστάλην εἰ μὴ εἰς τὰ πρόβατα τὰ ἀπολωλότα οἴκου Ἰσραήλ. B **uwτ** rell
εἶπεν, Οὐκ ἀπεστάλην εἰ μὴ εἰς τὰ πρόβατα ταῦτα τὰ ἀπολωλότα οἴκου Ἐισραήλ. D
εἶπεν, Οὐκ ἀπεστάλην εἰ μὴ εἰς τὰ πρόβατα ἀπολωλότα οἴκου Ἰσραήλ. U
εἶπεν, Οὐκ ἀπεστάλην εἰ μὴ πρὸς τὰ πρόβατα τὰ ἀπολωλότα τὰ οἴκου Ἰσραήλ. Θ

[↓788 1071 1346 1424 **uwτ**
25 ἡ δὲ ἐλθοῦσα προσεκύνει αὐτῷ λέγουσα, Κύριε, βοήθει μοι. B ℵ* D M ƒ¹ ƒ¹³ 33 579 700
25 ἡ δὲ ἀπελθοῦσα προσεκύνησεν αὐτῷ λέγουσα, Κύριε, βοήθει μοι. S
25 ἡ δὲ προσελθοῦσα προσεκύνησεν αὐτὸν λέγουσα, Κύριε, βοήθει μοι. Δ
25 ἡ δὲ ἐλθοῦσα προσεκύνει αὐτῷ λέγουσα, Κύριε, βοήθησον μοι. Θ 1582ᶜ
25 ἡ δὲ ἀπελθοῦσα προσεκύνει αὐτῷ λέγουσα, Κύριε, βοήθει μοι. 118 [↓565
25 ἡ δὲ ἐλθοῦσα προσεκύνησεν αὐτῷ λέγουσα, Κύριε, βοήθει μοι. ℵᶜ C 𝔐 K L U W Π 2 157

26 ὁ δὲ ἀποκριθεὶς εἶπεν, Οὐκ ἔστιν καλὸν λαβεῖν τὸν ἄρτον τῶν τέκνων καὶ B **uwτ** rell
26 ὁ δὲ ἀποκριθεὶς εἶπεν, Οὐκ ἐξέστιν λαβεῖν τὸν ἄρτον τῶν τέκνων καὶ D

βαλεῖν τοῖς κυναρίοις. **27** ἡ δὲ εἶπεν, Ναί, κύριε, καὶ τὰ κυνάρια ἐσθείει B
βαλεῖν τοῖς κυναρίοις. **27** ἡ δὲ εἶπεν, Ναί, κύριε, καὶ γὰρ τὰ κυνάρια ἐσθίουσιν D
βαλεῖν τοῖς κυναρίοις. **27** ἡ δὲ εἶπεν, Ναί, κύριε, καὶ τὰ κυνάρια ἐσθίει [**w**]
βαλεῖν τοῖς κυναρίοις. **27** ἡ δὲ εἶπεν, Ναί, κύριε, καὶ γὰρ τὰ κυνάρια ἐσθίει **u**[**w**]**τ** rell

ἀπὸ τῶν ψειχίων τῶν πειπτόντων ἀπὸ τῆς τραπέζης τῶν κυρίων αὐτῶν. **28** τότε B
ἀπὸ τῶν ψείχων τῶν πειπτόντων ἀπὸ τῆς τραπέζης τῶν κυναρίων αὐτῶν. **28** τότε D*
ἀπὸ τῶν ψείχων τῶν πειπτόντων ἀπὸ τῆς τραπέζης τῶν κυρίων αὐτῶν. **28** τότε Dᶜ
ἀπὸ τῶν ψυχίων τῶν πιπτόντων ἀπὸ τῆς τραπέζης τῶν κυρίων αὐτῶν. **28** τότε 1071
ἀπὸ τῆς τραπέζης τῶν κυρίων αὐτῶν. **28** τότε 1424*
ἀπὸ τῶν ψιχίων τῶν πιπτόντων ἀπὸ τῆς τραπέζης τῶν κυρίων αὐτῶν. **28** τότε **uwτ** rell

ἀποκριθεὶς ὁ Ἰησοῦς εἶπεν αὐτῇ, Ὦ γύναι, μεγάλη σου ἡ πίστις· γενηθήτω B **uwτ** rell
ἀποκριθεὶς εἶπεν αὐτῇ, Γύναι, μεγάλη σου ἡ πίστις· γενηθήτω D
ἀποκριθεὶς ὁ Ἰησοῦς εἶπεν αὐτῇ, Ὦ γύναι, μεγάλη σου ἡ πίστις· γεννηθήτο L*
ἀποκριθεὶς ὁ Ἰησοῦς εἶπεν αὐτῇ, Ὦ γύναι, μεγάλη σου ἡ πίστις· γεννηθήτω Lᶜ U 579
ἀποκριθεὶς ὁ Ἰησοῦς εἶπεν, Ὦ γύναι, μεγάλη σου ἡ πίστις· γενηθήτω Θ
ἀποκριθεὶς ὁ Ἰησοῦς εἶπεν αὐτῷ, Ὦ γύναι, μεγάλη σου ἡ πίστις· γενηθήτω 33

σοι ὡς θέλεις. καὶ ἰάθη ἡ θυγάτηρ αὐτῆς ἀπὸ τῆς ὥρας ἐκείνης.

---

lac. **15.24-28** 𝔓⁴⁵ A F H N P Q Γ 28 69

A 24 μι (μη) L U 1071 | απολωλωτα L 1424 ¦ απολολοτα Θ 2 1071 **25** ει (η) 13 | εθουσα 579 | προσεκυνι ℵ* D ¦ προσεκυνη M Θ 13 1346 ¦ βοηθι ℵ 579 ¦ βοηθη G K L 13 2 **26** εστι Y K M S U Π Ω ƒ¹ 118 ƒ¹³ 157 565 700 788 1346 ¦ εστην L | λαβι ℵ | των (τον) 579 | αρτο 579* | βαλιν ℵ D **27** ει (η) 579 | ειπε Y 118 157 | ει (η) K | κοιναρια L M | τον (των¹) Θ | ψυχιων 565 | τον πιπτοντον 579 | πιπτωντων L ¦ πιπτοντων M Θ ¦ πιπτοντω 1 | τραπεζεις L **28** αποκριθης 579 | πιστης L Θ 2 | πιστεις 1071 | γεννηθητω Lᶜ | θελις ℵ | θελης M 2 565 579 1346 1424 | ιαθη E 13 2 | εκινης ℵ

B 24 ῑη̄λ̄ ℵ C 𝔐 K L M S U Θ Π Ω ƒ¹ 118 ƒ¹³ 124 2 33 157 565 579 700 788 1071 1346 1424 | ῑσλ̄ Δ **25** κ̄ε̄ B ℵ C D 𝔐 K L M S U W Δ Θ Π Ω ƒ¹ 118 ƒ¹³ 124 2 33 157 565 579 700 788 1071 1346 1424 **27** κ̄ε̄ B ℵ C D 𝔐 K L M S U W Δ Θ Π Ω ƒ¹ 118 ƒ¹³ 124 2 33 157 565 579 700 788 1071 1346 1424 | κ̄ν̄ L **28** ῑς̄ B ℵ C 𝔐 K L M S U W Δ Θ Π Ω ƒ¹ 118 ƒ¹³ 124 2 33 157 565 579 700 788 1071 1346 1424

C 28 τελος (post ωρας εκ.) E Y L S ƒ¹³ 124 2 788 1071 1346 ¦ τελος της κυ, G ƒ¹

D 25 ρ̄ν̄θ̄/ϛ ℵ G Y L M S U Π Ω 124 788 1424 ¦ ρ̄ν̄θ̄ C D K Θ ƒ¹ ƒ¹³ 2 579 1071 1346 ¦ ρ̄ν̄θ̄/ε E ¦ ρ̄ν̄θ̄/ι 118 | Ευ Μθ ρ̄ν̄θ̄ : Ιω . : Λου . : Μρ ο̄γ̄ E | Μθ ρ̄ν̄θ̄ : Μρ ο̄γ̄ : Λο σ̄κ̄ϛ M | Μθ ρ̄ν̄θ̄ : Μρ . : Λο . : Ιω . 124 **26** ρ̄ξ̄/ϛ G ¦ ρ̄ξ̄ ƒ¹ 2 157 1071

λ̄   περὶ τῶν θεραπευθέντων ὄχλων

Many Are Healed On The Mountain

ρ̄ 29 Καὶ μεταβὰς ἐκεῖθεν ὁ Ἰησοῦς ἦλθεν παρὰ τὴν θάλασσαν τῆς Γαλειλαίας,   Β
    29 Καὶ μεταβὰς ἐκεῖθεν ὁ Ἰησοῦς ἦλθεν παρὰ τὴν θάλασσαν τῆς Γαληλαίας,   L
    29 ⋯⋯ μεταβὰς ἐκεῖθεν ὁ Ἰησοῦς ἦλθεν παρὰ τὴν θάλασσαν τῆς Γαλιλαίας,   P
    29 Καὶ καταβὰς ἐκεῖθεν ὁ Ἰησοῦς ἦλθεν εἰς τὴν θάλασσαν τῆς Γαλιλαίας,   1424
    29 Καὶ μεταβὰς ἐκεῖθεν ὁ Ἰησοῦς ἦλθεν παρὰ τὴν θάλασσαν τῆς Γαλιλαίας,   uwτ rell

καὶ ἀναβὰς εἰς τὸ ὄρος   ἐκάθητο ἐκεῖ. 30 καὶ προσῆλθον αὐτῷ ὄχλοι πολλοὶ   Β uwτ rell
καὶ ἀναβὰς εἰς τὸ ὄρος ὁ Ἰησοῦς ἐκάθητο ἐκεῖ. 30 καὶ προσῆλθον αὐτῷ ὄχλοι πολλοὶ   f¹³ 788 1346

ἔχοντες μεθ' ἑαυτῶν χωλούς, κυλλούς, τυφλούς, κωφούς, καὶ ἑτέρους πολλούς,   Β [w]
ἔχοντες μεθ' ἑαυτῶν χωλούς, τυφλούς, κυλλούς, κωφούς, καὶ ἑτέρους πολλούς,   ℵ 157 u[w]
ἔχοντες μεθ' ἑαυτῶν χωλούς, κωφούς, τυφλούς, κυλλούς, καὶ ἑτέρους πολλούς,   C K M Π 565
ἔχοντες μεθ' ἑαυτῶν χωλούς, τυφλούς, κυλλούς,   καὶ ἑτέρους πολλούς,   D
ἔχοντες μεθ' ἑαυτῶν χωλούς, τυφλούς, κωφούς, κυλλούς, καὶ ἑτέρους πολλούς,   𝕸 P U f¹³ 118 2 700
ἔχοντες μεθ' ἑαυτῶν κωφούς, χωλούς, τυφλούς, κυλλούς,   L [↑788 1071 1346 τ
ἔχοντες μεθ' ἑαυτῶν χωλούς, κωφούς,   κυλλούς, καὶ ἑτέρους πολλούς,   S
ἔχοντες μεθ' ἑαυτῶν κωφούς, χωλούς, τυφλούς, κυλλούς, καὶ ἑτέρους πολλούς,   W Δ
ἔχοντες μεθ' ἑαυτῶν χωλούς, τυφλούς, κωφούς, κυλλούς,   Θ
ἔχοντες μεθ' ἑαυτῶν κωφούς, τυφλούς, χωλούς, κυλλούς, καὶ ἑτέρους πολλούς,   f¹ 33
ἔχοντες μεθ' ἑαυτῶν τυφλούς, κωφούς, χωλούς, κυλλούς, καὶ ἑτέρους πολλούς,   579
ἔχοντες μεθ' ἑαυτῶν κωφούς, τυφλούς, κυλλούς, χωλούς, καὶ ἑτέρους πολλούς,   1424

καὶ ἔρριψαν αὐτοὺ   παρὰ τοὺς πόδας   αὐτοῦ, καὶ   Β Θ 1582ᶜ f¹³ 579 u
καὶ ἔριψαν αὐτοὺ   παρὰ τοὺς πόδας   αὐτοῦ, καὶ   ℵ L w
καὶ ἔρριψαν αὐτοὺ   πόδας τοῦ Ἰησοῦ, καὶ   C*
καὶ ἔριψαν αὐτοὺ   ὑπὸ τοὺς πόδας   αὐτοῦ, καὶ   D
⋯⋯ ⋯⋯⋯⋯ ⋯⋯⋯   παρὰ τοὺς πόδας τοῦ Ἰησοῦ, καὶ   H
καὶ ἔρριψαν αὐτοὺς   παρὰ τοὺς πόδας τοῦ Ἰησοῦ, καὶ   Δ
καὶ ἔρριψαν   παρὰ τοὺς πόδας τοῦ Ἰησοῦ, καὶ   118
καὶ ἔρριψαν αὐτοὺς   παρὰ τοὺς πόδας   αὐτοῦ, καὶ   124 33 700 788 1346
καὶ ἔρριψαν αὐτοὺ μακρόθεν ἔμπροσθεν αὐτοῦ πρὸς τοὺς πόδας   αὐτοῦ, καὶ   1424
καὶ ἔρριψαν αὐτοὺ   παρὰ τοὺς πόδας τοῦ Ἰησοῦ, καὶ   Cᶜ 𝕸 K M P W Π 1
                                                                            1582* 2 157 565 1071 τ

ἐθεράπευσεν αὐτούς·   31 ὥστε τοὺς ὄχλους βλέποντας θαυμάσαι   Β
ἐθεράπευσεν αὐτούς·   31 ὥστε τὸν ὄχλον θαυμάσαι βλέποντας   ℵ U f¹ f¹³ 157 579 700 788
ἐθεράπευσεν αὐτοῖς·   31 ὥστε τὸν ὄχλον θαυμάσαι βλέποντας   C   [↑1346 1424 u[w]
ἐθεράπευσεν αὐτούς πάντας· 31 ὥστε τὸν ὄχλον θαυμάσαι βλέποντας   D
⋯⋯⋯⋯ ⋯⋯⋯⋯⋯   31 ⋯⋯⋯ ⋯⋯⋯ ὄχλους θαυμάσαι βλέποντας   F
⋯⋯⋯⋯ ⋯⋯⋯⋯⋯   31   N
ἐθεράπευσεν αὐτούς·   31 ὥστε τὸν ὄχλον θαυμάσαι βλέποντες   Δ Θ
ἐθεράπευσεν αὐτούς·   31 ὥστε τὸν ὄχλον θαυμάσαι βλέποντα   33
ἐθεράπευσεν αὐτοῖς·   31 ὥστε τοὺς ὄχλους θαυμάσαι βλέποντας ἀλάλους λαλοῦντας 1071
ἐθεράπευσεν αὐτούς·   31 ὥστε τοὺς ὄχλους θαυμάσαι βλέποντας   𝕸 K L M P W Π 118 2 565 [w]τ

---

lac. 15.29-31 𝔓⁴⁵ A N Q Γ 28 69 ¦ vss. 29-30 H ¦ vss. 29-31 F ¦ vs. 29 P

A 29 εκιθεν ℵ ¦ ηλθε U 118 157 700 ¦ ρος (ορος) D ¦ εκαθητω Ε 565 ¦ εκαθιτο 579 1424 30 θ (μεθ) K ¦ χολους Ε* ¦ κυλους L Θ ¦ κοιλους 700 ¦ κοφους Ε ¦ ερρηψαν 1071 31 ωσται 579 ¦ θαυμασε ℵ

B 29 ι̅ς̅¹ Β ℵ C 𝕸 K L M P S U W Δ Θ Π Ω f¹ 118 f¹³ 124 2 33 157 565 579 700 788 1071 1346 1424 ¦ ι̅η̅ς D ¦ ι̅ς̅² f¹³ 788 1346 30 ι̅υ̅ C 𝕸 K M P S U W Δ Π Ω f¹ 118 2 157 565 1071

C 29 λ̄ περι των ιαθεντων χωλων 1424 ¦ ζη: τη παρασε κ, της ε̅ εβδ τω καιρ, μεταβας εκειθ (ante μεταβας) G ¦ λ̄ περι των θεραπευθεντων οχλον (οχλων Υ L S U Δ Θ 1582 124 33 788) G Υ L S U Δ Θ Π Ω 1582 124 33 579 788 ¦ λ̄ Μ 118 ¦ αρχ: τη παρα, της ε̅ εβδ αρχ τω κ.ρ.ω μεταβασ ο ι̅ς̅ εκειθεν ηλθε Υ ¦ αρχ: Μθ τη παρασκ, τς ε̅ εβδ τω καιρ, μεταβας ο ι̅ς̅ ηλθεν Μ ¦ τη παρασκ τς ι εβδ τω κ S ¦ αρχ ξ̅γ̅: τη παρ,α τς ι̅ς̅ εβδ τω καιρω εκεινω ηλθεν ο ι̅ς̅ παρα την θαλασσαν Π ¦ αρχ ξ̅γ̅ τη ς̅ τς ζ̅εβδ τω καιρω ηλθεν ο ι̅ς̅ εις τ̅ θαλασ 118 ¦ f¹³ 124 788 ¦ αρχ λ̄ τη π̅α̅ 157 30 λ̄ περι των θεραπευθεντων οχλων (om. 2)· Ε Κ f¹³ 2 157 1071 1346

D 29 ρ̅ξ̅ C D K Θ f¹³ ¦ ρ̅ξ̅/ε Ε ¦ ρ̅ξ̅/ϛ M S Π Ω (ante και αναβας 124 788 1346)¦ ρ̅ξ̅/β 118 ¦ Ευ Μθ ρ̅ξ̅ : Ιω . : Λου . : Μρ ο̅δ̅ Ε ¦ Μθ ρ̅ξ̅ : Μρ ο̅ϛ̅ Μ ¦ Μθ ρ̅ξ̅ : Μρ ο̅ϛ̅ : Λο . : Ιω . 124 ¦ ρ̅ξ̅/ϛ (ante εκειθεν) ℵ

κωφοὺς ἀκούοντας,	κυλλοὺς ὑγιεῖς, καὶ χωλοὺς περιπατοῦντας καὶ	B [w]
κωφοὺς λαλοῦντας,	καὶ χωλοὺς περιπατοῦντας καὶ	א f¹ 579 [w]
κωφοὺς λαλοῦντας,	κυλλοὺς ὑγιεῖς, καὶ χωλοὺς περιπατοῦντας καὶ	C M P W Δ 565 u[w]
κωφοὺς λαλοῦντας,	κυλλοὺς ὑγιεῖς, χωλοὺς περιπατοῦντας καὶ	𝔐 K L U Π 2 τ
κωφοὺς ἀκούοντας καὶ λαλοῦντας,	κυλλοὺς ὑγιεῖς, καὶ χωλοὺς περιπατοῦντας καὶ	N
κωφοὺς λαλοῦντας,	καὶ	118
κωφοὺς λαλοῦντας, καὶ	κυλλοὺς ὑγιεῖς, καὶ χωλοὺς περιπατεῖν καὶ	124
κωφοὺς λαλοῦντας, καὶ	κυλλοὺς ὑγιεῖς, χωλοὺς περιπατοῦντας καὶ	33
κωφοὺς λαλοῦντας, τυφλοὺς βλέποντας,	χωλοὺς περιπατοῦντας	700*
κωφοὺς λαλοῦντας, τυφλοὺς βλέποντας, χυλλοὺς ὑγιεῖς, χωλοὺς περιπατοῦντας		700ᶜ
κωφοὺς ἀκούοντας,	κυλλοὺς ὑγιεῖς, χωλοὺς περιπατοῦντας καὶ	1071 [↓1424
κωφοὺς λαλοῦντας, καὶ	κυλλοὺς ὑγιεῖς, καὶ χωλοὺς περιπατοῦντας καὶ	D Θ f¹³ 157 788
1346		

	τυφλοὺς βλέποντας·	καὶ ἐδόξασαν τὸν θεὸν	Ἰσραήλ.	B u[w]τ rell
	τυφλοὺς βλέποντας·	καὶ ἐδόξαζον τὸν θεὸν	Ἰσραήλ.	א L f¹ 33 1071 [w]
τοὺς	τυφλοὺς βλέποντας·	καὶ ἐδόξασαν τὸν θεὸν	Ἰσραήλ.	D
	τυφλοὺς βλέποντες·	καὶ ἐδόξασαν τὸν θεὸν	Ἰσραήλ.	Δ
	τυφλοὺς βλέποντας, καὶ κυλλοὺς ὑγιεῖς· καὶ ἐδόξαζον τὸν θεὸν. ἀμήν.			579
		καὶ ἐδόξασαν τὸν θεὸν	Ἰσραήλ.	700
	τυφλοὺς βλέποντας·	καὶ ἐδόξαζον τὸν θεὸν τοῦ	Ἰσραήλ.	1424

λᾱ   περὶ τῶν ἕπτα ἄρτων

Jesus Feeds Four Thousand With Seven Loaves And A Few Fish
(Mark 8.1-10)

32	Ὁ δὲ Ἰησοῦς προσκαλεσάμενος τοὺς μαθητὰς αὐτοῦ εἶπεν,	Σπλαγχνίζομαι	Bᶜ uwτ rell
32	Ὁ δὲ Ἰησοῦς προσκαλεσάμενος τοῦ μαθητὰς αὐτοῦ εἶπεν,	Σπλαγχνίζομαι	B*
32	Ὁ δὲ Ἰησοῦς προσκαλεσάμενος τοὺς μαθητὰς εἶπεν αὐτοῖς,	Σπλαγχνίζομαι	א
32	Ὁ δὲ Ἰησοῦς προσκαλεσάμενος τοὺς μαθητὰς αὐτοῦ λέγει αὐτοῖς,	Σπλαγχνίζομαι	C
32	Ὁ δὲ Ἰησοῦς προσκαλεσάμενος τοὺς μαθητὰς αὐτοῦ εἶπεν αὐτοῖς,	Σπλαγχνίζομαι	K Π 157 579
32	Ὁ δὲ Ἰησοῦς προσκαλεσάμενος τοὺς μαθητὰς εἶπεν,	Σπλαγχνίζομαι	W Θ 700
32	Ὁ δὲ Ἰησοῦς προσκαλεσάμενος τοὺς μαθητὰς αὐτοῦ εἶπεν αὐτούς,	Σπλαγχνίζομαι	565

ἐπὶ τὸν ὄχλον,	ὅτι	ἡμέραι τρεῖς	προσμένουσίν	μοι καὶ	B [w]
ἐπὶ τὸν ὄχλον,	ὅτι ἤδη	ἡμέρας τρεῖς	προσμένουσίν	μοι καὶ	א Nᶜ Θ f¹³ 157
ἐπὶ τὸν ὄχλον τοῦτον,	ὅτι ἤδη	ἡμέραι τρεῖς εἰσὶν καὶ	προσμένουσίν	μοι καὶ	D [↑788 1346 τ
ἐπὶ τὸν ὄχλον τοῦτον,	ὅτι ἤδη	ἡμέραι τρεῖς	προσμένουσίν	μοι καὶ	Eᶜ
ἐπὶ τὸν,	ὅτι ἤδη	ἡμέρας τρεῖς	προσμένουσίν	μοι καὶ	N*
ἐπὶ τὸν ὄχλον,	ὅτι ἤδη	ἡμέραι τρεῖς	προσμένουσίν	μου καὶ	Δ
ἐπὶ τὸν ὄχλον,	ὅτι ἤδη	ἡμέραι τρεῖς	προσμένουσί	με καὶ	700
ἐπὶ τὸν ὄχλον,	ὅτι ἤδη	ἡμέρας τρεῖς	προσκαρτέρουσίν	μοι καὶ	1424
ἐπὶ τὸν ὄχλον,	ὅτι ἤδη	ἡμέραι τρεῖς	προσμένουσίν	μοι καὶ	u[w] rell

οὐκ ἔχουσιν τί φάγωσιν· καὶ ἀπολῦσαι αὐτοὺς νήστεις οὐ θέλω,	B uwτ rell
οὐκ ἔχουσιν τί φαγεῖν· καὶ ἀπολῦσαι αὐτοὺς νήστεις οὐ θέλω,	W
οὐκ ἔχουσιν τί φάγωσιν· καὶ ἀπολῦσαι νήστις αὐτοὺς οὐ θέλω,	118
οὐκ ἔχωσιν τί φάγωσιν· καὶ ἀπολῦσαι αὐτοὺς νήστεις οὐ θέλω,	2*

lac. 15.31-32 𝔓⁴⁵ A Q Γ 28 69

A 31 ακουωντας 1071 | κυλους L Θ | υγιης P S 1071 1346 32 ειπε 118 1346 | σπλαγχνιζομε א C W | σπλανχνιζομαι D | σπλαχ-νηζομαι K | σπλαγχνιζωμε L | σπλαχνιζομαι Δ Ω | ο (οχλον) N | ηδι L | ημερε K | τρις N W 2 | προσμενουσι א Y K M S Ω f¹ 118 f¹³ 157 565 788 | προσμαινουσι 1071 | εχουσι F Y K M S U Ω f¹ 118 f¹³ 157 565 700 788 1071 1346 | αιχουσιν L | φαγωσι S Y U Ω f¹ 118 f¹³ 157 565 700 788 1071 1346 | απολυσε א | νηστις א N W 1582ᶜ 157 | νιστεις L | νηστις W | νηστης 13 2* 579

B 31 θν B א C D 𝔐 K L M N P S U W Δ Θ Π Ω f¹ 118 f¹³ 124 2 33 157 565 579 700 788 1071 1346 1424 | ισλ א | ιηλ C 𝔐 K L M N P U Π Ω f¹ 118 f¹³ 124 2 157 565 700 788 1071 1346 1424 32 ιϲ B א C 𝔐 K L M N P S U W Δ Θ Π Ω f¹ 118 f¹³ 124 2 33 157 565 579 700 788 1071 1346 1424 | ιης D | γχ D

C 31 τελος της παρα, (post ιηλ) G Y M | τελ L S 118 124 788 1346 | τελ ϛ f¹ | τελ Σα θ̄ f¹³ 32 λᾱ περι των επτα (ζ F H S U Π 1582 f¹³ 124 33 579 1071 1346) αρτων: 𝔐 K L S U Δ Θ Π Ω f¹ f¹³ 124 2 33 157 579 1071 1346 1424 | λᾱ πε των ζ αρτων και δυο ιχθυων M | λᾱ πε τω ε ζ αρτων 788 | Μθ λᾱ : Μρ κᾱ M | Μρ κᾱ Π | αρχη F L | αρχη: Σαββατω θ̄ τω καιρω εκεινω (om. G): προσκαλεσαμενος ο ιϲ (+ τους μαθητας αυτου ειπεν G) E (G ante ειπεν) | Σα θ̄ τω κ, προσ (ante προσκ.) H | αρχ: Σα θ̄ αρχ τω κ.ρ.ω προσκαλεσαμενος ο ιϲ τους μαθ Ῡ | Μθ Σα ε̄ τω καιρ.ω προσκαλεσαμενος ο ιϲ τους μαθητας αυτ· ειπεν· σπλαγχνιζομαι M | Σα θ̄ τω κ̄ S | αρχ: ιϲ προσκαλεσαμενος Θ | αρχ ξδ: Σαβ ϛ τω καιρω εκεινω προσκαλεσαμενος ο ιϲ τους Π | Σα θ̄ τω καιρω προσκαλεσαμενος Ω | αρχ ξδ Σα θ̄ τω καιρω προσκαλεσαμενος ο ιϲ τους f¹ | αρχ Σα θ̄ τω καιρω εκεινω προσκαλεσαμενος ο ιϲ 118 | αρχ Σα θ̄ f¹³ 124 788 1346 | αρχ: Σα θ̄ τω καιρω 2 | αρχ 157 | αρχ Σα θ̄ 1071 | αρχ τω καιρω 1424

D 32 ρξ/ϛ Y | ρξ L

μήποτε ἐκλυθῶσιν ἐν τῇ ὁδῷ. **33** καὶ λέγουσιν αὐτῷ οἱ μαθηταί,   Πόθεν   ἡμῖν ἐν B 124 **uw**
μὴ   ἐκλυθῶσιν ἐν τῇ ὁδῷ. **33** καὶ λέγουσιν αὐτῷ οἱ μαθηταί,   Πόθεν   ἡμῖν ἐν ℵ 700
                              33 καὶ λέγουσιν αὐτῷ οἱ μαθηταί <u>αὐτοῦ</u>, Πόθεν <u>οὖν</u> ἡμῖν ἐν D*
μήποτε ἐκλυθῶσιν ἐν τῇ ὁδῷ. **33** καὶ λέγουσιν αὐτῷ οἱ μαθηταί <u>αὐτοῦ</u>, Πόθεν <u>οὖν</u> ἡμῖν ἐν Θ
<u>μὴ</u>   ἐκλυθῶσιν ἐν τῇ ὁδῷ. **33** καὶ λέγουσιν αὐτῷ οἱ μαθηταί,   Πόθεν <u>οὖν</u> ἡμῖν ἐν 1 1582*
μήποτε ἐκλυθῶσιν ἐν τῇ ὁδῷ. **33** καὶ λέγουσιν αὐτῷ οἱ μαθηταί,   Πόθεν <u>οὖν</u> ἡμῖν ἐν 1582ᶜ
μήποτε ἐκλυθῶσιν ἐν τῇ ὁδῷ. **33** καὶ λέγουσιν αὐτῷ οἱ μαθηταί,   Πόθεν <u>οὖν</u>   ἐν 579
μήποτε ἐκλυθῶσιν ἐν τῇ ὁδῷ. **33** καὶ λέγουσιν αὐτῷ οἱ μαθηταί <u>αὐτοῦ</u>, Πόθεν   ἡμῖν ἐν 118 τ rell

ἐρημίᾳ   ἄρτοι τοσοῦτοι ὥστε χορτάσαι   ὄχλον τοσοῦτον; **34** καὶ λέγει αὐτοῖς   B **uw**τ rell
<u>ἐρήμῳ</u> <u>τόπῳ</u> ἄρτοι τοσοῦτοι ὥστε χορτάσαι   ὄχλον τοσοῦτον; **34** καὶ λέγει αὐτοῖς   C
ἐρημίᾳ   ἄρτοι τοσοῦτοι ὥστε χορτάσαι   ὄχλον τοσοῦτον; **34** καὶ λέγει <u>αὐτοῖς</u> αὐτοῖς 157*
ἐρημίᾳ   ἄρτοι τοσοῦτοι ὥστε χορτάσαι   ὄχλον τοσοῦτον; **34**   λέγει αὐτοῖς   124 565 788
ἐρημίᾳ   <u>τοσοῦτοι ἄρτοι</u> ὥστε <u>χορτασθῆναι</u> ὄχλον τοσοῦτον; **34** καὶ λέγει αὐτοῖς   1424

[↓124 157 565 τ
ὁ Ἰησοῦς, Πόσους ἄρτους ἔχετε; οἱ δὲ εἶπον,   Ἑπτά, καὶ ὀλίγα ἰχθύδια. B C 𝔐 K L M N P W Π 118
ὁ Ἰησοῦς, Πόσους ἄρτους ἔχετε; οἱ δὲ <u>εἶπαν</u>,   Ἑπτά, καὶ ὀλίγα ἰχθύδια. ℵ f¹ f¹³ 33 579 788 1346 **uw**
ὁ Ἰησοῦς, Πόσους ἄρτους ἔχετε; οἱ δὲ <u>εἶπον αὐτῷ</u>, Ἑπτά, καὶ ὀλίγα ἰχθύδια. D
  Ἰησοῦς, Πόσους ἄρτους ἔχετε; οἱ δὲ εἶπον,   Ἑπτά, καὶ ὀλίγα ἰχθύδια. Θ
         Πόσους ἄρτους ἔχετε; οἱ δὲ εἶπον,   Ἑπτά, καὶ ὀλίγα ἰχθύδια. 1424

35 καὶ παραγγείλας τῷ   ὄχλῳ   ἀναπεσεῖν ἐπὶ τὴν γῆν **36**   ἔλαβεν τοὺς ἑπτὰ B ℵ D Θ f¹ f¹³ 33
35 καὶ <u>ἐκέλευσεν</u> <u>τοὺς</u> <u>ὄχλους</u> ἀναπεσεῖν ἐπὶ τὴν γῆν **36** <u>καὶ λαβὼν</u> τοὺς ἑπτὰ C 1424 [↑579 788 **uw**
35 καὶ <u>ἐκέλευσεν</u> τῷ   ὄχλῳ   ἀναπεσεῖν ἐπὶ τὴν γῆν **36** <u>καὶ λαβὼν</u> τοὺς ἑπτὰ 157
35 καὶ <u>ἐκέλευσεν</u> <u>τοῖς</u> <u>ὄχλοις</u> ἀναπεσεῖν ἐπὶ τὴν γῆν **36** <u>καὶ ἔλαβε</u> τοὺς ἑπτὰ 700*
35 καὶ <u>ἐκέλευσεν</u> <u>τοῖς</u> <u>ὄχλοις</u> ἀναπεσεῖν ἐπὶ <u>τῆς γῆς</u> **36** <u>καὶ ἔλαβε</u> τοὺς ἑπτὰ 700ᶜ
35 καὶ παραγγείλας τῷ   ὄχλῳ   ἀναπεσεῖν ἐπὶ τὴν γῆν **36** <u>καὶ</u> ἔλαβεν τοὺς ἑπτὰ 1346
35 καὶ <u>ἐκέλευσεν</u> <u>τοῖς</u> <u>ὄχλοις</u> ἀναπεσεῖν ἐπὶ τὴν γῆν **36** <u>καὶ λαβὼν</u> τοὺς ἑπτὰ 𝔐 K L M N P U W Δ
                                                                      Π 118 2 565 1071 τ

[↓579 700 1346 **uw**
ἄρτους καὶ τοὺς   ἰχθύας καὶ   εὐχαριστήσας ἔκλασεν καὶ ἐδίδου τοῖς B ℵᶜ D Θ f¹ 33
ἄρτους καὶ τοὺς <u>δύο</u> ἰχθύας καὶ   εὐχαριστήσας ἔκλασεν καὶ ἐδίδου τοῖς ℵ* 124
ἄρτους καὶ τοὺς   ἰχθύας   <u>εὐχαρίστησεν</u>   καὶ <u>ἔδωκεν</u> τοῖς C*
ἄρτους   εὐχαριστήσας ἔκλασεν καὶ <u>ἔδωκεν</u> τοῖς L
ἄρτους καὶ   ἰχθύας καὶ   εὐχαριστήσας ἔκλασεν καὶ ἐδίδου τοῖς f¹³
ἄρτους καὶ τοὺς   ἰχθύας   εὐχαριστήσας ἔκλασεν καὶ ἐδίδου τοῖς 157
ἄρτους καὶ τοὺς   ἰχθύας καὶ   εὐχαριστήσας ἔκλασεν καὶ <u>ἔδωκεν</u> τοῖς 118 565 1424
ἄρτους καὶ τοὺς <u>δύο</u> ἰχθύας καὶ <u>εὐλογήσας</u> εὐχαριστήσας ἔκλασεν καὶ ἐδίδου τοῖς 788
ἄρτους καὶ τοὺς   ἰχθύας   εὐχαριστήσας ἔκλασεν καὶ <u>ἔδωκεν</u> τοῖς Cᶜ 𝔐 K M N P U
                                                                   W Δ Π 2 1071 τ

[↓579 700 788 1346 **uw**
μαθηταῖς,   οἱ δὲ μαθηταὶ τοῖς ὄχλοις. **37** καὶ ἔφαγον πάντες καὶ ἐχορτάσθησαν, B ℵ f¹ f¹³ 33
μαθηταῖς,   οἱ δὲ μαθηταὶ <u>τῷ</u> <u>ὄχλῳ</u>. **37** καὶ ἔφαγον πάντες καὶ ἐχορτάσθησαν, D
μαθηταῖς <u>αὐτοῦ</u>, οἱ δὲ μαθηταὶ τοῖς ὄχλοις. **37** καὶ ἔφαγον πάντες καὶ ἐχορτάσθησαν, K L M Π
μαθηταῖς,   οἱ δὲ μαθηταὶ <u>τῷ</u> <u>ὄχλῳ</u>. **37** καὶ ἔφαγον πάντες καὶ ἐχορτάσθησαν, Θ
μαθηταῖς <u>αὐτοῦ</u>, οἱ δὲ μαθηταὶ τοῖς ὄχλοις. **37** καὶ ἔφαγον πάντες καὶ ἐχορτάσθησαν, 157
μαθηταῖς <u>αὐτοῦ</u>, οἱ δὲ μαθηταὶ <u>τῷ</u> <u>ὄχλῳ</u>.. **37** καὶ ἔφαγον πάντες καὶ ἐχορτάσθησαν, C 𝔐 N P U
                                                                   W Δ 118 2 565 1071 1424 τ

---

lac. **15.32-37** 𝔓⁴⁵ A Q Γ 28 69

A **32** μηπωτε 1346 | εκλαιθωσιν 579 **33** ημειν D | ερημεια 1071 | τωσουτοι 579 | ωσται 579 | χορτασε ℵ | τοσσουτον L **34** λεγι
ℵ | εχεται D W Θ 13 2* 579 | ιχθυδεια N ¦ ηχθυδια 1071 **35** παραγγιλας ℵ Θ ¦ παρανγειλας D ¦ εκευσε Υ* ¦ εκελευσε Υᶜ M U
118 157 700 1071 | αναπεσιν ℵ D L N W Θ 2* 579 **36** λαβον K ¦ ελαβε 13 788 | ευχαριστισας Ε* ¦ ευχαριστεισας L | εκλασε
Υ U f¹ 118 f¹³ 124 2 157 700 1071 1346 | εδωκε Υ M U 118 1071 | τοι (τοις¹) L | ματαις F* ¦ μθαταις Fᶜ **37** εφαγων Ε*

B **34** ιϲ̅ B ℵ C 𝔐 K L M N P S U W Δ Θ Π Ω f¹ 118 f¹³ 124 2 33 157 565 579 700 788 1071 1346 ¦ ιηϲ̅ D ¦ ζ̅ D

*[καὶ τὸ περισσεῦον τῶν κλασμάτων ἦραν, ἑπτὰ σπυρίδας πλήρεις. **38** οἱ δὲ ἐσθίοντες   Β Θ *f*[1] 33 579 700
καὶ τὸ περισσεῦον τῶν κλασμάτων ἦραν, ἑπτὰ σφυρίδας πλήρεις. **38** οἱ δὲ ἐσθίοντες   D w   [↑u
καὶ ἦραν τὸ περισσεῦον τῶν κλασμάτων, ἑπτὰ σπυρίδας πλήρεις. **38** οἱ δὲ ἐσθίοντες   Δ 2 1071
καὶ ἦραν τὸ περισσεῦον τῶν κλασμάτων, ἑπτὰ σπυρίδας πλήρεις. **38** οἱ δὲ ἐσθίοντες   ℵ C 𝔐 K L
                                        M N P U W Π 118 *f*[13] 157 565 788 1346 1424 τ
*[one line erased and converted into two lines for the text between the brackets D]

ἦσαν ὡς   τετρακισχείλιοι ἄνδρες] χωρὶς γυναικῶν καὶ παιδίων. ρ̄ᾱ **39** Καὶ   Β
ἦσαν ἄνδρες ὡσεὶ τετρακισχίλιοι χωρὶς παιδίων καὶ γυναικῶν.   **39** Καὶ   ℵ 579
ἦσαν   τετρακισχίλιοι   ἄνδρες χωρὶς παιδίων καὶ γυναικῶν.   **39** Καὶ   D [w]
ἦσαν   τετρακισχείλιοι ἄνδρες χωρὶς γυναικῶν καὶ παιδίων.   **39** Καὶ   W
ἦσαν ὡς   τετρακισχείλιοι ἄνδρες χωρὶς παίδων καὶ γυναικῶν.   **39** Καὶ   Θ
ἦσαν ὡς   τετρακισχίλιοι   ἄνδρες χωρὶς παίδων καὶ γυναικῶν.   **39** Καὶ   *f*[1]
ἦσαν ὡς   τετρακισχίλιοι   ἄνδρες χωρὶς γυναικῶν καὶ παιδίων.   **39** Καὶ   *f*[13] 33 788 1346 [w]
ἦσαν ὡς   τετρακισχίλιοι   ἄνδρες χωρὶς παιδίων καὶ γυναικῶν.   **39** Καὶ   124
ἦσαν ὡσεὶ τετρακισχίλιας ἄνδρες χωρὶς γυναικῶν καὶ παιδίων.   **39** Καὶ   157
ἦσαν   τετρακισχίλιοι   ἄνδρες χωρὶς γυναικῶν καὶ παιδίων.   **39** Καὶ   C 𝔐 K L M N P U Δ
                                        Π 118 2 565 700 1071 1424 u[w]τ

ἀπολύσας τοὺς ὄχλους ἐνέβη   εἰς τὸ πλοῖον, καὶ ἦλθεν εἰς τὰ ὅρια   Μαγαδάν.   Β ℵ* uw
ἀπολύσας τοὺς ὄχλους ἐνέβη   εἰς τὸ πλοῖον, καὶ ἦλθεν εἰς τὰ ὅρια   Μαγεδάν.   ℵᶜ
ἀπολύσας τοὺς ὄχλους ἀνέβη   εἰς τὸ πλοῖον, καὶ ἦλθον εἰς τὰ ὅρια   Μαγδαλάν. C 118
ἀπολύσας τοὺς ὄχλους ἐνβαίνει εἰς τὸ πλοῖον, καὶ ἦλθεν εἰς τὰ ὅρια τῆς Μαγαδάν. D
ἀπολύσας τοὺς ὄχλους ἀνέβη   εἰς τὸ πλοῖον, καὶ ἦλθεν εἰς τὰ ὅρια   Μαγδαλάν. M N W Π 565
ἀπολύσας ⋯⋯⋯⋯   ⋯⋯⋯⋯   ⋯⋯⋯ ⋯⋯⋯⋯ ⋯⋯⋯   ⋯⋯⋯⋯   P
ἀπολύσας τοὺς ὄχλους ἐνέβη   εἰς τὸ πλοῖον, καὶ ἦλθεν εἰς τὰ ὅρια   Μαγδαλά.   S Ω τ
ἀπολύσας τοὺς ὄχλους ἐνέβη   εἰς πλοῖον, καὶ ἦλθεν εἰς τὰ ὅρια   Μαγδαλά.   *f*[1] 124
ἀπολύσας τοὺς ὄχλους ἀνέβη   εἰς πλοῖον, καὶ ἦλθεν εἰς τὰ ὅρια   Μαγδαλά.   *f*[13] 788 1346
ἀπολύσας τοὺς ὄχλους ἐνέβη   εἰς τὸ πλοῖον, καὶ ἦλθεν εἰς τὰ ὅρια   Μαγδαλάν. 33
ἀπολύσας τοὺς ὄχλους ἀνέβη   εἰς πλοῖον, καὶ ἦλθεν εἰς τὰ ὄρει   Μαγδαλάν. 579
ἀπολύσας τοὺς ὄχλους ἀνέβη   εἰς τὸ πλοῖον, καὶ διῆλθεν εἰς τὰ ὅρια   Μαγδαλά.   1424 [↓700 1071
ἀπολύσας τοὺς ὄχλους ἀνέβη   εἰς τὸ πλοῖον, καὶ ἦλθεν εἰς τὰ ὅρια   Μαγδαλά.   𝔐 K L U Δ Θ 2 157

Pharisees And Sadducees Seek A Sign From Jesus
(Mark 8.11-13; Luke 12.54-56)

16.1 Καὶ προσελθόντες οἱ Φαρεισαῖοι   καὶ   Σαδδουκαῖοι πειράζοντες   Β
16.1 Καὶ προσελθόντες οἱ Φαρισαῖοι   καὶ οἱ Σαδδουκαῖοι πειράζοντες   ℵ Δᶜ Θᶜ 700
16.1 Καὶ προσελθόντες οἱ Φαρισαῖοι   καὶ   Σαδουκαῖοι πειράζοντες   L Y*
16.1 Καὶ προσελθόντες οἱ Φαρισαῖοι   καὶ   Σαδδουκεοι πειράζοντες   W
16.1 Καὶ προσελθόντες οἱ Φαρισαῖοι   καὶ οἱ Σαδδουκαῖοις πειράζοντες   Δ
16.1 Καὶ προσελθόντες οἱ Φαρισαῖοι   καὶ οἱ Σαδουκαῖοι πειράζοντες   Θ*
16.1 Καὶ προσελθόντες   Φαρισαῖοι   καὶ   Σαδδουκαῖοι πειράζοντες   *f*[1] 565 [w]
16.1 Καὶ προσελθόντες οἱ Σαδδουκαῖοι καὶ οἱ Φαρισαῖοι πειράζοντες   33 579
16.1 Καὶ προσελθόντες οἱ Φαρισαῖοι   καὶ   Σαδδουκαῖοι πειράζοντες   C D 𝔐 K M N U Π 118 *f*[13]
                                        2 788 1071 1346 1424 u[w]τ

---

lac. **15.37-16.1** 𝔓[45] A   P Q Γ 28 69 ¦ vss. 15.39-16.1 P

A 37 περισευον N Θ* ¦ περισσευων 2* ¦ πληρις ℵ Εᶜ F H 579 ¦ πληρης Ε* G P 2* 1424 **38** αισθιοντες D ¦ ωσι ℵ ¦ πεδιων ℵ L ¦ πεδων Θ* ¦ γυνεκων ℵ **39** ους (τους) 1 **16.1** προσελθωντες 2* ¦ πιραζοντες ℵ ¦ πηραζοντες 579

Β 37 ζ D

C 39 λ̄β̄ πε τς ζυμης των φαρισαῖ Ω ¦ τελ (post οχλους) 579 ¦ τελος (post Μαγαδ.) Ε S Υ Θ 118 *f*[13] 124 2 788 1346 ¦ τελ του Σα M Π *f*[1] ¦ τε 1071 **16.1** λ̄β̄ περι της ζυμης των φαρισαιων G Y L S Δ Θ *f*[13] 124 33 579 1346 ¦ πε της ζυμης των φαρισαιων και Σαδδουκαιων λ̄β̄ 1071 ¦ αρχη: τη β̄ της ς̄ εβδ τω καιρω εκεινω προσελθοντες οι φαρ, G ¦ αρχ: τη β̄ της ς̄ εβδ τω κ.ρ.ω προσελθοντες οι φαρισαιοι τω ιυ κ. οι σαδδουκεοι πειραζοντες Y ¦ αρχ: Μθ τη γ̄ τς ς̄ εβδ τω καιρω, προσελθοντες οι φαρισαιοι τω ιυ και οι σαδδουκαιοι M ¦ τη β̄ τς ς̄ εβδ τω κ S ¦ αρχ ξ̄ε̄: τη β̄ τς ς̄ εβδ τω καιρω εκεινω προσελθοντες τω ιυ και Φαρισαιοι και Σαδουκαιοι Π ¦ αρχ ξ̄ε̄ τη β̄ τς η̄ εβδ τω καιρω προσελθοντ τω ιυ φα *f*[1] ¦ αρχ ξ̄ε̄ τη β̄ τς η̄ εβδ ομα τω προσελθοντ τω ιυ φαρισαιοι118 ¦ αρχ *f*[13] 124 1346 ¦ αρχ εβδ η̄ τη β̄ 157

D 39 ρ̄ξ̄ᾱ C D F H *f*[1] 2 157 1071 ¦ ρ̄ξ̄ᾱ/γ Ε ¦ ρ̄ξ̄ᾱ/δ G Y N Ω ¦ ρ̄ξ̄ᾱ/ε M ¦ Ευ Μθ ρ̄ξ̄ᾱ : Ιω κ̄γ̄ : Λου . : Μρ ο̄ζ̄ Ε ¦ Μθ ρ̄ξ̄ᾱ : Μρ ο̄ζ̄ : Λο ρ̄ξ̄ᾱ M **16.1** ρ̄ξ̄ᾱ/δ ℵ L S U Π 118 124 788 1424 ¦ ρ̄ξ̄β̄ F H *f*[1] 2 157 ¦ ρ̄ξ̄ᾱ K Θ *f*[13] 579 1346 ¦ ξ̄β̄ 1071 ¦ Μθ ρ̄ξ̄ᾱ : Μρ ο̄ζ̄ : Λο . : Ιω κ̄γ̄, ν̄ς̄ 124

ἐπηρώτησαν αὐτὸν σημεῖον ἐκ τοῦ οὐρανοῦ ἐπιδεῖξαι αὐτοῖς. **2** ὁ δὲ ἀποκριθεὶς   B 118 u[w]τ rell
 ηρώτησαν αὐτὸν σημεῖον ἐκ τοῦ οὐρανοῦ ἐπιδεῖξαι αὐτοῖς. **2** ὁ δὲ ἀποκριθεὶς   ℵ^c
αὐτὸν ἐπηρώτησαν σημεῖον ἐκ τοῦ οὐρανοῦ ἐπιδεῖξαι αὐτοῖς. **2** ὁ δὲ ἀποκριθεὶς   D
ἐπηρώτησαν αὐτὸν σημεῖον ἐκ τοῦ οὐρανοῦ   δεῖξαι αὐτοῖς. **2**   2
ἐπηρώτησαν αὐτὸν σημεῖον ἐκ τοῦ οὐρανοῦ ἐπιδεῖξαι αὐτοῖς. **2**   1071 [↓1346 1424 [w]
ἐπηρώτων αὐτὸν σημεῖον ἐκ τοῦ οὐρανοῦ ἐπιδεῖξαι αὐτοῖς. **2** ὁ δὲ ἀποκριθεὶς   ℵ* Θ f¹ f¹³ 565 788

εἶπεν αὐτοῖς,   B ℵ Y f¹³ 2* 157 [579 see post vs. 9] 788 [uw]
εἶπεν,   Ὀψίας γενομένης λέγετε, Εὐδία, πυρράζει γὰρ ὁ οὐρανός.   D
εἶπεν αὐτοῖς, Ὀψίας γενομένης λέγετε, Εὐδία, πυρράζει   ὁ οὐρανός.   M
εἶπεν αὐτοῖς, Ὀψίας γενομένης λέγετε, Εὐδία, πυρράζει γὰρ.   W
εἶπεν αὐτοῖς, Ὀψίας γενομένης λέγετε, Εὐδία, πυρράζει γὰρ ὁ οὐρανός^T.   C 𝔐 K L N U Δ Θ Π f¹ 118 2^c
                                                                     33 565 700 1071 1346 1424 [uw]τ

     ^Tκαὶ γίνεται οὕτως   K

3 om.   B ℵ Y f¹³ 2* [579 see post vs. 9] 788 [uw]
3 καὶ   πρωΐ,   Σήμερον χειμών, πυρράζει γὰρ στυγνάζων ὁ οὐρανός. καὶ   C
3 καὶ   πρωΐ,   Σήμερον χειμών, πυρράζει γὰρ στυγνάζων ὁ ἀήρ.   D
3 καὶ   πρωΐας, Σήμερον χειμών, πυρράζει γὰρ στυγνάζων ὁ οὐρανός. ὑποκριταί,   E
3 ....   ὑποκριταί,   F
3 καὶ πάλιν πρωΐ, Σήμερον χειμών, πυρράζει γὰρ στυγνάζων ὁ οὐρανός. ὑποκριταί,   K
3   στυγνάζων ὁ οὐρανός.   W
3 καὶ   πρωΐας, Σήμερον χειμών, πυρράζει γὰρ στυγνάζων ὁ οὐρανός. καὶ   33
3 καὶ   πρωΐας, Σήμερον χειμών, στυγνάζει γὰρ πυράζων ὁ οὐρανός. οἱποκριταί, 1071
3 καὶ   πρωΐ,   Σήμερον χειμών, πυρράζει γὰρ στυγνάζων ὁ οὐρανός. Δ [uw]
3 καὶ   πρωΐ,   Σήμερον χειμών, πυρράζει γὰρ ὁ οὐρανὸς στυγνάζων. ὑποκριταί,   2^c
3 καὶ   πρωΐ,   Σήμερον χειμών, πυρράζει γὰρ στυγνάζων ὁ οὐρανός. ὑποκριταί,   𝔐 M U Π 1582^c
                                                                     118 565 700 1346 τ

om.   B ℵ Y f¹³ 2* 579 788 [uw]
τὸ καὶ πρόσωπον τοῦ οὐρανοῦ γινώσκετε   διακρίνειν, τὰ δὲ σημεῖα τῶν καιρῶν οὐ   C^c
τὸ μὲν πρόσωπον τοῦ οὐρανοῦ γεινώσκεται διακρίνειν, τὰ δὲ σημεῖα τῶν καιρῶν οὐ   D
τὸ   πρόσωπον τοῦ οὐρανοῦ γινώσκετε   διακρίνειν, τὰ δὲ σημεῖα τῶν καιρῶν οὐ   F 2^c
τὸ μὲν πρόσωπον τοῦ οὐρανοῦ γιγνώσκεται διακρίνειν, τὰ δὲ σημεῖα τῶν καιρῶν οὐ   W
τὸ μὲν πρόσωπον τοῦ οὐρανοῦ γεινώσκετε διακρίνειν, τὰ δὲ σημεῖα τῶν καιρῶν οὐ   Δ
τὸ μὲν πρόσωπον τοῦ οὐρανοῦ γινώσκεται διακρίνειν, τὰ δὲ σημεῖα τῶν καιρῶν οὐ   1346
τὸ μὲν πρόσωπον τοῦ οὐρανοῦ γινώσκετε   διακρίνειν, τὰ δὲ σημεῖα τῶν καιρῶν οὐ   [uw]τ rell

           4 Γενεὰ πονηρὰ καὶ μοιχαλεὶς   σημεῖον   αἰτεῖ, καὶ   B*
           4 Γενεὰ πονηρὰ καὶ μοιχαλὶς   σημεῖον ἐπιζητεῖ, καὶ   B^c ℵ Y 2* 579 [uw]
δύνασθε.   **4** Γενεὰ πονηρὰ   ζήτει   σημεῖον, καὶ   D*
δύνασθε.   **4** Γενεὰ πονηρὰ   σημεῖον   ζήτει, καὶ   D^c
δύνασθε δοκιμάζειν. **4** Γενεὰ πονηρὰ καὶ μοιχαλὶς σημεῖον ἐπιζήτει, καὶ   G M N U 33
     δοκιμάζετε. **4** Γενεὰ πονηρὰ καὶ μοιχαλὶς σημεῖον ἐπιζήτει, καὶ   L
συνίετε.   **4** Γενεὰ πονηρὰ καὶ μοιχαλὶς   σημεῖον ἐπιζήτει, καὶ   S Ω 118 1346
δύνασθαι δοκιμάσαι. **4** Γενεὰ πονηρὰ καὶ μοιχαλὶς σημεῖον ἐπιζήτει, καὶ   W
δύνασθαι.   **4** Γενεὰ πονηρὰ καὶ μοιχαλεὶς σημεῖον ἐπιζήτει, καὶ   Δ
δύνασθε.   **4** Γενεὰ πονηρὰ καὶ μοιχαλεὶς σημεῖον   ζήτει, καὶ   Θ
           4 Γενεὰ πονηρὰ καὶ μοιχαλεὶς σημεῖον ἐπιζήτει, καὶ   f¹³ 788
     4 Ἡ γενεὰ αὕτη γενεὰ πονηρὰ καὶ μοιχαλὶς ἐστιν. σημεῖον ἐπιζήτει, καὶ   124
συνίετε.   **4** καὶ ἀποκριθεὶς ειπεν αὐτοῖς, Γενεὰ πονηρὰ καὶ μοιχαλεὶς   700
δύνασθε.   **4** Γενεὰ πονηρὰ καὶ μοιχαλὶς σημεῖον ἐπιζήτει, καὶ   C E F H K Π f¹ 2^c
                                                                     157 565 1071 1424 [uw]τ

lac. **16.1**-4 𝔓⁴⁵ A P Q Γ 28 69 ¦ vss. 1-3 F

A 16.1 επιρωτισαν E ¦ επιρωτων Θ ¦ επηρωτων 13 ¦ επιρωτησαν 2 ¦ επειρωτησαν 1071 ¦ αυτων E* L 13 ¦ σημιον ℵ W ¦ σειμηον L* ¦ σειμειον L^c ¦ σιμιον Θ ¦ σιμειον 2* ¦ επιδιξε ℵ ¦ επηδειξαι K ¦ επιδειξε L ¦ επιδιξαι Θ **2** αποκριθης 579 ¦ οψειας D ¦ λεγεται D E H W Δ Θ 33 1346 ¦ ευδεια D 33 ¦ πυραζει C E F G H M S W Ω 1071 1424 ¦ πυραζη L ¦ πυραζι Θ ¦ ουρανους E* **3** πρωει D ¦ προι Θ* 1424 ¦ σημερων L ¦ χειχων C ¦ χιμων N Θ ¦ πυραζει E G H L S Ω 1424 ¦ πυραζι Θ ¦ γινωσκεται K 118 33 ¦ γινοσκετε Θ ¦ διακρεινειν D ¦ διακρινην Θ ¦ σημια D W ¦ σιμια Θ ¦ συνιεται 1346 ¦ δυναθα D U W Θ 33 1424 **4** μοιχαλης K ¦ μοιχαλλις Υ 565 ¦ μηχαλις Θ* ¦ μοχαλης 2* ¦ μοχαλις 2^c ¦ μιχαλις 1071 ¦ μοιχαλεις 1346 ¦ ζητι Θ

B 16.1 ουνου ℵ 𝔐 K L M S U Δ Π Ω f¹ 118 f¹³ 124 157 565 579 700 788 1071 1346 1424 **2** ουνους E* ¦ ουνος E^c F G H K L M S Δ Π f¹ 565 700 1071 1346 1424 **3** ουνος E G H K L M S U Δ Π Ω f¹ 118 565 700 1071 1346 1424 ¦ ουνου E F G H K L M N S U Π f¹ 565 700 1071 1346 1424

D 16.2 ρ̅ξ̅β̅/ε̅ ℵ G Y L M N S U Π Ω 118 124 788 1424 ¦ ρ̅ξ̅β̅ C K Θ f¹³ 579 1346 ¦ ρ̅ξ̅η̅/ς̅ E* ¦ ρ̅ξ̅β̅/ς̅ E^c ¦ ρ̅ξ̅γ̅ F H ¦ ξ̅γ̅ 1071 ¦ Ευ Μθ ρ̅ξ̅β̅ : Ιω . : Λου ρ̅ξ̅α̅ : Μρ . Ε ¦ Μθ ρ̅ξ̅β̅ : Μρ ο̅ξ̅ : Λο ρ̅ξ̅α̅ Μ ¦ Μθ ρ̅ξ̅β̅ : Μρ . : Λο . : Ιω . 124 **4** ρ̅ξ̅β̅ D ¦ ρ̅ξ̅γ̅/γ̅ E* ¦ ρ̅ξ̅γ̅/ε̅ E^c ¦ ρ̅ξ̅γ̅/ς̅ G Y L M N U Π 124 788 1424 ¦ ρ̅ξ̅γ̅ K f¹³ 2 579 1346 ¦ Ευ Μθ ρ̅ξ̅γ̅ : Ιω . : Λου . : Μρ ο̅η̅ Ε ¦ Μθ ρ̅ξ̅γ̅ : Μρ ο̅η̅ : Λο ρ̅μ̅α̅ Μ ¦ Μθ ρ̅ξ̅γ̅ : Μρ . : Λο . : Ιω . 124 ¦ (ante και σημειον) ρ̅ξ̅γ̅ C

153

σημεῖον οὐ δοθήσεται αὐτῇ εἰ μὴ τὸ σημεῖον Ἰωνᾶ.   Β ℵ L 579 700 **uw**
σημιαν οὐ δοθήσεται αὐτῇ εἰ μὴ τὸ σημεῖον Ἰωνᾶ.   D
σημεῖον οὐ δοθήσεται αὐτῇ εἰ μὴ τὸ σημεῖον Ἰωνᾶ τοῦ προφήτου.   1071
σημεῖον οὐ δοθήσεται αὐτῇ εἰ μὴ τὸ σημεῖον Ἰωνᾶ τοῦ προφήτου.   τ rell

καὶ καταλιπὼν αὐτοὺς ἀπῆλθεν.

λ̄β̄   περὶ τῆς ζύμης τῶν φαρισαίων

The Leaven Of The Pharisees And Sadducees
(Mark 8.14-21; Luke 12.1)

5 Καὶ   ἐλθόντες οἱ μαθηταὶ   εἰς τὸ πέραν ἐπελάθοντο λαβεῖν ἄρτους. Β [w]
5 Καὶ   ἐλθόντες εἰς τὸ πέραν ἐπελάθοντο   οἱ μαθηταὶ ἄρτους λαβεῖν. D
5 Καὶ   ἐλθόντες οἱ μαθηταὶ   εἰς τὸ πέραν ἐπελάθοντο ἄρτους λαβεῖν. ℵ C Θ 118 124 788 **u[w]**
5 Καὶ   ἐλθόντες οἱ μαθηταὶ αυτου εἰς τὸ πέραν ἐπελάθοντο λαβεῖν ἄρτους. Κ Π 579 1424
5 Καὶ   ἐλθόντες εἰς τὸ πέραν ἐπελάθοντο   ἄρτους λαβεῖν. Δ
5 Καὶ ἐξελθόντες οἱ μαθηταὶ   εἰς τὸ πέραν ἐπελάθοντο ἄρτους λαβεῖν. f¹³ 1346
5 Καὶ   ἐλθόντες εἰς τὸ πέραν ἐπελάθοντο   οἱ μαθηταὶ ἄρτον λαβεῖν. 700 [↓157 565 1071 τ
5 Καὶ   ἐλθόντες οἱ μαθηταὶ αὐτοῦ εἰς τὸ πέραν ἐπελάθοντο ἄρτους λαβεῖν. 𝔐 L M N U W f¹ 2 33

6 ὁ δὲ Ἰησοῦς εἶπεν αὐτοῖς, Ὁρᾶτε καὶ προσέχετε ἀπὸ τῆς ζύμης τῶν Φαρεισαίων   Β
6 ὁ δὲ Ἰησοῦς εἶπεν,   Ὁρᾶτε καὶ προσέχετε ἀπὸ τῆς ζύμης τῶν Φαρισαίων   ℵ
6 ὁ δὲ Ἰησοῦς εἶπεν αὐτοῖς, Ὁρᾶτε καὶ προσέχετε ἀπὸ τῆς ζύμης τῶν Φαρισαίων   Δ
6 ὁ δὲ Ἰησοῦς εἶπεν αὐτοῖς, Ὁρᾶτε   προσέχετε ἀπὸ τῆς ζύμης τῶν Φαρισαίων   124
6 ὁ δὲ Ἰησοῦς εἶπεν αὐτοῖς, Ὁρᾶτε καὶ προσέχετε ἀπὸ τῆς ζύμης τῶν Φαρισαίων   **uwτ** rell

καὶ Σαδδουκαίων. 7 οἱ δὲ διελογίζοντο ἐν ἑαυτοῖς λέγοντες ὅτι Ἄρτους οὐκ   Β **uwτ** rell
καὶ Σαδδουκαίων. 7 τότε διελογίζοντο ἐν ἑαυτοῖς λέγοντες ὅτι Ἄρτους οὐκ   D
καὶ Σαδδουκαίων. 7 οἱ δὲ διελογίζοντο ἐν ἑαυτοῖς   ὅτι Ἄρτους οὐκ   Κ
καὶ Σαδδουκαίων . 7 οἱ δὲ διελογίζοντο ἐν αὐτοῖς λέγοντες ὅτι Ἄρτους οὐκ   L
καὶ Σαδδουκαίων. 7 οἱ δὲ διελογίζοντο ἐν ἑαυτοῖς ·············· ······ ·············· ·······   N
καὶ Σαδδουκέων.   7 οἱ δὲ διελογίζοντο ἐν ἑαυτοῖς λέγοντες ὅτι Ἄρτους οὐκ   W
              7 οἱ δὲ διελογίζοντο ἐν ἑαυτοῖς λέγοντες ὅτι Ἄρτους οὐκ   U 157

ἐλάβομεν. 8 γνοὺς δὲ ὁ Ἰησοῦς εἶπεν,   Τί διαλογίζεσθε ἐν ἑαυτοῖς, ὀλιγόπιστοι, Β 124 **uw** rell
ἐλάβομεν. 8 γνοὺς δὲ ὁ Ἰησοῦς εἶπεν,   Τί διαλογίζεσθε ἐν αὐτοῖς, ὀλιγόπιστοι, L [↓1071 1346 τ
ἐλάβομεν. 8 γνοὺς δὲ ὁ Ἰησοῦς εἶπεν αὐτοῖς, Τί διαλογίζεσθε ἐν ἑαυτοῖς, ὀλιγόπιστοι, C 𝔐 U f¹³ 2

ὅτι ἄρτους οὐκ ἔχετε;   9 οὔπω νοεῖτε, οὐδὲ μνημονεύετε   τοὺς πέντε ἄρτους Β ℵᶜ Θ 124 579 700
ὅτι ἄρτους οὐκ ἔχετε;   9 οὔπω νοεῖτε,   τοὺς πέντε ἄρτους ℵ* [↑788 1346 **uw**
ὅτι ἄρτους οὐκ ἔχετε;   9 οὔπω νοεῖτε, οὐδὲ μνημονεύετε ὅτε τοὺς πέντε ἄρτους D
ὅτι ἄρτους οὐκ ἐλάβετε; 9 οὔπω νοεῖτε, οὐτὲ μνημονεύετε   τοὺς πέντε ἄρτους W 1071
ὅτι ἄρτους οὐκ ἐλάβετε; 9 οὔπω νοεῖτε, οὐδὲ μνημονεύετε ὅτε τοὺς πέντε ἄρτους Δ
ὅτι ἄρτους οὐκ ἔχετε;   9 οὐ νοεῖτε, οὐδὲ μνημονεύετε   τοὺς πέντε ἄρτους f¹³
ὅτι ἄρτους οὐκ ἐλάβετε; 9 οὔπω νοεῖτε, οὐδὲ μνημονεύετε   τοὺς πέντε ἄρτους τ rell

---

lac. **16.4-9** 𝔓⁴⁵ Α P Q Γ 28 69 ¦ vss. 7-9 N

A 4 σημιον¹ ℵ D W Θ ¦ σιμειον 2 ¦ σημειων 1346 ¦ σημιον² ℵ Dᶜ W ¦ σημιαν D* ¦ σημιων Θ ¦ ευ (ου) 579 ¦ δοθησετε ℵ Κ ¦ δωθησεται L 1071 ¦ η (ει) Θ ¦ μι (μη) L 1071 ¦ τω (το) Θ ¦ σημιον³ ℵ D W Θᶜ ¦ σημιων Θ* ¦ καταλειπων Ε F Η Ω 1424 ¦ καταλιπον Κ 13 ¦ καταλειπον 565 ¦ καταλειπων Δ 33 579 1071 ¦ καταλιπον⁴ ℵ ¦ απηλθε Υ 118 157 5 ελθοντες 2* 579 ¦ τω (το) Θ 6 οραται Θ ¦ προσεχεται Θ 13 2* 579 ¦ ζυμεις Θ 7 ελαβωμεν 2* ¦ διελογιζοντω Ε 8 ειπε 118 157 ¦ διαλογιζεσθαι C D W Δ 13 2 33 579 1071 ¦ διαλογηζεσθαι Θ ¦ ολιγοπιστοι 2* ¦ εχεται D Θ 579 ¦ αιλαβετε L ¦ ελαβεται W 2* 9 νοητε L 2* ¦ νοειται 579 ¦ μνημονευεται ℵᶜ W 2* 579

B 6 ιϲ Β ℵ C 𝔐 Κ L M N S U W Δ Π Ω f¹ 118 f¹³ 124 2 33 157 565 579 700 788 1071 1346 1424 ¦ τηϲ D 8 ιϲ Β ℵ C 𝔐 Κ L M S U W Δ Π Ω f¹ 118 f¹³ 124 2 33 157 565 579 700 788 1071 1346 1424 ¦ τηϲ D

C 4 τε τϲ β̄ Π 5 λ̄β̄ περι της ζυμης των φαρισαιων □και σαδδουκαιων˺ (□ Υ Μ 1582 124 157 788 1424): Ε F Η Μ 1582 124 157 788 1424 (Υ Κ ante vs. 6) ¦ αρχ τη γ̄ 157 ¦ Μθ λ̄β̄ : Μρ κ̄η̄ : Λο μ̄δ̄ Μ ¦ τελος της β̄ (post λαβειν) G Υ ¦ τελ S f¹³ 124 788 1346 6 αρχη: τη γ̄ της ϛ̄ εβδ ειπεν ο κϲ τοις εαυτου μαθητ, ορατε κ, προσ G ¦ αρχ (ante ορατε): τη γ̄ της ϛ̄ εβδ ειπεν ο κϲ τοις εαυτ μαθ, ορατε κ, προσεχετ απο της ζυμ Υ ¦ αρχ: Μθ τη β̄ τϲ ϛ̄ εβδ ειπεν ο κϲ τοις εαυτ μθ ορατε Μ ¦ τη γ̄ τϲ ϛ̄ εβδ ειπ ο κϲ τ εαυτ μθ S ¦ αρχ τϲ γ̄ ξϲ: τη γ̄ δ̄ τϲ εαυτου μαθηταις ορατε Π ¦ ξϲ αρχ τη γ̄ τϲ ν εβδ ειπ ο κϲ τοις εαυτ ορατε κ̀ προσεχετ f¹ ¦ αρχ ξ̄ϛ̄ ········ τοις εαυτ μαθ ορατε κ̀ προσεχετ 118 ¦ (ante ορατε) αρχ f¹³ 124 788 1346 ¦ τὲ τϲ β̄ ϛ̄ Μ ¦ τελ β̄ f¹ ¦ λ̄β̄ πε της ζυμης των φαρισαιων U f¹

D 5 ρ̄ξ̄δ̄ F Η 157 ¦ ρ̄ξ̄γ̄/ϛ̄ S Ω ¦ ρ̄ξ̄γ̄/γ̄ 118 6 ρ̄ξ̄γ̄/β̄ ℵ Μ ¦ ρ̄ξ̄δ̄ C Κ f¹³ 579 1071 ¦ ρ̄ξ̄γ̄ D ¦ ρ̄ξ̄δ̄/β̄ Ε G Υ L M N S U Π Ω 118 1424 ¦ ρ̄ξ̄δ̄/ε̄ 124 788 ¦ Ευ Μθ ρ̄ξ̄δ̄ : Ιω ρμα : Λου . : Μρ ο̄η̄ Ε ¦ Μθ ρ̄ξ̄δ̄ : Μρ ο̄θ̄ Μ ¦ Μθ ρ̄ξ̄δ̄ : Μρ . : Λο . : Ιω . 124 7 ρ̄ξ̄δ̄/ϛ̄ ℵ Υ L M S Ω 1424 ¦ ρ̄ξ̄δ̄ D ¦ ρ̄ξ̄ε̄ C Κ f¹³ 579 788 ¦ ρ̄ξ̄ε̄/ε̄ Ε ¦ ρ̄ξ̄ε̄/β̄ U ¦ ρ̄ξ̄ε̄/ϛ̄ 118 ¦ Ευ Μθ ρ̄ξ̄ε̄ : Ιω . : Λου . : Μρ π̄ Ε ¦ Μθ ρ̄ξ̄ε̄ : Μρ π̄ Μ 8 ρ̄ξ̄ε̄ 124 ¦ Μθ ρ̄ξ̄ε̄ : Μρ ο̄η̄, ο̄θ̄ : Λο ξ̄ᾱ : Ιω . 124

τῶν πεντακισχιλίων	καὶ πόσους κοφίνους ἐλάβετε;	**10** οὐδὲ τοὺς ἑπτὰ ἄρτους	B **uwτ** rell
τοῖς <u>πεντακισχιλειοις</u>	καὶ πόσους κοφίνους ἐλάβετε;	**10** οὐδὲ τοὺς ἑπτὰ ἄρτους	D
τῶν πεντακισχιλίων	καὶ πόσους κοφίνους ἐλάβετε;	**10** οὐδὲ ἑπτὰ ἄρτους	F*
τῶν <u>πεντασχιλίων</u>	καὶ πόσους κοφίνους ἐλάβετε;	**10** οὐδὲ τοὺς ἑπτὰ ἄρτους	124
τῶν <u>πεντακισχιλίων</u>	καὶ πόσους κοφίνους ἐλάβετε;	**10** οὐδὲ τοὺς ἑπτὰ ἄρτους <u>εἰς</u>	157
τῶν πεντακισχιλίων	καὶ πόσους κοφίνους ἐλάβετε;^τ	**10** <u>ὅτε</u> τοὺς ἑπτὰ ἄρτους	579
τῶν πεντακισχιλίων	καὶ πόσους κοφίνους ἐλάβετε;	**10** οὐδὲ τοὺς ἑπτὰ ἄρτους	1071

^τ Ὀψίας γενομένης λέγεται, Εὐδία, πυράζη γὰρ ὁ οὐρανός. καὶ πρωΐ, Σήμερον χειμών, πυράζει γὰρ στυγνάζων ὁ οὐρανός. τὸ μὲν πρόσωπον τοῦ οὐρανοῦ γινόσκεται διακρίνειν, τὰ δὲ σημεῖα τῶν καιρῶν οὐ δύνασθαι <u>δοκιμάζειν</u>. 579

τῶν τετρακισχειλίων	καὶ πόσας σφυρίδας ἐλάβετε;	**11**	B
τοῖς <u>τετρακεισχειλειοις</u>	καὶ πόσας σφυρίδας ἐλάβετε;	**11**	D
τῶν τετρακισχειλίων	καὶ πόσας <u>σπυρίδας</u> ἐλάβετε;	**11**	W
τῶν τετρακισχειλίων	καὶ πόσας <u>σπυρίδας</u> ἐλάβετε;	**11**	Θ
....	.... ἐλάβετε; <u>οἱ δὲ εἶπον</u>, Ἑπτά.	**11** <u>καὶ λέγει αὐτοῖς</u>,	28
<u>τοὺς τετρακισχιλίους</u>	καὶ πόσας <u>σπυρίδας</u> ἐλάβετε;	**11**	157
τῶν <u>τετρακισχιλίων</u>	καὶ πόσας σφυρίδας ἐλάβετε;	**11**	579 w
τῶν <u>τετρακισχιλίων</u>	καὶ πόσας <u>σπυρίδας</u> ἐλάβετε;	**11**	**uτ** rell

πῶς οὐ	νοεῖτε ὅτι οὐ περὶ ἄρτων εἶπον ὑμῖν;	προσέχετε	δὲ ἀπὸ	B ℵ L 1 1582* **uw**
πῶς οὐ	νοεῖτε ὅτι οὐ περὶ ἄρτων <u>ὑμῖν εἶπον</u>;	προσέχετε	δὲ ἀπὸ	C *
πῶς οὐ	νοεῖτε ὅτι οὐ περὶ ἄρτων <u>ὑμῖν εἶπον</u>	<u>προσέχειν</u>; προσέχετε	δὲ ἀπὸ	Cᶜ 118
πῶς οὐ	νοεῖτε ὅτι οὐ περὶ <u>ἄρτου</u> εἶπον;	προσέχετε	ἀπὸ	D*
πῶς οὐ	νοεῖτε ὅτι οὐ περὶ <u>ἄρτου</u> εἶπον	<u>προσέχειν</u>	ἀπὸ	Dᶜ
πῶς οὐ	νοεῖτε ὅτι οὐ περὶ <u>ἄρτου</u> εἶπον ὑμῖν	<u>προσέχειν</u>	ἀπὸ	𝔐 U W Δ 2 τ
οὐ	νοεῖτε ὅτι οὐ περὶ ἄρτων εἶπον ὑμῖν;	προσέχετε	δὲ ἀπὸ	Θ
πῶς οὐ	νοεῖτε ὅτι οὐ περὶ ἄρτων εἶπον <u>ἡμῖν</u>;	προσέχετε	ἀπὸ	f¹³
πῶς οὐ	νοεῖτε ὅτι οὐ περὶ ἄρτων εἶπον ὑμῖν;	προσέχετε	ἀπὸ	124 788
πῶς οὐ	νοεῖτε ὅτι οὐ περὶ ἄρτων εἶπον ὑμῖν	<u>προσέχευν</u>; προσέχετε	δὲ ἀπὸ	33
πῶς <u>οὔπω</u>	νοεῖτε ὅτι οὐ περὶ ἄρτων εἶπον ὑμῖν	<u>προσέχειν</u>	ἀπὸ	565
πῶς οὐ	νοεῖτε ὅτι οὐ περὶ ἄρτων <u>ἡμῶν</u> εἶπον;	<u>προσέχεται</u>	δὲ ἀπὸ	579
πῶς οὐ	νοεῖτε οὐ περὶ ἄρτων εἶπον ὑμῖν;	<u>προσέχειν</u>	ἀπὸ	1071
πῶς οὐ	νοεῖτε ὅτι οὐ περὶ ἄρτων εἶπον ὑμῖν	<u>προσέχειν</u>; προσέχετε	ἀπὸ	1346
οὐ	νοεῖτε ὅτι οὐ περὶ ἄρτων εἶπον ὑμῖν;	προσέχετε	ἀπὸ	1424 [↓157 700
πῶς οὐ	νοεῖτε ὅτι οὐ περὶ ἄρτων εἶπον ὑμῖν	<u>προσέχειν</u>	ἀπὸ	Υ Κ Μ S Π Ω 1582ᶜ 28

τῆς ζύμης τῶν Φαρεισαίων	καὶ Σαδδουκαίων. **12**	τότε συνῆκαν ὅτι οὐκ	B ℵ
τῆς ζύμης τῶν <u>Φαρισαίων</u>	καὶ <u>Σαδδουκεων</u>. **12**	τότε συνῆκαν ὅτι οὐκ	W
τῆς ζύμης τῶν <u>Φαρισέων</u>	καὶ <u>Σαδδουκαίων</u>. **12**	τότε συνῆκαν ὅτι οὐκ	Θ
τῆς ζύμης τῶν <u>Φαρισαίων</u>	καὶ Σαδδουκαίων. **12** <u>καὶ</u>	τότε συνῆκαν ὅτι οὐκ	1424
τῆς ζύμης τῶν <u>Φαρισαίων</u>	καὶ Σαδδουκαίων. **12**	τότε συνῆκαν ὅτι οὐκ	**uwτ** rell

εἶπεν	προσέχειν	ἀπὸ τῆς ζύμης τῶν ἄρτων	B ℵᶜ L 157 **u[w]**
εἶπεν	προσέχειν	ἀπὸ τῆς ζύμης <u>τῶν Φαρεισαίων καὶ Σαδδουκαίων</u>	ℵ*
εἶπεν	προσέχειν	ἀπὸ τῆς ζύμης	D Θ 124 565 788 **[w]**
εἶπεν	προσέχειν	ἀπὸ τῶν ἄρτων	f¹ 1424
εἶπεν	προσέχειν	ἀπὸ τῆς ζύμης <u>τῶν Φαρισαίων</u>	33
εἶπεν <u>αὐτοῖς</u>	προσέχειν	ἀπὸ τῆς ζύμης <u>τοῦ ἄρτου</u>	28
εἶπεν	<u>προσέχεται</u>	ἀπὸ τῆς ζύμης τῶν <u>Φαρισαίων</u> καὶ Σαδδουκαίων.	579
εἶπεν	προσέχειν	ἀπὸ τῆς ζύμης <u>τοῦ ἄρτου</u>	C 𝔐 K M U W Δ Π 118 f¹³ 2 700 1071 1346 τ

---

lac. **16.10-12** 𝔓⁴⁵ A N P Q Γ 69 ¦ vss. 9-10 28

A 9 πεντακισχιλιων W Θ ¦ πεντασκισχιλιων Y ¦ πωσους 1071 ¦ κωφινους L M 157 579 1071 ¦ ελαβεται D W 2* 579 **10** πωσας 1071 ¦ ελαβεται W 2* 28 579 **11** νοειται W 579 ¦ νοητε Θ ¦ αρτον L* Θ* ¦ ειπων 579 **12** οοτι 13 ¦ ειπε Y 118 157 ¦ ζυμεις, αρτον L

B 10 ζ̅ ℵ ¦ ουνος̅¹·² 579 ¦ ουνου̅ 579

C 11 τελ 1071

D 12 ρ̅ξ̅ε̅ F H 2 157 1071 ¦ ρ̅ξ̅ε̅/ι G

άλλὰ άπὸ τῆς διδαχῆς   τῶν Σαδδουκαίων καὶ Φαρεισαίων.   Β
άλλὰ άπὸ τῆς διδασκαλίας τῶν Φαρεισαίων καὶ Σαδδουκαίων.   ℵ*
άλλὰ άπὸ τῆς διδαχῆς   τῶν Φαρεισαίων καὶ Σαδδουκαίων.   ℵᶜ
άλλ' άπὸ τῆς διδαχῆς   τῶν Φαρισαίων καὶ Σαδδουκαίων.   𝔐 L 700 1071 τ
άλλὰ άπὸ τῆς διδαχῆς   τῶν Φαρισαίων καὶ Σαδδουκέων.   W
άλλὰ άπὸ τῆς διδαχῆς   τῶν Φαρισέων   καὶ Σαδδουκαίων.   Θ*
άλλὰ άπὸ τῆς διδαχῆς   τῶν   Φαρισαίων.   f¹³
         άπὸ τῆς διδαχῆς   τῶν Φαρισαίων καὶ Σαδδουκαίων.   33
omit   579
άλλ' άπὸ τῆς διδασκαλίας τῶν Φαρισαίων καὶ Σαδδουκαίων.   1424   [↓788 1346 uw
άλλὰ άπὸ τῆς διδαχῆς   τῶν Φαρισαίων καὶ Σαδδουκαίων.   C D K M S U Δ Θᶜ Π Ω f¹ 124 2 28 157 565

$\overline{λγ}$ περὶ τῆς έν καισαρίας έπερωτήσεως

Peter Confesses, "You Are The Christ!"
(Mark 8.27-29; Luke 9.18-20)

$\overline{ρβ}$ 13 Έλθὼν δὲ ὁ Ἰησοῦς εἰς τὰ μέρη Καισαρείας τῆς   Β 𝔐 K M U Δ Π f¹ f¹³ 28 157 565 579 700 788
13 Έλθὼν δὲ ὁ Ἰησοῦς εἰς τὰ μέρη Καισαρίας τῆς   ℵ C* D L Θ 33 w   [↑1071 uτ
13 Έλθὼν   ὁ Ἰησοῦς εἰς τὰ μέρη Καισαρίας τῆς   Cᶜ E 2
13 Έξελθὼν δὲ ὁ Ἰησοῦς εἰς τὰ μέρη Καισαρίας τῆς   H 1346
13 Έλθὼν δὲ ὁ Ἰησοῦς εἰς τὰ μέρη Κεσαρίας   τῆς   W
13 Έλθὼν δὲ ὁ Ἰησοῦς   τὰ μέρη Καισαρείας τῆς   118
13 Καὶ έλθὼν ὁ Ἰησοῦς εἰς τὰ μέρη Καισαρείας τῆς   1424

Φιλίππου ἠρώτα τοὺς μαθητὰς αὐτοῦ λέγων, Τίνα   λέγουσιν οἱ ἄνθρωποι εἶναι   Β uw
Φιλίππου ἠρώτα τοὺς μαθητὰς αὐτοῦ λέγων, Τίνα   οἱ ἄνθρωποι εἶναι λέγουσιν   ℵ*
Φιλίππου ἠρώτα τοὺς μαθητὰς αὐτοῦ λέγων, Τίνα   οἱ ἄνθρωποι λέγουσιν εἶναι   ℵᶜ 579 700
Φιλίππου ἠρώτα τοὺς μαθητὰς αὐτοῦ λέγων, Τίνα λέγουσίν με οἱ ἄνθρωποι εἶναι   C W
Φιλίππου ἠρώτα τοὺς μαθητὰς   λέγων, Τίνά με οἱ ἄνθρωποι λέγουσιν εἶναι   D
Φιλίππου ἠρώτα τοὺς μαθητὰς αὐτοῦ λέγων, Τίνα   λέγουσιν εἶναι οἱ ἄνθρωποι   1582*
Φιλίππου ἠρώτα τοὺς μαθητὰς αὐτοῦ λέγων, Τίνά με λέγουσιν εἶναι οἱ ἄνθρωποι   1 1582ᶜ
Φιλίππου ἠρώτα τοὺς μαθητὰς αὐτοῦ λέγων, Τίνά με λέγουσιν οἱ ἄνθρωποι εἶναι   𝔐 K L M U Δ Θ Π
                                                      118 f¹³ 2 33 28 157 565 788 1071 1424 τ

τὸν υἱὸν τοῦ άνθρώπου; 14 οἱ δὲ εἶπαν,   Οἱ μὲν Ἰωάνην   τὸν Βαπτιστήν,   Β* w
τὸν υἱὸν τοῦ άνθρώπου; 14 οἱ δὲ εἶπον,   Οἱ μὲν Ἰωάνην   τὸν Βαπτιστήν,   Βᶜ
τὸν υἱὸν τοῦ άνθρώπου; 14 οἱ δὲ εἶπον,   Οἱ μὲν Ἰωάνην   τὸν Βαπτιστήν,   ℵ
     υἱὸν τοῦ άνθρώπου; 14 οἱ δὲ εἶπον,   Ἰωάννην   τὸν Βαπτιστήν,   D
τὸν υἱὸν τοῦ άνθρώπου; 14 οἱ δὲ εἶπον,   Ἰωάννην   τὸν Βαπτιστήν,   W
τὸν υἱὸν τοῦ άνθρώπου; 14 οἱ δὲ εἶπον,   άλλοὶ Ἰωάννην   τὸν Βαπτιστήν,   Δ
τὸν υἱὸν τοῦ άνθρώπου; 14 οἱ δὲ εἶπον,   Οἱ μὲν Ἰωάννη   τὸν Βαπτιστήν,   Θ
τὸν υἱὸν τοῦ άνθρώπου; 14 οἱ δὲ εἶπον,   Οἱ μὲν Ἰωάννη   τὸν Βαπτηστίν,   Π 33 u
τὸν υἱὸν τοῦ άνθρώπου; 14 εἰ δὲ εἶπων,   Οἱ μὲν Ἰωάννην τὸν Βαπτιστήν,   1071
τὸν υἱὸν τοῦ άνθρώπου; 14 οἱ δὲ λέγουσιν αὐτῷ, Οἱ μὲν Ἰωάννην τὸν Βαπτιστήν,   1424
τὸν υἱὸν τοῦ άνθρώπου; 14 οἱ δὲ εἶπον,   Οἱ μὲν Ἰωάννην τὸν Βαπτιστήν,   τ rell

lac. 16.12-14 𝔓⁴⁵ A N P Q Γ 69

A 12 διδαχεις 2* ¦ διδασκαλειας 1424 ¦ παρισαιων C 13 μερι E* ¦ μερει 1071 ¦ ανθροποι εινε Θ ¦ $\overline{ανου}$ ℵ C 14 ειπων L

B 13 $\overline{ις}$ Β ℵ C 𝔐 K L M S U W Δ Π Ω f¹ 118 f¹³ 124 2 33 28 157 565 579 700 788 1071 1346 1424 ¦ $\overline{ιης}$ D ¦ $\overline{ανοι}$ ℵ C 𝔐 K L M S U Δ Π f¹ 118 f¹³ 124 2 33 28 157 565 579 788 1071 1346 1424 ¦ $\overline{υν}$ C 𝔐 K L M S U Π Ω f¹ 2 33 28 1424 ¦ $\overline{ανου}$ C 𝔐 K L M S U W Δ Π Ω f¹ 118 f¹³ 124 2 28 157 565 579 700 788 1071 1346 1424 14 $\overline{ιω}$ 1071

C 12 τελος της $\overline{γ}$ G 28 ¦ τελ S Y L 118 f¹³ 124 579 788 1071 1346 ¦ τε τς $\overline{β}$ M ¦ τελ $\overline{γ}$ f¹ 13 ··αγ········· D [June 29: 16.13-19] ¦ $\overline{λγ}$ ($\overline{λβ}$ F) περι της εν καισαριας (καισαρια F L S* Δ f¹ 124 579¦ καισαρεια G Y K M Sᶜ U Π Ω 28 157 788 ¦ κεσαρειας H ¦ καισσαρια L ¦ εγ καισαρεια 1424) επερωτησεως: 𝔐 K L M S U Δ Π Ω f¹ f¹³ 124 2 28 157 579 788 1424 ¦ $\overline{λγ}$ περι της εν καισαρεια του $\overline{κυ}$ επερωτησεως κ των αγιων αποστολων και εις εγκαινια τω καιρω εκεινω 1071 ¦ αρχη: των αγιων αποστολων και εις εγκαινια· τω καιρω εκεινω (+ ελθων G) E G 2 ¦ αρχη: των αγιων αποστολων τω κ, ελθων ο ις εις τα μερη (ante εις τα) H ¦ αρχ: μη ιουνιω $\overline{κθ}$ των αγιων αποστολων πετρου κ, παυλ αρχ τω κ,ρ,ω ελθων ο $\overline{ις}$ εις τα μερη καισαριας της φιλιππου Y ¦ αρχ L 124 788 1071 1346 ¦ αρχ: Μθ μη ιουνιω $\overline{κθ}$ των αγ, αποπὸ πετρου κ, παυλ αρχ τω καιρω ελθων ο ις εις τα μερ, M ¦ των αγιων αποστολων τω κ εισεγκαινια S ¦ αρχ $\overline{ξς}$: των αγ αποστολ: ιουν $\overline{κθ}$ των αγ αποστολ τω καιρω εκεινω ελθων ο ις εις τα μερη Π ¦ αρχ εις τ μνημ τω αγιω αποστολων τω καιρω Ω ¦ αρχ $\overline{ξς}$ ιουν $\overline{κθ}$ των αγιων αποστολων κ εις εγκαιιν αοῦ τω καιρω ο ις εις τα f¹ ¦ αρχ $\overline{ξς}$ εις τους αποστολους ········· τω ηλθεν ο $\overline{ις}$ εις τα μερη 118 ¦ αρχ μνημ $\overline{τ}$ αγι αποστολου πετρου κ, παθ f¹³ ¦ αρχ των αγι αποστολων τω καιρω εκεινω ελθων ο ις εις τα μερη 28 ¦ αρχ των αγιων αποστολων 157 ¦ αρχη τω καιρω 1424

D 13 $\overline{ρξς}$ C F H K f¹³ 2 157 579 1346 ¦ $\overline{ρξε}$ D f¹ ¦ $\overline{ρξς/α}$ E Y L M S U Π Ω 118 124 28 788 1424 ¦ $\overline{ρξς/ς}$ G ¦ Ευ Μθ $\overline{ρξς}$: Ιω $\overline{ιζ}$: Λου $\overline{ϟδ}$: Μρ $\overline{πβ}$ E ¦ Μθ $\overline{ρξς}$: Μρ $\overline{πβ}$: Λο $\overline{ϟβ}$: Ιω $\overline{οδ}$ M ¦ Μθ $\overline{ρξς}$: Μρ $\overline{π}$: Λο $\overline{ρμδ}$: Ιω . 124

οἳ   δὲ Ἡλείαν, ἕτεροι δὲ Ἰερεμίαν ἢ ἕνα τῶν προφητῶν. **15** λέγει   αὐτοῖς,   B
ἄλλοι δὲ Ἡλίαν,   ἕτεροι δὲ Ἰερεμίαν ἢ ἕνα τῶν προφητῶν. **15** λέγει   αὐτοῖς <u>ὁ Ἰησοῦς</u>, C 33
ἄλλοι δὲ Ἡλείαν, ἕτεροι δὲ <u>Ἰηρεμείαν</u> ἢ ἕνα τῶν προφητῶν. **15** λέγει   αὐτοῖς,   D
ἄλλοι δὲ Ἡλίαν,   ἕτεροι δὲ <u>Ἰηρεμίαν</u> ἢ ἕνα τῶν προφητῶν. **15** λέγει   αὐτοῖς,   E G
ἄλλοι δὲ <u>Ἡλίαν</u>,   ἕτεροι δὲ Ἰερεμίαν ἢ ἕνα τῶν προφητῶν. **15** λέγει <u>δὲ</u> αὐτοῖς,   K f^1
ἄλλοι δὲ Ἡλίαν,   ἕτεροι δὲ <u>Ἱερεμίαν</u> ἢ ἕνα τῶν προφητῶν. **15** λέγει   αὐτοῖς,   U
ἄλλη   δὲ Ἡλίαν,   ἕτεροι δὲ Ἰερεμίαν ἢ ἕνα τῶν προφητῶν. **15** λέγει   αὐτοῖς,   1346
ἄλλοι δὲ Ἡλείαν, ἕτεροι δὲ Ἰερεμίαν ἢ ἕνα τῶν προφητῶν. **15** λέγει   αὐτοῖς,   w
ἄλλοι δὲ <u>Ἡλίαν</u>,   ἕτεροι δὲ Ἰερεμίαν ἢ ἕνα τῶν προφητῶν. **15** λέγει   αὐτοῖς,   118 **uτ** rell

Ὑμεῖς δὲ τίνα με λέγετε εἶναι; **16** ἀποκριθεὶς δὲ Σίμων Πέτρος εἶπεν,   B **uwτ** rell
Ὑμεῖς δὲ τίνα με λέγετε εἶναι; **16** ἀποκριθεὶς δὲ Σίμων Πέτρος εἶπεν <u>αὐτῷ</u>,   D
Ὑμεῖς δὲ τίνα με λέγετε εἶναι; **16** ἀποκριθεὶς δὲ <u>ὁ</u> Σίμων Πέτρος εἶπεν,   1424

Σὺ εἶ ὁ Χριστὸς ὁ υἱὸς τοῦ θεοῦ τοῦ ζῶντος.   B **uwτ** rell
Σὺ εἶ ὁ Χριστὸς ὁ υἱὸς τοῦ θεοῦ <u>τὸ</u> <u>σώζοντος</u>.   D*

Jesus Announces, "You Are Peter!"

17 ἀποκριθεὶς δὲ ὁ Ἰησοῦς εἶπεν αὐτῷ, Μακάριος εἶ, Σίμων Βαριωνᾶ,   B* 1424*
17 ἀποκριθεὶς δὲ ὁ Ἰησοῦς εἶπεν αὐτῷ, Μακάριος εἶ, Σίμων Βαριωνᾶ, <u>ὅτι</u> B^c ℵ Θ f^1 f^{13} 33 157 788
17 ἀποκριθεὶς δὲ ὁ Ἰησοῦς εἶπεν,   Μακάριος εἶ, Σίμων Βαριωνᾶ, <u>ὅτι</u> D   [↑1346 1424^c **uw**
17 ἀποκριθεὶς δὲ ὁ Ἰησοῦς εἶπεν αὐτῷ, Μακάριος εἶ, Σίμων <u>Βαρειωνᾶ</u>, <u>ὅτι</u> 579
17 <u>καὶ ἀποκριθεὶς</u> Ἰησοῦς εἶπεν αὐτῷ, Μακάριος εἶ, Σίμων Βαριωνᾶ, <u>ὅτι</u> Δ τ   [↓565 700 1071
17 <u>καὶ ἀποκριθεὶς</u> ὁ Ἰησοῦς εἶπεν αὐτῷ, Μακάριος εἶ, Σίμων Βαριωνᾶ, <u>ὅτι</u> C 𝔐 K L M U W Π 118 2 28

σὰρξ καὶ   αἷμα οὐκ ἀπεκάλυψέν σοι ἀλλ᾽ ὁ πατήρ μου ὁ ἐν   οὐρανοῖς.   B [w]
σὰρξ καὶ   αἷμα οὐκ ἀπεκάλυψέν σοι <u>ἀλλὰ</u> ὁ πατήρ μου ὁ ἐν <u>τοῖς</u> οὐρανοῖς.   ℵ
σὰρξ καὶ   αἷμα οὐκ ἀπεκάλυψέν σοι ἀλλ᾽ ὁ πατήρ μου ὁ   <u>οὐράνιος</u>. f^{13} 788 1346
σὰρξ καὶ <u>καὶ</u> αἷμα οὐκ ἀπεκάλυψέν σοι ἀλλ᾽ ὁ πατήρ μου ὁ   <u>οὐράνιος</u>.   565
σὰρξ καὶ   αἷμα οὐκ <u>ἀπεκάλυψεν</u> σοι ἀλλ᾽ ὁ πατήρ μου ὁ   <u>οὐράνιος</u>.   579
σὰρξ καὶ   αἷμα οὐκ ἀπεκάλυψέν σοι ἀλλ᾽ ὁ πατήρ μου ὁ ἐν <u>τοῖς</u> οὐρανοῖς.   **u[w]τ** rell

[Cl S VI 132.4 καθαπερ ο Πετρος, ον και εμακαρισεν, <u>οτι</u> αυτω <u>σαρξ και αιμα ουκ</u> απεκαλυψε την αληθειαν, <u>αλλ η ο πατηρ αυτου ο εν τοις ουρανοις</u>].

18 κἀγὼ   δέ σοι λέγω ὅτι σὺ εἶ Πέτρος, καὶ ἐπὶ ταύτῃ   τῇ πέτρα   B 118 **uwτ** rell
18 κἀγὼ   δέ σοι λέγω ὅτι σὺ εἶ Πέτρος, καὶ ἐπὶ <u>ταύτην</u> <u>τὴν</u> <u>πέτραν</u>   D
18 κἀγὼ   δέ σοι λέγω ὅτι σὺ εἶ Πέτρος, καὶ ἐπὶ <u>τῇ</u> <u>πέτρα</u>   <u>ταύτη</u>   E*
18 κἀγώ   σοι λέγω ὅτι σὺ εἶ Πέτρος, καὶ ἐπὶ ταύτῃ   τῇ πέτρα   L
18 κἀγώ   <u>σοι</u> <u>δὲ</u> λέγω ὅτι σὺ εἶ Πέτρος, καὶ ἐπὶ ταύτῃ   τῇ πέτρα   Δ
18 κἀγὼ   δέ σοι λέγω   σὺ εἶ Πέτρος, καὶ ἐπὶ ταύτῃ   τῇ πέτρα   Θ f^1
18   δέ σοι λέγω   σὺ εἶ Πέτρος, καὶ ἐπὶ ταύτῃ   τῇ ·········   33
18 <u>καὶ ἐγὼ</u>   σοι λέγω ὅτι σὺ εἶ Πέτρος, καὶ ἐπὶ ταύτῃ   τῇ πέτρα   1424

οἰκοδομήσω μου τὴν ἐκκλησίαν, καὶ πύλαι ᾅδου οὐ κατισχύσουσιν αὐτῆς.   B **uwτ** rell
οἰκοδομήσω <u>τὴν ἐκκλησίαν μου</u>, καὶ πύλαι ᾅδου οὐ κατισχύσουσιν αὐτῆς.   D
οἰκοδομήσω μου τὴν ἐκκλησίαν, καὶ πύλαι ᾅδου οὐ <u>κατισχύσωσιν</u> αὐτῆς.   28
οἰκοδομήσω μου τὴν ·················· ······ πύλαι ᾅδου οὐ κατισχύσουσιν αὐτῆς.   33
<u>οἰκοδόμησον</u> μου τὴν ἐκκλησίαν, καὶ πύλαι ᾅδου οὐ κατισχύσουσιν αὐτῆς.   579

lac. **16.15-18** 𝔓⁴⁵ A N P Q Γ 69

A 15 λεγεται D E* U W Π* 2* 33 579 **16** επεν Θ ¦ ειπε 157 ¦ ζοντως 579 **17** μακαρηος L ¦ μακαριως Θ ¦ αι (αιμα) K* ¦ απεκαλιψε Y 118 157 700^c ¦ απεκαλιψεν Θ **18** συ λεγων 13 ¦ τρος (Πετρος) Θ ¦ οικοδωμησω Θ 13¦ εκκλησιαν L Θ ¦ εκκλεσιαν Δ* ¦ ποιλαι L

B 15 ι̅ς̅ C 33 **16** χ̅ς̅ B ℵ C 𝔐 K L M S U W Δ Π Ω f^1 118 f^{13} 124 2 33 28 157 565 579 700 788 1071 1346 1424 ¦ χ̅ρ̅ς̅ D ¦ υ̅ς̅ ℵ C 𝔐 K L M S U Δ Π Ω f^1 2 33 28 565 1424 ¦ θ̅υ̅ B ℵ C 𝔐 K L M S U W Δ Π Ω f^1 118 f^{13} 124 2 33 28 157 565 579 700 788 1071 1346 1424 **17** ι̅ς̅ B ℵ C 𝔐 K L M S U W Δ Π Ω f^1 118 f^{13} 124 2 33 28 157 565 579 700 788 1071 1346 1424 ¦ ι̅η̅ς̅ D ¦ π̅η̅ρ̅ ℵ C 𝔐 K L M S U W Δ Π Ω f^1 118 f^{13} 124 2 33 28 157 565 579 700 788 1071 1346 1424 ¦ ου̅ν̅ο̅ι̅ς̅ 𝔐 K L M S U Δ Π Ω f^1 118 124 2 28 157 700 1071 1424 ¦ ου̅ν̅ι̅ο̅ς̅ f^{13} 579 788 1346

C 17 λ̅ε̅ του αγιου πετρου και παυλου 124 **18** τελος των εγκαινιων (post αυτης) E H 2 1071 ¦ (post εκκλησιαν) τελ ς̅ εγκαινια f^1

D 16 ρ̅ξ̅ζ̅ C F H K f^{13} 2 157 1071 1346 ¦ ρ̅ξ̅ς̅ D ¦ ρ̅ξ̅ζ̅/α̅ E ¦ ρ̅ξ̅ζ̅/ι̅ G 124 788 ¦ ρ̅ξ̅ζ̅/β̅ 118 ¦ Ευ Μθ ρ̅ξ̅ζ̅ : Ιω ο̅δ̅ : Λου ο̅δ̅ : Μρ π̅β̅ E ¦ Μθ ρ̅ξ̅ζ̅ : Ιω π̅β̅ M ¦ Μθ ρ̅ξ̅ζ̅ : Μρ π̅β̅ : Λο ο̅δ̅ : Ιω ι̅ζ̅ 124 **17** ρ̅ξ̅ζ̅/ι̅ S U Π 28 ¦ ρ̅ξ̅ζ̅/ς̅ Ω ¦ ρ̅ζ̅ε̅ f^1 (sic!) ¦ ρ̅ξ̅ς̅ 1582 ¦ ρ̅ξ̅ε̅ 579

19		δώσω	σοι	τὰς κλεῖδας	τῆς βασιλείας τῶν οὐρανῶν, καὶ ὃ	ἂν	δήσῃς	B*
19	καὶ	δώσω	σοι	τὰς κλεῖς	τῆς βασιλείας τῶν οὐρανῶν, καὶ ὃ	ἂν	δήσῃς	Bᶜ
19		δώσω	σοι	τὰς κλεῖδας	τῆς βασιλείας τῶν οὐρανῶν, καὶ ὃ	ἐὰν	δήσῃς	ℵ* uw
19		δώσω	σοι	τὰς κλεῖς	τῆς βασιλείας τῶν οὐρανῶν, καὶ ὃ	ἐὰν	δήσῃς	ℵᶜ C*
19		σοι	δώσω	τὰς κλεῖς	τῆς βασιλείας τῶν οὐρανῶν, καὶ ὃ	ἂν	δήσῃς	D
19	καὶ	σοι	δώσω	τὰς κλεῖδας	τῆς βασιλείας τῶν οὐρανῶν, καὶ ὃ	ἐὰν	δήσῃς	L
19	καὶ	δώσω	σοι	τὰς κλεῖς	τῆς βασιλείας τῶν οὐρανῶν, καὶ ὃ	ἂν	δήσῃς	W
19		δώσω δὲ	σοι	τὰς κλεῖδας	τῆς βασιλείας τῶν οὐρανῶν, καὶ ὅσα	ἂν	δήσῃς	Θ
19		δώσω	σοι	τὰς κλεῖς	τῆς βασιλείας τῶν οὐρανῶν, καὶ ὅσα	ἂν	δήσῃς	1 1582*
19	καὶ	δώσω	σοι	τὰς κλεῖς	τῆς βασιλείας τῶν οὐρανῶν, καὶ ὅσα	ἂν	δήσῃς	1582ᶜ
19		δώ⋯⋯	⋯⋯	τὰς κλεῖς	τῆς βα⋯ ⋯⋯νῶν, καὶ ὃ	ἐὰν	δήσῃς	33
19	καὶ	δώσω	σοι	τὰς κλῖδας	τῆς βασιλείας τῶν οὐρανῶν, καὶ ᾧ	ἐὰν	δήσεις	579
19		δώσω δὲ	σοι	τὰς κλεῖς	τῆς βασιλείας τῶν οὐρανῶν, καὶ ὃ	ἐὰν	δήσῃς	1424
19	καὶ	δώσω	σοι	τὰς κλεῖς	τῆς βασιλείας τῶν οὐρανῶν, καὶ ὃ	ἐὰν	δήσῃς	Cᶜ 𝔐 K M U

Δ Π 118 *f*¹³ 2 28 157 565 700 788 1071 1346 τ

ἐπὶ τῆς γῆς	ἔσται δεδεμένον	ἐν τοῖς οὐρανοῖς, καὶ ὃ	ἐὰν λύσῃς ἐπὶ τῆς γῆς ἔσται	B 118 uwτ rell
ἐπὶ τὴν γὴν	ἔσται δεδεμένον	ἐν τοῖς οὐρανοῖς, καὶ ὃ	ἐὰν λύσῃς ἐπὶ τῆς γῆς ἔσται	ℵ*
ἐπὶ τῆς γῆς	ἔσται δεδεμένον	ἐν τοῖς οὐρανοῖς, καὶ ὃ	ἂν λύσῃς ἐπὶ τῆς γῆς ἔσται	D
ἐπὶ τῆς γῆς	ἔσται δεδεμένα	ἐν τοῖς οὐρανοῖς, καὶ ὃ	ἐὰν λύσῃς ἐπὶ τῆς γῆς ἔσται	E
ἐπὶ τῆς γῆς	ἔσται δεδεμένα	ἐν τοῖς οὐρανοῖς, καὶ ὅσα ἂν	λύσῃς ἐπὶ τῆς γῆς ἔσται	Θ *f*¹
ἐπὶ τῆς γῆς	ἔσται δεδεμένον	ἐν τοῖς οὐρανοῖς,		Ω*
ἐπὶ τῆς γῆς	ἔσται ⋯⋯α	ἐν τοῖς οὐ⋯ ⋯⋯ ⋯ ⋯⋯ ἐπὶ τῆς γῆς ἔσται		33

λελυμένον ἐν τοῖς οὐρανοῖς.	20	τότε ἐπετείμησεν	τοῖς μαθηταῖς		ἵνα μηδενὶ	B* D
λελυμένον ἐν τοῖς οὐρανοῖς.	20	τότε διεστείλατο	τοῖς μαθηταῖς		ἵνα μηδενὶ	Bᶜ ℵ C 700 1071
λελυμένα ἐν τοῖς οὐρανοῖς.	20	τότε διεστείλατο	τοῖς μαθηταῖς αὐτοῦ	ἵνα μηδενὶ	Θ *f*¹ [↑u[w]
	20	τότε διεστείλατο	τοῖς μαθηταῖς αὐτοῦ	ἵνα μηδενὶ	Ω*
λελυμένον ἐν τοῖς ⋯⋯	20	⋯⋯	⋯⋯ ⋯⋯ ⋯υτοῦ	ἵνα μηδενὶ	33
λελυμένον ἐν τοῖς οὐρανοῖς.	20	τότε ἐστείλατο	τοῖς μαθηταῖς		ἵνα μηδενὶ	579
λελυμένον ἐν τοῖς οὐρανοῖς.	20	τότε ἐπετίμησεν	τοῖς μαθηταῖς		ἵνα μηδενὶ	[w]
λελυμένον ἐν τοῖς οὐρανοῖς.	20	τότε διεστείλατο	τοῖς μαθηταῖς αὐτοῦ	ἵνα μηδενὶ	118 τ rell

εἴπωσιν ὅτι αὐτός ἐστιν	ὁ Χριστός.	B ℵ* L Δ Π *f*¹ 124 28 565 700 788 1424 uw
εἴπωσιν ὅτι οὗτος ἐστιν	ὁ Χριστός Ἰησοῦς.	D
εἴπωσιν ὅτι οὗτος ἐστιν Ἰησοῦς	ὁ Χριστός.	U
εἴπωσιν ὅτι οὗτος ἐστιν	ὁ Χριστός.	Θ
εἴπωσιν ὅτι αὐτός ἐστιν ὁ Χριστὸς	ὁ Χριστός.	118*
εἴπωσιν ὅτι αὐτός ⋯⋯	⋯⋯ ⋯⋯	33
εἴπωσιν ὅτι αὐτός ἐστιν Ἰησοῦς	ὁ Χριστός.	ℵᶜ C 𝔐 K M W *f*¹³ 2 157 579 1071 1346 τ

lac. 16.19-20 𝔓⁴⁵ A N P Q Γ 69

A 19 συ (σοι) L ǀ κλιδας ℵ* Θ 579 ¦ κλις ℵᶜ ǀ κληδας L ǀ δησεις 28 ǀ εστε¹ L 2* 579 ǀ δεδεμμενον 579 ǀ λυσεις 28 ǀ εστε² D 20 επετειμησεν Bᶜ ǀ διεστιλατο W ¦ διεστηλατο Θ ǀ μηδενη 579 ǀ ειπρσιν Δ* ǀ εινα M ǀ εστι L

B 19 ουνων C 𝔐 K L M S U Π Ω *f*¹ 118 *f*¹³ 124 2 28 157 565 579 700 788 1071 1346 1424 ǀ ουνοις¹ E G H Y K L M S U Δ Π Ω *f*¹ 118 *f*¹³ 124 2 28 157 565 579 700 788 1071 1346 1424 ǀ ουνοις² F G H Y K L M S U Δ Π Ωᶜ *f*¹ 118 *f*¹³ 124 2 28 565 579 700 788 1071 1346 1424 20 ις̄ ℵᶜ C E G H Y K M S U W Ω *f*¹³ 2 157 579 1071 1346 ¦ της̄ D ǀ χς̄ B ℵ C E G H Y K L M S U W Δ Θ Π Ω *f*¹ 118 *f*¹³ 124 2 28 157 565 579 700 788 1071 1346 1424 ǀ χρς̄ D ǀ χς̄² 118

C 19 τελος (post ουνοις) E G Y H S 118 *f*¹³ 124 788 ǀ τὲ τ̄ αγ̄ M ¦ τε Σαβ ζ̄ αγ αποσ Π ǀ τελ αποστολ *f*¹ ¦ τελ τς γ̄ κ, τ̄ αγ̄ αποστολων 28 ¦ τελ των αγιων αποστοστολων 1071 20 αρχη: τη δ̄ της ς̄ εβδ̄ τω καιρ, διεστειλ, G ǀ αρχ: τη δ̄ της ς̄ εβδ αρχ τω κ,ρ,ω διεστειλατο ο ις τοις μαθ αυτ ινα μηδενι ειπωσιν Υ ǀ αρχ: Μθ τη δ̄ τς ς̄ εβδ τω καιρ,ω διεστειλα ο ις τοις μαθ αυτου M ¦ τη δ̄ τς ς̄ εβδ τω κ S ¦ αρχ τς δ̄ ξη: τη δ̄ τς η εβδ ε σ,α μ γ τ υψωσεις τω καιρω εκεινω διεστειλατο ο ις τοις μαθηταις αυτου Π ¦ αρχ ξη τη δ̄ τς ή εβδ τω καιρω διεστειλατο ο ις τοις *f*¹ ǀ αρχ τη δ̄ τς ή εβδομα τω διεστειλατο ο ις 118 ǀ αρχ 124 788 1346 ¦ αρχ τς δ̄ τω καιρω εκεινω. διεστειλατο ο ις τοις μαθητ 28 ǀ αρχ τη δ̄ 157

D 19 ρ̄ξ̄ζ̄ *f*¹ 20 ρ̄ξ̄η C F H K *f*¹ 2 157 579 1071 1346 ¦ ρ̄ξ̄ζ̄ D ¦ ρ̄ξ̄η/β̄ E Y L M S U Π Ω 118 124 28 788 1424 ¦ ρ̄ξ̄η/ε̄ G ǀ Ευ Μθ ρ̄ξ̄η : Ιω . : Λου φε · Μρ π̄γ̄ E ǀ Μθ ρ̄ξ̄η : Μρ , : Λο . : Ιω . 124

Jesus Announces His Death And Resurrection
(Mark 8.31-33; Luke 9.22)

ρ̄γ̄ 21 Ἀπὸ τότε ἤρξατο	Ἰησοῦς Χρίστος	δείκνυναι τοῖς μαθηταῖς αὐτοῦ	ὅτι δεῖ	B*
21 Ἀπὸ τότε ἤρξατο	Ἰησοῦς	δείκνυναι τοῖς μαθηταῖς αὐτοῦ	ὅτι δεῖ	B^c
21 Ἀπὸ τότε ἤρξατο	Ἰησοῦς Χρίστος	<u>δεικνύειν</u> τοῖς μαθηταῖς αὐτοῦ	ὅτι δεῖ	ℵ* w
21 Ἀπὸ τότε ἤρξατο		<u>δεικνύειν</u> τοῖς μαθηταῖς αὐτοῦ	ὅτι δεῖ	ℵ¹ 579
21 Ἀπὸ τότε ἤρξατο	Ἰησοῦς	<u>δεικνύειν</u> τοῖς μαθηταῖς αὐτοῦ	ὅτι δεῖ	D 157
21 Ἀπὸ τότε ἤρξατο <u>ὁ</u>	Ἰησοῦς	<u>δεικνύειν</u> τοῖς μαθηταῖς <u>αὐτοὺς</u>	ὅτι δεῖ	118
21 Ἀπὸ τότε <u>ὁ</u>	Ἰησοῦς	<u>δεικνύειν</u> τοῖς μαθηταῖς αὐτοῦ	ὅτι δεῖ	f¹³
21 ⋯⋯		⋯⋯ μαθηταῖς αὐτοῦ	ὅτι δεῖ	33
21 Ἀπὸ τότε ἤρξατο <u>ὁ</u>	Ἰησοῦς	<u>δεικνύειν</u> τοῖς μαθηταῖς αὐτοῦ	ὅτι δεῖ	ℵ² C 𝔐 K L M U W

Δ Θ Π f¹ 124 2 28 565 700 788 1071 1346 1424 **uτ**

αὐτὸν εἰς Ἰεροσόλυμα ἀπελθεῖν καὶ πολλὰ παθεῖν	ἀπὸ τῶν	B ℵ Θ f¹ f¹³ 157 788 1346 1424 **uw**
αὐτὸν εἰς Ἰεροσόλυμα ἀπελθεῖν καὶ πολλὰ παθεῖν	ὑπὸ τῶν	D
αὐτὸν εἰς Ἰερο⋯⋯ ⋯⋯	⋯⋯ τῶν	33
αὐτὸν εἰς Ἰεροσόλυμα ἀπελθεῖν	ἀπὸ τῶν	579
αὐτὸν εἰς Ἰεροσόλυμα ἀπελθεῖν καὶ <u>ἀποδοκιμασθῆναι</u>	ἀπὸ τῶν	700
<u>ἀπελθεῖν</u> <u>αὐτὸν</u> <u>εἰς</u> Ἰεροσόλυμα καὶ πολλὰ παθεῖν	ὑπὸ τῶν	1071
αὐτὸν <u>ἀπελθεῖν</u> <u>εἰς</u> Ἰεροσόλυμα καὶ πολλὰ παθεῖν	ἀπὸ τῶν	C 𝔐 K L M U W Δ Π 118 2 28 565 τ

πρεσβυτέρων καὶ ἀρχιερέων καὶ γραμματέων	καὶ ἀποκτανθῆναι καὶ	B 118 **uwτ** rell
<u>ἀρχιερέων</u> <u>καὶ</u> <u>γραμματέων</u> <u>καὶ</u> <u>πρεσβυτέρων</u> <u>τοῦ</u> <u>λαοῦ</u>	καὶ ἀποκτανθῆναι καὶ	Θ
πρεσβυτέρων καὶ <u>γραμματέων</u> <u>καὶ</u> <u>ἀρχιερέων</u>	καὶ ἀποκτανθῆναι καὶ	Δ
πρεσβυτέρων καὶ ἀρχιερέων καὶ γραμματέων <u>τοῦ</u> <u>λαοῦ</u>	καὶ ἀποκτανθῆναι καὶ	f¹ 1424
<u>ἀρχιερέων</u> <u>καὶ</u> <u>πρεσβυτέρων</u> καὶ γραμματέων <u>τοῦ</u> <u>λαοῦ</u>	καὶ ἀποκτανθῆναι καὶ	f¹³ 788 1346
πρεσβυτέρων καὶ ἀρχιερέων καὶ ⋯⋯	⋯⋯	33

τῇ	τρίτῃ ἡμέρᾳ ἐγερθῆναι.	22 καὶ προσλαβόμενος	αὐτὸν ὁ Πέτρος	B **uwτ** rell
<u>μετὰ</u>	<u>τρεῖς</u> <u>ἡμέρας</u> <u>ἀναστῆναι.</u>	22 καὶ προσλαβόμενος	αὐτὸν ὁ Πέτρος	D
τῇ	τρίτῃ ἡμέρᾳ ἐγερθῆναι.	22 καὶ προσλαβόμενος	<u>αὐτῷ</u> ὁ Πέτρος	H
⋯⋯	⋯⋯ ἡμέρᾳ ἐγερθῆναι.	22 καὶ προσλα⋯⋯		33
τῇ	τρίτῃ ἡμέρᾳ <u>ἐγερθήσεται.</u>	22 καὶ προσλαβόμενος	αὐτὸν ὁ Πέτρος	28
τῇ	τρίτῃ ἡμέρᾳ <u>ἀναστῆναι.</u>	22 καὶ προσλαβόμενος	αὐτὸν ὁ Πέτρος	157
τῇ	τρίτῃ ἡμέρᾳ ἐγερθῆναι.	22 καὶ προσλαβόμενος	αὐτὸν ὁ Πέτρος <u>κατ'</u> <u>ἰδίαν</u>	565
τῇ	τρίτῃ ἡμέρᾳ ἐγερθῆναι.	22 καὶ <u>προσκαλεσάμενος</u>	αὐτὸν ὁ Πέτρος	1424

	λέγει	αὐτῷ	ἐπιτείμων,	Εἴλεώς σοι, κύριε· οὐ μὴ ἔσται σοι τοῦτο.	B
	λέγει	αὐτῷ	<u>ἐπιτίμων,</u>	Ἴλεώς σοι, κύριε· οὐ μὴ ἔσται σοι τοῦτο.	[w]
<u>ἤρξατο</u>	<u>ἐπιτιμᾶν</u> αὐτῷ		<u>λέγων,</u>	Εἴλεώς σοι, κύριε· οὐ μὴ ἔσται σοι τοῦτο.	ℵ W
<u>ἤρξατο</u>	<u>αὐτῷ</u> <u>ἐπειτειμᾶν</u> <u>καὶ</u>		<u>λέγειν,</u>	Εἴλεώς σοι, κύριε· οὐ μὴ ἔσται <u>τοῦτο</u> <u>σοι.</u>	D
<u>ἤρξατο</u>	<u>ἐπιτιμᾶν</u> αὐτῷ <u>καὶ</u>		<u>λέγων,</u>	Ἴλεώς σοι, κύριε· οὐ μὴ ἔσται σοι τοῦτο.	F
<u>ἤρξατο</u>	<u>ἐπιτιμᾶν</u> <u>αὐτὸν</u>		<u>λέγων,</u>	Ἴλεώς σοι, κύριε· οὐ μὴ ἔσται σοι τοῦτο.	H 28
<u>ἤρξατω</u>	<u>αὐτὸν</u> <u>ἐπιτιμᾶν</u>		<u>λέγων,</u>	Εἴλεώς σοι, κύριε· οὐ μὴ ἔσται σοι τοῦτο.	Θ
<u>ἤρξατο</u>	<u>αὐτῷ</u> <u>ἐπιτιμᾶν</u>		<u>λέγων,</u>	Ἴλεώς σοι, κύριε· οὐ μὴ ἔσται σοι τοῦτο.	f¹ 124 157 700 1346
<u>ἤρξατο</u>	<u>αὐτῷ</u> <u>ἐπιτιμᾶν</u>		<u>λέγων,</u>	Ἴλεώς σοι, κύριε· οὐ μὴ <u>ἔστω</u> σοι τοῦτο.	f¹³ 788 [↑1424
⋯⋯	⋯⋯		<u>ων,</u>	Ἴλεώς σοι, κύριε· οὐ μὴ ἔσται σοι τοῦτο.	33
<u>ἤρξατο</u>	<u>αὐτῷ</u> <u>ἐπιτιμᾶ</u> <u>αὐτῶν</u>		<u>λέγων,</u>	Ἴλεώς σοι, κύριε· οὐ μὴ ἔσται σοι τοῦτο.	565
<u>ἤρξατο</u>	<u>ἐπιτιμᾶ</u> <u>αὐτῶν</u>		<u>λέγων,</u>	Ἴλεώς σοι, κύριε· οὐ μὴ ἔσται σοι τοῦτο.	579
<u>ἤρξατο</u>	<u>ἐπιτιμᾶν</u> αὐτῷ		<u>λέγων,</u>	Ἴλεώς σοι, κύριε· οὐ μὴ <u>ἔστω</u> σοι τοῦτο.	1071 [↓118 2 **u[w]τ**
<u>ἤρξατο</u>	<u>ἐπιτιμᾶν</u> αὐτῷ		<u>λέγων,</u>	Ἴλεώς σοι, κύριε· οὐ μὴ ἔσται σοι τοῦτο.	C 𝔐 K L M U Δ Π

lac. 16.21-22 𝔓⁴⁵ A N P Q Γ 69

A 21 ειρξατο 1071 | δικνυειν ℵ C D L W Θ 2* | δι (δει) D* W Θ | πρεσβυτερον L | αρχειεραιων D | γραμματαιων C D H L^c Δ 579 | γραματαιων L* ¦ γραματεων Θ | αποκτανθειναι 565 1071 | τρητη Θ | εγερθειναι 565 22 προσλαβομονος Δ* | ειρξατο 1071 | επιτημαν Ε Κ Μ 2* | ειλεος D* | ιλεος F S 13 124 788 | εστε D | τουτω L

B 21 ιϲ χϲ B ℵ ¦ ιϲ C 𝔐 K L M S U W Δ Θ Π Ω f¹ 118 f¹³ 124 2 28 157 565 700 788 1071 1346 1424 ¦ ιηϲ D 22 κε B ℵ C D 𝔐 K L M S U W Δ Θ Π Ω f¹ 118 f¹³ 124 2 33 28 157 565 579 700 788 1071 1346 1424

D 21 ρ̄ξ̄θ̄ F 1582 2 157 788 1071 1346 ¦ ρ̄ξ̄θ̄/ϛ G 1424 ¦ ρ̄ξ̄ϛ H 22 ρ̄ξ̄θ̄ C K Θ 579 ¦ ρ̄ξ̄η D ¦ ρ̄ξ̄θ̄/ε Ε Π ¦ ρ̄ξ̄θ̄/ϛ Y (L) M S U Ω 118 124 28 | Ευ Μθ ρ̄ξ̄θ̄ : Ιω . : Λου . : Μρ π̄δ̄ Ε | Μθ ρ̄ξ̄θ̄ : Μρ π̄γ̄ : Λο ϙ̄ε̄, σ̄ϛ̄ : Ιω ο̄δ̄ 124

23 ὁ δὲ   στραφεὶς εἶπεν τῷ Πέτρῳ, Ὕπαγε ὀπίσω μου, Σατανᾶ· σκάνδαλον εἶ ἐμοῦ,   Β ℵ* 700 **uw**
23 ὁ δὲ   στραφεὶς εἶπεν τῷ Πέτρῳ, Ὕπαγε ὀπίσω μου, Σατανᾶ· σκάνδαλον εἶ μου,   ℵ^c C
23 ὁ δὲ <u>ἐπιστραφεὶς</u> εἶπεν τῷ Πέτρῳ, Ὕπαγε ὀπίσω μου, Σατανᾶ· σκάνδαλον εἶ <u>ἐμοῖ</u>,   D
23 ὁ δὲ <u>ἐπιστραφεὶς</u> εἶπεν τῷ Πέτρῳ, Ὕπαγε ὀπίσω μου, Σατανᾶ· σκάνδαλόν <u>μου εἶ</u>,   Υ Κ L Π 1424
23 ὁ δὲ <u>ἐπιστραφεὶς</u> εἶπεν τῷ Πέτρῳ, Ὕπαγε ὀπίσω μου, Σατανᾶ· σκάνδαλον εἶ <u>μου</u>,   Θ
23 ὁ δὲ <u>ἐπιστραφεὶς</u> εἶπεν τῷ Πέτρῳ, Ὕπαγε ὀπίσω μου, Σατανᾶ· σκάνδαλον εἶ ἐμοῦ,   f¹³ 788
23 ὁ δὲ   στραφεὶς εἶπεν τῷ Πέτρῳ, Ὕπαγε ὀπίσω μου, Σατανᾶ·   33
23 ὁ δὲ <u>ἐπιστραφεὶς</u> εἶπεν τῷ Πέτρῳ, Ὕπαγε ὀπίσω μου, Σατανᾶ· σκάνδαλον <u>ἐμοι εἶ</u>,   565
23 ὁ δὲ   στραφεὶς εἶπεν τῷ Πέτρῳ, Ὕπαγε ὀπίσω μου, Σατανᾶ· σκάνδαλόν <u>μου εἶ</u>,   𝕸 Μ U W Δ f¹
                                                             2 28 157 579 1071 τ

ὅτι οὐ   φρονεῖς   τὰ τοῦ θεοῦ ἀλλὰ τὰ τῶν ἀνθρώπων.   Β **uwτ** rell
ὅτι οὐ   φρονεῖς   τὰ τοῦ θεοῦ ἀλλὰ   <u>τοῦ ἀνθρώπου.</u>   D
ὅτι <u>οὐκ</u> <u>ἐφρώνεσας</u> τὰ τοῦ θεοῦ ἀλλὰ τὰ τῶν ἀνθρώπων.   Θ *
ὅτι <u>οὐκ</u> <u>ἐφρόνεσας</u> τὰ τοῦ θεοῦ ἀλλὰ τὰ τῶν ἀνθρώπων.   Θ^c
ὅτι οὐ   φρονεῖς   τὰ <u>τῷ</u> <u>θεῷ</u> ἀλλὰ τὰ τῶν ἀνθρώπων.   579

The One Who Follows Must Take Up The Cross
(Mark 8.34-9.1; Luke 9.23-27)

24 Τότε   Ἰησοῦς εἶπεν τοῖς μαθηταῖς αὐτοῦ, Εἴ τις   θέλει ὀπίσω μου ἐλθεῖν,   Β* [**w**]
24 Τότε   εἶπεν τοῖς μαθηταῖς αὐτοῦ, Εἴ τις   θέλει ὀπίσω μου ἐλθεῖν,   118 157 565
24 Τότε <u>ὁ</u> Ἰησοῦς εἶπεν τοῖς μαθηταῖς αὐτοῦ, <u>Ὅστις</u> θέλει ὀπίσω μου ἐλθεῖν,   1071
24 Τότε <u>ὁ</u> Ἰησοῦς εἶπεν τοῖς μαθηταῖς αὐτοῦ, <u>Οἱ</u> τις θέλει ὀπίσω μου ἐλθεῖν,   1346
24 Τότε <u>ὁ</u> Ἰησοῦς εἶπεν τοῖς μαθηταῖς αὐτοῦ, Εἴ τις   θέλει ὀπίσω μου ἐλθεῖν,   **u**[**w**]**τ** rell

ἀπαρνησάσθω ἑαυτὸν καὶ ἀράτω   τὸν σταυρὸν αὐτοῦ καὶ ἀκολουθείτω μοι.   Β 118 **uwτ** rell
ἀπαρνησάσθω <u>αὐτὸν</u> καὶ ἀράτω   τὸν σταυρὸν αὐτοῦ καὶ ἀκολουθείτω μοι.   W*
ἀπαρνησάσθω ἑαυτὸν καὶ ἀράτω   τὸν σταυρὸν αὐτοῦ καὶ ἀκολουθείτω <u>μου</u>.   Δ
ἀπαρνησάσθω ἑαυτὸν καὶ <u>ἀρᾶς</u>   τὸν σταυρὸν αὐτοῦ   ἀκολουθείτω μοι.   Θ f¹

25 ὃς γὰρ ἐὰν θέλῃ   τὴν ψυχὴν αὐτοῦ σῶσαι ἀπολέσει αὐτήν· ὃς δ' ἂν ἀπολέσῃ   Β ℵ C Π **uw**
25 ὃς γὰρ <u>ἂν</u>   θέλῃ   τὴν ψυχὴν αὐτοῦ σῶσαι ἀπολέσει αὐτήν· ὃς δ' ἂν <u>ἀπολέσει</u>   D
25 ὃς γὰρ <u>ἂν</u>   <u>θέλει</u> τὴν ψυχὴν αὐτοῦ σῶσαι ἀπολέσει αὐτήν· ὃς δ' ἂν <u>ἀπολέσει</u>   Η 2* 1071 1424
25 ὃς γὰρ <u>ἂν</u>   <u>θέλει</u> τὴν ψυχὴν αὐτοῦ σῶσαι ἀπολέσει αὐτήν· ὃς δ' ἂν ἀπολέσῃ   Κ 157
25 ὃς γὰρ <u>ἂν</u>   θέλῃ   τὴν ψυχὴν αὐτοῦ σῶσαι ἀπολέσει αὐτήν· ὃς δ' ἂν <u>ἀπολέσει</u>   L W Δ 33 1346
25 ὃς γὰρ   θέλῃ   τὴν ψυχὴν αὐτοῦ σῶσαι ἀπολέσει αὐτήν· ὃς δ' ἂν ἀπολέσῃ   Ω*
25 ὃς γὰρ <u>ἂν</u>   θέλῃ   τὴν ψυχὴν αὐτοῦ σῶσαι <u>ἀπολέσῃ</u> αὐτήν· ὃς δ' ἂν ἀπολέσῃ   28
25 ὃς γὰρ ἐὰν <u>θέλει</u> τὴν ψυχὴν αὐτοῦ σῶσαι ἀπολέσει αὐτήν·   579
25 ὃς γὰρ <u>ἂν</u>   θέλῃ   τὴν ψυχὴν αὐτοῦ σῶσαι ἀπολέσει αὐτήν· ὃς δ' ἂν ἀπολέσῃ   τ rell

τὴν ψυχὴν αὐτοῦ ἕνεκεν ἐμοῦ   εὑρήσει αὐτήν. **26** τί γὰρ ὠφεληθήσεται   Β ℵ L f¹³ 157 700 788
τὴν ψυχὴν αὐτοῦ ἕνεκεν ἐμοῦ   εὑρήσει αὐτήν. **26** τί <u>δὲ</u>   <u>ὠφελεῖται</u>   Η   [↑1346 **uw**
τὴν ψυχὴν αὐτοῦ <u>ἕνεκα</u> ἐμοῦ   εὑρήσει αὐτήν. **26** τί γὰρ ὠφεληθήσεται   Θ
τὴν ψυχὴν αὐτοῦ ἕνεκεν ἐμοῦ <u>οὗτος</u> <u>σώσει</u>   αὐτήν. **26** τί γὰρ ὠφεληθήσεται   f¹ 33
τὴν ψυχὴν αὐτοῦ ἕνεκεν ἐμοῦ <u>οὗτος</u> <u>σώσει</u>   αὐτήν. **26** τί γὰρ <u>ὠφελεῖται</u>   118
τὴν <u>ἑαυτοῦ</u> <u>ψυχὴν</u> ἕνεκεν ἐμοῦ   εὑρήσει αὐτήν. **26** τί γὰρ <u>ὠφελεῖται</u>   28
                                                 26 τί γὰρ ὠφεληθήσεται   579
τὴν ψυχὴν αὐτοῦ ἕνεκεν ἐμοῦ   εὑρήσει αὐτήν. **26** τί γὰρ <u>ὠφελέσει</u>   1424   [↓565 1071 τ
τὴν ψυχὴν αὐτοῦ ἕνεκεν ἐμοῦ   εὑρήσει αὐτήν. **26** τί γὰρ <u>ὠφελεῖται</u>   C D 𝕸 Κ Μ U W Δ Π 2

---

lac. 16.23-26 𝔓⁴⁵ A N P Q Γ 69

A 23 ειπε 118 157 | φρονις W | αλα Θ* | τον (των) Θ **24** ειπε Υ U 157 1346 | τεις (τις) D | της L | ελθην 2* | απαρνισασθω Ω 1346 | αρατο L | ακολουθητω E* F Y L U 13 579 1071 | ακολουθιτω W Θ **25** ευρησι Θ **26** οφελειται 2 | ωφελητι 1071

B 23 θ̅υ̅ Β ℵ C D E F G Y K L M S U W Δ Θ Π Ω f¹ 118 f¹³ 124 2 33 28 157 565 700 788 1071 1346 1424 | α̅ν̅ω̅ν̅ C E G H Y K L M S U Δ Π Ω f¹ 118 f¹³ 124 2 33 28 157 565 788 1071 1346 1424 **24** ι̅ς̅ Β ℵ C 𝕸 K L M S U W Δ Θ Π Ω f¹ 118 f¹³ 124 2 33 28 579 700 788 1071 1346 1424 | της D | στρν F H K | στρον Υ M S U Π Ω f¹ 118 f¹³ 124 2 28 157 565 579 700 788 1071 1346 1424

C 23 τελ 118 **24** αρχη: τη ε̅ της ϛ ειπ. τοις αυτ μαθ G̲ | αρχ (ante ει τις): τη ε̅ της ϛ εβδ αρχ ειπεν ο κ̅ς̅ ει τις θελει οπισω μου ελθ Υ | αρχ L 1346 | αρχ: Μθ τη ε̅ τς ϛ εβδ ειπεν ο κς ει τις θελει, Μ | τη ε̅ τς ϛ εβδ ειπ ο κς ει τις θε S | αρχ ξ̅θ̅: τη ε̅ τς η εβδ ειπεν ο κς τοις εαυτου μαθηταις ει τις θελει οπισω μου ελθειν Π | αρχ τς ε ειπεν ο κς τς εαυτου μαθητ ει τις θελη οπ 28 | (ante ει τις) αρχ ξ̅θ̅ τη ε̅ τς η̅ εβδ ειπ ο κ̅ς̅ τοις ει τις θελ οπισω μου f¹ | αρχ ξ̅θ̅ τη ε̅ τς η̅ εβδ και Σα μετα τωμ υψωσιν ο κ̅ς̅ τοις εαυτου μαθ ει τις θελει οπισω 118 | αρχ: Μθ τη ε̅ τς ϛ εβδ ειπεν ο κς ει τις θελει, Μ | τελος της δ̅ (post μοι) G 28 | τελ Υ f¹³ 124 788 1346 | τε̅ τς δ̅ ϛ Μ

D 24 ρ̅ξ̅θ̅ D | ρ̅ξ̅η̅ Η | ρο/α̅ Ε | ρ̅ο̅ F K Θ f¹ 579 1071 1346 | ρο/β̅ G Y (L) M S U Π Ω 118 124 28 788 1424 | Ευ Μθ ρ̅ο̅ : Ιω ρ̅ε̅ : Λου ϟ̅ϛ̅ : Μρ πε Ε | Μθ ρ̅ο̅ : Μρ π̅δ̅, πε : Λο ϟ̅ϛ̅ : Ιω . 124 **25** (ante ος δ αν) ρ̅ο̅ 157

ἄνθρωπος ἐὰν   τὸν κόσμον ὅλον κερδήσῃ   τὴν δὲ ψυχὴν αὐτοῦ ζημιωθῇ; ἢ τί   B uwτ rell
ἄνθρωπος ὅταν   τὸν κόσμον ὅλον κερδήσῃ   τὴν δὲ ψυχὴν αὐτοῦ ζημιωθῇ; ἢ τί   ℵ^c 157
ἄνθρωπος ἐὰν   τὸν κόσμον ὅλον κέρδῃ   τὴν δὲ ψυχὴν αὐτοῦ ζημιωθῇ; ἢ τί   D
ἄνθρωπος ἐὰν   τὸν κόσμον ὅλον κερδήσει   τὴν δὲ ψυχὴν αὐτοῦ ζημιωθῇ; ἢ τί   H L 2* 579
ἄνθρωπος ἐὰν   τὸν κόσμον   καιερδήσῃ   τὴν δὲ ψυχὴν αὐτοῦ ζημιωθῇ; ἢ τί   Θ
ἄνθρωπος ἐὰν   τὸν κόσμον   κερδήσῃ   τὴν δὲ ψυχὴν αὐτοῦ ζημιωθῇ; ἢ τί   124
ἄνθρωπος ἐὰν   ὅλον τὸν κόσμον κερδήσῃ   τὴν δὲ ψυχὴν αὐτοῦ ζημιωθῇ; ἢ τί   28
ἄνθρωπος ἐὰν   τὸν κόσμον ὅλον κερδήσει   καὶ ζημιωθῇ τὴν ψυχὴν αὐτοῦ; ἢ τί   1071
ἄνθρωπον ἐὰν   τὸν κόσμον ὅλον κερδήσῃ   τὴν δὲ ψυχὴν αὐτοῦ ζημιωθῇ; ἢ τί   1424

δώσει ἄνθρωπος ἀντάλαγμα   τῆς ψυχῆς αὐτοῦ; **27** μέλλει γὰρ ὁ υἱὸς τοῦ ἀνθρώπου   B E Ω 2 28 565 1424
δώσει ἄνθρωπος ἀντάλαγμα   τῆς ψυχῆς αὐτοῦ; **27** μέλει γὰρ ὁ υἱὸς τοῦ ἀνθρώπου   L
δώσει ἄνθρωπος ἀντάλλαγμα   τῆς ψυχῆς αὐτοῦ; **27** μέλλει γὰρ   υἱὸς τοῦ ἀνθρώπου   Δ
δώσει ἄνθρωπος ἀντάλλαγμα   τῆς ψυχῆς αὐτοῦ; **27** μέλλει γὰρ ὁ υἱὸς τοῦ ἀνθρώπου   ℵ C D 𝔐 K M U W
                                                              Θ Π f¹ f¹³ 33 157 579 700 788 1071 1346 uwτ

[Cl S IV 34.4 τι γαρ ωφελειται ανθρωπος, εαν τον κοσμον ολον κερδηση, την δε ψυχα αυτου ζημιωθη; η τι δωσει ανθρωπος ανταλλαγμα της ψυχης αυτου;] [Cl S VI 112.3 τι γαρ οφελος, εαν τον κοσμον κερδηση, φησι, την δε ψυχην απολεσης;]

ἔρχεσθαι ἐν τῇ δόξῃ τοῦ πατρὸς αὐτοῦ μετὰ τῶν ἀγγέλων   αὐτοῦ, καὶ τότε   B uwτ rell
ἔρχεσθαι ἐν τῇ δόξῃ τοῦ πατρὸς αὐτοῦ μετὰ τῶν ἀγγέλων τῶν ἁγίων,   καὶ τότε   C 1071
ἔρχεσθαι ἐν τῇ δόξῃ τοῦ πατρὸς αὐτοῦ μετὰ τῶν ἁγίων ἀγγέλων αὐτοῦ, καὶ τότε   D

ἀποδώσει ἑκάστῳ κατὰ τὴν πρᾶξιν αὐτοῦ. **ρδ 28** ἀμὴν   λέγω ὑμῖν ὅτι   B ℵ^c L* Θ f¹³ 33 157 579 700
ἀποδώσει ἑκάστῳ κατὰ τὰ ἔργα αὐτοῦ.   **28** ἀμὴν   λέγω ὑμῖν ὅτι   ℵ*   [↑788 1346 uw
ἀποδώσει ἑκάστῳ κατὰ τὰ ἔργα αὐτοῦ.   **28** ἀμὴν   λέγω ὑμῖν   F 28
ἀποδώσει ἑκάστῳ κατὰ τὴν πρᾶξιν αὐτοῦ. **28** ἀμὴν γὰρ λέγω ὑμῖν   K
ἀποδώσει ἑκάστῳ κατὰ τὴν πρᾶξιν αὐτοῦ. **28** ἀμὴν δὲ λέγω ὑμῖν ὅτι   L^c
ἀποδώσῃ ἑκάστῳ κατὰ τὴν πρᾶξιν αὐτοῦ.   **28** ἀμὴν   λέγω ὑμῖν   W
ἀποδώσει ἑκάστῳ κατὰ τὰ ἔργα αὐτοῦ.   **28** ἀμὴν δὲ λέγω ὑμῖν   f¹
ἀποδώσει ἑκάστῳ κατὰ τὰ ἔργα αὐτοῦ.   **28** ἀμὴν γὰρ λέγω ὑμῖν ὅτι   1424
ἀποδώσει ἑκάστῳ κατὰ τὴν πρᾶξιν αὐτοῦ. **28** ἀμὴν   λέγω ὑμῖν   118 τ rell

εἰσίν τινες τῶν ὧδε ἑστώτων   οἵτινες οὐ μὴ γεύσωνται θανάτου ἕως ἂν   B ℵ C D S 1582 33 700 uw
εἰσίν τινες   ὧδε ἑστῶτες   οἵτινες οὐ μὴ γεύσωνται θανάτου ἕως ἂν   E F G W Δ
εἰσίν τινες   ὧδε ἑστῶτες   οἵτινες οὐ μὴ γεύσονται θανάτου ἕως ἂν   H 2
εἰσίν τινες τῶν ὧδε ἑστηκότων οἵτινες οὐ μὴ γεύσωνται θανάτου ἕως ἂν   K M Y Π 118 28 579 τ
εἰσίν τινες τῶν ὧδε ἑστώτων   οἵτινες οὐ μὴ γεύσωνται θανάτου ἕως ἂν   L U Θ 1 f¹³ 157 788 1071
εἰσίν τινες τῶν ὧδε ἑστῶτες   οἵτινες οὐ μὴ γεύσωνται θανάτου ἕως ἂν   Ω   [↑1346
εἰσίν τινες τῶν ὧδε ἑστηκότων οἵτινες οὐ μὴ γεύσονται θανάτου ἕως ἂν   565 1424

ἴδωσιν τὸν υἱὸν τοῦ ἀνθρώπου ἐρχόμενον ἐν τῇ βασιλείᾳ   αὐτοῦ.   B uwτ rell
ἴδωσιν τὸν υἱὸν τοῦ ἀνθρώπου ἐρχόμενον ἐν τῇ δόξῃ τοῦ πατρὸς αὐτοῦ.   ℵ³
ἴδωσιν τὴν βασιλείαν τοῦ θεοῦ ἐληλυθυῖαν καὶ τὸν υἱὸν τοῦ ἀνθρώπου ἐρχόμενον ἐπ᾽ αὐτήν.   1071

[Cl Exc 4.3 ον ειπεν· εισι τινες των ωδε εστηκοτων, οι ου μη γευσονται θανατου, εως αν ιδωσι τον υιον του ανθρωπου εν δοξη].

lac. **16.26-28** 𝔓⁴⁵ A N P Q Γ 69

A **26** κερδισει 1071 | οφεληθησεται L | ζημηωθη L | ζημιωθη 579 | τη (τι²) Θ | ανταλαγμαυ E **27** μελλι Θ | μελλη 579 | το (του¹) Θ **28** υμειν D | υμην 579 | εισι Y U f¹ 118 157 700 1071 | τιναις 1071 | οιδε (ωδε) Δ | ωιδε 124 | οιτιες 788* | ησιν, τον (των) Θ | οδε 579 | εστικοτων 565 579 | ειδωσιν D | ιδωσι Y K L M S U Ω f¹ 118 28 157 700 1071 | τι (τη) Θ

B **26** ανος¹ C 𝔐 K L M S U W Δ Π f¹ 118 f¹³ 124 2 33 28 157 565 579 700 788 1071 1346 | ανον 1424 | ανος² ℵ C 𝔐 K L M S U Δ Θ Π Ω f¹ 118 f¹³ 124 2 33 28 157 565 579 700 788 1071 1346 1424 **27** υς C 𝔐 K L M S U Δ Π Ω f¹ 2 33 28 565 1424 | ανου ℵ C 𝔐 K L M S U W Δ Θ Π Ω f¹ 118 f¹³ 124 2 33 28 157 565 579 700 788 1071 1346 1424 | πρς ℵ C 𝔐 K L M S U W Δ Θ Π Ω f¹ 118 f¹³ 124 2 33 28 157 565 579 700 788 1071 1346 1424 **28** υν C 𝔐 K L M S U Δ Π Ω 2 33 28 1424 | ανου ℵ C 𝔐 K L M S U W Δ Θ Π Ω f¹ 118 f¹³ 124 2 33 28 157 565 579 700 788 1346 1424 | πρς ℵ³

C **28** (post βασ. αυτου) τελος D [ημερ. έ της ή εβδομ.: 16.24-28] | τελος E S Y 118 f¹³ 124 2 579 788 1071 1346 | τελος της ε G Π f¹ **28** | τὲ τη ε τς ϛ M | τελ τς δ f¹

D **27** ροα C F K Θ f¹ f¹³ 2 157 579 1071 1346 | ρο D | ροα/ι E G Y L S U Π Ω 118 124 28 788 1424 | ρξθ H | Ευ Μθ ροα : Ιω . : Λου . : Μρ . E | Μθ ροα : Μρ πζ : Λο ϙη M | Μθ ροα : Μρ πζ : Λο ϙη : Ιω . 124 **28** ροβ C F K Θ 2 1582 f¹³ 157 579 788 1071 1346 | ροβ/β E G Y L S U Π Ω 124 28 1424 | ρο H | Ευ Μθ ροβ : Ιω . : Λου ϙη : Μρ πζ E | Μθ ροβ M | Μθ ροβ : Μρ . : Λο . : Ιω . 124

λδ̄   περὶ τῆς μεταμορφώσεως τοῦ Ἰησοῦ

The Transfiguration Of Jesus
(Mark 9.2-8; Luke 9.28-36a)

17.1 Καὶ   μεθ' ἡμέρας ἓξ παραλαμβάνει ὁ Ἰησοῦς τὸν Πέτρον καὶ   B u[w]τ rell
17.1 Καὶ   μεθ' ἡμέρας ἓξ παραλαμβάνει ὁ Ἰησοῦς τὸν Πέτρον καὶ τὸν   ℵ 33 157 [w]
17.1 Καὶ ἐγένετο μεθ' ἡμέρας ἓξ παραλαμβάνει ὁ Ἰησοῦς τὸν Πέτρον καὶ τὸν   D Θ
17.1 Καὶ   μεθ' ἡμέρας ἓξ παραλαμβάνει   τὸν Πέτρον καὶ   579

Ἰάκωβον καὶ   Ἰωάνην τὸν ἀδελφὸν αὐτοῦ, καὶ ἀναφέρει αὐτοὺς εἰς ὄρος   B ℵ w
Ἰάκωβον καὶ τὸν Ἰωάννην τὸν ἀδελφὸν αὐτοῦ, καὶ ἀνάγει   αὐτοὺς εἰς ὄρος   D
Ἰάκωβον καὶ   Ἰωάννην τὸν ἀδελφὸν αὐτοῦ, καὶ ἀναφέρει αὐτοὺς   ὄρος   F*
Ἰάκωβον καὶ   Ἰωάννην τὸν ἀδελφὸν αὐτοῦ, καὶ ἀνάγει   αὐτοὺς εἰς ὄρος   f¹
Ἰάκωβον καὶ   Ἰωάννη τὸν ἀδελφὸν αὐτοῦ, καὶ ἀναφέρει αὐτοὺς εἰς ὄρος   579
Ἰάκωβον καὶ   Ἰωάννην τὸν ἀδελφὸν αὐτοῦ, καὶ ἀναφέρει αὐτοὺς εἰς ὄρος   118 uτ rell

ὑψηλὸν καθ' ἰδίαν. **2** καὶ μετεμορφώθη   ἔμπροσθεν αὐτῶν, καὶ ἔλαμψεν τὸ   B*
ὑψηλὸν λείαν.   **2** καὶ μετεμορφώθεις ὁ Ἰησοῦς ἔμπροσθεν αὐτῶν,   ἔλαμψεν τὸ   D
ὑψηλὸν κατ' ἰδίαν. **2** καὶ μετεμορφώθη   ἔμπροσθεν αὐτῶν, καὶ ἔλαμψεν τὸ   uwτ rell

πρόσωπον αὐτοῦ ὡς ὁ ἥλιος, τὰ δὲ ἱμάτια αὐτοῦ ἐγένετο λευκὰ ὡς τὸ φῶς. **3** καὶ   B uwτ rell
πρόσωπον αὐτοῦ ὡς ὁ ἥλιος, τὰ δὲ ἱμάτια αὐτοῦ ἐγένετο λευκὰ ὡς χειών. **3** καὶ   D
πρόσωπον αὐτοῦ ὡς ὁ ἥλιος, τὰ δὲ ἱμάτια αὐτοῦ   λευκὰ ὡς τὸ φῶς. **3** καὶ   S
πρόσωπον αὐτοῦ ὡς   ἥλιος, τὰ δὲ ἱμάτια αὐτοῦ ἐγένετο λευκὰ ὡς τὸ φῶς. **3** καὶ   Θ
πρόσωπον αὐτοῦ ὡς ὁ ἥλιος, τὰ δὲ ἱμάτια αὐτοῦ ἐγένοντο λευκὰ ὡς τὸ φῶς. **3** καὶ   124
πρόσωπον αὐτοῦ ὡς ὁ ἥλιος, τὰ δὲ ἱμάτια αὐτοῦ ἐγένοντο λευκὰ ὡς τὸ φῶς. **3** καὶ   H Ω L U 118 f¹³ 2
                                                                        33 28 157 788 1071 1346 1424

[Cl Exc 12.3 ου τα μεν ιματια ως φως ελαμψεν, το προσωπον δε ως ο ηλιος].

ἰδοὺ ὤφθη   αὐτοῖς Μωϋσῆς καὶ Ἡλείας συλλαλοῦντες μετ' αὐτοῦ.   B* ℵ w
ἰδοὺ ὤφθη   αὐτοῖς Μωϋσῆς καὶ Ἡλίας μετ' αὐτοῦ συλλαλοῦντες.   Bᶜ
ἰδοὺ ὤφθησαν αὐτοῖς Μωσῆς καὶ Ἡλίας μετ' αὐτοῦ συλλαλοῦντες.   C 𝔐 M U 2 700 1071 τ
ἰδοὺ ὤφθη   αὐτοῖς Μωϋσῆς καὶ Ἡλείας μετ' αὐτοῦ συλλαλοῦντες.   D
ἰδοὺ ὤφθησαν αὐτοῖς Μωϋσῆς καὶ Ἡλίας μετ' αὐτοῦ συλλαλοῦντες.   L
ἰδοὺ ὤφθησαν αὐτοῖς Μωσῆς καὶ Ἡλίας συλλαλοῦντες μετ' αὐτοῦ.   W
ἰδοὺ ὤφθη   αὐτοῖς Μωϋσῆς καὶ Ἡλίας μετ' αὐτοῦ συλλαλοῦντες.   Δ
ἰδοὺ ὤφθη   αὐτοῖς Μωσῆς καὶ Ἡλίας μετ' αὐτοῦ συλλαλοῦντες.   Θ 33
ἰδοὺ ὤφθησαν αὐτοῖς Μωσῆς καὶ Ἡλίας συλλαλοῦντες μετ' αὐτοῦ.   f¹
ἰδοὺ ὤφθησαν αὐτοῖς Μωϋσῆς καὶ Ἡλίας μετ' αὐτοῦ συλλαλοῦντες.   f¹³ 788 1346
       ὤφθησαν αὐτοῖς Μωϋσῆς καὶ Ἡλίας μετ' αὐτοῦ συλλαλοῦντες.   28
ἰδοὺ ὤφθη   αὐτοῖς Μωϋσῆς καὶ Ἰλίας συλλαλοῦντες μετ' αὐτοῦ.   579
ἰδοὺ ὤφθη   αὐτοῖς Μωϋσῆς καὶ Ἡλίας συλλαλοῦντες μετ' αὐτοῦ.   u
ἰδοὺ ὤφθησαν αὐτοῖς Μωϋσῆς καὶ Ἡλίας μετ' αὐτοῦ συλλαλοῦντες.   K S Y Π Ω 118 157 565 1424

4 ἀποκριθεὶς δὲ ὁ Πέτρος εἶπεν τῷ Ἰησοῦ, Κύριε, καλόν ἐστιν ἡμᾶς ὧδε εἶναι· εἰ   B 118 uwτ rell
4 ἀποκριθεὶς δὲ   Πέτρος εἶπεν τῷ Ἰησοῦ, Κύριε, καλόν ἐστιν ἡμᾶς ὧδε εἶναι· εἰ   H
4 ἀποκριθεὶς δὲ   Πέτρος εἶπεν τῷ Ἰησοῦ, Κύριε, καλόν ἐστιν ἡμᾶς ὧδε εἶναι·   W Θ
4 ἀποκριθεὶς δὲ ὁ Πέτρος εἶπεν τῷ Ἰησοῦ, Κύριε, καλόν ἐστιν ἡμᾶς ὧδε εἶναι·   1 1582* 33
4 ἀποκριθεὶς δὲ ὁ Πέτρος εἶπεν τῷ Ἰησοῦ, Κύριε, καλόν ἐστιν ὑμᾶς ὧδε εἶναι· εἰ   1346

---

lac. 17.1-4 𝔓⁴⁵ A N P Q Γ 69

A 17.1 παραλαμβανι Θ| αναφερη Θ | υψιλον 2* | ηδιαν 579 **2** μετεξμορφωθη E* | μετεμορθη Δ | μετεμορφοθη 565 | ενπροσθεν D | αυτον 2* 1346 | ελαμψε S Y U Ω 118 f¹³ 157 700 788 1071 | ελλαμψεν 2 | ειματεια D | ηματια 2* **4** αποκριθης 579 | ειπε Y 118 157 | ωιδε¹·² 124

B 17.1 ι̅ς B ℵ C 𝔐 K L M S U W Δ Θ Π Ω f¹ 118 f¹³ 124 2 33 28 157 565 700 788 1071 1346 1424 | ι̅η̅ς D | ιωην 118 **2** ι̅η̅ς D **4** ι̅υ̅ B ℵ C 𝔐 K L M S U W Δ Θ Π Ω f¹ 118 f¹³ 124 2 33 28 157 565 579 700 788 1071 1346 1424 | ι̅η̅υ D | κ̅ε̅ B ℵ C 𝔐 K L M S U W Δ Θ Π Ω f¹ 118 f¹³ 124 2 33 28 157 565 579 700 788 1071 1346 1424

C 17.1 μεταιμορφος ανναγνοσμα D | λδ̄ περι της μεταμορφωσεως ᵒτου ι̅υ̅` (ᵒ F 788) (+ τω καιρω παρα G): E F G L U Δ Π Ω f¹ 124 33 579 788 | λδ̄ πε της μεταμορφω, (μεταμορφωσεως) Y K S 28 1424 + του σ̅ρ̅ς 157) H Y K S 28 157 565 1424 | λδ̄ ⋯⋯ M | λ̄ δ̄ περι της μεταμορφω του κ̅υ̅ 1071 | Μθ λδ̄ : Μρ κ̅ε̅ Λο λ̄ M | Μρ κ̅ε̅ : Λο λ̄ Π | αρχη: τω κ, παραλαμβανει ο ι̅ς̅ (ante παραλ.) H | αρχη Fᶜ G L 124 157 788 | αρχη: εις τη μεταμορφωσιν. τω καιρω εκεινω· (ante παραλαμβ.) E 2 | αρχ: μη λιγουστ ς̄ εις τ λειτουργ, της μεταμορφωσως, αρχ τω κ,ρ,ω παραλαμβανει ο ι̅ς̅ τον πετρον κ, (ante παραλαμβ.) Y | αρχ: Μθ μη αυγουστ ς̄ εις τ λειτουργ, της μεταμορφωσεως αρχ τω καιρ, παραλαμβανει ο ι̅ς̅ τ, Μ | εις τ μεταμορφωσεως τω κ S | αρχ: εις τ̄ λειτυ τς μεταμορφωσεως τω κ,αι εκει παραλαμβανει Π | αρχ τω καιρω παραλαμβανει ο ι̅ς̅ Ω | αρχ ο̄ μθ ημερας τ̄ ς̄ τω καιρω παραλαμβανει ο ι̅ς̅ τον πετρον f¹ | αρχ ο̄ μη αυγουστ ς̄ εις τ μεταμορφως, του κ̅υ̅ τω παραλαμ 118 | αρχ τς μεταμωρφῶ τω καιρω εκεινω παραλαμβανει ο ι̅ς̅. τον πετ, 28 | αρχ τω καιρω εκεινω 1071 | αρχη: εις τη μεταμορφωσιν 1346 | αρχη τω καιρω 1424 | ο Π

D 17.1 ροα D | ρογ L | ροβ 118

θέλεις, ποιήσω   ὧδε σκηνὰς τρεῖς,   σοὶ μίαν καὶ Μωϋσεῖ μίαν καὶ μίαν Ἠλείᾳ.   B*
θέλεις, ποιήσω   ὧδε σκηνὰς τρεῖς,   σοὶ μίαν καὶ Μωϋσεῖ μίαν καὶ μίαν Ἠλίᾳ.   B^c
θέλεις, ποιήσω   ὧδε τρεῖς σκηνάς,   σοὶ μίαν καὶ Μωϋσεῖ μίαν καὶ Ἠλείᾳ μίαν.   ℵ [w]
θέλεις, ποιήσω   ὧδε τρεῖς σκηνάς,   σοὶ μίαν καὶ Μωσῆ μίαν καὶ Ἠλίᾳ μίαν.   C* 700
θέλεις, ποιήσωμεν ὧδε τρεῖς σκηνάς,   σοὶ μίαν καὶ Μωσῆ μίαν καὶ Ἠλίᾳ μίαν.   C^c 2^c 33
θέλεις, ποιήσωμεν ὧδε τρεῖς σκηνάς,   σοὶ μίαν καὶ Μωϋσεῖ μίαν καὶ Ἠλείᾳ μίαν.   D
θέλεις, ποιήσωμεν ὧδε τρεῖς σκηνάς,   σοὶ μίαν καὶ Μωσῆ μίαν καὶ μίαν Ἠλίᾳ.   𝔐 M U 1071 τ
θέλεις, ποιήσωμεν ὧδε τρεῖς σκηνάς,   σοὶ μίαν καὶ Μωϋσεῖ μίαν καὶ μίαν Ἠλίᾳ.   S Y Ω
θέλεις, ποιήσωμεν ὧδε τρεῖς σκηνάς,   σοὶ μίαν καὶ Μωϋσεῖ μίαν καὶ Ἠλίᾳ μίαν.   K Π*
θέλεις, ποιήσωμεν ὧδε τρεῖς σκηνάς,   σοὶ μίαν καὶ Ἠλίᾳ μίαν καὶ Μωϋσῖ μίαν.   W
θέλεις, ποιήσωμεν ὧδε τρεῖς σκηνάς,   σοὶ μίαν καὶ Μωσεῖ μίαν καὶ Ἠλίᾳ μίαν.   Δ f^1
θέλεις, ποιήσωμεν ὧδε τρεῖς σκηνάς,   σοὶ μίαν καὶ Μωσῆ μίαν καὶ Ἠλίαν μίαν.   2*
θέλεις, ποιήσωμεν ὧδε τρεῖς σκηνάς,   σοὶ μίαν καὶ Μωσεῖ μίαν καὶ μίαν Ἠλίᾳ.   118 28
θέλεις, ποιήσωμεν ὧδε τρεῖς σκηνάς,   σοὶ μίαν καὶ Μωσεῖ μίαν καὶ μίαν Ἠλίαν.   565
θέλεις, ποιήσωμεν   τρεῖς σκηνάς,   σοὶ μίαν καὶ Μωσῆ μίαν καὶ Ἠλίαν μία.   579
θέλεις, ποιήσωμεν ὧδε τρεῖς σκηνάς,   σοὶ μίαν   καὶ Ἠλίαν μίαν.   1346
θέλεις, ποιήσω   ὧδε τρεῖς σκηνάς,   σοὶ μίαν καὶ Μωϋσεῖ μίαν καὶ Ἠλίᾳ μίαν.   u
θέλεις, ποιήσω   ὧδε σκηνὰς τρεῖς,   σοὶ μίαν καὶ Μωϋσεῖ μίαν καὶ Ἠλείᾳ μίαν.   [w] [↓788 1424
θέλεις, ποιήσωμεν ὧδε τρεῖς σκηνάς,   σοὶ μίαν καὶ Μωϋσῆ μίαν καὶ Ἠλίᾳ μίαν.   L Θ Π^c f^13 157

5 ἔτι   αὐτοῦ λαλοῦντος ἰδοὺ νεφέλη φωτεινὴ ἐπεσκίασεν αὐτούς, καὶ ἰδοὺ φωνὴ B uτ rell
5 ἔτι   αὐτοῦ λαλοῦντος ἰδοὺ νεφέλη φωτινὴ ἐπεσκίασεν αὐτούς, καὶ ἰδοὺ φωνὴ C E L W Δ 2^c 33 28
5 ἔτι   αὐτοῦ λαλοῦντος ἰδοὺ νεφέλη φωτεινὴ ἐπεσκίαζεν αὐτούς, καὶ ἰδοὺ φωνὴ D*   [↑579 w
5 ἔτι δὲ αὐτοῦ λαλοῦντος ἰδοὺ νεφέλη φωτεινὴ ἐπεσκίασεν αὐτούς, καὶ ἰδοὺ φωνὴ Θ 118^c
5 ἔτι δὲ αὐτοῦ λαλοῦντος ἰδοὺ νεφέλη φωτὴ ἐπεσκίασεν αὐτούς, καὶ ἰδοὺ φωνὴ 118*
5 ἔτι   αὐτοῦ λαλοῦντος ἰδοὺ νεφέλη φωτηνὴ ἐπεσκίασεν αὐτούς, καὶ ἰδοὺ φωνὴ Π* 2*
5 ἔτι   αὐτοῦ λαλοῦντος ἰδοὺ νεφέλη φωτὸς ἐπεσκίασεν αὐτούς, καὶ ἰδοὺ φωνὴ f^13 788 1346

          ἐκ τῆς νεφέλης λέγουσα, Οὗτός ἐστιν ὁ υἱός μου ὁ ἀγαπητός, ἐν ᾧ εὐδόκησα· B uwτ rell
ἐγένετο ἐκ τῆς νεφέλης λέγουσα, Οὗτός ἐστιν ὁ υἱός μου ὁ ἀγαπητός, ἐν ᾧ εὐδόκησα· 157   [↓1424
          ἐκ τῆς νεφέλης λέγουσα, Οὗτός ἐστιν ὁ υἱός μου ὁ ἀγαπητός, ἐν ᾧ ηὐδόκησα· C D G W 579 1071

[Cl Pd I 97.2 διαρρηδην παραγγειλας ημιν· ουτος εστι μου ο υιος ο αγαπητος, αυτου ακουετε].

ἀκούετε αὐτοῦ.   6 καὶ ἀκούσαντες οἱ μαθηταὶ ἔπεσαν ἐπὶ πρόσωπον αὐτῶν B ℵ 33 579 uw
αὐτοῦ ἀκούετε.   6 καὶ ἀκούσαντες οἱ μαθηταὶ ἔπεσαν ἐπὶ πρόσωπον αὐτῶν C W Θ f^13 788 1346 1424
ἀκούετε αὐτοῦ.   6 ἀκούσαντες δὲ οἱ μαθηταὶ ἔπεσαν ἐπὶ πρόσωπον αὐτῶν D
αὐτοῦ ἀκούετε.   6 καὶ ἀκούσαντες οἱ μαθηταὶ ἔπεσον ἐπὶ πρόσωπον ἑαυτῶν L
αὐτοῦ ἀκούσατε. 6 καὶ ἀκούσαντες οἱ μαθηταὶ ἔπεσον ἐπὶ πρόσωπον αὐτῶν Δ
ἀκούετε αὐτοῦ.   6 καὶ ἀκούσαντες οἱ μαθηταὶ ἔπεσον ἐπὶ πρόσωπον αὐτῶν f^1   [↓565 700 1071 τ
αὐτοῦ ἀκούετε.   6 καὶ ἀκούσαντες οἱ μαθηταὶ ἔπεσον ἐπὶ πρόσωπον αὐτῶν 𝔐 K M U Π 118 2 28 157

καὶ ἐφοβήθησαν σφόδρα. 7 καὶ προσῆλθεν ὁ Ἰησοῦς καὶ ἁψάμενος αὐτῶν εἶπεν, B ℵ 579 700 uw
καὶ ἐφοβήθησαν σφόδρα. 7 καὶ προσῆλθεν ὁ Ἰησοῦς καὶ ἥψατο αὐτῶν καὶ εἶπεν, D
καὶ ἐφοβήθησαν σφόδρα. 7 καὶ προσελθὼν ὁ Ἰησοῦς καὶ ἁψάμενος αὐτῶν εἶπεν, Θ f^13 788 1346
καὶ ἐφοβήθησαν σφόδρα. 7 καὶ προσελθὼν ὁ Ἰησοῦς   ἥψατο αὐτῶν καὶ εἶπεν, C 𝔐 K L M U W Δ
                                                                        Π f^1 2 33 28 157 565 1071 1424 τ

Ἐγέρθητε καὶ μὴ φοβεῖσθε. 8 ἐπάραντες δὲ τοὺς ὀφθαλμοὺς αὐτῶν   οὐδένα B uwτ rell
Ἐγέρθητε καὶ μὴ φοβεῖσθε. 8 ἐπάραντες δὲ τοὺς ὀφθαλμοὺς αὐτῶν οὐκέτι οὐδένα C*
Ἐγείρεσθαι καὶ μὴ φοβεῖσθε. 8 ἐπέρεντες δὲ τοὺς ὀφθαλμοὺς αὐτῶν   οὐδένα D* (ἐπάρ. D^c)
Ἐγέρθητε καὶ μὴ φοβεῖσθε. 8 ἐπάραντες δὲ τοὺς ὀφθαλμοὺς   οὐδένα W

εἶδον εἰ μὴ αὐτὸν Ἰησοῦν μόνον.   B* Θ 700 u[w]
εἶδον εἰ μὴ Ἰησοῦν αὐτὸν μόνον.   ℵ
εἶδον εἰ μὴ τὸν Ἰησοῦν μόνον μεθ᾽ ἑαυτῶν.   C^c 33
εἶδον εἰ μὴ μόνον τὸν Ἰησοῦν.   D
εἶδον εἰ μὴ   Ἰησοῦν μόνον.   W
ἰδὼν εἰ μὴ τὸν Ἰησοῦν μόνον.   579 1346
εἶδον εἰ μὴ τὸν Ἰησοῦν μόνον.   B^c C* 𝔐 K L M U Δ Π f^1 f^13 2 28 157 565 788 1071 1424 [w]τ

lac. 17.4-8 𝔓^45 A N P Q Γ 69

A θελης F 2 579 ǀ ποιεισωμεν L ǀ ποιησομεν 1 13 ǀ τρις W 2* ǀ σκησκηνας C ǀ μειαν^1.2.3 D ǀ μια^2 Θ 5 ετει 579 1071 ǀ
λαλουντας 579 ǀ επεσκειασεν L 565 ǀ επεσκησεν 2* ǀ τη (της) E* ǀ αγαπιτος 2* ǀ ακουεται L W 2* 579 1071 6 επεσων 1071 ǀ
προσωπων L 7 προσελθον L ǀ εγερθηται W ǀ φοβεισθαι C D L W ǀ φοβησθε Θ ǀ φοβησθαι 2 579 8 αυτον (αυτων) Θ ǀ ιδον C K L
Θ Π 13 124 33 565 788 1424 ǀ μι (μη) L 13 2* 1071

B 5 υ̅ς̅ C 𝔐 K L M S Δ Π f^1 2 33 28 565 1424 7 ι̅ς̅ B ℵ C 𝔐 K L M S U W Δ Θ Π Ω f^1 118 f^13 124 2 33 28 157 579 700 788
1071 1346 1424 ǀ ι̅η̅ς̅ D 8 ι̅ν̅ B ℵ C 𝔐 K L M S U W Δ Θ Π Ω f^1 f^13 124 2 33 28 157 565 579 700 788 1071 1346 1424 ǀ ι̅η̅ν̅ D

Elijah Who Comes Is John The Baptist
(Mark 9.9-13; Luke 9.36)

ρε 9 Καὶ καταβαινόντων αὐτῶν ἐκ   τοῦ ὄρους ἐνετείλατο αὐτοῖς ὁ Ἰησοῦς λέγων,   B uw rell
9 Καὶ καταβαίνοντες   ἐκ   τοῦ ὄρους ἐνετείλατο αὐτοῖς ὁ Ἰησοῦς λέγων,   D
9 Καὶ καταβενόντων   ἐκ   τοῦ ὄρους ἐνετείλατο αὐτοῖς ὁ Ἰησοῦς λέγων,   W
9 Καὶ καταβαινόντων αὐτῶν ἐκ   τοῦ ὄρους ἐνετείλατο αὐτοῖς ὁ υἱὸς   λέγων,   1
9 Καὶ καταβαινόντων αὐτῶν ἐκ   τοῦ ὄρους ἐνετείλατο αὐτοῖς   λέγων,   118
9 Καὶ καταβαινόντων αὐτῶν ἀπὸ   τοῦ ὄρους[T] ἐνετείλατο αὐτοῖς ὁ Ἰησοῦς λέγων,   579 1424 τ

[T]ἐνετείλαντο αὐτοῖς ἀπὸ τοῦ ὄρους 579

Μηδενὶ εἴπητε τὸ ὅραμα ἕως οὗ ὁ υἱὸς τοῦ ἀνθρώπου ἐκ νεκρῶν ἐγερθῇ.   B D u[w]
Μηδενὶ εἴπητε τὸ ὅραμα ἕως οὗ ὁ υἱὸς τοῦ ἀνθρώπου ἀναστῇ ἐκ νεκρῶν.   W
Μηδενὶ εἴπητε τὸ ὄνομα ἕως οὗ ὁ υἱὸς τοῦ ἀνθρώπου ἐκ νεκρῶν ἀναστῇ.   579
Μηδενὶ εἴπητε τὸ ὅραμα ἕως οὗ ὁ υἱὸς τοῦ ἀνθρώπου ἐκ νεκρῶν ἀναστῇ.   [w]τ rell

[Cl Exc. 5.2 διο και λεγει αυτοις ο σωτηρ· μηδενι ειπητε ο ειδετε] [Cl Exc 5.4 το δε μηδενι ειπητε . . . ινα μη ο εστιν ο κυριος νοησαντες].

10 καὶ ἐπηρώτησαν αὐτὸν οἱ μαθηταὶ αὐτοῦ λέγοντες, Τί οὖν οἱ   B C D 𝔐 K M U Δ Π f[13] 118 2 28 157
10 καὶ ἐπηρώτησαν αὐτὸν οἱ μαθηταὶ   λέγοντες, ὅτι λέγουσιν   33   [↑565 579 788 1071 1346 1424 τ
10 καὶ ἐπηρώτησαν αὐτὸν οἱ μαθηταὶ   λέγοντες, Τί οἱ   700
10 καὶ ἐπηρώτησαν αὐτὸν οἱ μαθηταὶ   λέγοντες, Τί οὖν οἱ   ℵ L W Θ f[1] 124 uw

γραμματεῖς λέγουσιν ὅτι Ἠλείαν δῖ ἐλθεῖν πρῶτον; 11 ὁ δὲ   B*
γραμματεῖς λέγουσιν ὅτι Ἠλείαν δεῖ ἐλθεῖν πρῶτον; 11 ὁ δὲ   ℵ D w
γραμματεῖς λέγουσιν ὅτι Ἠλίαν δῖ ἐλθεῖν πρῶτον; 11 ὁ δὲ   C L Θ 13
γραμματεῖς λέγουσιν ὅτι Ἠλείαν δει ἔρχεται πρῶτον; 11 ὁ δὲ   Δ*
οἱ γραμματεῖς   ὅτι Ἠλίαν δεῖ ἐλθεῖν πρῶτον; 11 ὁ δὲ   33
γραμματεῖς λέγουσιν ὅτι Ἠλίαν δεῖ ἐλθεῖν πρῶτον; 11 ὁ δὲ   B[c] uτ rell

 ἀποκριθεὶς   εἶπεν,   Ἠλείας μὲν ἔρχεται   καὶ ἀποκαταστήσει   B w
 ἀποκριθεὶς εἶπεν αὐτοῖς ὅτι Ἠλείας μὲν ἔρχεται   καὶ ἀποκαταστήσει   ℵ
 ἀποκριθεὶς   εἶπεν,   Ἠλείας μὲν ἔρχεται   καὶ ἀποκαταστῆσαι   D
 ἀποκριθεὶς εἶπεν αὐτοῖς,   Ἠλίας μὲν ἔρχεται καὶ ἀποκαθίστησι πρῶτον   L
 ἀποκριθεὶς   εἶπεν,   Ἠλίας μὲν ἔρχεται   καὶ ἀποκαταστήσει   W 33 u
Ἰησοῦς ἀποκριθεὶς   εἶπεν,   Ἠλὶ μὲν ἔρχεται   καὶ ἀποκαταστήσει   Θ
 ἀποκριθεὶς αὐτοῖς εἶπεν,   Ἠλίας μὲν ἔρχεται   καὶ ἀποκαταστήσει   f[1]
Ἰησοῦς ἀποκριθεὶς   εἶπεν,   Ἠλίας μὲν ἔρχεται πρῶτον καὶ ἀποκαταστήσει τὰ   124
 ἀποκριθεὶς εἶπεν αὐτοῖς,   Ἠλίας μὲν ἔρχεται   καὶ ἀποκαταστήσει   579 1424
Ἰησοῦς ἀποκριθεὶς   εἶπεν,   Ἠλίας μὲν ἔρχεται   καὶ ἀποκαταστήσει   700
Ἰησοῦς ἀποκριθεὶς   εἶπεν,   Ἠλίας μὲν ἔρχεται   καὶ ἀποκαταστήσει τὰ   788
Ἰησοῦς ἀποκριθεὶς εἶπεν αὐτοῖς,   Ἠλίας μὲν ἔρχεται πρῶτον καὶ ἀποκαθιστᾶ   1071
Ἰησοῦς ἀποκριθεὶς εἶπεν αὐτοῖς,   Ἠλίας μὲν ἔρχεται πρῶτον καὶ ἀποκαταστήσει   C 𝔐 K M
    U Δ Π 118 f[13] 2 28 157 565 1346 τ

---

lac. 17.9-11 𝔓[45] A N P Q Γ 69

A 9 καταβενοντων 2* ¦ ενετειλατ L* ¦ ενετιλατο W Θ 2* ¦ αυτοι E ¦ λεγον E* ¦ μηδενει D ¦ ειπηται W ¦ ειπειτε 1071 ¦ νεκρον L 10 πηρωτησαν ℵ* ¦ επερωτησαν C ¦ επηρωτισαν E ¦ επιρωτησαν L 2* ¦ επερωτησαν 2[c] ¦ γραμματις W ¦ δι 579 11 αποκριθης 579 ¦ αποκαταστηση 1424

B 9 ῑς B ℵ C 𝔐 K L M S U W Δ Θ Π Ω 1582 f[13] 124 2 33 28 157 565 579 700 788 1071 1424 ¦ ῑης D ¦ υς̄[1] 1 ¦ υς̄[2] C 𝔐 K L M S U Δ Π Ω f[1] 2 33 28 1424 ¦ ανου ℵ C E G H Y K L M S U W Δ Θ Π Ω 1582 118 f[13] 124 2 33 28 157 565 579 700 788 1071 1346 1424 11 ῑς C 𝔐 K M S U Δ Θ Π Ω 118 f[13] 124 2 28 157 565 700 788 1071 1346

C 9 τελος (post εγερθη) D [Aug. 6: 17.1-9] E F[c] G H Y Ω 124 2 28 579 788 1071 ¦ τε͂ ς μεταμο. [μηταμορφω 28) M Π 28 ¦ τελ αυγς f[1] 10 τη παρ, της ϛ εβδ τω καιρω επηρωτων τω ῑυ οι μαθ, G (prob. H) ¦ αρχ: τη παρα, της ϛ εβδ αρχ τω κ.ρ.ω επηρωτησαν τω ῑυ οι μαθ αυτ λεγοντ Υ ¦ αρχ: Μθ τη παρασκε, τς ϛ εβδ τω καιρω, επηρωτησαν τω ῑυ οι μαθ αυτ M ¦ τη παρασκ τς ϛ εβδ τω κ S : αρχ τη ϛ 157 ¦ (ante μαθηται) αρχ: τη παρασκ τς ϛ εβδ τω κ,αι εκει επηρωτησαν του ῑυ οι μαθηται αυτου Π ¦ οα αρχ τη ϛ τς η εβδ τω καιρω επηρωτησαν αυτον οι μαθ̄ f[1] ¦ αρχ τη παρα τς η εβδομα τω αγ ηλιου εις ϯ λειτγ τω κ,θι εκει επη: κ,ε Σα μζ κ,υ νη 118 ¦ αρχ f[13] 124 788 1346 ¦ αρχ τς ϛ τω καιρω εκεινω. επηρωτησαν ιν οι μαθηται 28 ¦ οα Π ¦ κε πε του σεληνιαζομενου 579

D 9 ρο̄β D 10 ρο̄γ C D K Θ f[1] 118 f[13] 579 1071 1346 ¦ ρο̄γ/ϛ G M S Π Ω 124 28 788 1424 ¦ Μθ ρο̄γ : Μρ πε̄ M ¦ Μθ ρο̄γ : Μρ π̄θ : Λο ϙ̄θ : Ιω. 124 11 ρο̄γ/ε E ¦ ρο̄γ/ϛ F H 2 157 ¦ ρο̄γ/β U ¦ Ευ Μθ ρο̄γ : Ιω. : Λο . : Μρ π̄θ E

πάντα·	12 λέγω δὲ ὑμῖν ὅτι Ἠλείας	ἤδη ἦλθεν, καὶ οὐκ ἐπέγνωσαν	αὐτὸν	B ℵ D w
πάντα·	12 λέγω δὲ ὑμῖν ὅτι <u>Ἠλίας</u>	ἤδη ἦλθεν, καὶ οὐκ ἐπέγνωσαν <u>ἐν</u> αὐτὸν		L
πάντα·	12 λέγω δὲ ὑμῖν ὅτι <u>Ἠλίας</u>	ἤδη ἦλθεν, καὶ οὐκ ἐπέγνωσαν		Δ
<u>ἅπαντα</u>	12 λέγω δὲ ὑμῖν ὅτι <u>Ἠλίας</u>	ἤδη ἦλθεν, καὶ οὐκ ἐπέγνωσαν	αὐτὸν	565 1346
πάντα·	12 λέγω δὲ ὑμῖν ὅτι <u>Ἠλίας</u>	ἦλθεν, καὶ οὐκ ἐπέγνωσαν	αὐτὸν	1424
πάντα·	12 λέγω δὲ ὑμῖν ὅτι <u>Ἠλίας</u>	ἤδη ἦλθεν, καὶ οὐκ ἐπέγνωσαν	αὐτὸν	uτ rell

ἀλλ' ἐποίησαν ἐν αὐτῷ	ὅσα ἠθέλησαν· οὕτως καὶ ὁ υἱὸς τοῦ ἀνθρώπου	B E G H L Θ 124 2ᶜ 565
ἀλλ' ἐποίησαν αὐτῷ	ὅσα ἠθέλησαν· οὕτως καὶ ὁ υἱὸς τοῦ ἀνθρώπου	ℵ F U f¹³ 2* [↑788 1346
<u>ἀλλὰ</u> ἐποίησαν αὐτῷ	ὅσα ἠθέλησαν· <u>τότε</u> <u>συνῆκαν</u> <u>οἱ</u> <u>μαθηταὶ</u> <u>ὅτι</u> <u>περὶ</u>	D
ἀλλ' ἐποίησαν ἐν αὐτῷ	ὅσα ἠθέλησαν· <u>οὕτω</u> καὶ ὁ υἱὸς τοῦ ἀνθρώπου	Y f¹ 1071 τ
<u>ἀλλὰ</u> ἐποίησαν αὐτῷ	ὅσα ἠθέλησαν· οὕτως καὶ ὁ υἱὸς τοῦ ἀνθρώπου	W 28
ἀλλ' ἐποίησαν	ὅσα ἠθέλησαν· οὕτως καὶ ὁ υἱὸς τοῦ ἀνθρώπου	Δ
<u>ἀλλὰ</u> ἐποίησαν ἐν αὐτῷ <u>πάντα</u>	ὅσα ἠθέλησαν· οὕτως καὶ ὁ υἱὸς τοῦ ἀνθρώπου	157
ἀλλ' ἐποίησαν <u>ἑαυτῷ</u>	ὅσα <u>ἠθελον</u>· οὕτως ὁ υἱὸς τοῦ ἀνθρώπου	579
ἀλλ' ἐποίησαν αὐτῷ	ὅσα ἠθέλησαν· <u>οὕτωι</u> καὶ ὁ υἱὸς τοῦ ἀνθρώπου	700
ἀλλ' ἐποίησαν αὐτῷ <u>πάντα</u>	ὅσα ἠθέλησαν· οὕτως καὶ ὁ υἱὸς τοῦ ἀνθρώπου	1424
<u>ἀλλὰ</u> ἐποίησαν ἐν αὐτῷ	ὅσα ἠθέλησαν· οὕτως καὶ ὁ υἱὸς τοῦ ἀνθρώπου	C K M S Π Ω 118 33 uw

μέλλει πάσχειν ὑπ' αὐτῶν.	13 τότε συνῆκαν οἱ μαθηταὶ	ὅτι περὶ	B uwτ rell
Ἰωάννου <u>τοῦ</u> <u>βαπτιστοῦ</u> <u>εἶπεν</u> <u>αὐτοῖς.</u>	13 <u>οὕτως</u> <u>καὶ</u> <u>ὁ</u> <u>υἱὸς</u> <u>τοῦ</u> <u>ἀνθρώπου</u>		D
μέλλει πάσχειν ὑπ' αὐτῶν.	13 τότε συνῆκαν οἱ μαθηταὶ <u>αὐτοῦ</u> ὅτι περὶ	157

Ἰωάνου τοῦ βαπτιστοῦ εἶπεν αὐτοῖς.	B ℵ K w
<u>μέλλει</u> <u>πάσχειν</u> <u>ὑπ'</u> <u>αὐτῶν.</u>	D
Ἰωάννου εἶπεν αὐτοῖς.	1424
Ἰωάννου τοῦ βαπτιστοῦ εἶπεν αὐτοῖς.	uτ rell

λ̅ε̅   περὶ τοῦ σεληνιαζομένου

A Lesson In Faith: Jesus Heals An Epileptic Boy
(Mark 9.14-29; Luke 9.37-43; 17.5-6)

[↓579 788 **uw**

ρ̅ς̅	14 Καὶ ἐλθόντων	πρὸς τὸν ὄχλον προσῆλθεν	αὐτῷ ἄνθρωπος	B ℵ 1 1582* 124
	14 Καὶ <u>ἐλθὼν</u>	πρὸς τὸν ὄχλον προσῆλθεν	αὐτῷ ἄνθρωπος	D
	14 Καὶ ἐλθόντων <u>αὐτῶν</u>	πρὸς τὸν ὄχλον προσῆλθεν <u>τῷ</u> Ἰησοῦ	αὐτῷ ἄνθρωπός <u>τις</u>	F G
	14 Καὶ ἐλθόντων <u>αὐτῶν</u>	πρὸς τὸν ὄχλον προσῆλθεν	αὐτῷ ἄνθρωπός <u>τις</u>	H
	14 Καὶ ἐλθόντων <u>αὐτῶν</u>	πρὸς τὸν ὄχλον προσῆλθεν <u>τῷ</u> Ἰησοῦ	ἄνθρωπός <u>τις</u>	2
	14 Καὶ <u>εἰσελθόντων</u> <u>αὐτῶν</u>	πρὸς τὸν ὄχλον προσῆλθεν	αὐτῷ ἄνθρωπος	1424
	14 Καὶ ἐλθόντων <u>αὐτῶν</u>	πρὸς τὸν ὄχλον προσῆλθεν	αὐτῷ ἄνθρωπος	118 τ rell

γονυπετῶν	αὐτὸν 15 καὶ λέγων, Κύριε, ἐλέησόν μου τὸν υἱόν μου,	ὅτι	B*
γονυπετῶν	αὐτὸν 15 καὶ λέγων, ἐλέησόν μου τὸν υἱόν,	ὅτι	ℵ
γονυπετῶν <u>ἔνπροσθεν</u>	<u>αὐτοῦ</u> 15 καὶ λέγων, Κύριε, ἐλέησόν μου τὸν υἱόν,	ὅτι	D
γονυπετῶν	<u>αὐτῶν</u> 15 καὶ λέγων, Κύριε, ἐλέησόν μου τὸν υἱόν,	ὅτι	E* M Θ
γονυπετῶν	15 καὶ λέγων, Κύριε, ἐλέησόν μου τὸν υἱόν,	ὅτι	28 579
γονυπετῶν	<u>αὐτῷ</u> 15 καὶ λέγων, Κύριε, ἐλέησόν μου τὸν υἱόν,	ὅτι	118 2 157 τ
γονυπετῶν	αὐτὸν 15 καὶ λέγων, Κύριε, ἐλέησόν μου τὸν υἱόν,	ὅτι	uw rell

---

lac. 17.11-15 𝔓⁴⁵ A N P Q Γ 69

A 12 λεγο Δ | υμειν D | δη (ηδη) H* | ηδει U 2* | ηλθε Y L 157 700 | αυτων (αυτον) Θ* | ατω (αυτω) K* | οσαν Θ | ωσα F | ουτος 579 | μελλι Θ | πασχιν D 13 συνεικαν 1346 14 ελθοντον 579 | γονυπετον 788 15 ελησον C | ελεησω Θ

B 12 υ̅ς̅ C 𝔐 K L M S U Δ Π Ω f¹ 2 33 28 565 1424 | α̅ν̅ο̅υ̅ C 𝔐 K L M S U W Δ Θ Π Ω f¹ 118 f¹³ 124 2 33 28 157 565 579 700 788 1071 [1346 1424 14 ι̅υ̅ F G 2 | α̅ν̅ο̅ς̅ C 𝔐 K L M S W U Δ Θ Π Ω f¹ 118 f¹³ 124 2 33 28 157 579 700 788 1071 1346 1424 15 κ̅ε̅ B C D 𝔐 K L M S U W Δ Θ Π Ω f¹ 118 f¹³ 124 2 33 28 157 565 579 700 788 1071 1346 1424 | υ̅ν̅ E F G Y K L M S U Ω f¹ 2 33 28 565 700 1424

C 13 λ̅ε̅ πε του σελινιαζομενου U | τελος της πα G | τελ S Y f¹³ 124 788 1346 | τ̅ε̅ τς παρασκ,ε ς̅ M 14 αννγνοσμα περι του σαββατου D | λ̅ε̅ (om. 118) περι του σεληνιαζομενου (σελινιαζομενου L Ω 118 28 1071): E F H Y K L S Δ Π Ω 1582 118 f¹³ 124 2 33 28 157 565 788 1071 1346 1424 | λ̅ε̅ ····· M | Μθ λ̅ε̅ : Μρ κ̅ς̅ : Λο λ̅α̅ M | Μρ κ̅ς̅ Λο λ̅α̅ Π | αρχη F | αρχη: κυριακη ι̅ τω καιρω εκεινω (om. 2)· α̅ν̅ο̅ς̅ τις προσηλθεν ᵖτω ι̅υ̅ (ᵖ G) (E ante γονυπετων) (G ante α̅ν̅ο̅ς̅) (2 ante προσηλθεν) | αρχη: κ, ι̅ τω κ, ανος τις προσηλθ τω ι̅υ̅ γονυπετ (ante προσηλθ.) H | αρχ (ante γονυπετων) κυ, ι̅ τω κ,ρω ανος τις προσηλθε τω ι̅υ̅ γονυπετων Y | αρχ: Μθ κ,υ ι̅ τω καιρ,ω ανος τις προσηλθεν τω ι̅υ̅ γονυπετων αυτ κ, λεγων M | κυ ι̅ τω κ ανος τς S | κ,υ ι̅ τω κ,αι εκει προσηλθεν τω ι̅υ̅ ανος γονυπετων Π | (ante γονυπετων) κ,υ ι̅ τω καιρω ανος τις προσηλθ τω ι̅υ̅ Ω | αρχ τς κ,υ τω καιρω εκεινω ανος τις προσηλθεν τω ι̅υ̅ γονυπετων 28 | αρχ 157 | κ,υ ι̅ 788 | κυ ζ τω καιρ εκει ανος τις 1071 | αρχη τω καιρω 1424 | ο̅β̅ Π | αρχ ο β̅ κ,υ ι̅ τω καιρω (+ εκεινω 118) ανος τις προσηλθ τω ι̅υ̅ γονυπ̅ αυτ (om. 118) f¹118 | αρχ κυ ι̅ 124 1071 1346

D 13 ρ̅ο̅δ̅ 2 14 ρ̅ο̅δ̅ C D F H K M Θ f¹ 157 579 1071 1346 | ρ̅ο̅δ̅/β̅ E S Y U Π Ω 118 124 28 788 1424 (ante προσηλθεν L) | ρ̅ο̅δ̅/ς̅ G | Ευ Μθ ρο̅δ̅ : Ιω . : Λο ϙθ : Μρ ϙα E | Μθ ρο̅δ̅ : Μρ ϙα : Λο ϙθ M | Μθ ρο̅δ̅ : Μρ ϙα : Λο . : Ιω . 124

165

σεληνιάζεται καὶ κακῶς ἔχει· πολλάκις γὰρ πείπτει εἰς τὸ πῦρ καὶ πολλάκις B
σεληνιάζεται καὶ κακῶς ἔχει· πολλάκις γὰρ πίπτει εἰς τὸ πῦρ καὶ πολλάκις ℵ L 579 [w]
σεληνιάζεται καὶ κακῶς πάσχει· πολλάκις γὰρ πίπτει εἰς τὸ πῦρ καὶ ἐνίοτε D f¹
σεληνιάζεται καὶ κακῶς πάσχει· πολλάκις γὰρ πίπτει εἰς τὸ πῦρ καὶ W
σεληνιάζεται καὶ κακῶς πάσχει· πολλάκις γὰρ πίπτει εἰς τὸν πῦρ καὶ πολλάκεις Δ
σεληνιάζεται καὶ κακῶς ἔχει· πολλάκις γὰρ πίπτει εἰς τὸ πῦρ καὶ ἐνίοτε Θ
σεληνιάζεται καικῶς πάσχη· πολλάκις γὰρ πίπτει εἰς τὸ πῦρ καὶ πολλάκις 1071
σεληνιάζεται καὶ κακῶς πάσχει· πολλάκις γὰρ πίπτει εἰς τὸ πῦρ καὶ πολλάκις 118 u[w]τ rell

εἰς τὸ ὕδωρ. **16** καὶ προσήνεγκα αὐτὸν τοῖς μαθηταῖς σου, καὶ οὐκ ἠδυνάσθησαν B
εἰς τὸ ὕδωρ. **16** καὶ προσήνεγκαν αὐτὸν τοῖς μαθηταῖς σου, καὶ οὐκ ἠδυνήθησαν f¹³ 1346
εἰς τὸ ὕδωρ. **16** καὶ προσήνεγκα αὐτὸν τοῖς μαθηταῖς σου, καὶ οὐκ ἠδυνήθησαν uwτ rell

αὐτὸν θεραπεῦσαι. **17** ἀποκριθεὶς δὲ ὁ Ἰησοῦς εἶπεν, Ὦ γενεὰ ἄπιστος B u[w]τ rell
αὐτὸν θεραπεῦσαι. **17** ὁ δὲ ἀποκριθεὶς εἶπεν αὐτοῖς, Ὦ γενεὰ ἄπιστος ℵ*
αὐτὸν θεραπεῦσαι. **17** τότε ἀποκριθεὶς ὁ Ἰησοῦς εἶπεν αὐτοῖς, Ὦ γενεὰ ἄπιστος ℵᶜ
θεραπεῦσαι αὐτόν. **17** ἀποκριθεὶς δὲ ὁ Ἰησοῦς εἶπεν, Ὦ γενεὰ ἄπιστος D
αὐτὸν θεραπεῦσαι. **17** ἀποκριθεὶς ὁ Ἰησοῦς εἶπεν, Ὦ γενεὰ ἄπιστος Ω 1071
αὐτῷ θεραπεῦσαι. **17** ἀποκριθεὶς δὲ ὁ Ἰησοῦς εἶπεν, Ὦ γενεὰ ἄπιστος 2
αὐτὸν θεραπεῦσαι. **17** ἀποκριθεὶς δὲ ὁ Ἰησοῦς εἶπεν, Ὦ γενεὰ ἄπιστε 565
αὐτὸν θεραπεῦσαι. **17** τότε ἀποκριθεὶς ὁ Ἰησοῦς εἶπεν, Ὦ γενεὰ ἄπιστος 579 [w]

καὶ διεστραμμένη, ἕως πότε μεθ' ὑμῶν ἔσομαι; ἕως πότε ἀνέξομαι ὑμῶν; B ℵ C D Θ f¹ 124 33 565 579 700
καὶ διεστραμμένη, ἕως πότε ἀνέξομαι ὑμῶν; ἕως πότε μεθ' ὑμῶν ἔσομαι; f¹³ 1346 [↑788 uw
καὶ διεστραμμένη, ἕως πότε ἔσομαι μεθ' ὑμῶν; ἕως πότε ἀνέξομαι ὑμῶν; 𝔐 K L M U W Δ Π 118 2 28 157
1071 1424 τ

φέρετέ μοι αὐτὸν ὧδε. **18** καὶ ἐπετείμησεν αὐτῷ ὁ Ἰησοῦς, καὶ ἐξῆλθεν ἀπ' αὐτοῦ B D
φέρετέ μοι αὐτὸν ὧδε. **18** καὶ ἐπετήμησεν αὐτὸν ὁ Ἰησοῦς, καὶ ἐξῆλθεν ἀπ' αὐτοῦ 579
φέρετέ μοι αὐτὸν ὧδε. **18** καὶ ἐπετίμησεν αὐτῷ ὁ Ἰησοῦς, καὶ ἐξῆλθεν ἀπ' αὐτοῦ uwτ rell

τὸ δαιμόνιον· καὶ ἐθεραπεύθη ὁ παῖς ἀπὸ τῆς ὥρας ἐκείνης. **19** Τότε B uwτ rell
τὸ δαιμόνιον· καὶ ἐθεραπεύθη ἀπὸ τῆς ὥρας ἐκείνης. **19** Τότε ℵ
τὸ δαιμόνιον· καὶ ἐθεραπεύθη ὁ παῖς αὐτοῦ ἀπὸ τῆς ὥρας ἐκείνης. **19** Τότε 1071
τὸ δαιμόνιον· καὶ ἐθεραπεύθη ὁ ἄνθρωπος ἀπὸ τῆς ὥρας ἐκείνης. **19** Τότε 1424

προσελθόντες οἱ μαθηταὶ τῷ Ἰησοῦ καθ' ἰδίαν εἶπον, Διὰ τί ἡμεῖς οὐκ ἐδυνήθημεν B*
προσελθόντες οἱ μαθηταὶ τῷ Ἰησοῦ κατ' ἰδίαν εἶπαν, Διὰ τί ἡμεῖς οὐκ ἠδυνήθημεν ℵ w
προσελθόντες οἱ μαθηταὶ τῷ Ἰησοῦ καθ' ἰδίαν εἶπον, Διὰ τί ἡμεῖς οὐκ ἐδυνήθημεν D
προσελθόντες οἱ μαθηταὶ τῷ Ἰησοῦ κατ' ἰδίαν εἶπον, Διὰ τί ἡμεῖς οὐκ ἐδυνήθημεν K 565
προσελθόντες οἱ μαθηταὶ τοῦ Ἰησοῦ κατ' ἰδίαν εἶπαν, Διὰ τί ἡμεῖς οὐκ ἠδυνήθημεν 579
προσελθόντες οἱ μαθηταὶ αὐτοῦ κατ' ἰδίαν εἶπον, Διὰ τί ἡμεῖς οὐκ ἠδυνήθημεν 1071 1424
προσελθόντες οἱ μαθηταὶ τῷ Ἰησοῦ κατ' ἰδίαν εἶπον, Διὰ τί ἡμεῖς οὐκ ἠδυνήθημεν Bᶜ uτ rell

ἐκβαλεῖν αὐτό; **20** ὁ δὲ λέγει αὐτοῖς, Διὰ τὴν ὀλιγοπιστίαν ὑμῶν· ἀμὴν B ℵ Θ 124 33 700 788
ἐκβαλεῖν αὐτό; **20** ὁ δὲ λέγει αὐτοῖς, Διὰ τὴν ἀπιστίαν ὑμῶν· ἀμὴν D [↑uw
ἐκβαλεῖν αὐτό; **20** ὁ δὲ ὁ Ἰησοῦς εἶπεν αὐτοῖς, Διὰ τὴν ἀπιστίαν ὑμῶν· ἀμὴν H
ἐκβαλεῖν αὐτό; **20** ὁ δὲ Ἰησοῦς λέγει αὐτοῖς, Διὰ τὴν ὀλιγοπιστίαν ὑμῶν· ἀμὴν f¹ f¹³ 1346
ἐκβαλεῖν αὐτό; **20** ὁ δὲ λέγει αὐτοῖς, Διὰ τί ὀλιγοπιστίαν ὑμῶν· ἀμὴν 579
ἐκβαλεῖν αὐτό; **20** ὁ δὲ Ἰησοῦς εἶπεν αὐτοῖς, Διὰ τὴν ἀπιστίαν ὑμῶν· ἀμὴν C 𝔐 K L M S U W Δ Π
118 2 28 157 565 1071 1424 τ

lac. 17.15-20 𝔓⁴⁵ A N P Q Γ 69

A 15 σεληνιαζετε C L ¦ σελειναζεται Ω ¦ σελειναζεται 2* ¦ κακος, πιπτι Θ ¦ πολλακης² 2* ¦ τω (το²) E* **16** προσηνεγικα Δ ¦ μαθητες 579 ¦ εδυνηθησαν K ¦ ηδυνηθεισαν 2* ¦ θεραπευσε 579 **17** αποκριθης Θ ¦ γεναια E ¦ γεα 124 ¦ μθ E* ¦ εσωμε L Ω ¦ εσωμαι 2* 28 1071 ¦ ανεξομαι E* 28 1071 ¦ ανεξομαι L ¦ φερεται W 2* ¦ ωιδε 124 **18** επετιμησεν 1071 ¦ τω (το) E* ¦ δαιμονιον Θ ¦ εθαραπευθη D **19** τη (τι) Θ ¦ εκβαλην E* ¦ εκβαλιειν Eᶜ ¦ αυτω L U Θ Ω 1424 **20** ολιγοπιστειαν 13 33 ¦ απιστειαν D E G L 2 1071 1424 ¦ αμιν Θ

B 17 ι̅ς̅ B C 𝔐 K L M S U W Δ Θ Π Ω f¹ 118 f¹³ 124 2 33 28 157 565 579 700 788 1071 1346 1424 ¦ ι̅η̅ς̅ D **18** ι̅ς̅ B ℵ C 𝔐 K L M S U W Δ Θ Π Ω f¹ 118 f¹³ 124 2 33 28 157 565 579 700 788 1071 1346 1424 ¦ ι̅η̅ς̅ D ¦ ανος̅ 1424 **19** ι̅υ̅ B ℵ C 𝔐 K L M S U W Δ Θ Π Ω f¹ 118 f¹³ 124 2 33 28 157 565 579 700 788 1346 ¦ ι̅η̅υ̅ D **20** ι̅ς̅ C 𝔐 K L M S U W Δ Π Ω f¹ 118 f¹³ 2 28 157 565 1071 1346 1424

C 18 τελος H Y 1071 ¦ τε τς παρ, Π ¦ τελ τς ς̅ f¹ 118 28

D 19 ρ̅ο̅ε̅ C D F H K Π f¹ f¹³ 2 157 579 1071 1346 ¦ ρ̅ο̅ε̅/β̅ E 118 1424 ¦ ρ̅ο̅ε̅/ς̅ G ¦ ρ̅ο̅ε̅/ε̅ Y L M S U Ω 124 28 788 ¦ Ευ Μθ ρ̅ο̅ε̅ : Ιω . : Λου ς̅ : Μρ ϙ̅β̅ E ¦ Μθ ρ̅ο̅ε̅ : Μρ ϙ̅β̅ : Λο σ̅ M ¦ Μθ ρ̅ο̅ε̅ : Μρ ϙ̅β̅ : Λο ρ̅ : Ιω . 124

γὰρ λέγω ὑμῖν,   ἐὰν ἔχητε πίστιν ὡς   κόκκον σινάπεως, ἐρεῖτε   τῷ ὄρι τούτῳ,   B* W Θ
γὰρ λέγω ὑμῖν, ὅτι ἐὰν ἔχητε πίστιν ὡς   κόκκον σινάπεως, ἐρεῖτε   τῷ ὄρει τούτῳ,   C
γὰρ λέγω ὑμῖν,   ἐὰν ἔχητε πίστιν ὡς   κόκκος σινάπεως, ἐρεῖτε   τῷ ὄρει τούτῳ,   D*
γὰρ λέγω ὑμῖν,   ἐὰν ἔχητε πίστιν ὡς   κόκκῳ σινάπεως, ἐρεῖτε   τῷ ὄρει τούτῳ,   118
     λέγω ὑμῖν,   ἐὰν ἔχητε πίστιν ὡς   κόκκον σινάπεως, ἐρεῖτε   τῷ ὄρει τούτῳ,   2
γὰρ λέγω ὑμῖν,   ἐὰν ἔχητε πίστιν ἕως κόκκον σινάπεως, ἐρεῖτε   τῷ ὄρει τούτῳ,   579
γὰρ λέγω ὑμῖν,   ἐὰν ἔχητε πίστιν ὡς   κόκκον σινάπεως, ἐρεῖτε   τῷ ὄρει τούτῳ,   uwτ rell

Μετάβα   ἔνθεν   ἐκεῖ, καὶ μεταβήσεται· καὶ οὐδὲν ἀδυνατήσει ὑμῖν.   B ℵ f¹ 700 uw
Μεταβήθει ἔνθεν   ἐκεῖ, καὶ μεταβήσεται· καὶ οὐδὲν ἀδυνατήσει ὑμῖν.   D
Μεταβήθει ἐντεῦθεν ἐκεῖ, καὶ μεταβήσεται· καὶ οὐδὲν ἀδυνατήσαι ὑμῖν.   Δ
Μετάβα   ἐντεῦθεν ἐκεῖ, καὶ μεταβήσεται· καὶ οὐδὲν ἀδυνατήσει ὑμῖν.   Θ f¹³ 579 788 1346
Μετάβα   ἐνταῦθα ἐκεῖ, καὶ μεταβήσεται· καὶ οὐδὲν ἀδυνατήσει ὑμῖν.   124
Μεταβήθι ἐντεῦθεν,   καὶ μεταβήσεται· καὶ οὐδὲν ἀδυνατήσει ὑμῖν.   33 1424 [↓157 565 1071 τ
Μετάβηθι ἐντεῦθεν ἐκεῖ, καὶ μεταβήσεται· καὶ οὐδὲν ἀδυνατήσει ὑμῖν.   C 𝔐 K L M U W Π 118 2 28

[Cl S II 49.1 αυτικα φησιν· ἐὰν ἔχητε πίστιν ὡς κόκκον σιναπεως, μεταστησετε το ορος] [Cl S V 3.1 οθεν
αισθομενοι του μεγαλειου της δυναμεως ηξιουν προστιφεναι αυτοις πιστιν την ὡς κόκκον σιναπεως].

21 om.   B ℵ* Θ 33 579 788 uw
21 τοῦτο δὲ τὸ γένος οὐκ ἐκβάλλεται εἰ μὴ ἐν προσευχῇ καὶ νηστείᾳ   ℵᶜ
21 τοῦτο δὲ τὸ γένος οὐκ ἐξέρχεται   εἰ μὴ ἐν προσευχῇ καὶ νηστείᾳ   118
21 τοῦτο δὲ τὸ γένος οὐκ ἐκπορεύεται εἰ μὴ ἐν προσευχῇ καὶ νηστείᾳ   τ rell

Jesus Again Announces His Death And Resurrection
(Mark 9.30-32; Luke 9.43b-45)

ρζ **22** Συστρεφομένων δὲ αὐτῶν ἐν τῇ Γαλειλαίᾳ εἶπεν αὐτοῖς ὁ Ἰησοῦς, Μέλλει ὁ   B ℵ
   22 Αὐτῶν δὲ ἀναστρεφομένων ἐν τῇ Γαλειλαίᾳ εἶπεν αὐτοῖς ὁ Ἰησοῦς, Μέλλει ὁ   D
   22 Ἀναστρεφομένων δὲ αὐτῶν ἐν τῇ Γαλιλαίᾳ εἶπεν αὐτοὺς ὁ Ἰησοῦς, Μέλλει ὁ   G*
   22 Ἀναστρεφομένων δὲ αὐτῶν ἐν τῇ Γαλιλαίᾳ ᾶ εἶπεν αὐτοῖς ὁ Ἰησοῦς, Μέλλει ὁ   Δ
   22 Ἀναστρεφομένων δὲ αὐτῶν ἐν τῇ Γαλιλέα   εἶπεν αὐτοῖς ὁ Ἰησοῦς, Μέλλει ὁ   Θ
   22 Συστρεφομένων δὲ αὐτῶν ἐν τῇ Γαλιλαίᾳ   εἶπεν αὐτοῖς ὁ Ἰησοῦς, Μέλλει ὁ   f¹ uw
   22 Ἀναστρεφομένων δὲ αὐτῶν ἐν τῇ Γαληλαίᾳ εἶπεν αὐτοῖς ὁ Ἰησοῦς, Μέλλει ὁ   2*
   22 Ὑποστρεφοντων δὲ αὐτῶν εἰς τὴν Γαλιλαίαν εἶπεν αὐτοῖς ὁ Ἰησοῦς, Μέλλει ὁ   579
   22 Ἀναστρεφομένων δὲ αὐτῶν ἐν τῇ Γαλιλαίᾳ   εἶπεν αὐτοῖς ὁ Ἰησοῦς, Μέλλει ὁ   τ rell

υἱὸς τοῦ ἀνθρώπου παραδίδοσθαι εἰς χεῖρας ἀνθρώπων,   **23** καὶ ἀποκτενοῦσιν   B uwτ rell
υἱὸς τοῦ ἀνθρώπου παραδίδοσθαι εἰς χεῖρας ἀνθρώπων,   **23** καὶ ἀποκτεινοῦσιν   D
υἱὸς τοῦ ἀνθρώπου παραδίδοσθαι εἰς χεῖρας ἀνθρώπων ἁμαρτωλῶν, **23** καὶ ἀποκτενοῦσιν   157

αὐτόν, καὶ τῇ   τρίτῃ ἡμέρᾳ ἀναστήσεται. καὶ ἐλυπήθησαν σφόδρα.   Bᶜ f¹³ 788 1346* [w]
αὐτόν, καὶ τῇ   τρί ἡμέρᾳ   ἀναστήσεται. καὶ ἐλυπήθησαν σφόδρα.   B*
αὐτόν, καὶ μετὰ τρεῖς ἡμέρας ἐγερθήσεται. καὶ ἐλυπήθησαν σφόδρα.   D
αὐτόν, καὶ τῇ   τρίτῃ ἡμέρᾳ ἐγερθήσεται.   K
αὐτόν, καὶ τῇ   τρὶς ἡμέρᾳ   ἀναστήσεται. καὶ ἐλυπήθησαν σφόδρα.   1346ᶜ
αὐτόν, καὶ τῇ   τρίτῃ ἡμέρᾳ ἐγερθήσεται. καὶ ἐλυπήθησαν σφόδρα.   u[w]τ rell

lac. 17.20-23 𝔓⁴⁵ A N P Q Γ 69

A 20 υμειν¹·² D ¦ εχετε Η ¦ εχηται W Θ 1424 ¦ εχειτε 579 1346 ¦ πιστην L 2* 579 ¦ πιν 565 ¦ κοκον F Δ ¦ κοκο L ¦ κοκκο 1424* ¦ τουτο 700 1071 ¦ σιναπεος 579 ¦ εριτε C ¦ ερειται W 2* ¦ το (τω) K L* Θ ¦ τουτο (τουτω) L ¦ μταβηθη L* ¦ μεταβηθη Lᶜ 1424 ¦ μεταβηθει W ¦ μεταβησετε 1346 ¦ αδυνατηση U ¦ αδυνατησι Θ ¦ αδυνατισει 2 **21** εκπορευται E ¦ μι (μη) L ¦ νιστεια L ¦ νηστια W 2 **22** αναστρεφομενον L* ¦ μελλη E L ¦ παραδηδωσθε L ¦ παραδιδοσθε 13 ¦ παραδιδωσθαι 579 1424 **23** τρητη Θ

B 22 ι̅ς̅ B ℵ C 𝔐 K L M S U W Δ Θ Π Ω f¹ 118 f¹³ 124 2 33 28 157 565 579 700 788 1071 1346 1424 ¦ ιη̅ς̅ D ¦ υ̅ς̅ C 𝔐 K L M S U Δ Π Ω f¹ 2 33 28 565 1424 ¦ α̅ν̅ο̅υ̅ ℵ C 𝔐 K L M S U W Δ Θ Π Ω f¹ 118 f¹³ 124 2 33 28 157 565 579 700 788 1071 1346 1424 ¦ α̅ν̅ω̅ν̅ C 𝔐 L M S U W Δ Π Ω f¹ f¹³ 124 2 33 28 157 565 579 700 788 1071 1346 1424

C 23 τελος (post εγερθ. D) [κυριακη ι̅´: 17.14-23] E Ω f¹³ 124 2 788 ¦ τελος H L 1071 ¦ τελ (post εγερθησεται) Υ Θ ¦ τε̅ τς κ̅υ̅ M Π f¹ 118 28 ¦ (ante κ. ελυπηθησαν) αρχ Σα ι̅ ´1346

D 22 ρ̅ο̅ς̅ C D F H K M 1582 f¹³ 2 157 579 1071 1346 ¦ ρ̅ο̅ς̅/β̅ E G Y L S U Π Ω 118 124 28 1424 ¦ Ευ Μθ ρ̅ο̅ς̅ : Ιω . : Λου ρ̅α̅ : Μρ ϙ̅γ̅ E ¦ Μθ ρ̅ο̅ς̅ : Μρ ϙ̅γ̅ : Λο ρ̅α̅ M ¦ Μθ ρ̅ο̅ς̅ : Μρ ϙ̅γ̅ : Λο ρ̅α̅ : Ιω . 124

λς̅   περὶ τῶν αἰτούντων τὰ δίδραγμα

A Shekel Out Of A Fish's Mouth For The Temple Tax

ρη̅ 24 Ἐλθόντων δὲ αὐτῶν εἰς Καφαρναοὺμ προσῆλθον   οἱ τὰ δίδραχμα   Β ℵ 33 **uw**
    24 Καὶ ἐλθόντων αὐτῶν εἰς Καφαρναοὺμ προσῆλθον   οἱ τὰ διδράγματα   D
    24 Ἐλθόντων δὲ αὐτῶν εἰς Καφαρναοὺμ προσῆλθον   οἱ τὸ δίδραγμα   W
    24 Ἐλθόντων δὲ αὐτῶν εἰς Καπερναοὺμ προσῆλθαν   οἱ τὰ δίδραχμα   Θ
    24 Ἐλθόντων δὲ αὐτῶν εἰς Καπερναοὺμ προσῆλθον   οἱ τὰ δίδραγμα   𝔐 L 1 118 f^{13} 2 28 157 1071
    24 Ἐλθόντων δὲ αὐτῶν εἰς Καπαρναοὺμ προσῆλθον   οἱ τὰ δίδραγμα   565
    24 Ἐλθόντων δὲ αὐτῶν εἰς Καφαρναοὺμ προσῆλθον   οἱ τὸ δίδραγμα   700
    24 Ἐλθόντων δὲ αὐτῶν εἰς Καφαρναοὺμ προσελθόντες οἱ τὰ δίδραγμα   1346   [↓579 788 1424 τ
    24 Ἐλθόντων δὲ αὐτῶν εἰς Καπερναοὺμ προσῆλθον   οἱ τὰ δίδραχμα   C K M S Y U Δ Π 1582 124

λαμβάνοντες τῷ Πέτρῳ καὶ εἶπαν,   Ὁ διδάσκαλος ὑμῶν οὐ τελεῖ τὰ δίδραχμα;   Β ℵᶜ [**u**]**w**
λαμβάνοντες τῷ Πέτρῳ καὶ εἶπον,   Ὁ διδάσκαλος ὑμῶν οὐ τελεῖ   δίδραχμα;   ℵ*
λαμβάνοντες τῷ Πέτρῳ καὶ εἶπαν,   Ὁ διδάσκαλος ὑμῶν οὐ τελεῖ   δίδραχμα;   [**u**]
λαμβάνοντες καὶ εἶπαν τῷ Πέτρῳ,   Ὁ διδάσκαλος ὑμῶν οὐ τελεῖ   δείδραγμα;   D
λαμβάνοντες τῷ Πέτρῳ καὶ εἶπον,   Ὁ διδάσκαλος ὑμῶν οὐ τελεῖ τὰ δίδραγμα;   𝔐 L 118 f^{13} 28 157 565
λαμβάνοντες τῷ Πέτρῳ καὶ εἶπον,   Ὁ διδάσκαλος ὑμῶν οὔτε   τὸ δίδραγμα;   W   [↑700 1071
λαμβάνοντες τῷ Πέτρῳ καὶ εἶπον,ᵀ Ὁ διδάσκαλος ὑμῶν οὐ τελεῖ τὰ διδράχματα; 579
λαμβάνοντες τῷ Πέτρῳ καὶ εἶπον,   Ὁ διδάσκαλος ὑμῶν οὐ τελεῖ τὰ δίδραχμα;   C G S Y K M U Δ Θ Π
                                                                   f^1 124 2 33 788 1346 1424 τ

ᵀτὸ γένος οὐκ ἐκπορεύετε εἰ μὴ ἐν προσεύχῃ καὶ νηστείᾳ 579

25 λέγει, Ναί. καὶ   ἐλθόντα   εἰς τὴν οἰκίαν προέφθασεν αὐτὸν ὁ   Β ℵᶜ f^1 **uw**]
25 λέγει, Ναί. καὶ   εἰσελθόντα   εἰς τὴν οἰκίαν προέφθασεν αὐτὸν ὁ   ℵ* 579 [**w**]
25 λέγει, Ναί. καὶ ὅτε ἦλθον   εἰς τὴν οἰκίαν προέφθασεν αὐτὸν ὁ   C
25 λέγει, Ναί. καὶ   εἰσελθόντι   εἰς τὴν οἰκίαν προέφθασεν αὐτὸν ὁ   D
25 λέγει, Ναί. καὶ ὅτε εἰσῆλθον   εἰς τὴν οἰκίαν προέφθασεν αὐτὸν ο   U
25 λέγει, Ναί. καὶ ὅτε εἰσῆλθεν ὁ᾽ Ἰησοῦς εἰς τὴν οἰκίαν προέφθασεν αὐτὸν ὁ W
25 λέγει, Ναί. καὶ   εἰσελθόντων   εἰς τὴν οἰκίαν προέφθασεν αὐτὸν ὁ   Θ f^{13} 788 1346
25 λέγει, Ναί. καὶ   ἐλθόντων αὐτῶν εἰς τὴν οἰκίαν προέφθασεν αὐτὸν ὁ   33
25 λέγει, Ναί. καὶ ὅτε εἰσῆλθεν   εἰς τὴν οἰκίαν προέφθασεν αὐτὸν ὁ   𝔐 K L M Δ Π 118 2 28
                                                                   157 565 700 1071 1424 τ

Ἰησοῦς λέγων, Τί σοι δοκεῖ, Σίμων; οἱ βασιλεῖς τῆς γῆς ἀπὸ τίνος λαμβάνουσιν   Β 1071 [**w**]
Ἰησοῦς λέγων, Τί σοι δοκεῖ, Σίμων; οἱ βασιλεῖς τῆς γῆς ἀπὸ τίνων λαμβάνουσιν τὰ   1
Ἰησοῦς λέγων, Τί σοι δοκεῖ, Σίμων; οἱ βασιλεῖς τῆς γῆς ἀπὸ τίνων λαμβάνουσιν   28
Ἰησοῦς λέγων, Τί σοι δοκεῖ, Σίμων; οἱ βασιλεῖς τῶν ἐθνῶν ἀπὸ τίνων λαμβάνουσι   700
Ἰησοῦς λέγων, Τί σοι δοκεῖ, Σίμων; οἱ βασιλεῖς τῆς γῆς ἀπὸ τίνων λαμβάνουσιν   **u**[**w**]τ rell

τέλη ἢ κῆνσον; ἀπὸ τῶν υἱῶν αὐτῶν ἢ ἀπὸ τῶν ἀλλοτρίων;   Β **uwτ** rell
τέλη ἢ κῆνσον; ἀπὸ τῶν υἱῶν αὐτῶν ἢ ἀπὸ τῶν ἀλλοτρίων; ὁ δὲ ἔφη, ἀπὸ τῶν ἀλλοτρίων.   ℵ
τέλη ἢ κῆνσον; ἀπὸ τῶν υἱῶν   ἢ ἀπὸ τῶν ἀλλοτρίων;   Δ 28 700

---

lac. 17.24-25 𝔓⁴⁵ A N P Q Γ 69

A 24 ελθωντων 579 ǀ λαμβανωντες L ǀ διδασκαλεος Δ 25 οικειαν D W 2* 1071 ǀ αυτων (αυτον) L ǀ δοκι Θ ┆ δωκι 579 ǀ τεινων L ┆ τηνων 579 ǀ λαμβανουσι Μ S Ω f^1 118 157 565 ǀ τελει E F L 2* 33 28 579 1071 1424 ǀ κηνσων L ┆ κινσον 124 2 33 ǀ αλοτριων Θ

B 25 ις̅¹ W ┆ ις̅² Β ℵ C 𝔐 K L M S U W Δ Θ Π Ω f^1 118 f^{13} 124 2 33 28 157 565 579 700 788 1071 1346 1424 ǀ ιης̅ D ǀ υν̅ 28

C 24 ανναγνοσμα περι του κυριακη D ┆ λς̅ (λς̅ f^1) περι των αιτουντων (απαιτουντων K) τα διδαραγμα (διδραχμα Η Υ K M S U Δ Π f^1 579 ┆ διδραχματα L): 𝔐 K L M S U Δ Π Ω f^1 28 157 1071 1424 ┆ λς̅ πε των (om. 1346) τα (om. 788) διδραγμα λαβοντα 124 788 1346 ǀ αρχη F L ǀ αρχη: Σαββατω ῑ τω καιρω εκεινω (ante προσηλθον) E ┆ Σα ῑ τω καιρω προσηλθον τω πετρω οι τα διδρα G ǀ αρχη: Σα ῑ τω κ, προσηλθον οι τα διδραχ Η ǀ αρχ (ante προσηλθον) Σα ῑ αρχ τω κ.ρ.ω προσηλθον οι τα διδραχμα λαμ, Υ ǀ αρχ: Μθ Σα ῑ τω καιρω, προσηλθον οι τα διδραχμα λαμβ, Μ ǀ Σα ῑ τω κ προσηλθ το διδραχμον εχει α S ǀ αρχ: τω κ.ρ ελθοντι τω ιυ̅ Θ ǀ αρχ (ante προσηλθον) Σα ῑ αρχ τω κ.ρ.ω προσηλθων 2 ǀ αρχ Σα ῑ τω καιρω εκεινω προσηλθον οι τα 28 ┆ (ante προσηλθον) αρχ: Σα ῑ κ,υ ṫ η τω κ.αι εκει προσηλθον Π ǀ αρχ ογ Σα ῑ τω καιρω προσηλθ οι τα διδαγμα λαμβα f^1 ┆ αρχ ογ Σα ῑ τω καιρω εκεινω προσηλθ 118 ┆ αρχ Σα ῑ f^{13} 124 157 788 ┆ Σα ῑ τω καιρ εκει ελθοντ τω ιυ̅ εις καπερναουμ 1071 ┆ αρχ ητω καιρω 1424 ǀ (ante εις καπ.) Σα ῑ τω καιρω ελθοντι τω ιυ̅ Ω ǀ ογ Π

D 24 ροζ̅ C F H K Θ 1582 f^{13} 2 157 579 1071 1346 ┆ ροζ̅/ι E G Y L M S U Π Ω 118 124 28 788 1424 ǀ Ευ Μθ ροζ̅ : Ιω . : Λου . : Μρ . E ǀ Μθ ροζ̅ Μ ǀ Μθ ροζ̅ : Μρ . : Λο . : Ιω . 124

26 εἰπόντος δέ,   Ἀπὸ τῶν ἀλλοτρίων,   Β ℵ Θ *f*¹ 700 **uw**
26 λέγει αὐτω ὁ Πέτρος,   Ἀπὸ τῶν ἀλλοτρίων, εἰπόντος δὲ αὐτοῦ ἀπὸ τῶν ἀλλοτρίων. C
26 λέγει αὐτῷ,   Ἀπὸ τῶν ἀλλοτρίων,   D
26 λέγει αὐτω   Πέτρος,   Ἀπὸ τῶν ἀλλοτρίων,   Η 28
26 λέγει αὐτω ὁ Πέτρος, Ἀπὸ τῶν ἀλλοτρίων, εἰπόντος δὲ   ἀπὸ τῶν ἀλλοτρίων. L
26 λέγει αὐτω ὁ Πέτρος, Ἀπὸ τῶν ἀλλοτρίων,   U Δ 2 579 1071
26 om.   33
26 λέγει αὐτω ὁ Πέτρος, Ἀπὸ τῶν ἀλλοτρίων,   𝔐 Κ Μ W Π 118 *f*¹³ 157 565 788 1346 1424 τ

                                                                                                                          [↓rell
ἔφη   αὐτῷ ὁ Ἰησοῦς, Ἄρα γε ἐλεύθεροί εἰσιν οἱ υἱοί. 27 ἵνα δὲ μὴ   σκανδαλίσωμεν   Β 124 **u[w]**τ
ἔφη   αὐτῷ ὁ Ἰησοῦς, Ἄρα γε ἐλεύθεροί εἰσιν οἱ υἱοί. 27 ἵνα δὲ μὴ   σκανδαλίζωμεν   ℵ L [w]
ἔφη   αὐτῷ ὁ Ἰησοῦς, Ἄρα γε ················· υἱοί. 27 ················   C
ἔφη   αὐτῷ ὁ Ἰησοῦς, Ἄρα γε ἐλεύθεροί εἰσιν οἱ υἱοί. 27 ἵνα δὲ μὴ μὴ σκανδαλίσωμεν   Μ
ἔφη   αὐτῷ ὁ Ἰησοῦς, Ἄρα γε ἐλεύθεροί εἰσιν οἱ υἱοί. 27 ἵνα μὴ   σκανδαλίσωμεν   Ε* G Μ
ἔφη   αὐτῷ ὁ Ἰησοῦς, Ἄρα γε ἐλεύθεροί εἰσιν   υἱοί. 27 ἵνα δὲ μὴ   σκανδαλίσωμεν   118 *f*¹³ 788
λέγει   αὐτῷ ὁ Ἰησοῦς, Ἄρα τε ἐλεύθεροί εἰσιν οἱ υἱοί. 27 ἵνα μηδὲν   σκανδαλίσωμεν   579
ἔφη   αὐτῷ ὁ Ἰησοῦς, Ἄρα γε ἐλεύθεροί εἰσιν   υἱοί. 27 ἵνα μηδὲ   σκανδαλίσωμεν   1346

αὐτούς, πορευθεὶς εἰς   θάλασσαν βάλε ἄγκιστρον καὶ τὸν ἀναβάντα   Β ℵ Κ L Μ U Y Δ Θ Π *f*¹ 33 **uw**
αὐτούς, πορευθεὶς εἰς τὴν θάλασσαν βάλε ἄγκιστρον καὶ τὸν ἀναβαίνοντα Εᶜ F G S 28 788 1346
αὐτούς, πορευθεὶς εἰς   θάλασσαν βάλε ἄγκιστρον καὶ τὸν ἀναβαίνοντα W Ω 579 1071   [↓1424 τ
αὐτούς, πορευθεὶς εἰς τὴν θάλασσαν βάλε ἄγκιστρον καὶ τὸν ἀναβάντα   D Ε* Η 118 *f*¹³ 2 157 565 700

πρῶτον ἰχθὺν ἆρον, καὶ ἀνοίξας τὸ στόμα αὐτοῦ εὑρήσεις   στατῆρα·   Β **uw**τ rell
πρῶτον ἰχθὺν ἆρον, καὶ ἀνοίξας τὸ στόμα αὐτοῦ εὑρήσει   στατῆρα·   579
πρῶτον ἰχθὺν ἆρον, καὶ ἀνοίξας τὸ στόμα αὐτοῦ εὑρήσεις εκεῖ στατῆρα·   D
πρῶτον ἰχθὺν ἆρον,   ἀνοίξας τὸ στόμα αὐτοῦ εὑρήσεις   στατῆρα·   L
πρῶτον ἰχθὺν ἆρον, καὶ ἀνοίξας ···· ······· αὐτοῦ εὑρήσεις   στατῆρα·   33
πρῶτον ἰχθὺν ἄρας, καὶ ἀνοίξας τὸ στόμα αὐτοῦ εὑρήσεις   στατῆρα·   28

ἐκεῖνον λαβὼν δὸς αὐτοῖς ἀντὶ ἐμοῦ καὶ σοῦ.   Β **uw**τ rell
                δὸς αὐτοῖς ἀντὶ ἐμοῦ καὶ σοῦ.   2
ἐκεῖνον λαβ···· ······ ··········· ἀντὶ ἐμοῦ καὶ σοῦ.   33

Further Instructions For The Followers Of Jesus

λζ   περὶ τῶν λεγόντων τις μείζων

A Teaching About Greatness In The Kingdom
(Mark 9.33-37; 10.15; Luke 9.46-48; 18.17)

ρθ̄ 18.1 Ἐν ἐκείνῃ δὲ τῇ ὥρᾳ   προσῆλθον οἱ μαθηταὶ τῷ   Ἰησοῦ λέγοντες, Τίς   Β Μ [w]
    18.1 Ἐν ἐκείνῃ   τῇ ὥρᾳ   προσῆλθον οἱ μαθηταὶ αὐτῷ Ἰησοῦς λέγοντες, Τίς   Ε
    18.1 Ἐν ἐκείνῃ   τῇ ἡμέρᾳ προσῆλθον οἱ μαθηταὶ τῷ   Ἰησοῦ λέγοντες, Τίς   Θ *f*¹ 700
    18.1 Ἐν ··········   τῇ ἡμέρᾳ προσῆλθον οἱ μαθηταὶ τῷ   Ἰησοῦ κα[ι, λέγ.ουσιν,] Τίς   33 cj
    18.1 Ἐν ἐκείνῃ τῇ ἡμέρᾳ καὶ ὥρᾳ προσῆλθον οἱ μαθηταὶ τῷ Ἰησοῦ λέγοντες, Τίς   1071
    18.1 Ἐν ἐκείνῃ   τῇ ἡμέρᾳ προσῆλθον οἱ μαθηταὶ   αὐτοῦ λέγοντες, Τίς   1424
    18.1 Ἐν ἐκείνῃ   τῇ ὥρᾳ   προσῆλθον οἱ μαθηταὶ τῷ   Ἰησοῦ λέγοντες, Τίς   118 **u[w]**τ rell

lac. 17.26-18.1 𝔓⁴⁵ A C N P Q Γ 69

A 26 τον αλοτριων¹ Θ | αλοτριων¹·² L | ειποτος L* | ησιν L 27 σκανδαλεισωμεν D ¦ σκανδαλισομεν 28 ¦ σκανδαλησωμεν 2 579 1424 | πορευθης L 579 | βαλει L | βαλλε 700ᶜ | βαλαι 1071 | ανκιστρον D ¦ αγκηστρον L | αγγιστρον Θ Ω 2* ¦ ανκυστρου 2² | των (τον), πρωτων L | αρρον 1071 | στωμα 579 | ευρησει G* ¦ ευρησις L | ευρυσεις 13 | ευρισεις 2ᶜ 1071 | αντη L 18.1 της (τις) L

B 26 ις Β ℵ C 𝔐 Κ L Μ S U W Δ Θ Π Ω *f*¹ 118 *f*¹³ 124 2 33 28 157 565 579 700 788 1071 1346 1424 ¦ της D 18.1 ιυ Β ℵ 𝔐 Κ L Μ S U W Δ Θ Π Ω *f*¹ 118 *f*¹³ 124 2 33 28 157 565 579 700 788 1071 1346 ¦ ιηυ D

C 27 τελος (post και σου) D [σαββατω ι´: 17.24-27] L 18.1 λζ περι των (επεροτησαντων Θ) λεγοντων (διαλογιζομενων U *f*¹³ 124 788 1424) τις (της L Θ) μειζων (μιζων Δ): 𝔐 (G ante v.7) Κ L S U Δ Θ Π Ω *f*¹ *f*¹³ 124 28 157 579 788 1071 1424 | του αγιου κηρυκος· F ¦ λζ̄ ······ Μ | αρχ Y L | αρχ εις τ αγιο κηρυκ,ο τω καιρω 2 | αρχ τς β̄ τω καιρω εκεινω προσηλθον οι μα 28 | (ante προσηλθον) αρχη: τω αγιω κηρικω και που αρπαγης τω καιρω εκεινω Ε | αρχη: του αγιου κηρυκου τω καιρω προσηλθ G ¦ (ante τις αρα) αρχ: τη β̄ τς ε̄βδ ·· του αγ κυρικου τω κ,αι εκει προσηλθον τω ιυ οι μαθηται αυτου λεγοντες Π | αρχ ο̄δ τη β̄ τς ε̄βδ τω καιρω προσηλθ τω ιυ οι μαθηται αυτ λε *f*¹ ¦ αρχ τη β̄ τς θ̄ εβδομ τω καιρω προσηλθ τω ιυ οι μαθ 118 | αρχ εις τ αγιο κηρυκ, τω καιρω 2 | αρχ εβδ θ̄ 157 | των αγ κηρικ και ιουλλητ 1071| τελος (post ουνον) D* Θ

D 18.1 ρ̄οη D F H K L Θ *f*¹ *f*¹³ 157 579 1071 1346 | ρ̄οη/β̄ E G Y M S U Π Ω 118 124 28 788 1424 | Ευ Μθ ρ̄οη : Ιω . : Λο ρ̄β̄ : Μρ ϙ̄ε E | Μθ ρ̄οη : Μρ ϙ̄θ̄ : Λο ρϙ̄ζ̄ Μ | Μθ ρ̄οη : Μρ ϙ̄ε : Λο ϙ̄ζ̄ : Ιω . 124

ἆρα μείζων ἐστὶν ἐν τῇ βασιλείᾳ τῶν οὐρανῶν; 2 καὶ προσκαλεσάμενος B ℵ F^c L 1 1582* 700
ἆρα <u>μείζω</u> ἐστὶν ἐν τῇ βασιλείᾳ τῶν οὐρανῶν; 2 καὶ προσκαλεσάμενος <u>ὁ</u> Ἰησοῦς D*   [↑uw
ἆρα μείζων ἐστὶν ἐν τῇ βασιλείᾳ τῶν οὐρανῶν; 2 καὶ προσκαλεσάμενος F*
ἆρα μείζων ἐστὶ······ ······σιλεία τῶν οὐρανῶν; 2 καὶ προσκαλεσά········· 33
ἆρα μείζων ἐστὶν ἐν τῇ βασιλείᾳ τῶν οὐρανῶν; 2 καὶ προσκαλεσάμενος <u>ὁ</u> Ἰησοῦς D^c 𝔐 K M U W Δ Θ Π
                                                      1582^c 118 f^{13} 2 28 157 565 579 788 1071 1346 1424 τ

παιδίον ἔστησεν αὐτὸ ἐν μέσῳ αὐτῶν 3 καὶ εἶπεν, Ἀμὴν λέγω ὑμῖν, ἐὰν μὴ B uwτ rell
παιδίον <u>ἓν</u> ἔστησεν αὐτὸ ἐν μέσῳ αὐτῶν 3 καὶ εἶπεν, Ἀμὴν λέγω ὑμῖν, ἐὰν μὴ D
                                 3   Ἀμὴν λέγω ὑμῖν, ἐὰν μὴ F*
παιδίον ἔστησεν   ἐν μέσῳ αὐτῶν 3 καὶ εἶπεν, Ἀμὴν λέγω ὑμῖν, ἐὰν μὴ F^c
παιδίον ἔστησεν <u>αὐτῷ</u> ἐν μέσῳ αὐτῶν 3 καὶ εἶπεν, Ἀμὴν λέγω ὑμῖν, ἐὰν μὴ L Θ 2* 28 565 700 1424
··············· ··············· ···· ὑτὸ ἐν μέσ········· 3 ······ ···πεν, Ἀμὴν λέγω ὑμῖν, ἐὰν μὴ 33

[Cl Pd I 16.1 εμφαντικωτερον δ ουν ημιν αποκαλυπτων ο κυριος το σημαινομενον εκ της παιδιου προσηγοριας γενομενης ζητησεως εν τοις αποστολοις οστις αυτων ειη <u>μειζων</u>. <u>εστησεν ο Ιησους εν μεσω παιδιον ειπων· ος εαν εαυτον ταπεινωση ως το παιδιον τουτο, ουτος μειζων εστιν εν τη βασιλεια των ουρανων</u>].

στραφῆτε καὶ γένεσθε ὡς τὰ παιδία, οὐ μὴ εἰσέλθητε εἰς τὴν βασιλείαν τῶν B uwτ rell
στραφῆτε καὶ <u>γένεσθε</u> ὡς τὰ παιδία, οὐ μὴ εἰσέλθητε εἰς τὴν βασιλείαν τῶν L
στραφῆτε καὶ <u>γένεσθαι</u> ὡς τὰ παιδία, οὐ μὴ εἰσέλθητε εἰς τὴν βασιλείαν τῶν W
στραφῆτε καὶ <u>γήνεσθαι</u> ὡς τὰ παιδία, οὐ μὴ εἰσέλθητε εἰς τὴν βασιλείαν τῶν 13 2*
στραφῆτ······ ······ ···· ······ ····· οὐ μ····· ················· εἰς τὴν βασιλείαν τῶν 33
στραφῆτε καὶ <u>μὴ γενήσεσθαι</u> ὡς τὰ παιδία, οὐ μὴ εἰσέλθητε εἰς τὴν βασιλείαν τῶν 579

[Cl Pr 82.4 ην γαρ μη αυθις <u>ως τα παιδια γενησθε</u> και αναγεννηθητε, ως φησιν η γραφη, τον οντως οντα πατερα ου μη απολαβητε, ουδ <u>ου μη</u> εισελευσεσθε ποτε <u>εις την βασιλειαν των ουρανων</u>] [Cl Pd I 16.2 ουδ αν ειπη, ην μη <u>γενησθε ως τα παιδια</u> ταυτα, ουκ εισελευσεσθε <u>εις την βασιλειαν</u> του θεου] [Cl S IV 160.2 τουτο γαρ ην το ειρημενον, <u>εαν μη</u> στραφεντες γενησθε <u>ως τα παιδια</u>].

οὐρανῶν. 4 ὅστις οὖν ταπεινώσει ἑαυτὸν ὡς τὸ παιδίον τοῦτο, οὗτός ἐστιν B uw rell
οὐρανῶν. 4 ὅστις   ταπεινώσει ἑαυτὸν ὡς τὸ παιδίον τοῦτο, οὗτός ἐστιν G
οὐρανῶν. 4 ὅστις οὖν <u>ταπινώσει</u>   <u>αὐτῶν</u> ὡς τὸ παιδίον τοῦτο, οὗτός ἐστιν L
οὐρανῶν. 4 ὅστις <u>γὰρ</u> ταπεινώσει ἑαυτὸν ὡς τὸ παιδίον τοῦτο, οὗτός ἐστιν W
οὐρανῶν. 4 <u>καὶ</u> ὅστις οὖν ταπεινώσει ἑαυτὸν ὡς τὸ παιδίον <u>τοῦτον</u>, οὗτός ἐστιν f^{13}
οὐρανῶν. 4 ὅστις ο····· ················· ················· ·····τός ἐστιν 33
οὐρανῶν. 4 ὅστις οὖν ταπεινώσει <u>αὐτὸν</u> ὡς τὸ παιδίον τοῦτο, οὗτός ἐστιν Δ 579* 700
οὐρανῶν. 4 ὅστις οὖν <u>ταπεινώσῃ</u> ἑαυτὸν ὡς τὸ παιδίον τοῦτο, οὗτός ἐστιν 2* τ

ὁ μείζων ἐν τῇ βασιλείᾳ τῶν οὐρανῶν. 5 καὶ ὃς ἐὰν δέξηται ἓν παιδίον τοιοῦτο B Θ f^1 uw
ὁ μείζων ἐν τῇ βασιλείᾳ τῶν οὐρανῶν. 5 καὶ ὃς ἐὰν δέξηται <u>παιδίον ἓν</u> τοιοῦτο ℵ
ὁ μείζων ἐν τῇ βασιλείᾳ τῶν οὐρανῶν. 5 καὶ ὃς <u>ἂν</u> δέξηται ἓν παιδίον <u>τοιοῦτον</u> D
ὁ μείζων ἐν τῇ βασιλείᾳ τῶν οὐρανῶν. 5 καὶ ὃς ἐὰν δέξηται <u>παιδίον ἓν</u> <u>τοιοῦτον</u> G
ὁ μείζων ἐν τῇ βασιλείᾳ τῶν οὐρανῶν. 5 καὶ ὃς ἐὰν δέξηται <u>παιδίον</u> τοιοῦτο <u>ἓν</u> K M W Υ Π Ω
ὁ μείζων ἐν τῇ βασιλείᾳ τῶν οὐρανῶν. 5 καὶ ὃς <u>ἂν</u> δέξηται ἓν παιδίον τοιοῦτο L
ὁ μείζων ἐν τῇ βασιλείᾳ τῶν οὐρανῶν. 5 καὶ ὃς ἐὰν δέξηται   παιδίον τοιοῦτο S
  μείζων ἐν τῇ βασιλείᾳ τῶν οὐρανῶν. 5 καὶ ὃς ἐὰν <u>μὴ</u> δέξηται ἓν παιδίον τοιοῦτο Δ
ὁ μείζων ἐν τῇ βασιλείᾳ τῶν οὐρανῶν. 5 καὶ ὃς ἐὰν δέξηται ἓν παιδίον <u>τοιοῦτον</u> f^{13} 700 788 1346
ὁ μείζων ἐν τῇ βασιλείᾳ τῶν οὐρανῶν. 5 καὶ ὃς ἐὰν δέξηται   παιδίον <u>τοιοῦτον</u> 2
ὁ μείζων ἐν τῇ βασιλείᾳ τῶν οὐ········· 5 ················· ················· 33
            ἐν τῇ βασιλείᾳ τῶν οὐρανῶν. 5 καὶ ὃς ἐὰν δέξηται   παιδίον <u>τοιοῦτον</u> 579   [↓1071 1424 τ
ὁ μείζων ἐν τῇ βασιλείᾳ τῶν οὐρανῶν. 5 καὶ ὃς ἐὰν δέξηται <u>παιδίον τοιοῦτον ἓν</u> E F H U 118 28 157 565

lac. 18.1-4 𝔓^{45} A C N P Q Γ 69

A 18.1 μειζον K 13 2* ¦ μιζων W Θ 579 ¦ εστην L ¦ τει (τη^2) 13 2 πεδιων L ¦ παιδιων 2* ¦ εμμεσω L ¦ εστισεν M 3 επεν L ¦ αμιν Θ ¦ υμειν D ¦ στραφηται D W Θ 2* 579 ¦ γενησθαι Θ 28 ¦ ος (ως) 1346 ¦ πεδια L Θ 579 ¦ παιδι Δ ¦ εισελθηε ℵ* ¦ εισελθηται M W Θ 2* 579 4 οστης L ταπινωσει ℵ W Θ ¦ μειζον, εστην L ¦ μιζων L W Θ ¦ βασειλεια D 5 ως L ¦ δεξητε L 1071 1346 ¦ δεξιται 579 ¦ πεδιων L ¦ πεδιον 579 ¦ τουουτο Δ*

B 18.1 ο‾υν‾ω‾ν‾ 𝔐 K L M S U Δ Π Ω f^1 118 f^{13} 124 2 28 565 579 700 1071 1346 2 ι‾η‾ς‾ D ¦ ι‾ς‾ E G H Y K M S U W Δ Θ Π Ω 1582^c 118 f^{13} 124 2 28 157 565 579 788 1071 1346 1424 3 ο‾υν‾ω‾ν‾ E F G H K L M S Δ Π Ω f^1 118 f^{13} 124 2 28 157 565 579 700 788 1071 1346 1424 4 ουν‾ω‾ν‾ 𝔐 L M S U Δ Π Ω f^1 118 f^{13} 2 28 157 579 1071 1346 1424

C 3 τε του σα Π f^1 4 αρχη: τη β‾ της ζ‾ εβδ ειπεν ο κ‾ς‾ οστι ουν ταπειν, G ¦ αρχ: τη β‾ της ζ‾ εβδ αρχ ειπεν ο κ‾ς‾ οστις ταπεινωσει εαυτον ως το παιδιον τ, Υ ¦ Μθ τη β‾ τς ζ‾ εβδ ειπεν ο κ‾ς‾ οστις ταπεινωσει, M ¦ τη β‾ τς ζ‾ εβδ ειπ ο κ‾ς‾ οστις S ¦ αρχ f^{13} 124 788 ¦ τελος (post ουν‾ω‾ν‾) E G H S Ω f^{13} 124 788 1346 ¦ τε‾ του Σα M ¦ τελ τη Σα τη μρ 118

D 5 ρο‾θ‾/ς‾ G ¦ ρο‾θ‾/β Π 6 ρο‾θ‾ D F H K Θ 1582 f^{13} 579 1071 1346 ¦ ρο‾θ‾/β E Y M N S U Ω 118 124 28 788 1424 ¦ ρο‾α‾ (sic!) 157 ¦ Ευ Μθ ρο‾θ‾ : Ιω . : Λο ρ‾ς‾ζ‾ : Μρ ρ‾θ‾ E ¦ Μθ ρο‾θ‾ : Μρ ρ‾ M ¦ Μθ ρο‾θ‾ : Μρ ρ : Λο . : Ιω . 124

ἐπὶ τῷ ὀνόματί μου, ἐμὲ δέχεται.   B **uwτ** rell
······ ······ ὀνόματί μου, ἐμὲ δέχεται.   N
····πὶ τῷ ὀνόματί μου, ἐμὲ δέχεται.   33

The Punishment For Those Who Cause A Little One To Sin
(Mark 9.37, 42-48; Luke 9.48; 17.1-4; 19.10)

6 Ὃς δ᾽ ἂν σκανδαλίσῃ ἕνα τῶν μεικρῶν τούτων τῶν πιστευόντων εἰς ἐμέ, συμφέρει   B ℵ D
6 Ὃς δ᾽ ····· ·················· ······· ··········· ······ πιστευόντων εἰς ἐμέ, συμφέρει   33
6 Ὃς δ᾽ ἂν σκανδαλίσῃ ἕνα τῶν μικρῶν τούτων τῶν πιστευόντων εἰς ἐμέ, συμφέρει   **uwτ** rell

αὐτῷ ἵνα κρεμασθῇ μύλος ὀνικὸς περὶ τὸν τράχηλον αὐτοῦ καὶ καταποντισθῇ   B ℵ N 28 157 579 **uw**
αὐτῷ ἵνα κρεμασθῇ μύλος ὀνικὸς ἐπὶ τὸν τράχηλον αὐτοῦ καὶ καταποντισθῇ   D U 2 565 τ
αὐτῷ ἵνα κρεμασθῇ λίθος μυλικὸς περὶ τὸν τράχηλον αὐτοῦ καὶ καταποντισθῇ   L
αὐτ··· ······ ········· ·········· ········· ·········· αὐτοῦ καὶ καταποντισθῇ   33
αὐτῷ ἵνα κρεμασθῇ μύλος ὀνικὸς ἐν τῷ τραχήλῳ αὐτοῦ καὶ καταποντισθῇ   700
αὐτῷ ἵνα μύλος ὀνικὸς κρεμασθῇ ἐπὶ τὸν τράχηλον αὐτοῦ καὶ καταποντισθῇ   1424 [↓788 1071 1346
αὐτῷ ἵνα κρεμασθῇ μύλος ὀνικὸς εἰς τὸν τράχηλον αὐτοῦ καὶ καταποντισθῇ   𝔐 K M W Δ Θ Π f¹ f¹³

[Cl. S III 107.2 η ενα των εκλεκτων μου σκανδαλισαι κρειττον ην αυτω περιτεθηναι μυλον και καταποντισθηναι
εις θαλασσαν η ενα των εκλεκτων μου διαστρεψαι.]

ἐν τῷ πελάγει τῆς θαλάσσης. ρ̄ῑ 7 οὐαὶ τῷ κόσμῳ ἀπὸ τῶν σκανδάλων· ἀνάγκη γὰρ   B L N Θ f¹ 2 33 579
εἰς τὴν θάλασσαν. 7 οὐαὶ τῷ κόσμῳ ἀπὸ τῶν σκανδάλων· ἀνάγκη γὰρ   1424 [↑700 **uw**
ἐν τῷ πελάγει τῆς θαλάσσης. 7 οὐαὶ τῷ κόσμῳ ἀπὸ τῶν σκανδάλων· ἀνάγκη γάρ ἐστιν   ℵ D 𝔐 K M U
W Δ Π 118 f¹³ 28 157 565 788 1071 1346 τ

[↓157 565 700 1071 1346 1424 τ
ἐλθεῖν τὰ σκάνδαλα, πλὴν οὐαὶ τῷ ἀνθρώπῳ ἐκείνῳ δι᾽ οὗ   B 𝔐 K M N S U Δ Θ Π 118 f¹³ 2 33 28
ἐλθεῖν τὰ σκάνδαλα, πλὴν οὐαὶ τῷ ἀνθρώπῳ δι᾽ οὗ   ℵ Dᶜ F L f¹ 579 **uw**
ἐλθεῖν τὰ σκάνδαλα, πλὴν δὲ οὐαὶ τῷ ἀνθρώπῳ δι᾽ οὗ   D*
ἐλθεῖν τὰ σκάνδαλα, πλὴν ἐκείνῳ οὐαὶ τῷ ἀνθρώπῳ δι᾽ οὗ   W
τὰ σκάνδαλα, πλὴν οὐαὶ τῷ ἀνθρώπῳ ἐκείνῳ δι᾽ οὗ   788

τὸ σκάνδαλον ἔρχεται. 8 Εἰ δὲ ἡ χείρ σου ἢ ὁ πούς σου σκανδαλίζει σε,   B **uwτ** rell
τὸ σκάνδαλον ὃ ἔρχεται. 8 Εἰ δὲ ἡ χείρ σου ἢ ὁ πούς σου σκανδαλίζει σε,   Wᶜ
ἔρχεται. 8 Εἰ δὲ ἡ χείρ σου ἢ ὁ πούς σου σκανδαλίζει σε,   Θ
τὰ σκάνδαλα ἔρχεται. 8 Εἰ δὲ ἡ χείρ σου ἢ ὁ πούς σου σκανδαλίζει σε,   f¹³ 565 700ᶜ 788 1346
τὸ σκάνδαλον ἔρχεται. 8 Εἰ δὲ ἡ χείρ σου ἢ ὁ πούς σου σκανδαλήζη σοι,   2*
τὸ σκάνδαλον ἔρχεται. 8 Εἰ δὲ ἡ χείρ σου ἡ δεξιὰ σκανδαλίζει σε,   28
τὸ σκάνδαλον γίνεται. 8 Εἰ δὲ ἡ χείρ σου ἢ ὁ πούς σου σκανδαλίζει σε,   579
τὰ σκάνδαλα ἔρχεται. 8 Εἰ ἡ χείρ σου ἢ ὁ πούς σου σκανδαλίζει σε,   700*

ἔκκοψον αὐτὸν καὶ βάλε ἀπὸ σοῦ· καλόν σοί ἐστιν   B ℵᶜ D L Θ f¹ f¹³ 157 579 788 1071 1346 **uw**
ἔξελε αὐτὸν καὶ βάλε ἀπὸ σοῦ· καλόν σοί ἐστιν   ℵ*
ἔκκοψον αὐτὴν καὶ βάλε ἀπὸ σοῦ· καλόν γὰρ σοί ἐστιν   U
ἔκκοψον αὐτὴν καὶ βάλε ἀπὸ σοῦ· καλόν σοί ἐστιν   28
ἔκκοψον αὐτὴν καὶ βάλε ἀπὸ σοῦ· καλόν γὰρ σοί ἐστιν   1424
ἔκκοψον αὐτὰ καὶ βάλε ἀπὸ σοῦ· καλόν σοί ἐστιν   𝔐 K M N W Δ Π 118 2 33 565 700 τ

---

lac. 18.5-8 𝔓⁴⁵ A C P Q Γ 69

A 5 το (τω) K Θ 2* 700* ¦ ονοματη L ¦ δεχετε 13 6 σκανδαλεισ D ¦ σκανδαληση E 1346 ¦ σκανδαλησει L 579 ¦ σκανδαλισει
H Θ 2* 1071 ¦ τον (των¹) 13 ¦ τον μηκρων Θ ¦ μηκρον L 579 ¦ πιστευων E ¦ πιστευοντον Δ ¦ πιστευωντων Θ ¦ συνφερει D ¦
συμφερι Θ ¦ κρεμμασθη 579 ¦ καταποντισθη L Θ 579 ¦ το (τω) L ¦ πελαγι ℵ N Δ ¦ πελαγω E G* Y* Θ 13 2* 28 565 ¦ θαλασης Δ*
7 ουε¹ L ¦ σκανδαλον 579 ¦ σκανδα G* ¦ σκανδαλ Gᶜ ¦ ερχετε L 8 η (ει) 700 ¦ χει K* ¦ χηρ L ¦ σκανδαλιζη F L 579 ¦
σκανδαλειζι N ¦ σκανδαλιζι Θ 2ᶜ ¦ βαλαι 1071 ¦ σσου³ Θ ¦ εστην L

B 7 αν̄ω̄ ℵ 𝔐 K L M N S U W Δ Π Ω f¹ 118 f¹³ 124 2 33 28 157 565 579 700 1071 1346 1424

C 5 τελος (post δεχεται) E 118 6 τε (post θαλασσης) 2

D 7 ρ̄π̄ᾱ f¹ ¦ ρ̄π̄ 1071 8 ρ̄π̄ D F H K Θ 1582 157 579 ¦ ρ̄π̄/ε̄ E N ¦ ρ̄π̄/ς̄ G Y M S Π Ω 28 1424 ¦ Ευ Μθ ρ̄π̄ : Ιω . : Λο . : Μρ ρ̄ E
8 ρ̄π̄/ς̄ U 124 788 ¦ ρ̄π̄ 2 ¦ Μθ ρ̄π̄ : Μρ λ̄ζ̄ : Λο . : Ιω . 124

171

εἰσελθεῖν εἰς τὴν ζωὴν κυλλὸν ἢ χωλόν, ἢ δύο χεῖρας ἢ δύο πόδας ἔχοντα βληθῆναι B ℵ 157 **uw**
εἰσελθεῖν εἰς τὴν ζωὴν χωλόν ἢ κυλλὸν, ἢ δύο πόδας ἢ δύο χεῖρας ἔχοντα βληθῆναι D
εἰς τὴν ζωὴν εἰσελθεῖν ἢ κυλλὸν, ἢ δύο χεῖρας ἢ δύο πόδας ἔχοντα βληθῆναι Κ Π
εἰς τὴν ζωὴν χωλόν ἢ κυλλὸν, ἢ δύο χεῖρας ἢ δύο πόδας ἔχοντα βληθῆναι N W
χωλόν ἢ κυλλὸν εἰσελθεῖν εἰς τὴν ζωὴν, ἢ δύο χεῖρας ἢ δύο πόδας ἔχοντα βληθῆναι 28
εἰσελθεῖν εἰς τὴν ζωὴν χωλόν ἢ κυλλὸν, ἢ δύο χεῖρας ἢ δύο πόδας ἔχοντα εἰσελθεῖν 700
εἰσελθεῖν εἰς τὴν ζωὴν χωλόν ἢ κυλλὸν, ἢ δύο χεῖρας ἔχοντα ἢ δύο πόδας βληθῆναι 1071
εἰσελθεῖν εἰς τὴν ζωὴν κυλλὸν ἢ χωλόν, ἢ δύο χεῖρας ἔχοντα βληθῆναι 1424
εἰσελθεῖν εἰς τὴν ζωὴν χωλόν ἢ κυλλὸν, ἢ δύο χεῖρας ἢ δύο πόδας ἔχοντα βληθῆναι 𝔐 L M U Δ Θ
f^1 f^{13} 2 33 565 579 788 1346 τ

εἰς τὸ πῦρ τὸ αἰώνιον.   **9**   καὶ εἰ ὁ ὀφθαλμός σου σκανδάλει σε, ἔξελε B
εἰς τὸ πῦρ τὸ αἰώνιον.   **9** τὸ αὐτὸ εἰ καὶ ὁ ὀφθαλμός σου σκανδαλίζει σε, ἔξελε D
εἰς τὸ πῦρ τὸ αἰώνιον.   **9**   καὶ εἰ ὀφθαλμός σου σκανδαλίζει σε, ἔξελε N Δ Ω f^{13}
εἰς τὴν γέενναν τοῦ πυρός. **9**   καὶ εἰ ὀφθαλμός σου σκανδαλίζει σε, ἔξελε f^1 [↑1346
εἰς τὸ πῦρ τὸ αἰώνιον.   **9**   καὶ εἰ ὀφθαλμός σου σκανδαλήζη σε, ἔξελε 2
εἰς τὸ πῦρ τὸ αἰώνιον.   **9**   καὶ εἰ ὁ ὀφθαλμός σου σκανδαλήσει σε, ἔξελε 579
εἰς τὸ πῦρ τὸ αἰώνιον.   **9**   καὶ εἰ ὁ ὀφθαλμός σου σκανδαλίζει σε, ἔξελε 118 **uwτ** rell

αὐτὸν καὶ βάλε ἀπὸ σοῦ· καλόν σοί ἐστιν μονόφθαλμον εἰς τὴν ζωὴν εἰσελθεῖν, B **uwτ** rell
αὐτὸν καὶ βάλε ἀπὸ σοῦ· καλόν σοί ἐστιν μονόφθαλμον εἰσελθεῖν εἰς τὴν βασιλείαν 579
αὐτὸν καὶ βάλε ἀπὸ σοῦ· καλόν   ἐστι μονόφθαλμον εἰς τὴν ζωὴν εἰσελθεῖν, 700

ἢ   δύο ὀφθαλμοὺς ἔχοντα   βληθῆναι εἰς τὴν γέενναν τοῦ πυρός. B **uwτ** rell
ἢ   δύο ὀφθαλμοὺς ἔχοντα   βληθῆναι εἰς τὴν γέενναν. D
ἢ   δύο ὀφθαλμοὺς ἔχειν   βληθῆναι εἰς τὴν γέενναν τοῦ πυρός. L 700
ἢ   δύο ὀφθαλμοὺς ἔχειν   βληθῆναι εἰς τὴν γέενναν πυρός. Δ
ἢ   δύο ὀφθαλμοὺς ἔχειν καὶ βληθῆναι εἰς τὴν γέενναν τοῦ πυρός. f^{13} 788 1346
τοῦ θεοῦ, ἢ τοὺς δύο ὀφθαλμοὺς ἔχοντα βληθῆναι εἰς τὴν γέενναν τοῦ πυρός. 579

[Cl Q 24.2 καν ο δεξιος σου οφθαλμος σκανδαλιζη σε, ταχεως εκκοψον αυτον] [Cl Pd III 70.1 ο γουν κυριος συντομωτατα ιαται το παθος τουτο, ει σκανδαλιζει σε ο οφθαλμος σου, εκκοψον αυτον λεγων].

The Parable Of The Lost Sheep
(Luke 19.10; 15.3-7)

10 Ὁρᾶτε μὴ καταφρονήσητε ἑνὸς   τῶν μεικρῶν τούτων·   λέγω B ℵ
10 Ὁρᾶτε μὴ καταφρονήσητε ἑνὸς τούτων τῶν μεικρῶν τῶν πιστευόντων εἰς ἐμέ· λέγω D
10 Ὁρᾶτε μὴ καταφρονήσητε ἑνὸς τούτων τῶν μικρῶν   λέγω L
10 Ὁρᾶτε μὴ καταφρονήσετε ἑνὸς   τῶν μικρῶν τούτων·   λέγω 1346
10 Ὁρᾶτε μὴ καταφρονήσητε ἑνὸς   τῶν μικρῶν τούτων·   λέγω **uwτ** rell

γὰρ ὑμῖν ὅτι οἱ ἄγγελοι αὐτῶν ἐν τῷ   οὐρανῷ   B 33 [**w**]
γὰρ ὑμῖν ὅτι οἱ ἄγγελοι αὐτῶν ἐν τοῖς οὐρανοῖς   H
γὰρ ὑμῖν ὅτι οἱ ἄγγελοι αὐτῶν   N* f^1 f^{13}
γὰρ ὑμῖν ὅτι οἱ ἄγγελοι αὐτῶν ἐν   οὐρανοὺς   Δ
γὰρ ὑμῖν ὅτι οἱ ἄγγελοι αὐτῶν ἐν   οὐρανοῖς   118 124 **u[w]τ** rell

---

lac. **18.8-10** 𝔓⁴⁵ A C P Q Γ 69

A 8 χολον 28 | χηρας 13 | εχοντα 579 | βληθηνε, αιωνηον L | βληθειναι 579 **9** η (ει) E* | σκανδαλιζη F L Δ 2ᶜ | εξε 13 | εξελαι 2* | αυτων (αυτον), εστην L | εστι L | επι (την¹) Θ | ειελθειν F* | εισελθην 2 | εχοντα 579 | βληθειναι 579 1071 | γεεναν E F L Θ 2 565 **10** ορατai W | καταφρονησηται D W 579 | καταφρονισητε 124 | τον (των) Θ* | μικρον L 579 | μηκρων Θ | τουτον 13 | υμειν D | αυτον (αυτων) Θ* 13 2

B 10 ουνοις¹ 𝔐 K L M S U Π Ω 118 124 2 28 157 565 579 700 788 1071 1346 1424 | οῦνω 33 | ουνους¹ Δ

C 9 τελος της β̄ G | τελος H 118 **10** αρχη: τη β̄ μετα την ν̄ ειπεν ο κς̄ E | τη β̄ της ν̄ ειπεν ορατε μη H | αρχ: τη επαυριον της ν̄ αρχ ειπεν ο κς ορατε μη καταφρονησητ Υ | αρχ: Μθ τη επαυρ, τς ν̄ αρχ ειπεν ο κς ορατε· μη καταφρονηση,τ M | τη β̄ μετ την ν̄ ειπ ο κς̄ S | αρχ Θ 788 | αρχ: τη β̄ του αγ πνς ειπ ο κς̄ ορατε κ εις τ··· Π | αρχ τη β̄ μετ τ ν̄ ειπ ο κς̄ Ω | αρχ οε̄ τη β̄ τς ά εβδ μ, τ τ ν̄ ειπ ο κς̄ ορατε μη κατα f^1 | αρχ οε̄ τη β̄ τς ά εβδ ειπ ο κς̄ ορατε μη κατα (+ τη β̄ τς ά εβδ εκ τ κατα ματθαιον ηγ τη μεταιριον τς ν̄ ειπεν ο κς̄ορατε 118²) 118 | αρχ τη επαυριον τς ν̄ f^{13} 1346 | αρχ λ,ε τη επαυριον + ν̄ 124 | αρχ τη β̄ μετ την πεντκοστ ειπεν ο κς 2 | αρχ τς ς̄ ειπεν ο κς̄ ορατε μη κατα 28 | αρχ τη β̄ μετ την ν̄ 157 | αρχη τω καιρω 1424 | οε Π | λη περι των εκατον (εκατων Θ) προβατων παραβολη L Θ | ··πε ··· εκατον προβατων N

D 9 ρπα G **10** ρπα D F G H K Θ f^1 2 157 1071 1346 | ρπα/ῑ E Y M N S U Π Ω 118 28 1424 | ρπα/γ L | ρπα/ε 124 788 | Ευ Μθ ρπα : Ιω . : Λο . : Μρ . E | Μω ρπε : Μρ . : Λο ρπζ, ρπθ : Ιω . 124

172

διὰ παντὸς βλέπουσι τὸ πρόσωπον τοῦ πατρός μου τοῦ ἐν   οὐρανοῖς.   B **uwτ** rell

διὰ παντὸς βλέπουσι τὸ πρόσωπον τοῦ πατρός μου τοῦ ἐν <u>τοῖς</u> οὐρανοῖς.   D N 33

διὰ παντὸς βλέπουσι τὸ πρόσωπον τοῦ πατρός   τοῦ ἐν   οὐρανοῖς.   H

διὰ παντὸς βλέπουσι τὸ πρόσωπον τοῦ πατρός μου τοῦ ἐν   <u>οὐρανούς</u>.   Δ

<u>βλέπουσι τοῦ πατρός μου τοῦ ἐν οὐρανοῖς</u>   <u>τὸ πρόσωπον διὰ παντός</u>.   28

<u>βλέπουσι διὰ παντὸς</u> τὸ πρόσωπον τοῦ πατρὸς <u>ὑμῶν</u> τοῦ ἐν   οὐρανοῖς.   700

[Cl Q 31.1 τουτους και τεκνα και παιδια και νηπια και φιλους ονομαζει και μικρους ενθαδε ως προς το μελλον ανω μεγεθος αυτων <u>μη καταφρονησητε</u>, λεγων, <u>ενος των μικρων τουτων</u>· τουτων <u>γαρ οι αγγελοι δια παντος βλεπουσι το προσωπον μου του εν ουρανοις</u>] [Cl Exc 11.1 οταν ουν ειπη ο κυριος, <u>μη καταφρονησητε ενος των μικρων τουτων</u>· αμην <u>λεγω υμιν</u>, τουτων <u>οι αγγελοι το προσωπον του πατρος δια παντος βλεπουσιν</u>] [Cl Exc 10.6 οι δε <u>δια παντος το προσωπον του πατρος βλεπουσιν</u>] [Cl Exc 23.4 ιδιως γαρ εκαστος γνωριζει τον κυριον και ουχ ομοιως παντες <u>το προσωπον του πατρος</u> ορωσιν <u>οι αγγελοι</u> τουτων <u>των μικρων</u> των εκλεκτων].

11 om.   B ℵ L* Θ* 1* 1582 f^{13} 33 788 **uw**

11 ἦλθεν γὰρ ὁ υἱὸς τοῦ ἀνθρώπου <u>ζητῆσαι καὶ</u> σῶσαι τὸ ἀπολωλός.   G 157 579 1346

11 ἦλθεν γὰρ ὁ υἱὸς τοῦ ἀνθρώπου <u>ζητῆσε</u> σῶσαι τὸ ἀπολωλός.   L^c

11 ἦλθεν γὰρ ὁ υἱὸς τοῦ ἀνθρώπου <u>ζητῆσαι</u> σῶσαι τὸ ἀπολωλός.   M^1

11 ἦλθεν γὰρ ὁ υἱὸς τοῦ ἀνθρώπου <u>ζησῶσαι</u> σῶσαι τὸ ἀπολωλός.   M^2

11 ἦλθεν γὰρ   υἱὸς τοῦ ἀνθρώπου σῶσαι τὸ ἀπολωλός.   Δ

11 ἦλθεν γὰρ ὁ υἱὸς τοῦ ἀνθρώπου σῶσαι τὸ ἀπολωλός.   D 𝔐 K M* N U W Θ^c Π 1582^c
    118 124 2 28 565 700 1071 1424 τ

$$\overline{λη}\quad περὶ τῶν ἑκατὸν προβάτων παραβολή$$

12 Τί   ὑμῖν δοκεῖ; ἐὰν γένηταί τινι ἀνθρώπῳ ἑκατὸν πρόβατα καὶ πλανηθῇ   B **uwτ** rell

12 Τί <u>δὲ</u> ὑμῖν δοκεῖ; ἐὰν γένηταί τινι ἀνθρώπῳ ἑκατὸν πρόβατα καὶ πλανηθῇ   D

12 Τί   ὑμῖν δοκεῖ; ἐὰν <u>γένονταί</u> τινι ἀνθρώπῳ ἑκατὸν πρόβατα καὶ πλανηθῇ   Θ 124

12 Τί   ὑμῖν δοκεῖ; ἐὰν <u>γένωνταί</u> τινι ἀνθρώπῳ ἑκατὸν πρόβατα καὶ πλανηθῇ   788 1346

ἓν ἐξ αὐτῶν, οὐχὶ ἀφήσει τὰ ἐνενήκοντα ἐννέα πρόβατα ἐπὶ τὰ ὄρη καὶ   B Θ f^{13} 788 1346

ἓν ἐξ αὐτῶν, οὐχὶ <u>ἀφεὶς</u> τὰ ἐνενήκοντα ἐννέα   ℵ*

ἓν ἐξ αὐτῶν, οὐχὶ <u>ἀφίησι</u> τὰ ἐνενήκοντα ἐννέα ἐπὶ τὰ ὄρη καὶ   D

ἓν ἐξ αὐτῶν, οὐχὶ <u>ἀφεὶς</u> τὰ ἐνενήκοντα ἐννέα <u>πρὸ</u> ἐπὶ τὰ ὄρη   E*

ἓν ἐξ αὐτῶν, οὐχὶ ἀφήσει τὰ ἐνενήκοντα ἐννέα ἐπὶ τὰ ὄρη καὶ   L **uw**

ἓν ἐξ αὐτῶν, οὐχὶ <u>ἀφεὶς</u> τὰ <u>ἐννενήκοντα</u> ἐννέα ἐπὶ τὰ ὄρη   2^c τ

ἓν ἐξ αὐτῶν, οὐχὶ <u>ἀφεὶς</u> τὰ ἐννέα ἐπὶ τὰ ὄρη   565

ἓν ἐξ αὐτῶν, οὐχὶ <u>ἀφεὶς</u> τὰ ἐνενήκοντα ἐννέα ἐπὶ τὰ ὄρη καὶ   157 579 1424*

ἓν ἐξ αὐτῶν, οὐχὶ <u>ἀφεὶς</u> τὰ ἐνενήκοντα ἐννέα ἐπὶ τὰ ὄρη   ℵ^c 𝔐 K M N U W Δ Π f^1
    2* 33 28 700 1071 1424^c

πορευθεὶς ζητεῖ τὸ πλανώμενον; **13** καὶ ἐὰν γένηται εὑρεῖν αὐτό,   B **uwτ** rell

<u>πορευόμενος</u> ζητεῖ τὸ πλανώμενον; **13** καὶ ἐὰν γένηται εὑρεῖν αὐτό,   D

πορευθεὶς <u>ζητήσει</u> τὸ πλανώμενον; **13** καὶ ἐὰν γένηται εὑρεῖν αὐτό,   H 565

πορευθεὶς <u>ζητήσει</u> τὸ πλανώμενον; **13** καὶ ἐὰν γένηται <u>τοῦ</u> εὑρεῖν αὐτό,   Θ f^{13} 788 1346

πορευθεὶς ζητεῖ τὸ πλανώμενον; **13** καὶ <u>ἂν</u> γένηται εὑρεῖν <u>αὐτῷ</u>,   2*

πορευθεὶς ζητεῖ τὸ <u>πεπλανήμενον</u>; **13** καὶ ἐὰν γένηται εὑρεῖν αὐτό,   157

---

lac. 18.10-13 𝔓^{45} A C P Q Γ 69

A 10 βλεπουσιν D E F G H L N W Δ Θ 124 2 33 565 579 1424 | προσοπον Θ **11** ηλθε U 118 157 700^c | ζητεισαι 579 | σωσε L^c Θ^c 1^c | απολολος L^c | απολωλως 579 12 υμειν D | δοκι Θ | δωκει 1071 | γενειται 579 | τηνι 2 | ουχει N W | αφις ℵ | αφης 2* | ενενικοντα E* U 13 28 579 1071 1424 | ενεα S Ω 2* | πορευθης 2* | ζητι ℵ N | ζητη 2* | τω πλανωμενων Θ | πλανομενωμενον 1 | πλανομενον Y Δ Π Ω 13 124 2* 565 788 1071 1346 **13** γενητε L M | ευριν ℵ E* N | αυτω (αυτο) G* 1071 1424

B 10 $\overline{πρς}$ D 𝔐 K L M N S U W Δ Θ Π Ω f^1 118 f^{13} 124 2 33 28 157 565 579 700 788 1071 1346 1424 | $\overline{ουνοις}$ 𝔐 K L M S U Π Ω f^1 118 f^{13} 124 2 33 28 157 565 579 700 788 1071 1346 1424 | ουνους^2 Δ **11** $\overline{υς}$ 𝔐 K L^c M N S U Δ Π Ω 2 28 565 1424 | ανου 𝔐 K L^c M N S U Δ Θ^c Π Ω 1^c 118 157 565 579 700 1071 1346 1424 **12** ανω ℵ 𝔐 K L M N S U W Θ Π Ω f^1 118 f^{13} 124 2 33 28 157 565 579 700 788 1071 1346 1424

C 10 τελ f^{13} 788 **11** τελος: (post απολωλος) D [ημερα $\overline{β}$ της θ̄ εβδομ.: 18.1-11] S 124 579 1346 | τελ της $\overline{β}$ Y 118 28 | τε τς $\overline{β}$ ζ M | τε τς του $\overline{β}$···· Π | τελ $\overline{β}$ f^1 **12** $\overline{λη}$ περι των (om. U) εκατον ($\overline{ρ}$ F G H M S U Π Ω f^1 28 157 565 | om. 124 788) προβατων $\overline{παραβολη}$ (om. G S 1424): E F G H Y K M S U Δ Π Ω f^1 124 28 157 565 788 1071 1424 | τη $\overline{β}$ με την ν̄ ειπεν G | αρχ 157 | Μθ $\overline{λη}$: Λο $\overline{νς}$ M

D 11 $\overline{ρπβ}$ D 12 $\overline{ρπβ/ς}$ E | $\overline{ρπβ}$ F H K Θ 1582 157 1071 1346 | $\overline{ρπα}$ 579 | $\overline{ρπβ/ι}$ G | $\overline{ρπβ/ε}$ Y M S U Π Ω 118 124 28 788 1424 | ··$\overline{β}$ N | Ευ Μθ $\overline{ρπβ}$: Ιω. : Λο $\overline{ρπζ}$: Μρ . E | Μθ $\overline{ρπβ}$: Λο $\overline{ρπζ}$ M | Μθ $\overline{ρπβ}$: Μρ . : Λο . : Ιω . 124 **12** $\overline{ϙθ}$ Θ **13** $\overline{ϙθ}$ D Θ

ἀμὴν λέγω ὑμῖν ὅτι χαίρει   ἐπ᾿ αὐτῷ μᾶλλον ἢ ἐπὶ τοῖς ἐνενήκοντα ἐννέα τοῖς μὴ   B uw rell
ἀμὴν λέγω ὑμῖν ὅτι χαίρει   ἐν αὐτῷ μᾶλλον ἢ ἐπὶ τοῖς ἐνενήκοντα ἐννέα τοῖς μὴ   f¹³ 788 1346
ἀμὴν λέγω ὑμῖν ὅτι χαίρετε   ἐπ᾿ αὐτῷ μᾶλλον ἢ ἐπὶ τοῖς ἐνενήκοντα ἐννέα τοῖς μὴ   579
ἀμὴν λέγω ὑμῖν ὅτι χαίρει   ἐπ᾿ αὐτῷ μᾶλλον ἢ ἐπὶ τοῖς ἐνεννήκοντα ἐννέα τοῖς μὴ   2ᶜ τ

πεπλανημένοις. 14 οὕτως οὐκ ἔστιν θέλημα ἔμπροσθεν τοῦ πατρός μου   τοῦ ἐν   B F N Θ f¹³ 700
πεπλανημένοις. 14 οὕτως οὐκ ἔστιν θέλημα   τοῦ πατρὸς ὑμῶν   τοῦ ἐν   ℵ [↑1346 [w]
πεπλανημένοις. 14 οὕτως οὐκ ἔστιν θέλημα ἔμπροσθεν τοῦ πατρὸς ἡμῶν   τοῦ ἐν τοῖς   D*
πεπλανημένοις. 14 οὕτως οὐκ ἔστιν θέλημα ἔμπροσθεν τοῦ πατρὸς ὑμῶν   τοῦ ἐν τοῖς   Dᶜ
πεπλανημένοις. 14 οὕτως οὐκ ἔστιν θέλημα ἔμπροσθεν τοῦ πατρός μου   τοῦ ἐν τοῖς   33 157 579 1424
πεπλανημένοις. 14 οὕτως οὐκ ἔστιν θέλημα   τοῦ πατρός μου   τοῦ ἐν   788
πεπλανημένοις. 14 οὕτως οὐκ ἔστιν θέλημα ἔμπροσθεν τοῦ πατρὸς ὑμῶν   τοῦ ἐν   𝔐 K L M W Δ Π f¹
2 28 565 u[w]τ

οὐρανοῖς ἵνα ἀπόληται ἓν τῶν μείκρων τούτων.   B D
οὐρανοῖς ἵνα ἀπόληται ἓν τῶν μίκρων τούτων.   ℵ L Mᶜ N 2 33 157 565 579 uw
οὐρανοῖς ἵνα ἀπόληται εἷς τῶν μίκρων τούτων.   𝔐 K M* U W Θ Π f¹ 118 f¹³ 28 700 788 1071 1346 1424 τ
οὐρανοὺς ἵνα ἀπόληται εἷς τῶν μίκρων τούτων.   Δ

Forgiveness And The Power To Bind And Loose
(Luke 17.3-4)

15 Ἐὰν δὲ ἁμαρτήσῃ   ὁ ἀδελφός σου, ὕπαγε   ἔλεγξον   αὐτὸν μεταξὺ   B ℵ 1 1582* [u]w
15 Ἐὰν δὲ ἁμαρτήσῃ   εἴς σε ὁ ἀδελφός σου, ὕπαγε   ἔλεγξον   αὐτὸν μεταξὺ   D 28 700 1346 [u]
15 Ἐὰν δὲ ἁμάρτῃ   εἴς σε ὁ ἀδελφός σου, ὕπαγε καὶ   ἔλεγξε   αὐτὸν μεταξὺ   W
15 Ἐὰν   ἁμαρτήσῃ   εἴς σε ὁ ἀδελφός σου, ὕπαγε   ἔλεγξον   αὐτὸν μεταξὺ   Θ f¹³ 788
15 Ἐὰν δὲ ἁμάρτῃ   εἴς σε ὁ ἀδελφός σου, ὕπαγε   ἔλεγξον   αὐτὸν μεταξὺ   1582ᶜ 33
15 Ἐὰν δὲ ἁμαρτήσει   εἴς σε ὁ ἀδελφός σου, ὕπαγε   ἔλεγξον   αὐτὸν μεταξύ   118
15   69
15 Ἐὰν   ἁμαρτήσῃ   εἴς σε ὁ ἀδελφός σου, ὕπαγε καὶ   ἔλεγξον   αὐτὸν μεταξύ   565
15 Ἐὰν δὲ ἁμαρτήσει   ὁ ἀδελφός σου,   ἔλλεγξον   αὐτὸν μεταξύ   579
15 Ἐὰν δὲ ἁμάρτει   εἴς σε ὁ ἀδελφός σου, ὕπαγε   ἔλεγξον   αὐτὸν μεταξὺ   1424 [↓157 1071 τ
15 Ἐὰν δὲ ἁμαρτήσῃ   εἴς σε ὁ ἀδελφός σου, ὕπαγε καὶ   ἔλεγξον   αὐτὸν μεταξὺ   𝔐 K L M N U Δ Π 2

σοῦ καὶ αὐτοῦ μόνου.   ἐάν σου ἀκούσῃ, ἐκέρδησας τὸν ἀδελφόν σου· 16 ἐὰν δὲ μὴ   B uwτ rell
σοῦ καὶ αὐτοῦ μόνου. ἐάν δὲ σου ἀκούσῃ, ἐκέρδησας τὸν ἀδελφόν σου· 16 ἐὰν δὲ μὴ   579
σοῦ καὶ αὐτοῦ μόνου. καὶ ἐάν σου ἀκούσῃ, ἐκέρδησας τὸν ἀδελφόν σου· 16 ἐὰν δὲ μὴ   1424

ἀκούσῃ,   παράλαβε ἔτι ἕνα ἢ δύο   μετὰ σοῦ, ἵνα ἐπὶ στόματος   B [w]
ἀκούσῃ,   παράλαβε μετὰ σεαυτοῦ ἔτι ἕνα ἢ δύο, ἵνα ἐπὶ στόματος   ℵ K M Θ Π f¹ f¹³ 28 788
σου ἀκούσῃ,   παράλαβε μετὰ σεαυτοῦ ἔτι ἕνα ἢ δύο, ἵνα ἐπὶ στόματος   L 33
ἀκούσῃ σου,   παράλαβε μετὰ σεαυτοῦ ἔτι ἕνα ἢ δύο, ἵνα ἐπὶ στόματος   N
σου ἀκούσῃ,   παράλαβε μετὰ σου   ἔτι ἕνα ἢ δύο, ἵνα ἐπὶ στόματος   Δ
ἀκούσῃ,   παράλαβε μετὰ σεαυτοῦ ἔτη ἕνα ἢ δύο, ἵνα ἐπὶ στόματος   157
σου ἀκούσει,   παράλαβε μετὰ σοῦ   ἕνα ἢ δύο, ἵνα ἐπὶ στόματος   579
ἀκούσῃ,   παράλαβε μετὰ σεαυτοῦ ἔτι ἕνα ἢ δύο   1346 [↓1424 u[w]τ
ἀκούσῃ,   παράλαβε μετὰ σοῦ   ἔτι ἕνα ἢ δύο, ἵνα ἐπὶ στόματος   D 𝔐 U W 118 2 565 700 1071

---

lac. 18.13-16 𝔓⁴⁵ A C P Q Γ | vss. 13-15 69

A 13 αμιν Θ | υμειν D | χαιρι ℵ Θᶜ | χαρει Δ* | χερι Θ* | χαιρη 2 | αυτο (αυτω) S Yᶜ 118 | ενενικοντα E* U 565 1071 1424 | ενεα G L S U Ω 2* 14 ουτος Θ 579 | εστι Y M U Ω f¹ 118 f¹³ 28 157 700 788 1071 1346 | ενπροσθεν D | εμπροσθε 1346 | μων (υμων) 565 | απολητε L 1071 | απολειται 1424 | τον (των) Θ | μικρον 579 15 αμαρτησει Θ 2 1071 | αμαρτισει L | ελενξον D | ελλεγξον Ω | μεταξοι 28 | ακουσει L 2 | εκερδησες D | εκερδισας E L | αδελφος (-φον) K | εκερδησες D 16 ακουσει 2 | παραλα 1424

B 14 π̅ρ̅ς̅ ℵ E F G Y K L M N S U W Δ Θ Π f¹ 118 f¹³ 124 2 33 28 157 565 579 700 788 1071 1346 1424 | ω̅υ̅ν̅ο̅ι̅ς̅ E* | ο̅υ̅ν̅ο̅ι̅ς̅ Eᶜ F G H Y K L M S U Π Ω f¹ 118 f¹³ 124 2 33 157 565 579 700 788 1071 1346 1424 | ο̅υ̅ν̅ο̅υ̅ς̅ Δ

C 16 τη β̅ της ν̅ ειπεν ορατε μη H

D 14 ρ̅π̅β̅ 579 15 ρ̅π̅γ̅/ε̅ ℵ G M N S U Y Π Ω 124 28 788 1424 | ρ̅π̅γ̅ D F H Θ f¹ 118 f¹³ 2 157 579 1071 1346 | ρ̅π̅γ̅/ς̅ E K | ρ̅π̅γ̅ /ᾱ L | Ευ Μθ ρ̅π̅γ̅ : Ιω . | Λο ρ̅ρ̅θ̅ : Μρ . E | Μθ ρ̅π̅γ̅ : Λο ρ̅ρ̅θ̅ M | Μθ ρ̅π̅γ̅ : Μρ . : Λο ρ̅π̅ε̅ : Ιω . 124 16 ρ̅π̅δ̅/ι̅ ℵ E G M N S Y Ω 118 124 28 788 1424 | ρ̅π̅δ̅ F H Θ f¹ f¹³ 2 157 579 1071 1346 | σ̅π̅δ̅/β̅ L | ρ̅π̅δ̅/ε̅ U | Ευ Μθ ρ̅π̅δ̅ : Ιω . : Λο . : Μρ . E | Μθ ρ̅π̅δ̅ M | Μθ ρ̅π̅δ̅ : Μρ . : Λο . : Ιω . 124

δύο μαρτύρων ἢ   τριῶν σταθῇ   πᾶν ῥῆμα· **17** ἐὰν δὲ παρακούσῃ B 𝔐 K N W Π 118 *f*[13] 2 788 1071
δύο ἢ τριῶν   μαρτύρων   σταθῇ   πᾶν ῥῆμα· **17** ἐὰν δὲ παρακούσῃ ℵ Θ *f*[1] 157 700   [↑1424 **uwτ**
δύο   ἢ   τριῶν σταθῇ   πᾶν ῥῆμα· **17** ἐὰν δὲ παρακούσῃ D
μαρτύρων δύο ἢ   τριῶν σταθῇ   πᾶν ῥῆμα· **17** ἐὰν δὲ παρακούσῃ L 124
μαρτύρων δύον ἢ   τριῶν σταθῇ   πᾶν ῥῆμα· **17** ἐὰν δὲ καὶ τούτων μὴ ἀκούσει, 579
δύο μαρτύρων ἢ   τριῶν σταθήσεται πᾶν ῥῆμα· **17** ἐὰν δὲ παρακούσῃ M U 33 565
δύο μαρτύρων καὶ τριῶν σταθῇ   πᾶν ῥῆμα· **17** ἐὰν δὲ παρακούσῃ 28
        μαρτύρων ἢ   τριῶν σταθῇ   πᾶν ῥῆμα· **17** ἐὰν δὲ παρακούσῃ 1346

[Cl Ecl 13 παν ρημα ιστατοι επι δυο και τριων μαρυρων].

αὐτῶν, εἰπὲ τῇ ἐκκλησίᾳ· ἐὰν δὲ καὶ τῆς ἐκκλησίας παρακούσῃ,   ἔστω σοι   B 118 **uτ** rell
αὐτῶν, εἶπον τῇ ἐκκλησίᾳ· ἐὰν δὲ καὶ τῆς ἐκκλησίας παρακούσῃ,   ἔστω σοι   ℵ **w**
αὐτῶν, εἶπον τῇ ἐκκλησίᾳ· ἐὰν δὲ καὶ τῆς ἐκκλησίας παρακούσῃ,   ἔστω   L
αὐτῶν, εἰπὲ τῇ ἐκκλησίᾳ· ἐὰν δὲ καὶ τῆς ἐκκλησίας καταφρονήσει,   ἔσται σοι   N
αὐτῶν, εἰπὲ τῇ ἐκκλησίᾳ· ἐὰν δὲ καὶ τῆς ἐκκλησίας παρακούσῃ,   ἔστω σοι λοιπὸν *f*[1]
αὐτῶν, εἰπὲ τῇ ἐκκλησίᾳ· ἐὰν δὲ καὶ τῇ ἐκκλησίᾳ παρακούσῃ,   ἔστω σοι   565
        εἰπὲ τῇ ἐκκλησίᾳ· ἐὰν δὲ καὶ τῆς ἐκκλησίας παρακούσει,   ἔστω σοι   579
αὐτῶν, εἰπὲ τῇ ἐκκλησίᾳ· ἐὰν δὲ καὶ τῆς ἐκκλησίας καταφρονήσῃ,   ἔστω σοι   1424

ὥσπερ ὁ ἐθνικὸς καὶ   ὁ τελώνης. **18** Ἀμὴν   λέγω ὑμῖν, ὅσα ἂν δήσητε B K L Υ Θ Π *f*[13] 565 788
ὥσπερ ὁ ἐθνικὸς καὶ   ὁ τελώνης. **18** Ἀμὴν   λέγω ὑμῖν, ὃς ἐὰν δήσητε ℵ*   [↑1071 1346
ὥσπερ ὁ ἐθνικὸς καὶ ὡς ὁ τελώνης. **18** Ἀμὴν   λέγω ὑμῖν, ὅσα ἂν δήσητε D
ὥσπερ ὁ ἐθνικὸς καὶ   ὁ τελώνης. **18** Ἀμὴν ἀμὴν λέγω ὑμῖν, ὅσα ἐὰν δήσητε M
ὥσπερ ὁ ἐθνικὸς καὶ   ὁ τελώνης. **18** Ἀμὴν γὰρ λέγω ὑμῖν, ὅσα ἐὰν δήσητε N 157
ὥσπερ   ἐθνικὸς καὶ   ὁ τελώνης. **18** Ἀμὴν   λέγω ὑμῖν, ὅσα ἂν δήσητε W 33
ὥσπερ ὁ ἐθνικὸς καὶ   ὁ τελώνης. **18** Ἀμὴν δὲ λέγω ὑμῖν, ὅσα ἐὰν δήσητε 118
ὥσπερ ὁ ἐθνικὸς καὶ   τελώνης. **18** Ἀμὴν   λέγω ὑμῖν, ὡς ἐὰν δήσειτε 579
ὥσπερ ὁ ἐθνικὸς καὶ   ὁ τελώνης. **18** Ἀμὴν   λέγω,   ὅσα ἐὰν δήσητε 700*   [↓1424 **uwτ**
ὥσπερ ὁ ἐθνικὸς καὶ   ὁ τελώνης. **18** Ἀμὴν   λέγω ὑμῖν, ὅσα ἐὰν δήσητε ℵ[c] 𝔐 U Δ *f*[1] 2 28 700[c]

ἐπὶ τῆς γῆς ἔσται δεδεμένα ἐν   οὐρανῷ   καὶ ὅσα ἐὰν λύσητε ἐπὶ τῆς γῆς B **uw**
ἐπὶ τῆς γῆς ἔσται δεδεμένον ἐν τοῖς οὐρανοῖς   ὅσα ἂν λύσητε ἐπὶ τῆς γῆς ℵ*
ἐπὶ τῆς γῆς ἔσται δεδεμένα ἐν τοῖς οὐρανοῖς καὶ ὅσα ἐὰν λύσητε ἐπὶ τῆς γῆς ℵ[c] 33 28
ἐπὶ τῆς γῆς   D*
ἐπὶ τῆς γῆς ἔσται δεδεμένα ἐν τοῖς οὐρανοῖς καὶ ὅσα ἂν λύσητε ἐπὶ τῆς γῆς D[c] L
ἐπὶ τῆς γῆς ἔσται δεδεμένα ἐν τῷ   οὐρανῷ   καὶ ὅσα ἂν λύσητε ἐπὶ τῆς γῆς Υ *f*[13] 565 1346
ἐπὶ τῆς γῆς ἔσται δεδεμένα ἐν   οὐρανῷ   καὶ ὅσα ἂν λύσητε ἐπὶ τῆς γῆς Θ 124 788
ἐπὶ τῆς γῆς ἔσται δεδεμένα ἐν τῷ   οὐρανῷ   καὶ ὅσα ἐὰν λύσητε ἐπὶ τῆς γῆς 157 1424
ἐπὶ τῆς γῆς ἔσται δεδεμένα ἐν τοῖς οὐρανοῖς καὶ ὅσα ἂν λύσητε ἐπὶ τῆς γῆς 579
ἐπὶ τῆς γῆς ἔσται δεδεμένα ἐν τῷ   οὐρανῷ   700*   [↓700[c] 1071 τ
ἐπὶ τῆς γῆς ἔσται δεδεμένα ἐν τῷ   οὐρανῷ   καὶ ὅσα ἐὰν λύσητε ἐπὶ τῆς γῆς 𝔐 K M N U W Δ Π *f*[1] 2

---

lac. 18.16-18 𝔓[45] A C P Q Γ

A 16 μαρτυρον Θ* ¦ τρειων D **17** παρακουσει[1.2] 2* | αυτον 2* 1346* ¦ εκκλησεια D ¦ εκλησια H K | εκκλησειας D | εστο Θ | εθηνκος E M 13 124 1071 1424 | τελωνις Θ **18** αμιν Θ | υμειν D ¦ δησηται W 1424 | δησειτε Θ 1071 ¦ δησειται 2* | εστε[1] E* Δ Θ 124 1071 | δεδεμμενα D[c] 579| ωσα[2] Θ* 124 | λυσηται ℵ W | λυσειτε 579

B 18 ουνω[1.2] 𝔐 K S U Δ Π Ω *f*[1] 118 *f*[13] 124 2 565 1071 1346 1424 ¦ ουνω[1] M 157 700* ¦ ουνοις[1.2] L 579 ¦ ουνοις[1] 28 ¦ ουνοις[2] M 157 ¦ ουνω[2] N 28 700[c] 788

C 18 αρχ Υ ¦ αρχ τς γ Π ¦ αρχ οϛ τη γ τς θ εβδ ειπ ο κς τοις εαυτ αμην λεγω *f*[1] ¦ αρχ οϛ τη γ τς θ εβδομα ειπ ο κς τοις εαυτ 118 ¦ αρχ τς γ ειπεν ο κς τς εαυτου μαθητ αμην λεγω υμιν οσα εαν δησητε ε 28 | οϛ Π | τη γ τς θ εβδ ειπ ο κς τοις εαυτου μαθηταις αμην λεγω Π | τελ Υ

D 17 ρπδ D K ¦ ρπδ/ι Π **18** ρπε/ζ ℵ E G M S Υ Π Ω 118 124 28 788 1424 ¦ ρπθ D ¦ ρπε F H K Θ *f*[1] *f*[13] 2 579 1071 1346 ¦ ρπε/γ N ¦ ρπε/β U | Ευ Μθ ρπε : Ιω σιε : Λο . : Μρ . Ε | Μθ ρπζ : Μρ . : Λο . : Ιω . 124

ἔσται λελυμένα ἐν	οὐρανῷ. ρ̅ι̅α̅	19 Πάλιν ἀμὴν	λέγω ὑμῖν ὅτι	B 124ᶜ [uw]
ἔσται λελυμένα ἐν	οὐρανῷ.	19 Πάλιν	λέγω ὑμῖν ὅτι	ℵ [uw]
ἔσται λελυμένα ἐν τοῖς	οὐρανοῖς.	19 Πάλιν	λέγω ὑμῖν ὅτι	D L 33 579
ἔσται λελυμένα ἐν τοῖς	οὐρανοῖς.	19 Πάλιν δὲ	λέγω ὑμῖν ὅτι	M
ἔσται λελυμένα ἐν τῷ	οὐρανῷ.	19 Πάλιν δὲ	λέγω ὑμῖν ὅτι	N Δ
ἔσται λελυμένα ἐν τῷ	οὐρανῷ.	19 Πάλιν δὲ	ὑμῖν λέγω ὅτι	W
ἔσται λελυμένα ἐν	οὐρανῷ.	19 Ἀμὴν	λέγω ὑμῖν ὅτι	Θ 124* 788
ἔσται λελυμένα ἐν τῷ	οὐρανῷ.	19 Πάλιν	λέγω ὑμῖν ὅτι	f¹ τ
ἔσται λελυμένα ἐν τοῖς	οὐρανοῖς.	19 Πάλιν ἀμὴν	λέγω ὑμῖν ὅτι	157
ἔσται λελυμένα ἐν τῷ	οὐρανῷ.	19 Ἀμὴν	λέγω ὑμῖν ὅτι	565 1424
		19 Πάλιν ἀμὴν	λέγω ὑμῖν	700*
ἔσται λελυμένα ἐν τῷ	οὐρανῷ.	19 Πάλιν ἀμὴν	λέγω ὑμῖν	700ᶜ
ἔσται λελυμένα ἐν τῷ	οὐρανῷ.	19 Πάλιν ἀμὴν	λέγω ὑμῖν ὅτι	𝔐 K U Π 118 f¹³ 2 28 1071 1346

ἐὰν δύο συμφωνήσωσιν	ἐξ ὑμῶν ἐπὶ τῆς γῆς περὶ παντὸς	πράγματος	B 579 uw
ἐὰν δύο συμφωνήσουσιν	ἐξ ὑμῶν ἐπὶ τῆς γῆς περὶ παντὸς	πράγματος	ℵ L
δύο ἐὰν συμφωνήσουσιν	ἐξ ὑμῶν ἐπὶ τῆς γῆς περὶ παντὸς τοῦ	πράγματος	D*
δύο ἐὰν συμφωνήσουσιν	ἐξ ὑμῶν ἐπὶ τῆς γῆς περὶ παντὸς	πράγματος	Dᶜ
ἐὰν δύο ὑμῶν συμφωνήσουσιν	ἐπὶ τῆς γῆς περὶ παντὸς	πράγματος	E N Δᶜ 1424
ἐὰν δύο ὑμῖν συμφωνήσουσιν	ἐπὶ τῆς γῆς περὶ παντὸς	πράγματος	Δ*
ἐὰν δύο ἐξ ὑμῶν συμφωνήσωσιν	ἐπὶ τῆς γῆς περὶ παντὸς	πράγματος	Θ f¹³ 700 788 1071 1346
ἐὰν δύο συμφωνήσουσιν	ἐπὶ τῆς γῆς περὶ παντὸς	πράγματος	33
ἐὰν δύο ἢ τρεῖς συμφωνήσωσιν	ἐπὶ τῆς γῆς περὶ παντὸς	πράγματος	157
ἐὰν δύο ὑμῶν συμφωνήσωσιν	ἐπὶ τῆς γῆς περὶ παντὸς	πράγματος	𝔐 K M U W Π f¹ 2 28 565 τ

οὗ ἐὰν αἰτήσωνται, γενήσεται αὐτοῖς παρὰ τοῦ πατρός μου τοῦ ἐν	οὐρανοῖς.	B uwτ rell
οὗ ἐὰν αἰτήσωνται, αὐτοῖς γενήσεται παρὰ τοῦ πατρός μου τοῦ ἐν	οὐρανοῖς.	ℵ
οὗ ἂν αἰτήσωνται, γενήσεται αὐτοῖς παρὰ τοῦ πατρός μου τοῦ ἐν	οὐρανοῖς.	D
οὗ ἐὰν αἰτήσονται, γενήσεται αὐτοῖς παρὰ τοῦ πατρός μου τοῦ ἐν	οὐρανοῖς.	H Lᶜ Θ Ω 124 2 28
οὗ ἐὰν αἰτήσονται, γενήσεται αὐτοῖς παρὰ τοῦ πατρός μου τοῦ ἐν τοῖς	οὐρανοῖς.	N 1424 [↑788 1071
οὗ ἐὰν αἰτήσωνται, γενήσεται αὐτοῖς παρὰ τοῦ πατρός μου τοῦ ἐν	οὐρανούς.	Δ
οὗ αἱ ἂν αἰτήσονται, γενήσεται αὐτοῖς παρὰ τοῦ πατρός μου τοῦ ἐν	οὐρανοῖς.	f¹³ 579
οὗ ἐὰν αἰτήσωνται, δοθήσεται αὐτοῖς παρὰ τοῦ πατρός μου τοῦ ἐν	οὐρανοῖς.	33
οὗ ἐὰν αἰτήσονται, γενήσονται αὐτοῖς παρὰ τοῦ πατρός μου τοῦ ἐν	οὐρανοῖς.	1346

20 οὗ γάρ εἰσιν δύο ἢ τρεῖς συνηγμένοι εἰς τὸ ἐμὸν ὄνομα,	B uwτ rell
20 οὗ γάρ εἰσιν δύο τρεῖς συνηγμένοι εἰς τὸ ἐμὸν ὄνομα,	ℵ*
20 ὅπου γάρ εἰσιν δύο ἢ τρεῖς συνηγμένοι εἰς τὸ ἐμὸν ὄνομα,	ℵᶜ N Θ f¹³ 788 1346 1424
20 οὐκ εἰσιν γὰρ δύο ἢ τρεῖς συνηγμένοι εἰς τὸ ἐμὸν ὄνομα,	D*

ἐκεῖ εἰμι ἐν μέσῳ αὐτῶν.	B uwτ rell
παρ' οἷς οὐκ εἰμι ἐν μέσῳ αὐτῶν.	D

[Cl S III 68.1 τινες δε οι δυο και τρεις υπαρχουσιν εν ονοματι Χριστου συναγομενοι, παρ οις μεσος εστιν ο κυριος].

21 Τότε προσελθὼν ὁ Πέτρος εἶπεν αὐτῷ, Κύριε, ποσάκις ἁμαρτήσει	B u[w]
21 Τότε προσελθὼν ὁ Πέτρος εἶπεν, Κύριε, ποσάκις ἁμαρτήσει	ℵ* [w]
21 Τότε προσελθὼν Πέτρος εἶπεν αὐτῷ, Κύριε, ποσάκις ἁμαρτήσει	D
21 Τότε προσελθὼν αὐτῷ ὁ Πέτρος εἶπεν, Κύριε, ποσάκις ἁμαρτήσῃ	E H W Δ f¹³ 1346
21 Τότε προσελθὼν ὁ Πέτρος εἶπεν αὐτῷ, Κύριε, ποσάκις ἁμαρτήσῃ	1424 [↓157 565 579 700 788 1071 τ
21 Τότε προσελθὼν αὐτῷ ὁ Πέτρος εἶπεν, Κύριε, ποσάκις ἁμαρτήσει	ℵᶜ 𝔐 K L M N U Θ Π f¹ 124 2 33 28

lac. 18.18-21 𝔓⁴⁵ A C P Q Γ

A 18 εστε² D ¦ λελυμεν Θ ¦ λελυμαινα 1346 19 αμιν Ε Θ ¦ υμειν D ¦ μων (υμων) 118* ¦ συνφωνησουσιν D ¦ πατος Θ* ¦ ο (ου) W ¦ ετησονται L* ¦ ετησονται Lᶜ ¦ αιτησωντε M ¦ αιτησοντε N ¦ αιτησωται Υ* ¦ αιτησωνται 579 ¦ γενησετε Θ 20 εισι Υ M S U Π Ω f¹ 118 f¹³ 28 157 565 700 788 1071 1346 ¦ τρις N W 2* ¦ εμονομα (εμον ονομα) Δ ¦ ονομα 13 ¦ ειμει D W ¦ εμι H ¦ ειμη U ¦ ημι 579 ¦ εμμεσω L 28 21 προσελθον Θ ¦ ειπε Υ 118 157 ¦ ποσακεις D L N W ¦ προσακης E* ¦ πωσακις 579 ¦ αμαρτησι ℵ

B 19 πρς̅ ℵ 𝔐 K L M N S U W Δ Θ Π Ω f¹ 118 f¹³ 69 124 2 33 28 157 565 579 700 788 1071 1346 1424 ¦ ουνοις̅ ℵ E F G Y K L M U Π Ω f¹ 118 f¹³ 124 2 28 157 579 700 788 1071 1346 1424 ¦ ουνους̅ Δ 20 γ̅ ℵ 21 κε̅ B ℵ D 𝔐 K L M N S U W Δ Θ Π Ω f¹ 118 f¹³ 69 124 2 33 28 157 565 579 700 788 1071 1346 1424

C 19 αρχ τη γ̅ 157 20 ·ροβας μωση θεληση συναριν τουτον μετα τον δολ·····ν D [top page late hand] ¦ τελος (post μεσω αυτ.) E S 124 2 788 1346 ¦ τελος της β̅ G M Π Ω f¹ 28 ¦ τελ τς β̅ τς α̅ εβδ 118 21 λε̅ᵐᵍ λθ̅ᵗᵒᵖ περι του οφειλοντος μυρια ταλαντ G ¦ λθ̅ περι του οφιλοντος τα μυρια ταλαντα L N Θ ¦ λθ̅ πε του οφειλοντ μυρια ταλαντ Ω

D 19 ρπς̅/ι̅ ℵ E G Y L M S U Π Ω 118 28 1424 ¦ ρπς̅ D F H K Θ f¹ f¹³ 2 579 1071 1346 ¦ ρπς̅/η̅ 124 788 ¦ ρπε̅ 157 ¦ Ευ Μθ ρπς̅ : Ιω . : Λο . : Μρ . E ¦ Μθ ρπς̅ : Ιω σιε M ¦ Μθ ρπς̅ : Μρ . : Λο . : Ιω . 124 20 ρπς̅ 157 21 ρπζ̅/ε ℵ G L M N S U Υ Π Ω 124 28 788 1424 ¦ ρπζ̅ D F H K Θ f¹ f¹³ 2 157 579 1071 1346 ¦ ρπζ̅/ς E ¦ ρπζ̅/ι̅ 118 ¦ Ευ Μθ ρπζ̅ : Ιω . : Λο ρϙθ̅ : Μρ . E ¦ Μθ ρπζ̅ M ¦ Μθ ρπζ̅ : Μρ ρξα : Λο ρϙα : Ιω σιε 124

ὁ ἀδελφός μου εἰς ἐμὲ καὶ ἀφήσω αὐτῷ;   ἕως ἑπτάκις; **22** λέγει αὐτῷ ὁ Ἰησοὺς,   B *f*¹³ 788 1346
<u>εἰς ἐμε ὁ ἀδελφός</u>   καὶ ἀφήσω αὐτῷ;   ἕως ἑπτάκις; **22** λέγει αὐτῷ ὁ Ἰησοὺς,   L
ὁ ἀδελφός μου εἰς ἐμὲ καὶ ἀφήσω <u>αὐτόν</u>;   ἕως ἑπτάκις; **22** λέγει αὐτῷ ὁ Ἰησοὺς,   Θ
<u>εἰς ἐμὲ ὁ ἀδελφός σου</u> καὶ ἀφήσω <u>αὐτῷ</u>;   ἕως ἑπτάκις; **22**   579
<u>εἰς ἐμὲ ὁ ἀδελφός μου</u> καὶ ἀφήσω αὐτῷ;   ἕως ἑπτάκις; **22** λέγει αὐτῷ ὁ Ἰησοὺς,   **uwτ** rell

Οὐ λέγω σοι ἕως ἑπτάκις ἀλλὰ ἕως ἑβδομηκοντάκις ἑπτά.   B Dᶜ **uw**
Οὐ λέγω σοι ἕως ἑπτάκις ἀλλὰ ἕως ἑβδομηκοντάκις <u>ἑπτάκις</u>.   D*
        <u>ἀλλ'</u> ἕως ἑβδομηκοντάκις ἑπτά.   579
Οὐ λέγω σοι ἕως ἑπτάκις <u>ἀλλ'</u> ἕως ἑβδομηκοντάκις ἑπτά.   τ rell

[Cl S VII 85.2 <u>αφεις εβδομηκοντακις επτα</u>].

$\overline{\lambda\theta}$ περὶ τοῦ ὀφείλοντος μυρία τάλαντα

The Parable Of The Unforgiving Servant

23 Διὰ τοῦτο ὡμοιώθη ἡ   βασιλεία τῶν οὐρανῶν ἀνθρώπῳ βασιλεῖ ὃς   ἠθέλησεν   B **uwτ** rell
23 Διὰ τοῦτο ὡμοιώθη ἡ   βασιλεία τῶν οὐρανῶν   βασιλεῖ ὃς   ἠθέλησεν   G
23 Διὰ τοῦτο ὡμοιώθη ἡ <u>ἡ</u> βασιλεία τῶν οὐρανῶν ἀνθρώπῳ βασιλεῖ ὃς   ἠθέλησεν   579
23 Διὰ τοῦτο ὡμοιώθη ἡ   βασιλεία τῶν οὐρανῶν ἀνθρώπῳ βασιλεῖ <u>ὅστις</u>   ἠθέλησεν   1424

συνᾶραι λόγον μετὰ τῶν δούλων αὐτοῦ. **24** ἀρξαμένου δὲ αὐτοῦ συναίρειν προσήχθη   B D **w**
συνᾶραι λόγον   τῶν δούλων αὐτοῦ. **24** ἀρξαμένου δὲ αὐτοῦ συναίρειν <u>προσηνέχθη</u>   Δ
συνᾶραι λόγον μετὰ τῶν δούλων αὐτοῦ. **24** ἀρξαμένου δὲ   συναίρειν <u>προσηνέχθη</u>   157
συνᾶραι λόγον μετὰ τῶν δούλων αὐτοῦ. **24** ἀρξαμένου δὲ αὐτοῦ συναίρειν <u>προσηνέχθη</u>   **uτ** rell

εἷς αὐτῷ ὀφειλέτης μυρίων ταλάντων. **25** μὴ ἔχοντος δὲ αὐτοῦ ἀποδοῦναι ἐκέλευσεν   B
εἷς αὐτῷ ὀφειλέτης <u>πολλῶν</u> ταλάντων. **25** μὴ ἔχοντος δὲ αὐτοῦ ἀποδοῦναι ἐκέλευσεν   ℵ*
<u>αὐτῷ εἷς</u> ὀφειλέτης μυρίων ταλάντων. **25** μὴ <u>ἐχόντων</u> δὲ αὐτοῦ ἀποδοῦναι ἐκέλευσεν   F
<u>αὐτῷ εἷς</u> ὀφειλέτης μυρίων ταλάντων. **25** μὴ ἔχοντος δὲ   ἀποδοῦνα ἐκέλευσεν   Y*
<u>αὐτῷ εἷς</u> ὀφειλέτης μυρίων ταλάντων. **25** μὴ ἔχοντος δὲ <u>αὐτῷ</u> ἀποδοῦναι ἐκέλευσεν   579
<u>αὐτῷ εἷς</u> ὀφειλέτης μυρίων ταλάντων. **25** μὴ ἔχοντος δὲ αὐτοῦ ἀποδοῦναι ἐκέλευσεν   **uwτ** rell

αὐτὸν ὁ κύριος   πραθῆναι καὶ τὴν γυναῖκα   καὶ τὰ τέκνα καὶ πάντα ὅσα   B **uw**
αὐτὸν ὁ κύριος   πραθῆναι καὶ τὴν γυναῖκα   καὶ τὰ <u>πεδία</u> καὶ πάντα ὅσα   ℵ
αὐτὸν ὁ κύριος   πραθῆναι καὶ τὴν γυναῖκα <u>αὐτοῦ</u> καὶ τὰ τέκνα καὶ πάντα ὅσα   D L 579
αὐτὸν   κύριος <u>αὐτοῦ</u> πραθῆναι καὶ τὴν γυναῖκα <u>αὐτοῦ</u> καὶ τὰ τέκνα καὶ πάντα ὅσα   Δ
αὐτὸν ὁ κύριος <u>αὐτοῦ</u> πραθῆναι καὶ τὴν γυναῖκα   καὶ τὰ τέκνα καὶ πάντα ὅσα   Θ
αὐτὸν   πραθῆναι καὶ τὴν γυναῖκα   καὶ τὰ τέκνα καὶ πάντα ὅσα   *f*¹
αὐτὸν   πραθῆναι καὶ τὴν γυναῖκα   καὶ τὰ τέκνα καὶ πάντα ὅσα   700
αὐτὸν ὁ κύριος <u>αὐτου</u> πραθῆναι καὶ τὴν γυναῖκα <u>αὐτοῦ</u> καὶ τὰ τέκνα καὶ πάντα ὅσα   𝔐 K M N U W Π
        118 *f*¹³ 2 33 28 157 565 788 1071 1346 1424 τ

---

lac. **18.21-25** 𝔓⁴⁵ A C P Q Γ

A **21** αφεσω Δ ¦ αφεισω 33 ¦ αφισω 579 | επτακεις L W **22** λεγι ℵ ¦ λεγη 2* | επακις Μ* ¦ επτακης 2* | εβδοκοντακις Κ* ¦ εβδομικοντακις F 1071 ¦ εβδομηκοντακις 2* | εβδομηκοντακις 565 τουτω*f*¹³ | ωμοιωθη Κ ¦ ομοιωθη 13 ¦ ομοιωθη Η Ν 2 28 1071 1424 | βασιλια ℵ ¦ βασιλι ℵ ¦ ως (ος) Ε* F* 13 | ηθελησε Υ Κ *f*¹ 118 157 700 | συναρε Κ L W | λογων 579 | τον (των²) 13 | δουλον L Θ **24** συναιριν ℵ Ν ¦ συναρειν L* Δ* ¦ συνερειν W 579 | ης (εις) 579 | οφιλετης ℵ Ν W Θ ¦ οφηλετης L 579 ¦ οφειλετις 2 **25** αποδουνε ℵ ¦ πραθηνε, γυνεκα ℵ*

B **19** π̅ρ̅ς̅ ℵ 𝔐 K L M N S U W Δ Θ Π Ω *f*¹ 118 *f*¹³ 69 124 2 33 28 157 565 579 700 788 1071 1346 1424 | ο̅υ̅νοις̅ ℵ E F G Y K L M U Π Ω *f*¹ 118 *f*¹³ 124 2 28 157 579 700 788 1071 1346 1424 ¦ ο̅υ̅νους̅ Δ **20** γ̅ ℵ **21** κ̅ε̅ Β ℵ D 𝔐 K L M N S U W Δ Θ Π Ω *f*¹ 118 *f*¹³ 69 124 2 33 28 157 565 579 700 788 1071 1346 1424 **22** ι̅ς̅ Β ℵ 𝔐 K L M N S U W Δ Θ Π Ω *f*¹ 118 *f*¹³ 124 2 33 28 157 565 700 788 1071 1346 1424 ¦ ο̅υ̅νων̅ ℵ E G H Y K L M S U Δ Π Ω *f*¹ 118 *f*¹³ 124 2 28 157 565 579 700 788 1071 1346 1424 | α̅ν̅ω̅ ℵ E F H Y K L M N S U Π Ω *f*¹ 118 *f*¹³ 69 124 2 33 28 157 565 579 700 788 1071 1346 1424 **25** κ̅ς̅ Β ℵ D F H Y K L M N U W Θ Π *f*¹³ 69 2 157 579 788 1071 1346

C **21** τελ *f*¹³ **22** τελος (post επτα) D [ημερα β΄ της α΄ εβδομ.: 18.10-22] 157 579 1071 | υπ τς γ̅ Π *f*¹ 118 **23** αννοσμα περι το σαβατου D ¦ λ̅θ̅ περι του οφειλοντος (οφηλοντος Ε ¦ οφιλοντος Δ 579 ¦ ωφειλοντ 1071) (+ τα 2 157 1071) μυρια ταλαντα: E F H Y K S U (ante vs. 24 A) Θ Π *f*¹ *f*¹³ 2 33 28 157 579 788 1071 1346 1424 ¦ λ̅θ̅ Μ ¦ αρχη· κυριακη ι̅α̅ ειπεν ο κ̅ς̅ την παραβολην ταυτην: (ante ωμοιωθη) Ε 2 ¦ αρχη F ¦ αρχη: κυ ι̅α̅ ειπεν την παρ, ωμοιωθ, G ¦ αρχη: κυ, ι̅α̅ ειπ την παραβολην ταυτ ομοιωθ Η ¦ αρχ: κυ, ια αρχ ειπεν ο κς τ παραβ, ταυτ ωμοιωθη η βασιλεια των ο̅υ̅νων̅ Υ ¦ αρχ: Μθ κς ια ειπεν ο κς την παραβ, ωμοιωθη η βασιλεια, Μ ¦ κυ ια ειπ ο κς την παραβολ S ¦ αρχ: κ,υ ια μ, τ̅ η ειπ ο κς τοις εαυτου μαθηταις ωμοιωθη Π ¦ αρχ τς κ,υ Π ¦ κ,υ ια τω καιρω ωμοιωθη Ω ¦ αρχ ο̅ξ̅ κ,υ ια ειπ ο κς τ̅ παρ ταυτ ωμοιωθη η βασιλ *f*¹ ¦ αρχ ο̅ξ̅ κ,υ ια ειπ ο κς τ̅ παρα ταυτ ωμοιωθη η βασ 118 ¦ αρχ κ,υ ια *f*¹³ 124 1346 ¦ αρχ τς κ,υ ειπεν ο κς̅ την παραβολην ταυτην ομοιωθη η βασιλεια 28 ¦ αρχ κυριακη ι̅α̅ 157 ¦ κ,υ ια 788 ¦ αρχ: κυ ια ειπ ο κς την παραβολ 1071 ¦ ο̅ξ̅ Π

D **22** ρ̅π̅η̅ F **23** ρ̅π̅η̅/ι ℵ E G L M S Y Ω 28 1424 ¦ ρ̅π̅η̅ D H K Θ Π *f*¹ *f*¹³ 157 | Ευ Μθ ρ̅π̅η̅ : Ιω . : Λο . : Μρ . Ε | Μθ ρ̅π̅η̅ Μ | λ̅π̅η̅/ι U ¦ ρ̅π̅η̅/ι 118 124 788 ¦ ρ̅π̅η̅ 579 1071 1346 **24** ρ̅π̅η̅ 579 (sic!)

ἔχει, καὶ ἀποδοθῆναι. **26** πεσὼν οὖν ὁ   δοῦλος   προσεκύνει αὐτῷ λέγων, B *f*[1] **uw**
εἶχεν, καὶ ἀποδοθῆναι. **26** πεσὼν οὖν ὁ   δοῦλος ἐκεῖνος προσεκύνει αὐτῷ λέγων, ℵ[c] L Δ 33 579
εἶχεν, καὶ ἀποδοθῆναι. **26** πεσὼν δὲ ὁ   δοῦλος ἐκεῖνος προσεκύνει αὐτῷ λέγων, D
εἶχεν, καὶ ἀποδοθῆναι. **26** .... N
εἶχεν, καὶ ἀποδοθῆναι. **26** πεσὼν οὖν ὁ   δοῦλος ἐκεῖνος προσεκύνει αὐτῷ λέγων, Δ
ἔχει, καὶ ἀποδοθῆναι. **26** πεσὼν οὖν ὁ   δοῦλος ἐκεῖνος προσεκύνει αὐτῷ λέγων, Θ
εἶχεν, καὶ ἀποδοθῆναι. **26** πεσὼν οὖν ὁ συνδοῦλος   προσεκύνει αὐτῷ λέγων, *f*[13]
εἶχεν, καὶ ἀποδοθῆναι. **26** πεσὼν οὖν ὁ   δοῦλος   προσεκύνει αὐτῷ λέγων, 118 τ rell

Μακροθύμησον ἐπ’ ἐμοί, καὶ πάντα ἀποδώσω σοι. **27** σπλαγχνισθεὶς B **uw**
Κύριε, μακροθύμησον ἐπ’ ἐμοί, καὶ πάντα ἀποδώσω σοι. **27** σπλαγχνισθεὶς ℵ *f*[13] 33 157 788
Μακροθύμησον ἐπ’ ἐμέ, καὶ πάντα ἀποδώσω.   **27** σπλαγχνισθεὶς D
Κύριε, μακροθύμησον ἐν ἐμοί, καὶ πάντα σοι ἀποδώσω. **27** σπλαγχνισθεὶς G
Κύριε, μακροθύμησον ἐπ’ ἐμέ, καὶ πάντα ἀποδώσω σοι. **27** σπλαγχνισθεὶς L 579
Μακροθύμησον ἐπ’ ἐμοί.   **27** σπλαγχνισθεὶς Θ
Μακροθύμησον ἐπ’ ἐμοί, καὶ πάντα ἀποδώσω. **27** σπλαγχνισθεὶς 700
Κύριε, μακροθύμησον ἐπ’ ἐμοί, καὶ πάντα σοι ἀποδώσω. **27** σπλαγχνισθεὶς 𝔐 K M U W Δ Π *f*[1] 2 28
                                   565 1071 1346 1424 τ

δὲ ὁ κύριος τοῦ δούλου   ἀπέλυσεν αὐτόν, καὶ   τὸ δάνειον   B
δὲ ὁ κύριος τοῦ δούλου ἐκείνου ἀπέλυσεν αὐτόν, καὶ   τὸ δάνιον   ℵ D E L Δ 2* 788 [**w**]
δὲ ὁ κύριος τοῦ δούλου ἐκείνου ἀπέλυσεν αὐτόν, καὶ   τὸν δάνιον   W
δὲ ὁ κύριος τοῦ δούλου   ἀπέλυσεν αὐτόν, καὶ   τὸ δάνιον   Θ 124 [**w**]
δὲ ὁ κύριος τοῦ δούλου   ἀπέλυσεν αὐτόν, καὶ πᾶσαν τὴν ὀφειλὴν   1 1582*
δὲ ὁ κύριος τοῦ δούλου ἐκείνου ἀπέλυσεν αὐτόν, καὶ πᾶσαν τὴν ὀφειλὴν   1582[c]
δὲ ὁ κύριος τοῦ δούλου ἐκείνου ἀπέλυσεν αὐτόν, καὶ πᾶσαν τὴν ὀφειλὴν ἐκείνην   1424
δὲ ὁ κύριος τοῦ δούλου ἐκείνου ἀπέλυσεν αὐτόν, καὶ   τὸ δάνειον   118 **uτ** rell

ἀφῆκεν αὐτῷ. **28** ἐξελθὼν δὲ ὁ δοῦλος   εὗρεν ἕνα τῶν συνδούλων αὐτοῦ ὃς B
ἀφῆκεν αὐτῷ. **28** ἐξελθὼν   ὁ δοῦλος ἐκεῖνος εὗρεν ἕνα τῶν συνδούλων αὐτοῦ ὃς G*
ἀφῆκεν αὐτῷ. **28** ἐξελθὼν δὲ ὁ δοῦλος ἐκεῖνος εὗρον ἕνα τῶν συνδούλων αὐτοῦ ὃς Θ
ἀφῆκεν αὐτοῦ. **28** ἐξελθὼν δὲ ὁ δοῦλος ἐκεῖνος εὗρεν ἕνα τῶν συνδούλων αὐτοῦ ὃς 1346
ἀφῆκεν αὐτῷ. **28** ἐξελθὼν δὲ ὁ δοῦλος ἐκεῖνος εὗρεν ἕνα τῶν συνδούλων αὐτοῦ ὃς **uwτ** rell

ὤφειλεν αὐτῷ ἑκατὸν δηνάρια, καὶ κρατήσας αὐτὸν ἔπνειγε λέγων, Ἀπόδος B
.... Ἀπόδος C
ὤφειλεν αὐτῷ δηνάρια ἑκατὸν, καὶ κρατήσας αὐτὸν ἔπνειγε λέγων, Ἀπόδος D
ὤφειλεν αὐτῷ ἑκατὸν δηνάρια, καὶ κρατήσας αὐτὸν ἔπνιγεν λέγων, Ἀπόδος **uwτ** rell

εἴ τι ὀφείλεις. **29** πεσὼν οὖν ὁ σύνδουλος αὐτοῦ   B ℵ D L Θ 1 1582* 124 579 700 **uw**
μοι εἴ τι ὀφείλεις. **29** πεσὼν οὖν ὁ σύνδουλος αὐτοῦ   C* G
εἴ τι ὀφείλεις. **29** πεσὼν οὖν ὁ σύνδουλος αὐτοῦ εἰς τοὺς πόδας αὐτοῦ W Y Π 33 565
μοι ἤ τι ὀφείλεις. **29** πεσὼν οὖν ὁ σύνδουλος αὐτοῦ εἰς τοὺς πόδας αὐτοῦ 2
μοι εἴ τι ὀφείλεις. **29** πεσὼν οὖν ὁ σύνδουλος αὐτοῦ προσεκύνει 28
μοι ἤ τοι ὀφείλεις. **29** πεσὼν οὖν ὁ σύνδουλος αὐτοῦ εἰς τοὺς πόδας αὐτοῦ 1071
μοι ἤ τι ὀφείλεις. **29** πεσὼν οὖν ὁ σύνδουλος αὐτοῦ   1424
μοι ὅ τι ὀφείλεις. **29** πεσὼν οὖν ὁ σύνδουλος αὐτοῦ εἰς τοὺς πόδας αὐτοῦ τ   [↓157 788 1346
μοι εἴ τι ὀφείλεις. **29** πεσὼν οὖν ὁ σύνδουλος αὐτοῦ εἰς τοὺς πόδας αὐτοῦ C[c] 𝔐 K M U Δ 1582[c] 118 *f*[13]

---

lac. **18.25-29** 𝔓[45] A C P Q Γ ¦ vss. 25-28 C ¦ vss. 26-29 N

A 25 ειχε Y 118 13 157 700 788 1071 1346 ¦ ηχεν Ω ¦ αποδοθνε ℵ ¦ αποθηναι D* ¦ αποδωθηναι 579 1071 **26** πεσον L ¦ εκινος ℵ[c] ¦ προσεκυνι ℵ 579 ¦ προσεκυνη Θ 2 565 ¦ προσεκεινη 13 ¦ μακροθυμησων E ¦ αποδοσω 2 565 1424 **27** σπλαγχνισθις ℵ ¦ σπλανχνισθεις D ¦ σπλαγχνησθεις E 2[c] ¦ σπλαχνισθεις K ¦ σπλαγχνηθης 2* ¦ σπλαγχνισθης 579 ¦ δου H* ¦ εκινου ℵ ¦ δανιον 579 1346 ¦ αφεικεν U **28** εξελθον E* ¦ εκινος ℵ ¦ τον (των) Θ ¦ συνδουλον 2* ¦ ωφιλεν ℵ Θ ¦ ωφολεν 1 ¦ διναρια K Θ ¦ δυναρια 13 ¦ επνειγεν D ¦ επνιγε H Y U 118 13 157 700 788 1346 ¦ επνηγεν K Ω 2* ¦ επνηγε 28 1071 ¦ αποδως 579 1424 ¦ οφιλις ℵ L ¦ οφειλης E* F 13 28 788 1346 ¦ οφιλεις L W Θ ¦ ωφειλεις 579 ¦ ωφειλης 1424

B 26 κε̅ ℵ 𝔐 K L M S U W Δ Π Ω *f*[1] 118 *f*[13] 69 2 28 157 565 579 788 1071 1346 1424 **27** κς̅ ℵ D F G Y K L M U W Δ Θ Π *f*[1] 13 69 2 157 579 788 1071 1346 **28** ρ D

[↓700 1071 **uw**

παρεκάλει	αὐτὸν λέγων, Μακροθύμησον ἐπ᾽ ἐμοί, καὶ		ἀποδώσω σοι	B ℵ* 𝔐 M U Δ 118 2
παρεκάλει	αὐτὸν λέγων, Μακροθύμησον ἐπ᾽ ἐμοί, καὶ <u>πάντα</u>	ἀποδώσω σοι.		ℵᶜ W Θ f¹ 157 τ
παρεκάλει	αὐτὸν λέγων, Μακροθύμησον ἐπ᾽ <u>ἐμέ</u>, καὶ		ἀποδώσω σοι.	C*
παρεκάλει	αὐτὸν λέγων, Μακροθύμησον ἐπ᾽ <u>ἐμέ</u>, καὶ <u>πάντα</u> <u>σοι ἀποδώσω</u>.			Cᶜ
παρεκάλει	αὐτὸν λέγων, Μακροθύμησον ἐπ᾽ <u>ἐμέ</u>, <u>κἀγὼ</u> ἀποδώσω σοι.			D
παρεκάλει	αὐτὸν λέγων, Μακροθύμησον ἐπ᾽ ἐμοί, καὶ ἀποδώσω σοι <u>πάντα</u>.			K
παρεκάλει	αὐτὸν λέγων, Μακροθύμησον ἐπ᾽ ἐμοί, καὶ <u>πάντα</u>	ἀποδώσω σοι.		L 579
παρεκάλει	αὐτὸν λέγων, Μακροθύμησον ἐπ᾽ ἐμοί, καὶ <u>ἅπαντα</u> <u>σοι ἀποδώσω</u>.			13ᶜ 124 788 1346
<u>αὐτὸν καὶ παρεκάλει</u> λέγων, Μακροθύμησον ἐπ᾽ ἐμοί, καὶ			ἀποδώσω σοι.	28 [↓1424
παρεκάλει	αὐτὸν λέγων, Μακροθύμησον ἐπ᾽ ἐμοί, καὶ <u>πάντα</u> <u>σοι ἀποδώσω</u>.			Y Π 13* 69 33 565

30 ὁ δὲ οὐκ ἤθελεν,	ἀλλὰ ἀπελθὼν ἔβαλεν αὐτὸν εἰς	φυλακὴν ἕως	ἀποδῷ	B ℵᶜ **uw**
30 ὁ δὲ οὐκ ἤθελεν,	<u>καὶ</u> ἀπελθὼν ἔβαλεν αὐτὸν εἰς	φυλακὴν ἕως	ἀποδῇ	ℵ*
30 ὁ δὲ οὐκ ἤθελεν,	ἀλλὰ ἀπελθὼν ἔβαλεν αὐτὸν εἰς	φυλακὴν ἕως <u>οὗ</u> ἀποδῷ <u>πὰν</u>		C
30 ὁ δὲ οὐκ <u>ἠθέλησεν</u>,	ἀλλὰ ἀπελθὼν ἔβαλεν αὐτὸν εἰς	φυλακὴν ἕως <u>οὗ</u> ἀποδῷ		D f¹³ 788 1346
30 ὁ δὲ οὐκ ἤθελεν,	<u>ἀλλ᾽</u> ἀπελθὼν ἔβαλεν αὐτὸν εἰς	φυλακὴν ἕως <u>οὗ</u> ἀποδῷ		F Y f¹
30 ὁ δὲ οὐκ ἤθελεν,	ἀλλὰ ἀπελθὼν ἔβαλεν αὐτὸν εἰς <u>τὴν</u>	φυλακὴν ἕως	ἀποδω	L
30 ὁ δὲ οὐκ ἤθελεν,	ἀλλὰ ἀπελθὼν ἔβαλεν αὐτὸν εἰς <u>τὴν</u>	φυλακὴν ἕως <u>οὗ</u> ἀποδῷ		Θ 579
30 ὁ δὲ οὐκ <u>ἠθέλησεν</u>,	ἀλλὰ ἀπελθὼν ἔβαλεν αὐτὸν εἰς	φυλακὴν ἕως <u>οὗ</u> ἀποδῷ <u>πᾶν</u>		124
30 ὁ δὲ οὐκ ἤθελεν,	ἀλλὰ ἀπελθὼν ἔβαλεν αὐτὸν εἰς	φυλακὴν ἕως <u>οὗ</u> ἀποδῷ <u>πᾶν</u>		1424
30 ὁ δὲ οὐκ ἤθελεν,	ἀλλὰ ἀπελθὼν ἔβαλεν αὐτὸν εἰς	φυλακὴν ἕως <u>οὗ</u> ἀποδῷ		𝔐 K M U

W Δ Π 118 2 33 28 157 565 700 1071 τ

τὸ ὀφειλόμενον. **31** ἰδόντες οὖν αὐτοῦ οἱ σύνδουλοι τὰ γενόμενα	ἐλυπήθησαν	B
τὸ ὀφειλόμενον. **31** ἰδόντες οὖν <u>οἱ σύνδουλοι αὐτοῦ</u> τὰ γενόμενα	ἐλυπήθησαν	ℵ* **uw**
τὸ ὀφειλόμενον. **31** ἰδόντες οὖν <u>οἱ σύνδουλοι αὐτοῦ</u> τὰ <u>γεινόμενα</u>	ἐλυπήθησαν	D
τὸ ὀφειλόμενον. **31** ἰδόντες <u>δὲ</u> <u>οἱ σύνδουλοι αὐτοῦ</u> τὰ <u>γινόμενα</u>	ἐλυπήθησαν	L
τὸ ὀφειλόμενον. **31** <u>εἰδότες</u> οὖν <u>οἱ σύνδουλοι αὐτοῦ</u> τὰ γενόμενα	ἐλυπήθησαν	33
τὸ ὀφειλόμενον. **31** ἰδόντες <u>δὲ</u> <u>οἱ σύνδουλοι αὐτοῦ</u> τὰ γενόμενα	ἐλυπήθησαν	τ rell

σφόδρα, καὶ	ἐλθόντες διεσάφησαν τῷ κυρίῳ ἑαυτῶν	πάντα τὰ γενόμενα.	B **uw** rell
σφόδρα, <u>οἱ δὲ</u>	ἐλθόντες διεσάφησαν τῷ κυρίῳ ἑαυτῶν	πάντα τὰ γενόμενα.	ℵ
σφόδρα, καὶ	ἐλθόντες διεσάφησαν τῷ κυρίῳ ἑαυτῶν	<u>ἅπαντα</u> τὰ γενόμενα.	C
σφόδρα, καὶ	ἐλθόντες διεσάφησαν τῷ κυρίῳ <u>αὐτῶν</u>	πάντα τὰ γενόμενα.	D H L 118 2 700 1071 1424 τ
σφόδρα, καὶ	ἐλθόντες διεσάφησαν τῷ κυρίῳ ἑαυτῶν	πάντα γενόμενα.	Δ
σφόδρα, καὶ <u>ἀπελθόντες</u>	διεσάφησαν τῷ κυρίῳ <u>αὐτῶν</u>	πάντα τὰ γενόμενα.	Θ f¹³ 788 1346
σφόδρα, καὶ	ἐλθόντες διεσάφησαν τῷ κυρίῳ <u>αὐτῶν</u> <u>ἅπαντα</u>	γενόμενα.	1
σφόδρα, καὶ	ἐλθόντες διεσάφησαν τῷ κυρίῳ <u>αὐτῶν</u> <u>ἅπαντα</u>	τὰ γενόμενα.	1582
σφόδρα, καὶ <u>ἀπελθόντες</u>	διεσάφησαν τῷ κυρίῳ ἑαυτῶν	πάντα τὰ γενόμενα.	33 565
σφόδρα, καὶ	ἐλθόντες διεσάφησαν τῷ κυρίῳ ἑαυτῶν	<u>ἅπαντα</u> τὰ γενόμενα.	579

32 τότε προσκαλεσάμενος αὐτὸν ὁ κύριος αὐτοῦ λέγει αὐτῷ, Δοῦλε πονηρέ,	B **uw**τ rell
32 .... <u>Πονηρὲ δοῦλε,</u>	𝔭²⁵
32 τότε προσκαλεσάμενος αὐτὸν ὁ κύριος αὐτοῦ λέγει, Δοῦλε πονηρέ,	D Θ 700* 1424
32 προσκαλεσάμενος <u>δὲ</u> αὐτὸν ὁ κύριος αὐτοῦ λέγει αὐτῷ, Δοῦλε πονηρέ,	Y Π 565
32 τότε προσκαλεσάμενος αὐτὸν ὁ κύριος αὐτοῦ <u>εἶπεν</u> αὐτῷ, Δοῦλε πονηρέ,	157
32 τότε προσκαλεσάμενος ὁ κύριος αὐτοῦ λέγει αὐτῷ, Δοῦλε πονηρέ,	579

πᾶσαν τὴν ὀφειλὴν ἐκείνην ἀφῆκά σοι, ἐπὶ	παρεκάλεσάς με· **33** οὐκ ἔδει	καὶ σὲ	B ℵ L 579
πᾶσαν τὴν ὀφειλὴν ἐκείνην ἀφῆκά σοι, ἐπὶ	παρεκάλεσάς με· **33** οὐκ ἔδει <u>οὖν</u>		𝔭²⁵
πᾶσαν τὴν ὀφειλὴν ἐκείνην ἀφῆκά σοι, ἐπὶ	παρεκάλεσάς με· **33** οὐκ ἔδει <u>οὖν</u>	καὶ σὲ	D Θ
πᾶσαν τὴν ὀφειλὴν ἐκείνην ἀφῆκά σοι, <u>ἐπεὶ</u>	παρεκάλεσάς <u>μοι</u>· **33** οὐκ ἔδει	καὶ σὲ	M
πᾶσαν τὴν ὀφειλὴν <u>ἐκείνη</u> ἀφῆκά σοι, <u>ἐπεὶ</u>	παρεκάλεσάς με· **33** οὐκ ἔδει	καὶ σὲ	Δ
πᾶσαν τὴν ὀφειλὴν ἐκείνην ἀφῆκά σοι, <u>ἐπεὶ</u>	παρεκάλεσάς με· **33** οὐκ ἔδει	καὶ σὲ	**uw**τ rell

lac. 18.29-33 𝔭⁴⁵ A C N P Q Γ

A **29** παρεκαλι ℵ Θ ¦ παρεκαλη 2* ¦ μακροθυμησων Θ ¦ απωδωσω Cᶜ Θ ¦ αποδοσω F 565 **30** αυτων (αυτον) Θ ¦ αποδο Θ ¦ οφιλομενον ℵ H L W Θ ¦ ωφειλομενον 1071 **31** ιδωντες 579 ¦ ελυπιθησαν 565 ¦ ελθωντες 2* ¦ διεσαφισαν 579 **32** λεγι ℵ ¦ πονηραι 700ᶜ ¦ οφιλην 𝔭²⁵ ℵ W ¦ οφηλην Θ ¦ ωφειλην 1071 ¦ εκινην ℵ ¦ επαρακαλεσας 1 **33** εδι D ¦ εδη 579

B **31** κ̅ω̅ ℵ D 𝔐 K L M U W Δ Θ Π Ω f¹ 118 f¹³ 69 124 2 28 157 565 579 788 1071 1346 **32** κ̅ς̅ ℵ D F G Y K L M U Δ Θ Π f¹³ 69 2 157 565 579 788 1071 1346

ἐλεῆσαι τὸν σύνδουλόν σου, ὡς κἀγὼ   σὲ   ἠλέησα; 34 καὶ ὀργισθεὶς ὁ κύριος   B ℵ D L 33 579 **uw**
ἐλεῆσαι τὸν σύνδουλόν σου, ὡς κἀγὼ   ἠλέησα ὑμᾶς; 34 καὶ ὀρ⋯⋯θεὶς ⋯⋯⋯⋯⋯   𝔭25
ἐλεῆσαι τὸν σύνδουλόν σου, ὡς καὶγὼ   σε   ἠλέησα; 34 καὶ ὀργισθεὶς ὁ κύριος   Θ
ἐλεῆσαι τὸν σύνδουλόν σου, ὡς καὶ ἐγὼ   σὲ   ἠλέησα; 34 καὶ ὀργισθεὶς ὁ κύριος   C 𝔐 K M U W Δ Π
                                                                                      f¹ f¹³ 28 157 565 700 788 1346 1424 τ

αὐτοῦ παρέδωκεν αὐτὸν   τοῖς βασανισταῖς ἕως   ἀποδῷ πᾶν το ὀφειλόμενον.   B ℵ¹ [w]
αὐτοῦ παρέδωκεν αὐτὸν   τοῖς βασανισταῖς ἕως σου ἀποδῷ πᾶν το ὀφειλόμενον αὐτῷ. ℵ*
αὐτοῦ παρέδωκεν αὐτὸν   τοῖς βασανισταῖς ἕως οὗ   ἀποδῷ   το ὀφειλόμενον.   D
αὐτοῦ παρέδωκεν αὐτὸν   τοῖς βασανισταῖς ἕως οὗ   ἀποδῷ πᾶν το ὀφειλόμενον.   Θ 124 700 788 1424
αὐτοῦ παρέδωκεν αὐτὸν αὐτὸν τοῖς βασανισταῖς ἕως οὗ   ἀποδῷ πᾶν το ὀφειλόμενον αὐτῷ. 33 [↑u[w]
αὐτοῦ παρέδωκεν αὐτὸν   τοῖς βασανισταῖς ἕως οὗ   ἀποδῷ πᾶν το ὀφειλόμενον αὐτῷ. ℵ² C 𝔐 K L
                                                                                      M U W Δ Π f¹ f¹³ 2 28 157 565 579 1071 1346 τ

35 Οὕτως   καὶ ὁ πατήρ μου   ὁ   οὐράνιος ποιήσει ὑμῖν   ἐὰν μὴ B ℵ Cᶜ K L Π 33 157 565
35 Οὕτως   καὶ ὑμῖν ποιήσει   ὁ πατήρ μου   ὁ οὐράνιος   ἐὰν μὴ D   [↑uw
35 Οὕτως   καὶ ὁ πατήρ μου   ὁ ἐπουράνιος ὑμῖν ποιήσει   ἐὰν μὴ Hᶜ
35 Οὕτω   καὶ ὁ πατήρ μου   ὁ ἐπουράνιος ποιήσει ὑμῖν   ἐὰν μὴ Y τ
35 Οὕτως   καὶ ὁ πατήρ ὑμῶν   ὁ ἐπουράνιος ποιήσει ὑμῖν   ἐὰν μὴ S Ω
35 Οὕτως οὖν   καὶ ὁ πατήρ μου   ὁ ἐπουράνιος ὑμῖν ποιήσει   ἐὰν μὴ f¹
35 Οὕτως οὖν   καὶ ὑμῖν ποιήσει   ὁ πατήρ μου   ὁ ἐπουράνιος   ἐὰν μὴ f¹
35 Οὕτω   καὶ ὁ πατὴρ ὑμῶν   ὁ   οὐράνιος ποιήσει ὑμῖν   ἐὰν μὴ 118
35 Οὕτως   καὶ ὁ πατὴρ ὑμῶν   ὁ οὐράνιος   ποιήσει ὑμῖν   ἐὰν μὴ 28
35 Οὕτως οὖν   καὶ ὑμῖν ποιήσει   ὁ πατήρ μου   ὁ οὐράνιος ποιήσει ὑμιν ἐὰν μὴ 579
35 Οὕτως οὖν   καὶ ὑμῖν ποιήσει   ὁ πατήρ μου   ὁ οὐράνιος   ἐὰν μὴ 1424 [↓700 788 1346
35 Οὕτως   καὶ ὁ πατήρ μου   ὁ ἐπουράνιος ποιήσει ὑμῖν   ἐὰν μὴ C* 𝔐 M U W Δ f¹³ 2

ἀφῆτε ἕκαστος τῷ ἀδελφῷ αὐτοῦ ἀπὸ τῶν καρδιῶν ὑμῶν.   B ℵ D L Θ 1 1582* 700 **uw**
ἀφῆτε ἕκαστος τῷ ἀδελφῷ αὐτοῦ ἀπὸ τῶν καρδιῶν ὑμῶν τὰ παραπτώματα αὐτοῦ.   124
ἀφῆτε ἕκαστος τῷ ἀδελφῷ αὐτοῦ ἀπὸ τῶν καρδιῶν ὑμῶν τὰ παραπτώματα αὐτῶν.   C 𝔐 K M U W Δ Π 1582ᶜ
                                                                           118 f¹³ 2 33 28 157 565 579 788 1071 1346 1424 τ

Jesus Completes His Instructions And Goes To Judea
(Mark 10.10)

ρῑβ̄ 19.1 Καὶ ἐγένετο ὅτε ἐτέλεσεν ὁ Ἰησοῦς τοὺς λόγους τούτους, μετῆρεν ἀπὸ   B **uwτ** rell
   19.1 ⋯⋯⋯⋯⋯⋯⋯⋯⋯⋯⋯⋯⋯ ⋯⋯⋯⋯⋯ ⋯⋯⋯⋯⋯ ⋯⋯⋯⋯⋯⋯ ⋯⋯⋯⋯⋯ ⋯⋯⋯ 𝔭25
   19.1 Καὶ ἐγένετο ὅτε ἐλαλησεν ὁ Ἰησοῦς τοὺς λόγους τούτους, μετῆρεν ἀπὸ   D
   19.1 Καὶ ἐγένετο ὅτε ἐτέλεσεν τοὺς λόγους τούτους ὁ Ἰησοῦς, μετῆρεν ἀπὸ   Θ

τῆς Γαλειλαίας καὶ ἦλθεν   εἰς τὰ ὅρια τῆς Ἰουδαίας πέραν τοῦ Ἰορδάνου. B D
τῆς Γαλιλαίας   καὶ ἦλθεν καὶ ἦλθεν   εἰς τὰ ὅρια τῆς Ἰουδέας πέραν τοῦ Ἰορδάνου. ℵ*
τῆς Γαληλαίας   καὶ ἦλθεν   εἰς τὰ ὅρια τῆς Ἰουδαίας πέραν τοῦ Ἰορδάνου. L
τῆς Γαληλαίας   καὶ ἦλθεν   εἰς τὰ ὅρια τῆς Ἰουδέας πέραν τοῦ Ἰορδάνου. Θ
τῆς Γαλιλαίας   καὶ ἦλθεν   εἰς τὰ ὅρια τῆς Ἰουδαίας πέραν τοῦ ⋯⋯⋯⋯⋯   33
τῆς Γαλιλαίας   καὶ ἦλθεν   εἰς τὰ ὅρια τῆς Ἰουδαίας πέραν τοῦ Ἰορδάνου. 𝔭25 **uwτ** rell

2 καὶ ἠκολούθησαν αὐτῷ ὄχλοι πολλοί, καὶ ἐθεράπευσεν αὐτοὺς ἐκεῖ. B **uwτ** rell
2 καὶ ⋯⋯⋯θησαν αὐ⋯⋯ ι πολλοί, ⋯⋯⋯ άπευσεν ⋯⋯⋯⋯⋯.   𝔭25 (cj. sp.)
2 καὶ ἠκολούθησαν ⋯⋯⋯ ⋯⋯ολλοί, καὶ ἐθεράπευσεν αὐτοὺς ἐκεῖ.   33

---

lac. 18.33-19.2 𝔭45 A C N P Q Γ

A 33 ελεησε ℵ D L Θ 579 | οργισθης Ε* | ιλεησα 1071 **34** οργισθις ℵ | οργιεθεις G 2 | οργεισθεις W | οργησθης Θ* | οργησθις Θᶜ | οριθσθη 579 | βασανιστας Ε | μασανιστις W | τω (το) Θ 579 | οφιλομενον Θ | οφιλομενον ℵ W | οφειλομενον L* | ωφειλομενον 1071 **35** ουτος 579 | ποιησι ℵ | υμειν D | αφηται W | αφειτε 579 **19.1** ετελεν C | ηλθε 1071 **2** θεραπευσεν L | εκι ℵ

B **34** κς ℵ D F G Y K L M U W Θ f¹³ 69 124 2 157 579 788 1071 1346 **35** π̄η̄ρ̄ ℵ C 𝔐 K L M S U W Δ Θ Π Ω f¹ 118 f¹³ 69 124 2 33 28 157 565 579 700 788 1071 1346 1424 | επουνιος 𝔐 S Ω f¹ f¹³ 124 2 700 788 1346 | ουνιος K L Π 118 28 157 565 579 1071 **19.1** ῑς̄ B ℵ C 𝔐 K L M S U W Δ Θ Π Ω f¹ 118 f¹³ 2 33 28 157 565 579 700 788 1071 1346 1424 | ῑη̄ς̄ D

C **35** τελος (post παραπτ. αυτων) D [κυριακη ῑᾱ·: 18.23-35] 𝔐 S Ω f¹³ 124 2 788 1346 | τε̄ τς κ̄ῡ M f¹ | τε τς κ̄ῡ αρξα τς γ̄ Π **19.1** ανναγνωσμα περι το κυριακη D | αρξ τς γ̄ f¹ | αρχ ο̄η̄ 118 | αρχ 157 **2** τελ L 579 | υπ τς αγ μγ Π | υπ τς γ̄ f¹

D **19.1** ρ̄π̄θ̄/ς̄ ℵ G L M S U Π Ω 118 124 788 1424 | ρ̄π̄θ̄ C D F H K f¹ f¹³ 2 157 579 1071 1346 | ρ̄π̄θ̄/ε̄ Ε | Ευ Μθ ρ̄π̄θ̄ : Ιω . : Λο . : Μρ ργ Ε | Μθ ρ̄π̄θ̄ : Μρ ργ Μ | Μθ ρ̄π̄θ̄ : Μρ ργ : Λο . : Ιω . 124

μ̄ περὶ τῶν ἐπερωτησάντων εἰ ἔξεστιν ἀπολῦσαι τὴν γυναῖκα

Teaching About Divorce And Remarriage
(Mark 10.2-12; Luke 16.18)

ρ̄ῑγ̄ 3 Καὶ προσῆλθον αὐτῷ   Φαρεισαῖοι   πειράζοντες αὐτὸν καὶ λέγοντες,   B
  3 Καὶ προσ·········· ····τῷ   Φ·········· ·········· ·····   𝔭²⁵
  3 Καὶ προσῆλθον αὐτῷ οἱ Φαρισέοι   πειράζοντες αὐτὸν καὶ λέγοντες,   ℵ
  3 Καὶ προσῆλθον αὐτῷ   Φαρισαῖοι   πειράζοντες αὐτὸν καὶ λέγοντες,   C L M* Υ Θ Π f¹ 124 565
  3 Καὶ προσῆλθον αὐτῷ οἱ Φαρισαῖοι   πειράζοντες αὐτὸν καὶ λέγουσιν αὐτῷ,   D* [↑579 700 788 u
  3 Καὶ προσῆλθον αὐτῷ οἱ Φαρισαῖοι   πειράζοντες αὐτὸν καὶ λέγοντες,   K
  3 Καὶ προσῆλθον αὐτῷ   Φαρισαῖοι   πειράζοντες αὐτὸν καὶ λέγοντες αὐτῷ,   W Δ
  3 Καὶ ··········θαν αὐτῷ   Φαρισαῖ···   ·········· καὶ λέγοντες αὐτῷ,   33
  3 Καὶ προσῆλθαν αὐτῷ   Φαρισαῖοι   πειράζοντες αὐτὸν καὶ λέγοντες,   w
  3 Καὶ προσῆλθον αὐτῷ οἱ Φαρισαῖοι   πειράζοντες αὐτὸν καὶ λέγοντες αὐτῷ,   Dᶜ 𝔐 Mᶜ U 118 f¹³
                 2 28 157 1071 1346 1424 τ

Εἰ ἔξεστιν   ἀπολῦσαι τὴν γυναῖκα αὐτοῦ κατὰ πᾶσαν αἰτίαν; 4 ὁ δὲ   B ℵ* L 579 w
Εἰ ἔξεστιν ἀνθρώπῳ   ἀπο·········· γυναῖκ··· ·········· ····ίαν; 4 ὁ δὲ   33
Εἰ ἔξεστιν ἀνθρώπῳ τινι ἀπολῦσαι τὴν γυναῖκα αὐτοῦ κατὰ πᾶσαν αἰτίαν; 4 ὁ δὲ   565
Εἰ ἔξεστιν   τινι ἀπολῦσαι τὴν γυναῖκα αὐτοῦ κατὰ πᾶσαν αἰτίαν; 4 ὁ δὲ   700
Εἰ ἔξεστιν ἀνδρὶᶜ   ἀπολῦσαι τὴν γυναῖκα αὐτοῦ κατὰ πᾶσαν αἰτίαν; 4 ὁ δὲ   1424ᶜ
Εἰ ἔξεστιν ἀνθρώπῳ   ἀπολῦσαι τὴν γυναῖκα αὐτοῦ κατὰ πᾶσαν αἰτίαν; 4 ὁ δὲ   uτ rell

[Cl S III 47.2 ει εξεστιν απολυσαι γυναικα Μωσεως επιτρεψαντος;]

ἀποκριθεὶς εἶπεν,   Οὐκ ἀνέγνωτε ὅτι ὁ κτίσας ἀπ' ἀρχῆς   ἄρσεν   B 700 uw
ἀποκριθεὶς εἶπεν,   Οὐκ ἀνέγνωτε ὅτι ὁ ποιήσας ἀπ' ἀρχῆς   ἄρσεν   ℵ D
ἀποκριθεὶς εἶπεν,   Οὐκ ἀνέγνωτε ὅτι ἐποίησας ἀπ' ἀρχῆς   ἄρσεν   L
ἀποκριθεὶς εἶπεν αὐτοῖς, Οὐκ ἀνέγνωτε ὅτι ὁ κτίσας ἀπ' ἀρχῆς   ἄρσεν   Θ f¹ 124
ἀποκριθεὶς εἶπεν αὐτοῖς, Οὐκ ἀνέγνωτε ὅτι ὁ ποιήσας ἀπ' ἀρχῆς   ἄρρεν   Ω 2 1071
ἀποκριθεὶς εἶπεν αὐτοῖς, Οὐκ α ·········· τι ὁ ··········   33
ἀποκριθεὶς εἶπεν αὐτοῖς, Οὐκ ἀνέγνωτε ὅτι ὁ ποιήσας ἀπ' ἀρχῆς τόν ἄνθρωπον ἄρσεν   28
ἀποκριθεὶς εἶπεν,   Οὐκ ἀνέγνωτε ὅτι ὁ ποιήσας ἀπ' ἀρχήν   ἄρσεν   579
ἀποκριθεὶς εἶπεν αὐτοῖς, Οὐκ ἀνέγνωτε ὅτι ὁ ποιήσας ἀπ' ἀρχῆς   ἄρσεν   C 𝔐 K M U W
              Δ Π 118 f¹³ 157 565 788 1346 1424 τ

καὶ θῆλυ ἐποίησεν αὐτούς; 5 καὶ εἶπεν,   Ἕνεκα τούτου καταλείψει ἄνθρωπος B ℵ L uw
καὶ θῆλυν ἐποίησεν αὐτούς; 5 καὶ εἶπεν,   Ἕνεκεν τούτου καταλείψει ἄνθρωπος D*
καὶ θῆλυ ἐποίησεν αὐτούς; 5 καὶ εἶπεν αὐτοῖς, Ἕνεκεν τούτου καταλείψει ἄνθρωπος Δ*
καὶ θῆλυ ἐποίησεν αὐτούς; 5 καὶ εἶπεν, ··········   33
καὶ θῆλυ ἐποίησεν αὐτούς; 5 καὶ εἶπεν,   Ἕνεκεν τούτου τὸ καταλείψει ἄνθρωπος 565
καὶ θήλη ἐποίησεν αὐτούς; 5 καὶ εἶπεν,   Ἕνεκεν τούτου καταλείψη ἄνθρωπος 1346
καὶ θῆλυ ἐποίησεν αὐτούς; 5 καὶ εἶπεν,   Ἕνεκεν τούτου καταλείψει ἄνθρωπος τ rell

[Cl S III 47.2 υμεις δε ουκ ανεγνωτε οτι πρωτοπλαστω ο θεος ειπεν· 5 εσεσθε οι δυο εις σαρκα μιαν;]

lac. 19.3-5 𝔭⁴⁵ A N P Q Γ

A 3 κε (και) L | προσηλθων Θ | πιραζοντες ℵ | πειραζωντες Θ | αυτων (αυτον) Θ | εξεστην 579 ¦ εξεστι 700ᶜ | ανθροπω K | απολυσε ℵ Θ* | γυνεκα ℵ | αιτειαν D 579 ¦ ετιαν Θ* 4 ανεγνωται W 579 | αρρεν E ¦ θηλι 13 ¦ θηλοι 28 565 ¦ θυλοι 579 5 καταλιψι ℵ ¦ καταλιψει C W Θ ¦ καταλυψει 13 ¦ καταληψει 579 1424

B 3 α̅ν̅ω̅ℵ³ C 𝔐 M S U W Δ Θ Π Ω f¹ 118 f¹³ 69 124 2 33 28 157 565 788 1071 1346 1424* | α̅ν̅ο̅ν̅ 28 5 α̅ν̅ο̅ς̅ ℵ C 𝔐 L M S U W Δ Θ Π Ω f¹ 118 f¹³ 69 124 2 28 157 565 579 700 788 1071 1346 1424

C 3 μ̄ περι των επερωτησαντων (του επερωτησαντος F 1071) ει εξεστιν (εξεστην L) απολυσαι (απολυειν S Π Ω 579) την (om. 28) γυναικα (+ αυτου H L S Ω 1424): 𝔐 K L M S U Δ Π Ω f¹ 2 28 157 565 579 1071 1424 ¦ μ̄ περι των ·········· Θ ¦ μ̄ πε του εξεστ απολ,την γυναι f¹³ ¦ μ̄ πε του ει εξεστιν απολυσαι την γυναικα αυτου (om.1346) 124 788 1346 | Μθ μ̄ : Μρ κ̄η̄ M Π | αρχη F | αρχη: Σαββατω ι̅α̅ τω καιρω εκεινω (om. G H). προσηλθων (προσηλθον G ¦ προσηλθ H) οι φαρισαιοι τω ι̅υ̅ (+ πειραζ G ¦ πειραζοντες H): E G (ante πειραζ.) | αρχ (ζητ οπισωᵐᵉ): Σα ι̅α̅ αρχ τω κ,ρ,ω προσηλθον οι φαρισαιοι τω ι̅υ̅ πσα ειραζοντ Υ ¦ αρχ: Μθ Σα ι̅α̅ τω καιρω, προσηλθον οι φαρισαιοι τω ι̅υ̅ πειραζοντες αυτον, Μ ¦ Σα ι̅α̅ τω κ S ¦ αρχ του Σα ι̅α̅ μτ τς ε τω κ,αι εκει προσηλθον οι φαρισαιοι Π ¦ αρξ δη Σα ι̅α̅ τω καιρω προσηλθ τω ι̅υ̅ οι φαρισαιοι πειρα f¹ ¦ Σα ι̅α̅ τω καιρω εκεινω προσηλ τω ι̅υ̅_118 ¦ Σα ι̅α̅ τω καιρω προσηλθον οι φαρισαιοι τω ι̅υ̅ Ω 2 | αρχ f¹³ ¦ αρχ Σα ι̅ τω καιρω εκεινω προσηλθον οι φαρισαιοι τω ι̅υ̅ πειρα 28 ¦ αρχ Σα ι̅α̅ 124 157 788 1071 1346 ¦ αρχη τω καιρω 1424 | οη Π | υπ τς γ̄ 118 5 Δευτερονομιου Μ

D 3 ρ̄π̄θ̄ 28

τὸν πατέρα	καὶ τὴν μητέρα	καὶ	κολληθήσεται	τῇ γυναικὶ B D F S U Θ Ω uw
τὸν πατέρα <u>αὐτοῦ</u> καὶ τὴν μητέρα		καὶ <u>προσκολληθήσεται</u>		τῇ γυναικὶ C Y Δ *f*¹ 124 1071
τὸν πατέρα <u>αὐτου</u> καὶ τὴν μητέρα		καὶ	κολληθήσεται	τῇ γυναικὶ E *f*¹³ 28 788 1346
τὸν πατέρα	καὶ τὴν μητέρα <u>αὐτου</u> καὶ		κολληθήσεται	τῇ γυναικὶ W
τὸν πατέρα	καὶ τὴν μητέρα	καὶ	κολληθήσεται	τῇ γυναικὶ 2
	<u>αὐτοῦ</u> καὶ τὴν μητέρα	καὶ <u>προσκολληθή</u>······		·············· 33
τὸν πατέρα <u>αὐτοῦ</u> καὶ τὴν μητέρα		καὶ	κολληθήσεται	τῇ γυναικὶ 157
τὸν πατέρα	καὶ τὴν μητέρα	καὶ <u>προσκολληθήσεται</u>		τῇ <u>ἴδια</u> 579
τὸν πατέρα <u>αὐτου</u> καὶ τὴν μητέρα		καὶ <u>προσκολληθήσεται</u> πρὸς τὸν <u>γυναῖκα</u>		1424 [↓565 700 τ
τὸν πατέρα	καὶ τὴν μητέρα	καὶ <u>προσκολληθήσεται</u>		τῇ γυναικὶ ℵ G K L M Π 118

αὐτοῦ,	καὶ ἔσονται οἱ δύο εἰς σάρκα μίαν. 6 ὥστε	οὐκέτι εἰσὶν δύο ἀλλὰ σάρξ μία.	B uwτ rell
··············	καὶ ἔσονται οἱ δύο εἰς σάρκα μίαν. 6 <u>ὥσται</u>	οὐκέτι εἰσὶν δύο ἀλλὰ σάρξ ·······.	𝔓²⁵
αὐτοῦ,	καὶ ἔσονται οἱ δύο εἰς σάρκα μίαν. 6 ὥστε	οὐκέτι εἰσὶν δύο ἀλλα <u>μία σάρξ</u>.	ℵ D
αὐτοῦ,	καὶ ἔσονται οἱ δύο εἰς σάρκα μίαν. 6	εἰσὶν δύο ἀλλὰ σάρξ μία.	N
αὐτοῦ,	καὶ ἔσονται οἱ δύο εἰς σάρκα μίαν. 6 ὥστε	οὐκέτι εἰσὶν ἀλλὰ σάρξ μία.	Δ
··············	·······άρκα μίαν. 6 ὥστε	οὐκέτι εἰσὶν δύο ἀλλὰ ··············	33
<u>γυναικί</u>,	καὶ ἔσονται οἱ δύο εἰς σάρκα μίαν. 6 ὥστε	οὐκέτι εἰσὶν δύο ἀλλὰ <u>μία σάρξ</u>.	579

ὃ οὖν ὁ θεὸς συνέζευξεν		ἄνθρωπος μὴ	χωριζέτω. 7 λέγουσιν αὐτῷ, Τί οὖν	B uwτ rell
·· οὖν ὁ θεὸς σ······	ξεν	ἄνθρ······	χωριζέτω. 7 λέγουσιν α······	𝔓²⁵
ὃ οὖν ὁ θεὸς συνέζευξεν <u>εἰς ἓν</u>		ἄνθρωπος μὴ <u>ἀποχωριζέτω</u>. 7 λέγουσιν αὐτῷ, Τί οὖν		D
ὃ οὖν ὁ θεὸς συνέζευξεν		ἄνθρωπος μὴ	χωριζέτω. 7 λέγουσιν <u>οὖν</u>, Τί οὖν	118
ὃ οὖν θεὸς συνέζευξεν		ἄνθρωπος μὴ	χωριζέτω. 7 λέγουσιν αὐτῷ, Τί οὖν	*f*¹³
·· ······		··············	χωριζέτω. 7 λέγουσιν αὐτῷ, Τί οὖν	33
οὖν ὁ θεὸς συνέζευξεν		ἄνθρωπος μὴ	χωριζέτω. 7 λέγουσιν αὐτῷ, Τί οὖν	1071

[Cl S III 46.4 και μη πειρασθαι διαλυειν <u>ο συνεζευξεν ο θεος</u>] [Cl S III 49.4 αυτος δε ουτος ο κυριος λεγει, <u>ο ο θεος συνεζευξεν</u>, <u>ανθρωπος μη χωριζετω</u>] [Cl S II 83.4 ου γαρ αν <u>ο συνεζευξεν ο θεος</u>, διαλυσειεν ποτε ανθρωπος ευλογως].

Μωϋσῆς	ἐνετείλατο	δοῦναι βιβλίον ἀποστασίου	καὶ	B ℵᶜ K L M S Y W Θ Π Ω 118 124 157 565
<u>ὁ</u> Μωϋσῆς	ἐνετείλατο	δοῦναι βιβλίον ἀποστασίου	καὶ	D [↑579 1346 uw
Μωϋσῆς	<u>ἐνετίλατο ἡμῖν</u>	δοῦναι βιβλίον ἀποστασίου	και	N
Μωϋ······	··············	··············	καὶ	33
Μωϋσῆς	<u>ἔγραψεν</u>	δοῦναι βιβλίον ἀποστασίου	καὶ	28
<u>ὁ</u> Μωϋσῆς	ἐνετείλατο <u>ἡμῖν</u>	δοῦναι βιβλίον ἀποστασίου	καὶ	700
<u>Μωσῆς</u>	ἐνετείλατο	δοῦναι βιβλίον ἀποστασίου	καὶ	ℵ* C 𝔐 U Δ *f*¹ *f*¹³ 2 788 1071 1424 τ

ἀπολῦσαι αὐτήν;	8	λέγει αὐτοῖς	ὅτι	B [uw]τ rell
ἀπολῦσαι;	8	λέγει αὐτοῖς <u>ὁ Ἰησοῦς</u>	ὅτι	ℵ
ἀπολῦσαι;	8 <u>καὶ</u>	λέγει αὐτοῖς	ὅτι	D*
ἀπολῦσαι;	8	λέγει αὐτοῖς	ὅτι	Dᶜ L Θ *f*¹ 579 700 [uw]
ἀπολῦσαι αὐτήν;	8	λέγει αὐτοῖς <u>ὁ Ἰησοῦς</u>	ὅτι	M
ἀπολῦσαι αὐτήν;	8	λέγει αὐτοῖς <u>ὁ</u>		118

Μωϋσῆς	πρὸς τὴν σκληροκαρδίαν ὑμῶν ἐπέτρεψεν	ὑμῖν	B ℵ K M N S Y Θ Π Ω 118 *f*¹³ 33 28 157 565
<u>Μωσῆς</u>	πρὸς τὴν σκληροκαρδίαν ὑμῶν ἐπέτρεψεν	ὑμῖν	C 𝔐 L Δ *f*¹ 2 1071 τ [↑700 788 1346 uw
<u>πρὸς τὴν σκληροκαρδίαν ὑμῶν</u>	<u>ἐπέτρεψεν ὑμῖν Μωϋσῆς</u>		D
<u>Μωσῆς</u> <u>μὲν</u>	πρὸς τὴν σκληροκαρδίαν ὑμῶν ἐπέτρεψεν	ὑμῖν	U
Μωϋσῆς	<u>ἐπέτρεψεν</u> <u>πρὸς τὴν σκληροκαρδίαν</u>	<u>ὑμῶν</u>	W*
Μωϋσῆς	<u>ἐπέτρεψεν ὑμῖν πρὸς τὴν σκληροκαρδίαν</u>	<u>ὑμῶν</u>	Wᶜ
Μωϋσῆς	πρὸς τὴν σκληροκαρδίαν <u>ἡμῶν</u> ἐπέτρεψεν	ὑμῖν	579
Μωϋσῆς	πρὸς τὴν σκληροκαρδίαν ὑμῶν <u>ἔγραψεν</u>	ὑμῖν	1424

[Cl S III 47.2 <u>προς την σκληροκαρδιαν υμων</u>, φησιν, ο Μωυσης <u>εγραψεν</u>].

---

lac. 19.5-8 𝔓⁴⁵ A P Q Γ ¦ vss. 5-6 N

A 5 τιν (την) Θ ¦ προσκολληθησετε ℵ ¦ κολληθησεται F ¦ γυνεκι ℵ* ¦ γυναικε D W Θ ¦ γυαικι L ¦ γυναικη 2* ¦ εσοντε ℵ ¦ αρκα (σαρκα) K* ¦ μειαν D 6 ωσται 𝔓²⁵ ¦ οστε 579 ¦ ουκετει Θ ¦ εισι S Y U Π Ω *f*¹ 118 *f*¹³ 157 565 700 788 1071 1346 ¦ μεια D 7 ενετιλατο ℵ L N W ¦ ενετειλατω Θ 579 ¦ δουνε ℵ ¦ βιβλον F* ¦ αποστασειου D ¦ απολυσε ℵ 8 λεγι ℵ ¦ κληροκαρδιαν Δ ¦ σκλυροκαρδιαν 13 ¦ υμειν D

B 5 π̄ρ̄ᾱ ℵ C 𝔐 K L M S U W Δ Θ Π Ω *f*¹ 118 *f*¹³ 69 124 2 28 157 565 579 700 788 1071 1346 1424 ¦ μ̄ρ̄ᾱ ℵ C 𝔐 K L M S U W Π Ω *f*¹ 118 *f*¹³ 69 124 2 33 28 157 565 579 700 788 1071 1346 1424 6 θ̄ς̄ B 𝔓²⁵ ℵ C E D F G H Y K L M N S U W Δ Θ Π Ω *f*¹ 118 *f*¹³ 69 124 2 28 157 565 579 700 788 1071 1346 1424 ¦ ᾱν̄ο̄ς̄ ℵ C 𝔐 K L M N S U W Δ Θ Π Ω *f*¹ 118 *f*¹³ 69 2 28 157 565 579 700 788 1346 1424 8 ῑς̄ ℵ M

ἀπολῦσαι τὰς γυναῖκας ὑμῶν, ἀπ᾽ ἀρχῆς δὲ οὐ γέγονεν οὕτως. **9** λέγω δὲ ὑμῖν   B **uw** rell
ἀπολῦσαι τὰς γυναῖκας ὑμῶν, ἀπ᾽ ἀρχῆς δὲ οὐκ ἐγένετο οὕτως. **9** λέγω δὲ ὑμῖν   D 1424
ἀπολῦσαι τὰς γυναῖκας αὐτῶν, ἀπ᾽ ἀρχῆς δὲ οὐ γέγονεν οὕτως. **9** λέγω ὑμῖν   579
ἀπολῦσαι τὰς γυναῖκας ὑμῶν, ἀπ᾽ ἀρχῆς δὲ οὐ γέγονεν οὕτω. **9** λέγω δὲ ὑμῖν   τ

     ὃς ἂν ἀπολύσῃ τὴν γυναῖκα αὐτοῦ   B D [**w**]
ὅτι ὃς ἐὰν ἀπολύσῃ τὴν γυναῖκα αὐτοῦ   C M
ὅτι ὃς ἀπολύσῃ τὴν γυναῖκα αὐτοῦ   788
ὅστις ἀπολύσῃ τὴν γυναῖκα αὐτοῦ   1424
ὅτι ὃς ἂν ἀπολύσῃ τὴν γυναῖκα αὐτου εἰ   τ
ὅτι ὃς ἂν ἀπολύσῃ τὴν γυναῖκα αὐτοῦ   u[**w**] rell

παρεκτὸς λόγου πορνείας ποιεῖ αὐτὴν μοιχευθῆναι   καὶ ὁ ἀπολελυμένην γαμήσας B [**w**]
.... μοιχευθῆναι ὡσαύτως καὶ ὁ γαμῶν ἀπολελυμένην 𝔭25
παρεκτὸς λόγου πορνείας καὶ γαμήσῃ ἄλλην   D 69
παρεκτὸς λόγου πορνείας ποιεῖ αὐτὴν μοιχευθῆναι   καὶ ὁ ἀπολελυμένην γαμῶν f¹
παρεκτὸς λόγου πορνείας καὶ γαμήσῃ ἄλλην μοιχᾶται καὶ ὁ ἀπολελυμένην γαμῶν f¹³ 33 788 1346
μὴ ἐπὶ πορνεια καὶ γαμήσῃ ἄλλην   ℵ Cᶜ L u[**w**]
μὴ ἐπὶ πορνεια καὶ γαμήσῃ ἄλλην ποιεῖ αὐτὴν μοιχευθῆναι καὶ ὁ ἀπολελυμένην γαμῶν C*
μὴ ἐπὶ πορνεια καὶ γαμήσει ἄλλην μοιχᾶται καὶ ὁ ἀπολελυμένην γαμήσας M 28
μὴ ἐπὶ πορνια ποιεῖ αὐτὴν μοιχευθῆναι καὶ ὁ ἀπολελυμένην γαμῶν N
μὴ ἐπὶ πορνεια καὶ γαμήσει ἄλλην   S 2*
μὴ ἐπὶ πορνεια γαμήσῃ ἄλλην μοιχᾶται καὶ ὁ ἀπολελυμένην γαμῶν W
μὴ ἐπὶ πορνεια καὶ γαμήσει ἄλλην μοιχᾶται καὶ ὁ ἀπολελυμένην γαμῶν Y
μὴ ἐπὶ πορνεια καὶ γαμήσῃ ἄλλην μοιχᾶται καὶ ὁ ἀπολυμένην γαμῶν Θ 565
μὴ ἐπὶ πορνεια καὶ γαμήσῃ ἄλλην μοιχᾶται καὶ ὁ ἀπολελυμένην γαμῶν Δ Π 1424
μὴ ἐπὶ πορνεια καὶ γαμήσῃ ἄλλην μοιχᾶται καὶ ὁ ἀπολελυμένην ἀπὸ ἀνδρος γαμῶν 579
μὴ ἐπὶ πορνεια καὶ γαμήσῃ ἄλλην μοιχᾶται καὶ ὁ ἀπολελυμένην γαμήσας 𝔐 K U 118
                                                2ᶜ 157 700 1071 τ

[Cl S II 145.3 ουκ απολυσεις γυναικα πλην ει μη επι λογω πορνειας][Cl S II 146.2 ο δε απολελυμενην λαμβανων γυναικα μοιχαται, φησιν, εαν γαρ τις απολυση γυναικα, μοιχαται αυτην τουτεστιν αναγκαζει μοιχευθηναι].

μοιχᾶται. **10** λέγουσιν αὐτῷ οἱ μαθηταί,   Εἰ οὕτως ἐστὶ ἡ αἰτία τοῦ ανθρώπου B ℵᶜ Θ [**u**]**w**
μοιχᾶται. **10** λέγουσιν οἱ μαθηταὶ αὐτοῦ,   Εἰ οὕτως ἔτιος γίνεται ἄνθρωπος 𝔭25
μοιχᾶται. **10** λέγουσιν οἱ μαθηταί,   οὕτως ἐστὶν ἡ αἰτία τοῦ ανθρώπου ℵ*
μοιχᾶται. **10** λέγουσιν αὐτῷ οἱ μαθηταὶ αὐτοῦ,   Εἰ οὕτως ἐστὶ ἡ αἰτία τοῦ ἀνδρὸς D
μοιχᾶται. **10** λέγουσιν αὐτῷ οἱ μαθηταὶ αὐτοῦ,   Εἰ οὕτως ἐστὶ ἡ αἰτία τοῦ ανθρώπου [**u**]τ rell

μετὰ τῆς γυναικός, οὐ συμφέρει γαμῆσαι. **11** ὁ δὲ εἶπεν αὐτοῖς, Οὐ B **uw**τ rell
μετὰ τῆς γυν····κός, οὐ συμ········· ············ **11** ·· ···· ·········· ·········· ······ 𝔭25
μετὰ τῆς γυναικός αὐτοῦ, οὐ συμφέρει γαμῆσαι. **11** ὁ δὲ Ἰησοῦς εἶπεν αὐτοῖς, Οὐ Υ Π
μετὰ τῆς γυναικός, οὐ συμφέρει γαμῆσαι. **11** ὁ δὲ Ἰησοῦς εἶπεν αὐτοῖς, Οὐ K M
μετὰ τῆς γυναικός αὐτοῦ, οὐ συμφέρει γαμῆσαι. **11** ὁ δὲ εἶπεν αὐτοῖς, Οὐ 565

πάντες χωροῦσιν τὸν λόγον, ἀλλ᾽ οἷς δέδοται. **12** εἰσὶν γὰρ εὐνοῦχοι οἵτινες B 1 1582* [**u**]**w**
πάντες χωροῦσιν τὸν λόγον τοῦτον, ἀλλ᾽ οἷς δέδοται. **12** εἰσὶν εὐνοῦχοι οἵτινες ℵ*
πάντες χωροῦσιν τὸν λόγον τοῦτον, ἀλλ᾽ οἷς δέδοται. **12** εἰσὶν γὰρ εὐνοῦχοι οἵτινες [**u**]τ rell

ἐκ κοιλίας μητρὸς ἐγεννήθησαν οὕτως, καὶ εἰσὶν εὐνοῦχοι οἵτινες εὐνουχίσθησαν B **uw** rell
ἐκ κοιλίας μητρὶ ἐγεννήθησαν οὕτως, καὶ εἰσὶν εὐνοῦχοι οἵτινες εὐνουχίσθησαν G
ἐκ κοιλίας μητρὸς ἐγενήθησαν οὕτως, καὶ εἰσὶν εὐνοῦχοι οἵτινες εὐνουχίσθησαν Δ
ἐκ κοιλίας μητρὸς ἐγενήθησαν οὕτως, καὶ εἰσὶν εὐνοῦχοι οἵτινες εὐνουχίσθησαν Θ 2
ἐκ κοιλίας μητρὸς ···· ἐγεννήθησαν οὕτως, καὶ εἰσὶν εὐνοῦχοι οἵτινες εὐνουχίσθησαν 1424
ἐκ κοιλίας μητρὸς ἐγεννήθησαν οὕτω, καὶ εἰσὶν εὐνοῦχοι οἵτινες εὐνουχίσθησαν τ

lac. 19.8-12 𝔭45 A P Q Γ

A 8 γεγονεν ουτος Θ **9** υμειν D ¦ απολυσει H 579 1071 ¦ απηλυση Υ ¦ γυνεκα ℵ* ¦ πορνια ℵ N W Θ 579 ¦ γαμησει H S ¦ μοιχατε¹ W Δ Θᶜ 579 1424 ¦ μηχατε Θ* ¦ μοιχατε² ℵ W 579 1424 ¦ μοιχαταιε Θ **10** λεγουσιν Θ ¦ ουτος 579 ¦ ετιος 𝔭25 ¦ αιτεια D ¦ αιτηα L ¦ γυνεκος ℵ* ¦ συμφερι ℵ Θ ¦ συνφερει D ¦ συμφερη 2* ¦ γαμεισαι 28 ¦ γαμισαι 1346 **11** χωρουσι ℵ Y M S U Π Ω f¹ 118 28 69 565 700 788 1346 ¦ λογων τουτων Θ ¦ δεδοτε Θ ¦ δεδωται 124 579 **12** εισι¹ Υ K M S U Ω f¹ 118 f¹³ 28 157 565 700 788 1071 1346 **12** κοιλεας D N ¦ ησιν² L ¦ ηνουχισθησαν D ¦ ευνουχθησαν G ¦ ευνουχθησαν 28

B 10 ἀνοῦ ℵ C E G H Y K L M N S U W Δ Θ Π Ω f¹ 118 f¹³ 69 124 2 33 28 157 565 579 700 788 1071 1346 1424 **11** ις Y K M Π **12** μρς ℵ C E F H Y K L M N S U Π Ω f¹ 118 f¹³ 69 124 2 33 28 157 565 579 700 788 1071 1346 1424 ¦ μρι G

D 9 ρο/β ℵ E G L M N S U Y Π Ω 118 124 1424 ¦ ρο C D F H K Θ f¹ f¹³ 157 579 788 1071 1346 ¦ ρο/ι 28 ¦ ο 2 ¦ Ευ Μθ ρο : Ιω . : Λο ρρε : Μρ ρε E ¦ Μθ ρο : Μρ ρε : Λο ρκε M ¦ Μθ ρο : Μρ ρς : Λο σις : Ιω . 124 **10** ρο/ι ℵ E G L M S U Y Π Ω 118 124 28 788 1424 ¦ ρο C D F H K Ω 1582 f¹³ 157 579 1071 1346 ¦ ο 2¦ Ευ Μθ ρο : Ιω . : Λο . : Μρ . E ¦ Μθ ρκα M ¦ Μθ ρο : Μρ . : Λο . : Ιω . 124

ὑπὸ τῶν ἀνθρώπων, καὶ εἰσὶν εὐνοῦχοι οἵτινες εὐνούχισαν   ἑαυτοὺς διὰ τὴν   B **uwτ** rell
ὑπὸ τῶν ἀνθρώπων, καὶ εἰσὶν εὐνοῦχοι οἵτινες <u>εὐνούχισθησαν</u>   ἑαυτοὺς διὰ <u>τῶν</u>   Δ
ὑπὸ τῶν ἀνθρώπων, καὶ εἰσὶν εὐνοῦχοι οἵτινες εὐνούχισαν   ἑαυτοὺς········   Π
ὑπὸ τῶν ἀνθρώπων, καὶ εἰσὶν εὐνοῦχοι οἵτινες εὐνούχισαν   <u>αὐτοὺς</u> διὰ τὴν   579*

βασιλείαν τῶν οὐρανῶν. ὁ δυνόμενος χωρεῖν χωρείτω.   B*
βασιλείαν τῶν οὐρανῶν. ὁ <u>δυνάμενος χωρεῖν χωρείτω</u>.   **uwτ** rell

[Cl S III 50.1, 2 το δε <u>ου παντες χωρουσι τον λογον τουτον</u>, εισι γαρ ευνουχοι <u>οιτινες εγεννηθησαν ουτως</u>, και <u>εισιν ευνουχοι οιτινες ευνουχισθησαν υπο των ανθρωπων</u>, και <u>εισιν ευνουχοι οιτινες ευνουχισαν εαυτους δια την βασιλειαν του ουρανων</u>· ο <u>δυναμενος χωρειν χωρειτω</u>. οτι εαν <u>ουτως</u> η η <u>αιτια της γυναικος</u>, <u>ου συμφερει τω ανθρωπω γαμησαι</u>. τοτε ο κυριος εφη· <u>ου παντες χωρουσι τον λογον τουτον</u>, <u>αλλ οις δεδοται</u>] [Cl S III 1.1 <u>ου παντες χωρουσι τον λογον τουτον</u>. εισι γαρ <u>ευνουχοι</u>, οι μεν εκ γενετης, οι δε εκ εναγκης] [Cl S III 59.4 καλον γαρ <u>δια την βασιλειαν των ουρανων</u> ευνουχιζειν εαυτον πασης επιθυμιας και ...] [Cl S III 99.4 ο αγνονος και ακαρπος και πολιτεια και λογω, αλλ <u>οι μεν ευνουχισαντες εαυτους</u> απο πασης αμαρτιας <u>την βασιλειαν των ουρανων</u>. μακαριοι ουτοι εισιν οι του κοσμου νηστευοντες].

The Blessing Of Little Children
(Mark 10.13-16; Luke 18.15-17)

r̅ι̅δ̅ 13 Τότε προσηνέχθησαν αὐτῷ παιδία, ἵνα τὰς χεῖρας ἐπιθῇ   αὐτοῖς καὶ   B ℵ C L 33 579 **uw**
    13 Τότε προσηνέχθησαν αὐτῷ παιδία, ἵνα <u>ἐπιθῇ τὰς χεῖρας</u>   αὐτοῖς καὶ   D
    13 Τότε <u>προσενέ</u>········ ········ ········ ········ ········   N
    13 Τότε <u>προσενέχθη</u>   αὐτῷ παιδία, ἵνα τὰς χεῖρας <u>αὐτοῖς</u>   <u>ἐπιθῇ</u> καὶ   U
    13 Τότε <u>προσενέχθη</u>   αὐτῷ παιδία, ἵνα τὰς χεῖρας ἐπιθῇ   αὐτοῖς καὶ   Δ 1071
    13 Τότε <u>προσενέχθη</u>   αὐτῷ παιδία, ἵνα τὰς χεῖρας ἐπιθῇ ἐπ'   αὐτοῖς καὶ   118
    13 Τότε προσηνέχθησαν αὐτῷ παιδία, ἵνα <u>ἐπιθῃ αὐτοῖς</u>   <u>τὰς χεῖρας</u> καὶ   1424
    13 Τότε <u>προσηνέχθη</u>   αὐτῷ παιδία, ἵνα τὰς χεῖρας ἐπιθῇ   αὐτοῖς καὶ   𝕸 K M W Θ f¹ f¹³ 69 2
                                            28 157 565 700 788 1346 τ

προσεύξηται· οἱ δὲ μαθηταὶ ἐπετείμησαν αὐτοῖς. **14** ὁ δὲ Ἰησοῦς εἶπεν,   ῎Αφεται   B*
προσεύξηται· οἱ δὲ μαθηταὶ ἐπετείμησαν αὐτοῖς. **14** ὁ δὲ Ἰησοῦς εἶπεν,   <u>῎Αφετε</u>   Bᶜ
προσεύξηται· οἱ δὲ μαθηταὶ <u>ἐπετίμησαν</u> αὐτοῖς. **14** ὁ δὲ Ἰησοῦς εἶπεν <u>αὐτοῖς</u>,   ῎Αφετε   ℵ L M 788 **[w]**
προσεύξηται· οἱ δὲ μαθηταὶ <u>ἐπετιμῶν</u> αὐτοῖς. **14** ὁ δὲ Ἰησοῦς εἶπεν <u>αὐτοῖς</u>,   ῎Αφετε   C
προσεύξηται· οἱ δὲ μαθηταὶ <u>ἐπετίμησαν</u> αὐτοῖς. **14** ὁ δὲ Ἰησοῦς εἶπεν,   ῎Αφεται   D
προσεύξηται· οἱ δὲ μαθηταὶ <u>ἐπετήμησαν</u> αὐτοῖς. **14** ὁ δὲ Ἰησοῦς εἶπεν,   <u>῎Αφετε</u>   Θ
προσεύξηται· οἱ δὲ μαθηταὶ <u>ἐπετίμησαν</u> αὐτοῖς. **14** ὁ δὲ Ἰησοῦς εἶπεν <u>αὐτοῖς</u>,   ῎Αφεται   W
προσεύξηται· οἱ δὲ μαθηταὶ <u>ἐπετίμησαν</u> <u>αὐτούς</u>. **14** ὁ δὲ Ἰησοῦς εἶπεν,   ῎Αφεται   Δ*
προσεύξηται· οἱ δὲ μαθηταὶ <u>ἐπετίμησαν</u> αὐτοῖς. **14** ὁ δὲ Ἰησοῦς εἶπεν,   ῎Αφεται   Δᶜ Ω
προσεύξηται· οἱ δὲ μαθηταὶ <u>ἐπετήμησαν</u> αὐτοῖς. **14** ὁ δὲ Ἰησοῦς εἶπεν,   ῎Αφεται   2*
προσεύξηται· οἱ δὲ μαθηταὶ <u>ἐπετίμησαν</u> αὐτοῖς. **14** ὁ δὲ Ἰησοῦς εἶπεν <u>αὐτοῖς</u>, ῎Αφεται   579
<u>προσεύξεται</u>· οἱ δὲ μαθηταὶ <u>ἐπετήμησαν</u> αὐτοῖς. **14** ὁ δὲ Ἰησοῦς εἶπεν,   ῎Αφεται   1071
προσεύξηται· οἱ δὲ μαθηταὶ <u>ἐπετίμησαν</u> αὐτοῖς. **14** ὁ δὲ   εἶπεν,   ῎Αφετε   1424
προσεύξηται· οἱ δὲ μαθηταὶ <u>ἐπετίμησαν</u> αὐτοῖς. **14** ὁ δὲ Ἰησοῦς εἶπεν,   ῎Αφετε   𝕸 K U f¹ f¹³
                                    2ᶜ 33 28 157 565 700 1346 **uw]**τ

τὰ παιδία καὶ μὴ κωλύετε   αὐτὰ ἐλθεῖν   πρός με,   τῶν γὰρ τοιούτων ἐστὶν ἡ   B **uwτ** rell
τὰ παιδία καὶ μὴ κωλύετε   αὐτὰ ἐλθεῖν   πρός <u>ἐμε</u>,   τῶν γὰρ τοιούτων ἐστὶν ἡ   ℵ L Δ
τὰ παιδία καὶ μὴ <u>κωλύσητε</u>   αὐτὰ ἐλθεῖν   πρός με,   τῶν γὰρ τοιούτων ἐστὶν ἡ   D 69 124 788
τὰ παιδία   μὴ κωλύετε   αὐτὰ ἐλθεῖν   πρός με,   τῶν γὰρ τοιούτων ἐστὶν ἡ   f¹
τὰ παιδία   μὴ κωλύετε   ἐλθεῖν   πρός με,   τῶν γὰρ τοιούτων ἐστὶν ἡ   118
τὰ παιδία   <u>ἔρχεσθε</u>   πρός με,   τῶν γὰρ τοιούτων ἐστὶν ἡ   28
τὰ παιδία <u>ἔρχεσθε</u> <u>πρός με</u>   <u>καὶ μὴ κωλύετε αὐτά</u>,   τῶν γὰρ τοιούτων ἐστὶν ἡ   157 1424

lac. **19.12-14** 𝔭⁴⁵ A P Q Γ Π ¦ vss. 13-14 N

A 12 οιτιν³ F* | ευνουχησαν H 124 788 1071 | χωριν ℵ N W | χωριτω ℵ **13** τοτο K ¦ τετε M | πεδια, χιρας ℵ | επιθει 13 | προσευξητε ℵ D | μαθητε ℵ **14** πεδια ℵ Θ | κωλυεται L W | κολυετε Ω | κολυεται 2* 579 | ελθιν ℵ | ελθην 2* | τοιουτον 28

B 12 α̅ν̅ω̅ν̅ ℵ C 𝕸 K L M N S U W Δ Θ Π Ω f¹ 118 f¹³ 69 124 2 33 28 157 565 579 700 788 1071 1346 1424 | ο̅υ̅ν̅ω̅ν̅ ℵ 𝕸 K L M S U Δ Ω f¹ 118 13 2 33 28 157 565 579 788 1071 1346 1424 **14** ι̅ς̅ B ℵ C 𝕸 K L M S U W Δ Θ Ω f¹ 118 13 124 2 33 28 157 565 579 700 788 1071 1346 ¦ ι̅η̅ς̅ D

C 12 τελος (post χωρειτω) D [σαββατω ια΄: 19.1-12] E F H S Y Ω 118 f¹³ 2 1071 1346 | τες του Σα M f¹ ¦ τελ Σα ι̅ 28 **13** αρξ τς γ̅ f¹ 118 | μα πε του επερωτησαντος πλουσιου τον ι̅ν̅ 579

D 13 ρ̅ο̅β̅/β̅ ℵ G L M N S U Y Ω 118 124 28 788 1424 ¦ ρ̅ο̅β̅ C D F H K Θ f¹ f¹³ 2 157 579 1071 1346 ¦ ρ̅μ̅β̅/β̅ E | Ευ Μθ ρ̅μ̅β̅ : Ιω . : Λο σιϛ : Μρ ρ̅ϛ̅ E | Μθ ρ̅κ̅β̅ : Μρ ρ̅ϛ̅ : Λο σιϛ M | Μθ ρ̅ο̅β̅ : Μρ . : Λο . : Ιω . 124

βασιλεία τῶν οὐρανῶν. **15** καὶ ἐπιθεὶς τὰς χεῖρας αὐτοῖς ἐπορεύθη ἐκεῖθεν. B D L Θ *f*[13] 579 700
βασιλεία τῶν οὐρανῶν. **15** καὶ ἐπιθεὶς τὰς χεῖρας ἐπ᾿ αὐτοὺς ἐπορεύθη ἐκεῖθεν. ℵ [↑788 1346 **uw**
βασιλεία τῶν οὐρανῶν. **15** καὶ ἐπιθεὶς τὰς χ αὐτοῖς ἐπορεύθη ἐκεῖθεν. Δ
βασιλεία τῶν οὐρανῶν. **15** καὶ ἐπιθεὶς τὰς χεῖρας αὐτοῦ ἐπορεύθη ἐκεῖθεν. 118
βασιλεία τῶν οὐρανῶν. **15** καὶ ἐπιθεὶς αὐτοῖς τὰς χεῖρας ἐπορεύθη ἐκεῖθεν. C 𝔐 K M W Δᶜ *f*[1] 2
33 28 157 565 1071 τ

[Cl Pd I 12.3 προσηνεγκαν τε αυτω, φησι, παιδια εις χειροθεσιαν ευλογιας, κωλυοντων δε των γνωριμων. ειπεν ο Ιησους, Αφετε τα παιδια και μη κωλυετε αυτα ελθειν προς με. των γαρ τοιουτων εστιν η βασιλεια των ουρανων].

μᾱ   περὶ τοῦ ἐπερωτήσαντος πλουσίου τὸν Ἰησοῦν

The Difficulty For A Rich Man To Enter The Kingdom
(Mark 10.17-31; Luke 18.18-30)

ριε **16** Καὶ ἰδοὺ εἷς προσελθὼν αὐτῷ εἶπεν, Διδάσκαλε,   τί ἀγαθὸν   B ℵ **uw**
16 Καὶ ἰδοὺ εἷς προσελθὼν λέγει αὐτῷ, Διδάσκαλε,   τί ἀγαθὸν   D
16 Καὶ ἰδοὺ εἷς προσελθὼν εἶπεν αὐτῷ, Διδάσκαλε,   τί ἀγαθὸν   L 1 1582*
16 Καὶ ἰδοὺ εἷς προσελθὼν αὐτῷ εἶπεν, Διδάσκαλε ἀγαθέ,   τί ἀγαθὸν   Θ *f*[13] 157 700 788 1346
16 Καὶ ἰδοὺ εἷς προσελθὼν εἶπεν αὐτῷ, Διδάσκαλε ἀγαθέ,   τί ἀγαθὸν   C 𝔐 K M U W Δ 1582ᶜ 118 2
33 28 565 579 1071 1424 τ

ποιήσω ἵνα   σχῶ ζωὴν αἰώνιον; **17** ὁ δὲ   εἶπεν αὐτῷ, Τί με   B C* D Θ **uw**
ποιήσας ζωὴν αἰώνιον κληρονομήσω; **17** ὁ δὲ   εἶπεν αὐτῷ, Τί με   ℵ L 28 157
ποιήσω ἵνα   ἔχω ζωὴν αἰώνιον; **17** ὁ δὲ   Ἰησοῦς εἶπεν αὐτῷ, Τί με   E
ποιήσω ἵνα   ἔχω ζωὴν αἰώνιον; **17** ὁ δὲ   Ἰησοῦς εἶπεν αὐτῷ, Τί με   M
ποιήσω ἵνα   ζωὴν ἔχω αἰώνιον; **17** ὁ δὲ   εἶπεν αὐτῷ, Τί με   W
ποιήσας ζωὴν αἰώνιον κληρονομήσω; **17** ὁ δὲ   Ἰησοῦς εἶπεν αὐτῷ, Τί με   33
ποιήσω ζωὴν αἰώνιον κληρονομήσω; **17** ὁ δὲ   εἶπεν αὐτῷ, Τί με   579 [↓788 1071 1346 1424 τ
ποιήσω ἵνα   ἔχω ζωὴν αἰώνιον; **17** ὁ δὲ   εἶπεν αὐτῷ, Τί με   Cᶜ 𝔐 K U Δ *f*[1] *f*[13] 2 565 700

ἐρωτᾷς περὶ τοῦ ἀγαθοῦ;   ἐστιν ὁ ἀγαθός.   εἰ δὲ θέλεις   B*
ἐρωτᾷς περὶ τοῦ ἀγαθοῦ; εἷς ἐστιν ὁ ἀγαθός.   εἰ δὲ θέλεις   Bᶜ ℵ L Θ 1582* 1424ᶜ **uw**
ἐρωτᾷς περὶ   ἀγαθόν; εἷς ἐστιν ὁ ἀγαθός.   εἰ δὲ θέλεις   D
  ἀγαθόν; οὐδεὶς ἀγαθός εἰ μὴ εἷς ὁ θεός. εἰ δὲ θέλεις   Δ
ἐρωτᾷς περὶ τοῦ ἀγαθοῦ; εἷς ἐστιν ἀγαθός.   εἰ δὲ θέλεις   1 700
λέγεις   ἀγαθόν; οὐδεὶς ἀγαθός εἰ μὴ εἷς ὁ θεός. εἰ θέλεις   124 788
λέγεις   ἀγαθοῦ; οὐδεὶς ἀγαθός εἰ μὴ εἷς ὁ θεός. εἰ δὲ θέλεις   579
λέγεις   ἀγαθόν; οὐδεὶς ἀγαθός εἰ μὴ εἷς ὁ θεός. εἰ δὲ θέλεις   C 𝔐 K M W 1582ᶜ 118 *f*[13]
2 33 28 157 565 1071 1346 1424* τ

---

lac. **19.14-17** 𝔓[45] A N P Q Γ Π

A 14 βασιλια ℵ **15** επιθις ℵ ¦ επιθης Θ ¦ επειθεις 124 ¦ χιρας ℵ ¦ επορευθει 2* **16** προσελθον E* Θ ¦ διδασκαλαι Θ ¦ αιωνιων Θ* **17** θελις ℵ ¦ θελης F 28 579

B 14 ουνων ℵ 𝔐 K L M S U Δ Ω *f*[1] 118 *f*[13] 124 2 28 157 565 579 700 788 1071 1346 1424 **17** ιϲ E M ¦ θϲ C 𝔐 K M S U W Δ Ω 1582ᶜ 118 *f*[13] 69 124 2 33 28 157 565 579 788 1071 1346 1424

C 15 τελ Υ 1071 ¦ τελ τϲ ȳ *f*[1] 118 ¦ τελ τϲ 1̄ 28 **16** αννοσμα περι του σαββατου D ¦ μᾱ περι του επερωτησαντος (επερω 1071) πλουσιου τον ιν: (om. τον ιν 28 *f*[13] 1346) 𝔐 K M S U Δ Ω *f*[1] *f*[13] 2 28 157 1071 1346 ¦ μᾱ περι του επερωτησαντος νομικου L ¦ μᾱ ‥‥‥‥ Θ ¦ μᾱ περι του επερωτησαντος τον ιν πλουσιου 124 788 1424 ¦ Μθ μα : Μρ κθ : Λο λε, ξγ Μ ¦ αρχη: κυριακη 1̄β̄ τω καιρω εκεινω (om. G) νεανισκος τις προσελθων τω ιυ ειπεν αυτω ῾το αυτο κεοθινον της αποκρεου᾿ (῾διδασκαλ G) (ante διδασκαλε) E G ¦ αρχη F ¦ αρχη: κυ, 1̄β̄ τω κ, νεανισκος τις προσηλθ τω ιυ τον υπετ αυτ κ, λεγων διδασ H ¦ αρχ: κυ, 1̄β̄ αρχ τω κ,ρ,ω ανος τις προσηλθε τω ιυ γονυπετων αυτον κ, λεγων διδασκαλε αγαθε (ante διδασκ.) Υ ¦ αρχ: Μθ κ,υ 1̄β̄ τω καιρ, νεανισκος τις᾿ προσηλθεν τω ιυ γονυπετων αυτ και λεγων διδασκαλε, Μ ¦ κυ 1̄β̄ τω κ νεανισκος S ¦ (ante διδασκαλε) αρχ κ,υ 1̄β̄ τω καιρω νεανισκος τις προσηλθεν τω ιυ παρακολ αυτ κ, λεγων Ω ¦ αρχ οθ̄ κ,υ, 1̄β̄ τω καιρω νεανισκος τις προσηλθ τω ιυ γονυπετ αυτον κ λεγ̄ δι *f*[1] ¦ αρχ οθ̄ κ,υ 1̄ᾱ τω καιρω εκεινω νεανισκος τις προσηλθ τω ιυ γονυπετ αυτον κ λεγ̄ 118 ¦ αρχ *f*[13] ¦ κ,υ, 1̄β̄ τω καιρω νεανισκος τις προσηλθεν τω ιυ 2 ¦ αρχ τϲ κ,υ τω καιρω εκεινω νεανισκος τις προσηλθεν τω ιυ γονυπετ αυτω κ, λεγων᾿ διδασκαλε 28 ¦ αρχ κυριακη 1̄β̄ 124 157 1071 1346 ¦ κ,υ 1̄β̄ 788 ¦ αρχη τω καιρω νεαν θ̄ 1424

D 15 ρ̄ο̄γ̄/β̄ ℵ **16** ρ̄ο̄γ̄ C D F H K Θ *f*[1] 2 157 579 1071 1346 ¦ ρ̄ο̄γ̄/β̄ E G Y L M S U 118 124 28 788 1424 ¦ Ευ Μθ ρ̄ο̄γ̄ : Ιω . : Λο ρ̄κ̄θ̄ : Μρ ρ̄ζ̄ E ¦ Μρ κθ Λο ξγ L ¦ Μθ ρ̄κ̄γ̄ : Μρ ρ̄ζ̄ : Λο ρ̄κ̄ᾱ Μ ¦ Μθ ρ̄κ̄γ̄ : Μρ ρ̄ζ̄ : Λο ρ̄κ̄ᾱ, σιη : Ιω . 124

εἰς τὴν ζωὴν εἰσελθεῖν, τήρει   τὰς ἐντολάς. **18**   λέγει αὐτῷ, Ποίας   B 565 [w]
εἰς τὴν ζωὴν εἰσελθεῖν, <u>τήρησον</u> τὰς ἐντολάς. **18**   <u>Ποίας</u>;   <u>φησίν</u>.   ℵ L 124 579 [w]
εἰς τὴν ζωὴν εἰσελθεῖν, <u>τήρησον</u> τὰς ἐντολάς. **18**   λέγει αὐτῷ, Ποίας   C K Θ 33 u
εἰς τὴν ζωὴν <u>ἐλθεῖν</u>, τήρει   τὰς ἐντολάς. **18**   λέγει αὐτῷ, Ποίας   D
<u>εἰσελθεῖν</u> <u>τήρησον</u> <u>εἰς τὴν ζωὴν</u>, <u>τήρησον</u> τὰς ἐντολάς. **18** *λέγει αὐτῷ, Ποίας* Δ*
<u>εἰσελθεῖν εἰς τὴν ζωὴν</u>, <u>τήρησον</u> τὰς ἐντολάς. **18** <u>ὁ δὲ</u> λέγει αὐτῷ, Ποίας f^1 [↓700 788 1071 1346 1424 τ
<u>εἰσελθεῖν εἰς τὴν ζωὴν</u>, <u>τήρησον</u> τὰς ἐντολάς. **18**   λέγει αὐτῷ, Ποίας   𝔐 M U W Δ^c 118 f^{13} 2 28 157

[Cl Pd I 72.2 ου μην αλλα και οπηνικα διαρρηδην λεγει, <u>ουδεις αγαθος, ει μη ο πατηρ ο εν τοις ουρανοις</u>]
[Cl Pd I 74.1 αλλα και <u>ουδεις αγαθος, ει μη ο πατηρ ημων</u>] [Cl S V 63.8 οτι <u>εις αγαθος, ο πατηρ</u>].

ὁ δὲ Ἰησοῦς ἔφη,   Τό **Οὐ φονεύσεις, Οὐ   μοιχεύσεις, Οὐ κλέψεις, Οὐ** B [w]
ὁ δὲ Ἰησοῦς <u>εἶπεν</u>,   Τὸ **Οὐ φονεύσεις,   Οὐ** ℵ*
ὁ δὲ Ἰησοῦς <u>εἶπεν</u>,   **Οὐ φονεύσεις, Οὐ   μοιχεύσεις, Οὐ κλέψεις, Οὐ** D M W
ὁ δὲ   <u>εἶπεν</u>,   Τὸ **Οὐ φονεύσεις, Οὐ   μοιχεύσεις, Οὐ κλέψεις, Οὐ** F 1424
ὁ δὲ Ἰησοῦς <u>εἶπεν αὐτῷ</u>, Τὸ **Οὐ φονεύσεις, Οὐ   μοιχεύσεις, Οὐ κλέψεις, Οὐ** H
ὁ δὲ   ἔφη,   Τὸ **Οὐ φονεύσεις, Οὐ   μοιχεύσεις, Οὐ κλέψεις, Οὐ** f^{13} 788 1346
ὁ δὲ Ἰησοῦς <u>εἶπεν</u>,   Τὸ **Οὐ <u>φονεύσῃς</u>, Οὐ <u>μοιχεύσῃς</u>, Οὐ <u>μοιχεύσῃς</u>, Οὐ** 579
ὁ δὲ Ἰησοῦς <u>εἶπεν</u>,   Τὸ **Οὐ <u>φωνεύσεις</u>, Οὐ <u>μηχεύσεις</u>, Οὐ <u>κλέυσεις</u>, Οὐ** 1071
ὁ δὲ Ἰησοῦς <u>εἶπεν</u>,   Τὸ **Οὐ φονεύσεις, Οὐ   μοιχεύσεις, Οὐ κλέψεις, Οὐ** ℵ^c C 𝔐 K L U Δ
                                                                          Θ f^1 69 2 33 28 157 700 565 u[w]τ

[Cl S VII 60.4 <u>το μη μοιχευσης, μη φονευσης</u>] [Cl Pr 108.5 <u>ου φονευσεις, ου μοιχευσεις</u>, **ου**
παιδοφθορησεις, <u>ου κλεψεις, ου ψευδομαρτυρησεις</u>]

ψευδομαρτυρήσεις, 19 Τείμα   τὸν πατέρα   καὶ τὴν μητέρα,   καί, Ἀγαπήσεις B D
ψευδομαρτυρήσεις, 19 <u>Τίμα</u> <u>τὸν</u> τὸν πατέρα   καὶ τὴν μητέρα,   καί, Ἀγαπήσεις Δ
ψευδομαρτυρήσεις, 19 <u>Τίμα</u>   τὸν πατέρα   καὶ τὴν μητέρα,   καί, <u>Ἀγαπήσῃς</u> 579
ψευδομαρτυρήσεις, 19 <u>Τίμα</u>   τὸν πατέρα <u>σου</u> καὶ τὴν μητέρα <u>σου</u>, καί, Ἀγαπήσεις 1424
ψευδομαρτυρήσεις, 19 <u>Τίμα</u>   τὸν πατέρα   καὶ τὴν μητέρα,   καί, Ἀγαπήσεις uw rell
ψευδομαρτυρήσεις, 19 <u>Τίμα</u>   τὸν πατέρα <u>σου</u> καὶ τὴν μητέρα,   καί, Ἀγαπήσεις C^c W Y
                                                                          f^{13} 33 565 788 1346 τ

τὸν πλησίον σου ὡς σεαυτόν.   **20** λέγει αὐτῷ ὁ νεανίσκος,   B uwτ rell
τὸν πλησίον σου ὡς σεαυτόν.   **20** λέγει αὐτῷ   νεανίσκος,   Δ
τὸν πλησίον σου ὡς <u>ἑαυτόν</u>.   **20** λέγει αὐτῷ ὁ νεανίσκος,   Θ 118 69 124 28 565* 1071
τὸν πλησίον σου ὡς σεαυτόν.   **20** λέγει αὐτῷ ὁ <u>νεανίας</u>,   700*
τὸν πλησίον σου ὡς <u>ἑαυτόν</u>.   **20** λέγει αὐτῷ ὁ <u>νεανίας</u>,   700^c

[Cl Pd II 120.4 ο γαρ τοιουτος τελειος ο το <u>αγαπησεις τον πλησιον σου ως σεαυτον</u> πληρωσας]
[Cl Pr 108.5 <u>αγαπησεις τον πλησιον σου ως σεαυτον</u>] [Cl S III 55.2 <u>αγαπησεις τον πλησιον σου ως σεαυτον</u>].

Ταῦτα πάντα ἐφύλαξα·   τί ἔτι ὑστερῶ; **21** λέγει αὐτῷ ὁ Ἰησοῦς, B [w]
<u>Πάντα</u> <u>ταῦτα</u> ἐφύλαξα·   τί ἔτι ὑστερῶ; **21** <u>ἔφη</u> αὐτῷ ὁ Ἰησοῦς, ℵ* L 579 700
<u>Πάντα</u> <u>ταῦτα</u> ἐφύλαξα   <u>ἐκ</u> <u>νεότητός</u> <u>μου·</u> τί ἔτι ὑστερῶ; **21** <u>ἔφη</u> αὐτῷ ὁ Ἰησοῦς, ℵ^c [↑u[w]
Ταῦτα πάντα ἐφύλαξα   <u>ἐκ</u> <u>νεότητος·</u> τί ἔτι ὑστερῶ; **21** <u>ἔφη</u> αὐτῷ ὁ Ἰησοῦς, D
Ταῦτα πάντα <u>ἐφυλαξάμην</u> <u>ἐκ</u> <u>νεότητός</u> <u>μου·</u> τί ἔτι ὑστερῶ; **21** <u>ἔφη</u> αὐτῷ ὁ Ἰησοῦς, H K M 28 1424
<u>Πάντα</u> <u>ταῦτα</u> ἐφύλαξα·   τί ἔτι ὑστερῶ; **21** λέγει αὐτῷ ὁ Ἰησοῦς, Θ
Ταῦτα πάντα ἐφύλαξα·   τί ἔτι ὑστερῶ; **21** <u>ἔφη</u> αὐτῷ ὁ Ἰησοῦς, f^1
Ταῦτα πάντα <u>ἐφυλαξάμην</u> <u>ἐκ</u> <u>νεότητός</u> <u>μου·</u> τί ἔτι ὑστερῶ; **21** λέγει αὐτῷ ὁ Ἰησοῦς, f^{13} 788 1346
<u>Πάντα</u> <u>ταῦτα</u> <u>ἐφυλαξάμην</u> <u>ἐκ</u> <u>νεότητός</u> <u>μου·</u> τί ἔτι ὑστερῶ; **21** <u>ἔφη</u> αὐτῷ ὁ Ἰησοῦς, C 𝔐 U W Δ 118
                                                                          2 33 157 565 1071 τ

Εἰ θέλεις τέλειος εἶναι,   ὕπαγε πώλησόν σου τὰ ὑπάρχοντα καὶ δὸς τοῖς   B D Θ [uw]
Εἰ θέλεις τέλειος <u>γένεσθε</u>, ὕπαγε πώλησόν σου τὰ ὑπάρχοντα καὶ δὸς   ℵ*
  θέλεις τέλειος εἶναι,   ὕπαγε πώλησόν σου τὰ ὑπάρχοντα καὶ δὸς   1071
Εἰ θέλεις τέλειος εἶναι,   ὕπαγε <u>πώλυσόν</u> σου τὰ ὑπάρχοντα καὶ δὸς   1346
Εἰ <u>θέλεις</u> τέλειος εἶναι,   ὕπαγε πώλησόν σου τὰ ὑπάρχοντα καὶ δὸς   [uw]τ rell

---

lac. 19.17-21 𝔓^{45} A N P Q Γ Π

A 17 μι (μη) 2* 1071 1346 | ει (εις) L | εισελθιν ℵ ¦ εισθειν E* ¦ τηρη 565 ¦ τηρισον 2* 1071 | εντωλας 2* 1071 **18** ειπε 118 157 | φονευσις ℵ W ¦ φωνευσεις Ω 1071 | μοιχευσις ℵ^c W ¦ κλεψης 1424 | ψευδομαρτυρησις ℵ W ¦ ψευδομαρτυρισεις 1071 1346 **19** αγαπησις W ¦ αγαπησες Θ* ¦ πλησειον D ¦ πλησιον 579 | ος (ως) E 1346 **20** λεγι ℵ ¦ νεανια ο Θ ¦ νεοτιτος E U 28 | ετει 1071 **21** θελις ℵ ¦ θελης F ¦ τελιος ℵ W ¦ τελει M ¦ πωλισον E ¦ πολησον K ¦ πωλησων Θ ¦ δως E*

B 18 ι͞ς B ℵ C E G H Y K L M S U W Δ Θ Ω f^1 118 2 33 28 157 565 579 700 1071 ¦ ι͞η͞ς D **19** π͞ρ͞α ℵ C 𝔐 K L M S U W Ω f^1 118 f^{13} 69 124 2 33 28 157 565 579 700 788 1071 1346 1424 ¦ μ͞ρ͞α ℵ C 𝔐 K L M S U W Ω f^1 118 f^{13} 69 124 2 33 28 157 565 579 700 788 1071 1346 1424 **21** ι͞ς B ℵ C 𝔐 K L M S W Δ Θ Ω f^1 118 f^{13} 124 2 33 28 157 565 579 700 788 1071 1346 1424 ¦ ι͞η͞ς D

D 20 ρ͞ο͞δ C 157 21 ρ͞ο͞δ/ι ℵ ¦ ρ͞ο͞δ D F H K Θ f^1 f^{13} 118 2 579 1071 1346 ¦ ρ͞ο͞δ/β E G Y M S U Ω 124 28 1424 | Ευ Μθ ρ͞ο͞δ : Ιω . : Λο ρνβ : Μρ ρη E | Μθ ρ͞ο͞δ : Λο σιη M | Μθ ρ͞ο͞δ : Μρ ρη : Λο ρκ : Ιω . 124 ¦ ρ͞ο͞δ/ι ℵ

πτωχοῖς, καὶ ἕξεις θησαυρὸν ἐν οὐρανοῖς, καὶ δεῦρο ἀκολούθει μοι. B C D uw
πτωχοῖς, καὶ ἕξεις θησαυρὸν ἐν <u>οὐρανῷ</u>, καὶ δεῦρο ἀκολούθει μοι. τ rell

[Cl S III 55.2 παλιν τε αυ οταν ειπη, <u>ει θελεις</u> <u>τελειος</u> <u>γενεσθαι</u>, πωλησας <u>τα</u> <u>υπαρχοντα</u> <u>δος</u> <u>πτωχοις</u>. ελεγχει
τον καυχωμενον επι τω πασας τας εντολας <u>εκ</u> <u>νεοτητος</u> τετηρηκεναι][Cl Pd II 36.2 δια τουτο και <u>πωλησον</u> <u>σου</u> <u>τα</u>
<u>υπαρχοντα</u>, λεγει κυριος, <u>και</u> <u>πτωχοις</u> <u>δος</u>, <u>και</u> <u>δευρο</u> <u>ακολουθει</u> <u>μοι</u>] [Cl S IV 28.6 και τουτ εστι, <u>πωλησον</u> <u>σου</u> <u>τα</u>
<u>υπαρχοντα</u> <u>και</u> <u>δος</u> <u>πτωχοις</u>, <u>και</u> <u>δευρο</u> <u>ακολουθει</u> <u>μοι</u>, τουτεστιν τοις υπο του κυριου λεγομενοις επου]
[Cl Q 10.1 <u>ει θελεις</u> <u>τελειος</u> <u>γενεσθαι</u>] [Cl Q 11.1 <u>πωλησον</u> <u>τα</u> <u>υπαρχοντα</u> <u>σου</u>] [Cl Q 16.1 <u>δευρο</u> <u>ακολουθει</u> <u>μοι</u>].

22 ἀκούσας δὲ ὁ νεανίσκος τὸν λόγον τοῦτον ἀπῆλθε λυπούμενος,   B [w]
22 ἀκούσας δὲ ὁ νεανίσκος <u>ἀπῆλθεν</u> λυπούμενος,   ℵ L 579
22 ἀκούσας   ὁ νεανίσκος τὸν λόγον <u>ἀπῆλθεν</u> λυπούμενος,   D*
22 ἀκούσας   <u>οὗ</u> νεανίσκος τὸν λόγον <u>ἀπῆλθεν</u> λυπούμενος,   D^c
22 ἀκούσας δὲ <u>ὁ</u> νεανίσκος τὸν λόγον ἀπῆλθε λυπούμενος,   Y 700 1071
22 ἀκούσας δε <u>τὸν</u> <u>λόγον</u> <u>ὁ νεανίσκος</u> <u>ἀπῆλθεν</u> λυπούμενος,   33 1424   [↓565 788 1346 u[w]τ
22 ἀκούσας δὲ ὁ νεανίσκος τὸν λόγον <u>ἀπῆλθεν</u> λυπούμενος,   C 𝔐 K M U W Δ Θ f¹ f¹³ 2 28 157

ἦν γὰρ ἔχων χρήματα πολλά.   B
ἦν γὰρ ἔχων <u>κτήματα</u> πολλά.   uwτ rell

23 Ὁ δὲ Ἰησοῦς εἶπεν τοῖς μαθηταῖς αὐτοῦ, Ἀμὴν   λέγω ὑμῖν ὅτι   B uwτ rell
23 Ὁ δὲ Ἰησοῦς εἶπεν τοῖς μαθηταῖς αὐτοῦ, Ἀμὴν <u>γὰρ</u> λέγω ὑμῖν ὅτι   565
23 Ὁ δὲ Ἰησοῦς εἶπεν τοῖς μαθηταῖς,   Ἀμὴν   λέγω ὑμῖν ὅτι   700

πλούσιος δυσκόλως εἰσελεύσεται εἰς τὴν βασιλείαν τῶν οὐρανῶν.   B ℵ C D L Θ f¹ f¹³ 33 157 700 788 uw
<u>δυσκόλως</u> <u>πλούσιος</u> εἰσελεύσεται εἰς τὴν βασιλείαν   οὐρανῶν.   M
<u>δυσκόλως</u> εἰσελεύσεται πλούσιος εἰς τὴν βασιλείαν τῶν οὐρανῶν.   565
<u>δυσκόλως</u> <u>πλούσιος</u> εἰσελεύσεται εἰς τὴν βασιλείαν τῶν <u>θεοῦ</u>.   579
<u>δυσκόλως</u> <u>πλούσιος</u> εἰσελεύσεται εἰς τὴν βασιλείαν τῶν οὐρανῶν.   𝔐 K U W Δ 118 2 28 1424 τ

24 πάλιν δὲ λέγω ὑμῖν,   εὐκοπώτερόν ἐστιν κάμηλον   B D 𝔐 K U W Δ 118 f¹³ 2 33 28 157 788 1346 u[w]τ
24 πάλιν δὲ λέγω ὑμῖν <u>ὅτι</u> εὐκοπώτερόν ἐστιν κάμηλον   ℵ C M [w]
24 πάλιν   λέγω ὑμῖν,   εὐκοπώτερόν ἐστιν κάμηλον   F Θ f¹ 565 700 1071
24 πάλιν   λέγω ὑμῖν <u>ὅτι</u> εὐκοπώτερόν ἐστιν κάμηλον   L
24 πάλιν δὲ λέγω ὑμῖν <u>ὅτι</u> εὐκοπώτερός ἐστιν <u>κάμιλον</u>   579
24 πάλιν δὲ λέγω ὑμῖν,   εὐκοπώτερόν ἐστιν <u>κάμιλον</u>   1424

διὰ τρήματος   ῥαφίδος διελθεῖν   ἢ πλούσιον   B
διὰ τρήματος   ῥαφίδος <u>εἰσελθεῖν</u>   ἢ πλούσιον   ℵ* [w]
διὰ <u>τρυπήματος</u> ῥαφίδος <u>εἰσελθεῖν</u>   ἢ πλούσιον   ℵ^c E F H L Δ f¹ f¹³ 2 33 28 1424
διὰ <u>τρυμαλιᾶς</u> ῥαφίδος <u>εἰσελθεῖν</u>   ἢ πλούσιον   C K M U 157
διὰ <u>τρυπήματος</u> ῥαφίδος διελθεῖν   ἢ πλούσιον   D G S Y Ω 1071 u[w]τ
<u>εἰσελθεῖν</u> <u>διὰ</u> <u>τρυπήματος</u> <u>ῥαφίδος</u>   ἢ πλούσιον   W
διὰ <u>τρυμαλιᾶς</u> ῥαφίδος διελθεῖν   ἢ πλούσιον   Θ 124 565 700
διὰ <u>τρυπήματος</u> ῥαφίδος <u>εἰσελθεῖν</u>   ἢ πλούσιος   579 788 1346

εἰσελθεῖν εἰς τὴν βασιλείαν τοῦ θεοῦ.   25 ἀκούσαντες δὲ   B D Θ 124 579 700 u[w]
   εἰς τὴν βασιλείαν τοῦ θεοῦ.   25 ἀκούσαντες   ℵ*
   εἰς τὴν βασιλείαν τοῦ θεοῦ.   25 ἀκούσαντες δὲ   ℵ^c L 565 [w]
   εἰς τὴν βασιλείαν <u>τῶν</u> <u>οὐρανῶν</u>.   25 ἀκούσαντες δὲ   f¹ 33 157   [↓1346 1424 τ
<u>εἰς</u> <u>τὴν</u> <u>βασιλείαν</u>   <u>τοῦ</u> <u>θεου</u> <u>εἰσελθεῖν</u>.   25 ἀκούσαντες δὲ   C 𝔐 K M U W Δ f¹³ 69 2 28 788 1071

[Cl S II 22.3 πειστεον ουν πολλω μαλλον τη γραφη λεγουση θαττον, <u>καμηλον</u> <u>δια</u> <u>τρυπηματος</u> βελονης διελευσεσθαι
. . . <u>η πλουσιον</u>] [Cl Q 2.2 οι μεν γαρ αυτοθεν και προχειρως ακουσαντες της του κυριου φωνης, οτι ραον <u>καμηλος</u>
<u>δια</u> <u>τρηματος</u> <u>ραφιδος</u> διεκδυσεται <u>η</u> <u>πλουσιος</u> εις <u>την</u> <u>βασιλειαν</u> <u>των</u> <u>ουρανων</u>).

lac. 19.21-25 𝔓⁴⁵ A N P Q Γ Π

A 21 πτοχοις L | εξης E 579 1424 | θησαυρων 579 | δευρω E U Ω 13 124 28 579 1346 | ακολουθι ℵ Θ ¦ ακολουθη E* L 2* 579
1071 22 απηλθε 118 | λοιπουμενος E M | εχον 2* | κτιματα E 2 23 ειπε Y 118 69 157 | αμιν Θ | υμειν D | δυσκολος 2* 157 579
¦ δυσκωλος 1346 | εισελευσετε ℵ 1071 | βασιλιαν ℵ 24 υμειν D | ευκοποτερον Y Δ Θ Ω 13 565 1071 | εστι Y K M S U Ω f¹
118 f¹³ 69 33 157 565 700 788 1346 | ραφηδος F | εισελθιν ℵ | πλουσιος 13 69* | βασιλιαν ℵ

B 21 ο̅υ̅ν̅ω̅ν̅ ℵ 𝔐 K L M S U Δ Ω f¹ 118 f¹³ 124 2 28 157 565 700 788 1071 1346 23 ι̅ς̅ B ℵ C 𝔐 K L M S U W Δ Θ Ω f¹ 118 f¹³
124 2 33 28 157 565 579 700 788 1071 1346 1424 ¦ τ̅η̅ς̅ D | ο̅υ̅ν̅ω̅ν̅ ℵ 𝔐 K L M S Δ Ω f¹ 118 f¹³ 69 124 2 28 157 565 700 788
1071 1346 1424 ¦ θ̅υ̅ 579 24 θ̅υ̅ B ℵ C D 𝔐 K L M S U W Δ Θ Ω f¹³ 69 124 2 28 565 579 700 788 1071 1346 1424 ¦ ο̅υ̅ν̅ω̅ν̅ f¹
118

D 21 (ante και δευρο) ρ̅ϙ̅ε̅ 157 22 ρ̅ϙ̅ε̅/β̅ ℵ E G L M S U Y Ω 118 124 28 788 1424 ¦ ρ̅ϙ̅ε̅ C D F H K Θ 1582 f¹³ 2 579 1071
1346 | Eυ Mθ ρ̅ϙ̅ε̅ : Ιω . : Λο σ̅κ̅ : Μρ ρ̅θ̅ E | Mθ ρ̅ϙ̅ε̅ : Μρ ρ̅θ̅ : Λο σ̅κ̅ : Ιω . 124 23 ρ̅ϛ̅ς̅ K Θ 25 ρ̅ϛ̅ς̅ 157

οἱ μαθηταὶ   ἐξεπλήσσοντο   σφόδρα λέγοντες,   Τίς ἄρα   B ℵ C* K L Δ Θ f^{13} 565
οἱ μαθηταὶ   ἐξεπλήσσοντο <u>καὶ</u> <u>ἐφοβήθησαν</u> σφόδρα λέγοντες,   Τίς ἄρα   D   [↑579 700 788 **uw**
οἱ μαθηταὶ   ἐξεπλήσσοντο   σφόδρα λέγοντες, <u>Καὶ</u> τίς ἄρα   33
οἱ μαθηταὶ <u>αὐτοῦ</u> ἐξεπλήσσοντο   σφόδρα λέγοντες,   Τίς ἄρα   C^c 𝔐 M U W f^1 2 28
                                                                    157 1071 1346 1424 τ

[Cl Q 20.4 τι ουν φοβηθεντες λεγουσι, <u>τις</u> <u>δυναται</u> <u>σωθηναι;</u>]

δύναται σωθῆναι; **26** ἐμβλέψας δὲ ὁ Ἰησοῦς εἶπεν αὐτοῖς, Παρὰ ἀνθρώποις   B **uwτ** rell
δύναται σωθῆναι; **26** ἐμβλέψας δὲ ὁ Ἰησοῦς εἶπεν αὐτοῖς,   ℵ*
δύναται σωθῆναι; **26** ἐμβλέψας δὲ ὁ Ἰησοῦς <u>λέγει</u> αὐτοῖς, Παρὰ ἀνθρώποις   K Y 565
δύναται σωθῆναι; **26** ἐμβλέψας   ὁ Ἰησοῦς <u>λέγει</u> αὐτοῖς, Παρὰ ἀνθρώποις   579

τοῦτο ἀδύνατόν ἐστιν, παρὰ δὲ   θεῷ πάντα δυνατά. $\overline{ρις}$ **27** Τότε   B H K S U W Y Δ Θ f^1 f^{13} 33 28 565
τοῦτο ἀδύνατόν ἐστιν, παρὰ δὲ   θεῷ <u>δυνατα</u> <u>πάντα</u>.   **27** Τότε   ℵ L   [↑700 788 1071 1346 **uw**
τοῦτο ἀδύνατόν ἐστιν, παρὰ δὲ   θεῷ πάντα δυνατά.   **27**   C*
τοῦτο ἀδύνατόν ἐστιν, παρὰ δὲ   θεῷ πάντα δυνατά <u>ἐστιν</u>.   **27**   C^c
τοῦτο   <u>δύνατόν</u> ἐστιν, παρὰ δὲ <u>τῷ</u> θεῷ πάντα δυνατά <u>ἐστιν</u>.   **27** Τότε   D*
τοῦτο ἀδύνατόν ἐστιν, παρὰ δὲ <u>τῷ</u> θεῷ πάντα δυνατά <u>ἐστιν</u>.   **27** Τότε   D^c M
τοῦτο ἀδύνατόν ἐστιν, παρὰ δὲ   θεῷ πάντα δυνατά <u>ἐστιν</u>.   **27** Τότε   𝔐 2 1424 τ
τοῦτο ἀδύνατόν ἐστιν, παρὰ δὲ <u>τῷ</u> θεῷ πάντα δυνατά.   **27** Τότε   118
τοῦτο ἀδύνατόν ἐστιν, παρὰ δὲ   θεῷ πάντα δυνατά <u>εἰσι</u>.   **27** Τότε   157
τοῦτο ἀδύνατόν ἐστιν, παρὰ   <u>θεοῦ</u> <u>δυνατα</u> <u>πάντα</u>.   **27** Τότε   579

[Cl Q 21.1 ο δε κυριος αποκινεται διοτι το εν <u>ανθρωποις</u> <u>αδυνατον</u> δυνατον <u>θεω</u>].

ἀποκριθεὶς ὁ Πέτρος εἶπεν αὐτῷ,   Ἰδοὺ ἡμεῖς ἀφήκαμεν πάντα καὶ ἠκολουθήσαμέν   B **uwτ** rell
ἀποκριθεὶς ὁ Πέτρος εἶπεν αὐτῷ,   ἰδοὺ ἡμεῖς ἀφήκαμεν πάντα καὶ <u>ἠκολουθήκαμέν</u>   D*
ἀποκριθεὶς ὁ Πέτρος εἶπεν αὐτῷ, <u>Κύριε</u>, ἰδοὺ ἡμεῖς ἀφήκαμεν πάντα καὶ ἠκολουθήσαμέν   M
ἀποκριθεὶς ὁ Πέτρος εἶπεν αὐτῷ,   Ἰδοὺ ἡμεῖς <u>ἀφέντες</u>   πάντα   ἠκολουθήσαμέν   Θ
ἀποκριθεὶς ὁ Πέτρος εἶπεν αὐτῷ,   Ἰδοὺ <u>ὑμεῖς</u> ἀφήκαμεν πάντα καὶ ἠκολουθήσαμέν   579

σοι· τί ἄρα ἔσται ἡμῖν; **28** ὁ δὲ Ἰησοῦς εἶπεν αὐτοῖς, Ἀμὴν λέγω ὑμῖν ὅτι ὑμεῖς οἱ   B **uwτ** rell
σοι· τί ἄρα ἔσται ἡμῖν; **28** ὁ δὲ Ἰησοῦς εἶπεν <u>αὐτῷ</u>,   Ἀμὴν λέγω ὑμῖν ὅτι ὑμεῖς οἱ   D
σοι· τί ἄρα ἔσται <u>ὑμῖν</u>; **28** ὁ δὲ Ἰησοῦς εἶπεν <u>αὐτούς</u>, Ἀμὴν λέγω ὑμῖν ὅτι ὑμεῖς οἱ   1346

[Cl Q 21.5 και τι φησιν, ιδε <u>ημεις</u> <u>αφηκαμεν</u> <u>παντα</u> <u>και</u> <u>ηκολουθησαμεν</u> <u>σοι</u>].

                                                       [↓579 1071 **w**
ἀκολουθήσαντές μοι, ἐν τῇ παλινγενεσίᾳ, ὅταν καθίσῃ ὁ υἱὸς τοῦ ἀνθρώπου   B*ℵ C D 𝔐 L W Δ Θ f^{13} 2 33
ἀκολουθήσαντές μοι, ἐν τῇ <u>παλιγγενεσίᾳ</u>, ὅταν καθίσῃ ὁ υἱὸς τοῦ ἀνθρώπου   B^c G K M S U Y Ω f^1 28 69
                                                        124 157 565 700 788 1346 1424 **uτ**

                                                       [↓700 788 1071 1346 **u**[**w**]
ἐπὶ θρόνου δόξης αὐτοῦ,   καθήσεσθε   καὶ ὑμεῖς ἐπὶ δώδεκα   B G M S U W Δ Θ Ω f^{13} 2 28 157
ἐπὶ θρόνου δόξης αὐτοῦ,   καθήσεσθε   καὶ <u>αὐτοὶ</u> ἐπὶ δώδεκα   ℵ L 124 157 [**w**]
ἐπὶ θρόνου δόξης αὐτοῦ,   <u>καθίσεσθε</u>   καὶ <u>αὐτοὶ</u> ἐπὶ <u>δεκαδύο</u>   D*
ἐπὶ θρόνου δόξης αὐτοῦ,   καθήσεσθε   καὶ <u>αὐτοὶ</u> ἐπὶ <u>δελαδίο</u>   D^c
ἐπὶ θρόνου δόξης αὐτοῦ,   <u>καθίσεσθε</u>   καὶ ὑμεῖς ἐπὶ δώδεκα   C 𝔐 K 118 69^c 33 565 1424 τ
ἐπὶ θρόνου δόξης αὐτοῦ,   <u>καθεσθήσεσθε</u> καὶ <u>αὐτοὶ</u> ἐπὶ δώδεκα f^1
ἐπὶ θρόνου δόξης αὐτοῦ, <u>καὶ</u> <u>καθεσθήσεσθαι</u> καὶ <u>αὐτοὶ</u> ἐπὶ δώδεκα   579

---

lac. **19.25-28** 𝔓⁴⁵ A N P Q Γ Π

A 25 μαται L | εξεπλησσοντο Δ Θ | εξεπλησσοντω 579 | δυνατε ℵ | σωθηνε ℵ | σωθεναι Θ **26** ενβλεψας D Δ | δυνα 2* | εστι Υ M S U f^1 28 157 700 788 | τουτω 579 **27** αποκριθης 579 | ημις ℵ | εστε D | ημειν D **28** υμειν D | υμις ℵ | ακολουθησατες L | παλιγγενεσεια D | παληγενεσια E | παληνγενεσια Θ | καθηση E G L Ω 118 13 | καθισει H | καθειση W Δ | καθησει 2 579

B 26 $\overline{ις}$ B ℵ C 𝔐 K L M S U W Δ Θ Ω f^1 118 f^{13} 124 2 33 28 157 565 579 700 788 1071 1346 1424 | $\overline{ιης}$ D | ανοις ℵ^c C 𝔐 K L M S U W Ω f^1 118 f^{13} 69 124 2 33 28 157 565 579 700 788 1071 1346 1424 | $\overline{θω}$ B ℵ C D E F G Y K L M S U W Δ Θ Ω f^1 118 f^{13} 69 124 2 28 157 565 700 788 1071 1346 1424 | $\overline{θυ}$ 579 **27** ℵ ℵ M 28 $\overline{ις}$ B ℵ C E F H Y K L M S U W Δ Θ Ω f^1 118 f^{13} 124 2 33 28 157 565 579 700 788 1071 1346 1424 | $\overline{ιης}$ D | $\overline{υς}$ ℵ C 𝔐 K L M S U Δ Ω f^1 2 33 28 565 1424 | ανου ℵ C E G H Y K L M S U W Δ Θ Ω f^1 118 f^{13} 69 124 2 33 28 157 565 579 700 788 1071 1346 1424 | $\overline{ιβ}^{1.2}$ ℵ | $\overline{ιβ}^2$ D

C 26 τελος (post δυνατα) D [κυριακη ιβ´: 19.16-26] E H S Υ Ω f^{13} 2 1071 1346 | τε τς κ,υ M f^1 28 27 αρξ απωα των αγιων παντων 118 | αρξ των αγιων παντων 2 788 1346 | αρχ 1071 **27** αρχη: των αγιων παντων E G H | ο δε ις τους αγιους παντας Υ | αρχ Θ | αρξαι των αγιων παντων 1424 | μβ περι των μισθουμενων (μιστουμενων Η) εργατων G H | κυ, της α εβδ ματθ τω καιρ, αποκριθεις ο πε, G | αρξ: αρξ των αγ, παντων M | αρξ $\bar{τ}$ αγὰ παντ f^1 | αρξουν των αγι παντ f^{13} | αρξου $\bar{τ}$ αγι παντ 28

D 27 $\overline{ρ\overline{ρε}}$ 118 **28** $\overline{ρ\overline{ρς}}$/β ℵ | $\overline{ρ\overline{ρς}}$ C D F H Θ f^1 f^{13} 2 579 1071 1346 | $\overline{ρ\overline{ρς}}$/ι E Y L S U Ω 118 28 1424 | $\overline{ρ\overline{ρς}}$/δ G 124 788 | $\overline{ρ\overline{ξς}}$ K | $\overline{ρ\overline{ρς}}$/e M | Ευ Μθ $\overline{ρ\overline{ρς}}$: Ιω . : Λο . : Μρ . E | Μθ $\overline{ρ\overline{ρς}}$: Μρ $\overline{ρι}$: Λο $\overline{σοα}$: Ιω . 124 | (ante καθησεσθε) $\overline{ρ\overline{ρς}}$/e ℵ G L M U Y Ω S 118 124 28 788 1346 1424 | $\overline{ρ\overline{ρζ}}$ C D F H Θ f^1 f^{13} 579 1071 | $\overline{ρ\overline{ρζ}}$/ς E | Ευ Μθ $\overline{ρ\overline{ρζ}}$: Ιω . : Λο $\overline{σοβ}$: Μρ . E | Μθ $\overline{ρκζ}$: Μρ $\overline{ρ}$: Λο $\overline{σοβ}$ M | Μθ $\overline{ρ\overline{ρζ}}$: Μρ $\overline{ρια}$: Λο $\overline{σκα}$: Ιω . 124

θρόνους κρείνοντες τὰς δώδεκα φυλὰς τοῦ Ἰσραήλ. 29 καὶ πᾶς ὅστις ἀφῆκεν B Dᶜ
θρόνους κρείνοντες δώδεκα φυλὰς τοῦ Ἰσραήλ. 29 καὶ πᾶς ὅστις ἀφῆκεν D*
θρόνους κρίνοντες τὰς δώδεκα φυλὰς τοῦ Ἰσραήλ. 29 καὶ πᾶς ὃς ἀφῆκεν 𝔐 M U 118 2 28 1424 τ
θρόνους κρίνοντες τὰς δώδεκα φυλὰς τοῦ Ἰστραήλ. 29 καὶ πᾶς ὅστις ἀφῆκεν W
θρόνους κρίνοντες τὰς δώδεκα φιλὰς τοῦ Ἰσραήλ. 29 ὃς ἀφῆκεν 1071
θρόνους κρίνοντες τὰς δώδεκα φυλὰς τοῦ Ἰσραήλ. 29 καὶ πᾶς ὅστις ἀφῆκεν ℵ C E K L Y Δ Θ f¹ f¹³
33 157 565 579 700 788 1346 **uw**

οἰκίας ἢ ἀδελφοὺς ἢ ἀδελφὰς ἢ πατέρα ἢ μητέρα ἢ τέκνα ἢ ἀγροὺς B u[w]
ἀδελφοὺς ἢ ἀδελφὰς ἢ πατέρα ἢ μητέρα ἢ γυναῖκα ἢ τέκνα ἢ ἀγροὺς ℵ*
ἀδελφοὺς ἢ ἀδελφὰς ἢ πατέρα ἢ μητέρα ἢ γυναῖκα ἢ τέκνα ἢ ἀγροὺς ἢ οἰκίας ℵᶜ C* L
οἰκίας ἢ ἀδελφοὺς ἢ ἀδελφὰς ἢ μητέρα ἢ τέκνα ἢ ἀγροὺς D
οἰκίας ἢ ἀδελφοὺς ἢ ἀδελφοὺς ἢ ἀδελφὰς ἢ πατέρα ἢ μητέρα ἢ γυναῖκα ἢ τέκνα ἢ ἀγροὺς E*
οἰκίαν ἢ ἀδελφοὺς ἢ ἀδελφὰς ἢ πατέρα ἢ μητέρα ἢ γυναῖκα ἢ τέκνα ἢ ἀγροὺς K Y Θ 33 565
ἀδελφοὺς ἢ ἀδελφὰς ἢ γονεῖς ἢ τέκνα ἢ ἀγροὺς ἢ οἰκίας f¹ [↑700 1071
ἀδελφοὺς ἢ ἀδελφὰς ἢ πατέρα ἢ μητέρα ἢ γυναῖκα ἢ τέκνα ἢ ἀγροὺς ἢ οἰκίας 579
ἀδελφοὺς ἢ ἀδελφὰς ἢ πατέρα ἢ μητέρα ἢ τέκνα ἢ ἀγροὺς ἢ οἰκίας [w]
οἰκίας ἢ ἀδελφοὺς ἢ ἀδελφὰς ἢ πατέρα ἢ μητέρα ἢ γυναῖκα ἢ τέκνα ἢ ἀγροὺς Cᶜ 𝔐 M U W
Δ 118 f¹³ 2 28 157 788 1346 1424 τ

ἕνεκεν τοῦ ἐμοῦ ὀνόματος πολλαπλασίονα λημψεται καὶ ζωὴν αιώνιον κληρονομήσει. B w
ἕνεκα τοῦ ἐμοῦ ὀνόματος ἑκατονταπλασίονα λημψεται καὶ ζωὴν αιώνιον κληρονομήσει. ℵ
ἕνεκα τοῦ ὀνόματός μου ἑκατονταπλασίονα λημψεται καὶ ζωὴν αιώνιον κληρονομήσει. D
ἕνεκεν τοῦ ὀνόματός μου πολλαπλασίονα λημψεται καὶ ζωὴν αιώνιον κληρονομήσει. L 579
ἕνεκεν τοῦ ὀνόματός μου ἑκατονταπλασίονα λημψεται καὶ ζωὴν αιώνιον κληρονόμηση. M
ἤνεκεν τοῦ ἐμοῦ ὀνόματος ἑκατονταπλασίονα λημψεται καὶ ζωὴν αιώνιον κληρονομῆσαι. Θ
ἕνεκεν κυ ἐμοῦ ὀνόματος ἑκατονταπλασίονα ληψεται καὶ ζωὴν αιώνιον κληρονομήσει. 124
ἕνεκεν τοῦ ὀνόματός μου ἑκατονταπλασίονα λημψεται καὶ ζωὴν αιώνιον κληρονομήσει. **uτ** rell

[Cl S IV 15.4 αυτικα ο κυριος εν τω ευαγγελιω φησιν, ος αν καταλειψη πατερα η μητερα η αδελφους και το εξης· ενεκεν του ευαγγελιου και του ονοματος μου, μακαριος ουτουσι ..].

ριζ 30 Πολλοὶ δὲ ἔσονται πρῶτοι ἔσχατοι καὶ ἔσχατοι πρῶτοι. B 124 **uwτ** rell
30 Πολλοὶ δὲ ἔσονται ἔσχατοι πρῶτοι καὶ πρῶτοι ἔσχατοι. ℵ L 157 579
30 Πολλοὶ δὲ ἔσονται πρῶτοι ἔσχατοι καὶ οἱ ἔσχατοι πρῶτοι. C M f¹³ 1346
30 Πολλοὶ δὲ ἔσονται πρῶτοι ἔσχατοι καὶ ἔσχατοι ἔσονται. W
30 Πολλοὶ δὲ ἔσονται πρῶ ἔσχατοι καὶ ἔσχατοι πρῶτοι. 1071

μ̄β̄ περὶ τῶν μισθουμένων ἐργατῶν

The Parable Of The Workers In The Vineyard

20.1 Ὁμοία γάρ ἐστιν ἡ βασιλεία τῶν B **uwτ** rell
20.1 Εἶπεν ὁ Ἰησοῦς τὴν παραβολὴν ταύτην, Ὁμοίωθει ἡ βασιλεία τῶν Cᶜ

---

lac. 19.28-20.1 𝔓⁴⁵ A N P Q Γ Π

A 28 θρωνου 2* ¦ καθησεσθαι W 2 ¦ καθισεσθε 700 1071 ¦ θρωνους 579 ¦ φιλας 13 29 οστης 579 ¦ οικειας D W 2 ¦ οικειαν 1071 ¦ αγρος E* ¦ εκατονταπλασιον D* ¦ ποφλαπλασιονα L* ¦ πολλαπλασιωνα 579 ¦ εκατονταπλασιωνα 2* 1071 ¦ λημψετε ℵ ¦ ληψεται 𝔐 K M S U Δ Ω f¹ 118 f¹³ 69 2 28 157 565 700 788 1071 1346 1424 τ ¦ λημ··ψεται L* ¦ κληρονομησηι ℵ ¦ κληρονομισει 700 ¦ κληρονομηση 1424 30 εσοντε¹ ℵ ¦ αισχατοι¹·² D 1071 ¦ εσχατοι¹ Y ¦ εσσχατοι² K 20.1 ομοινα M* ¦ βασιλια ℵ

B 28 ιη̅λ̅ ℵ C 𝔐 K L M S U Θ Ω f¹ 118 f¹³ 69 124 2 28 157 565 579 700 788 1071 1346 1424 ¦ ισ̅λ̅ Δ 29 πρ̅α̅ ℵ C E F G Y K L S U Ω 118 f¹³ 69 124 2 33 28 157 565 579 700 788 1071 1346 1424 ¦ πα̅ρ̅ M ¦ μρ̅α̅ ℵ C E F G K L M S U W Ω 118 f¹³ 69 124 2 33 28 157 565 579 700 788 1071 1346 1424

C 30 τελος (post πρωτοι) E Y L S Θ 118 f¹³ 124 2 579 788 1071 1346 ¦ τελος των αγιων παντων (post πρωτοι) F H f¹ 28 ¦ τελος της κυ G 20.1 αρχη D F ¦ μ̅β̅ περι των μισθουμενων (μιστουμενων H ¦ om. L) εργατων (εργατας 579): E F H Y K L M S U Δ Θ Ω f¹³ 124 28 157 579 788 1071 1346 1424 ¦ αρχη (om. 2): των αγιων μ̅ ειπεν ο κ̅ς̅ την παραβολην ταυτην ⌈ομοιωθη (⌈ομοια γαρ G) (ante η βασ.) E G 2 ¦ αρχη: των αγιων μ̅ ειπ την παραβολην ταυτην ομοιωθη βασιλεια των ουρα, H ¦ αρχ: τη γ της ζ εβδ λεγ κ, μαρτ θ̅ τ̅ αγι μ̅ αρχ ειπεν ο κ̅ς̅ τ παραβ, ταυτην· ομοιωθη η βασιλεια των ουνων ανω οικοδ Y ¦ Μθ τη γ τς ζ εβδ και μαρτιω των αγ, αρχ ειπεν ο ι̅ς̅ την παραβολην ταυτην+ωμοια η βασιλεια των ουραν,ο ανω Μ ¦ τω αγιω Μτ τη γ τς ζ εβδ ειπ ο κ̅ς̅ τ παραβολ S ¦ εις τ αγιους μ̅ ειπ ο κ̅ς̅ τ παρ,α ¦ αρχ κ̅ τη δ τς θ εβδ ειπ ο κ̅ς̅ τ̅ ειπ ομοιωθ η βασιλ του τω κ̅ εις τ αγι μ̅ f¹ ¦ αρχ τη δ̅ τς θ εβδομα ειπεν ο κ̅ς̅ την πα 118 ¦ αρχ των αγιων μ̅ f¹³ 124 788 1346 ¦ αρχ τς δ̅ τ̅ αγι̅ μ̅ ειπεν ο κ̅ς̅ την παραβολην ταυτ ομοιωθη η βασιλεια των ουνων ανθρωπω οικο 28 ¦ αρχ τ δ̅ και εις των αγιων 157 ¦ αρχ: μ̅ μρμρ 1071 ¦ αρχη ειπε ο κ̅ς̅ την 1424

D 29 ρ̅ο̅η̅/β̅ ℵ G Y L M S U Ω 118 124 28 788 1424 ¦ ρ̅ο̅η̅ C D F H Θ f¹ f¹³ 157 579 1071 1346 1346 ¦ ρ̅ο̅η̅/ς̅ E ¦ Ευ Μθ ρ̅ο̅η̅ : Ιω . : Λο σ̅κ̅α̅ : Μρ ρ̅ι̅ E ¦ Μθ ρ̅κ̅η̅ : Μρ ρ̅ι̅α̅ : Λο σ̅κ̅α̅ M ¦ Μθ ρ̅ο̅η̅ : Μρ . : Λο ρ̅ο̅γ̅ : Ιω . 124 30 ρ̅ο̅θ̅/β̅ ℵ E G L M S U Y Ω 124 788 1424 ¦ ρ̅ο̅θ̅ C D F H K Θ f¹ f¹³ 157 579 1071 1346 ¦ Ευ Μθ ρ̅ο̅θ̅ : Ιω . : Λο σ̅γ̅ : Μρ . E ¦ Μθ ρ̅κ̅θ̅ : Λο σ̅ο̅γ̅ M ¦ Μθ ρ̅ο̅θ̅ : Μρ . : Λο . : Ιω . 124 20.1 σ̅/ι̅ ℵ E G M S U Y Ω 124 28 788 1424 ¦ σ̅ C D H K Θ f¹ 118 f¹³ 157 1346 ¦ σ̅α̅/α̅ L ¦ Ευ Μθ σ̅ : Ιω . : Λο . : Μρ ρ̅ι̅δ̅ E ¦ Μθ σ̅ M ¦ Μθ σ̅ι̅ : Μρ . : Λο . : Ιω . 124

οὐρανῶν ἀνθρώπῳ οἰκοδεσπότῃ ὅστις ἐξῆλθεν ἅμα πρωῒ μισθώσασθαι ἐργάτας   B **uwτ** rell
οὐρανῶν ἀνθρώπῳ οἰκοδεσπότῃ ὅστις ἐξῆλθεν <u>ἀπὸ</u> πρωῒ μισθώσασθαι ἐργάτας   1424

εἰς τὸν ἀμπελῶνα αὐτοῦ· 2 συμφωνήσας   δὲ μετὰ τῶν ἐργατῶν ἐκ δηναρίου τὴν   B **uwτ** rell
εἰς τὸν ἀμπελῶνα αὐτοῦ· 2 <u>καὶ</u>   συμφωνήσας μετὰ τῶν ἐργατῶν ἐκ δηναρίου τὴν   E F G H K M U 118 2
εἰς τὸν ἀμπελῶνα αὐτοῦ· 2 <u>καὶ συμφωνήσας</u> δὲ μετὰ τῶν ἐργατῶν ἐκ δηναρίου τὴν   124 1346
εἰς τὸν ἀμπελῶνα αὐτοῦ· 2 συμφωνήσας   δὲ μετὰ τῶν ἐργατῶν ἐκ δηναρίου <u>τῆς</u>   579
εἰς τὸν ἀμπελῶνα αὐτοῦ· 2 <u>καὶ</u>   συμφωνήσας μετὰ τῶν <u>ἐκγατῶν</u> ἐκ δηναρίου τὴν   1071
εἰς τὸν ἀμπελῶνα αὐτοῦ· 2 <u>συμφωνήσαντος</u> δὲ μετὰ τῶν ἐργατῶν ἐκ δηναρίου τὴν   1424

ἡμέραν ἀπέστειλεν αὐτοὺς εἰς τὸν ἀμπελῶνα αὐτοῦ.   3 καὶ ἐξελθὼν   περὶ   B 118 **uw** rell
ἡμέραν ἀπέστειλεν αὐτοὺς εἰς τὸν ἀμπελῶνα αὐτοῦ.   3 καὶ ἐξελθὼν   περὶ <u>τὴν</u>   C* 2 τ
ἡμέραν ἀπέστειλεν αὐτοὺς εἰς τὸν ἀμπελῶνα αὐτοῦ.   3 καὶ <u>διεξελθὼν</u> περὶ   D
ἡμέραν ἀπέστειλεν αὐτοὺς εἰς τὸν ἀμπελῶνα αὐτοῦ <u>αὐτοῦ</u>.   3 καὶ ἐξελθὼν   περὶ <u>τὴν</u>   Δ
.... ἀπέστειλεν .... αὐτοῦ.   3 καὶ ἐξελθὼν   περὶ   Π
ἡμέραν ἀπέστειλεν αὐτοὺς εἰς τὸν ἀμπελῶνα.   3 καὶ ἐξελθὼν   περὶ   f¹
<u>ἡμέρας ἀνέστειλεν</u> αὐτοὺς εἰς τὸν ἀμπελῶνα αὐτοῦ.   3 καὶ ἐξελθὼν   περὶ   579

τρίτην ὥραν εἶδεν   ἄλλους ἑστῶτας ἐν τῇ ἀγορᾷ ἀργούς· 4 καὶ ἐκείνοις   εἶπεν,   B ℵ 𝔐 M U W Θ f¹ 2 157
<u>ὥραν τρίτην εὗρεν</u> ἄλλους ἑστῶτας ἐν τῇ ἀγορᾷ ἀργούς· 4 <u>κἀκείνοις</u>   εἶπεν,   D   [↑579 1071 **uw**
τρίτην ὥραν εἶδεν   ἄλλους ἑστῶτας ἐν τῇ ἀγορᾷ ἀργούς· 4 <u>κἀκείνοις</u>   εἶπεν,   C K L Υ Π 33 28 565 700 τ
<u>ὥραν τρίτην</u> εἶδεν   ἄλλους ἑστῶτας ἐν τῇ ἀγορᾷ ἀργούς· 4 καὶ ἐκείνοις   εἶπεν,   Δ
τρίτην ὥραν εἶδεν   ἄλλους <u>ἐν τῇ ἀγορᾷ ἑστῶτας</u> ἀργούς· 4 καὶ ἐκείνοις   εἶπεν,   f¹³ 788 1346
τρίτην ὥραν <u>εὗρεν</u>   ἄλλους <u>ἑστῶτας ἀργούς ἐν τῇ ἀγορᾷ·</u> 4 καὶ ἐκείνοις   εἶπεν,   1424

        [↓1424 **uwτ**
Ὑπάγετε καὶ ὑμεῖς εἰς τὸν ἀμπελῶνα,   καὶ ὃ ἐὰν ᾖ   δίκαιον δώσω   B 𝔐 K M U W Δ 1582 118 2 28 157 1071
Ὑπάγετε καὶ ὑμεῖς εἰς τὸν ἀμπελῶνα <u>μου</u>, καὶ ὃ ἐὰν ᾖ   δίκαιον δώσω   ℵ C Υ Θ Π f¹³ 33 565 700 788 1346
Ὑπάγετε καὶ ὑμεῖς εἰς τὸν ἀμπελῶνα,   καὶ ὃ <u>ἂν</u> ᾖ   δίκαιον δώσω   D L 1
Ὑπάγετε καὶ ὑμεῖς εἰς τὸν ἀμπελῶνα <u>μου</u>, καὶ ὃ ἐὰν <u>ἦν</u> δίκαιον δώσω   579

        [↓788 1071 [**uw**]
ὑμῖν. 5 οἱ δὲ ἀπῆλθον. πάλιν   ἐξελθὼν   περὶ ἕκτην καὶ ἐνάτην ὥραν   B 𝔐 Kᶜ M U W Θ Π f¹·¹³ 2 700ᶜ
ὑμῖν. 5 οἱ δὲ ἀπῆλθον. πάλιν <u>δὲ</u> ἐξελθὼν   περὶ ἕκτην καὶ ἐνάτην ὥραν   ℵ C L 33 [**uw**]
ὑμῖν. 5 οἱ δὲ ἀπῆλθον. πάλιν <u>δὲ</u> ἐξελθὼν   περὶ <u>ὥραν ἕκτην καὶ ἐννάτην</u>   D
ὑμῖν. 5 οἱ   ἀπῆλθον. πάλιν   ἐξελθὼν   περὶ ἕκτην καὶ ἐνάτην ὥραν   K*
ὑμῖν. 5 οἱ δὲ ἀπῆλθον. πάλιν   ἐξελθὼνᵀ περὶ ἕκτην καὶ ἐνάτην ὥραν   Δ
ὑμῖν. 5 οἱ δὲ ἀπῆλθον. <u>καὶ</u>   ἐξελθὼν   περὶ ἕκτην καὶ ἐνάτην ὥραν   Ω*
ὑμῖν. 5 οἱ δὲ ἀπῆλθον. πάλιν <u>καὶ</u> ἐξελθὼν   περὶ ἕκτην καὶ ἐνάτην ὥραν   Ωᶜ
ὑμῖν. 5 οἱ δὲ ἀπῆλθον.   28*
ὑμῖν. 5 οἱ δὲ ἀπῆλθον.   <u>περὶ δὲ ἕκτην καὶ ἐννάτην ὥραν ἐξελθὼν</u>   28ᶜ
ὑμῖν. 5 οἱ δὲ ἀπῆλθον. πάλιν <u>δὲ</u> ἐξελθὼν περὶ ἕκτην καὶ <u>ἐννάτην</u>   579
ὑμῖν. 5 οἱ δὲ ἀπῆλθον. πάλιν   ἐξελθὼν   περὶ ἕκτην καὶ <u>ἐννάτην</u> ὥραν   G 118 157 565 700* 1346 1424 τ

     ᵀ<u>εὗρεν ἄλλους ἑστῶντας</u>   Δ

ἐποίησεν ὡσαύτως. 6 περὶ δὲ τὴν ἑνδεκάτην   ἐξελθὼν   εὗρεν ἄλλους ἑστῶτας,   B ℵᶜ L Θ 700 **uw**
ἐποίησεν ὡσαύτως. 6 περὶ δὲ τὴν ἑνδεκάτην   <u>ἐξῆλθεν</u>   εὗρεν ἄλλους ἑστῶτας,   ℵ*
ἐποίησεν ὡσαύτως. 6 περὶ δὲ τὴν ἑνδεκάτην   <u>ἐξῆλθεν καὶ</u> εὗρεν ἄλλους ἑστῶτας,   D
        6 περὶ δὲ τὴν ἑνδεκάτην <u>ὥραν</u> ἐξελθὼν   εὗρεν ἄλλους ἑστῶτας,   28*
ἐποίησεν ὡσαύτως. 6 περὶ δὲ τὴν ἑνδεκάτην <u>ὥραν</u> ἐξελθὼν   εὗρεν ἄλλους ἑστῶτας,   C 𝔐 K M U W Δ
        Π f¹ f¹³ 2 33 28ᶜ 157 565 579 788 1071 1346 1424 τ

     καὶ λέγει αὐτοῖς, Τί ὧδε ἑστήκατε ὅλην τὴν   ἡμέραν ἀργοί;   B ℵ Cᶜ D Lᶜ Θ 33 565 700 **uw**
     καὶ λέγει αὐτοῖς, Τί ὧδε ἑστήκατε ὅλην τὴν <u>ὅλην</u> ἡμέραν ἀργοί;   L*
.... αὐτοῖς, Τί ὧδε ἑστήκατε ὅλην τὴν   ἡμέραν ἀργοί;   N
<u>ἀργούς</u>, καὶ λέγει αὐτοῖς, Τί ὧδε <u>ὅλην τὴν ἡμέραν</u> <u>ἑστήκατε</u> ἀργοί;   1424 [↓157 579 788 1071 1346 τ
<u>ἀργούς</u>, καὶ λέγει αὐτοῖς, Τί ὧδε ἑστήκατε ὅλην τὴν   ἡμέραν ἀργοί;   C* 𝔐 K M U W Δ Π f¹ f¹³ 2 28

---

lac. 20.1-6 𝔓⁴⁵ A N P Q Γ ┆ vss. 1-2 Π

A 1 οστης Θ ┆ πρωει W ┆ μισθωσασθε ℵ ┆ μεισθωσασθαι D ┆ μησθωσασθαι 2* ┆ των (τον) K ┆ αμπελων Δ 2 συφωνησας F* ┆ διναριου Θ 565 ┆ δυναριου 13 ┆ απεστιλεν ℵ W Θ ┆ αμπελων Δ 3 τρητην Δ ┆ ιδεν C K Θ Π 13 69 124 33 565 579 788 1346 ┆ εστωντας Δ ┆ αγωρα 1071 4 υπαγεται D* W 2 28 579 ┆ υμις ℵ ┆ ειμειες K ┆ ει (η) 28 ┆ δικεον ℵ* ┆ δοσω E Ω ┆ υμειν D 5 πηλθον K* ┆ απηλθων Θ ┆ ωσαυτος 579 ┆ οσαυτως 1346 6 ενδεκατιν Θ ┆ εστικατε 565

B 20.1 ουνων 𝔐 L M S U Δ Ω f¹ 118 f¹³ 124 2 28 157 579 700 788 1071 1346 1424 ┆ ᾱνῶ ℵ C E G H Y K L M S U W Δ Θ Ω f¹ 118 f¹³ 69 124 2 28 157 565 579 700 788 1071 1346 1424 ┆ ᾱνῶι F

7 λέγουσιν αὐτῷ, Ὅτι οὐδεὶς ἡμᾶς ἐμισθώσατο. λέγει αὐτοῖς, Ὑπάγετε καὶ ὑμεῖς   B uwτ rell
7 λέγουσιν αὐτῷ, Ὅτι οὐδεὶς   ἐμισθώσατο. λέγει αὐτοῖς, Ὑπάγετε καὶ ὑμεῖς   ℵ*
7 λέγουσιν αὐτῷ, Ὅτι οὐδεὶς ἡμᾶς ἐμισθώσατο. λέγει,   Ὑπάγετε καὶ ὑμεῖς   L

εἰς τὸν ἀμπελῶνα.   8 ὀψίας δὲ γενομένης λέγει   B ℵ L Θ 1 1582*'uw
εἰς τὸν ἀμπελῶνα μου.   8 ὀψίας δὲ γενομένης λέγει   D
εἰς τὸν ἀμπελῶνα μου καὶ ὃ ἐὰν ᾖ δίκαιον λήμψεσθε.   8 ὀψίας δὲ γενομένης λέγει   Cᶜ Ν Π 565 1346
εἰς τὸν ἀμπελῶνα   καὶ ὃ ἐὰν ἦν δίκαιον λήμψεσθε.   8 ὀψίας δὲ γενομένης λέγει   579
εἰς τὸν ἀμπελῶνα   καὶ ὃ ἐὰν ᾖ δίκαιον λήμψεσθε.   8 ὀψίας δὲ γενομένης λέγει   C* 𝔐 Κ Μ U W Δ
                                              1582ᶜ 118 f¹³ 2 33 28 157 700 788 1071 1424 τ

ὁ κύριος τοῦ ἀμπελῶνος τῷ ἐπιτρόπῳ αὐτοῦ, Κάλεσον τοὺς ἐργάτας καὶ ἀπόδος

αὐτοῖς τὸν μισθὸν ἀρξάμενος ἀπὸ τῶν ἐσχάτων ἕως τῶν πρώτων.   9 ἐλθόντες δὲ   B [w]
        τὸν μισθὸν ἀρξάμενος ἀπὸ τῶν ἐσχάτων ἕως τῶν πρώτων.   9 καὶ ἐλθόντες   ℵ C L [w]
αὐτοῖς τὸν μισθὸν ἀρξάμενος ἀπὸ τῶν ἐσχάτων ἕως τῶν πρώτων.   9 ἐλθόντες οὖν   D Θ f¹³ 788 1346
············ ······ μισθὸν ἀρξάμενος ἀπὸ τῶν ἐσχάτων ἕως ······ ········ων.   9 ἐλθόντες οὖν   33
αὐτοῖς τὸν μισθὸν ἀρξάμενος ἀπὸ τῶν πρώτων ἕως τῶν ἐσχάτων.   9 καὶ ἐλθόντες   579
αὐτοῖς τὸν μισθὸν ἀρξάμενος ἀπὸ τῶν ἐσχάτων ἕως τῶν πρώτων.   9 καὶ ἐλθόντες   uτ rell

οἱ περὶ τὴν ἑνδεκάτην ὥραν ἔλαβον   ἀνὰ δηνάριον. 10 καὶ ἐλθόντες   B C D Θ 69 124 788 uw
οἱ περὶ τὴν ἑνδεκάτην ὥραν ἔλαβον   ἀνὰ δηνάριον. 10 ἐλθόντες δὲ καὶ   N
οἱ περὶ τὴν ἑνδεκάτην ὥραν ἔλαβον καὶ αὐτοὶ ἀνὰ δηνάριον. 10 καὶ ἐλθόντες   f¹³
······ ········ τὴν ἑνδεκάτην ὥραν ἔλαβον   ἀνὰ δη········ 10 ······ ········τες   33
οἱ περὶ τὴν ἑνδεκάτην   ἔλαβον   ἀνὰ δηνάριον. 10 ἐλθόντες δὲ   28*
    περὶ τὴν ἑνδεκάτην ὥραν ἔλαβον   ἀνὰ δηνάριον. 10 καὶ ἐλθόντες   1346
οἱ περὶ τὴν ἑνδεκάτην ὥραν ἔλαβον   ἀνὰ δηνάριον. 10 ἐλθόντες δὲ   ℵ 𝔐 Κ L Μ U W Δ
                                              Π f¹ 2 28ᶜ 157 565 579 700 1071 1424 τ

οἱ πρῶτοι ἐνόμισαν ὅτι πλεῖον λήμψονται· καὶ ἔλαβον   ἀνὰ δηνάριον καὶ αὐτοί.   B [uw]
οἱ πρῶτοι ἐνόμισαν ὅτι πλείονα λήμψονται· καὶ ἔλαβον τὸ ἀνὰ δηνάριον καὶ αὐτοί.   ℵ
οἱ πρῶτοι ἐνόμισαν ὅτι πλεῖον λήμψονται· καὶ ἔλαβον καὶ αὐτοὶ τὸ ἀνὰ δηνάριον.   C*
οἱ πρῶτοι ἐνόμισαν ὅτι πλείονα λήμψονται· καὶ ἔλαβον καὶ αὐτοὶ τὸ ἀνὰ δηνάριον.   Cᶜ
οἱ πρῶτοι ἐνόμισαν ὅτι πλείω   λήμψονται· ἔλαβον δὲ καὶ αὐτοὶ ἀνὰ δηνάριον.   D
οἱ πρῶτοι ἐνόμισαν ὅτι πλεῖον λήμψονται· καὶ ἔλαβον τὸ ἀνὰ δηνάριον καὶ αὐτοί.   L Θ [uw]
οἱ πρῶτοι ἐνόμισαν ὅτι πλεῖον λήψονται· καὶ ἔλαβον καὶ αὐτοὶ τὸ ἀνὰ δηνάριον.   N
οἱ πρῶτοι ἐνόμισαν ὅτι πλεῖον λήμψονται· καὶ ἔλαβον καὶ αὐτοὶ ἀνὰ δηνάριον.   W
οἱ πρῶτοι ἐνόμισαν ὅτι πλεῖον λήψονται· καὶ ἔλαβον καὶ αὐτοὶ ἀνὰ δηνάριον.   f¹ 124 579 788
οἱ πρῶτοι ἐνόμησαν ὅτι πλεῖον λήμψονται· ἔλαβον καὶ αὐτοὶ ἀνὰ δηνάριον.   f¹³ 1346
οἱ πρῶτο· ········ ὅτι πλείονα λήμψονται· καὶ ἔλαβον τὸ ········ ·······τοί.   33
οἱ πρῶτοι ἐνόμιζον ὅτι πλείονα λήψονται· καὶ ἔλαβον καὶ αὐτοὶ ἀνὰ δηνάριον.   1424
οἱ πρῶτοι ἐνόμισαν ὅτι πλείονα λήψονται· καὶ ἔλαβον καὶ αὐτοὶ ἀνὰ δηνάριον.   𝔐 Κ Μ U Δ Π 69
                                              2 28 157 565 700 1071 τ

11 λαβόντες δὲ ἐγόγγυζον κατὰ τοῦ   οἰκοδεσπότου 12 λέγοντες,   B uwτ rell
11 λαβόντες δὲ ἐγόγγυζον κατὰ τοῦ κατὰ τοῦ οἰκοδεσπότου 12 λέγοντες,   C
11 λαβόντες δὲ ἐγόγγυσαν κατὰ τοῦ   οἰκοδεσπότου 12 λέγοντες,   D
11 λαβό······· ····· ··γόγγυζον κατὰ τοῦ   οἰκοδεσπότου 12 λέγον······   33

Οὗτοι οἱ ἔσχατοι μίαν ὥραν ἐποίησαν, καὶ ἴσους ἡμῖν αὐτοὺς ἐποίησας τοῖς   B Cᶜ 1 1582* 1424 u[w]
Οὗτοι οἱ ἔσχατοι μίαν ὥραν ἐποίησαν, καὶ ἴσους αὐτοὺς ἡμῖν ἐποίησας τοῖς   ℵ D [w]
Ὅτι οὗτοι   ἔσχατοι μίαν ὥραν ἐποίησαν, καὶ ἴσους ἡμῖν αὐτοὺς ἐποίησας τοῖς   C* H
Ὅτι οὗτοι οἱ ἔσχατοι μίαν ὥραν ἐποίησαν, καὶ ἴσους αὐτοὺς ἡμῖν ἐποίησας τοῖς   L 69 124 157 788
········ ··· ········σαν, καὶ ἴσους ἡμῖν αὐτοὺς ἐποίησας το··   33
Ὅτι οὗτοι οἱ ἔσχατοι μίαν ὥραν ἐποίησαν, καὶ ἴσους ἡμῖν ἐποίησας αὐτοὺς τοῖς   579
Ὅτι οὗτοι οἱ ἔσχατοι μίαν ὥραν ἐποίησαν, καὶ ἴσους ὑμῖν αὐτοὺς ἐποίησας τοῖς   1346
Ὅτι οὗτοι οἱ ἔσχατοι μίαν ὥραν ἐποίησαν, καὶ ἴσους ἡμῖν αὐτοὺς ἐποίησας τοῖς   𝔐 Κ Μ Ν U W Δ Θ Π
                                              1582ᶜ 118 f¹³ 2 28 565 700 1071 τ

lac. 20.7-12 𝔓⁴⁵ A P Q Γ

A 7 λεγοσιν 565 | ουδις ℵ | εμεισθωσατο D* | εμισθωσατω Θ | υπαγεται D W 2* 579 | υμις ℵ | ει (η) 28 | διον (δικαιον) 69 |
ληψεσθε 𝔐 Κ Μ S U Δ Π Ω 1582ᶜ 118 69 124 28 157 565 700 788 1071 1346 1424 τ | λημψεσθαι W 579 | ληψεσθαι 69 124 2
8 οψειας D W | λεγι ℵ | αμπελονος Θ | επιτρωπο 579 | αποδως 28 579 1424 | μισθων Θ* | τον (των¹) Θ | αισχατων D Ω 1071
9 ελθωντες 2* | ελαβων E 565 | διναριον E* Κ Θ 565 | δυναριον 13 | δηναριων 579 10 ελθωντες 2* | ενομησαν Η Θ 2 28 565
788 | ενωμησαν 579 | πλιονα ℵ | πλιον W Θ | πλειωνα 1071 | ληψονται 69 124 788 1346 | ληψοντε Ν | ελαβων E | διναριον 565
11 εγογγυζον F | εγογγυζων Θ 12 αισχατοι D 1071 | εποιησα (εποιησαν) Δ | εισους ℵᶜ | ισου L | ησους 579 | ημειν D

B 8 κς̅ ℵ C D F G H Y Κ L Μ Ν U W Θ Π 1 f¹³ 69 124 2 33 157 579 788 1071 1346

βαστάσασι τὸ βάρος τῆς ἡμέρας καὶ τὸν καύσωνα. **13** ὁ δὲ ἀποκριθεὶς αὐτῶν ἑνὶ εἶπεν,   B
βαστάσασι τὸ βάρος τῆς ἡμέρας καὶ τὸν καύσωνα. **13** ὁ δὲ ἀποκριθεὶς <u>ἑνὶ</u> <u>αὐτῶν</u> εἶπεν,   ℵ D Θ 124 **u**[**w**]
βαστάσασι τὸ βάρος τῆς ἡμέρας καὶ τὸν καύσωνα. **13** ὁ δὲ ἀποκριθεὶς <u>εἶπεν</u> <u>μονάδι</u> <u>αὐτῶν,</u>   Δ
.... τὸν καύσωνα. **13** ὁ δὲ ἀποκριθεὶς <u>εἶπεν</u>   33
βαστάσασι τὸ βάρος   τὸν καύσωνα. **13** ὁ δὲ ἀποκριθεὶς <u>ἑνὶ</u> <u>αὐτῶν</u> εἶπεν,   700
βαστάσασι τὸ βάρος τῆς ἡμέρας καὶ τὸν καύσωνα. **13** ὁ δὲ ἀποκριθεὶς <u>ἑνὶ</u> <u>αὐτῶν,</u>   1346
βαστάσασι τὸ βάρος τῆς ἡμέρας καὶ τὸν καύσωνα. **13** ὁ δὲ ἀποκριθεὶς <u>εἶπεν</u> <u>ἑνὶ</u> <u>αὐτῶν,</u>   C 𝔐 K L M
                                      N U W Π *f*[1] *f*[13] 2 28 157 565 579 788 1071 1424 [**w**]τ

Ἑταῖρε, οὐκ ἀδικῶ σε· οὐχὶ δηναρίου συνεφώνησάς μοι· **14** ἆρον τὸ σὸν καὶ ὕπαγε· B **uwτ** rell
Ἑταῖρε, <u>οὐχ</u> ἀδικῶ σε· οὐχὶ δηναρίου συνεφώνησάς μοι· **14** ἆρον τὸ σὸν καὶ ὕπαγε· ℵ
Ἑταῖρε, οὐκ ἀδικῶ σε· οὐχὶ δηναρίου <u>συνεφώνησά</u> <u>σοι</u>· **14** ἆρον τὸ σὸν καὶ ὕπαγε· L
....ρίου <u>συνεφώνησά</u> <u>σοι</u>· **14** ἆρον τὸ σὸν κ···· ....· 33

θέλω ἐγὼ   τούτῳ τῷ ἐσχάτῳ δοῦναι ὡς καὶ σοί. **15**   οὐκ ἔξεστίν μοι   B [**w**]
θέλω <u>δὲ</u>   τούτῳ <u>ᾧ</u> ἐσχάτῳ δοῦναι ὡς καὶ <u>σύ</u>. **15** <u>ἢ</u> οὐκ ἔξεστίν μοι   ℵ*
θέλω <u>δε</u>   τούτῳ τῷ ἐσχάτῳ δοῦναι ὡς καὶ <u>σύ</u>. **15** <u>ἢ</u> οὐκ ἔξεστίν μοι   ℵ[c]
θέλω <u>δε</u>   <u>τῷ</u> <u>ἐσχάτῳ</u> <u>τούτῳ</u> δοῦναι ὡς καὶ σοί. **15**   οὐκ <u>ἐστίν</u> μοι   D*
θέλω <u>δὲ</u>   <u>τῷ</u> <u>ἐσχάτῳ</u> <u>τούτῳ</u> δοῦναι ὡς καὶ σοί. **15**   οὐκ ἔξεστίν μοι   D[c]
θέλω <u>δὲ</u> <u>καὶ</u> τούτῳ τῷ ἐσχάτῳ δοῦναι ὡς καὶ σοί. **15** <u>ἢ</u> οὐκ ἔξεστίν μοι   E 118 1424
θέλω <u>δὲ</u>   τούτῳ τῷ ἐσχάτῳ δοῦναι ὡς καὶ σοί. **15**   οὐκ ἔξεστίν μοι   L Θ 700 [**uw**]
θέλω <u>δὲ</u>   τούτῳ   ἐσχάτῳ δοῦναι ὡς καὶ σοί. **15** <u>ἢ</u> οὐκ ἔξεστίν μοι   *f*[13]
....ὡς καὶ σοί. **15** <u>ἢ</u> οὐκ ἔξεστίν μοι   33
θέλω <u>δὲ</u>   τούτῳ τῷ ἐσχάτῳ δοῦναι ὡς καὶ σοί. **15** <u>ἢ</u> οὐκ <u>ἐξόν</u> <u>μοῖ</u> <u>ἐστιν</u>   157
θέλω <u>δὲ</u>   <u>τῷ</u> <u>ἐσχάτῳ</u> <u>τούτῳ</u> δοῦναι ὡς καὶ σοί. **15** <u>ἢ</u> οὐκ <u>ἐξέστη</u>   1071
θέλω <u>δὲ</u>   τούτῳ τῷ ἐσχάτῳ δοῦναι ὡς καὶ σοί. **15** <u>ἢ</u> οὐκ ἔξεστίν μοι   124 [**u**]τ rell

ὃ θέλω   ποιῆσαι ἐν τοῖς ἐμοῖς; ἢ ὁ ὀφθαλμός σου πονηρός ἐστιν ὅτι ἐγὼ ἀγαθός εἰμι;   B* ℵ D L Θ **uw**
ὃ θέλω   ποιῆσαι ἐν τοῖς ἐμοῖς; <u>εἰ</u> ὁ ὀφθαλμός σου πονηρός ἐστιν ὅτι ἐγὼ ἀγαθός εἰμι;   B[c] *f*[13] 157 700
<u>ποιῆσαι</u> <u>ὡς</u> <u>θέλω</u> ἐν τοῖς ἐμοῖς; ἢ ὁ ὀφθαλμός σου πονηρός ἐστιν ὅτι ἐγὼ ἀγαθός εἰμι;   W [↑788 1346
<u>ποιῆσαι</u>   <u>ὃ</u> <u>θέλω</u> ἐν τοῖς ἐμοῖς; <u>εἰ</u> ὁ ὀφθαλμός σου πονηρός ἐστιν ὅτι ἐγὼ ἀγαθός εἰμι;   S 118 28 1071
<u>ποιῆσαι</u>   <u>ὃ</u> <u>θέλω</u> ἐν τοῖς ἐμοῖς; <u>εἰ</u>   ὀφθαλμός σου πονηρός ἐστιν ὅτι ἐγὼ ἀγαθός εἰμι;   *f*[1]
ὃ θέλω   ποιῆσαι ἐν τοῖς ἐμοῖς; <u>εἰ</u> ὁ ὀφθαλμός <u>μου</u> πονηρός ἐστιν ὅτι ἐγὼ ἀγαθός εἰμι;   69
ὃ θέλω   πο··········· ········ ....ρός ἐστιν ὅτι ἐγὼ ἀγαθός εἰμι;   33
<u>ποιῆσαι</u> <u>ἐν</u> <u>τοῖς</u> <u>ἐμοῖς</u> <u>ᾧ</u> <u>θέλω</u>; ἢ ὁ ὀφθαλμός σου πονηρός ἐστιν ὅτι ἐγὼ ἀγαθός εἰμι;   579
<u>ποιῆσαι</u>   <u>ὃ</u> <u>θέλω</u> ἐν τοῖς ἐμοῖς; ἢ ὁ ὀφθαλμός σου πονηρός ἐστιν ὅτι ἐγὼ ἀγαθός εἰμι;   C 𝔐 K M N U Δ
                                            Π 2 565 1424 τ

16 Οὕτως ἔσονται οἱ ἔσχατοι πρῶτοι καὶ οἱ πρῶτοι ἔσχατοι. B **uwτ** rell
16 Οὕτως ἔσονται   ἔσχατοι πρῶτοι καὶ   πρῶτοι ἔσχατοι. L
16 Οὕτως 33
16 Οὕτως ἔσονται οἱ <u>πρῶτοι</u> <u>ἔσχατοι</u> καὶ οἱ <u>ἔσχατοι</u> <u>πρῶτοι</u>. 28 788 1424

om.   B ℵ L**uw**
πολλοὶ γάρ εἰσιν   <u>κληταί</u>, ὀλίγοι δὲ ἐκλεκτοί. Δ
πολλοὶ γάρ εἰσιν <u>οἱ</u> κλητοί, ὀλίγοι δὲ ἐκλεκτοί. Θ
πολλοὶ γάρ εἰσιν   κλητοί, ὀλίγοι δὲ ἐκλεκτοί. τ rell

[Cl S I 92.3 πολλους μεν τους κλητους, ολιγους δε τους εκλεκτους αινιττομενος].

lac. 20.12-16 𝔓[45] A P Q Γ

A 12 βαστασασιν D E F G H K W 2 1424 ¦ βαστασιν Δ | καυσονα 2* **13** αποκρειθις D | ετερε ℵ E* H N W 13 ¦ ετεραι Θ 28 579 | σαι (σε) E 2* 157 | διναριου Θ 565 | εσυνεφωνισας 579 **14** τουτο E | αισχατω D 1071 **15** εξεσι Y M S Ω *f*[1] 118 *f*[13] 69 28 565 700 788 1346 | εξεστην Θ | ποιηεσε ℵ | ειμει D W ¦ ειμη E **16** ουτος Θ 579 | εσοντε ℵ | αισχατοι[1.2] D 1071 | εισι Y M S U Ω 1582 118 *f*[13] 69 28 565 700[c] 788 1071 | ολλιγοι 579 ¦ οιλιγοι 1346

C 16 τελος (post εκλεκτοι) D [ημερ. δ΄ της θ΄ εβδομ: 20.1-16] E H L S Ω 118 *f*[13] 124 2 579 788 1071 ¦ τελος γ̄ G ¦ τελ Y ¦ της γ̄ ωρ τη μγ β̄ εν τη ρ̄ Y[2] ¦ τελ τς γ̄ ζ M ¦ τελ τς δ κ̄ τ̄ αγ *f*[1] ¦ τελ τς δ̄ 28

D 16 σ̄ᾱ C

192

Jesus Announces His Death And Resurrection A Third Time
(Mark 10.32-34; Luke 18.31-34)

ρ̄ῑη̄ 17 Μέλλων δὲ ἀναβαίνειν Ἰησοῦς εἰς Ἱεροσόλυμα παρέλαβε	τοὺς δώδεκα	B
17 Καὶ ἀναβαίνων ὁ Ἰησοῦς Ἱεροσόλυμα παρέλαβε	τοὺς δώδεκα	Y 118 69 157 700
17 Μέλλων δὲ ὁ Ἰησοῦς ἀναβαίνειν εἰς Ἱεροσόλυμα παρέλαβε	τοὺς δώδεκα	f¹ [↑1071
17 Καὶ ἀναβαίνων Ἰησοῦς Ἱεροσόλυμα παρέλαβεν	τοὺς δώδεκα	f¹³
17 Καὶ ἀναβαίνων ὁ Ἰησοῦς εἰς Ἱεροσόλυμα παρέλαβεν	τοὺς δώδεκα	2 579
17 Μέλλων δὲ ἀναβαίνειν Ἰησοῦς εἰς Ἱεροσόλυμα παρέλαβεν	τοὺς δώδεκα	[w]
17 Καὶ ἀναβαίνων ὁ Ἰησοῦς εἰς Ἱεροσόλυμα παρέλαβεν	τοὺς δώδεκα	ℵ C D 𝔐 K L M N U

W Δ Θ Π 124 33 28 565 788 1346 1424 u[w]τ

μαθητὰς	καθ᾽ ἰδίαν,	καὶ ἐν τῇ ὁδῷ	εἶπεν αὐτοῖς,	18 Ἰδοὺ ἀναβαίνομεν	B*
μαθητὰς	κατ᾽ ἰδίαν,	καὶ ἐν τῇ ὁδῷ	εἶπεν αὐτοῖς,	18 Ἰδοὺ ἀναβαίνομεν	Bᶜ 69 124 33 700
	κατ᾽ ἰδίαν	ἐν τῇ ὁδῷ, καὶ	εἶπεν αὐτοῖς,	18 Ἰδοὺ ἀναβαίνομεν	D [↑[uw]
	κατ᾽ ἰδίαν,	καὶ ἐν τῇ ὁδῷ	εἶπεν αὐτοῖς,	18 Ἰδοὺ ἀναβαίνομεν	ℵ L Θ f¹ 788 [uw]
μαθητὰς	κατ᾽ ἰδίαν	ἐν τῇ ὁδῷ, καὶ καὶ	εἶπεν αὐτοῖς,	18 Ἰδοὺ ἀναβαίνομεν	Mᶜ
μαθητὰς αὐτοῦ	κατ᾽ ἰδίαν,	καὶ ἐν τῇ ὁδῷ	εἶπεν αὐτοῖς,	18 Ἰδοὺ ἀναβαίνομεν	f¹³
μαθητὰς αὐτοῦ	κατ᾽ ἰδίαν,	ἐν τῇ ὁδῷ, και	εἶπεν αὐτοῖς,	18 Ἰδοὺ ἀναβαίνομεν	28ᶜ
μαθητὰς αὐτοῦ	κατ᾽ ἰδίαν,	ἐν τῇ ὁδῷ,	εἶπεν αὐτοῖς,	18 Ἰδοὺ ἀναβαίνομεν	1346
μαθητὰς αὐτοῦ	κατ᾽ ἰδίαν,	καὶ	εἶπεν αὐτοῖς,	18 Ἰδοὺ ἀναβαίνομεν	1424
μαθητὰς	κατ᾽ ἰδίαν,	ἐν τῇ ὁδῷ, και	εἶπεν αὐτοῖς,	18 Ἰδοὺ ἀναβαίνομεν	C 𝔐 K M* N U W

Δ Π 118 2 28* 157 565 579 1071 τ

εἰς	Ἱεροσόλυμα, καὶ ὁ υἱὸς τοῦ ἀνθρώπου παραδοθήσεται	τοῖς ἀρχιερεῦσιν	B 69 124 uwτ rell
εἰς	Ἱεροσόλυμα, καὶ ὁ υἱὸς τοῦ ἀνθρώπου παρα··········	··········	F
εἰς	Ἱερουσόλυμα, καὶ ὁ υἱὸς τοῦ ἀνθρώπου παραδοθήσεται	τοῖς ἀρχιερεῦσιν	Δ
εἰς εἰς	Ἱεροσόλυμα, καὶ ὁ υἱὸς τοῦ ἀνθρώπου παραδοθήσεται	τοῖς ἀρχιερεῦσιν	f¹³
εἰς	Ἱεροσόλυμα, καὶ ὁ υἱὸς τοῦ ἀνθρώπου παραδοθήσεται	τοῖς ἀρχιερεῦσιν	2
εἰς	Ἱεροσόλυμα, καὶ ὁ υἱὸς τοῦ ἀνθρώπου παραδοθήσεται	εἰς χεῖρας ἀνθρώπων	28
εἰς	Ἱεροσόλυμα, καὶ ὁ υἱὸς τοῦ ἀνθρώπου παραδωθήσεται	τοῖς ἀρχιερεῦσιν	579
εἰς	Ἱεροσόλυμα, καὶ υἱὸς τοῦ ἀνθρώπου παραδωθήσεται	τοῖς ἀρχιερεῦσι	1071

καὶ γραμματεῦσι, καὶ κατακρινοῦσιν αὐτόν,	19 καὶ παραδώσουσιν	B [w]
καὶ γραμματεῦσι, καὶ κατακρινοῦσιν αὐτόν εἰς θάνατον,	19 καὶ παραδώσουσιν	ℵ
ἁμαρτωλῶν, καὶ κατακρινοῦσιν αὐτόν θανάτῳ,	19 καὶ παραδώσουσιν	28
καὶ γραμματεῦσι, καὶ κατακρινοῦσιν αὐτοῦ θάνατον,	19 καὶ παραδώσουσιν	700
καὶ γραμματεῦσι, καὶ κατακρινοῦσιν αὐτόν θανάτῳ,	19 καὶ παραδώσουσιν	u[w]τ rell

αὐτὸν τοῖς ἔθνεσιν εἰς τὸ ἐμπαῖξαι καὶ μαστιγῶσαι	καὶ σταυρῶσαι,	B uwτ rell
αὐτοὺς τοῖς ἔθνεσιν εἰς τὸ ἐμπαῖξαι καὶ μαστιγῶσαι	καὶ σταυρῶσαι,	124
αὐτὸν τοῖς ἔθνεσιν εἰς τὸ ἐμπαῖξαι καὶ μαστιγῶσαι	καὶ σταυρῶσαι καὶ θανατῶσαι,	28
αὐτὸν τοῖς ἔθνεσιν εἰς τὸ ἐμπαῖξαι καὶ μαστιγῶσαι αὐτὸν	καὶ σταυρῶσαι,	1424

καὶ τῇ τρίτῃ ἡμέρᾳ ἀναστήσεται.	B Cᶜ D 𝔐 K M U W Δ Θ Π f¹ f¹³ 2 33 28 157 565 700 788 1071 1346 1424 [w]τ
τῇ τρίτῃ ἡμέρᾳ ἐγερθήσεται.	ℵ*
καὶ τῇ τρίτῃ ἡμέρᾳ ἐγερθήσεται.	ℵᶜ C* L N 579 u[w]

lac. 20.17-19 𝔓⁴⁵ A P Q Γ ¦ vss. 18-19 F

A 17 αναβενων ℵ Θ ¦ αναβαινον 2* ¦ ις (εις) ℵ* ¦ ιδειαν N 18 αναβενομεν ℵ D ¦ αναβαινωμεν 13 579 1071 ¦ ις (εις) ℵ* ¦ παραδοθησετε ℵ ¦ παραδοθησιται M ¦ αρχιερευσι Y L M S U Π Ω f¹ 118 69 157 700 ¦ γραμματευσιν ℵ C D E G H K W Δ f¹³ 124 2 33 579 788 1346 1424 ¦ γραματευσιν Θ ¦ κατακρεινουσιν D ¦ αυτων 579 19 εμπεξε ℵ ¦ εμπεξαι C Δ 2* 33 28 565 1071 ¦ ενπαιξαι D E ¦ ενπεξαι W ¦ μαστειγωσαι D ¦ μαστηγωσαι M 2* 1071 ¦ σταυρωσε ℵ ¦ σταυρωαι C ¦ τρητη Θ ¦ εγερθησετε ℵ

B 17 ις B ℵ C 𝔐 K L M N U W Δ Θ Π Ω f¹ 118 f¹³ 124 2 33 28 157 565 579 700 788 1071 1346 1424 ¦ της D ¦ ῑβ̄ ℵ D 18 ῡς̄ ℵ C 𝔐 K L M N U Δ Π Ω f¹ 2 33 28 1424 ¦ ανου C 𝔐 K L M N S U W Δ Θ Π Ω f¹ 118 f¹³ 69 124 2 33 28 157 579 700 788 1071 1346 1424 ¦ ανων 28 19 στρωσαι f¹ 118 f¹³ 69 2 157 579 788 1071 1346

C 17 μ̄γ̄ π̄ε̄ των υιων Ζεβαιδαιου 579 ¦ αρχη: τη δ̄ της ζ̄ εβδ τω καιρ, παρελαβεν ο ῑς̄ του (ante παρελαβεν) G ¦ αρχ: τη δ̄ της ζ̄ εβδ τω κ.ρ.ω παρελαβεν ο ῑς̄ τους ῑβ̄ μαθ (ante παρελαβεν) Y ¦ αρχ L ¦ αρχ: Μθ τη δ̄ τς ζ̄ εβδ τω καιρω, παρελαβεν ο ῑς̄· τους ῑβ̄ μθ αυτ κατ ιδιαν (ante τους δωδεκα) M ¦ τη δ̄ τς ζ̄ εβδ τω κ S ¦ αρχ πα τη ε̄ τς θ̄ εβδ τω καιρω αναβαιν ο ῑς̄ εις ιε f¹ ¦ αρχ τη ε̄ τς θ̄ εβδ 118 ¦ αρχ f¹³ ¦ αρχ τς ε̄ τω καιρω εκεινω αναβαινον ο ῑς̄ εις ιε· τη μ.γλ β̄ εις τ λ.τρ, 28 ¦ αρχ τη ε̄ 157 19 τελ 1071

D 17 σ̄ᾱ/β̄ ℵ E M N S U Y Ω Π 118 124 28 788 1424 ¦ σ̄ᾱ D F H K Θ f¹ f¹³ 2 157 579 1071 1346 ¦ σ̄γ̄/β̄ G ¦ σ̄ᾱ/ᾱ L ¦ Ευ Μθ σ̄ᾱ : Ιω . : Λο ρ̄κ̄β̄ ¦ Μρ ρ̄β̄ E ¦ Μθ σ̄ᾱ : Μρ ρ̄ῑβ̄ : Λο σ̄κ̄β̄ M ¦ Μθ σ̄ᾱ : Μρ ρ̄ῑβ̄ : Λο σ̄κ̄β̄ : Ιω . 124

193

μ̄γ̄   περὶ τῶν υἱῶν Ζεβεδαίου

The Request Of The Mother Of The Sons Of Zebedee
(Mark 10.35-45; Luke 22.24-27)

ρ̄ῑθ̄ 20 Τότε προσῆλθεν αὐτῷ ἡ μήτηρ τῶν υἱῶν Ζεβεδαίου μετὰ τῶν   υἱῶν αὐτῆς   B uwτ rell
    20 Τότε προσῆλθεν αὐτῷ ἡ μήτηρ τῶν υἱῶν <u>Ζεβεδέου</u> μετὰ τῶν   υἱῶν αὐτῆς   D Θ*
    20 Τότε προσῆλθεν αὐτῷ ἡ μήτηρ τῶν υἱῶν <u>Ζεβεδέου</u> μετὰ τῶν <u>δύο</u> υἱῶν αὐτῆς   U
    20 Τότε προσῆλθεν αὐτῷ ἡ μήτηρ τῶν υἱῶν <u>Ζεβεδαὶ</u> μετὰ τῶν   υἱῶν αὐτῆς   579

προσκυνοῦσα καὶ αἰτοῦσά τι ἀπ᾽ αὐτοῦ. 21 ὁ δὲ   εἶπεν αὐτῇ, Τί θέλεις;   B D 700 u[w]
προσκυνοῦσα καὶ αἰτοῦσά τι <u>παρ</u>᾽ αὐτοῦ. 21 ὁ δὲ   εἶπεν <u>αὐτοῖς</u>, Τί θέλεις;   E*
προσκυνοῦσα καὶ αἰτοῦσά τι <u>παρ</u>᾽ αὐτοῦ. 21 ὁ δὲ ᾽Ιησοῦς εἶπεν αὐτῇ, Τί θέλεις;   L
προσκυνοῦσα καὶ αἰτοῦσά <u>παρ</u>᾽ αὐτοῦ. 21 ὁ δὲ   εἶπεν αὐτῇ, Τί θέλεις;   Ω
προσκυνοῦσα καὶ αἰτοῦσά <u>παρ</u>᾽ αὐτοῦ τι. 21 ὁ δὲ   εἶπεν αὐτῇ, Τί θέλεις;   1424
προσκυνοῦσα καὶ αἰτοῦσά τι <u>παρ</u>᾽ αὐτοῦ. 21 ὁ δὲ   εἶπεν αὐτῇ, Τί θέλεις;   [w]τ rell

ἡ δὲ εἶπεν,   Εἰπὲ ἵνα καθίσωσιν οὗτοι οἱ δύο   υἱοί μου εἷς ἐκ δεξιῶν   B [w]
<u>λέγει αὐτῷ</u>,   Εἰπὲ ἵνα καθίσωσιν οὗτοι οἱ δύο   υἱοί μου εἷς ἐκ δεξιῶν   א [w]
<u>λέγει αὐτῷ</u>,   Εἰπὲ ἵνα καθίσωσιν   οἱ δύο   υἱοί μου εἷς ἐκ δεξιῶν <u>σου</u>   C
<u>λέγει αὐτῷ</u>,   Εἰπὲ ἵνα καθίσωσιν οὗτοι οἱ   υἱοί μου εἷς ἐκ δεξιῶν <u>σου</u>   H
ἡ δὲ <u>λέγει αὐτῷ</u>,   Εἰπὲ ἵνα καθίσωσιν οὗτοι οἱ δύο   υἱοί μου εἷς ἐκ δεξιῶν <u>σου</u>   M N
ἡ δὲ εἶπεν <u>αὐτῷ</u>,   ἵνα καθίσωσιν οὗτοι οἱ δύο   υἱοί μου εἷς ἐκ δεξιῶν <u>σου</u>   118
ἡ δὲ εἶπεν,   Εἰπὲ ἵνα καθίσωσιν οὗτοι οἱ δύο   υἱοί μου εἷς ἐκ δεξιῶν <u>σου</u>   565
<u>λέγει αὐτῷ</u>, <u>Καὶ</u> εἰπὲ ἵνα καθίσωσιν οὗτοι οἱ δύο <u>οἱ</u> υἱοί μου εἷς ἐκ δεξιῶν <u>σου</u>   579
<u>λέγει αὐτῷ</u>,   Εἰπὲ ἵνα καθίσωσιν οὗτοι οἱ δύο   υἱοί μου εἷς ἐκ δεξιῶν <u>σου</u>   uτ rell

καὶ εἷς ἐξ εὐωνύμων σου ἐν τῇ βασιλείᾳ σου. 22 ἀποκριθεὶς δὲ ὁ ᾽Ιησοῦς εἶπεν,   B 118 uw rell
καὶ εἷς ἐξ εὐωνύμων   ἐν τῇ βασιλείᾳ σου. 22 ἀποκριθεὶς δὲ ὁ ᾽Ιησοῦς εἶπεν,   D E Θ 1 1582* τ
καὶ εἷς ἐξ εὐωνύμων <u>σου</u> ἐν τῇ βασιλείᾳ σου. 22 ἀποκριθεὶς δὲ ὁ ᾽Ιησοῦς εἶπεν,   L
καὶ εἷς ἐξ εὐωνύμων σου ἐν τῇ βασιλείᾳ σου. 22 ἀποκριθεὶς   ὁ ᾽Ιησοῦς εἶπεν,   f¹³
καὶ εἷς ἐξ εὐωνύμων σου ἐν τῇ βασιλείᾳ σου. 22 ἀποκριθεὶς δὲ ὁ ᾽Ιησοῦς,   28*

Οὐκ οἴδατε τί αἰτεῖσθε· δύνασθε πιεῖν τὸ ποτήριον ὃ ἐγὼ μέλλω πιεῖν;   B G 579
Οὐκ οἴδατε τί <u>αἰτεῖτε</u>· δύνασθε <u>τὸ ποτήριον πιεῖν</u> ὃ ἐγὼ μέλλω <u>πινεῖν</u>;   D*
Οὐκ οἴδατε τί αἰτεῖσθε· δύνασθε <u>τὸ ποτήριον πιεῖν</u> ὃ ἐγὼ μέλλω <u>πινεῖν</u>;   Dᶜ
Οὐκ οἴδατε τί αἰτεῖσθε· δύνασθε <u>πῖν</u> τὸ ποτήριον ὃ ἐγὼ μέλλω <u>πινεῖν</u>;   W
Οὐκ οἴδατε τί αἰτεῖσθε· δύνασθε <u>ποιεῖν</u> τὸ ποτήριον ὃ ἐγὼ μέλλω <u>πινεῖν</u>;   f¹³
Οὐκ οἴδατε τί .... ﹒   565
Οὐκ οἴδατε τί αἰτεῖσθε· δύνασθε πιεῖν τὸ ποτήριον ὃ ἐγὼ   <u>πίνω</u>;   118 1424
Οὐκ οἴδατε τί αἰτεῖσθε· δύνασθε πιεῖν τὸ ποτήριον ὃ ἐγὼ μέλλω <u>πινεῖν</u>;   uwτ rell

           λέγουσιν αὐτῷ, Δυνάμεθα.   B א L Θ 1 1582* 788 uw
           λέγουσιν, Δυνάμεθα.   D
καὶ τὸ βάπτισμα ὃ ἐγὼ βαπτίζομαι βαπτισθῆναι; λέγουσιν αὐτῷ, Δυνάμεθα.   1582ᶜ 118 2 157 1071 τ
ἢ τὸ βάπτισμα ὃ ἐγὼ βαπτίζομαι βαπτισθῆναι; λέγουσιν αὐτῷ, ...   1346
ἢ τὸ βάπτισμα ὃ ἐγὼ βαπτίζομαι βαπτισθῆναι; λέγουσιν αὐτῷ, Δυνάμεθα.   C 𝔐 K M N U W Δ Π f¹³
                                                 33 28 565ˢᵘᵖ 579 700 1424

---

lac. 20.20-22 𝔓⁴⁵ A P Q Γ ┆ vs. 22 565

A 20 τον (των²) Θ ┆ υω̄² Ω ┆ ετουσα L Θ 21 θελις א ┆ θελης 1071 1346 21 λεγι א ┆ καθησωσιν Ε Θ Ω 2 565 1071 ┆ ευονυμον 579 ┆ βασιλια א 22 αποκριθις א ┆ αποκριθης 579 ┆ αιτισθε א 1 13 ┆ αιτισθαι C N W 2* ┆ αιτεισθαι Δ 28 579 ┆ δυνασθαι C D L W 2* 579 ┆ πειειν D ┆ πωτηριον 579 ┆ πινιν א ┆ πεινειν D ┆ πινει 13 ┆ πινην 2* ┆ βαπτιζωμαι 2*

B 20 μ̄η̄ρ̄ C 𝔐 K L M N S U W Π Ω f¹ 118 f¹³ 69 124 2 33 28 157 565 579 700 788 1071 1346 1424 21 ῑς̄ L 22 ῑς̄ B א C 𝔐 K L M N S U W Δ Θ Π Ω f¹ 118 f¹³ 124 2 33 28 157 565 579 700 788 1071 1346 1424 ┆ ῑη̄ς̄ D

C 20 ανναγνοσμα D ┆ μ̄γ̄ (om. 118) περι των υιων (νων 1424) Ζεβεδαιου: 𝔐 K L M N S U Δ Θ Π Ω f¹ 118 f¹³ 124 2 33 28 157 788 1071 1424 ┆ τη ε τς θ εβδ τω κ,αι εκ,ει αναβαινων ο ῑς̄ εις ι 118 ┆ αρχ 157 1071 ┆ Μθ μ̄γ̄ : Μρ λ̄ Μ Π

D 20 σ̄β̄/ς̄ א G L M N U Y Ω Π 118 28 1424 ┆ σ̄β̄ C D H K f¹ f¹³ 2 157 579 1071 1346 ┆ σ̄β̄/ῑ E ┆ σ̄β̄/β̄ S ┆ σ̄β̄/ε̄ 124 788 ┆ Ευ Μθ σ̄β̄ : Ιω . : Λο . : Μρ ρ̄ῑβ̄ E ┆ Μρ λ̄ L ┆ Μθ σ̄β̄ : Μρ ρ̄ῑγ̄ Μ ┆ Μθ σ̄β̄ : Μρ ρ̄ῑγ̄ : Λο . : Ιω . 124

23	λέγει αὐτοῖς·	B ℵ *f*[1] 700 **uw**
23	λέγει αὐτοῖς ὁ ᾽Ιησοῦς·	D Δ^c Θ 124 788
23	<u>καὶ</u> λέγει <u>καὶ λέγει</u> αὐτοῖς ὁ ᾽Ιησοῦς·	Δ*
23	<u>καὶ</u> λέγει αὐτοῖς ὁ ᾽Ιησοῦς·	*f*[13] 157
23	⋯⋯ λέγει αὐτοῖς ὁ ᾽Ιησοῦς·	1346
23	λέγει αὐτοῖς· <u>τὸ μὲν βάπτισμα ὃ ἐγὼ βαπτίζομαι βαπτισθήσεσθε καὶ</u>	1424 [↓579 1071 τ
23	<u>καὶ</u> λέγει αὐτοῖς·	C 𝔐 K L M N U W Π 2 33 28 565^sup

Τὸ μὲν ποτήριόν μου		πίεσθε,	B ℵ D L Θ 1 1582* 788 **uw**
Τὸ μὲν ποτήριόν μου		πίεσθε, <u>καὶ τὸ βάπτισμά μου</u> βαπτισθήσεσθε,	69
Τὸ μὲν ποτήριον ⋯⋯		⋯⋯⋯⋯ <u>καὶ τὸ βάπτισμα ὃ ἐγὼ βαπτίζομαι βαπτισθήσεσθε</u>,	1346
Τὸ ποτήριόν <u>ὃ ἐγὼ πίνω</u>		πίεσθε,	1424
Τὸ μὲν ποτήριόν μου		πίεσθε, <u>καὶ τὸ βάπτισμα ὃ ἐγὼ βαπτίζομαι βαπτισθήσεσθε</u>,	C 𝔐 K M N

U W Δ Π 1582^c 118 *f*[13] 2 33 28 157 565^sup 579 700 1071 τ

τὸ δὲ καθίσαι ἐκ δεξιῶν μου ἢ ἐξ εὐωνύμων	οὐκ ἔστιν ἐμὸν	δοῦναι,	B L Θ 1 1424 **[w]**
τὸ δὲ καθίσαι ἐκ δεξιῶν μου <u>καὶ</u> ἐξ εὐωνύμων	οὐκ ἔστιν ἐμὸν <u>τοῦτο</u>	δοῦναι,	C D 1346 **[uw]**
τὸ δὲ καθίσαι ἐκ δεξιῶν μου <u>καὶ</u> ἐξ εὐωνύμων <u>μου</u>	οὐκ ἔστιν ἐμὸν	δοῦναι,	E G H 1582^c 118
τὸ δὲ καθίσαι ἐκ δεξιῶν μου <u>καὶ</u> ἐξ εὐωνύμων <u>μου τοῦτο</u>	οὐκ ἔστιν ἐμὸν <u>τὸ</u>	δοῦναι,	Y [↑124 2 700 788 τ
τὸ δὲ καθίσαι ἐκ δεξιῶν μου <u>καὶ</u> ἐξ εὐωνύμων <u>μου</u>	οὐκ ἔστιν ἐμὸν <u>τοῦτο</u>	δοῦναι,	U
τὸ δὲ καθίσαι ἐκ δεξιῶν μου <u>καὶ</u> εὐωνύμων <u>μου</u>	οὐκ ἔστιν ἐμὸν <u>τοῦτο</u>	δοῦναι,	Δ
τὸ δὲ καθίσαι ἐκ δεξιῶν μου <u>καὶ</u> ἐξ εὐωνύμων	οὐκ ἔστιν ἐμὸν δοῦναι <u>τοῦτο</u>		Π*
τὸ δὲ καθίσαι ἐκ δεξιῶν μου <u>καὶ</u> ἐξ εὐωνύμων <u>μου</u>	οὐκ ἔστιν ἐμὸν δοῦναι <u>τοῦτο,</u>		Π^c
τὸ καθίσαι ἐκ δεξιῶν μου <u>καὶ</u> ἐξ εὐωνύμων	οὐκ ἔστιν ἐμὸν	δοῦναι,	13*
τὸ δὲ καθίσαι ἐκ δεξιῶν <u>καὶ</u> ἐξ εὐωνύμων <u>μου</u>	οὐκ ἔστιν ἐμὸν	δοῦναι,	69
τὸ δὲ καθίσαι ἐκ δεξιῶν μου ἢ ἐξ εὐωνύμων	οὐκ ἔστιν ἐμὸν <u>τοῦτο</u>	δοῦναι,	33
τὸ δὲ καθίσαι ἐκ δεξιῶν μου <u>καὶ</u> ἐξ εὐωνύμων <u>τοῦτο</u>	οὐκ ἔστιν ἐμὸν	δοῦναι,	565^sup
τὸ δὲ καθίσαι ἐκ δεξιῶν μου <u>καὶ</u> ἐξ εὐωνύμων	οὐκ ἔστιν ἐμὸν	δοῦναι,	ℵ K M N S Ω 1582*

13^c 28 157 579 1071 **[u]**

ἀλλ᾽ οἷς ἡτοίμασται ὑπὸ	τοῦ πατρός μου. **24** Καὶ ἀκούσαντες	οἱ δέκα	B **uwτ** rell
ἀλλ᾽ οἷς ἡτοίμασται ὑπὸ	τοῦ πατρός μου. **24** Καὶ ἀκούσαντες	οἱ δέκα <u>ἤρξαντο</u>	ℵ*
ἀλλ᾽ οἷς ἡτοίμασται ὑπὸ	τοῦ πατρός μου. **24** ᾽Ακούσαντες <u>δὲ</u>	οἱ δέκα <u>ἤρξαντο</u>	ℵ^c
ἀλλ᾽ οἷς ἡτοίμασται <u>ἀπὸ</u>	τοῦ πατρός μου. **24** ᾽Ακούσαντες <u>δὲ</u>	οἱ δέκα	L
ἀλλ᾽ οἷς ἡτοίμασται ὑπὸ	τοῦ πατρός μου. **24** ᾽Ακούσαντες <u>δὲ</u>	⋯⋯⋯	N
ἀλλ᾽ οἷς ἡτοίμασται ὑπὸ	τοῦ πατρός μου. **24** ᾽Ακούσαντες <u>δὲ</u>	οἱ δέκα	Θ *f*[13] 33 788
ἀλλ᾽ οἷς ἡτοίμασται ὑπὸ	τοῦ πατρός μου. **24** Καὶ ἀκούσαντες <u>δὲ</u>	οἱ δέκα	124
ἀλλ᾽ οἷς ἡτοίμασται <u>παρὰ</u>	τοῦ πατρός μου. **24** Καὶ ἀκούσαντες	οἱ δέκα	700
ἀλλ᾽ οἷς <u>ἡτοίμασθαι</u> ὑπὸ	τοῦ πατρός μου. **24** Καὶ ἀκούσαντες	οἱ δέκα	118 1071
ἀλλ᾽ οἷς ἡτοίμασται <u>παρὰ</u>	τοῦ πατρός μου. **24** ᾽Ακούσαντες <u>δὲ</u>	οἱ δέκα	1424

ἠγανάκτησαν περὶ τῶν δύο ἀδελφῶν. **25** ὁ δὲ ᾽Ιησοῦς προσκαλεσάμενος αὐτοὺς		B **uwτ** rell
⋯⋯⋯⋯⋯⋯⋯⋯ δύο <u>ἀδελφ</u>⋯⋯ **25** ⋯⋯⋯⋯⋯⋯⋯⋯⋯⋯⋯⋯		𝔭^45
<u>ἀγανάκτιν</u> περὶ τῶν δύο ἀδελφῶν. **25** ὁ δὲ ᾽Ιησοῦς προσκαλεσάμενος αὐτοὺς		ℵ
⋯⋯⋯⋯⋯⋯⋯⋯⋯⋯ **25** ⋯⋯⋯⋯ προσκαλεσάμενος αὐτοὺς		N

εἶπεν,	Οἴδατε ὅτι οἱ ἄρχοντες τῶν ἐθνῶν κατακυριεύσουσιν αὐτῶν καὶ οἱ	B 124
⋯⋯⋯,	⋯⋯⋯⋯ οἱ ἄρχοντες ⋯⋯⋯⋯⋯⋯⋯⋯⋯⋯⋯ ⋯⋯ ⋯⋯	𝔭^45
εἶπεν <u>αὐτοῖς</u>,	Οἴδατε ὅτι οἱ ἄρχοντες τῶν ἐθνῶν <u>κατακυριεύουσιν</u> αὐτῶν καὶ οἱ	D W
⋯⋯⋯⋯	⋯⋯⋯⋯⋯⋯⋯⋯ τῶν ἐθνῶν <u>κατακυριευσιν</u> αὐτῶν καὶ οἱ	Γ
εἶπεν,	Οἴδατε ὅτι οἱ ἄρχοντες τῶν ἐθνῶν <u>κατακυριευσιν</u> αὐτῶν καὶ οἱ	Δ
εἶπεν,	Οἴδατε ὅτι οἱ ἄρχοντες τῶν ἐθνῶν <u>κατακηρυεύουσιν</u> αὐτῶν καὶ οἱ	579
εἶπεν,	Οἴδατε ὅτι οἱ ἄρχοντες τῶν ἐθνῶν <u>κατακυριεύουσιν</u> αὐτῶν καὶ οἱ	**uwτ** rell

---

lac. **20.23-25** 𝔭^45 A P Q 565 ¦ vs. 23; frag. 24 𝔭^45 ¦ vss. 23-25 Γ

A 23 λεγι ℵ ¦ πιεσθαι C W Θ 2 33 579 ¦ βαπτιζωμαι K ¦ βαπτιζωμε 2* ¦ βαπτισθησεσθαι C W 2* 565^sup 579 ¦ δυναμεθα 2* ¦ τω (το²) Θ ¦ καθεισαι D W Δ ¦ καθησαι E K L M 2 1071 1346 ¦ καθησε Θ ¦ ευωνυμων E* 579 ¦ ευωνυμον 1071 ¦ εμων Θ ¦ δουνε ℵ ¦ οιτοιμασται Θ **24** ηγανακτισαν 2* **25** οιδαται Θ ¦ τον (των) Θ 579 ¦ κατακυριευσιν S

B 23 ιης D ¦ ις Δ Θ *f*[13] 157 788 1346 ¦ πρς ℵ C 𝔐 K L M N S U W Δ Θ Π Ω *f*[1] 118 *f*[13] 124 2 33 28 157 565^sup 579 700 788 1071 1346 1424 **25** ις B ℵ C 𝔐 K L M S U W Δ Θ Π Ω *f*[1] 118 *f*[13] 124 2 33 28 157 565^sup 579 700 788 1071 1346 1424 ¦ ιης D

D 24 σγ/β ℵ E (L)M S U Y Ω Π 118 124 28 788 1424 ¦ σγ C D H K Θ *f*[1] *f*[13] 157 579 1071 1346 ¦ σγ/ε G N ¦ Ευ Μθ σγ : Ιω . : Λο σβ : Μρ ριδ E ¦ Μρ λ L ¦ Μθ σγ : Μρ ριδ : Λο σθ : Ιω ρλε M ¦ Μθ σγ : Μρ ρνη : Λο . : Ιω . 124 **25** σδ *f*[1]

μεγάλοι	κατεξουσιάζουσιν αὐτῶν. 26	οὐχ οὕτως	ἐστὶν ἐν ὑμῖν· ἀλλ᾽ ὃς	B D w
	·ατεξουσιάζουσ····· 26			𝔓⁴⁵
μεγάλοι	κατεξουσιάζουσιν αὐτῶν. 26	οὐχ οὕτως δὲ	ἔσται ἐν ὑμῖν· ἀλλ᾽ ὃς	C M Γ 1582ᶜ 33 τ
μεγάλοι	κατεξουσιάζουσιν αὐτῶν. 26	οὐχ οὕτως	ἔσται ἐν ὑμῖν·	E*
μεγάλοι	κατεξουσιάζουσιν αὐτῶν. 26	οὐχ οὕτως	ἔσται ἐν ······	N
μεγάλοι αὐτῶν	κατεξουσιάζουσιν αὐτῶν. 26	οὐχ οὕτως δὲ	ἔσται ἐν ὑμῖν· ἀλλ᾽ ὃς	28 1424
	26	·······τως	ἔσται ἐν ὑμῖν· ἀλλ᾽ ὃς	565
μεγάλοι	κατεξουσιάζουσιν αὐτῶν. 26	οὐχ οὐδὲ	ἔσται ἐν ἡμῖν· ἀλλ᾽ ὃς	579
μεγάλοι	κατεξουσιάζουσιν αὐτῶν. 26	οὐχ οὕτως ἔσται	ἐν ὑμῖν τοῖς φίλοις μου· ἀλλ᾽ ὃς	1071
μεγάλοι	κατεξουσιάζουσιν αὐτῶν. 26	οὐχ οὕτως	ἔσται ἐν ὑμῖν· ἀλλ᾽ ὃς	u rell

ἂν θέλῃ μέγας ἐν ὑμῖν	γενέσθαι ἔσται ὑμῶν διάκονος,	27 καὶ ὃς	B [w]
····· ·μῖν μέγας	γε······	27 ·······	𝔓⁴⁵
ἐὰν θέλῃ ἐν ὑμῖν μέγας	γενέσθαι ἔστω ὑμῶν διάκονος,	27 καὶ ὃς	ℵᶜ H M S 2 157 τ
ἐὰν θέλῃ μέγας γενέσθαι	ἐν ὑμῖν ἔσται ὑμῶν διάκονος,	27 καὶ ὃς	C 579 1424
ἂν θέλῃ ἐν ὑμῖν μέγας	γενέσθαι ἔσται ὑμῶν διάκονος,	27 καὶ ὃς	D 33 [w]
		27 καὶ ὃς	E*
ἐὰν θέλῃ ὑμῶν μέγας	γενέσθαι ἔστω ὑμῶν διάκονος,	27 καὶ ὃς	L
	ὑμῶν διάκονος,	27 καὶ ὃς	N
ἐὰν θέλει ἐν ὑμῖν μέγας εἶναι	ἔστω ὑμῶν διάκονος,	27 καὶ ὃς	28
θέλει ἐν ὑμῖν μέγας	γενέσθαι ἔστω ὑμῶν διάκονος,	27 καὶ ὃς	1071 [700 788 1346 u
ἐὰν θέλῃ ἐν ὑμῖν μέγας	γενέσθαι ἔσται ὑμῶν διάκονος,	27 καὶ ὃς	ℵ* 𝔐 K U W Γ Δ Θ Π f¹ f¹³ 565

ἂν θέλῃ	εἶναι ὑμῶν	πρῶτος	ἔστω	ὑμῶν	δοῦλος· 28 ὥσπερ ὁ υἱὸς	B
····· ·ν εἶναι	πρῶτος	ἔστα·		28	𝔓⁴⁵
ἂν θέλῃ	ἐν ὑμῖν εἶναι	πρῶτος	ἔστε	ὑμῶν	δοῦλος· 28 ὥσπερ ὁ υἱὸς	ℵ D
ἐὰν θέλῃ	ἐν ὑμῖν εἶναι	πρῶτος	ἔστω	ὑμῶν	δοῦλος· 28 ὥσπερ ὁ υἱὸς	𝔐 Γ 579 τ
θέλῃ	ἐν ὑμῖν εἶναι	πρῶτος	ἔστω	ὑμῶν	δοῦλος· 28 ὥσπερ ὁ υἱὸς	Y
ἐὰν θέλῃ	ἐν ὑμῖν	πρῶτος	ἔσται	ὑμῶν	δοῦλος· 28 ὥσπερ ὁ υἱὸς	L
ἐὰν θέλῃ	ἐν ὑμῖν εἶναι	πρῶτος	ἔσται	πάντων	δοῦλος· 28 ὥσπερ ὁ υἱὸς	M
ἂν θέλῃ	ἐν ὑμῖν πρῶτος	εἶναι	ἔσται	ὑμῶν	δοῦλος· 28 ὥσπερ ὁ υἱὸς	W
θέλῃ	ἐν ὑμῖν εἶναι	πρῶτος	ἔσται	ὑμῶν	δοῦλος· 28 ὥσπερ ὁ υἱὸς	Π 565
ἐὰν θέλει	ἐν ὑμῖν πρῶτος	γένεσθε	ἔστω	ὑμῶν	δοῦλος· 28 ὥσπερ ὁ υἱὸς	28
ἐὰν θέλει	ἐν ὑμῖν εἶναι	πρῶτος	ἔστω	ὑμῶν	δοῦλος· 28 ὥσπερ ὁ υἱὸς	2 1071 1424
ἂν θέλῃ	ἐν ὑμῖν εἶναι	πρῶτος	ἔσται	ὑμῶν	δοῦλος· 28 ὥσπερ ὁ υἱὸς	u[w]
ἂν θέλῃ	εἶναι ὑμῶν	πρῶτος	ἔσται	ὑμῶν	δοῦλος· 28 ὥσπερ ὁ υἱὸς	[w] [↓700 788 1346
ἐὰν θέλῃ	ἐν ὑμῖν εἶναι	πρῶτος	ἔσται	ὑμῶν	δοῦλος· 28 ὥσπερ ὁ υἱὸς	C K N U Δ Θ f¹ f¹³ 33

τοῦ ἀνθρώπου οὐκ ἦλθεν διακονηθῆναι ἀλλὰ διακονῆσαι καὶ δοῦναι τὴν ψυχὴν	B uwτ rell
······ ·············· ·······εν διακονηθῆναι ······· ···· ····· ·······	𝔓⁴⁵
τοῦ ἀνθρώπου οὐκ ἦλθον διακονηθῆναι ἀλλὰ διακονῆσαι καὶ δοῦναι τὴν ψυχὴν	K

| αὐτοῦ λύτρον ἀντὶ πολλῶνᵀ. | B uwτ rell |
| ·············τρον ἀντὶ πολλῶν. | 𝔓⁴⁵ |

ᵀὑμεῖς δὲ ζητεῖτε· ἐκ μεικροῦ αὐξῆσαι καὶ ἐκ μείζονος ἔλαττον εἶναι. εἰσερχόμενοι δὲ καὶ παρακληθέντες δειπνῆσαι μὴ ἀνακλείνεσθαι εἰς τοὺς ἐξέχοντας τόπους, μήποτε ἐνδοξότερός σου ἐπέλθῃ καὶ προσελθὼν ὁ δειπνοκλήτωρ εἴπῃ σοι; ἔτι κάτω χώρει, καὶ καταισχυνθήσῃ. ἐὰν δὲ ἀναπέσῃς εἰς τὸν ἥττονα τόπον καὶ ἐπέλθῃ σου ἥττων, ἐρεῖ σοι ὁ δειπνοκλήτωρ· συνάγε ἔτι ἄνω, καὶ ἔσται σοι τοῦτο χρήσιμον. D

[Cl Pd I 85.1 ουκ ηλθον, φησι, διακονηθηναι αλλα διακονησαι] [Cl Pd I 85.1 δια τουτο εισαγεται εν τω ευαγγελιω κεκμηκως ο καμνων υπερ ημων και δουναι την ψυχην την εαυτου λυτρον αντι πολλων υπισχνουμενος].

lac. 20.25-28 A F P Q ¦ vss. 23-26 565

A 26 ουτος K 13 | εστε¹ ℵ Δ | υμειν¹·² D | ως (ος) 13 | γενεσθε ℵ D | εστε² ℵ* D | διακονος 2* 27 υμειν D | εινε ℵ | προτος Θ* 28 ηλθε Y 157 700 1071 | διακονηθηναι Θ | διακονησε, δουνε ℵ | αυ (αυτου) Θ | λυτρων 579 | αντη 2*

B 28 υ̅ς̅ ℵ C 𝔐 K M N S U Π Ω f¹ 2 33 28 1424 | α̅ν̅ο̅υ̅ C 𝔐 K L M N S U Γ Δ Θ Π Ω f¹ 118 f¹³ 69 124 2 33 28 157 579 700 788 1071 1346 1424

C 28 τελος (post πολλων) D [20.20-28; εβδομαδος θ˙ ηνερα ε´: 20.17-28] E Y L S 118 f¹³ 124 788 1071 1346 ¦ τελος της δ̅ G ¦ τε̅ τς δ̅ ζ̅ M ¦ τελ τς ε̅ f¹ 28

D 27 σ̅δ̅ 157 28 σ̅δ̅/δ̅ ℵ Y M S U Γ Π 28 ¦ σ̅δ̅ C D H K Θ f¹³ 579 1071 1346 | σ̅δ̅/γ̅ E | σ̅δ̅/α̅ G L | σ̅δ̅/β̅ Ω 124 788 | Ευ ΜΘ σ̅δ̅ : Ιω ϟ̅α̅ : Λο . : Μρ ριε E | ΜΘ σ̅δ̅ : Μρ ριε : Λο σκδ M | ΜΘ σ̅δ̅ : Μρ ριζ, ριε : Λο σθ : Ιω σιδ 124

μ̄δ̄   περὶ τῶν δύο τυφλῶν

Jesus Restores Sight To Two Blind Men At Jericho
(Mark 10.46-52; Luke 18.35-43)

ρ̄κ̄ 29 Καὶ ἐκπορευομένων αὐτῶν ἀπὸ Ἰερειχὼ ἠκολούθησεν αὐτῷ ὄχλος πολύς.   B C* Lᶜ w
29 Κ................................ ....ούθησαν ὄχλοι πολ...... 𝔭⁴⁵
29 Καὶ ἐκπορευομένων αὐτῶν ἀπὸ Ἰεριχὼ ἠκολούθησεν ὄχλος πολύς. ℵ*
29 Καὶ ἐκπορευομένου τοῦ Ἰησοῦ ἀπὸ Ἰερειχὼ ἠκολούθησεν αὐτῷ ὄχλος πολύς. Cᶜ
29 Καὶ ἐκπορευομένων αὐτῶν ἀπὸ Ἰεριχω ἠκολούθησαν αὐτῷ ὄχλοι πολλοί. D 1424
29 Καὶ ἐκπορευομένου τοῦ Ἰησοῦ ἀπὸ Ἰεριχω ἠκολούθησεν αὐτῷ ὄχλος πολύς. G 2*
29 Καὶ ἐκπορευομένου αὐτοῦ ἀπὸ Ἰεριχω ἠκολούθησεν αὐτῷ ὄχλος πολύς. H Δ 33
29 Καὶ ἐκπορευομένων αὐτῶν ἀπὸ Ἰερηχὼ ἠκολούθησεν αὐτῷ ὄχλος πολύς. L*
29 Καὶ ἐκπορευομένου τοῦ Ἰησοῦ ἀπὸ Ἰεριχω ἠκολούθησαν αὐτῷ ὄχλος πολύς. Γ
29 Καὶ ἐκπορευομένων τοῦ Ἰησοῦ ἀπὸ Ἰεριχω ἠκολούθησεν αὐτῷ ὄχλος πολύς. 2ᶜ
29 Καὶ ἐκπορευομένων αὐτῶν ἀπὸ Ἰεριχω ἠκολούθησεν αὐτῷ ὄχλος πολύς. ℵᶜ 𝔐 K M U

W Θ Π f¹ f¹³ 28 157 565 579 700 788 1071 1346 **ut**

30 καὶ ἰδοὺ δύο τυφλοὶ καθήμενοι παρὰ τὴν ὁδόν, ἀκούσαντες ὅτι Ἰησοῦς παράγει, B **uwт** rell
30 ....ν ὁδόν, ἀκούσαντες .... 𝔭⁴⁵
30 καὶ ἰδοὺ δύο τυφλοὶ καθήμενοι παρὰ τὴν ὁδόν, ἀκούσαντες ὁ Ἰησοῦς παράγει, ℵ*
30 καὶ ἰδοὺ δύο τυφλοὶ καθήμενοι παρὰ τὴν ὁδόν, ἤκουσαν ὅτι Ἰησοῦς παράγει, καὶ D 1424
30 καὶ ἰδοὺ δύο τυφλοὶ καθήμενοι παρὰ τὴν ὁδόν, καὶ ἀκούσαντες ὅτι Ἰησοῦς παράγει, 28 700
30 καὶ ἰδοὺ δύο τυφλοὶ καθήμενοι παρὰ τὴν ὁδόν, ἀκούσαντες ὅτι παράγει, 565
30 καὶ ἰδοὺ δύο τυφλοὶ καθήμενοι παρὰ τὴν ὁδόν, ἀκούσαντες ὅτι Ἰησοῦς παραγίνεται, 579

ἔκραξαν λέγοντες, Κύριε, ἐλέησον ἡμᾶς, υἱὸς Δαυείδ. 31 ὁ δὲ ὄχλος ἐπετίμησεν B [w]
....ς, Κύριε, υἱὲ Δαυίδ. 31 ὁ δὲ ὁ 𝔭⁴⁵
ἔκραξαν λέγοντες, ἐλέησον ἡμᾶς, Ἰησοῦ, υἱὲ δᾱδ. 31 ὁ δὲ ὄχλος ἐπετίμησεν ℵ 69 700 788
ἔκραξαν λέγοντες, ἐλέησον ἡμᾶς, Κύριε, υἱὲ δᾱδ. 31 ὁ δὲ ὄχλος ἐπετίμησεν C E f¹ 2ᶜ 33
ἔκραξαν λέγοντες, ἐλέησον ἡμᾶς, υἱὲ Δαυείδ. 31 ὁ δὲ ὄχλος ἐπετίμησεν D [↑579 1424
ἔκραξαν λέγοντες, Κύριε, ἐλέησον ἡμᾶς, Ἰησοῦ, υἱὲ δ̱ᾱδ̱. 31 ὁ δὲ ὄχλος ἐπετίμησεν L
ἔκραξαν λέγοντες, ἐλέησον ἡμᾶς, Κύριε Ἰησοῦ, υἱὲ δᾱδ. 31 οἱ δὲ ὄχλοι ἐπετίμησαν N
ἔκραξαν λέγοντες, ἐλέησον ἡμᾶς, Κύριε, υἱὸς Δαυείδ. 31 ὁ δὲ ὄχλος ἐπετίμησεν W
ἔκραξαν λέγοντες, ἐλέησον ἡμᾶς, Ἰησοῦ, υἱὲ δᾱδ. 31 ὁ δὲ ὄχλος ἐπετίμησεν Θ
ἔκραζον λέγοντες, ἐλέησον ἡμᾶς, υἱὸς δᾱδ. 31 ὁ δὲ ὄχλος ἐπετίμησεν 118
ἔκραξαν λέγοντες, ἐλέησον ἡμᾶς, Ἰησοῦ, υἱὲ δᾱδ. 31 ὁ δὲ ὄχλος ἐπετίμησεν f¹³
ἔκραξαν λέγοντες, ἐλέησον ἡμᾶς, Κύριε Ἰησοῦ, υἱὲ δᾱδ. 31 ὁ δὲ ὄχλος ἐπετίμησεν 124
ἔκραξαν λέγοντες, ἐλέησον ἡμᾶς, Κύριε, υἱὲ δᾱδ. 31 2*
ἔκραξαν λέγοντες, ἐλέησον ἡμᾶς, υἱὲ Δαυείδ. 31 157
ἔκραξαν λέγοντες, ἐλέησον ἡμᾶς, υἱὲ δᾱδ. 31 ὁ δὲ ὄχλος ἐπετίμησεν 565 1346
ἔκραξαν λέγοντες, ἐλέησον ἡμᾶς, Κύριε, υἱὸς Δαυίδ. 31 ὁ δὲ ὄχλος ἐπετίμησεν [u]
ἔκραξαν λέγοντες, ἐλέησον ἡμᾶς, υἱὸς Δαυίδ. 31 ὁ δὲ ὄχλος ἐπετίμησεν [u]
ἔκραξαν λέγοντες, Κύριε, ἐλέησον ἡμᾶς, υἱὲ Δαυείδ. 31 ὁ δὲ ὄχλος ἐπετίμησεν [w]
ἔκραξαν λέγοντες, Κύριε, ἐλέησον ἡμᾶς, υἱὸς Δαβίδ. 31 ὁ δὲ ὄχλος ἐπετίμησεν τ
ἔκραξαν λέγοντες, ἐλέησον ἡμᾶς, Κύριε, υἱὸς δᾱδ. 31 ὁ δὲ ὄχλος ἐπετίμησεν G H Y K M S
Γ Δ Π Ω 28 1071

[Cl S VI 132.4 αμελει και των επιβοωμενων τον κυριον αυτον οι μεν πολλοι, υιε Δαβιδ, ελεησον με ελεγον].

lac. 20.29-31 A F P Q

A 29 εκπορευομενον Θ ¦ ηκωλουθησεν W ¦ πολλυς 579 30 παραγη E* ¦ παραγι N Θ ¦ εκρανξαν E* ¦ λεγωντες 579 31 επετει-μησεν D ¦ επετημησεν K Θ 565 579 1071 ¦ επιτιμησεν M

B 29 ι̅υ̅ Cᶜ G 2 30 ι̅ς̅ B ℵ C 𝔐 K L M N S U W Δ Γ Θ Π Ω f¹ 118 f¹³ 124 2 33 28 157 700 788 1071 1346 1424 ¦ ι̅η̅ς̅ D ¦ κ̅ε̅ B 𝔭⁴⁵ C E G Y K L M S U W Γ Δ Π Ω f¹ 124 2 33 28 579 1071 1424 ¦ ι̅υ̅ ℵ L Θ f¹³ 124 700 788 ¦ υ̅ε̅ 𝔭⁴⁵ C E L 1 33 565 1424 ¦ υ̅ς̅ G H Y K M S U Π

C 29 μ̄δ̄ (om. 118) περι των δυο (β̄ K L S U Π Ω 33 28 1346) τυφλων: E H Y K L N S U Γ Δ Θ Π Ω f¹ 118 f¹³ 124 2 33 28 157 579 788 1346 1424 ¦ μ̄δ̄ ...... M ¦ μ̄δ̄ 1071 ¦ Μθ μδ : Μρ λα : Λο ξ̄δ̄ Μ Π ¦ αρχη: Σαββατω ῑβ̄ τω καιρω εκεινω εκπορευομενου του ι̅υ̅: (ante απο ιερ.) E ¦ αρχη: Σα ῑβ̄ G 124 788 1346 ¦ αρχη: Σα ῑβ̄ τω κ, εκπορευομενου ο ι̅ς̅ απο ιερ H ¦ αρχ: Σα ῑβ̄ αρχ τω κ,ρ,ω εκπορευομενου του ι̅υ̅ απο ιεριχω Y ¦ Μθ Σα ῑβ̄ τω καιρ,ω εκπορευομενου του ι̅υ̅ απο ιεριχω· ηκολ M ¦ Σα ῑβ̄ τω κ S ¦ τω καιρω εκπορευομενου του ι̅υ̅ Ω ¦ αρχ π̄β̄ Σα ῑβ̄ τω καιρω (+ εκεινω 118) εκπορευομενου του ι̅υ̅ απο ιεριχω f¹ 118 ¦ αρχ f¹³ ¦ αρχη: Σα ῑβ̄ τω καιρω εκπορευομενου του ι̅υ̅: 2 ¦ αρχ Σα ι τω καιρω εκεινω εκπορευομενου του ι̅υ̅ απο ιεριχω 28 ¦ αρχ Σα ῑβ̄ 157 ¦ αρχ 1071 ¦ αρχη τω καιρω 1424

D 29 σ̄ε̄/β̄ ℵ G L N S U Y Γ Π 124 1424 ¦ σ̄ε̄ C D H K f¹ 118 157 579 1071 1346 ¦ ϙ̄ε̄/β̄ M (sic!) ¦ σ̄ε̄/ε̄ 28 ¦ σ̄ε̄/ᾱ 788 ¦ Ευ Μθ σ̄ε̄ : Ιω . : Λο σκ̄ζ̄ : Μρ ρ̄ῑς̄ E ¦ Μρ λ̄ᾱ : Λο ξ̄δ̄ L ¦ Μθ σ̄ε̄ : Μρ ρ̄ῑς̄ M ¦ Μθ σ̄ε̄ : Μρ ρ̄ῑς̄ : Λο σκ̄δ̄ : Ιω ρ̄λ̄ε̄ 124

αὐτοῖς ἵνα σιωπήσωσιν· οἱ δὲ μεῖζον   ἔκραξαν λέγοντες,   B D Π 700 **uw**
....ω̅   ἐκραύγασαν 𝔓45
αὐτοῖς ἵνα σιωπήσωσιν· οἱ δὲ <u>πολλῷ μᾶλλον</u> ἔκραξαν λέγοντες,   א
αὐτοῖς ἵνα <u>σιωπήσουσιν</u>· οἱ δὲ μεῖζον   ἔκραξαν λέγοντες,   L
αὐτοῖς ἵνα <u>σιωπήσουσιν</u>· οἱ δὲ μεῖζον   <u>ἔκραζον</u> λέγοντες,   N Δ 579
αὐτοῖς ἵνα σιωπήσωσιν· οἱ δὲ <u>πλέον</u>   <u>ἔκραζον</u> λέγοντες,   U
αὐτοῖς ἵνα σιωπήσωσιν· οἱ δὲ <u>μήζων</u>   ἐκραύγαζον λέγοντες,   Θ
αὐτοῖς ἵνα σιωπήσωσιν· οἱ δὲ <u>μείζων</u>   ἐκραύγασαν λέγοντες,   *f*13 788
αὐτοῖς ἵνα σιωπήσωσιν· οἱ δὲ <u>μείζων</u>   ἐκραύγαζον λέγοντες,   124 1346
om.   2* 157
<u>αὐτοὺς</u> ἵνα σιωπήσωσιν· οἱ δὲ μεῖζον   <u>ἔκραζον</u> λέγοντες,   2ᶜ
αὐτοῖς ἵνα σιωπήσωσιν· οἱ δὲ <u>περισσῶς</u>   <u>ἔκραζον</u> λέγοντες,   1071
αὐτοῖς ἵνα σιωπήσωσιν· οἱ δὲ μεῖζον <u>ὡς</u>   <u>ἔκραζον</u> λέγοντες,   1424
αὐτοῖς ἵνα σιωπήσωσιν· οἱ δὲ μεῖζον   <u>ἔκραζον</u> λέγοντες,   C 𝔐 K M W Γ *f*1 33 28 565 τ

Κύριε, ἐλέησον ἡμᾶς, υἱὸς Δαυείδ. **32** καὶ στὰς Ἰησοῦς ἐφώνησεν   B [w]
.... **32** .... ἐφώνη...... 𝔓45
Κύριε, ἐλέησον ἡμᾶς, <u>υἱοῦ</u> <u>δ̅α̅δ̅</u>. **32** καὶ στὰς <u>ὁ</u> Ἰησοῦς ἐφώνησεν   א*
Κύριε, ἐλέησον ἡμᾶς, <u>υἱὲ</u> <u>δ̅α̅δ̅</u>. **32** καὶ στὰς <u>ὁ</u> Ἰησοῦς ἐφώνησεν   אᶜ L
<u>ἐλέησον ἡμᾶς</u>, <u>Κύριε</u>, <u>υἱὲ</u> <u>δ̅α̅δ̅</u>. **32** καὶ στὰς <u>ὁ</u> Ἰησοῦς ἐφώνησεν   C N 33 1424
Κύριε, ἐλέησον ἡμᾶς, <u>υἱὲ</u> Δαυείδ. **32** καὶ στὰς <u>ὁ</u> Ἰησοῦς ἐφώνησεν   D [**w**]
<u>ἐλέησον ἡμᾶς</u>, <u>Κύριε</u>, υἱὸς <u>δ̅α̅δ̅</u>. **32** καὶ στὰς <u>ὁ</u> Ἰησοῦς ἐφώνησεν   𝔐 K M U Γ Δ Π *f*1 28 565 1071
<u>ἐλέησον ἡμᾶς</u>, <u>Κύριε</u>, υἱὸς Δαυείδ. **32** καὶ στὰς <u>ὁ</u> Ἰησοῦς ἐφώνησεν   W
Κύριε, ἐλέησον ἡμᾶς, υἱὸς Δαυείδ. **32** καὶ στὰς <u>ὁ</u> Ἰησοῦς ἐφώνησεν   Θ
Κύριε, ἐλέησον ἡμᾶς, υἱὸς <u>δ̅α̅δ̅</u>. **32** καὶ στὰς <u>ὁ</u> Ἰησοῦς ἐφώνησεν   *f*13 788 1346
                            32 καὶ στὰς <u>ὁ</u> Ἰησοῦς ἐφώνησεν   2* 157
<u>ἐλέησον ἡμᾶς</u>, <u>Κύριε</u>, υἱὸς <u>Δαβίδ</u>. **32** καὶ στὰς <u>ὁ</u> Ἰησοῦς ἐφώνησεν   2ᶜ τ
<u>ἐλέησον ἡμᾶς</u>, <u>υἱὲ</u> <u>δ̅α̅δ̅</u>. **32** καὶ στὰς <u>ὁ</u> Ἰησοῦς <u>εἶπεν</u>   579
<u>ἐλέησον ἡμᾶς</u>, υἱὸς <u>δ̅α̅δ̅</u>. **32** καὶ στὰς <u>ὁ</u> Ἰησοῦς ἐφώνησεν   118 700
<u>ἐλέησον ἡμᾶς</u>, <u>Κύριε</u>, υἱὸς <u>Δαυίδ</u>. **32** καὶ στὰς <u>ὁ</u> Ἰησοῦς ἐφώνησεν   **u**

αὐτοὺς καὶ εἶπεν, Τί θέλετε ποιήσω   ὑμῖν; **33** λέγουσιν αὐτῷ, Κύριε,   B **uw**τ rell
αὐτοὺς καὶ εἶπεν, Τί θέλετε <u>ἵνα</u> ποιήσω   ὑμῖν; **33** λέγουσιν αὐτῷ, Κύριε,   אᶜ L 565
<u>αὐτοῖς</u> καὶ εἶπεν, Τί θέλετε ποιήσω   ὑμῖν; **33** λέγουσιν αὐτῷ, Κύριε,   Γ 157
αὐτοὺς καὶ εἶπεν, Τί θέλετε <u>ποιῆσαι με</u>   ὑμῖν; **33** λέγουσιν αὐτῷ, Κύριε,   28
αὐτοὺς,   Τί θέλετε <u>ἵνα</u> ποιήσω   ὑμῖν; **33** λέγουσιν αὐτῷ, Κύριε,   579
αὐτοὺς καὶ εἶπεν, Τί <u>θέλε</u> ποιήσω   ὑμῖν; **33** <u>λέγωσιν</u> αὐτῷ, Κύριε,   1071
αὐτοὺς   εἶπεν, Τί θέλετε ποιήσω   ὑμῖν; **33** λέγουσιν αὐτῷ, Κύριε,   1346

ἵνα ἀνοιγῶσιν οἱ ὀφθαλμοὶ ἡμῶν. **34** σπλαγχνισθεὶς δὲ ὁ Ἰησοῦς ἥψατο   B אᶜ D L 33 **uw**
ἵνα ἀνοιγῶσιν οἱ ὀφθαλμοὶ <u>ὑμῶν</u>. **34** σπλαγχνισθεὶς δὲ ὁ Ἰησοῦς ἥψατο   א*
ἵνα <u>ἀνοιχθῶσιν</u> <u>ὑμῶν</u> <u>οἱ ὀφθαλμοί</u>.ᵀ **34** σπλαγχνισθεὶς δὲ ὁ Ἰησοῦς ἥψατο   Υ 118 28 579
ἵνα <u>ἀνεώχθωσιν</u> <u>ἡμῶν</u> <u>οἱ ὀφθαλμοί</u>. **34** σπλαγχνισθεὶς δὲ ὁ Ἰησοῦς ἥψατο   W
ἵνα ἀνοιγῶσιν <u>ἡμῶν</u> <u>οἱ ὀφθαλμοί</u>. **34** σπλαγχνισθεὶς δὲ ὁ Ἰησοῦς ἥψατο   Θ *f*13 69* 157ᶜ 788 1346
ἵνα <u>ἀνοιχθῶσιν</u> <u>ἡμῶν</u> <u>οἱ ὀφθαλμοί</u>. **34** σπλαγχνισθεὶς δὲ ὁ Ἰησοῦς ἥψατο   C 𝔐 K M N U Γ Δ Π *f*1 69ᶜ 2
                                                      157* 565 700 1071 1424 τ

        ᵀκαὶ ὥστε ἤγγισαν εἰς Ἱεροσώλυμα   579*

αὐτῶν τῶν ὀμμάτων, καὶ εὐθέως ἀνέβλεψαν   καὶ ἠκολούθησαν αὐτῷ.   B
<u>τῶν</u> <u>ὀφθαλμῶν</u> <u>αὐτοῦ</u>, καὶ εὐθέως ἀνέβλεψαν   καὶ ἠκολούθησαν αὐτῷ.   א*
<u>τῶν</u> <u>ὀφθαλμῶν</u> <u>αὐτῶν</u>, καὶ εὐθέως ἀνέβλεψαν   καὶ ἠκολούθησαν αὐτῷ.   אᶜ 700
<u>τῶν</u> <u>ὀμμάτων</u> <u>αὐτῶν</u>, καὶ εὐθέως ἀνέβλεψαν   καὶ ἠκολούθησαν αὐτῷ.   D L 124* 788
    τῶν ὀμμάτων, καὶ εὐθέως ἀνέβλεψαν   καὶ ἠκολούθησαν αὐτῷ.   Θ [↑**uw**
<u>τῶν</u> <u>ὀφθαλμῶν</u> <u>αὐτῶν</u>, καὶ εὐθέως ἀνέβλεψαν   καὶ ἠκολούθησαν αὐτῷ.   *f*1 33 28
<u>τῶν</u> <u>ὀμμάτων</u> <u>αὐτῶν</u>, καὶ εὐθέως ἀνέβλεψαν <u>αὐτῶν</u> <u>οἱ ὀφθαλμοὶ</u> καὶ ἠκολούθησαν αὐτῷ.   *f*13 124ᶜ
<u>τῶν</u> <u>ὀφθαλμῶν</u> <u>αὐτῶν</u>, καὶ εὐθέως ἀνέβλεψαν <u>αὐτῶν</u> <u>οἱ ὀφθαλμοὶ</u> καὶ ἠκολούθησαν αὐτῷ.   C 𝔐 K M N U
                                                    W Γ Π 118 157 565 579 1071 1346 1424 τ

---

lac. 20.31-34 A F P Q

A 31 σειωπησωσιν D ¦ σιωπισωσιν E K Ω ¦ σιωπησωσι 1071 ¦ ο (οι) C* ¦ μιζων N ¦ μιζον W 579 ¦ μηζων Θ **32** ειπε Υ Γ 118 157 ¦ θελεται D W Θ 2 579 ¦ υμειν D **33** αννγωσιν א D ¦ ανυχθωσιν Ω ¦ οιμων 28 **34** σπλανχνισθεις D W ¦ σπλαχνισθεις Ε Γ ¦ σπλαχνισθεις K ¦ σπλανγχνιθεις L ¦ σπλαγχθισθεις S ¦ πλαγχνισθεις 157 ¦ σπλανχνισθης 579 ¦ οικολουθησαν Θ

B 31 κ̅ε̅ B א C D 𝔐 K L M N S U W Γ Δ Θ Π Ω *f*1 *f*13 69 124 2ᶜ 33 28 565 788 1071 1346 1424 ¦ υ̅υ̅ א* ¦ υ̅ε̅ אᶜ C L N 33 ¦ υ̅ς̅ G H K M U Π *f*1 1424 **32** ι̅ς̅ B א C 𝔐 K L M N S U W Γ Δ Θ Π Ω *f*1 118 *f*13 124 2 33 28 157 565 579 700 788 1071 1346 1424 ¦ ι̅η̅ς̅ D **33** κ̅ε̅ B א C D 𝔐 K L M N S U W Γ Δ Θ Π Ω *f*1 118 *f*13 69 124 2 33 28 157 565 579 700 788 1071 1346 1424 **34** ι̅ς̅ B א C 𝔐 K L M N S U W Γ Δ Θ Π Ω *f*1 *f*13 124 2 33 28 157 565 579 700 788 1071 1346 1424 ¦ ι̅η̅ς̅ D

C 34 τελος (post ηκολ. αυτω) E H Y L S Ω 118 *f*13 124 2 579 1071 ¦ τελος του Σα G M *f*1 ¦ τελ Σα ι̅ 28 ¦ τελ εις ορθ των βαρ 1346

μ̄ε̄ περὶ τοῦ ὄνου καὶ τοῦ πώλου

Jesus Enters Jerusalem On A Donkey
(Mark 11.1-11; Luke 19.28-40; John 12.12-19)

[↓157 565 700 1424 **uwτ**

ρ̄κ̄ᾱ 21.1 Καὶ ὅτε ἤγγισαν   εἰς Ἱεροσόλυμα καὶ ἦλθον εἰς Βηθφαγὴ   B* ℵ^c D 𝔐 M* N^c Θ *f*¹ 33
21.1 Καὶ ὅτε ἤγγισαν   εἰς Ἱεροσόλυμα καὶ <u>ἦλθεν</u> εἰς Βηθφαγὴ   ℵ* E S
21.1 Καὶ ὅτε ἤγγισαν   εἰς Ἱεροσόλυμα καὶ ἦλθον εἰς Βηθφαγὴ <u>καὶ</u>   C*
21.1 Καὶ ὅτε <u>ἤγγισεν ὁ Ἰησοῦς</u> εἰς Ἱεροσόλυμα καὶ <u>ἦλθεν</u> εἰς Βηθφαγὴ <u>καὶ</u>   C^c
21.1 Καὶ ὅτε ἤγγισαν   εἰς Ἱεροσόλυμα καὶ ἦλθον εἰς <u>Βησφαγὴ</u>   L 1071
21.1 Καὶ ὅτε <u>ἔγγησαν</u>   εἰς Ἱεροσόλυμα καὶ <u>ἦλθεν</u> εἰς Βηθφαγὴ   U
21.1 Καὶ ὅτε ἤγγισαν   εἰς Ἱεροσόλυμα καὶ <u>ἦλθεν</u> εἰς <u>Βηθσφαγὴ</u>   W
21.1 Καὶ ὅτε ἤγγισαν   εἰς Ἱεροσόλυμα καὶ ἦλθον εἰς <u>Βηθσφαγὴ</u>   Δ
21.1 Καὶ ὅτε ἤγγισαν   εἰς Ἱεροσόλυμα καὶ ἦλθον εἰς <u>Βιθφαγὴ</u>   Ω
21.1 Καὶ ὅτε ἤγγισαν   εἰς Ἱεροσόλυμα καὶ ἦλθον εἰς <u>Βιθσφαγεὶν</u>   2
21.1 Καὶ ὅτε ἤγγισαν   εἰς <u>Ἱεροσόλομα</u> καὶ <u>ἦλθεν</u> εἰς Βηθφαγὴ   28
21.1 Καὶ ὅτε ἤγγισαν   εἰς <u>Ἱεροσώλυμα</u> καὶ ἦλθον εἰς <u>Βιθσφαγὴν</u>   579 [↓*f*¹³ 788 1346
21.1 Καὶ ὅτε ἤγγισαν   εἰς Ἱεροσόλυμα καὶ ἦλθον εἰς <u>Βηθσφαγὴ</u>   B^c K M^c N* Γ Π 118

  εἰς   τὸ Ὄρος τῶν Ἐλαιῶν, τότε   Ἰησοῦς ἀπέστειλεν δύο μαθητὰς   B **uw**
<u>Βηθανίαν</u> <u>καὶ</u> <u>πρὸς</u> τὸ Ὄρος τῶν Ἐλαιῶν, τότε   Ἰησοῦς ἀπέστειλεν δύο μαθητὰς   C*
<u>Βηθανίαν</u> <u>καὶ</u> εἰς   τὸ Ὄρος τῶν Ἐλαιῶν, τότε <u>ὁ</u> Ἰησοῦς ἀπέστειλεν δύο μαθητὰς   C^c
  <u>πρὸς</u> τὸ Ὄρος τῶν Ἐλαιῶν, τότε   Ἰησοῦς ἀπέστειλεν δύο μαθητὰς   D 𝔐 2 700
  <u>πρὸς</u> τὸ Ὄρος τῶν Ἐλαιῶν, τότε <u>ἀπέστειλεν</u> <u>δύο</u> <u>μαθητὰς ὁ Ἰησοῦς</u>   M
  <u>πρὸς</u> τὸ Ὄρος τῶν Ἐλαιῶν, τότε <u>ἀπέστειλεν ὁ Ἰησοῦς</u> δύο μαθητὰς   N*
  εἰς   τὸ Ὄρος τῶν Ἐλαιῶν, τότε <u>ἀπέστειλεν ὁ Ἰησοῦς</u> δύο μαθητὰς   N^c
  <u>πρὸς</u> τὸ Ὄρος τῶν Ἐλαιῶν, τότε <u>ὁ</u> Ἰησοῦς ἀπέστειλεν δύο <u>τῶν</u> <u>μαθητῶν</u> <u>αὐτοῦ</u> Θ 124 157 788
<u>καὶ</u> <u>Βηθανίαν</u> <u>πρὸς</u> τὸ Ὄρος τῶν Ἐλαιῶν, τότε <u>ὁ</u> Ἰησοῦς ἀπέστειλεν δύο <u>μαθητῶν</u> <u>αὐτοῦ</u> *f*¹³ 1346
<u>καὶ</u> <u>Βηθανίαν</u> εἰς   τὸ Ὄρος τῶν Ἐλαιῶν, τότε <u>ὁ</u> Ἰησοῦς ἀπέστειλεν δύο <u>τῶν</u> <u>μαθητῶν</u> <u>αὐτοῦ</u> 33
    ἀπέστειλεν δύο   <u>τῶν</u> <u>μαθητῶν</u> <u>αὐτοῦ</u> 28
  <u>πρὸς</u> τὸ Ὄρος τῶν Ἐλαιῶν, τότε <u>ὁ</u> Ἰησοῦς ἀπέστειλεν δύο μαθητὰς   ℵ G Y K L U
    W Γ Δ Π *f*¹ 565 579 1071 1424 **τ**

2 λέγων αὐτοῖς, Πορεύεσθε εἰς τὴν κώμην τὴν κατέναντι ὑμῶν, καὶ εὐθέως   B D Θ *f*¹³ 33 788 1346 **u**
2 λέγων αὐτοῖς, Πορεύεσθε εἰς τὴν κώμην τὴν κατέναντι ὑμῶν, καὶ <u>εὐθὺς</u>   ℵ L w
2 λέγων αὐτοῖς, <u>Πορευθῆτε</u> εἰς τὴν κώμην τὴν κατέναντι ὑμῶν, καὶ εὐθέως   C 700
2 λέγων αὐτοῖς, <u>Πορευθῆτε</u> εἰς τὴν <u>πόλιν</u> τὴν κατέναντι ὑμῶν, καὶ εὐθέως   28
2 <u>λέγων,</u>   Πορεύεσθε εἰς τὴν κώμην τὴν κατέναντι ὑμῶν, καὶ εὐθέως   157
2 λέγων αὐτοῖς, <u>Πορευθῆτε</u> εἰς τὴν κώμην τὴν <u>ἀπέναντι</u> <u>ἡμῶν,</u> καὶ εὐθέως   579
2 λέγων αὐτοῖς, Πορεύεσθε εἰς τὴν κώμην τὴν <u>ἀπέναντι</u> ὑμῶν, καὶ εὐθέως   1424   [↓1071 **τ**
2 λέγων αὐτοῖς, <u>Πορευθῆτε</u> εἰς τὴν κώμην τὴν <u>ἀπέναντι</u> ὑμῶν, καὶ εὐθέως   𝔐 K M N U W Γ Δ Π *f*¹ 2 565

εὑρήσετε ὄνον   δεδεμένην καὶ πῶλον μετ' αὐτῆς· λύσαντες ἄγετέ μοι.   B D [**w**]
εὑρήσετε ὄνον   <u>δεδεμένον</u> καὶ πῶλον μετ' αὐτῆς· λύσαντες <u>ἀγάγετέ</u> μοι.   157
εὑρήσετε <u>πῶλον</u> δεδεμένην καὶ πῶλον μετ' αὐτῆς· λύσαντες <u>ἀγάγετε</u> μοι.   579
<u>εὑρήσητε</u> ὄνον   καὶ πῶλον μετ' αὐτῆς· λύσαντες <u>ἀγάγετέ</u> μοι.   1424
εὑρήσετε ὄνον   δεδεμένην καὶ πῶλον μετ' αὐτῆς· λύσαντες <u>ἀγάγετε</u> μοι.   **u**[**w**]**τ** rell

---

lac. 21.1-2 𝔓⁴⁵ A F P Q

A 21.1 ηγγησαν H S^c ¦ ηγησαν S* ¦ ις (εις) ℵ* K* ¦ τον (των) Θ ¦ ελεων ℵ W 579 ¦ απεστιλεν ℵ C L N W Θ ¦ απεστειλε Υ U Γ *f*¹ 118 *f*¹³ 700 1071 ¦ απεστηλεν 579 ¦ απεστηλε 1346 **2** πορευεσθαι D L 13 ¦ πορευθηται W ¦ κομην 1424 ¦ κατεναντι ℵ ¦ κατεναντη L ¦ απεντι Δ ¦ ευρησεται D W Δ^c 2 1071 ¦ ευρισεται Δ* ¦ ευρεσεται Θ ¦ ευρησητε H 28 579 ¦ πολον 2 28 ¦ αγεται D ¦ αγαγεται W

B 21.1 ῑς̄ B ℵ C 𝔐 K L M N S U W Γ Δ Θ Π Ω *f*¹ 118 *f*¹³ 124 2 157 565 579 700 788 1071 1346 1424 ¦ ῑη̄ς̄ D ¦ β̄ ℵ 3 κ̄ς̄ B ℵ C D 𝔐 K L M N U W Γ Δ Θ Π Ω *f*¹ *f*¹³ 69 124 2 33 157 565 579 700 788 1071 1346

C 21.1 αρχη· τω πρωι εις τ βαια· τω καιρω εκεινω οτε ηγγισεν ο ῑς̄· (ante εις ιερος.) E ¦ αρχη: τω καιρω οτε ηγ. G ¦ αρχη: ευαγγελιον εις τ βαια πρω τω κ, οτε ηγγισεν εις ιερο. H ¦ αρχ: εις τ ορθρον τω βαια αρχ τω κ,ρ,ω οτε ηγγισεν ο ις εις ιεροσολυμα Υ ¦ αρχ: Μθ εις τ ορθ των βαιων αρχ τω καιρω, οτε ηγγισεν ο ις εις ιεροσολυμα M ¦ εις τ βαια εις τ ορθρον τω κ S ¦ αρχ Π ¦ των βαιων ···ρθρ, τω καιρω οτε ηγγισαν Ω ¦ αρχ π̄γ̄ κ,υ τ̄ βᾱῑ εις τ ορθρ τω καιρω οτε ηγγισεν ο ῑς̄ εις ιεροσολυμων *f*¹ ¦ αρχ π̄γ̄ εις τον ορθ κ,υ τ̄ βᾱῑ εις τ ορθρ τω καιρω οτε ηγγισεν ο ῑς̄ εις 118 ¦ τω πρωι εις τ βαια: τω καιρω οτε ηγγισεν ο ῑς̄ 2 ¦ αρχ των βαιων τω καιρω εκεινω. οτε ηγγισεν ο ῑς̄ εις ιερο 28 ¦ αρχ εις τον ορθρον των βαιων (+ Σα ῑβ̄ 788) 124 157 788 κυ τωμ βαιων 1071 ¦ αρχη τω καιρω 1424 ¦ μ̄ε̄ περι της ονου και του πολου (ante τοτε) E (ante οτε Γ) ¦ μ̄ε̄ περι της ονου και του πωλου + εις τ ορθρον των βαιων G ¦ μ̄ε̄ πε του ονου κ, του (om. 788) πολου (πωλου Δ 788) H Δ 788 ¦ μ̄ε̄ πε της ονου και του πωλου (πολου 28) Υ K S U Ω *f*¹ *f*¹³ 124 2 33 28 157 1071 1424 ¦ πε̄ της ονου και του πωλου. εσθω εις τ ορθ εις τ βαια 1071 ¦ μ̄ε̄ περι του ονου και του πωλου L Θ ¦ μ̄ε̄ ..... M Π ¦ μ̄ε̄ πε πωλου N ¦ μ̄ε̄ πε του πωλου 579 ¦ Μθ κε : Μρ λβ : Λο ξη : Ιω ιδ M Π

D 21.1 σ̄ς̄/β̄ ℵ E G L M N S U Υ Γ Θ Π Ω 118 124 28 788 1424 ¦ σ̄ς̄ C D H K Θ *f*¹ 157 579 1071 ¦ Ευ Μθ σ̄ς̄ : Ιω . : Λο σ̄λ̄β̄ : Μρ ρ̄ῑζ̄ E ¦ Μρ λ̄β̄ : Λο ξ̄η̄ : Ιω β̄, ῑδ̄ L ¦ Μθ σ̄ς̄ : Μρ ρ̄ῑζ̄ : Λο σ̄λ̄β̄ : Ιω ρ̄ᾱ M ¦ Μθ σ̄ς̄ : Μρ ρ̄ῑζ̄ : Λο σ̄λ̄β̄ . Ιω . 124

3 καὶ ἐάν τις ὑμῖν εἴπῃ τι,   ἐρεῖτε ὅτι Ὁ κύριος αὐτῶν   χρείαν ἔχει·   B uwτ rell
3 καὶ ἐάν τις ὑμῖν εἴπῃ τι,   ἐρεῖτε ὅτι Ὁ κύριος αὐτοῦ   χρείαν ἔχει·   ℵ Θ 579
3 καὶ ἂν τις ὑμῖν εἴπῃ τι ποιεῖται, ἐρεῖτε ὅτι Ὁ κύριος αὐτῶν ἔχει χρείαν ἔχει·   D*
3 καὶ ἂν τις ὑμῖν εἴπῃ τι ποιεῖται, ἐρεῖτε ὅτι Ὁ κύριος αὐτῶν   χρείαν ἔχει·   Dᶜ
3 καὶ ἐάν   ὑμῖν εἴπῃ τι,   ἐρεῖτε ὅτι Ὁ κύριος αὐτῶν   χρείαν ἔχει·   H
3 καὶ ἐάν τις ὑμῖν εἴπῃ τι ποιεῖτε οὕτως, ἐρεῖτε ὅτι Ὁ κύριος αὐτῶν χρείαν ἔχει· 157

εὐθὺς δὲ ἀποστελεῖ αὐτούς. 4 Τοῦτο δὲ ὅλον γέγονεν ἵνα πληρωθῇ τὸ ῥηθὲν   B 700
εὐθὺς δὲ ἀποστελεῖ αὐτούς. 4 Τοῦτο δὲ   γέγονεν ἵνα πληρωθῇ τὸ ῥηθὲν   ℵ uw
εὐθέως δὲ ἀποστέλλει αὐτούς. 4 Τοῦτο δὲ   γέγονεν ἵνα πληρωθῇ τὸ ῥηθὲν   C*
καὶ εὐθέως ἀποστελεῖ αὐτούς. 4 Τοῦτο δὲ   γέγονεν ἵνα πληρωθῇ τὸ ῥηθὲν   D
εὐθὺς δὲ ἀποστέλλει αὐτούς. 4 Τοῦτο δὲ   γέγονεν ἵνα πληρωθῇ τὸ ῥηθὲν   L Θ
εὐθέως δὲ ἀποστελεῖ αὐτούς. 4 Τοῦτο δὲ ὅλον γέγονεν ἵνα πληρωθῇ τὸ ῥηθὲν   M 69 1582* 157 τ
καὶ εὐθέως ἀποστέλλει αὐτούς. 4 Τοῦτο δὲ ὅλον γέγονεν ἵνα πληρωθῇ τὸ ῥηθὲν   33
εὐθὺς δὲ ἀποστέλλει αὐτούς. 4 Τοῦτο δὲ ὅλον γέγονεν ἵνα πληρωθῇ τὸ ῥηθὲν   788
εὐθέως δὲ ἀπέστειλεν αὐτούς. 4 Τοῦτο δὲ ὅλον γέγονεν ἵνα πληρωθῇ τὸ ῥηθὲν   1424
εὐθέως δὲ ἀποστέλλει αὐτούς. 4 Τοῦτο δὲ ὅλον γέγονεν ἵνα πληρωθῇ τὸ ῥηθὲν   Cᶜ 𝔐 K N U W Γ Δ
                                                       Π 1 1582ᶜ 118 f¹³ 2 28 565 579 1071 1346

διὰ τοῦ   προφήτου λέγοντος,   Bᶜ uwτ rell
διὰ τοῦ πληρωθῇ τὸ ῥηθὲν διὰ τοῦ προφήτου λέγοντος,   B*
ὑπὸ τοῦ   προφήτου λέγοντος,   L Θ f¹³ 69 700 788

5   Εἴπατε τῇ θυγατρὶ Σειών,   B Θ
5   Εἴπατε τῷ θυγατρὶ Σιών,   2ᶜ
5   om.   700
5   Ὕπατε τῇ θυγατρὶ Σιών,   1071
5   Εἴπατε τῇ θυγατρὶ Σιών,   uwτ rell

     Ἰδοὺ ὁ βασιλεύς σου ἔρχεταί σοι,   B uwτ rell
     Ἰδοὺ ἁ βασιλεύς σου ἔρχεταί σοι,   W
     Ἰδοὺ ὁ βασιλεύς σου ἔρχεταί,   579
     Ἰδοὺ ὁ βασιλεύ σου ἔρχεταί σοι,   1071

        πραΰς καὶ ἐπιβεβηκὼς ἐπὶ ὄνον,   B uwτ rell
        πραΰς   ἐπιβεβηκὼς ἐπὶ ὄνον,   D
        .... ὄνον,   F
        πραΰς καὶ ἐπιβεβηκὼς ἐπὶ ὄνου,   124*

     καὶ ἐπὶ πῶλον υἱὸν ὑποζυγίου.   B ℵ * 124 700 uw
     καὶ ἐπὶ πῶλον   ὑποζυγίου.   ℵᶜ L
     καὶ   πῶλον υἱὸν ὑποζύγιον.   D*
     καὶ ἐπὶ   πῶλον νέον.   f¹
         πῶλον υἱὸν ὑποζυγίου.   69   [↓1424 τ
     καὶ   πῶλον υἱὸν ὑποζυγίου.   C Dᶜ 𝔐 K M U W Γ Δ Θ Π 118 f¹³ 2 33 28 157 565 579 788 1071 1346

6 πορευθέντες δὲ οἱ μαθηταὶ καὶ ποιήσαντες καθὼς συνέταξεν   αὐτοῖς ὁ Ἰησοῦς   B C 700 uw
6 πορευθέντες δὲ οἱ μαθηταὶ   ἐποίησαν   καθὼς συνέταξεν   αὐτοῖς ὁ Ἰησοῦς   D
6 πορευθέντες   οἱ μαθηταὶ καὶ ποιήσαντες καθὼς προσέταξεν   αὐτοῖς ὁ Ἰησοῦς   F
6 πορευθέντες δὲ οἱ μαθηταὶ καὶ ποιήσαντες καθὰ προσέταξεν   αὐτοῖς ὁ Ἰησοῦς   G 157
6 πορευθέντες δὲ οἱ μαθηταὶ καὶ ποιήσαντες καθὼς προσέταξεν   αὐτοῖς   28 579
6 πορευθέντες δὲ οἱ μαθηταὶ καὶ ποιήσαντες   ὡς προσέταξεν   αὐτοῖς ὁ Ἰησοῦς   565
6 πορευθέντες δὲ οἱ μαθηταὶ καὶ ποιήσαντες καθὼς προσέταξεν   αὐτοῖς ὁ Ἰησοῦς   τ rell

---

lac. 21.3-6 𝔓⁴⁵ A F P Q

A 3 ειπι E ¦ ειπει 1071 ¦ ερειται L W ¦ χριαν ℵ Θ ¦ αποστελι ℵ ¦ αποστελλι Θ 4 τουτω 579 ¦ ολο Γ ¦ ολων 579 ¦ γεγονε 1071 ¦ ριθεν 2* ¦ προφη Θ* 5 θυγατρι L* ¦ ου (σου) Π* ¦ ερχετε ℵ ¦ επιβεβικως L ¦ επιβεβηκος 28 1071 1346 ¦ πωλων M ¦ πολον 2* ¦ υον F ¦ υιων 579 6 ποιησατες L ¦ καθος Θ*

B 5 υ̅ν̅ M T 6 ι̅ς̅ B ℵ C 𝔐 K L M N S U W Γ Δ Θ Π Ω f¹ 118 f¹³ 124 2 33 157 565 700 788 1071 1346 1424 ¦ ιης D

C 5 Ζαχαριου M 6 ανναγνοσμα περι το κηριακη (ante πορευθ.) D

D 4 σ̅ζ̅/ζ̅ ℵ G M N S U Γ Π Ω 124 28 788 1424 ¦ σ̅ζ̅ C D H K Θ f¹ 2 157 579 1071 ¦ σ̅ζ̅/ι̅ E ¦ σ̅ζ̅/β̅ Y ¦ Ευ Μθ σ̅ζ̅ : Ιω . : Λο . : Μρ . E ¦ Μθ σ̅ζ̅ : Μρ ρι̅η̅ : Λο σ̅λ̅γ̅ M ¦ Μθ σ̅ζ̅ : Μρ ρι̅ζ̅ : Λο σ̅λ̅β̅ : Ιω . 124 6 σ̅η̅/β̅ ℵ E G M N S U Y Γ Ω 118 124 28 788 1424 ¦ σ̅η̅ C D F H K Θ Π f¹ 2 157 579 1071 1346 ¦ Ευ Μθ σ̅η̅ : Ιω . : Λο . : Μρ . E ¦ Μθ σ̅η̅ : Μρ ρι̅θ̅ : Λο σ̅λ̅α̅ : Ιω ρ̅ M ¦ Μθ σ̅η̅ : Μρ ρι̅η̅ : Λο σ̅λ̅γ̅ : Ιω . 124

7 ἤγαγον τὴν ὄνον καὶ τὸν πῶλον, καὶ ἐπέθηκαν ἐπ'   αὐτῶν τὰ ἱμάτια,   B ℵ L 69 uw
7 <u>καὶ</u> ἤγαγον τὴν ὄνον καὶ τὸν πῶλον, καὶ ἐπέθηκαν ἐπ'   <u>αὐτὸν</u> τὰ ἱμάτια,   D
7 ἤγαγον τὴν ὄνον καὶ τὸν πῶλον, καὶ ἐπέθηκαν ἐπ   <u>αὐτῷ</u> τὰ ἱμάτια,   Θ 788
7 ἤγαγον τὴν ὄνον καὶ τὸν πῶλον, καὶ ἐπέθηκαν   <u>αὐτῷ</u> τὰ ἱμάτια,   f¹³
7 ἤγαγον τὴν ὄνον καὶ <u>τὴν</u> πῶλον, καὶ ἐπέθηκαν   <u>αὐτῷ</u> τὰ ἱμάτια,   124
7 ἤγαγον τὴν ὄνον καὶ τὸν πῶλον, καὶ ἐπέθηκαν ἐπ'   <u>αὐτῷ</u> τὰ ἱμάτια,   33
7 ἤγαγον <u>δε</u> τὴν ὄνον καὶ τὸν πῶλον, καὶ ἐπέθηκαν <u>ἐπάνω</u> αὐτῶν τὰ ἱμάτια,   157
7 ἤγαγον <u>τὸν</u> ὄνον καὶ τὸν πῶλον, καὶ ἐπέθηκαν   <u>αὐτῷ</u> τὰ ἱμάτια,   1346
7 ἤγαγον τὴν ὄνον καὶ τὸν πῶλον, καὶ ἐπέθηκαν <u>ἐπάνω</u> αὐτῶν τὰ ἱμάτια,   C 𝔐 K M N U W Γ Δ Π f¹
2 28 565 579 700 1071 1424 τ

καὶ ἐπεκάθισεν ἐπάνω   αὐτῶν.   8 ὁ δὲ πλεῖστος ὄχλος   B uw
καὶ <u>ἐκάθισαν</u> ἐπάνω <u>ἐπ</u>'   αὐτῶν.   8 ὁ δὲ πλεῖστος ὄχλος   ℵ*
<u>αὐτων</u>, καὶ <u>ἐπεκάθισαν</u> ἐπάνω   <u>αὐτῶν</u>.   8 ὁ δὲ πλεῖστος ὄχλος   ℵᶜ L
καὶ <u>εκάθητο</u> ἐπάνω   <u>αὐτοῦ</u>.   8 ὁ δὲ πλεῖστος ὄχλος   D
<u>ἑαυτῶν</u>.   8 ὁ δὲ πλεῖστος ὄχλος   E*
<u>αὐτῶν</u>.   8 ὁ δὲ πλεῖστος ὄχλος   Eᶜ G 1 2*
<u>αὐτῶν</u>, καὶ <u>ἐκάθισεν</u> ἐπάνω   αὐτῶν.   8 ὁ δὲ πλεῖστος ὄχλος   Y K N S W Π 565 1424
καὶ <u>ἐκάθησεν</u> ἐπάνω   <u>αὐτοῦ</u>.   8 ὁ δὲ πλεῖστος ὄχλος   Θ
καὶ <u>ἐκάθισεν</u> ἐπάνω   <u>αὐτῆς</u>.   8 ὁ δὲ πλεῖστος ὄχλος   2ᶜ
<u>αὐτῶν</u>, καὶ <u>εκάθητο</u> ἐπάνω   αὐτῶν.   8 ὁ δὲ πλεῖστος ὄχλος   700
<u>αὐτῶν</u>, ... ἐπάνω   αὐτῶν.   8 ὁ δὲ πλεῖστος ὄχλος   1346   [↓157 579 788 1071 τ
<u>αὐτῶν</u>, καὶ ἐπεκάθισεν ἐπάνω   αὐτῶν.   8 ὁ δὲ πλεῖστος ὄχλος   C F H M U Γ Δ Ω 1582 118 f¹³ 33 28

ἔστρωσαν   ἑαυτῶν τὰ ἱμάτια ἐν τῇ ὁδῷ, ἄλλοι δὲ ἔκοπτον κλάδους ἀπο   τῶν δένδρων   B uwτ rell
ἔστρωσαν   ἑαυτῶν τὰ ἱμάτια ἐν τῇ ὁδῷ, ἄλλοι δὲ ἔκοπτον κλάδους <u>ἐκ</u>   τῶν δένδρων   N
ἔστρωσαν   <u>αὐτῶν</u> τὰ ἱμάτια ἐν τῇ ὁδῷ, ἄλλοι δὲ ἔκοπτον κλάδους   W
ἔστρωσαν   τὰ ἱμάτια ἐν τῇ ὁδῷ, ἄλλοι δὲ ἔκοπτον κλάδους ἀπὸ   τῶν δένδρων   Ω
ἔστρωσαν   <u>τὰ ἱμάτια</u> <u>αὐτῶν</u> ἐν τῇ ὁδῷ, ἄλλοι δὲ ἔκοπτον κλάδους ἀπὸ   τῶν δένδρων   f¹³ 579
<u>ἔστρώνυον</u>   <u>ἐν</u> <u>τῇ</u> <u>ὁδω</u> <u>τὰ ἱμάτια</u> <u>αὐτῶν</u>, ἄλλοι δὲ ἔκοπτον κλάδους ἀπὸ   τῶν δένδρων   1424
ἔστρωσαν   <u>αὐτῶν</u> τὰ ἱμάτια ἐν τῇ ὁδῷ, ἄλλοι δὲ ἔκοπτον κλάδους ἀπο   τῶν δένδρων   D L Δ Θ 118 69
124 157 700 788 1071

καὶ ἐστρώννυον   ἐν τῇ ὁδῷ.   9 οἱ δὲ ὄχλοι οἱ προάγοντες αὐτὸν   B ℵᶜ C L 1582 69 124 33 157 788 uw
καὶ <u>ἔστρωσαν</u>   ἐν τῇ ὁδῷ.   9 οἱ δὲ ὄχλοι οἱ προάγοντες αὐτὸν   ℵ* D
καὶ ἐστρώννυον   τῇ ὁδῷ.   9 οἱ δὲ ὄχλοι οἱ προάγοντες   E F 2
καὶ ἐστρώννυον   ἐν τῇ ὁδῷ.   9 οἱ δὲ ὄχλοι   προάγοντες αὐτὸν   1   [↓579 700 1071 1346 1424 τ
καὶ ἐστρώννυον   ἐν τῇ ὁδῷ.   9 οἱ δὲ ὄχλοι οἱ προάγοντες   𝔐 K M N U W Γ Δ Θ Π 118 f¹³ 28 565

καὶ οἱ ἀκολουθοῦντες ἔκραζον λέγοντες,   B uwτ rell
καὶ οἱ ἀκολουθοῦντες <u>ἔκραζαν</u> λέγοντες,   D
καὶ οἱ ἀκολουθοῦντες <u>ἔκραξαν</u> λέγοντες,   L
καὶ   ἀκολουθοῦντες ἔκραζον λέγοντες,   W Δ

Ὡσαννὰ τῷ υἱῷ Δαυείδ·   B D W w
Ὡσαννὰ τῷ υἱῷ <u>Δαυίδ</u>·   u
Ὡσαννὰ τῷ υἱῷ <u>Δαβίδ</u>·   τ
Ὡσαννὰ τῷ υἱῷ <u>δαδ</u>·   rell

Εὐλογημένος ὁ ἐρχόμενος   **ἐν ὀνόματι κυρίου·**   B uwτ rell
Εὐλογημένος ὁ ἐρχόμενος <u>ὁ</u> <u>ἐρχώμενος</u> **ἐν ὀνόματι κυρίου·**   579

[Cl Pd I 12.5 δρεψαμενοι, φησι, <u>κλαδους</u> ελαιας η φοινικων. <u>οι παιδες εξηλθον εις υπαντησιν κυριου και</u>
εκεγραγον <u>λεγοντες</u>, <u>ωσαννα</u> <u>τω</u> <u>υιω</u> <u>Δαβιδ</u>, <u>ευλογημενος</u> <u>ο</u> <u>ερχομενος</u> <u>εν</u> <u>ονοματι</u> <u>κυριουκυριο</u>].

lac. 21.7-9 𝔓⁴⁵ A P Q

A 7 ειματεια D ¦ ιματι K* ¦ επεκαθησεν H 118 1071 ¦ εκαθησεν K Θ ¦ επεκαθησαν L 579 ¦ εκαθεισεν W ¦ επεκαθισε 69 ¦
πλιστος ℵ N Θ ¦ πλησιος G* ¦ πλειτος Δ 8 αυτον (εαυτων) Θ ¦ ειματεια D ¦ ηματια 2* ¦ δω (οδω¹) K ¦ δενδρον 13 ¦ στρωννυον
13 ¦ εστρωνυον Π 1424 ¦ εστρωννοιαν Ω ¦ εστροννυον 28 ¦ εκοπταν 579 ¦ εστρων Δ ¦ εστρωνυων 2 ¦ εστρωννοιαν 579 ¦
εστρωννοιον 788 ¦ ερχωμενος 579 9 προαγοντες 579 ¦ ακωλουθουντες 579 ¦ εκραζων E* ¦ οσαννα¹·² D* ¦ ωσανα¹·² L 2 ¦
ωσσαννα¹ F ¦ ωαννα² E* ¦ ωσανα² Θ ¦ ερχωμενος Θ ¦ ονοματη L

B 9 υϊω ℵᶜ C E G H K L M N Δ Π Ω 33 28 1424 ¦ κυ B ℵ C D 𝔐 K L M N S U W Γ Δ Θ Π Ω f¹ 118 f¹³ 69 124 33 28 157 565
579 700 788 1071 1346 1424

D 8 σθ f¹³ ¦ σθ/ᾱ 124 788 ¦ Μθ σθ : Μρ ρικ : Λο σλγ : Ιω . 124 9 σθ/ᾱ ℵ E G M N S U Υ Γ Π 118 28 1424 ¦ σθ C D F H K Θ
1582 579 1071 1346 ¦ σθ/ῑ L ¦ σι f¹³ ¦ σι/ῑ 124 788 ¦ Ευ Μθ σθ : Ιω κα : Λο σλη : Μρ ρκα E ¦ Μθ σθ M ¦ Μθ σι : Μρ ριθ : Λο σλδ
: Ιω . 124

Ὡσαννὰ ἐν τοῖς ὑψίστοις.   B uwτ rell
Ὡσαννὰ ἐν τοῖς ὑψίστοις· ευλογημενος ο ερχο   579*

10 καὶ εἰσελθόντος αὐτοῦ εἰς Ἰεροσόλυμα ἐσείσθη πᾶσα ἡ πόλις λέγουσα, Τίς ἐστιν B uwτ rell
10 καὶ ἐλθόντος αὐτοῦ εἰς Ἰεροσόλυμα ἐσείσθη πᾶσα ἡ πόλις λέγουσα, Τίς ἐστιν ℵ*
10 καὶ εἰσελθόντος αὐτοῦ εἰς Ἰερωσόλυμα ἐσείσθη πᾶσα ἡ πόλις λέγουσα, Τίς ἐστιν E
10 καὶ εἰσελθόντος αὐτοῦ εἰς Ἰεροσόλυμα ἐσείσθη πᾶσα ἡ πόλις λέγοντες, Τίς ἐστιν Θ
10 καὶ ἐλθόντος αὐτοῦ εἰς Ἰεροσώλυμα ἐσείσθη πᾶσα ἡ πόλις λέγουσα, Τίς ἐστιν 579
10 καὶ εἰσελθόντες αὐτοῦ εἰς Ἰεροσόλυμα ἐσείσθη πᾶσα ἡ πόλις λέγουσα, Τίς ἐστιν 1346

οὗτος; 11 οἱ δὲ ὄχλοι ἔλεγον, Οὗτός ἐστιν ὁ προφήτης Ἰησοῦς ὁ ἀπὸ B ℵ 157 uw
οὗτος; 11 οἱ δὲ πολλοὶ εἶπον, Οὗτός ἐστιν ὁ προφήτης Ἰησοῦς ἀπὸ D
οὗτος; 11 οἱ δὲ ὄχλοι ἔλεγον ὅτι οὗτός ἐστιν Ἰησοῦς ὁ προφήτης ὁ ἀπὸ N
οὗτος; 11 οἱ δὲ ὄχλοι ἔλεγον, Οὗτός ἐστιν Ἰησοῦς προφήτης ὁ ἀπὸ Δ
οὗτος; 11 οἱ δὲ ὄχλοι εἶπον, Οὗτός ἐστιν ὁ προφήτης Ἰησοῦς ὁ ἀπὸ Θ 700
οὗτος; 11 πολλοὶ δὲ ἔλεγον, Οὗτός ἐστιν Ἰησοῦς ὁ προφήτης ὁ ἀπὸ f^1
οὗτος; 11 οἱ δὲ ὄχλοι ἔλεγον, Οὗτός ἐστιν ὁ προφήτης ὁ ἀπὸ f^{13} 788
οὗτος; 11 οἱ δὲ ὄχλοι ἔλεγον τῷ Ἰησοῦ, Οὗτός ἐστιν ὁ προφήτης ὁ ἀπὸ 579
οὗτος; 11 οἱ δὲ ὄχλοι ἔλεγον, Οὗτός ἐστιν Ἰησοῦς ὁ προφήτης ὁ ἀπὸ C 𝔐 K L M U W Γ Π
118 69 2 33 28 565 1071 1346 1424 τ

Ναζαρὲθ τῆς Γαλειλαίας. B
Ναζαρὲθ τῆς Γαλιλέας. ℵ
Ναζαρὲτ τῆς Γαλιλαίας. G L M N W Γ 1582 118 69 124 2 33 157 579 700 788 1071 1346 τ
Ναζαράθ τῆς Γαλιλαίας. Δ
Ναζαρὲθ τῆς Γαλιλαίας. uw rell

Jesus Drives The Buyers And Sellers Out Of The Temple
(Mark 11.15-19; Luke 19.45-46, 37-40; John 2.13-22)

12 Καὶ εἰσῆλθεν Ἰησοῦς εἰς τὸ ἱερόν, καὶ ἐξέβαλεν πάντας τοὺς B ℵ 700 uw
12 Καὶ εἰσῆλθεν Ἰησοῦς εἰς τὸ ἱερὸν τοῦ θεοῦ, καὶ ἐξέβαλεν πάντας τοὺς C Δ 2
12 Καὶ εἰσελθὼν ὁ Ἰησοῦς εἰς τὸ ἱερὸν τοῦ θεου, καὶ ἐξέβαλεν πάντας τοὺς G
12 Καὶ εἰσῆλθεν ὁ Ἰησοῦς εἰς τὸ ἱερόν, καὶ ἐξέβαλεν πάντας τοὺς L Θ f^{13} 33 788 1424
12 Καὶ ἦλθεν ὁ Ἰησοῦς εἰς τὸ ἱερὸν τοῦ θεου, καὶ ἐξέβαλεν πάντας τοὺς 579
12 Καὶ εἰσῆλθεν Ἰησοῦς εἰς τὸ ἱερὸν τοῦ θεου, καὶ ἐξέβαλεν πάντας τοὺς 𝔐 M W 28
12 Καὶ εἰσῆλθεν ὁ Ἰησοῦς εἰς τὸ ἱερόν τοῦ θεου, καὶ ἐξέβαλεν πάντας τοὺς D F Y K N U Γ Π f^1 124
157 565 1071 1346 τ

πωλοῦντας καὶ ἀγοράζοντας ἐν τῷ ἱερῷ, καὶ τὰς τραπέζας τῶν κολλυβιστῶν B uwτ rell
πωλοῦντας καὶ ἀγοράζοντας ἐν τῷ ἱερῷ, καὶ τὰς καθέδρας τῶν κολλυβιστῶν 157

κατέστρεψεν καὶ τὰς καθέδρας τῶν πωλούντων τὰς περιστεράς, B uwτ rell
καὶ τὰς καθέδρας τῶν πωλούντων τὰς περιστεράς κατέστρεψεν, 1424

13 καὶ λέγει αὐτοῖς, Γέγραπται,

lac. 21.9-13 𝔓45 A P Q

A 10 ις (εις) ℵ ¦ εσισθη ℵ C N Δ ¦ εσηισθη 579 ¦ πολεις D W ¦ πολης 1071 ¦ ουτος 2* ¦ προφητις 2 12 εξεβαλε D Y U Γ f^1 118 69 157 700 788 1071 ¦ πολουντας Ω 2* ¦ πολωυντας 2c ¦ πολουντων 579 ¦ αγοραζωντας Θ ¦ αγωραζοντας 565 579 ¦ κολυβιστων E H Y L 28 565 1071 ¦ κατεστρεψε Y U Γ 118 69 157 1071 ¦ πολουντων Θ Ω 2* 579 1071 ¦ περηστερας Θ 13 λεγι ℵ

B 11 ιυ 579 ¦ ις ℵ C 𝔐 K L M N S U W Γ Δ Θ Π Ω f^1 118 2 28 157 565 700 1071 1346 1424 ¦ ιης D 12 ις B ℵ C 𝔐 K L M N S U W Γ Δ Θ Π Ω f^1 118 f^{13} 124 2 33 28 157 565 579 700 788 1071 1346 1424 ¦ ιης D ¦ θυ C D 𝔐 K M N S U W Γ Δ Π Ω f^1 118 69 124 2 28 157 565 579 1071 1346

C 11 υπ (post γαλιλ.) E F H Y Ω 2 788 ¦ υπερ β̄ Γ 1346 ¦ υπ τ̄ βαιν f^1 118 ¦ υπερ βα f^{13} 124 ¦ τελ 124 12 υπ: περ βα της μετα β̄ (post του θῡ) G ¦ αρχη: τη ε̄ ζ̄ εβδ τω καιρω ε, εισηλθ ο ις εις ιερον G ¦ αρχ: τη ε της ζ εβδ αρχ τω κ,ρω εισηλθ ο ις εις το ιερον του θῡ ¦ αρχ: Μθ τη ε τς ζ εβδ τω καιρω, εισηλθεν ο ις· εις το, Μ ¦ τη ε τς ζ εβδ τω κ S̄ ¦ αρχ π̄δ τη ς̄ τς θ τω καιρω εισηλθεν ο ις εις τ̄ ιερον f^1 ¦ αρχ π̄δ τη παρα τς θ̄ εβδομᾱ τω ηλθεν ο ις εις το ιερον 118 ¦ αρχ f^{13} 124 788 ¦ αρχ τς γ̄ τω καιρω εκεινω εισηλθεν ο ις εις το ιερον του θῡ 28

D 10 σι/ῑ ℵ E G L M S U Y Π 118 28 1424 ¦ σῑ C D F H K 1582 2 157 579 1071 ¦ σῑα/ Γ ¦ σῑα f^{13} 124 1346 ¦ σῑα/α 788 ¦ Ευ Μθ σι : Ιω . : Λο . : Μρ . E ¦ Μθ σῑ M ¦ Μθ σῑα : Μρ . : Λο . : Ιω . 124 11 σῑα C 12 σῑα/ᾱ ℵ E G L M N S U Y Γ Π 28 1424 ¦ σῑα D F H K f^1 2 157 579 1071 (ante και εξεβ. Θ) ¦ Ευ Μθ σῑα : Ιω κ̄α : Λο σ̄λη : Μρ ρ̄κα E ¦ Μθ σῑα M

Ὁ οἶκός μου οἶκος   προσευχῆς κληθήσεται,   B uwτ rell
....   προσευχῆς κλη.............. ,   𝔭⁴⁵
Οἶκός μου οἶκος   προσευχῆς κληθήσεται,   D
Ὁ οἶκός μου οἶκος   προσευχῆς γενήσεται,   118

ὑμεῖς δὲ	αὐτὸν	ποιεῖτε	σπήλαιον λῃστῶν. B ℵ L Θ 124 uw
....			..........στῶν. 𝔭⁴⁵
ὑμεῖς δὲ ἐποι	αὐτὸν	ἐποιήσατε	σπήλαιον λῃστῶν. E*
ὑμεῖς δὲ	αὐτὸν	ἐποιήσατε αὐτὸν	σπήλαιον λῃστῶν. N 28
ὑμεῖς δὲ	αὐτὸν	πεποιήκατε	σπήλαιον λῃστῶν. f¹
....	αὐτὸν	ἐποιήσατε	σπήλαιον λῃστῶν. 33
ὑμεῖς δὲ		ἐποιήσατε αὐτὸν	σπήλαιον λῃστῶν. 700 1071
ὑμεῖς δὲ	αὐτὸν	ἐποιήσατε	σπήλαιον λῃστῶν. C D 𝔐 K M U W Γ Δ Π 118 f¹³ 2
			157 565 579 788 1346 1424 τ

$\overline{\mu\varsigma}$ περὶ τῶν τυφλῶν καὶ χωλῶν

14 Καὶ προσῆλθον   αὐτῷ τυφλοὶ καὶ χωλοὶ ἐν τῷ ἱερῷ, καὶ ἐθεράπευσεν   B ℵᶜ D L Mᶜ Θ f¹ 124 157 700
14 Καὶ προ.............   .... ἐθεράπευσεν   𝔭⁴⁵   [↑1346 uwτ
14 Καὶ προσέλθοντες   αὐτῷ τυφλοὶ καὶ χωλοὶ ἐν τῷ ἱερῷ, καὶ ἐθεράπευσεν   ℵ*
14 Καὶ προσῆλθον   αὐτῷ τυφλοὶ καὶ χωλοί,   καὶ ἐθεράπευσεν   f¹³ 788
14 Καὶ προσῆλθον   αὐτῷ τυφλοὶ καὶ χω.......   ....ερῷ, καὶ ἐθεράπευ.......   33
14 Καὶ προσῆλθον   αὐτῷ χωλοὶ   τυφλοὶ ἐν τῷ ἱερῷ, καὶ ἐθεράπευσεν   565   [↓28 579 1071 1424
14 Καὶ προσῆλθον   αὐτῷ χωλοὶ καὶ τυφλοὶ ἐν τῷ ἱερῷ, καὶ ἐθεράπευσεν   C 𝔐 K M* N U W Γ Δ Π 118 2

αὐτούς. 15 ἰδόντες δὲ οἱ ἀρχιερεῖς καὶ οἱ γραμματεῖς τὰ θαυμάσια ἃ ἐποίησεν   B uwτ rell
.... 15   ....υμάσια ἃ ἐποίησεν   𝔭⁴⁵
αὐτούς. 15 ἰδόντες δὲ οἱ ἀρχιερεῖς καὶ   γραμματεῖς τὰ θαυμάσια ἃ ἐποίησεν   K Π
αὐτούς. 15 ἰδόντες δὲ οἱ γραμματεῖς καὶ οἱ ἀρχιερεῖς τὰ θαυμάσια ἃ ἐποίησεν   Θ 69 124 788 1346
αὐτούς. 15 ἰδόντες δὲ οἱ γραμματοῖς καὶ οἱ ἀρχιερεῖς τὰ θαυμάσια ἃ ἐποίησεν   13
.... 15 ·δόντες δὲ οἱ ἀρχιερεῖς καὶ οἱ γραμματεῖς ····   ....σια ἃ ἐποίησ····   33

καὶ τοὺς παῖδας τοὺς κράζοντας ἐν τω ἱερῷ καὶ λέγοντας, Ὡσαννὰ   B ℵ D L N Θ 700 uw
.... @ καὶ λέγοντα····   ....   𝔭⁴⁵
.... ·ράζοντας ἐν τω ἱερῷ καὶ λέγοντας, Ὡ·····   33
ὁ ' Ἰησοῦς καὶ τοὺς παῖδας   κράζοντας ἐν τω ἱερῷ καὶ λέγοντας, Ὡσαννὰ   28 1424
καὶ τοὺς παῖδας   κράζοντας ἐν τω ἱερῷ καὶ λέγοντας, Ὡσαννὰ   C 𝔐 K M U W Γ Δ Π f¹f¹³
    124 2 157 565 579 788 1071 1346 τ

τῷ υἱῷ Δαυείδ, ἠγανάκτησαν 16 καὶ εἶπαν αὐτῷ,   Ἀκούεις τί οὗτοι λέγουσιν;   B D w
.... 16 καὶ εἶπον αὐτῷ,   Ἀ·········· ....   𝔭⁴⁵
τῷ υἱῷ δ̅α̅δ̅, ἠγανάκτησαν 16 καὶ εἶπαν αὐτῷ,   Ἀκούεις τί οὗτοι λέγουσιν;   ℵ L Θ 124
τῷ υἱῷ δ̅α̅δ̅, ἠγανάκτησαν 16 καὶ εἶπον αὐτῷ, Οὐκ   ἀκούεις τί οὗτοι λέγουσιν;   F H 28 157 1346
τῷ υἱῷ Δαυείδ, ἠγανάκτησαν 16 καὶ εἶπον αὐτῷ,   Ἀκούεις τί οὗτοι λέγουσιν;   W   [↑1424
....α̅δ̅, ἠγ········· 16   ·········υτῷ,   Ἀκούεις τί οὗτοι λέγουσιν;   33
τῷ υἱῷ Δαυίδ, ἠγανάκτησαν 16 καὶ εἶπαν αὐτῷ,   Ἀκούεις τί οὗτοι λέγουσιν;   u
τῷ υἱῷ Δαβίδ, ἠγανάκτησαν 16 καὶ εἶπον αὐτῷ,   Ἀκούεις τί οὗτοι λέγουσιν;   τ
τῷ υἱῷ δ̅α̅δ̅, ἠγανάκτησαν 16 καὶ εἶπον αὐτῷ,   Ἀκούεις τί οὗτοι λέγουσιν;   C 𝔐 K M N U Γ Δ Π
    f¹ f¹³ 69 2 28 157 565 579 700 788 1071 1424

---

lac. 21.13-16 A P Q

A 13 κληθησετε ℵ | υμις ℵ N | ποιειται L | εποιησαται N | σπηλεον ℵ W | σπηλεων Θ | σπηλαιων 579 14 χολοι 28 15 ειδοντες D W | αρχιερις ℵ | γραμματις ℵ | γραματεις Θ* | γραμμαιτεις 1071 | θαυμασηα Θ | εποιησε Υ 157 700 1071 | του (τους¹) F* | οσαννα D* | ωσανα L Θ* 2

B 15 ι̅ς̅ 28 1424 | υ̅ω̅ C 𝔐 K M N U Δ Π Ω 28 1424

C 14 μ̅ς̅ περι των (+ δυο H Π) τυφλων και (κα L) χωλων (χωλων και τυφλων F S 1424 ¦ τυφλων κ. χολων M ¦ χολων και τυφλων Ω 28): 𝔐 L M S U Γ Δ Θ Π Ω f¹ f¹³ 124 2 28 157 579 788 1071 1424 ¦ αρχ 157 ¦ τελος της μεγαλ β̅ (post αυτους) G ¦ τελ S Υ 124 788 1346 ¦ τε̅ τς ε̅ M ¦ τελ τς ε̅ f¹ 15 (ante ιδοντες) αρξ E S Γ f¹³ 2 788 1071 1346 ¦ αρξ ε F ¦ αρξαι, Υ 1424 ¦ αρξ του ορθ των βαιων Ω ¦ αρξ των βαϊ f¹ ¦ αρξ Σα κ,ε ξ̅δ̅ κ,υ κ,ε ν̅ς̅ 118 ¦ αρξουον αρχ 124 ¦ τη μγ β̅ πρωι 157 ¦ υπο τς ς̅ αρξ τς κ,υ 118

D 14 σ̅ι̅β̅/ι̅ ℵ E G L M N S Υ Ω Π 124 28 788 1424 ¦ σ̅ι̅β̅ C D F H K Θ f¹ f¹³ 2 157 579 1071 1346 ¦ σ̅ι̅β̅/α̅ U ¦ σ̅ι̅γ̅/ι̅ Γ ¦ σ̅ι̅β̅/ε̅ 118 ¦ Ευ Μθ σιβ : Ιω . : Λο . : Μρ . Ε ¦ Μθ σιβ : Μρ ρκα : Λο λη : Ιω κα M ¦ Μθ σιβ : Μρ κα : Λο σ̅λ̅η̅ : Ιω .124 15 σ̅ι̅γ̅/ε̅ ℵ G L M N S Υ Ω Π 118 124 28 788 1424 ¦ σ̅ι̅γ̅ C D F H K Θ f¹ f¹³ 2 157 579 1071 1346 ¦ σ̅ι̅γ̅/ε̅ E ¦ σ̅ι̅γ̅/ι̅ U¦ Ευ Μθ σ̅ι̅γ̅ : Ιω . : Λο σ̅λ̅η̅ : Μρ ρ̅κ̅ E ¦ Μθ σ̅ι̅γ̅ : Μρ ρ̅κ̅ M ¦ Μθ σιγ : Μρ . : Λο . : Ιω . 124

203

ὁ δὲ Ἰησοῦς λέγει αὐτοῖς,   Ναί· οὐδέποτε   ἀνέγνωτε ὅτι   B **uwτ** rell
.... ς,   Ναί· οὐδέποτε   ....   𝔭⁴⁵
ὁ δὲ Ἰησοῦς λέγει αὐτοῖς,   Ναί· οὐδέποτε   ἀνέγνωτε   ℵ Dᶜ S
ὁ δὲ Ἰησοῦς λέγει <u>αὐτῷ</u>,   Ναί· οὐδέποτε   ἀνέγνωτε   D*
ὁ δὲ Ἰησοῦς <u>εἶπεν</u> αὐτοῖς,   Ναί· οὐδέποτε   ἀνέγνωτε ὅτι   K
ὁ δὲ .... ὅτι   33
ὁ δὲ Ἰησοῦς λέγει αὐτοῖς,   Ναί· <u>οὐκ</u>   ἀνέγνωτε ὅτι   28

Ἐκ στόματος   νηπίων καὶ   θηλαζόντων   κατηρτίσω   αἶνον;   17   Καὶ καταλιπὼν   B 118 124 **uwτ**
....   ντων   κατηρτίσω   αἶ·····   17   ....   𝔭⁴⁵   [↑rell
Ἐκ στόματος   νηπίων καὶ   θηλαζόντων   <u>καταρτείσω</u>   αἶνον;   17   Καὶ <u>καταλειπὼν</u>   D
Ἐκ στόματος   νηπίων καὶ   θηλαζόν·····   17   33   [↓565 1424
Ἐκ στόματος   νηπίων καὶ   θηλαζόντων   κατηρτίσω   αἶνον;   17   Καὶ <u>καταλειπὼν</u>   C E F K L M *f*¹³

[Cl Pd I 13.1 <u>ουδεποτε</u> <u>ανεγνωτε</u> <u>οτι</u> <u>εκ</u> <u>στοματος</u> <u>νηπιων</u> <u>και</u> <u>θηλαζοντων</u> <u>κατηρτισω</u> <u>αινον;</u>]

αὐτοὺς ἐξῆλθεν ἔξω τῆς πόλεως εἰς Βηθανία,   καὶ ηὐλίσθη   ἐκεῖ.   B*
.... πόλεως εἰς Βηθαν····   ....   𝔭⁴⁵
αὐτοὺς ἐξῆλθεν   εἰς <u>Βηθανίαν</u>,   καὶ ηὐλίσθη   ἐκεῖ.   ℵ* 28
αὐτοὺς ἐξῆλθεν ἔξω τῆς πόλεως εἰς <u>Βηθανίαν</u>,   καὶ <u>ηὐλίσθησαν</u>.   C*
αὐτοὺς ἐξῆλθεν ἔξω τῆς πόλεως εἰς <u>Βηθανείαν</u>,   καὶ ηὐλίσθη   ἐκεῖ.   D
αὐτοὺς ἐξῆλθεν ἔξω τῆς πόλεως εἰς <u>Βηθανίαν</u>,   καὶ ηὐλίσθη   ἐκεῖ.   U 2 579 700
αὐτοὺς ἐξῆλθεν ἔξω τῆς πόλεως εἰς <u>Βιθανίαν</u>,   καὶ ηὐλίσθη   ἐκεῖ.   Ω 1071
··········ς ἐξῆλθεν ἔξω τῆς πόλεως εἰς Βηθανία, ...   ἐκεῖ.   33
αὐτοὺς ἐξῆλθεν ἔξω τῆς πόλεως εἰς <u>Βηθανίαν</u>,   καὶ ηὐλίσθη   ἐκεῖ.   **uwτ** rell

μζ̄ περὶ τῆς ξηρανθείσης συκῆς

Jesus Commands The Fruitless Fig Tree To Wither Away
(Mark 11.12-14, 20-25)

ρ̄κ̄β̄   18   Πρωῒ   δὲ   ἐπαναγαγὼν   εἰς τὴν πόλιν ἐπείνασεν.   B* ℵ* [**w**]
   18   ....ν   εἰς τὴν πόλιν ἐπ···········   𝔭⁴⁵
   18   Πρωῒ   δὲ   <u>ἐπαναγὼν</u>   εἰς τὴν πόλιν ἐπείνασεν.   Bᶜ Θ **u**[**w**]
   18   Πρωῒ   δὲ   <u>παραγὼν</u>   εἰς τὴν πόλιν ἐπείνασεν.   D
   18   <u>Πρωΐας</u>   δὲ   ἐπαναγαγὼν   εἰς τὴν πόλιν ἐπείνασεν.   L
   18   <u>Πρωΐας</u>   δὲ   <u>ἐπαναγὼν</u> ὁ Ἰησοῦς   εἰς τὴν πόλιν ἐπείνασεν.   M S 1071
   18   <u>Πρωΐας</u>   δὲ   <u>ὑπαγὼν</u>   εἰς τὴν πόλιν ἐπείνασεν.   W
   18   ....   ····· ·ὴν πόλιν ἐπείνασεν.   33
   18   <u>Πρωΐας</u>   δε   <u>γενομένης</u> <u>καὶ</u> <u>ἐπαναγὼν</u>   εἰς τὴν πόλιν ἐπείνασεν.   1424
   18   <u>Πρωΐας</u>   δὲ   <u>ἐπαναγὼν</u>   εἰς τὴν πόλιν ἐπείνασεν.   ℵᶜ C 𝔐 K N U Γ Δ Π *f*¹ *f*¹³ 124 2
   28 157 565 579 700 788 1346 τ

---

lac. 21.16-18   A P Q

A 16 λεγι ℵ | ανεγνωται L Γ 579 | τοματος F | νηπειων D | νιπιων E K | θηζοντων Θ | κατηρτησω F G H Θ Ω 28 579 788 1071 1424 | ενον ℵ* | αινων L *f*¹ **17** καταλιπον Θ | καταληπων 2 | πολαιος 579 | ηυλεισθη 1424 **18** επιναεσν ℵ C L N W Θ Δ | επεινασε Υ Γ 118 1071 | επινασε 157 | επηνασεν 579

B 16 ις̄ B ℵ C 𝔐 K L M N S U W Γ Δ Θ Π Ω *f*¹ 118 *f*¹³ 124 2 28 157 565 579 700 788 1071 1346 1424 | ιης̄ D **18** ις̄ M S 1071

C 14 μ̄ς̄ περι των (+ δυο H Π) τυφλων και (κα L) χωλων (χωλων και τυφλων F S 1424 | τυφλων κ. χολων M | χολων και τυφλων Ω 28): 𝔐 L M S U Γ Δ Θ Π Ω *f*¹ *f*¹³ 124 2 28 157 579 788 1071 1424 | αρχ 157 | τελος της μεγαλ β̄ (post αυτους) G | τελ S Υ 124 788 1346 | τε̄ τς ε̄ M | τελ τς έ *f*¹ **15** (ante ιδοντες) αρξ E S Γ *f*¹³ 2 788 1071 1346 | αρξ ε F | αρξαι, Υ 1424 | αρξ του ορθ των βαιων Ω | αρξ Σα κ,ε ξ̄δ̄ κ,υ κ,ε νς̄ 118 | αρξου αρχ 124 | τη μγ β̄ πρωι 157 | υπο τς ς̄ αρξ τς κ,υ 118 **17** αρξ τς ξ̄ *f*¹ | αρχ απο 118 | τελος (post εκει) E G S Υ Ω *f*¹³ 124 2 579 788 1071 | τελος των βαιων πρ H | τελ μγλ β̄ πρωτ Υ² | τε̄ του ορ,θ M | τελ βαῒ *f*¹ | τελ των βαῒ του ορθρ: 28 | τελ αγ β̄ 1346 **18** μ̄ς̄ περι (περη Θ) της ξηρανθεισης (—θησης E* 124 28 579 1071 1424 | —θεισν Υ | θησεις 2) συκης· E F (G ante κ. ιδων v. 19) H Υ K L M S U Γ Δ Θ Π Ω *f*¹ *f*¹³ 124 2 28 157 (579 ante v. 20) 788 1071 1346 1424 | Μθ μ̄ς̄ : Μρ λ̄γ̄ : ιω κᾱ M | Μρ λ̄γ̄ Π | αρχη: του μγ ·· F² | αρχη: τη παρ, της ζ̄ εβδ τω καιρω εκ, παραγων ις εις την πολ λεγεται κ, τη μεγ β̄ εις τον ορθρον G | τη παρα, της ζ̄ εβδ αρχ τω κ,ρ,ω επαναγων ο ις εις την πδ̄ Υ | αρχη: τη αγια κ, μ̄ γ̄ β̄ τω πρωι K | αρχ: Μθ τη παρασκ,ε της ζ̄ εβδ τω καιρ,ω επαναγων ο ις εις την πολιν M | τη παρασκ τς ζ̄ εβδ τω κ S | αρχ τω κερω εκινω S² | τη αγια β̄ εις τ ορ,θ τω καιρω εκεινω πρωιας επαναγων ο ις εις τ πδ̄ Ω | αρχ π̄δ̄ π̄ε̄ τη β̄ τς ι εβδ κ̄ τω ορθρ τς μ,τ β̄τω καιρω επαναγ ο ις εις τ̣ *f*¹ | αρχ τη αγ́ και μγλ β̄ εις τ ορθ. τω κ,αι εκ,ει πρωι δε επαναγ ο ις εις τ 118² | αρχ τη β̄ τς ι εβδομᾱ τω πρωι επαναγων ο ις 118 | αρχ του ορθρ τς β̄ *f*¹³ | αρχ τς β̄ κ, τη αγ κ, μ,γλ β̄ πρωι: τω καιρω εκεινω επαναγων ο ις εις την πολι 28 | αρχ εβδ ι τη β̄ 157 | αρχ εις τ ορθρ των αγ βαιων 788 | αρχ: τω και εκει 1071 | ζητ τι μεγ β̄ επο M² | γ̄ ᾱ ημε β: προι M³

D 17 σιδ/ς̄ ℵ G L M S U Υ Γ Ω Π 118 124 28 788 1424 | σ̄ῑδ̄ C D E F H Kᶜ (ρσιδ K*) Θ 1 2 157 579 | σιδ/ε N | Ευ Μθ σιδ : Ιω . : Λο . : Μρ ρ̄κ̄ E | Μρ λ̄γ̄ L | Μθ σιδ̄ M | Μθ . : Μρ κ : Λο σλε̄ : Ιω . 124 **18** σ̄ῑδ̄ 1582 1346

19 καὶ ἰδὼν συκῆν μίαν ἐπὶ τῆς ὁδοῦ ἦλθεν ἐπ᾿ αυτήν, καὶ οὐδὲν εὗρεν ἐν αὐτῇ   B **uwτ** rell
19   οὐ ἦλθεν ἐπ᾿ α   𝔓⁴⁵
19 καὶ ἰδὼν συκῆν μίαν ἐπὶ τῆς ὁδοῦ ἦλθεν ἐπ᾿ αυτήν, καὶ οὐδὲν   ἐν αὐτῇ   ℵ*
19 καὶ ἰδὼν συκῆν μίαν ἐπὶ τῆς ὁδοῦ ἦλθεν ἐπ᾿ αυτῆς, καὶ οὐδὲν εὗρεν ἐν αὐτῇ   L 157
19 καὶ ··   N
19 καὶ ἰδὼν συκῆν μι ············ ··· ρεν ἐν αὐτῇ   33
19 καὶ ἰδὼν συκῆν μίαν ἐπὶ τῆς ὁδοῦ ἦλθεν ἐπ᾿ αυτήν, καὶ οὐδὲν εὗρεν   1424

εἰ μὴ φύλλα μόνον, καὶ λέγει αὐτῇ, Οὐ μηκέτι ἐκ σοῦ καρπὸς γένηται εἰς τὸν αἰῶνα.   B L w
············· ν, καὶ λέγει α ··············   𝔓⁴⁵
εἰ μὴ φύλλα μόνον, καὶ λέγει αὐτῇ,   μηκέτι ἐκ σοῦ καρπὸς γένοιτο εἰς τὸν αἰῶνα.   ℵ Θ
εἰ μὴ φύλλα μόνον, καὶ λέγει αὐτῇ,   μηκέτι ἐξ οὗ καρπὸς γένηται εἰς τὸν αἰῶνα.   D
εἰ μὴ φύλλα μόνον, καὶ λέγει αὐτῇ,   μηκέτι ἐκ σοῦ καρπὸς γένηται ············   Γ
εἰ μὴ φύλλα μόνον, καὶ λέγει   αἰῶνα.   33
εἰ μὴ φύλλα μόνα, καὶ λέγει αὐτῇ,   μηκέτι ἐκ σοῦ καρπὸς γένηται εἰς τὸν αἰῶνα.   700
εἰ μὴ φύλλα μόνον, καὶ λέγει αὐτῇ,   μηκέτι ἐκ σοῦ καρπὸς γένηται εἰς τὸν αἰῶνα.   **uτ** rell

καὶ ἐξηράνθη παραχρῆμα ἡ συκῆ. 20 καὶ ἰδόντες   οἱ μαθηταὶ ἐθαύμασαν λέγοντες,   B **uwτ** rell
καὶ ἐξηράνθη ἡ συκῆ παραχρῆμα. 20 καὶ ἰδόντες   οἱ μαθηταὶ ἐθαύμασαν λέγοντες,   M
καὶ ἐξηράνθη παραχρῆμα ἡ συκῆ. 20   Ω*
καὶ ἐξηράνθη παραχρῆμα ἡ συκῆ. 20 καὶ ἰδόντες αὐτὸν οἱ μαθηταὶ ἐθαύμασαν λέγοντες,   124
καὶ ἐξηράνθη παραχρῆμα ············ 20 ······· ················· ·················· γοντες,   33

Πῶς παραχρῆμα ἐξηράνθη ἡ συκῆ; 21 ἀποκριθεὶς δὲ ὁ Ἰησοῦς εἶπεν αὐτοῖς,   B **uwτ** rell
Πῶς παραχρῆμα ἐξηράνθη συκῆ; 21 ἀποκριθεὶς δὲ ὁ Ἰησοῦς εἶπεν αὐτοῖς,   Dᶜ
                                   21 ἀποκριθεὶς δὲ ὁ Ἰησοῦς εἶπεν αὐτοῖς,   Ω*
Πῶς παραχρῆμα ἐξηράνθη ἡ συκῆ; 21 ἀποκριθεὶς δὲ εἶπεν αὐτοῖς ὁ Ἰησοῦς,   1424

Ἀμὴν λέγω ὑμῖν, ἐὰν ἔχητε πίστιν καὶ μὴ διακριθῆτε, οὐ μόνον τὸ τῆς συκῆς ποιήσετε,   B **uwτ** rell
Ἀμὴν λέγω ὑμῖν, ἐὰν ἔχητε πίστιν καὶ μὴ διακριθῆτε, οὐ μόνον τὸν τῆς συκῆς ποιήσετε,   G
Ἀμὴν λέγω ὑμῖν, ἐὰν ἔχητε πίστιν καὶ μὴ διακριθῆτε, οὐ μόνον τὸ τῆς συκῆς ποιήσητε,   124 1424

ἀλλὰ κἂν τῷ ὄρει τούτῳ   εἴπητε, Ἄρθητι καὶ βλήθητι εἰς τὴν θάλασσαν,   B **uwτ** rell
ἀλλὰ καὶ τῷ ὄρει τούτῳ ἐὰν εἴπητε, Ἄρθητι καὶ βλήθητι εἰς τὴν θάλασσαν,   D
ἀλλὰ κἂν τῷ ὄρει τούτῳ   εἴπητε, Ἄρθητι καὶ βλήθητι εἰς τὴν θάλασσαν, καὶ   H
ἀλλὰ καὶ τῷ ὄρει τούτῳ   εἴπητε, Ἄρθητι καὶ βλήθητι εἰς τὴν θάλασσαν,   S W 565
ἀλλὰ κἂν τῷ ὄρει τούτῳ   εἴπητε, Ἄρθητι καὶ βλήθητε εἰς τὴν θάλασσαν,   788

γενήσεται· 22 καὶ πάντα ὅσα ἂν αἰτήσητε   ἐν τῇ προσευχῇ πιστεύοντες λήμψεσθε.   B* ℵ **uw**
γενήσεται· 22 καὶ πάντα ὅσα   αἰτήσητε   ἐν τῇ προσευχῇ πιστεύοντες λήμψεσθαι.   D
γενήσεται· 22 καὶ πάντα ὅσα ἐὰν αἰτήσησθαι ἐν τῇ προσευχῇ πιστεύοντες λήμψεσθαι.   L
γενήσεται· 22 καὶ πάντα ὅσα ἐὰν αἰτήσηται ἐν τῇ προσευχῇ πιστεύοντες λήψεσθε.   M 69
γενήσεται· 22 καὶ πάντα ὅσα ἐὰν αἰτήσηται ἐν τῇ προσευχῇ πιστεύοντες λήμψεσθαι.   W
γενήσεται· 22 καὶ πάντα ὅσα ἂν αἰτήσητε ἐν τῇ προσευχῇ πιστεύοντες λήμψεσθαι.   Θ 33
γενήσεται· 22 καὶ πάντα ὅσα ἂν αἰτήσηται ἐν τῇ προσευχῇ πιστεύοντες λήψεσθε.   f¹³
γενήσεται· 22 καὶ πάντα ὅσα ἂν αἰτήσετε ἐν τῇ προσευχῇ πιστεύοντες λήψεσθε.   28
γενήσεται· 22 καὶ πάντα ὅσα ἐὰν αἰτήσητε ἐν τῇ προσευχῇ πιστεύοντες λήμψεσθαι.   Δ 579
γενήσεται· 22 καὶ πάντα ὅσα ἂν αἰτήσηται ἐν τῇ προσευχῇ πιστεύοντες λήμψεσθαι.   2
γενήσεται· 22 καὶ πάντα ὅσα ἂν αἰτεῖσθαι ἐν τῇ προσευχῇ πιστεύοντες λήμψεσθαι.   1071
γενήσεται· 22 καὶ πάντα ὅσα ἐὰν αἰτήσητε ἐν τῇ προσευχῇ πιστεύοντες λήψεσθε.   C 𝔐 K Π 118 157 700
γενήσεται· 22 καὶ πάντα ὅσα ἂν αἰτήσητε ἐν τῇ προσευχῇ πιστεύοντες λήψεσθε.   Bᶜ H U f¹ 124 565
                                                              788 1346 1424 τ

[Cl Pd III 92.4 περι δε της πιστεως; πάντα ὅσα ἐὰν αἰτησησθε ἐν τῇ προσευχῇ πιστευοντες, ληψεσθε φησιν]

---

lac. 21.19-22 𝔓⁴⁵ A P Q | vss. 19-22 N Γ

A 19 ιδον 1346 | ειδων, μειαν D | μι (μη) 2 1071 | φυλα K Θ 1424 | αυαυτη* μηκετη F | των (τον), παραχριμα Θ 20 ιδωντες 2* | μαθητε ℵ | πωοι (πως) Δ 21 αποκρεις D | αποκριθεις Θ | απωκριθεις 28 | αποκριθης 579 | ειππεν Θ | αμιν 1071 | υμειν D | εχειτε E 2 579 1071 ¦ εχηται W | πιστην 2 579 ¦ πιστειν 1071 | διακριθηται D W Θ | μωνον Θ | τω (το) 579 | ποιησεται L W Δ 33 579 1071 1346 | το (τω) 1071 | το ορη Θ | ορι ℵ E* W ¦ ωρει C | τουτο 1071 | ειπηται W | αρθητη 1071 | γενησετε ℵ 22 αιτησειτε 28 | αιτησεται 579

B 21 ιϛ B ℵ C 𝔐 K L M S U W Δ Θ Π Ω f¹ 118 f¹³ 124 2 33 28 157 565 579 700 788 1071 1346 1424 ¦ ιης D

C 19 τη μγ β̄ του ορθ 28² ¦ τη μγλ β̄ πρ + σ 1071 20 τελ τς ϛ f¹¦ τελ τς β̄ 28 22 τελ Υ 118 ¦ τελ τς β̄ f¹ 28

D 19 σιδ (ante και εξηρανθη)1071 20 σιε/ϛ G 21 σιε/β ℵ ¦ σιε C D F H K Θ f¹ 157 579 1346¦ σιε/ε E¦ σιε/ϛ S Y M U Π Ω 118 124 28 788 1071 1424 | Ευ Μθ σιε : Ιω ρκδ : Λο . : Μρ . Ε | Μθ σιε : Μρ ρκδ : Λο μ : Ιω ρκη Μ 22 σις/α ℵ¦ σις C D F H K Θ f¹ 124 2 157 579 1346¦ σις/ϛ E L | σις/δ G Y M S U Π Ω 118 788 1424¦ σις/β 28 | Ευ Μθ σις : Ιω ρκη : Λο . | Μρ λε : Λο ξθ L | Μθ σις : Μρ ρκε : Ιω ρν Μ | Μθ σις : Μρ ρκα : Λο ρκ : Ιω ρκη 124

Teaching And Conflict In Jerusalem

μη̄ περὶ τῶν ἐπερωτησάντων τὸν κύριον ἀρχιερέων καὶ πρεσβυτέρων

The Authority Of Jesus And The Baptism By John
(Mark 11.27-33; Luke 20.1-8)

ρκγ̄ 23 Καὶ ἐλθόντος αὐτοῦ εἰς τὸ ἱερὸν προσῆλθον αὐτῷ διδάσκοντι οἱ B ℵ C D L Θ f¹ f¹³ 700
23 Καὶ εἰσελθόντι αὐτῷ εἰς τὸ ἱερὸν προσῆλθον αὐτῷ διδάσκοντι οἱ K 1424 [↑788 1346 u
23 ἐλθόντι αὐτῷ εἰς τὸ ἱερὸν προσῆλθον αὐτῷ διδάσκοντι οἱ S
23 Καὶ ἐλθόντος αὐτοῦ εἰς τὸ ἱερὸν προσῆλθον αὐτῷ διδάσκοντες οἱ 118
23 Καὶ ἐλθόντος αὐτοῦ εἰς τὸ ἱερὸν προσῆλθαν αὐτῷ διδάσκοντι οἱ 33 w [↓565 579 1071 τ
23 Καὶ ἐλθόντι αὐτῷ εἰς τὸ ἱερὸν προσῆλθον αὐτῷ διδάσκοντι οἱ 𝔐 M U W Δ Π 2 28 157

ἀρχιερεῖς καὶ οἱ πρεσβύτεροι τοῦ λαοῦ λέγοντες, Ἐν ποίᾳ ἐξουσίᾳ ταῦτα ποιεῖς; καὶ B uwτ rell
ἀρχιερεῖς καὶ οἱ πρεσβύτεροι τοῦ λαοῦ λέγοντες, Ἐν ποίᾳ ἐξουσίᾳ ταῦτα ποιεῖς; ἢ C
ἀρχιερεῖς καὶ πρεσβύτεροι τοῦ λαοῦ λέγοντες, Ἐν ποίᾳ ἐξουσίᾳ ταῦτα ποιεῖς; καὶ Y* Θ 1424

τίς σοι ἔδωκεν τὴν ἐξουσίαν ταύτην; 24 ἀποκριθεὶς δὲ ὁ Ἰησοῦς εἶπεν αὐτοῖς, B u[w]τ rell
τίς σοι ἔδωκεν τὴν ἐξουσίαν ταύτην; 24 ἀποκριθεὶς ὁ Ἰησοῦς εἶπεν αὐτοῖς, L [w]
τίς σοι τὴν ἐξουσίαν ἔδωκεν ταύτην; 24 ἀποκριθεὶς δὲ ὁ Ἰησοῦς εἶπεν αὐτοῖς, 157
τίς σοι ἔδωκεν τὴν ἐξουσίαν ταύτην; 24 ἀποκριθεὶς δὲ ὁ Ἰησοῦς εἶπεν αὐτοῖς, ἀμὴν λέγω ὑμῖν 1071
τίς σοι δέδωκεν τὴν ἐξουσίαν ταύτην; 24 ἀποκριθεὶς δὲ ὁ Ἰησοῦς εἶπεν αὐτοῖς, 1346

Ἐρωτήσω ὑμᾶς κἀγὼ λόγον ἕνα, ὃν ἐὰν εἴπητέ μοι κἀγὼ ὑμῖν ἐρῶ ἐν ποίᾳ B uwτ rell
Ἐρωτήσω ὑμᾶς καὶ ἐγὼ λόγον ἕνα, ὃν ἐὰν εἴπητέ μοι καὶ ἐγὼ ὑμῖν ἐρῶ ἐν ποίᾳ ℵ f¹³
Ἐρωτήσω ὑμᾶς κἀγὼ ἕνα λόγον, ὃν ἐὰν εἴπητέ μοι κἀγὼ ὑμῖν ἐρῶ ἐν ποίᾳ C F 118 28 579
Ἐπερωτήσω ὑμᾶς κἀγὼ ἕνα λόγον, ἐὰν εἴπητέ μοι κἀγὼ ὑμῖν ἐρῶ ἐν ποίᾳ D*
Ἐπερωτήσω ὑμᾶς κἀγὼ ἕνα λόγον, ὃν ἐὰν εἴπητέ μοι κἀγὼ ὑμῖν ἐρῶ ἐν ποίᾳ Dᶜ
Ἐρωτήσω ὑμᾶς κἀγὼ ἕνα λόγον, ὂ ἐὰν εἴπητέ μοι κἀγὼ ὑμῖν ἐρῶ ἐν ποίᾳ L
Ἐρωτήσω ὑμᾶς κἀγὼ λόγον ἕνα, ὃν ἐὰν εἴπητέ μοι καὶ ἐγὼ ὑμῖν ἐρῶ ἐν ποίᾳ 124 788
Ἐρωτήσω ὑμᾶς κἀγὼ λόγον ἕνα, ὃν ἐὰν εἴπητέ μοι καὶ ἐγὼ ἐρῶ ὑμῖν ἐν ποίᾳ 33
Ἐρωτήσω ὑμᾶς κἀγὼ ἕνα λόγον, ὃν ἐὰν εἴπητέ μοι κἀγὼ ὑμῖν λέγω ἐν ποίᾳ 157
Ἐρωτήσω ὑμᾶς κἀγὼ λόγον ἕνα, ὃν ἐὰν εἴπητέ μοι κἀγὼ ὑμᾶς ἐρῶ ἐν ποίᾳ 565
Ἐρωτήσω κἀγὼ ὑμᾶς ἕνα λόγον, ὃν ἐὰν εἴπητέ μοι κἀγὼ ἐρῶ ὑμῖν ἐν ποίᾳ 1424

ἐξουσίᾳ ταῦτα ποιῶ· 25 τὸ βάπτισμα τὸ Ἰωάνου πόθεν ἦν; ἐξ οὐρανοῦ ἢ B w
ἐξουσίᾳ ταῦτα ποιῶ· 25 τὸ βάπτισμα τὸ Ἰωάννου πόθεν ἢ; ἐξ οὐρανοῦ ἢ ℵ*
ἐξουσίᾳ ταῦτα ποιῶ· 25 τὸ βάπτισμα τὸ Ἰωάννου πόθεν ἦν; ἐξ οὐρανοῦ ἢ ℵᶜ C 1582 33 u
ἐξουσίᾳ ταῦτα ποιῶ· 25 τὸ βάπτισμα Ἰωάνου πόθεν ἦν; ἐξ οὐρανοῦ ἢ E*
ἐξουσίᾳ ταῦτα ποιῶ· 25 τὸ βάπτισμα τοῦ Ἰωάννου πόθεν ἦν; ἐξ οὐρανοῦ ἢ 1
ἐξουσίᾳ ταῦτα ποιῶ· 25 τὸ βάπτισμα Ἰωάννου πόθεν ἦν; ἐξ οὐρανῶ ἢ 124
ἐξουσίᾳ ταῦτα ποιῶ· 25 τὸ βάπτισμα Ἰωάννου πόθεν ἐστιν; ἐξ οὐρανοῦ ἢ 28
ἐξουσίᾳ ταῦτα ποιῶ· 25 τὸ βάπτισμα Ἰωάννου πόθεν ἦν; ἐξ οὐρανοῦ ἦν 157
ἐξουσίᾳ ταῦτα ποιῶ· 25 τὸ βάπτισμα Ἰωάννου πόθεν ἦν; ἐξ οὐρανοῦ ἢ D 𝔐 K L M U W Δ
Θ Π 118 f¹³ 2 28 157 565 579 700 788 1071 1346 1424 τ

---

lac. 21.23-25 𝔓⁴⁵ A N P Q Γ

A 23 ελθοντι 579 | προσηλθων Θ 2* | διδασκοντει D ¦ διδασκωντι 579 | αρχιεριες Θ ¦ λεγωντες 579 | εξουσεια, εξουσειαν D | εδωκε Y U f¹ 118 69 157 700 1071 24 αποκρειθεις D | ερωτισω 13 2 ¦ ειπιτε L ¦ ειπηται W ¦ ειπειτε 1071 | υμειν D 25 τω (το¹) 579 1071 | βαπτισμα 1

B 24 ι̅ς̅ B ℵ C 𝔐 K L M S U W Δ Θ Π Ω f¹ 118 f¹³ 124 2 33 28 157 565 579 700 788 1071 1346 1424 ¦ ι̅η̅ς̅ D 25 ουνου¹ 𝔐 K M S U Δ Π Ω f¹ 118 f¹³ 69 2 33 157 565 579 700 788 1071 1346 ¦ ουνω 124

C 23 μη περι των επερωτησαντων (επερωτησαν M) τον κ̅ν̅ (τον ι̅ν̅ G 1071¦ om. 579) ᾽αρχιερεων και πρεσβυτερων᾽ (᾽φαρισαιων 28) : E F (G ante εν ποια) H Y K M U Δ Θ Π Ω f¹ 124 2 33 28 157 565 579 788 1071 1424 ¦ μ̄η̄ L | Μρ λε Λο ξθ Π | αρχ Υ | αρχ π̅ε̅ τη ή τς ι εβδ τω καιρω ελθοντι τω ι̅υ̅ εις τ ιερον κ̅ διδασκοντ f¹ ¦ αρχ π̅ε̅ τη ή τς ι εβδομα τω καιρω εκεινω ελθοντι τω ι̅υ̅ διδασ 118 ¦ αρχ τς γ τω καιρω εκεινω ελθοντι τω ι̅υ̅ εις το ιερον. προ 28 ¦ αρχ τη γ 157

D 23 σι̅ζ̅/β̅ ℵ E G L M S U Y Ω Π 118 28 1424 ¦ σι̅ζ̅ C D F H K Θ f¹ 2 157 579 ¦ σι̅ς̅/δ̅ 1071 ¦ Ευ Μθ σι̅ζ̅ : Ιω . : Λο σ̅μ̄ : Μρ ρκζ Ε̄ | Μρ λε Λο ξθ L | Μθ σι̅ζ̅ : Μρ ρκζ : Ιω ρλζ̅ Μ | Μθ σι̅ζ̅ : Μρ ρκα, ρκε, ρκζ : Λο σ̅μ̄, ρκ, ρκζ : Ιω ρκη, σλγ 124 24 σι̅ζ̅ 1346 25 σι̅ζ̅/β̅ 1071

ἐξ ἀνθρώπων; οἱ δὲ διελογίζοντο ἐν ἑαυτοῖς λέγοντες, Ἐὰν εἴπωμεν, B Mᶜ 33 157 u[w]
ἐξ ἀνθρώπων; οἱ δὲ παρελογίζοντο παρ᾽ ἑαυτοῖς λέγοντες, Ἐὰν εἴπωμεν, G
ἐξ ἀνθρώπων; οἱ δὲ διελογίζοντο ἐν αὐτοῖς λέγοντες, Ἐὰν εἴπωμεν, L
ἐξ ἀνθρώπων; οἱ δὲ διελόγιζον παρ᾽ ἑαυτοῖς λέγοντες, Ἐὰν εἴπωμεν, 69
ἐξ ἀνθρώπων; οἱ δὲ διελογίζοντο παρ᾽ ἑαυτοῖς λέγοντες ὅτι ἐὰν εἴπωμεν, 1424
ἐξ ἀνθρώπων; οἱ δὲ διελογίζοντο παρ᾽ ἑαυτοῖς λέγοντες, Ἐὰν εἴπωμεν, ℵ C D 𝔐 K M* U W Δ Θ Π f¹
f¹³ 2 28 565 579 700 788 1071 1346 [w]τ

Ἐξ οὐρανοῦ, ἐρεῖ ἡμῖν, Διὰ τί οὖν οὐκ ἐπιστεύσατε αὐτῷ; 26 ἐὰν δὲ εἴπωμεν, Ἐξ B 124 uwτ rell
Ἐξ οὐρανοῦ, ἐρεῖ ἡμῖν, Διὰ τί οὖν οὐκ ἐπιστεύσατε αὐτῷ; 26 ἐὰν δὲ εἴπωμεν, Ἐξ D L 28 700
Ἐξ οὐρανοῦ, ἐρεῖ ὑμῖν, Διὰ τί οὖν οὐκ ἐπιστεύσατε αὐτῷ; 26 ἐὰν δὲ εἴπωμεν, Ἐξ f¹³ 579
Ἐξ οὐρανοῦ, ἐρεῖ ἡμῖν, Διὰ τί οὖν οὐκ ἐπιστεύσατε αὐτῷ; 26 ἐὰν εἴπωμεν, Ἐξ 2
Ἐξ οὐρανοῦ, ἐρεῖ ἡμῖν, Διὰ τί οὐκ ἐπιστεύσατε αὐτῷ; 26 ἐὰν εἴπωμεν, Ἐξ 1071

ἀνθρώπων, φοβούμεθα τὸν ὄχλον, πάντες γὰρ ὡς προφήτην ἔχουσιν τὸν Ἰωάνην. B w
ἀνθρώπων, φοβούμεθα τὸν ὄχλον, πάντες γὰρ ὡς προφήτην ἔχουσιν τὸν Ἰωάννην. ℵ C L 33 157 u
ἀνθρώπου, φοβούμεθα τὸν ὄχλον, πάντες γὰρ ἔχουσιν τὸν Ἰωάννην ὡς προφήτην. W
ἀνθρώπων, φοβούμεθα τὸν ὄχλον, πάντες γὰρ εἶχον τὸν Ἰωάννην ὡς προφήτην. f¹
ἀνθρώπων, φοβούμεθα τὸν λάον, πάντες γὰρ εἶχον τὸν Ἰωάννην ὡς προφήτην. 1582ᶜ
ἀνθρώπων, φοβούμεθα τὸν ὄχλον, πάντες γὰρ ἔχουσιν τὸν Ἰωάννην προφήτην. 69
ἀνθρώπων, φοβούμεθα τὸν ὄχλον, πάντες γὰρ ἤχασιν τὸν Ἰωάννην ὡς προφήτην. 579
ἀνθρώπων, φοβούμεθα τὸν ὄχλον, πάντες γὰρ ἔχουσιν τὸν Ἰωάννην ὡς προφήτην. D 𝔐 K M U Δ Θ Π f¹³ 2
28 565 700 788 1071 1346 1424 τ

27 καὶ ἀποκριθέντες τῷ Ἰησοῦ εἶπον, Οὐκ οἴδαμεν. ἔφη αὐτοῖς καὶ αὐτός, Οὐδὲ ἐγὼ B τ rell
27 καὶ ἀποκριθέντες τῷ Ἰησοῦ εἶπαν, Οὐκ οἴδαμεν. ἔφη αὐτοῖς ὁ Ἰησοῦς, Οὐδὲ ἐγὼ ℵ
27 καὶ ἀποκριθέντες τῷ Ἰησοῦ εἶπαν, Οὐκ οἴδαμεν. ἔφη αὐτοῖς καὶ αὐτός, Οὐδὲ ἐγὼ D Θ 124 uw
27 καὶ ἀποκριθέντες τῷ Ἰησοῦ εἶπον, Οὐκ οἴδαμεν. ἔφη αὐτοῖς καὶ αὐτός, Οὐδὲ ὑμῖν 579
27 καὶ ἀποκριθέντες τῷ Ἰησοῦ εἶπον, Οὐκ οἴδαμεν. ἔφη αὐτοῖς, Οὐδὲ ἐγὼ 700

λέγω ὑμῖν ἐν ποίᾳ ἐξουσίᾳ ταῦτα ποιῶ. B uwτ rell
ὑμῖν λέγω ἐν ποίᾳ ἐξουσίᾳ ταῦτα ποιῶ. M W Δ Π f¹³ 788 1424

μ̄θ̄ περὶ τῶν δύο υἱῶν παραβολή

The Parable Of The Two Sons

28 Τί δὲ ὑμῖν δοκεῖ; ἄνθρωπος εἶχεν δύο τέκνα. καὶ προσελθὼν τῷ B [w]
28 Τί δὲ ὑμῖν δοκεῖ; ἄνθρωπος εἶχεν τέκνα δύο. προσελθὼν τῷ ℵ* L [w]
28 Τί ὑμῖν δοκεῖ; ἄνθρωπος εἶχεν τέκνα δύο. καὶ προσελθὼν τῷ Y
28 Τί δὲ ὑμῖν δοκεῖ; ἄνθρωπός τις εἶχεν τέκνα δύο. καὶ προσελθὼν τῷ C E M Δ 33 157 1071 1424
28 Τί ὑμῖν δοκεῖ; ἄνθρωπός τις εἶχεν τέκνα δύο. καὶ προσελθὼν τῷ Θ f¹³ 788 1346
28 Τί δαὶ ὑμῖν δοκεῖ; ἄνθρωπός τις εἶχεν τέκνα δύο. καὶ προσελθὼν τῷ f¹ [↓565 579 700 u[w]τ
28 Τί δὲ ὑμῖν δοκεῖ; ἄνθρωπος εἶχεν τέκνα δύο. καὶ προσελθὼν τῷ ℵᶜ D 𝔐 K U W Π 118 2 28

---

lac. 21.25- 28 𝔓⁴⁵ A N P Q Γ

A 25 λεγοντες 579 ¦ ειπομεν Y* 28 1424 ¦ ερι W ¦ ημειν D ¦ αιπιστευσατε L ¦ επιστευσαται W 26 ειπομεν Θ 1424 ¦ ανθρωπον 13 ¦ ος K ¦ εχουσιν ℵ F Y K L M S U Π Ω 118 28 69 157 565 700 788 1071 1346 ¦ των (τον) 579 27 αποκρειθεντες D ¦ υμειν, εξουσεια D 28 δωκει 579 ¦ ειχε Y 118 13 69 157 700ᶜ 788 1071

B 25 α̅ν̅ω̅ν̅ C 𝔐 K M S U W Π Ω f¹ 118 f¹³ 69 124 2 33 28 157 579 700 788 1071 1346 1424 ¦ ουνου² G H Y K L M Π Ω f¹ 118 f¹³ 69 124 2 33 28 565 579 700 788 1071 1346 1424 26 α̅ν̅ω̅ν̅ ℵ C 𝔐 K S Π Ω f¹ 118 69 2 157 565 579 1071 1346 1424 ¦ ιω 118 27 ι̅υ̅ B ℵ C 𝔐 K L M S U W Δ Θ Π Ω f¹ 118 f¹³ 124 2 33 28 157 565 579 700 788 1071 1346 1424 ¦ ιηυ D ¦ ι̅ς̅ ℵ 28 α̅ν̅ο̅ς̅ ℵ C 𝔐 K L M S U W Δ Θ Π Ω f¹ 118 f¹³ 69 124 2 33 28 157 565 579 700 788 1071 1346 1424 ¦ β̅ ℵ

C 27 τελος (post ποιω) D [21.6-27 (κυριακη των βαιων 21.1-17; τη αγια και μεγαλη ημερα β΄ 21.18-43] Y 118 f¹³ 788 1346 ¦ τελ τς παρ, ζ M ¦ τελ γ̇ f¹ ¦ υπ 124 28 (post δοκει) τελ τς γ̅ 28 ¦ αρχη: D [ημερ. δ΄ της ι΄ εβδομ.: 21.28-32) f¹³ 788 1346 ¦ μ̄θ̄ περι των δυο (β̄ F G S U Ω 124 33 157 1071) υιων (υ̅ν̅ U ¦ om. f¹) παραβολη: 𝔐 K M S U Δ Θ Π Ω f¹ 124 2 33 28 157 579 788 1071 1424 ¦ μ̄θ̄ περι των β̄ τεκνων παραβολη L ¦ αρχ: τη β̄ της η̄ εβδ αρχ ειπεν ο κς την παραβ, ταυτ ανος ειχε τεκνα δυο Y ¦ αρχ: Μθ τη β̄ τς η̄ εβδ ειπεν ο κς την παρα, ανος· ειχεν τεκνα δυ̲ Μ ¦ τη β̄ τς η̄ εβδ ειπ ο κς τ παραβολ S ¦ αρχ π̅ξ̅ τη δ̅τ̅ς̅ ι̅ εβδ ειπ ο κς τον π̲ ανος τις ειχε τεκνα δυο f¹ ¦ αρχ τη δ̅τ̅ς̅ τη η̄ εβδ ομα ειπ ο κς τον πε ταυτ ανος τις 118 ¦ αρχ 124 ¦ (αντε ανος) αρχ τς δ̅ ειπεν ο κς την παραβολην ταυτ ανος τις ειχεν 28 ¦ αρχ τη δ̅ 157

D 28 σ̅ι̅η̅/ι̅ ℵ E G Y L M S U Ω 124 2 28 788 1424 ¦ σ̅ι̅η̅ C D F H K Θ Π f¹ f¹³ 2 157 579 1071 1346 ¦ Ευ Μθ σ̅ι̅η̅ : Ιω . : Λο . : Μρ . Ε ¦ Μθ σ̅ι̅η̅ : Μρ . : Λο . : Ιω . 124

πρώτῳ εἶπεν, Τέκνον, ὕπαγε σήμερον ἐργάζου ἐν τῷ ἀμπελῶνί μου. B C^c 𝔐 U W Π^c 118 2 28 69 157
πρώτῳ εἶπεν, Τέκνον, ὕπαγε σήμερον ἐργάζου εἰς τὸ ἀμπελῶνα. D* [↑579 [w]τ
πρώτῳ εἶπεν, Τέκνον, ὕπαγε σήμερον ἐργάζου εἰς τὸν ἀμπελῶνα. D^c
πρώτῳ εἶπεν, Τέκνον, ὕπαγε ἐργάζου σήμερον ἐν τῷ ἀμπελῶνί μου. 1071
πρώτῳ εἶπεν, Τέκνον, ὕπαγε σήμερον ἐργάζου εἰς τὸν ἀμπελῶνά μου. 1424 [↓565 700 788 u[w]
πρώτῳ εἶπεν, Τέκνον, ὕπαγε σήμερον ἐργάζου ἐν τῷ ἀμπελῶνι. ℵ C* Y K L M Δ Θ Π* f¹ f¹³ 33

29 ὁ δὲ ἀποκριθεὶς εἶπεν, Ἐγώ, κύριε· καὶ οὐκ ἀπῆλθεν. B w
29 ὁ δὲ ἀποκριθεὶς εἶπεν, Ὑπαγω· καὶ οὐκ ἀπῆλθεν. Θ
29 ὁ δὲ ἀποκριθεὶς εἶπεν, Ὑπαγω, κύριε· καὶ οὐκ ἀπῆλθεν. f¹³ 700 788 1346
29 ὁ δὲ ἀποκριθεὶς εἶπεν, Οὐ θέλω, ὕστερον μεταμεληθὶς ἀπῆλθεν. ℵ*
29 ὁ δὲ ἀποκριθεὶς εἶπεν, Οὐ θέλω, ὕστερον δὲ μεταμεληθεὶς ἀπῆλθεν εἰς τὸν ἀμπελῶνα. D
29 ὁ δὲ ἀποκριθεὶς εἶπεν, Οὐ θέλω, ὕστερον δὲ μεταμεληθεὶς ἀπῆλθεν. U 2 33 579 1071
29 ὁ δὲ ἀποκριθεὶς εἶπεν, ... 1424*
29 ὁ δὲ ἀποκριθεὶς εἶπεν, Οὐ θέλω, ὕστερον δὲ μεταμεληθεὶς ἀπῆλθεν. ℵ^c C 𝔐 K L
M W Π f¹ 28 157 565 1424^c uτ

30 προσελθὼν δὲ τῷ δευτέρῳ εἶπεν ὡσαύτως. ὁ δὲ ἀποκριθεὶς εἶπεν, B ℵ^c L f¹ 33 700 w
30 προσελθὼν δὲ τῷ ἑτέρῳ εἶπεν ὡσαύτως. ℵ*
30 προσελθὼν δε τῷ ἑτέρῳ εἶπεν ὡσαύτως. ὁ δὲ ἀποκριθεὶς εἶπεν, D Θ f¹³ 788 1346 u
30 καὶ προσελθὼν τῷ δευτέρῳ εἶπεν ὡσαύτως. ὁ δὲ ἀποκριθεὶς εἶπεν, C^c M S Ω 28 1424 τ
30 καὶ προσελθὼν τῷ ἑτέρῳ εἶπεν ὡς αὐτό. ὁ δὲ ἀποκριθεὶς εἶπεν, Δ [↓1071
30 καὶ προσελθὼν τῷ ἑτέρῳ εἶπεν ὡσαύτως. ὁ δὲ ἀποκριθεὶς εἶπεν, C* 𝔐 K U W Π 2 157 565 579

Οὐ θέλω, ὕστερον μεταμεληθεὶς ἀπῆλθεν. 31 τίς ἐκ τῶν δύο B w
Οὐ θέλω, ὕστερον δὲ μεταμεληθεὶς ἀπῆλθεν. 31 τίς ἐκ τῶν δύο Θ f¹³ 69 700 788 1346
Ἐγώ, κύριε, ὑπάγω· καὶ οὐκ ἀπῆλθεν. 31 τίς ἐκ τῶν δύο D
Ἐγώ, κύριε· καὶ οὐκ ἀπῆλθεν. 31 τίς οὖν ἐκ τῶν δύο 1424 [↓157 565 579 1071 1424 uτ
Ἐγώ, κύριε· καὶ οὐκ ἀπῆλθεν. 31 τίς ἐκ τῶν δύο ℵ C 𝔐 K L M U W Δ Π f¹ 2 33 28

ἐποίησεν τὸ θέλημα τοῦ πατρός; λέγουσιν, Ὁ ὕστερος. λέγει αὐτοῖς ὁ Ἰησοῦς, B [w]
ἐποίησεν τὸ θέλημα τοῦ πατρός; λέγουσιν, Ὁ πρῶτος. λέγει αὐτοῖς ὁ Ἰησοῦς, ℵ L 33
τὸ θέλημα τοῦ πατρός ἐποίησεν; λέγουσιν, Ὁ ἔσχατος. λέγει αὐτοῖς ὁ Ἰησοῦς, D
ἐποίησεν τὸ θέλημα τοῦ πατρός; λέγουσιν αὐτῷ, πρῶτος. λέγει αὐτοῖς ὁ Ἰησοῦς, Δ
ἐποίησεν τὸ θέλημα τοῦ πατρός; λέγουσιν, Ὁ ἔσχατος. λέγει αὐτοῖς ὁ Ἰησοῦς, Θ f¹³ 788
ἐποίησεν τὸ θέλημα τοῦ πατρός; λέγουσιν αὐτῷ, Ὁ πρῶτος. λέγει δὲ αὐτοῖς ὁ Ἰησοῦς, 157 [↑1346
ἐποίησεν τὸ θέλημα τοῦ πατρός; λέγουσιν αὐτῷ, Ὁ ἔσχατος. λέγει αὐτοῖς ὁ Ἰησοῦς, 700
ἐποίησεν τὸ θέλημα τοῦ πατρός; λέγουσιν αὐτῷ, Ὁ πρῶτος. λέγει αὐτοῖς ὁ Ἰησοῦς, C 𝔐 K M W Π
f¹ 2 28 565 579 1071 1424 u[w]τ

Ἀμὴν λέγω ὑμῖν ὅτι οἱ τελῶναι καὶ αἱ πόρναι προάγουσιν ὑμᾶς B uwτ rell
Ἀμὴν λέγω ὑμῖν οἱ τελῶναι καὶ αἱ πόρναι προάγουσιν ὑμᾶς ℵ*
Ἀμὴν λέγω ὑμῖν ὅτι οἱ τελῶναι καὶ αἱ πόρναι προάγωσιν ὑμᾶς Δ
Ἀμὴν λέγω ὑμῖν ὅτι οἱ τελῶναι καὶ πόρναι προάγουσιν ὑμᾶς 579
Ἀμὴν λέγω ὑμῖν ὅτι οἱ τελῶναι καὶ οἱ ἁμαρτωλοὶ καὶ αἱ πόρναι προάγουσιν ὑμᾶς 1424

εἰς τὴν βασιλείαν τοῦ θεοῦ. B uwτ rell
εἰς τὴν βασιλείαν τοῦ θεοῦ. ἦλθεν γὰρ πρὸς ὑμᾶς εἰς τὴν βασιλείαν τοῦ θεοῦ. Π*
εἰς τὴν βασιλείαν τῶν οὐρανῶν. f¹³
ἐν τῇ βασιλείᾳ τοῦ θεοῦ. 28

32 ἦλθεν γὰρ Ἰωάνης πρὸς ὑμᾶς ἐν ὁδῷ δικαιοσύνης καὶ οὐκ ἐπιστεύσατε αὐτῷ· B w
32 ἦλθεν γὰρ Ἰωάννης πρὸς ὑμᾶς ἐν ὁδῷ δικαιοσύνης καὶ οὐκ ἐπιστεύσατε αὐτῷ· ℵ C L 118 33 157 u
32 ἦλθεν γὰρ πρὸς ὑμᾶς Ἰωάννης ἐν ὁδῷ δικαιοσύνης καὶ ἐπιστεύσατε αὐτῷ· W*
32 ἦλθεν γὰρ πρὸς ὑμᾶς Ἰωάννης καὶ οὐκ ἐπιστεύσατε αὐτῷ· 28
32 ἦλθεν γὰρ Ἰωάννης ἐν ὁδῷ δικαιοσύνης καὶ οὐκ ἐπίστευσαν αὐτῷ· 1424
32 ἦλθεν γὰρ πρὸς ὑμᾶς Ἰωάννης ἐν ὁδῷ δικαιοσύνης καὶ οὐκ ἐπιστεύσατε αὐτῷ· D 𝔐 K M U W^c Δ
Θ Π f¹ f¹³ 2 28 565 579 700 788 1071 1346 τ

lac. 21.28-32 𝔓⁴⁵ A N P Q Γ

A 28 ειπε Y 118 157 | σημερων Θ* | ε (εν) K* | αμπελωνη 2* 29 αποκρειθεις D | μεταμεταμεληθεις D* | μεταμελιθης 579
1071 | απηλθε Y 118 700 1071 30 προσελθον Θ 13 | ωσαυτω K ¦ ωσαυτος Θ | αποκριθις ℵ^c | αποκρειθεις D ¦ αποκριθης 579 |
απηλθε Y 118 157 | μεταμελληθεις Θ 31 δυω D | τω (το) Ω | εποιησε Y U f¹ 118 f¹³ 69 157 700^c 788 1071 | αισχατος D | λεγι
ℵ | αμιν 1071| υμειν D | αι (οι¹) 69 | τελωνε ℵ* | τιν (την) Θ | βασιλιαν ℵ 32 ηλθε Y U 118 157 700 1071 1346 ¦ ηλ 124* | ωδω
K* | δικεοσυνης ℵ* | δικαιωσυνης Θ | επιστευσαται D ¦ αιπιστευσαται L

B 29 κε B f¹³ 69 124 700 788 1346 30 κε ℵ D F G H Y K L M S U W Δ Π Ω f¹ 118 2 33 28 157 565 579 1071 31 β ℵ | πρς ℵ C
𝔐 K L M S U W Δ Θ Π Ω f¹ 118 f¹³ 69 124 2 33 28 157 565 579 700 788 1071 1346 1424 ¦ ις B ℵ C 𝔐 K L M S U W Δ Θ Π Ω
f¹ 118 f¹³ 124 2 33 28 157 565 579 700 788 1071 1346 1424 ¦ ιης D | θυ¹ B ℵ C D 𝔐 K L M S U W Δ Θ Π Ω f¹ 118 69 124 2
33 28 157 565 579 788 1071 1346 1424 ¦ ουνων f¹³ | θυ² Π*

208

οἱ δὲ τελῶναι καὶ αἱ πόρναι ἐπίστευσαν αὐτῷ· ὑμεῖς δὲ ἰδόντες οὐδὲ Β Θ f¹ f¹³ 69 33 157 788 1346 **uw**
οἱ δὲ τελῶναι καὶ αἱ πόρναι ἐπίστευσαν αὐτῷ· ὑμεῖς δὲ ἰδόντες D
οἱ   τελῶναι καὶ αἱ πόρναι ἐπίστευσαν αὐτῷ· ὑμεῖς δὲ ἰδόντες <u>οὐ</u> F
                                           ὑμεῖς δὲ ἰδόντες <u>οὐ</u> G 2*
                                                            Δ
οἱ δὲ τελῶναι καὶ   πόρναι ἐπίστευσαν αὐτῷ· ὑμεῖς δὲ ἰδόντες <u>οὐ</u> 2ᶜ
οἱ δὲ τελῶναι καὶ   πόρναι ἐπίστευσαν αὐτῷ· ὑμεῖς δὲ <u>οὐδὲ ἰδόντες</u> 700*
οἱ δὲ τελῶναι καὶ αἱ πόρναι ἐπίστευσαν αὐτῷ· ὑμεῖς δὲ <u>οὐδὲ ἰδόντες</u> 700ᶜ   [↓1071 1424 τ
οἱ δὲ τελῶναι καὶ αἱ πόρναι ἐπίστευσαν αὐτῷ· ὑμεῖς δὲ ἰδόντες <u>οὐ</u> ℵ C 𝔐 K L M U W Π 118 28 565 579

μετεμελήθητε ὕστερον τοῦ πιστεῦσαι   αὐτῷ. Β **uwτ** rell
μετεμελήθητε ὕστερον <u>τῷ</u> πιστεῦσαι   αὐτῷ. W
om.   Δ
μετεμελήθητε ὕστερον <u>πιστεῦσαι ἐν</u>   αὐτῷ. Θ
μετεμελήθητε ὕστερον <u>πιστεῦσαι</u>   αὐτῷ. 124
μετεμελήθητε ὕστερον τοῦ <u>πιστεῦσαι ἐν</u>   αὐτῷ. 33
μετεμελήθητε <u>τοῦ πιστεῦσαι εἰς αὐτὸ ὕστερον</u> αὐτῷ. 28*
μετεμελήθητε <u>τοῦ πιστεῦσαι</u>   <u>ὕστερον</u> αὐτῷ. 28ᶜ

ν̄   περὶ τοῦ ἀμπελῶνος παραβολή

The Parable Of The Vineyard And The Wicked Tenants
(Mark 12.1-11; Luke 20.9-19)

ρκδ̄ 33 Ἄλλην παραβολὴν ἀκούσατε. Ἄνθρωπος   ἦν οἰκοδεσπότης ὅστις **ἐφύτευσεν** Β **uw** rell
     33 Ἄλλην παραβολὴν ἀκούσατε. Ἄνθρωπός   ἦν οἰκοδεσπότης ὅστις **ἐφύτευσαν** Θ*
     33 Ἄλλην παραβολὴν ἀκούσατε. Ἄνθρωπός <u>τις</u> ἦν οἰκοδεσπότης ὅστις **ἐφύτευσεν** Cᶜ E F G M U
                                               Θᶜ Ω 124 2 28 69 157 788 1071 1346 τ

ἀμπελῶνα καὶ φραγμὸν αὐτῷ περιέθηκεν καὶ ὤρυξεν ἐν αὐτῷ ληνὸν καὶ ᾠκοδόμησεν Β **uwτ** rell
ἀμπελῶνα καὶ φραγμὸν αὐτῷ περιέθηκεν καὶ ὤρυξεν   αὐτῷ ληνὸν καὶ ᾠκοδόμησεν ℵ* Ω 69 579
ἀμπελῶνα καὶ φραγμὸν αὐτῷ <u>περιέθηκαν</u> καὶ ὤρυξεν ἐν αὐτῷ ληνὸν καὶ ᾠκοδόμησεν K
ἀμπελῶνα καὶ φραγμὸν αὐτῷ περιέθηκεν καὶ <u>ὤρηξεν</u> ἐν αὐτῷ ληνὸν καὶ ᾠκοδόμησεν 1071

πύργον, καὶ ἐξέδετε αὐτὸν γεωργοῖς, καὶ ἀπεδήμησεν. 34 ὅτε δὲ ἤγγισεν ὁ καιρὸς Β*
πύργον, καὶ <u>ἐξέδετο</u> αὐτὸν γεωργοῖς, καὶ ἀπεδήμησεν. 34 ὅτε δὲ ἤγγισεν ὁ καιρὸς ℵ* C L **uw**
πύργον, καὶ <u>ἐξέδοτο</u> αὐτὸν γεωργοῖς, καὶ ἀπεδήμησεν. 34 <u>ὁ</u> δὲ ἤγγισεν ὁ καιρὸς f¹³
πύργον, καὶ <u>ἐξέδοτο αὐτῷ</u> γεωργοῖς, καὶ ἀπεδήμησεν. 34 ὅτε δὲ ἤγγισεν ὁ καιρὸς 579
πύργον, καὶ <u>ἐξέδοτο</u> αὐτὸν γεωργοῖς, καὶ ἀπεδήμησεν. 34 ὅτε δὲ ἤγγισεν ὁ καιρὸς Βᶜ ℵᶜ D 𝔐 K M U W
                                               Δ Θ Π f¹ 69 124 2 33 28 157 565 700 788 1071 1346 1424 τ

τῶν καρπῶν, ἀπέστειλεν τοὺς δούλους αὐτοῦ πρὸς τοὺς γεωργοὺς   λαβεῖν Β **uwτ** rell
τῶν καρπῶν, ἀπέστειλεν τοὺς δούλους αὐτοῦ πρὸς τοὺς γεωργοὺς <u>ἵνα</u> <u>λαβὸν</u> ℵ*
τῶν καρπῶν, ἀπέστειλεν τοὺς δούλους αὐτοῦ πρὸς τοὺς γεωργοὺς <u>τοῦ</u> λαβεῖν 157
τῶν καρπῶν, ἀπέστειλεν τοὺς δούλους αὐτοῦ πρὸς τοὺς γεωργοὺς <u>ἐκείνους</u> λαβεῖν 1424

τοὺς καρποὺς αὐτοῦ. **35** καὶ λαβόντες οἱ γεωργοὶ τοὺς δούλους αὐτοῦ ὃν μὲν ἔδειραν,

---

lac. 21.32-35 𝔓⁴⁵ A N P Q Γ

A 32 τελωνε ℵ | ε (αι) L | υμις ℵ | ειδοντες ℵ C D | ιδωντες 579 | μετεμεληθηται E* L W | μεταμεληθητε 69 33 ακουσαται L | ακουσαται Θ | της (τις) Cᶜ | οικοδεσποτις 2* | οστης 579 | φυτευσεν F | φραγμων Θ | περιεθηκε Y M 118 157 1071 | λινον E K 2 | ωκοδομησε Y M U f¹ 118 f¹³ 69 157 700 788 1071 1346 | οκοδωμησεν Θ | οκοδομησεν 2* | εξεδοτω E* | εξεδο G* | εξεδτο Gᶜ | γεοργοις M | απεδημησε 1071 **34** ηγγεισεν W | ηγγησεν Θ | τον (των) 579 | απεστιλεν ℵ W | απεστειλε Y M U 118 f¹³ 157 700 788 1071 1346 | απεστηλεν Θ 2* 579 | λαβιν D **35** του (τους) K | εδιραν ℵ W Θ | εδηραν U 157 579 1424

B 33 ανος ℵ C 𝔐 K L M S U W Δ Θ Π Ω f¹ 118 f¹³ 69 124 2 33 157 565 579 700 788 1071 1346 1424

C 32 τελος της β̄ (post αυτυ³) G M² | τελ Y 118 124 788 1346 | τελ τς η̄ M* | τελ τς δ̄ f¹ 28 33 | τελ 579 (post ακουσατε) | ανναγνοσμα περι του σαββατου D | αρχη F | ν̄ περι του αμπελωνος (αμπελονος παραβολη M 1424 | αμπελωνος παραβολη Δ Π 124 788 1346): 𝔐 K L M S U Δ Π Ω f¹ 124 2 33 28 157 579 788 1071 1346 1424 | Mθ ν̄ : Mρ λϛ̄ : Λο ο̄ M | αρχη: κυριακη ιγ και εις τον αγιον στεφανον: ειπεν ο κς την παραβολην ⸀ταυτη (⸀ανος τις εφ᾽ ην οικοδ, G): E G (ante ανος) | αρχη: κυ, ιγ κ, εις αγι στεφ, ειπ την παραβο, ανος τις H | αρχ: (ante ανος) κυ, ιγ αρχ ειπεν ο κς την παραβ, ταυτ ανος τις ην οικοδ Y | αρχ: Mθ κ,υ ιγ ειπεν ο κς την παρα, ανος τις ην οικοδεσποτ, M | κυ ιγ ειπ ο κς τ παραβολ S | αρχ: ειπεν ο κς την παραβ Θ | ειπ ο κς τ παρ, κυρ ιγ κ, εις τ αγιον στεφ,α Ω | αρξ πη̄ κ,υ ιγ ειπ ο κς την πα ανος τις ην οικοδεσποτ κ εις τ πρωτ μαρτ και φαγ f¹ | αρξ πη̄ κ,υ ιγ ειπ ο κς την πάαραβολην ταυτ ανος τις ην 118 | και τη κζ̄ δ,ε. και αυγουστ βη̄ 118 | αρχ f¹³ | αρχ: κ,υ ιγ ειπεν ο κς την παραβολην λεγετε και εις τ αγιον στεφανον 2 | αρχ τς κ,υ ειπεν ο κς την παραβολην ταυτ. ανος τις ην οικοδεσποτ 28 | αρχ κυριακη ιγ 124 157 788 1071 1346 | αρχη ειπεν ο κς την: 1424 | ιγ ······ τις ανος παραβολη Θ

D 33 σιθ/β̄ ℵ E (L) M U Y Ω Π 118 124 28 788 1071 1424 | σιθ C D F H K Θ 1582 f¹³ 2 157 5791346 | σιθ/ι G | Ευ Mθ σιθ : Ιω . : Λο . : Mρ . E | Mρ λϛ̄ : Λο ο̄ L | Mθ σθι (sic!) : Mρ ρκη : Λο σμα M | Mθ σιθ : Mρ ρκη : Λο σμα : Ιω . 124

ὃν δὲ ἀπέκτειναν, ὃν δὲ ἐλιθοβόλησαν. 36 πάλιν   ἀπέστειλεν ἄλλους δούλους   B uwτ rell
ὃν δὲ ἀπέκτειναν, ὃν δὲ ἐλιθοβόλησαν. 36 καὶ πάλιν ἀπέστειλεν ἄλλους δούλους   ℵ*
ὃ̲ δὲ ἀπέκτειναν, ὃν δὲ ἐλιθοβόλησαν. 36 πάλιν οὖν ἀπέστειλεν ἄλλους δούλους   D*
     ὃν δὲ ἐλιθοβόλησαν. 36 πάλιν   ἀπέστειλεν ἄλλους δούλους   Ω
ὃν δὲ ἀπέκτειναν, ὃν δὲ ἐλιθοβόλησαν. 36 πάλιν δὲ ἀπέστειλεν ἄλλους δούλους   579

πλείονας τῶν πρώτων, καὶ ἐποίησαν αὐτοῖς ὡσαύτως. 37 ὕστερον δὲ   ἀπέστειλεν B uwτ rell
πλείονας τῶν πρώτων, καὶ ἐποίησαν αὐτοῖς ὡσαύτως. 37 ὕστερον δὲ πάντων ἀπέστειλεν 28

πρὸς αὐτοὺς τὸν υἱὸν αὐτοῦ λέγων, Ἐντραπήσονται τὸν υἱόν μου. 38 οἱ δὲ γεωργοὶ B uwτ rell
αὐτοῖς τὸν υἱὸν αὐτοῦ λέγων, Ἐντραπήσονται τὸν υἱόν μου. 38 οἱ δὲ γεωργοὶ D
     τὸν υἱὸν αὐτοῦ λέγων, Ἐντραπήσονται τὸν υἱόν μου. 38 οἱ δὲ γεωργοὶ 28

ἰδόντες τὸν υἱὸν εἶπον ἐν   ἑαυτοῖς, Οὗτός ἐστιν ὁ κληρονόμος· δεῦτε ἀποκτείνωμεν   Bᶜ uwτ rell
ἰδόντες τὸν υἱὸν εἶπον ἐν   ἑαυτος, Οὗτός ἐστιν ὁ κληρόμος·   δεῦτε ἀποκτείνωμεν   B*
ἰδόντες τὸν υἱὸν εἶπον ἐν   αὐτοῖς, Οὗτός ἐστιν ὁ κληρονόμος· δεῦτε ἀποκτείνωμεν   L
ἰδόντες τὸν υἱὸν εἶπον ἐν ἐν ἑαυτοῖς, Οὗτός ἐστιν ὁ κληρονόμος· δεῦτε ἀποκτείνωμεν   Θ
ἰδόντες τὸν υἱὸν αὐτοῦ εἶπων ἐν ἑαυτοῖς, Οὗτός ἐστιν ὁ κληρονόμος· δεῦτε ἀποκτείνομεν   1071

αὐτὸν καὶ   σχῶμεν τὴν κληρονομίαν αὐτοῦ. 39 καὶ λαβόντες B ℵ D L Θ f¹ 33 uw
αὐτὸν καὶ   σχῶμεν αὐτοῦ τὴν κληρονομίαν. 39 καὶ λαβόντες   f¹   [↓579 700 788 1071 1346 1424 τ
αὐτὸν καὶ κατασχῶμεν τὴν κληρονομίαν αὐτοῦ. 39 καὶ λαβόντες C 𝔐 K M U W Δ Π 118 f¹³ 2 28 157 565

αὐτὸν ἐξέβαλον ἔξω τοῦ ἀμπελῶνος καὶ ἀπέκτειναν. 40 ὅταν οὖν ἔλθῃ ὁ κύριος B uwτ rell
αὐτὸν   ἔβαλον ἔξω τοῦ ἀμπελῶνος καὶ ἀπέκτειναν. 40 ὅταν οὖν ἔλθῃ ὁ κύριος ℵ
αὐτὸν ἀπέκτειναν καὶ ἐξέβαλαν ἔξω τοῦ ἀμπελῶνος. 40 ὅταν οὖν ἔλθῃ ὁ κύριος D
ἀπέκτειναν αὐτὸν καὶ ἐξέβαλον ἔξω τοῦ ἀμπελῶνος. 40 ὅταν οὖν ἔλθῃ ὁ κύριος Θ
αὐτὸν   ἔξω τοῦ ἀμπελῶνος καὶ ἀπέκτειναν. 40 ὅταν οὖν ἔλθῃ ὁ κύριος 69

τοῦ ἀμπελῶνος, τί ποιήσει τοῖς γεωργοῖς ἐκείνοις; 41 λέγουσιν αὐτῷ, Κακοὺς κακῶς B uwτ rell
τοῦ ἀμπελῶνος, τί ποιήσει τοῖς γεωργοῖς ἐκείνοις; 41 λέγωσιν αὐτῷ, Κακοὺς κακῶς 1
τοῦ ἀμπελῶνος, τί ποιήσει τοῖς γεωργοῖς ἐκείνοις; 41   Κακοὺς κακῶς 69

ἀπολέσει αὐτούς, καὶ τὸν ἀμπελῶνα ἐκδώσεται ἄλλοις γεωργοῖς, οἵτινες B uw rell
ἀπολέσει αὐτούς, καὶ τὸν ἀμπελῶνα ἐκδώσει ἄλλοις γεωργοῖς, οἵτινες C
ἀναλώσει αὐτούς, καὶ τὸν ἀμπελῶνα ἐκδώσεται ἄλλοις γεωργοῖς, οἵτινες L
ἀπολέσει αὐτούς, καὶ τὸν ἀμπελῶνος ἐκδώσεται ἄλλοις γεωργοῖς, οἵτινες Δ*
ἀπολέσει αὐτούς, καὶ τὸν ἀμπελῶν ἐκδώσεται ἄλλοις γεωργοῖς, οἵτινες Δᶜ
ἀπολέσει,   καὶ τὸν ἀμπελῶνα ἐκδώσεται ἄλλοις γεωργοῖς, οἵτινες Θ
ἀπολέσῃ αὐτούς, καὶ τὸν ἀμπελῶνα ἐκδώσεται ἄλλοις γεωργοῖς, οἵτινες 28   [↓1424 τ
ἀπολέσει αὐτούς, καὶ τὸν ἀμπελῶνα ἐκδόσεται ἄλλοις γεωργοῖς, οἵτινες 118 f¹³ 2 157 565 788 1346

ἀποδώσουσι αὐτῷ τοὺς καρποὺς   ἐν τοῖς καιροῖς αὐτῶν. 42 λέγει αὐτοῖς ὁ Ἰησοῦς· B*
ἀποδώσουσιν αὐτῷ τοὺς καρποὺς αὐτῶν ἐν τοῖς καιροῖς αὐτῶν. 42 λέγει αὐτοῖς ὁ Ἰησοῦς· 579*
ἀποδώσουσιν αὐτῷ τοὺς καρποὺς   ἐν τοῖς καιροῖς αὐτῶν. 42 λέγει αὐτοῖς ὁ Ἰησοῦς· uwτ rell

Οὐδέποτε ἀνέγνωτε ἐν ταῖς γραφαῖς,
     Λίθον ὃν ἀπεδοκίμασαν οἱ οἰκοδομοῦντες

οὗτος ἐγενήθη εἰς κεφαλὴν γωνίας· B uwτ rell
οὗτος ἐγεννήθη εἰς κεφαλὴν γωνίας· Π 579 1071

παρὰ κυρίου ἐγένετο αὕτη, B uwτ rell
παρὰ κυρίῳ ἐγένετο αὕτη, ℵ*

lac. 21.35-42 𝔓⁴⁵ A N P Q Γ

A 35 απεκτιναν ℵ E W Θ ¦ ελειθοβολησαν D ¦ ελιθοβολισαν 69 1071 36 απεστιλεν ℵ W Θ ¦ αλους G ¦ πλιονας ℵ D L W ¦ πλει-ωνας H 1071 ¦ πλιωνας Θ ¦ τον (των) Θ ¦ πρωτον 13 579 1346 37 απεστιλεν ℵ W Θ ¦ απεστειλε Υ U f¹ 118 69 157 700ᶜ 1071 1346 ¦ υιων¹ Θ ¦ λεγον 1346 ¦ εντραπησοντε D ¦ εντραπεισονται 2* ¦ εντραπησωνται 579 38 ουτως 2* ¦ αποκτινωμεν ℵ E* W Θ ¦ αποκτεινομεν 2* 565 ¦ σχομεν Θ ¦ κατα σχομεν 1424 39 απεκτιναν ℵ W ¦ απεκτηναν Θ 40 ελθει 2 ¦ ποιηση ℵ L ¦ εκινοις ℵ ¦ απολει W ¦ απελων Θ ¦ εκδωσετε ℵ 41 εκδοσετε 1346 ¦ αποδοσουσιν Θ 42 ανεγνωται L U W 579 ¦ τες (ταις) Θ ¦ τες γραφες ℵ* ¦ απεδοκειμασαν D ¦ απεδκμασαν 2 28 1424 ¦ απεδωκιμασαν 579 1346 ¦ απεδοκημασαν 1071 ¦ οικοδομουν-τες 579 ¦ ωκοδομουντες 1424 ¦ ουτως 13 2* ¦ ει (εις) E* ¦ καιφαλην 2* ¦ γωνειας D ¦ γονιας E L U 2* 565 579 1424 ¦ εγενετω E Θ ¦ αυτι 2*

B 37 ῡν¹·² ℵ E F G H K L M S U Π f¹ 2 33 28 1424 ¦ ῡν¹ Υ Ω 38 ῡν ℵ 𝔐 K L M S U Π f¹ 2 33 28 1424 40 κ̄ς B ℵ D 𝔐 K L M U W Δ Θ Π f¹³ 124 2 33 157 565 788 1071 1346 42 ῑς B ℵ C 𝔐 K L M S U W Δ Θ Π Ω f¹ 118 f¹³ 124 2 33 28 157 565 579 700 788 1071 1346 1424 ¦ ιης D

C 42 Ψαλμ, ριζ M

210

καὶ ἔστιν θαυμαστὴ ἐν ὀφθαλμοῖς ἡμῶν;   B uwτ rell
καὶ ἔστιν θαυμαστὴ ἐν ὀφθαλμοῖς ὑμῶν;   D* f¹ f¹³ 28 788
καὶ ἔστη θαυμαστὴ ἐν ὀφθαλμοῖς ἡμῶν;   1071
καὶ ἔστη θαυμαστὴ ἐν ὀφθαλμοῖς ὑμῶν;   1346

43 διὰ τοῦτο λέγω ὑμῖν   ἀρθήσεται ἀφ' ὑμῶν ἡ βασιλεία τοῦ θεοῦ καὶ   B* ℵ Θ 118 28 565 700 [w]
43 διὰ τοῦτο λέγω ὑμῖν ὅτι ἀρθήσεται ἀφ' ἡμῶν ἡ βασιλεία τοῦ θεοῦ καὶ   124
43 διὰ τοῦτο λέγω ὑμῖν ὅτι ἀρθήσεται ἀφ' ὑμῶν ἡ βασιλεία τοῦ θεοῦ καὶ   Bᶜ C D 𝔐 K L M U W Δ Π f¹·¹³ 2
                                                           33 157 579 788 1071 1346 1424 u[w]τ

δοθήσεται   ἔθνει ποιοῦντι τοὺς καρποὺς αὐτῆς. 44 Καὶ ὁ πεσὼν ἐπὶ τὸν λίθον   B Y [uw]τ rell
δοθήσεται   ἔθνει ποιοῦντι τοὺς καρποὺς αὐτοῦ. 44 Καὶ ὁ πεσὼν ἐπὶ τὸν λίθον   ℵ*
δοθήσεται   ἔθνει ποιοῦντι τοὺς καρποὺς αὐτῆς. 44   D 33 [uw]
δοθήσεται   ἔθνη ποιοῦντι τοὺς καρποὺς αὐτῆς.   44 Καὶ ὁ πεσὼν ἐπὶ τὸν λίθον   𝔐 K 2 1071 1346 1424
δοθήσεται   ἔθνη ποιοῦντι τοὺς καρποὺς αὐτῆς.   44   ὁ πεσὼν ἐπὶ τὸν λίθον   Θ
δοθήσεται   ἔθνει ποιοῦντι τοὺς καρποὺς αὐτῆς. 44   ὁ πεσὼν ἐπὶ τὸν λίθον   Π 124
βληθήσεται ἔθνει ποιοῦντι τοὺς καρποὺς αὐτῆς. 44 Καὶ ὁ πεσὼν ἐπὶ τὸν λίθον   579

τοῦτον συνθλασθήσεται· ἐφ' ὃν δ' ἂν πέσῃ λικμήσει αὐτόν.   B [uw]τ rell
om.   D 33 [uw]
τοῦτον συνθλασθήσεται· ἐφ' ὃν δὲ ἂν πέσῃ λικμήσει αὐτόν.   Δ
τοῦτον συνθλασθήσεται· ἐφ' ὃν   ἂν πέσῃ λικμήσει αὐτόν.   124 788
τοῦτον συνθλασθήσεται· ἐφ' ὃν   ὃν πέσῃ λικμήσει αὐτόν.   1346

ρκε̄ 45 Καὶ ἀκούσαντες οἱ ἀρχιερεῖς καὶ οἱ Φαρεισαῖοι   τὰς παραβολὰς   B
     45 Ἀκούσαντες δὲ οἱ ἀρχιερεῖς καὶ οἱ Φαρισέοι   τὰς παραβολὰς   ℵ*
     45 Ἀκούσαντες δὲ οἱ ἀρχιερεῖς καὶ οἱ Φαρισαῖοι   τὰς παραβολὰς   ℵᶜ 33 [w]
     45 Καὶ ἀκούσαντες οἱ ἀρχιερεῖς καὶ οἱ Φαρισαῖοι τὰς τὰς παραβολὰς   Y*
     45 Ἀκούσαντες δε οἱ ἀρχιερεῖς καὶ οἱ Φαρισαῖοι   τὰς παραβολὰς   L
     45 Καὶ ἀκούσαντες οἱ ἀρχιερεῖς καὶ οἱ Φαρισέοι   τὰς παραβολὰς   Θ
     45 Καὶ ἀκούσαντες οἱ ἀρχιερεῖς καὶ οἱ Φαρισαῖοι   τὴν παραβολὴν   Δ 157
     45 Καὶ ἀκούσαντες οἱ ἀρχιερεῖς καὶ οἱ Φαρισαῖοι   τὰς   565
     45 Καὶ ἀκούσαντες οἱ ἀρχιερεῖς καὶ οἱ Φαρισαῖοι   τὰς παραβολὰς   u[w]τ rell

αὐτοῦ ἔγνωσαν ὅτι περὶ αὐτῶν λέγει· 46 καὶ ζητοῦντες αὐτὸν ἐκρατῆσαι   B*
αὐτοῦ ἔγνωσαν ὅτι περὶ αὐτῶν λέγει· 46 καὶ ζητοῦντες αὐτὸν ποιῆσαι   f¹³
αὐτοῦ ἔγνωσαν ὅτι περὶ αὐτῶν λέγει· 46 καὶ ἐζήτουν   αὐτὸν κρατῆσαι καὶ 157
αὐτῶν ἔγνωσαν ὅτι περὶ αὐτῶν λέγει· 46 καὶ ζητοῦντες αὐτὸν κρατῆσαι   579
αὐτοῦ ἔγνωσαν ὅτι περὶ αὐτῶν λέγει· 46 καὶ ζητοῦντες αὐτὸν ποιάσαι   1346
αὐτοῦ ἔγνωσαν ὅτι περὶ αὐτῶν λέγει· 46 καὶ ἐζήτουν   αὐτὸν κρατῆσαι   1424
αὐτοῦ ἔγνωσαν ὅτι περὶ αὐτῶν λέγει· 46 καὶ ζητοῦντες αὐτὸν κρατῆσαι   124 uwτ rell

ἐφοβήθησαν   τοὺς ὄχλους, ἐπεὶ   εἰς προφήτην αὐτὸν εἶχον.   B L 1 1582* uw
ἐφοβήθησαν   τὸν ὄχλον, ἐπὶ   εἰς προφήτην αὐτὸν εἶχον.   ℵ*
ἐφοβήθησαν   τοὺς ὄχλους, ἐπὶ   εἰς προφήτην αὐτὸν εἶχον.   ℵᶜ Θ
ἐφοβήθησαν   τὸν ὄχλον, ἐπειδὴ   ὡς προφήτην αὐτὸν εἶχον.   C
ἐφοβήθησαν   τοὺς ὄχλους, ἐπὶ   ὡς προφήτην αὐτὸν εἶχον.   D 124
ἐφοβήθη   τοὺς ὄχλους, ἐπειδὴ ὡς προφήτην αὐτὸν εἶχον.   Δ
ἐφοβήθησαν   τοὺς ὄχλους, ἐπεὶ   ὡς προφήτην αὐτὸν εἶχον.   1582ᶜ 118 33
ἐφοβήθησαν γὰρ τοὺς ὄχλους, ἐπειδὴ ὡς προφήτην αὐτὸν εἶχον.   1424   [↓788 1071 1424 τ
ἐφοβήθησαν   τοὺς ὄχλους, ἐπειδὴ ὡς προφήτην αὐτὸν εἶχον.   𝔐 K M U W Π f¹³ 2 28 157 565ˢᵘᵖ 579

lac. 21.42-46 𝔓⁴⁵ A N P R Q Γ | vs. 45-46 565

A 42 εστι Y K U f¹ 118 f¹³ 69 2 28 157 565 700 788 | θαυμαστι E | οφαλμοις L 43 τουτω 2* | υμειν D | αρθησετε, βασιλια ℵ |
δοθησετε ℵ Θ | δωθησεται L 1071 | εθνι ℵ W Θ 2ᶜ | καρκαρπους ℵ 44 παισων Θ | συνθλασθησετε ℵ | πεσει 2 1071 | λικμηση ℵ
Θ | λικμεισει 2 45 αρχιερις ℵ | φασαιοι L | αυτον Θ 46 αυτων¹ 13 | κρατεισαι E* | εφοβησαν 13 | επιδει 13 | επιδη 28 1346 |
επηδη 579 | ος K | προφην D

B 42 κω̄ ℵ* | κῡ B ℵᶜ C D E F G Y K L M S U W Δ Θ Π Ω f¹ 118 f¹³ 69 124 2 33 28 157 565 579 700 788 1071 1346 1424
43 θῡ B ℵ C D 𝔐 K L M S U W Δ Θ Π Ω f¹ 118 f¹³ 69 124 2 33 28 157 565 579 700 788 1071 1346 1424

C 42 τελος (post οφθ ημων) D [κυριακη ιγ΄: 21.33-42] E H S Y f¹³ 124 2 788 | τελος της κῡ G M f¹ | τε̄ τς β Ω 43 αρχη: τη γ̄
της η εβδ ειπεν ο κς προς τους εληλυθοτ, περι αυτον ιουδ, G | αρχ: τη γ̄ της η εβδ ειπεν ο κς εληλυθ προς αυτ ιουδ
δια τουτο λεγω υμιν Y | τη γ̄ τς η εβδ ειπ ο κς τ παραβολ S | αρχ πθ̄ τη ε τς ιεβδ ειπ ο κς προ τους ελ, η λεγω υμιν οτι αρθησετ
f¹ | αρχ πθ̄ τη ε τς ιεβδομα ειπ ο κς πρό τους προ ιουδου ιδου λ,γ υμιν 118 | αρχ f¹³ 124 788 | αρχ τη ε 157 | τε̄ M 118 f¹³ 2
| τελ του ορθ 1346 44 τη ψ̄ β ορθ τε λο S² 45 νᾱ πε των καλουμε εις τ γαμον (τους γαμς 28) 28 46 τελος της γ̄ G | τελ S Y 118
f¹³ 157 | τελ τς γ̄ η̄ M | τελ έ f¹ | τελ λ,ο 1346

D 45 σκ̄/α ℵ G M S U Y Ω 118 28ᶜ 788 1071 1424 | σκ̄ C D E F K Θ Π f¹ f¹³ 124 2 157 579 1346 | σκᾱ H 157 | σκᾱ/α L 28* |
σκα/ε M | Ευ Μθ σκ̄: Ιω ο̄ζ : Λο σλθ̄ : Μρ ρκβ̄ E | Μθ σκ̄ : Μρ ρκβ̄ : Λο σλθ̄ : Ιω εμβ σξᾱ 124

211

νᾱ   περὶ τῶν καλουμένων εἰς τὸν γάμον

The Parable About Those Invited To The Wedding
(Luke 14.15-24)

22.1 Καὶ ἀποκριθεὶς	ὁ Ἰησοῦς πάλιν εἶπεν ἐν παραβολαῖς αὐτοῖς	B ℵ^c D f¹ 69 124 788 **uw**
22.1 Καὶ ἀποκριθεὶς	ὁ Ἰησοῦς πάλιν εἶπεν παραβολαῖς αὐτοῖς	ℵ*
22.1 Καὶ ἀποκριθεὶς	ὁ Ἰησοῦς πάλιν εἶπεν αὐτοῖς ἐν παραβο······	C
22.1 Καὶ ἀποκριθεὶς	ὁ Ἰησοῦς πάλιν ἐν παραβολαῖς	E
22.1 Καὶ ἀποκριθεὶς	ὁ Ἰησοῦς εἶπεν αὐτοῖς ἐν παραβολαῖς	F W
22.1 Καὶ ἀποκριθεὶς	ὁ Ἰησοῦς πάλιν εἶπεν ἐν παραβολαῖς ἑαυτοῖς	L
22.1 Καὶ ἀποκριθεὶς	ὁ Ἰησοῦς πάλιν εἶπεν ἐν παραβολαῖς	Θ
22.1 Καὶ ἀποκριθεὶς	ὁ Ἰησοῦς εἶπεν πάλιν ἐν παραβολαῖς αὐτοῖς	33
22.1 Καὶ ἀποκριθεὶς δὲ	ὁ Ἰησοῦς πάλιν εἶπεν αὐτοῖς ἐν παραβολαῖς	700*
22.1 ἀποκριθεὶς δὲ	ὁ Ἰησοῦς πάλιν εἶπεν αὐτοῖς ἐν παραβολαῖς	700^c
22.1 Καὶ ἀποκριθεὶς αὐτοῖς	ὁ Ἰησοῦς πάλιν εἶπεν ἐν παραβολαῖς	1424 [↓565^{sup} 579 1071 1346 τ
22.1 Καὶ ἀποκριθεὶς	ὁ Ἰησοῦς πάλιν εἶπεν αὐτοῖς ἐν παραβολαῖς	𝔐 K M U W Δ Π f¹³ 2 28 157

λέγων, **2** Ὡμοιώθη ἡ βασιλεία τῶν οὐρανῶν ἀνθρώπῳ βασιλεῖ, ὅστις ἐποίησεν	B **uwτ** rell
λέγων, **2** Ὡμοιώθη ἡ βασιλεία τῶν οὐρανῶν ἀνθρώπῳ βασιλεῖ, ὅστις ποιῶν	Θ f¹

γάμους τῷ υἱῷ αὐτοῦ. **3** καὶ ἀπέστειλεν τοὺς δούλους αὐτοῦ καλέσαι τοὺς	B **uwτ** rell
γάμους τῷ υἱῷ αὐτοῦ. **3** ἀπέστειλεν τοὺς δούλους αὐτοῦ καλέσαι τοὺς	Θ f¹
γάμους τῷ αὐτοῦ. **3** καὶ ἀπέστειλεν τοὺς δούλους αὐτοῦ καλέσαι τοὺς	124*

κεκλημένους εἰς τοὺς γάμους, καὶ οὐκ ἤθελον ἐλθεῖν. **4** πάλιν ἀπέστειλεν	B **uwτ** rell
·····κλημένους εἰς τοὺς γ······· υ··· ······ ············ ··········· **4** πάλιν ἀπέστειλεν	C
κεκλημένους εἰς τοὺς γάμους, καὶ οὐκ ἤθελον ἐλθεῖν. **4** πάλιν ἀποστελλει	L
κεκλη············ , καὶ οὐκ ἤθελον ἐλθεῖν. **4** πάλιν ἀπέστειλεν	33
κεκλημένους εἰς τοὺς γάμους, καὶ οὐκ ἤθελον ἐλθεῖν. **4** καὶ πάλιν ἀπέστειλεν	28

ἄλλους δούλους λέγων, Εἴπατε τοῖς κεκλημένοις, Ἰδοὺ τὸ ἄριστόν μου	B **uwτ** rell
ἄλλους δούλους λέγων, Εἴπατε τοῖς κεκλημένοις, Ἰδοὺ τὸ ἄριστον	1 1582* 118
ἄλλους δούλους λέγων, Εἴπατε τοῖς κεκλημένοις, Ἰδοὺ ἄριστόν μου	13*
ἄλλους δούλους λέγων, Εἴπατε ······ ···········μένοις, Ἰδοὺ τὸ ἄριστόν μου	33
ἄλλους δούλους λέγων, Ἰδοὺ τὸ ἄριστόν μου	1424

ἡτοίμακα,	οἱ ταῦροί μου καὶ τὰ σειτιστὰ	τεθυμένα, καὶ πάντα ἕτοιμα· B D S* Θ
ἡτοίμακα,	οἱ ταῦροί μου καὶ τὰ σιτιστὰ	τεθυμένα, καὶ πάντα ἕτοιμα· ℵ C* D L f¹ 1424 **uw**
ἡτοίμασα,	οἱ ταῦροί μου καὶ τὰ σιτευτὰ	τεθυμένα, καὶ πάντα ἕτοιμα· G
ἡτοίμασα,	οἱ ταῦροί μου καὶ τὰ σιτιστά μου	τεθυμένα, καὶ πάντα ἕτοιμα· W 1071
ἡτοίμασα,	οἱ ταῦροί καὶ τὰ σιτιστὰ	τεθυμένα, καὶ πάντα ἕτοιμα· Δ
ἡτοίμασα,	οἱ ταῦροί μου καὶ τὰ σιτιστὰ	τεθημένα, καὶ πάντα ἕτοιμα· f¹³ 124 565^{sup} 788
ἡτοίμακα,	οἱ ταῦροί μου καὶ τὰ σιτιστὰ	τεθ············ ······ πάντα ἕτοιμα· 33
ἡτοίμακα, καὶ	οἱ ταῦροί μου καὶ τὰ σιτιστὰ μου	τεθυμένα, καὶ πάντα ἕτοιμα· 700
ἡτοίμασα,	οἱ ταῦροί μου καὶ τὰ σιτιστὰ	τεθυμένα, καὶ πάντα ἕτημα· 1346 [↓157 579 τ
ἡτοίμασα,	οἱ ταῦροί μου καὶ τὰ σιτιστὰ	τεθυμένα, καὶ πάντα ἕτοιμα· C^c 𝔐 K M U W Θ Π 69 2 28

lac. 22.1-4 𝔓⁴⁵ A N P Q Γ 565 ¦ vss. 22.1-3 C

A 22.1 αποκριθης 579 ¦ εαυτοι L **2** ομοιωθη F W 13 28 69 788 1071 1346 1424 ¦ τον (των) Θ ¦ βασιλι ℵ ¦ εποιησε Υ Μ U 13 69 28 157 565^{sup} 700 788 1071 1346 **3** απεστιλεν ℵ W Θ ¦ απεστειλε Υ Μ U 118 13 69 28 157 700 788 1071 1346 ¦ καλεσε ℵ Θ **3** ηθελων E 1071 ¦ ιθελον 1346 ¦ ελθιν ℵ **4** απεστιλεν ℵ W Θ ¦ ειπαται Θ ¦ τους (τοις) Θ ¦ κε (και¹) Θ*

B 22.1 ι̅ς̅ B ℵ C 𝔐 K L M S U W Δ Θ Π Ω f¹ 118 f¹³ 124 2 33 28 157 565 579 700 788 1071 1346 1424 ¦ ι̅η̅ς̅ D **2** ουνων F G H Υ K L M S U Δ Π Ω f¹ 118 f¹³ 69 124 2 28 565 579 700 788 1071 1346 1424 ¦ α̅ν̅ω̅ ℵ 𝔐 K L M S U W Δ Θ Π Ω f¹ 118 f¹³ 69 124 2 33 28 157 565 579 700 788 1071 1346 1424 ¦ υ̅ω̅ E F G Υ K L M S Π 28

C 22.1 ναγνοσ·α περι του ··ριακη D [κυριακη ιδ΄: 22.2-14] ¦ ν̅α̅ περι των καλουμενων εις τον δειπνον (γαμον F G Υ K M S 1582 124 2 157 788 1071 1424 ¦ γαμων U ¦ γαμους Δ 579): E F (G ante v.4) Υ K M S U Δ 1582 124 2 157 565 579 788 1071 1424 ¦ ν̅α̅ περι των καλουμενων εις τους γαμους H ¦ ν̅α̅ περι των κεκλημενων L ¦ ν̅α̅ περι των καλουμενων ··········· Θ ¦ ν̅α̅ περι των καλουμενων εις γαμον Π Ω f¹³ ¦ αρχ κυριακη ι̅δ̅ 124 157 (ante ομοιωθ. 1071) ¦ αρχη ειπεν ο κ̅ς̅ την παρ 1424 ¦ Μθ να : Λο νδ Μ ¦ Λο νδ Π **2** αρχη: κυριακη ι̅δ̅ ειπεν ο κ̅ς̅ την παραβολην ταυτην· E ¦ αρχ F 1346 ¦ κυ, ι̅δ̅ ειπεν, την παρ, ωμοιωθ, G ¦ αρχη: κ,υ ι̅δ̅ ειπ την παραβο ομοιωθ H ¦ αρχ: κυ, ι̅δ̅ αρχ ειπεν ο κ̅ς̅ τ παραβ, ταυτ ωμοιωθ η βασι των ουνων ανω βασιλ, Υ ¦ αρχ (ante ωμοιωθ): Μθ κ,υ ι̅δ̅ ειπεν ο κ̅ς̅ την παραβολην ταυτ ωμοιωθη η βασιλεια των ουνων ανω βασιλ: Μ ¦ κυ ι̅δ̅ ειπ ο κ̅ς̅ τ παραβο S ¦ κ,υ ι̅δ̅ ειπ ο κ̅ς̅ τ̅ ωμοιωθη Ω ¦ αρχ ϙ κ,υ ι̅δ̅ ειπ ο κ̅ς̅ τ̅ πὲ ωμοιωθ η βασιλ των ου f¹ ¦ αρχη: κ,υ ι̅δ̅ ειπ ο κ̅ς̅ την παρ ωμοιωθ 118 ¦ αρχ f¹³ ¦ αρχ: κυ ι̅δ̅ ειπ ο κ̅ς̅ τ παραβο 2 ¦ αρχ: κυ ι̅δ̅ 788

D 22.1 σ̅κ̅α̅/ε̅ ℵ G (L) M S U Υ Π 124 28 788 1071 1424 ¦ σ̅κ̅α̅ C D E F H K Θ Ω f¹ f¹³ 2 157 579 ¦ σ̅κ̅α̅/α̅ 118 ¦ Ευ Μθ σ̅κ̅α̅ : Ιω . : Λο ρπα : Μρ . E ¦ Λο νδ̅ L ¦ Μθ σ̅κ̅α̅ : Μρ ¦ Μθ σ̅κ̅α̅ : Μρ ρ̅κ̅θ̅ : Λο ρπα : Ιω πα, οζ̅ 124

δεῦτε εἰς τοὺς γάμους. **5** οἱ δὲ ἀμελήσαντες ἀπῆλθον, ὃς μὲν εἰς τὸν ἴδιον Β L W Θ *f*¹ *f*¹³ 69 700 788 1346
δεῦτε εἰς τοὺς γάμους. **5** οἱ δὲ ἀμελήσαντες ἀπῆλθον, οἱ μὲν εἰς τὸν ἴδιον D [↑1424 **uw**
δεῦτε εἰς τοὺς γάμους. **5** οἱ δὲ ἀμελήσαντες ἀπῆλθον, ⸏⸏⸏ ⸏⸏⸏ ⸏⸏⸏ ἴδιον 33 [↓579 1071 τ
δεῦτε εἰς τοὺς γάμους. **5** οἱ δὲ ἀμελήσαντες ἀπῆλθον, ὁ μὲν εἰς τὸν ἴδιον ℵ C 𝔐 K M U Δ Π 2 28 157 565ˢᵘᵖ

ἀγρόν, ὃς δὲ ἐπὶ τὴν ἐμπορίαν αὐτοῦ· **6** οἱ δὲ λοιποὶ κρατήσαντες τοὺς δούλους Β ℵ C* Θ *f*¹³ 700 788
ἀγρόν, ὃ δὲ ἐπὶ τὴν ἐμπορίαν αὐτοῦ· **6** οἱ δὲ λοιποὶ κρατήσαντες τοὺς δούλους Cᶜ 157 [↑1346 **uw**
ἀγρόν, οἱ δὲ ἐπὶ τὴν ἐμπορίαν αὐτῶν· **6** οἱ δὲ λοιποὶ κρατήσαντες τοὺς δούλους D
ἀγρόν, ὃς δὲ εἰς τὴν ἐμπορίαν αὐτοῦ· **6** οἱ δὲ λοιποὶ κρατήσαντες τοὺς δούλους L W *f*¹ 1424
ἀγρόν, ὃς δὲ ἐπὶ τὴν ἐμπορίαν α⸏⸏⸏ **6** ⸏⸏⸏έ λοιποὶ κρατήσαν⸏⸏⸏ ⸏⸏⸏λους 33 [↓565ˢᵘᵖ 1071 τ
ἀγρόν, ὃ δὲ εἰς τὴν ἐμπορίαν αὐτοῦ· **6** οἱ δὲ λοιποὶ κρατήσαντες τοὺς δούλους 𝔐 K M U Δ Π 2 28

αὐτοῦ ὕβρισαν καὶ ἀπέκτειναν. **7** ὁ δὲ βασιλεὺς ὠργίσθη, καὶ πέμψας Β ℵ *f*¹ 700
αὐτοῦ ὕβρισαν καὶ ἀπέκτειναν. **7** ἐκεῖνος ὁ βασιλεὺς ἀκούσας ὠργίσθη, καὶ πέμψας D [↑**uw**
ὕβρισαν καὶ ἀπέκτειναν. **7** ὁ δὲ βασιλεὺς ὠργίσθη, καὶ πέμψας L
ὕβρισαν καὶ ἀπέκτειναν. **7** καὶ ἀκούσας ὁ βασιλεὺς ἐκεῖνος ὠργίσθη, καὶ πέμψας W
αὐτοῦ ὕβρισαν καὶ ἀπέκτειναν. **7** ὁ δὲ βασιλεὺς ἀκούσας ὠργίσθη, καὶ πέμψας Θ *f*¹³ 788
αὐτοῦ ὕβρισαν καὶ ἀπέκτειναν. **7** ⸏⸏⸏ ⸏⸏⸏ ⸏⸏⸏ καὶ πέμψας 33 [↑1346
αὐτοῦ ὕβρισαν καὶ ἀπέκτειναν. **7** ἀκούσας δὲ ὁ βασιλεὺς ὠργίσθη, καὶ πέμψας τ
αὐτοῦ ὕβρισαν καὶ ἀπέκτειναν. **7** καὶ ἀκούσας ὁ βασιλεὺς ἐκεῖνος ὠργίσθη, καὶ πέμψας C 𝔐 K M U
Δ Π 2 28 157 565ˢᵘᵖ 579 1071 1424

τὰ στρατεύματα αὐτοῦ ἀπώλεσεν τοὺς φονεῖς ἐκείνους καὶ τὴν πόλιν αὐτῶν ἐνέπρησεν. Β **uw**τ rell
τὸ στράτευμα αὐτοῦ ἀπώλεσεν τοὺς φονεῖς ἐκείνους καὶ τὴν πόλιν αὐτῶν ἐνέπρησεν. D
τὸ στράτευμα αὐτοῦ ἀνεῖλεν τοὺς φονεῖς ἐκείνους καὶ τὴν πόλιν αὐτῶν ἐνέπρησεν. *f*¹
τὰ στρατεύματα αὐτοῦ ⸏⸏⸏λιν αὐτῶν ἐνέπρησεν. 33
τὰ στρατεύματα ἀπώλεσεν τοὺς φονεῖς ἐκείνους καὶ τὴν πόλιν αὐτῶν ἐνέπρησεν. 700

8 τότε λέγει τοῖς δούλοις αὐτοῦ, Ὁ μὲν γάμος ἕτοιμός ἐστιν, οἱ δὲ κεκλημένοι οὐκ ἦσαν Β **uw**τ rell
8 τότε λέγει τοῖς δούλοις αὐτοῦ, Ὁ μὲν γάμος ἕτοιμός, οἱ δὲ κεκλημένοι οὐκ ἦσαν Δ
8 τότε λέγει τ⸏⸏⸏ οἱ δὲ κεκλημένοι οὐκ ἦσαν 33

ἄξιοι· **9** πορεύεσθε οὖν ἐπὶ τὰς διεξόδους τῶν ὁδῶν, καὶ ὅσους ἐὰν εὕρητε καλέσατε Β **uw** rell
ἄξιοι· **9** πορεύεσθε οὖν εἰς τὰς διεξόδους τῶν ὁδῶν, καὶ ὅσους ἐὰν εὕρητε καλέσατε S 28
ἄξιοι· **9** πορεύεσθε οὖν ἐπὶ τὰς διεξόδους τῶν ὁδῶν, καὶ ὅσους ἂν εὕρητε καλέσατε 124
ἄξιοι· **9** π⸏⸏⸏ καὶ ὅσους ἐὰν εὕρητε καλέσατε 33
ἄξιοι· **9** πορεύεντες ἐπὶ τὰς διεξόδους τῶν ὁδῶν, καὶ ὅσους ἂν εὕρητε καλέσατε 1424 [↓157 τ
ἄξιοι· **9** πορεύεσθε ἐπὶ τὰς διεξόδους τῶν ὁδῶν, καὶ ὅσους ἂν εὕρητε καλέσατε D Y K L W Θ Π Ω

εἰς τοὺς γάμους. **10** καὶ ἐξελθόντες οἱ δοῦλοι ἐκεῖνοι εἰς τὰς ὁδοὺς συνήγαγον Β **uw**τ rell
εἰς τοὺς γάμους. **10** καὶ ἐξελθόντες οἱ δοῦλοι αὐτοῦ εἰς τὰς ὁδοὺς συνήγαγον D
⸏⸏⸏ **10** ⸏⸏⸏ εἰς τὰς ὁδοὺς συνήγαγον 33
⸏⸏⸏ **10** καὶ ἐξελθόντες οἱ δοῦλοι ἐκεῖνοι εἰς τὰς ὁδοὺς συνήγαγον 565
ἐπὶ τοὺς γάμους. **10** καὶ ἐξελθόντες οἱ δοῦλοι ἐκεῖνοι εἰς τὰς ὁδοὺς συνήγαγον 579
εἰς τοὺς γάμους. **10** καὶ ἐξελθόντες οἱ δοῦλοι ἐκεῖνοι εἰς τὰς ὁδοὺς καὶ φραγμοὺς συνήγαγον 1071

πάντας οὓς εὗρον, πονηρούς τε καὶ ἀγαθούς· καὶ ἐπλήσθη ὁ νυμφῶν ἀνακειμένων. Β* ℵ w
πάντας ὅσους εὗρον, πονηρούς τε καὶ ἀγαθούς· καὶ ἐπλήσθη ὁ ἄγαμος ἀνακειμένων. C
πάντας οὓς εὗραν, πονηρούς τε καὶ ἀγαθούς· καὶ ἐπλήσθη ὁ γάμος τῶν ἀνακειμένων. D
πάντας ὅσους εὗρον, πονηρούς τε καὶ ἀγαθούς· καὶ ἐπλήσθη ὁ γάμος ἀνακειμένου. K
πάντας ὅσους εὗρον, πονηρούς τε καὶ ἀγαθούς· καὶ ἐπλήσθη ὁ νυμφῶν ἀνακειμένων. L
πάντας ὅσους εὗρον, πονηρούς τε καὶ ἀγαθούς· καὶ ἐπλήσθη ὁ γάμος τῶν ἀνακειμένων. Θ *f*¹³ 700 1346
πάντας οὓς εὗρον, πονηρούς τε καὶ ἀγαθούς· καὶ ἐπλήσθη ὁ γάμος τῶν ἀνακειμένων. 124 788
πάντας ο⸏⸏⸏ ὁ γάμος ἀνακειμένων. 33
πάντας ὅσους εὗρον, πονηρούς ἢ ἀγαθούς· καὶ ἐπλήσθη ὁ γάμος ἀνακειμένων. 579
πάντας ὅσους εὗρον, πονηρούς τε καὶ ἀγαθούς· καὶ ἐπλήσθη ὁ γάμος ἀνακειμένων. Βᶜ 𝔐 M U W Δ
Π *f*¹ 2 28 157 565 1071 1424 **u**τ

---

lac. 22.4 -10 𝔓⁴⁵ A N P Q Γ ¦ vss. 4-9 565

A **5** αμελησαντε F ¦ αμελισαντες 1346 ¦ απηλθων E* ¦ ις *f*¹³ ¦ ειδιον D ¦ τιν (την) U ¦ εμπορειαν D K M S 1071 ¦ εμπωριαν 579 **6** κρατισαντες 2* ¦ υβρεισαν D ¦ υβρησαν 28 ¦ απεκτιναν ℵ W **7** ωργηθη L ¦ οργισθη 1071 1424 ¦ τω (το) 579 ¦ απολεσεν L 2* 1071 ¦ απωλεσε Y U 13 69 157 700 788 1346 ¦ ανηλε 118 ¦ φονις ℵ Eᶜ ¦ φωνεις K M U 13 124 157 1071 1346 ¦ εκινους ℵ ¦ τιν (την) Θ ¦ ενεπρισεν E* Ω 13 2 33 28 1424 ¦ ενεπρησε 118 157 788 ¦ ενεπρισε 1346 **8** λεγι ℵ ¦ εστην K ¦ εισαν U 1071 **9** πορευεσθαι D L W 2 28 579 1071 1346 ¦ ωδων Θ ¦ ευρηται W Δ Ω 579 ¦ καλασατε 13 **10** εξελθωντες 2* 579 ¦ εκινοι ℵ ¦ συνηγαγων E* ¦ ευρων 1071 ¦ ται (τε) Θ ¦ θαι 1071 ¦ επλεισθη 69 1424 ¦ επληθη 565 ¦ ανακιμενων ℵ ¦ ανακεινων C ¦ ανακημενων 2*

11 εἰσελθὼν δὲ ὁ βασιλεὺς θεάσασθε τοὺς ἀνακειμένους εἶδεν ἐκεῖ ἄνθρωπον   B ℵ^c F H 157 1346
11 εἰσελθὼν δὲ ὁ βασιλεὺς θεάσασθε τοὺς ἀνακειμένους εἶδεν ἄνθρωπον   ℵ*
11 εἰσελθὼν δὲ ὁ βασιλεὺς θεάσασθαι τοὺς ἀνακειμένους εἶδεν ἐκεῖ ἀνθρώπων   Δ
11 εἰσελθὼν δὲ ὁ βασιλεὺς θεάσασθαι τοὺς ἀνακειμένους εἶδεν ἐκεῖ ἄνθρωπον   uwτ rell

οὐκ ἐνδεδυμένον ἔνδυμα γάμου· 12 καὶ λέγει αὐτῷ, Ἑταῖρε, πῶς εἰσῆλθες ὧδε   B uwτ rell
μὴ ἐνδεδυμένον ἔνδυμα γάμου· 12 καὶ λέγει αὐτῷ, Ἑταῖρε, πῶς εἰσῆλθες ὧδε   C^c
μὴ ἐνδεδυμένον ἔνδυμα γάμου· 12 καὶ λέγει αὐτῷ, Ἑταῖρε, πῶς ἦλθες ὧδε   D
οὐκ ἔχοντα ἔνδυμα γάμου· 12 καὶ λέγει αὐτῷ, Ἑταῖρε, πῶς εἰσῆλθες ὧδε   1424

μὴ ἔχων ἔνδυμα γάμου; ὁ δὲ ἐφειμώθη. 13 τότε ὁ βασιλεὺς εἶπεν τοῖς   B
μὴ ἔχων ἔνδυμα γάμου; ὁ δὲ ἐφιμώθη. 13 τότε ὁ βασιλεὺς εἶπεν τοῖς   ℵ L Θ f¹³ 33 565 700 788 1346
μὴ ἔχων ἔνδυμα γάμου; ὃς δὲ ἐφειμώθη. 13 τότε εἶπεν ὁ βασιλεὺς τοῖς   D   [↑uw
οὐκ ἔχων ἔνδυμα γάμου; ὁ δὲ ἐφιμώθη. 13 τότε εἶπεν ὁ βασιλεὺς τοῖς   1424   [↓579 1071 τ
μὴ ἔχων ἔνδυμα γάμου; ὁ δὲ ἐφιμώθη. 13 τότε εἶπεν ὁ βασιλεὺς τοῖς   C 𝔐 K M U W Δ Π f¹ 2 28 157

διακόνοις, Δήσαντες αὐτοῦ πόδας καὶ χεῖρας ἐκβάλετε αὐτὸν εἰς τὸ   B ℵ L Θ f¹ 700 uw
διακόνοις, Δήσαντες αὐτοῦ πόδας καὶ χεῖρας ἄρατε αὐτὸν καὶ ἐκβάλετε εἰς τὸ   C 𝔐 K U W Δ Π 2 33
διακόνοις, ἄρατε αὐτὸν ποδῶν καὶ χείρων καὶ βάλεται αὐτὸν εἰς τὸ   D   [↑28 τ
διακόνοις, Δήσαντες αὐτοῦ πόδας καὶ χεῖρας ἄρατε αὐτὸν καὶ ἐκβάλλετε εἰς τὸ   F
διακόνοις, Δήσαντες αὐτοῦ χεῖρας καὶ πόδας ἄρατε αὐτὸν καὶ ἐκβάλετε εἰς τὸ   M 565
διακόνοις, Δήσαντες αὐτοῦ πό ἐμβάλετε αὐτὸν εἰς τὸ   118
διακόνοις, Δήσαντες αὐτοῦ πόδας καὶ χεῖρας βάλετε αὐτὸν εἰς τὸ   f¹³
διακόνοις, Δήσαντες αὐτοῦ πόδας καὶ χεῖρας βάλετε εἰς τὸ   124 788
διακόνοις, Δήσαντες αὐτοῦ πόδας καὶ χεῖρας ἄρατε αὐτὸν καὶ βάλατε εἰς τὸ   28
διακόνοις, Δήσαντες αὐτοῦ πόδας καὶ χεῖρας βάλετε εἰς τὸ   69
διακόνοις, Δήσαντες αὐτοῦ χεῖρας καὶ πόδας ἄρατε αὐτὸν καὶ ἐκβάλατε εἰς τὸ   157 1071
διακόνοις, Δήσαντες αὐτοῦ χεῖρας καὶ πόδας ἄρατε αὐτὸν καὶ ἐμβάλεται εἰς τὸ   579
διακόνοις, Δήσαντες αὐτοῦ πόδας καὶ χεῖρας ἄρατε αὐτὸν καὶ ἐμβάλετε εἰς τὸ   1346
διακόνοις, Δήσαντες αὐτοῦ χεῖρας καὶ πόδας ἄρατε αὐτὸν καὶ ἐκβάλλετε εἰς τὸ   1424

σκότος τὸ ἐξώτερον· ἐκεῖ ἔσται ὁ κλαυθμὸς καὶ ὁ βρυγμὸς τῶν ὀδόντων.   B uwτ rell
πῦρ τὸ ἐξώτερον· ἐκεῖ ἔσται ὁ κλαυθμὸς καὶ ὁ βρυγμὸς τῶν ὀδόντων.   1424

[Cl Pd I 91.1 καθο κακεινο ειρηται· οι δε αμαρτιαις περιπεσοντες βληθησονται εις το σκοτος το εξωτερον· εκει εσται ο κλαυθμος και ο βρυγμος των οδοντων και τα παρπλησια].

14 πολλοὶ γάρ εἰσιν κλητοὶ ὀλίγοι δὲ ἐκλεκτοί.   B uwτ rell
14 om.   Y* 33
14 πολλοὶ γάρ εἰσιν οἱ κλητοὶ ὀλίγοι δὲ οἱ ἐκλεκτοί.   L f¹ 700

[Cl S V 17.5 πολλοι γαρ κλητοι, ολιγοι δε εκλεκτοι].

lac. 22.11-14 𝔓⁴⁵ A N P Q Γ

A 11 ανακιμενους ℵ | ιδεν C K L Θ Π 13 124 33 565 788 1346 1424 12 λεγι ℵ | ετεραι C D Θ ¦ ετερε H L W Δ 13 | εχον 1346 | πος Θ | εφιμιωθη L | εφημωθη H K Θ 69 124 2 33 28 565 579 788 1071 1346 1424 13 ειπε 69 | τοι (τοις) L* | αυαυτου 157* | χιρας ℵ | εκβαλεται W 2* 1071 | τω (το¹) Θ | εκι ℵ | εστε ℵ L | κλαθμος E W* | οδοντον L ¦ οδωντων 2* 14 εισην E* ¦ εισι Y^c M S U Ω 118 13 69 28 157 565 788 1346 ¦ ησιν L | ολειγοι W ¦ ολλιγοι 579

B 11 ᾱνον ℵ C 𝔐 K L M S U W Θ Π Ω f¹ 118 f¹³ 69 124 2 28 157 565 579 700 788 1071 1346 1424 ¦ ανῶν Δ

C 11 τη μγα γ̅ πρωι 157 14 τελος (post εκλεκ.) E F S Y^c L 118 f¹³ 124 2 28 579 788 1346 ¦ τελος της κυ, της μεγαλης β̅ G ¦ τε τς κ,υ M f¹

D 11 σ̅κ̅β̅/ι̅ ℵ E G M U Y Ω 118 28 1424 ¦ σ̅κ̅β̅ C D F H K Θ Π f¹ f¹³ 124 2 157 579 1071 1346 ¦ σ̅κ̅γ̅/β̅ Y ¦ ρ̅κ̅β̅/γ̅ L ¦ σ̅κ̅β̅/β̅ 788 | Ευ Μθ σ̅κ̅β̅ : Ιω . : Λο . : Μρ . E | Μθ σ̅κ̅β̅ : Μρ . : Λο . : Ιω . 124

νβ   περὶ τῶν ἐπερωτησάντων διὰ τὸν κῆνσον

A Controversy About Taxes To Caesar Or Loyalty To God
(Mark 12.13-17; Luke 20.20-26)

ρκς 15 Τότε πορευθέντες οἱ Φαρεισαῖοι   συμβούλιον ἔλαβον   ὅπως   B
     15 Τότε πορευθέντες οἱ Φαρισεοι   συμβούλιον   ὅπως   ℵ*
     15 Τότε πορευθέντες οἱ Φαρισεοι   συμβούλιον ἔλαβον   ὅπως   ℵᶜ
     15 Τότε πορευθέντες οἱ Φαρισαῖοι   συμβούλιον ἔλαβον κατ' αὐτοῦ ὅπως   C¹ Δ Θ f¹ 33
     15 Τότε πορευθέντες οἱ Φαρισαῖοι   συμβούλιον ἔλαβον κατ' τοῦ Ἰησοῦ ὅπως C²
     15 Τότε πορευθέντες οἱ Φαρισαῖοι   συμβούλιον ἔλαβον   πῶς   D 1424
     15 Τότε πορευθέντες οἱ Φαρισαῖοι   συμβούλιον ἔλαβον κατὰ τοῦ Ἰησοῦ ὅπως M
     15 Τότε πορευθέντες οἱ Φαρισαῖοι   συμβούλιον ἔλαβον   ὅπως   uwτ rell

αὐτὸν παγιδεύσωσιν ἐν λόγῳ. 16 καὶ ἀποστέλλουσιν   αὐτῷ τοὺς μαθητὰς αὐτῶν   B uwτ rell
αὐτὸν παγιδεύσωσιν .   16 καὶ ἀποστέλλουσιν   αὐτῷ τοὺς μαθητὰς αὐτῶν   ℵ*
αὐτὸν παγιδεύσωσιν ἐν λόγῳ. 16 καὶ ἀποστέλλουσιν πρὸς αὐτὸν τοὺς μαθητὰς αὐτῶν   D
αὐτὸν παγιδεύσωσιν ἐν λόγῳ. 16 καὶ ἀποστέλλουσιν   αὐτῷ τοὺς μαθητὰς ἑαυτῶν   Θ
αὐτὸν παγιδεύσωσιν   λόγῳ. 16 καὶ ἀποστέλλουσιν   αὐτῷ τοὺς μαθητὰς αὐτῶν   579 1424

μετὰ τῶν Ἡρῳδιανῶν λέγοντας, Διδάσκαλε, οἴδαμεν ὅτι ἀληθὴς εἶ καὶ τὴν ὁδὸν   B ℵᶜ L w
μετὰ τῶν Ἡρῳδιανῶν λέγοντας, Διδάσκαλε, οἴδαμεν ὅτι ἀληθῆ εἶ καὶ τὴν ὁδὸν   ℵ*
μετὰ τῶν Ἡρῳδιανῶν λέγοντες, Διδάσκαλε, οἴδαμεν ὅτι ἀληθὴς ῇ καὶ τὴν ὁδὸν   28
μετὰ τῶν Ἡρῳδιανῶν λέγοντες, Διδάσκαλε, οἰδάμαμεν ὅτι ἀληθὴς εἶ καὶ τὴν ὁδὸν   700*
μετὰ τῶν Ἡρῳδιανῶν λέγοντες, Διδάσκαλε, οἴδαμεν ὅτι ἀληθὴς εἶ καὶ τὴν ὁδὸν   uτ rell

τοῦ θεοῦ ἐν ἀληθείᾳ διδάσκεις, καὶ οὐ μέλει σοι περὶ οὐδενός, οὐ γὰρ B uwτ rell
τοῦ θεοῦ ἐπ' ἀληθείᾳ διδάσκεις, καὶ οὐ μέλει σοι περὶ οὐδενός, οὐ γὰρ D*
τοῦ θεοῦ ἐπ' ἀληθείας διδάσκεις, καὶ οὐ μέλει σοι περὶ οὐδενός, οὐ γὰρ Dᶜ
τοῦ θεοῦ ἐν ἀληθείᾳ διδάσκεις, καὶ οὐ μέλλει σοι περὶ οὐδενός, οὐ γὰρ 𝔐 M U
τοῦ θεοῦ ἐν ἀληθείᾳ διδάσκεις, καὶ   μέλλει σοι περὶ οὐδενός, οὐ γὰρ 1 1582* 118
τοῦ θεοῦ ἐν ἀληθείᾳ διδάσκεις, καὶ οὐ μέλλῃ σοι περὶ οὐδενός, οὐ γὰρ 69 579
τοῦ θεοῦ ἐν ἀληθείᾳ διδάσκεις, καὶ οὐ μέλλει σοι περὶ οὐδενός, οὐδὲ γὰρ 157

βλέπεις εἰς πρόσωπον ἀνθρώπων. 17 εἰπὲ οὖν ἡμῖν τί σοι δοκεῖ· ἔξεστιν   B uτ rell
βλέπεις εἰς πρόσωπον ἀνθρώπων. 17   τί σοι δοκεῖ· ἔξεστιν   D
βλέπεις εἰς πρόσωπον ἀνθρώπου. 17 εἰπὲ οὖν ἡμῖν τί σοι δοκεῖ· ἔξεστιν   G Θ 28 157 565 700
βλέπεις εἰς πρόσωπον ἀνθρώπων. 17 εἰπὸν οὖν ἡμῖν τί σοι δοκεῖ· ἔξεστιν   L 33 w
βλέπεις εἰς πρόσωπον ἀνθρώπου. 17 εἰπὲ οὖν ἡμῖν τί σοι δοκεῖ· ἔξεστιν ἡμῖν   f¹
βλέπεις εἰς πρόσωπον ἀνθρώπων. 17 εἰπὲ οὖν ὑμῖν τί σοι δοκεῖ· ἔξεστιν   f¹³
βλέπεις εἰς πρόσωπον ἀνθρώπου. 17   ἔξεστιν   1424

Ε 22.15-17 𝔓⁴⁵ A N P Q Γ

A 15 πορευθενθεντες 788* ¦ συνβουλιον D K Θ ¦ παγηδευσωσιν 1071 16 αποστελουσιν Π* ¦ αληθεις Ε 2* 1071 1346 ¦ αληθια ℵ ¦ αληθηα Θ ¦ μελι ℵ Δ Θ ¦ μελη S 2* ¦ βλεπις ℵ 17 δοκι ℵ ¦ δωκει 579 ¦ εξεστι Υ K M U W Θ Π f¹³ 69 28 157 700 788 1346 ¦ εξεστην 579

B 15 ῑῡ M 16 θῡ B ℵ C D 𝔐 K L M S U W Δ Θ Π Ω f¹ 118 f¹³ 69 124 2 33 28 157 565 579 700 788 1071 1346 1424 16 ανων ℵ C E F H Y K L M S U Δ Π Ω f¹³ 69 124 2 33 579 1071 1346 ¦ ανου G Θ f¹ 118 28 157 565 700 1424

C 15 ανναγνοσμα περι του κυριακη D ¦ νβ περι των επερωτησαντων (επερωτισαντων Ε ¦ επερωτισ. αυτ f¹) δια (om. Π) τον κηνσον (κησον Ε* ¦ κινσον 2 1424): E F H Y K L Δ Π f¹ f¹³ 2 157 579 1424 ¦ νβ πε του κηνσον· M S Ω 28 ¦ νβ επερωτησις δια τον κηνσον 124 788 ¦ νβ 118 1071 ¦ νβ επερωτ δια των ακουσαντ 1346 ¦ Μθ νβ : Μρ λζ : Λο οα Μ ¦ αρχη F ¦ αρχη: Σαββατω ιγ τω καιρω συνβουλιον (συμβ. G) ελαβον (ελαβαν G) οι φαρισαιοι κατα του ῑυ (+ οπως αυτ G): (ante οπως) E G ¦ αρχη: Σα ιγ τω κ, συμβουλιον ελαβον οι φαρισαιοι κατ του ῑυ οπως αυτ H ¦ αρχ: Σα ιγ αρχ τω κ,ρ,ω συμβουλιον ελαβον οι φαρισαιοι κατα του ῑυ οπως αυτον Υ ¦ τη αγια κ, μῇ γ τω πρωι K ¦ αρχ: Μθ Σα ιγ τω καιρω, συμβουλιον ελαβον οι φαρισαιοι κατα του ῑυ οπως αυτον παγιδευσο, M ¦ Σα ιγ τω κ S ¦ αρχ τω κερω εκινω πορευθεντ τη μγ γ S² ¦ αρχ Σα ιγ τω καιρω οι φαρ, κτ του ῑυ συμβουλιον Ω ¦ αρχ ϙᾱ Σα ῑγ τω καιρω συμβουλ ελ,α οι φαρισαιοι κ,τ του ῑυ f¹ ¦ αρχ ϙᾱ Σα ῑγ και τη αγ και μγᾱ γ εις τ ορθρ τω καιρω εκεινω συμβουλ ελ,α 118 ¦ αρχ f¹³ ¦ αρχ: Σα ιγ τω κ,ρω συμβουλιον ελ,α οι φαρισαιοι κατα του ῑυ 2 ¦ γ εις τ ορθ ματθ 2² ¦ αρχ μγ γ του ορθ 28 ¦ αρχ Σα ιγ 157 788 1071 1346 ¦ αρχ τς γ 700 ¦ αρχη τω καιρω 1424 ¦ λεγετ τηι αγια γ πρωι Ω 16 νβ πε των επερωτησαντων δια τον κηνσον U

D 15 σκγ C D F H Θ Π Ω f¹ 2 157 579 1346 ¦ σκγ/β E G Y L M S U 118 124 28 788 1071 1424 ¦ Ευ Μθ σκγ : Ιω . : Λο σμβ : Μρ ρα Ε ¦ Μρ λζ : Λο οα L ¦ Μθ σκγ : Μρ ρα : Λο μγ Μ ¦ Μθ σκγ : Μρ ρλ : Λο σμγ : Ιω . 124 16 σκγ/λ ℵ

δοῦναι κῆνσον   Καίσαρι ἢ οὔ; **18** γνοὺς δὲ ὁ Ἰησοῦς τὴν πονηρίαν   αὐτῶν εἶπεν,   B **uwτ** rell
κῆνσον δοῦναι   Καίσαρι ἢ οὔ; **18** γνοὺς δὲ ὁ Ἰησοῦς τὰς πονηρίας   αὐτῶν εἶπεν,   W
δοῦναι   Καίσαρι ἢ οὔ; **18** γνοὺς δὲ ὁ Ἰησοῦς τὴν πονηρίαν   αὐτῶν εἶπεν,   Δ*
κῆνσον δοῦναι   Καίσαρι ἢ οὔ; **18** γνοὺς δὲ ὁ Ἰησοῦς τὴν πονηρίαν   αὐτῶν εἶπεν,   Θ
δοῦναι κῆνσον   Καίσαρι ἢ οὔ; **18** γνοὺς δὲ ὁ Ἰησοῦς τὴν πονηρίαν   αὐτῶν εἶπεν αὐτοῖς, 33
δοῦναι κῆνσον τῷ   Καίσαρι ἢ οὔ; **18** γνοὺς δὲ ὁ Ἰησοῦς τὴν πονηρίαν   αὐτῶν εἶπεν,   579
δοῦναι κῆνσον   Καίσαρι ἢ οὔ; **18** γνοὺς δὲ ὁ Ἰησοῦς τὴν πανουργίαν   αὐτῶν εἶπεν,   700

Τί με πειράζετε, ὑποκριταί; **19** ἐπιδείξατέ μοι τὸ νόμισμα του κήνσου. οἱ δὲ   B **uwτ** rell
Τί με πειράζετε, ὑποκριταί; **19** ὑποδείξατέ μοι τὸ νόμισμα του κήνσου. οἱ δὲ   S 28 700

προσήνεγκαν αὐτῷ δηνάριον. **20** καὶ λέγει αὐτοῖς,   Τίνος ἡ εἰκὼν   B **u[w]τ** rell
προσήνεγκαν αὐτῷ δηνάριον. **20** ὁ δὲ λέγει αὐτοῖς,   Τίνος ἡ εἰκὼν   C
προσήνεγκαν αὐτῷ δηνάριον. **20**   λέγει αὐτοῖς ὁ Ἰησοῦς,   Τίνος ἡ εἰκὼν   D
προσήνεγκαν αὐτῷ δηνάριον. **20** καὶ λέγει αὐτοῖς ὁ Ἰησοῦς,   Τίνος ἡ εἰκόνα L   [↓[w]
προσήνεγκαν αὐτῷ δηνάριον. **20** καὶ λέγει αὐτοῖς ὁ Ἰησοῦς,   Τίνος ἡ εἰκὼν   Θ f¹³ 33 157 788 1071 1346

αὕτη καὶ ἡ ἐπιγραφή; **21** λέγουσιν,   Καίσαρος. τότε λέγει αὐτοῖς, Ἀπόδοτε οὖν   B w
αὕτη καὶ ἡ ἐπιγραφή; **21** ·············   ·············   C
αὕτη καὶ ἡ ἐπιγραφή; **21** λέγουσιν,   Κέσαρος. τότε λέγει αὐτοῖς, Ἀπόδοτε οὖν   ℵ
αὕτη καὶ ἡ ἐπιγραφή; **21** λέγουσιν αὐτῷ, Καίσαρος. τότε λέγει αὐτοῖς, Ἀπόδοτε   D 700*
καὶ ἡ ἐπιγραφη αὐτή; **21** λέγουσιν αὐτῷ, Καίσαρος. τότε λέγει αὐτοῖς, Ἀπόδοτε οὖν   L 2ᶜ
καὶ ἡ ἐπιγραφη; **21** λέγουσιν αὐτῷ,   Καίσαρος. τότε λέγει αὐτοῖς, Ἀπόδοτε οὖν   2*
καὶ ἡ ἐπιγραφη αὕτή; **21** λέγουσιν αὐτόν, Καίσαρος. τότε λέγει αὐτοῖς, Ἀπόδοτε   157
αὕτη καὶ ἡ ἐπιγραφή; **21** λέγουσιν αὐτῷ, Καίσαρος. τότε λέγει αὐτοῖς, Ἀπόδοτε οὖν   **uτ** rell

τὰ Καίσαρος   Καίσαρι καὶ τὰ τοῦ θεοῦ τῷ θεῷ. **22** καὶ   B 𝕸 M U f¹ f¹³ 2ᶜ 33 28 157 579 788 1071 1346
τὰ Κέσαρος   Καίσαρι καὶ τὰ τοῦ θεοῦ τῷ θεῷ. **22** καὶ   ℵ   [↑1424 **uwτ** τὰ
Καίσαρος τῷ   Καίσαρι καὶ τὰ τοῦ θεοῦ τῷ θεῷ. **22** καὶ   D K Δ Θ Π 565 700
τὰ Καίσαρος   Κέσαρι καὶ τὰ τοῦ θεοῦ τῷ θεῷ. **22** καὶ   L
τὰ Κέσαρος   Κέσαρι καὶ τὰ τοῦ θεοῦ τῷ θεῷ. **22** καὶ   W
τὰ Καίσαρος   Καίσαρι καὶ τὰ τοῦ θεοῦ τῷ θεῷ. **22**   2*

[Cl Exc. 86.1 ο κυριος ειπεν ου τινος το κτημα αλλα τινος η εικων και η επιγραφη;] [Cl Pd II 14.1 και τον στατηρα τοις τελωναις δους τα Καισαρος αποδους τω Καισαρι, φυλαξη τα του θεου τωθεω] [Cl Pd III 91.3 αποδοτε τα Καισαρος Καισαρι και τα του θεου τω θεω] [Cl Ecl 24.2 και τα του θεου τω θεω].

ἀκούσαντες ἐθαύμασαν, καὶ ἀφέντες αὐτὸν ἀπῆλθαν.   B D W* **uw**
om.   2*
ἀκούσαντες ἐθαύμασαν, καὶ ἀφέντες αὐτὸν ἀπῆλθον.   **τ** rell

νγ̅   περὶ τῶν σαδδουκαίων

A Question About The Resurrection
(Mark 12.18-27; Luke 20.27-40)

ρκζ̅ **23**   Ἐν ἐκείνη τῇ ἡμέρᾳ προσῆλθον αὐτῷ   Σαδδουκαῖοι,   B D M S U W Δ Π* Ω 1 118 f¹³ 2 33
     23 Καὶ ἐν ἐκείνη τῇ ἡμέρᾳ προσῆλθον   Σαδδουκαῖοι,   ℵ*   [↑28 157 1424 **uw**
     23   Ἐν ἐκείνη τῇ ἡμέρᾳ προσῆλθον αὐτῷ οι Σαδδουκαῖοι,   f¹³ 700 788
     23   Ἐν ἐκείνη τῇ ἡμέρᾳ προσῆλθον αὐτῷ οι Σαδδουκαῖοι, οἱ   124   [↓1071 1346 τ
     23   Ἐν ἐκείνη τῇ ἡμέρᾳ προσῆλθον αὐτῷ   Σαδδουκαῖοι, οἱ   ℵᶜ 𝕸 K L Θ Πᶜ 1582 69 565 579

lac. **22.17-23** 𝔓⁴⁵ A N P Q Γ ¦ vss. 21-22 C

A 17 κινσον E* 33 1424 ¦ κηνσων Θ **18** πονηριααν Θ ¦ ειπε Υ 118 157 ¦ πιραζετε ℵ ¦ πειραζεται D L W Δ 13 33 579 1071 ¦ πιραζεται Θ ¦ πηραζεται 2* ¦ υποκρειται D ¦ υποκριτε 2* **19** επιδιξατε ℵ W Θ ¦ επειδειξατε C ¦ νομησμα 2* ¦ κινσου 2* 33 1424 ¦ διναριον L 565 **20** λεγι ℵ ¦ ικων ℵ W ¦ ει (η) 124 28. ¦ επηγραφη K **21** λεγουσι ℵ ¦ λεγι ℵ ¦ αποδωτε 579 **22** αυτων 13 **23** εκινη ℵ

B 18 ι̅ς̅ B ℵ C 𝕸 K L M S U W Δ Θ Π Ω f¹ 118 f¹³ 124 2 33 28 157 565 579 700 788 1071 1346 1424 ¦ ι̅η̅ς̅ D **20** ι̅η̅ς̅ D ¦ ι̅ς̅ L Θ f¹³ 124 33 788 1071 1346 **21** θ̅υ̅, θ̅ω̅ B ℵ D 𝕸 K L M S U W Δ Θ Π Ω f¹ 118 f¹³ 69 124 2 33 28 157 565 579 700 788 1071 1346 1424

C 18 νβ̅ περι των επερωτησαντων δια τον κηνσον G **22** τελος (post απηλθον) E S Ω 118 f¹³ 124 579 788 1071 ¦ τελος του Σα G M f¹ 28 ¦ τελ πρ επαλλο τω καισαρι Υ **23** νγ̅ περι των (om. 1346) σαδδουκαιων: E G H Y K L M U Δ Θ Π f¹ 124 2 33 157 565 579 788 1071 1346 1424 ¦ νγ̅ πε των σαδδουκ, (+των S 28) λεγοντ μη ειν, αναστ S Ω 28 ¦ νγ̅ 118 ¦ νδ̅ περι του Σαδδουκεου του λεγου αναστησιν μη εινε 1071² ¦ αρχη: τη δ̅ της η̅ εβδ τω καιρω προσηλθ τω ι̅υ̅ σαδδουκ, G ¦ αρχ (ante προσηλθον): τη δ̅ της η̅ εβ̅δ̅ τω κ,ρ,ω προσηλθον τω ι̅υ̅ σαδδουκαιοι λεγοντ Υ ¦ αρχ̅ L 124 788 1071 1346 ¦ αρχ: Μθ τη δ̅ τς η̅ εβδ τω καιρ, προσηλθον τω ι̅υ̅ σαδδουκαιοι Μ ¦ τη δ̅ τς η̅ εβδ τω κ S ¦ αρχ ο̅β̅ τη ς̅ τς ι̅ εβ τω καιρω προσηλθ τω ι̅υ̅ σαδουκ λεγοντ f¹ ¦ αρχ ο̅β̅ τη παρα τς ι̅ εβδομα̅ τω προσηλθ τω ι̅υ̅ σαδου 118 ¦ αρχ f¹³ ¦ αρχ τς α̅ τω καιρω εκεινω. προσηλθον τω ι̅υ̅ σαδδουκαιοι 28 ¦ αρχ τη ς̅ 157 ¦ αποστολοι εσπερα τον συναθροισθεντες ενθαδε 1071²

D 23 Μρ λη̅ Λο οα̅ L ¦ Μθ νγ̅ : Μρ λη̅ : Λο οβ̅ M

λέγοντες μὴ εἶναι ἀνάστασιν, καὶ ἐπηρώτησαν αὐτὸν 24 λέγοντες, Διδάσκαλε, B uwτ rell
λέγοντες μὴ εἶναι ἀνάστασιν, καὶ ηρώτησαν αὐτὸν 24 λέγοντες, Διδάσκαλε, U
λέγοντες 24 Διδάσκαλε, Δ

Μωϋσῆς εἶπεν, Ἐάν τις ἀποθάνῃ μὴ ἔχων τέκνα, ἐπιγαμβρεύσει ὁ ἀδελφὸς B 124 uw rell
Μωϋσῆς εἶπεν, Ἐάν τις ἀποθάνῃ μὴ ἔχων τέκνα, ἵνα ἐπιγαμβρεύσει ὁ ἀδελφὸς D
Μωϋσῆς εἶπεν, Ἐάν τις ἀποθάνῃ μὴ ἔχων τέκνα, ἐπιγαμβρεύσῃ ὁ ἀδελφὸς W 1582*
Μωσῆς εἶπεν, Ἐάν τις ἀποθάνῃ μὴ ἔχων τέκνα, ἐπιγραμβρεύσει ὁ ἀδελφὸς Δ
Μωσῆς εἶπεν, Ἐάν τις ἀποθάνῃ μὴ ἔχων τέκνα, ἐπιγραμβεύσει ὁ ἀδελφὸς 118
Μωϋσῆς εἶπεν, Ἐάν τις ἀποθάνῃ μὴ ἔχων τέκνα, καὶ ἐπιγαμβρεύσῃ ὁ ἀδελφὸς f[13]
Μωϋσῆς εἶπεν, Ἐάν τις ἀποθάνῃ μὴ ἔχων τέκνα, καὶ ἐπιγαμβρεύσῃ ὁ ἀδελφὸς 69 788
Μωσῆς εἶπεν, Ἐάν τις ἀποθάνῃ μὴ ἔχων τέκνα, ἐπιγαμβρεύσῃ ὁ ἀδελφὸς 579 1424
Μωϋσῆς εἶπεν, Ἐάν τις ἀποθάνῃ μὴ ἔχων τέκνα, καὶ ἐπιγαμβρεύ····· ············ 1346 [↓1071 τ
Μωσῆς εἶπεν, Ἐάν τις ἀποθάνῃ μὴ ἔχων τέκνα, ἐπιγαμβρεύσει ὁ ἀδελφὸς ℵ 𝔐 U f[1] 2 157

αὐτοῦ τὴν γυναῖκα αὐτοῦ καὶ ἀναστήσει σπέρμα τῷ ἀδελφῷ αὐτοῦ. 25 ἦσαν δὲ B uwτ rell
αὐτοῦ καὶ ἀναστήσει σπέρμα τῷ ἀδελφῷ αὐτοῦ. 25 ἦσαν D
αὐτοῦ τὴν γυναῖκα αὐτοῦ καὶ ἐξαναστήσει σπέρμα τῷ ἀδελφῷ αὐτοῦ. 25 ἦσαν δὲ F H M Θ 1424
αὐτοῦ τὴν γυναῖκα αὐτοῦ καὶ ἀνα········ ········· τῷ ἀδελφῷ αὐτοῦ. 25 ἦσαν δὲ 1346

παρ' ἡμῖν ἑπτὰ ἀδελφοί· καὶ ὁ πρῶτος γήμας ἐτελεύτησεν, καὶ μὴ ἔχων σπέρμα B ℵ L Θ f[1] 124 33 157
········ ········· καὶ ὁ πρῶτος γήμας ἐτελεύτησεν, καὶ μὴ ἔχων σπέρμα Γ [↑700 uw
παρ'········ ········· ἀδελφοί· ὁ πρῶτος γαμήσας ἐτελεύτησεν, καὶ μὴ ἔχων σπέρμα 1346
ἐν ἡμῖν ἑπτὰ ἀδελφοί· καὶ ὁ πρῶτος γαμήσας ἐτελεύτησεν, καὶ μὴ ἔχων σπέρμα 1424
παρ' ἡμῖν ἑπτὰ ἀδελφοί· καὶ ὁ πρῶτος γαμήσας ἐτελεύτησεν, καὶ μὴ ἔχων σπέρμα D 𝔐 K M U W Γ Δ Π
f[13] 2 28 565 579 788 1071 τ

ἀφῆκεν τὴν γυναῖκα αὐτοῦ τῷ ἀδελφῷ αὐτοῦ· 26 ὁμοίως καὶ ὁ δεύτερος καὶ B uwτ rell
ἀφῆκεν τὴν γυναῖκα τῷ ἀδελφῷ αὐτοῦ· 26 ὁμοίως καὶ ὁ δεύτερος καὶ L Θ
ἀφῆκεν τὴν γυναῖκα αὐτοῦ τῷ ἀδελφῷ αὐτοῦ· 26 ὁμοίως δὲ καὶ ὁ δεύτερος καὶ U
ἀφῆκεν τὴν γυναῖκα αὐτοῦ τῷ ἀδελφῷ· 26 ὁμοίως καὶ ὁ δεύτερος καὶ 700

ὁ τρίτος, ἕως τῶν ἑπτά. 27 ὕστερον δὲ πάντων ἀπέθανεν ἡ γυνή. B ℵ L U W Π* 1 1582* 118 2 565
τρίτος, ἕως τῶν ἑπτά. 27 ὕστερον δὲ πάντων ἀπέθανεν ἡ γυνή. Y [↑uw
ὁ τρίτος, καὶ ἕως τῶν ἑπτά. 27 ὕστερον δὲ πάντων ἀπέθανεν καὶ ἡ γυνή. M*
ὁ τρίτος, ἕως τῶν ἑπτά. 27 ὕστερον δὲ ἀπέθαν ἡ γυνή. Δ
ὁ τρίτος, ἕως τῶν ἑπτά. 27 ὕστερον δὲ πάντων ἀπέθανεν καὶ ἡ γυνή. D 𝔐 K M[c] S Γ Θ Π[c] f[13] 1582[c] 33
28 157 579 700 788 1071 1346 1424 τ

28 ἐν τῇ ἀναστάσει οὖν τίνος τῶν ἑπτὰ ἔσται γυνή; πάντες γὰρ B ℵ L Θ 118 f[13] 700 788 1346 uw
28 ἐν τῇ ἀναστάσει οὖν τίνος ἔστε τῶν ἑπτὰ γυνή; πάντες γὰρ D
28 ἐν τῇ οὖν ἀναστάσει τίνος τῶν ἑπτὰ ἔσται ἡ γυνή; πάντες γὰρ Γ
28 ἐν τῇ ἀναστάσει οὖν τίνος τῶν ἑπτὰ ἔσται ἡ γυνή; πάντες γὰρ f[1]
28 ἐν τῇ ἀναστάσει τίνος τῶν ἑπτὰ ἔσται γυνή; πάντες γὰρ 565 [↓1424 τ
28 ἐν τῇ οὖν ἀναστάσει τίνος τῶν ἑπτὰ ἔσται γυνή; πάντες γὰρ 𝔐 K M U W Γ Δ Π 2 33 28 157 579 1071

ἔσχον αὐτήν. 29 ἀποκριθεὶς δὲ ὁ Ἰησοῦς εἶπεν αὐτοῖς, Πλανᾶσθε B uwτ rell
ἔσχον αὐτήν. 29 καὶ ἀποκριθεὶς ὁ Ἰησοῦς εἶπεν αὐτοῖς, Πλανᾶσθε ℵ
ἔσχον αὐτὴν γυναῖκα. 29 ἀποκριθεὶς δὲ ὁ Ἰησοῦς εἶπεν αὐτοῖς, Πλανᾶσθε G M[c] 33
ἔσχον αὐτήν. 29 ἀποκριθεὶς δὲ ὁ Ἰησοῦς εἶπεν, Πλανᾶσθε S Ω 1071
ἔχον αὐτήν. 29 ἀποκριθεὶς δὲ ὁ Ἰησοῦς εἶπεν αὐτοῖς, Πλανᾶσθε Δ
εἶχον αὐτήν. 29 ἀποκριθεὶς δὲ ὁ Ἰησοῦς εἶπεν αὐτοῖς, Πλανᾶσθε Θ
ἔσχον αὐτὴν γυναῖκα. 29 ἀποκριθεὶς δὲ ὁ Ἰησοῦς εἶπεν, Πλανᾶσθε ὑμεῖς 28
αὐτήν ἔσχον. 29 ἀποκριθεὶς δὲ ὁ Ἰησοῦς εἶπεν αὐτοῖς, Πλανᾶσθε 1424

μὴ εἰδότες τὰς γραφὰς μηδὲ τὴν δύναμιν τοῦ θεοῦ· 30 ἐν γὰρ τῇ ἀναστάσει οὔτε B uwτ rell
μὴ εἰδότες τὰς γραφὰς μηδὲ ········ 30 1582
μὴ ἰδόντες τὰς γραφὰς μηδὲ τὴν δύναμιν τοῦ θεοῦ· 30 ἐν γὰρ τῇ ἀναστάσει οὔτε f[13]

---

lac. 22.23-30 𝔭[45] A C N P Q ¦ vss. 23-25 Γ ¦ vss. 29-31 1582

A 23 λεγοντες 579 ¦ επηρotησαν Θ ¦ επιρωτησαν 2 24 της (τις) Θ ¦ εχον Θ 579 ¦ επιγαμβρευσι ℵ Θ ¦ επηγαμβρευσει Κ ¦ επιγαβρευσει L ¦ γυνεκα ℵ* ¦ αναστησι ℵ ¦ αναστασι 1582* 25 ημειν D ¦ εμιν Θ ¦ προτος Μ Θ ¦ ετελευτησε Υ Γ 118 157 700 ¦ αφηκε Υ Γ 69 157 700 ¦ γυνεκα ℵ* 26 τον (των) Θ 27 απεθανε Γ 69 157 700 1071 28 τι (τη) Ε* ¦ αναστασι ℵ W ¦ τινως 13 ¦ εστε ℵ Θ ¦ εσχων Κ 1071 29 αποκριθη ℵ ¦ αποκρειθεις D ¦ πλανασθαι ℵ D W Δ Θ 2 28 579 ¦ ιδοτες ℵ Θ 28 1424 ¦ ιδωτες 579 ¦ δυναμην Ε Κ L U Δ Θ 2* 30 τι (τη) Θ ¦ αναστασι ℵ Θ ¦ αναστασασει 565 ¦ αναστασση 1346

B 29 ι̅ς̅ B ℵ 𝔐 K L M S U W Γ Δ Θ Π Ω f[1] 118 f[13] 124 2 33 28 157 565 579 700 788 1071 1346 1424 ¦ τη̅ς̅ D ¦ θ̅υ̅ B ℵ D 𝔐 K L M S U W Γ Δ Θ Π Ω f[1] 118 f[13] 69 124 2 33 28 157 565 579 700 788 1071 1346 1424

γαμοῦσιν οὔτε γαμίζονται, ἀλλ᾽ ὡς ἄγγελοι ἐν τῷ οὐρανῷ εἰσιν. B uw
γαμοῦσιν οὔτε γαμίζονται, ἀλλ᾽ ὡς ἄγγελοι θεοῦ ἐν τῷ οὐρανῷ εἰσιν. ℵ L
γαμοῦσιν οὔτε γαμίζονται, ἀλλὰ ὡς ἄγγελοι ἐν τῷ οὐρανῷ εἰσιν. D
γαμοῦσιν οὔτε ἐκγαμίζονται, ἀλλ᾽ ὡς ἄγγελοι ἐν τῷ οὐρανῷ εἰσιν. E*
γαμοῦσιν οὔτε ἐκγαμίζονται, ἀλλ᾽ ὡς ἄγγελοι τοῦ θεοῦ οἱ ἐν οὐρανῷ εἰσιν. U
γαμοῦσιν οὔτε γαμίσκονται, ἀλλ᾽ ὡς ἄγγελοι τοῦ θεοῦ ἐν οὐρανῷ εἰσιν. W
γαμοῦσιν οὔτε γαμίσκονται, ἀλλ᾽ ὡς οἱ ἄγγελοι ἐν οὐρανοῖς εἰσιν. Θ
γαμοῦσιν οὔτε γαμίζονται, ἀλλ᾽ εισιν ὡς οἱ ἄγγελοι ἐν τῷ οὐρανῷ. f¹
γαμοῦνται οὔτε ἐκγαμίζονται, ἀλλ᾽ ὡς ἄγγελοι θεοῦ εἰσιν ἐν τῷ οὐρανῷ. f¹³
γαμοῦσιν οὔτε ἐγγαμίσκονται, ἀλλ᾽ ὡς ἄγγελοι θεοῦ εἰσιν ἐν τῷ οὐρανῷ. 69
γαμοῦσιν οὔτε γαμίσκονται, ἀλλ᾽ ὡς ἄγγελοι θεοῦ εἰσιν ἐν τῷ οὐρανῷ. 124 788
γαμοῦσιν οὔτε ἐκγαμίζονται, ἀλλ᾽ ὡς ἄγγελοι θεοῦ ἐν τῷ οὐρανῷ εἰσιν. 28 1071
γαμοῦσιν οὔτε γαμίσκονται, ἀλλ᾽ ὡς ἄγγελοι θεοῦ ἐν τῷ οὐρανῷ εἰσιν. 33 157
γαμοῦνται οὔτε ἐγκαμίζονται, ἀλλ᾽ ὡς ἄγγελοι τοῦ θεοῦ ἐν οὐρανῷ εἰσιν. 579
γαμοῦσιν οὔτε γαμίσκονται, ἀλλ᾽ ὡς ἄγγελοι ἐν οὐρανῷ εἰσιν. 700
γαμοῦσιν οὔτε ἐγγαμίζονται, ἀλλ᾽ ὡς ἄγγελοι θεοῦ εἰσιν ἐν τῷ οὐρανῷ. 1346
γαμοῦσιν οὔτε γαμίζονται, ἀλλ᾽ εισιν ὡς ἄγγελοι θεοῦ ἐν τῷ οὐρανῷ. 1424
γαμοῦσιν οὔτε ἐκγαμίζονται, ἀλλ᾽ ὡς ἄγγελοι τοῦ θεοῦ ἐν οὐρανῷ εἰσιν. 𝔐 K M Γ
Δ Π 2 565 τ

[Cl S III 47.3 αλλα μετα την αναστασιν, φησιν, ουτε γαμουσιν ουτε γαμιζονται] [Cl III 87.1 οι υιοι του αιωνος εκεινου ουτε γαμουσιν ουτε γαμιζονται] [Cl S VI 100.3 επαν μητε γαμωσι μητε γαμισκωνται] [Cl S VI 140.1 καθ ην ουτε γαμουσιν ουτε γαμισκονται ετι].

31 περὶ δὲ τῆς ἀναστάσεως τῶν νεκρῶν οὐκ ἀνέγνωτε τὸ ῥηθὲν ὑμῖν ὑπὸ τοῦ θεοῦ B uwτ rell
31 περὶ δὲ τῆς ἀναστάσεως τῶν νεκρῶν οὐκ ἀνέγνωτε τὸ ῥηθὲν ὑπὸ τοῦ θεοῦ Υ Κ Θ Π 124* 788
31 περὶ δὲ ἀναστάσεως τῶν νεκρῶν οὐκ ἀνέγνωτε τὸ ῥηθὲν ὑμῖν ὑπὸ τοῦ θεοῦ 565
31 περὶ δὲ τῆς ἀναστάσεως τῶν νεκρῶν οὐκ ἀνέγνωτε τὸ ῥηθὲν ἡμῖν ὑπὸ τοῦ θεοῦ 579

λέγοντος, **32** Ἐγώ εἰμι ὁ θεὸς Ἀβραὰμ καὶ ὁ θεὸς Ἰσαὰκ καὶ ὁ θεὸς Ἰακώβ; B uwτ rell
λέγοντος, **32** Ἐγώ εἰμι ὁ θεὸς Ἀβραὰμ καὶ θεὸς Ἰσὰκ καὶ θεὸς Ἰακώβ; ℵ*
λέγοντος, **32** Ἐγώ εἰμι ὁ θεὸς Ἀβραὰμ καὶ θεὸς Ἰσαὰκ καὶ θεὸς Ἰακώβ; ℵᶜ
λέγοντος, **32** Ἐγώ εἰμι ὁ θεὸς Ἀβραὰμ καὶ ὁ θεὸς Ἰσὰκ καὶ ὁ θεὸς Ἰακώβ; D Θ
λέγοντος, **32** Ἐγώ εἰμι ὁ θεὸς Ἀβραὰμ καὶ ὁ θεὸς Ἰσαὰκ; 69

οὐκ ἔστιν ὁ θεὸς νεκρῶν ἀλλὰ ζώντων. **33** καὶ ακούσαντες B L Δ f¹ 33 [uw]
οὐκ ἔστιν θεὸς νεκρῶν ἀλλὰ ζώντων. **33** καὶ ακούσαντες ℵ D W [uw]
οὐκ ἔστιν δὲ ὁ θεὸς θεὸς νεκρῶν ἀλλὰ ζώντων. **33** καὶ ακούσαντες Θ f¹³ 788 1346
ὥστε οὐκ ἔστιν θεὸς νεκρῶν ἀλλὰ ζώντων. **33** καὶ ακούσαντες 28
οὐκ ἔστιν ὁ θεὸς νεκρῶν ἀλλὰ θεὸς ζώντων. **33** καὶ ακούσαντες 157*
οὐκ ἔστιν ὁ θεὸς θεὸς νεκρῶν ἀλλὰ θεὸς ζώντων. **33** καὶ ακούσαντες 157ᶜ
οὐκ ἔστιν ὁ θεὸς θεὸς νεκρῶν ἀλλὰ ζώντων. **33** καὶ ακούσαντες 𝔐 K M U Γ Π 2 565
579 700 1071 1424 τ

οἱ ὄχλοι ἐξεπλήσσοντο ἐπὶ τῇ διδαχῇ αὐτοῦ. B uwτ rell
οἱ ὄχλοι ἐξεπλήσσοντο ἐπὶ τῇ διδασκαλίᾳ αὐτοῦ. M
οἱ ὄχλοι ἐξεπλήσοντο ἐπὶ τῇ διδαχήᾳ αὐτοῦ. Δ

lac. **22.30-33** 𝔓⁴⁵ A C N P Q

A **30** γαμουσι ℵ | γαμειζονται D | γαμησκονται Θ | ενγαμιζονται 13 | εκγαμηζονται 2* | εισι 157 **31** τη (της) E* | αναστεως K* | αναστασαιος 579 | ανεγνωται Γ | ριθεν E | υμειν D **32** ειμει W | εστι 69 | ζοντων 13 | ζωνντων 28 **33** εξεπλησοντο Θ | εξεπλησσον 1424

B **30** θ͞υ ℵ Eᶜ F G H Y K L M S U W Γ Δ Π Ω f¹ f¹³ 69 124 2 33 28 157 565 579 788 1071 1346 1424 | ο͞υν͞ω͞ ℵ 𝔐 K L M S Γ Δ Π Ω f¹ 118 f¹³ 69 124 2 33 28 157 565 700 788 1071 1346 1424 **31** θ͞υ B ℵ D 𝔐 K L M S U W Γ Δ Θ Π Ω f¹ 118 f¹³ 69 124 2 33 28 157 565 579 700 788 1071 1346 1424 **32** θ͞ς¹·²·³·⁴ B ℵ D 𝔐 K L M S U W Γ Δ Θ Π Ω f¹ 118 f¹³ 124 2 33 28 157 565 579 700 788 1071 1346 1424 | θ͞ς¹·²·⁴· 69 | θ͞ς⁵ 𝔐 K M U Θ Π Ω f¹³ 69 124 2 157ᶜ 565 700 788 1071 1346 1424 | θ͞ς⁶ 157

C **33** τελος (post διδαχη αυτου) D [σαββατω ιγ εβδομ.: ι´ ημερ. ς´: 22.15-33] 118 | τελ ξ͞ f¹ νδ   περὶ τοῦ ἐπερωτήσαντος νομικοῦ

The Commandment To Love God And Neighbor
(Mark 12.28-34; Luke 10.25-34)

ρκη	34 Οἱ δὲ Φαρεισαῖοι	ἀκούσαντες ὅτι ἐφείμωσεν	τοὺς Σαδδουκαίους συνήχθησαν			B D
	34 Οἱ δὲ Φαρισαῖοι	ἀκούσαντες ὅτι ἐφίμωσεν	τοὺς Σαδδουκέους συνήχθησαν			א
	34 Οἱ δὲ Φαρισαῖοι	ἀκούσαντες ὅτι ἐφίμωσεν	τοὺς Σαδδουκαίους συνήχθησαν			uwτ rell

ἐπὶ τὸ αὐτό.	35 καὶ ἐπηρώτησεν εἷς ἐξ αὐτῶν νομικὸς	πειράζων	αὐτόν,		B א L 33 [u]w
ἐπ᾽ αὐτόν.	35 καὶ ἐπηρώτησεν εἷς ἐξ αὐτῶν νομικὸς	πειράζων	αὐτόν καὶ λέγων,		D
ἐπὶ τὸ αὐτό.	35 καὶ ἐπηρώτησεν εἷς ἐξ αὐτῶν νομικὸς	πειράζων ⋯⋯	αὐτόν καὶ λέγων,		E*
ἐπὶ τὸ αὐτό.	35 καὶ ἐπηρώτησεν εἷς ἐξ αὐτῶν νομικός τις	πειράζων	αὐτόν καὶ λέγων,		F G H 2
ἐπὶ τὸ αὐτῷ.	35 καὶ ἐπηρώτησεν εἷς ἐξ αὐτῶν νομικὸς	πειράζων	αὐτόν καὶ λέγων,		S 579
ἐπὶ τὸ αὐτό.	35 ἐπηρώτησεν εἷς ἐξ αὐτῶν νομικὸς	πειράζων	αὐτόν καὶ λέγων,		Δ 1346
ἐπὶ τὸ αὐτό.	35 καὶ ἐπηρώτησεν εἷς ἐξ αὐτῶν	πειράζων	αὐτόν καὶ λέγων,		1 118 [u]
ἐπὶ τὸ αὐτό.	35 καὶ ἐπηρώτησεν εἷς νομικὸς	πειράζων	αὐτόν καὶ λέγων,		124
ἐπὶ τὸ αὐτό.	35 καὶ ἐπηρώτησεν εἷς ἐξ αὐτῶν νομικὸς	πειράζων	αὐτόν καὶ λέγων,		τ rell

36 Διδάσκαλε,	ποία ἐντολὴ μεγάλη ἐν τῷ νόμῳ;		B uwτ rell
36 Διδάσκαλε,	ποία ἐντολὴ ἐν τῷ νόμῳ μεγάλη;		D
36 Διδάσκαλε,	ποία ἐντολὴ μίζων ἐν τῷ νόμῳ;		Θ
36 Διδάσκαλε ἀγαθέ,	ποία ἐντολὴ μεγάλη ἐν τῷ νόμῳ;		1424

37 ὁ δὲ	ἔφη αὐτῷ, Ἀγαπήσεις κύριον τὸν θεόν σου ἐν ὅλῃ	καρδίᾳ	B א* w
37 ὁ δὲ	ἔφη αὐτῷ, Ἀγαπήσεις κύριον τὸν θεόν σου ἐν ὅλῃ τῇ καρδίᾳ		א^c L 33 u
37 ὁ δὲ Ἰησοῦς εἶπεν αὐτῷ, Ἀγαπήσεις κύριον τὸν θεόν σου ἐν ὅλῃ	καρδίᾳ		W Θ f^13 2 700 788
37 ἔφη αὐτῷ	Ἰησοῦς, Ἀγαπήσεις κύριον τὸν θεόν σου ἐν ὅλῃ τῇ καρδίᾳ		D [↑1346
37 ὁ δὲ Ἰησοῦς ἔφη αὐτῷ, Ἀγαπήσεις κύριον τὸν θεόν σου ἐν ὅλῃ	καρδίᾳ		𝔐 U Γ Δ 28 157 579
37 ὁ δὲ Ἰησοῦς εἶπεν αὐτῷ, Ἀγαπήσεις κύριον τὸν θεόν σου ἐν ὅλῃ τῇ καρδίᾳ			τ [↑1071
37 ὁ δὲ Ἰησοῦς ἔφη αὐτῷ, Ἀγαπήσεις κύριον τὸν θεόν σου ἐν ὅλῃ τῇ καρδίᾳ			Y K M Π f^1 565 1424

σου καὶ ἐν ὅλῃ	ψυχῇ σου			καὶ ἐν ὅλῃ τῇ διανοίᾳ		B 𝔐 W U Γ Δ 2^c 28
σου καὶ ἐν ὅλῃ	ψυχῇ σου καὶ ἐν ὅλῃ τῇ ἰσχύι σου	καὶ ἐν ὅλῃ τῇ διανοίᾳ				Θ [↑579 700
σου καὶ	ὅλῃ τῇ ψυχῇ σου			καὶ ἐν ὅλῃ τῇ διανοίᾳ		f^1
σου καὶ ἐν ὅλῃ τῇ	ψυχῇ σου καὶ ἐν ὅλῃ τῇ ἰσχύι σου	καὶ ἐν ὅλῃ τῇ διανοίᾳ				f^13 788 1346
σου καὶ ἐν ὅλῃ	ψυχῇ σου			καὶ ἐν ὅλῃ τῇ διανοίᾳ		2*
σου		καὶ ἐν ὅλῃ τῇ ἰσχύι σου	καὶ ἐν ὅλῃ τῇ διανοίᾳ			33 [↓1071 1424 uwτ
σου καὶ ἐν ὅλῃ τῇ	ψυχῇ σου			καὶ ἐν ὅλῃ τῇ διανοίᾳ		א D Y K L M Π 157 565

[Cl Pr 108.5 <u>ου φονευσεις, ου μοιχευσεις,</u> **ου παιδοφθορησεις,** <u>ου κλεψεις, ου ψευδομαρτυρησεις,</u> ... <u>αγαπησεις κυριον τον θεον σου</u>] [Cl Pd I 59.2 ημιν δε <u>αγαπησεις κυριον τον θεον σου</u> παρηνεσεν] [Cl Pd II 6.1 και <u>αγαπησεις κυριον τον θεον σου και τον πλησιον σου</u>] [Cl Pd II 43.1 ει γαρ <u>αγαπησεις κυριον τον θεον σου,</u> επειτα <u>τον πλησιον σου</u>] [Cl Q27.3 <u>αγαπησεις κυριον τον θεον σου εξ ολης της ψυχης σου και εξ ολης της δυναμεως σου</u>] [Cl Pd III 88.1 ως φησιν ο κυριος, <u>αγαπησεις τον θεον σου εν ολη καρδια σου και εν ολη τη ψυχη σου και εν ολη τη ισχυι σου και τον πλησιον σου ως σεαυον</u>] [Cl S II 71.1 ταυτη που <u>αγαπησεις κυριον τον θεον σου εξ ολης της καρδιας και τον πλησιον σου ως σεαυον</u>] [Cl S IV10.3 ταυτη που, <u>αγαπησεις κυριον τον θεον σου</u> φησιν <u>εξ ολης της καρδιας σου, και αγαπησεις τον πλησιον σου ως σεαυον</u>] [Cl Pd II 6.1 και αγαπησης <u>κυριον τον θεον σου και τον πλησιον σου</u>] [Cl II 43.1 ει γαρ <u>αγαπησεις κυριον τον θεον σου,</u> επειτα <u>τον πλησιον σου</u>]

lac. 22.31-37 𝔓^45 A C N P Q 1582

A 34 εφιμωσε א Y K U f^1 118 157 700 ¦ εφημωσεν Ω 13 124 2 33 28 579 788 1071 1346 1424 ¦ Σαδδουκαους Δ 35 επειρωτησεν E ¦ επιρωτησεν L Θ ¦ πιραζων א Θ ¦ πειραζον 579 36 εντωλη 2 37 αγαπησις א ¦ αγαπησης 157 579 Cl^pt ¦ καρδεια D ¦ διανια 1346

B 37 της D ¦ ις 𝔐 K M S U W Γ Δ Θ Π Ω f^1 118 f^13 124 2 28 157 565 579 700 788 1071 1346 1424 ¦ κν B א D 𝔐 K L M S U W Γ Δ Θ Π Ω f^1 118 f^13 69 124 2 33 28 157 565 579 700 788 1071 1346 1424 ¦ θν B א D 𝔐 K L M S U W Γ Δ Θ Π Ω f^1 118 f^13 69 124 2 33 28 157 565 579 700 788 1071 1346 1424

C 34 αναγμοσμα περι του σαββατου D¦ νδ περι του επερωτησαντος νομικου K f^1.13 157 ¦ νδ περι του νομικου S Θ Π 118 124 33 565 788 1346 ¦ κυριακη ιε 157 ¦ Μρ λθ Λο λε Π ¦ τελος της δ G ¦ τελ S Y f^13 124 579 788 1346 ¦ τελ τς δ η M 35 νδ περι του επερωτισαντος (επερωτησ. M Γ 2 579 1071 ¦ om U Δ Ω 28 1424) νομικου· E Y M U Γ Δ Ω 2 28 579 1071 1424 ¦ αρχη: κυριακη ιε νομικος τις προσηλθεν τω ιυ: F ¦ αρχη: κυριακη ιε τω καιρω νομικος τις προσηλθεν τω ιυ (+ πειραζων G H): (ante πειραζ.) E G H 2 ¦ αρχ: κυ, ιε αρχ τω κ,ρ,ω νομικος τις προσηλθε τω ιυ πειραζων αυτον κ, λεγων Υ ¦ αρχ: Μθ κ,υ ιε τω καιρ, νομικος τις προσηλθ τω ιυ πειραζω αυτ και λεγων Μ ¦ κυ ιε τω κ νομικος τς S ¦ κυρ ιε τω καιρω νομικος τις προσηλθεν τω ιυ Γ ¦ κ,υ ιε τω καιρω νομικος τις προσηλθεν τω ιυ πειραζων Ω ¦ αρχ θγ κ,υ ιε τω καιρω νομικος ης προσηλθ τω ιυ πειρα f^1 ¦ αρχ θγ κ,υ ιε τω καιρω νομικος 118 ¦ αρχ τς κ,υ τω καιρω εκεινω νομικος τις προσηλθεν τω ιυ πειραζω f^13 ¦ αρχ τς κ,υ τω καιρω εκεινω νομικος τις προσηλθεν τω ιυ πειραζω 28 ¦ αρχ: κυ ιε 124 788 1071 1346 ¦ αρχη τω καιρω 1424 ¦ νδ περι του επερωτησαντος νομικου· (ante πειραζων) F G H (ante οι δε K L)

D 34 σκδ/ς א Y M S U Π Ω 118 124 28 788 1424 ¦ σκδ D F H K Γ Θ f^13 2 157 579 1346 ¦ σκδ/ε E ¦ σκδ/β G ¦ Ευ Μθ σκδ : Ιω . : Λο . : Μρ ρλα E¦ Μθ νδ : Λο λθ M ¦ μρ οθ : Λο λε L ¦ Μθ σκδ : Μρ ρλα : Λο σμδ : Ιω . 124 35 σκδ/ς 1071 ¦ Μρ οθ Λ λε L

σου· 38 αὕτη ἐστὶν ἡ μεγάλη καὶ πρώτη ἐντολή. 39 δευτέρα   ὁμοίως,   B
σου· 38 αὕτη ἐστὶν ἡ μεγάλη καὶ πρώτη ἐντολή. 39 δευτέρα   ὁμοία αυτη,   ℵ*
σου· 38 αὕτη ἐστὶν ἡ μεγάλη καὶ πρώτη ἐντολή. 39 δευτέρα δὲ ὁμοία αυτη,   ℵᶜ
σου· 38 αὕτη ἐστὶν   μεγάλη καὶ πρώτη ἐντολή. 39 δευτέρα δὲ ὁμοία ταυτη,   D*
σου· 38 αὕτη ἐστὶ   μεγάλη καὶ πρώτη ἐντολή. 39 δευτέρα δὲ ὁμοία αυτη,   Dᶜ
σου· 38 αὕτη ἐστὶ ἡ   πρώτη καὶ μεγάλη ἐντολή. 39 δευτέρα δὲ ὁμοία αυτη,   E F H Π
σου· 38 αὕτη ἐστὶ ἡ μεγάλη καὶ η πρώτη ἐντολή. 39 δευτέρα δὲ ὁμοία αὐτῇ,   L
σου· 38 αὕτη ἐστὶ   πρώτη καὶ μεγάλη ἐντολή. 39 δευτέρα δὲ ὁμοία αὕτη,   S U
σου· 38 αὕτη ἐστὶν ἡ πρώτη καὶ ἡ μεγάλη ἐντολή. 39 δευτέρα δὲ ὁμοία αυτη,   W
σου· 38 αὕτη ἐστὶ ἡ   πρώτη καὶ μεγάλη ἐντολή. 39 δευτέρα δὲ ὁμοία αὐτῆς,   Δ
σου· 38 αὕτη ἐστὶ ἡ μεγάλη καὶ πρώτη ἐντολή. 39 δευτέρα δὲ ὁμοία αὐτῇ,   Θ f¹ 33 700 u
σου· 38 αὕτη ἐστὶν   πρώτη καὶ μεγάλη ἐντολή. 39 δευτέρα δὲ ὁμοία αὐτῇ,   Ω 2 579 τ
σου· 38 αὕτη ἐστὶ ἡ μεγάλη καὶ πρώτη ἐντολή. 39 δευτέρα δὲ ὁμοία αὐτῇ,   f¹³ 788 1346
σου· 38 αὕτη ἐστὶν   πρώτη καὶ μεγάλη ἐντολή. 39 δευτέρα δὲ ὁμοία αὐτῇ,   28
σου· 38 αὕτη ἐστὶν   πρώτη καὶ μεγάλη ἐντολή. 39 δευτέρα ο ὁμοία αὐτῇ,   157
σου· 38 αὕτη ἐστὶ ἡ πρώτη καὶ μεγάλη ἐντολή. 39 δευτέρα δὲ ὁμοία αὐτῇ,   565
σου· 38 αὕτη ἐστὶ ἡ μεγάλη καὶ πρώτη ἐντολή. 39 δευτέρα   ὁμοία αὐτῇ,   [w]
σου· 38 αὕτη ἐστὶ ἡ μεγάλη καὶ πρώτη ἐντολή. 39 δευτέρα   ὁμοίως αὐτη,   [w]   [↓1424
σου· 38 αὕτη ἐστὶ   πρώτη καὶ μεγάλη ἐντολή. 39 δευτέρα δὲ ὁμοία αὕτη,   G K M Y Γ 1071

Ἀγαπήσις   τὸν πλησίον σου ὡς σεαυτόν.   40 ἐν ταύταις ταῖς δυσὶν ἐντολαῖς B* ℵ W
Ἀγαπήσεις   τὸν πλησίον σου ὡς σεαυτόν.   40 ἐν ταύταις   δυσὶν ἐντολαῖς M
Ἀγαπήσεις   τὸν πλησίον σου ὡς ἑαυτόν.   40 ἐν ταύταις ταῖς δυσὶν ἐντολαῖς Θ 118 69 2 28
Ἀγαπήσεις   τὸν πλησίον σου ὡς ἑαυτόν.   40 ἐν ταύταις ταῖς   ἐντολαῖς 579 [↑157 1424
Ἀγαπήσεις   τὸν πλησίον σου ὡς ἑαυτόν σου. 40 ἐν ταύταις ταῖς δυσὶν ἐντολαῖς f¹
Ἀγαπήσεις   τὸν πλησίον σου ὡς σεαυτόν.   40 ἐν ταύταις ταῖς δυσὶν ἐντολαῖς Bᶜ uwτ rell

[Cl S II 71.1 εν ταυταις λεγει ταις εντολαις ολον τον νομον και τους προφητας κρεμασθαι τε και εξηρτησθαι]
[Cl S V 97.1 ο γαρ σωτηρ, αγαπαν παραγγειλας τον θεον και τον πλησιον, εν ταυταις φησι ταις δυσιν εντολαις ολον τον νομον και τους προφητας κρεμασθαι] [Cl Pr 108.5 αγαπησεις τον πλησιον σου ως σεαυον]
[Cl Pd II 120.4 ο γαρ τοιουτος τελειος ο το αγαπησεις τον πλησιον σου ως σεαυον πληρωσας]
[Cl Q 28.1 αγαπησεις τον πλησιον σου ως σεαυον].

ὅλος ὁ νόμος   κρέμαται καὶ οἱ προφῆται.   B ℵᶜ D L Θ 33 uw
   ὁ νόμος   κρέμαται καὶ οἱ προφῆται.   ℵ*
ὅλος ὁ νόμος   καὶ οἱ προ········ ··············   1346
   ὁ νόμος   καὶ οἱ προφῆται κρέμανται.   1424
ὅλος ὁ νόμος   καὶ οἱ προφῆται κρέμανται.   𝔐 K M U W Γ Δ Π f¹ f¹³ 2 28 157 565 579 700 788 1071 τ

[Cl Pd III 88.1 ειτα εκ τουτων επιφερει ολος ο νομος και οι προφηται κρεμανται].

n̄ē   περὶ τῆς ἐπερωτήσεως τοῦ κυρίου πρὸς τοὺς φαρισαίους

Jesus Questions The Pharisees About David's Son
(Mark 12.35-37; Luke 20.41-44)

ρ̄κ̄δ̄ 41 Συνηγμένων δὲ τῶν Φαρεισαίων ἐπηρώτησεν αὐτοὺς ὁ Ἰησοῦς 42 λέγων, Τί ὑμῖν B
    41 Συνηγμένων δὲ τῶν Φαρισέων ἐπηρώτησεν αὐτοὺς ὁ Ἰησοῦς 42 λέγων, Τί ὑμῖν ℵ
    41 Συνηγμένων δὲ τῶν Φαρισαίων ἐπηρώτησεν αὐτοῖς ὁ Ἰησοῦς 42 λέγων, Τί ὑμῖν Γ Π 28 157
    41 Συνηγμένων δὲ   Φαρισαίων ἐπηρώτησεν αὐτοὺς ὁ Ἰησοῦς 42 λέγων, Τί ὑμῖν Δ
    41 Συνηγμένων δὲ τῶν Φαρισαι···· ·················· ·········υς ὁ Ἰησοῦς 42 λέγων, Τί ὑμῖν 1346
    41 Συνηγμένων δὲ τῶν Φαρισαίων ἐπηρώτησεν αὐτοὺς ὁ Ἰησοῦς 42 λέγων, Τί ὑμῖν uwτ rell

lac. 22.38-42 𝔓⁴⁵ A C N P Q 1582

A 38 αυτι 28 | εστι Y U Γ 157 | προτη Θ | εντωλη Θ 2* 39 αγαπησις ℵ | αγαπησης E 579 | απησεις Y* | πλησιων M 40 ταυτες Θ ¦ ταυτες τες ℵ* | εντολες ℵ* Θ ¦ εντωλαις 2* | προφητε ℵ* | κρεμαντε M 41 συνηγμενον L | επρωτησεν L* ¦ επιρωτησεν Θ 2* 42 υμειν D

B 41 ῑς̄ B ℵ 𝔐 K L M S U W Γ Δ Θ Π Ω f¹ 118 f¹³ 124 2 33 28 157 565 579 700 788 1071 1346 1424 ¦ ῑη̄ς̄ D

C 41 n̄ē περι της (om. L) του κ̄ῡ επερωτησεως (+ προς τους φαρισαιους S U Θ Π Ω 33 28 1071): E F G Y K L M S U Γ Θ Π Ω f¹ f¹³ 2 33 28 157 565 1071 ¦ n̄ē περι (om. 124) της επερωτησεως του κ̄ῡ προς τους φαρισαιους (+ πως ῡς̄ δᾱδ̄ ο χ̄ς̄ εστιν 1424) Δ 124 1424 ¦ n̄ē 118 | αρχ 157 | π τς του κ̄ῡ επερωτησεν 579 | Μθ νε : Μρ μ : Λο ογ Μ Π

D 41 σ̄κ̄ε̄/β̄ ℵ E L M S̲ U Y Γ Π 118 124 579 788 1071 1424 ¦ σ̄κ̄ε̄ D F H K̲ Θ f¹ 28 157 579 1346 ¦ ρ̄κ̄ε̄/ς̄ G (sic!) | Ευ Μθ σ̄κ̄ε̄ : Ιω . : Λου σμε : Μρ ρ̄λ̄ᾱ E | Μρ μ L | Μθ σ̄κ̄ε̄ : Μρ ρ̄λ̄δ̄ : Λο σμε M | Μθ σ̄κ̄ε̄ : Μρ ρ̄λ̄δ̄ : Λο . : Ιω . 124

220

δοκεῖ περὶ τοῦ Χριστοῦ; τίνος υἱός ἐστιν; λέγουσιν αὐτῷ, Τοῦ   Δαυείδ.   B D W w
δοκεῖ περὶ τοῦ Χριστοῦ; τίνος υἱός ἐστιν; λέγουσιν αὐτῷ,   <u>δαδ</u>.   ℵ
δοκεῖ περὶ τοῦ Χριστοῦ; τίνος υἱός ἐστιν; λέγουσιν αὐτῷ, Τοῦ <u>δαδ</u> ὅτι ······ F
δοκεῖ περὶ τοῦ Χριστοῦ; τίνος υἱός ἐστιν;   33
δοκεῖ περὶ τοῦ Χριστοῦ; τίνος υἱός ἐστιν;   Τοῦ   <u>δαδ</u>.   700
δοκεῖ ······   υἱός ἐστιν; λέγουσιν αὐτῷ, Τοῦ   1346
δοκεῖ περὶ τοῦ Χριστοῦ; τίνος υἱός ἐστιν; λέγουσιν αὐτῷ, Τοῦ <u>Δαυίδ</u>.   u
δοκεῖ περὶ τοῦ Χριστοῦ; τίνος υἱός ἐστιν; λέγουσιν αὐτῷ, Τοῦ <u>Δαβίδ</u>.   τ [↓157 565 579 788 1071 1424
δοκεῖ περὶ τοῦ Χριστοῦ; τίνος υἱός ἐστιν; λέγουσιν αὐτῷ, Τοῦ <u>δαδ</u>.   𝔐 K L M U Γ Δ Θ Π ƒ¹ ƒ¹³ 2 28

43 λέγει αὐτοῖς,   Πῶς οὖν Δαυεὶδ   ἐν πνεύματι καλεῖ αὐτὸν   κύριον λέγων,   Bᶜ D [w]
43 λέγει αὐτοῖς,   Πῶς οὖν Δαυεὶδ   ἐν πνεύματι καλεῖ αὐτὸν <u>αὐτὸν</u> κύριον λέγων,   B*
43 λέγει αὐτοῖς,   Πῶς οὖν <u>δαδ</u>   ἐν πνεύματι καλεῖ <u>κύριον</u> αὐτὸν λέγων,   ℵ
43 λέγει αὐτοῖς <u>ὁ Ἰησοῦς</u>, Πῶς οὖν <u>δαδ</u>   ἐν πνεύματι καλεῖ <u>κύριον</u> αὐτὸν λέγων,   L
43 λέγει αὐτοῖς,   Πῶς οὖν Δαυεὶδ   ἐν πνεύματι <u>κύριον</u> <u>αὐτὸν</u> <u>καλεῖ</u> λέγων,   W
43 λέγει αὐτοῖς,   Πῶς οὖν <u>δαδ</u>   ἐν πνεύματι καλεῖ αὐτὸν <u>κύριον</u> αὐτὸν λέγων,   Θ
43 λέγει αὐτοῖς <u>ὁ Ἰησοῦς</u>, Πῶς οὖν <u>δαδ</u>   ἐν πνεύματι <u>κύριον</u> <u>αὐτὸν</u> <u>καλεῖ</u> λέγων,   ƒ¹ 157 1071
43 λέγει αὐτοῖς,   Πῶς οὖν   ἐν πνεύματι <u>κύριον</u> <u>αὐτὸν</u> <u>καλεῖ</u> λέγων,   Δ
43 λέγει αὐτοῖς,   Πῶς οὖν <u>δαδ</u>   ἐν πνεύματι <u>κύριον</u> <u>καλεῖ</u> αὐτὸν λέγων,   69
43 λέγει αὐτοῖς <u>ὁ Ἰησοῦς</u>, Πῶς οὖν <u>δαδ</u>   ἐν πνεύματι καλεῖ αὐτὸν   κύριον λέγων,   33
43 ········ ····τοῖς,   Πῶς οὖν <u>δαδ</u>   ἐν πνεύματι <u>κύριον</u> <u>αὐτὸν</u> ·········· ·········   1346
43 λέγει αὐτοῖς <u>ὁ Ἰησοῦς</u>, Πῶς οὖν <u>δαδ</u>   ἐν πνεύματι <u>κύριον</u> <u>καλεῖ</u>   λέγων,   1424
43 λέγει αὐτοῖς,   Πῶς οὖν <u>Δαυὶδ</u>   ἐν πνεύματι καλεῖ αὐτὸν   κύριον λέγων,   u
43 λέγει αὐτοῖς,   Πῶς οὖν Δαυεὶδ   ἐν πνεύματι καλεῖ <u>κύριον</u> <u>αὐτὸν</u> λέγων,   [w]
43 λέγει αὐτοῖς,   Πῶς οὖν <u>Δαβὶδ</u>   ἐν πνεύματι <u>κύριον</u> <u>αὐτὸν</u> <u>καλεῖ</u> λέγων,   τ
43 λέγει αὐτοῖς,   Πῶς οὖν <u>δαδ</u>   ἐν πνεύματι <u>κύριον</u> <u>αὐτὸν</u> <u>καλεῖ</u> λέγων,   𝔐 K M U Γ
                                                                        Π ƒ¹³ 2 28 565 579 700 788

44   Εἶπεν   κύριος τῷ κυρίῳ μου,   B ℵ D uw   [↓1346 1424 τ
44   Εἶπεν ὁ κύριος τῷ κυρίῳ μου,   𝔐 K L M U W Γ Δ Θ Π ƒ¹ ƒ¹³ 2 33 28 157 565 579 700 788 1071

    Κάθου ἐκ δεξιῶν μου   B uwτ rell
    Κάθου ἐκ δε·······   1346

    ἕως ἂν θῶ τοὺς ἐχθρούς σου ὑποκάτω   τῶν ποδῶν σου; B ℵ D L U Γ Θ 69 124 2 579 788
    ἕως   θῶ τοὺς ἐχθρούς σου <u>ὑποπόδιον</u> τῶν ποδῶν σου; F*   [↑uw
    ······ ···⹁··· θῶ τοὺς ἐχθρούς σου ὑποκάτω   τῶν ποδῶν σου; 1346   [↓700 1071 1424 τ
    ἕως ἂν θῶ τοὺς ἐχθρούς σου <u>ὑποπόδιον</u> τῶν ποδῶν σου; 𝔐 K M W Δ Π ƒ¹ ƒ¹³ 33 28 157 565

45 εἰ οὖν <u>Δαυεὶδ</u>   καλεῖ αὐτὸν κύριον, πῶς υἱός αὐτοῦ ἐστιν; B W w
45 εἰ οὖν <u>δαδ</u>   καλεῖ αὐτὸν κύριον, πῶς υἱός αὐτοῦ ἐστιν; ℵ 𝔐 L U Γ ƒ¹ 33 28 157 579 700
45 εἰ οὖν Δαυεὶδ <u>ἐν</u> <u>πνεύματι</u> καλεῖ αὐτὸν κύριον, πῶς υἱός αὐτοῦ ἐστιν; D   [↑1071
45 εἰ οὖν <u>δαδ</u>   <u>κύριον</u> <u>αὐτὸν</u> <u>καλεῖ</u>, πῶς υἱός αὐτοῦ ἐστιν; 2
45 εἰ οὖν <u>Δαυὶδ</u>   καλεῖ αὐτὸν κύριον, πῶς υἱός αὐτοῦ ἐστιν; u
45 εἰ οὖν <u>Δαβὶδ</u>   καλεῖ αὐτὸν κύριον, πῶς υἱός αὐτοῦ ἐστιν; τ   [↓1346 1424
45 εἰ οὖν <u>δαδ</u>   <u>ἐν</u> <u>πνεύματι</u> καλεῖ αὐτὸν κύριον, πῶς υἱός αὐτοῦ ἐστιν; Y K M Δ Θ Π ƒ¹³ 69 157 565 788

46 καὶ οὐδεὶς ἐδύνατο ἀποκριθῆναι αὐτῷ   λόγον, οὐδὲ ἐτόλμησέν   B* ℵ D K L Θ Π ƒ¹³ 33 597 788 1346 uw
46 καὶ οὐδεὶς <u>ἠδύνατο</u> ἀποκριθῆναι αὐτῷ   λόγον, οὐδὲ ἐτόλμησέν   Bᶜ 118 28 157 700
46 καὶ οὐδεὶς <u>ἠδύνατο</u> <u>αὐτῷ</u> <u>ἀποκριθῆναι</u> λόγον, οὐδὲ ἐτόλμησέν   ƒ¹
46 καὶ οὐδεὶς <u>δύνατο</u>   ἀποκριθῆναι αὐτῷ   λόγον, οὐδὲ ἐτόλμησέν   Δ
46 καὶ οὐδεὶς ἐδύνατο <u>αὐτῷ</u> <u>ἀποκριθῆναι</u> λόγον, οὐδὲ ἐτόλμησέν   𝔐 M U W Γ 2 565 1071 1424 τ

---

lac. 22.42-46   𝔓⁴⁵ A C N P Q 1582

A 42 δοκι ℵ Θ | εστι Γ 118 43 λεγι ℵ | καλι ℵ 44 δεξων Δ | εκθρους D 45 καλι ℵ | εστι Y 118 157 46 εδυνατω F* | αποκριθηνε ℵ* | αποκρειθηναι D | λογων 13 | λεγον 579 | ετολμησε Y Γ 118 13 69 157 788 1346

B 42 χυ B ℵ 𝔐 K L M S U W Γ Δ Θ Π Ω ƒ¹ 118 ƒ¹³ 69 124 2 33 28 157 565 579 700 788 1071 1424 | χρυ D | υς ℵ 𝔐 K L M U Δ Π ƒ¹ 2 33 28 1424 43 ις L ƒ¹ 118 33 157 1071 1424 | πνι B ℵ D 𝔐 K L M S U W Γ Δ Θ Π Ω ƒ¹ 118 ƒ¹³ 69 124 2 33 28 157 565 579 700 788 1071 1346 1424 | κυ B ℵ D 𝔐 K L M S U W Γ Δ Θ Π Ω ƒ¹ 118 ƒ¹³ 69 124 2 33 28 157 565 579 700 788 1071 1346 1424 44 κς B ℵ D 𝔐 K L M S U W Γ Δ Θ Π Ω ƒ¹ 118 ƒ¹³ 69 124 2 33 28 157 565 579 700 788 1071 1346 1346 1424 | κω B ℵ D 𝔐 K L M S U W Γ Δ Θ Π Ω ƒ¹ 118 ƒ¹³ 69 124 2 33 28 157 565 579 700 788 1071 1346 1424 45 πνι D Y K M Δ Θ Π ƒ¹³ 69 124 157 565 788 1346 1424 | κυ B ℵ D E F G Y K L M S U W Δ Π Ω ƒ¹ 118 ƒ¹³ 69 124 2 33 28 157 565 579 700 788 1071 1346 1424 | υς ℵ E F G Y K L M S U Δ Π Ω ƒ¹ 2 28 1424

C 44 Ψαλμ σθ 1424

D 45 σκς/β Y | σκς 124 46 σκς/β ℵ E G L M S U Ω Π 28 1071 1424 | σκς D F H K Θ ƒ¹ 2 157 579 788 1346 | Ευ Μθ σκς : Ιω . : Λου σμα : Μρ ρλγ Ε | Μθ σκς : Μρ ρλγ : Λο σμδ Μ | Μθ σκς : Μρ ρλγ, ρλζ : Λο σμα : Ιω σμς 124

τις ἀπ' ἐκείνης τῆς ἡμέρας ἐπερωτῆσαι αὐτὸν οὐκέτι.   B **uwτ** rell
τις ἀπ' ἐκείνης τῆς ὥρας ἐπερωτῆσαι αὐτὸν οὐκέτι.   D W *f*[1]
τις ἀπ' ἐκείνης τῆς ἡμέραις ἐπερωτῆσαι αὐτὸν οὐκέτι.   Θ
ἀπ' ἐκείνης τῆς ἡμέρας τις ἐπερωτῆσαι αὐτὸν οὐκέτι.   700
τις ἀπ' ἐκείνης τῆς ἡμέρας ἐρωτῆσαι αὐτὸν οὐκέτι.   1424

$\overline{νς}$ περὶ τοῦ ταλανίσμου τῶν γραμματέων καὶ φαρισαίων

Jesus Denounces The Scribes And Pharisees
(Mark 12.38-40; Luke 11.37-52; 20.45-47; 14.11; 18.14)

$\overline{ρλ}$ **23.1** Τότε Ἰησοῦς ἐλάλησεν τοῖς ὄχλοις καὶ τοῖς μαθηταῖς αὐτοῦ **2** λέγων, Ἐπὶ τῆς   B W [**w**]
23.1 Τότε ἐλάλησεν ὁ Ἰησοῦς τοῖς ὄχλοις καὶ τοῖς μαθηταῖς αὐτοῦ **2** λέγων, Ἐπὶ τῆς   D *f*[13] 700 1346
23.1 ἐλάλησεν ὁ Ἰησοῦς τοῖς ὄχλοις καὶ τοῖς μαθηταῖς αὐτοῦ **2** λέγων, Ἐπὶ τῆς   788
23.1 Τότε ὁ Ἰησοῦς ἐλάλησεν τοῖς ὄχλοις καὶ τοῖς μαθηταῖς αὐτοῦ **2** λέγων, Ἐπὶ τῆς   ℵ 𝔐 K L M U Δ
Θ Π *f*[1] 2 33 28 157 565 579 1071 1424 **u**[**w**]**τ**

Μωϋσέως καθέδρας ἐκάθισαν οἱ γραμματεῖς καὶ οἱ Φαρεισαῖοι.   **3**   B
Μωϋσέως καθέδρας ἐκάθισαν οἱ γραμματεῖς καὶ οἱ Φαρισέοι.   **3**   ℵ
καθέδρας Μωϋσέως ἐκάθισαν οἱ γραμματεῖς καὶ οἱ Φαρισαῖοι.   **3** πάντα οὖν   D*
καθέδρας Μωϋσέως ἐκάθισαν οἱ γραμματεῖς καὶ οἱ Φαρισαῖοι.   **3**   D[c] *f*[13] 788 1346
Μωσέως καθέδρας ἐκάθισαν οἱ γραμματεῖς καὶ οἱ Φαρισαῖοι.   **3**   𝔐 M Γ Δ *f*[1] 2 157 700 **τ**
καθέδρας Μωσέως ἐκάθισαν οἱ γραμματεῖς καὶ οἱ Φαρισαῖοι.   **3**   Θ [↓579 1071 1424 **uw**
Μωϋσέως καθέδρας ἐκάθισαν οἱ γραμματεῖς καὶ οἱ Φαρισαῖοι.   **3**   Y K L S U W Π Ω 124 33 28 565

πάντα οὖν ὅσα ἂν εἴπωσιν ὑμῖν ποιήσατε καὶ τηρεῖτε, κατὰ δὲ τὰ ἔργα   B
πάντα οὖν ὅσα ἐὰν εἴπωσιν ὑμῖν ποιήσατε, κατὰ δὲ τὰ ἔργα   ℵ*
πάντα οὖν ὅσα ἐὰν εἴπωσιν ὑμῖν ποιήσατε καὶ τηρεῖτε, κατὰ δὲ τὰ ἔργα   ℵ[c] L Θ 124 **uw**
πάντα οὖν ὅσα ἂν εἴπωσιν ποιεῖτε καὶ τηρεῖτε, κατὰ δὲ τὰ ἔργα   D
πάντα οὖν ὅσα ἂν εἴπωσιν ὑμῖν τηρεῖν, τηρεῖ καὶ ποιεῖτε· κατὰ δὲ τὰ ἔργα   F
πάντα οὖν ὅσα ἂν εἴπωσιν ὑμῖν τηρεῖν, τηρεῖτε καὶ ποιεῖτε· κατὰ δὲ τὰ ἔργα   Y K 2 **τ**
πάντα οὖν ὅσα ἂν εἴπωσιν ὑμῖν ποιεῖν ποιεῖτε, κατὰ δὲ τὰ ἔργα   Γ
πάντα οὖν ὅσα ἐὰν εἴπωσιν ὑμῖν ποιεῖτε καὶ τηρεῖτε, κατὰ δὲ τὰ ἔργα   *f*[1]
πάντα οὖν ἐὰν εἴπωσιν ὑμῖν ποιεῖτε καὶ τηρεῖτε, κατὰ δὲ τὰ ἔργα   118
πάντα ὅσα ἂν εἴπωσιν ὑμῖν τηρεῖν, τηρεῖτε καὶ ποιῆται· κατὰ δὲ τὰ ἔργα   579
πάντα οὖν ὅσα ἂν εἴπωσιν ὑμῖν ποιεῖν ποιεῖτε, καὶ τηρεῖτε, κατὰ δὲ τὰ ἔργα   700
πάντα οὖν ὅσα εἴπωσιν ὑμῖν τηρεῖν, τηρεῖτε καὶ ποιεῖτε· κατὰ δὲ τὰ ἔργα   1424
πάντα οὖν ὅσα ἐὰν εἴπωσιν ὑμῖν τηρεῖν, τηρεῖτε καὶ ποιεῖτε· κατὰ δὲ τὰ ἔργα   𝔐 M U W Δ Π *f*[13] 33
28 157 565 788 1071 1346

---

lac. 22.46-23. 3 𝔓[45] A C N P Q ¦ vss. 1-3 1582

A 46 εκινης ℵ ¦ εκηνης 2* ¦ επερωτησε ℵ D L Θ Ω 124 ¦ επερωτωσαι 2* ¦ αυτων 118 **23.1** μαθητες ℵ* ¦ ελαλησε Y K U Γ 118
157 **2** εκαθισαν E G H K Θ Ω 2* 1346 ¦ εκαθεισαν L W Δ ¦ γραμματις W **3** ειπωσιν Θ ¦ ποιειται[1] W ¦ ποιητε[1] 565 ¦ τηρει F ¦
τηρειται W 579 ¦ τηριτε Θ

B 23.1 $\overline{ις}$ B ℵ 𝔐 K L M S U W Δ Θ Π Ω *f*[1] 118 *f*[13] 124 2 33 28 157 565 579 700 788 1071 1346 1424 ¦ $\overline{ιης}$ D

C 46 τελος (post ουκετι) D ¦ [κυριακη ιε΄: 22.33-46] E F S Y Γ Ω 118 *f*[13] 2 579 788 1346 ¦ τελος της κυ, G M *f*[1] 28 **23.1** αννα-
γνοσμα περι του κυριακη D ¦ $\overline{νς}$ περι του ταλανησμου (ταλανισμου Y U *f*[1] 579) των γραμματιων (γραμετ, Y ¦ γραμματεων
U) και φαρισαιων: E Y U *f*[1] 579 ¦ $\overline{νς}$ περι του ταλανησμου των νομικων L ¦ $\overline{νε}$ πε τς επερωτησεως του κυ τς προς τους
φαρισαιους 788 ¦ αρχη: Σαββατω $\overline{νδ}$ F ¦ αρχ L 1346 ¦ αρχη: σαββατω $\overline{ιδ}$ τω καιρω εκεινω ελαλησεν ο ις· (ante τ. οχλοις) E ¦
αρχη: Σα $\overline{ιδ}$ τω καιρω ελαλησεν ο ις τοις οχ, λεγε κυ, $\overline{β}$ των νηστιων εις τ ορθρ G ¦ $\overline{νς}$ πε ···· του $\overline{χυ}$ επερωτησω H ¦ αρχη: Σα $\overline{ιδ}$
τω $\underline{κ}$ ελαλησεν ο ις τοις οχλοις (ante τοις οχ.) H ¦ αρχ: Σα $\overline{ιδ}$ αρχ τω κ.ρ.ω ελαλησεν ο $\overline{κς}$ τοις οχλοις κ. τοις μαθ Y ¦ αρχ: Μθ
Σα $\overline{ιδ}$ τω καιρ, ελαλησεν ο ις τοις οχλοις κ. τοις μαθ M ¦ Σα $\overline{ιδ}$ τω κ S ¦ αρχ Σα ια τω καιρω ελαλησεν ο ις τοις οχλοις κ Γ ¦ Σα
$\overline{κς}$ τω καιρω ελαλησεν ο ις κ Ω ¦ $\overline{ρδ}$ αρχ Σα $\overline{ιδ}$ τω καιρω ελαλησεν ο ις τοις οχλοις κ τοις *f*[1] ¦ $\overline{ρδ}$ αρχ Σα $\overline{ιδ}$ τω ελαλησεν ο ις
τοις οχλοις κ τοις μθτ 118 ¦ αρχ Σα $\overline{ιδ}$ *f*[13] ¦ Σα $\overline{ιδ}$ τω καιρ.ω ελαλησεν ο ις 2 ¦ αρχ Σα ι τω καιρω εκεινω. ελαλησεν ο ις τς
μαθητ αυτου λεγων· επι της κα 28 ¦ αρχ Σα $\overline{ιδ}$ 157 1071 ¦ Σα $\overline{ιδ}$ 788 ¦ αρχη τω καιρω 1424

D 23.1 $\overline{σκζ/ι}$ ℵ E G L M S U Y Ω Π 118 28 1071 1424 ¦ $\overline{σκζ}$ D F H K Θ *f*[1] 124 2 157 579 788 1346 ¦ Ευ Μθ $\overline{σκζ}$: Ιω. : Λου. :
Μρ . E ¦ Μθ $\overline{σκζ}$: Μρ $\overline{ρλε}$ M ¦ Μθ $\overline{σκ}$ ζ : Μρ $\overline{ρλθ}$: Λο $\overline{ρλθ}$: Ιω . 124

αὐτῶν μὴ ποιεῖτε· λέγουσιν   γὰρ καὶ οὐ ποιοῦσιν. **4** δεσμεύουσιν δὲ φορτία   Β ℵ Υ L Μ Δ Π f¹ 33
αὐτῶν μὴ ποιεῖτε· λέγουσιν   γὰρ καὶ οὐ ποιοῦσιν. **4** δεσμεύουσιν   φορτία   Dᶜ Γ 565   [↑uw
αὐτῶν <u>μοι</u> ποιεῖτε· λέγουσιν   γὰρ καὶ οὐ ποιοῦσιν. **4** δεσμεύουσιν <u>γὰρ</u> φορτία   Θ*
.... λέγουσιν   γὰρ καὶ οὐ ποιοῦσιν. **4** δεσμεύουσιν δὲ φορτία   1582
αὐτῶν μὴ <u>ποιῆται</u>· λέγουσιν   γὰρ καὶ οὐ ποιοῦσιν. **4** δεσμεύουσιν   φορτία   579
αὐτῶν μὴ ποιεῖτε· <u>δεσμεύουσιν</u> γὰρ καὶ οὐ ποιοῦσιν. **4** δεσμεύουσιν <u>γὰρ</u> φορτία   1424
αὐτῶν μὴ ποιεῖτε· λέγουσιν   γὰρ καὶ οὐ ποιοῦσιν. **4** δεσμεύουσιν <u>γὰρ</u> φορτία   D* 𝔐 Κ U W Θᶜ f¹³
                                                                           2 28 157 700 788 1071 1346 τ

[↓Π f¹³ 33 2 28 157 565 579 1071 1346 1424 [uw]τ
βαρέα καὶ δυσβάστακτα καὶ ἐπιτιθέασιν ἐπὶ τοὺς ὤμους τῶν ἀνθρώπων,   Β 𝔐 Κ Μ U W Γ Δ Θ
<u>μεγάλα</u> βαρέα   καὶ ἐπιτιθέασιν ἐπὶ τοὺς ὤμους τῶν ἀνθρώπων,   ℵ
βαρέα καὶ <u>ἀδυσβάστακτα</u> καὶ ἐπιτιθέασιν ἐπὶ τοὺς ὤμους τῶν ἀνθρώπων,   D
βαρέα   καὶ ἐπιτιθέασιν ἐπὶ τοὺς ὤμους τῶν ἀνθρώπων,   L f¹ [uw]
<u>ἀδυσβάστακτα</u> καὶ ἐπιτιθέασιν ἐπὶ τοὺς ὤμους τῶν ἀνθρώπων,   700

[Cl S VI 44.3 τους εκουσιως δεδεμενους <u>και</u> τα <u>δυσβαστακτα</u> <u>φορτια</u> φησιν]

αὐτοὶ δὲ τῷ δακτύλῳ αὐτῶν οὐ θέλουσιν κεινῆσαι αὐτά. **5** πάντα δὲ τὰ ἔργα   Β D
αὐτοὶ δὲ τῷ δακτύλῳ αὐτῶν οὐ θέλουσιν <u>κινῆσαι</u> αὐτά. **5** πάντα δὲ τὰ ἔργα   ℵ L 33 157 uw
<u>τῷ</u> δὲ δακτύλῳ αὐτῶν οὐ θέλουσιν κεινῆσαι αὐτά. **5** πάντα δὲ τὰ ἔργα   W Δ
<u>τῷ</u> δε δακτύλῳ <u>αὐτὸν</u> οὐ θέλωσι <u>κινῆσαι</u> αὐτά. **5** πάντα δὲ τὰ ἔργα   1346
<u>τῷ</u> δε δακτύλῳ αὐτῶν οὐ θέλουσιν <u>κινῆσαι</u> αὐτά. **5** πάντα δὲ τὰ ἔργα   𝔐 Κ Μ U Γ Θ Π f¹ f¹³ 2 28
                                                                           565 579 700 788 1071 1424 τ

αὐτῶν ποιοῦσιν πρὸς τὸ θεαθῆναι τοῖς ἀνθρώποις· πλατύνουσι γὰρ τὰ   Β ℵ D L f¹ f¹³ 157 788 1071 1346
<u>ἑαυτῶν</u> ποιοῦσιν πρὸς τὸ θεαθῆναι τοῖς ἀνθρώποις· πλατύνουσι γὰρ τὰ   Θ   [↑uw
αὐτῶν ποιοῦσιν πρὸς τὸ θεαθῆναι τοῖς ἀνθρώποις· <u>πλατύνουν</u> <u>δε</u> τὰ   Π
αὐτῶν ποιοῦσιν πρὸς τὸ θεαθῆναι τοῖς ἀνθρώποις· <u>πλατύνουσι</u> γὰρ ·····   33
αὐτῶν ποιοῦσιν πρὸς τὸ θεαθῆναι τοῖς ἀνθρώποις· <u>πλατύνοντες</u> τὰ   565
αὐτῶν ποιοῦσιν πρὸς τὸ θεαθῆναι τοῖς ἀνθρώποις· <u>πλατύνουσι</u> γὰρ τὰ   700
αὐτῶν ποιοῦσιν πρὸς τὸ θεαθῆναι τοῖς ἀνθρώποις· πλατύνουσι <u>δὲ</u> τὰ   𝔐 Κ Μ U W Γ Δ 2 28 579 1424 τ

φυλακτήρια αὐτῶν καὶ μεγαλύνουσι τὰ κράσπεδα,   **6** φιλοῦσι δὲ   Β ℵ D uw
φυλακτήρια   καὶ μεγαλύνουσι τὰ κράσπεδα <u>τῶν ἡματίων</u>,   **6** φιλοῦσι δὲ   L
φυλακτήρια αὐτῶν καὶ μεγαλύνουσι τὰ κράσπεδα <u>τῶν ἱματίων αὐτῶν</u>,   **6** φιλοῦσί <u>τε</u>   𝔐 Μ U W 2 28 579 τ
φυλακτήρια αὐτῶν καὶ μεγαλύνουσι τὰ κράσπεδα <u>τῶν ἱματίων αὐτῶν</u>,   **6** φιλοῦσι   Γ
φυλακτήρια αὐτῶν καὶ μεγαλύνουσι τὰ κράσπεδα <u>τῶν ἱματίων</u>,   **6** φιλοῦσι δὲ   Δ
φυλακτήρια <u>ἑαυτῶν</u> καὶ μεγαλύνουσι τὰ κράσπεδα,   **6** φιλοῦσι δὲ   Θ f¹
········κτήρια αὐτῶν καὶ μεγαλύνουσι τὰ κράσπεδα <u>τῶν ἱματίων αὐτῶν</u>,   **6** φιλου·····   33
φυλακτήρια αὐτῶν καὶ μεγαλύνουσι τὰ κράσπεδα <u>τῶν ἱματίων αὐτῶν</u>,   **6** φιλοῦσι γὰρ   157
φυλακτήρια <u>ἑαυτῶν</u> καὶ μεγαλύνουσι τὰ κράσπεδα <u>τῶν ἱματίων αὐτῶν</u>,   **6** φιλοῦσί <u>τε</u>   700
φυλακτήρια αὐτῶν καὶ μεγαλύνουσι τὰ κράσπεδα <u>τῶν ἱματίων αὐτῶν</u>,   **6** φιλοῦσι δὲ   Κ S Π Ω f¹³ 565
                                                                           788 1071 1346 1424

[Cl S I 49.1 ουκουν πλατυνειν <u>τα φυλακτηρια</u> χρη ποτε].

τὴν πρωτοκλισίαν ἐν τοῖς δείπνοις καὶ τὰς πρωτοκαθεδρίας ἐν ταῖς συναγωγαῖς   Β uwτ rell
<u>τὰς</u> <u>πρωτοκλισίας</u> ἐν τοῖς δείπνοις καὶ τὰς πρωτοκαθεδρίας ἐν ταῖς συναγωγαῖς   ℵᶜ L f¹ 157
τὴν <u>τήν</u> <u>πρωτοκλισείαν</u> ἐν τοῖς δείπνοις καὶ τὰς πρωτοκαθεδρίας ἐν ταῖς συναγωγαῖς   D*
τὴν <u>πρωτοκλεισίαν</u> ἐν τοῖς δείπνοις καὶ τὰς πρωτοκαθεδρίας ἐν ταῖς συναγωγαῖς   Dᶜ
····· ·······τοκλησίας ἐν τοῖς δείπνοις καὶ τὰς πρωτοκαθεδρίας ἐν ταῖς συναγω·······   33

lac. 23.3-6 𝔓⁴⁵ A C N P Q

A 3 αυτον Θ | ποιειται² L W | ποιητε 2* | λεγουσι Υ Μ S U Ω f¹ 118 69 28 157 565 700 788 1071 1346 ¦ λεγουγουσιν Θ | ποιουσι S Υ U 118 69 157 700 788 | δεσμευουσι F Υ Μ S U Ω f¹ 118 69 33 28 157 565 700 788 1071 1346 ¦ δευμευουσην 2 | φορτεια D E S **4** επιτηθεασιν 2 | ομους 579 | θελωσιν Ε | θελουσι Υ Μ S U Ω f¹ 118 69 28 565 700 | θελωσι 13 | κινησε ℵ | κηνησαι 2* **5** ποιουσι Υ Κ Μ S U Γ f¹ 118 69 33 157 565 700 788 | θεαθηνε ℵ | πλατυνουσιν ℵ D F G H L W Δ 2 579 1424 | πλατοινουσιν Ε* | πλατυνουσι S f¹ | γρα (γαρ) Θ | μεγαλυνουσιν D E F G H W Γ Δ Π 2 579 1071 | μεγαλυννουσι 565 | κρασπε Θ | κρασπαιδα 579 | ηματιων L 6 φιλουσιν D E F G H W Δ Θ 124 2 579 1424 | τιν Θ | πρωτοκλισιαν F G Γ 2* 28 69 565 1071 1346 1424 ¦ πρωτοκλησιας L 1 118 (33) 1582* | πρωτοκλισιαν Θ ¦ πρωτοκλησιαν Δ 579 | τος (τοις) Ε* | διπνοις ℵ L W Θ 579 | πρωτοκαθεδρας Δ* | τες (ταις) ℵ* | συναγωγες

B 4 ανων ℵ E G H Υ Κ L Μ S U W Γ Π Ω f¹ 118 f¹³ 124 2 33 28 157 565 579 700 788 1071 1346 1424 **5** ανοις ℵ 𝔐 Κ L Μ S U Γ Δ Θ Π Ω f¹ 118 f¹³ 69 124 2 33 28 157 565 579 788 1071 1424

C 5 ϛ̄ περι του ταλανισμου των γραμματεων και φαρισαιων Γ

D 4 σκη̄/ε̄ ℵ G Μ S U Υ Γ Ω Π 118 124 28 788 1071 1424 ¦ σκη̄ D F H Θ 1582 157 579 1346 (ante λεγουσιν γαρ Κ 2) ¦ σκη̄/ϛ̄ Ε ¦ σκη̄/β̄ L | Ευ Μθ σκη̄ : Ιω . : Λο ρλθ̄ : Μρ . Ε | Μθ σκη̄ Μ | Μθ σκη̄ : Μρ . : Λο .: Ιω . 124 **5** σκθ̄/β̄ ℵ E Μ S U Υ Γ Π Ω 118 124 28 788 1071 1424 ¦ σκθ̄ F H Κ Θ 2 157 579 1346 ¦ σκθ̄/ϛ̄ G | σκ̄/β̄ L ¦ σκη̄ f¹ | Ευ Μθ σκθ̄ : Ιω . : Λο ραϛ̄ : Μρ ρλε̄ Ε | Μθ σκθ̄ : Μρ ρλε̄ : Λο ρμθ̄ Μ | Μθ σκθ̄ : Μρ . : Λο .: Ιω . 124

223

7 καὶ τοὺς ἀσπασμοὺς ἐν ταῖς ἀγοραῖς   καὶ καλεῖσθαι ὑπὸ τῶν ἀνθρώπων,   B **uwτ** rell
7   καὶ καλεῖσθαι ὑπὸ τῶν ἀνθρώπων,   Γ 1424
7 ⋯⋯⋯ ·ους ἀσπασμοὺς ἐν ταῖς ἀγοραῖς   καὶ καλεῖσθαι ὑπὸ τῶν ἀνθρώπων,   33

'Ραββεί.   **8** ὑμεῖς δὲ μὴ   κληθῆτε,   'Ραββεί,   εἷς γάρ   B ℵ^c Δ 565 **w**
'Ραββεί.   **8**   εἷς γάρ   ℵ*
<u>'Ραββί</u> <u>ραββί</u>.   **8** ὑμεῖς δὲ μὴ   κληθῆτε,   <u>'Ραββί</u>,   εἷς γάρ   𝔐 M U Π 28 69^c 157 579 700 1071 τ
'Ραββί <u>ραββεί</u>.   **8** ὑμεῖς δὲ μὴ   κληθῆτε,   'Ραββεί,   εἷς γάρ   D E F Y W 2 788 1346 1424
<u>'Ραββί</u>.   **8** ὑμεῖς δὲ μὴ   κληθῆτε,   <u>'Ραββί</u>,   εἷς γάρ   L f¹ f¹³ **u**
'Ραββεί <u>ραββεί</u>.   **8** ὑμεῖς δὲ μὴ   κληθῆτε,   <u>'Ραββί</u>,   εἷς γάρ   K Γ
'Ραββεί.   **8** ὑμεῖς δὲ <u>μηδένα</u> <u>καλέσηται</u> ,   'Ραββεί,   εἷς γάρ   Θ
<u>'Ραββί</u> <u>ραββί</u>.   **8** ὑμεῖς δὲ μὴ,   <u>'Ραββί</u>,   εἷς γάρ   69*
'Ραββεί <u>ραββεί</u>.   **8**   εἷς γάρ   124
<u>'Ραββί</u>.   **8** ⋯⋯⋯⋯ ⋯ ⋯⋯   κληθῆτε,   <u>'Ραββί</u>,   εἷς γάρ   33

ἐστιν ὑμῶν ὁ διδάσκαλος,   πάντες δὲ ὑμεῖς ἀδελφοί ἐστε. **9** καὶ πατέρα   B ℵ^c **uw**
ἐστιν ὑμῶν ὁ <u>καθηγητής</u>,   πάντες δὲ ὑμεῖς ἀδελφοί ἐστε. **9** καὶ πατέρα   ℵ* D E^c L Θ Π f¹ 124
ἐστιν ὑμῶν ὁ διδάσκαλος, <u>Χριστός</u>,   **9** καὶ πατέρα   U   [↑565 788
ἐστιν <u>ὁ</u> <u>καθηγητής</u> <u>ὑμῶν</u>,   πάντες δὲ ὑμεῖς ἀδελφοί ἐστε. **9** καὶ πατέρα   W
ἐστιν ὑμῶν ὁ διδάσκαλος,   πάντες δὲ ὑμεῖς α⋯⋯⋯ ⋯⋯⋯ **9** ⋯⋯ ⋯⋯⋯⋯   33
ἐστιν   ὁ <u>καθηγητὴς</u> <u>ὁ</u> <u>Χριστός</u>,   πάντες δὲ ὑμεῖς ἀδελφοί ἐστε. **9** καὶ πατέρα   579
<u>ὑμῶν</u> <u>ἐστιν</u> <u>ὁ</u> <u>καθηγητὴς</u> <u>ὁ</u> <u>Χριστός</u>,   πάντες δὲ ὑμεῖς ἀδελφοί ἐστε. **9** καὶ πατέρα   700 1424   [↓1346 τ
ἐστιν ὑμῶν <u>ὁ</u> <u>καθηγητὴς</u> <u>ὁ</u> <u>Χριστός</u>,   πάντες δὲ ὑμεῖς ἀδελφοί ἐστε. **9** καὶ πατέρα   𝔐 K M Γ Δ f¹³ 28 157

[Cl S I 12.3 <u>ει γαρ</u> <u>ο</u> <u>διδασκαλος</u> και του λεγοντος] [Cl Pd I 17.3 ει δε <u>εις</u> <u>διδασκαλος</u> εν ουρανοις, ως φησιν η γραφη] [Cl S II 14.3 διο και φησιν ο λογος, μη ειπητε εαυτοις διδασκαλον επι της γης] [Cl S VI 58.2 οθεν εικοτως ειρηται· μη ειπητε εαυτοις διδασκαλον επι της γης].

μὴ καλέσητε ὑμῶν ἐπὶ τῆς γῆς, εἷς γάρ ἐστιν ὑμῶν ὁ πατὴρ ὁ   οὐράνιος.   B ℵ **uw**
μὴ καλέσητε <u>ὑμῖν</u> ἐπὶ τῆς γῆς, εἷς γάρ ἐστιν <u>ὁ</u> <u>πατὴρ</u> <u>ὑμῶν</u> ὁ ἐν   <u>οὐρανοῖς</u>.   D Θ
μὴ καλέσητε ὑμῶν ἐπὶ τῆς γῆς, εἷς γάρ ἐστιν <u>ὁ</u> <u>πατὴρ</u> <u>ὑμῶν</u> ὁ   οὐράνιος.   L f¹³ 788
μὴ καλέσητε ὑμῶν ἐπὶ τῆς γῆς, εἷς γάρ ἐστιν ὑμῶν ὁ πατὴρ ὁ ἐν <u>τοῖς</u> <u>οὐρανοῖς</u>.^T U
μὴ <u>κάλεσθε</u> ὑμῶν ἐπὶ τῆς γῆς, εἷς γάρ ἐστιν <u>ὁ</u> <u>πατὴρ</u> <u>ὑμῶν</u> <u>ὁ</u> <u>ἐν</u>   <u>οὐρανοῖς</u>.   Δ
μὴ καλέσητε ὑμῶν ἐπὶ τῆς γῆς, εἷς γάρ ἐστιν <u>ὁ</u> <u>πατὴρ</u> <u>ὑμῶν</u> <u>ὁ</u> <u>ἐν</u>   <u>οὐρανοῖς</u>.   W f¹
μὴ καλέσητε ⋯⋯⋯⋯ ·ι τῆς γῆς, εἷς γάρ ἐστιν ὑμῶν ὁ πατὴρ ὁ   οὐρά⋯⋯   33
μὴ καλέσητε   ἐπὶ τῆς γῆς, εἷς γάρ ἐστιν <u>ὁ</u> <u>πατὴρ</u> <u>ὑμῶν</u> <u>ὁ</u> <u>ἐν</u> <u>τοῖς</u> <u>οὐρανοῖς</u>.   1424   [↓1071 1346 τ
μὴ καλέσητε ὑμῶν ἐπὶ τῆς γῆς, εἷς γάρ ἐστιν <u>ὁ</u> <u>πατὴρ</u> <u>ὑμῶν</u> <u>ὁ</u> <u>ἐν</u> <u>τοῖς</u> <u>οὐρανοῖς</u>.   𝔐 K M Γ Π 28 157 565 700

^Tπάντες δὲ ὑμεῖς ἀδελφοί ἐστε.   U (see vs. 8 above).

[Cl S III 87.4 <u>εις</u> μεν ουν <u>ο</u> <u>πατηρ</u> <u>υμων</u> <u>ο</u> <u>εν</u> <u>τοις</u> <u>ουρανοις</u>, <u>μη</u> <u>καλεσητε</u> ουν <u>υμιν</u> επι <u>της</u> <u>γης</u> <u>πατερα</u> φησιν] [Cl Q 23.2 <u>μη</u> καλει σεαυτω <u>πατερα</u> επι <u>γης</u>] [Cl Ecl 20.3 <u>μη</u> <u>καλεσητε</u> ουν εαυτοις <u>πατερα</u> επι <u>της</u> <u>γης</u>· δεσποται γαρ επι της γης, <u>εν</u> δε <u>ουρανοις</u> <u>ο</u> <u>πατηρ</u>].

lac. **23.7-9** 𝔓⁴⁵ A C N P Q

A 7 τες αγορες ℵ* | αγωραις 579 | καλεισθε ℵ 1424 ¦ καλισθαι L Θ | Ραββει¹ F* **8** κλιθητε E ¦ κληθηται W 579 | καθηγιτης 2 | υμις ℵ ¦ εσται D L W Θ 2 1424 **9** καλεσηται W | υμειν D | γεις 2

B 7 αν̅ω̅ν̅ ℵ 𝔐 K L M S U Γ Δ Θ Π Ω f¹ 118 f¹³ 69 124 2 33 28 157 565 579 700 788 1071 1346 1424 **8** χ̅ς̅ E* F G Y K M S U Γ Δ Ω f¹³ 2 28 157 579 700 1071 1346 1424 **9** π̅ρ̅α̅ ℵ F G K L M S U W Γ Θ Π Ω f¹ 118 f¹³ 69 124 2 28 157 565 579 700 788 1071 1346 1424 | π̅η̅ρ̅ ℵ 𝔐 K L M S U W Γ Δ Θ Π Ω f¹ 118 f¹³ 69 124 2 33 28 157 565 579 700 788 1071 1346 1424 | ου̅νοι̅ς̅ 𝔐 K M S U Γ Δ Π Ω f¹ 118 2 28 157 579 700 1071 1346 ¦ ουνιος L f¹³ 124 788

D 8 σ̅κ̅θ̅ D 1582 ¦ σ̅λ̅/β̅ E ¦ σ̅λ̅ F H 2 157 579 1346 ¦ σ̅λ̅/ι̅ G M S U Γ Π Ω 118 124 28 788 1424 | σ̅λ̅/ι̅ (ante εις γ.) ℵ Y 1071 | Ευ Μθ σ̅λ̅ : Ιω . : Λου σο : Μρ ρ̅δ̅ E | Λο μγ L | Μθ σ̅λ̅ : Λο ρ̅λ̅ζ̅ M | Μθ σ̅λ̅ : Μρ ρο̅θ̅ : Λο ρμε : Ιω . 124

10 μηδὲ κληθῆται καθηγηταί, ὅτι καθηγητὴς ὑμῶν ἐστιν εἷς ὁ Χριστός. B L
10 μηδὲ <u>κληθῆτε</u> καθηγηταί, <u>εἷς γὰρ ἐστιν ὑμῶν ὁ καθηγητὴς</u> ὁ Χριστός. ℵ Υ Δ 579 1071
10 μηδὲ <u>κληθῆτε</u> καθηγηταί, ὅτι καθηγητὴς ὑμῶν <u>εἷς ἐστιν</u> ὁ Χριστός. D G
10 μηδὲ <u>κληθῆτε</u> καθηγηταί, <u>εἷς γὰρ ὑμῶν ἐστιν ὁ καθηγητὴς</u> ὁ Χριστός. 𝔐 M Γ 28 1424 τ
10 μηδὲ <u>κληθῆτε</u> καθηγηταί, <u>εἷς γὰρ</u> <u>ἐστιν ὁ καθηγητὴς</u> ὁ Χριστός. K Π 565
10 μηδὲ <u>κληθῆτε</u> καθηγηταί, <u>εἷς γὰρ ὑμῶν ἐστιν</u> <u>καθηγητὴς</u> ὁ Χριστός. U
10 μηδὲ κληθῆται καθηγηταί, <u>εἷς γὰρ</u> <u>ἐστιν ὁ καθηγητὴς</u> ὁ Χριστός. W
10 μηδὲ κληθῆται καθηγηταί, ὅτι καθηγητὴς ὑμῶν ἐστιν ὁ Χριστός. Θ
10 μηδὲ <u>κληθῆτε</u> καθηγηταί, ὅτι καθηγητὴς ὑμῶν ἐστιν ὁ Χριστός. 1582 124 788
10 μηδὲ <u>κληθῆτε</u> καθηγηταί, ὅτι καθηγητὴς ὑμῶν ὁ Χριστός. 1 118 700
10 μηδὲ κληθῆται καθηγηταί, <u>εἷς γὰρ ἐστιν ὁ καθηγητὴς ὑμῶν</u> ὁ Χριστός. f¹³ 1346
10 μηδὲ κληθῆται καθηγηταί, <u>εἷς γὰρ ὑμῶν ἐστιν ὁ καθηγητὴς</u> ὁ Χριστός. 2
10 ....θηγητὴς ὑμῶν ἐστιν εἷς ὁ Χριστός. 33
10 μηδὲ <u>κληθῆτε</u> καθηγηταί, ὅτι <u>εἷς ἐστιν ὑμῶν</u> <u>καθηγητὴς</u> ὁ Χριστός. 157
10 μηδὲ <u>κληθῆτε</u> καθηγηταί, ὅτι καθηγητὴς ὑμῶν ἐστιν εἷς ὁ Χριστός. uw

11 ὁ δὲ μείζων ὑμῶν ἔσται ὑμῶν διάκονος. 12 ὅστις δὲ ὑψώσει ἑαυτὸν B uwτ rell
11 ὁ δὲ μείζων ὑμῶν ἔσται διάκονος. 12 ὅστις δὲ ὑψώσει ἑαυτὸν ℵ
11 ὁ μείζων ὑμῶν ἔσται ὑμῶν διάκονος. 12 ὅστις δὲ ὑψώσει ἑαυτὸν D
11 ὁ δὲ μείζων ὑμῶν ἔσται ὑμῶν διάκονος. 12 ὅστις δὲ ὑψώσει <u>αὐτὸν</u> L
11 ὁ δὲ μείζων <u>ἐν</u> <u>ὑμῖν</u> ἔσται ὑμῶν διάκονος. 12 <u>ὃς</u> δὲ ὑψώσει ἑαυτὸν Θ
11 ὁ δὲ μείζων ὑμῶν ἔσται ὑμῶν διάκονος. 12 ὅστις <u>οὖν</u> ὑψώσει ἑαυτὸν f¹
11 ὁ δὲ μείζων .... 12 ....αυτὸν 33

ταπεινωθήσεται, καὶ ὅστις ταπεινώσει ἑαυτὸν ὑψωθήσεται. B uwτ rell
ταπεινωθήσεται, καὶ ὅστις τα.......... 33
ταπεινωθήσεται, καὶ ὅστις ταπεινώσει <u>αὐτὸν</u> ὑψωθήσεται. 579

[Cl Pd III 92.1 ο ταπεινων <u>εαυτον υψωθησεται</u>, και ο υψων <u>εαυτον</u> <u>ταπεινωθησεται</u>] [Cl S II 132.1 πας ο ταπεινων <u>εαυτον</u> <u>υψωθησεται</u>].

13 Οὐαὶ δὲ ὑμῖν, γραμματεῖς καὶ Φαρεισαῖοι ὑποκριταί, ὅτι κλείετε τὴν B
13 Οὐαὶ δὲ ὑμῖν, γραμματεῖς καὶ <u>Φαρισαῖοι</u> ὑποκριταί, ὅτι κλείετε τὴν ℵᶜ D L f¹ f¹³ 788 1346 uwτ
13 Οὐαὶ ὑμῖν, γραμματεῖς καὶ <u>Φαρισαῖοι</u>, ὅτι κλείετε τὴν Δ
13 Οὐαὶ δὲ ὑμῖν, γραμματεῖς καὶ <u>Φαρισέοι</u> ὑποκριταί, ὅτι <u>κλίεσται</u> τὴν Θ
13 ....ραμματεῖς καὶ <u>Φαρισαῖοι</u> ὑποκριταί, ... 33
13 Οὐαὶ ὑμῖν, γραμματεῖς καὶ <u>Φαρισαῖοι</u> ὑποκριταί, ὅτι κλείετε τὴν ℵ* 𝔐 K M U W Γ Π 2 69 28
157 565 579 700 1071 1424

βασιλείαν τῶν οὐρανῶν ἔμπροσθεν τῶν ἀνθρώπων· ὑμεῖς γὰρ οὐκ εἰσέρχεσθε, B uwτ rell
βασιλείαν τῶν οὐρανῶν <u>ὑμεῖς δὲ</u> ἔμπροσθεν τῶν ἀνθρώπων· ὑμεῖς γὰρ οὐκ εἰσέρχεσθε, E*
βασιλείαν τῶν οὐρανῶν ἔμπροσθεν τῶν ἀνθρώπων· ὑμεῖς <u>δὲ</u> οὐκ εἰσέρχεσθε, M
βασιλείαν τῶν οὐρανῶν ἔμπροσθεν τῶν ἀνθρώπων· ὑμεῖς οὐκ <u>εἰσέρχεσθαι</u>, Δ
....θεν τῶν ἀνθρώπων· ὑμεῖς γὰρ οὐκ εἰσέρχε...... 33

οὐδὲ τοὺς εἰσερχομένους ἀφίετε εἰσελθεῖν. B uwτ rell
οὐδὲ τοὺς εἰσερχομένους ἀφίετε <u>ἐλθεῖν</u>. 579
οὐδὲ τοὺς εἰσ.......... .... Γ
.... 33
<u>καὶ</u> τοὺς εἰσερχομένους <u>κωλύετε</u>. 28

E 23.10-13 𝔓⁴⁵ A C N P Q ¦ vss. 13 Γ

A 10 καθαηγετε Δ ¦ καθηγιται 2* ¦ καθηται 1346* ¦ καθηγιτης 2 11 μιζων ℵ W Θ 579 12 ωστις¹ Γ ¦ υψωσι Θ ¦ ταπινωθησετε ℵ ¦ ταπινωθησεται W Θ ¦ ταπινωσει ℵ W Θ ¦ ταπεινωση 1582 ¦ υψωθησεσε ℵ E* 13 υμειν D ¦ γραμματις ℵ W ¦ γραμματεις L ¦ υποκριτε ℵ ¦ κλιετε ℵ ¦ κλεται W L 13 2 ¦ κλιεται W ¦ βασιλιαν ℵ ¦ ενπροσθεν D ¦ ισερχεσθε ℵ* ¦ εισερχεσθαι D L W Θ 2 28 1071 ¦ ησερχεσθαι 579 ¦ αφιεται D ¦ αφιεται W Θ 579 ¦ αφηεται 2

B 10 χ̄ς̄ B ℵ 𝔐 K L M S U W Γ Δ Θ Π Ω f¹ 118 f¹³ 69 124 2 33 28 157 565 579 700 788 1071 1346 1424 ¦ χ̄ρ̄ς̄ D 13 ουνων 𝔐 K L M S Γ Δ Π Ω f¹ f¹³ 69 124 2 28 157 565 579 700 788 1071 1346 ¦ ᾱν̄ν̄ω̄ν̄ ℵ* ¦ ᾱν̄ω̄ν̄ ℵᶜ 𝔐 K L M S U W Γ Π Ω f¹ f¹³ 69 124 2 33 28 157 565 579 700 788 1071 1346 1424

C 12 τελος (post υψωθησ.) D [σαββατω ιδ΄: 23:1-12] E Y L S Γ Ω 118 f¹³ 124 788 2 1346 ¦ τελος Σα της κυ, G ¦ τε̄ του Σα M f¹ ¦ τελ τς Σα ῑ 28 13 ν̄ς̄ πε του ταλανισμ των γραμματ κ φαρισαιων 1071 ¦ αρχ ς̄ τη β̄ τς ῑᾱ εβδομ,δ ειπεν ο κ̄ς̄ προ ελλθ προ ιουδ ουαι υμιν γραμ 118 ¦ αρχ 1346

D 12 σ̄λ̄ᾱ/ε̄ ℵ Y M S Γ 118 124 28 788 1071 1424 ¦ σ̄λ̄ D f¹ ¦ σ̄λ̄ᾱ/ς̄ E U ¦ σ̄λ̄ᾱ F H K Θ Π Ω f¹³ 2 157 579 ¦ σ̄λ̄ᾱ/ῑ G ¦ Ευ Μθ σ̄λ̄ᾱ : Ιω . : Λου ρο̄θ̄ : Μρ . E ¦ Μθ σ̄λ̄ᾱ : Λο ρο̄θ̄ M ¦ Μθ σ̄λ̄ᾱ : Μρ . : Λο . : Ιω . 124 13 σ̄λ̄β̄/ε̄ ℵ 118 788 ¦ σ̄λ̄ᾱ D f¹ ¦ σ̄λ̄γ̄/ς̄ E ¦ σ̄λ̄γ̄ F H K Π 157 579 ¦ σ̄λ̄γ̄/ε̄ G 1071 ¦ σ̄λ̄γ̄/ῑ S Y Γ 28 ¦ σ̄λ̄β̄ Θ f¹³ ¦ Ευ Μθ σ̄λ̄γ̄ : Ιω . : Λου ρμ̄β̄ : Μρ . E ¦ Λο μ̄γ̄ L ¦ Μθ σ̄λ̄β̄ : Μρ . : Λο . : Ιω . 124

↓2ᶜ 788 1346]

14 omit Β ℵ D L Θ *f*¹ 33 **uw**   [ᶠvss.14,13 𝔐 K M U W Γ Δ Π 2* 28 157 565 579 700 1071 1424 τ ¦ 13-14 *f*¹³ 124
14 Οὐαὶ δὲ ὑμῖν, γραμματεῖς καὶ Φαρισαῖοι ὑποκριταί, ὅτι κατεσθίετε τὰς οἰκίας τῶν   rell
14 Οὐαὶ δὲ ὑμῖν, γραμματεῖς καὶ Φαρισαῖοι ὑποκριταί, ὅτι κατεσθίετε   οἰκίας τῶν   Δ.
14 Οὐαὶ   ὑμῖν, γραμματεῖς καὶ Φαρισαῖοι ὑποκριταί, ὅτι κατεσθίετε τὰς οἰκίας τῶν   700 τ

om.   Β ℵ D L Θ *f*¹ 33 **uw**
χηρῶν καὶ προφάσει μακρὰ προσευχόμενοι· διὰ τοῦτο   λήψεσθε περισσότερον κρίμα.   τ rell
χηρῶν καὶ προφάσει μικρὰ προσευχόμενοι· διὰ τοῦτο   λήψεσθε περισσότερον κρίμα.   Δ
χηρῶν   προφάσει μακρὰ προσευχόμενοι· διὰ τοῦτο ουν λήψεσθε περισσότερον κρίμα.   1424

ρλα̅ **15** Οὐαὶ ὑμῖν, γραμματεῖς καὶ Φαρεισαῖοι ὑποκριταί, ὅτι περιάγετε τὴν   Β
15 Οὐαὶ ὑμῖν, γραμματεῖς καὶ Φαρισαῖοι ὑποκριταί,   τὴν   Θ
15 Οὐαὶ ὑμῖν, γραμματεῖς καὶ Φαρισαῖοι ὑποκριταί, ὅτι περιάγετε τὴν   **uw**τ rell

θάλασσαν καὶ τὴν ξηρὰν   ποιῆσαι   ἕνα προσήλυτον, καὶ ὅταν γένηται ποιεῖτε   Β **uw**τ rell
θάλασσαν καὶ τὴν ξηρὰν ἵνα ποιήσηται ἕνα προσήλυτον, καὶ ὅταν γένηται ποιεῖτε   D
θάλασσαν καὶ τὴν ξηρὰν τοῦ ποιῆσαι   ἕνα προσήλυτον, καὶ ὅταν γένηται ποιεῖτε   Δ Θ *f*¹³ 788

αὐτὸν υἱὸν γεέννης διπλότερον ὑμῶν.

16 Οὐαὶ ὑμῖν,   ὁδηγοὶ   τυφλοὶ οἱ   Β **uw**τ rell
16 Οὐαὶ ὑμῖν,   ὁδηγοὶ οἱ τυφλοὶ οἱ   ℵ*
16 Οὐαὶ ὑμῖν,   ὁδηγοὶ   τυφλοὶ   D*
16 Οὐαὶ ὑμῖν,   ὁδηγοὶ   τυφλῶν οἱ   Θ
16 Οὐαὶ ὑμῖν, γραμματεῖς καὶ Φαρισαῖοι ὑποκριταὶ καὶ ὁδηγοὶ   τυφλοὶ οἱ   28

λέγοντες, Ὃς   ἂν ὀμόσῃ ἐν τῷ ναῷ, οὐδέν ἐστιν· ὃς δ' ἂν ὀμόσῃ ἐν τῷ χρυσῷ   Β **uw**τ rell
λέγοντες, Ὃς   ἂν ὀμόσῃ   ἐν τῷ χρυσῷ   G
λέγοντες, Ὃς ἐὰν ὀμόσῃ ἐν τῷ ναῷ, οὐδέν ἐστιν· ὃς δ' ἂν ὀμόσῃ ἐν τῷ χρυσῷ   M
λέγοντες, Ὃς δ' ἂν ὀμόσῃ ἐν τῷ ναῷ, οὐδέν ἐστιν· ὃς δ' ἂν ὀμόσῃ ἐν τῷ χρυσῷ   565
λέγοντες, Ὅσα ἂν ὀμόσῃ ἐν τῷ ναῷ, οὐδέν ἐστιν· ὃς δ' ἂν ὀμόσῃ ἐν τῷ χρυσῷ   579

τοῦ ναοῦ ὀφείλει. **17** Μωροὶ καὶ τυφλοί, τίς γὰρ μείζων ἐστίν, ὁ χρυσὸς ἢ ὁ ναὸς ὁ   Β **uw**τ rell
……… **17** ……………   ἢ ὁ ναὸς ὁ   C
τοῦ ναοῦ ὀφείλει. **17** Μωροὶ καὶ τυφλοί, τίς γὰρ μεῖζω ἐστίν, ὁ χρυσὸς ἢ ὁ ναὸς ὁ   D
τοῦ ναοῦ ὀφείλει. **17** Μωροὶ καὶ τυφλοί, τί γὰρ μείζων ἐστίν, ὁ χρυσὸς ἢ ὁ ναὸς ὁ   W
τοῦ ναοῦ ὀφείλει. **17** Μωροὶ καὶ τυφλοί, τίς γὰρ μείζων ἐστίν, ὁ χρυσὸς ἢ   ὁ   2*

ἁγιάσας τὸν χρυσόν; **18** καί, Ὃς   ἂν ὀμόσῃ ἐν τῷ θυσιαστηρίῳ, οὐδέν ἐστιν·   Β ℵ D **uw**
ἁγιάζων τὸν χρυσόν; **18** καί, Ὃς ἐὰν ὀμόσῃ ἐν τῷ θυσιαστηρίῳ, οὐδέν ἐστιν·   𝔐 M U W Δ 2 157 579
ἁγιάζων τὸν χρυσόν; **18** καί, Ὃς δ' ἂν ὀμόσῃ ἐν τῷ θυσιαστηρίῳ, οὐδέν ἐστιν·   1 118   [↑1071 1424 τ
ἁγιάζων τὸν χρυσόν; **18** καί, Ὃς   ὀμόσῃ ἐν τῷ θυσιαστηρίῳ, οὐδέν ἐστιν·   700 [↓33 28 565 788 1346
ἁγιάζων τὸν χρυσόν; **18** καί, Ὃς   ἂν ὀμόσῃ ἐν τῷ θυσιαστηρίῳ, οὐδέν ἐστιν·   C F Y K L Θ Π 1582 *f*¹³

lac. **23.14-18** 𝔭⁴⁵ A N P Q Γ ¦ vss. 16-17 C

A 14 οικποκριται 579 ¦ καταισθειεται W ¦ κατεσθιεται 13 579 ¦ οικειας W 2* 1071 ¦ χειρων K M 2* 28 579 1346 ¦ προφαει W ¦ λημψεσθαι W 2 ¦ λιψεσθε Ω 1071 ¦ ληψεσθαι 157* 579 ¦ περισσορον E ¦ περισοτερον H ¦ περισσοτερο K* ¦ κριμα 2* 579 **15** υμειν D ¦ γραμματις ℵ ¦ υποκρειται W ¦ οιποκριται 579 ¦ περιαγεται L W Δ Ω 118 69 2* 579 ¦ θαλασαν K ¦ ποιησε ℵ ¦ γενητε ℵ 2* 28 1071 ¦ ποιητε F 2* 565 1346 ¦ ποιειται L W 118 ¦ ποιηται 579 ¦ γεινννης Θ ¦ διπλωτερον 2 ¦ διπλοτερον 579 **16** υμειν D ¦ οδιγοι Δ* 2 565 1346 ¦ ομοσει¹ 28 1424 ¦ ωμοση 579 ¦ ομωση¹ 2 1071 ¦ ομωση² L 21071 ¦ ομωση 579 ¦ ωμοσει² 1424 ¦ οφιλει ℵ L W Δ Θ ¦ οφειλη 13 1346 ¦ ωφειλη 579 **17** μοροι Δ ¦ μωρει 1346 ¦ μιζων ℵ W Θ 1346 ¦ μειζον E F 2 ¦ αγιαζον Θ 579 **18** ομω-ση¹ E 579 1071 ¦ ομοσει¹ 28 ¦ ωμοση 1424 ¦ θυσηαστηριω 579 ¦ εστν Θ

B 15 υν ℵ F M 28

C 14 νς̅ περι του ταλανισμου των (+ φαρισαιων και M) γραμματεων (+ και φαρισαιων G S Π 28 157 1071 ¦ γραμματαιων H) F G H K M S Π 28 157 1071 ¦ περι του ταλανισμου των φαρισαιων 118 788 1346 ¦ Μθ νς : Λο μγ Μ Π ¦ αρχη: τι ε της η εβδ ειπ, ουαι υμ. G ¦ αρχ: τη ε της η εβδ αρχ ειπεν ο κς ουαι υμιν γραμ, Υ ¦ αρχ: Μθ τη ε τς η εβδ ειπεν ο κς ουαι υμιν γραμματ Μ ¦ τη ε τς η εβδ ειπ ο κς S ¦ αρχ ϙ̅ε̅ τη γ τς ια εβδ ειπ ο κς προς τους εληλυθ ουαι υμιν *f*¹ ¦ αρχ τς β̅ ειπεν ο κς προς τους εληλυθοτας προς αυτον ιουδαιους ουαι υμιν γραμ 28 ¦ αρχ εβδ ια τη β̅ 157

D 14 σλβ̅/β̅ E 1424 ¦ σλβ̅ F H K 157 579 1346 ¦ σλβ̅/ι G 1071 ¦ σλβ̅/ε Y M U Γ Π 124 28 1424 ¦ Ευ Μθ σλβ̅ : Ιω . : Λου σμζ̅ : Μρ ρλε̅ E ¦ Μθ σλβ̅ : Λο ρμβ̅ Μ ¦ Μθ σλβ̅ : Μρ . : Λο . : Ιω . 124 **15** σλγ̅/ι ℵ L U Π 124 788 1424 ¦ σλβ̅ D *f*¹ ¦ σλγ̅ Θ *f*¹³ 1346 ¦ σλδ̅/ι Ω ¦ σλδ̅/ε S 28 ¦ Μθ σλγ̅ : Μρ . : Λο . : Ιω . 124 **16** σλγ̅ D *f*¹ 23 σλδ̅/ε ℵ G L Y 1424 ¦ σλδ̅ D F H K Θ *f*¹ 157 ¦ σλδ̅/ς E ¦ σλδ̅/ι M Π ¦ Ευ Μθ σλδ̅ : Ιω . : Λο ρλς̅ : Μρ . E

226

[↓ƒ¹³ 33 2 28 157 565 579 700 788 1071 1346 1424 [w]τ

ὃς δ' ἂν ὀμόσῃ ἐν τῷ δώρῳ τῷ	ἐπάνω αὐτοῦ	ὀφείλει. **19** μωροὶ καὶ	B C 𝔐 K M U W Π
ὃς δ' ἂν ὀμόσῃ ἐν τῷ δώρῳ τῷ	ἐπάνω αὐτοῦ	ὀφείλει. **19**	ℵ D L Θ 118 u[w]
ὃς δ' ἂν ὀμόσῃ ἐν τῷ δώρῳ τῷ	ἐπάνω αὐτοῦ	ὀφείλειν. **19** μωροὶ καὶ	Δ
ὃς δ' ἂν ὀμόσῃ ἐν τῷ δώρῳ τοῦ	ἐπάνω αὐτοῦ	ὀφείλει. **19**	1 1582*
ὃς δ' ἂν ὀμόσῃ ἐν τῷ δώρῳ τοῦ	ἐπάνω αὐτοῦ	ὀφείλει. **19** μωροὶ καὶ	1582ᶜ
ὃς δ' ἂν ὀμόσῃ ἐν τῷ δώρῳ τῷ	ἐπάνω τοῦ θυσιαστηρίου	ὀφείλει. **19** μωροὶ καὶ	157

τυφλοί, τί γὰρ	μεῖζον,	τὸ δῶρον ἢ τὸ θυσιαστήριον τὸ ἁγιάζον τὸ δῶρον;ᵀ	**20** ὁ οὖν	B uwτ rell
τυφλοί, τί γὰρ	μείζω,	τὸ δῶρον ἢ τὸ θυσιαστήριον τὸ ἁγιάζον τὸ δῶρον;	**20** ὁ οὖν	D
τυφλοί, τίς γὰρ	ἐστιν μεῖζον,	τὸ δῶρον ἢ τὸ θυσιαστήριον τὸ ἁγιάζον τὸ δῶρον;	**20** ὁ οὖν	F H
τυφλοί, τίς γὰρ ἐστιν μεῖζον,		τὸ δῶρον ἢ τὸ θυσιαστήριον τὸ ἁγιάζον τὸ δῶρον;	**20** ὁ οὖν	ƒ¹³ 788
τυφλοί, τίς γὰρ μεῖζον ἐστιν,		τὸ δῶρον ἢ τὸ θυσιαστήριον τὸ ἁγιάζον τὸ δῶρον;	**20** ὁ οὖν	33 [↑1346
τυφλοί, τί γὰρ	μείζων,	τὸ δῶρον ἢ τὸ θυσιαστήριον τὸ ἁγιάζον τὸ δῶρον;	**20** ὁ οὖν	579
τυφλοί, τί γὰρ μείζων ἐστίν,		τὸ δῶρον ἢ τὸ θυσιαστήριον τὸ ἁγιάζον τὸ δῶρον;	**20** ὁ οὖν	1071
τυφλοί, τίς γὰρ	μείζων,	τὸ δῶρον ἢ τὸ θυσιαστήριον τὸ ἁγιάζον τὸ δῶρον;	**20** ὁ οὖν	1424

ᵀἢ τὸ θυσιαστήριον τὸ ἁγιάζων τό δῶρον. 157

ὀμόσας ἐν τῷ θυσιαστηρίῳ	ὀμνύει ἐν αὐτῷ καὶ	ἐν πᾶσι τοῖς ἐπάνω αὐτοῦ·	B uwτ rell
ὀμόσας ἐν τῷ θυσιαστηρίῳ ν	ὀμνύει ἐν αὐτῷ καὶ	ἐν πᾶσι τοῖς ἐπάνω αὐτοῦ·	Δ
ὀμόσας ἐν αὐτῷ τῷ θυσιαστηρίῳ	ὀμνύει ἐν αὐτῷ καὶ	ἐν πᾶσι τοῖς ἐπάνω αὐτοῦ·	124
ὀμόσας ἐν τῷ θυσιαστηρίῳ	ὀμνύει ἐν αὐτῷ καὶ ἐν τῷ καθημένῳ	ἐν πᾶσι τοῖς ἐπάνω αὐτοῦ·	1071

21 καὶ ὁ ὀμόσας ἐν τῷ ναῷ ὀμνύει ἐν αὐτῷ καὶ ἐν τῷ κατοικοῦντι		αὐτόν·	B ℵ Θ Ω ƒ¹ ƒ¹³ 788
21 καὶ ὀμόσας ἐν τῷ ναῷ ὀμνύει ἐν αὐτῷ καὶ ἐν τῷ κατοικήσαντι		αὐτόν·	F [↑1346 u[w]τ
21 καὶ ὁ ὀμόσας ἐν τῷ ναῷ ὀμνύει ἐν αὐτῷ καὶ ἐν τῷ κατοικήσαντι ἐν		αὐτῷ·	G
21 καὶ ὁ ὀμνύων ἐν τῷ ναῷ ὀμνύει ἐν αὐτῷ καὶ ἐν τῷ κατοικοῦντι		αὐτόν·	S Ω
21 καὶ ὁ ὀμόσας ἐν τῷ ναῷ ὀμνύει ἐν αὐτῷ καὶ ἐν τῷ οἰκήσαντι		αὐτόν·	33
21 καὶ ὁ ὀμνύων ἐν τῷ ναῷ ὀμνύει ἐν αὐτῷ καὶ τῷ κατοικοῦντι		αὐτῷ·	28
21 καὶ ὁ ὀμόσας ἐν τῷ ναῷ ὀμνύει ἐν αὐτῷ καὶ ἐν τῷ κατοικοῦντι ἐπάνω		αὐτοῦ·	1424
21 καὶ ὁ ὀμόσας ἐν τῷ ναῷ ὀμνύει ἐν αὐτῷ καὶ ἐν τῷ κατοικήσαντι		αὐτόν·	C D 𝔐 K L M U W Δ Π 2 157 565 579 700 1071 [w]

22 καὶ ὁ ὀμόσας ἐν τῷ οὐρανῷ ὀμνύει ἐν τῷ θρόνῳ τοῦ θεοῦ καὶ ἐν τῷ καθημένῳ

ἐπάνω αὐτοῦ.	B uwτ rell
αὐτοῦ.	579

ρ̅λ̅β̅	**23** Οὐαὶ ὑμῖν, γραμματεῖς καὶ Φαρεισαῖοι ὑποκριταί, ὅτι ἀποδεκατοῦτε τὸ	B
	23 Οὐαὶ ὑμῖν, γραμματεῖς καὶ Φαρισαῖο ὑποκριταί, ὅτι ἀποδεκατοῦτε τὸ	D
	23 Οὐαὶ ὑμῖν, γραμματεῖς καὶ Φαρισαῖοι ὑποκριταί, ὅτι ἀποδεκατοῦτε τὸ	uwτ rell

ἡδύοσμον καὶ τὸ ἄνηθον καὶ τὸ κύμεινον,	καὶ ἀφήκετε τὰ βαρύτερα	τοῦ νόμου,	B*
ἡδύοσμον καὶ τὸ ἄνηθον καὶ τὸ κύμεινον,	καὶ ἀφήκατε τὰ βαρύτερα	τοῦ νόμου,	Bᶜ D
ἡδύοσμον καὶ τὸ ἄνηθον καὶ τὸ κύμινον,	καὶ ἀφήκατε τὰ βαρέα	τοῦ νόμου,	ƒ¹
ἡδύοσμον καὶ τὸ ἄνηθον καὶ τὸ κύμινον,	καὶ ἀφήκατε βαρύτερα	τοῦ νόμου,	579
ἡδύοσμον καὶ τὸ ἄνηθον καὶ τὸ κύμινον,	καὶ ἀφήκατε τὰ βαρύτερα	τοῦ νόμου,	uwτ rell

---

E 23.18-23 𝔓⁴⁵ A N P Q Γ

A 18 ομωση 1071 | το (τω³) 69 | δορω Δ | επανωι 700 | του (αυτου) K* | οφιλι ℵ | οφιλει C L W Θ | οφειλη 13 | ωφειλει 579 1424 19 τυφλυ 2 | εστι 69 | μιζον ℵ W | μειζων G Ω 13 28 157 565 | μιζων Θ | τω δωρων 579 | αγιαζων C E Θ Ω 13 2* 28 565 579 788 1071 1346 1424 20 ομωσας 1582 2 28 1071 1346 | ομνυν ℵ | ομν· υει E* | πασει D Θ 2 | πασιν C E F G H W Δ Π 33 579 1424 21 ομωσας 2 22 ομωσας E 2 28 565 1071 | ομνυι ℵ | ομνοιει L | καθμενω 1424 23 υμειν D | γραμματις ℵ W | υποκριτε ℵ | αποδεκατουται C L W Δ 13 69 33 157 579 1071 | αννηθον G | ανθον L | ανιθον 579 | κυμηνον E 2* | αφηκαται Θ

B 22 ουνω̅ ℵ 𝔐 K L M S U Δ Π Ω ƒ¹ 118 ƒ¹³ 124 2 28 157 565 579 700 788 1071 1346 1424 | θ̅υ̅ B ℵ C D 𝔐 K L M S U W Δ Θ Π Ω ƒ¹ 118 ƒ¹³ 69 124 2 33 28 157 565 579 700 788 1071 1346 1424

C 22 τελος της ε̅ (post αυτου) G 28 | τελ Y 118 ƒ¹³ 124_788 | τελ τς ε̅_η̅ M | τελ β̅ ƒ¹ 23 μ̅ς̅ περι των γραμματαιων και φαρισαιων Δ | τη παρ, της η εβδ ειπεν G | αρχ: τη παρα, της η εβδ ειπεν ο κς ουαι υμιν γραμματ̲ Y | αρχ: Μθ τη παρασκ̲ε της η εβδ ειπεν ο κς ουαι υμιν γραμμα̲τ M | αρχ τη παρασκ τς η εβδ ειπ ο κς S | αρχ ος̅ τη ύ τς ια εβδ ειπ ο κς προ τους ελ,ηλ ουαι υμιν ƒ¹ | αρχ ος̅ τη ύ τς ια εβδομ,α ειπ ο κς προ τους προ αυτον ιουδ ουαι υμιν γραμμα 118 | αρχ ƒ¹³ 788 | αρχ τς γ ειπεν ο κς πρό τους ελελυθ πρό αυτ̲ ιουδ ουαι υμιν γραμματεις 28 | αρχ τη γ 157

D 23 σ̅λ̅δ̅/ε̅ U 118 124 1071 | σ̅λ̅δ̅ 2 579 788 1346 | Μθ σ̅λ̅δ̅ : Μρ . : Λο ρ̅λ̅ε̅ : Ιω . 124

τὴν κρίσιν καὶ τὸ ἔλεος   καὶ τὴν πίστιν· ταῦτα δὲ ἔδει ποιῆσαι κἀκεῖνα   B L 33 [u]w
τὴν κρίσιν καὶ τὸ ἔλεος   καὶ τὴν πίστιν· ταῦτα   ἔδει ποιῆσαι κἀκεῖνα   ℵ D 1424 [u]
τὴν κρίσιν καὶ τὸν ἔλεον   καὶ τὴν πίστιν· ταῦτα δὲ ἔδει ποιῆσαι κἀκεῖνα   C Y K M S W Δ Π
τὴν κρίσιν καὶ τὸν ἔλεον   καὶ τὴν πίστιν· ταῦτα   ἔδει ποιῆσαι κἀκεῖνα   𝔐 U f¹ 2 28 700 1071 τ
τὴν κρίσιν καὶ τὸ ἔλεος   καὶ τὴν πίστιν· ταῦτα   ἔδει ποιεῖν κἀκεῖνα   Θ
καὶ τὴν κρίσιν καὶ τὸν ἔλεον   καὶ τὴν πίστιν· ταῦτα   ἔδει ποιῆσαι κἀκεῖνα   f¹³ 788
καὶ τὴν κρίσιν καὶ τὸ ἔλεος   καὶ τὴν πίστιν· ταῦτα   ἔδει ποιεῖν κἀκεῖνα   124*
καὶ τὴν κρίσιν καὶ τὸν ἔλεον   καὶ τὴν πίστιν· ταῦτα   ἔδει ποιεῖν κἀκεῖνα   124ᶜ
καὶ τὴν κρίσιν καὶ τὸν ἔλαιον   καὶ τὴν πίστιν· ....ῆσαι κἀκεῖνα   1346
τὴν κρίσιν καὶ τὸ ἔλεον   καὶ τὴν πίστιν· ταῦτα δὲ ἔδει ποιεῖν κἀκεῖνα   157
τὴν κρίσιν καὶ τὸ ἔλεον   καὶ τὴν πίστιν· ταῦτα δὲ ἔδει ποιῆσαι κἀκεῖνα   565
τὴν κρίσιν καὶ τὸν ἔλεον   καὶ τὴν πίστιν· ταῦτα   ἴδη ποιῆσαι κἀκεῖνα   579

μὴ ἀφεῖναι. 24 ὁδηγοὶ τυφλοί,   διϋλίζοντες τὸν κώνωπα τὴν δὲ   B ℵᶜ L w
μὴ ἀφεῖναι. 24 ὁδηγοὶ τυφλοί, οἱ διϋλίζοντες τὸν κώνωπα τὴν δε   ℵ*
μὴ ἀφιέναι. 24 ὁδηγοὶ τυφλοί, οἱ διϋλίζονται τὸν κώνωπα τὴν δε   C*
μὴ ἀφιέναι. 24 ὁδηγοὶ τυφλοί,   διϋλίζοντες τὸν κώνωπα τὸν δὲ   D*
μὴ ἀφιέναι. 24 ὁδηγοὶ τυφλοί, οἱ διϋλίζοντες τὸν κώνωπα τὸν δε   Dᶜ
μὴ ἀφιέναι. 24 ὁδηγοὶ τυφλοί, οἱ διϋλίζοντες τὸν κώνωπα τὴν   K
μὴ ἀφιέναι. 24 ὁδηγοὶ τυφλοί, οὐδὲ υλίζοντες τὸν κώνωπα τὴν δὲ   579
μὴ ἀφιέναι. 24 ὁδη····· ············ ···········ζοντες τὸν κώνωπα τὴν ···   1346   [↓565 700 788 1071 1424 uτ
μὴ ἀφιέναι. 24 ὁδηγοὶ τυφλοί, οἱ διϋλίζοντες τὸν κώνωπα τὴν δὲ   Cᶜ 𝔐 M U W Δ Θ Π f¹ f¹³ 2 33 28 157

κάμηλον καταπείνοντες.   B D
κάμιλον καταπίνοντες.   M Θ Π* 579
·············· καταπίνοντες.   1346
κάμηλον καταπίνοντες.   uwτ rell

ρλγ 25 Οὐαὶ ὑμῖν, γραμματεῖς καὶ Φαρεισαῖοι ὑποκριταί, ὅτι καθαρίζετε τὸ ἔξωθεν   B
25 Οὐαὶ ὑμῖν, γραμματεῖς καὶ Φαρισέοι ὑποκριταί, ὅτι καθαρίζετε τὸ ἔξωθεν   ℵ
25 Οὐαὶ ὑμῖν, γραμματεῖς καὶ Φαρισαῖοι ὑποκριταί, ὅτι καθαρίζετε τὸ ἔξω   D
25 Οὐαὶ ὑμῖν, γραμματεῖς καὶ Φαρισαῖοι ὑποκριταί, ὅτι καθαρίζετε τὸ ἔκτος   28
25 Οὐαὶ ὑμῖν, γραμμα······ ········ ······αῖοι ὑποκριταί, ὅτι καθαρίζετε   1346
25 Οὐαὶ ὑμῖν, γραμματεῖς καὶ Φαρισαῖοι ὑποκριταί, ὅτι καθαρίζετε τὸ ἔξωθεν   uwτ rell

τοῦ ποτηρίου καὶ τῆς παροψίδος,   ἔσωθεν δὲ γέμουσιν ἐξ ἁρπαγῆς καὶ   B uwτ rell
τοῦ ποτηρίου καὶ τῆς παροψίδος,   ἔσωθεν δὲ γέμουσιν   ἁρπαγῆς καὶ   C D
τοῦ ποτηρίου καὶ τῆς παροψίδος τοῦ πίνακος,   ἔσωθεν δὲ γέμουσιν ἐξ ἁρπαγῆς καὶ   Y M Π 565
τοῦ ποτηρίου καὶ τῆς παροψίδος,   ἔξωθεν δὲ γέμουσιν ἐξ ἁρπαγῆς καὶ   69
τοῦ ποτηρίου καὶ τῆς παροψίδος,   ἔσωθεν δὲ γέμει   ἁρπαγῆς καὶ   157
τοῦ ποτηρίου καὶ τῆς παροψίδος τοῦ ·············· ···σωθεν δὲ γέμουσιν ἐξ ἁρπαγῆς καὶ   1346

ἀκρασίας.   26 Φαρεισαῖε   τυφλέ, καθάρισον πρῶτον τὸ ἐντὸς   τοῦ   B
ἀκρασίας.   26 Φαρισαῖε   τυφλέ, καθάρισον πρῶτον τὸ ἐντὸς   τοῦ   ℵ D L Θ f¹ f¹³ 33 788
ἀδικίας.   26 Φαρεισαῖοιε   τυφλέ, καθάρισον πρῶτον τὸ ἐντὸς   τοῦ   C* [↑1346 1424 uwτ
ἀκρασίας.   26 Φαρισαῖε   τυφλέ, καθάρισον πρῶτον τὸ ἔσωθεν   τοῦ   Y Δ Π 565
ἀδικίας.   26 Φαρισαῖε   τυφλε, καθάρισον πρῶτον τὸ ἔσωθεν   τοῦ   K
πλεονεξίας.   26 Φαρισαῖε   τυφλε, καθάρισον πρῶτον τὸ ἔσωθεν   τοῦ   M
ἀκρασίας ἀδικείας. 26 Φαρισαῖε   τυφλέ, καθάρισον πρῶτον τὸ ἐντὸς   τοῦ   W   [↓1071
ἀδικίας.   26 Φαρισαῖε   τυφλε, καθάρισον πρῶτον τὸ ἐντὸς   τοῦ   Cᶜ 𝔐 U 2 28 157 579 700

[Cl Pd III 48.1 και παλιν τις αυτοις φησιν, ουαι υμιν, οτι καθαριζετε το εξω του ποτηριου και της παροψιδος,
ενδοθεν δε γεμουσιν ακαθαρσιας. καθαρισον πρωτον το ενδον του ποτηριου, ινα γενηται και εξωθεν καθαρον].

lac. 23.23-26 𝔓⁴⁵ A N P Q Γ

A 23 ελαιον 13 579 | τιν (την²) Θ | πιστην E 2* 579 | αιδει E* | εδη 2* | ποιησε ℵ | κακινα ℵ Δ ¦ κακηνα 2* | αφινε ℵ | αφηεναι
788 24 τοιφλοι G | των (τον) Θ | κωνοπα 28 565 1071 1424 ¦ κονωπα 13 2ᶜ | κονοπα 2* 579 | τηιν K | καταπηνοντες 2* 25 υμειν
D | γραμματις ℵ W | υποκριτε ℵ | καθαριζεται D L W Θ 33 579 1071 | καθαρζεται Δ | εξοθεν Θ | κε (και²) ℵ | παραβσψιδος
Δ* | εωθεν E* ¦ εσοθεν Θ ¦ εσωθε Π | αρπαγεις 2* | κε (και³) ℵ* | ακρασειας D 26 καθαρησον S

C 25 αρχ τη δ̄ τς ια εβδομ,α 118

D 24 σ̄λε̄/ι ℵ E G L M Y Π 118 28 ¦ σ̄λε̄ C D F H K Θ f¹ 2 157 579 1346 ¦ σ̄λε̄/α S ¦ σ̄λε̄/ς 124 | Ευ Μθ σ̄λε̄ : Ιω . : Λο . : Μρ . E |
Μθ σ̄λε̄ : Λο ρ̄λε̄ M | Μθ σ̄λε̄ : Μρ . : Λο . : Ιω . 124 25 σ̄λς̄/ε̄ ℵ G M U Y Π 118 124 28 788 1071 1424 ¦ σ̄λς̄ C D F H K Θ f¹ 2
157 579 ¦ σ̄λς̄/ς E ¦ σ̄λς̄/α S ¦ σ̄λε̄/ι 1071 | Ευ Μθ σ̄λς̄ : Ιω . : Λο ρ̄λε̄ : Μρ . E | Μθ σ̄λς̄ : Λο ρ̄λη M | Μθ σ̄λς̄ : Μρ . : Λο ρ̄λγ :
Ιω . 124

ποτηρίου, καὶ τῆς παροψίδος, ἵνα γένηται καὶ τὸ ἐκτὸς αὐτοῦ καθαρόν. B* E* G *f*[13] 28 157 788 1346
ποτηρίου, καὶ τῆς παροψίδος, ἵνα γένηται καὶ τὸ ἐντὸς αὐτῶν καθαρόν. ℵ* [↑1424 [w]
ποτηρίου, ἵνα γένηται καὶ τὸ ἔξωθεν αὐτοῦ καθαρόν. D
ποτηρίου, καὶ τῆς παροψίδος, ἵνα γένηται καὶ ἐκτὸς αὐτῶν καθαρόν. Δ
ποτηρίου, ἵνα γένηται καὶ τὸ ἐκτὸς αὐτοῦ καθαρόν. Θ 1 118 700 u[w]
ποτηρίου, ἵνα γένηται καὶ τὸ ἐκτὸς αὐτῶν καθαρόν. 1582*
ποτηρίου, ἵνα γένηται καὶ τὸ ἐκτὸς αὐτῶν καθαρόν. 2* [↓2c 33 565 579 1071 τ
ποτηρίου, καὶ τῆς παροψίδος, ἵνα γένηται καὶ τὸ ἐκτὸς αὐτῶν καθαρόν. Bc ℵc C 𝔐 K L M U W Π 1582c

ρλδ̄ 27 Οὐαὶ ὑμῖν, γραμματεῖς καὶ Φαρεισαιοι ὑποκριταί, ὅτι ὁμοιάζετε B
27 Οὐαὶ ὑμῖν, γραμματεῖς καὶ Φαρισέοι ὑποκριταί, ὅτι παρομοιάζετε ℵ
27 Οὐαὶ ὑμῖν, γραμματεῖς καὶ Φαρισαιοι ὑποκριταί, ὅτι παρομοιάζετε M
27 Οὐαὶ ὑμῖν, γραμματεῖς καὶ Φαρισαιοι ὑποκριταί, ὅτι ὁμοιάζετε 1 1582* [w]
27 Οὐαὶ ὑμῖν, γραμματεῖς καὶ Φαρισαιοι ὑποκριταί, ὅτι παρομιάζετε 1071
27 Οὐαὶ ὑμῖν, γραμματεῖς καὶ Φαρισαιοι ὑποκριταί, ὅτι παρομοιάζετε 118 u[w]τ rell

[↓W Θ Π *f*[1] 2 28 565 579 700 1071 1424 uwτ
τάφοις κεκονιαμένοις, οἵτινες ἔξωθεν μὲν φαίνονται ὡραῖοι ἔσωθεν B ℵc C 𝔐 K L M U
τάφοις κεκονιαμένοις, ἔξωθεν μὲν φαίνονται ὡραῖοι ἔσωθεν ℵ*
τάφοις κεκονιαμένοις, ἔξωθεν ὁ τάφος φαίνεται ὡραῖος ἔσωθεν D
τάφοις κεκονιαμένοις, οἵτινες ἔξωθεν μὲν φαίνονται τοῖς ἀνθρώποις ὡραῖοι ἔσωθεν F
τάφοις κεκονιαμένοις, οἵτινες ἔξωθεν φαίνονται ὡραῖοι ἔσωθεν Δ
τάφοις κεκονιαμένοις, οἵτινες μὲν ἔξωθεν φαίνονται ὡραῖοι ἔσωθεν *f*[13] 788 1346
τάφοις κεκονιαμένοις, οἵτινες ἔξωθεν μὲν φαίνεσθε τοῖς ἀνθρώποις δίκαιοι, ἔσωθεν 33
τάφοις κεκονιαμένοις, οἵτινες μὲν φαίνονται ἔξωθεν ὡραῖοι ἔσωθεν 157

δὲ γέμουσιν ὀστέων νεκρῶν καὶ πάσης ἀκαθαρσίας. 28 οὕτως καὶ ὑμεῖς B uw rell
δὲ γέμει ὀστέων νεκρῶν καὶ πάσης ἀκαθαρσίας. 28 οὕτως καὶ ὑμεῖς D
δὲ γέμουσιν ὀστέων νεκρῶν καὶ πάσης ἀκαθαρσίας. 28 οὕτω καὶ ὑμεῖς Y *f*[1] 69 τ
δὲ γέμουσιν ὀστέων ἀνθρώπων καὶ πάσης ἀκαθαρσίας. 28 οὕτως καὶ ὑμεῖς 1424

[Cl Pd III 47.4 ουαι γαρ υμιν, γραμματεις και φαρισαιοι υποκριται, φησιν ο κυριος, οτι ομοιοι εστε ταφοις κεκονιαμενοις· εξωθεν ο ταφος φαινεται ωραιος, ενδον δε γεμει οστεων νεκρων κα πασης ακαθαρσιας].

ἔξωθεν μὲν φαίνεσθε τοῖς ἀνθρώποις δίκαιοι, ἔσωθεν δέ ἐστε μεστοὶ B ℵ C D L Θ *f*[13] 33 700 788 1346 uw
ἔξωθεν μὲν φαίνεσθε τοῖς ἀνθρώποις δίκαιοι, ἔσωθεν ἐστε μεστοὶ 69 [↓1071 1424 τ
ἔξωθεν μὲν φαίνεσθε τοῖς ἀνθρώποις δίκαιοι, ἔσωθεν δέ μεστοὶ ἐστε 𝔐 K M U W Δ Π *f*[1] 2 28 157 565 579

ὑποκρίσεως καὶ ἀνομίας.

ρλε̄ 29 Οὐαὶ ὑμῖν, γραμματεῖς καὶ Φαρεισαιοι ὑποκριταί, ὅτι οἰκοδομεῖτε τοὺς τάφους τῶν προφητῶν

καὶ κοσμεῖτε τὰ μνημεῖα τῶν δικαίων, 30 καὶ λέγετε, Εἰ ἤμεθα ἐν ταῖς B ℵ C D 𝔐 L Mc Δ Θ *f*[13] 2 33 157
καὶ κοσμεῖτε τὰ μνημεῖα, 30 καὶ λέγετε, Εἰ ἤμεθα ἐν ταῖς H [↑579 700 788 1071 1346 uw
καὶ κοσμεῖτε τὰ μνήματα τῶν δικαίων, 30 καὶ λέγετε, Εἰ ἤμεν ἐν ταῖς 1424
καὶ κοσμεῖτε τὰ μνημεῖα τῶν δικαίων, 30 καὶ λέγετε, Εἰ ἤμεν ἐν ταῖς Y K M* S U W Π Ω *f*[1] 28 565 τ

lac. 23.26-30 𝔓[45] A N P Q Γ

A 26 ποτηρι G | γενητε E* H 28 | γενη Θ | γενειται 579 | κε (και[2]) ℵ | αυτου 579 27 υμειν D | γραμματις ℵ W | υποκριτε ℵ | παρομοιαζεται C L W Δ Θ 13 69 2* 33 579 | παρομιαζετε 1346 | καικονιαμενοις K L 579 | κεκονιασμενος W 69 | καικονιαμενοις 2 | φενοντε ℵ | φαινετε D | ωρεοι ℵ W | οραιοι 13 | ωστεων 2 28* 579 | κε (και[2]) ℵ* | γεμι D | ακαθαρσειας D 28 κε (και[1]) ℵ* | υμις ℵ | φενεσθε ℵ 2* | φαινεσθαι C E W Θ 13 33 579 | φενεσθαι D | δικεοι ℵ* | εσται D F L W 13 2* 579 | ⸌υπκρισ·εως E* | υποκρισαιως L | υποκρισαιος 579 | κε (και[2]) ℵ | ανομειας D 29 υμειν D | γραμματις ℵ W | Φαρισαιοι nwτ all exc. B | Φαρισεοι ℵ* | υποκριτε ℵ | οιποκριται 579 | οικοδομειται C W Δ 13 2* 1346 | οικοδομηται L Θ 69 | οικοδομειται 579 | τω (των) K* | κοσμιτε ℵ | κοσμειται C L W Δ 13 69 579 | κοσμητε Θ | μνημια ℵ L W Θ | δικεων ℵ* 30 λεγεται ℵ D L W Δ 2* 579 | η ειμεθα 579 | τες ημερες ℵ*

B 27 ᾱνοις F 33 28 ᾱνοις ℵ C 𝔐 K L M S U Δ Θ Π Ω *f*[1] 118 *f*[13] 69 124 2 33 28 157 565 579 700 788 1071 1346 1424

C 28 τελος της παρ, (post ανομιας) G | τελ S Y *f*[13] 788 | τελ τς παρασ,κ τς η̄ εβδ M | τελ τς γ̄ *f*[1] 28 | τελ τς δ̄ 118 | τελ αν μετ 1346 29 αρχη· τη β̄ της θ̄ εβδ ειπ. ουαι υμιν γραμματ οτι οικοδ (ante οτι οικ.) G | αρχ: τη β̄ της θ̄ εβδ λεγετ κ, σεπτε, ε του αγιου ζαχ, ειπεν ο κς̄ ουαι υμιν γραμματεις κ φα, Y | Μθ τη β̄ τς θ̄ εβδ και ··σεπτεμ,β ε του αγ, ζαχαριου του πρς̄ του προδρο, ειπεν ο κς̄ ουαι υμιν Μ | τη β̄ τς θ̄ εβδ ειπ ο κς̄ S | μη σεπτ ε του αγιου ζαχαριου αρχ ειπ ο κς̄ ουαι Ω | αρχ ρς̄ τη δτς ιᾱ εβδ ειπ ο κς̄ πρὸ τους ελ,η ουαι υμιν γραμ *f*[1] | αρχ τη δτς ιᾱ εβδομ,ᾱ ειπ ο κς̄ πρὸ ελ,λ προ αυτον ιουδ ουαι υμιν γραμμα 118 | αρχ αγ εις πρ *f*[13] | αρχ τς δ̄ ειπεν ο κς̄ πρὸ` τους εληλυθ· πρὸ` αυτ̄ ιουδ` ουαι υμιν γραμμ 28 | αρχ 157 1424 | αρχ λεγετ του προφητ ζαχαριου 788

D 27 σλζ̄/ε̄ ℵ G U Y Π 118 124 28 788 1071 1346 1424 | σλζ̄ C D F H K Θ *f*[1] *f*[13] 2 157 579 | σλζ̄/ς̄ E S | Ευ Μθ σλζ̄ : Ιω . : Λο ρλη̄ : Μρ . Ε | Μθ σλζ̄ : Μρ . : Λο ρλη̄ : Ιω . 124 29 σλη̄/ε̄ ℵ Y L M U Π Ω 118 124 28 788 1424 | σλη̄ C D F H K *f*[1] *f*[13] 2 157 579 1346 | σλη̄/β̄ E S 1071 | σλη̄/ς̄ G | Ευ Μθ σλη̄ : Ιω . : Λο ρμ̄ : Μρ . Ε | Μθ σλη̄ : Λο ρμ̄ Μ | Μθ σλη̄ : Μρ . : Λο . : Ιω . 124

229

ἡμέραις τῶν πατέρων ἡμῶν, οὐκ ἂν ἤμεθα αὐτῶν κοινωνοὶ ἐν τῷ αἵματι τῶν   B D 69 124ᶜ 700 **uw**
ἡμέραις τῶν πατέρων ἡμῶν, οὐκ ἂν ἤμεθα κοινωνοὶ αὐτῶν ἐν τῷ αἵματι τῶν   ℵ C 𝔐 L 2ᶜ 33 157 579 1071
ἡμέραις τῶν πατέρων ἡμῶν, οὐκ ἂν ἤμεθαι κοινωνοὶ αὐτῶν ἐν τῷ αἵματι τῶν   Δ   [↑1424
ἡμέραις τῶν πατέρων ἡμῶν, οὐκ ἂν ἤμεθα κοινωνοὶ ἐν τῷ αἵματι τῶν   Θ
ἡμέραις τῶν πατέρων ἡμῶν, οὐκ ἂν ἤμεν αὐτῶν κοινωνοὶ ἐν τῷ αἵματι τῶν   f¹ f¹³ 124* 788 1346
ἡμέραις τῶν πατέρων ἡμῶν, οὐκ ἂν ἤμεν κοινωνοὶ αὐτῶν   2*
ἡμέραις τῶν πατέρων ἡμῶν, οὐκ ἂν ἤμεν κοινωνοὶ αὐτῶν ἐν τῷ αἵματι τῶν   Y K M S U W Π Ω 28 565 τ

προφητῶν. **31** ὥστε μαρτυρεῖτε ἑαυτοῖς ὅτι   υἱοί ἐστε τῶν φονευσάντων   τοὺς   B **uwτ** rell
προφητῶν. **31** ὥστε μαρτυρεῖτε αὐτοῖς ὅτι   υἱοί ἐστε τῶν φονευσάντων   τοὺς   M 1 118 f¹³ 788 1346
προφητῶν. **31** ὥστε μαρτυρεῖτε ἑαυτοῖς ὅτι   υἱοί ἐστε τῶν ἀποκτεινόντων   τοὺς   28
προφητῶν. **31** ὥστε μαρτυρεῖτε   ὅτι   υἱοί ἐστε τῶν φονευσάντων   τοὺς   69
προφητῶν. **31** ὡς   μαρτυρεῖτε ἑαυτοῖς ὅτι οἱ   υἱοί ἐστε τῶν φονευσάντων   τοὺς   1424

προφήτας. **32** καὶ ὑμεῖς πληρώσετε τὸ μέτρον τῶν πατέρων ὑμῶν. **33** ὄφις   B*
προφήτας. **32** καὶ ὑμεῖς πληρώσατε τὸ μέτρον τῶν πατέρων ὑμῶν. **33** ὄφις   Bᶜ ℵ Θ f¹³
προφήτας. **32** καὶ ὑμεῖς ἐπληρώσατε τὸ μέτρον τῶν πατέρων ὑμῶν. **33** ὄφεις   D 118
προφήτας. **32** καὶ ὑμεῖς πληρώσατε τὸ ἔργον τῶν πατέρων ὑμῶν. **33** ὄφεις   28
προφήτας. **32** καὶ ὑμεῖς πληρώσατε τὸ μέτρον τῶν πατέρων ὑμῶν. **33** ὄφις   579 1346
προφήτας. **32** καὶ ὑμεῖς πληρώσετε τὸ μέτρον τῶν πατέρων ὑμῶν. **33** ὄφεις   [**w**]
προφήτας. **32** καὶ ὑμεῖς πληρώσατε τὸ μέτρον τῶν πατέρων ὑμῶν. **33** ὄφεις   124 **u[w]τ** rell

γεννήματα ἐχιδνῶν, πῶς φύγητε ἀπὸ τῆς κρίσεως τῆς γεέννης; **34** διὰ τοῦτο   B **uwτ** rell
γεννήματα ἐχιδνῶν, πῶς φύγεται ἀπὸ τῆς κρίσεως τῆς γεέννης; **34** διὰ τοῦτο   D
γεννήματα ἐχιδνῶν, πῶς φύγητε τῆς κρίσεως τῆς γεέννης; **34** διὰ τοῦτο   F
γεννήματα ἐχιδνῶν, πῶς φύγετε ἀπὸ τῆς κρίσεως τῆς γεέννης; **34** διὰ τοῦτο   69 1346 1424

[Cl Pd I 80.1 και τω ευαγγελιω δια Ιωαννου ὀφεις φησιν γεννηματα ἐχιδνων]
[Cl S IV 100.3 ενθεν και γεννηματα ἐχιδνων τους τοιουτους εκαλεσεν].

ἰδοὺ ἐγὼ ἀποστέλλω πρὸς ὑμᾶς προφήτας καὶ σοφοὺς καὶ γραμματεῖς·   B **u[w]τ** rell
ἰδοὺ ἀποστέλω προφήτας καὶ σοφοὺς καὶ γραμματεῖς·   D
ἐγὼ ἀποστέλλω πρὸς ὑμᾶς προφήτας καὶ σοφοὺς καὶ γραμματεῖς·   E* 1346 1424
ἰδοὺ ἐγὼ ἀποστέλλω πρὸς ὑμᾶς προφήτας καὶ σοφοὺς γραμματεῖς·   L
ἀποστέλλω πρὸς ὑμᾶς προφήτας καὶ σοφοὺς καὶ γραμματεῖς·   f¹³ 788
ἰδοὺ ἐγὼ ἀποστέλω πρὸς ὑμᾶς προφήτας καὶ σοφοὺς καὶ γραμματεῖς·   33
Ἰδοὺ ἐγὼ ἀποστέλλω πρὸς ὑμᾶς προφήτας καὶ σοφοὺς καὶ γραμματεῖς·   [**w**]

ἐξ αὐτῶν ἀποκτενεῖτε καὶ σταυρώσετε, καὶ ἐξ αὐτῶν μαστειγώσετε   B
ἐξ αὐτῶν ἀποκτενεῖτε καὶ σταυρώσετε ἐξ αὐτῶν, καὶ μαστιγώσετε   ℵ*
καὶ ἐξ αὐτῶν ἀποκτενεῖτε καὶ σταυρώσετε, καὶ ἐξ αὐτῶν μαστιγώσετε   C 𝔐 K L U 1582ᶜ 2 28 579
καὶ ἐξ αὐτῶν ἀποκτεινεῖτε καὶ σταυρώσετε,   D   [↑700 1071 τ
καὶ ἐξ αὐτῶν ἀποκτενεῖτε καὶ σταυρώσετε,   E*
ἐξ ἑαυτῶν ἀποκτενεῖτε καὶ σταυρώσετε, καὶ ἐξ αὐτῶν μαστιγώσετε   Δ
καὶ ἐξ αὐτῶν ἀποκτενεῖτε καὶ σταυρώσετε, καὶ ἐξ αὐτῶν μαστιγώσητε   1424   [↓565 788 1346 **uw**
ἐξ αὐτῶν ἀποκτενεῖτε καὶ σταυρώσετε, καὶ ἐξ αὐτῶν μαστιγώσετε   ℵᶜ M W Θ Π f¹ f¹³ 33 157

lac. **23.30-34** 𝔓⁴⁵ A N P Q Γ

A 30 ειμεν² U | κεινωνοι 1346 **31** ωσται 579 | μαρτυριτε ℵ Θ | μαρτυρειται C | μαρτυριται W | μαρτυρητε 579 | εσται W Δ 2* 28 579 1424 **32** υμις ℵ | τω (το) 579 **33** γενηματα H | εχιδων D | φυγετε H | φυγηται W Θ 1071 | γεενης 28 **34** γραμματις ℵ | αυτον (αυτων¹·²) Θ | αποκτενιτε ℵ Θ | αποκτενιται W 2ᶜ | αποκτενηται 2* | αποκτενειται 579 1424 | σταυρωσεται D W 2* 33 579 1346 | μαστιγγωσεται G | μαστιγωσεται W Θ 33 28 579 | μαστιγωσεται 2* | μαστιγωσετε 2ᶜ

B 30 π̅ρ̅ω̅ν̅ ℵ C E G Y K M S U Π Ω f¹ 118 f¹³ 69 124 2 33 28 157 579 700 788 1071 1346 1424 | π̅ρ̅ω̅ F **32** π̅ρ̅ω̅ν̅ ℵ C E F G K L M S U Π Ω f¹ 118 f¹³ 69 124 2 33 28 157 579 700 788 1071 1346 1424 **34** στρ̅ω̅σετε H S 118 f¹³ 69 124 157 788 | στρ̅ω̅σεται 2* 579 1346

C 34 αρχη: εις τ μνημ † πρ φητ ζαχαριου κ, εις τ λοιπ προφτ ειπ ιδου εγω (ante ιδου) H | (ante ιδου εγω) αρχ ειπεν ο κ̅ς̅ προ̅ τους εληλυθοτ προ̅ αυτον ιουδαιους ιδου εγω 28 | αρχ 1071

D 32 σ̅λ̅θ̅/ι̅ ℵ E G U Y Π 124 788 1071 1424 | σ̅λ̅θ̅ C D F H K 579 1346 | σ̅λ̅θ̅/ε̅ L | Ευ Μθ σ̅λ̅θ̅ : Ιω . : Λο . : Μρ . Ε | Μθ σ̅λ̅θ̅ : Μρ . : Λο ρ̅μ̅ : Ιω . 124 **33** σ̅λ̅θ̅/ι̅ Μ Ω f¹ 28 | σ̅λ̅θ̅/β̅ S | σ̅λ̅θ̅ 1582 f¹³ 157 | Μθ σ̅λ̅θ̅ : Λο ρ̅μ̅α̅ Μ **34** σ̅μ̅/ε̅ ℵ G L M U Y Ω Π 124 28 788 1071 1424 | σ̅μ̅ C D F H K 1582 f¹³ 2 157 579 1346 | σ̅μ̅/ε̅ Ε | σ̅μ̅/β̅ S | Ευ Μθ σ̅μ̅ : Ιω . : Λο ρ̅μ̅α̅ : Μρ . Ε | Μθ σ̅μ̅ Μ | Μθ σ̅μ̅ε̅ : Μρ . : Λο ρ̅μ̅α̅ : Ιω . 124

ἐν ταῖς συναγωγαῖς ὑμῶν καὶ διώξετε ἀπὸ πόλεως εἰς πόλιν· 35 ὅπως ἔλθῃ ἐφ' B **uwτ** rell
ἐν ταῖς συναγωγαῖς ὑμῶν καὶ διώξετε ἀπὸ πόλεως εἰς πόλιν· 35 ὅπως ἔλθῃ ἐφ' D
ἐν ταῖς συναγωγαῖς ὑμῶν καὶ διώξετε ἀπὸ πόλεως εἰς πόλιν· 35 ὅπως ἐπέλθῃ ἐφ' L
ἐν ταῖς συναγωγαῖς ὑμῶν καὶ διώξετε ἀπὸ πόλεως εἰς πόλιν· 35 ὅπως ἔλθοι ἐφ' 2* 700
ἐν ταῖς συναγωγαῖς ἡμῶν καὶ διώξετε ἀπὸ πόλεως εἰς πόλιν· 35 ὅπως ἔλθῃ ἐφ' 579
ἐν ταῖς συναγωγαῖς ὑμῶν καὶ διώξετε ἀπὸ πόλεως εἰς πόλιν· 35 ὅπως ἐὰν ἔλθῃ ἐφ' 1071
ἐν ταῖς συναγωγαῖς ὑμῶν καὶ διώξετε ἀπὸ τῆς πόλεως εἰς πόλιν 35 ὅπως ἂν ἔλθῃ ἐφ' 1346 [↓33 788
ἐν ταῖς συναγωγαῖς ὑμῶν καὶ διώξετε ἀπὸ πόλεως εἰς πόλιν· 35 ὅπως ἂν ἔλθῃ ἐφ' ℵc Cc Mc Θ f13

ὑμᾶς πᾶν αἷμα δίκαιον ἐκχυνόμενον ἐπὶ τῆς γῆς ἀπὸ τοῦ αἵματος B 𝔐 K M Θ 1582 118 2 28 565
ὑμᾶς αἷμα δίκαιον ἐκχυννόμενον ἐπὶ τῆς γῆς ἀπὸ τοῦ αἵματος ℵ* [↑579 700 1071 1424 τ
ὑμᾶς πᾶν αἷμα δίκαιον ἐκχυννόμενον ἐπὶ τῆς γῆς ἀπὸ τοῦ αἵματος ℵc C G U W Δ Π 1 f13 788 uw
ὑμᾶς πᾶν αἷμα δίκαιον ἐχχυννόμενον ἐπὶ τῆς γῆς ἀπὸ αἵματος D
ὑμᾶς πᾶν αἷμα δίκαιον ἐκχυνόμενον ἐπὶ τῆς γῆς ἀπὸ αἵματος L 157
ὑμᾶς αἷμα δίκαιον ἐκχυνόμενον ἐπὶ τῆς γῆς ἀπὸ τοῦ αἵματος 69
ὑμᾶς πᾶν αἷμα δίκαιον ἐκχυννόμενον ἐπὶ τῆς γῆς ἀπὸ αἵματος 33
ἡμᾶς πᾶν αἷμα δίκαιον ἐκχυνόμενον ἐπὶ τῆς γῆς ἀπὸ τοῦ αἵματος 1346

Ἄβελ τοῦ δικαίου ἕως τοῦ αἵματος Ζαχαρίου υἱοῦ Βαραχίου, ὃν ἐφονεύσατε μεταξὺ B **uwτ** rell
Ἄβελ τοῦ δικαίου ἕως τοῦ αἵματος Ζαχαρίου, ὃν ἐφονεύσατε μεταξὺ ℵ*
Ἄβελ τοῦ δικαίου ἕως αἵματος Ζαχαρίου υἱοῦ Βαραχείου, ὃν ἐφονεύσατε μεταξὺ D
Ἄβελ τοῦ δικαίου ἕως τοῦ αἵματος Ζαφχαρίου υἱοῦ Βαραχίου, ὃν ἐφονεύσατε μεταξὺ Δ*
Ἄβελ τοῦ δικαίου ἕως τοῦ αἵματος Ζαχαρίου υἱοῦ ············· ὃν ἐφονεύσατε μεταξὺ 1346 [↓33
Ἄβελ τοῦ δικαίου ἕως αἵματος Ζαχαρίου υἱοῦ Βαραχίου, ὃν ἐφονεύσατε μεταξὺ Θ 1 1582* 118

τοῦ ναοῦ καὶ τοῦ θυσιαστηρίου. 36 ἀμὴν λέγω ὑμῖν, ἥξει πάντα ταῦτα B f1 700 [w]
τοῦ ναοῦ καὶ τοῦ θυσιαστηρίου. 36 ἀμὴν λέγω ὑμῖν, ἥξει ταῦτα πάντα ℵ D L Θ 124 788 u[w]τ
τοῦ ναοῦ καὶ τοῦ θυσιαστηρίου. 36 ἀμὴν λέγω ὑμῖν, ὅτι ἥξει ταῦτα πάντα C F M f13 2 28 565 579 1424
τοῦ ναοῦ καὶ τοῦ θυσιαστηρίου. 36 ἀμὴν λέγω ὑμῖν, ὅτι ἥξει πάντα ταῦτα 𝔐 K U W Δ Π 33 157 1071
τοῦ ναοῦ καὶ ·········· ρίου. 36 ἀμὴν λέγω ὑμῖν, ὅτι ἥξει ············ 1346

ἐπὶ τὴν γενεὰν ταύτην. B **uwτ** rell
ἐπὶ τὴν γενεὰν αὐτήν. L

Jesus Foresees Jerusalem Forsaken And Desolate
(Luke 13.31-35)

37 Ἰερουσαλὴμ Ἰερουσαλήμ, ἡ ἀποκτείνουσα τοὺς προφήτας καὶ λιθοβολοῦσα B **uwτ** rell
37 Ἰερουσαλὴμ Ἰερουσαλήμ, τοὺς προφήτας ἀποκτένουσα καὶ λιθοβολοῦσα ℵ*
37 Ἰερουσαλὴμ Ἰερουσαλήμ, ἀποκτένουσα τοὺς προφήτας καὶ λιθοβολοῦσα ℵc Δ f13 2* 33 157
37 Ἰερουσαλὴμ Ἰερουσαλήμ, ἀποκτέννουσα τοὺς προφήτας καὶ λιθοβολοῦσα C G K [↑788 1071
37 Ἰερουσαλὴμ Ἰερουσαλήμ, ἡ ἀποκτείνουσα τοὺς προφήτας καὶ λιθοβολήσασα W
37 Ἰερουσαλὴμ Ἰερουσαλήμ, ἡ ἀποκτένουσα τοὺς προφήτας καὶ λιθοβολοῦσα 118
37 Ἰερουσαλὴμ Ἰερουσαλήμ, ἀποκτένουσα τοὺς προφήτας καὶ λιθοβολοῦσα 579
37 ·············· ·············· ἡ ἀποκτένουσα τοὺς προφήτας ·········· σα 1346

τοὺς ἀπεσταλμένους πρὸς αὐτήν, ποσάκις ἠθέλησα ἐπισυναγαγεῖν τὰ τέκνα σου, B **uwτ** rell
τοὺς ἀπεσταλμένους πρὸς αὐτήν, ποσάκις ἠθέλησα ἐπισυναγεῖν τὰ τέκνα σου, ℵ*
τοὺς ἀπεσταλμένους πρός σε, ποσάκις ἠθέλησα ἐπισυναγαγεῖν τὰ τέκνα σου, D
τοὺς ἀπεσταλμένους πρὸς ········ ·············· ἠθέλησα ἐπισυναγαγεῖν τὰ τέκνα ······ 1346

---

lac. 23.34 -37 𝔓45 A N P Q Γ

A 34 τες ℵ* Θ | συναγωγες ℵ | διωξεται D W Θ 2* 33 579 | πολαιος 579 | πολην 28 35 οπος 579 | δικεον ℵ* | εκχυνον 124 | εφωνευσατε 1071 **36** αμιν Θ | υμειν D | ηξι ℵ | εξει F **37** αποκτεννουσα C G K ¦ αποκτινουσα W Θ ¦ αποκτεινασα 1424 | του (τους2) Θ | πασακιες D W ¦ ποσακης E 2* ¦ πωσακις 579 | ηθελισα 579 1346

B 35 υυ G H M **37** ιλημ1.2 ℵ C E F H Y K L M S U Δ Π Ω f1 118 2 28 157 565 579 700 1071 1424 ¦ ιλημ2 G 13

C 37 νζ πε της στητελ 1071

D 37 σμα/ε ℵ Y L M S U Π Ω 124 28 788 1424 ¦ σμα C D F G H K Θ f1 118 f13 2 157 579 1071 1346 ¦ σμα/ς E | Ευ Μθ σμα : Ιω . : Λο ροε : Μρ . E | Μθ σμα : Μρ ρλζ : Λο ροε ¦ Ιω ρμ M | Μθ σμα: Μρ ρλζ : Λο ροε : Ιω . 124

ὃν τρόπον ὄρνις	ἐπισυνάγει	τὰ νοσσία		ὑπὸ τὰς πτέρυγας,	B* 700 [w]
ὃν τρόπον ὄρνις	ἐπισυνάγει	τὰ νοσσία ἑαυτῆς	ὑπὸ τὰς πτέρυγας,		B cℵcL Θ f¹ f¹³ 788
ὃν τρόπον ὄρνις	ἐπισυνάγει	τὰ νοσσία αὐτῆς	ὑπὸ τὰς πτέρυγας,		ℵ* D 33 u[w]
ὃν τρόπον ἐπισυνάγει	ὄρνις	τὰ νοσσία αὐτῆς	ὑπὸ τὰς πτέρυγας,		M W
ὃν τρόπον ὄρνης ἐπισυναγάγει		τὰ νοσσία ἑαυτῆς	ὑπὸ τὰς πτέρυγας,		K
ὃν τρόπον ἐπισυνάγει	ὄρνις	τὰ νοσσία αὐτῆς	ὑπὸ τὰς πτέρυγας αὐτῆς,		Δ 1424
ὃν τρόπον ἐπισυνάγει	ὄρνις	τὰ νοσσία ἑαυτῆς	ὑπὸ τὰς πτέρυγας αὐτῆς,		28
⋯⋯ ⋯⋯⋯	ὄρνις	ἐπισυνάγει τὰ νοσσία ἑαυτῆς	ὑπὸ τὰς πτέρυγας,		1346
ὃν τρόπον ἐπισυνάγει	ὄρνις	τὰ νοσσία ἑαυτῆς	ὑπὸ τὰς πτέρυγας,		C 𝔐 U Π 2 157 565 579 1071 τ

[Cl S I 29.4 Ιερουσαλημ Ιερουσαλημ, ποσακις ηθελησα επισυναγαγειν τα τεκνα σου ως ορνις τους νεοσσους]
[Cl Pd I 76.1 ως καν τω ευαγγελιω λεγων, ποσακις ηθελησα συναγαγειν τα τεκνα σου, ον τροπον ορνις συναγει τα νοσσια αυτης υπο τας πτερυγας αυτης, και ουκ ηθελησαστε] [Cl Pd I 14.4 οτι δε ημας τους νεοττους λεγει, μαρτυς η γραφη ον τροπον ορνις συναγει τα νοσσια υπο τας πτερυγας αυτης]

καὶ οὐκ ἠθελήσατε. **38** ἰδοὺ ἀφίεται ὑμῖν ὁ οἶκος ὑμῶν.	B L [w]
καὶ οὐκ ἠθελήσατε. **38** ἰδοὺ ἀφίεται ὁ οἶκος ὑμῶν ὑμῖν ἔρημος.	28
καὶ οὐκ ἠθελήσατε. **38** ἰδοὺ ἀφίεται ὁ οἶκος ὑμῶν ἔρημος.	1424
καὶ οὐκ ἠθελήσατε. **38** ἰδοὺ ἀφίεται ὑμῖν ὁ οἶκος ὑμῶν ἔρημος.	ℵ C D 𝔐 K M U W Δ Θ Π f¹ f¹³ 69 2 33 157 565 579 700 788 1071 1346 Cl u[w]τ

39 λέγω γὰρ ὑμῖν,	οὐ μή με ἴδητε ἀπ' ἄρτι ἕως ἂν εἴπητε,	B uwτ rell
39 λέγω γὰρ ὑμῖν, ὅτι	οὐ μή με ἴδητε ἀπ' ἄρτι ἕως ἂν εἴπητε,	D Θ f¹ f¹³ 788 1346
39 λέγω γὰρ ὑμῖν,	οὐ μή με ἴδεται ἀπ' ἄρτι ἕως ἂν εἴπητε,	2*
39 λέγω γὰρ ὑμῖν,	οὐ μή με ἴδετε ἀπ' ἄρτι ἕως ἂν εἴπητε,	2c
39 λέγω δὲ ὑμῖν,	οὐ μή με ἴδητε ἀπ' ἄρτι ἕως ἂν εἴπητε,	157 1424
39 λέγω γὰρ ὑμῖν,	οὐ μή ἴδητε ἀπ' ἄρτι ἕως ἂν εἴπητε,	565

Εὐλογημένος ὁ ἐρχόμενος ἐν ὀνόματι κυρίου.	B uwτ rell
Εὐλογημένος ὁ ἐρχόμενος ἐν ὀνόματι θεοῦ.	D
Εὐλογημένος ἐρχόμενος ἐν ὀνόματι κυρίου.	124*

[Cl Pd I 79.3 δια τουτο φησιν, αφιεται ο οικος υμων ερημος. λεγω γαρ υμιν, απ αρτι ου μη ιδητε με, εως αν ειπητε, ευλογημενος ο ερχομενος εν ονοματι κυριου.]

ν̅ζ̅ περὶ συντελείας

Jesus' Teaching About The End Of The Age And Judgment

The Destruction Of The Temple
(Mark 13.1-2; Luke 21.5-6)

ρ̅λ̅ς̅	**24.1** Καὶ ἐξελθὼν ὁ Ἰησοῦς ἐκ τοῦ ἱεροῦ ἐπορεύετο, καὶ προσῆλθον	B
	24.1 Καὶ ἐξελθὼν ὁ Ἰησοῦς ἀπὸ τοῦ ἱεροῦ ἐπορεύετο, καὶ προσῆλθον	ℵ D L Δ f¹ f¹³ 124c 33
	24.1 Καὶ ἐξελθὼν ὁ Ἰησοῦς ἐπορεύετο ἀπὸ τοῦ ἱεροῦ, καὶ προσῆλθον αὐτῶ	F [↑700 788 1346 uw
	24.1 Καὶ ἐξελθὼν ὁ Ἰησοῦς ἐκ τοῦ ὄρου ἐπορεύετο, καὶ προσῆλθον	Θ
	24.1 Καὶ ἐξελθὼν ὁ Ἰησοῦς ἀπὸ τοῦ ιε ἐπορεύετο, καὶ προσῆλθον	124*
	24.1 Καὶ ἐξελθὼν ὁ Ἰησοῦς ἀπὸ τοῦ ἱεροῦ ἐπορεύετο, καὶ προσῆλθον αὐτῶ	157 1424
	24.1 Καὶ ἐξελθὼν ὁ Ἰησοῦς ἐπορεύετο ἀπὸ τοῦ ἱεροῦ, καὶ προσῆλθον	C 𝔐 K M U W Π 2 28 565 579 1071 τ

---

lac. 23.37-24.1 𝔓⁴⁵ A N P Q Γ

A 37 ορνεις Θ 13 124 788 1346 ¦ ορνης 2* ¦ επισυναγι ℵ* ¦ νοσσεια D ¦ νοσια E* Η Θ Π 565* 579 1424 ¦ πτερυγγας 2* **38** αφιετε D Δ 13 69 124 565 788 1071 1346 ¦ υμειν D ¦ ερειμος M **39** υμειν D ¦ ειδητε C Μ Δ ¦ ιδετε E ¦ ιδηται W ¦ ιδειτε 13 ¦ αρτη 565 579 ¦ εω 1424* ¦ ειπηται W ¦ ιπειτε 13 ¦ ερχωμενος 579 **24.1** ηξελθων 13 ¦ εμορεβετω 579

B 39 κ̅υ̅ B ℵ C E F G Y K L M S U W Δ Θ Π Ω f¹ 118 f¹³ 69 124 2 33 28 157 565 579 700 788 1071 1346 1424 ¦ θ̅υ̅ D **24.1** ι̅ς̅ B ℵ C 𝔐 K L M S U W Δ Θ Π Ω f¹ 118 f¹³ 124 2 33 28 157 565 579 700 1071 1346 1424 ¦ ι̅η̅ς̅ D

C 39 τελος β̅ (post κ̅υ̅) G ¦ τελος H S Y f¹³ 124 157 788 1071 ¦ τελ τη β̅ τς ε̅ εβδ M ¦ τ̅ε̅ τς μγ γ̅ Ω ¦ τελ τς δ̅ f¹ (118 + τελ τς γ̅) 28 ¦ τελ του ορθ 1346 **24.1** ν̅ζ̅ περι (+ της Y 157) συντελειας. E G H Y Δ f¹ 157 565 ¦ αρχη: Σα ι̅ε̅ τω κ, προσηλθ οι μαθ αυτ επεδειξαι αυτω H ¦ αρχ: Σα ι̅ε̅ τω κ,ρ,ω προσηλθον οι μαθ τω ι̅υ̅ επιπιδειξαι (ante επιδειξ.) Y ¦ αρχ L ¦ Μθ Σα ι̅β̅ τω καιρω, προσηλθον οι μαθ τω ι̅υ̅ επιδειξαι αυτω. τας οι (ante προσηλ.) M ¦ Σα ι̅ε̅ τω κ προσηλθ οι μαθητ τω ι̅υ̅ S ¦ αρχ ο̅η̅ Σα ι̅β̅ τω καιρω προσηλθ οι μαθητ τω ι̅υ̅ επιδειξαι αυτ f¹ ¦ αρχ ο̅η̅ Σα ι̅ε̅ τς μ,γλ β̅ εις τ λ,τῃ τ̅ε̅ τς συντελ τω κ,ε εκ,ει προσηλθον οι μθ τω ι̅υ̅ επιδειξαι αυτω 118 ¦ αρχ Σα ι̅ε̅ f¹³ ¦ (ante προσηλ.) αρχ Σα ι̅ε̅ 124 788 1346 ¦ αρχ Σα ι̅ε̅ τη αγια κ μεγαλ γ εις τ ορθρ 1071 ¦ αρχ του Σα ι̅ τω καιρω εκεινω προσηλθον οι μαθηται τω ι̅υ̅ επειδει 28 ¦ αρχ Σα ι̅ε̅ 157

D 24.1 σ̅μ̅β̅/β̅ ℵ E M S U Y Π 124 28 788 1424 ¦ σ̅μ̅β̅ C D F H K L Θ 1582 118 f¹³ 2 157 579 1346 ¦ σ̅μ̅β̅/ε̅ G ¦ σ̅μ̅β̅/ι̅ 1071 | Ευ Μθ σ̅μ̅β̅ : Ιω . : Λο σ̅λ̅ζ̅ (ρ̅λ̅ζ̅ E*) : Μρ ρ̅λ̅ζ̅ E | Μθ σ̅μ̅β̅ : Μρ ρ̅λ̅η̅ : Λο σ̅λ̅ζ̅, σ̅λ̅θ̅ : Ιω ρ̅μ̅ς̅ M | Μθ σ̅μ̅β̅ : Μρ . : Λο . : Ιω . 124

οἱ μαθηταὶ αὐτοῦ ἐπιδεῖξαι αὐτῷ τὰς οἰκοδομὰς τοῦ ἱεροῦ· **2** ὁ δὲ ἀποκριθεὶς   B ℵ D L Θ *f*¹ *f*¹³ 33 700
οἱ μαθηταὶ αὐτοῦ ἐπιδεῖξαι αὐτῷ τὰς οἰκοδομὰς τοῦ ἱεροῦ· **2** ὁ δὲ   H* 2   [↑788 **uw**
οἱ μαθηταὶ αὐτοῦ ἐπιδεῖξαι αὐτῷ τὰς οἰκοδομὰς τοῦ ἱεροῦ· **2** ὁ δὲ <u>Ἰησοῦς</u> ἀποκριθεὶς 1346
οἱ μαθηταὶ αὐτοῦ ἐπιδεῖξαι αὐτῷ τὰς οἰκοδομὰς τοῦ ἱεροῦ· **2** ὁ δὲ <u>Ἰησοῦς</u>   C 𝔐 K M U W Δ Π 28
                   157 565 579 1071 1424 τ

εἶπεν αὐτοῖς, Οὐ βλέπετε ταῦτα πάντα; ἀμὴν λέγω ὑμῖν,   οὐ   B ℵ C 𝔐 M U Θ Π *f*¹ *f*¹³ 28 157 579 788
εἶπεν αὐτοῖς,   βλέπετε <u>πάντα</u> <u>ταῦτα</u>; ἀμὴν λέγω ὑμῖν, <u>ὅτι</u> οὐ   D   [↑1071 1346 **uw**
εἶπεν αὐτοῖς, Οὐ βλέπετε <u>πάντα</u> <u>ταῦτα</u>; ἀμὴν λέγω ὑμῖν,   οὐ   E F G K W Δ 2 565 τ
εἶπεν αὐτοῖς,   βλέπετε ταῦτα πάντα; ἀμὴν λέγω ὑμῖν,   οὐ   L 33 700
εἶπεν αὐτοῖς, Οὐ βλέπετε ταῦτα πάντα;   οὐ   1424

μὴ ἀφεθῇ ὧδε λίθος ἐπὶ λίθον ὃς οὐ   καταλυθήσεται.   B **uw** rell
μὴ ἀφεθῇ ὧδε λίθος ἐπὶ λίθον ὃς οὐ <u>μὴ</u> καταλυθήσεται.   G Y K U Π *f*¹ 33 565 1071 1346 1424 τ
μὴ ἀφεθῇ   λίθος ἐπὶ λίθον ὃς οὐ   καταλυθήσεται.   W*

False Christs
(Mark 13.3-6; Luke 21.7-8)

ρλζ **3** Καθημένου δὲ αὐτοῦ ἐπὶ τοῦ Ὄρους τῶν Ἐλαιῶν   B **uwτ** rell
    3 Καθημένου δὲ αὐτοῦ ἐπὶ τοῦ Ὄρους τῶν Ἐλαιῶν <u>κατέναντι</u> <u>τοῦ</u> <u>ἱεροῦ</u>   C
    3 Καθημένου δὲ αὐτοῦ ἐπὶ τοῦ Ὄρους <u>τῷ</u>   <u>Ἐλαίῳ</u>   K

προσῆλθον αὐτῷ οἱ μαθηταὶ   καθ᾽ ἰδίαν λέγοντες, Εἰπὲ   ἡμῖν πότε ταῦτα   B* ℵ
προσῆλθον αὐτῷ οἱ μαθηταὶ <u>αὐτοῦ</u> <u>κατ</u>᾽ ἰδίαν λέγοντες, Εἰπὲ   ἡμῖν <u>τότε</u> ταῦτα   C
προσῆλθον αὐτῷ οἱ μαθηταὶ   <u>κατ</u>᾽ ἰδίαν λέγοντες, <u>Εἰπὸν</u> ἡμῖν πότε ταῦτα   L S *f*¹ 33 w
προσῆλθον αὐτῷ οἱ μαθηταὶ <u>αὐτοῦ</u> <u>κατ</u>᾽ ἰδίαν λέγοντες, Εἰπὲ   ἡμῖν πότε ταῦτα   U W Δ 157 1424
προσῆλθον αὐτῷ οἱ μαθηταὶ   <u>κατ</u>᾽ ἰδίαν λέγοντες, Εἰπὲ   <u>ὑμῖν</u> πότε ταῦτα   1346
προσῆλθον αὐτῷ οἱ μαθηταὶ   <u>κατ</u>᾽ ἰδίαν λέγοντες, Εἰπὲ   ἡμῖν πότε ταῦτα   118 **uτ** rell

ἔσται, καὶ τί τὸ σημεῖον τῆς σῆς παρουσίας καὶ   συντελείας τοῦ   B ℵ C L Θ Ω 1 1582* 118 33 157 565
ἔσται, καὶ τί τὸ σημεῖον τῆς <u>παρουσίας</u> <u>σου</u> καὶ <u>τῆς</u> συντελείας τοῦ   D   [↑**uw**
ἔσται, καὶ τί τὸ σημεῖον τῆς σῆς παρουσίας καὶ <u>τῆς</u> συντελείας τοῦ   𝔐 K M U W Δ Π 1582ᶜ *f*¹³ 2 28 579
                   700 788 1071 1346 1424 τ

αἰῶνος. **4** καὶ ἀποκριθεὶς ὁ Ἰησοῦς εἶπεν αὐτοῖς, Βλέπετε μή τις ὑμᾶς πλανήσῃ·   B **uwτ** rell
αἰῶνος. **4** <u>ἀποκριθεὶς</u>   <u>δὲ</u> ὁ Ἰησοῦς εἶπεν αὐτοῖς, Βλέπετε μή τις ὑμᾶς πλανήσῃ·   *f*¹ 33
αἰῶνος. **4** καὶ ἀποκριθεὶς ὁ Ἰησοῦς εἶπεν αὐτοῖς, Βλέπετε μή <u>τι</u>   ὑμᾶς <u>πλανήσει</u>·   579

5 πολλοὶ γὰρ ἐλεύσονται ἐπὶ τῷ ὀνόματί μου λέγοντες,   Ἐγώ εἰμι ὁ Χριστός,   B **uwτ** rell
5 πολλοὶ γὰρ ἐλεύσονται ἐπὶ τῷ ὀνόματί μου λέγοντες <u>ὅτι</u> Ἐγώ εἰμι ὁ Χριστός,   C*
5 πολλοὶ γὰρ ἐλεύσονται ἐπὶ τῷ ὀνόματί μου λέγοντες,   Ἐγώ εἰμ· ··················   33

καὶ πολλοὺς πλανήσουσιν.   B **uwτ** rell
καὶ πολλοὺς <u>πλανήσωσιν</u>.   Π* 157 1424
······ πολλοὺς πλανήσουσιν.   33

lac. **24.1-5** 𝔓⁴⁵ A N P Q Γ

A 1 μαθητε ℵ | επιδιξε ℵ | επιδειξε L | επιδιξαι Θ | οικοδομας L* **2** αποκριθεις D | βλεπεται W | υμειν D | ωιδε 124 **3** ορου Θ | τω (των) K | ελεων ℵ C D L Θ 2 **3** μαθηθε Θ | λεγοντες 579 | ημειν D | εστε ℵ | σημιον ℵ W Θ 2 | τη (της) Θ | συντελιας ℵ Θ 2 **4** αποκριθης 579 | βλεπεται D W 2* | της (τις) Θ | πλανηση C* | πλανωσιν U | πλανσει Θ 2* 28 | πλανησουσι 118 **5** ελευσοντε ℵ | το (τω) E K Θ 579 1071 | ειμει W | πολους Θ* | πλανησουσι S *f*¹ 69 28 700 788 1346 | πλανησωσι 157

B 2 ις C E F G Y K M S U W Δ Π Ω 28 157 565 579 1071 1346 1424 **4** ις B ℵ C 𝔐 K L M S U W Δ Θ Π Ω *f*¹ 118 *f*¹³ 124 2 33 28 157 565 579 700 788 1071 1346 1424 | ιης D **5** χς B ℵ C 𝔐 K L M S U W Δ Θ Π Ω *f*¹ 118 *f*¹³ 69 124 2 28 157 565 579 700 788 1071 1346 1424 | χρς D

C 2 τελος της αγιας γ (post καταλυθ.) G | τελος K S *f*¹³ 2 | τε τς ορθ τ Μρ ε Ω | τελ μ,τ γ *f*¹ | τελ τς μ,γα γ πρωι 28 | τη μγλ β εσπερ 157 **3** νζ περι (+της M S U Π Ω 124 28 579 788 1424) συντελειας. F G K L M S U Π Ω 124 2 28 579 788 1424 | αρχη: Σαββατω ιε το αυτο και τη μγ β: τω καιρω εκεινω καθημενου του ιυ. (ante επι του) E | αρχη: Σα ιε τω καιρω καθημε το, λεγεται τη αγια β εις τ προηγιον τ λεγετ. κ, τη β της αρχ νηστ, εωθ G | αρχη: τη μεγαλη τω κ, καθημενου του ιυ H | αρχ: τη με, β εις τ λειτ· τω κ,ρω καθημενου του ιυ επι του ορους Υ | αρχ: τῆ αγια κ, μγ β εσπερας: τω καιρω, καθημενου του ιυ επι του ουρ,υ τω ελαιων πρ, K | αρχ: Μθ μγ β εις τ λειτουρ, τω καιρ,ω καθημενου του ιυ M | τη μεγαλη β τω κ S | αρχ τῆ μγ,α β εις τ λειτουργ, τω καιρω καθημενου τω ιυ Ω | αρχ τς μγ του ορθρ μ,τ γ τη μ,τ β εις τ λειτ τω καιρω καθημ, του ιυ ε *f*¹ | αρχ τς μεγλ β τω καιρω καθημ, του ιυ 118 | αρχ του ορθρ τκς αγ πκβ 124 | Σα ιε τω κ,ρω εκ, καθηνενου του ιυ λεγετ δε κ, τη μγ β 2 | τ γ : εις τ λειτ ματθ 22 | αρχ τη μ,γα β εσπερας τω κ,ρω εκεινω καθημενου του ιυ επι του 28 | αρχ 157 | αρχ εις τ ορθρ τς αγιας γ 788 | αρχ της λειτ 1346

D 3 σμγ/β ℵ E L M S U Y Π Ω 124 28 788 1071 1424 | σμγ C D F H K Θ 1582 *f*¹³ 2 157 579 1346 | σμγ/ε G | Ευ Μθ σμγ : Ιω . : Λο σμθ : Μρ ρλη E | Μρ μβ : Λο οε L | Μθ σμγ : Λο σμη M | Μθ σμγ : Μρ ρλη : Λο σλζ, σμη, σμθ : Ιω . 124

233

Wars, Rumors Of War, Famine And Earthquake
(Mark 13.7-8; Luke 21.9-11)

6 μελλήσεται	δὲ ἀκούειν πολέμους καὶ ἀκοὰς πολέμων· ὁρᾶτε,	μὴ θροεῖσθε·	B* U W Δ Θ 2* 579
6 μέλλεται	δὲ ἀκούειν πολέμους καὶ ἀκοὰς πολέμων· ὁρᾶτε,	μὴ θροεῖσθε·	D f[13]
6 μελλήσετε	δὲ ἀκούειν πολέμους καὶ ἀκοὰς πολέμων· ὁρᾶτε,	μὴ θροήθητε·	118
6 μελλήσετε	ἀκούειν πολέμους καὶ ἀκοὰς πολέμων· ὁρᾶτε,	μὴ θροεῖσθε·	124
6 μελλήσεται	δὲ ἀκούειν πολέμους καὶ ἀκοὰς πο········ ······τε,	μὴ θροεῖσθε·	33
6 μελήσετε	δὲ ἀκούειν πολέμους καὶ ἀκοὰς πολέμων· ὁρᾶτε,	μὴ θροεῖσθε·	157
6 μελήσετε	δὲ ἀκούειν πολέμους καὶ ἀκοὰς πολέμων· ὁρᾶτε, καὶ	μὴ θροεῖσθε·	1424
6 μελήσετε	δὲ ἀκούειν πολέμους καὶ ἀκοὰς πολέμων· ὁρᾶτε,	μὴ θροεῖσθε·	Bᶜ ℵ C 𝔐 K L M Π f[1]

69 2ᶜ 28 565 700 788 1071 1346 uwτ

δεῖ γὰρ	γενέσθαι, ἀλλ᾽ οὔπω ἐστὶν τὸ τέλος. 7 ἐγερθήσεται	γὰρ ἔθνος	B ℵ D Θ f[1] uw
	ἀλλ᾽ οὔπω ἐστὶν τὸ τέλος. 7 ἐγερθήσεται	γὰρ ἔθνος	Y*
δεῖ γὰρ ταῦτα	γενέσθαι, ἀλλ᾽ οὔπω ἐστὶν τὸ τέλος. 7 ἐγερθήσεται	γὰρ ἔθνος	Yᶜ 565
δεῖ γὰρ	γενέσθαι, ἀλλ᾽ οὔπω ἐστὶν τὸ τέλος. 7 ἐγερθήσονται	γὰρ ἔθνος	L
δεῖ γὰρ πάντα	γενέσθαι, ἀλλ᾽ οὐκ εὐθέως τὸ τέλος. 7 ἐγερθήσεται	γὰρ ἔθνος	U
δεῖ γὰρ	γενέσθαι, ἀλλ᾽ οὔπω τὸ τέλος. 7 ἐγερθήσεται	γα··· ·········	33
δεῖ γὰρ πάντα	γενέσθαι, ἀλλ᾽ οὔπω τὸ τέλος. 7 ἐγερθήσεται	γὰρ ἔθνος	1424
δεῖ γὰρ πάντα	γενέσθαι, ἀλλ᾽ οὔπω ἐστὶν τὸ τέλος. 7 ἐγερθήσεται	γὰρ ἔθνος	C 𝔐 K M W Δ Π f[13]

69 2 28 157 579 700 788 1071 1346 τ

ἐπὶ ἔθνος καὶ βασιλεία ἐπὶ βασιλείαν, καὶ ἔσονται λειμοὶ	καὶ σεισμοὶ	B D
ἐπ᾽ ἔθνος καὶ βασιλεία ἐπὶ βασιλείαν, καὶ ἔσονται σεισμοὶ	καὶ λιμοὶ	ℵ
ἐπ᾽ ἔθνος καὶ βασιλεία ἐπὶ βασιλείαν, καὶ ἔσονται λιμοὶ καὶ λοιμοὶ	καὶ σεισμοὶ	C Y K Θ Π* f[1] 28 157
ἐπ᾽ ἔθνος καὶ βασιλεία ἐπὶ βασιλείαν, καὶ ἔσονται λοιμοὶ καὶ λιμοὶ	καὶ σεισμοὶ	L W [↑565
ἐπὶ ἔθνος καὶ βασιλεία ἐπὶ βασιλείαν, καὶ ἔσονται λοιμοὶ καὶ λιμοὶ	καὶ σεισμοὶ	f[13]
ἐπὶ ἔθνος καὶ βασιλεία ἐπὶ βασιλείαν, καὶ ἔσονται λιμοὶ	καὶ σεισμοὶ	E* uw
······ θνος καὶ βασιλία ἐπὶ βασιλείαν, καὶ ἔσονται λοιμοὶ καὶ λιμοὶ	καὶ σει······	33
ἐπὶ ἔθνος καὶ βασιλεία ἐπὶ βασιλείαν, καὶ ἔσονται λιμοὶ καὶ λιμοὶ	καὶ σεισμοὶ	579
ἐπὶ ἔθνος καὶ βασιλεία ἐπὶ βασιλείαν, καὶ ἔσονται λιμοὶ καὶ λοιμοὶ	καὶ σεισμοὶ	𝔐 M U Δ Πᶜ 118 69

124 2 700 788 1071 1346 1424 τ

κατὰ τόπους· 8 πάντα δὲ ταῦτα ἀρχὴ ὠδείνων.	B Δ 565 1424
κατὰ τόπους· 8 πάντα δὲ ταῦτα ἀρχὴ ὀδύνων.	D*
κατὰ τόπους· 8 ταῦτα δὲ πάντα ἀρχὴ ὠδίνων.	W f[1] 69 124 788 1346
κατὰ τόπους· 8 ταῦτα πάντα ἀρχὴ ὠδίνων.	f[13]
········ ····πους· 8 πάντα δὲ ταῦτα ἀρχὴ ὠδίνων.	33
κατὰ τόπους· 8 πάντα δὲ ταῦτα ἀρχὴ ὠδίνων.	uwτ rell

Tribulation, Hate, Death, And Betrayal
(Mark 13.9-13; Luke 21.12-19)

9 τότε παραδώσουσιν ὑμᾶς εἰς θλεῖψιν καὶ ἀποκτενοῦσιν ὑμᾶς, καὶ ἔσεσθε	B
9 τότε παραδώσουσιν ὑμᾶς εἰς θλίψειν καὶ ἀποκτενοῦσιν ὑμᾶς, καὶ ἔσεσθε	C
9 τότε παραδώσουσιν ὑμᾶς εἰς θλῖψιν καὶ ἀποκτεινοῦσιν ὑμᾶς, καὶ ἔσεσθε	D
9 τότε παραδώσουσιν ὑμᾶς εἰς θλίψεις καὶ ἀποκτενοῦσιν ὑμᾶς, καὶ ἔσεσθε	L f[1] 1071
9 ········ ····ραδώσουσιν ὑμᾶς ······ ····· ἀποκτενοῦσιν ὑμᾶς, καὶ ἔσεσθε	33
9 τότε παραδώσουσιν ὑμᾶς εἰς θλῖψις καὶ ἀποκτενοῦσιν ὑμᾶς, καὶ ἔσεσθε	157
9 τότε παραδώσουσιν ὑμᾶς εἰς θλῖψιν καὶ ἀποκτενοῦσιν ἡμᾶς, καὶ ἔσεσθε	579
9 τότε παραδώσουσιν ὑμᾶς εἰς θλῖψιν καὶ ἀποκτενοῦσιν ὑμᾶς, καὶ ἔσεσθε	ℵ 𝔐 K M W Δ Θ Π f[13]

28 565 700 788 1346 1424 uwτ

---

lac. 24.6-9 𝔓⁴⁵ A N P Q Γ

A 6 θροεισθαι D E* L W Δ ¦ θροησθαι 579 ¦ δι ℵ Θ ¦ γενεσθε 124 ¦ οπω 1071 ¦ εστι Y K S Π Ω f[1] 118 124 157 565 700 ¦ εστην L 7 εγερθησετε ℵ ¦ εγερθησσεται Θ ¦ εθνς[1] E* ¦ βασιλια, βασιλιαν, εσοντε ℵ ¦ εσοντα Δ ¦ λειμοι Δ ¦ σισμοι ℵ C L W Θ 13 579 8 αρχι 1346 ¦ οδινων 13 579 9 παραδοσουσιν E* Y 1424 ¦ παραδωσων W ¦ θλιψιν ℵ 𝔐 K M S U W Θ Π Ω f[13] 69 28 565 579 1424 nwτ ¦ θλιψιν C ¦ θλειψειν D ¦ θλιψεις L f[1] ¦ θληψιν 2 ¦ θλιψις 157 ¦ εσεσθαι D W Θ 2* 579

C 9 τὲ του Σα (post σωθησεται) Mᶜ ¦ υπ β̄ 1424

D 9 σμδ/α̅ ℵ E G L M S U Y Π Ω 118 124 28 788 1071 1424 ¦ σμδ̅ C D F H K 1582 f[13] 2 157 579 1346 ¦ Ευ Μθ σμδ̅ : Ιω ρ̅μ̅ : Λο σ̅η : Μρ ρ̅λ̅θ̅ E ¦ Μθ σμδ̅ : Μρ ρ̅λ̅ε̅ : Λο σν Μ ¦ Μθ σμδ̅ : Μρ ρ̅λ̅θ̅ : Λο σν : Ιω . 124

μεισούμενοι ὑπὸ πάντων τῶν ἐθνῶν διὰ τὸ ὄνομά μου.ᵀ **10** καὶ τότε σκανδαλισθήσονται B C D
μισούμενοι ὑπὸ τῶν ἐθνῶν διὰ τὸ ὄνομά μου. **10** καὶ τότε σκανδαλισθήσονται ℵ*
μισούμενοι ὑπὸ πάντων ἐθνῶν διὰ τὸ ὄνομά μου. **10** καὶ τότε σκανδαλισθήσονται D* Ω
μισούμενοι ὑπὸ πάντων διὰ τὸ ὄνομά μου. **10** καὶ τότε σκανδαλισθήσονται C f¹ 1424
μισο⋯⋯ ⋯πὸ πάντ⋯ ⋯ν ἐθ⋯ ⋯⋯νομά μου. **10** καὶ τότε σκανδαλισθήσον⋯⋯ 33
μισούμενοι ὑπὸ πάντω τῶν ἐθνῶν διὰ τὸ ὄνομά μου. **10** καὶ τότε σκανδαλισθήσωνται 579
μισούμενοι ὑπὸ πάντων τῶν ἐθνῶν διὰ τὸ ὄνομά μου. **10** καὶ τότε σκανδαλισθήσονται uwτ rell

ᵀὁ δὲ ὑπομείνας εἰς τέλος οὗτος σωθήσετε. C² M

πολλοὶ καὶ ἀλλήλους παραδώσουσιν καὶ μεισήσουσιν ἀλλήλους· **11** καὶ πολλοὶ B D
πολλοὶ καὶ ἀλλήλους παραδώσουσιν εἰς θλῖψιν· **11** καὶ πολλοὶ ℵ
πολλοὶ καὶ ἀλλήλους ⋯⋯ **11** ⋯⋯ C
⋯⋯ ⋯⋯ μισήσουσιν ἀλλήλους· **11** καὶ πολλοὶ 33
πολλοὶ καὶ ἀλλή⋯ ⋯σιν καὶ μισήσουσιν ἀλλήλους· **11** ⋯⋯ 1346
πολλοὶ καὶ ἀλλήλους παραδώσουσιν καὶ μισήσουσιν ἀλλήλους· **11** καὶ πολλοὶ uwτ rell

ψευδοπροφῆται ἐγερθήσονται καὶ πλανήσουσιν πολλούς· **12** καὶ διὰ τὸ B uwτ rell
ψευδοπροφῆται ἐγερθήσονται καὶ πολλούς πλανήσουσιν· **12** καὶ διὰ τὸ ℵ L 157
ψευδοπροφῆται ἐξεγερθήσονται καὶ πλανήσουσιν πολλούς· **12** καὶ διὰ τὸ D
ψευδοπροφῆται ἀναστήσονται καὶ πλανήσουσιν ὑμᾶς· **12** καὶ διὰ τὸ W
ψευδ⋯ ⋯⋯ ⋯⋯ ⋯σουσιν· **12** καὶ διὰ τὸ 33
⋯⋯προφῆται ἐγερθήσονται καὶ ⋯σουσιν πολλούς· **12** καὶ διὰ τὸ 1346
ψευδοπροφῆται ἐγερθήσονται καὶ πλανήσουσιν πολλούς· **12** καὶ ἐν τῷ 1424

πληθυνθῆναι τὴν ἀνομίαν ψυγήσεται ἡ ἀγάπη τῶν πολλῶν. B uwτ rell
πληθύναι τὴν ἀνομίαν ψυγήσεται ἡ ἀγάπη τῶν πολλῶν. D
πληθυνθῆναι τὴν ἀνομίαν ψυχήσεται ἡ ἀγάπη τῶν πολλῶν. K
πληθυνθῆναι τὴ⋯ ⋯⋯ 33

13 ὁ δὲ ὑπομείνας εἰς τέλος οὗτος σωθήσεται. B uwτ rell
13 ὁ δὲ ὑπομείνας εἰς τέλος σωθήσεται. W
13 ⋯ ⋯⋯ ὑπομείνας εἰς τέλος οὗτος σωθη⋯ 33

[Cl S IV 74.1 ο δε υπομεινας εις τελος, ουτος σωθησεται] [Cl Q 32.6 αλλ ο υπομεινας εις τελος, ουτος σωθησεται].

The Gospel To Be Preached Throughout The World
(Mark 13.10; Luke 21.13)

14 καὶ κηρυχθήσεται τοῦτο τὸ εὐαγγέλιον τῆς βασιλείας B uwτ rell
14 καὶ κηρυχθήσεται τὸ εὐαγγέλιον τοῦτο τῆς βασιλείας D 579
14 ⋯⋯ βασιλείας 33
14 καὶ κηρυχθήσεται τοῦτο τὸ εὐαγγέλιον 1424

ἐν ὅλῃ τῇ οἰκουμένῃ εἰς μαρτύριον πᾶσιν τοῖς ἔθνεσιν, καὶ τότε ἥξει τὸ τέλος. B uwτ rell
εἰς ὅλην τὴν οἰκουμένην εἰς μαρτύριον πᾶσιν τοῖς ἔθνεσιν, καὶ τότε ἥξει τὸ τέλος. ℵ
ἐν ὅλῃ τῇ οἰκουμένῃ εἰς μαρτύριον τοῖς ἔθνεσιν, καὶ τότε ἥξει τὸ τέλος. W
ὅλῃ τῇ οἰκουμένῃ εἰς μαρτύριον πᾶσιν τοῖς ἔθνεσιν, καὶ τότε ἥξει τὸ τέλος. 1 1582* 118
ἐν ὅλῃ τῇ οἰκουμένῃ εἰς μ⋯ 33

---

lac. 24.9-14 𝔓⁴⁵ A N P Q Γ ¦ vs. 10-14 C

A μησουμενοι Θ 2* 1346 ¦ υπομινας C² **10** σκανδαλησθησονται 2* ¦ παραδωσουσι M S U 118 157 565 700 ¦ παραδοσουσιν 2 ¦ μησησουσιν F 1071 1346 ¦ μησισουσιν L 2* 579 ¦ μησησου Θ ¦ αληλους² Θ ¦ παραδωσουσι Y **11** ψευδοπροφητε 2* 579 ¦ εγερθησονται 579 ¦ πλανησουσι Y M S U Ω f¹ 118 69 157 565 700 788 **12** δι Θ ¦ πληθυνθηνε ℵ* ¦ ανομειαν D ¦ ψυγησετε ℵ ¦ τον πολων Θ ¦ πλανησουσι ℵ **13** υπομινα ℵ Θ ¦ υπομηνας E ¦ σωθησετε ℵ **14** κηρυχθησετε, βασιλιας ℵ ¦ τουτω 579 ¦ πασι ℵ Y K L M S U Θ Ω f¹ 118 69 28 157 565 700 788 1071 1424 ¦ εθνεσι Y K M S U Θ Ω f¹ 118 69 157 565 700 788 ¦ εθνεσν L* ¦ εθνεσεμ Lᶜ ¦ ηξι ℵ

C 12 τελ 157 **13** αρχ: τη γ τη θ εβδ ειπεν ο κ̅ς̅ ο υπομεινας εις τε̅ Y ¦ τη γ τς θ εβδ ειπ ο κ̅ς̅ ο υπομ S ¦ αρχ ϗ̅θ̅ τη ε̅ τς ια̅ εβδ ειπ ο κ̅ς̅ τοις εαυτ μαθ ο υπομειν f¹ ¦ αρχ τη ε̅ τς ια̅ εβδο,α ειπ ο κ̅ς̅ τοις εαυτ 118 ¦ αρχ τς ε̅ ειπεν ο κ̅ς̅ τοις εαυτου μαθητ. ο υπομεινας εις τελος 28 ¦ αρχ τη ε̅ 157 ¦ τελος του Σα (post σωθησ.) E G Ω f¹ 124 788 1346 ¦ τελος S Y 118 579 ¦ τελος της β̅ της αρχης τη γ τη θ εβδ ειπ, ο δε υπομεινας εις τελος G ¦ τε τς Σα 2 ¦ τελ Σα ι̅ 28 **14** ᵀτω Σαββατω E ¦ αρχ 1346 ¦ αρξαι 1424

D 10 σ̅μ̅ε̅/ι̅ ℵ M S U Y Π Ω 124 28 788 1071 1424 ¦ σ̅μ̅ε̅ C D F H K 1582 f¹³ 2 157 579 1346 ¦ σ̅μ̅ε̅/γ E ¦ σ̅μ̅ε̅/ε G ¦ σ̅μ̅ε̅/ς L ¦ σ̅μ̅δ̅ f¹ ¦ Ευ Μθ σ̅μ̅ε̅ : Ιω . : Λο . : Μρ . E ¦ Μθ σ̅μ̅ε̅ : Μρ ρλ̅θ̅ : Λο σν : Ιω . : 124 **12** σ̅μ̅ς̅ F **14** σ̅μ̅ς̅/ς̅ ℵ G L M S U Y Π Ω 124 28 788 1071 1424 ¦ σ̅μ̅ς̅ D H K 1582 118 2 157 1346 ¦ σ̅μ̅ς̅/ε E ¦ σ̅μ̅ς̅ F ¦ Ευ Μθ σ̅μ̅ς̅ : Ιω . : Λο . : Μρ . E ¦ Μθ σ̅μ̅ς̅ : Μρ ρμ : Λο σ̅θ̅ M ¦ Μθ σ̅μ̅ς̅ : Μρ ρμ : Λο . : Ιω . 124

The Desolating Sacrilege Initiates The Great Tribulation
(Mark 13.14-20; Luke 21.20-24; 17.31)

15 Ὅταν οὖν ἴδητε τὸ βδέλυγμα τῆς ἐρημώσεως τὸ ῥηθὲν διὰ Δανιὴλ τοῦ προφήτου B uwτ rell
15 Ὅταν οὖν ἴδητε τὸ βδέλυγμα τῆς ἐρημώσεως τὸ ῥηθὲν διὰ ιηλ τοῦ προφήτου ℵ*
15 Ὅταν δὲ ἴδητε τὸ βδέλυγμα τῆς ἐρημώσεως τὸ ῥηθὲν διὰ Δανιὴλ τοῦ προφήτου ℵᶜ L 157
15 Ὅταν οὖν ἴδητε τὸ βδέλυγμα τῆς ἐρημώσεως τὸ ῥηθὲν διὰ Δανιήλου τοῦ προφήτου D*
15 .... τὸ βδέλυγμα τῆς ἐρημώσεως τὸ ῥηθὲν διὰ Δανιὴλ τοῦ προφήτου 33

ἑστὸς ἐν τόπῳ ἁγίῳ, ὁ ἀναγινώσκων νοείτω, 16 τότε οἱ ἐν τῇ Ἰουδαίᾳ B* ℵᶜ Dᶜ 𝔐 L W Δ Π 2 33
ἑστὸς ἐν τόπῳ ἁγίῳ, ὁ ἀναγινώσκων νοείτω, 16 τότε οἱ ἐν τῇ Ἰουδέα ℵ* [↑uw
ἑστὼς ἐν τόπῳ ἁγίῳ, ὁ ἀναγινώσκων νοείτω, 16 τότε οἱ ἐν τῇ Ἰουδέα Θ
ἐντὸς ἐν τόπῳ ἁγίῳ, ὁ ἀναγινώσκων νοείτω, 16 τότε οἱ ἐν τῇ Ἰουδαίᾳ 579
ἑστὼς ἐν τόπῳ ἁγίῳ αὐτοῦ, ὁ ἀναγινώσκων νοείτω, 16 τότε οἱ ἐν τῇ Ἰουδαίᾳ 1071
ἑστὼς ἐν τόπῳ ἁγίῳ, ὁ ἀναγινώσκων νοείτω, 16 τότε οἱ ἐν τῇ Ἰουδαίᾳ Bᶜ D* E K M S U Ω f¹ f¹³
28 157 565 700 788 1346 1424 τ

φευγέτωσαν εἰς τὰ ὄρη, 17 ὁ ἐπὶ τοῦ δώματος μὴ καταβάτω ἆραι τὰ B 700* u[w]
φευγέτωσαν ἐπὶ τὰ ὄρη, 17 ὁ ἐπὶ τοῦ δώματος μὴ καταβάτω ἆραι τὸ ℵ*
φευγέτωσαν ἐπὶ τὰ ὄρη, 17 ὁ ἐπὶ τοῦ δώματος μὴ καταβάτω ἆραι τὰ ℵᶜ L [w]
φευγέτωσαν εἰς τὰ ὄρη, 17 ὁ δὲ ἐπὶ τοῦ δώματος μὴ καταβάτω ἆραί τι D
φευγέτωσαν εἰς τὰ ὄρη, 17 ὁ ἐπὶ τοῦ δώματος μὴ καταβαινετω ἆραι τὰ Δ
φευγέτωσαν εἰς τὰ ὄρη, 17 ὁ ἐπὶ τοῦ δώματος μὴ καταβάτω ἆραί τι Θ 1424
φευγέτωσαν εἰς τὰ ὄρη, 17 ὁ ἐπὶ τοῦ δώματος μὴ καταβαινετω ἆραί τι f¹ 28
φευγέτωσαν ἐπὶ τὰ ὄρη, 17 ὁ ἐπὶ τοῦ δώματος μὴ καταβαίνετω ἆραι 2
φευγέτωσαν ἐπὶ τὰ ὄρη, 17 ὁ δὲ ἐπὶ τοῦ δώματος μὴ καταβάτω ἆραί τὶ 33
φευγέτωσαν ἐπὶ τὰ ὄρη, 17 καὶ ὁ ἐπὶ τοῦ δώματος μὴ καταβάτω ἆραι τὰ 157
φευγέτωσαν ἐπὶ τὰ ὄρει, 17 ὁ ἐπὶ τοῦ δώματος μὴ καταβαίνετω ἆραι τὰ 579
φευγέτωσαν εἰς τὰ ὄρη, 17 καὶ ὁ ἐπὶ τοῦ δώματος μὴ καταβάτω ἆραι τὰ 124 700ᶜ
φευγέτωσαν ἐπὶ τὰ ὄρη, 17 καὶ ὁ ἐπὶ τοῦ δώματος μὴ καταβάτω ἆραι τὰ 1346
φευγέτωσαν ἐπὶ τὰ ὄρη, 17 ὁ ἐπὶ τοῦ δώματος μὴ καταβαίνετω ἆραί τι τ [↓565 788 1071
φευγέτωσαν ἐπὶ τὰ ὄρη, 17 ὁ ἐπὶ τοῦ δώματος μὴ καταβαίνετω ἆραι τὰ 𝔐 K M U W Π f¹³

ἐκ τῆς οἰκίας αὐτοῦ, 18 καὶ ὁ ἐν τῷ ἀγρῷ μὴ ἐπιστρεψάτω ὀπίσω ἆραι B uwτ rell
ἐκ τῆς οἰκίας, 18 καὶ ὁ ἐν τῷ ἀγρῷ μὴ ἐπιστρεψάτω ὀπίσω ἆραι D
ἐκ τῆς οἰκίας αὐτοῦ, 18 καὶ ὁ ἐν τῷ ἀγρῷ μὴ ἐπιστραψάτω ὀπίσω ἆραι Ω
om. 18 2
ἐκ τῆς οἰκίας αὐτοῦ, 18 καὶ ὁ ἐν τῷ ἀγρῷ μὴ ἐπιστρεψάτω εἰς τὰ ὀπίσω ἆραι 33 700
ἐκ τῆς οἰκίας αὐτοῦ, 18 καὶ ὁ ἐν τῷ ἀγρῷ μὴ ἐπιστρεψάτω ἆραι 28 1424

τὸ ἱμάτιον αὐτοῦ. 19 οὐαὶ δὲ ταῖς ἐν γαστρὶ ἐχούσαις καὶ ταῖς θηλαζούσαις B uw rell
τὸ ἱμάτιον αὐτοῦ. 19 οὐαὶ δὲ ταῖς ἐν γαστρὶ ἐχούσαις καὶ ταῖς θηλαζομέναις D
τὸ ἱμάτιον αὐτοῦ. 19 οὐαὶ δὲ ταῖς ἐν γαστρὶ ἐχούσαις καὶ ταῖς ἐνθηλαζούσαις L [↓1071 τ
τὰ ἱμάτια αὐτοῦ. 19 οὐαὶ δὲ ταῖς ἐν γαστρὶ ἐχούσαις καὶ ταῖς θηλαζούσαις 𝔐 M U W Δ 2 28 579

[Cl S III 49.6 ουαι δε ταις εν γαστρι εχουσαις και ταις θηλαζουσαις εν εκειναις ταις ημεραις].

ἐν ἐκείναις ταῖς ἡμέραις. 20 προσεύχεσθε δὲ ἵνα μὴ γένηται ἡ φυγὴ ὑμῶν B uwτ rell
ἐν ἐκείναις ταῖς ἡμέραις. 20 προσεύχεσθε ἵνα μὴ γένηται ἡ φυγὴ ἡμῶν 579
ἐν ἐκείναις ταῖς ἡμέραις. 20 προσεύχεσθε δὲ ἵνα μὴ γένηται ὑμῶν ἡ φυγὴ W
ἐν ταῖς ἡμέραις ἐκείναις. 20 προσεύχεσθε δὲ ἵνα μὴ γένηται ἡ φυγὴ ὑμῶν 1071

lac. 24.15-20 𝔓⁴⁵ A C N P Q Γ

A 15 ειδητε D ¦ ιδηται W ¦ ιδιτε 579 ¦ βδελυγμα 579 ¦ τη (της) K ¦ τωπω Θ ¦ αναγεινωσκων D ¦ αναγιγνωσκων W ¦ αναγινοσ-
κων Θ ¦ αναγινωσκον 118 565 ¦ νοητω 2* ¦ νοιτω 2ᶜ 17 δοματος 124 2 33 1424 ¦ καταβενετω 2 ¦ καταβαινετο 565 ¦ αρε E 2* ¦
οικειας D W 18 κα (και) W ¦ αρε ℵ* ¦ τω (το) Θ ¦ ειματειον D 19 τες (ταις¹) L ¦ εγγαστρι 124 788 1346 ¦ εχουσες ℵ* Θ* ¦
θηλαζουσες, εκινες ℵ ¦ εκιναις ℵᶜ ¦ εκεινες L ¦ εκηναις 2 ¦ ημερες ℵ* 20 προσευχεσθαι D W Δ Θ 13 2 28 579 1071 ¦ γενητε L
788 1346

C 15 αρχη: D [24.15 (24.14-28 ημ. ε΄ της ια΄ εβδομ.)] ¦ αρχη: τη γ̅ της αρχη νηστημο ειπ, οταν ουν ιδ, G

D 15 σμζ/ς̅ ℵ G M S U Y Π Ω 118 28 1071 1424 ¦ σμζ D H K f¹ 2 157 579 1346 ¦ σμζ/ε E ¦ σμη F ¦ σμς 579 ¦ σμζ/ζ 124 ¦ σμζ/α
788 ¦ Eυ Μθ σμζ : Iω . : Λο . : Μρ ρμβ E ¦ Μθ σμζ : Μρ ρμβ : Λο σνδ M ¦ Μθ σμζ : Μρ . : Λο . : Iω . 124 16 σμη/β ℵ E G M S U
Y Π Ω 124 28 788 1071 1424 ¦ σμη D H K 1582 118 f¹³ 2 157 579 ¦ σμθ F ¦ Eυ Μθ σμη : Iω . : Λο σθ : Μρ ρμγ E ¦ Μθ σμη : Μρ
ρμγ . Λο σνε M ¦ Μθ σμη : Μρ ρμβ : Λο σθ, σπγ : Iω . 124 19 σμθ/β ℵ E G (L) M S U Y Π Ω 118 124 (28) 788 1071 1424 ¦ σμθ
D H K Θ f¹ f¹³ 2 157 579 1346 ¦ σν F ¦ Eυ Μθ σμθ : Iω . : Λο σθ : Μρ ρμδ E ¦ Μθ σμθ : Μρ ρμδ M ¦ Μθ σμθ : μρ ρμγ : Λο σνε
: Iω . 124 20 σν/ς̅ ℵ G L M U Y Π Ω 118 124 28 788 1071 1424 ¦ σν D H K Θ f¹ f¹³ 2 157 579 1346 ¦ σν/ε E ¦ σνα F ¦ σν/β S ¦
Eυ Μθ σν : Iω . : Λο . : Μρ ρμε E ¦ Μθ σν : Μρ ρμε M ¦ Μθ ρνς : Μρ ρμγ : Λο σνε : Iω . 124

236

χειμῶνος μηδὲ σαββάτω·   **21** ἔσται γὰρ τότε θλεῖψις   μεγάλη οἵα οὐ   γέγονεν   B
χειμῶνος μηδὲ σαββάτω·   **21** ἔσται γὰρ τότε θλῖψις   μεγάλη οἵα οὐκ ἐγένετο   ℵ Θ 700
χειμῶνος μηδὲ σαββάτου·   **21** ἔσται γὰρ τότε θλῖψις   μεγάλη οἵα οὐκ ἐγένετο   D
χειμῶνος μηδὲ ἐν σαββάτω·   **21** ἔσται γὰρ τότε θλῖψις   μεγάλη οἵα οὐ   γέγονεν   𝔐 Kᶜ 118 2 28 τ
χειμῶνος μηδὲ ἐν σαββάτω   **21** ἔσται γὰρ   θλῖψις   μεγάλη οἵα οὐ   γέγονεν   K*
χειμῶνος μηδὲ σαββάτου·   **21** ἔσται γὰρ τότε θλῖψις   μεγάλη οἵα οὐ   γέγονεν   L M 1071
ἐν χειμῶνος ἢ   σαμβάτω·   **21** ἔσται γὰρ τότε θλῖψις   μεγάλη οἵα οὐ   γέγονεν   579
ἐν χειμῶνι ἢ ἐν σαμβάτω·   **21** ἔσται γὰρ τότε θλῖψις   μεγάλη οἵα οὐ   γέγονεν   1424
χειμῶνος μηδὲ σαββάτω·   **21** ἔσται γὰρ τότε θλῖψις   μεγάλη οἵα οὐ   γέγονεν   Y S U W Π Ω f¹
                                                                                     f¹³ 33 157 565 788 1346 **uw**

ἀπ' ἀρχῆς   κόσμου ἕως τοῦ νῦν οὐδ' οὐ μὴ γένηται. **22** καὶ εἰ μὴ   B **uwτ** rell
ἀπ' ἀρχῆς   κόσμου ἕως νῦν οὐδὲ   μὴ γένοιτο. **22** καὶ εἰ μὴ   D*
ἀπ' ἀρχῆς   κόσμου ἕως νῦν οὐδὲ   μὴ γένηται. **22** καὶ εἰ μὴ   Dᶜ
ἀπ' ἀρχῆς   κόσμου ἕως τοῦ νῦν οὐδὲ   μὴ γένηται. **22** καὶ εἰ μὴ   S U W Δ Ω 700
ἀπ' ἀρχῆς   κόσμου ἕως τοῦ νῦν οὐδ' οὐ μὴ γένηται. **22** καὶ   μὴ   K*
ἀπ' ἀρχῆς τοῦ κόσμου ἕως τοῦ νῦν οὐδ' οὐ μὴ γένηται. **22** καὶ εἰ μὴ   f¹
ἀπ' ἀρχῆς   κόσμου ἕως τοῦ νῦν οὐδ' οὐ μὴ γένοιτο. **22** καὶ εἰ μὴ   579
ἀπ' ἀρχῆς   οὐδε   μὴ γένηται. **22** καὶ εἰ μὴ   1424

ἐκολοβώθησαν αἱ ἡμέραι ἐκεῖναι, οὐκ ἂν ἐσώθη πᾶσα σάρξ· διὰ δὲ τοὺς   B **uwτ** rell
ἐκολοβώθησαν   ἡμέραι ἐκεῖναι, οὐκ ἂν ἐσώθη πᾶσα σάρξ· διὰ δὲ τοὺς   E

ἐκλεκτοὺς κολοβωθήσονται αἱ ἡμέραι ἐκεῖναι.   B **uwτ** rell
ἐκλεκτοὺς ἐκολοβώθησαν   αἱ ἡμέραι ἐκεῖναι.   ℵ*
ἐκλεκτοὺς κολοβωθήσονται   ἡμέραι ἐκεῖναι.   E

False Christs And False Prophets
(Mark 13.21-23; Luke 17.21, 23-25, 37)

23 τότε ἐάν τις ὑμῖν εἴπῃ, Ἰδοὺ ὧδε ὁ Χριστός, ἤ,   Ὧδε, μὴ πιστεύετε·   B*
23 τότε ἐάν τις ὑμῖν εἴπῃ, Ἰδοὺ ὧδε ὁ Χριστός, ἤ,   Ὧδε, μὴ πιστεύητε·   Bᶜ
23 τότε ἐάν τις ὑμῖν εἴπῃ, Ἰδοὺ ὧδε ὁ Χριστός, ἤ,   Ἐκεῖ, μὴ πιστεύσητε·   D
23 τότε ἐάν τις εἴπῃ ὑμῖν, Ἰδοὺ ὧδε ὁ Χριστός, ἤ,   Ὧδε, μὴ πιστεύσητε·   L
23 τότε ἐάν τις ὑμῶν εἴπῃ, Ἰδοὺ ὧδε ὁ Χριστός, ἤ,   Ὧδε, μὴ πιστεύσητε·   69
23 τότε   ἂν τις ὑμῖν εἴπῃ, Ἰδοὺ ὧδε ὁ Χριστός, Ἰδοὺ ἐκεῖ, μὴ πιστεύσητε·   157
23 τότε ἐάν τις ἡμῖν εἴπῃ,   ὅδε ὁ Χριστός, ἤ,   Ὧδε, μὴ πιστεύσητε·   579
23 τότε ἐάν τις ὑμῖν εἴπῃ, Ἰδοὺ ὧδε ὁ Χριστός, ἤ,   Ὧδε, μὴ πιστεύσητε·   **uwτ** rell

24 ἐγερθήσονται γὰρ ψευδοχρειστοι καὶ ψευδοπροφῆται, καὶ δώσουσιν   B D
24 ἐγερθήσονται γὰρ ἰψευδοχριστοι καὶ ψευδοπροφῆται, καὶ δώσουσιν   ℵ*
24 ἐγερθήσονται γὰρ ψευδοχρηστοι καὶ ψευδοπροφῆται, καὶ δώσουσιν   69 157
24 ἐγερθήσονται γὰρ   ψευδοπροφῆται, καὶ δώσουσιν   Δ 565
24 ἐγερθήσονται γὰρ ψευδοχριστοι καὶ ψευδοπροφῆται, καὶ δώσουσιν   **uwτ** rell

σημεῖα μεγάλα καὶ τέρατα ὥστε πλανῆσαι,   εἰ δυνατόν, καὶ τοὺς ἐκλεκτούς·   B **u[w]τ** rell
σημεῖα   καὶ τέρατα ὥστε πλανηθῆναι, εἰ δυνατόν, καὶ τοὺς ἐκλεκτούς·   ℵ
σημεῖα μεγάλα καὶ τέρατα ὥστε πλανηθῆναι, εἰ δυνατόν, καὶ τοὺς ἐκλεκτούς·   D
σημεῖα μεγάλα καὶ τέρατα ὥστε πλανᾶσθαι,   εἰ δυνατόν, καὶ τοὺς ἐκλεκτούς·   L Θ f¹ 33 157 [w]
σημεῖα   καὶ τέρατα ὥστε πλανῆσαι,   εἰ δυνατόν, καὶ τοὺς ἐκλεκτούς·   W*
σημεῖα καὶ τέρατα μεγάλα ὥστε πλανῆσαι,   εἰ δυνατόν, καὶ τοὺς ἐκλεκτούς·   28 1424

[Cl Exc 9.1 διο φησι, και ει δυνατον, τους εκλεκτους μου].

lac. 24.20-24 𝔓⁴⁵ A C N P Q Γ

A 20 χιμωνος ℵ Δ ¦ χημωνος L **21** εστε ℵ ¦ θλιψεις L W Δ Θ 13 1346 ¦ θλιψης 579 1071 ¦ γενητε ℵ E **22** η (ει) E* ¦ εκολωβωθη-
σαν E* ¦ εκολοβοθησαν L 124 1346 ¦ εκωλωβωθησαν 2* ¦ εκολοβωθησονται 579 ¦ εκιναι¹·² ℵ ¦ εκλεκτους L ¦ κολοβωθησονται
Y ¦ κολοβοθησονται Θ Ω 13 124 33 **23** υμειν D ¦ οδε¹ Θ ¦ ωιδε¹·² 124 ¦ πιστευσηται D L W 579 **24** εγερθησονται 579 ¦ ψευδο-
προφητε ℵ ¦ δωσουσιν Y K S U Π f¹ 118 f¹³ 69 157 565 700 788 ¦ δοσουσι M 28 ¦ δοσουσιν Θ ¦ δωσου Ω ¦ σημια ℵ W ¦ σημηα Θ
¦ ωσται 579 ¦ η (ει) 579 1424

B 23 χ̅ς̅ B ℵ 𝔐 K L M S U W Δ Θ Π Ω f¹ 118 f¹³ 69 124 2 33 28 157 565 579 700 788 1071 1346 1424 ¦ χ̅ρ̅ς̅ D

D 21 σ̅ν̅α̅/β ℵ E G L M S U Y Π Ω 118 124 28 788 1071 1424 ¦ σ̅ν̅α̅ D H K Θ f¹ f¹³ 2 157 579 1346 ¦ σ̅ν̅β̅ F ¦ Ευ Μθ σ̅ν̅α̅ : Ιω . :
Λο σ̅ν̅ς̅ : Μρ ρ̅μ̅ς̅ E ¦ Μθ σ̅ν̅α̅ : Μρ ρ̅μ̅ς̅ ¦ Μθ σ̅ν̅α̅· : Μρ ρ̅μ̅δ̅ : Λο σ̅δ̅ : Ιω . 124 **22** ℵ Y L M S U Π Ω 118 124 28 788 1071
1424 ¦ σ̅ν̅β̅ D H K Θ f¹ f¹³ 2 157 579 1346 ¦ σ̅ν̅β̅/ε E ¦ σνγ F ¦ σμβ̅/ς (sic) G ¦ Ευ Μθ σ̅ν̅β̅ : Ιω . : Λο . : Μρ ρ̅μ̅ζ̅ E ¦ Μθ σ̅ν̅β̅ : Ιω ¦ Μθ
σ̅ν̅β̅ : Μρ ρ̅μ̅ε̅ : Λο . : Ιω . 124 **23** σ̅ν̅γ̅/γ̅ ℵ S Ω ¦ σ̅ν̅γ̅ D H K Θ f¹ f¹³ 2 157 579 1346 ¦ σ̅ν̅δ̅/β E Y L M U Π 118 28 788 1071
1424 ¦ σ̅ν̅δ̅ F ¦ σνγ/ς G 124 ¦ Ευ Μθ σνγ : Ιω . : Λο σβ : Μρ ρ̅μ̅η̅ E ¦ Μθ σνγ : Μρ ρμ : Λο σ̅β̅ M ¦ Μθ σνγ : Μρ ρμα : Λο . : Ιω .
124 **24** σ̅ν̅δ̅/ς̅ ℵ G S L U Y Ω 124 28 788 1071 1424 ¦ σ̅ν̅δ̅ D H K Θ f¹ f¹³ 157 579 1346 ¦ σ̅ν̅δ̅/ε E ¦ σ̅ν̅δ̅/β M Π 118 ¦ Ευ Μθ σ̅ν̅δ̅
: Ιω . : Λο . : Μρ ρ̅μ̅θ̅ E ¦ Μθ σ̅ν̅δ̅ : Μρ ρμη : Λο σ̅β̅ ¦ Μθ σ̅ν̅δ̅ : Μρ ρ̅μ̅ζ̅ : Λο . : Ιω . 124

25 ἰδοὺ προείρηκα ὑμῖν. 26 ἐὰν οὖν εἴπωσιν ὑμῖν, Ἰδοὺ ἐν τῇ ἐρήμῳ ἐστίν, B uwτ rell
25 ἰδοὺ προείρηκα ὑμῖν. 26 ἐὰν   εἴπωσιν ὑμῖν, Ἰδοὺ ἐν τῇ ἐρήμῳ ἐστίν, ℵ*
25   26 ἐὰν οὖν εἴπωσιν ὑμῖν, Ἰδοὺ ἐν τῇ ἐρήμῳ ἐστίν, 13
25 ἰδοὺ προείρηκα ὑμῖν. 26 ἐὰν οὖν εἴπωσιν ἡμῖν, Ἰδοὺ ἐν τῇ ἐρήμῳ ἐστίν, 579

μὴ ἐξέλθητε· Ἰδοὺ ἐν τοῖς ταμείοις, μὴ πιστεύσητε· 27 ὥσπερ γὰρ ἡ B D Eᶜ H Y K M U Δ Π118 69
μηδὲ ἐξέλθητε· Ἰδοὺ ἐν τοῖς ταμείοις, μὴ πιστεύσητε· 27 ὥσπερ γὰρ ἡ F [↑157 700 788 1071 uwτ
μὴ ἐξέλθητε· Ἰδοὺ ἐν τοῖς ταμιείοις, μὴ πιστεύσητε· 27 ὥσπερ γὰρ ἡ L S Ω f¹ 1424
μὴ ἐξέλθητε· Ἰδοὺ ἐν τοῖς ταμίεις, μὴ πιστεύσητε· 27 ὥσπερ γὰρ ἡ f¹³
μὴ ἐξέλθητε· ἢ Ἰδοὺ ἐν τοῖς ταμείοις, μὴ πιστεύσητε· 27 ὥσπερ γὰρ ἡ 33
μὴ ἐξέλθητε· Ἰδοὺ ἐν τοῖς ταμείοις, μὴ πιστεύσητε· 27 ὥσπερ γὰρ 565
μὴ ἐξέλθητε· Ἰδοὺ ἐν τοῖς ταμίοις, μὴ πιστεύσητε· 27 1346
μὴ ἐξέλθητε· Ἰδοὺ ἐν τοῖς ταμίοις, μὴ πιστεύσητε· 27 ὥσπερ γὰρ ἡ ℵ E* G W Θ 124 2 28 579

ἀστραπὴ ἐξέρχεται ἀπὸ ἀνατολῶν καὶ φαίνεται   ἕως δυσμῶν, οὕτως B uwτ rell
ἀστραπὴ ἐξέρχεται ἀπὸ ἀνατολῶν καὶ φαίνει   ἕως δυσμῶν, οὕτως D G Θ f¹ 700
ἀστραπὴ ἐξέρχεται ἀπὸ ἀνατολῶν καὶ φένεται ἀπὸ ἀνατολῶν ἕως δυσμῶν, οὕτως 13*
ἀστραπὴ ἐξέρχεται ἀπὸ ἀνατ········ ····· ·········ται   ἕως δυσμῶν, οὕτως 1346

ἔσται   ἡ παρουσία τοῦ υἱοῦ τοῦ ἀνθρώπου. 28 ὅπου ἐὰν ᾖ τὸ B ℵᶜ L 1 1582* 33 700 1071 uw
ἔσται   ἡ παρουσία τοῦ υἱοῦ τοῦ ἀνθρώπου. 28 που   ἐὰν ᾖ τὸ ℵ*
ἔσται   ἡ παρουσία τοῦ υἱοῦ τοῦ ἀνθρώπου. 28 ὅπου ἂν ᾖ τὸ D Θ
ἔσται καὶ ἡ παρουσία τοῦ υἱοῦ τοῦ ἀνθρώπου. 28 ὅπου γὰρ ἐὰν ᾖ τὸ M W Δ 1582ᶜ f¹³ 157 τ
ἔσται καὶ ἡ παρουσία τοῦ υἱοῦ τοῦ ἀνθρώπου. 28 ὅπου ἐὰν ᾖ τὸ 118
ἔσται καὶ ἡ παρουσία τοῦ υἱοῦ τοῦ ἀνθρώπου. 28 ὅπου ἂν ᾖ τὸ 788
ἔσται   ·· ·············· τοῦ υἱοῦ τοῦ ἀνθρώπου. 28 ὅπου γὰρ   ·· ·· 1346
ἔσται καὶ ἡ παρουσία τοῦ υἱοῦ τοῦ ἀνθρώπου. 28 ὅπου γὰρ ἂν ᾖ τὸ 1424
ἔσται   ἡ παρουσία τοῦ υἱοῦ τοῦ ἀνθρώπου. 28 ὅπου γὰρ ἐὰν ᾖ τὸ 𝔐 K U Π 2 28 565 579

πτῶμα, ἐκεῖ συναχθήσονται   οἱ ἀετοί. B uwτ rell
σῶμα, ἐκεῖ συναχθήσονται   οἱ ἀετοί. ℵ*
πτῶμα, ἐκεῖ συναχθήσονται καὶ οἱ ἀετοί. 565 1424
·········· ἐκεῖ συναχθήσονται   οἱ ἀετοί. 1346

The Coming Of The Son Of Man With Power And Glory
(Mark 13.24-27; Luke 21.25-28)

29 Εὐθέως δὲ μετὰ τὴν θλεῖψιν   τῶν ἡμερῶν ἐκείνων, B
29 Εὐθέως δὲ μετὰ τὴν θλείψειν   τῶν ἡμερῶν ἐκείνων, D
29 Εὐθέως   μετὰ τὴν θλῖψιν   τῶν ἡμερῶν ἐκείνων, S
29 Εὐθέως δὲ μετὰ τὴν θλῖψιν ἐκείνην τῶν ἡμερῶν ἐκείνων, 28*
29 Εὐθέως δὲ μετὰ τὴν θλῖψιν   τῶν ἡμερῶν ἐκείνων, uwτ rell

ὁ ἥλιος σκοτισθήσεται, B uwτ rell
ὁ ἥλιος σκοτισθήσηται, 118

lac. 24.25-29 𝔓⁴⁵ A C N P Q Γ

A 25 υμειν D 26 εστι U 700ᶜ 788 1346 | υμειν D | εστι Y f¹ 118 157 | εξελθεται D Θ | εξελθη K | πιστευσηται D W Θ 27 εξερχετε ℵ 2 | φαινετε ℵ 565 | φενεται L 13 2* 579 | φενι Θ | ουτος Θ 579 | εστε ℵ | παρουσεια D 28 οποι Δ | ει (η) 1071 | τω (το) Θ | εκι, συναχθησοντε ℵ | συναχθηται M 29 θλιψην 579 | εκινων ℵ | εκεινον 579 | σκοτισθησετε ℵ 1346 | σκοτισθησεται Θ

B 27 υυ ℵ E F G H K L M S U Δ Π Ω f¹ 2 33 28 1424 | ανου ℵ 𝔐 K L M S U Δ Π Ω f¹ 118 f¹³ 69 124 2 33 28 157 565 579 700 788 1346 1424

C 26 τελ 157 27 αρχη: εις τ ορθρον της υψωσεως ειπ, τοις εαυτ μαθ ωσπερ γαρ, G | αρχ Y | αρχ ρ̅ τη ς̅ τς ια εβδ ειπ ο κς τοις εαυτ μαθ ωσπερ η αστραπ εξερχεται f¹ | αρχ τη παρ α̅ τς ι̅α̅ εβδομδ: ειπεν ο κς τοις ε 118 | αρχ τς β̅ ειπεν ο κς τς εαυτου μαθηταις ωσπερ γαρ η αστραπη 28 | αρχ τη πα 157 | τελος της γ (post αετοι) G 28 τη δ̅ της θ̅ εβδ ειπ, ο κς τοις εαυτ μαθ οπου γαρ εαν η το πτωμα εκ G | αρχ: τη δ̅ της Θ G αρχ: τη δ̅ της θ̅ εβδ ειπεν ο κς τοις εαυτ μαθ + οπου εαν η το πτω Y | αρχ: Μθ τη δ̅ τς ε̅ εβδ ειπεν ο κς τοις εαυτου μαθ οπου εαν η το πτωμ, M | τη δ̅ τς θ̅ εβδ ειπ ο κς τ εαυτ S | τελ S Y 124 788 | τελ τς ε̅ f¹ 28 29 αρχ 1346

D 25 σνε/ε̅ ℵ Y M Π 118 28 | σνε D F H K | Μθ σνε : Μρ ρμθ̅ : Λο σδ̅ M 26 σνε/β E | σνε/ε̅ G L S U Ω 124 788 1071 1424 | σνε Θ f¹ f¹³ 2 157 579 1346 | Ευ Μθ σνε : Ιω . : Λο σα̅ : Μρ ρμη E | Μθ σνε : Μρ ρμθ̅ : Λο σδ̅ M | Μθ σνε : Μρ ρμη̅ : Λο σβ̅ : Ιω . 124 26 (ante ιδου εν τοις) σνς f¹ 27 σνς/ε̅ ℵ G L M S U Y Π Ω 124 28 788 1071 1346 1424 | σνς D F H K Θ 1582 f¹³ 2 157 579 | σνς/ε̅ E | σνζ̅ f¹ | Ευ Μθ σνς : Ιω . : Λο σε̅ : Μρ ρμη E | Μθ σνς : Μρ ρν : Λο σε̅ M | Μθ σνς : Μρ ρμθ̅ : Λο σε̅, σνζ̅ : Ιω . 124 28 σνζ̅/ε̅ ℵ L M S U Y Π Ω 118 124 28 788 1071 1424 | σνζ̅ D F H K Θ 1582 f¹³ 157 579 1346 | σνζ̅/ε̅ E | σνζ̅/β G | σμζ̅ 2 | Ευ Μθ σνζ̅ : Ιω . : Λο σιγ : Μρ . E | Μθ σνζ̅ : Λο σιγ M | Μθ σνζ̅ : Μρ ρν : Λο σιγ : Ιω . 124 29 σνη/β ℵ E G M S U Y Π Ω 118 124 28 788 1071 1424 | σνη D F H K Θ f¹ f¹³ 157 579 1346 | σνη/ε̅ L | σμη 2 | Ευ Μθ σνη : Ιω . : Λο σνζ̅ : Μρ ρη E | Μθ σνη : Λο σνζ̅ M | Μθ σνη : Μρ . : Λο . : Ιω . 124

238

καὶ ἡ σελήνη οὐ δώσει τὸ φέγγος αὐτῆς,

καὶ οἱ ἀστέρες πεσοῦνται ἀπὸ τοῦ οὐρανοῦ,	B uwτ rell
καὶ οἱ ἀστέρες πεσοῦνται ἐκ τοῦ οὐρανοῦ,	ℵ D

καὶ αἱ δυνάμεις τῶν οὐρανῶν σαλευθήσονται.

[Cl Pr 81.4 ακουε παλιν προφητου λεγοντος, εκλειψει μεν ο ηλιος και ο ουρανος σκοτισθησεται, λαμψει δε ο παντοκρατωρ εις τον αιωνα, και αι δυναμεις των ουρανων σαλευθησονται και οι ουρανοι ειλιγησονται ως δερρις εκτεινομενοι και συστελλομενοι].

30 καὶ τότε φανήσεται τὸ σημεῖον τοῦ υἱοῦ τοῦ ἀνθρώπου ἐν οὐρανῷ	B ℵ L Θ 1071 uw
30 καὶ τότε φανήσεται τὸ σημεῖον τοῦ υἱοῦ τοῦ ἀνθρώπου τοῦ ἐν οὐρανοῖς	D
30 καὶ τότε φανήσηται τὸ σημεῖον τοῦ υἱοῦ τοῦ ἀνθρώπου ἐν τῷ οὐρανῷ	118
30 καὶ τότε φανήσεται τὸ σημεῖον τοῦ υἱοῦ τοῦ ἀνθρώπου ἐν τῷ οὐρανῷ	𝔐 K M U W Δ Π f¹ f¹³
	2 33 28 157 565 579 788 1346 1424 τ

καὶ τότε κόψονται πᾶσαι αἱ φυλαὶ τῆς γῆς καὶ **ὄψονται** τὸν υἱὸν τοῦ **ἀνθρώπου**	B 118 uwτ rell
καὶ κόψονται πᾶσαι αἱ φυλαὶ τῆς γῆς καὶ **ὄψονται** τὸν υἱὸν τοῦ **ἀνθρώπου**	ℵ* f¹³
καὶ κόψονται τότε πᾶσαι αἱ φυλαὶ τῆς γῆς καὶ **ὄψονται** τὸν υἱὸν τοῦ **ἀνθρώπου**	D Θ 69 124 700 788
καὶ κόψονται τότε αἱ φυλαὶ τῆς γῆς καὶ **ὄψονται** τὸν υἱὸν τοῦ **ἀνθρώπου**	f¹ [↑1346

ἐρχόμενον ἐπὶ τῶν **νεφελῶν τοῦ οὐρανοῦ** μετὰ δυνάμεως καὶ δόξης πολλῆς·	B uwτ rell
ἐρχόμενον ἐπὶ τῶν **νεφελῶν τοῦ οὐρανοῦ** μετὰ δυνάμεως πολλῆς καὶ δόξης·	D
ἐπὶ τῶν **νεφελῶν τοῦ οὐρανοῦ** μετὰ δυνάμεως καὶ δόξης πολλῆς·	2 579
ἐρχόμενον μετὰ τῶν **νεφελῶν τοῦ οὐρανοῦ** μετὰ δυνάμεως καὶ δόξης πολλῆς·	700

31 καὶ ἀποστελεῖ τοὺς ἀγγέλους αὐτοῦ μετὰ σάλπιγγος	B uwτ rell
31 καὶ ἀποστέλλει τοὺς ἀγγέλους αὐτοῦ μετὰ σάλπιγγος	H 2 1071
31 καὶ τότε ἀποστελεῖ τοὺς ἀγγέλους αὐτοῦ μετὰ σάλπιγγος	W
31 καὶ ἀποστέλλη τοὺς ἀγγέλους αὐτοῦ μετὰ σάλπιγγος	Θ

φωνῆς μεγάλης, καὶ ἐπισυνάξουσιν τοὺς ἐκλεκτοὺς αὐτοῦ ἐκ	B 𝔐 K M U Π 1582ᶜ 118ᶜ f¹³ 2 33 28
μεγάλης, καὶ ἐπισυνάξι τοὺς ἐκλεκτοὺς αὐτοῦ ἐκ	ℵ* [↑157 579 788 1071 1346 [w]τ
καὶ φωνῆς μεγάλης, καὶ ἐπισυνάξουσιν τοὺς ἐκλεκτοὺς αὐτοῦ ἐκ	D
μεγάλης, καὶ ἐπισυνάξουσιν τοὺς ἐκλεκτοὺς ἐκ	Θ
φωνῆς μεγάλης, καὶ ἐπισυνάξουσιν τοὺς ἐκλεκτοὺς ἀπὸ	565
μεγάλης, καὶ ἐπισυνάξουσιν τοὺς ἐκλεκτοὺς αὐτοῦ ἐκ	ℵᶜ L W Δ 1 1582* 118* 700 1424 u[w]

τῶν τεσσάρων ἀνέμων ἀπ' ἄκρων οὐρανῶν ἕως τῶν ἄκρων αὐτῶν.	B f¹ 33 [uw]
τῶν τεσσάρων ἀνέμων ἀπὸ ἄκρων οὐρανῶν ἕως ἄκρων αὐτῶνᶠ.	D
τῶν τεσσάρων ἀνέμων ἀπ' ἄκρων τῶν οὐρανῶν ἕως τῶν ἄκρων αὐτῶν.	Θ f¹³ 700 788 1346
τῶν τεσσάρων ἀνέμων ἀπ' ἄκρων οὐρανῶν ἕως ἄκρου αὐτῶν.	Π
τῶν τεσσάρων ἀνέμων ἀπ' ἄκρων οὐρανῶν ἕως ἄκρων.	118*
τῶν τεσσάρων ἀνέμων ἀπ' ἄκρων οὐρανῶν ἕως ἄκρων γῆς.	118ᶜ
τῶν τεσσάρων ἀνέμων ἀπ' ἄκρων αὐτῶν ἕως ἄκρων τῶν οὐρανῶν.	157
τῶν τεσσάρων ἀνέμων ἀπ' ἄκρων οὐρανῶν ἕως ἄκρων αὐτῶν.	ℵ D 𝔐 K L M U W Δ 2
	28 565 579 1424 [uw]τ

ᶠἀρχομένων δὲ τούτων γείνεσθαι ἀναβλέψατε καὶ ἐπάρατε τὰς κεφαλὰς ὑμῶν διότι ἐγγείζει ἡ ἀπολυτρώσεις ὑμῶν D (Lk. 21.28)

---

lac. 24.29-31 𝔓⁴⁵ A C N P Q Γ

A 29 σελινη F Θ ¦ σελεη 1 ¦ δωσι ℵ ¦ δοσει E* ¦ δωση U 2* ¦ φεγος L ¦ αστεραις 124 579 700 ¦ ε (αι) L 2* ¦ δυναμις ℵ ¦ σαλευ-θησονται 579 **30** το (τοτε) 69 ¦ φανησετε ℵ ¦ σημιον ℵ W Θ ¦ κοψοντε ℵ ¦ πασε ε (αι) ℵ* ¦ οψοντε ℵ ¦ τον (των) E* Θ 2* **31** απο-στελι ℵ ¦ σαλπιγος L ¦ σαλπηγγος 1 ¦ επισυναξουσι Y M S U Ω f¹ 13 69 28 157 700 ¦ τεσαρων Θ* 28

B 29 ου̅νου̅ ℵ 𝔐 K L M S U Π Δ Ω f¹ 118 f¹³ 69 124 2 28 565 579 700 788 1071 1346 1424 ¦ ου̅νο̅ν ℵ 𝔐 K L M S U Δ Π Ω f¹ 118 f¹³ 124 2 28 565 579 700 788 1071 1346 1424 **30** υ̅υ̅ ℵ 𝔐 K L M U Δ 1582 33 28 1424 ¦ α̅νου̅¹·² ℵ 𝔐 W K L M S U Δ Θ Π Ω f¹ 118 f¹³ 69 124 2 33 28 157 579 700 788 1071 1346 1424 ¦ α̅νου̅¹ 565 ¦ ου̅νο̅ 𝔐 K L M S U Π Ω f¹ 118 f¹³ 69 124 2 28 157 565 579 700 788 1071 1346 1424 ¦ υ̅ν̅ ℵ 𝔐 K L M S U Π f¹ 2 33 28 1424 ¦ ου̅νου̅ ℵ 𝔐 K L M S U Δ Π Ω f¹ 118 f¹³ 69 124 28 565 579 700 788 1071 1346 1424 **31** δ̅ ℵ ¦ ου̅νω̅ν¹ E G H Y K L M U Δ Π 1582 f¹³ 69 124 2 33 28 565 579 788 1071 1346 1424 ¦ ου̅νω̅ν² 157

C 30 Σα κ,ε ο̅η̅ κ,υ κ,ε ο̅ζ̅ 118

D 30 σ̅ν̅θ̅ (ante κ. τοτε) D 157 579 ¦ σ̅ν̅θ̅/β̅ Y U 1424 ¦ (ante κ. οψον.) σ̅ν̅θ̅/β̅ ℵ E G L M S Π Ω 118 124 28 788 1071 ¦ σ̅ν̅θ̅ F H K Θ f¹ 1346 ¦ σ̅μ̅θ̅ 2 ¦ Ευ Μθ σ̅ν̅θ̅ : Ιω . : Λο σ̅ν̅η̅ : Μρ ρ̅κ̅α̅ E ¦ Μθ σ̅ν̅θ̅ : Μρ ρ̅ν̅α̅ : Λο σ̅ν̅η̅ M ¦ Μθ σ̅ν̅θ̅ : Μρ ρ̅ν̅, ρ̅ν̅α̅ : Λο σ̅ν̅ζ̅, σ̅ν̅η̅ : Ιω . 124

The Parable Of The Fig Tree
(Mark 13.28-31; Luke 21.29-33)

32 Ἀπὸ δὲ τῆς συκῆς μάθετε τὴν παραβολήν· ὅταν   ἤδη ὁ κλάδος αὐτῆς   B **uwτ** rell
32 Ἀπὸ δὲ τῆς συκῆς μάθετε τὴν παραβολήν·   ἤδη ὁ κλάδος αὐτῆς   H
32 Ἀπὸ δὲ τῆς συκῆς μάθετε τὴν παραβολήν· ὅταν <u>γὰρ</u> ἤδη ὁ κλάδος αὐτῆς   Θ
32 Ἀπὸ δὲ τῆς συκῆς μάθετε τὴν παραβολήν· <u>ὡς γὰρ ὅταν</u> ἤδη ὁ κλάδος αὐτῆς   700

γένηται ἁπαλὸς καὶ τὰ φύλλα ἐκφύῃ,   γεινώσκετε ὅτι ἐγγὺς   τὸ θέρος·   B*
γένηται ἁπαλὸς καὶ τὰ φύλλα ἐκφύῃ,   <u>γεινώσκεται</u> ὅτι ἐγγὺς   τὸ θέρος·   Bᶜ
γένηται ἁπαλὸς καὶ   φύλλα ἐκφύῃ,   <u>γινώσκετε</u> ὅτι ἐγγὺς   τὸ θέρος·   ℵ*
γένηται ἁπαλὸς καὶ τὰ φύλλα ἐκφύῃ,   <u>γεινώσκεται</u> ὅτι <u>ἐγγύς ἐστιν</u> τὸ θέρος·   D
γένηται ἁπαλὸς καὶ τὰ φύλλα <u>ἐκφύει</u>, <u>γιγνώσκεται</u> ὅτι <u>εὐθὺς</u>   τὸ θέρος·   W
γένηται ἁπαλὸς καὶ τὰ φύλλα <u>ἐκφύει</u>, <u>γινώσκετε</u> ὅτι ἐγγὺς   τὸ θέρος·   124
γένηται ἁπαλὸς καὶ τὰ φύλλα ἐκφύῃ,   <u>γινώσκετε</u> ὅτι ἐγγὺς τὸ θέρος <u>ἐστίν</u>·   33
     καὶ τὰ φύλλα ἐκφύῃ,   <u>γινώσκετε</u> ὅτι ἐγγὺς   τὸ θέρος·   565
γένηται ἁπαλὸς καὶ τὰ φύλλα ἐκφύῃ,   <u>γινώσκεται</u> ὅτι ἐγγὺς   τὸ θέρος·   2* 579
<u>ἁπαλὸς</u> γένηται καὶ τὰ φύλλα <u>ἐκφύει</u>, <u>γινώσκετε</u> ὅτι ἐγγὺς   τὸ θέρος·   1424
γένηται ἁπαλὸς καὶ τὰ φύλλα ἐκφύῃ,   <u>γινώσκετε</u> ὅτι ἐγγὺς   τὸ θέρος·   ℵᶜ 𝔐 K L M U Δ Θ Π *f*¹
                                     *f*¹³ 69 2ᶜ 33 28 157 700 788 1071 1346 **uwτ**

33 οὕτως καὶ ὑμεῖς, ὅταν ἴδητε πάντα ταῦτα,   γεινώσκετε ὅτι ἐγγύς ἐστιν   B*
33 οὕτως καὶ ὑμεῖς, ὅταν ἴδητε <u>ταῦτα πάντα</u>,   <u>γινώσκετε</u> ὅτι ἐγγύς ἐστινᵀ   ℵ H K U W *f*¹·¹³ 28 157
33 οὕτως καὶ ὑμεῖς, ὅταν ἴδητε <u>ταῦτα πάντα</u>,   γεινώσκετε ὅτι ἐγγύς ἐστιν   D [↑700 788 1346 1424
33 <u>οὕτω</u>   καὶ ὑμεῖς, ὅταν ἴδητε πάντα ταῦτα,   <u>γινώσκετε</u> ὅτι ἐγγύς ἐστιν   Y τ
33 οὕτως καὶ ὑμεῖς, ὅταν ἴδητε <u>πᾶν</u>   <u>γινώσκετε</u> ὅτι ἐγγύς ἐστιν   Θ*
33 οὕτως καὶ ὑμεῖς, ὅταν ἴδητε <u>ταῦτα πάντα γινόμενα</u>, <u>γινώσκετε</u> ὅτι ἐγγύς ἐστιν   33   [↓579 1071 **uw**
33 οὕτως καὶ ὑμεῖς, ὅταν ἴδητε πάντα ταῦτα,   <u>γινώσκετε</u>   ὅτι ἐγγύς ἐστιν   Bᶜ 𝔐 L M Θᶜ Δ Π 2 565

         ᵀτὸ θέρος τοῖς συντελείας καὶ 28

ἐπὶ θύραις. 34 ἀμὴν   λέγω ὑμῖν ὅτι οὐ μὴ παρέλθη ἡ γενεὰ αὕτη ἕως ἂν   B D F Θᶜ *f*¹ *f*¹³ 33 700 788
ἐπὶ θύραις. 34 ἀμὴν   λέγω ὑμῖν   οὐ μὴ παρέλθη ἡ γενεὰ αὕτη ἕως   ℵ   [↑1346 1424 u[w]
ἐπὶ θύραις. 34 ἀμὴν <u>δὲ</u> λέγω ὑμῖν ὅτι οὐ μὴ παρέλθη ἡ γενεὰ αὕτη ἕως ἂν   L Θ*
ἐπὶ θύραις. 34 ἀμὴν <u>δὲ</u> λέγω ὑμῖν   οὐ μὴ παρέλθη ἡ γενεὰ αὕτη ἕως ἂν   S Ω 28
ἐπὶ θύραις. 34 ἀμὴν   λέγω ὑμῖν   οὐ μὴ παρέλθη ἡ γενεὰ <u>ταύτη</u> ἕως ἂν   2
ἐπὶ θύραις. 34 ἀμὴν   λέγω ὑμῖν ὅτι οὐ μὴ παρέλθη ἡ γενεὰ αὕτη ἕως <u>οὗ</u>   157
ἐπὶ θύραις. 34 ἀμὴν   λέγω ὑμῖν ὅτι οὐ μὴ παρέλθη ἡ γενεὰ αὕτη ἕως   [w]   [↓1071 τ
ἐπὶ θύραις. 34 ἀμὴν   λέγω ὑμῖν   οὐ μὴ παρέλθη ἡ γενεὰ αὕτη ἕως ἂν   𝔐 K M U W Δ Π 118 565 579

πάντα ταῦτα γένηται. 35 ὁ οὐρανὸς καὶ ἡ γῆ παρελεύσεται,   B ℵᶜ Y **uw**
πάντα ταῦτα γένηται. 35   ℵ*
<u>ταῦτα πάντα</u> γένηται. 35 ὁ οὐρανὸς καὶ ἡ γῆ παρελεύσεται,   D L 1071
<u>ταῦτα πάντα</u> γένηται. 35 ὁ οὐρανὸς καὶ ἡ γῆ <u>παρελεύσονται</u>,   H Θ Ω *f*¹³ 157 788 1346
πάντα   γένηται. 35 ὁ οὐρανὸς καὶ ἡ γῆ <u>παρελεύσονται</u>,   1424
πάντα ταῦτα γένηται. 35 ὁ οὐρανὸς καὶ ἡ γῆ <u>παρελεύσονται</u>,   𝔐 K M U W Δ Π *f*¹ 2 28 565 579 700 τ

οἱ δὲ λόγοι μου οὐ μὴ παρέλθωσιν.   B **uwτ** rell
om.   ℵ*

     [Cl Pr 78.4 και αυτοις λεγει, <u>η γη</u> φησι παλαιωθησεται <u>και ο ουρανος παρελευσεται</u>].

---

lac. **24.32-35** 𝔓⁴⁵ A C N P Q Γ

A **32** μαθεται D W 579 | οτα Θ | ηδει 2 | ιδη 33 | γενητε ℵ | απαλλος Δ 69 | φυλα 2 565 1424 **33** ουτος Θ | υμις ℵ | ειδηται W | ιδηται Θ | ηδητε 1424 | γινωσκεται L W 2* 579 | ενγυς D | εστι 28 | θυρες 157 1424 **34** υμειν D | γενητε ℵ Θ 1346 **35** γηι 700 | παρελθωσι U 118 157

B **35** ο̅υ̅ν̅ο̅ς̅ ℵᶜ E F H Y K L M S U Δ Π Ω *f*¹ 118 *f*¹³ 69 124 2 33 28 157 565 579 700 788 1071 1346 1424

C **33** τελο<u>ς</u> της δ̅ (post θυραις) G Y | τελ τη δ̅ τς θ̅ εβδ M | τε̂ τς β̅ Ω | τελ *f*¹³ 124 579 788 1346 | υπ τη ξ̅ *f*¹ 118 **34** αρχη: Σαββατω ι̅ς̅ ειπεν ο κ̅ς̅ (+ αμην G): E G | αρχη: Σα ι̅ς̅ ειπ αμην αμ, H | αρχη F 1424 | αρχ: τη με̅γ̅ γ̅ ειπεν ο κ̅ς̅ περι της ημερας εκεινης κ, Y | αρχ: Μθ Σα ι̅ς̅ ειπεν ο κ̅ς̅ αμην λεγω υμ̅, M | Σα ι̅ς̅ ειπ ο κ̅ς̅ αμην λεγω S | αρχ ρ̅α̅ Σα ι̅ς̅ ειπ ο κ̅ς̅ τοις αμην λεγω υμιν ου μη παρελθ *f*¹ | αρχ ρ̅α̅ Σα ι̅ς̅ ειπ ο κ̅ς̅ αμην λεγω υμιν ου μη παρελθ 118 | αρχ Σα ι̅ς̅ *f*¹³ 124 788 | Σα ι̅ς̅ ειπ ο κ̅ς̅ 2 | αρχ Σα ι̅α̅ ι̅ς̅ 157 | αρχ: αγια κ μεγαλη γ̅ εις ···· λτ ειπεν ο κ̅ς̅ τοις εαυτου μαθηταις περι της ημερας εκεινης κ 1071 | αρχ της λειτ 1346 **35** τελος της μγ β̅: (post παρελθωσιν) E G H 28 | τελ S Y 2 700 788 1071 | τελ τς μγ β̅ M | τελ τς σξ̅ μ,τ β̅ *f*¹ | τελ λειτ *f*¹³ | τελ εις λιτγειαν ματθ 2² | τελ ει ο κ̅ς̅ μ,γ γ̅ τς λιτουρ 28 | τελ τς μγλ β̅ 157

νη̅   περὶ τῆς ἡμέρας καὶ ὥρας

The Coming Of The Son Of Man Will Be Unexpected
(Mark 13.32-36; Luke 17.26-27, 34-37; 21.36, 39-40)

ρλη̅ 36 Περὶ δὲ τῆς ἡμέρας ἐκείνης καὶ   ὥρας οὐδεὶς οἶδεν, οὐδὲ οἱ ἄγγελοι   B uw rell
     36 Περὶ δὲ τῆς ἡμέρας ἐκείνης   οὐδεὶς οἶδεν, οὐδὲ οἱ ἄγγελοι   L
     36 Περὶ δὲ τῆς ἡμέρας ἐκείνης καὶ τῆς   ὥρας οὐδεὶς οἶδεν, οὐδὲ οἱ ἄγγελοι   Θ f¹ τ
     36 Περὶ δὲ τῆς ἡμέρας ἐκείνης ἢ   τῆς ὥρας οὐδεὶς οἶδεν, οὐδὲ οἱ ἄγγελοι   33
     36 Περὶ δὲ τῆς ἡμέρας ἐκείνης ἢ   ὥρας οὐδεὶς οἶδεν, οὐδὲ οἱ ἄγγελοι   1424

τῶν οὐρανῶν οὐδὲ ὁ υἱός, εἰ μὴ ὁ πατὴρ   μόνος. 37 ὥσπερ γὰρ αἱ ἡμέραι   Β D uw
τῶν οὐρανῶν οὐδὲ ὁ υἱός, εἰ μὴ ὁ πατὴρ   μόνος. 37 ὥσπερ δὲ αἱ ἡμέραι   ℵ* Θ f¹³ 28 788 1346
τῶν οὐρανῶν,   εἰ μὴ ὁ πατὴρ   μόνος. 37 ὥσπερ δὲ αἱ ἡμέραι   ℵᶜ Η Υ L Δ Π* f¹ 33 157
τῶν οὐρανῶν,   εἰ μὴ ὁ πατὴρ   μόνος. 37 ὥσπερ δὲ   ἡμέραι   69   [↑700 1424
τῶν οὐρανῶν οὐδὲ ὁ υἱός, εἰ μὴ ὁ πατήρ μου μόνος. 37 ὥσπερ δὲ αἱ ἡμέραι   124
τῶν οὐρανῶν,   εἰ μὴ ὁ πατὴρ   μόνος. 37 ὥσπερ   αἱ ἡμέραι   565   [↓2 579 1071 τ
τῶν οὐρανῶν,   εἰ μὴ ὁ πατήρ μου μόνος. 37 ὥσπερ δὲ αἱ ἡμέραι   𝔐 K M U W Πᶜ 1582ᶜ 118

τοῦ Νῶε, οὕτως ἔσται   ἡ παρουσία τοῦ υἱοῦ τοῦ ἀνθρώπου. 38 ὡς   γὰρ   Β ℵᶜ L 33 uw
τοῦ Νῶε, οὕτως ἔσται   ἡ παρουσία   τοῦ ἀνθρώπου. 38 ὡς   γὰρ   ℵ*
τοῦ Νῶε, οὕτως ἔσται   ἡ παρουσία τοῦ υἱοῦ τοῦ ἀνθρώπου. 38 ὥσπερ γὰρ   U 700
τοῦ Νῶε, οὕτως ἔσται καὶ ἡ παρουσία τοῦ υἱοῦ τοῦ ἀνθρώπου. 38 ὥσπερ γὰρ   D 𝔐 K M W Δ Θ Π f¹ f¹³
                                                          2 28 157 565 579 788 1071 1346 1424 τ

ἦσαν ἐν ταῖς ἡμέραις ἐκείναις ταῖς πρὸ τοῦ κατακλυσμοῦ τρώγοντες καὶ   B 579 [uw]
ἦσαν ἐν ταῖς ἡμέραις ἐκείναις   πρὸ τοῦ κατακλυσμοῦ τρώγοντες καὶ   D
ἦσαν ἐν ταῖς ἡμέραις   τοῦ κατακλυσμοῦ τρώγοντες καὶ   L
ἦσαν ἐν ταῖς ἡμέραις τοῦ Νῶε ταῖς πρὸ τοῦ κατακλυσμοῦ τρώγοντες καὶ   1424
ἦσαν ἐν ταῖς ἡμέραις   ταῖς πρὸ τοῦ κατακλυσμοῦ τρώγοντες καὶ   ℵ 𝔐 K M U W Δ Θ Π f¹ f¹³ 2
                                                          33 28 157 565 700 788 1071 1346 [uw]τ

πείνοντες,   γαμοῦντες καὶ γαμίσκοντες, ἄχρι ἧς ἡμέρας εἰσῆλθεν Νῶε   B
πείνοντες,   γαμοῦντες καὶ γαμίζοντες,   ἄχρι ἧς ἡμέρας εἰσῆλθεν Νῶε   ℵ*
πείνοντες, καὶ γαμοῦντες καὶ γαμίζοντες,   ἄχρι ἧς ἡμέρας εἰσῆλθεν Νῶε   ℵᶜ
πείνοντες, καὶ γαμοῦντες καὶ γαμίζοντες,   ἄχρει τῆς ἡμέρας εἰσῆλθεν Νῶε   D*
πείνοντες, καὶ γαμοῦντες καὶ γαμίζοντες,   ἄχρει τῆς ἡμέρας ἧς εἰσῆλθεν Νῶε   Dᶜ
πίνοντες, καὶ γαμοῦντες καὶ ἐκγαμίζοντες, ἄχρι ἧς ἡμέρας εἰσῆλθεν Νῶε   L
πίνοντες,   γαμοῦντες καὶ ἐκγαμίσκοντες, ἄχρι ἧς ἡμέρας εἰσῆλθεν Νῶε   W 1424
πίνοντες,   γαμοῦντες καὶ ἐγγαμίζοντες, ἄχρις ἡμέρας εἰσῆλθεν Νῶε   f¹³
πίνοντες,   γαμοῦντες καὶ ἐκγαμίζοντες, ἄχρις ἡμέρας εἰσῆλθεν Νῶε   69
πίνοντες,   γαμοῦντες καὶ ἐγγαμίζοντες, ἄχρις ἡμέρας   ἦλθεν Νῶε   124 788
πίνοντες,   γαμοῦντες καὶ ἐκγαμίζοντες, ἄχρι ἧς ἡμέρας εἰσῆλθεν Νόε   2
πίνοντες,   γαμοῦντες καὶ γαμίζοντες,   ἄχρι ἧς ἡμέρας εἰσῆλθεν Νῶε   33 uw
πίνοντες,   γαμοῦντες καὶ ἐκγαμίζοντες, ἄχρι ἧς ἡμέρας   ἦλθεν Νῶε   579
πίνοντες,   γαμοῦντες ...... ·····γαμίζοντες, ἄχρις ἡμέρας εἰσῆλθεν Νῶε   1346
πίνοντες,   γαμοῦντες καὶ ἐκγαμίζοντες, ἄχρι ἧς ἡμέρας εἰσῆλθεν Νῶε   𝔐 K M U Δ Θ Π f¹
                                                          2ᶜ 28 157 565 700 1071 τ

---

lac. 24.36 -38 𝔓⁴⁵ A C N P Q Γ

A 36 ορας 2* | μι (μη) 1071 37 παρουσεια D 38 κατακατακλυσμου 28 | τρογοντες Ε* | τρωγοντες 13 | πινωντες 1424 | γαμειζοντες D | εκγαμειζοντες Δ | εκγαμηζοντες Θ | αχι Θ* | εισηλθε Υ 118 157 700 | ησηλθεν 2* | τιν (την) Θ

B 36 ουνων̅ 𝔐 K L M S U Π Ω f¹ 118 f¹³ 69 124 2 33 28 157 565 579 700 788 1071 1346 1424 | υς̅ 28 | πηρ̅ 𝔐 K L M S U W Δ Θ Π Ω f¹ 118 f¹³ 69 124 2 33 28 157 565 579 700 788 1071 1346 1424 37 υυ̅ ℵᶜ 𝔐 K L M U Δ Π 33 28 1424 | ανου̅ E G Y K L M S U W Δ Θ Π Ω f¹ 118 f¹³ 69 2 33 28 157 565 579 700 788 1071 1346 1424

C 36 νη̅ περι της ημερας και (εξ 2) ωρας: 𝔐 K M S U Δ Π Ω 1582 124 2 33 157 788 1424 | νη̅ L | νη περι της ημερας και ωρας: τη μεγλ γ̅ Σα τ̅ 1071 | Μθ νη | Μρ μγ M | αρχη: τη μυ̅ γ̅ Ε | αρχ: της μεγαλης γ̅ ειπεν ο κς̅ F | τη αγια κ, μεγαλη γ̅ εις τ προηγιασμ, κ, τη β̅ της αρχ νηστ, G | αρχη Η | αρχ: Σα ις ειπεν ο κς̅ + αμην λεγω υμιν, ου μη παρε, Υ | τη αγια και μγ̅ γ̅ εσπ K | υπ της λουκ σξγ̅ Η | αρχ: Μθ τη μγ̅ γ̅ ειπεν ο κς̅ τοις ταυτ μαθ περι της ημερας εκεινης και ωρ, M | τη μεγα γ̅ ειπ ο κς̅ τ εαυτ S | τη αγια γ̅ εις τ λιτ ειπ ο κς̅ τ Ω | αρχ ρβ̅ τς λειτγ̅ τη αγ̅ κ̅ μ,γλ ἡ ειπ ο κς̅ τοις εαυτ περι τς ημερας f¹ | αρχ ρβ̅ εις τς λειτγ̅ τη μ,γλ ἡ ειπ ο κς̅ τοις 118 | αρχ f¹³ | αρχ τς μ,γλ γ̅ εις τ λ,τρ, ειπεν ο κς̅ τς εαυτου μαθητ περι της ημερας εκεινης 28 | αρχ τς γ̅ 700 | αρχ εις τ ορθρ τς αγι γ̅ 788 37 υπ του αγ, M | υπερ f¹³ 788 39 υπ β̅ 124

D 36 σξ̅ D F H K Θ 1582 118 f¹³ 2 157 579 1346 | σξ̅/ε E | σξ̅/α G | σξ̅/ς Y L M U Π Ω 124 28 788 1071 1424 | σζ̅/β S | σοδ̅ 28² | Ευ Μθ σξ̅ : Ιω. : Λο . : Μρ ρνβ̅ E | Μρ μγ̅ L | Μθ σξ̅ : Μρ ρνβ̅ : Λο σξ̅ M | Μθ σξ̅ : Μρ. : Λο . : Ιω. 124 37 σξα̅/ς E Υ | σξα̅ F K 1582 f¹³ 157 579 1346 | σξα̅/ε G S U Π Ω 118 124 28 788 1424 | σξα̅/β L | Ευ Μθ σξα̅ : Ιω . : Λο σξ̅: Μρ . E | Μθ σξα̅ : Μρ ρνβ̅ : Λο σνβ̅ : Ιω . 124 38 σξα̅ D H | σξβ̅ 1582 | σξα̅/ε 1071

εἰς τὴν κειβωτόν,   **39** καὶ οὐκ ἔγνωσαν   ἕως   ἦλθεν ὁ κατακλυσμὸς καὶ ἦρεν   B D
εἰς τὴν <u>κιβωτόν</u>,   **39** καὶ οὐκ ἔγνωσαν   <u>ο</u> ἕως   ἦλθεν ὁ κατακλυσμὸς καὶ ἦρεν   ℵ*
εἰς τὴν <u>κιβωτόν</u>,   **39** καὶ οὐκ ἔγνωσαν   ἕως <u>ἕως</u>   ἦλθεν ὁ κατακλυσμὸς καὶ ἦρεν   Υ*
εἰς τὴν <u>κιβωτόν</u>,   **39** καὶ οὐκ ἔγνωσαν   ἕως   <u>ἀνῆλθεν</u> ὁ κατακλυσμὸς καὶ ἦρεν   W
εἰς τὴν <u>κιβωτόν</u>,   **39** καὶ οὐκ ἔγνωσαν   ἕως <u>οὗ</u>   ἦλθεν ὁ κατακλυσμὸς καὶ ἦρεν   Δ 33 157
εἰς τὴν <u>κιβωτόν</u>,   **39** καὶ οὐκ ἔγνωσαν   <u>ἕως</u>   ἦλθεν ὁ κατακλυσμὸς καὶ ἦρεν   **uwτ** rell

ἅπαντας, οὕτως ἔσται   ἡ παρουσία τοῦ υἱοῦ τοῦ ἀνθρώπου. **40** τότε ἔσονται δύο   B w
ἅπαντας, οὕτως ἔσται <u>καὶ</u> ἡ παρουσία τοῦ υἱοῦ τοῦ ἀνθρώπου. **40** τότε ἔσονται δύο   ℵ*
<u>πάντας</u>, οὕτως ἔσται   ἡ παρουσία τοῦ υἱοῦ τοῦ ἀνθρώπου. **40** τότε <u>δύο ἔσονται</u>   D
<u>πάντας</u>, οὕτως ἔσται <u>καὶ</u> ἡ παρουσία τοῦ υἱοῦ τοῦ ἀνθρώπου. **40** τότε <u>δύο ἔσονται</u>   700
ἅπαντας, οὕτως ἔσται   ἡ παρουσία τοῦ υἱοῦ τοῦ ἀνθρώπου. **40** τότε <u>δύο ἔσονται</u>   **[u]**
ἅπαντας, οὕτως ἔσται <u>καὶ</u> ἡ παρουσία τοῦ υἱοῦ τοῦ ἀνθρώπου. **40** τότε <u>δύο ἔσονται</u>   **[u]τ** rell

[Cl S III 49.4 <u>ωσπερ</u> δε ην <u>εν</u> <u>ταις</u> <u>ημεραις</u> <u>Νωε</u>, ησαν γαμουντες <u>γαμιζοντες</u>, οικοδομουντες, φυτευοντες και ως ην εν ταις ημεραις Λωτ, <u>ουτως εσται η παρουσια</u> <u>του</u> <u>υιου</u> <u>του</u> <u>ανθαρωπου</u>].

ἐν τῷ ἀγρῷ,   εἷς παραλαμβάνεται καὶ   εἷς ἀφίεται· **41** δύο ἀλήθουσαι ἐν τῷ   B ℵ D L Θ ƒ¹ 124 33 700
ἐν τῷ ἀγρῷ,   εἷς παραλαμβάνεται καὶ <u>ο</u> εἷς ἀφίεται· **41** δύο ἀλήθουσαι ἐν τῷ   Δ   [↑1424 **uw**
ἐν τῷ ἀγρῷ, <u>ο</u> εἷς παραλαμβάνεται καὶ <u>ο</u> εἷς ἀφίεται· **41** δύο ἀλήθουσαι ἐν τῷ   𝔐 K M U W Π ƒ¹³ 2 28
                                                                                                157 565 579 788 1346 1071 **τ**

μύλῳ,   μία παραλαμβάνεται καὶ μία ἀφίεται **42** γρηγορεῖτε οὖν, ὅτι οὐκ   B **uw** rell
<u>μύλωνι</u>,   μία παραλαμβάνεται καὶ μία ἀφίεται **42** γρηγορεῖτε, ὅτι οὐκ   565 1424   [↓700 788 1346 **τ**
<u>μύλωνι</u>,   μία παραλαμβάνεται καὶ μία ἀφίεται^τ **42** γρηγορεῖτε οὖν, ὅτι οὐκ   D H M Θ Π ƒ¹ ƒ¹³ 2ᶜ 28 157

ᵀδύο ἐπὶ κλίνης μιᾶς εἷς παραλαμβάνεται καὶ εἷς ἀφίεται D 13 69 1346

[Cl S V 106.1 αυτικα ο αυτος σωτηρ παρεγγυα· <u>γρηγορειτε</u>].

οἴδατε ποίᾳ ἡμέρᾳ   ὁ κύριος ὑμῶν ἔρχεται. **43** ἐκεῖνο δὲ γεινώσκετε   B D
οἴδατε ποίᾳ ἡμέρᾳ   ὁ κύριος ὑμῶν ἔρχεται. **43** ἐκεῖνο δὲ <u>γινώσκετε</u>   ℵ W Θ ƒ¹³ 1582* 33 157 788 1424 **uw**
οἴδατε ποίᾳ <u>ὥρᾳ</u>   ὁ κύριος ὑμῶν ἔρχεται. **43** ἐκεῖνο   <u>γινώσκετε</u>   F*
οἴδατε ποίᾳ ἡμέρᾳ   ὁ κύριος ὑμῶν ἔρχεται. **43** ἐκεῖνο δὲ   Δ
οἴδατε ποίᾳ <u>ἡμέραι</u>   ὁ κύριος ὑμῶν ἔρχεται. **43** ἐκεῖνο δὲ <u>γινώσκετε</u>   1
οἴδατε ποίᾳ <u>ὥρᾳ</u>   ὁ κύριος <u>ἡμῶν</u> ἔρχεται. **43** ἐκεῖνο δὲ <u>γινώσκετε</u>   579   [↓1346 **τ**
οἴδατε ποίᾳ <u>ὥρᾳ</u>   ὁ κύριος ὑμῶν ἔρχεται. **43** ἐκεῖνο δὲ <u>γινώσκετε</u>   𝔐 K L M U Π 1582ᶜ 2 28 565 700 1071

ὅτι εἰ ᾔδει ὁ οἰκοδεσπότης ποίᾳ φυλακῇ ὁ κλέπτης ἔρχεται, ἐγρηγόρησεν ἂν καὶ οὐκ   B **uwτ** rell
ὅτι εἰ ᾔδει ὁ οἰκοδεσπότης ποίᾳ <u>ὥρᾳ</u>   ὁ κλέπτης ἔρχεται, ἐγρηγόρησεν ἂν καὶ οὐκ   G Θ ƒ¹³ 33 788
ὅτι εἰ <u>ᾔδεν</u> ὁ οἰκοδεσπότης ποίᾳ <u>ὥρᾳ</u>   ὁ κλέπτης ἔρχεται, ἐγρηγόρησεν ἂν καὶ οὐκ   1346

lac. 24.38-43 𝔓⁴⁵ A C N P Q Γ

A 38 κηβωτον 2* **39** ηρε 700 | ουτος Θ | παρουσεια D **40** εσοντε 2* | παραλαμβανετε ℵ ¦ παραλμαμβανεται Δ* ¦ αφιετε ℵ 28 ¦ αφιεται D **41** αλιθουσαι K 1424 ¦ μεια¹·² D | παραμβανεται L ¦ παραλμβανεται 1582* ¦ παραλαμβανετε 28 ¦ αφιετε ℵ 28 ¦ αφιεται D ¦ κλεινης μειας D ¦ κληνης 1346 **42** γρηγορηται L* ¦ γρηγορειται Lᶜ Δ 579 1071 ¦ γρηγοριται W ¦ γρηγοριτε Θ ¦ οιδαται D ¦ ερχεται Θ 28 **43** εκεινω L Ω 13 124 2* 565 1346 ¦ γεινωσκεται D ¦ γινωσκεται L W Θ 579 ¦ η (ει) E* ¦ ηδη (ηδει) 28 69 1424 ¦ ειδη 2* ¦ οικοδεσποτις 2* ¦ ερχετε 28 ¦ γρηγορησεν Δ ¦ οικ (ουκ) Δ*

B 39 υυ 𝔐 K L M U Δ 1582 33 28 1424 | ανου 𝔐 K L M S U Δ Θ Π Ω ƒ¹ 118 ƒ¹³ 69 124 2 33 28 157 565 579 700 788 1071 1346 1424 **42** κς ℵ D 𝔐 K L M S W Δ Θ Π Ω ƒ¹ 118 ƒ¹³ 69 124 2 33 28 157 565 579 788 1071 1346 1424

C 39 υπ του Σα ƒ¹ **40** αρχη: εις τ αγιον γρηγοριον αρμενιας G **42** αρχη: E ¦ αρχ: εις τ αγιον γρηγοριον αρμενιας G ¦ αρχη: εις αγιον γρηγοριον αλλης αρμενιασετ γρηγορειτε οτι ουκ οιδ Η ¦ αρχ: μη, σεπτε λ του αγιου γρηγορι της μρ αρμε, αρχ ειπεν ο κ ς γρηγορειτε οτι ουκ οιδατ Υ ¦ αρχ: Μθ τη ·ε, λ του αγ, γρη····υ αρμε, ειπεν ο κς γρηγορειτε· οτι ουκ, Μ ¦ εις τ αγιον γρηγοριον αρμενι S ¦ του αγιου γρη, ·· αρμενι ειπ ο κς γρηγορειτε Ω ¦ αρχ τη λ σεπ του γρη τς μ,τ αρμενιας ειπ γρηγορειτ ƒ¹ ¦ αρχ μετα πρ αγ γργρ λ ειπεν ο κς τοις εαυτου μθ γρηγορειτε 118 ¦ αρξ τς ς 118 ¦ αρχ ƒ¹³ ¦ αρξ της ς ƒ¹ ¦ αρξου ƒ¹³ 124 ¦ αρχ: εις τ αγιον γριγοριον της μγ αρμενι 2 ¦ αρξου του Σα ι: αρχ ειπεν ο κς γρηγορειτε οτι ουκ οιδατ 28 ¦ αρχ εις τους αγγρηγουρουν 157 ¦ αρξου 1346 **43** αρχ 124 788

D 40 σ̄ξ̄β̄ D F H K ƒ¹³ 157 579 1346 ¦ σ̄ξ̄β̄/ς̄ E ¦ σ̄ξ̄β̄/β̄ G ¦ σ̄ξ̄β̄/ε̄ S Y L M U Π Ω 118 124 28 788 1071 1424 ¦ σ̄ξ̄ȳ 1582 ¦ σ̄ξ̄ᾱ 2 ¦ Ευ Μθ σ̄ξ̄β̄ : Ιω . : Λου σιβ̄ : Μρ . E ¦ Μθ σ̄ξ̄β̄ : Μρ ρν̄γ̄ ¦ Λο σιβ̄ M ¦ Μθ σ̄ξ̄β̄ : Μρ ρν̄γ̄ : Λο σιβ̄ : Ιω . 124 **42** σ̄ξ̄ȳ D F H K Θ 1 118 ƒ¹³ 2 157 579 1346 ¦ σ̄ξ̄ȳ/β̄ E ¦ σ̄ξ̄ȳ/ς̄ G Y L M S U Π Ω 124 28 788 1071 1424 ¦ Ευ Μθ σ̄ξ̄ȳ : Ιω . : Λου ρν̄ς̄ : Μρ ρν̄γ̄ E ¦ Μθ σ̄ξ̄ȳ : Μρ ρν̄ε̄ : Λο ρν̄ς̄ M ¦ Μθ σ̄ξ̄ȳ : Μρ ρν̄ε̄ : Λο ρν̄ς̄ : Ιω . 124 **43** σ̄ξ̄δ̄ D F H K Θ 1582 ƒ¹³ 2 157 579 788 1346 ¦ σ̄ξ̄δ̄/β̄ E G S L M U Π Ω 118 124 28 1071 1424 ¦ σ̄ξ̄δ̄/ς̄ Y ¦ Ευ Μθ σ̄ξ̄δ̄ : Ιω . : Λου ρν̄ς̄ : Μρ ρν̄ε̄ E ¦ Μθ σ̄ξ̄δ̄ : Λο ρν̄ζ̄ M ¦ Μθ σ̄ξ̄δ̄ : Μρ . : Λο . : Ιω . 124

ἂν εἴασεν διορυγῆναι   τὴν οἰκίαν αὐτοῦ. **44** διὰ τοῦτο καὶ ὑμεῖς γείνεσθε   B
ἂν εἴασεν <u>διορυχθῆναι</u>   τὴν οἰκίαν αὐτοῦ. **44** διὰ τοῦτο καὶ ὑμεῖς <u>γίνεσθε</u>   א *f*¹ 124 **uw**
εἴασεν <u>διορυχθῆναι</u>   τὴν οἰκίαν αὐτοῦ. **44** διὰ τοῦτο καὶ ὑμεῖς γείνεσθε   D
ἂν εἴασεν <u>διορυχθῆναι</u>   <u>τὸν οἶκον</u> αὐτοῦ. **44** διὰ τοῦτο καὶ ὑμεῖς <u>γίνεσθε</u>   L
ἂν εἴασεν διορυγῆναι   <u>τὸν οἶκον</u> αὐτοῦ. **44** διὰ τοῦτο καὶ ὑμεῖς <u>γίνεσθε</u>   W
ἂν εἴασεν <u>διορυγῆν</u>   τὴν οἰκίαν αὐτοῦ. **44** διὰ τοῦτο καὶ ὑμεῖς <u>γίνεσθε</u>   Δ
εἴασεν διορυγῆναι   τὴν οἰκίαν αὐτοῦ. **44** διὰ τοῦτο καὶ ὑμεῖς <u>γίνεσθε</u>   Θ 1424
ἂν εἴασεν διορυγῆναι   τὴν οἰκίαν αὐτοῦ. **44** διὰ τοῦτο καὶ <u>ἡμεῖς</u> <u>γίνεσθε</u>   2*
εἴασεν <u>διορυχθῆναι</u>   τὴν οἰκίαν <u>ἑαυτοῦ</u>. **44** διὰ τοῦτο καὶ ὑμεῖς <u>γίνεσθε</u>   33
ἂν εἴασεν διορυγῆναι   τὴν οἰκίαν αὐτοῦ. **44** διὰ τοῦτο <u>γίνεσθε</u> καὶ ὑμεῖς   157
ἂν εἴασεν διορυγῆναι   τὴν οἰκίαν αὐτοῦ. **44** διὰ τοῦτο   ὑμεῖς <u>γίνεσθε</u>   565 [↓700 788 1071 1346 τ
ἂν εἴασεν διορυγῆναι   τὴν οἰκίαν αὐτοῦ. **44** διὰ τοῦτο καὶ ὑμεῖς <u>γίνεσθε</u>   𝔐 K M U Π 118 *f*¹³ 28 579

ἕτοιμοι, ὅτι ᾗ οὐ   δοκεῖτε ὥρᾳ   ὁ υἱὸς τοῦ ἀνθρώπου ἔρχεται.   B א D Θ 700 **uw**
ἕτοιμοι, ὅτι <u>ἡ ὥρα</u> ᾗ οὐ   <u>δοκεῖτε</u>   ὁ υἱὸς τοῦ ἀνθρώπου ἔρχεται.   L
ἕτοιμοι, ὅτι ᾗ <u>ὥρα</u> <u>οὐ</u> <u>γινώσκετε</u>   ὁ υἱὸς τοῦ ἀνθρώπου ἔρχεται.   *f*¹ 157
ἕτοιμοι, ὅτι ᾗ <u>ὥρα</u> <u>οὐ</u> <u>προσδοκᾶτε</u>   ὁ υἱὸς τοῦ ἀνθρώπου ἔρχεται.   1424   [↓788 1071 1346 τ
ἕτοιμοι, ὅτι ᾗ <u>ὥρα</u> <u>οὐ</u>   <u>δοκεῖτε</u>   ὁ υἱὸς τοῦ ἀνθρώπου ἔρχεται.   𝔐 K M U W Δ Π 118 *f*¹³ 2 33 28 565 579

The Faithful And Wise Slave
(Luke 12.42-47)

ρλθ̄ **45** Τίς ἄρα ἐστὶν ὁ πιστὸς δοῦλος καὶ φρόνιμος   ὃν κατέστησεν   B **uwτ** rell
    45 Τίς ἄρα ἐστὶν ὁ πιστὸς δοῦλος καὶ φρόνιμος   ὃν <u>καταστήσει</u>   א M 157
    45 Τίς <u>γὰρ</u> ἐστὶν ὁ πιστὸς δοῦλος καὶ φρόνιμος   ὃν κατέστησεν   D
    45 Τίς ἄρα   ὁ πιστὸς δοῦλος καὶ φρόνιμος <u>ἐκεῖνος</u>   ὃν κατέστησεν   28
    45 Τίς ἄρα   ὁ πιστὸς δοῦλος καὶ φρόνιμος   ὃν <u>καταστήσει</u>   1424

ὁ κύριος   ἐπὶ τῆς οἰκετείας αὐτοῦ τοῦ δοῦναι αὐτοῖς   B L 33 **uw**
ὁ κύριος   ἐπὶ τῆς <u>οἰκίας</u> αὐτοῦ τοῦ δοῦναι αὐτοῖς   א
.. .. <u>ἑαυτοῦ</u> τοῦ δοῦναι αὐτοῖς   C
ὁ κύριος   ἐπὶ τῆς <u>θεραπείας</u> αὐτοῦ   δοῦναι αὐτοῖς   D
ὁ κύριος <u>αὐτοῦ</u>   ἐπὶ τῆς <u>θεραπείας</u> αὐτοῦ τοῦ <u>διδόναι</u> αὐτοῖς   𝔐 K M Π^c 2 28 1071 τ
ὁ κύριος <u>αὐτοῦ</u>   ἐπὶ τῆς οἰκετείας αὐτοῦ τοῦ <u>διδόναι</u> αὐτοῖς   Y Π*
ὁ κύριος <u>αὐτοῦ</u>   ἐπὶ τῆς οἰκετείας αὐτοῦ τοῦ <u>διδόναι</u> αὐτοῖς   W
ὁ κύριος <u>αὐτοῦ</u> <u>του</u>   ἐπὶ τῆς οἰκετείας αὐτοῦ τοῦ δοῦναι αὐτοῖς   Θ
ὁ κύριος <u>αὐτοῦ</u>   ἐπὶ τῆς οἰκετείας αὐτοῦ τοῦ δοῦναι αὐτοῖς   Δ *f*¹³ 788 1346
ὁ κύριος   ἐπὶ τῆς <u>θεραπείας</u> αὐτοῦ τοῦ δοῦναι αὐτοῖς   *f*¹
ὁ κύριος <u>αὐτοῦ</u>   ἐπὶ τῆς <u>οἰκίας</u> αὐτοῦ τοῦ δοῦναι αὐτοῖς   69
ὁ κύριος <u>αὐτοῦ</u>   ἐπὶ <u>τῇ</u> <u>οἰκετία</u> αὐτοῦ τοῦ δοῦναι αὐτοῖς   157
ὁ κύριος <u>αὐτοῦ</u>   ἐπὶ τῆς <u>οἰκίας</u> αὐτοῦ τοῦ <u>διδόναι</u> αὐτοῖς   565
ὁ κύριος <u>αὐτοῦ</u>   ἐπὶ τῆς <u>οἰκίας</u> αὐτοῦ τοῦ <u>διδῶναι</u> αὐτοῖς   579
ὁ κύριος <u>αὐτοῦ</u>   ἐπὶ τῆς <u>θεραπείας</u> αὐτοῦ τοῦ δοῦναι αὐτοῖς   U 118 124 700 1424

τὴν τροφὴν ἐν καιρῷ; **46** μακάριος   ὁ δοῦλος ἐκεῖνος ὃν ἐλθὼν ὁ κύριος   B **uwτ** rell
τὴν τροφὴν ἐν καιρῷ; **46** μακάριός <u>ἐστιν</u> ὁ δοῦλος ἐκεῖνος ὃν ἐλθὼν ὁ κύριος   124
<u>ἐν</u> <u>καιρω</u> <u>τὴν</u> <u>τροφὴν</u>; **46** μακάριος   ὁ δοῦλος ἐκεῖνος ὃν ἐλθὼν ὁ κύριος   28 157

---

lac. 24.43-46 𝔓⁴⁵ A N P Q Γ ¦ vss. 43-45 C

A 43 ησασεν D W ¦ ει·ασεν E* ¦ ειασε Υ 118 13 69 700 788 ¦ εασεν 579 ¦ τη (την) F ¦ οικειαν D 44 τουτω 579 ¦ γεινεσθαι D ¦ γινεσθαι W Θ 2* 28 579 ¦ οτη 579 ¦ δοκειται D W Δ ¦ δωκειτε U ¦ δοκιτε Θ ¦ ω (ωρα) K* 45 εστι S ¦ φρονημος L Θ 124 565 ¦ οικαιτιας L ¦ οικετιας W Υ Δ 13 33 788 1346 ¦ οικητιας Θ ¦ θεραπιας E* Π 2 28 ¦ τρωφην Θ 46 ελθον Θ

B 44 υς̄ 𝔐 K L M S U Δ Π Ω *f*¹ 2 33 28 1424 ¦ ανοῡ 𝔐 K L M S U W Δ Π Ω *f*¹ 118 *f*¹³ 69 2 33 28 157 565 579 700 788 1071 1424 45 κς̄ B א D 𝔐 K L M U W Δ Θ Π Ω *f*¹ 118 *f*¹³ 69 124 2 33 28 157 565 579 788 1071 1346 1424 46 κς̄ B א D 𝔐 K L M S U W Δ Θ Π Ω *f*¹ 118 *f*¹³ 69 124 2 33 157 565 579 788 1346 1424

C 44 τελος του Σαββατου (post ερχεται) E Y M *f*¹ 118 ¦ τελος Σα G ¦ τελ *f*¹³ 124 579 788 1071 1346 ¦ τελ του Σα ῑ 28 45 αρχη: τη ε̄ της θ εβδ ειπ, ο κς̄ τις αρα εσ, G ¦ αρχ: τη ε̄ της θ εβδ ειπεν ο κς̄ + τις αρα εστιν ο πιστ δουλ Υ ¦ αρχ: Μθ τη ε̄ τς θ εβδ ειπεν ο κς̄ τις αρα εστιν ο πιστος δου, M ¦ αρχη *f*¹³ 1346

D 45 σξ̄ε̄ D F H K Θ *f*¹ *f*¹³ 2 157 579 1346 ¦ σξ̄ε̄/ς̄ E ¦ σξ̄ε̄/ε̄ G S Y M U Π Ω 118 28 1071 1424 ¦ σξ̄ε̄/ῑ L ¦ σξ̄ε̄/β̄ 124 788 ¦ Ευ Μθ σξ̄ε̄ : Ιω . : Λο ρν̄ζ̄ : Μρ . E ¦ Μθ σξ̄ε̄ : Μρ . : Λο ρν̄ζ̄ : Ιω . 124 46 σξ̄ς̄ C D F H K Θ 1582 *f*¹³ 157 579 1346 ¦ σξ̄ς̄/ς̄ E ¦ σξ̄ς̄/θ̄ G ¦ σξ̄ς̄/ε̄ S Y L M U Π Ω 118 124 28 788 1071 1424 ¦ Ευ Μθ σξ̄ς̄ : Ιω . : Λο ρν̄θ̄ : Μρ . E ¦ Μθ σξ̄ς̄ : Λο ρνη M ¦ Μθ σξ̄ς̄ : Μρ . : Λο ρνε : Ιω . 124

αὐτοῦ εὑρήσει οὕτως ποιοῦντα· **47** ἀμὴν λέγω ὑμῖν ὅτι ἐπὶ πᾶσι   B ℵ C D L Θ *f*¹ *f*¹³ 33 157 788 1346 **uw**
αὐτοῦ εὑρήσει <u>ποιοῦντα</u> οὕτως· **47** ἀμὴν λέγω ὑμῖν ὅτι ἐπὶ πᾶσι   𝔐 K M U W Δ Π 118 2 28 565 579 700 1071 1424 **τ**

τοῖς ὑπάρχουσιν αὐτοῦ καταστήσει αὐτόν. **48** ἐὰν δὲ εἴπῃ ὁ κακὸς δοῦλος   B **uwτ** rell
<u>αὐτοῦ τοῖς ὑπάρχουσιν</u> καταστήσει αὐτόν. **48** ἐὰν δὲ εἴπῃ ὁ κακὸς δοῦλος   K Π 565
τοῖς ὑπάρχουσιν   καταστήσει αὐτόν. **48** ἐὰν δὲ εἴπῃ ὁ κακὸς δοῦλος   Θ
τοῖς ὑπάρχουσιν αὐτοῦ καταστήσει αὐτόν. **48** ἐὰν δὲ εἴπῃ ὁ   δοῦλος   118

ἐκεῖνος ἐν τῇ καρδίᾳ αὐτοῦ, Χρονίζει μου ὁ κύριος,   **49** καὶ ἄρξηται   B 33 700 **uw**
   ἐν τῇ καρδίᾳ <u>ἑαυτοῦ</u>, Χρονίζει μου ὁ κύριος,   **49** καὶ ἄρξηται   ℵ*
ἐκεῖνος ἐν τῇ καρδίᾳ <u>ἑαυτοῦ</u>, Χρονίζει μου ὁ κύριος,   **49** καὶ ἄρξηται   ℵᶜ
ἐκεῖνος ἐν τῇ καρδίᾳ αὐτοῦ, Χρονίζει μου ὁ κύριος <u>ἐλθεῖν</u>,   **49** καὶ ἄρξηται   C D L 579 1424
   ἐν τῇ καρδίᾳ αὐτοῦ, Χρονίζει μου ὁ κύριος <u>ἐλθεῖν</u>,   **49** καὶ ἄρξηται   Θ
ἐκεῖνος ἐν τῇ καρδίᾳ αὐτοῦ, Χρονίζει <u>ὁ κύριος μου</u> <u>ἔρχεσθαι</u>,   **49** καὶ ἄρξηται   *f*¹
ἐκεῖνος ἐν τῇ καρδίᾳ αὐτοῦ, Χρονίζει   ὁ κύριος <u>ἐλθεῖν</u>,   **49** καὶ ἄρξηται   124
ἐκεῖνος ἐν τῇ καρδίᾳ αὐτοῦ, Χρονίζει μου ὁ κύριος <u>ἔρχεσθαι</u>,   **49** καὶ ἄρξηται   157
ἐκεῖνος ἐν τῇ καρδίᾳ αὐτοῦ, Χρονίζει <u>ὁ κύριος μου</u> <u>ἐλθεῖν</u>,   **49** καὶ ἄρξηται   𝔐 K M U W Δ Π *f*¹³ 2 28 565 788 1071 1346 **τ**

τύπτειν τοὺς συνδούλους αὐτοῦ, ἐσθίῃ   δὲ καὶ πείνῃ   μετὰ τῶν μεθυόντων,   B D
τύπτειν τοὺς συνδούλους <u>ἑαυτοῦ</u>, ἐσθίῃ   δὲ καὶ <u>πίνῃ</u>   μετὰ τῶν μεθυόντων,   ℵ
τύπτειν τοὺς συνδούλους αὐτοῦ, ἐσθίῃ   <u>τε</u> καὶ <u>πίνῃ</u>   μετὰ τῶν μεθυόντων,   C 1 1582* 118
<u>λέγειν</u> τύπτειν τοὺς συνδούλους,   ἐσθίῃ   δὲ καὶ <u>πίνῃ</u>   μετὰ τῶν μεθυόντων,   E*
τύπτειν τοὺς συνδούλους,   ἐσθίῃ   δὲ καὶ <u>πίνῃ</u>   μετὰ τῶν μεθυόντων,   𝔐 K U Δ
τύπτειν τοὺς συνδούλους,   <u>ἐσθίειν</u> <u>τε</u> καὶ <u>πίνειν</u> μετὰ τῶν μεθυόντων,   G W
τύπτειν τοὺς συνδούλους αὐτοῦ, ἐσθίῃ   δὲ καὶ <u>πίνῃ</u>   μετὰ τῶν μεθυόντων,   L *f*¹³ 157 788
τύπτειν τοὺς συνδούλους,   ἐσθίῃ   δὲ καὶ <u>πίνει</u>   μετὰ τῶν μεθυόντων,   M [↑1346 **uw**
τύπτειν τοὺς συνδούλους,   <u>ἐσθίει</u>   δὲ καὶ <u>πίνῃ</u>   μετὰ τῶν μεθυόντων,   S 579 1071
τύπτειν τοὺς συνδούλους αὐτοῦ, <u>ἔσθῃ</u>   δὲ καὶ <u>πίνῃ</u>   μετὰ τῶν μεθυόντων,   Θ
τύπτειν τοὺς συνδούλους,   <u>ἐσθίειν</u> <u>δὲ</u> καὶ <u>πίνειν</u> μετὰ τῶν μεθυόντων,   Π 28 565
τύπτειν τοὺς συνδούλους,   <u>ἐσθίει</u>   δὲ καὶ <u>πίνει</u>   μετὰ τῶν μεθυόντων,   Ω
τύπτειν τοὺς συνδούλους αὐτοῦ, <u>ἐσθίει</u>   δὲ καὶ <u>πίνει</u>   μετὰ τῶν μεθυόντων,   1582ᶜ 700ᶜ 1424
τύπτειν   ········   νδούλους αὐτοῦ, ἐσθίῃ   <u>τε</u> καὶ <u>πίνει</u>   μετὰ τῶν μεθυόντων,   33
τύπτειν τοὺς συνδούλους,   <u>ἐσθίειν</u> δὲ καὶ <u>πίνειν</u> μετὰ τῶν μεθυόντων,   2 **τ**
τύπτειν τοὺς   δούλους αὐτοῦ, <u>ἐσθίειν</u> <u>τε</u> καὶ <u>πίνειν</u> μετὰ τῶν μεθυόντων,   700*

50 ἥξει ὁ κύριος τοῦ δούλου ἐκείνου ἐν ἡμέρᾳ ᾗ οὐ προσδοκᾷ καὶ ἐν ὥρᾳ ᾗ οὐ γεινώσκει,   B D
50 ἥξει ὁ κύριος τοῦ δού······ ········νου ἐν ἡμέρᾳ ᾗ οὐ προσδοκᾷ καὶ ἐν ὥρᾳ ᾗ οὐ <u>γινώσκει</u>,   33
50 ἥξει ὁ κύριος τοῦ δούλου ἐκείνου ἐν ἡμέρᾳ ᾗ   προσδοκᾷ καὶ ἐν ὥρᾳ ᾗ οὐ <u>γινώσκει</u>,   579
50 ἥξει ὁ κύριος τοῦ δούλου ἐκείνου ἐν ἡμέρᾳ   οὐ προσδοκᾷ καὶ ἐν ὥρᾳ ᾗ οὐ <u>γινώσκει</u>,   1346*
50 ἥξει ὁ κύριος τοῦ δούλου ἐκείνου ἐν ἡμέρᾳ ᾗ οὐ προσδοκᾷ καὶ ἐν ὥρᾳ ᾗ οὐ <u>γινώσκει</u>,   **uwτ** rell

51 καὶ διχοτομήσει αὐτὸν καὶ τὸ μέρος αὐτοῦ μετὰ τῶν ὑποκριτῶν θήσει·   B **uwτ** rell
51 καὶ διχοτομήσει αὐτὸν καὶ τὸ μέρος αὐτοῦ <u>θήσει</u> <u>μετὰ</u> <u>τῶν</u> <u>ὑποκριτῶν</u>·   D
51 καὶ διχοτομήσει αυ······ ········ μέρος αὐτοῦ μετὰ τῶν ὑποκριτῶν θήσει·   33

ἐκεῖ ἔσται ὁ κλαυθμὸς καὶ ὁ βρυγμὸς τῶν ὀδόντων.   B **uwτ** rell
ἐκεῖ ἔσται ὁ κλαυθμὸς καὶ ·······················ῶν ὀδόντων.   33

---

lac. 24.46-51 𝔓⁴⁵ A N P Q Γ

A **46** ευρησι Θ **47** υμειν D ¦ πασιν ℵ C D E F G H K W Δ Π 2 33 28 579 ¦ καταστησι L Θ ¦ καταστηση 2* **48** εκινος ℵᶜ ¦ χρονιζι D ¦ χρονηζει 2* ¦ ελθει 2* **49** αρξεται 69 ¦ αρξητε 2* 28 ¦ τυπτιν Θ ¦ τυπτην 2* ¦ εσθηει F ¦ εσθιει K 69 ¦ πινει F H K 69 ¦ πινηυ G ¦ πινι 157 ¦ μεθυοντων E* ¦ μεθυστων W **50** ηξη E* 1 ¦ λου (δουλου) Y* ¦ πιημερα Δ* ¦ προδωκα 579 ¦ ορα 579 ¦ γινωκει 565 **51** διχοτομεισει U ¦ διχοτομη Θ ¦ διχοτομισει 565 ¦ θηση M ¦ κλαθμος E L W

B **48** κ̅ς̅ B ℵ D 𝔐 K L M U W Δ Θ Π *f*¹³ 69 124 2 33 157 565 579 788 1346 1424 **50** κ̅ς̅ B ℵ D 𝔐 K L M U W Δ Θ Π Ω *f*¹ *f*¹³ 69 124 2 33 28 157 579 788 1071 1346 1424

C **47** τελος (post καταστ. αυτον) E G Y 2 157 1346 ¦ τελ του αγ́ *f*¹ 118 **51** τελος της δ̅ αρχ νηστη, κ, της ε̅ G ¦ τελ της ε̅ Y ¦ τελ L S *f*¹³ 124 2 1346 ¦ τελ τς θ̅ M ¦ τελ τς *f*¹ ¦ τελ τς ϛ̅ 118 ¦ τελ τς γ̅ 28 ¦ τελ Σα ιϛ̅ 788

D **48** σ̅ξ̅ζ̅ C D F H K Θ 1582 *f*¹³ 157 <u>579</u> 1346 ¦ σ̅ξ̅ζ̅/ϛ̅ E ¦ σ̅ξ̅ζ̅/ε̅ G S Y M U Π Ω 118 124 28 788 1071 1424 ¦ Ευ Μθ σ̅ξ̅ζ̅ : Ιω . : Λο ρνη : Μρ . E ¦ Μθ σ̅ξ̅ζ̅ : Μρ . : Λο ρνη : Ιω . 124

νθ̄   περὶ τῶν δέκα παρθένων

The Parable Of The Ten Virgins

ρμ̄ **25.1** Τότε ὁμοιωθήσεται ἡ βασιλεία τῶν οὐρανῶν δέκα παρθένοις, αἵτινες λαβοῦσα   B **uwτ** rell
25.1 Τότε ὁμοιωθήσεται ἡ βασιλεία τῶν οὐρανῶν δέκα παρθένοις, αἵτινες <u>λαβοῦσαι</u>   U Δ 124 2 788
25.1 Τότε <u>ὠμοιώθη</u>   ἡ βασιλεία τῶν οὐρανῶν δέκα παρθένοις, αἵτινες λαβοῦσα   W   [↑1346
25.1 Τότε ὁμοιωθήσεται ἡ βασιλεία τῶν οὐρανῶν δέκα παρ············ ·······νες <u>λαβοῦσαι</u>   33
25.1 Τότε ὁμοιωθήσεται ἡ βασιλεία τῶν οὐρανῶν δέκα παρθένοις, αἵτινες <u>ἔλαβον</u>   700

τὰς λαμπάδας ἑαυτῶν	ἐξῆλθον εἰς ὑπάντησιν	τοῦ νυμφίου.	**2**	πέντε δὲ	B* 124ᶜ **uw**
τὰς λαμπάδας ἑαυτῶν	ἐξῆλθον εἰς <u>ἀπάντησιν</u>	τοῦ νυμφίου.	**2**	πέντε δὲ	Bᶜ L
τὰς λαμπάδας <u>αὐτῶν</u>	ἐξῆλθον εἰς ὑπάντησιν	τοῦ νυμφίου.	**2**	πέντε δὲ	ℵ
τὰς λαμπάδας <u>αὐτῶν</u>	ἐξῆλθον εἰς ὑπάντησιν	<u>τῷ νυμφίῳ.</u>	**2**	πέντε δὲ	C
τὰς λαμπάδας ἑαυτῶν	ἐξῆλθον εἰς <u>ἀπάντησιν</u>	τοῦ νυμφίου <u>καὶ τῆς νύμφης.</u>	**2**	πέντε δὲ	D
τὰς λαμπάδας <u>αὐτῶν.</u>			**2**		F
τὰς λαμπάδας ἑαυτῶν	<u>ἐξῆλθαν</u> εἰς <u>ἀπάντησιν</u>	τοῦ νυμφίου <u>καὶ τῆς νύμφης.</u>	**2**	πέντε δὲ	Θ
τὰς λαμπάδας <u>αὐτῶν</u>	ἐξῆλθον εἰς ὑπάντησιν	τοῦ νυμφίου <u>καὶ τῆς νύμφης.</u>	**2**	πέντε δὲ	1 1582*
τὰς λαμπάδας <u>αὐτῶν</u>	ἐξῆλθον εἰς ὑπάντησιν	τοῦ νυμφίου.	**2**	πέντε δὲ	1582ᶜ
τὰς λαμπάδας ἑαυτῶν	ἐξῆλθον εἰς ὑπάντησιν	τοῦ νυμφίου <u>καὶ τῆς νύμφης.</u>	**2**	πέντε δὲ	124*
τὰς λαμπάδας <u>αὐτῶν</u>	ἐξῆλθον εἰς <u>ἀπάντησιν</u>	τοῦ νυμ········	**2**	······· ε δὲ	33
τὰς λαμπάδας <u>αὐτῶν</u>	ἐξῆλθον εἰς <u>ἀπάντησιν</u>	<u>τῷ νυμφίῳ.</u>	**2**	πέντε δὲ	157
τὰς λαμπάδας <u>αὐτῶν καὶ</u>	ἐξῆλθον εἰς <u>ἀπάντησιν</u>	τοῦ νυμφίου.	**2**	πέντε δὲ	700
τὰς λαμπάδας <u>αὐτῶν</u>	ἐξῆλθον εἰς <u>ἀπάντησιν</u>	τοῦ νυμφίου.	**2**	πέντε δὲ	𝔐 K M U W

Δ Π 118 *f*¹³ 2 28 565 579 788 1071 1346 1424 τ

[Cl Exc 86.3 και αι παρθενοι αι <u>φρονιμοι</u>].

ἐξ αὐτῶν ἦσαν μωραὶ	καὶ	πέντε φρόνιμοι.	**3**	αἱ	γὰρ μωραὶ λαβοῦσαι	B ℵ C L **uw**
ἐξ αὐτῶν ἦσαν μωραὶ	καὶ	πέντε φρόνιμοι.	**3**	αἱ	<u>οὖν</u> μωραὶ λαβοῦσαι	D
<u>ἦσαν ἐξ αὐτῶν φρόνιμοι</u>	καὶ <u>αἱ</u>	πέντε <u>μωραὶ.</u>	**3**	<u>αἵτινες</u>	μωραὶ λαβοῦσαι	𝔐 M U 118 *f*¹³ 2 28
om.			**3**			F [↑579 788 1346 τ
<u>ἦσαν ἐξ αὐτῶν φρόνιμοι</u>	<u>αἱ δὲ</u>	πέντε <u>μωραὶ.</u>	**3**	<u>αἵτινες</u>	μωραὶ λαβοῦσαι	G
<u>ἦσαν ἐξ αὐτῶν φρόνιμοι</u>	καὶ	πέντε <u>μωραὶ.</u>	**3**	<u>αἵτινες</u>	μωραὶ λαβοῦσαι	K W Π 565
ἐξ αὐτῶν ἦσαν <u>φρόνιμοι</u>	καὶ <u>ἁ</u>	πέντε <u>μωραὶ.</u>	**3**	<u>αἵτινες</u>	μωραὶ λαβοῦσαι	Δ
ἐξ αὐτῶν ἦσαν μωραὶ	καὶ	πέντε φρόνιμοι.	**3**	<u>λαβοῦσαι</u>	<u>δὲ αἱ μωραὶ</u>	Θ *f*¹
<u>ἦσαν ἐξ αὐτῶν</u> μ········	καὶ	πέντε φρόνιμοι.	**3**	αἱ	γὰρ μωραὶ λαβοῦσαι	33
ἐξ αὐτῶν ἦσαν μωραὶ	καὶ	πέντε φρόνιμοι.	**3**	αἱ	<u>δὲ</u> μωραὶ λαβοῦσαι	157
ἐξ αὐτῶν ἦσαν <u>φρόνιμοι</u>	καὶ	πέντε <u>μωραὶ.</u>	**3**	<u>αἵτινες</u>	λαβοῦσαι	700
ἐξ αὐτῶν ἦσαν <u>φρόνιμοι</u>	καὶ <u>αἱ</u>	πέντε <u>μωραὶ</u>	**3**	<u>αἵτινες</u>	μωραὶ λαβοῦσαι	124 1071
ἐξ αὐτῶν ἦσαν <u>φρόνιμοι</u>	καὶ	πέντε <u>μωραὶ.</u>	**3**	<u>αἵτινες</u>	μωραὶ λαβοῦσαι	1424

[↓788 1071 1346 **u[w]**]

τὰς λαμπάδας αὐτῶν οὐκ ἔλαβον μεθ᾽ ἑαυτῶν ἔλαιον		B C 𝔐 K M U W Π 118 *f*¹³ 2 28 157 565 579
τὰς λαμπάδας οὐκ ἔλαβον μεθ᾽ ἑαυτῶν ἔλαιον <u>ἐν τοῖς ἀγγείοις αὐτῶν</u>		ℵ L Θ 700 **[w]**
τὰς λαμπάδας αὐτῶν οὐκ ἔλαβον μεθ᾽ ἑαυτῶν ἔλαιον <u>ἐν τοῖς ἀγγείοις αὐτῶν</u>		D
οὐκ ἔλαβον μεθ᾽ ἑαυτῶν ἔλαιον		F
τὰς λαμπάδας αὐτῶν οὐκ ἔλαβον μεθ᾽ <u>αὐτῶν</u> ἔλαιον		Δ
τὰς λαμπάδας <u>ἑαυτῶν</u> οὐκ ἔλαβον μεθ᾽ ἑαυτῶν ἔλαιον		*f*¹ τ
········ ················· ········ῶν οὐκ ἔλα········ ······ ἑαυτῶν ἔλαιον		33
τὰς λαμπάδας αὐτῶν οὐκ ἔλαβον <u>ἔλαιον μεθ᾽ ἑαυτῶν</u>		1424

lac. 25.1-3 𝔓⁴⁵ A N P Q Γ

A 25.1 ομοιωθησετε L | **2** ε (αι) 579 | πενται² E | φρονημοι L Θ 2* 33 565 1346 | ε (αι) 2 | μωρε 2*ζ **3** μοραι 28 | λαββουσαι Θ* | ελαβων E L | εαυτου F M 2* | ελεον 2*

B 25.1 ουνῶν E G H Y K L M S U Δ Π Ω *f*¹ 118 *f*¹³ 69 2 28 157 565 579 788 1071 1346 1424

C 25.1 νθ̄ περι των δεκα (ῑ F G H K M S U 28 157 788 1071) παρθενων: 𝔐 K L M S U Δ Θ Π Ω 1582 2 28 157 579 788 1071 1424 | αρχη F 579 1071 | αρχη: Σαββατω ῑζ ειπεν ο κ̄ς την παραβολην ταυτην ομοιωθη. (ante η βασ.) Ε 2 | αρχη: Σα ῑζ G 124 | αρχη: Σα ῑζ κ, εις τ αγιαν θεκλαν ειπ, τ παρα, ομοιωθ η βασιλ H | αρχ: τη παρα, της θ̄ εβδ ειπ, την παρ, ωμοισωθ η βασιλ δεκα πα, G | αρχ: τη παρα, της θ̄ εβδ ειπεν ο κ̄ς την παραβ ταυτ+ωμοιωθη η βασ τ̄ ουνων ῑ παρθ τω αυτ λεγ̄ε κ, Σα ῑζ Υ | ΜΘ Σα ζ ειπεν ο κ̄ς την παραβο ωμοιωθ η βασιλεια των ουρ, Μ | τη παρασκ τς θ̄ εβδ ειπ ο κ̄ς τ παραβολ S | εις αγιαν θεκλαν κ, εις λυπ Μρ Ω | αρχ ρ̄δ̄ κ, υ ῑζ κ,ε ξ̄β̄ ειπ ο κ̄ς τ̄ πὲ ομοιωθ βασιλ τ̄ ουνων *f*¹ | αρχ ρ̄δ̄ Σα ῑζ ειπ ο κ̄ς των πὲ ταυτ ωμοιωθ η βασιλ και εις γυναικ μ 118 | λεγετ δε κ, ατ μρ θεκλαν: 2 | αρχ του Σα ῑ ῑζ ειπεν ο κ̄ς την παραβολ ταυτ ομοιωθησεται η βα 28 | αρχ Σα ῑζ και εις μρ γυν 157 | λ,ε και εις γυναικ 788 | αρχ Σα ῑζ λεγτ εις γυναικα 1346 | αρχη ειπεν ο κ̄ς 1424

D 25.1 σ̄ξ̄η̄ C D F H K L Θ *f*¹*f*¹³ 2 157 579 1346 | σ̄ξ̄η̄/ι E G S Y M U Π Ω 124 28 788 1071 1424 | σ̄ξ̄ζ̄ H | σ̄ξ̄η̄/ε̄ 118 | Ευ ΜΘ σ̄ξ̄η̄ : Ιω . : Λο . : Μρ . E | ΜΘ σ̄ξ̄η̄ : Μρ . : Λο . : Ιω . 124

245

4 αἱ δὲ φρόνιμοι ἔλαβον ἔλαιον ἐν τοῖς ἀγγείοις   B ℵ D L Θ f^1 124 700 **uw**
4 αἱ δὲ φρόνιμοι ἔλαβον   33
4   ἐν τοῖς ἀγγείοις <u>αὐτῶν</u>   1424   [↓1346 τ
4 αἱ δὲ φρόνιμοι ἔλαβον ἔλαιον ἐν τοῖς ἀγγείοις <u>αὐτῶν</u>   C 𝔐 K M U W Δ Π f^{13} 2 28 157 565 579 788 1071

μετὰ τῶν λαμπάδων ἑαυτῶν. **5** χρονίζοντος δὲ τοῦ νυμφίου ἐνύσταξαν πᾶσαι καὶ   B ℵ **uw**
μετὰ τῶν λαμπάδων.   **5** χρονίζοντος δὲ τοῦ νυμφίου ἐνύσταξαν πᾶσαι καὶ   C 1424
                        5 χρονίζοντος δὲ τοῦ νυμφίου ἐνύσταξαν πᾶσαι καὶ   E*
.... ων <u>αὐτῶν</u>. **5** χρονίζοντος δὲ τοῦ νυμφίου   33
μετὰ τῶν λαμπάδων <u>αὐτῶν</u>. **5** χρονίζοντος δὲ τοῦ νυμφίου ἐνύσταξαν πᾶσαι καὶ   D 𝔐 K L M U W Δ Θ
                                                    Π f^1 f^{13} 2 28 157 565 579 700 788 1071 1346 τ

ἐκάθευδον. **6** μέσης δὲ νυκτὸς κραυγὴ ἐγένετο, Ἰδοὺ ὁ νυμφίος,   B
ἐκάθευδον. **6** μέσης δὲ νυκτὸς κραυγὴ <u>γέγονεν</u>, Ἰδοὺ ὁ νυμφίος,   ℵ C* D^c L 700 **uw**
.... **6** ....   A
ἐκάθευδον. **6** μέσης δὲ νυκτὸς κραυγὴ <u>γέγονεν</u>, Ἰδοὺ ὁ νυμφίος <u>ἐξέρχεται</u>,   D*
.... **6** ...... νυκτὸς κραυγὴ <u>γέγονεν</u>, Ἰδοὺ ὁ νυμφί···   33
ἐκάθευδον. **6** μέσης δὲ νυκτὸς κραυγὴ <u>γέγονεν</u>, Ἰδοὺ ὁ νυμφίος   <u>ἔρχεται</u>,   C^c 𝔐 K M U W Δ Θ Π f^1 f^{13}
                                                    2 28 157 565 579 788 1071 1346 1424 τ

ἐξέρχεσθε εἰς ἀπάντησιν.   **7** τότε ἠγέρθησαν πᾶσαι αἱ παρθένοι ἐκεῖναι   B ℵ 700 **[u]w**
ἐξέρχεσθε εἰς <u>συνάντησιν αὐτῷ</u>.   **7** τότε ἠγέρθησαν πᾶσαι αἱ παρθένοι ἐκεῖναι   C
ἐξέρχεσθε εἰς ἀπάντησιν <u>αὐτοῦ</u>.   **7** τότε ἠγέρθησαν πᾶσαι αἱ παρθένοι   D
<u>ἐγείρεσθε</u> εἰς <u>ὑπάντησιν αὐτοῦ</u>.   **7** τότε ἠγέρθησαν πᾶσαι αἱ παρθένοι ἐκεῖναι   Θ
<u>ἐγείρεσθε</u> εἰς ἀπάντησιν <u>αὐτοῦ</u>.   **7** τότε ἠγέρθησαν πᾶσαι αἱ παρθένοι ἐκεῖναι f^1
....   **7** ....σαν πᾶσαι αἱ παρθένοι ἐκεῖναι   33
<u>ἐγείρεσθαι</u> εἰς <u>ὑπάντησιν αὐτοῦ</u>. **7** τότε ἠγέρθησαν πᾶσαι αἱ παρθένοι ἐκεῖναι   157
ἐξέρχεσθε εἰς ἀπάντησιν <u>αὐτοῦ</u>.   **7** τότε ἠγέρθησαν πᾶσαι αἱ παρθένοι <u>ἐκεῖνοι</u>   565 579
ἐξέρχεσθε εἰς ἀπάντησιν <u>αὐτοῦ</u>.   **7** τότε ἠγέρθησαν πᾶσαι αἱ παρθένοι ἐκεῖναι   A 𝔐 K L M U W
                                                  Δ Π 118 f^{13} 2 28 788 1071 1346 1424 **[u]**τ

καὶ ἐκόσμησαν τὰς λαμπάδας ἑαυτῶν. **8** αἱ δὲ μωραὶ ταῖς φρονίμοις εἶπαν,   B L **uw**
καὶ ἐκόσμησαν τὰς λαμπάδας ἑαυτῶν. **8** αἱ δὲ μωραὶ ταῖς φρονίμοις <u>εἶπον</u>,   ℵ A
καὶ ἐκόσμησαν τὰς λαμπάδας <u>αὐτῶν</u>. **8** αἱ δὲ μωραὶ ταῖς φρονίμοις εἶπαν,   C Θ
καὶ ἐ·········· ....   **8** .... ταῖς φρονίμοις εἶπαν,   33
καὶ ἐκόσμησαν τὰς λαμπάδας <u>αὐτῶν</u>. **8** αἱ δὲ μωραὶ ταῖς φρονίμοις <u>εἶπον</u>,   D 𝔐 K M U W Δ Π f^1 f^{13} 2
                                        28 157 565 579 700 788 1071 1346 1424 τ

Δότε ἡμῖν   ἐκ τοῦ ἐλαίου ὑμῶν, ὅτι αἱ λαμπάδες ἡμῶν σβέννυνται.   B **uw**τ rell
Δότε ἡμῖν <u>ἔλαιον</u> ἐκ τοῦ ἐλαίου ὑμῶν, ὅτι αἱ λαμπάδες ἡμῶν σβέννυνται.   A
Δότε ἡμῖν   ἐκ τοῦ ἐλαίου ὑμῶν, ὅτι αἱ λαμπάδες <u>ὑμῶν</u> σβέννυνται.   C* L U
Δότε ἡμῖν   ἐκ τοῦ ἐλαίου ὑμῶν, ὅτι αἱ λαμπάδες ἡμῶν <u>ζβέννυνται</u>.   D
Δότε ἡμῖν   ἐκ τοῦ ἐλαίου ὑμῶν, ὅτι   λαμπάδες ἡμῶν σβέννυνται.   Δ
Δότε ἡμῖν   ....νυνται.   33
Δότε <u>ὑμῖν</u>   ἐκ τοῦ ἐλαίου ὑμῶν, ὅτι αἱ λαμπάδες <u>ὑμῶν</u> σβέννυνται.   157
Δότε ἡμῖν   ἐκ τοῦ ἐλαίου <u>ἡμῶν</u>, ὅτι αἱ λαμπάδες <u>ὑμῶν</u> <u>σβέννυνται</u>.   579

9 ἀπεκρίθησαν δὲ αἱ φρόνιμοι λέγουσαι,   Μήποτε οὐ μὴ ἀρκέση   B C D 𝔐 K M U W* Δ Π f^1 **u[w]**
9 ἀπεκρίθησαν δὲ αἱ <u>φρόνιμαι</u> λέγουσαι,   Μήποτε οὐ μὴ ἀρκέση   W^c
9 ἀπεκρίθησαν δὲ αἱ φρόνιμοι λέγουσαι, <u>Οὐ</u> μήποτε <u>οὐκ</u> ἀρκέση   Θ
9 ἀπεκρίθησαν δὲ αἱ φρόνιμοι λέγουσαι,   Μήποτε   ἀρκέση   157   [↓1071 1346 1424 **[w]**τ
9 ἀπεκρίθησαν δὲ αἱ φρόνιμοι λέγουσαι,   Μήποτε <u>οὐκ</u> ἀρκέση   ℵ A L 118 f^{13} 2 33 28 565 579 700 788

ἡμῖν καὶ ὑμῖν· πορεύεσθε   μᾶλλον πρὸς τοὺς πωλοῦντας καὶ ἀγοράσατε   B A D 𝔐 Δ 2 1346 **uw**
<u>ὑμῖν</u> καὶ <u>ἡμῖν</u>· πορεύεσθε   μᾶλλον πρὸς τοὺς πωλοῦντας καὶ ἀγοράσατε   ℵ
ἡμῖν καὶ ὑμῖν· πορεύεσθε <u>δὲ</u> μᾶλλον πρὸς τοὺς πωλοῦντας καὶ <u>ἀγοράσετε</u> f^1
<u>ὑμῖν</u> καὶ ὑμῖν· <u>πορέβεσθαι</u>   μᾶλλον πρὸς τοὺς πωλοῦντας καὶ <u>ἀγωράσατε</u>   579
<u>ὑμῖν</u> καὶ <u>ἡμῖν</u>· πορεύεσθε <u>δὲ</u> μᾶλλον πρὸς τοὺς πωλοῦντας καὶ ἀγοράσατε   700
ἡμῖν καὶ ὑμῖν· πορεύεσθε <u>δὲ</u> μᾶλλον πρὸς τοὺς πωλοῦντας καὶ ἀγοράσατε   C F Y K L M U W Θ Π 118
                                             f^{13} 33 28 157 565 788 1071 1424 τ

---

lac. 25.4-9 𝔓^45 A N P Q Γ ¦ vss. 4-6 A

A 4 φρονημοι L 2 | ελεον D 2* | αγγιοις ℵ C E* K W Δ Θ Ω 13 69 124 2 565 579 788 1071 | αγιοις L | λαμπαιδων 579 | αυτον Θ **5** χρονιζωντος Θ | χρονηζοντος 2* | εκαδευδον K **6** γεγονε 28 | ερχετε 1071 | εξερχεσθαι C D^c E W Δ 2* 579 | αναντισιν E U **7** αικειναι 1424 | εκοσμισαν M 13 565 **8** φρονημοις L 2 | δοται 565 | ημειν D | ελεου D | ε (αι^2) L 2*1071 1346 | σβεννυται L Θ 28 788 **9** ε (αι) 2* | φρονημοι L 2* | αρκεσει D^c 2* 33 28 579 1346 1424 | ημειν A | υμειν A D | πορευεσθαι A D W Δ Θ 13 2 | τος (τους) E | πολουντας Δ 13 2* 28 1071 1346 | αγορασαται D W ¦ αγορασετε E^c 1 | αγωρασατε 1071

ἑαυταῖς. **10** ἀπερχομένων δὲ αὐτῶν ἀγοράσαι ἦλθεν ὁ νυμφίος, καὶ   B **uwτ** rell
ἑαυταῖς. **10** <u>ἕως ὑπάγουσιν</u>   ἀγοράσαι ἦλθεν ὁ νυμφίος, καὶ   D
<u>αὐταῖς</u>. **10** ἀπερχομένων δὲ αὐτῶν ἀγοράσαι ἦλθεν ὁ νυμφίος, καὶ   L
ἑαυταῖς. **10** ἀπερχομένων δὲ   ἀγοράσαι ἦλθεν ὁ νυμφίος, καὶ   Θ

αἱ   ἕτοιμοι εἰσῆλθον μετ' αὐτοῦ εἰς τοὺς γάμους, καὶ ἠκλείσθη ἡ θύρα. **11** ὕστερον   B*
αἱ   <u>ἕτοιμαι</u> εἰσῆλθον μετ' αὐτοῦ εἰς τοὺς γάμους, καὶ <u>ἐκλείσθη</u> ἡ θύρα. **11** ὕστερον   A
    ἕτοιμοι εἰσῆλθον μετ' αὐτοῦ εἰς τοὺς γάμους, καὶ <u>ἐκλείσθη</u> ἡ θύρα. **11** ὕστερον   L 69 788
αἱ <u>μὲν</u> ἕτοιμοι εἰσῆλθον μετ' αὐτοῦ εἰς τοὺς γάμους, καὶ <u>ἐκλείσθη</u> ἡ θύρα. **11** ὕστερον   1424
αἱ   ἕτοιμοι εἰσῆλθον μετ' αὐτοῦ εἰς τοὺς γάμους, καὶ <u>ἐκλείσθη</u> ἡ θύρα. **11** ὕστερον   Bᶜ **uwτ** rell

δὲ ἔρχονται καὶ αἱ λοιπαὶ παρθένοι λέγουσαι, Κύριε κύριε, ἄνοιξον ἡμῖν.   B **uwτ** rell
δὲ <u>ἦλθον</u>   αἱ λοιπαὶ παρθένοι λέγουσαι, Κύριε κύριε, ἄνοιξον ἡμῖν.   D
δὲ ἔρχονται   αἱ λοιπαὶ παρθένοι λέγουσαι, Κύριε κύριε, ἄνοιξον ἡμῖν.   H
δὲ <u>ἦλθον</u>   καὶ αἱ λοιπαὶ παρθένοι λέγουσαι, Κύριε κύριε, ἄνοιξον ἡμῖν.   W
δὲ ἔρχονται καὶ αἱ λοιπαὶ παρθένοι <u>λέγουσα</u>, Κύριε κύριε, ἄνοιξον ἡμῖν.   Δ
δὲ ἔρχονται καὶ αἱ λοιπαὶ <u>παρθέναι</u> λέγουσαι, Κύριε κύριε, ἄνοιξον ἡμῖν.   Θ
δὲ ἔρχονται καὶ αἱ λοιπαὶ   λέγουσαι, Κύριε κύριε, ἄνοιξον ἡμῖν.   700
δὲ ἔρχονται καὶ αἱ λοιπαὶ παρθένοι λέγουσαι, Κύριε κύριε, ἄνοιξον <u>ὑμῖν</u>.   1346

12 ὁ δὲ ἀποκριθεὶς εἶπεν, Ἀμὴν λέγω ὑμῖν, οὐκ οἶδα ὑμᾶς. **13** Γρηγορεῖτε οὖν,   B **uwτ** rell
12 ┄┄┄ ┄┄┄┄┄ ┄ἶπεν, Ἀμὴν λέγω ┄┄┄ ┄ὐκ οἶδα ὑμᾶς. **13** Γρηγο┄┄┄ ι οὖν,   𝔓³⁵
12 ὁ δὲ ἀποκριθεὶς εἶπεν,   οὐκ οἶδα ὑμᾶς. **13** Γρηγορεῖτε οὖν,   f¹
12 ὁ δὲ ἀποκριθεὶς εἶπεν, Ἀμὴν λέγω ὑμῖν.   **13** Γρηγορεῖτε οὖν,   1424

[Cl S V 106.1 αυτικα ο αυτος σωτηρ παρεγγυα, <u>γρηγορειτε</u>].

ὅτι οὐκ οἴδατε τὴν ἡμέραν οὐδὲ τὴν ὥραν.   B Y* **uw** rell
ὅτι οὐκ ┄┄┄ ┄┄┄ ἡμέραν ┄┄δ┄ ┄┄αν.   𝔓³⁵
ὅτι οὐκ οἴδατε τὴν ἡμέραν οὐδὲ τὴν ὥραν <u>ἐν ᾗ ὁ υἱὸς τοῦ ἀνθρώπου ἔρχεται</u>.   Cᶜ 𝔐 K M U 1582ᶜ 118 f¹³ 2
    28 157ᶜ 579 788 1071 1346 1424ᶜ τ

    ξ   περὶ τῶν τὰ τάλαντα λαβόντων

The Parable Of The Talents
(Luke 19.11-27)

14 Ὥσπερ γὰρ ἄνθρωπος   ἀποδημῶν ἐκάλεσεν τοὺς ἰδίους δούλους καὶ παρέδωκεν   B **uwτ** rell
14 Ὥσπερ γὰρ ἄν┄┄┄┄ς   ἀποδημῶν ἐκ┄┄┄┄ ν τοὺς ἰδίους δ┄┄┄┄ ┄┄ παρέδωκεν   𝔓³⁵
14 Ὥσπερ γὰρ ἄνθρωπός <u>τις</u> ἀποδημῶν ἐκάλεσεν τοὺς ἰδίους δούλους καὶ παρέδωκεν   C² F M 2 579
14 Ὥσπερ   ἄνθρωπος   ἀποδημῶν ἐκάλεσεν τοὺς ἰδίους δούλους καὶ παρέδωκεν   D W
14 Ὥσπερ γὰρ ἄνθρωπος   ἀποδημῶν ἐκάλεσεν τοὺς <u>δούλους ἰδίους</u> καὶ παρέδωκεν   Δ

---

lac. 25.9-14 𝔓⁴⁵ N P Q Γ

A 10 απερχωμενων 579 | αυτον 2* | αγορασε W ¦ αγωρασαι 579 | ετιμοι 1346 | εισηλθων E* | εκλισθη ℵ C D L W Θ ¦ εκλησθη 2 579 **11** ε (αι) L 2* | λυπαι E* H U Ω 2* | λοιπε Θ* | παρνοι H | ημειν D**12** αποκριθης 579 | αμη (αμην) K | υμειν D **13** γρηγο-ρειται 𝔓³⁵ D W 579 1071 ¦ γρηγορητε L | γρηγοριτε Θ | ερχετε 28 **14** εκαλεσε Y M U f¹ 118 13 69 28 157 700 788 1346

B 11 κ̄ε̄ κ̄ε̄ B A ℵ C D 𝔐 K L M S U W Δ Θ Π Ω f¹ 118 f¹³ 69 124 2 33 28 157 565 579 700 788 1071 1346 1424 **13** ῡς̄ E F G H Yᶜ K M U Ω 2 28 1424ᶜ | ᾱν̄οῡ E F G H Yᶜ K M S U 1582ᶜ 118 f¹³ 69 124 2 28 157ᶜ 579 700 788 1071 1346 1424ᶜ **14** ᾱν̄ος̄ A C 𝔐 K L M S U Δ Π Ω f¹ 118 f¹³ 69 124 2 33 28 157 565 579 700 788 1071 1346 1424

C 13 τελος (post ερχεται) E L f¹³ 124 2 579 788 1071 1346 ¦ τελ το Σα κ, της παρασκε, Y ¦ τελος της παρ, G ¦ τελ το Σα παρασκ,ε θ̄ M ¦ τε̄ του Σα Ω f¹ ¦ τελ του Σα ῑ 28 **14** ξ περι των τα (om. G K 2) ταλαντα λαβοντων (λαβοτων L | λαμβανοντων Δ Π): 𝔐 K L M S U Δ Π Ω f¹ 124 2 28 157 579 788 1071 1346 ¦ ξ περι των λαβοντων τα ταλαντα 1424 | Μθ ξ : Λο ξζ M | αρχη F | αρχη: κυριακην ῑς̄ ειπεν <u>ο κ̄ς̄</u> την παραβολην ταυτην <u>ανθρωπος τις</u>. (ante αποδημων) E ¦ κυρ, ῑς̄ ειπ, την παρ, G | αρχη: ῑς̄ ειπ την παραβολην ταυτ <u>ανος τις</u> αποδημ, H ¦ αρχ: κυ, ῑς̄ ειπεν ο κ̄ς̄ τ παραβ̄ ταυτ+ ανος τις αποδημων Y ¦ αρχ: Μθ κ,υ ῑς̄ ειπεν ο κ̄ς̄ την παραβο ταυτ ανος τις αποδημω, M ¦ κυ ῑς̄ S ¦ αρχ ρ̄ε̄ εν η ο υιος τ̄ ᾱνοῡ ερχεται κ,υ ῑς̄ ειπ ο κ̄ς̄ τ̄ πέ <u>ανος</u> τις αποδημων f¹ ¦ αρχ ρ̄ε̄ κ,υ ῑς̄ ειπ ο κ̄ς̄ την παραβολ ανος τις απο 118 ¦ αρχ κ,υ ῑς̄ f¹³ 788 1346 ¦ αρχ: κυριακη̄ ῑς̄ ειπεν ο κ̄ς̄ την παραβολην ταυτην 2 ¦ αρχ τς ῑς̄ κ,υ ειπεν ο κ̄ς̄ την παραβολ ταυτ. ανος τις αποδημων 28 ¦ αρχ κυριακη ῑς̄ 157 1071 ¦ αρχη ειπεν ο κ̄ς̄ 1424

D 14 σ̄ξ̄θ̄/β̄ A G L M S U Y Ω 118 124 28 1071 1424 ¦ σ̄ξ̄θ̄ C D F H K Π 1582 f¹³ 157 579 1346 ¦ σ̄ξ̄θ̄/ς̄ E 788 | Ευ Μθ σ̄ξ̄θ̄ : Ιω . : Λο σκη : Μρ ρ̄ν̄δ̄ E | Λο ξ̄ξ̄ L | Μθ σ̄ξ̄θ̄ : Μρ ρ̄ν̄δ̄ : Λο σκ̄θ̄ M | Μθ σ̄ξ̄θ̄ : Μρ ρ̄ν̄δ̄ : Λο σκη : Ιω . 124

247

αὐτοῖς τὰ ὑπάρχοντα αὐτοῦ, **15** καὶ ᾧ μὲν ἔδωκεν πέντε τάλαντα, ᾧ δὲ δύο, ᾧ δὲ   B **uwτ** rell
αὐ······· ····· ··πάρχοντα αὐτο··, **15** ········· ·· μὲν ἔδω······· ········· ················· ···· ····· ··· ····   𝔭³⁵
αὐτοῖς τὰ ὑπάρχοντα <u>αὐτῶν</u>, **15** καὶ ᾧ μὲν ἔδωκεν πέντε τάλαντα, ᾧ δὲ δύο, ᾧ δὲ   A
αὐτοῖς τὰ ὑπάρχοντα αὐτοῦ, **15** καὶ <u>ὃ</u> μὲν ἔδωκεν πέντε τάλαντα, ᾧ δὲ δύο, ᾧ δὲ   579
αὐτοῖς τὰ ὑπάρχοντα <u>αὐτοῖς</u>, **15** καὶ ᾧ μὲν ἔδωκεν πέντε τάλαντα, ᾧ δὲ δύο, ᾧ δὲ   1346

ἕν,   ἑκάστῳ κατὰ τὴν ἰδίαν δύναμιν,   καὶ ἀπεδήμησεν. **16** εὐθέως πορευθεὶς   B ℵ* **w**
<u>ἕνα</u>, ἑκάστῳ κατὰ τὴν <u>δύναμιν αὐτοῦ</u>,   καὶ ἀπεδήμησεν <u>εὐθέως</u>. **16** <u>πορευθεὶς δὲ</u>   D
ἕν,   ἑκάστῳ κατὰ τὴν ἰδίαν δύναμιν,   καὶ ἀπεδήμησεν. **16** εὐθέως <u>δὲ</u> πορευθεὶς   Θ *f*¹ 124 700ᶜ
<u>ἕνα</u>, ἑκάστῳ κατὰ τὴν ἰδίαν δύναμιν,   καὶ ἀπεδήμησεν <u>εὐθέως</u>. **16** <u>πορευθεὶς δὲ</u>   565
ἕν,   καὶ ἀπεδήμησεν. **16** εὐθέως <u>δὲ</u> πορευθεὶς   700*
ἕν,   ἑκάστῳ κατὰ τὴν ἰδίαν δύναμιν,   καὶ ἀπεδήμησεν <u>εὐθέως</u>. **16** πορευθεὶς   **u**
ἕν,   ἑκάστῳ κατὰ τὴν ἰδίαν δύναμιν,   καὶ ἀπεδήμησεν <u>εὐθέως</u>. **16** <u>πορευθεὶς δὲ</u>   ℵᶜ A C 𝔐 K L M U
         W Δ Π *f*¹³ 2 33 28 157 579 788 1071 1346 1424 τ

ὁ τὰ πέντε τάλαντα λαβὼν ἠργάσατο   ἐν αὐτοῖς καὶ ἐκέρδησεν ἄλλα πέντε·   B* D L 124 788 **uw**
ὁ τὰ πέντε τάλαντα λαβὼν <u>εἰργάσατο</u>   ἐν αὐτοῖς καὶ ἐκέρδησεν ἄλλα πέντε   Bᶜ ℵᶜ Aᶜ C 118ᶜ 33 157
ὁ τὰ πέντε τάλαντα λαβὼν ἠργάσατο   ἐν αὐτοῖς καὶ <u>ἐποίησεν</u> ἄλλα πέντε   ℵ* W *f*¹³   [↑1424
ὁ τὰ πέντε τάλαντα λαβὼν <u>εἰργάσατο</u>   ἐν <u>αὐτοὺς</u> καὶ <u>ἐποίησεν</u> ἄλλα πέντε·   Δ
ὁ τὰ πέντε τάλαντα λαβὼν ἠργάσατο   <u>ἐπ</u> αὐτοῖς καὶ ἐκέρδησεν ἄλλα πέντε·   Θ
ὁ τὰ πέντε τάλαντα λαβὼν <u>εἰργάσατο</u>   <u>ἐπ</u> αὐτοῖς καὶ ἐκέρδησεν ἄλλα πέντε·   *f*¹ 118*
ὁ τὰ πέντε τάλαντα λαβὼν <u>ἐργάσατο</u>   αὐτοῖς καὶ <u>ἐποίησεν</u> ἄλλα πέντε   579   [↓700 1071 1346 τ
ὁ τὰ πέντε τάλαντα λαβὼν <u>εἰργάσατο</u>   ἐν αὐτοῖς καὶ <u>ἐποίησεν</u> ἄλλα πέντε   A* 𝔐 K M U Π 2 28 565

    17 ὡσαύτως   καὶ ὁ τὰ δύο   ἐκέρδησεν   B **[w]**
<u>τάλαντα</u> **17** ὡσαύτως   ὁ τὰ δύο   ἐκέρδησεν   ℵ* C*
<u>τάλαντα·</u> **17** ὡσαύτως   καὶ ὁ τὰ δύο   ἐκέρδησεν   ℵᶜ 1424
<u>τάλαντα·</u> **17** ὡσαύτως <u>δὲ</u> καὶ ὁ τὰ δύο   ἐκέρδησεν <u>καὶ αὐτὸς</u>   A
<u>τάλαντα·</u> **17** <u>ὁμοίως</u>   καὶ ὁ τὰ δύο <u>τάλαντα λαβὼν καὶ αὐτὸς</u> ἐκέρδησεν   D
    17 ὡσαύτως   ὁ τὰ δύο   ἐκέρδησεν   L 33 **u[w]**
    17 ὡσαύτως   ὁ τὰ δύο   ἐκέρδησεν <u>καὶ αὐτὸς</u>   Θ
    17 ὡσαύτως   καὶ ὁ τὰ δύο   ἐκέρδησεν <u>καὶ αὐτὸς</u>   *f*¹ 124
<u>τάλαντα·</u> **17** ὡσαύτως   καὶ ὁ τὰ δύο   ἐκέρδησεν <u>καὶ αὐτὸς</u>   Cᶜ 𝔐 K M U
       W Δ Π 118 *f*¹³ 2 28 157 565 579 700 788 1071 1346 τ

ἄλλα δύο. **18** ὁ δὲ τὸ ἓν   λαβὼν ἀπελθὼν ὤρυξεν   γῆν καὶ ἔκρυψεν   B ℵ L 33 **uw**
ἄλλα δύο. **18** ὁ δὲ τὸ ἓν <u>τάλαντον</u> λαβὼν ἀπελθὼν ὤρυξεν <u>ἐν τῇ γῇ</u> καὶ ἔκρυψεν   A
ἄλλα δύο. **18** ὁ δὲ τὸ ἓν   λαβὼν ἀπελθὼν ὤρυξεν <u>τὴν</u> γῆν καὶ ἔκρυψεν   C*
ἄλλα δύο. **18** ὁ δὲ τὸ ἓν   λαβὼν ἀπελθὼν ὤρυξεν <u>ἐν τῇ</u> γῇ καὶ ἔκρυψεν   Cᶜ
ἄλλα δύο. **18** ὁ δὲ τὸ ἓν   λαβὼν   ὤρυξεν <u>ἐν τῇ</u> γῇ καὶ ἔκρυψεν   D
ἄλλα δύο. **18** ὁ δὲ τὸ ἓν   λαβὼν ἀπελθὼν ὤρυξε   <u>τῇ</u> γῇ καὶ <u>ἀπέκρυψεν</u>   579
ἄλλα δύο. **18** ὁ δὲ τὸ ἓν   λαβὼν ἀπελθὼν ὤρυξε   <u>τὴν</u> γῆν καὶ ἔκρυψεν   700
ἄλλα δύο. **18** ὁ δὲ τὸ ἓν   λαβὼν ἀπελθὼν ὤρυξεν <u>ἐν τῇ γῇ</u> καὶ <u>ἀπέκρυψεν</u>   𝔐 K M U W Δ
       Θ Π *f*¹ *f*¹³ 2 28 157 565 788 1071 1346 1424 τ

τὸ ἀργύριον τοῦ κυρίου αὐτοῦ. **19** μετὰ δὲ πολὺν χρόνον ἔρχεται ὁ   B ℵ* C D G L Θ *f*¹ *f*¹³ 33 700 788
τὸ ἀργύριον τοῦ κυρίου αὐτοῦ. **19** μετὰ δὲ χρόνον <u>τινὰ</u> ἔρχεται ὁ   W   [↑1346 1424 **uw**
τὸ ἀργύριον τοῦ κυρίου αὐτοῦ. **19** μετὰ δὲ <u>χρόνον πολὺν</u> ἔρχεται ὁ   ℵᶜ A 𝔐 K M U Δ Π 2 28 157 565 579
       1071 τ

κύριος τῶν δούλων ἐκείνων καὶ συναίρει λόγον μετ᾽ αὐτῶν. **20** καὶ προσελθὼν   B ℵ C D L Θ Π *f*¹ 124 33
κύριος τῶν δούλων ἐκείνων καὶ συναίρει <u>μετ᾽ αὐτῶν λόγον</u>. **20** προσελθὼν <u>δὲ</u>   A   [↑700 1346 **uw**
κύριος τῶν δούλων ἐκείνων καὶ συναίρει <u>μετ᾽ αὐτῶν λόγον</u>. **20** καὶ προσελθὼν   𝔐 K M U W Δ *f*¹³ 2 28
       157 565 579 788 1071 1424 τ

---

lac. **25.14-20** 𝔭⁴⁵ N P Q Γ

A 14 υπαρχοντα Θ 579 | **15** ο (ω¹) Ω | εδωκε M U 118 69 157 700 788 | ο (ω²) Θ | δυναμην L **16** αλαντα ℵ* ⋮ τα K | ειργασα F*
| εποιησε **13 17** ωσαυτος K 579 ⋮ οσαυτως 1424 | εκερδησε Y M 69 157 1346 **18** ορυξεν L 157 1424 | ωρυξε 700ᶜ | απεκρυψε Y
U *f*¹ 118 69 157 700ᶜ 788 **19** ερχετε K L Θ 28 | του (των) 69 | συνερει D L W 2* 579 700 | συνερι Θ ⋮ συνηρη 2ᶜ | λογων **13**
20 προσελθον Θ*

B 15 ē D | β̄ D **16** ē² D **18** κ̄ū A D 𝔐 K L M W U Δ Θ Π 124 33 28 579 1071 **19** κ̄ς B A D 𝔐 K L M U W Δ Θ Π *f*¹³ 124 33 579
788 1346 1424

D 15 σ̄ο/ε̄ A G M S Y Π Ω 118 28 1071 1424 | σ̄ο C D F H Θ 1582 579 ⋮ σ̄ο/ς̄ E 124 788 ⋮ σ̄ο/β̄ U | Ευ Μθ σ̄ο : Ιω . : Λο σ̄κ̄θ̄ :
Μρ . E | Μθ σ̄ο M | Μθ σ̄ο : Μρ . : Λο σ̄κ̄θ̄ : Ιω . 124 **16** σ̄ο 157 19 σ̄οᾱ F H K *f*¹ 157 ⋮ σ̄οᾱ/β̄ G

ὁ τὰ πέντε τάλαντα λαβὼν προσήνεγκεν ἄλλα πέντε τάλαντα λέγων, Κύριε, πέντε   B **uwτ** rell
ὁ τὰ πέντε   λαβὼν προσήνεγκεν ἄλλα πέντε τάλαντα λέγων, Κύριε, πέντε   א
ὁ τὰ πέντε τάλαντα λαβὼν προσήνεγκεν ἄλλα πέντε   λέγων, Κύριε, πέντε   W Δ

τάλαντά μοι παρέδωκας· ἴδε ἄλλα πέντε τάλαντα ἐκέρδησα.   B א 124 33 **uw**
....σα.   𝔭³⁵
τάλαντά μοι παρέδωκας· ἴδε ἄλλα πέντε   ἐκέρδησα ἐπ᾽ αὐτοῖς.   C*
τάλαντά μοι παρέδωκας· ἴδε ἄλλα πέντε τάλαντα ἐπεκέρδησα.   D Θ 700
τάλαντά μοι παρέδωκας· ἴδε ἄλλα πέντε τάλαντα ἐκέρδησα ἐν αὐτοῖς.   E G 2 28 1424
τάλαντά μοι παρέδωκας· ἴδε ἄλλα πέντε   ἐκέρδησα.   L
τάλαντά μοι δέδωκας· ἴδε ἄλλα πέντε τάλαντα ἐκέρδησα ἐπ᾽ αὐτοῖς.   1
τάλαντά μοι ἔδωκας· ἴδε ἄλλα πέντε τάλαντα ἐκέρδησα ἐπ᾽ αὐτοῖς.   579   [↓157 565 788 1071 1346 τ
τάλαντά μοι παρέδωκας· ἴδε ἄλλα πέντε τάλαντα ἐκέρδησα ἐπ᾽ αὐτοῖς.   A Cᶜ 𝔐 K M U W Δ Π 1582 118 *f*¹³

21 ἔφη   αὐτῷ ὁ κύριος αὐτοῦ, Εὖ,   δοῦλε ἀγαθὲ καὶ πιστέ, ἐπὶ   B א C H K L M U Θ 124 700 1071 **uw**
21 ἔφη   αὐτῷ ὁ κύριος α··········, Εὖ,   δοῦλε ἀγαθὲ καὶ ·········   𝔭³⁵
21 ἔφη δὲ αὐτῷ ὁ κύριος αὐτοῦ, Εὖ σύ, δοῦλε ἀγαθὲ καὶ πιστέ, ἐπὶ   A*
21 ἔφη   αὐτῷ ὁ κύριος αὐτοῦ, Εὖ,   δοῦλε ἀγαθὲ καὶ πιστέ, ἐπὶ ἐπ᾽   D
21 ἔφη   αὐτῷ ὁ κύριος αὐτοῦ, Εὖ,   δοῦλε ἀγαθὲ καὶ πιστέ, ἐπὶ ῇ   E
21 ἔφη δὲ ὁ κύριος αὐτοῦ, Εὖ,   δοῦλε ἀγαθὲ καὶ πιστέ, ἐπὶ   1346   [↓788 1424
21 ἔφη δὲ αὐτῷ ὁ κύριος αὐτοῦ, Εὖ,   δοῦλε ἀγαθὲ καὶ πιστέ, ἐπὶ   Aᶜ 𝔐 W Δ Π *f*¹ *f*¹³ 2 28 157 565 579

ὀλίγα ῆς πιστός, ἐπὶ πολλῶν σε καταστήσω· εἴσελθε εἰς τὴν χαρὰν τοῦ κυρίου σου.   B **uwτ** rell
ὀλίγα ῆς πιστός, ·········ῶν σε κα·········ω· εἴσελθε εἰς τὴν ·········οῦ κυρίου σου.   𝔭³⁵

[Cl S I 3.1 τους εν ολιγω πιστους αποδεξαμενος και επαγγειλαμενος επι πολλων καταστησειν εις την του κυριου χαραν προσεταξεν εισελθειν] [Cl S II 27.3 ουτος εστιν ο δουλος ο πιστος ο προς του κυριου επαινουμενος].

22 προσελθὼν   καὶ ὁ τὰ δύο τάλαντα   εἶπεν, Κύριε, δύο τάλαντά μοι   B **[u]w**
22 προσελ······   ······ τὰ δύο τάλαντα   εἶ······ ······ύο τάλαντά μοι   𝔭³⁵
22 προσελθὼν   καὶ ὁ τὰ δύο τάλαντα λαβὼν εἶπεν,   δύο τάλαντά μοι   א*
22 προσελθὼν δε καὶ ὁ τὰ δύο τάλαντα λαβὼν εἶπεν,   δύο τάλαντά μοι   אᶜ
22 προσελθὼν δὲ καὶ ὁ τὰ δύο τάλαντα   εἶπεν, Κύριε, δύο τάλαντά μοι   A C L W Δ Θ Π 69 124
22 προσελθὼν δὲ ὁ τὰ δύο τάλαντα λαβὼν εἶπεν, Κύριε, δύο τάλαντά μοι   U   [↑33 788 **[u]**
22 παρελθὼν δὲ ὁ τὰ δύο τάλαντα   εἶπεν, Κύριε, δύο τάλαντά μοι   1 1582*
22 προσελθὼν δὲ καὶ ὁ τὰ δύο τάλαντα λαβὼν,   Κύριε, δύο τάλαντά μοι   118
22 προσελθὼν δὲ καὶ ὁ τὰ δύο τάλαντα εἰληφὼς εἶπεν, Κύριε, δύο τάλαντά μοι   157
22 προσελθὼν δὲ καὶ ὁ τὰ δύο τάλαντα λαβὼν εἶπεν, Κύριε, δύο τάλαντά μοι   D 𝔐 K M 1582ᶜ 118 *f*¹³
                                                                          2 28 565 579 700 1071 1346 1424 τ

παρέδωκας· ἴδε   ἄλλα δύο τάλαντα   ἐκέρδησα.   **23** ἔφη αὐτῷ ὁ κύριος   B א L 124 33 700 **uw**
········κας· ἴδε   ἄλλα δύο ········ ········έρδησα.   **23** ἔφ········   𝔭³⁵
παρέδωκες· ἰδοὺ ἄλλα δύο τάλαντα ἐπὲκέρδησα.   **23** ἔφη αὐτῷ ὁ κύριος   D
παρέδωκας· ἴδε   ἄλλα δύο τάλαντα ἐπέκέρδησα.   **23** ἔφη αὐτῷ ὁ κύριος   Θ
παρέδωκας· ἴδε   ἄλλα δύο τάλαντα ἐκέρδησα ἐν αὐτοῖς.   **23** ἔφη δὲ αὐτῷ ὁ κύριος   28
παρέδωκας· ἴδε   ἄλλα δύο τάλαντα ἐκέρδησα ἐν αὐτοῖς.   **23** ἔφη αὐτῷ ὁ κύριος   1424
ἔδωκας· ἴδε   ἄλλα δύο τάλαντα ἐκέρδησα ἐπ᾽ αὐτοῖς.   **23** ἔφη αὐτῷ ὁ κύριος   579
παρέδωκας· ἴδε   ἄλλα δύο τάλαντα ἐκέρδησα ἐπ᾽ αὐτοῖς.   **23** ἔφη αὐτῷ ὁ κύριος   A C 𝔐 K M U W
                                                                          Δ Π *f*¹ *f*¹³ 2 157 565 788 1071 1346 τ

αὐτοῦ, Εὖ,   δοῦλε ἀγαθὲ καὶ πιστέ, ἐπὶ   ὀλίγα πιστὸς ῆς, ἐπὶ πολλῶν σε   B **[w]**
····τοῦ, Εὖ,   δ······ ········ .   𝔭³⁵
αὐτοῦ, Εὖ σύ, δοῦλε ἀγαθὲ καὶ πιστέ, ἐπὶ   ὀλίγα ῆς πιστός, ἐπὶ πολλῶν σε   A*
αὐτοῦ, Εὖ,   δοῦλε ἀγαθὲ καὶ πιστέ, ἐπὶ ἐπ᾽ ὀλίγα ῆς πιστὸς, ἐπὶ πολλῶν σε   D
αὐτοῦ, Εὖ,   δοῦλε ἀγαθὲ καὶ πιστέ, ἐπὶ   ὀλίγα ῆς πιστὸς, ἐπὶ πολλῶν σε   **u[w]τ** rell

καταστήσω· εἴσελθε εἰς τὴν χαρὰν τοῦ κυρίου σου. **24** προσελθὼν δὲ καὶ ὁ τὸ ἐν   B **uwτ** rell
καταστήσω· εἴσελθε εἰς τὴν χαρὰν τοῦ κυρίου σου. **24** προσελθὼν δὲ   ὁ τὸ ἕνα   D*
καταστήσω· εἴσελθε εἰς τὴν χαρὰν τοῦ κυρίου σου. **24** προσελθὼν δὲ   ὁ τὸ ἓν   Dᶜ

E 25.20-23 𝔭⁴⁵ N P Q Γ

A 20 ταλτα¹ F ¦ ταλντα L ¦ ταλλαντα Θ ¦ παεδοκας 2 ¦ ειδε D U W **21** ολιγα 2 ¦ επιπ E* ¦ πολων F ¦ ις (εις) A ¦ εις (ης) U ¦ τιν (την) Θ **22** ειπε Υ 157 ¦ ειπενν Θ ¦ ειδε W ¦ εκερδισα E **23** ολ ηγα L ¦ ολειγα W ¦ εις (ης) L U 2 579 ¦ καταστεισω E

B 20 κ̄ε̄ B A D 𝔐 K L M S U W Δ Θ Π Ω *f*¹ 118 *f*¹³ 69 124 2 33 28 157 565 579 700 788 1071 1346 1424 **21** κ̄ς̄ B A D 𝔐 K L M U W Δ Θ Π *f*¹ *f*¹³ 69 124 33 28 157 565 579 788 1346 1424 ¦ κ̄ῡ B A D 𝔐 K L M U W Δ Θ Π 1582 *f*¹³ 69 33 28 157 579 1071 1424 **22** κ̄ε̄ B A D 𝔐 K L M S U W Δ Θ Π Ω *f*¹ 118 *f*¹³ 69 124 2 33 28 157 565 579 700 788 1071 1424 **23** κ̄ς̄ B A D 𝔐 K L M U W Δ Θ Π Ω *f*¹ *f*¹³ 69 124 2 33 579 700 788 1071 1346 1424 **23** κ̄ῡ A D 𝔐 K L M U W Δ Θ Π Ω 1582 69 2 33 28 157 579 700 1071 1346 1424

τάλαντον εἰληφὼς εἶπεν, Κύριε, ἔγνων σε ὅτι σκληρὸς εἶ ἄνθρωπος,   θερίζων   B **uwτ** rell
τάλαντον εἰληφὼς εἶπεν, Κύριε, ἔγνων σε ὅτι <u>ἄνθρωπος αὐτηρὸς εἶ</u>,   θερίζων   ℵ
τάλαντον εἰληφὼς εἶπεν, Κύριε, ἔγνων   ὅτι σκληρὸς εἶ ἄνθρωπος,   θερίζων   D Θ
τάλαντον εἰληφὼς εἶπεν, Κύριε, ἔγνων σε ὅτι σκληρὸς   ἄνθρωπος,   θερίζων   E*
τάλαντον <u>λαβὼν</u>   εἶπεν, Κύριε, ἔγνων σε ὅτι σκληρὸς εἶ ἄνθρωπος,   θερίζων   F 2 1424
τάλαντον εἰληφὼς εἶπεν, Κύριε, ἔγνων σε ὅτι σκληρὸς <u>ἄνθρωπος εἶ</u>,   θερίζων   G 124 157 579
τάλαντον εἰληφὼς εἶπεν, Κύριε, <u>ἔγνως</u> σε ὅτι σκληρὸς εἶ ἄνθρωπος,   θερίζων   K
         εἰληφὼς εἶπεν, Κύριε, ἔγνων σε ὅτι σκληρὸς εἶ ἄνθρωπος,   θερίζων   S
τάλαντον εἰληφὼς εἶπεν, Κύριε, ἔγνων σε ὅτι <u>αὐστηρὸς</u> εἶ ἄνθρωπος,   θερίζων   f¹

ὅπου οὐκ ἔσπειρας καὶ συνάγων ὅθεν οὐ διεσκόρπισας· 25 καὶ φοβηθεὶς ἀπελθὼν   B 118 **uwτ** rell
ὅπου οὐκ ἔσπειρας καὶ συνάγων <u>ὅπου</u> οὐ διεσκόρπισας· 25 καὶ φοβηθεὶς <u>ἀπῆλθον καὶ</u>   D
ὅπου οὐκ ἔσπειρας καὶ συνάγων <u>ὅπου οὐκ   ἐσκόρπισας</u>· 25 καὶ φοβηθεὶς ἀπελθὼν   W
<u>ὅθεν</u> οὐκ ἔσπειρας καὶ συνάγων ὅθεν οὐ διεσκόρπισας· 25 καὶ φοβηθεὶς ἀπελθὼν   f¹ 157

ἔκρυψα τὸ τάλαντόν σου ἐν τῇ γῇ ἴδε ἔχεις τὸ σόν. 26 ἀποκριθεὶς δὲ ὁ κύριος   B **uwτ** rell
ἔκρυψα τὸ τάλαντόν σου ἐν τῇ γῇ· <u>εἰδοὺ</u> ἔχεις τὸ σόν. 26 ἀποκριθεὶς δὲ ὁ κύριος   D
ἔκρυψα τὸ τάλαντόν σου ἐν τῇ γῇ· ἴδε ἔχεις τὸ σόν. 26 ἀποκριθεὶς   ὁ κύριος   Θ
ἔκρυψα τὸ τάλαντον <u>σὸν</u> ἐν τῇ γῇ· ἴδε ἔχεις τὸ σόν. 26 ἀποκριθεὶς δὲ ὁ κύριος   118
ἔκρυψα   τάλαντόν σου ἐν τῇ γῇ· ἴδε ἔχεις τὸ σόν. 26 ἀποκριθεὶς δὲ ὁ κύριος   13
ἔκρυψα τὸ τάλαντόν σου ἐν τῇ γῇ· ἴδε ἔχεις τὸ σόν. 26 <u>καὶ ἀποκριθεὶς</u> ὁ κύριος   700
ἔκρυψα τὸ τάλαντόν σου <u>εἰς τὴν γήν</u>· ἴδε ἔχεις τὸ σόν. 26 ἀποκριθεὶς δὲ ὁ κύριος   1424

αὐτοῦ εἶπεν αὐτῷ, Πονηρὲ δοῦλε καὶ ὀκνηρέ,   ἤδεις ὅτι   B **uwτ** rell
αὐτοῦ εἶπεν αὐτῷ, <u>Δοῦλε</u> πονηρὲ καὶ ὀκνηρέ,   ἤδεις ὅτι   A
αὐτοῦ εἶπεν αὐτῷ, Πονηρὲ δοῦλε καὶ ὀκνηρέ,   ἤδεις ὅτι <u>ἐγὼ ἄνθρωπος αὐστηρός εἰμει</u>   W
αὐτοῦ εἶπεν αὐτῷ, Πονηρὲ δοῦλε καὶ ὀκνηρέ,   ἤδεις <u>ὂ</u>   69
αὐτοῦ εἶπεν αὐτῷ, Πονηρὲ δοῦλε καὶ ὀκνηρέ, <u>εἰ</u>   ἤδεις ὅτι   1424

θερίζω ὅπου οὐκ ἔσπειρα καὶ συνάγω   ὅθεν οὐ διεσκόρπισα; 27 ἔδει σε οὖν   B ℵ C L Π* 33 700
θερίζω ὅπου οὐκ ἔσπειρα καὶ <u>συνάγων</u> ὅθεν οὐ διεσκόρπισα; 27 ἔδει σε οὖν   Θ   [⌐**uw**
θερίζω ὅπου οὐκ ἔσπειρα καὶ συνάγω   ὅθεν <u>οὐ</u> διεσκόρπισα; 27 ἔδει <u>οὖν σε</u>   118
θερίζω ὅπου οὐκ ἔσπειρα καὶ <u>συνάγων</u> ὅθεν οὐ διεσκόρπισα; 27 ἔδει <u>οὖν σε</u>   124 579 1346
θερίζω ὅπου οὐκ ἔσπειρα καὶ συνάγω   ὅθεν οὐ διεσκόρπισα; 27 ἔδει <u>οὖν σε</u>   A D 𝔐 K M U W Δ
                                                                      Π^c f¹ f¹³ 2 28 157 565 788 1071 1424 τ

[Cl S I 3.1-2 <u>πονηρε δουλε</u> ειπεν <u>και ὀκνηρε εδει σε βαλειν το αργυριον μου τοις τραπεζιταις, και ελθων εγω
εκομισαμην αν το εμον</u>].

βαλεῖν   τὰ ἀργύριά μου τοῖς τραπεζείταις, καὶ ἐλθὼν ἐγὼ ἐκομισάμην ἂν   B* ℵ* Θ **w**
βαλεῖν   τὰ ἀργύριά μου τοῖς <u>τραπεζίταις</u>, καὶ ἐλθὼν ἐγὼ ἐκομισάμην ἂν   B^c 700 **u**
βαλεῖν   <u>τὸ ἀργυριόν</u> μου τοῖς τραπεζείταις, καὶ ἐλθὼν ἐγὼ ἐκομισάμην ἂν   ℵ^c
βαλεῖν   <u>τὸ ἀργυριόν</u> μου τοῖς <u>τραπεζίταις</u>, καὶ <u>ἐγὼ ἐλθὼν</u> ἐκομισάμην ἂν   A
βαλεῖν   <u>τὸ ἀργυριόν</u> μου τοῖς τραπεζείταις, καὶ ἐλθὼν ἐγὼ ἐκομισάμην ἂν   D Y Δ
βαλεῖν   <u>τὸ ἀργυριόν</u> μου τοῖς τραπεζείταις, καὶ ἐλθὼν <u>ἂν ἐγὼ ἐκομισάμην</u>   L
<u>καταβαλεῖν</u> <u>τὸ ἀργυριόν</u> μου τοῖς <u>τραπεζίταις</u>, <u>κἀγὼ</u> ἐλθὼν   ἐκομισάμην ἂν   1424
βαλεῖν   <u>τὸ ἀργυριόν</u> μου τοῖς <u>τραπεζίταις</u>, καὶ ἐλθὼν ἐγὼ ἐκομισάμην ἂν   C 𝔐 K M U Π f¹ f¹³
                                                                      2 33 28 157 565 579 788 1071 τ

τὸ ἐμὸν σὺν τόκῳ.   28 ἄρατε οὖν ἀπ᾽ αὐτοῦ τὸ τάλαντον καὶ δότε τῷ ἔχοντι τὰ   B **uwτ** rell
τὸ ἐμὸν σὺν τόκῳ.   28 ἄρατε   ἀπ᾽ αὐτοῦ τὸ τάλαντον καὶ δότε τῷ ἔχοντι τὰ   U
τὸ ἐμὸν σὺν <u>τῷ</u> τόκῳ.   28 ἄρατε οὖν ἀπ᾽ αὐτοῦ τὸ τάλαντον καὶ δότε τῷ ἔχοντι τὰ   W Δ Ω^c

---

lac. 25.24-28 𝔓⁴⁵ N P Q Γ

A 24 ειπε Y 118 157 | κληρος K* ¦ σκληρως Θ | εσπιρα Θ | διεσκορπησας H 28 1424 ¦ διεκορπισας K **25** ειδε W
26 αποκριθης 579 | ηδις W | ιδης 69 | ηδης 1424 | οτη, θερηζω, εσπιρα Θ | εσκορπησα 1424 **27** ειδει Π* | βαλιν W |
τραπεζηταις E F G U 2* 28 579* 788 1071 1424 | εκομησαμην L Θ 700 1346 1424 | τοκο Θ* **28** αραται D | ταλαντο 13 1071 |
δωτε 579 | το εχοτι L | εχωντι 579

B 24 κ̅ε̅ B ℵ A D 𝔐 K L M S U W Δ Θ Π Ω f¹ 118 f¹³ 69 124 2 33 28 157 565 579 700 788 1071 1346 | α̅ν̅ο̅ς̅ A C 𝔐 K L M S
U Δ Θ Π Ω 118 f¹ f¹³ 69 124 2 33 28 157 565 579 700 788 1071 1346 1424 **26** κ̅ς̅ B A D 𝔐 K L M U W Δ Θ Π Ω f¹ f¹³ 69 124
2 33 157 579 700 788 1071 1346 | α̅ν̅ο̅ς̅ W

D 26 σ̅ο̅α̅/ι̅ 1071 **28** σ̅ο̅α̅/β̅ 28

δέκα τάλαντα· **29** τῷ γὰρ ἔχοντι παντὶ δοθήσεται καὶ περισσευθήσεται· B **uwτ** rell
<u>πέντε</u> τάλαντα· **29** τῷ γὰρ ἔχοντι δοθήσεται καὶ <u>περισσεύσεται·</u> D
δέκα τάλαντα· **29** τῷ γὰρ ἔχοντι δοθήσεται καὶ περισσευθήσεται· W

τοῦ δὲ μὴ ἔχοντος καὶ ὃ ἔχει ἀρθήσεται ἀπ' αὐτοῦᵀ. B ℵ D Θ 1 1582*124 **uw**
τοῦ δὲ μὴ ἔχοντος καὶ ὃ <u>δοκεῖ ἔχειν</u> ἀρθήσεται ἀπ' αὐτοῦ. L 33
<u>ἀπὸ δὲ τοῦ</u> μὴ ἔχοντος καὶ ὃ <u>δοκεῖ ἔχειν</u> ἀρθήσεται ἀπ' αὐτοῦ. Δ 69
<u>ἀπὸ δὲ τοῦ</u> μὴ ἔχοντος καὶ ὃ <u>δοκῇ ἔχει</u> ἀρθήσεται ἀπ' αὐτοῦ. 1346 [↓565 579 700 788 1071 1424 τ
<u>ἀπὸ δὲ τοῦ</u> μὴ ἔχοντος καὶ ὃ ἔχει ἀρθήσεται ἀπ' αὐτοῦ. A C 𝔐 K M U W Π 1582ᶜ 118 ƒ¹³ 2 28 157

ᵀ ταῦτα λέγων ἐφώνει ὁ ἔχων ὦτα ἀκούειν ακουέτω Cᵐᵍ Fᶜ G H Yᶜ Mᶜ 2
ᵀπροσθ ταῦτα λέγων ἐφώνει Eᵐᵍ

[Cl S I 14.2 καὶ <u>τω εχοντι</u> δε προστεθησεται].

30 καὶ τὸν ἀχρεῖον δοῦλον ἐκβάλετε εἰς τὸ σκότος τὸ ἐξώτερον· ἐκεῖ ἔσται B **uw** rell
30 καὶ τὸν ἀχρεῖον δοῦλον <u>ἐκβάλεται</u> C
30 καὶ τὸν ἀχρεῖον δοῦλον <u>βάλεται ἔξω</u> εἰς τὸ σκότος τὸ ἐξώτερον· ἐκεῖ ἔσται D
30 καὶ τὸν ἀχρεῖον δοῦλον <u>ἐκβάλλετε</u> εἰς τὸ σκότος τὸ ἐξώτερον· ἐκεῖ ἔσται F Gᶜ 2* 1424 τ
30 om. G*
30 καὶ τὸν ἀχρεῖον δοῦλον <u>βάλετε</u> εἰς τὸ σκότος τὸ ἐξώτερον· ἐκεῖ ἔσται 118
30 καὶ τὸν ἀχρεῖον δοῦλον <u>βάλλεται</u> εἰς τὸ σκότος τὸ ἐξώτερον· ἐκεῖ ἔσται 69
30 καὶ τὸν ἀχρεῖον δοῦλον <u>ἐκβάλατε</u> εἰς τὸ σκότος τὸ ἐξώτερον· ἐκεῖ ἔσται 33
30 καὶ τὸν ἀχρεῖον δοῦλον <u>ἐκβάλεται</u> εἰς τὸ σκότος τὸ ἐξώτερον· ἐκεῖ ἔσται 2* 1071
30 καὶ τὸν ἀχρεῖον δοῦλον <u>ἐκβάλεται αὐτὸν</u> εἰς τὸ σκότος τὸ ἐξώτερον· ἐκεῖ ἔσται 579
30 καὶ τὸν ἀχρεῖον δοῦλον ἐκβάλετε <u>ἔξω</u> εἰς τὸ σκότος τὸ ἐξώτερον· ἐκεῖ ἔσται 700

ὁ κλαυθμὸς καὶ ὁ βρυγμὸς τῶν ὀδόντων.ᵀ B **uwτ** rell
om. G*

ᵀ ταῦτα λέγ φω ὁ ἔχ ὦτ Ωᶜ
ᵀ ὁ ἔχων ὦτα ἀκούειν ακουέτω 118ᶜ
ᵀ ταῦτα λέγων ἐφώνη ὁ ἔχων ὦτα ἀκούειν ακουέτω ƒ¹³
ᵀ ταῦτα λέγων ἐφώνει ὁ ἔχων ὦτα ἀκούειν ακουέτω 124 1346
ᵀπροσθ ταῦτα λέγων ἐφώνει ὁ ἔχων ὦτα ἀκούειν ακουέτω 1424ᶜ

[Cl S I 3.2 επι τουτοις ο αχρειος δουλος <u>εις το εξωτερον</u> εμβληθησεται] [Cl Pd I 91.1 κοι δε αμαρτιαις περιπεσοντες βληθησονται <u>εις το δκοτος το εξωτερον</u>· εκει εσται <u>ο</u> σκλαυθμος και <u>ο βρυγμος των οδοντων</u>].

ξᾱ περὶ τῆς ἐλεύσεως τοῦ χριστοῦ

The Son Of Man Comes In Glory To Judge The Nations

ρμᾱ **31** Ὅταν δὲ ἔλθῃ ὁ υἱὸς τοῦ ἀνθρώπου ἐν τῇ δόξῃ αὐτοῦ καὶ πάντες οἱ B **uwτ** rell
31 Ὅταν <u>οὖν</u> ἔλθῃ ὁ υἱὸς τοῦ ἀνθρώπου ἐν τῇ δόξῃ αὐτοῦ καὶ πάντες οἱ 124
31 Ὅταν ἔλθῃ ὁ υἱὸς τοῦ ἀνθρώπου ἐν τῇ δόξῃ αὐτοῦ καὶ πάντες οἱ 788 1424

lac. 25.28-31 𝔓⁴⁵ N P Q Γ ¦ vss. 30-31 C

A 29 το (τω) K L U Θ 69 ¦ εχοντι 579 ¦ δωθησεται E 579 1346 ¦ δοθεισεται Θ ¦ περισευθησεται W 124 1424 ¦ εχη αρθησετε E ¦ λεγον Cᵐᵍ ¦ εφωνη Cᵐᵍ G 2 ¦ εχον Cᵐᵍ G ¦ οτα Cᵐᵍ ¦ ακουην Cᵐᵍ G **30** αχριον ℵ A L W Δ Θ 13 69 124 788 1346 ¦ εξοτερον Gᶜ 579¦ κλαθμος E W

B 31 υς̄ 𝔐 K L M S <u>U</u> Δ Π Ω ƒ¹ 2 33 28 1424 ¦ ανου̅ A 𝔐 K L M S U Δ Θ Π Ω ƒ¹ 118 ƒ¹³ 69 124 2 33 28 157 565 579 700 788 1071 1346 1424 **34** πρς̄ ℵ A 𝔐 K L M S U W Δ Θ Π Ω ƒ¹ 118 ƒ¹³ 69 124 2 33 28 157 565 579 700 1071 1346 1424

C 29 τε (post εφ) Eᵐᵍ ¦ τελος της κυ, (post απ αυτου) G 28 (post ακουετω) M 1346 ¦ (post οδοντων) τε̅ Ω **30** τελος (post οδοντων) Dᶜ·ᵐᵍ [κυριακη ις̄: 25.14-30] <u>Y</u> L 118 157 788 ¦ τελ (post ακουετω) Yᶜ 13 124 ¦ τελ κ,υ ƒ¹ **31** ανναγνοσμα περι του κυριακη D ¦ ξα̅ περι της ελευσεως του κχ̅υ (ιυ̅ F L ¦ χυ̅ H Y K M S U Δ Π Ω ƒ¹ ƒ¹³ 2 28 157 579 1071 ¦ κυριου 124 788 1424): E F H Y K L M S U Δ Π Ω ƒ¹ ƒ¹³ 124 2 28 157 579 788 1071 1424 ¦ αρχη: κυριακη της αποκρεου· ειπεν ᴼο κς̅` (ᴼ G) οταν ελθη. (ante ο υιος) E (ante οταν G) ¦ αρχ F ¦ αρχη: κ, της αποκρε ειπ οταν ελθ ο υς̅ του H ¦ αρχ: κυ, της αποκρε ειπεν ο κς̅+ οταν ελθη ο υς̅ του ανου Υ ¦ Μθ κ, τς αποκρεου ειπεν ο κς̅ οταν ελθη ο υς̅ του ανου M ¦ κυ τς αποκρ ειπ ο κς̅ S ¦ ρξ̅ κ,υ τς αποκρ' ειπ ο κς̅ τοις οταν ελθη ο υιος ƒ¹ ¦ αρχ ρξ̅ κ,υ τς αποκρ' ειπεν ο κς̅ οταν ελθη ο υιος 118 ¦ · τς αποκ, ·· κς̅ Ω ¦ αρχ κ,υ της αποκρεου ƒ¹³ 124 788 1346 ¦ αρχη: κυριακη της αποκρεου· 2 ¦ αρχ τς κ,υ τς απκρεου ειπεν ο κς̅ οταν ελθη ο υιος του ανο υ εν τη δοξη 28 ¦ αρχ κυριακη της αποκρε' (+ ρμ̅ 1071) 157 1071 ¦ αρχη ειπεν ο κς̅ 1424

D 29 σοα̅/β A E L M S U Y Π Ω 118 124 788 1424 ¦ σοα̅ C D 1346 ¦ σοβ̅ 579 ¦ σοβ̅/ε 1071 ¦ Ευ Μθ σοα̅ : Ιω. : Λο πα̅ : Μρ μβ̅ E ¦ Μθ : Μρ μβ̅ : Λο σλ̅ Μ ¦ Μθ σοα̅ : Μρ μβ̅ : Λο σλ̅ : Ιω. 124 **30** σοβ̅/ε A Y L M S U Π Ω 124 28 788 1424 ¦ σοβ̅ D F H K Θ ƒ¹ 2 157 1346 ¦ σοβ̅/γ E ¦ σοβ̅/β G ¦ σοβ̅/ι 118 ¦ Ευ Μθ σοβ̅ : Ιω. : Λο σλα̅ : Μρ . E ¦ Μθ σοβ̅ : Λο σλα̅ Μ ¦ Μθ σοβ̅ : Μρ . : Λο σλα̅ : Ιω. 124 **31** σογ̅/ι A E M S U <u>Y</u> Π Ω 118 124 28 788 1071 1424 ¦ σογ̅ D H K Θ ƒ¹ 2 157 579 1346 ¦ σοβ̅ (sic) F ¦ σογ̅/ς G ¦ Ευ Μθ σογ̅ : Ιω. : Λο . : Μρ . E ¦ Μθ σογ̅ Μ ¦ Μθ σογ̅ : Μρ . : Λο . : Ιω . 124

ἄγγελοι μετ᾽ αὐτοῦ, τότε καθίσει ἐπὶ θρόνου δόξης αὐτοῦ· **32** καὶ   Β ℵ D L Θ Π* *f*[1] 124 33 157 565

<u>ἅγιοι</u> ἄγγελοι μετ᾽ αὐτοῦ, τότε καθίσει <u>ἐν</u> θρόνου δόξης αὐτοῦ· **32** καὶ   Ω   [↑**uw**

<u>ἅγιοι</u> ἄγγελοι μετ᾽ αὐτοῦ, τότε καθίσει ἐπὶ θρόνου δόξης αὐτοῦ· **32** καὶ   A 𝔐 K M U W Δ Π^c *f*[13] 2 28 579 700 788 1071 1346 1424 τ

συναχθήσονται ἔμπροσθεν αὐτοῦ πάντα τὰ ἔθνη, καὶ ἀφοριεῖ   αὐτοὺς   Β ℵ^c D G H K U Π *f*[13] 33 28 565

συναχθήσονται ἔμπροσθεν αὐτοῦ πάντα τὰ ἔθνη, καὶ <u>ἀφορίσει</u> αὐτοὺς   ℵ* L Θ **uw**   [↑788 1071 1346

<u>συναχθήσεται</u> <u>πάντα τὰ ἔθνη ἔμπροσθεν αὐτοῦ</u>, καὶ <u>ἀφορίσει</u> αὐτοὺς   W

<u>συναχθήσεται</u> ἔμπροσθεν αὐτοῦ πάντα τὰ ἔθνη, καὶ <u>ἀφορίσει</u> αὐτοὺς   *f*[1] 118^c 157

<u>συναχθήσεται</u> ἔμπροσθεν αὐτοῦ πάντα τὰ ἔθνη, καὶ ἀφοριεῖ   αὐτοὺς   A 𝔐 M Δ 118* 2 579 700 1424 τ

ἀπ᾽ ἀλλήλων, ὥσπερ ὁ ποιμὴν   ἀφορίζει τὰ πρόβατα ἀπὸ τῶν ἐριφίων, **33** καὶ   Β

<u>ἀπὸ</u> ἀλλήλων, ὥσπερ ὁ ποιμὴν   ἀφορίζει τὰ πρόβατα ἀπὸ τῶν <u>ἐρίφων</u>, **33** καὶ   D

ἀπ᾽ ἀλλήλων, ὥσπερ ὁ ποιμὴν   <u>ἀφορίει</u> τὰ πρόβατα ἀπὸ τῶν <u>ἐρίφων</u>, **33** καὶ   2

ἀπ᾽ ἀλλήλων, ὥσπερ ὁ ποιμὴν   ἀφορίζει τὰ πρόβατα ἀπ᾽   <u>ἀγγήλων</u>, **33** καὶ   700*

ἀπ᾽ ἀλλήλων, ὥσπερ ὁ ποιμὴν <u>ὁ καλὸς</u> ἀφορίζει τὰ πρόβατα ἀπὸ τῶν <u>ἐρίφων</u>, **33** καὶ   1071

ἀπ᾽ ἀλλήλων, ὥσπερ ὁ ποιμὴν   ἀφορίζει τὰ πρόβατα ἀπὸ τῶν <u>ἐρίφων</u>, **33** καὶ   **uwτ** rell

στήσει τὰ μὲν πρόβατα ἐκ δεξιῶν αὐτοῦ τὰ δὲ ἐρίφια ἐξ εὐωνύμων. **34** τότε ἐρεῖ   Β **uwτ** rell

στήσει τὰ μὲν πρόβατα ἐκ δεξιῶν <u>τὰ δὲ ἐρίφια ἐξ εὐωνύμων αὐτοῦ</u>. **34** τότε ἐρεῖ   ℵ

στήσει τὰ μὲν πρόβατα ἐκ δεξιῶν   τὰ δὲ ἐρίφια ἐξ εὐωνύμων. **34** τότε ἐρεῖ   A

στήσει τὰ   πρόβατα ἐκ δεξιῶν αὐτοῦ τὰ δὲ ἐρίφια ἐξ εὐωνύμων. **34** τότε ἐρεῖ   D

στήσει τὰ μὲν πρόβατα ἐκ δεξιῶν αὐτοῦ ⋯⋯ ⋯⋯⋯⋯⋯ ⋯⋯⋯⋯⋯ **34** ⋯⋯⋯ ⋯⋯⋯   Η

στήσει τὰ μὲν πρόβατα ἐκ δεξιῶν   τὰ δὲ ἐρίφια ἐξ εὐωνύμων. **34** τότε ἐρεῖ   579 1071

[Cl Pd I 14.2 και τα αρνια δε μου οταν λεγη στητω <u>εκ</u> <u>δεξιων</u>].

ὁ βασιλεὺς τοῖς ἐκ δεξιῶν αὐτοῦ, Δεῦτε, οἱ εὐλογημένοι τοῦ πατρός μου, κληρονομήσατε τὴν

ἡτοιμασμένην ὑμῖν βασιλείαν ἀπὸ καταβολῆς κόσμου· **35** ἐπείνασα γὰρ καὶ   Β **uwτ** rell

ἡτοιμασμένην <u>ἡμῖν</u> βασιλείαν ἀπὸ καταβολῆς κόσμου· **35** ἐπείνασα γὰρ καὶ   Κ 13

[Cl Pd III 93.4 περι δε της μεταδοσεως <u>δευτε</u> ειπε προς με παντες <u>οι ευλογημενοι</u>, <u>κληρονομησατε την</u> <u>ητοιμσμενην</u> <u>υμιν</u> <u>βασιλειαν</u> <u>απο</u> <u>καταβολης</u> <u>κοσμου</u>] [Cl Q 30.2 <u>δευτε</u>, <u>οι ευλογημενοι</u> <u>του</u> <u>πατρος</u> <u>μου</u>, <u>κληρονομησατε</u> <u>την</u> <u>ητοιμσμενην</u> <u>υμιν</u> <u>βασιλειαν</u> <u>απο</u> <u>καταβολης</u> <u>κοσμου</u>].

ἐδώκατέ μοι φαγεῖν,   ἐδίψησα καὶ ἐποτίσατέ με, ξένος ἤμην καὶ συνηγάγετέ με,   Β **uwτ** rell

ἐδώκατέ μοι φαγεῖν, <u>καὶ</u> ἐδίψησα καὶ ἐποτίσατέ με, ξένος ἤμην καὶ συνηγάγετέ με,   W Δ^c

ἐδώκατέ **μοι** **φαγεῖν**, <u>καὶ</u> ἐδίψησα καὶ ἐποτίσατέ με, ξένος ἤμην καὶ <u>περιεβαλατέ</u> με,   Δ*

ἐδώκατέ μοι φαγεῖν,   ἐδίψησα καὶ ἐποτίσατέ με,   118

[Cl Pd III 93.4 επεινασα <u>γαρ</u> <u>και</u> <u>δεδωκατε</u> <u>μοι</u> <u>φαγειν</u>, εδιψησα <u>και</u> <u>εποτισατε</u> <u>με</u>, <u>ξενος</u> <u>ημην</u> <u>και</u> <u>συνηγαγετε</u> <u>με</u>]. [Cl Q 30.2-4 επεινασα γαρ και εδωκατε μοι φαγειν, <u>και</u> εδιψησα και εδωκατε μοι πιειν, <u>και</u> ξενος ημην και συνηγαγετε <u>με</u>] [Cl S II 73.1 επεινασα <u>και</u> εδωκατε <u>μοι</u> <u>φαγειν</u>, εδιψησα <u>και</u> εδωκατε μοι πιειν] [Cl S III 54.3 επεινασα και εχορτασατε με, <u>εδιψησα</u> <u>και</u> <u>εποτισατε</u> <u>με</u>, <u>ξενος</u> <u>ημην</u> <u>και</u> <u>συνηγαγετε</u> <u>με</u>].

36 γυμνὸς καὶ περιεβάλετέ με, ἠσθένησα   καὶ ἐπεσκέψασθέ με, ἐν φυλακῇ ἤμην καὶ   Β **uwτ** rell

36 γυμνὸς καὶ περιεβάλετέ με, <u>ἠσθένησαι</u> καὶ ἐπεσκέψασθέ με, ἐν φυλακῇ ἤμην καὶ   Δ

[Cl Pd III 93.4 <u>γυμνος</u> <u>και</u> <u>περιεβαλετε</u> <u>με</u>, <u>ασθενης</u> <u>και</u> <u>επεσκεψασθε</u> <u>με</u>, <u>εν</u> <u>φυλακη</u> <u>ημην</u> <u>και</u> <u>ηλθετε</u> <u>προς</u> <u>με</u>] [Cl Q 30.2-4 <u>γυμνος</u> <u>ημην</u> ενεδυσατε <u>με</u>, <u>ησθενησα</u> <u>και</u> <u>επεσκεψασθε</u> <u>με</u>, <u>εν</u> <u>φυλακη</u> <u>ημην</u> <u>και</u> <u>ηλθετε</u> <u>προς</u> <u>με</u>] [Cl S III 54.3 <u>γυμνος</u> <u>και</u> <u>περιεβαλετε</u> <u>με</u>].

ἤλθατε πρός με.   **37** τότε ἀποκριθήσονται αὐτῷ οἱ δίκαιοι λέγοντες,   Β A D 𝔐 L W Θ 69 124 2 33 28 157

ἤλθατε πρός <u>ἐμέ</u>.   **37** τότε ἀποκριθήσονται αὐτῷ οἱ δίκαιοι λέγοντες,   ℵ   [↑788 1424 **uw**

ἤλθατε πρός με.   **37** τότε ἀποκριθήσονται αὐτῷ   λέγοντες,   Δ

ἤλθατε πρός με.   **37** τότε ἀποκριθήσονται   οἱ δίκαιοι λέγοντες,   *f*[13] 1346

<u>ἤλθετε</u> πρός με.   **37** τότε ἀποκριθήσονται αὐτῷ οἱ δίκαιοι λέγοντες,   Υ Κ Μ S U Π Ω *f*[1] 565 579 700 1071 τ

lac. **25.31-37** 𝔓[45] C N P Q Γ ¦ vss. 33-37 Η

A **31** καθησει Κ U Θ Ω 579 ¦ καθεισι L ¦ καθιση 13 1346 ¦ καθιση S 1071 1424 ¦ καθησει 2 ¦ θρονου Ε 579   **32** ενπροσθεν D ¦ αφορειζει D 579* ¦ τον (των) Θ **33** στηση 1346 1424 ¦ πρωβατα 2 ¦ δδεξιων 1582 ¦ εριφεια D ¦ ευονυμων 579 **34** ηυλογημενοι A ¦ κληρομησατε F ¦ κληρονομησαται L Θ ¦ ητυμασμενη Ε ¦ υμειν D **35** επινασα ℵ A L W Θ 2 ¦ εδωκαται A ¦ εδοκατε Θ 2 ¦ εδωκαται 1424 ¦ εδειψησα U ¦ εποτεισαται D ¦ εποτησατε L U Δ Θ 2 33 579 1346 1424 ¦ ημιν (ημην) Θ 13 ¦ συνηγαγεται A D W **36** περιεβαλεται A D W ¦ επεσκεψασθαι A D L W 2 33 28 ¦ φυλακι Θ ¦ ημιν (ημην) Θ

B **34** π̅ρ̅ς̅ ℵ A 𝔐 Κ L M S U W Δ Θ Π Ω *f*[1] 118 *f*[13] 69 124 2 33 28 157 565 579 700 1071 1346 1424

C **32** ξ̅α̅ πε της ελευσεως του κ̅υ̅ G

Κύριε, πότε σε εἴδαμεν πεινῶντα καὶ ἐθρέψαμεν, ἢ διψῶντα καὶ ἐποτίσαμεν;   B* w
Κύριε, πότε σε εἴδομεν   33
Κύριε, πότε σε εἴδομεν πεινῶντα καὶ ἐθρέψαμεν, ἢ διψῶντα καὶ ἐποτίσαμέν σε;   157
Κύριε, πότε σε εἴδομεν πεινῶντα καὶ ἐθρέψαμεν, ἢ διψῶντα καὶ ἐποτίσαμεν;   Bᶜ uτ rell

[Cl Q 30.2-4 τοτε αποκριθησονται αυτω οι δικαιοι λεγοντες, κυριε, ποτε σε ειδομεν πεινωντα και εθρεψαμεν, η διψωντα και εποτισαμεν;]

38 πότε δέ σε εἴδομεν ξένον καὶ συνηγάγομεν, ἢ   γυμνὸν καὶ περιεβάλομεν;   B uτ rell
38 πότε δέ εἴδομεν σε ξένον καὶ συνηγάγομεν, καὶ γυμνὸν καὶ περιεβάλομεν;   D
38 πότε δέ εἴδομεν σε ξένον καὶ συνηγάγομεν, ἢ   γυμνὸν καὶ περιεβάλομεν;   Θ
38 πότε   σε εἴδομεν ξένον καὶ συνηγάγομεν, ἢ   γυμνὸν καὶ περιεβάλομεν;   Π* 565
38   ξένον καὶ συνηγάγομεν, ἢ   γυμνὸν καὶ περιεβάλομεν;   33
38 πότε   σε εἴδομεν ξένον καὶ συνηγάγομεν, ἢ   γυμνὸν καὶ περιεβάλομέν σε;   157
38 πότε δέ σε εἴδομεν ξένον καὶ συνηγάγομεν, ἢ   γυμνὸν καὶ περιεβάλομεν;   Δ 1424
38 πότε δέ σε εἴδαμεν ξένον καὶ συνηγάγομεν, ἢ   γυμνὸν καὶ περιεβάλομεν;   w

[Cl Q 30.2-4 ποτε δε ειδομεν σε ξενον και συνηγαγομεν, η γυμνον και περιεβαλομεν;]

39 πότε   δέ σε εἴδομεν ἀσθενοῦντα ἢ ἐν φυλακῇ καὶ ἤλθομεν πρός σε;   B uw
39 ἢ   δέ σε εἴδομεν ἀσθενοῦντα ἢ ἐν φυλακῇ καὶ ἤλθαμεν πρός σε;   D
39 πότε   δὲ εἴδομέν σε ἀσθενοῦντα ἢ ἐν φυλακῇ καὶ ἤλθομεν πρός σε;   Θ 124
39 πότε   σε εἴδομεν ἀσθενῆ   ἢ ἐν φυλακῇ καὶ ἤλθομεν πρός σε;   Π* 565
39 πότε δέ σε εἴδομεν ἀσθενῆ   ἢ ἐν φυλακῇ καὶ ἤλθαμεν πρός σε;   1424
39 πότε δέ σε εἴδομεν ἀσθενῆ   ἢ ἐν φυλακῇ καὶ ἤλθομεν πρός σε;   ℵ A 𝔐 K L M U W Δ Πᶜ f¹ f¹³ 2
33 28 157 579 700 788 1071 1346 τ

[Cl Q 30.2-4 η ποτε σε ειδομεν ασθενουντα και επεσκεψαμεθα; η εν φυλακη και ηλθομεν προς σε;]

40 καὶ ἀποκριθεὶς ὁ βασιλεὺς ἐρεῖ αὐτοῖς, Ἀμὴν λέγω ὑμῖν, ἐφ᾽ ὅσον   B uwτ rell
40 καὶ ἀποκριθεὶς ἐρεῖ αὐτοῖς ὁ βασιλεὺς, Ἀμὴν λέγω ὑμῖν, ἐφ᾽ ὅσον   D
40 καὶ ἀποκριθεὶς ὁ βασιλεὺς ἐρεῖ αὐτοῖς,   ἐφ᾽ ὅσον   1424

ἐποιήσατε ἑνὶ τούτων   τῶν ἐλαχίστων, ἐμοὶ ἐποιήσατε.   B*
ἐποιήσατε ἑνὶ τούτων τῶν ἐλαχίστων μου   τῶν ἐλαχίστων, ἐμοὶ ἐποιήσατε.   118*
ἐποιήσατε ἑνὶ τούτων   ἀδελφῶν μου   τῶν ἐλαχίστων, ἐμοὶ ἐποιήσατε.   579
ἐποιήσατε ἑνὶ τούτων τῶν ἀδελφῶν μου   τῶν ἐλαχίστων, ἐμοὶ ἐποιήσατε.   Bᶜ uwτ rell

[Cl Q 30.2-4 αποκριθεις ο βασελευς ερει αυτοις, αμην λεγω υμιν, εφ οσον εποιησατε ενι τουτων των αδελφων μου των ελαχιστων, εμοι εποιησατε] [Cl S II 73.1 ο γαρ ενι τουτων των ελαχιστων πεποιηκατε, εμοι πεποιηκατε] [Cl S III 54.3 ειτα επιφερει εφ οσον εποιησατε ενι τουτων των ελαχιστων, εμοι εποιησατε] [Cl Pd III 30.3 εφ οσον δε, φησιν, ενι τουτων εποιησατε των ελαχιστων, εμοι εποιησατε] [Cl Pd III 9.35 και λεγιν εφ οσον εποιησατε τοις μικροις τουτοις, εμοι εποιησατε]

ρ̄μ̄β̄ **41** Τότε ἐρεῖ καὶ τοῖς ἐξ εὐωνύμων,   Πορεύεσθε   ἀπ᾽ ἐμοῦ   κατηραμένοι   B L 33 [u]w
41   μένοι   𝔓⁴⁵.
41 Τότε ἐρεῖ καὶ τοῖς ἐξ εὐωνύμων,   Ὑπάγετε   ἀπ᾽ ἐμοῦ   κατηραμένοι   ℵ
41 Τότε ἐρεῖ καὶ τοῖς ἐξ εὐωνύμοις,   Πορεύεσθε   ἀπ᾽ ἐμοῦ οἱ κατηραμένοι   W
41 Τότε ἐρεῖ καὶ τοῖς ἐξ εὐωνύμων,   Ὑπάγετε   ἀπ᾽ ἐμοῦ οἱ κατηραμένοι   1424
41 Τότε ἐρεῖ καὶ τοῖς ἐξ εὐωνύμων,   Πορεύεσθε   ἀπ᾽ ἐμοῦ οἱ κατηραμένοι   [u]τ rell

εἰς τὸ πῦρ τὸ αἰώνιον τὸ ἡτοιμασμένον   τῷ διαβόλῳ καὶ τοῖς ἀγγέλοις αὐτοῦ·   B 118 uwτ rell
ς ἀγγ   𝔓⁴⁵.
εἰς τὸ πῦρ τὸ αἰώνιον ὁ ἡτοίμασεν ὁ πατήρ μου   τῷ διαβόλῳ καὶ τοῖς ἀγγέλοις αὐτοῦ·   D 1 1582*
εἰς τὸ πῦρ τὸ αἰώνιον τὸ ἡτοιμασμένῳ   τῷ διαβόλῳ καὶ τοῖς ἀγγέλοις αὐτοῦ·   E F
εἰς τὸ πῦρ   τὸ ἡτοιμασμένον   τῷ διαβόλῳ καὶ τοῖς ἀγγέλοις αὐτοῦ·   1424

[Cl Pr 83.2 και το πυρ δε προσκοπειτε ο ητοιμασεν ο κυριος τω διαβολω και τοις αγγελοις αυτου].

---

lac. 25.37-41 𝔓⁴⁵ C H N P Q Γ

A 37 ιδομεν A K L W Δ Θ Π 69 124 33 788 1346 ¦ ειδομε M ¦ ιδωμεν 13 579 ¦ ειδωμεν 565 ¦ πινοντα E* ¦ πινωντα L W Δ Θ ¦ δειψωντα D ¦ επωτησαμεν 579 ¦ εποτισαμεν 2 1424 **38** ιδωμεν A K L W Θ Π 13 69 124 788 1071 1346 ¦ ιδομεν 579 ¦ συνηγαγωμεν Θ 13 2 28 1424 ¦ περιεβαλωμεν 579 1346 **39** ιδομεν A K L W Θ Π 13 69 124 33 579 788 1346 ¦ ηλθομε L **40** αποκριθεις, υμειν D ¦ **40** εποιησαται¹·² D ¦ ελαχιστον 579 **41** ερι D ¦ ευνυμων E* ¦ εβονυμων 579 ¦ πορευεσθαι A D L W Θ 2 28 579 ¦ πορευεθε E* ¦ κατιραμενοι 2 ¦ κατηραμμενοι 28 ¦ τω (το²) K 1071 ¦ τω (το³) 13 2*

B 37 κ̄ε̄ B ℵ A D 𝔐 K L M S U W Δ Θ Π Ω f¹ 118 f¹³ 69 124 2 33 28 157 565 579 700 788 1071 1346 1424 **41** π̄η̄ρ̄ f¹

253

42 ἐπείνασα γὰρ καὶ   ἐδώκατέ μοι φαγεῖν, καὶ ἐδίψησα καὶ οὐκ ἐποτίσατέ με,   B*
42 .... ··δίψησα καὶ οὐκ ················· ,   𝔭⁴⁵
42 ἐπείνασα γὰρ καὶ ο<u>ὐκ</u> ἐδώκατέ μοι φαγεῖν, καὶ ἐδίψησα καὶ οὐκ ἐποτίσατέ με,   L [w]
42 ἐπείνασα γὰρ καὶ ο<u>ὐκ</u> ἐδώκατέ μοι φαγεῖν,   ἐδίψησα καὶ οὐκ ἐποτίσατέ με,   u[w]τ rell

43 ξένος ἤμην καὶ οὐ συνηγάγετέ με,   γυμνὸς καὶ οὐ περιεβάλετέ με   B uwτ rell
43 .... , <u>καὶ</u> γυμνὸς ἤμ········· ······ ·······   𝔭⁴⁵
43 ξένος ἤμην καὶ οὐ συνηγάγετέ με,   ℵ* 124 1424
43 ξένος ἤμην καὶ οὐ συνηγάγετέ με,   γυμνὸς καὶ οὐ περιεβάλετέ   ℵᶜ
43 ξένος ἤμην καὶ   συνηγάγετέ με,   γυμνὸς καὶ οὐ περιεβάλετέ με   Δ*
43 ξένος ἤμην καὶ οὐ συνηγάγετέ με, <u>καὶ</u>   γυμνὸς καὶ οὐ περιεβάλετέ με   Θ

ἀσθενὴς καὶ   ἐν φυλακῇ καὶ   οὐκ ἐπεσκέψασθέ με. 44 τότε   B uwτ rell
....   ······ καὶ   οὐκ ἐπεσκέψα········. 44   𝔭⁴⁵
ἀσθενὴς καὶ   ἐν φυλακῇ καὶ <u>ἐν φυλακῇ καὶ</u> οὐκ ἐπεσκέψασθέ με. 44 τότε   F*
ἀσθενὴς καὶ ο<u>ὐκ</u> ἐν φυλακῇ καὶ   οὐκ ἐπεσκέψασθέ με. 44 τότε   Δ*
ἀσθενὴς καὶ   ἐν φυλακῇ καὶ   οὐκ <u>ἤλθατε πρὸς</u> με. 44 τότε   1424

ἀποκριθήσονται   καὶ αὐτοὶ   λέγοντες, Κύριε, πότε   σε εἴδομεν πεινῶντα   B uw rell
....   ······ ········   ···············, Κύριε, πότε   σε εἴδομ··· ·········   𝔭⁴⁵
ἀποκριθήσονται   <u>αὐτῷ οἱ</u>   λέγοντες, Κύριε, πότε   σε εἴδομεν πεινῶντα   ℵ*
ἀποκριθήσονται   καὶ αὐτοὶ   λέγοντες, Κύριε, πότε <u>δὲ</u>   σε εἴδομεν πεινῶντα   G
ἀποκριθήσονται   καὶ αὐτοὶ <u>αὐτῷ</u>   λέγοντες, Κύριε, πότε   σε εἴδομεν πεινῶντα   1 1582* 118
ἀποκριθήσονται <u>αὐτῷ</u> καὶ αὐτοὶ   λέγοντες, Κύριε, πότε   σε εἴδομεν πεινῶντα   τ

ἢ διψῶντα ἢ ξένον ἢ γυμνὸν ἢ ἀσθενῆ ἢ   ἐν φυλακῇ καὶ οὐ διεκονήσαμέν σοι;   B*
········ ······ ······ ············ σθενῆ <u>καὶ</u> ἐν φυ······ ······ ······ ·······;   𝔭⁴⁵
ἢ διψῶντα ἢ ξένον ἢ γυμνὸν ἢ ἀσθενῆ ο<u>ὐκ</u> ἐν φυλακῇ καὶ ο<u>ὐκ ἠδιηκόνησαμέν</u> σοι;   ℵ
ἢ διψῶντα ἢ ξένον ἢ γυμνὸν ἢ ἀσθενῆ ἢ   ἐν φυλακῇ καὶ οὐ <u>δηακονήσαμέν</u> σοι;   A*
ἢ διψῶντα <u>ἢ ἀσθενῆ ἢ ξένον ἢ γυμνὸν</u> ἢ   ἐν φυλακῇ καὶ οὐ <u>διηκονήσαμέν</u> σοι;   157
ἢ διψῶντ··· ·········   ἢ γυμνὸν ἢ ἀσθενῆ ἢ   ἐν φυλακῇ καὶ οὐ <u>διηκονήσαμέν</u> σοι;   33
ἢ διψῶντα ἢ ξένον ἢ γυμνὸν ἢ ἀσθενῆ ἢ   ἐν φυλακῇ καὶ οὐ <u>διηκονήσαμέν</u> σοι;   Bᶜ uwτ rell

45 τότε ἀποκριθήσεται   αὐτοῖς λέγων, Ἀμὴν λέγω   ὑμῖν, ἐφ᾿ ὅσον οὐκ ἐποιήσατε   B uwτ rell
45 ········ ·········σεται   αὐτοῖς λέγ········   ὑμῖν, ἐφ᾿ ὅσον οὐκ ἐποιήσατε   𝔭⁴⁵
45 τότε ἀποκριθήσεται <u>καὶ</u> αὐτοῖς λέγων, Ἀμὴν λέγω   ὑμῖν, ἐφ᾿ ὅσον οὐκ ἐποιήσατε   U 124
45 τότε ἀποκριθήσεται <u>καὶ</u> αὐτοῖς λέγων, Ἀμὴν <u>λέγων</u>   ὑμῖν, ἐφ᾿ ὅσον οὐκ ἐποιήσατε   Θ
45 τότε ἀποκρι········   ···· τοῖς λέγων, Ἀμὴν λέγω   ὑμῖν, ἐφ᾿ ὅσον οὐκ ἐποιήσατε   33

ἑνὶ τούτων τῶν   ἐλαχίστων, οὐδὲ ἐμοὶ ἐποιήσατε. 46 καὶ   B uwτ rell
······ τούτων τῶν   ἐλ··············. 46 ·······   𝔭⁴⁵
ἑνὶ τούτων τῶν <u>ἀδελφ</u>   ἐλαχίστων, οὐδὲ ἐμοὶ ἐποιήσατε. 46 καὶ   E*
ἑνὶ τούτων τῶν   ἐλαχίστων, οὐδέ <u>μοι</u> ἐποιήσατε. 46 καὶ   Υ
ἑνὶ τούτων τῶν   ἐλαχίστων,   ἐμοὶ ἐποιήσατε. 46 καὶ   69
ἑνὶ τούτων ···   ········· ἐμοὶ ἐποιήσατε. 46 καὶ   33
ἑνὶ τούτων τῶν <u>ἀδελφῶν μου τῶν</u> ἐλαχίστων, οὐδὲ ἐμοὶ ἐποιήσατε. 46 καὶ   124 157
ἑνὶ τούτων τῶν   <u>μίκρων</u>,   οὐδὲ ἐμοὶ ἐποιήσατε. 46 καὶ   700

ἀπελεύσονται οὗτοι εἰς κόλασιν αἰώνιον, οἱ δὲ δίκαιοι   εἰς ζωὴν αἰώνιον.   B uwτ rell
················ται οὗτοι εἰς κό·········   ···················.   𝔭⁴⁵.
ἀπελεύσονται οὗτοι εἰς κόλασιν αἰώνιον.   Ω*
ἀπελεύσονται οὗτοι εἰς κόλασιν αἰώνιον, οἱ δὲ δίκαιοι <u>εἰ</u> εἰς ζωὴν αἰώνιον.   124
ἀπελεύσονται οὗτοι εἰς κόλασιν αἰών········ ······ ···············   ·······ὴν αἰώνιον.   33

[Cl Pd III 93.5 <u>καὶ ἀπελεύσονται</u> οἱ τοιοῦτοι <u>εἰς ζωὴν αἰωνιον</u>].

lac. 25.42-46 C H N P Q Γ

A 42 επεινασα ℵ A L W Θ ¦ επηνασα 579 | εδωκαται A | φαγεν L | εδειψησα D2 ¦ εδιψισα L | εποτεισατε D ¦ εποτησατε E L Θ 2* 33 579 1071 1424 ¦ εποτισαται W 43 ημιν (ημην) Ω | συνηγαγεται A D W | συνηγαγετ L* | περιεβαλεται ℵᶜ A D W | επεσκεψασθαι A D W Δ 44 λεγωντες U | ιδομεν A K L Θ Π 13 69 33 579 788 1071 1346 | ειδωμεν 2* 565 1424 | πινωντα ℵ A L W Θ 1071 | πεινοντα 565 ¦ πινοντα 579 | δειφωντα D ¦ δηψωντα 579 | διψοντα E* K | διηκονισαμεν 565 45 αποκριθησετε M 1071 | υμειν D | εποιησαται Θ | ινι (ενι) A 46 απελευσοντε 2* | οιτοι (ουτοι) Θ | ει (εις²) W

B 44 κ̅ε̅ B 𝔭⁴⁵ ℵ A D 𝔐 K L M S U W Δ Θ Π Ω f¹ 118 f¹³ 69 124 2 33 28 157 565 579 700 788 1071 1346 1424

C 46 τελος (post αιωνιον) D [κυριακη της αποκρεω· 25.31-46] E Y L 2 ¦ τελος της κυ, G 1346 ¦ τὲ τς αποκρ, M S Ω f¹ 118 124 788

These Sayings Of Jesus Are Finished
(Mark 14.1a; Luke 22.1)

ρμγ 26.1 Καὶ ἐγένετο ὅτε   ἐτέλεσεν ὁ Ἰησοῦς πάντας τοὺς λόγους τούτους, εἶπε   B **uwτ** rell
26.1 Καὶ ἐγένετο ⋯⋯   𝔓45
26.1 Καὶ ἐγένετο   <u>ἐοτέλεσεν</u> ὁ Ἰησοῦς πάντας τοὺς λόγους τούτους, <u>εἶπεν</u>   ℵ*
26.1 Καὶ ἐγένετο <u>ὁ</u>   <u>τέλεσεν</u> ὁ Ἰησοῦς πάντας τοὺς λόγους τούτους, <u>εἶπεν</u>   D*
26.1 Καὶ ἐγένετο ὅτε   ἐτέλεσεν ὁ Ἰησοῦς   τοὺς λόγους τούτους, <u>εἶπεν</u>   E 124* 565
26.1 Καὶ ἐγένετο ὅτε <u>συνετέλεσεν</u> ὁ Ἰησοῦς πάντας τοὺς λόγους τούτους, <u>εἶπεν</u>   M
26.1 Καὶ ἐγένετο <u>ὡς</u>   ἐτέλεσεν ὁ Ἰησοῦς πάντας τοὺς λόγους τούτους, εἶπε   U
26.1 Καὶ ἐγένετο ὅτε   ἐτέλεσεν ⋯⋯   33
26.1 Καὶ ἐγένετο ὅτε   ἐτέλεσεν ὁ Ἰησοῦς   τοὺς λόγους τούτους, εἶπε   157
26.1 Καὶ ἐγένετο ὅτε   <u>τέλεσεν</u> ὁ Ἰησοῦς πάντας τοὺς λόγους τούτους, <u>εἶπεν</u>   579
26.1 Καὶ ἐγένετο ὅτε   ἐτέλεσεν ὁ Ἰησοῦς πάντας τοὺς λόγους τούτους, <u>εἶπεν</u>   700 788
26.1   ἐγένετο ὅτε   ἐτέλεσεν ὁ Ἰησοῦς πάντας τοὺς λόγους τούτους, εἶπε   1346

τοῖς μαθηταῖς αὐτοῦ,   2 Οἴδατε ὅτι μετὰ δύο ἡμερας τὸ πάσχα γείνεται,   καὶ   B A
⋯οἷς μαθηταῖ⋯⋯⋯⋯⋯,   2 ⋯⋯⋯⋯⋯⋯⋯⋯⋯⋯⋯⋯⋯⋯⋯⋯⋯⋯⋯⋯⋯⋯⋯⋯⋯   𝔓45
τοῖς μαθηταῖς,   2   ὅτι μετὰ δύο ἡμερας τὸ πάσχα γείνεται,   καὶ   D
τοῖς <u>ἑαυτοῦ μαθηταῖς,</u> 2 Οἴδατε ὅτι μετὰ δύο ἡμερας τὸ πάσχα <u>γίνεται,</u>   καὶ   Y
τοῖς μαθηταῖς αὐτοῦ,   2 Οἴδατε ὅτι <u>μεθ</u> <u>ἡμερας</u> <u>δύο</u> τὸ πάσχα γείνεται,   καὶ   W
τοῖς μαθηταῖς αὐτοῦ,   2 Οἴδατε ὅτι μετὰ ⋯⋯⋯⋯⋯⋯⋯⋯⋯⋯⋯⋯⋯⋯⋯⋯   33
τοῖς μαθηταῖς αὐτοῦ,   2 Οἴδατε ὅτι μετὰ δύο ἡμερας τὸ πάσχα <u>γίνεται,</u>   καὶ   **uwτ** rell

ὁ υἱὸς τοῦ ἀνθρώπου παραδίδοται   εἰς τὸ σταυρωθῆναι.   B **uwτ** rell
⋯ υἱὸς τοῦ ⋯⋯⋯⋯⋯⋯   𝔓45
ὁ υἱὸς τοῦ ἀνθρώπου <u>παραδοθήσεται</u> εἰς τὸ σταυρωθῆναι.   Θ 700
⋯⋯ ⋯⋯⋯⋯ <u>⋯παδίδοται</u>   εἰς τὸ σταυρωθῆναι.   33

The Plot To Arrest Jesus And Kill Him
(Mark 14.1b-2; Luke 22.2; John 11.45-53)

3 Τότε συνήχθησαν οἱ ἀρχιερεῖς   καὶ οἱ πρεσβύτεροι   B*
3 ⋯⋯⋯⋯⋯⋯⋯⋯⋯ <u>ἱερεῖς</u>   ⋯⋯⋯ ⋯⋯⋯⋯⋯⋯   𝔓45
3 Τότε συνήχθησαν οἱ ἀρχιερεῖς <u>καὶ</u> <u>οἱ</u> <u>γραμματεῖς</u> καὶ οἱ πρεσβύτεροι <u>τοῦ λαοῦ</u>   𝕸 K M U Π 2 28 157
3 ⋯⋯⋯⋯⋯⋯⋯⋯⋯⋯⋯⋯⋯⋯⋯⋯⋯⋯⋯⋯⋯⋯⋯⋯⋯⋯⋯⋯⋯⋯⋯⋯   H   [↑579 1346 τ
3 Τότε συνήχθησαν οἱ ἀρχιερεῖς <u>καὶ</u> <u>οἱ</u> <u>Φαρισαῖοι</u> καὶ οἱ πρεσβύτεροι <u>τοῦ λαου</u>   W
3 Τότε συνήχθησαν οἱ ἀρχιερεῖς <u>καὶ</u>   <u>γραμματεῖς</u> καὶ οἱ πρεσβύτεροι <u>τοῦ λαου</u>   S Δ Ω
3 Τότε <u>συν</u>⋯⋯⋯   ⋯⋯⋯ ⋯⋯⋯⋯⋯⋯ <u>λαου</u>   33
3 Τότε συνήχθησαν οἱ ἀρχιερεῖς <u>καὶ</u> <u>οἱ</u> <u>πρεσβύτεροι</u> <u>καὶ</u> <u>οἱ</u> <u>γραμματεῖς</u> <u>τοῦ λαου</u>   1071
3 Τότε συνήχθησαν οἱ ἀρχιερεῖς   καὶ οἱ πρεσβύτεροι <u>τοῦ λαου</u>   Bᶜ ℵ A D L Θ *f*¹ *f*¹³
                                                     565 700 788 1424 **uw**

εἰς τὴν αὐλήν τοῦ ἀρχιερέως τοῦ λεγομένου Καϊάφα, 4 καὶ συνεβουλεύσαντο   B **uwτ** rell
⋯⋯⋯⋯⋯⋯⋯⋯⋯⋯ υ λεγομ⋯⋯⋯⋯⋯   4 ⋯⋯⋯⋯⋯⋯⋯⋯⋯   𝔓45
εἰς τὴν αὐλήν τοῦ ἀρχιερέως τοῦ λεγομένου <u>Καῖφα,</u> 4 καὶ <u>συνεβουλεύοντο</u>   D
εἰς τὴν αὐλήν τοῦ ἀρχιερέως τοῦ ⋯⋯⋯⋯⋯   4 ⋯⋯⋯⋯⋯⋯⋯⋯⋯   33

---

lac. 26.1-4 C H N P Q Γ ¦ vss. 1-3 H

A **26.1** ετελεν K ǀ λογου L ǀ τους (τουτους) W ǀ ειπεν ℵ A D F G K L S W Δ Θ Π Ω *f*¹ 124 2 28 1071 1424 **2** γινετε 13 1071 ǀ παραδιδοτε E* W 28 69 579 ǀ σταυροθηναι Θ* **3** αρχειερεις D ǀ αυτην (αυλην) Δ* ǀ λεγωμενου L 13 **4** εσυνεβουλευσαντο 157

B 26.1 ιϲ B ℵ A 𝕸 K L M S U W Δ Θ Π Ω *f*¹ 118 *f*¹³ 124 2 28 157 565 579 700 788 1071 1346 1424 ¦ ιηϲ D **2** υϲ A 𝕸 K L M S U Π Ω *f*¹ 2 28 565 1424 ǀ ανου ℵ A 𝕸 K L M S U W Δ Θ Π Ω *f*¹ 118 *f*¹³ 69 124 2 28 157 565 579 700 788 1071 1346 1424 ǀ στρωθηναι S 118 *f*¹³ 69 124 157 579 788 1071 1346

C 26.2 αρχη: της μεγαλης ε ειπεν ο κϲ τοις εαυτου μαθηταις: E ¦ αρχη F L ǀ αρχη: τη μεγαλ ε ειπ, τοις εαυτου μαθ οιδατ, G ¦ αρχ: τη μγ ε ειπεν ο κϲ τοις εαυτ μαθ. οιδατε οτι μετα β̄ ημε, Y ¦ αρχ: Μθ τη μγλ ε ειπεν ο κϲ τοις εαυτ μαθ οιδατε οτι μετα β̄ ημερας, M ¦ αρχ: ειπεν ο κϲ τοις εαυτου μαθηταις οιδατε (om. 2) Θ 2 (+ ξ̄β τη μγ ε 2) ¦ τη αγια μγ ε ειπ ο κϲ τ, μαθηταις οιδατε Ω ¦ αρχ ρζ̄ τη λ,τύ τϲ μ,τ ε ειπ ο κϲ τοις ε οιδατε οτι μ,τ δυο *f*¹ ¦ αρχ τη αγ̄ και μεγλ ε ειπεν ο κϲ τοις εαυτου μθ οιδατε 118 ¦ αρχ. εις τ λειτ τϲ αγιου ε̄ 124 1346 ¦ αρχ τη μ,γλ ε εις τ τελ: ειπεν ο κϲ τϲ εαυτου μαθητ οιδατε οτι μετα δυο ημερας 28 ¦ αρχ τη μγλ ε̄ 157 ¦ αρχ τη μγ ε εις τ λειτουργς 788 ¦ αρχ: 1071 ¦ αρχη ειπεν ο κϲ τοις εα 1424 ¦ τελος της μεγαλης γ (εωθ G) (post σταυρωθ.) E G Y M² Ω *f*¹ 118 ¦ τελ *f*¹³ 2 157 788 1071 1346 ¦ τϲ τϲ αγ γ̄ 124 ¦ τελ τϲ μ,γλ γ̄ εις τ λ,του 28 ¦ τϲ τϲ γ̄ 700 **3** αρχ 157

D 26.1 σ̄ο̄δ̄/α A Y U ¦ σ̄ο̄δ̄ Θ 2 σ̄ο̄δ̄/α E M S Π Ω 118 124 28 1071 1424 ¦ σ̄ο̄δ̄ F K *f*¹ *f*¹³ 2 157 579 1346 ¦ σ̄ο̄δ̄/ε G ¦ σ̄ο̄δ̄/β 788 ¦ Ευ Μθ σ̄ο̄δ̄ : Ιω κ̄ : Λο σ̄ξ̄ : Μρ ρνϲ̄ E ¦ Μθ σ̄ο̄δ̄ : Μρ ρνϲ̄ : Λο ρξ̄ : Ιω κ̄ M ¦ Μθ σ̄ο̄δ̄ : Μρ ρνϲ̄ : Λο σ̄ξ̄ : Ιω μϲ̄, ο̄ϲ 124 ǀ (ante το πασχα) σ̄ο̄δ̄ D **3** σ̄ο̄ε̄/ϲ A G L Y Π Ω 118 124 28 788 1071 ¦ σ̄ο̄ε D F K Θ *f*¹ *f*¹³ 2 157 579 1346 ¦ σ̄ο̄ε̄/ε E ¦ σ̄ο̄ε̄/β S U ¦ Ευ Μθ σ̄ο̄ε̄ : Ιω . : Λο . : Μρ ρνζ̄ E ¦ Μθ σ̄ο̄ε̄ : Μρ ρνζ̄ : Λο σ̄δ̄ : Ιω μ,η M ¦ Μθ σ̄ο̄ε̄ : Μρ ρνζ̄ : Λο : Ιω 124

ἵνα τὸν Ἰησοῦν δόλῳ κρατήσωσιν·			5 ἔλεγον δέ, Μὴ ἐν τῇ ἑορτῇ, ἵνα μὴ		B*
ἵνα τὸν Ἰησοῦν δόλῳ κρατήσωσι καὶ ἀποκτείνωσιν	5 ἔλεγον δέ, Μὴ ἐν τῇ ἑορτῇ, μήποτε		L 700
ἵνα τὸν Ἰησοῦν δόλῳ κρατήσωσι καὶ ἀπ............	5	33
ἵνα τὸν Ἰησοῦν δόλῳ κρατήσουσι καὶ ἀποκτείνωσιν·	5 ἔλεγον δέ, Μὴ ἐν τῇ ἑορτῇ, ἵνα μὴ		28
ἵνα τὸν Ἰησοῦν δόλῳ κρατήσωσιν καὶ ἀποκτείνωσιν·	5 ἔλεγον δέ, Μὴ ἐν ἑορτῇ, ἵνα μὴ		157*
ἵνα τὸν Ἰησοῦν δόλῳ κρατήσωσιν καὶ ἀπολέσωσιν·	5 ἔλεγον δέ, Μὴ ἐν τῇ ἑορτῇ, ἵνα μὴ		579
ἵνα τὸν Ἰησοῦν κρατήσωσι δόλῳ καὶ ἀποκτείνωσιν·	5 ἔλεγον δέ, Μὴ ἐν τῇ ἑορτῇ, ἵνα μὴ		τ
ἵνα τὸν Ἰησοῦν δόλῳ κρατήσωσιν καὶ ἀποκτείνωσιν·	5 ἔλεγον δέ, Μὴ ἐν τῇ ἑορτῇ, ἵνα μὴ		uw rell

θόρυβος γένηται ἐν τῷ λαῷ·		B uwτ rell s
θόρυβος γίνηται ἐν τῷ λαῷ·		F
γένηται θόρυβος ἐν τῷ λαῷ·		Θ

ξβ̅ περὶ τῆς ἀλειψάσης τὸν κύριον μύρῳ

A Woman Anoints Jesus In The Home Of Simon The Leper
(Mark 14.3-9; Luke 7.36-50; John 12.1-8)

ρμδ̅ 6 Τοῦ δὲ Ἰησοῦ γενομένου ἐν Βηθανίᾳ ἐν οἰκίᾳ Σίμωνος τοῦ λεπροῦ,		B uwτ rell
6 .... ἐν Βη.....								𝔭45
6 Τοῦ δὲ Ἰησοῦ γενομένου ἐν Βηθανίᾳ ἐν οἰκίᾳ Σίμωνος τοῦ λεπρωσοῦ,		D*
6 Τοῦ δὲ Ἰησοῦ γενομένου ἐν Βιθανίᾳ ἐν οἰκίᾳ Σίμωνος τοῦ λεπροῦ,		E K Ω 69 2
6 Τοῦ δὲ Ἰησοῦ γενομένου ἐν Βιθανίᾳ ἐν οἰκίᾳ Σίμονος τοῦ λεπροῦ,		H
6 Τοῦ δὲ Ἰησοῦ γενομένου ἐν Βηθανίᾳ ἐν οἰκίᾳ Σείμωνος τοῦ λεπροῦ,		1346

7 προσῆλθεν αὐτῷ γυνὴ ἔχουσα ἀλάβαστρον μύρου βαρυτείμου καὶ κατέχεεν ἐπὶ		B
7 ....θεν αὐ.....						.....ατέχ....	𝔭45
7 προσῆλθεν αὐτῷ γυνὴ ἔχουσα ἀλάβαστρον μύρου πολυτίμου καὶ κατέχεεν ἐπὶ		ℵ D L Θ 33
7 προσῆλθεν αὐτῷ γυνὴ ἀλάβαστρον μύρου ἔχουσα πολυτίμου καὶ κατέχεεν ἐπὶ		A
7 προσῆλθεν αὐτῷ γυνὴ ἀλάβαστρον μύρου ἔχουσα βαρυτίμου κατέχεεν ἐπὶ		Υ*
7 προσῆλθεν αὐτῷ γυνὴ ἀλάβαστρον μύρου ἔχουσα πολυτίμου καὶ κατέχεεν ἐπὶ		M Π 565 1424
7 προσῆλθεν αὐτῷ γυνὴ ἔχουσα ἀλάβαστρον μύρου βαρυτίμου καὶ κατέχεεν ἐπὶ		f13 700 788 1346 uw
7 προσῆλθεν αὐτῷ γυνὴ ἀλάβαστρον ἔχουσα μύρου πολυτίμου καὶ κατέχεεν ἐπὶ		157
7 προσῆλθεν γυνὴ ἀλάβαστρον μύρου ἔχουσα βαρυτίμου καὶ κατέχεεν ἐπὶ		579 [↓1071 τ
7 προσῆλθεν αὐτῷ γυνὴ ἀλάβαστρον μύρου ἔχουσα βαρυτίμου καὶ κατέχεεν ἐπὶ		𝔐 K U W Δ f1 2 28

τῆς κεφαλῆς αὐτοῦ ἀνακειμένου.		8 ἰδόντες δὲ οἱ μαθηταὶ	ἠγανάκτησαν	B ℵ Θ 69 700
....		8 ....ς δὲ	....	𝔭45 [↑788 uw
τῆς κεφαλῆς αὐτοῦ ἀνακειμένου αὐτοῦ.	8 ἰδόντες δὲ οἱ μαθηταὶ	ἠγανάκτησαν	D
τὴν κεφαλὴν αὐτοῦ ἀνακειμένου.		8 ἰδόντες δὲ οἱ μαθηταὶ	ἠγανάκτησαν	L 124 33 1071
τῆς κεφαλῆς αὐτοῦ ἀνακειμένου.		8 ἰδόντες δὲ οἱ μαθηταὶ αὐτοῦ	ἠγανάκτησαν	M f1 f13
τὴν κεφαλὴν αὐτοῦ ἀνακειμένου.		8 ἰδόντες δὲ οἱ μαθηταὶ αὐτοῦ	ἠγανάκτησαν	157
τοῖς κεφαλοῖς αὐτοῦ ἀνακειμένου.		8 ἰδόντες δὲ οἱ μαθηταὶ αὐτοῦ	ἠγανάκτησαν	1346
τὴν κεφαλὴν αὐτοῦ ἀνακειμένου.		8 ἰδόντες δὲ οἱ μαθηταὶ αὐτοῦ	ἠγανάκτησαν	A 𝔐 K U W Δ Π
										2 28 565 579 1424 τ

lac. 26. 4-8 C N P Q Γ ¦ vss. 4 - 5 𝔭45

A 4 κρατησωσι S Y M U Ω f1 118 157 700 788 ¦ κρατισωσιν 2 ¦ αποκτινωσιν W Θ ¦ αποκτεινωσι 28 5 ελεγων E* ¦ εωρτη K 6 οικεια D W 7 πολυτειμου D ¦ βαρυτυμου K ¦ ανακιμενου ℵ 8 ηι (οι) 124 ¦ μαθητε Θ

B 4 ιν̅ B ℵ A 𝔐 K L M S U W Δ Θ Π Ω f1 118 f13 124 2 33 28 157 565 579 700 788 1071 1346 1424 ¦ ιην̅ D 6 ιυ̅ ℵ A 𝔐 K L M S U W Δ Θ Π Ω f1 118 f13 124 2 33 28 157 565 579 700 788 1071 1346 1424 ¦ ιηυ̅ D

C 5 τη μεγαλη δ F ¦ τελ 157 6 ξβ̅ περι της αλειψασης (αληψασης E* L 124 1346 ¦ αληψασεις K 579 ¦ αλιψησης Δ ¦ αληψασις 2) τον κν̅ μυρω (μυρων L): E F H Y K L S U Δ Π Ω f1 124 2 28 157 579 788 1071 1346 1424 ¦ Μρ μδ̅ Λο κα Ιω ιβ̅ Π ¦ αρχη: της μεγαλης ε ειπεν ο κς̅ τοις εαυτου μαθηταις E ¦ της μεγαλης τετραλος E ¦ αρχη: τη μεγ δ̅ εις τ προηγι G ¦ τη μγ δ̅ τω κ, του ιυ̅ γενομ, H ¦ αρχ: τη μγ δ̅ αρχ του ιυ̅ γενομενου εν βηθα, Υ ¦ τη αγια και μγ̅ δ̅ εσπερας: τω καιρ,ω του ιυ̅ γενομενου εν β, K ¦ Μθ τη μγλ δ̅ του ιυ̅ γενομενου εν βηθα, M ¦ τη αγια δ̅ 5 ¦ τη αγια δ̅ τω καιρω Ω ¦ αρχ ρη τη λ, τγ τς μ, γ δ του ιυ̅ γενομενου εν βηθανια f1 ¦ αρχ ρη τη αγ και μεγλ δ εις τ λειτουργ: του ιυ̅ γενομενου 118 ¦ αρχ εις τ λειτγ τς ας ε f13 ¦ αρχ του ορθ τς αγιας δ̅ 124 788 ¦ αρχη: τη μεγ δ̅ 2 ¦ αρχ τς μ,γλ δ̅ τω καιρω εκεινω του ιυ̅ γενομενου εν βηθανι εις τ λ,τρ μγ δ̅ 28 ¦ αρχ εις τον αγιασμον του μυρου και εις την λειτοργιαν της μγ δ̅ 157 ¦ αρχ: τη ανακ μγ ε̅ εις τ λειπ 1071 ¦ αρχ 1346

D 6 σος̅/α̅ A E L S U Υ Π Ω 118 124 28 788 1071 1424 ¦ σος̅ D F H K f1 f13 2 157 579 1346 ¦ σος̅/ς̅ G ¦ Ευ Μθ σος̅ : Ιω φη̅ : Λο οα̅ : Μρ ρνη̅ E ¦ Μθ σος̅ : Μρ ρνη̅ : Ιω φς̅, φη̅ M ¦ Μρ μδ̅ : Λο κα̅ : Ιω ιβ̅ L ¦ Μθ σος̅ : Μρ ρκη̅ : Λο οδ̅ : Ιω φη̅ 124

λέγοντες, Εἰς τί ἡ ἀπώλεια αὕτη;   9 ἐδύνατο γὰρ τοῦτο   B* א L W Δ Π 565 uw
....   9 ἐδύ······· ······ ....   φ⁴⁵
λέγοντες, Εἰς τί ἡ ἀπώλεια αὕτη;   9 ἠδύνατο γὰρ τοῦτο   Bᶜ A D 1 1582* 118
λέγοντες, Εἰς τί ἡ ἀπώλεια αὕτη;   9 ἐδύνατο τοῦτο τὸ μύρον   K 579 1071
λέγοντες, Εἰς τί ἡ ἀπώλεια αὕτη;   9 ἐδύνατο γὰρ   Θ
λέγοντες, Εἰς τί ἡ ἀπώλεια αὕτη τοῦ μύρου; 9 ἠδύνατο γὰρ   157   [↓788 1346 1424 τ
λέγοντες, Εἰς τί ἡ ἀπώλεια αὕτη;   9 ἠδύνατο γὰρ τοῦτο τὸ μύρον   𝔐 M U 1582ᶜ f¹³ 2 33 28 700

πραθῆναι πολλοῦ καὶ δοθῆναι   πτωχοῖς. 10 γνοὺς δὲ ὁ Ἰησοῦς B א F G L M Θ f¹ f¹³ 2 33 565 788 1071
················· ················ ···········   10 ·νοὺς ··· ···   φ⁴⁵   [↑1346 1424 uw
πραθῆναι πολλοῦ καὶ δοθῆναι τοῖς πτωχοῖς. 10 γνοὺς δὲ   Ἰησοῦς D S*
πραθῆναι   καὶ δοθῆναι   πτωχοῖς. 10 γνοὺς δὲ ὁ Ἰησοῦς 579
πραθῆναι πολλοῦ καὶ δοθῆναι τοῖς πτωχοῖς. 10 γνοὺς δὲ ὁ Ἰησοῦς A 𝔐 K U W Δ Π 124 28 157 700 τ

εἶπεν αὐτοῖς, Τί κόπους παρέχετε   τῇ γυναικί; ἔργον γὰρ καλόν,   B 118 uwt rell
············· ·············· ··········   ·········· αικί; ··· ··· ··········   φ⁴⁵
εἶπεν αὐτοῖς, Τί κόπους παρέχετε ἐν τῇ γυναικί; ἔργον γὰρ καλόν,   E*
εἶπεν αὐτοῖς, Τί κόπους παρέχετε   τῇ γυναικί; ἔργον   καλόν,   f¹

ἠργάσατο εἰς ἐμέ· 11 πάντοτε γὰρ τοὺς πτωχοὺς ἔχετε μεθ' ἑαυτῶν,   B* א* D W f¹³ 2* 788 uw
εἰργάσατο εἰς ἐμέ· 11 τοὺς πτωχοὺς γὰρ πάντοτε ἔχετε μεθ' ἑαυτῶν,   E F H 118 28 69 157 700 1424
εἰργάσατο ἐν ἐμοί· 11 τοὺς πτωχοὺς γὰρ πάντοτε ἔχετε μεθ' ἑαυτῶν,   M
ἠργάσατο εἰς ἐμέ· 11 πάντοτε   τοὺς πτωχοὺς ἔχετε μεθ' ἑαυτῶν,   Θ
εἰργάσατο εἰς ἐμέ· 11 πάντοτε γὰρ τοὺς πτωχοὺς ἔχετε μεθ' ἑαυτῶν,   Bᶜ אᶜ A G Y K L S U Δ Π Ω f¹
                                                                                         124ᶜ 2ᶜ 33 565 579 1071 1346 τ

ἐμὲ δὲ οὐ πάντοτε ἔχετε· 12 βαλοῦσα γὰρ αὕτη τὸ μύρον τοῦτο ἐπὶ τοῦ σώματός   B uwt rell
ἐμὲ δὲ οὐ πάντοτε ἔχετε· 12 βαλλοῦσα γὰρ αὕτη τὸ μύρον τοῦτο ἐπὶ τοῦ σώματός   W

μου πρὸς τὸ ἐνταφιάσαι με ἐποίησεν. 13 ἀμὴν   λέγω ὑμῖν, ὅπου ἐὰν κηρυχθῇ τὸ   B* uwt rell
μου πρὸς τὸ ἐνταφιάσαι με ἐποίησεν. 13 ἀμὴν δὲ   λέγω ὑμῖν, ὅπου ἐὰν κηρυχθῇ τὸ   Bᶜ Δ
μου πρὸς τὸ ἐνταφιάσαι με ἐποίησεν. 13 ἀμὴν   λέγω ὑμῖν, ὅπου ἂν κηρυχθῇ τὸ   D L Θ 69
μου πρὸς τὸ ἐνταφιάσαι με ἐποίησεν. 13 ἀμὴν γὰρ λέγω ὑμῖν, ὅπου ἐὰν κηρυχθῇ τὸ   1071

εὐαγγέλιον τοῦτο ἐν ὅλῳ τῷ κόσμῳ, λαληθήσεται καὶ ὃ ἐποίησεν B uwt rell
εὐαγγέλιον τοῦτο ἐν ὅλῳ τῷ κόσμῳ, λαληθήσεται   Θ
εὐαγγέλιον τοῦτο,   λαληθήσεται καὶ ὃ ἐποίησεν 28
εὐαγγέλιον   ἐν ὅλῳ τῷ κόσμῳ,   καὶ ὃ ἐποίησεν 69

αὕτη εἰς μνημόσυνον αὐτῆς.   B uwt rell
        εἰς μνημόσυνον αὐτῆς.   Θ
αὕτη εἰς μνημόσυνας.   28

Judas's Agreement To Deliver Jesus To The Chief Priests
(Mark 14.10-11; Luke 22.3-6)

ρμε 14 Τότε πορευθεὶς εἷς τῶν δώδεκα,   ὁ λεγόμενος Ἰούδας   Ἰσκαριώτης, πρὸς τοὺς B uwt rell
      14 Τότε πορευθεὶς εἷς τῶν δώδεκα,   ὁ λεγόμενος Ἰούδας   Σκαριώτης, πρὸς τοὺς   D
      14 Τότε πορευθεὶς εἷς τῶν δέκα δύο, ὁ λεγόμενος Ἰούδας   Ἰσκαριώτης, πρὸς τοὺς W
      14 Τότε πορευθεὶς εἷς τῶν δώδεκα,   ὁ λεγόμενος Ἰούδας ὁ Ἰσκαριώτης, πρὸς τοὺς 118 2 579

E 26.8-14 φ⁴⁵ C N P Q Γ

A 8 ις (εις) Θ ¦ απωλια א W 28 ¦ απολεια F 13 2 ¦ ααπωλεια Θ ¦ αυτι 2 9 πολου Θ* ¦ δωθηναι 579 10 τοις (αυτοις) G ¦ παρεχεται A D L W 13 2 579 ¦ τι (τη) L ¦ γυνεκι א ¦ γυναικει D W ¦ ειγασατο Δ 11 εχεται¹ W 2 ¦ εαυτον E* 579 ¦ εχεται² A W 12 τουτου 13 ¦ σωματοσματος D* ¦ ενταφηασαι F ¦ ενταφιασε L ¦ ενταφασε 2 ¦ μαι (με) E* 13 υμειν, ολο D ¦ εβαγγελιον 579 ¦ τουτου U 579 1071 ¦ το (τω) 579 ¦ κωσμω Θ ¦ λαληθησετε א ¦ μνημοσυν F* ¦ μνημωσυνον Θ 14 πορευθις א

B 10 ι̅ς̅ B א A E F G H Y K L M S U W Δ Θ Π Ω f¹ 118 f¹³ 124 2 33 28 157 565 579 700 788 1071 1346 1424 ¦ ι̅η̅ς̅ D 14 ι̅β̅ א D

C 13 τε̅ τς ·· Ω

D 10 σ̅ο̅ζ̅ F H K f¹ 2 157 579 ¦ σ̅ο̅ζ̅/δ̅ G Y Π 118 (sic!) 1071 12 σ̅ο̅ζ̅/δ̅ א M S U Ω 124 28 788 1424 ¦ σ̅ο̅ζ̅/ι A ¦ σ̅ο̅ζ̅ D 1346 ¦ σ̅ο̅ζ̅/ε E ¦ σ̅ο̅ζ̅/α 118 ¦ Ευ Μθ σ̅ο̅ζ̅ : Ιω . : Λο . : Μρ ρ̅ν̅θ̅ E ¦ Μθ σ̅ο̅ζ̅ : Μρ ρνη, ρνθ : Ιω π Μ ¦ Μθ σ̅ο̅ζ̅ : Μρ ρ̅κ̅θ̅ : Λο . : Ιω . 124 14 σ̅ο̅η̅/β̅ א A E G L M S U Ω 118 124 28 788 1424 ¦ σ̅ο̅η̅ F H K Θ Π f¹ 157 579 1346 (ante οι δε εστησαν 2) ¦ σ̅ο̅η̅/α Y ¦ Ευ Μθ σ̅ο̅η̅ : Ιω σ̅ξ̅γ̅ : Λο . : Μρ ρ̅ξ̅ E ¦ Μρ μ̅ε̅ : Λο ο̅β̅ L ¦ Μθ σ̅ο̅η̅ : Μρ ρ̅ξ̅ : Λο σ̅ξ̅γ̅ : Ιω ο̅β̅ Μ ¦ Μθ σ̅ο̅η̅ : Μρ ρ̅ξ̅ : Λο σ̅ξ̅γ̅ : Ιω . 124

257

ἀρχιερεῖς 15   εἶπεν,   Τί θέλετέ μοι δοῦναι κἀγὼ   ὑμῖν   B A E* Y K L Π Ω 118 f¹³ 2 33 28 157
ἀρχιερεῖς 15   εἶπεν,   Τί θέλετέ μοι δῶνε   καὶ ἐγὼ   ὑμῖν   ℵ   [↑565 788 1346 uwτ
ἀρχιερεῖς 15 καὶ   εἶπεν αὐτοῖς, Τί θέλετέ μοι δοῦναι καὶ ἐγὼ ὑμῖν   D   [↓1424
ἀρχιερεῖς 15   εἶπεν,   Τί θέλετέ μοι δοῦναι καὶ ἐγὼ ὑμῖν   𝔐 M U W Δ Θ f¹ 124 579 700 1071

παραδώσω αὐτόν; οἱ δὲ ἔστησαν αὐτῷ   τριάκοντα   ἀργύρια.   B uwτ rell
παραδώσω αὐτόν; οἱ δὲ ἔστησαν αὐτῶν τριάκοντα   ἀργυρᾶ.   A
παραδώσω αὐτόν; οἷς δὲ ἔστησαν αὐτῷ τριάκοντα στατήρας.   D*
παραδώσω αὐτόν; οἱ δὲ ἔστησαν αὐτῷ   τριάκοντα στατήρας.   Dᶜ
παραδῶ   αὐτόν; οἱ δὲ ἔστησαν αὐτῷ   τριάκοντα   ἀργύρια.   W
παραδώσω αὐτόν; οἱ δὲ ἔστησαν αὐτῷ   τριάκοντα στατήρας ἀργυρίου.   1 1582*
αὐτόν παραδώσω; οἱ δὲ ἔστησαν αὐτῷ   τριάκοντα   ἀργύρια.   157

16 καὶ ἀπὸ τότε ἐζήτει εὐκαιρίαν ἵνα αὐτὸν παραδῷ.   B uwτ rell
16 καὶ ἀποτε   ἐζήτει εὐκαιρίαν ἵνα αὐτὸν παραδῷ αὐτοῖς.   D
16 καὶ ἀπὸ τότε ἐζήτει εὐκαιρίαν ἵνα αὐτὸν παραδῷ αὐτοῖς.   Θ
16 καὶ ἀπὸ τότε   εὐκαιρίαν ἵνα αὐτὸν παραδῷ.   1582*

ξγ̅   περὶ τοῦ πάσχα

Jesus Celebrates The Passover With The Disciples
(Mark 14.12-21; Luke 22.7-14, 21-26; John 13.21-30)

ρμ̅ε̅ 17 Τῇ δὲ πρώτῃ τῶν ἀζύμων προσῆλθον   οἱ μαθηταὶ   B uwτ rell
     17 Τῇ δὲ πρώτῃ τῶν ἀζύμων προσῆλθον   οἱ μαθηταὶ αὐτοῦ   M²
     17 Τῇ δὲ πρώτῃ τῶν ἀζύμων προσῆλθον αὐτῷ οἱ μαθηταὶ αὐτοῦ   28

                                                                    [↓700 788 1071 uw
τῷ Ἰησοῦ λέγοντες,   Ποῦ θέλεις   ἑτοιμάσωμέν σοι φαγεῖν τὸ   B ℵ L Δ Θ Π 33 565 579
τῷ Ἰησοῦ λέγοντες,   Ποῦ θέλεις   ἑτοιμάσομέν σοι φαγεῖν τὸ   D K 69
λέγοντες αὐτῷ,   Ποῦ θέλεις   ἑτοιμάσωμέν σοι φαγεῖν τὸ   M²
λέγοντες   τῷ Ἰησοῦ, Ποῦ θέλεις ἀπελθόντες ἑτοιμάσωμέν σοι φαγεῖν τὸ   W
λέγοντες   τῷ Ἰησοῦ, Ποῦ θέλεις   ἑτοιμάσομέν σοι φαγεῖν τὸ   f¹
τῷ Ἰησοῦ λέγοντες αὐτῷ, Ποῦ θέλεις ἀπελθόντες ἑτοιμάσωμέν σοι φαγεῖν τὸ   f¹³ 1346
         λέγοντες,   Ποῦ θέλεις   ἑτοιμάσωμέν σοι φαγεῖν τὸ   28
τῷ Ἰησοῦ λέγοντες αὐτῷ, Ποῦ θέλεις   ἑτοιμάσομέν σοι φαγεῖν τὸ   U 118 157
τῷ Ἰησοῦ λέγοντες αὐτῷ, Ποῦ θέλεις   ἑτοιμάσωμέν σοι φαγεῖν τὸ   A 𝔐 M* 124 2 1424 τ

[Cl F 28 που θελεις ετοιμασωμεν σοι το πασχα φαγειν;]

πάσχα; 18 ὁ δὲ   εἶπεν,   Ὑπάγετε εἰς τὴν   πόλιν πρὸς τὸν δεῖνα   B uwτ rell
πάσχα; 18 ὁ δὲ   εἶπεν αὐτοῖς Ὑπάγετε εἰς τὴν   πόλιν πρὸς τὸν δεῖνα   K 1424
πάσχα; 18 ὁ δὲ Ἰησοῦς εἶπεν,   Ὑπάγετε εἰς τὴν   πόλιν πρὸς τὸν δεῖνα   L 33
πάσχα; 18 ὁ δὲ Ἰησοῦς εἶπεν αὐτοῖς, Ὑπάγετε εἰς τὴν   πόλιν πρὸς τὸν δεῖνα   M Θ f¹³ 788
πάσχα; 18 ὁ δὲ   εἶπεν,   Ὑπάγετε εἰς τὴν ἀπέναντι πόλιν πρὸς τὸν δεῖνα 1071 [↑1346

καὶ εἴπατε αὐτῷ, Ὁ διδάσκαλος λέγει, Ὁ καιρός μου   ἐγγύς ἐστιν· πρὸς σὲ ποιῶ   B uwτ rell
καὶ εἴπατε αὐτῷ,   Ὁ καιρός μου   ἐγγύς ἐστιν· πρὸς σὲ ποιῶ   A
καὶ εἴπατε αὐτῷ, Ὁ διδάσκαλος λέγει, Ὁ καιρός μου   ἐγγύς ἐστιν· πρὸς σὲ ποιήσω D
καὶ εἴπατε αὐτῷ, Ὁ διδάσκαλος λέγει, Ὁ καιρός ὁ ἐμὸς ἐγγύς ἐστιν· πρὸς σὲ ποιῶ   157

---

lac. 26.14-18 𝔓⁴⁵ C N P Q Γ

A 14 αρχιερις ℵ 15 ειπε Y 118 157 | θελεται ℵ A W 2 | υμειν D | παραδοσω 565 | εστισαν E* 1424 | αυτο (αυτω) K 16 τωτε Θ |
εζητι ℵ E W Θ 2* | ευκεριαν ℵ K 2* | αυτων E* 579 17 τι (τη) L | προτη Θ | θελις ℵ W 13 | θελης 157 579 | ετοιμιασωμεν L |
φαγιν ℵ | πασα (πασχα) F* 18 υπαγεται W 2* 579 | πολην E | δινα ℵ A L W Θ 1582* | καρος K | ενγυς D | εστι S Y M U Ω f¹
118 28 157 565 700 788 | προ (προς) 69*

B 15 λ̅ ℵ D 17 ι̅υ̅ B ℵ A 𝔐 K L M* S U W Δ Θ Π Ω f¹ f¹³ 124 2 33 157 565 579 700 788 1071 1346 1424 ¦ ιη̅υ̅ D 18 ι̅ς̅ L M Θ
f¹³ 124 33 788 1346

C 16 τελος τ δ̅ (post παραδω) E 118 ¦ τελος F Y 124 2 157 579 788 1346 ¦ τελος της μεγ δ̅ εις τα προηγι G ¦ τελος της μεγ δ̅ H M
S f¹ 118 ¦ ξ̅γ̅ πε ετοιμασι του πασχ ερ,ω Ω ¦ τελ τς μ,γλ δ̅ εσπερας 28 17 ξ̅γ̅ περι του πασχα: E F G H K f¹ f¹³ 124 2 157 579
788 ¦ ξ̅γ̅ πε της ετοιμασιας του πασχα Δ ¦ ξ̅γ̅ πε της ετοιμασιας (ετοιμασεως 1071) του πασχα (+ ερωτησις U) Y M S U Π 28
1071 ¦ ξ̅γ̅ L 118 ¦ αρχ ζητ κατ κ,ε ιω ζο̅δ̅ f¹³ ¦ αρχ 788 1071 1346 | αρχ τη πρωτ των αζυμων προηλθων οι μαθητ τω ι̅υ̅ λεγοντ
αυτω 2 ¦ τη μγ ε εις τ λειτουργιαν 2

D 17 σο̅η̅/β̅ 1071 | Μθ ξ̅γ̅ : Μρ μ̅ε̅ : Λο ο̅ς̅ Μ Π

τὸ πάσχα μετὰ τῶν μαθητῶν μου **19** καὶ ἐποίησαν οἱ μαθηταὶ ὡς συνέταξεν αὐτοῖς B **uwτ** rell
.... **19** ....ἔταξεν αὐ....... 𝔓37
τὸ πάσχα μετὰ τῶν μαθητῶν μου. **19** καὶ ἐποίησαν οἱ μαθηταὶ ὡς <u>προσέταξεν</u> αὐτοῖς M* U 2
<u>τὰ</u> πάσχα μετὰ τῶν μαθητῶν μου. **19** <u>ἐποίησαν οὖν</u> οἱ μαθηταὶ ὡς συνέταξεν αὐτοῖς W

ὁ Ἰησοῦς, καὶ ἡτοίμασαν τὸ πάσχα.   B **uwτ** rell
....   𝔓37
....αἰ ἡτο 𝔓45
ὁ Ἰησοῦς.   G
ὁ Ἰησοῦς, καὶ ἡτοίμασαν   πάσχα.   579

ρ̅μ̅ζ̅ **20** Ὀψίας δὲ γενομένης ἀνέκειτο   μετὰ τῶν δώδεκα.   B D 𝔐 K U Ω f¹ f¹³ 2 28 565 579 700
20 ...ψίας δὲ γενομένης ἀνέκειτο   μετὰ τῶν ιβ̅   𝔓37   [↑788 1346 **u[w]**τ
20 .... δεκα.   𝔓45
20 Ὀψίας δὲ <u>γενομένοις</u> ἀνέκειτο   μετὰ τῶν δώδεκα.   118
20 Ὀψίας δὲ γενομένης ἀνέκειτο <u>ὁ Ἰησοῦς</u> μετὰ τῶν δώδεκα <u>μαθητῶν</u>.   1071   [↓[w]
20 Ὀψίας δὲ γενομένης ἀνέκειτο   μετὰ τῶν δώδεκα <u>μαθητῶν</u>.   ℵ A L M W Δ Θ Π 33 157 1424

21 καὶ ἐσθιόντων αὐτῶν εἶπεν, Ἀμὴν λέγω ὑμῖν ὅτι εἷς ἐξ ὑμῶν   B **uwτ** rell
21 ....ων αὐτῶν εἶπεν, Ἀμὴν λέγω ὑμῖν   εἷς ἐξ ὑ.......   𝔓37
21 ....   𝔓45
21 καὶ ἐσθιόντων αὐτῶν <u>λέγι</u>, Ἀμὴν λέγω ὑμῖν ὅτι εἷς ἐξ ὑμῶν   ℵ
21 <u>ἐσθιόντων</u> <u>δὲ</u> αὐτῶν εἶπεν, Ἀμὴν λέγω ὑμῖν ὅτι εἷς ἐξ ὑμῶν   Θ

παραδώσει με. **22** καὶ λυπούμενοι σφόδρα ἤρξαντο λέγειν αὐτῷ εἷς ἕκαστος,   B ℵ L 33 1071 **uw**
........δώσει με. **22** καὶ λυπούμενοι σφόδρα ἤρξαντο ....   ἕκαστος <u>αὐτῶν</u>,   𝔓37
........δώσει με. **22** καὶ λυ...   .... ων,   𝔓45
.... **22** ....   εἷς ἕκαστος,   C
παραδώσει με. **22** καὶ λυπούμενοι σφόδρα ἤρξαντο λέγειν   <u>εἷς ἕκαστος αὐτῶν</u>,   D Θ f¹³ 788
παραδώσει με. **22** καὶ λυπούμενοι σφόδρα ἤρξαντο λέγειν αὐτῷ εἷς ἕκαστος <u>αὐτῶν</u>,   M 157
παραδώσει με. **22** καὶ λυπούμενοι σφόδρα ἤρξαντο λέγειν   εἷς ἕκαστος <u>αὐτῶν</u>,   124
παραδώσει με. **22** καὶ λυπούμενοι σφόδρα ἤρξαντο λέγειν   ἕκαστος <u>αὐτῶν</u>,   700
παραδώσει με. **22** καὶ λυπούμενοι σφόδρα ἤρξαντο λέγειν   <u>εἷς ἕκαστος</u> <u>λέγειν αὐτῶν</u>,   1346
παραδώσει με. **22** καὶ λυπούμενοι σφόδρα ἤρξαντο λέγειν,   1424 [↓28 565 579 τ
παραδώσει με. **22** καὶ λυπούμενοι σφόδρα ἤρξαντο λέγειν αὐτῷ   ἕκαστος <u>αὐτῶν</u>,   A 𝔐 K U W Δ Π f¹ 2

Μήτι ἐγώ εἰμι, κύριε; **23** ὁ δὲ   ἀποκριθεὶς εἶπεν, Ὁ ἐμβάψας   B **uwτ** rell
Μήτι ἐγώ εἰμι, κύριε; **23** ὁ δὲ   ἀποκριθε········ ······ βάψας   𝔓37
Μήτι ἐγώ εἰμ· ·········; **23** ··· ···· 𝔓45
Μήτι ἐγώ εἰμι, κύριε; **23** ὁ δὲ   ἀποκριθεὶς εἶπεν, Ὁ <u>ἐνβαπτόμενος</u>   D 579
Μήτι ἐγώ εἰμι, κύριε; **23** ὁ δὲ <u>Ἰησοῦς</u> ἀποκριθεὶς εἶπεν, Ὁ ἐμβάψας   f¹³ 788

---

lac. 26.18-23 N P Q Γ ¦ vs. 18 𝔓45 ¦ vss. 18-22 C

A 18 τω (το) 579 ¦ παχα E* ¦ με (μετα) Δ ¦ μαθητον Θ **19** ω (ως) K ¦ ετυμασαν 1346 **20** οψειας D W ¦ ανεκιτο ℵ ¦ ανεκειτω 579 ¦ τον (των) Θ **21** υμειν D ¦ παραδωσι ℵ Θ **22** λεγιν ℵ ¦ ειμει W **23** αποκριθις ℵ ¦ αποκρεις D* ¦ αποκριθης 579 ¦ ενβαψας 565 ¦ ενβαπτωμενος 579

B 19 ι̅ς̅ B ℵ A 𝔐 K L M S U W Δ Θ Π Ω f¹ 118 f¹³ 124 2 33 28 157 565 579 700 788 1071 1346 1424 ¦ ι̅η̅ς̅ D **20** ι̅ς̅ 1071 ¦ ι̅β̅ 𝔓37 ℵ D 579 **22** κ̅ε̅ B 𝔓37 ℵ A C D 𝔐 K L M S U W Δ Θ Π Ω f¹ 118 f¹³ 69 124 2 33 28 157 565 579 700 788 1071 1346 1424 **23** ι̅ς̅ f¹³ 124 788

C 18 τελος (post μαθ. μου) E^c **19** υπ της αγιας ε̅ εις ι̅ω̅ κεφαλ ρ̅ι̅γ̅ (post ο ι̅ς̅) G ¦ υπ τς μ,γλ ε̅ 118 ¦ υπ εις τ ι̅ω̅ κεφα ρ̅ι̅γ̅ 2 ¦ τελ υπ κ̅,ε̅ σ̅ο̅θ̅ 28 **20** ξ̅δ̅ περι τυπου μυστικου: E K f¹ 1424 ¦ υπ εις τον αγιον ιωαννην κεφαλαιου ρ̅ι̅δ̅ (post δωδεκα) E ¦ υπ εις ι̅ω̅ κ, ρ̅ι̅δ̅ κ, παλιν δρω H ¦ υπ εις ιωα̅ν̅, κ̅,ε̅ ρ̅ι̅δ̅ ειδως δε ο ι̅ς̅ οτι πα, M ¦ υπ εις τ̅ κ,τ ι̅ω̅ ¦ τ̅ K ¦ ζητ εις τ κτ ι̅ω̅ κ,ε ρ̅ι̅β̅ Ω ¦ υπ εις ι̅ω̅ κ,ε, ρ̅ι̅δ̅ 118 ¦ αρξου κατ ι̅ω̅ κ,ε ρ̅ι̅γ̅ 28 ¦ υπ ι̅ω̅ 28 **21** αρξαμενος E ¦ αρξαμ: παση των υπ εις τ ι̅ω̅ κε, ρ̅ι̅δ̅ ειδως δε ο ι̅ς̅ οτι Y ¦ αρξ M ¦ αρξ εν κ,ε μ̅δ̅ ειδως σε ο ι̅ς̅ κ παλ' αρξου ο ι̅ς̅ ¦ αρξ εν κ,ε μ̅δ̅ ειδως ο ι̅ς̅ οτι παν 118 ¦ αρξ παλι τς μ,γλ ε̅ 118 ¦ κατ κεφαλ κατα ι̅ω̅ ρ̅ι̅δ̅ 124 788 ¦ αρξ ου 157 ¦ ζ,τ κ,ε κ,τ ι̅ω̅ ρ̅ι̅δ̅ 1346

D 19 σ̅ο̅θ̅/δ̅ Ω **20** σ̅ο̅θ̅/δ̅ A G M S Y 118 28 1071 1424 ¦ σ̅ο̅θ̅ D F H K (L) f¹ 157 579 ¦ σ̅ο̅θ̅/γ̅ E ¦ Ευ Μθ σ̅ο̅θ̅ : Ιω ο̅β̅ : Λο . : Μρ ρ̅ξ̅α̅ E ¦ Μθ σ̅ο̅θ̅ : Μρ ρ̅ξ̅α̅ : Ιω ρ̅κ̅α̅ M **21** σ̅ο̅θ̅/δ̅ ℵ U Π ¦ σ̅ο̅θ̅ Θ 2 1346 ¦ σ̅ο̅θ̅/α̅ 124 788 ¦ Μθ σ̅ο̅θ̅ Μρ ρ̅ξ̅α̅ : Λο σ̅ξ̅η̅ : Ιω ρ̅κ̅α̅ 124 **22** σ̅π̅/α̅ A E G M S U Y Π Ω 118 124 28 788 1071 1424 ¦ σ̅π̅ D F H K (L) f¹ f¹³ 2 157 579 1346 ¦ Ευ Μθ σ̅π̅ : Ιω ρ̅κ̅β̅ : Λο σ̅ξ̅η̅ : Μρ ρ̅ξ̅β̅ E ¦ Μθ σ̅π̅ : Μρ ρ̅ξ̅β̅ : Λο σ̅ξ̅θ̅ : Ιω ρ̅κ̅β̅ M ¦ Μθ σ̅π̅ : Μρ ρ̅ξ̅β̅ : Λο σ̅ξ̅θ̅ : ρ̅κ̅β̅ 124 **23** σ̅π̅α̅/α̅ A ¦ σ̅π̅α̅ C D F H K f¹ f¹³ 2 579 1346 ¦ σ̅π̅α̅/ι̅ G 124 ¦ σ̅π̅α̅/β̅ S Y L M U Π Ω 118 28 788 1071 1424 ¦ Μθ σ̅π̅α̅ : Μρ ρ̅ξ̅γ̅ : Λο σ̅ξ̅η̅ : Ιω ν̅ε̅ M ¦ Μθ σ̅π̅ : Μρ ρ̅ξ̅β̅ : Λο σ̅ξ̅θ̅ : ρ̅κ̅β̅ 124 ¦ Μθ σ̅π̅α̅ : Μρ ρ̅ξ̅γ̅ : Λο·· : Ιω . 124

μετ' ἐμοῦ τὴν χεῖρα ἐν   τῷ τρυβλίῳ   οὗτός   με παραδώσει. 24 ὁ μὲν   υἱὸς   B ℵ A L 33 **uw**
τὴν χεῖρα μετ' ἐμοῦ ἐν   τῷ τρυβλίῳ   οὗτό·· .... 24 ὁ μὲν   υἱὸς   𝔭³⁷
.... χεῖρα μετ' ἐμοῦ ἐν   τ......... .... 24 .. .. 𝔭⁴⁵
τὴν χεῖρα μετ' ἐμου εἰς   τὸ τρυβλίον   οὗτός   με παραδώσει. 24 ὁ μὲν οὖν υἱὸς   D
μετ' ἐμοῦ ἐν τῷ τρυβλίῳ τὴν χεῖρα   ἐκεῖνοςμε παραδώσει. 24 ὁ μὲν   υἱὸς   W
τὴν χεῖρα μετ' ἐμοῦ ἐν τῷ τρυβλίῳ τὴν χεῖρα   οὗτός   με παραδώσει. 24 ὁ μὲν   υἱὸς   Θ 700
μετ' ἐμοῦ ἐν τῷ τρυβλίῳ τὴν χεῖρα   οὗτός   με παραδώσει. 24 καὶ ὁ μὲν υἱὸς   118
μετ' ἐμοῦ τὴν χεῖρα ἐν   τῷ τρυβλίῳ   αὗτὸς   με παραδώσει. 24 ὁ μὲν   υἱὸς   157 1424
τῷ τρυβλίῳ μετ' ἐμοῦ τὴν χεῖρα   οὗτός   με παραδώσει. 24 ὁ μὲν   υἱὸς   579
μετ' ἐμοῦ ἐν τῷ τρυβλίῳ τὴν χεῖρα   αὗτὸς   με παραδώσει. 24 ὁ μὲν   υἱὸς   1071 [↓28 565 788 1346 τ
μετ' ἐμοῦ ἐν τῷ τρυβλίῳ τὴν χεῖρα   οὗτός   με παραδώσει. 24 ὁ μὲν   υἱὸς   C 𝔐 K M U Δ Π f¹ f¹³ 2

[Cl Pd II 62.4 διδαξει δε ημας αυτος ο κυριος οτι δεδολωμενος ο Ιουδας εστιν, ος αν εμβαψηται μετ εμου λεγων εις το τριβλιον, ουτος με παραδωσει].

τοῦ ἀνθρώπου ὑπάγει καθὼς   γέγραπται   περὶ αὐτοῦ, οὐαὶ δὲ τῷ   B **uwτ** rell
τοῦ ἀνθρώπου ὑπάγει καθὼς   γέγραπται   .... οὐαὶ δὲ τῷ   𝔭³⁷
.... ····θρώπου ὑπάγει κ········   𝔭⁴⁵
τοῦ ἀνθρώπου ὑπάγει καθὼς   γέγραπται   περὶ ἑαυτοῦ, οὐαὶ δὲ τῷ   A
τοῦ ἀνθρώπου   579
τοῦ ἀνθρώπου ὑπάγει καθώς ἐστιν γεγραμμένον περὶ αὐτοῦ, οὐαὶ δὲ τῷ   1424

ἀνθρώπῳ ἐκείνῳ δι' οὗ ὁ υἱὸς τοῦ ἀνθρώπου παραδίδοται·   καλὸν ἦν   B **uwτ** rell
ἀνθρώπῳ ἐκείνῳ δι' οὗ ὁ υἱὸς τοῦ ἀνθρώπου ....   καλὸν ἦν   𝔭³⁷
·········· ῳ ἐκείνῳ δι'·   𝔭⁴⁵
ἀνθρώπῳ ἐκείνῳ δι' οὗ ὁ υἱὸς τοῦ ἀνθρώπου παραδίδοται· διὰ τοῦτο καλὸν ἦν   D
ἀνθρώπῳ ἐκείνῳ δι' οὗ   παραδίδοται   καλὸν ἦν   28
παραδίδοται·   καλὸν ἦν   579

αὐτῷ εἰ οὐκ ἐγεννήθη ὁ ἄνθρωπος ἐκεῖνος. 25 ἀποκριθεὶς δὲ   Ἰούδας   B (𝔭³⁷ᶜ) **uwτ** rell
αὐτῷ εἰ οὐκ ἐγενήθη ὁ ἄνθρωπος ἐκεῖνος. 25 .... δὲ   Ἰούδας   𝔭³⁷*
··ὑτῷ εἰ οὐκ ἐγεν···· .. 25   ····δας   𝔭⁴⁵
αὐτῷ εἰ οὐκ ἐγενήθη ὁ ἄνθρωπος ἐκεῖνος. 25 ἀποκριθεὶς δὲ   Ἰούδας   A Θ 28 579 700*
αὐτῷ εἰ οὐκ ἐγεννήθη ὁ ἄνθρωπος ἐκεῖνος. 25 ἀποκριθεὶς δὲ ὁ   Ἰούδας   D

[Cl II 107.2 Ουαι τω ανθρωπω εκεινω, φησιν ο κυριος, καλον ην αυτω ει μη εγεννηθη].

ὁ παραδιδοὺς αὐτὸν εἶπεν, Μήτι ἐγώ εἰμι, ῥαββεί; λέγει αὐτῷ,   B A D E F Y K W Δ 2 565 1424 **w**
ὁ παραδιδοὺς αὐτὸν εἶπεν, Μήτι ἐγώ εἰμι, ῥ·········   𝔭³⁷
ὁ παραδιδ········ ....   ·······ῳ ὁ Ἰησοῦς,   𝔭⁴⁵
ὁ παραδιδοὺς αὐτὸν εἶπεν, Μήτι ἐγώ εἰμι, ῥαββεί; λέγει αὐτῷ ὁ Ἰησοῦς,   ℵ
ὁ παραδιδοὺς αὐτὸν εἶπεν, Μήτι ἐγώ εἰμι, ῥαββί; λέγει αὐτω ὁ Ἰησοῦς,   f¹³
ὁ παραδιδοὺς αὐτὸν εἶπεν, Μήτι ἐγώ εἰμι, ῥαββί; λέγει αὐτῷ,   C G H L M S U Θ Π Ω f¹ 69 33
                                                                              28 157 579 700 788 1071 1346 **uτ**

Σὺ εἶπας.   B **uwτ** rell
····ὺ εἶπας.   𝔭³⁷
Σὺ εἶπ·····.   𝔭⁴⁵

lac. 26.23-25 N P Q Γ

A 23 χιρα ℵ | ουτως 13 579 | παραδοσει E* 24 υπαγι ℵ | καθος Θ* | το (τω) 2 | παραδιδωται E* ¦ παραδιδοτε W | η (ει) A Δ 33 579 1071 | εκινος ℵ 25 αποκριτις ℵ ¦ αποκρηθης 1346 | αυτων 788 | ειπε 118 157 | μιτι L | ειμει W | ειμη 579

B 24 υϛ̄¹·² ℵ A C 𝔐 K L M U Δ Π Ω 2 33 1424 ¦ υϛ̄¹ 1 28 | υϛ̄² 565 | ανου̅¹·² ℵ A C E G H Y K L M S U W Δ Θ Π Ω f¹ 118 f¹³ 69 2 33 157 565 700 788 1071 1346 1424 ¦ ανου̅¹ F 124| ανου̅² 28 579 | ανω̅ ℵ A C 𝔐 K L M S U W Δ Θ Π Ω f¹ 118 f¹³ 69 124 2 33 28 157 565 700 788 1071 1346 1424 | ανος̅ ℵ A C 𝔐 K L M S U Θ Π Ω f¹ 118 f¹³ 69 124 2 33 28 157 565 579 700 788 1071 1346 1424 25 ιη̅ 𝔭⁴⁵ | ιϛ̄ ℵ f¹³ 124

C 25 ξ̅δ̅ περι τυπου μυστικου Δ

D 24 σπβ̅/ϛ̅ ℵ (ante ουαι A L) G Y (ante καλον 124) | (ante καλον) σπβ̅ C D F H K f¹ f¹³ 2 579 1346 (ante ουαι 157) | σπα̅/β̅ E ¦ (ante καλον) σπβ̅/ϛ̅ M S U Π Ω 118 28 1071 1424 ¦ (ante καλον) σπβ̅/ι̅ 788 | Ευ Μθ σπα̅ : Ιω . : Λο σξη : Μρ ρ̅ξ̅γ̅ E | Μθ σπβ̅ : Μρ ρ̅ξ̅δ̅ : Λο σξγ : Ιω ξγ M | Μθ σπβ̅ : Μρ ρ̅ξ̅γ̅ : Λο . : Ιω. 124 25 σπ̅/ι̅ ℵ | σπγ̅/ι̅ A L M S U Y Π Ω 118 124 28 1071 1424 ¦ σιγ̅ C D F H K f¹ f¹³ 2 157 579 1346 | σπβ̅/ε̅ E | σπγ̅/ε̅ G | σπγ̅/α̅ 788 | Ευ Μθ σπβ̅ : Ιω . : Λο . : Μρ . E | Μθ σπγ̅ : Μρ   ρ̅ξ̅ε̅ : Λο σξε : Ιω ξε M | Μθ σπγ̅ : Μρ ρ̅ξ̅δ̅ : Λο . : Ιω. 124 | (ante λεγει) σπδ̅ C

260

ξδ περὶ τύπου μυστικοῦ

The Breaking Of Bread And The Sharing Of The Cup
(Mark 14.22-25; Luke 22.15-20; 1 Corinthians 11.23-32)

ρμη 26 Ἐσθιόντων δὲ αὐτῶν λαβὼν ὁ Ἰησοῦς   ἄρτον καὶ εὐλογήσας   Β ℵ C G L 33 700 **uw**
26 Ἐσθιόντων δὲ αὐτῶν λαβὼν ὁ Ἰησοῦς   ....σας   𝔭³⁷
26   ....-λογήσας   𝔭⁴⁵
26 Αὐτῶν δὲ ἐσθιόντων ὁ Ἰησοῦς λαβών   ἄρτον καὶ εὐλογήσας   D
26 Ἐσθιόντων δὲ αὐτῶν λαβὼν Ἰησοῦς τὸν   ἄρτον καὶ εὐχαριστήσας   M
26 Ἐσθιόντων δὲ αὐτῶν λαβὼν ὁ Ἰησοῦς τὸν   ἄρτον   εὐχαριστήσας   W
26 Ἐσθιόντων δὲ αὐτῶν λαβὼν   τὸν   ἄρτον καὶ εὐχαριστήσας   Δ
26 Αὐτῶν δὲ ἐσθιόντων λαβὼν ὁ Ἰησοῦς   ἄρτον καὶ εὐλογήσας   Θ
26 Ἐσθιόντων δὲ αὐτῶν λαβὼν ὁ Ἰησοῦς   ἄρτον καὶ εὐχαριστήσας   f¹ 579
26 Αὐτῶν δὲ ἐσθιόντων λαβὼν ὁ Ἰησοῦς τὸν   ἄρτον καὶ εὐχαριστήσας   f¹³ 788
26 Ἐσθιόντων δὲ αὐτῶν λαβὼν ἄρτον   ὁ Ἰησοῦς καὶ εὐλογήσας   157
26 Ἐσθιόντων δὲ αὐτῶν λαβὼν ὁ Ἰησοῦς τὸν   ἄρτον   εὐλογήσας   1071
26 Αὐτὸς δὲ ἐσθιόντων λαβὼν ὁ Ἰησοῦς τὸν   ἄρτον καὶ εὐχαριστήσας   1346
26 Ἐσθιόντων δὲ αὐτῶν λαβὼν ὁ Ἰησοῦς   ἄρτον   1424
26 Ἐσθιόντων δὲ αὐτῶν λαβὼν ὁ Ἰησοῦς τὸν   ἄρτον καὶ εὐλογήσας   τ
26 Ἐσθιόντων δὲ αὐτῶν λαβὼν ὁ Ἰησοῦς τὸν   ἄρτον καὶ εὐχαριστήσας   A 𝔐 K U Π 124 2 28 565

ἔκλασεν καὶ δοὺς τοῖς μαθηταῖς   εἶπεν, Λάβετε φάγετε,   Β 𝔭³⁷ᶜ ℵᶜ D L Θ f¹ f¹³ 33 700 788
ἐκάλεσεν καὶ δοὺς τοῖς μαθηταῖς   εἶ......... ....τε,   𝔭³⁷*   [↑**uw**
ἐκ......   ....τε,   𝔭⁴⁵
ἔκλασεν καὶ ἐδίδου τοῖς μαθηταῖς   εἶπεν, Λάβετε φάγετε,   ℵ*
ἔκλασεν καὶ ἐδίδου τοῖς μαθηταῖς αὐτοῦ καὶ εἶπεν, Λάβετε φάγετε,   U
ἔκλασεν καὶ ἐδίδου τοῖς μαθηταῖς καὶ εἶπεν,   1346
ἔκλασεν καὶ δοὺς τοῖς μαθηταῖς αὐτοῦ εἶπεν, Λάβετε φάγετε,   1424   [↓565 579 1071 τ
ἔκλασεν καὶ ἐδίδου τοῖς μαθηταῖς καὶ εἶπεν, Λάβετε φάγετε,   A C 𝔐 K M W Δ Π 124 2 28 157

τοῦτό ἐστι τὸ σῶμά μου. 27 καὶ λαβὼν   ποτήριον καὶ εὐχαριστήσας   Β ℵ E F G W Θ f¹³ 28 579 700 1424
τοῦτό ἐστι τὸ σῶμά μου. 27 καὶ λαβὼν   ....ιστήσας   𝔭³⁷   [↑**u[w]**
τοῦ·· ·   27   ....τήσας   𝔭⁴⁵
τοῦτό ἐστι τὸ σῶμά μου. 27 καὶ λαβὼν τὸ ποτήριον εὐχαριστήσας   C 157 1071
τοῦτό ἐστι τὸ σῶμά μου. 27 καὶ λαβὼν ποτήριον εὐχαριστήσας   L Δ f¹ 33 [**w**]
τοῦτό ἐστι τὸ σῶμά μου. 27 καὶ λαβὼν τὸ ποτήριον καὶ εὐχαριστήσας   A D H Y K M S U Π Ω 2 69 565 788 τ

ἔδωκεν αὐτοῖς λέγων, Πίετε ἐξ αὐτοῦ πάντες, 28 τοῦτο γάρ ἐστι τὸ αἷμά μου   Β **uwτ** rell
ἔδωκεν αὐτοῖς λέγων, Πίετε ἐ· ·   28 ο γάρ ἐστι τὸ αἷμά μου   𝔭³⁷
28   ἐστι τὸ   𝔭⁴⁵
ἔδωκεν αὐτοῖς λέγων, Πίετε ἐξ αὐτοῦ πάντες, 28 τοῦτο ἐστι τὸ αἷμά μου   Cᶜ f¹ 700
ἔδωκεν αὐτοῖς λέγων, Πίετε ἐξ αὐτοῦ, 28 τοῦτο γάρ ἐστι τὸ αἷμά μου   D

τῆς διαθήκης τὸ περὶ πολλῶν ἐκχυννόμενον εἰς ἄφεσιν ἁμαρτιῶν.   Β ℵ L Θ 33 **uw**
τῆς διαθήκης τ· ·   χυνόμενον εἰς ἄφεσιν ἁμαρτιῶν.   𝔭³⁷
....εσιν   𝔭⁴⁵
τὸ τῆς καινῆς διαθήκης τὸ περὶ πολλῶν ἐκχυννόμενον εἰς ἄφεσιν ἁμαρτιῶν.   A C Δ Π 1 1582*
τῆς καινῆς διαθήκης τὸ ὑπὲρ πολλῶν ἐκχυννόμενον εἰς ἄφεσιν ἁμαρτιῶν.   D
τὸ τῆς διαθήκης τὸ περὶ πολλῶν ἐκχυνόμενον εἰς ἄφεσιν ἁμαρτιῶν.   Y
τὸ τῆς καινῆς διαθήκης τὸ περὶ πολλῶν ἐκχυνόμενον εἰς ἄφεσιν ἁμαρτιῶν.   𝔐 K M U W 1582ᶜ 118 f¹³
2 28 157 565 579 700 788 1071 1424 τ

[Cl Pd II 32.2 και ευλογησεν γε τον οινον ειπαν, λαβετε, πιετε. τουτο μου εστιν το αιμα· αιμα της αμπελου τον
λογον τον περι πολλων εκχεομενον εις αφεσιν αμαρτιων].

lac. 26.26-28 N P Q ¦ Γ ¦ vss. 26-28 1346

A 26 εσθιοντων E* 579 ¦ ευλογησσας Θ ¦ ευχαριστισας E ¦ εκλασε Υ 118 69 157 700 788 1346 ¦ ειπε Υ 118 157 ¦ μαθητες ℵ* ¦
λαβεται 579 ¦ φαγεται D Θ ¦ εστιν 𝔭³⁷ 𝔭⁴⁵ ℵ A C E F G H L W Δ Θ Π 124 2 33 28 1071 1424 27 τοτηριον Ω ¦ ευαχαρηστισας
28 ¦ εδοκεν 2* ¦ λογων K ¦ πιεται D ¦ πιεται W 579 28 εστιν 𝔭³⁷ 𝔭⁴⁵ ℵ A C D E F G H K L W Δ Θ 2 33 1071 1424 ¦ τις (της)
L* ¦ πολον Θ* ¦ αμαρτιον Θ*

B 26 ɪϲ̄ Β ℵ A C 𝔐 K L M S U W Θ Π Ω f¹ f¹³ 124 2 33 28 157 565 579 700 788 1071 1346 1424 ¦ ɪ̄η̄ϲ̄ 𝔭³⁷ D

C 26 ξ̄δ̄ περι τυπου (του 579 788) μυστικου F H M S U Π Ω 1582 28 157 579 788 1071 ¦ ξ̄δ̄ L 118 ¦ ξ̄δ̄ πε τυπου μυστικου· (ante
κ. εδιδου) G ¦ Μρ μϲ Λο οϲ Π

D 26 σ̄π̄δ̄/ᾱ ℵ A G L M S U Υ Π Ω 124 28 788 1071 1424 ¦ σ̄π̄δ̄ D F H K Ω 1582 f¹³ 2 157 579 1346 ¦ σ̄π̄γ̄/ῑ E ¦ σ̄π̄γ̄/β̄ 118 ¦ Ευ
Μθ σ̄π̄γ̄ : Ιω . : Λο . : Μρ . ¦ Μθ μϲ̄ : Λο οϲ̄ L ¦ Μθ σ̄π̄δ̄ : Μρ ρ̄ξ̄ϲ̄ : Ιω ξ̄ε̄ Μ ¦ Μθ σ̄π̄δ̄ : Μρ ρ̄ξ̄ϲ̄ : Ιω νε ξ̄γ̄, ξ̄δ̄ 124
27 σ̄π̄ε̄/β̄ ℵ A E G L M S U Υ Π Ω 118 124 28 1424 ¦ σ̄π̄ε̄ C D F H K Ω 1582 f¹³ 157 579 ¦ Ευ Μθ σ̄π̄ε̄ : Ιω . : Λο σ̄ξ̄ε̄ . : Μρ
ρ̄ξ̄ϲ̄ E ¦ Μθ σ̄π̄ε̄ M ¦ Μθ σ̄π̄ε̄ : Μρ ρ̄ξ̄ε̄ : Λο σ̄ξ̄ε̄ : Ιω ξ̄ζ̄ 124

29 λέγω δὲ ὑμῖν,   οὐ μὴ πίω ἀπ' ἄρτι ἐκ τούτου τοῦ γενήματος τῆς   Β ℵᶜ D Θ *f*¹ *f*¹³ 788 1071 **uw**
29 .... ·ὴ πίω ἀπ' ἄρτι ἐκ τούτου γεννήματος τῆς   𝔭³⁷*
29 .... ·ὴ πίω ἀπ' ἄρτι ἐκ τούτου τοῦ γεννήματος τῆς   𝔭³⁷ᶜ
29 .... ·ἤματ···   𝔭⁴⁵
29 .... τοῦ γεν   𝔭⁵³
29 λέγω δὲ ὑμῖν,   οὐ μὴ πίω ἀπ' ἄρτι ἐκ τούτου γενήματος τῆς   ℵ*
29 λέγω δὲ ὑμῖν, ὅτι οὐ μὴ πίω ἀπ' ἄρτι ἐκ τούτου γενήματος τῆς   C L
29 λέγω δὲ ὑμῖν, ὅτι οὐ μὴ πίω ἀπ' ἄρτι ἐκ τούτου τοῦ γεννήματος τῆς   G K W 28 τ
29 λέγω δὲ ὑμῖν,   οὐ μὴ πίω ἀπ' ἄρτι ἐκ τούτου τοῦ γεννήματος τῆς   33
29 λέγω δὲ ὑμῖν, ὅτι οὐ μὴ πίω ἀπ' ἄρτι ἐκ   τοῦ γενήματος τῆς   Δ 124 157 1424
29 λέγω δὲ ὑμῖν, ὅτι οὐ μὴ πίω ἀπ' ἄρτι ἐκ τούτου τοῦ γενήματος τῆς   A 𝔐 M U Π 2 565 579 700

[Cl Pd II 32.3 απεδειξε παλιν προς τους μαθητας λεγων, <u>ου μη πιω εκ του γενηματος της αμπελου</u> ταυτης, μεχρις
αν <u>πιω αυτο μεθ υμων εν τη βασιλεια του πατρος</u>).

ἀμπέλου ἕως τῆς ἡμέρας ἐκείνης ὅταν αὐτὸ πείνω μεθ' ὑμῶν καινὸν   Β 69
.... ·····ς ἡμέρας ἐκείνης ὅταν αὐτὸ <u>πίω</u>   με·····   𝔭³⁷
.... μεθ' ὑ·····   𝔭⁴⁵
······έλου ἕω·····   ἐκεί····· ὅταν α·····   ὑμῶν ·····νὸν   𝔭⁵³
ἀμπέλου ἕως τῆς ἡμέρας ἐκείνης ὅταν αὐτὸ πίνω   <u>καινὸν μεθ' ὑμῶν</u>   C L *f*¹ 28
ἀμπέλου ἕως τῆς ἡμέρας ἐκείνης ὅταν αὐτὸ πίω   μεθ' ὑμῶν καινὸν   D Θ 565
ἀμπέλου ἕως τῆς ἡμέρας ἐκείνης ὅταν αὐτὸ πίνω   μεθ' ὑμῶν καινὸν   ℵ A 𝔐 K M U W Δ Π 118 *f*¹³ 2 157
                                                                                                    579 700 788 1071 1424 **uwτ**

ἐν τῇ βασιλείᾳ τοῦ πατρός μου.   Β 𝔭³⁷ **uwτ** rell
                                                                   𝔭⁴⁵
ἐν τῇ β················· ····· πατρός ·· ου.   𝔭⁵³
ἐν τῇ βασιλείᾳ <u>τῶν οὐρανῶν</u>.   788*

Jesus Announces That Peter Will Deny Him
(Mark 14.26-31; Luke 22.39, 31-34; John 18.1; 13.37-38)

30 Καὶ ὑμνήσαντες ἐξῆλθον εἰς τὸ Ὄρος τῶν Ἐλαιῶν. ρ̅μ̅δ̅ 31 Τότε λέγει αὐτοῖς ὁ   Β **uwτ** rell
30 Καὶ ὑμνήσαν·····   ···ον εἰς τὸ Ὄρος τῶν Ἐλαιῶν. 31 Τότε λέγει αὐτοῖς ὁ   𝔭³⁷
30 ·········· ···ῆλθον   31 ····· ········· ·· ..   𝔭⁴⁵
30 Καὶ ὑμνήσαν···ς ἐξῆλθο·· εἰς ··ὸ ···ρος τῶν Ἐλαιῶν. 31 Τότε λέγει αὐτοῖς ὁ   𝔭⁵³
30 Καὶ ὑμνήσαντες ἐξῆλθον εἰς τὸ Ὄρος τῶν Ἐλαιῶν. 31 <u>Καὶ</u> λέγει αὐτοῖς ὁ   1071

Ἰησοῦς, Πάντες ὑμεῖς σκανδαλισθήσεσθε ἐν ἐμοὶ ἐν τῇ νυκτὶ ταύτῃ, γέγραπται γάρ,   Β 𝔭⁵³ **uwτ** rell
Ἰησοῦς,   ὑμεῖς σκανδαλισθήσεσθε ἐν ἐμοὶ ἐν τῇ νυκτ· ταύτῃ, γέγραπται γάρ,   𝔭³⁷
·········· νδαλ······   𝔭⁴⁵
Ἰησοῦς, Πάντες ὑμεῖς σκανδαλισθήσεσθε ἐν <u>μοι</u> ἐν τῇ νυκτὶ ταύτῃ, γέγραπται γάρ,   L
Ἰησοῦς, Πάντες ὑμεῖς σκανδαλισθήσεσθε ἐν   ἐν τῇ νυκτὶ ταύτῃ, γέγραπται γάρ,   69

Πατάξω τὸν ποιμένα,   Β 𝔭³⁷ 𝔭⁵³ **uwτ** rell
·················· ······· ·οιμέ····   𝔭⁴⁵

Ε 26.29-31 N P Q Γ 1346

Α 29 υμειν, αρτει D | εκινης ℵ | αυτω L Θ 13 2 33 565 579 1424 | κενον ℵ | βασειλεια D 30 εξηλθων E | τω (το) E* | ελεων C
W 1071 31 λεγι ℵ | υμις ℵ | σκανδαλισθησεσθαι ℵ A D L W Θ 13 579 ¦ σκανδαλησθησεσθαι 2 | εμμοι Θ | νυκτει C | νοικτι 2 |
νυκτη 1424 | ταυτι 2*

Β 29 π̅ρ̅ς̅ 𝔭⁵³ ℵ A C D 𝔐 K L M S U W Δ Θ Π Ω *f*¹ 118 *f*¹³ 69 124 2 33 28 157 565 579 700 788ᶜ 1071 1424 ¦ ουν̅ων̅ 788*
31 ι̅ς̅ Β ℵ A C 𝔐 K L M S U W Δ Θ Π Ω *f*¹ 118 *f*¹³ 124 2 33 28 157 565 579 700 788 1071 1424 | ι̅η̅ς̅ 𝔭³⁷ 𝔭⁵³ D

C 29 τελους (post π̅ρ̅ς̅ μου) D | υπ εις ιωανην ρ̅λ̅δ̅ Θ C 30 ανναγνοσμα εις την μεγαλην πεμπτην D [26.29-30] | αρξ Θ | τελος
(post ελαιων) E 2 1071 31 αρχ 1071

D 29 σ̅π̅ς̅ 1582 ¦ σ̅π̅ε̅/β̅ 1071 30 σ̅π̅ς̅/ς̅ ℵ A G L M S U Y Π Ω 124 28 1071 1424 ¦ σ̅π̅ς̅ C D F H K Θ 1 *f*¹³ 2 157 579 ¦ σ̅π̅ς̅/ε̅ E ¦
σ̅π̅ζ̅ 1582 ¦ σ̅π̅ς̅/δ̅ 118 | Ευ Μθ σ̅π̅ς̅ : Ιω . : Λο . : Μρ ρ̅ξ̅ζ̅ E | Μθ σ̅π̅ς̅ : Μρ ρ̅ξ̅ζ̅ | Λο σ̅ο̅θ̅ : Ιω ρ̅ν̅β̅ M | Μθ σ̅π̅ς̅ : Μρ ρ̅ξ̅ς̅ : Λο σ̅ξ̅ζ̅ :
Ιω ρ̅ν̅β̅ 124 31 σ̅π̅ζ̅/δ̅ ℵ A Y M S U Π Ω 124 28 788 1071 1424 ¦ σ̅π̅ζ̅ C D F H K Θ *f*¹ 118 *f*¹³ 157 579 ¦ σ̅π̅ζ̅/γ̅ E ¦ σ̅π̅ζ̅/θ̅ G ¦ σ̅π̅ζ̅/ζ̅
L | Ευ Μθ σ̅π̅ζ̅ : Ιω ρ̅ν̅β̅ : Λο . : Μρ ρ̅ξ̅η̅ E | Μθ σ̅π̅ζ̅ : Μρ ρ̅ξ̅η̅ ¦ Λο   σ̅ο̅θ̅ : Ιω ρ̅κ̅ς̅ M | Μθ σ̅π̅ζ̅ : Μρ ρ̅ξ̅ζ̅, ρ̅ξ̅η̅ : Λο ρ̅ν̅β̅ : Ιω . 124
31 (ante γ̅εγραπται) σ̅π̅η̅/ς̅ A G M S U Y Ω 124 28 788 1071 1424 ¦ σ̅π̅η̅ C D F H K Θ *f*¹ 118 *f*¹³ 157 579 ¦ σ̅π̅η̅/ε̅ E ¦ σ̅π̅η̅/α̅ L |
Ευ Μθ σ̅π̅η̅ : Ιω . : Λο . : Μρ ρ̅ξ̅θ̅ E | Μθ σ̅π̅η̅ : Μρ ρ̅ξ̅θ̅ : Ιω ρ̅ν̅ς̅ M | Μθ σ̅π̅η̅ : Μρ ρ̅ο̅ : Λο σ̅ξ̅η̅ : Ιω ρ̅κ̅ς̅ 124

καὶ διασκορπισθήσονται τὰ πρόβατα τῆς ποίμνης· B 𝔭⁵³ ℵ A C G H L M S 118 f¹³
.... 𝔭⁴⁵   [↑33 700 788 1071 uw

καὶ <u>διασκορπισθήσεται</u> τὰ πρόβατα <u>τοῖς</u> ποίμνης· Θ
καὶ <u>τὰ πρόβατα τῆς ποίμνης</u> <u>διασκορπισθήσονται</u>· 157   [↓579 1424 τ
καὶ <u>διασκορπισθήσεται</u> τὰ πρόβατα τῆς ποίμνης· 𝔭³⁷ D 𝔐 K U W Δ Π f¹ 2 28 565

32 μετὰ δὲ τὸ ἐγερθῆναί με B 𝔭³⁷ **uwτ** rell
32 ....ὸ ἐγερθῆναί με 𝔭⁵³
32 ...ετὰ .... 𝔭⁴⁵

προάξω ὑμᾶς εἰς τὴν Γαλειλαίαν. B Δᶜ
.... 𝔭⁴⁵
προάξω ὑμᾶς εἰς τὴν <u>Γαλελαίαν</u>. Δ*
προάξω ὑμᾶς εἰς τὴν <u>Γαλιλαίαν κάκεῖ με ὄψεσθε</u>. 565
προάξω ὑμᾶς εἰς τὴν <u>Γαλιλαίαν</u>. 𝔭³⁷ 𝔭⁵³ **uwτ** rell

[Cl Exc 61.5 καὶ <u>προαξω</u> <u>υμας</u> λεγει τη τριτη των ημερων <u>εις</u> <u>την</u> <u>Γαλιλαιαν</u>].

33 ἀποκριθεὶς δὲ ὁ Πέτρος εἶπεν αὐτῷ, Εἰ πάντες B 𝔭⁵³ A C D 𝔐 L M U Δ Θ f¹ 69 124 2 33 28 157 565
33 ἀποκριθεὶς δὲ ὁ Πέτρος εἶπεν, Εἰ πάντες 𝔭³⁷ 700   [↑788 1071 **uw**
33 .... δὲ ὁ Π .... 𝔭⁴⁵
33 ἀποκριθεὶς δὲ ὁ Πέτρος εἶπεν αὐτῷ, Πάντες ℵ*
33 ἀποκριθεὶς δὲ ὁ Πέτρος εἶπεν αὐτῷ, Εἰ <u>καὶ</u> πάντες ℵᶜ F Y K W Π 579 τ
33 ἀποκριθ..... 13
33 ἀποκριθεὶς δὲ ὁ Πέτρος εἶπεν, <u>Καὶ</u> εἰ πάντες 1424

[↓124 28 157 579 788 1071 1424 **uwτ**
σκανδαλισθήσονται ἐν σοί, ἐγὼ οὐδέποτε σκανδαλισθήσομαι. B 𝔭³⁷ ℵ A C* D L S W Δ Θ Π Ω f¹
σκανδαλισθήσονται <u>ἐγὼ</u> <u>ἐν</u> <u>σοί</u>, οὐδέποτε σκανδαλισθήσομαι. 𝔭⁵³
σκανδαλισθήσονται ἐν σοί, ἐγὼ <u>δὲ</u> οὐδέποτε σκανδαλισθήσομαι. Cᶜ 𝔐 K M U 69 2 33 565 700
σκανδαλισθήσονται ἐν σοί, ἐγὼ <u>δὲ</u> οὐδέποτε σκανδαλισθήσομαι <u>ἐν</u> <u>σοί</u>. F

34 ἔφη αὐτῷ ὁ Ἰησοῦς, Ἀμὴν λέγω σοι ὅτι ἐν ταύτῃ τῇ νυκτὶ πρὶν B 𝔭⁵³ **uwτ** rell
34 ἔφη αὐτῷ <u>καὶ</u> ὁ Ἰησοῦς, Ἀμὴν λέγω σοι ὅτι ταύτῃ τῇ νυκτὶ πρὶν 𝔭³⁷
34 ἔφη αὐτῷ ὁ Ἰησοῦς, Ἀμὴν λέγω σοι ὅτι ταύτῃ τῇ νυκτὶ πρὶν D
34 ἔφη <u>αὐτῷ</u> ὁ Ἰησοῦς, Ἀμὴν λέγω σοι ἐν ταύτῃ τῇ νυκτὶ πρὶν S

ἀλέκτορα φωνῆσαι τρὶς ἀπαρνήσει με. **35** λέγει αὐτῷ ὁ Πέτρος, B C Θ 69ᶜ 2 28 565 579
<u>ἀλέκτορο</u> .... **35** .... αὐτῷ ὁ Πέτρος, 𝔭³⁷
ἀλέκτορα φωνῆσαι ..ρὶς ἀπαρνήσει ..... **35** λέ..... ..υ..... 𝔭⁵³
ἀλέκτορα φωνῆσαι τρὶς <u>με ἀπαρνήση</u>. **35** λέγει αὐτῷ ὁ Πέτρος, ℵ 33 157
ἀλέκτορα φωνῆσαι <u>ἀπαρνήση</u> <u>με τρὶς</u>. **35** λέγει αὐτῷ ὁ Πέτρος, A
ἀλέκτορα φωνῆσαι τρὶς <u>ἀπαρνήση</u> με. **35** λέγει αὐτῷ Πέτρος, D
<u>ἢ</u> <u>ἀλεκτοροφωνίας</u> τρὶς <u>ἀπαρνήση</u> με. **35** λέγει αὐτῷ ὁ Πέτρος, L
<u>ἀλεκτοροφωνίας</u> τρὶς <u>ἀπαρνήση</u> με. **35** λέγει αὐτῷ ὁ Πέτρος, f¹
ἀλέκτορα φωνῆσαι τρὶς <u>ἀπαρνήσαι</u> με. **35** λέγει αὐτῷ ὁ Πέτρος, 69*
ἀλέκτορα φωνῆσαι τρὶς ἀπαρνήσει με. **35** λέγει αὐτῷ Πέτρος, 1424   [↓1071 **uwτ**
ἀλέκτορα φωνῆσαι τρὶς <u>ἀπαρνήσαι</u> με. **35** λέγει αὐτῷ ὁ Πέτρος, 𝔐 K M U W Δ Π 118 124 700 788

Κἂν δέῃ με σὺν σοὶ ἀποθανεῖν, οὐ μή σε ἀπαρνήσομαι. ὁμοίως καὶ B ℵ C D L 33 700 **uwτ**
....ὐ μή σε ἀπαρνήσομ..... .... 𝔭³⁷
.... 𝔭⁵³
Κἂν δέῃ με σὺν σοὶ ἀποθανεῖν, οὐ μή σε <u>ἀπαρνήσωμαι</u>. ὁμοίως <u>δὲ</u> καὶ A 𝔐 K U Π 1582 118 157 1071
Κἂν δέῃ με σὺν σοὶ ἀποθανεῖν, οὐ μή σε <u>ἀρνήσωμαι</u>. ὁμοίως <u>δὲ</u> καὶ H
Κἂν δέῃ με σὺν σοὶ ἀποθανεῖν, οὐ μή σε ἀπαρνήσομαι. ὁμοίως <u>δὲ</u> καὶ 69   [↓1424
Κἂν δέῃ με σὺν σοὶ ἀποθανεῖν, οὐ μή σε ἀπαρνήσομαι. ὁμοίως <u>δὲ</u> καὶ F M W Δ Θ f¹ 124 2 28 565 579 788

lac. **26.31-35** N P Q Γ 1346 ¦ vss. 33-35 𝔭⁴⁵ ¦ vss. 33-35 13

A 31 διασκορπισθησοντε ℵ* ¦ διασκορπησθησεται U 2 ¦ πυμνης 2* **32** εγερθηνε ℵ **33** αποκριθης 579 ¦ κε (και) K ¦ σκαν-
δαλησθησονται E 2 ¦ σκανδαλισθησωνται 579 ¦ σκανδαλισθησονται 2 ¦ σκανδαλισθησωμαι 579 **34** νυκτει D ¦ πρειν C D ¦
αλεκτορα 118 579 788 ¦ φωνησε Θ ¦ τρεις A C F G Lᶜ Δ 33 579 700* 1071 ¦ τρης L* ¦ απαρηση F **35** λεγι ℵ ¦ δεοι 69* ¦ δει 69ᶜ ¦
δεει 28 ¦ μαι (με) A C F 124 33 ¦ αποθανιν ℵ ¦ αποθαννη Θ 69 2* ¦ απαρνησομε W

B 34 ι̅ς̅ B ℵ A C 𝔐 K L M S U W Δ Θ Π Ω f¹ 118 124 2 33 28 157 565 579 700 788 1071 1424 ¦ ι̅η̅ς̅ 𝔭³⁷ 𝔭⁵³ D

D 33 σ̅π̅θ̅/α̅ ℵ A E G L M S U Y Π Ω 118 28 1424 ¦ σ̅π̅θ̅ C D F H K Θ f¹ 124 157 579 788 ¦ σ̅π̅θ̅/δ̅ 1071 ¦ σ̅π̅η̅ 2 ¦ Ευ Μθ σ̅π̅θ̅ : Ιω
ρ̅κ̅ε̅ : Λο σ̅ο̅ε̅ : Μρ ρ̅θ̅ E ¦ Μθ σ̅π̅θ̅ : Μρ ρ̅ο̅ M ¦ Μθ σ̅π̅θ̅ : Μρ ρ̅ξ̅θ̅ : Λο σ̅ο̅ε̅ : Ιω ρ̅ν̅ς̅ 124 **34** σ̅ο̅/ς̅ (ante οτι εν) Y ¦ σ̅π̅θ̅ 2 **35** σ̅ο̅/ς̅ ℵ
A M S Π Ω 118 124 28 788 1071 1424 ¦ σ̅ο̅ C D F H K Θ f¹ 2 157 579 ¦ σ̅ο̅/ε̅ E ¦ σ̅ο̅/β̅ G U ¦ Ευ Μθ σ̅ο̅ : Ιω . : Λο . : Μρ ρ̅θ̅ E ¦ Μθ
σ̅ο̅ : Μρ ρ̅ο̅α̅, ρ̅ο̅β̅ M ¦ Μθ σ̅ο̅ : Μρ ρ̅ο̅α̅ : Λο σ̅ο̅θ̅ : Ιω . 124 ¦ (ante ομοιως) σ̅ο̅α̅/α̅ 28

πάντες οἱ μαθηταὶ   εἶπον.   Β τ rell
....   ····πον.   𝔓37
....   𝔓53
πάντες οἱ μαθηταὶ   εἶπαν.   Θ 33 788 **uw**
πάντες οἱ μαθηταὶ αὐτοῦ εἶπον.   1071

The Prayer In Gethsemane
(Mark 14.32-42; Luke 22.39-46; John 18.1; 12.27; 6.38; 14.31b)

36 Τότε   ἔρχεται μετ' αὐτῶν ὁ Ἰησοῦς εἰς χωρίον λεγόμενον Γεθσημανεί,   Β Α C F S 1 1582* 69 788
36 Τότε   ἔρχεται ······ ···············ημανεί,   𝔓37   [↑w
36 ······   𝔓53
36 Τότε   ἔρχεται μετ' αὐτῶν ὁ Ἰησοῦς εἰς χωρίον λεγόμενον Γεθσημανί,   ℵ L U Π 33 **u**
36 Τότε   ἔρχεται ὁ Ἰησοῦς μετ' αὐτῶν εἰς χωρίον λεγόμενον Γεθσαμανί,   D
36 Τότε   ἔρχεται μετ' αὐτῶν ὁ Ἰησοῦς εἰς χωρίον λεγόμενον Γεσσημανεί,   𝔐 Δ
36 Τότε   ἔρχεται μετ' αὐτῶν ὁ Ἰησοῦς εἰς χωρίον λεγόμενον Γεθσημανεί,   Κ
36 Τότε   ἔρχεται μετ' αὐτῶν ὁ Ἰησοῦς εἰς χωρίον λεγόμενον Γεθσημανή,   Μ* 1582ᶜ 118 2 28 157
36 Τότε   ἔρχεται μετ' αὐτῶν ὁ Ἰησοῦς εἰς χωρίον λεγόμενον Γηθσημανή,   Μᶜ   [↑1071 τ
36 Τότε   ἔρχεται ὁ Ἰησοῦς μετ' αὐτῶν εἰς χωρίον λεγόμενον Γεδσημανί,   W
36 Τότε   ἔρχεται ὁ Ἰησοῦς μετ' αὐτῶν εἰς χωρίον λεγόμενον Γηθσημανί,   Θ
36 Τότε   ἔρχεται μετ' αὐτῶν ὁ Ἰησοῦς εἰς χωρίον λεγόμενον Γεσσημανί,   Ω
36 Τότε   ἔρχεται μετ' αὐτῶν ὁ Ἰησοῦς εἰς χωρίον λεγόμενον Γεσσιμανί,   124
36 Τότε   ἔρχεται μετ' αὐτῶν ὁ Ἰησοῦς εἰς χωρίον λεγόμενον Γετσημανεί,   565
36 Τότε   ἔρχεται μετ' αὐτῶν ὁ Ἰησοῦς εἰς χωρίον λεγόμενον Γευδσημανί,   579
36 Τότε   ἔρχεται μετ' αὐτῶν ὁ Ἰησοῦς εἰς χωρίον λεγόμενον Γεθσιμανή,   700
36 Τότε οὖν ἔρχεται μετ' αὐτῶν ὁ Ἰησοῦς εἰς χωρίον λεγόμενον Γεθσιμανή,   1424

καὶ λέγει τοῖς μαθηταῖς,   Καθίσατε αὐτοῦ ἕως οὗ   ἀπελθὼν   Β 𝔐 U 2 579 [**uw**]τ
καὶ ··········   𝔓37
······ ....   ···ὗ ἂν ···········   𝔓53
καὶ λέγει τοῖς μαθηταῖς αὐτοῦ, Καθίσατε ἕως ἀπελθὼν   ℵ C*
καὶ λέγει τοῖς μαθηταῖς αὐτοῦ, Καθίσατε αὐτοῦ ἕως οὗ ἂν ἀπελθὼν   Α
καὶ λέγει τοῖς μαθηταῖς αὐτοῦ, Καθίσατε αὐτοῦ ἕως ἀπελθὼν   Cᶜ 1424
καὶ λέγει τοῖς μαθηταῖς αὐτοῦ, Καθίσατε αὐτοῦ ἕως ἂν ἀπελθὼν   D W f¹
καὶ λέγει τοῖς μαθηταῖς, Καθίσατε αὐτοῦ ἕως ἂν ἀπελθὼν   Κ L Μᶜ Δ Π 157 565
καὶ λέγει τοῖς μαθηταῖς, Καθίσατε αὐτοῦ ἕως ἀπελθὼν   Μ* 28 [**uw**]
καὶ λέγει αὐτοῖς, Καθίσατε αὐτοῦ ἕως ἂν ἀπελθὼν   Θ 69 788
καὶ λέγει αὐτοῖς, Καθίσατε αὐτοῦ ἕως οὗ ἀπελθὼν   124
καὶ λέγει τοῖς μαθηταῖς, Καθίσατε ὧδε ἕως ἀπελθὼν   33 700
καὶ λέγει τοῖς μαθηταῖς αὐτοῦ, Καθίσατε αὐτοῦ ἕως οὗ ἀπελθὼν   1071

ἐκεῖ προσεύξωμαι.   37 καὶ παραλαβὼν τὸν Πέτρον καὶ τοὺς δύο υἱοὺς   Β ℵ L 69 33 157 **uw**
ἐκεῖ προσεύξωμαι.   37 καὶ παραλαβὼν τὸν Πέτρον καὶ τοὺς δύο υἱοὺς   𝔓37
········ ··ροσεύ····μαι.   37 κ··· ················· τὸ·· Πέτρο·· καὶ ······ς··· υ···   𝔓53
ἐκεῖ προσεύξομαι.   37 καὶ παραλαβὼν τὸν Πέτρον καὶ τοὺς δύο υἱοὺς   D Θ 788
προσεύξομαι ἐκεῖ.   37 καὶ παραλαβὼν τὸν Πέτρον καὶ τοὺς δύο υἱοὺς   F S Ω 28
προσεύξωμαι κἀκεῖ.   37 καὶ παραλαβὼν τὸν Πέτρον καὶ τοὺς δύο υἱοὺς   124
προσεύξωμαι.   37 καὶ παραλαβὼν τὸν Πέτρον καὶ τοὺς δύο υἱοὺς   565
ἐκεῖ εὔξομαι.   37 καὶ παραλαβὼν τὸν Πέτρον καὶ τοὺς δύο υἱοὺς   700
προσεύξομαι ἐκεῖ.   37 καὶ παραλαβὼν Πέτρον καὶ τοὺς δύο υἱοὺς   1424   [↓1071 τ
προσεύξωμαι ἐκεῖ.   37 καὶ παραλαβὼν τὸν Πέτρον καὶ τοὺς δύο υἱοὺς   Α C 𝔐 Κ Μ U W Δ Π f¹ 2 579

E 26.35-37 𝔓45 N P Q Γ 13 1346

A 36 ερχε·ται Ε* ¦ ερχετε L Θ 565 | χοριον 2* | λεγωμενον L | λεγι ℵ | καθεισατε A W ¦ καθησατε Ε* L U Ω | εκι προσευξωμε ℵ | προσευξωμαι 2* **37** των (τον) 579

B 36 ῑς̄ Β ℵ Α C 𝔐 Κ L M S U W Δ Θ Π Ω f¹ 118 124 2 33 28 157 565 579 700 788 1071 1424 ¦ ῑης̄ D

D 36 σ̅α̅/α̅ ℵ Α E G M S U Y Π Ω 118 124 788 1071 1424 ¦ σ̅ρ̅α̅ C D F H K Θ f¹ 2 157 579 | Ευ Μθ σ̅ρ̅α̅ : Ιω ρ̅ν̅ς̅ : Λο σ̅ο̅θ̅ : Μρ ρ̅ο̅β̅ Ε | Μθ σ̅ρ̅α̅ : Μρ ρ̅ο̅γ̅ : Λο σ̅π̅α̅ : Ιω ρ̅ζ̅ Μ | Μθ σ̅ρ̅α̅ : Μρ ρ̅ο̅β̅ : Λο σ̅ο̅θ̅ : Ιω . 124 | (ante και λεγει) σ̅ρ̅β̅/ς̅ ℵ Α G L M U Y Π Ω 118 124 28 788 1071 ¦ σ̅ρ̅β̅ C D F H K Θ f¹ 157 579 ¦ σ̅ρ̅β̅/ε̅ Ε | Ευ Μθ σ̅ρ̅β̅ : Ιω . : Λο . : Μρ ρ̅ο̅γ̅ Ε | Μθ σ̅ρ̅β̅ : Μρ ρ̅ο̅δ̅ : Λο σ̅π̅β̅ : Ιω ρ̅ξ̅α̅ Μ | Μθ σ̅ρ̅β̅ : Μρ ρ̅ο̅γ̅ : Λο . : Ιω . 124

Ζεβεδαίου ἤρξατο λυπεῖσθαι καὶ ἀδημονεῖν. 38 τότε λέγει αὐτοῖς, B 𝔓⁵³ A C* D f¹ 69 124 33 28 579
Ζεβεδαίου ⋯⋯⋯ ⋯⋯⋯ ἀδημονεῖν. 38 τότε λέγει αὐτοῖς, 𝔓³⁷ [↑700 788 uwτ
Ζεβεδέου ἤρξατο λυπεῖσθαι καὶ ἀδημονεῖν. 38 τότε λέγει αὐτοῖς, ℵ L
Ζεβαιδέου ἤρξατο λυπεῖσθαι καὶ ἀδημονεῖν. 38 τότε λέγει αὐτοῖς, W
Ζεβεδαίου ἤρξαντο λυπεῖσθαι καὶ ἀδημονεῖν. 38 τότε λέγει αὐτοῖς, Θ [↓565 1071 1424
Ζεβεδαίου ἤρξατο λυπεῖσθαι καὶ ἀδημονεῖν. 38 τότε λέγει αὐτοῖς ὁ Ἰησοῦς, C² 𝔐 K M U Δ Π 2 157

Περίλυπός ἐστιν ἡ ψυχή μου ἕως θανάτου· μείνατε ὧδε καὶ γρηγορεῖτε B 𝔓⁵³ uwτ rell
Περίλυπός ἐστιν ⋯ ⋯⋯⋯ μου ἕως θανάτου· μείνατε δὲ ὧδε καὶ γρηγορεῖτε 𝔓³⁷

μετ' ἐμοῦ. 39 καὶ προελθὼν μεικρὸν ἔπεσεν ἐπὶ πρόσωπον αὐτοῦ B
⋯⋯⋯⋯ 39 ⋯⋯ὶ προελθὼν μικρὸν ἔπεσεν ἐπὶ πρόσωπον αὐτοῦ 𝔓³⁷
μετ' ἐμοῦ. 39 καὶ προσελθὼν μικρὸν ἔπεσεν ἔπεσεν ἐπὶ πρόσωπον αὐτοῦ C
μετ' ἐμοῦ. 39 καὶ προσελθὼν μεικρὸν ἔπεσεν ἐπὶ πρόσωπον αὐτοῦ D
μετ' ἐμοῦ. 39 καὶ προελθὼν μικρὸν ἔπεσεν ἐπὶ πρόσωπον αὐτοῦ F L M Π 1582ᶜ 1424ᶜ u[w]τ
μετ' ἐμοῦ. 39 καὶ προσελθὼν μικρὸν ἔπεσεν ἐπὶ πρόσωπον αὐτοῦ 𝔓⁵³ ℵ A 𝔐 K U W Δ Θ 1

1582* 118 69 124 2 33 28 157 565 579 700 788 1071 1424* [w]

[↓33 157 565 579 700 1071 700 1424 τ
προσευχόμενος καὶ λέγων, Πάτερ μου, εἰ δυνατόν ἐστι, παρελθέτω ἀπ' ἐμοῦ B 𝔓⁵³ᶜ 𝔐 K M U W Π 69 2
⋯⋯⋯⋯⋯⋯ ενος καὶ λέγων, Πάτερ μου, εἰ δυνατόν ἐστι, πα⋯⋯⋯⋯⋯ ⋯⋯ ἐμοῦ 𝔓³⁷
προσευχόμενος καὶ λέγων, Πάτερ, εἰ δυνατόν ἐστι, παρελθέτω ἀπ' ἐμοῦ 𝔓⁵³* f¹
προσευχόμενος καὶ λέγων, Πάτερ, εἰ δυνατόν ἐστι, παρελθάτω ἀπ' ἐμοῦ L Δ
προσευχόμενος καὶ λέγων, Πάτερ μου, εἰ δυνατόν ἐστι, παρελθάτω ἀπ' ἐμοῦ ℵ A C D 𝔐 Θ 124 28 788 uw

τὸ ποτήριον τοῦτο· πλὴν οὐχ ὡς ἐγὼ θέλω ἀλλ' ὡς σύ. ᵀ B 𝔓⁵³ uwτ rell
τὸ ποτήριον τοῦτο· πλὴν οὐχ ὡς ἐγὼ θέλω ⋯⋯⋯ σύ. 𝔓³⁷
τὸ ποτήριον τοῦτο· πλὴν οὐ οὐχ ὡς ἐγὼ θέλω ἀλλ' ὡς σύ. 1582

ᵀὤφθι δὲ αὐτῷ ἄγελος ἀπ' οὐρανοῦ ἐνυσχύον αὐτόν. καὶ γενόμενος ἐν ἀγωνίᾳ ἐκτενέστερον
  προσηύχετο· ἐγένετο δὲ ὁ ἰδρὸς αὐτοῦ ὡσὴ θρόμβε ἔματως καταβένοντες ἐπὴ τὶν γὶν. καὶ
  ἀναστὰς ἀπὸ τῆς προσευχεῖς Cᵐᵍ (Λκ. 22.43-44)
ᵀὤφθη δὲ αὐτῷ ἄγγελος 118ᶜ
ᵀὤφθη δὲ αὐτῷ ἄγγελος ἀπὸ τοῦ οὐρανοῦ ἰνισχύων αὐτόν. καὶ γενόμενος ἐν ἀγωνίᾳ
  ἐκτενέστερον προσηύχετο· ἐγένετο δὲ ὁ ἰδρὼς αὐτοῦ ὡσεὶ θρόμβοι αἵματος καταβαίνοντες
  ἐπὶ τὴν γῆν. 69
ᵀὤφθη δὲ αὐτῷ ἄγγελος ἀπ' οὐρανοῦ ἐνισχύων αὐτόν. καὶ γενόμενος ἐν ἀγωνίᾳ ἐκτενέστερον
  προσηύχετο· ἐγένετο ὁ ἰδρὼς αὐτοῦ ὡσεὶ θρόμβη αἵματος καταβαίνοντες ἐπὶ τὴν γῆν. 124 788
ᵀκαὶ ἀναστὰς ἀπὸ τῆς προσευχῆς Mᶜ 700

40 καὶ ἔρχεται πρὸς τοὺς μαθητὰς καὶ εὑρίσκει αὐτοὺς καθεύδοντας, B 𝔓³⁷ 𝔓⁵³ uwτ rell
40 καὶ ἔρχεται πρὸς τοὺς μαθητὰς αὐτοὺς καὶ εὑρίσκει αὐτοὺς καθεύδοντας, D*
40 καὶ ἔρχεται πρὸς τοὺς μαθητὰς αὐτοῦ καὶ εὑρίσκει αὐτοὺς καθεύδοντας, Dᶜ
40 καὶ ἔρχεται πρὸς τοὺς μαθητὰς καὶ εὑρίσκει καθεύδοντας αὐτοὺς, L
40 ἔρχεται πρὸς τοὺς μαθητὰς καὶ εὑρίσκει αὐτοὺς καθεύδοντας, 700

lac. 26.37-40 𝔓⁴⁵ N P Q Γ 13 1346

A 37 λυπισθε ℵ ¦ λυπεισθε A 28 ¦ λυπισθαι W Θ ¦ λυπησθαι 579 ¦ αδημονιν ℵ ¦ αδημονην 2* 579 38 μινατε ℵ L Θ ¦ γρηγοριτε ℵ ¦ γρηγορειται D 700 ¦ γριγοριτε Θ ¦ γρηγροητε 2 ¦ ωιδε 124 39 μηκρον 2 ¦ επει D ¦ πρωσωπον 2 ¦ πατερ μου ⋯⋯⋯ 1424 ¦ εστιν 𝔓³⁷ ℵ A C D E F G H K L W Δ Θ Π 69 124 2 33 28 579 1424 ¦ παρελθετο 2* ¦ ος (ως¹) Θ ¦ σοι (συ) 28 ¦ ιδρος 788 40 ερχετε ℵ L W Θ ¦ ευρισκι ℵ Θ

B 38 ι̅ς̅ 𝔐 K M S U Δ Π Ω 2 157 565 1071 1424 39 π̅ε̅ρ̅ ℵ A C 𝔐 K L M S U Δ Θ Ω f¹ 118 69 124 2 33 28 157 565 579 700 788 1071 1424 ¦ ουνου 788

C 39 υπ εις Λουκαν κεφαλαιον σπγ E G ¦ υπ: εις τ Λου κε, σπγ ωφθη δε αυτ Y ¦ υπ εις λουκ, κ,ε σπγ: ωφθη δε αυτ,ω M ¦ υπ εις τ̔ λουκ εν κ,ε ρ̅δ̅ ωφθη δε αυτ κ̔ παλ' f¹ ¦ υπ εις λ,ου κ,ε σπγ λ' αρξου 28 ¦ (post συ) κεφ κατα λο 124 ¦ κ,εφαλ λο 788 ¦ τελ 2 ¦ υπ εις τον λ,ου κ,ε σπγ ωφθη αυτω αγγελ 118 ¦ υπ εις σπγ κεφα του αγιου λουκα 2 40 αρξ E ¦ αρξ υπ εις λο, κ, σπγ κ, παλιν αρξ ωδ H ¦ αρξ παλ᾽ απο τὁ κ ερχεται εις τ μτ̔ f¹ ¦ αρχ 1071 ¦ (ante ουτας) αρξ 2

D 38 ο̅γ̅γ̅/δ̅ ℵ A G L M S U Y Π Ω 118 28 1424 ¦ ο̅γ̅γ̅ C D F H K Θ f¹ 2 157 579 1071 ¦ ο̅γ̅γ̅/ε̅¦ ο̅γ̅γ̅/α̅ 124 788 ¦ Ευ Μθ ο̅γ̅γ̅ : Ιω ρ̅ζ̅ : Λο . : Μρ ρ̅ο̅δ̅ E ¦ Μθ σ̅κ̅γ̅ : Μρ ρ̅ο̅ε̅ : Λο σ̅π̅ M ¦ Μθ ο̅γ̅γ̅ : Μρ ρ̅ο̅δ̅ : Λο σ̅ο̅θ̅ : Ιω ρ̅ζ̅ 124 39 ο̅γ̅δ̅/α̅ ℵ A E L S U Y Ω 118 28 1424 ¦ ο̅γ̅δ̅ C D F H K Θ f¹ 2 157 579 1071 ¦ ο̅γ̅δ̅/ς̅ G ¦ ο̅γ̅δ̅/δ̅ M ¦ ο̅γ̅δ̅/ε̅ Π ¦ ο̅γ̅δ̅/β̅ 124 788 ¦ Ευ Μθ ο̅γ̅δ̅ : Ιω ρ̅ξ̅α̅ : Λο σ̅π̅α̅ : Μρ ρ̅ο̅ε̅ E ¦ Μθ ο̅γ̅δ̅ : Μρ ρ̅ο̅ς̅ : Λο σ̅π̅δ̅ M ¦ Μθ ο̅γ̅δ̅ : Μρ ρ̅ο̅ς̅ : Λο σ̅π̅α̅ : Ιω ρ̅ξ̅α̅ 124 ¦ (ante πατερ) ο̅γ̅ε̅/α̅ E S Y L U Π Ω 118 124 28 788 1424 ¦ ο̅γ̅ε̅ F H K M Θ f¹ 2 157 579 ¦ ο̅γ̅ε̅/· G ¦ (ante πληv) ο̅γ̅ε̅ 1071 ¦ Ευ Μθ ο̅γ̅ε̅ : Ιω λ̅ι̅β̅ : Λο σ̅π̅β̅ : Μρ ρ̅ο̅ζ̅ E ¦ Μθ σ̅κ̅ε̅ : Μρ ρ̅ο̅ζ̅ M ¦ Μθ ο̅γ̅ε̅ : Μρ ρ̅ο̅ς̅ : Λο σ̅π̅ : Ιω . 124 ¦ (ante παρελ.) ο̅γ̅ε̅/α̅ ℵ A ¦ (ante πληv) ο̅γ̅ε̅ C D 40 ο̅γ̅ς̅/β̅ ℵ E L M S U Y Π Ω 118 124 28 788 1071 1424 ¦ ο̅γ̅ς̅/α̅ A ¦ ο̅γ̅ς̅ C D F G K Θ f¹ 2 157 579 ¦ σ̅π̅ς̅ H ¦ Ευ Μθ ο̅γ̅ς̅ : Ιω . : Λο σ̅π̅γ̅ : Μρ ρ̅ο̅ζ̅ E ¦ Μθ ο̅γ̅ς̅ : Μρ ρ̅ο̅η̅, ρ̅ο̅θ̅ M ¦ Μθ ο̅γ̅ς̅ : Μρ ρ̅ο̅ζ̅ : Λο . : Ιω . 124 41 ο̅γ̅ζ̅ G

καὶ λέγει τῷ Πέτρῳ, Οὕτως οὐκ ἰσχύσατε μίαν ὥραν γρηγορῆσαι μετ' ἐμοῦ; B 118 uwτ rell
καὶ λέγει τῷ Πέτρῳ, Οὕτως οὐκ ἰσχύσατε μίαν ὥραν ἐγρηγορῆσαι μετ' ἐμοῦ; 𝔭37
καὶ λέ······ τῷ Πέτρῳ, Ο··τ···ς οὐχ ἰσχύσατε μίαν ······· ··ορῆσα··με· 𝔭53
καὶ λέγει τῷ Πέτρῳ, Οὕτως οὐκ ἴσχυσας μίαν ὥραν γρηγορῆσαι μετ' ἐμοῦ; A
καὶ λέγει αὐτοῖς, Οὕτως οὐκ ἰσχύσατε μίαν ὥραν γρηγορῆσαι μετ' ἐμοῦ; F Y K M Π 69 788
καὶ λέγει τῷ Πέτρῳ, Οὐκ ἰσχύσατε μίαν ὥραν γρηγορῆσαι μετ' ἐμοῦ; Δ 1 1582*

41 γρηγορεῖτε καὶ προσεύχεσθε, ἵνα μὴ εἰσέλθητε εἰς πειρασμόν· B 𝔭37 uwτ rell
41 ἐγρηγορεῖτε καὶ προσεύχεσθε, ἵνα μὴ εἰσέλθητε εἰς πειρασμόν· 𝔭37
41 γρηγορεῖτε καὶ προσεύχεσθε, ἵνα μὴ εἰ εἰσέλθητε εἰς πειρασμόν· Θ
41 γρηγορεῖτε οὖν καὶ προσεύχεσθε, ἵνα μὴ εἰσέλθητε εἰς πειρασμόν· 700

[Cl S V 106.1 αυτικα ο αυτος σωτηρ παρεγγυα, γρηγορειτε]

τὸ μὲν πνεῦμα πρόθυμον ἡ δὲ σὰρξ ἀσθενής. ρ̄ν̄ **42** πάλιν ἐκ δευτέρου B 𝔭37 uwτ rell
τὸν μὲν πνεῦμα πρόθυμον ἡ δὲ σὰρξ ἀσθενής. **42** πάλιν ἐκ δευτέρου 124
τὸ μὲν πνεῦμα πρόθυμον ἡ δὲ σὰρξ ἀσθενής. **42** πάλιν [ἀπελθὼ]ν ἐκ 33
τὸ μὲν πνεῦμα πνευμα πρόθυμον ἡ δὲ σὰρξ ἀσθενής. **42** πάλιν ἐκ δευτέρου 28

[Cl S IV 45.4 ημιν δε ο σωτηρ ειρηκεν, το πνευμα προθυμον, η δε σαρξ ασθενης].

ἀπελθὼν προσηύξατο, Πάτερ μου, εἰ οὐ δύναται B [w]
················ ·················το λέγων, Πάτερ, εἰ οὐ δύναται 𝔭37
ἀπελθὼν προσηύξατο ὁ Ἰησοῦς λέγων, Πάτερ μου, εἰ οὐ δύναται L Θ f¹ 124 788 1424
ἀπελθὼν προσηύξατο ὁ Ἰησοῦς λέγων, Πάτερ μου, εἰ δύναται 69
δευτέρου προσηύξατο λέγων, Πάτερ μου, εἰ οὐ δύναται 33
προσηύξατο λέγων, Πάτερ μου, εἰ οὐ δύναται 565
ἀπελθὼν προσηύξατο λέγων, Πάτερ μου, εἰ οὐ δύναται u[w]τ rell

τοῦτο παρελθεῖν ἐὰν μὴ αὐτὸ πίω, γενηθήτω τὸ θέλημά σου. B ℵ L 1 1582* uw
τοῦτο παρελ······· ·········ὸ πίω, γενηθήτω τὸ θέλημά σου. 𝔭37
τοῦτο παρελθεῖν ἀπ' ἐμοῦ ἐὰν μὴ αὐτὸ πίω, γενηθήτω τὸ θέλημά σου. A C W Δᶜ Π* 565
τὸ ποτήριον τοῦτο παρελθεῖν ἐὰν μὴ αὐτὸ πίω, γενηθήτω τὸ θέλημά σου. D 69 [↑1071
τοῦτο παρελθεῖν ἀπ' ἐμοῦ τὸ ποτήριον ἐὰν μὴ αὐτὸ πίω, γενηθήτω τὸ θέλημά σου. Δ*
τοῦτο τὸ ποτήριον παρελθεῖν ἐὰν μὴ αὐτὸ πίω, γενηθήτω τὸ θέλημά σου. Θ
τὸ ποτήριον τοῦτο παρελθεῖν ἀπ' ἐμοῦ ἐὰν μὴ αὐτὸ πίω, γενηθήτω τὸ θέλημά σου. 124
τοῦτο παρελ······· ·········· αὐτὸ πίω, γενηθήτω τὸ θέλημά σου. 33
τοῦτο παρελθεῖν ἀπ' ἐμου τὸ ποτήριον ἐὰν μὴ αὐτὸ πίω, γενηθήτω τὸ θέλημά σου. 157
τοῦτο τὸ ποτήριον παρελθεῖν ἀπ' ἐμοῦ ἐὰν μὴ αὐτὸ πίω, γεννηθήτω τὸ θέλημά σου. 579
τοῦτο τὸ ποτήριον παρελθεῖν ἐὰν μὴ πίω αὐτό, γενηθήτω τὸ θέλημά σου. 700
τὸ ποτήριον τοῦτο παρελθεῖν ἐὰν μὴ αὐτὸ πίω, γενήθη τὸ θέλημά σου. 788
τοῦτο τὸ ποτήριον παρελθεῖν ἐὰν μὴ αὐτὸ πίω, γενηθήτω τὸ θέλημά σου. 1424 [↓118 2 28 τ
τοῦτο τὸ ποτήριον παρελθεῖν ἀπ' ἐμοῦ ἐὰν μὴ αὐτὸ πίω, γενηθήτω τὸ θέλημά σου. 𝔐 K M U Πᶜ 1582ᶜ

43 καὶ ἐλθὼν πάλιν εὗρεν αὐτοὺς καθεύδοντας, ἦσαν γὰρ αὐτῶν οἱ B ℵ C D L Θ f¹ 124 157 700
43 καὶ ἐλθὼν ··········· ·········· αὐτοὺς καθεύδοντας, ἦσαν γὰρ αὐτῶν οἱ 𝔭37 [↑788 uw
43 καὶ ἐλθὼν εὗρεν αὐτοὺς πάλιν καθεύδοντας, ἦσαν γὰρ αὐτῶν οἱ A K W Δᶜ Π 69 565 1424
43 καὶ ἐλθὼν εὗρεν αὐτοὺς πάλιν καθεύδοντες, ἦσαν γὰρ αὐτῶν οἱ Δ*
43 καὶ ἐλθὼν πάλιν εὗρεν αὐτοὺς κα··········· ···· αν γὰρ αὐτῶν οἱ 33
43 καὶ ἐλθὼν εὗρεν αὐτοὺς πάλιν καθεύδοντας, ἦσαν γὰρ οἱ ὀφθαλμοὶ 1071
43 καὶ ἐλθὼν εὑρίσκει αὐτοὺς πάλιν καθεύδοντας, ἦσαν γὰρ αὐτῶν οἱ 𝔐 M U 2 28 579 τ

---

lac. 26.40-43 𝔭45 N P Q Γ 13 1346

A **40** λεγι ℵ | το (τω) Θ | εισχυσαται D ¦ ισχυσαται L | γρηγορησε ℵ ¦ γριγορησαι Θ ¦ γρηγορισαι 2 33 ¦ γρηγορεισαι 1071 **41** γρηγορειται D L 579 | γρηγοριτε W | γρηγορητε Θ 69 | προσευχεσθαι D L W Θ 2 579 | προσευχεσθει Δ* | εισελθηται ℵ D L ¦ εισελ·······θητε F* (πειρασμον?) | πιρασμον ℵ L ¦ πιρασμων Θ | τον (το) K | προθυμων Θ | ι (η) L | σαρ 28 | ασθενεις 579 **42** προσηυξατω Θ | δυνατε ℵ Δ | **42** πωτηριον 579 | παρελθιν ℵ ¦ παρελθην Θ | αυτω (αυτο) E K M S Δ Θ Ω 33 565 1424 | γενηθητο K 157 **43** αυτοις Δ*

B **41** πν̄ᾱ 𝔭37 ℵ A C D 𝔐 K L M S U W Δ Θ Π Ω f¹ 69 124 2 33 28 157 565 579 700 788 1071 1424 | πν̄ᾱ2 28 **42** τ̄ς̄ L Θ f¹ 118 788 1424 | π̄ε̄ρ̄ ℵ A C 𝔐 K L M S U Δ Θ Ω f¹ 118 69 124 2 33 157 28 565 579 700 788 1071 1424

C **41** αρξ πωλ, 118 | τελος (post πειρασμον) Eᶜ

D **41** (ante το μεν) σ̄ο̄ζ̄/δ̄ ℵ Y L M S U Π Ω 118 124 28 788 1071 1424 ¦ σ̄ο̄ζ̄/β̄ A ¦ σ̄ο̄ζ̄ C D F K Θ f¹ 2 157 579 ¦ σ̄ο̄ζ̄/ε̄ E ¦ σ̄π̄ζ̄ H | Ευ Μθ σ̄ο̄ζ̄ : Ιω . : Λο . : Μρ ρ̄ο̄η̄ E | Μθ σ̄ο̄ζ̄ : Μρ ρ̄ο̄η̄ Λο σ̄π̄β̄ : Ιω . 124 **42** σ̄ο̄η̄/ς̄ ℵ Y L M S U Π Ω 124 28 788 1071 1424 ¦ σ̄ο̄η̄/δ̄ A ¦ σ̄ο̄η̄ C D F G K Θ f¹ 2 157 579 ¦ σ̄ο̄η̄/ε̄ E ¦ σ̄π̄η̄ H | Ευ Μθ σ̄ο̄η̄ : Ιω . : Λο . : Μρ ρ̄ο̄θ̄ E | Μθ σ̄ο̄η̄ : Μρ ρ̄π̄ : Λο σ̄π̄ε̄ : Ιω σ θ̄ M | Μθ σ̄ο̄η̄ : Μρ ρ̄ο̄ς̄ : Λο σ̄π̄δ̄ : Ιω . 124 | σ̄ο̄θ̄ 579 (ante πατερ)

266

ὀφθαλμοὶ βεβαρημένοι. **44** καὶ ἀφεὶς αὐτοὺς B **uwτ** rell
.... ημένοι. **44** καὶ ἀφεὶς αὐτοὺς 𝔓³⁷
ὀφθαλμοὶ <u>βεβαρυμένοι</u>. **44** καὶ ἀφεὶς αὐτοὺς 124 788
<u>αὐτῶν</u> βεβαρημένοι. **44** καὶ ἀφεὶς αὐτοὺς 1071

πάλιν ἀπελθὼν προσηύξατο ἐκ τρίτου τὸν αὐτὸν λόγον εἰπὼν πάλιν. B ℵᶜ L **u[w]**
 ἀπελθὼν προσ............ ....τὸν λόγον εἰπὼν πάλιν. 𝔓³⁷
πάλιν ἀπελθὼν προσηύξατο <u>τὸν</u> <u>αὐτὸν</u> <u>ἐκ</u> <u>τρίτου</u> λόγον εἰπὼν πάλιν. ℵ*
<u>ἀπελθὼν</u> <u>προσηύξατο</u> <u>πάλιν</u> τὸν αὐτὸν λόγον εἰπών. A K Π 157 565
πάλιν ἀπελθὼν προσηύξατο ἐκ τρίτου τὸν αὐτὸν λόγον εἰπών. C 28
πάλιν ἀπελθὼν προσηύξατο τὸν αὐτὸν λόγον εἰπών. D
<u>ἀπελθὼν</u> <u>πάλιν</u> προσηύξατο τρίτου τὸν αὐτὸν λόγον εἰπών. E*
<u>ἀπελθὼν</u> <u>πάλιν</u> προσηύξατο ἐκ τρίτου τὸν αὐτὸν λόγον εἰπών. 𝔐 M 1582ᶜ 2 579 τ
<u>ἀπελθὼν</u> <u>πάλιν</u> προσηύξατο ἐκ τρίτου τὸν αὐτὸν λόγον. Y
 ἀπελθὼν προσηύξατο ἐκ τρίτου τὸν αὐτὸν λόγον εἰπών. U 69
<u>ἀπελθὼν</u> <u>προσηύξατο</u> <u>πάλιν</u> ἐκ τρίτου τὸν αὐτὸν λόγον εἰπών. W
<u>ἀπελθὼν</u> <u>προσεύξατο</u> <u>πάλιν</u> ἐκ τρίτου τὸν αὐτὸν λόγον εἰπών. Δ
 ἀπελθὼν προσηύξατο ἐκ τρίτου τὸν αὐτὸν λόγον εἰπὼν πάλιν. Θ 124
 ἀπελθὼν προσηύξατο τὸν αὐτὸν λόγον εἰπών. 1 1582*
 ἀπελθὼν προσηύξατο ἐκ τρίτου τὸν αὐτὸν λόγον εἰπών. 118
πάλιν ἀπελ...... .... τρίτου τὸν αὐτὸν λόγον εἰπών. 33
<u>ἀπελθὼν</u> προσηύξατο ἐκ τρίτου τὸν αὐτὸν λόγον εἰπών. 700 788
ἀπελθὼν προσηύξατο <u>πάλιν</u> <u>ἐκ</u> <u>τρίτου</u> <u>τὸν</u> <u>αὐτὸν</u> <u>λόγον</u> <u>εἰπών</u>. 1071
<u>ἀπελθὼν</u> <u>πάλιν</u> προσηύξατο τὸν αὐτὸν λόγον εἰπών. 1424
πάλιν ἀπελθὼν προσηύξατο ἐκ τρίτου τὸν αὐτὸν λόγον εἰπών. πάλιν **[w]**

45 τότε ἔρχεται πρὸς τοὺς μαθητὰς καὶ λέγει αὐτοῖς, Καθεύδετε B **uwτ** rell
45 τότε ἔρχεται πρὸς .... καὶ λέγει αὐτοῖς, Καθεύδετε 𝔓³⁷
45 τότε ἔρχεται πρὸς τοὺς μαθητὰς <u>αὐτοῦ</u> καὶ λέγει αὐτοῖς, Καθεύδετε D 𝔐 U W 2 τ
45 τότε ἔρχεται πρὸς τοὺς μαθη...... .... αθεύδ...... 33
45 τότε ἔρχεται πρὸς τοὺς μαθητὰς <u>αὐτοῦ</u> καὶ λέγει <u>αὐτοὺς</u>, Καθεύδετε 28 579
45 τότε ἔρχεται πρὸς <u>αὐτοὺς</u> καὶ λέγει αὐτοῖς, Καθεύδετε 1424

 λοιπὸν καὶ ἀναπαύεσθε; ἰδοὺ γὰρ ἤγγικεν ἡ ὥρα B **[w]**
<u>τὸ</u> λοιπὸν καὶ ἀνα............... ....οὐ ἤγγικεν ἡ ὥρα 𝔓³⁷
 λοιπὸν καὶ ἀναπαύεσθε; ἰδοὺ ἤγγικεν ἡ ὥρα C L W 2 **[uw]**
<u>τὸ</u> λοιπὸν καὶ ἀναπαύεσθε; ἰδοὺ γὰρ ἤγγικεν ἡ ὥρα E
<u>τὸ</u> λοιπὸν καὶ ἀναπαύεσθε; ἤγγικεν <u>γὰρ</u> ἡ ὥρα Θ
<u>τὸ</u> λοιπὸν καὶ ἀναπαύεσθε; ἤγγικεν <u>γὰρ</u> ἡ ὥρα <u>μου</u> 1 1582* 118
<u>τὸ</u> λοιπὸν καὶ ἀναπαύεσθε; ἤγγικεν ἡ ὥρα 1582ᶜ
.... καὶ ἀναπαύεσθε; ἰδοὺ ἤγγικεν ἡ ὥρα 33
<u>τὸ</u> λοιπὸν καὶ <u>ἀναπάβεσθαι</u>; ἰδοὺ ἤγγικεν ἡ ὥρα 579
<u>τὸ</u> λοιπὸν καὶ ἀναπαύεσθε; ἰδοὺ ἤγγικεν ἡ ὥρα U Δ 700 1071 [↓1071 1424 **[u]**τ
<u>τὸ</u> λοιπὸν καὶ ἀναπαύεσθε; ἰδοὺ ἤγγικεν ἡ ὥρα ℵ A D 𝔐 K M U Δ Π 28 69 124 157 565 700 788

καὶ ὁ υἱὸς τοῦ ἀνθρώπου παραδίδοται εἰς χεῖρας ἁμαρτωλῶν. B **uwτ** rell
καὶ ὁ υἱὸς τοῦ ἀνθρώπου παρ............ εἰς χεῖρας ἁμαρτωλῶν. 𝔓³⁷
 <u>τοῦ</u> <u>υἱοῦ</u> τοῦ ἀνθρώπου <u>καὶ</u> παραδίδοται εἰς χεῖρας ἁμαρτωλῶν. L
καὶ ὁ υἱὸς τοῦ ἀνθρώπου παραδίδοται <u>εἰς</u> <u>τὸ</u> <u>στρωθηναι</u> εἰς χεῖρας ἁμαρτωλῶν. 2*
.... ἁμαρτωλῶν. 33
καὶ ὁ υἱὸς τοῦ ἀνθρώπου παραδίδοται εἰς χεῖρας <u>ἀνθρώπων</u> ἁμαρτωλῶν. 157 1424
καὶ ὁ υἱὸς τοῦ ἀνθρώπου <u>παραδοθήσεται</u> εἰς χεῖρας ἁμαρτωλῶν. 700

---

lac. 26.43-45 𝔓⁴⁵ N P Q Γ 13 1346

A 43 βεβαριμενοι 1424 **44** αφις ℵ | παλι 579 | των (τον) L | αυτων, ειπον Θ **45** ερχετε ℵ | του (τους) D* | λεγι ℵ | καθευδεται L W Θ 2* 579 | καθευδευτε 1424 | λοιπων 579 | αναπαυεσθαι C D L W Θ 2 | αναπ· αυεσθε E* | ηδου 124 | ηγγικεν Α | ηγγικε 118 | ωρα 700 | παραδιδω-ται H 579 | παραδιδοτε W 69* | ει (εις) M* | χιρας ℵ | αμαρτολων Π*

B 45 υ͞ς ℵ C 𝔐 K M U̲ Δ̲ Π Ω f¹ 2 28 565 1424 | υ͞υ L | ανο͞υ ℵ A C 𝔐 K L M S U W Δ Θ Π Ω f¹ 118 69 124 2 28 157 565 579 700 788 1071 1424 | αν͞ων 157 1424

C 45 ξ͞ε (om. 118) πε της παραδοσεως (παραδωσεως¹ 28 788) του ι͞υ (κ͞υ¹ 28) Μ Ω 118 28 579 788 | Μθ ξ͞ε : Μρ μ͞ς Μ

D 45 σ͞ϙ͞θ/δ A Y L M S U Π Ω 118 124 28 1071 1424 ¦ σ͞ϙ͞θ C D F G K 1582 2 157 | σ͞ϙ͞θ/γ E | σ͞π͞θ Η | Ευ Μθ σ͞ϙ͞θ : Ιω ρ͞γ : Λο . : Μρ ρ͞π E | Μθ σ͞κ͞θ : Μρ ρ͞π͞α : Λο σ͞π͞ς : Ιω ρ͞ν͞η Μ | Μθ σ͞ϙ͞θ : Μρ . : Λο σ͞π : Ιω . 124 | (ante καθευδ.) σ͞ϙ͞θ/δ ℵ 788 ¦ σ͞ϙ͞θ Θ

46 ἐγείρεσθε, ἄγωμεν   ἰδοὺ ἤγγικεν ὁ παραδιδούς με.   B uwτ rell
46 ἐγείρεσθε, ἄγωμεν   ἰδοὺ .... ὁ παραδιδούς 𝔓37
46 ἐγείρεσθε, ἄγωμεν   ἰδοὺ ἤγγικεν ὁ παραδιδῶν με.   ℵ*
46 ἐγείρεσθε, ἄγωμεν ἐντεῦθε ἰδοὺ ἤγγικεν ὁ παραδιδούς με.   G
46 ἐγείρεσθε, ἄγωμεν   ἰδοὺ ἤγγι......   33

ξε̄ περὶ τῆς παραδώσεως τοῦ Ἰησοῦ

Jesus Betrayed By Judas And Seized By A Crowd
(Mark 14.43-50; Luke 22.47-53; John 18.2-11)

ρ̄ν̄ᾱ 47 Καὶ ἔτι αὐτοῦ λαλοῦντος ἰδοὺ Ἰούδας εἷς τῶν δώδεκα ἦλθεν καὶ μετ᾽ αὐτοῦ   B uwτ rell
47 .... αὐτοῦ λαλοῦντος ἰδοὺ .... εἷς τῶν ῑβ̄   ἦλθεν καὶ μετ᾽ αὐτοῦ   𝔓37
47 Ἔτι καὶ αὐτοῦ λαλοῦντος ἰδοὺ Ἰούδας εἷς τῶν δώδεκα ἦλθεν καὶ μετ᾽ αὐτοῦ   D
47 Καὶ ἔτι αὐτοῦ λαλοῦντος ἰδοὺ Ἰούδας εἷς τῶν δώδεκα   καὶ μετ᾽ αὐτοῦ   Π 565
47 Καὶ ἔτι τούτου λαλοῦντος ἰδοὺ Ἰούδας εἷς τῶν δώδεκα ἦλθεν καὶ μετ᾽ αὐτοῦ   69
47 .... ἰδοὺ Ἰούδας εἷς τῶν δώδεκα ἦλθεν   33
47 Ἔτι   αὐτοῦ λαλοῦντος ἰδοὺ Ἰούδας εἷς τῶν δώδεκα ἦλθεν καὶ μετ᾽ αὐτοῦ   28

ὄχλος πολὺς μετὰ μαχαιρῶν καὶ ξύλων ἀπὸ τῶν ἀρχιερέων καὶ   πρεσβυτέρων τοῦ λαοῦ.   B uwτ rell
ὄχλος πολὺς μετὰ μαχαιρῶν καὶ ξύλων ἀπὸ τῶν ἀρχιερέων καὶ τῶν πρεσβυτέρων τοῦ λαοῦ.   Δ
....λων ἀπὸ τῶν ἀρχιερέων καὶ   πρεσβυτέ......   33

48 ὁ δὲ παραδιδοὺς αὐτὸν ἔδωκεν αὐτοῖς σημεῖον λέγων, Ὃν ἂν   B C D L U Θ f¹ 69 2 28 565 700 788 1424
48 .... ὑτοῖς σημεῖον λέγων, Ὃν ἂν   33   [↑uwτ
48 ὁ δὲ παραδιδοὺς αὐτὸν ἔδωκεν αὐτοῖς σημεῖον λέγων, Ὃν ἐὰν   𝔓37 ℵ A 𝔐 K M W Δ Π 124 157 579 1071

φιλήσω αὐτός ἐστιν· κρατήσατε αὐτόν. 49 καὶ εὐθέως προσελθὼν τῷ Ἰησοῦ   B 𝔓37 uwτ rell
φιλήσω αὐτός ἐστιν· κρατήσατε αὐτόν. 49 καὶ εὐθέως προσῆλθεν τῷ Ἰησοῦ καὶ   W

εἶπεν,   Χαῖρε, ῥαββεί· καὶ κατεφίλησεν αὐτόν.   B ℵ A D 𝔐 K M W Δ 2 565 1424 w
εἶπεν,   𝔓37
εἶπεν αὐτῷ, Χαῖρε, ῥαββί· καὶ κατεφίλησεν αὐτόν.   C
εἶπεν,   Χαῖρε, ῥαββί· καὶ κατεφίλησεν αὐτόν.   G L S U Θ Π Ω f¹ 69 124 33 28 157 579 700 788 1071 uτ

50 ὁ δὲ Ἰησοῦς εἶπεν αὐτῷ, Ἑταῖρε, ἐφ᾽ ὃ πάρει. τότε προσελθόντες   B uw rell
50   αὐτῷ, Ἑταῖρε, ἐφ᾽ ὃ .... τότε προσελθόντες   𝔓37
50 ὁ δὲ   εἶπεν αὐτῷ, Ἑταῖρε, ἐφ᾽ ὃ πάρει. τότε προσελθόντες   ℵ
50 εἶπεν δε αὐτῷ ὁ Ἰησοῦς. ἐφ᾽ ὃ πάρει, Ἑτέραι. τότε προσελθόντες   D
50 ὁ δὲ Ἰησοῦς εἶπεν αὐτῷ, Ἑταῖρε, ἐφ᾽ ᾧ πάρει. τότε προσελθόντες   U f¹ 33 157 1424 τ
50 ὁ δὲ Ἰησοῦς εἶπεν αὐτῷ, Ἕτεραι, ἐφ᾽ ὃ πάρει. τότε προσελθόντες   579
50 ὁ δὲ Ἰησοῦς εἶπεν,   Ἑταῖρε, ἐφ᾽ ᾧ πάρει. τότε προσελθόντες   700

ἐπέβαλον   τὰς χεῖρας ἐπὶ τὸν Ἰησοῦν καὶ ἐκράτησαν αὐτόν.   B 𝔓37 uwτ rell
ἐπέβαλον   τὰς χεῖρας ἐπὶ τὸν Ἰησοῦν   κράτησαν αὐτόν.   Δ
ἐκράτησαν τὸν Ἰησοῦν καὶ ἐπέβαλον ἐπ᾽ αὐτόν τὰς χεῖρας αὐτῶν.   28
ἐπέβαλλον τὰς χεῖρας ἐπ᾽   αὐτόν καὶ ἐκράτησαν αὐτόν.   1424

---

lac. 26.46-50 𝔓45 N P Q Γ 13 1346

A 46 εγειρεσθαι A L W Δ 2* 579 | αγομεν Ω | ηγγεικεν A W ¦ ηγγηκεν E 47 ηλθε Υ 118 69 157 700 | μαχερων ℵ W | αρχιερων E* 48 αυτων 579 | σημιον ℵ W ¦ σιμιον Θ | εστι Υ U f¹ 118 69 157 565 700 788 | κρατησαται ℵ Θ ¦ κρατεισατε E 49 ειπε Υ 118 157 | χαιραι D | κατεφηλησεν 2 50 εθαιρε C* ¦ ετερε E* W Θ | παρι Θ 157 | προσελθωντες 2* | χιρας ℵ | των (τον) Θ*

B 47 ῑβ̄ 𝔓37 ℵ D 49 ῑῡ B ℵ A C 𝔐 K L M S U W Δ Θ Π Ω f¹118 124 2 33 28 157 565 579 700 788 1071 1424 ¦ ῑη̄ῡ 𝔓37 D 50 ῑς̄ B A C 𝔐 K L M S U W Δ Θ Π Ω f¹ 118 124 2 33 28 157 565 579 700 788 1071 1424 ¦ ῑη̄ς̄ D ¦ ῑ̄ῡ B ℵ A C 𝔐 K L M S U Δ Θ Π Ω f¹ 118 124 2 33 28 157 565 579 700 788 1071 ¦ ῑη̄ν̄ D

C 47 ξε̄ περι της παραδοσεως (παραδωσεως H L U 1582 1071 ¦ παραδοσεως 28²) του ῑῡ (χ̄ῡ G K ¦ κ̄ῡ H ¦ ιωαννου f¹ ¦ ξε̄ 118 ¦ κ̄ῡ 28²). A 𝔐 K L S U Π f¹ 2 28² 157 1071 | αρχ 157 ¦ ξε̄ περι της παραδοσεως Δ | Μρ μ̄ς̄ Π |

D 47 τ̄/ᾱℵ A E G L M S U Υ Π Ω 118 124 28 1071 ¦ τ̄ C D F H K Θ 1582 2 157 1424 ¦ τ̄/ς̄ 788 | Ευ Μθ τ̄ : Ιω ο̄θ̄ : Λο σπ̄ε̄ : Μρ ρ̄π̄ᾱ E | Μρ μ̄ς̄ : Λο σ̄η̄ L | Μθ τ̄ : Μρ ρ̄π̄β̄ M | Μθ τ̄ : Μρ ρ̄π̄ᾱ : Λο σπ̄ε̄ : Ιω ο̄θ̄ 124 48 τᾱ/β̄ ℵ A E G L M S U Υ Π Ω 118 28 1071 1424 ¦ τᾱ C D F H K Θ f¹ 2 157 579 788 | τᾱ/ᾱ 124 | Ευ Μθ τᾱ : Ιω . : Λο σπ̄ς̄ : Μρ ρ̄π̄β̄ E | Μθ τᾱ M | Μθ τᾱ : Μρ ρ̄π̄β̄ : Λο σπ̄ς̄ : Ιω σπ̄ζ̄ 124

51 καὶ ἰδοὺ εἷς τῶν μετ'   αὐτοῦ ἐκτείνας τὴν χεῖρα   ἀπέσπασεν   B
51 ....ν μετὰ   Ἰησοῦ ἐκτ......... ....   𝔭³⁷
51 καὶ ἰδοὺ εἷς τῶν μετὰ τοῦ Ἰησοῦ ἐκτείνας τὴν χεῖρα   ἀπέσπασεν   L
51 καὶ ἰδοὺ εἷς τῶν μετὰ   Ἰησοῦ ἐκτείνας τὴν χεῖρα   ἐπεσπάσατο   157
51 καὶ ἰδοὺ εἷς τῶν μετὰ   Ἰησου ἐκτείνας τὴν χεῖρα αὐτοῦ ἀπέσπασεν   1424
51 καὶ ἰδοὺ εἷς τῶν μετὰ   Ἰησου ἐκτείνας τὴν χεῖρα   ἀπέσπασεν   uwτ rell

τὴν μάχαιραν αὐτοῦ καὶ πατάξας τὸν δοῦλον τοῦ ἀρχιερέως   ἀφεῖλεν   B uwτ rell
...... μάχαιραν αὐτοῦ κα... .... ρχιερέως   ἀφεῖλ...   𝔭³⁷
τὴν μάχαιραν αὐτοῦ καὶ ἐπάταξεν τὸν δοῦλον τοῦ ἀρχιερέως καὶ ἀφεῖλεν   D
τὴν μάχαιρα αὐτοῦ καὶ πατάξας τὸν δοῦλον τοῦ ἀρχιερέως   ἀφεῖλεν   G Π 124 565 788 1424*
τὴν μάχαιραν αὐτοῦ καὶ πατάξας τὸν δοῦλον τοῦ ἀρχιερέως καὶ ἀφεῖλεν   U*

αὐτοῦ τὸ ὠτίον.   52 τότε λέγει αὐτῷ ὁ Ἰησοῦς, Ἀπόστρεψον   B uwτ rell
....   52 ....ῷ ὁ Ἰησοῦς, Ἀπόστρεψον··   𝔭³⁷
αὐτοῦ τὸ ὠτίον.   52   λέγει αὐτῷ ὁ Ἰησοῦς, Ἀπόστρεψον   M*
αὐτοῦ τὸ ὠτίον.   52 τότε λέγει αὐτοῖς ὁ Ἰησοῦς, Ἀπόστρεψον   W 788
αὐτοῦ τὸ ὠτίον.   52 τότε λέγει αὐτῶς ὁ Ἰησοῦς, Ἀπόστρεψον   124
αὐτοῦ τὸ ὠτίον τὸ δέξιον. 52 τότε λέγει αὐτῷ ὁ Ἰησοῦς, Ἀπόστρεψον   1424

τὴν μάχαιράν σου εἰς τὸν τόπον αὐτῆς, πάντες γὰρ οἱ λαβόντες   B ℵ D L 69 124 157 788 uw
.... αὐτῆς, πάντες γ...... ....   𝔭³⁷
σου τὴν μάχαιράν εἰς τὸν τόπον αὐτῆς, πάντες γὰρ οἱ λαβόντες   A C 𝔐 M W 2 28 579 1071 τ
σου τὴν μάχαιράν εἰς τὴν τόπον αὐτῆς, πάντες γὰρ οἱ λαβόντες   E*
τὴν μάχαιράν σου εἰς τὸν τόπον αὐτῆς, πάντες γὰρ οἱ λαβόντες   K U Θ Π 33 565
σου τὴν μάχαιρὰ εἰς τὸν τόπον αὐτῆς, πάντες γὰρ οἱ λαβόντες   Δ
τὴν μάχαιράν σου εἰς τὸν τόπον αὐτῆς, πάντες γὰρ οἱ λαμβάνοντες   f¹
τὴν μάχαιράν σου εἰς τὸν τόπον αὐτῆς, πάντες γὰρ οἱ λαβὸν   118
τὴν μάχαιράν σου εἰς τὴν θήκην αὐτῆς, πάντες γὰρ οἱ λαβόντες   700
τὴν μάχαιράν σου εἰς τὴν θηλὴν αὐτῆς, πάντες γὰρ υἱ λαβόντες   1424

μάχαιραν ἐν μαχαίρῃ ἀπολοῦνται. 53 ἢ δοκεῖς   ὅτι οὐ δύνομαι   B*
.... αἴρῃ ἀπολοῦν··· 53   ......   𝔭³⁷
μάχαιραν ἐν μαχαίρῃ ἀπολοῦνται. 53 ἢ δοκεῖς   ὅτι οὐ δύναμαι   ℵ L 33 uw
μάχαιραν ἐν μαχαίρῃ ἀπολοῦνται. 53 ἢ δοκεῖς   ὅτι οὐ δύναμαι ἄρτι   A 124
μάχαιραν ἐν μαχαίρῃ ἀπολοῦνται. 53 ἢ δοκεῖ σοι ὅτι οὐ δύναμαι ἄρτι   C*
μάχαιραν ἐν μαχαίρα ἀπολοῦνται. 53 ἢ δοκεῖ σοι ὅτι οὐ δύναμαι ἄρτι   Cᶜ
μάχαιραν ἐν μαχαίρα ἀποθανοῦνται. 53 ἢ δοκεῖς   ὅτι οὐ δύναμαι ἄρτι   𝔐 K M W Δ 69 2 565 788
μάχαιραν ἐν μαχαίρα ἀπολοῦνται. 53 ἢ δοκεῖ σοι ὅτι οὐ δύναμαι ἄρτι   f¹ 700
μάχαιραν ἐν μαχαίρα ἀπολοῦνται. 53 ἢ δοκεῖ σοι ὅτι οὐ οὐ δύναμαι ἄρτι   118
.... ἀπολοῦνται. 53 ἢ δοκεῖς   ὅτι οὐ δύναμαι ἄρτι   13
μάχαιραν ἐν τῇ μαχαίρα ἀποθανοῦνται. 53 ἢ δοκεῖς   ὅτι οὐ δύναμαι   579
μάχαιραν ἐν μαχαίρα ἀποθανοῦνται. 53 ἢ δοκεῖ σοι ὅτι οὐ δύναμαι ἄρτι   1071   [↓1424 τ
μάχαιραν ἐν μαχαίρα ἀπολοῦνται. 53 ἢ δοκεῖς   ὅτι οὐ δύναμαι ἄρτι   Bᶜ D E G U Π 28 157

παρακαλέσαι τὸν πατέρα μου, καὶ παραστήσει μοι   ἄρτι πλείω   δώδεκα B uw
παρακαλέσαι τὸν πατέρα μου, καὶ παραστήσει μοι ὧδε ἄρτι πλείω   δώδεκα ℵ*
παρακαλέσαι τὸν πατέρα μου, καὶ παραστήσει μοι   ἄρτι πλείους δώδεκα ℵᶜ L
παρακαλέσαι τὸν πατέρα μου, καὶ παραστήσει μοι   πλείω   δώδεκα D
παρακαλέσαι τὸν πατέρα μου, καὶ παραστήσε μοι   πλείους ἢ δώδεκα Δ
παρακαλέσαι τὸν πατέρα μου, καὶ παραστήσει μοι ὧδε   πλίους δώδεκα Θ
παρακαλέσαι τὸν πατέρα μου, καὶ παραστήσει μοι ὧδε   πλείους ἢ δώδεκα f¹
παρακαλέσαι τὸν πατέρα μου, καὶ παραστήσει μοι   ἄρτι πλείους ἢ δώδεκα 33 157
παρακαλέσαι τὸν πατέρα μου, καὶ παραστήσω   πλείους ἢ δώδεκα 579
παρακαλέσαι τὸν πατέρα μου, καὶ παραστήσει μοι   πλείους δώδεκα 700
παρακαλέσαι τὸν πατέρα μου, καὶ παραστῆσαι μοι   πλεῖον ἢ δώδεκα 1424 [↓28 565 788 1071 τ
παρακαλέσαι τὸν πατέρα μου, καὶ παραστήσει μοι   πλείους ἢ δώδεκα A C 𝔐 K M U W Π f¹³ 2

---

lac. 26.51-53 𝔭⁴⁵ N P Q Γ 13 1346 | vss. 51-52 13

A 51 τω (των) C* | εκτινας ℵ Θ | χιρα ℵ | απεσπασε ℵ Y K M S U f¹ 118 69 700 788 1071 | αφιλεν ℵ W Θ | ωτειον D | οτιον Δ 52 των (τον) E* | λαβοντες 2* 565 | απολουντε ℵ* ¦ απουθαναουνται Δ* | αποθαναουνται Δᶜ 53 ει (η) 579 | δυναμε 2* 579 | παρακαλεσε ℵ 2* | παραστισει E* ¦ παραστησι W Θ | πλιους W

B 51 ⲓ̅ⲩ̅ ℵ A C 𝔐 K L M S U W Δ Θ Π Ω f¹ 118 124 2 33 28 157 565 579 700 788 1071 1424 ¦ ⲓ̅ⲏ̅ⲩ̅ 𝔭³⁷ D 52 ⲓ̅ⲥ̅ B ℵ A C 𝔐 K L M S U W Δ Θ Π Ω f¹ 118 124 2 33 28 157 565 579 700 788 1071 1424 ¦ ⲓ̅ⲏ̅ⲥ̅ 𝔭³⁷ D 53 ⲡ̅ⲣ̅ⲁ̅ ℵ A C 𝔐 K L M S U W Δ Θ Π Ω f¹ 118 f¹³ 69 124 2 28 157 565 579 700 788 1071 1424 ¦ ⲓ̅ⲃ̅ D

D 51 ⲧⲃ̅/ⲁ̅ ℵ A E M S U Y̲ Π Ω 118 124 28 788 1071 1424 ¦ ⲧⲃ̅ C D F H K Θ f¹ 2 157 579 ¦ ⲧⲃ̅/ⲃ̅ G | Ευ Μθ ⲧⲃ̅ : Ιω ⲣ̅ⲝ̅ : Λο ⲥ̅π̅ⲍ̅ : Μρ ⲣ̅π̅γ̅ E | Μθ ⲧⲃ̅ : Μρ ⲣ̅π̅γ̅ : Ιω ⲣ̅ⲝ̅ M | Μθ ⲧⲃ̅ : Μρ ⲣ̅π̅γ̅ : Λο . : Ιω ⲣ̅ⲝ̅ 124 52 ⲧⲅ̅/ⲓ̅ E G S Y L M Π Ω 118 124 28 788 1071 ¦ (ante παντες) ⲧⲅ̅/ⲓ̅ 1424 ¦ ⲧⲅ̅ F H K f¹ 157 579 | Ευ Μθ ⲧⲅ̅ : Ιω . : Λο . : Μρ . E | Μθ ⲧⲅ̅ : Μρ ⲣ̅π̅ⲇ̅ : Λο ⲥ̅π̅θ̅ : Ιω ⲣ̅ⲟ̅ M | Μθ ⲧⲅ̅ : Μρ ⲣ̅π̅ⲇ̅ : Λο ⲥ̅π̅ⲍ̅ : Ιω ⲣ̅ⲝ̅ⲁ̅, ⲣⲟ 124 ¦ (ante παντες) ⲧⲅ̅/ⲓ̅ ℵ A ¦ ⲧⲅ̅ C D Θ

λεγιῶνας	ἀγγέλων;	54 πῶς οὖν πληρωθῶσιν	αἱ γραφαὶ ὅτι οὕτως δεῖ	B* uw
λεγιώνων	ἀγγέλους;	54 πῶς οὖν πληρωθῶσιν	αἱ γραφαὶ ὅτι οὕτως δεῖ	ℵ*
λεγεώνων	ἀγγέλων;	54 πῶς οὖν πληρωθῶσιν	αἱ γραφαὶ ὅτι οὕτως δεῖ	ℵᶜ Α Θ Πᶜ f¹³ 33 700 788
λεγεώνων	ἀγγέλων;	54 πῶς οὖν πληρωθῶσιν	αἱ γραφαὶ ὅτι οὕτως ἔδει	C
λεγειώνης	ἀγγέλων;	54 πῶς οὖν πληρωθήσονται	αἱ γραφαὶ ὅτι οὕτως δεῖ	D*
λεγειόνας	ἀγγέλων;	54 πῶς οὖν πληρωθήσονται	αἱ γραφαὶ ὅτι οὕτως δεῖ	Dᶜ
λεγιώνων	ἀγγέλους;	54 πῶς οὖν πληρωθῶσιν	αἱ γραφαὶ ὅτι οὕτως δεῖ	Κ Δ Π* 565 1071
λεγιώνων	ἀγγέλων;	54 πῶς οὖν πληρωθῶσιν	αἱ γραφαὶ ὅτι οὕτως δεῖ	L
λεγεῶνας	ἀγγέλων;	54 πῶς οὖν πληρωθῶσιν	αἱ γραφαὶ ὅτι οὕτως ἔδει	f¹ 28
λεγεῶνας	ἀγγέλων;	54 πῶς οὖν πληρωθῶσιν	αἱ γραφαὶ ὅτι οὕτω δεῖ	τ [↓579 1424
λεγεῶνας	ἀγγέλων;	54 πῶς οὖν πληρωθῶσιν	αἱ γραφαὶ ὅτι οὕτως δεῖ	Bᶜ 𝔐 M U W 69 124 2 157

γενέσθαι; ρ̅ν̅β̅ 55 Ἐν ἐκείνῃ τῇ ὥρᾳ	εἶπεν ὁ Ἰησοῦς τοῖς ὄχλοις. Ὡς ἐπὶ λῃστὴν	B uwτ rell
γενέσθαι; 55 Ἐν ἐκείνῃ τῇ ὥρᾳ	ὁ Ἰησοῦς εἶπεν τοῖς ὄχλοις. Ὡς ἐπὶ λῃστὴν	D
γενέσθαι; 55 Ἐν ἐκείνῃ τῇ ἡμέρα	εἶπεν ὁ Ἰησοῦς τοῖς ὄχλοις. Ὡς ἐπὶ λῃστὴν	Ω

ἐξήλθατε μετὰ μαχαιρῶν καὶ ξύλων συλλαβεῖν με; καθ' ἡμέραν	Β ℵ Α C E F G L W Δ Θ* f¹³ 2 33 28 788
ἤλθατε μετὰ μαχαιρῶν καὶ ξύλων συλλαβεῖν με; καθ' ἡμέραν	D [↑1424 uw
ἐξήλθετε μετὰ μαχαιρῶν καὶ ξύλων συλλαβεῖν με; καθ' ἡμέραν	Η Υ Κ Μ S Uᶜ Θᶜ Π Ω f¹ 157 565 579 700
	1071 τ

ἐν τῷ ἱερῷ ἐκαθεζόμην διδάσκων	καὶ οὐκ ἐκρατήσατέ με.	Β ℵ L 33 700 uw
ἐκαθεζόμην πρὸς ὑμᾶς διδάσκων ἐν τῷ ἱερῷ	καὶ οὐκ ἐκρατήσατέ με.	A
πρὸς ὑμᾶς ἐκαθεζόμην ἐν τῷ ἱερῷ διδάσκων	καὶ οὐκ ἐκρατήσατέ με.	C Υ Π 157 1071
πρὸς ὑμᾶς ἐκαθήμην ἐν τῷ ἱερῷ διδάσκων	καὶ οὐκ ἐκρατήσατέ με.	D
πρὸς ὑμᾶς ἐκαθεζόμην ἐν τῷ ἱερῷ διδάσκων	καὶ οὐ κρατήσατέ με.	K
πρὸς ὑμᾶς ἐν τῷ ἱερῷ ἐκαθεζόμην διδάσκων	καὶ οὐκ ἐκρατήσατέ με.	Θ 1582ᶜ 124
πρὸς ὑμᾶς ἐν τῷ ἱερῷ ἐκαθεζόμην	καὶ οὐκ ἐκρατήσατέ με.	1 1582* 118
ἐκαθεζόμην ἐν τῷ ἱερῷ	καὶ οὐκ ἐκρατήσατέ με.	1424
πρὸς ὑμᾶς ἐκαθεζόμην διδάσκων ἐν τῷ ἱερῷ	καὶ οὐκ ἐκρατήσατέ με.	𝔐 M U W Δ f¹³ 2 28 565 579 788

56 τοῦτο δὲ ὅλον γέγονεν ἵνα πληρωθῶσιν αἱ γραφαὶ τῶν προφητῶν. Τότε οἱ μαθηταὶ

αὐτοῦ πάντες ἀφέντες αὐτὸν ἔφυγον. οἱ δὲ	κρατήσαντες τὸν Ἰησοῦν ἔφυγον.	B*
αὐτοῦ πάντες ἀφέντες αὐτὸν ἔφυγον.		Bᶜ
πάντες ἀφέντες αὐτ⋯ ⋯⋯⋯		D
πάντες ἀφέντες αὐτὸν ἔφυγον. οἱ δὲ στρατιῶται	κρατήσαντες τὸν Ἰησοῦν.	Gᶜ
αὐτοῦ ἀφέντες αὐτὸν πάντες ἔφυγον.		157
ἀφέντες αὐτὸν ἔφυγον.		1424
αὐτοῦ πάντες ἀφέντες αὐτὸν ἔφυγον.		[w]
πάντες ἀφέντες αὐτὸν ἔφυγον.		118 u[w]τ rell

lac. 26.53-56 𝔓⁴⁵ N P Q Γ 1346

A 53 λεγιαιωνων ℵᶜ ¦ λεγεονων Α Δ 788 ¦ λεγεονας Εᶜ 54 πος Θ ¦ πληρωθωσην M ¦ γραφε ℵ* ¦ ουτος 13 ¦ δι ℵ* ¦ γενεσθε ℵ 55 εκενιη, ορα Θᶜ ¦ τις (τοις) Θᶜ ¦ επει C Θᶜ ¦ εξηλθαται L ¦ μαχερον, κε (και) Θᶜ ¦ συλλαβειν D Θ ¦ εκρατησαται Α 56 γραφε ℵ* ¦ τοται L ¦ μαθητε W

B 55 ι̅ς̅ Β ℵ Α C 𝔐 Κ L M S U W Δ Θ Π Ω f¹ 118 f¹³ 124 2 33 28 157 565 579 700 788 1071 1424 ¦ ιη̅ς̅ D 56 ι̅ν̅ Β Gᶜ

---

56 αναγνω γ̅ S ¦ τελ 157

D 55 τδ/α̅ ℵ Α Ε G L M S U Υ Π Ω 118 124 28 788 1071 1424 ¦ τ̅δ̅ C F H K Θ f¹ 2 157 579 ¦ Ευ Μθ τ̅δ̅ : Ιω ρ̅ο̅ : Λο σ̅π̅θ̅ : Μρ ρ̅π̅δ̅ E ¦ Μθ τ̅δ̅ : Μρ ρ̅π̅ε̅ M ¦ Μθ τ̅δ̅ : Μρ ρ̅π̅ε̅ : Λο σ̅π̅θ̅ : Ιω ρ̅ξ̅β̅ 124 56 τ̅ε̅/ϛ̅ ℵ Α G S L U Π Ω 118 124 28 788 1071 1424 ¦ τ̅ε̅ C K f¹ 157 579 ¦ τ̅ε̅/ε̅ E ¦ Ευ Μθ τ̅ε̅ : Ιω .̅ : Λο . : Μρ ρ̅π̅ε̅ E ¦ Μθ τ̅ε̅ : Μρ ρ̅π̅ζ̅ : Λο . : Ιω ρ̅ξ̅α̅ 124 ¦ (ante τοτε) τ̅ς̅/α̅ G ¦ τ̅ε̅ F H ¦ τ̅ε̅/ϛ̅ Y M ¦ Ευ Μθ τ̅ς̅ : Ιω ρ̅ξ̅β̅ : Λο σ̅ρ̅ : Μρ ρ̅π̅ζ̅ E ¦ Μθ τε : Μρ ρ̅π̅ζ̅ : Λο σ̅ρ̅ : Ιω ρ̅ξ̅β̅ M

Jesus Condemned By Caiaphas And The Council
(Mark 14.53-65; Luke 22.54-55, 63-71; John 18.12-24; 2.19)

57 Οἱ δὲ κρατήσαντες τὸν	Ἰησοῦν ἀπήγαγον πρὸς Καϊάφαν	τὸν ἀρχιερέα,	ὅπου οἱ	B uwτ rell
57 Οἱ δὲ κρατήσαντες τὸν	Ἰησοῦν <u>ἀπῆγον</u> πρὸς Καϊάφαν	τὸν ἀρχιερέα,	ὅπου οἱ	C
57 Οἱ δὲ κρατήσαντες τὸν	Ἰησοῦν ἀπήγαγον πρὸς <u>Καεῖφαν</u>	τὸν ἀρχιερέα,	ὅπου οἱ	D
57 Οἱ δὲ κρατήσαντες τὸν	Ἰησοῦν ἀπήγαγον πρὸς <u>Καϊάφα</u>	τὸν ἀρχιερέα,	ὅπου οἱ	H*
57 Οἱ δὲ κρατήσαντες τὸν	Ἰησοῦν ἀπήγαγον πρὸς Καϊάφαν	τὸν <u>ἀρχιερέαν</u>,	ὅπου οἱ	Θ
57 Οἱ δὲ κρατήσαντες	<u>αὐτὸν</u> ἀπήγαγον πρὸς Καϊάφαν	τὸν ἀρχιερέα,	ὅπου οἱ	157
57 Οἱ δὲ κρατήσαντες <u>αὐτὸν</u>	Ἰησοῦν ἀπήγαγον πρὸς Καϊάφαν	τὸν ἀρχιερέα,	ὅπου οἱ	565
57 Οἱ δὲ κρατήσαντες τὸν	Ἰησοῦν <u>ἤγαγον</u> πρὸς Καϊάφαν	τὸν ἀρχιερέα,	ὅπου οἱ	579
57 Οἱ δὲ κρατήσαντες τὸν Ἰησοῦν ἀπήγαγον <u>αὐτὸν</u> πρὸς Καϊάφαν τὸν ἀρχιερέα, ὅπου οἱ				700

γραμματεῖς	καὶ οἱ πρεσβύτεροι συνήχθησαν. 58 ὁ δὲ Πέτρος ἠκολούθει	B uwτ rell
....	....τεροι συνήχθησαν. 58 ὁ δὲ Πέτρος ἠκολούθει	N
γραμματεῖς <u>καὶ</u> <u>οἱ</u> <u>Φαρισαῖοι</u>	καὶ οἱ πρεσβύτεροι συνήχθησαν. 58 ὁ δὲ Πέτρος <u>ἠκολούθησαν</u>	33

αὐτῷ ἀπὸ μακρόθεν ἕως τῆς αὐλῆς τοῦ ἀρχιερέως, καὶ εἰσελθὼν ἔσω	B A D 𝔐 U K M N W Θ f¹³ 2 565 579
μακρόθεν ἕως τῆς αὐλῆς τοῦ ἀρχιερέως, καὶ εἰσελθὼν ἔσω	28 [↑700 788 1071 1424 u[w]τ
ῷ̃ μακρόθεν ἕως τῆς αὐλῆς τοῦ ἀρχιερέως, καὶ εἰσελθὼν ἔσω	33
αὐτῷ ἀπὸ μακρόθεν ἕως τῆς αὐλῆς τοῦ ἀρχιερέως, καὶ εἰσελθὼν <u>ἔσωθεν</u>	157
αὐτῷ μακρόθεν ἕως τῆς αὐλῆς τοῦ ἀρχιερέως, καὶ εἰσελθὼν ἔσω	ℵ C F L S Δ Π Ω f¹ [w]

ἐκάθητο μετὰ τῶν ὑπηρετῶν ἰδεῖν τὸ τέλος. ρνγ 59 οἱ δὲ ἀρχιερεῖς	B ℵ D L Θ 69 157 788 uw
ἐκάθητο μετὰ τῶν ὑπηρετῶν ἰδεῖν τὸ τέλος. 59 οἱ δὲ ἀρχιερεῖς <u>καὶ</u> <u>οἱ</u> <u>πρεσβύτεροι</u>	A C 𝔐 K M N U
	W Δ Π f¹ f¹³ 2 33 28 565 579 700 1071 1424 τ

καὶ τὸ συνέδριον ὅλον ἐζήτουν ψευδομαρτύραν κατὰ τοῦ Ἰησοῦ ὅπως	B*
καὶ <u>ὅλον</u> <u>τὸ</u> <u>συνέδριον</u> ἐζήτουν <u>ψευδομαρτυρίαν</u> κατὰ τοῦ Ἰησοῦ ὅπως	N 28
καὶ τὸ συνέδριον ὅλον ἐζήτουν <u>ψευδομαρτυρίαν</u> κατὰ Ἰησοῦ ὅπως	1424
καὶ τὸ συνέδριον ὅλον ἐζήτουν <u>ψευδομαρτυρίαν</u> κατὰ τοῦ Ἰησοῦ ὅπως	Bᶜ uwτ rell

αὐτὸν θανατώσωσιν,	60	καὶ	B ℵ f¹ f¹³ 700 788 uwτ
<u>θανατώσουσιν</u> <u>αὐτόν</u>,	60	καὶ	A 𝔐 W Δ 2 28
αὐτὸν <u>θανατώσουσιν</u>,	60	καὶ	C D L N 33 157 1424
<u>θανατώσωσιν</u> <u>αὐτόν</u>,	60	καὶ	S Y K M U Π Ω 565 579 1071
θανατώσωσιν,	60	καὶ	Θ

---

lac. 26.57-60 𝔓⁴⁵ N P Q Γ 1346 ¦ vs. 57 N

A 57 απιγαγον L ¦ γραμματις ℵ ¦ γραματεις Θ 58 ηκολουθι ℵ ¦ ηκολουθη E S Θ Ω 13 124 2 28 579 ¦ μακρωθεν 2 ¦ αρχερεως K* ¦ εκαθητω Ω 13 565 579 ¦ εκαθιτο 28 ¦ ειδειν D 59 αρχιερις ℵ ¦ υ (οι²) 2 ¦ εξητυν 788 ¦ ψευδομαρτυρειαν D ¦ οπος Θ ¦ θανατωσωσι f¹ 118 700 ¦ θανατωσουσι 157

B 57 ῑν B ℵ A C 𝔐 K L M S U W Δ Θ Π Ω f¹ 118 f¹³ 124 2 33 28 565 579 700 788 1071 1424 ¦ ιην D 59 ῑυ B ℵ A C 𝔐 K L M N S U W Δ Θ Π Ω f¹ 118 f¹³ 124 2 33 28 157 565 579 700 788 1071 1424 ¦ ιην D

C 57 αρχ E ¦ ευγ γ̄ των παθων (ante απηγαγον) G (ante οι δε 788) ¦ αρχ: ευᾶ γ̄ τ̄ παθ τω κ, οι στρατιωσται κρατησαντ H ¦ αρχ: γ̄ των παθθ, ευαγγε αρχ τω κ.ρ.ω οι στρατιωται κρατησαντες τον ῑν Y ¦ γ̄ των παθ τω καιρ, οι στρατιωται κρατησαντ, M ¦ τω κ S ¦ αρχ Θ ¦ εὐ βα/γ 1582² ¦ αρχ αναγγω τ̂ παθων γ̄ τω καιρω οι στ.ρ.τ Ω ¦ αρχ ευαγ ρθ το γ ευα τ̂ αγῑ παθ τω καιρω οι στρατιωται κρατησαντες τ̂ ιυ 1 ¦ αρχ ρθ ευα γ̄ των αγιων παθων τω καιρω εκεινω οι στρατιωται κρατῆσ 118 ¦ αρχ: ευᾶ γ̄ των παθων 124 ¦ τω καιρω εκεινω 2² ¦ αρχ τς γ̄ τω καιρω εκεινω οι στρατιωται κρατησαντες τον ῑν 28 ¦ αρχ τη γ̄ των αγ̄ παθων 157 ¦ αρχ: ευγ γ̄ 1071 ¦ αρχη τω καιρω 1424 58 ξϛ ⋯⋯ M

D 57 τϛ/α ℵ A E G L M S U Y Π Ω 118 28 1071 1424 ¦ τϛ C D F H K f¹ 2 157 579 788 ¦ τϛ/δ 124 ¦ Μθ τϛ : Μρ ρπη ¦ Λο τθ̄ : Ιω ρξα M ¦ Μθ τϛ : Μρ ρπη : Λο σθ̄ : Ιω ρξϛ 124 58 τζ/δ ℵ A G M N S U Y Π Ω 118 124 28 788 1071 1424 ¦ τζ C D F K f¹ f¹³ 2 157 579 ¦ τζ/γ E ¦ τζ/α L ¦ Ευ Μθ τζ : Ιω ρξδ : Λο . : Μρ ρπη E ¦ Μθ ξϛ : ⋯ μζ M ¦ Μθ τζ : Μρ ρπθ : Λο τε : Ιω ρξδ, ρξθ 124 59 τη/β ℵ A E G L M N S U Y Π Ω 118 124 28 788 1071 1424 ¦ τη C D F H K f¹ f¹³ 2 157 579 ¦ Ευ Μθ τη : Ιω τε : Λο . : Μρ ρπθ E ¦ Μθ τη : Μρ ρϙ M ¦ Μθ τη : Μρ ρϙ : Λο . : Ιω . 124

οὐχ εὗρον	πολλῶν προσελθόντων ψευδομαρτύρων.		B ℵ L uw
οὐκ εὗρον. καὶ	πολλῶν προσελθόντων ψευδομαρτύρων	οὐχ εὗρον.	A
οὐχ εὗρον	πολλῶν ψευδομαρτύρων προσελθόντων.		C* N*
οὐκ εὗρον τὸ ἑξῆς καὶ	πολλοὶ προσῆλθον ψευδομάρτυρες καὶ	οὐκ εὗρον τὸ ἑξῆς.	D
οὐχ εὗρον. καὶ	πολλῶν ψευδομαρτύρων ἐλθόντων	οὐχ εὗρον.	K 69
οὐκ ηὖρον	πολλῶν ψευδομαρτύρων προσελθόντων	οὐχ ηὖραν.	Nᶜ
οὐχ εὑρίσκον	πολλῶν προσελθόντων ψευδομαρτύρων.		Θ 124
οὐχ εὗρον.	προσελθόντων πολλῶν ψευδομαρτύρων.		1 1582* 118
οὐχ εὗρον. καὶ	προσελθόντων πολλῶν ψευδομαρτύρων	οὐχ εὗρον.	1582ᶜ
οὐχ εὗρον. καὶ	πολλῶν προσελθόντων ψευδομαρτύρων	οὐχ εὗρον.	33
οὐχ εὗρον. καὶ	πολλῶν ψευδομαρτύρων εἰσελθόντων	οὐχ εὗρον.	579
οὐχ εὗρον. καὶ	πολλῶν ψευδομαρτύρων προσελθόντων	οὐχ εὗρον.	Cᶜ 𝔐 M U W Δ

Π f¹³ 2 28 157 565 700 788 1071 1424 τ

ὕστερον δὲ προσελθόντες	δύο		**61** εἶπον,	B L 1 1582* 118
ὕστερον δὲ προσελθόντες	δύο		**61** εἶπαν,	ℵ Θ 124 uw
ὕστερον δὲ προσελθόντες	δύο	μάρτυρες	**61** εἶπον,	A*
ὕστερον δὲ ἦλθον	δύο	ψευδομάρτυρες	**61** καὶ εἶπον,	D
ὕστερον δὲ προσελθόντες	δύο τινὲς	ψευδομάρτυρες	**61** εἶπον,	N W 157
ὕστερον δὲ προσελθόντες	δύο	ψευδομάρτυρες	**61** εἶπον,	Aᶜ C 𝔐 K M U Δ Π 1582ᶜ f¹³ 2 33

28 565 579 700 788 1071 1424 τ

Οὗτος ἔφη,	Δύναμαι καταλῦσαι τὸν ναὸν	τοῦ θεοῦ καὶ	B uwτ rell
Οὗτος ἔφη,	Δύναμαι καταλῦσαι τὸν ναὸν τοῦτον	τοῦ θεοῦ καὶ	Cᶜ
Τοῦτον ἠκούσαμεν λέγοντα,	Δύναμαι καταλῦσαι τὸν ναὸν	τοῦ θεοῦ καὶ	D*
Τοῦτου ἠκούσαμεν λέγοντος,	Δύναμαι καταλῦσαι τὸν ναὸν	τοῦ θεοῦ καὶ	Dᶜ
Οὗτος ἔφη,	Δύναμαι τὸν ναὸν τοῦτον καταλῦσαι	τοῦ θεοῦ καὶ	1424

διὰ τριῶν ἡμερῶν οἰκοδομῆσαι.	**62** καὶ ἀναστὰς ὁ ἀρχιερεὺς εἶπεν αὐτῷ,	B 1 1582* 69 700* 788
διὰ τριῶν ἡμερῶν αὐτὸν οἰκοδομῆσαι.	**62** καὶ ἀναστὰς ὁ ἀρχιερεὺς εἶπεν αὐτῷ,	ℵ C L 33 [↑uw
διὰ τριῶν ἡμερῶν οἰκοδομῆσαι.	**62** καὶ ἀναστὰς ὁ ἀρχιερεὺς εἶπεν αὐτοῖς,	Θ
διὰ τριῶν ἡμερῶν οἰκοδομῆσαι αὐτόν.	**62** καὶ ἀναστὰς ὁ ἀρχιερεὺς εἶπεν αὐτῷ,	A D 𝔐 K M N U W Δ

Π 1582ᶜ 118 f¹³ 2 28 157 565 579 700ᶜ 1071 1424 τ

Οὐδὲν ἀποκρείνῃ; τί οὗτοί σου καταμαρτυροῦσιν;		B
om.		ℵ*
Οὐδὲν ἀποκρίνῃ; τί οὗτοί σοι καταμαρτυροῦσιν;		A*
Οὐδὲν ἀποκρίνῃ; τί οὗτοί σου καταγωροῦσιν;		Θ
Οὐδὲν ἀποκρίνῃ; τί οὗτοί σου καταμαρτυροῦσιν;		uwτ rell

63 ὁ δὲ Ἰησοῦς ἐσιώπα. καὶ	ὁ ἀρχιερεὺς εἶπεν αὐτῷ,	B ℵᶜ G L Θ f¹ f¹³ 33 788 1424 uw
63 om.		ℵ*
63 ὁ δὲ Ἰησοῦς ἐσιώπα. ἀποκριθεὶς οὖν	ὁ ἀρχιερεὺς εἶπεν αὐτῷ,	D
63 ὁ δὲ ἐσιώπα. καὶ ἀποκριθεὶς	ὁ ἀρχιερεὺς εἶπεν αὐτῷ,	E F 565
63 ὁ δὲ Ἰησοῦς ἐσιώπα. ἀποκριθεὶς οὖν	ὁ ἀρχιερεὺς εἶπεν αὐτῷ,	U
63 ὁ δὲ Ἰησοῦς ἐσιώπα. καὶ ἀποκριθεὶς	εἶπεν αὐτῷ,	579 [↓1071 τ
63 ὁ δὲ Ἰησοῦς ἐσιώπα. καὶ ἀποκριθεὶς	ὁ ἀρχιερεὺς εἶπεν αὐτῷ,	A C 𝔐 K M N W Δ Π 124 2 28 157 700

Ἐξορκίζω σε κατὰ τοῦ θεοῦ τοῦ ζῶτος	ἵνα ἡμῖν εἴπῃς	εἰ σὺ εἶ ὁ Χριστὸς ὁ	B*
Ὀρκίζω σε κατὰ τοῦ θεοῦ τοῦ ζῶντος	ἵνα ἡμῖν εἴπῃς	εἰ σὺ εἶ ὁ Χριστὸς ὁ	D L Θ Π 69 124 565 788
Ἐξορκίζω σε κατὰ τοῦ θεοῦ τοῦ ζῶντος	ἵνα ἡμῖν εἴπῃς εἰ	εἰ σὺ εἶ ὁ Χριστὸς ὁ	Δ*
Ἐξορκίζω σε κατὰ τοῦ θεοῦ τοῦ ζῶντος	ἵνα ἡμῖν εἴπῃς	εἰ σὺ εἶ ὁ Χριστὸς ὁ	uwτ rell

lac. 26.60-63 𝔓⁴⁵ P Q Γ 1346

A **60** ηυρον¹·² E G | πολλον Θ | προσελθωντων Θ 2* | ηυρον² 2ᶜ **61** ουτως 13 2* | δυναμε K N 2* 579 | καταλυσε ℵ Θ | τρειων D **62** αποκρινει 2 28 **63** αποκριθης 579 | ζοντος L 579 | ειπις 579 | ημειν D

B **60** β̄ ℵ **61** θ̄ῡ B ℵ A D 𝔐 K L M N S U W Δ Θ Π Ω f¹ 118 f¹³ 69 124 2 33 28 157 565 579 700 788 1071 **63** ῑϲ̄ B ℵ A C G H Y K L M N S U W Δ Θ Π Ω f¹ 118 f¹³ 124 2 33 28 157 579 700 788 1071 1424 ¦ ῑη̄ϲ D | θ̄ῡ¹ B ℵ A C D 𝔐 K L M N S U W Δ Θ Π Ω f¹ 118 f¹³ 69 124 2 33 28 157 565 579 700 788 1071 1424 ¦ χ̄ϲ̄ B ℵ A C 𝔐 K L M N S U W Δ Θ Π Ω f¹ 118 f¹³ 69 124 2 33 28 157 565 579 700 788 1071 1424 ¦ χ̄ρ̄ϲ̄ D

D **60** (ante υστερον) τ̄θ̄/ϛ̄ ℵ A G M N S U Y Π Ω 118 124 28 788 1071 1424 ¦ τ̄θ̄ C D F H K 1582 f¹³ 2 157 579 ¦ τ̄θ̄/ε E | Ευ Μθ τ̄θ̄ : Ιω . : Λο . : Μρ ρ̄ϙ̄ E | Μθ τ̄θ̄ M | Μθ τ̄θ̄ : Μρ . : Λο . : Ιω . 124 **63** τι 1582 157 | (ante και ο) τι F H | τι/α M | (ante και αποκ.) τι 2 | Μθ τι: Μρ ρ̄ϙ̄α : Λο ο̄ζ̄ : Ιω ξ̄θ̄ M

υἱὸς τοῦ θεοῦ.   **64** λέγει αὐτῷ ὁ Ἰησοῦς, Σὺ   εἶπας· πλὴν λέγω ὑμῖν,   B u[w]τ rell
υἱὸς τοῦ θεοῦ <u>τοῦ ζῶντος</u>.   **64** λέγει αὐτῷ ὁ Ἰησοῦς, Σὺ   εἶπας· πλὴν λέγω ὑμῖν,   C* N W 157 1071
υἱὸς τοῦ θεοῦ.   **64** λέγει αὐτῷ ὁ Ἰησοῦς, Σὺ   εἶπας· πλὴν λέγω ὑμῖν <u>ὅτι</u>   D
υἱὸς τοῦ θεοῦ <u>τοῦ ζῶντος</u>.   **64** λέγει αὐτῷ ὁ Ἰησοῦς, Σὺ εἶπας <u>ὅτι ἐγώ εἰμι</u>· πλὴν <u>δὲ</u> λέγω ὑμῖν,   Δ*
υἱὸς τοῦ θεοῦ <u>τοῦ ζῶντος</u>.   **64** λέγει αὐτῷ ὁ Ἰησοῦς, Σὺ εἶπας <u>ὅτι ἐγώ εἰμι</u>· πλὴν   λέγω ὑμῖν,   Δ^c
<u>τοῦ θεοῦ υἱός</u>.   **64** λέγει αὐτῷ ὁ Ἰησοῦς, Σὺ <u>σὺ</u> εἶπας· πλὴν λέγω ὑμῖν,   Θ
<u>τοῦ θεοῦ υἱός</u>.   **64** λέγει αὐτῷ ὁ Ἰησοῦς, Σὺ   εἶπας· πλὴν λέγω ὑμῖν,   700
υἱὸς τοῦ θεοῦ.   **64** λέγει αὐτῷ,   Σὺ   εἶπας· πλὴν λέγω ὑμῖν,   1424
υἱὸς τοῦ θεοῦ.   **64** λέγει αὐτῷ ὁ Ἰησοῦς, Σὺ   εἶπας; πλὴν λέγω ὑμῖν,   [w]

ἀπ' ἄρτι ὄψεσθε τὸν υἱὸν τοῦ ἀνθρώπου

καθήμενον ἐκ δεξιῶν τῆς δυνάμεως   B uwτ rell
ἐκ δεξιῶν τῆς δυνάμεως   579

καὶ ἐρχόμενον ἐπὶ τῶν νεφελῶν τοῦ οὐρανοῦ.   B uwτ rell
καὶ ἐρχόμενον <u>μετὰ</u> τῶν νεφελῶν τοῦ οὐρανοῦ.   700

65 τότε ὁ ἀρχιερεὺς διέρρηξεν τὰ ἱμάτια αὐτοῦ   λέγων,   Ἐβλασφήμησεν·   B ℵ^c C^c D L 33 700 **u**
65 τότε   ἀρχιερεὺς διέρρηξεν τὰ ἱμάτια αὐτοῦ <u>καὶ λέγει</u>, Ἰδὲ, ἐβλασφήμησεν·   ℵ*
65 τότε   ἀρχιερεὺς διέρ··········· ···· ··········   ·········· ························   N
65 τότε ὁ ἀρχιερεὺς <u>διέρηξεν</u> τὰ ἱμάτια αὐτοῦ   λέγων, <u>Ὅτι</u> ἐβλασφήμησεν·   W
65 τότε ὁ ἀρχιερεὺς διέρρηξεν τὰ ἱμάτια <u>ἑαυτοῦ</u>   λέγων,   Ἐβλασφήμησεν·   Θ
65 τότε ὁ ἀρχιερεὺς   τὰ ἱμάτια αὐτοῦ   λέγων, <u>Ὅτι</u> ἐβλασφήμησεν·   28*
65 τότε ὁ ἀρχιερεὺς <u>διέρηξεν</u> τὰ ἱμάτια αὐτοῦ   λέγων,   Ἐβλασφήμησεν·   **w**
65 τότε ὁ ἀρχιερεὺς διέρρηξεν τὰ ἱμάτια αὐτοῦ   λέγων, <u>Ὅτι</u> ἐβλασφήμησεν·   A C* 𝔐 K M U Δ Π
                                                                      f¹ f¹³ 2 28^c 157 565 579 788 1071 1424 τ

τί ἔτι χρείαν ἔχομεν μαρτύρων;   ἴδε   νῦν ἠκούσατε τὴν βλασφημίαν·   B D L 700 **uw**
τί ἔτι χρείαν ἔχομεν <u>μαρτυρίων</u>; ἴδε νῦν ἠκούσατε τὴν βλασφημίαν·   ℵ
τί ἔτι χρείαν ἔχομεν μαρτύρων;   <u>ἰδοὺ</u> νῦν ἠκούσατε τὴν βλασφημίαν <u>αὐτοῦ</u>·   Θ
τί ἔτι χρείαν ἔχομεν μαρτύρων;   <u>ἰδου</u> νῦν ἠκούσατε <u>τῆς βλασφημίας αὐτοῦ</u>·   157
τί ἔτι χρείαν ἔχομεν μαρτύρων;   ἴδε   νῦν ἠκούσατε τὴν βλασφημίαν <u>αὐτοῦ</u>·   A C 𝔐 K M U W Δ Π f¹ f¹³ 2
                                                                      33 28 565 579 788 1071 1424 τ

66 τί ὑμῖν δοκεῖ; οἱ δὲ ἀποκριθέντες   εἶπον, Ἔνοχος θανάτου ἐστίν.   B τ rell
66 τί ὑμῖν δοκεῖ; οἱ δὲ ἀποκριθέντες   <u>εἶπαν</u>, Ἔνοχος θανάτου ἐστίν.   ℵ* 33 uw
66 τί ὑμῖν δοκεῖ; οἱ δὲ <u>ἀποκρίθησαν πάντες καὶ</u> εἶπον, Ἔνοχος θανάτου ἐστίν.   D

67 Τότε ἐνέπτυσαν εἰς τὸ πρόσωπον αὐτοῦ καὶ ἐκολάφισαν αὐτόν, οἱ δὲ   B uwτ rell
67 Τότε ἐνέπτυσαν εἰς τὸ πρόσωπον αὐτοῦ καὶ ἐκολάφισαν αὐτόν, <u>ἄλλοι</u> δὲ   D

ἐράπισαν   **68** λέγοντες, Προφήτευσον ἡμῖν, Χριστέ, τίς ἐστιν ὁ παίσας σε;   B ℵ A C L Δ Θ Ω **uw**
<u>ἐράπεισαν αὐτὸν</u> **68** λέγοντες, Προφήτευσον ἡμῖν, Χριστέ, τίς ἐστιν ὁ παίσας σε;   D
<u>ἐρράπισαν αὐτὸν</u> **68** λέγοντες, Προφήτευσον ἡμῖν, Χριστέ, τίς ἐστιν ὁ παίσας σε;   G f¹ 579 700
<u>ἐρίπισαν</u>   **68** λέγοντες, Προφήτευσον ἡμῖν, Χριστέ, τίς ἐστιν ὁ παίσας σε;   W
<u>ἐράπιζον</u>   **68** λέγοντες, Προφήτευσον ἡμῖν, Χριστέ, τίς ἐστιν ὁ παίσας σε;   157
<u>ἐράπισαν αὐτὸν</u> **68** λέγοντες, Προφήτευσον ἡμῖν, Χριστέ, τίς ἐστιν ὁ παίσας σε;   1071 [↓33 28 565 788 τ
<u>ἐρράπισαν</u>   **68** λέγοντες, Προφήτευσον ἡμῖν, Χριστέ, τίς ἐστιν ὁ παίσας σε;   𝔐 K M U Π 118 f¹³ 2

---

lac. 26.63-68   𝔓⁴⁵ P Q Γ 1346 ¦ vss. 65-68 N

A 64 λεγ E* ¦ υμειν D ¦ αρτη 565 ¦ οψεσθαι A D U W Δ 2* 579 ¦ καθιμενον 1424 ¦ δεξηων F ¦ ερχωμενον 579 ¦ τον (των) Θ
579 ¦ ουνου ℵ A **65** ααρχιερεως Θ ¦ αρχιερεις 118 ¦ διερρηξε S Y Ω 118 69 157 565 700 788 1071 ¦ διερριξεν K 2* ¦ δηερρηξε
M ¦ διερριξε U 28^c ¦ ειματια D ¦ ηματια 2* ¦ εβλασφημησε Ψ 118 157 700 ¦ ετη K ¦ χριαν ℵ L W Δ Θ ¦ εχωμεν H 565 579 ¦ ειδε
W ¦ βλασφημειαν A D ¦ βλασφιμιαν E **66** υμειν D ¦ δοκη 69 ¦ δοκει 579 ¦ εστι Υ f¹ 118 **67** ις (εις) ℵ* ¦ εκολαφιλασαν C ¦
εκολαφησαν E F K Θ Ω 13 124 2 579 788 1424 ¦ ερραπησαν H U 118 124 ¦ εραπησαν 1424 **68** ημειν D ¦ παιεσας H ¦ πασεσας
L* ¦ πεσας L^c W 28 ¦ πεσα Θ ¦ παιασας 1424 ¦ σαι (σε) 2*

B 63 υς̄ ℵ A C 𝔐 K L M S U Δ Π Ω f¹ 2 33 28 565 1424 ¦ θῡ² B ℵ A C D 𝔐 K L M N S U W Δ Θ Π Ω f¹ 118 f¹³ 69 124 2 33
28 157 565 579 700 788 1071 1424 **64** ι̅ς̅ B ℵ A C 𝔐 K L M N S U W Δ Θ Π Ω f¹ 118 f¹³ 124 2 33 28 157 565 579 700 788
1071 ¦ ιη̅ς̅ D ¦ ῡν̅, ανου ℵ A C 𝔐 K L M N S U Δ Π Ω f¹ 2 33 28 565 1424 ¦ ανου W 118 f¹³ 69 124 157 579 700 788 1071 ¦ νον,
αννου Θ ¦ ουνου E G H Y K L M S U Δ Π Ω f¹ 118 f¹³ 124 2 28 157 565 579 700 1071 **68** χε̅ B ℵ A C 𝔐 K L M S U W Δ Θ Π
Ω f¹ 118 f¹³ 69 124 2 33 28 157 565 579 700 788 1071 1424 ¦ χρε̅ D

D 64 τι̅/α̅ ℵ E G S Y U 118 124 ¦ τι̅ C D K f¹³ 579 ¦ τι̅/ι̅ Ω ¦ (ante πλην) τι̅/α̅ A N Π 28 788 1071 1424 ¦ τι̅ Θ ¦ τια̅ 2 ¦ Ευ Μθ τι̅ :
Ιω ξ̅θ̅ : Λο σ̅ρ̅ζ̅ : Μρ ρ̅ο̅γ̅ E ¦ Μθ τι̅ : Μρ ρ̅ο̅α̅ : Λο σ̅ρ̅ζ̅ : Ιω ρ̅ξ̅η̅, ροβ 124 **65** τια̅/ς̅ ℵ A G N S U Y Π Ω 118 124 28 788 1071 1424
¦ τια̅ C D F H K Θ f¹ f¹³ 157 579 ¦ τια̅/ε̅ E ¦ Ευ Μθ τια̅ : Ιω . : Λο . : Μρ ρ̅ο̅α̅ E ¦ Μθ τια̅ : Μρ ρ̅ο̅β̅ : Λο θ̅δ̅ : Ιω ροε M ¦ Μθ τια̅ :
Μρ ρ̅ο̅β̅ : Λο σ̅θ̅δ̅ : Ιω . 124 ¦ (ante τι ετι) τιβ̅/β̅ ℵ E G L M S U Y Π Ω 124 28 788 1424 ¦ τιβ̅ F H K Θ f¹³ 1582 2 157 579 ¦ Ευ
Μθ τιβ̅ : Ιω . : Λο σ̅θ̅θ̅ : Μρ ρ̅ο̅δ̅ E ¦ Μθ τιβ̅ : Μρ ρ̅ο̅γ̅ : Λο ρ̅ξ̅ς̅ M ¦ Μθ τιβ̅ : Μρ ρ̅ξ̅ : Λο . 124 ¦ (ante ιδε) τιβ̅/β̅ A
118 1071 ¦ τιβ̅ C **66** τιγ̅/α̅ ℵ ¦ (ante οι δε) τιγ̅/α̅ A Y ¦ τιγ̅/β̅ G **67** τιγ̅/α̅ ℵ E L M S U Π Ω 118 124 28 1071 1424 ¦ τιγ̅ C D F H K
Θ f¹ f¹³ 2 157 579 ¦ τιγ̅/β̅ 788 ¦ Ευ Μθ τιγ̅ : Ιω ρ̅ο̅β̅ : Λο σ̅θ̅δ̅ : Μρ ρ̅ο̅δ̅ E ¦ Μθ τιγ̅ : Μρ ρ̅ο̅δ̅ : Λο θ̅α̅ : Ιω ρ̅ξ̅η̅ M ¦ Μθ τιγ̅ : Μρ ρ̅ο̅δ̅
: Λο . : Ιω . 124

ξϛ   ἄρνησις Πέτρου

Peter's Denial Of Jesus
(Mark 14.56-72; Luke 22.55b-62; John 18.16-17, 25-27)

ρνδ **69** Ὁ δὲ Πέτρος ἐκάθητο ἔξω   ἐν τῇ αὐλῇ· καὶ προσῆλθεν αὐτῷ μία   B ℵ D L Θ *f*¹ 124 33 157 788
69 Ὁ δὲ Πέτρος ἔξω ἐν τῇ αὐλῇ   ἐκάθητο· καὶ προσῆλθεν αὐτῷ μία   Δ   [↑uw
69 Ὁ δὲ Πέτρος ἐκάθητο ἔξωθεν ἐν τῇ αὐλῇ· καὶ προσῆλθεν αὐτῷ μία   *f*¹³
69 Ὁ δὲ Πέτρος ἐκάθητο   ἐν τῇ αὐλῇ· καὶ προσῆλθεν αὐτῷ μία   565 [↓579 700 1071 1424 τ
69 Ὁ δὲ Πέτρος ἔξω ἐκάθητο   ἐν τῇ αὐλῇ· καὶ προσῆλθεν αὐτῷ μία   A C 𝔐 K M U W Π 69 2 28

παιδίσκη λέγουσα, Καὶ σὺ ἦσθα μετὰ Ἰησοῦ τοῦ Γαλειλαίου.   **70** ὁ δὲ   B D
παιδίσκη λέγουσα, Καὶ σὺ ἦσθα μετὰ Ἰησοῦ τοῦ Γαλιλέου.   **70** ὁ δὲ   ℵ
παιδίσκη λέγουσα, Καὶ σὺ ἦσθα μετὰ Ἰησοῦ τοῦ Ναζωραίου.   **70** ὁ δὲ   C
παιδίσκη λέγουσα, Καὶ σὺ ἦσθα μετὰ Ἰησοῦ τοῦ Γαλιλαίου.   **70** ὁ δὲ   A 𝔐 K L M U W Δ Θ Π *f*¹ *f*¹³ 2 33
   28 157 565 579 700 788 1071 1424 **uwτ**

ἠρνήσατο ἔμπροσθεν   πάντων λέγων,   Οὐκ οἶδα τί λέγεις.   B ℵ Cᶜ E G L Θ *f*¹³ 33 157 700 788 **uwτ**
ἠρνήσατο ἔμπροσθεν αὐτῶν πάντων λέγων,   Οὐκ οἶδα τί λέγεις.   A C* F H M U W Ω 124 2 1071
ἠρνήσατο ἔμπροσθεν   πάντων λέγων,   Οὐκ οἶδα τί λέγεις οὐδὲ ἐπίσταμαι.   D
ἠρνήσατο ἔμπροσθεν αὐτῶν   λέγων,   Οὐκ οἶδα τί λέγεις.   Υ Κ Π 565
ἠρνήσατο ἔμπροσθεν αὐτῶν πάντων λέγων ὅτι οὐκ οἶδα τί λέγεις.   S
ἠρνήσατο ἔμπροσθεν αὐτῶν πάντων λέγων,   Οὐκ οἶδα τί λέγεις οὐτὲ ἐπίσταμαι.   Δ
ἠρνήσατο ἔμπροσθεν αὐτῶν πάντων λέγων,   Οὐκ οἶδα ὁ λέγεις οὐδὲ ἐπίσταμαι.   *f*¹
ἠρνήσατο ἔμ·········   ···········   ··········   ········   ··········   28
ἠρνήσατο ἔμπροσθεν αὐτῶν πάντων λέγων,   Οὐκ οἶδα τί λέγει.   579
ἠρνήσατο ἔμπροσθεν   πάντων λέγων,   Οὐκ οἶδα τὸν ἄνθρωπον.   1424

71 ἐξελθόντα δὲ   εἰς τὸν πυλῶνα εἶδεν αὐτὸν ἄλλη   καὶ λέγει   B ℵ L 33 **uw**
71 ἐξελθόντος δὲ αὐτοῦ εἰς τὸν πυλῶνα εἶδεν αὐτὸν ἄλλη παιδίσκη καὶ λέγει   D
71 ἐξελθόντα δὲ αὐτὸν εἰς τὸν πυλῶνα εἶδεν   ἄλλη   καὶ λέγει   Θ *f*¹
71 ἐξελθόντα δὲ   εἰς τὸν πυλῶνα εἶδεν αὐτὸν ἄλλην   καὶ λέγει   *f*¹³
71 ἐξελθόντα δὲ αὐτὸν εἰς τὸν πυλῶνα εὗρον αὐτὸν ἄλλη   καὶ λέγει   1424
71 ἐξελθόντα δὲ αὐτὸν εἰς τὸν πυλῶνα εἶδεν αὐτὸν ἄλλη   καὶ λέγει   A C 𝔐 K M U W Δ
   Π 118 69 124 2 157 565 579 700 788 1071 **τ**

τοῖς ἐκεῖ,   Οὗτος ἦν μετὰ Ἰησοῦ τοῦ Ναζωραίου. **72** καὶ πάλιν   B ℵ D **uw**
αὐτοῖς ἐκεῖ,   Καὶ οὗτος ἦν μετὰ Ἰησοῦ τοῦ Ναζωραίου. **72** καὶ πάλιν   A C 𝔐 L M U Δ 2 124 33 69 579
αὐτοῖς,   Οὗτος ἦν μετὰ Ἰησοῦ τοῦ Ναζωραίου. **72** καὶ πάλιν   Sᶜ   [↑700 1071
αὐτοῖς ἐκεῖ,   Καὶ οὗτος ἦν μετὰ Ἰησοῦ τοῦ Ναζαρηνοῦ. **72** καὶ πάλιν   *f*¹
αὐτοῖς ἐκεῖ,   Καὶ οὗτος ἦν μετὰ Ἰησοῦ τοῦ Ναζ. **72** καὶ πάλιν   118
αὐτοῖς ἐκείνη, Καὶ οὗτος ἦν μετὰ Ἰησοῦ τοῦ Ναζωραίου. **72** καὶ πάλιν   157
αὐτοῖς ἐκεῖ,   Καὶ οὗτος ἦν μετὰ Ἰησοῦ τοῦ Ναζοραίου. **72** καὶ πάλιν   1424   [↓τ
τοῖς ἐκεῖ,   Καὶ οὗτος ἦν μετὰ Ἰησοῦ τοῦ Ναζωραίου. **72** καὶ πάλιν   Eᶜ G K S* W Θ Π Ω *f*¹³ 565 788

ἠρνήσατο μετὰ ὅρκου   ὅτι Οὐκ οἶδα τὸν ἄνθρωπον. **73** μετὰ μεικρὸν   B
ἠρνήσατο μετὰ ὅρκου   Οὐκ οἶδα τὸν ἄνθρωπον. **73** μετὰ μικρὸν   ℵ
ἠρνήσατο μεθ ὅρκου λέγων   Οὐκ οἶδα τὸν ἄνθρωπον. **73** μετὰ μεικρὸν   D
ἠρνήσατο μετὰ ὅρκου   ὅτι Οὐκ οἶδα τὸν ἄνθρωπον. **73** μετὰ μικρὸν   A C K L W Δ Θ Π 33 565 **uw**
ἠρνήσατο μεθ ὅρκου   ὅτι Οὐκ οἶδα τὸν ἄνθρωπον. **73** μετὰ μικρὸν   𝔐 M U *f*¹ *f*¹³ 2 157 579 700
   788 1071 1424 **τ**

---

lac. 26.69-73 𝔓⁴⁵ N P Q Γ 1346 ¦ vss. 70-73 28

A 69 εκαθητω 579 ¦ εκαθιτο 1424 **69** πεδισκη L 1 ¦ παιδισκει 579 | εισθα 579 **70** ενπροσθεν D | αυτον 579 **71** εξελθωντα 2*
579 | αυτων 579 | ιδεν A C K L W Θ 13 69 124 33 565 579 788 | ουτως 13 2* | ιν (ην) Θ **72** ειρνησατο E* | ηρνισατο 13 |
ρορκου W **73** μικρων Ω

B 69 ιυ̅ B ℵ A C 𝔐 K L M S U W Δ Θ Π Ω *f*¹ 118 *f*¹³ 124 2 33 28 157 565 579 700 788 1071 1424 ¦ ιη̅υ̅ D **71** ιυ̅ B ℵ A C 𝔐 K
L M S U W Δ Θ Π Ω *f*¹ 118 *f*¹³ 124 2 33 157 565 579 700 788 1071 ¦ ιη̅υ̅ D **72** ανον̅ ℵ A C 𝔐 K L M S U Δ Θ Π Ω *f*¹ 118 *f*¹³
69 124 2 33 157 565 579 700 788 1071 1424

C 69 ξϛ (+ περι A) αρνησις (αρνη G ¦ αρνησης A Υ Θ) Πετρου: A E F G Υ Δ Θ 2 157 ¦ ξϛ πε αρνισεως πετρου H ¦ ξϛ (om. 118)
περι της αρνησεως (+ του 118) πετρου S U Π Ω 118 *f*¹³ 28 565 | Μρ μζ̅ Λο ση̅ Π **70** ξϛ αρνησις Πετρου 579 1071 **71** εν αλλω
και λεγει αυτοις· εκει κ, ουτος ην Ω

D 69 τιδ/α ℵ A E G (M) S U Υ Π Ω 118 124 28 788 1424 ¦ τιδ̅ C D F H K Θ *f*¹ *f*¹³ 2 157 579 ¦ τιδ/ι 1071 | Ευ Μθ τιδ̅ : Ιω ρ̅ξ̅ϛ :
Λο σια̅ : Μρ ρ̅ϛ̅ε Ε | Μρ μζ̅ : Λο οη̅ L | Μθ τιδ̅ : Μρ ρ̅ϛ̅ε : Λο ο̅β̅ : Ιω ρ̅ξ̅ M | Μθ τιδ̅ : Μρ ρ̅ϛ̅ε : Λο σ̅ια̅ : Ιω ρ̅ξ̅ϛ 124 **71** τιε/α ℵ A
E G L M S U Υ Π 118 124 788 1071 1424 ¦ τιε̅ C D F H K Θ Ω *f*¹ *f*¹³ 2 157 579 | Ευ Μθ τιε̅ : Ιω ρ̅ο̅θ̅ : Λο σ̅β̅ : Μρ ρ̅ϛ̅ς Ε | Μθ
τιε̅ : Μρ ρ̅ϛ̅ς : Ιω ο̅ε̅ M | Μθ τιε̅ : Μρ ρ̅ϛ̅ς : Λο σ̅β̅ : Ιω ρ̅ο̅ε 124

δὲ   προσελθόντες οἱ ἑστῶτες εἶπον τῷ Πέτρῳ, Ἀληθῶς καὶ σὺ ἐξ   B **uwτ** rell
δὲ   προσελθόντες οἱ ἑστῶτες εἶπον τῷ Πέτρῳ, Ἀληθῶς   ἐξ   D Θ
δὲ πάλιν   προσελθόντες οἱ ἑστῶτες εἶπον τῷ Πέτρῳ, Ἀληθῶς   ἐξ   f¹
δὲ   προσελθόντες οἱ ἑστῶτες εἶπαν τῷ Πέτρῳ, Ἀληθῶς καὶ σὺ ἐξ   124
δὲ   προσελθότες οἱ ἑστῶτες εἶπον τῷ Πέτρῳ, Ἀληθῶς καὶ σὺ ἐξ   33
δὲ πάλιν   προσελθόντες οἱ ἑστῶτες εἶπον τῷ Πέτρῳ, Ἀληθῶς καὶ σὺ ἐξ   118 157 1071 1424

αὐτῶν εἶ, καὶ γὰρ   ἡ λαλιά σου δῆλόν σε ποιεῖ. 74 τότε ἤρξατο   B **uwτ** rell
αὐτῶν εἶ, καὶ γὰρ Γαλιλαῖος εἶ καὶ ἡ λαλιά σου δῆλόν σε ποιεῖ. 74 τότε ἤρξατο   C*
αὐτῶν εἶ, καὶ γὰρ   ἡ λαλιά σου ὁμοιάζει.   74 τότε ἤρξατο   D
αὐτῶν εἶ.   74 τότε ἤρξατο   L

καταθεματίζειν   καὶ ὀμνύειν ὅτι Οὐκ οἶδα τὸν ἄθρωπον. καὶ εὐθὺς ἀλέκτωρ   B L Θ w
καταναθεματίζειν   καὶ ὀμνύειν ὅτι Οὐκ οἶδα τὸν ἄθρωπον. καὶ εὐθέως ἀλέκτωρ   τ
καταθεματίζειν   καὶ ὀμνύειν ὅτι Οὐκ οἶδα τὸν ἄθρωπον. καὶ εὐθέως ἀλέκτωρ   u rell

ἐφώνησεν. 75 καὶ ἐμνήσθη ὁ Πέτρος τοῦ ῥήματος   Ἰησοῦ εἰρηκότος   B ℵ A C* D 𝔐 Δ Θ Π^c 2 565 700
ἐφώνησεν. 75 καὶ ἐμνήσθη ὁ Πέτρος τοῦ ῥήματος τοῦ κυρίου εἰρηκότος   579   [↑1424 **uw**
ἐφώνησεν. 75 καὶ ἐμνήσθη ὁ Πέτρος τοῦ ῥήματος τοῦ Ἰησοῦ εἰρημένου   124*   [↓157 788 1071 τ
ἐφώνησεν. 75 καὶ ἐμνήσθη ὁ Πέτρος τοῦ ῥήματος τοῦ Ἰησοῦ εἰρηκότος   C^c Y K L M S U W Π* f¹ f¹³ 33

         ὅτι Πρὶν   ἀλέκτορα φωνῆσαι τρὶς   ἀπαρνήση με·   B ℵ L **uw**
αὐτῷ ὅτι Πρὶν ἢ   ἀλέκτορα φωνῆσαι τρὶς   ἀπαρνήση με·   A
         Πρὶν   ἀλέκτορα φωνῆσαι τρὶς   ἀπαρνήση με·   D
αὐτῷ ὅτι Πρὶν   ἀλέκτορα φωνῆσαι τρὶς ἀρν ἀπαρνήση με·   Δ*
αὐτῷ ὅτι Πρὶν   ἀλεκτοροφωνίας   τρὶς   ἀπαρνήση με·   f¹
αὐτῷ ὅτι Πρὶν   ἀλέκτωρα φωνῆσαι τρὶς   ἀπαρνήση με·   118 788
αὐτῷ ὅτι Πρὶν   ἀλέκτωρ φωνῆσαι τρὶς   ἀπαρνήση με·   f¹³
αὐτῷ ὅτι Πρὶν   ἀλέκτωρ φωνῆσαι ἀπαρνήσει με τρεῖς·   69
....   φωνῆσαι τρὶς   ἀπαρνήση με·   1346   [↓700 1071 1424 τ
αὐτῷ ὅτι Πρὶν   ἀλέκτορα φωνῆσαι τρὶς   ἀπαρνήση με·   C 𝔐 K M U W Δ^c Θ Π 124 2 157 565 579

καὶ ἐξελθὼν ἔξω ἔκλαυσεν πικρῶς.

Jesus Sentenced To Death And Delivered To Pilate
(Mark 15.1; Luke 22.66a; 23.1; John 18.28)

ρνε 27.1 Πρωΐας δὲ γενομένης συμβούλιον ἔλαβον   πάντες οἱ ἀρχιερεῖς καὶ οἱ   B **uwτ** rell
    27.1 Πρωΐας δὲ γενομένης συμβούλιον ἐποίησαν   πάντες οἱ ἀρχιερεῖς καὶ οἱ   D
    27.1 Πρωΐας δὲ γεναμένης συμβούλιον ἔλαβον   πάντες οἱ ἀρχιερεῖς καὶ οἱ   13
    27.1 Πρωΐας δὲ γενομένης συμβούλιον ἔλαβον   οἱ ἀρχιερεῖς καὶ οἱ   579

πρεσβύτεροι τοῦ λαοῦ κατὰ τοῦ Ἰησου ὥστε θανατῶσαι   αὐτόν. 2 καὶ δήσαντες   B **uwτ** rell
πρεσβύτεροι τοῦ λαοῦ κατὰ τοῦ Ἰησου ἵνα   θανατώσουσιν αὐτόν· 2 καὶ δήσαντες   D
πρεσβύτεροι τοῦ λαοῦ κατὰ τοῦ Ἰησου ὅπως θανατῶσαι   αὐτόν· 2 καὶ δήσαντες   S
πρεσβύτεροι τοῦ λαοῦ κατὰ τοῦ Ἰησου ὥστε αὐτόν θανατῶσαι·   2 καὶ δήσαντες   69
πρεσβύτεροι τοῦ λαοῦ   ὥστε θανατῶσαι   αὐτόν· 2 καὶ δήσαντες   1424

lac. 26.73-27.2 𝔓⁴⁵ N P Q Γ 28 ¦ vss. 73-75 1346

A 73 προσελθωντες Θ 2* 579 ¦ ειπων 13 ¦ το (τω) E* ¦ αληθος E* ¦ αλληθως Θ ¦ σοι (συ) 2 ¦ λαλεια A D Θ ¦ λαληα E 565 ¦ εφωνησε Y ¦ ποιη 2 74 καταθεματιζην 2 ¦ αλεκτωρ Δ* 69* 2* ¦ εφωνησε 118 69 157 75 ειρηκοτως 579 ¦ πρειν C ¦ αλεκτορ 69 ¦ φωνησε W ¦ τρεις A E Δ 2 33 579 1071 ¦ απαρνησει C 565 1424 ¦ εκλαυσε Y M 118 f¹³ 157 700^c 1346 ¦ πικρος L 2* 27.1 πρωειας W ¦ προιας 2 ¦ συνβουλιον D Θ ¦ συμβουλην 2 ¦ ελαβων E* 565 ¦ αρχιερις ℵ ¦ ωσται 579 2 δισαντες E* U

B 74 ανον ℵ A C 𝔐 K M S U W Δ Θ Π Ω f¹ 118 f¹³ 69 124 2 33 157 565 579 700 788 1071 1424 ¦ ανων L 75 ιυ̅ B ℵ A C 𝔐 K L M S U W Δ Θ Π Ω f¹ 118 f¹³ 124 2 33 157 565 700 788 1071 1424 ¦ ιη̅υ D ¦ κυ̅ 579 27.1 ιυ̅ B ℵ A C 𝔐 K L M S U W Δ Θ Π Ω f¹ 118 f¹³ 124 2 33 157 565 579 700 788 1071 1346 ¦ ιη̅υ D

C 75 αρχ τη μγ παθων 157 ¦ τελος (post πικρως) E F S Θ f¹³ 2 ¦ τελος του γ̅ ευα, (ευαγγε̅ Y) G H Y ¦ τελ του πε M ¦ τε̅ του γ̅ τ̅ παθ Ω ¦ τελ του γ̅ ευα, των παθων 118 ¦ τελ του γ̅ f¹ 1071 ¦ τελ ευα̅ γ̅ 1346 27.1 ανναγνοσμα εις τον παρασκευγον D [27.1-54] ¦ αρχη: ωρα α̅ της μεγαλης παρασκευης· τω καιρω εκεινω: (ante συμβουλ.) E ¦ τη μεγ παρ, εσπερας τω καιρω συμβουλιον G ¦ αρχη: ωρ α̅ τω κ, πρωιας γενομενης συμβουλιον H ¦ αρχ (ante συμβουλιον): Y ¦ αρχ του ευαγγελιου K² ¦ αρχ: εις τ λειτουργ, τη μγ παρασκ, τω καιρω, συμβουλιον ελαβον· πα, M ¦ ωρα α̅ τω κ S ¦ (ante συμβουλιον) ωρ α̅ αρχ τω καιρω τη αγ̅ι απαρ, εις τ λειτ Ω ¦ ωρα α̅ 1582 788 ¦ αρχ ρι̅ τη μ,γλ πτ,α ηεοπ̅ τω καιρω συμβουλιον εποιησαν οι αρχιερεις 1 ¦ αρχ ρι̅ ευα τς μεγλ παρα̅ τω συμβουλ ελαβον παντ 118 ¦ τη μγ παρ,α τω καιρω εκ, 2 ¦ αρχ 157 ¦ αρχ ωρα α̅ 124 700 1071 1346

D 74 τι̅ς̅/β̅ (ante και ευθυς) L ¦ τι̅ς̅/ς̅ 124 788 ¦ Μθ τι̅ς̅ : Μρ ρ̅ο̅ζ̅ : Λο σ̅γ̅γ̅ : Ιω. 124 75 τι̅ς̅/β̅ ℵ A E G M S U Y Π Ω 118 1071 1424 ¦ τι̅ς̅ C D F H K Θ f¹ f¹³ 2 157 579 ¦ Ευ Μθ τι̅ς̅ : Λο . : Λο σ̅γ̅γ̅ : Μρ ρ̅ο̅ζ̅ E ¦ Μθ τι̅ς̅ : Μρ ρ̅ο̅ζ̅ : Λο σ̅γ̅γ̅ : Ιω ρο̅ς̅ M 27.1 τι̅ζ̅ /β̅ ℵ A E L M S U Y Π Ω 118 124 1071 1424 ¦ τι̅ζ̅ C D F H K Θ f¹ 2 157 579 1346 ¦ τι̅ζ̅/ς̅ G ¦ ρι̅ζ̅/β̅ (sic!) 788 ¦ Ευ Μθ τι̅ζ̅ : Ιω . : Λο σ̅φ̅ε̅ : Μρ ρ̅ο̅η̅ E ¦ Μθ τι̅ζ̅ : Μρ ρ̅ο̅η̅ : Λο σ̅θ̅η̅ M ¦ Μθ τι̅ζ̅ : Μρ ρ̅ο̅η̅ : Λο σ̅φ̅ε̅ : Ιω. 124

αὐτὸν ἀπήγαγον	καὶ παρέδωκαν			Πειλάτῳ	τῷ ἡγεμόνι.	B* w
αὐτὸν ἀπήγαγον	καὶ παρέδωκαν			Πιλάτῳ	τῷ ἡγεμόνι.	Bᶜ ℵ L 33 u
αὐτὸν ἀπήγαγον	καὶ παρέδωκαν		Ποντίῳ	Πιλάτῳ	τῷ ἡγεμόνι.	C* K 118
αὐτὸν	....			....	... ἡγεμόνι.	D
αὐτὸν ἀπήγαγον	καὶ παρέδωκαν αὐτὸν	Ποντίῳ	Πιλάτῳ	τῷ ἡγεμόνι.	Δ
αὐτὸν ἀπήγαγον	καὶ παρέδωκαν αὐτὸν	Ποντίῳ	Πειλάτῳ	ἡγεμόνι.	Θ
αὐτὸν ἀπήγαγον αὐτὸν	καὶ παρέδωκαν		Ποντίῳ	Πιλάτῳ	τῷ ἡγεμόνι.	f¹³
αὐτὸν ἀπήγαγον	καὶ παρέδωκαν αὐτὸν	Ποντίῳ	Πηλάτῳ	τῷ ἡγεμόνι.	579
αὐτὸν ἀπήγαγον	καὶ παρέδωκαν αὐτὸν	Ποντίῳ	Πιλάτῳ	τῷ ἡγεμόνι.	A Cᶜ 𝔐 M U W Π f¹ 69 124

157 565 700 788 1071 1424 τ

ξζ περὶ τῆς τοῦ Ἰούδα μεταμελείας

Judas Repents, Returns The Money, And Hangs Himself
(Acts 1.18-19)

ρνϛ **3** Τότε ἰδὼν   Ἰούδας ὁ παραδοὺς αὐτὸν ὅτι κατεκρίθη μεταμεληθεὶς   B L 33 [w]
3 Τότε ἰδὼν   Ἰούδας ὁ παραδιδοὺς αὐτὸν ὅτι κατεκρίθη μεταμελήθη καὶ   ℵ*
3 .... D
3 Τότε ἰδὼν ὁ Ἰούδας ὁ παραδιδοὺς αὐτὸν ὅτι κατεκρίθη μεταμεληθεὶς   1 118
3 Τότε ἰδὼν   Ἰούδας ὁ παραδιδοὺς αὐτὸν ὅτι κατεκρίθη μεταμεληθεὶς   u[w]τ rell

ἔστρεψεν τὰ τριάκοντα ἀργύρια τοῖς ἀρχιερεῦσιν καὶ   πρεσβυτέροις   B ℵ* uw
ἀπέστρεψεν τὰ τριάκοντα ἀργύρια τοῖς ἀρχιερεῦσιν καὶ   πρεσβυτέροις   ℵᶜ C L Θ 33
ἀπέστρεψεν τὰ τριάκοντα ἀργύρια τοῖς ἀρχιερεὺς   καὶ τοῖς πρεσβυτέροις   Δ
ἀπέστρεψεν τὰ τριάκοντα ἀργύρια τοῖς ἀρχιερεῦσιν καὶ τοῖς πρεσβυτέροις   A 𝔐 K M U W Π f¹ f¹³ 2

157 565 579 700 788 1071 1346 1424 τ

4 λέγων, Ἥμαρτον παραδοὺς	αἷμα ἀθῷον.	οἱ δὲ εἶπον, Τί	πρὸς ἡμᾶς; σὺ ὄψῃ.	B* rell
4 λέγων, Ἥμαρτον παραδοὺς	αἷμα δίκαιον.	οἱ δὲ εἶπον, Τί	πρὸς ἡμᾶς; σὺ ὄψῃ.	Bᵐᵍ Θ
4 λέγων, Ἥμαρτον παραδοὺς	αἷμα δίκαιον.	οἱ δὲ εἶπαν, Τί	πρὸς ἡμᾶς; σὺ ὄψει.	L
4 λέγων, Ἥμαρτον παραδοῦσαι	αἷμα ἀθῷον.	οἱ δὲ εἶπον, Τί	πρὸς ἡμᾶς; σὺ ὄψῃ.	Δ
4 λέγων, Ἥμαρτον παραδοὺς	αἷμα ἀθῷον.	οἱ δὲ εἶπον, Τίς	πρὸς ἡμᾶς; σὺ ὄψει.	1
4 λέγων, Ἥμαρτον παραδοὺς	αἷμα ἀθῷον.	οἱ δὲ εἶπαν, Τί	πρὸς ἡμᾶς; σὺ ὄψῃ.	f¹³ 33 788 1346
4 λέγων, Ἥμαρτον παραδοὺς	αἷμα ἀθῷον.	οἱ δὲ εἶπον, Τί	πρὸς ἡμᾶς; σὺ ὄψῃ.	1071 [↑u[w]
4 λέγων, Ἥμαρτον παραδοὺς	αἷμα δίκαιον.	οἱ δὲ εἶπαν, Τί	πρὸς ἡμᾶς; σὺ ὄψῃ.	[w] [↓157 565 700 τ
4 λέγων, Ἥμαρτον παραδοὺς	αἷμα ἀθῷον.	οἱ δὲ εἶπον, Τί	πρὸς ἡμᾶς; σὺ ὄψει.	E H Y 1582ᶜ 118 2

5 καὶ ῥίψας τὰ	ἀργύρια εἰς	τὸν ναὸν	ἀνεχώρησεν, καὶ ἀπελθὼν	B L Θ f¹³ 33 157 700 788
5 καὶ ῥίψας τὰ τριάκοντα	ἀργύρια εἰς	τὸν ναὸν	ἀνεχώρησεν, καὶ ἀπελθὼν	ℵ [↑1346 uw
5 καὶ ῥίψας τὰ	ἀργύρια ἐκ	τῷ ναῷ	ἀπεχώρησεν, καὶ ἀπελθὼν	C
5 καὶ ῥίψας τὰ	ἀργύρια ἐν	τῷ ναῷ	ἀνεχώρησεν, καὶ ἀπελθὼν	Δ 2 579 1071
5 καὶ ῥίψας τὰ	ἀργύρια ἐν	τῷ ναῷ	ἀνεχώρησεν, καὶ ἀπελθὼν	118 [↓1424 τ
5 καὶ ῥίψας τὰ	ἀργύρια ἐκ	τῷ ναῷ	ἀνεχώρησεν, καὶ ἀπελθὼν	A 𝔐 K M U W Π f¹ 565

lac. 27.2-5 𝔓⁴⁵ N P Q Γ 28 ¦ vss. 2-5 D

A **2** αυτων (αυτον²) E ¦ ηγεμονει W ¦ ηγεμωνη 124 788 ¦ ηγεμωνι 1424 **3** ειδων L ¦ παραδιδου Π ¦ αυτων (αυτον) 579 ¦ μεταμεληθης 118 ¦ απεστρεψε Y 118 13 69 157 565 700 788 1071 1346 ¦ αρχιερευσι ℵ F H S Y L M U Ω f¹ 118 69 33 157 565 579 700 788 1071 **4** ημαρτων, τη (τι) Θ **5** ρηψας E F ¦ ανεχωρισεν E K 1 ¦ ανεχωρησε Y M 157 700

B **3** λ̄ ℵ

C **2** τελος (post ηγεμονι) D [ευαγγελιον γ´ των αγιων παθων] E K Θ f¹³ 124 2 788 1346 ¦ τελος ε̄ F² ¦ τελος της μγλ ε̄ H Y M Ω f¹ 118 ¦ τε της λιτρ 1071 **3** ξ̄ζ περι της του (om. Ω 2 157) Ιουδα μεταμελειας (μεταμελιας L Δ 2 579)· A 𝔐 K L M S U Δ Π Ω f¹ 2 157 579 1424 ¦ αρχη: ευγ ε̄ των παθ τω καιρω ιδων ιουδ † λεγεται κ, τη αγια παρ, εωθ G ¦ αρχη: ευγ ε̄ τω κ, ιδων ιουδ H ¦ αρχ: ε̄ τ̄ παθ ευαγγε̄ αρχ τω κ,ρ,ω ιδων ιουδας οτι κατεκρ, Y ¦ ε̄ τω πθ τω καιρω, ιδων ιουουδας οτι κατεκρι,θ M ¦ αναγνω ε̄ S ¦ αρχ: ιδων ιουδας Θ ¦ ⋯ ε̄ Ω ¦ εβδ αγι ε̄ 1582² ¦ αρχ ρ̄ια ευα ε̄ τ̄ αγ̄ι παθ τω καιρω ιδ ιουδ ο παραδιδου των ι̅υ οτι κατε 1 ¦ αρχ ρ̄ια ευα ε̄ των αγιων παθων τω καιρω εκεινω ιδων ιουδας οτι κατεκριθ μεταμεληθ απεστρ,ε̄ τα λ̄ ⋯ 118 ¦ αρχ ευα ε̄ των παθ f¹³ 1346 ¦ ευα ε̄ 124 788 ¦ αρχ τη αγ και μγ ε̄ των αγιων παθων 157¦ αρχ ευα ε̄ 1071 ¦ εαιγγε̄ του παθ αρχη τω καιρω 1424

D **2** τ̄ιη/ᾱ ℵ A E G L M S U Y Π Ω 118 1071 1424 ¦ τ̄ιη C F H K f¹ 2 157 579 1346 (ante και παρεδ. Θ) ¦ τ̄ιη/δ̄ 124 ¦ Ευ Μθ τ̄ιη : Ιω ρ̄ος : Λο τ̄ : ρ̄ϙθ E ¦ Μθ τ̄ιη : Μρ ρ̄ϙη : Λο τ̄ M ¦ Μθ τ̄ιη : Μρ ρ̄ϙθ : Λο τ̄ : Ιω . 124 **3** τ̄ιθ/ι̅ ℵ A E G L M S U Y Π Ω 118 124 1071 1424 ¦ τ̄ιθ C H K 579 1346 ¦ ρ̄ιθ (sic!) 788 ¦ Ευ Μθ τ̄ιθ : Ιω . : Λο . : Μρ . E ¦ Μθ τ̄ιθ : Μρ ρ̄ϙθ M ¦ Μθ τ̄ιθ : Μρ . : Λο . : Ιω . 124

ἀπήγξατο. **6** οἱ δὲ ἀρχιερεῖς λαβόντες τὰ ἀργύρια εἶπαν, Οὐκ ἔξεστιν βαλεῖν B L **uw**
ἀπήγξατο. **6** οἱ δὲ ἀρχιερεῖς λαβόντες τὰ ἀργύρια εἶπον, Οὐκ ἔστιν βαλεῖν W
ἀπήγξατο. **6** οἱ δὲ ἀρχιερεῖς λαβότες τὰ ἀργύρια εἶπαν, Οὐκ ἔξεστιν βαλεῖν 33
ἀπήγξατο. **6** οἱ δὲ ἀρχιερεῖς λαβόντες τὰ ἀργύρια .... Οὐκ ἔξεστιν βαλεῖν 1346
ἀπήγξατο. **6** οἱ δὲ ἀρχιερεῖς λαβόντες τὰ ἀργύρια εἶπον, Οὐκ ἔξεστιν βαλεῖν **τ** rell

αὐτὰ εἰς τὸν κορβᾶν, ἐπεὶ τιμὴ αἷματός ἐστιν. **7** συμβούλιον δὲ λαβόντες ἠγόρασαν B*
αὐτὰ εἰς τὸν κορβονᾶν, ἐπεὶ τιμὴ αἷματός ἐστιν. **7** συμβούλιον δὲ λαβόντες ἠγόρασαν E f^{13} 788 1071
αὐτὰ εἰς τὸν κορβανᾶν, ἐπεὶ τιμὴ αἷματός ἐστιν. **7** συμβούλιον τὲ λαβόντες ἠγόρασαν H
αὐτὰ εἰς τὸν κορβονᾶν, ἐπεὶ τιμὴ αἷματός ἐστιν. **7** συμβούλιον τὲ λαβόντες ἠγόρασαν M
αὐτὰ εἰς τὸν κορβωνᾶν, ἐπεὶ τιμὴ αἷματός ἐστιν. **7** συμβούλιον δὲ λαβόντες ἠγόρασαν 118
αὐτὰ εἰς τὸν Γολγοθᾶν, ἐπεὶ τιμὴ αἷματός ἐστιν. **7** συμβούλιον δὲ λαβόντες ἠγόρασαν 69
αὐτὰ εἰς τὸν κορβονᾶ, ἐπεὶ τιμὴ αἷματός ἐστιν. **7** συμβου......... ..... λαβότες ἠγόρασαν 33
αὐτὰ εἰς τὸν κορβανᾶ, ἐπεὶ τιμὴ αἷματός ἐστιν. **7** συμβούλιον δὲ λαβόντες ἠγόρασαν 157
αὐτὰ εἰς τὸν κορβανᾶν, ... αἷματός ἐστιν. **7** συμβούλιον δὲ λαβό......... ....σαν 1346
αὐτὰ εἰς τὸν κορβανᾶν, ἐπεὶ τιμὴ αἷματός εἰσιν. **7** συμβούλιον δὲ λαβόντες ἠγόρασαν 1424
αὐτὰ εἰς τὸν κορβανᾶν, ἐπεὶ τιμὴ αἷματός ἐστιν. **7** συμβούλιον δὲ λαβόντες ἠγόρασαν **uwτ** rell

ἐξ αὐτῶν τὸν ἀγρὸν τοῦ Κεραμέως εἰς ταφὴν τοῖς ξένοις. **8** διὸ ἐκλήθη ὁ ἀγρὸς B **uwτ** rell
ἐξ αὐτῶν τὸν ἀγρὸν τοῦ Κεραμέως .... ξένοις. **8** διὸ ἐκλήθη ὁ ἀγρὸς 1346

ἐκεῖνος Ἀγρὸς Αἵματος B **uwτ** rell
ἐκεῖνος Ἀδκελδαμὰ ὅ ἐστιν Ἀγρὸς Αἵματος 700^{mg}
ἐκεῖνος 1346

ἕως τῆς σήμερον. **9** τότε ἐπληρώθη τὸ ῥηθὲν διὰ Ἰερεμίου τοῦ προφήτου λέγοντος, B **uwτ** rell
ἕως τῆς σήμερον. **9** καὶ ἐπληρώθη τὸ ῥηθὲν διὰ Ἰερεμίου τοῦ προφήτου λέγοντος, ℵ*
ἕως τῆς σήμερον. **9** τότε ἐπληρώθη τὸ ῥηθὲν διὰ Ἰηρεμίου τοῦ προφήτου λέγοντος, A C W Π
ἕως τὴν σήμερον. **9** τότε ἐπληρώθη τὸ ῥηθὲν διὰ Ἰερεμίου τοῦ προφήτου λέγοντος, G* 579 1424
ἕως τὴν ἡμέρον. **9** τότε ἐπληρώθη τὸ ῥηθὲν διὰ Ἰερεμίου τοῦ προφήτου λέγοντος, G^c
ἕως τῆς σήμερον. **9** τότε ἐπληρώθη τὸ ῥηθὲν διὰ Ἡρεμίου τοῦ προφήτου λέγοντος, 118
ἕως τῆς σήμερον. **9** τότε ἐπληρώθη .... διὰ τοῦ προφήτου λέγοντος, 33
ἕως τῆς σήμερον. **9** τότε ἐπληρώθη τὸ ῥηθὲν διὰ τοῦ προφήτου λέγοντος, 157
.... τῆς σήμερον. **9** τότε ἐπληρώθη τὸ ῥη....... ....μίου τοῦ προφήτου λέγοντος, 1346

Καὶ ἔλαβον τὰ τριάκοντα ἀργυρια, τὴν τιμὴν τοῦ τετειμημένου ὃν ἐτειμήσαντο B
Καὶ ἔλαβον τὰ τριάκοντα ἀργυρια, τὴν τιμὴν τοῦ τεμειμένου ὃν ἐτιμήσαντο Δ
Καὶ ἔλαβον τὰ τριάκοντα ἀργυρια, τὴν τιμ.... ....μημένου ὃν ἐτιμήσαντο 33
Καὶ ἔλαβον τὰ τριάκοντα ἀργυρια, τὴν τιμὴν τοῦ τετιμημένου ὃν ἐτιμήσαντο **uwτ** rell

ἀπὸ υἱῶν Ἰσραήλ, 10 καὶ ἔδωκαν αὐτὰ εἰς τὸν ἀγρὸν τοῦ κεραμέως, καθὰ B **u[w]τ** rell
ἀπὸ υἱῶν Ἰσραήλ, 10 καὶ ἔδωκα αὐτὰ εἰς τὸν ἀγρὸν τοῦ κεραμέως, καθὰ ℵ W Ω [**w**]
ἀπὸ υἱῶν Ἰσραήλ, 10 καὶ ἔδωκεν αὐτὰ εἰς τὸν ἀγρὸν τοῦ κεραμέως, καθὰ A*
ἀπὸ υἱῶν, 10 καὶ ἔδωκαν αὐτὰ εἰς τὸν ἀγρὸν τοῦ κεραμέως, καθὰ K
ἀπὸ υἱῶν Ἰσραήλ, 10 καὶ ἔδωκαν αὐτὰ εἰς τὸν ἀγρὸν τοῦ κεραμέως, καθὼς Θ f^1
ἀπὸ υἱῶν Ἰσραήλ, 10 καὶ ἔβαλον αὐτὰ εἰς τὸν ἀγρὸν τοῦ κεραμέως, καθὰ 69
ἀπὸ υἱῶν Ἰσραήλ, 10 καὶ ἔδωκαν αὐτὰ εἰς τὸν ἀγρὸν τοῦ κερ............ .....θὰ 33
ἀπὸ υἱῶν Ἰσραήλ, 10 καὶ .... αὐτὰ εἰς τὸν ἀγρὸν τοῦ κεραμέως, καθὰ 1346

συνέταξέν μοι κύριος. B **uwτ** rell
συνέταξέν μοι ὁ κύριος. f^1

---

lac. 27.5-10 𝔓[45] D N P Q Γ 28

A **6** λαβωντες 2* | ειειπον Θ ¦ εσξεστιν F ¦ εξεστι S Y M U Π Ω f^1 118 f^{13} 69 157 565 579 700 788 1346 | βαλιν ℵ W ¦ βαλην Θ ¦ βαβαλειν 579 | επι ℵ A L* W Θ 579 | ετι (εστιν) Y ¦ εστι M 69 157 565 700 **7** λαβωντες 579 | αυτον Θ **8** εκινος ℵ | εματος Θ **9** τω (το) M | λαβον U | αργυρα 700* | τημην G L | τετημημενου E 2 ¦ τεμιμενου Y | ετιμησαντω E ¦ ετημησαντο Θ **10** συνεταξε S Y 1582 118 13 69 157 700 1346

B **9** λ̅ ℵ | ι̅η̅λ̅ ℵ A C 𝔐 L M S U Θ Π Ω f^1 118 f^{13} 69 124 2 33 157 565 579 700 1071 1346 1424 ¦ ι̅σ̅λ̅ Δ **10** κ̅ς̅ B ℵ A C 𝔐 K L M S U W Δ Θ Π Ω f^1 118 f^{13} 69 124 2 33 157 565 579 700 788 1071 1346 1424

C **6** αρχ του εν δαου 118 **9** ουκ εστ ιερ, αλλ ζαχαριου Ω

D **6** τ̅ι̅θ̅ Θ

Jesus Questioned By Pilate
(Mark 15.2-5; Luke 23.3-10; John 18.33-38; 19.8-9)

ρν̄ζ **11** Ὁ δὲ Ἰησοῦς ἐστάθη ἔμπροσθεν τοῦ ἡγεμόνος· καὶ ἐπηρώτησεν αὐτὸν   B ℵ C L Θ *f*¹ **uw**
11 Ὁ δὲ Ἰησοῦς ἐστάθη ἔμπροσθεν τοῦ ἡγεμόνος· καὶ ἐπη·········· αὐτὸν   33
11 Ὁ δὲ Ἰησοῦς <u>ἔστη</u> ἔμπροσθεν ········ καὶ ἐπηρώτησεν αὐτὸν   1346
11 Ὁ δὲ Ἰησοῦς <u>ἔστη</u> ἔμπροσθεν τοῦ ἡγεμόνος· καὶ ἐπηρώτησεν αὐτὸν   A 𝔐 K M U W Δ Π 118
*f*¹³ 2 157 565 579 700 788 1071 1424 τ

ὁ ἡγεμὼν λέγων, Σὺ εἶ ὁ βασιλεὺς τῶν Ἰουδαίων; ὁ δὲ Ἰησοῦς ἔφη αὐτῷ,   B [w]τ rell
ἡγεμὼν λέγων, Σὺ εἶ ὁ βασιλεὺς τῶν Ἰουδαίων; ὁ δὲ Ἰησοῦς ἔφη,   ℵ*
ὁ ἡγεμὼν λέγων, Σὺ εἶ ὁ βασιλεὺς τῶν Ἰουδαίων; ὁ δὲ Ἰησοῦς ἔφη,   ℵᶜ **u**[w]
ὁ ἡγεμὼν λέγων, Σὺ εἶ ὁ βασιλεὺς τῶν Ἰουδαίων; ···· ········   C
ὁ ἡγεμὼν λέγων, Σὺ εἶ ὁ βασιλεὺς τῶν Ἰουδαίων; ὁ δὲ ἔφη,   L 700
λέγων, Σὺ εἶ ὁ βασιλεὺς τῶν Ἰουδαίων; ὁ δὲ Ἰησοῦς ἔφη αὐτῷ,   W
λέγων, Σὺ εἶ ὁ βασιλεὺς τῶν <u>Ἰουδέων</u>; ὁ δὲ Ἰησοῦς ἔφη αὐτῷ,   Θ
ὁ ἡγεμὼν λέγων, Σὺ εἶ ὁ βασιλεὺς τῶν Ἰουδαίων; ὁ δὲ Ἰησοῦς ε···· ·········   33
ὁ ἡγεμὼν ···· ········λεὺς τῶν Ἰουδαίων; ὁ δὲ Ἰησοῦς ἔφη α······   1346

Σὺ λέγεις. **12** καὶ ἐν τῷ κατηγορεῖσθαι αὐτὸν ὑπὸ τῶν ἀρχιερέων καὶ   B* ℵ L S Θ *f*¹ *f*¹³ 788 **u**[w]
Σὺ λέγεις. **12** καὶ ἐν τῷ κατηγορεῖσθαι <u>αὐτῷ</u> ὑπὸ τῶν ἀρχιερέων καὶ <u>τῶν</u>   2
···· ········ **12** ······ τῷ κατηγορεῖσθαι αὐτὸν ὑπὸ τῶν ἀρχιερ······   33
········ **12** καὶ ἐν τῷ κατηγορεῖσθαι αὐτὸν ὑπὸ τῶν ·········· καὶ <u>γραμματέων</u> <u>καὶ</u>   1346
Σὺ λέγεις; **12** καὶ ἐν τῷ κατηγορεῖσθαι αὐτὸν ὑπὸ τῶν ἀρχιερέων καὶ   [w]   [↓579 700 1071 1424 τ
Σὺ λέγεις. **12** καὶ ἐν τῷ κατηγορεῖσθαι αὐτὸν ὑπὸ τῶν ἀρχιερέων καὶ <u>τῶν</u>   Bᶜ A 𝔐 K M U W Δ Π 69 157 565

πρεσβυτέρων οὐδὲν ἀπεκρείνατο. **13** τότε λέγει αὐτῷ ὁ Πειλᾶτος, Οὐκ ἀκούεις   B
πρεσβυτέρων οὐδὲν <u>ἀπεκρίνατο</u>. **13** τότε λέγει αὐτῷ ὁ Πειλᾶτος, Οὐκ ἀκούεις   A Θ **w**
········ οὐδὲν ἀπεκρείνατο. **13** τότε λέγει αὐτῷ ὁ <u>Πιλᾶτος</u>, Οὐκ ἀκούεις   D
···εσβυτέ···· **13** τότε λέγει αὐτῷ ὁ <u>Πιλᾶτος</u>, Οὐκ ἀκούε····   33
πρεσβυτέρων οὐδὲν <u>ἀπεκρίνατο</u>. **13** τότε λέγει αὐτῷ ὁ <u>Πιλᾶτος</u>, Οὐκ ἀκούεις   **u**τ rell

ὅσα σου καταμαρτυροῦσιν; **14** καὶ οὐκ ἀπεκρίθη αὐτῷ πρὸς οὐδὲ   B*
<u>τόσα</u> <u>καταμαρτυροῦσιν</u> <u>σου</u>; **14** καὶ οὐκ ἀπεκρίθη αὐτῷ   D*
<u>τόσα</u> <u>σου</u> <u>καταμαρτυροῦσιν</u> <u>σου</u>; **14** καὶ οὐκ ἀπεκρίθη αὐτῷ   Dᶜ
<u>πόσα</u> σου καταμαρτυροῦσιν; **14** καὶ οὐκ ἀπεκρίθη αὐτῷ πρὸς <u>οὐδὲν</u>   L Θ *f*¹³
<u>πόσα</u> σου <u>κατηγοροῦσιν</u>; **14** καὶ οὐκ ἀπεκρίθη αὐτῷ πρὸς οὐδὲ   *f*¹
········ **14** ········θη αὐτῷ πρὸς οὐδὲ   33
<u>πόσα</u> σου <u>οὗτοι</u> καταμαρτυροῦσιν; **14** καὶ οὐκ ἀπεκρίθη αὐτῷ πρὸς οὐδὲ   157
<u>πόσα</u> σου καταμαρτυροῦσιν; **14** καὶ οὐκ ἀπεκρίθη πρὸς οὐδὲ   1424
<u>πόσα</u> σου καταμαρτυροῦσιν; **14** καὶ οὐκ ἀπεκρίθη αὐτῷ πρὸς οὐδὲ   Bᶜ **uw**τ rell

ἓν ῥῆμα, ὥστε θαυμάζειν τὸν ἡγεμόνα λίαν.   B **uw**τ rell
ἓν ῥῆμα, ὥστε θαυμ········ ···· ········ ·······   33

The People Choose Barabbas And Jesus Is Condemned
(Mark 15.6-15; Luke 23.17-25; John 18.39-40; 19.6-7, 15-16; 19.1)

ρν̄η̄ **15** Κατὰ δὲ ἑορτὴν εἰώθει ὁ ἡγεμὼν ἀπολύειν ἕνα τῷ ὄχλῳ δέσμιον ὃν   B **uw**τ rell
15 Κατὰ δὲ <u>τὴν</u> ἑορτὴν εἰώθει ὁ ἡγεμὼν ἀπολύειν ἕνα <u>δέσμιον</u> <u>τῷ</u> <u>ὄχλῳ</u> ὃν   D
15 Κατὰ δὲ ἑορτὴν εἰώθει ὁ ἡγεμὼν ἀπολύειν <u>τῷ</u> <u>ὄχλῳ</u> <u>ἕνα</u> δέσμιον ὃν   M *f*¹³ 788 1071 1346
15 ········ ········θει ὁ ἡγεμὼν ἀπολύειν τῷ ὄχλῳ δέσμ····· ····   33
15 Κατὰ δὲ ἑορτὴν εἰώθει ὁ ἡγεμὼν ἀπολύειν ἕνα <u>δέσμιον</u> <u>τῷ</u> <u>ὄχλῳ</u> ὃν   1424

---

lac. 27.11-15 𝔓⁴⁵ D N P Q Γ 28 ¦ vss. 11-15 C ¦ vss. 9-12 D

A 11 εστι (εστη) E K 579 | εμπροσθε *f*¹ | ηγεμονος 1424| επερωτησεν E* | ηγεμον 2* | λεγις ℵ **12** κατηγορισθε ℵ ¦ κατηγορισθαι W ¦ κατεγορεισθαι Θ ¦ κατηγορειςθε 1346 | κατηγορεισθε αυτον Θ | πρεσβυτερον Θ | αποκρινατο L **13** λεγι ℵ | αυτο (αυτω) E* | πωσα M | καταμαρτυρουσιν G ¦ καταμαρτρουσι Υ 700 1071| κατηγορουσι 118 **14** απεκριθει E | θαυμαζιν ℵ | λειαν E Δ Θ | ηγεμονα 1424 **15** ηωθει E | ιωθει F 118 565 | ιωθη H ¦ ειωθη K Π 13 2 1071 1424 ¦ ειοθη Θ ¦ ωθη 579 | ηγεμον 2* | απολυει M | το (τω) 579 | χλω (οχλω) G

B 11 ι̅ς̅¹ B ℵ A C 𝔐 K L M S U W Δ Θ Π Ω *f*¹ 118 *f*¹³ 124 2 33 157 565 579 700 788 1071 1346 1424 | ι̅ς̅² B ℵ A 𝔐 K M S U W Δ Θ Π Ω *f*¹ 118 *f*¹³ 124 2 33 157 565 579 788 1071 1346 1424

D 11 τ̅κ̅/α̅ A L M U Y Π Ω 118 788 1071 1424 ¦ τ̅κ̅ C Θ *f*¹³ 579 1346 ¦ τι̅θ̅ F H K 1582 2 157 ¦ τ̅κ̅/δ̅ G ¦ τ̅κ̅/ι̅ S ¦ (ante και επηρω.) τ̅κ̅/α̅ ℵ 124 ¦ (ante ο δε²) τ̅κ̅ E F H K 1582 2 157 ¦ τ̅κ̅α̅/δ̅ Π ¦ τ̅κ̅α̅ *f*¹ | Ευ Μθ τ̅κ̅ : Μρ . : Λο . : Ιω . E | Μθ τ̅κ̅ : Μρ σ̅ : Λο τ̅β̅ : Ιω ρο̅η̅ M | Μθ τ̅κ̅ : Μρ σ̅ : Λο τ̅β̅ : Ιω ρο̅η̅ 124 **12** τ̅κ̅α̅/δ̅ Π ¦ τ̅κ̅α̅ A G L M S U Y Ω 118 124 788 1071 1424 ¦ τ̅κ̅α̅/γ̅ E ¦ τ̅κ̅α̅ F H K Θ 1582 *f*¹³ 2 157 579 1346 | Ευ Μθ τ̅κ̅α̅ : Μρ σ̅α̅ : Λο . : Ιω ρ̅π̅ E | Μθ τ̅κ̅α̅ : Μρ σ̅α̅ : Λο τ̅θ̅ : Ιω ρ̅π̅ M | Μθ τ̅κ̅α̅ : Μρ σ̅α̅ : Λο τ̅θ̅ : Ιω ρ̅π̅ 124 **15** τ̅κ̅β̅/β̅ ℵ A E G L M U Y Π Ω 118 124 788 1071 1424 ¦ τ̅κ̅β̅ D F H K Θ *f*¹ *f*¹³ 2 157 579 1346 ¦ τ̅κ̅γ̅/β̅ S (sic) | Ευ Μθ τ̅κ̅β̅ : Μρ σ̅β̅ : Λο τ̅θ̅ : Ιω . E | Μθ τ̅κ̅β̅ : Μρ σ̅β̅ : Λο τ̅θ̅ : Ιω ρ̅π̅ M | Μθ τ̅κ̅β̅ : Μρ σ̅β̅ : Λο τι : Ιω ρ̅ο̅β̅ 124

[↓M U W Δ Π 1ᶜ 1582ᶜ ƒ¹³ 2 157 565 579 700ᶜ 788 1071 1346 1424 u]wτ

ἤθελον.	16	εἶχον δὲ τότε	δέσμιον ἐπίσημον	λεγόμενον	Βαραββᾶν.ᵀ	Β ℵᶜ Α D 𝔐 Κ L
παρητοῦντο.	16	εἶχον δὲ τόν τε	δέσμιον ἐπίσημον	λεγόμενον	Βαραββᾶν.	ℵ*
ἤθελον.	16	εἶχον δὲ τότε	δέσμιον ἐπίσημον τὸν	λεγόμενον	Βαραββᾶν.	D
ἤθελον.	16	εἶχον δὲ τότε	δέσμιον ἐπίσημον	λεγόμενον Ἰησοῦν	Βαραββᾶν.	Θ
ἤθελον.	16	εἶχον δὲ τότε	δέσμιον ἐπίσημον	λεγόμενον Ἰησοῦν	Βαραββᾶν.	1* 1582* 118
ἤθελον.	16	εἶχον δὲ τότε	δέσμιον ἐπίσημον	λεγόμενον	Βαρρβᾶν.	69 [↑700* [u]
....	16	....	....	.....γόμενον	Βαραββᾶν.ᵀ	33

ᵀὅστις διὰ φθόνον ἦν βεβλημένος εἰς φυλακήν. ƒ¹³ 1071
ᵀὅστις ἦν διὰ στάσιν τινὰ γενομένην ἐν τῇ πόλει καὶ φόνον βεβλημένον εἰς φυλακήν. 124 (Lk. 23.19)
ᵀὅστις διὰ φθόνον βεβλημένος ἦν εἰς φυλακήν. 1346

ᵀαναστασιν επισκοπ αντιοχ παλαι οις πανυ αντιγραφοις εντυχων. ευρον και αυτον τον
βαραββαν ιν λεγομενον ουτως γουν ειχεν η του πιλατου πευσις εκει τινα θελετε απο των
δυο αποδυσω υμιν ιν τον βαραββαν η ιν τον λεγομενον χν οσ γαρ εοικεν πατρωνν μια του
ληστου ην ο βαραββας οπερ ερμηνευεται διδασκαλου υς συντεθεμενον ουν το βαραββας
ονομα σημαινη υς του διδασκαλου ημων και τινος αρα διδασκαλου χρηνομιζειν τον
επισημον ληστην η του ανδρος των αιματων του εξ αρχης ανθρωποκτονου ον και μεχρι της
δευρο μαλλον αιρουνται οι μαθοντες παρ αυτου ανθρωποκτονειν η τον ζωοποιουντα τους
νεκρους ιν χν δια τουτο ιν τον βαραββαν εξαιτουνται και ουχι ιν χν το γαρ ομοιον παντι
φιλον εχθρον δε το μη κατ αλληλων S

17 συνηγμένων οὖν	αὐτῶν εἶπεν αὐτοῖς ὁ Πειλᾶτος,			Β* Α w
17 συνηγμένων δὲ	αὐτῶν εἶπεν αὐτοῖς ὁ Πειλᾶτος,			D
17 συνηγμένων οὖν	αὐτῶν εἶπεν αὐτοῖς ὁ Πηλᾶτος,			F 579
17 συνηγμένων δὲ	αὐτῶν εἶπεν αὐτοῖς ὁ Πειλᾶτος,			Θ
17 συνηγμένων δὲ	αὐτῶν εἶπεν αὐτοῖς ὁ Πιλᾶτος,			ƒ¹³ 788 1346
17 συνηγμένων οὖν	α......			33
17 συνηγμένων οὖν	αὐτῶν εἶπεν αὐτοῖς ὁ Πιλᾶτος,			Βᶜ uτ rell

Τίνα θέλετε		ἀπολύσω ὑμῖν,		τὸν Βαραββᾶν	ἢ Ἰησοῦν	Β [w]
Τίνα θέλετε		ὑμῖν ἀπολύσω,		Βαραββᾶν	ἢ Ἰησοῦν	D
				Βαραββᾶν	ἢ Ἰησοῦν	Ε*
Τίνα θέλετε τῶν δύο		ἀπολύσω ὑμῖν,		Βαραββᾶν	ἢ Ἰησοῦν	Δ
Τίνα θέλετε τῶν δύο		ἀπολύσω ὑμῖν,	Ἰησοῦν	Βαρραββᾶν	ἢ Ἰησοῦν	Θ
Τίνα θέλετε		ἀπολύσω ὑμῖν τῶν δύο,	Ἰησοῦν	τὸν Βαραββᾶν	ἢ Ἰησοῦν	1* 1582* 118
Τίνα θέλετε		ἀπολύσω ὑμῖν τῶν δύο,		Βαρραββᾶν	ἢ Ἰησοῦν	1ᶜ 1582ᶜ
Τίνα θέλετε		ἀπολύσω ὑμῖν,		Βαρραββᾶν	ἢ Ἰησοῦν	69
		ἀπολύσω ὑμῖν,		Βαραββᾶν	ἢ Ἰησοῦν	33
Τίνα θέλετε		ἀπολύσω ὑμῖν,	Βαραββᾶν	Ἰησοῦν	ἢ Ἰησοῦν	579
Τίνα θέλετε		ἀπολύσω ὑμῖν,	Ἰησοῦν	Βαραββᾶν	ἢ Ἰησοῦν	700*
Τίνα θέλετε		ἀπολύσω ὑμῖν,	Ἰησοῦν	τὸν Βαραββᾶν	ἢ Ἰησοῦν	[u]
Τίνα θέλετε		ἀπολύσω ὑμῖν,		Βαραββᾶν	ἢ Ἰησοῦν	ℵ Α 𝔐 Κ L M U W Π

ƒ¹³ 2 157 565 788 1071 1346 1424 [uw]τ

τὸν λεγόμενον Χριστόν; 18 ᾔδει γὰρ ὅτι διὰ φθόνον παρέδωκαν αὐτόν. 19 Καθημένου δὲ αὐτοῦ ἐπὶ

τοῦ βήματος ἀπέστειλεν πρὸς αὐτὸν ἡ γυνὴ αὐτοῦ λέγουσα, Μηδὲν σοὶ καὶ τῷ δικαίῳ	Β uwτ rell
τοῦ βήματος ἀπέστειλεν πρὸς αὐτὸν ἡ γυνὴ αὐτοῦ λέγουσα, Μηδὲν σοὶ τῷ δικαίῳ	579
βήματος ἀπέστειλεν πρὸς αὐτὸν ἡ γυνὴ αὐτοῦ λέγουσα, Μηδὲν σοὶ καὶ τῷ δικαίῳ	Θ

ἐκείνῳ, πολλὰ γὰρ ἔπαθον σήμερον κατ᾽ ὄναρ δι᾽ αὐτόν. 20 Οἱ δὲ ἀρχιερεῖς καὶ οἱ	Β uwτ rell
ἐκείνῳ, πολλὰ γὰρ ἔπαθον κατ᾽ ὄναρ δι᾽ αὐτόν. 20 Οἱ δὲ ἀρχιερεῖς καὶ οἱ	Θ

lac. 27.15-20 𝔓⁴⁵ C N P Q Γ 28

Α 16 επισιμον Ε Π ¦ επισημων Κ Θ ¦ λεγομενον Θ 17 συνηγμενον 2* 579 ¦ αυτον Η ¦ θελεται D W 2* 579 ¦ υμειν D ¦ λεγομεν G ¦ λεγομενον L 18 ηδι ℵ D Θ ¦ α (δια) 13 ¦ αυτων Θ 19 καθημενευ L* ¦ απεστιλεν ℵ L W ¦ απεστειλε Υ U 118 13 69 788 1071 1346 ¦ απεστηλεν Θ ¦ εκινω ℵ ¦ πολα Θ* ¦ επαθων Ε* 20 αρχιεριρ ℵ

Β 16 ιν Θ 700 17 ιν¹ Θ 579 700 ¦ ιν² Β ℵ Α 𝔐 Κ L M S U W Δ Θ Π Ω 118 ƒ¹³ 124 2 33 157 565 579 700 788 1071 1346 1424 ¦ ιην D ¦ χν Β ℵ Α 𝔐 Κ L M S U W Δ Θ Π Ω ƒ¹ 118 ƒ¹³ 69 124 2 33 157 565 579 700 788 1071 1346 1424 ¦ χρν D

C 18 τελος της παρ, G

D 16 τκγ/γ ℵ ¦ τκγ/δ A G S U Y Π 124 788 1071 1424 ¦ τκγ D F H K Θ Ω ƒ¹³ 2 157 579 1346 ¦ τκγ/α Ε Μ 118 | Ευ Μθ τκγ : Μρ σγ : Λο τι : Ιω ρπγ Ε | Μθ τκγ : Μρ σγ : Λο τι : Ιω ρπγ Μ | Μθ τκγ : Μρ σγ : Λο τιᾱ : Ιω ρπγ 124 17 τκγ ƒ¹ 19 τκδ/ι ℵ Α Ε G L M S U Y Π Ω 118 124 788 1071 1424 ¦ τκδ D F H K Θ ƒ¹ ƒ¹³ 2 157 579 1346 | Ευ Μθ τκδ : Μρ . : Λο . : Ιω . Ε | Μθ τκδ : Μρ σδ : Λο τι : Ιω ρπδ Μ | Μθ τκδ : Μρ . : Λο . : Ιω . 124 20 τκε/α ℵ Α Ε G L M S U Y Π Ω 118 124 788 1071 1424 ¦ τκε D F H K Θ ƒ¹ ƒ¹³ 2 157 579 1346 | Μθ τκε Μ | Μθ τκε : Μρ σδ : Λο τιᾱ : Ιω ρπδ 124

πρεσβύτεροι   ἔπεισαν τοὺς ὄχλους ἵνα αἰτήσωνται τὸν Βαραββᾶν   τὸν δὲ   B **uwτ** rell
πρεσβύτεροι <u>τοῦ λαοῦ</u> ἔπεισαν τοὺς ὄχλους ἵνα αἰτήσωνται τὸν Βαραββᾶν   τὸν δὲ   F
πρεσβύτεροι   ἔπεισαν τοὺς ὄχλους ἵνα αἰτήσωνται τὸν <u>Βαραβᾶν</u>   τὸν δὲ   L 69
πρεσβύτεροι   ἔπεισαν τοὺς ὄχλους ἵνα αἰτήσωνται τὸν <u>Βαρραββᾶν</u> τὸν δὲ   Θ
πρεσβύτεροι   <u>ἐποίησαν</u> τοὺς ὄχλους ἵνα αἰτήσωνται τὸν Βαραββᾶν   τὸν δὲ   2
πρεσβύτεροι   ·········· τοὺς ὄχλους ἵνα <u>αἰτήσονται</u> τὸν Βα········· τὸν δὲ   1346

Ἰησοῦν ἀπολέσωσιν. **21** ἀποκριθεὶς δὲ ὁ ἡγεμὼν   εἶπεν αὐτοῖς, Τίνα θέλετε   B **uwτ** rell
Ἰησοῦν ἀπολέσωσιν. **21** ἀποκριθεὶς   ὁ ἡγεμὼν   εἶπεν αὐτοῖς, Τίνα θέλετε   157
Ἰησοῦν ἀπολέσωσιν. **21** ἀποκριθεὶς δὲ ὁ <u>Πιλᾶτος</u>   εἶπεν αὐτοῖς, Τίνα θέλετε   1071
Ἰησοῦν ἀπολέσωσιν. **21** ἀποκριθεὶς ····· <u>ὢν</u>   εἶπεν αὐτοῖς, Τίνα θέλετε   1346
Ἰησοῦν ἀπολέσωσιν. **21** ἀποκριθεὶς δὲ ὁ ἡγεμὼν   εἶπεν,   Τίνα θέλετε   1424

ἀπὸ τῶν δύο ἀπολύσω ὑμῖν; οἱ δὲ εἶπον,   Τὸν Βαραββᾶν.   B ℵ 1 1582* 118
ἀπὸ τῶν δύο ἀπολύσω ὑμῖν; οἱ δὲ <u>εἶπαν</u>,   Βαραββᾶν.   D
ἀπὸ τῶν δύο ἀπολύσω ὑμῖν; οἱ δὲ <u>εἶπαν</u>,   Τὸν Βαραββᾶν.   L 33 **uw**
    τῶν δύο ἀπολύσω ὑμῖν; οἱ δὲ <u>εἶπαν</u>,   Τὸν <u>Βαρραββᾶν</u>.   Θ
ἀπὸ τῶν δύο ἀπολύσω ὑμῖν; οἱ δὲ εἶπον,   Τὸν <u>Βαραβᾶν</u>.   69
    τῶν δύο ἀπολύσω ὑμῖν; οἱ δὲ εἶπον <u>αὐτῷ</u>,   Βαραββᾶν.   157
ἀ····· ····· ·<u>πολέσω</u> ὑμῖν; οἱ δὲ εἶπον,   Βα············   1346   [↓788 1071 1424 τ
ἀπὸ τῶν δύο ἀπολύσω ὑμῖν; οἱ δὲ εἶπον,   Βαραββᾶν.   A 𝔐 K M U W Δ Π f[13] 1582[c] 2 565 579 700

22 λέγει αὐτοῖς ὁ Πειλᾶτος,   Τί οὖν ποιήσω   Ἰησοῦν τὸν λεγόμενον Χριστόν;   B A Θ **w**
22 λέγει αὐτοῖς ὁ Πειλᾶτος,   Τί οὖν <u>ποιήσωμεν</u> Ἰησοῦν τὸν λεγόμενον Χριστόν;   D
22 λέγει αὐτοῖς ὁ <u>Πηλᾶτος</u>,   Τί οὖν ποιήσω   Ἰησοῦν τὸν λεγόμενον Χριστόν;   579
22 ·····γει αὐτοῖς ὁ <u>Πιλᾶτος</u>,   Τί οὖν ποι······ ····· ·········μενον Χριστόν;   1346
22 λέγει αὐτοῖς ὁ <u>Πιλᾶτος</u>,   Τί οὖν ποιήσω   Ἰησοῦν τὸν λεγόμενον Χριστόν;   **uτ** rell

λέγουσιν   πάντες, Σταυρωθήτω.   **23** ὁ δὲ   ἔφη, Τί γὰρ B ℵ Θ 69 33 788 **uw**
λέγουσιν   πάντες, Σταυρωθήτω.   **23** <u>λέγει αὐτοῖς ὁ ἡγεμὼν</u>, Τί γὰρ D 1 1582* 118
λέγουσιν <u>αὐτῷ</u> πάντες, Σταυρωθήτω.   **23** ὁ δὲ   <u>ἡγεμὼν</u> ἔφη, Τί γὰρ 𝔐 M U f[13] 2 700
λέγουσιν <u>αὐτῷ</u> πάντες, Σταυρωθήτω.   **23** <u>λέγει αὐτοῖς ὁ ἡγεμὼν</u>, Τί γὰρ L   [↑1071 1346 τ
λέγουσιν   πάντες, Σταυρωθήτω. <u>Σταυρωθήτω</u>. **23** ὁ δὲ   <u>ἡγεμὼν</u> ἔφη, Τί γὰρ K Π* 565
λέγουσιν <u>αὐτῷ</u> πάντες, Σταυρωθήτω.   **23** ὁ δὲ   ἔφη, Τί γὰρ S
λέγουσιν <u>αὐτῷ</u> πάντες, Σταυρωθήτω.   **23** <u>λέγει αὐτοῖς ὁ ἡγεμών</u>, Τί γὰρ 1582[c] [↓579 1424
λέγουσιν   πάντες, Σταυρωθήτω.   **23** ὁ δὲ   <u>ἡγεμὼν</u> ἔφη, Τί γὰρ A W Δ Π[c] Ω 157

κακὸν ἐποίησεν; οἱ δὲ περισσῶς   ἔκραζον λέγοντες, Σταυρωθήτω.   B **uwτ** rell
κακὸν ἐποίησεν; οἱ δὲ <u>περισσῶ</u>   ἔκραζον λέγοντες, Σταυρωθήτω.   ℵ*
κακὸν ἐποίησεν; οἱ δὲ περισσῶς   <u>ἔκραζαν</u> λέγοντες, Σταυρωθήτω.   D
κακὸν ἐποίησεν; οἱ δὲ περισσῶς   ἔκραζον,   Σταυρωθήτω.   Υ K Π 565 1424
κακὸν ἐποίησεν; οἱ δὲ <u>περισσότερον</u> ἔκραζον,   Σταυρωθήτω.   f[1] 118*
κακὸν ἐποίησεν; οἱ δὲ <u>περισσότερον</u> ἔκραζον λέγοντες, Σταυρωθήτω.   118[c]
κακὸν ἐποίησεν; οἱ δὲ περισσῶς   ἔκραζον λέγοντες, <u>Σταύρωσον</u>.   157*
κακὸν ἐποίησεν; οἱ δὲ περισσῶς   ἔκραζον λέγοντες, <u>Σταύρωσον αὐτόν</u>.   788

ρ̅ν̅θ̅ **24** ἰδὼν δὲ ὁ Πειλᾶτος ὅτι οὐδὲν ὠφελεῖ ἀλλὰ μᾶλλον θόρυβος γείνεται,   B A
    24 ἰδὼν δὲ ὁ <u>Πιλᾶτος</u>   ὅτι οὐδὲν ὠφελεῖ ἀλλὰ μᾶλλον θόρυβος γείνεται,   ℵ D
    24 ἰδὼν δὲ ὁ Πειλᾶτος ὅτι οὐδὲν ὠφελεῖ ἀλλὰ μᾶλλον θόρυβος <u>γίνεται</u>,   Θ **w**
    24 ἰδὼν δὲ ὁ <u>Πιλᾶτος</u>   <u>τι</u> οὐδὲν ὠφελεῖ ἀλλὰ μᾶλλον θόρυβος <u>γίνεται</u>,   f[1]
    24 ἰδὼν δὲ ὁ <u>Πιλᾶτος</u>   ὅτι οὐδὲν ὠφελεῖ,   2*
    24 ἰδὼν δὲ ὁ <u>Πιλᾶτος</u>   ὅτι οὐδὲν ὠφελεῖ ἀλλὰ μᾶλλον θόρυβος <u>γίνεται</u>,   118 **uτ** rell

lac. 27.20-24 𝔓[45] C N P Q Γ 28

A **20** πρεβυτεροι K | επισαν ℵ W Θ ¦ επησαν 579 | αιτησονται Ε Η Ω 2 1071 1346 1424 ¦ ετησωνται W ¦ αιτισονται 13 **21** θελεται D W 2* 579 | υμειν D ¦ υμην Ε* | δ (δε) L | ειπαν Ε **22** λεγι ℵ | λεγωμενον Κ Θ | λεγουσι Π 1 1582* 118 69 157 1346 | σταρωθητω[1] Κ* **23** τη (τι) Θ | **23** εκραζων Ε* 565 **24** ωφελι ℵ ¦ οφελει L 69 | μαλον Υ* Θ | θωρυβος 579 | γηνεται Θ

B **20** ι̅ν̅ B ℵ A 𝔐 K L M S U W Δ Θ Π Ω f[1] 118 f[13] 124 2 33 157 565 579 700 788 1071 1346 1424 ¦ ι̅η̅ν̅ D **21** β̅ ℵ **22** ι̅ν̅ B ℵ A 𝔐 K L M S U W Δ Θ Π Ω f[1] 118 f[13] 124 2 33 157 565 579 700 788 1071 1424 ¦ ι̅η̅ν̅ D | χ̅ν̅ B ℵ A 𝔐 K L M S U W Δ Θ Π Ω f[1] 118 f[13] 69 124 2 33 157 565 579 700 788 1071 1346 1424 ¦ χ̅ρ̅ν̅ D | στρ̅ωθητω 118 13 69 124 157 579 788 1071 1346 **23** στρ̅ωθητω 118 13 69 124 157[c] 579 1071 1346 ¦ στρ̅ωσον 157* 788

C **24** αρχη F[2]

D **21** (ante οι δε) τ̅κ̅ϛ̅ F **22** τ̅κ̅ϛ̅/α̅ ℵ A E G L S U Υ Π Ω 118 124 788 1071 1424 ¦ τ̅κ̅ϛ̅ D H K Θ f[1] f[13] 2 157 579 1346 | Μθ τ̅κ̅ϛ̅ Μ | Μθ τ̅κ̅ϛ̅ : Μρ σ̅ε̅ : Λο τ̅ι̅γ̅ : Ιω ρ̅ϙ̅δ̅ 124 **24** τ̅κ̅ζ̅/ι̅ ℵ A E G L S U Υ Π Ω 118 124 788 1071 1424 ¦ τ̅κ̅ζ̅ D F H K Θ f[1] 2 579 1346 | Μθ τ̅κ̅ζ̅ : Μρ . : Λο . : Ιω , 124

λαβὼν ὕδωρ ἀπενίψατο τὰς χεῖρας κατέναντι τοῦ ὄχλου,   λέγων, Ἀθῷός εἰμι   B [w]
λαβὼν ὕδωρ ἀπενίψατο τὰς χεῖρας κατέναντι τοῦ ὄχλου,   λέγων, Ἀθῷός εἰμι ἐγώ   D
λαβὼν ὕδωρ ἀπενίψατο τὰς χεῖρας ἀπέναντι   τοῦ λαοῦ,   λέγων, Ἀθῷός εἰμι   Θ 157
λαβὼν ὕδωρ ἀπενίψατο τὰς χεῖρας .... ἀπέναντι τοῦ ὄχλου, λέγων, Ἀθῷός εἰμι 1346
λαβὼν ὕδωρ ἀπενίψατο τὰς χεῖρας ἀπέναντι   τοῦ ὄχλου,   λέγων, Ἀθῷός εἰμι   u[w]τ rell

ἀπὸ τοῦ αἵματος τούτου·   ὑμεῖς   ὄψεσθε. 25 καὶ ἀποκριθεὶς πᾶς ὁ λαὸς   B D Θ u[w]
ἀπὸ τοῦ αἵματος τοῦ δικαίου τούτου· ὑμεῖς δὲ ὄψεσθε. 25 καὶ ἀποκριθεὶς πᾶς ὁ λαὸς   ℵ*
ἀπὸ τοῦ αἵματος τούτου τοῦ δικαίου· ὑμεῖς   ὄψεσθε. 25 καὶ ἀποκριθεὶς πᾶς ὁ λαὸς   A Δ
ἀπὸ τοῦ αἵματος τοῦ δικαίου τούτου· ὑμεῖς   ὄψεσθε. 25 καὶ ἀποκριθεὶς ὁ λαὸς πᾶς   L
ἀπὸ τοῦ αἵματος τοῦ δικαίου τούτου· ὑμεῖς   ὄψεσθε. 25 καὶ ἀποκριθεὶς πᾶς ὁ λαὸς   ℵᶜ 𝔐 K M U W
                                                             Π f¹ f¹³ 2 33 157 565 579 700 788 1071 1346 1424 [w]τ

εἶπε, Τὸ αἷμα αὐτοῦ ἐφ' ἡμᾶς καὶ ἐπὶ τὰ τέκνα ἡμῶν. 26 τότε ἀπέλυσεν αὐτοῖς τὸν

Βαραββᾶν, τὸν δὲ Ἰησοῦν φραγελλώσας παρέδωκεν   ἵνα σταυρωθῇ.   B uwτ rell
Βαραββᾶν, τὸν   13
Βαραββᾶν, τὸν δὲ Ἰησοῦν φλαγελλώσας παρέδωκεν αὐτοῖς ἵνα σταυρώσωσιν αὐτόν.   D*
Βαραββᾶν, τὸν δὲ Ἰησοῦν φραγελλώσας παρέδωκεν αὐτοῖς ἵνα σταυρώσωσιν αὐτόν.   Dᶜ
Βαραββᾶν, τὸν δὲ Ἰησοῦν φραγελλώσας παρέδωκεν αὐτοῖς ἵνα σταυρωθῇ.   F L f¹
.... τὸν δὲ Ἰησοῦν φραγελλώσας παρέδωκεν αὐτοῖς ἵνα σταυρωθῇ.   N
Βαρραββᾶν, τὸν δὲ Ἰησοῦν φραγελλώσας παρέδωκεν αὐτοῖς ἵνα σταυρώσωσιν αὐτόν.   Θ
Βαραβᾶν,   τὸν δὲ Ἰησοῦν φραγελλώσας παρέδωκεν   ἵνα σταυρωθῇ.   69

Jesus Is Taunted And Mocked By The Soldiers
(Mark 15.16-20; Luke 23.11; John 19.2-5)

ρξ 27 Τότε οἱ στρατιῶται τοῦ ἡγεμόνος παραλαβόντες τὸν Ἰησοῦν εἰς τὸ πραιτώριον   B uwτ rell
    27 Τότε οἱ στρατιῶται τοῦ ἡγεμόνος παρέλαβον   τὸν Ἰησοῦν εἰς τὸ πραιτώριον καὶ 33

συνήγαγον ἐπ' αὐτὸν ὅλην τὴν σπεῖραν. 28 καὶ ἐνδύσαντες αὐτὸν   B ℵᶜ 157 [w]
συνήγαγεν ἐπ' αὐτὸν ὅλην τὴν σπεῖραν. 28 καὶ ἐνδύσαντες αὐτὸν   D
συνήγαγον ἐπ' αὐτὸν ὅλην τὴν σπεῖραν. 28 καὶ ἐκδύσαντες αὐτὸν   u[w]τ rell

                    χλαμύδα   κοκκίνην περιέθηκαν αὐτῷ,   B ℵ L Θ 69 124 788 1346 uw
εἱμάτιον πορφυροῦν καὶ χλαμύδαν κοκκίνην περιέθηκαν αὐτῷ, D
τὰ ἱμάτια αὐτοῦ   περιέθηκαν αὐτῷ χλαμύδα κοκκίνην,   33
     ἱμάτιον πορφυροῦν περιέθηκαν αὐτῷ χλαμύδα κοκκίνην,   157   [↓1071 1424 τ
                       περιέθηκαν αὐτῷ χλαμύδα κοκκίνην,   A 𝔐 K M N U W Δ Π f¹ 2 565 579 700

29 καὶ πλέξαντες στέφανον ἐξ ἀκανθῶν περιέθηκαν ἐπὶ τῆς κεφαλῆς   B
29 καὶ πλέξαντες στέφανον ἐξ ἀκανθῶν ἐπέθηκαν ἐπὶ τῆς κεφαλῆς   ℵ L 124 1346 uw
29 καὶ πλέξαντες στέφανον ἐξ ἀκανθῶν ἔθηκαν ἐπὶ τὴν κεφαλὴν   Y K N W Π 1 1582* 118 157 1071
29 καὶ πλέξαντες στέφανον ἐξ ἀκανθῶν ἔθηκαν ἐπὶ τῆς κεφαλῆς   Θ 69 788   [↑1424
29 καὶ πλέξαντες στέφανον ἐξ ἀκανθῶν ἐπέθηκαν ἐπὶ τῇ κεφαλῇ   H
29 καὶ πλέξαντες στέφανον ἐξ ἀκανθῶν αὐτοῦ τῇ κεφαλῇ ἐπέθηκαν   33
29 καὶ πλέξαντες στέφανον ἐξ ἀκανθῶν ἐπέθηκαν ἐπὶ τὴν κεφαλὴν   A D 𝔐 M U Δ 1582ᶜ 2 565 579 700 τ

lac. 27.24-29 𝔓⁴⁵ C N P Q Γ 28¦ vss. 24-26 N¦ vs. 26-29 13

A 24 χιρας ℵ ¦ ειμει W ¦ οψεσθαι ℵ D W 2* 579 25 αποκριθις ℵ ¦ ειπεν ℵ A D E F G H K L M S U W Δ Θ Π Ω f¹ f¹³ 69 124 2
33 565 579 700 788 1071 1346 1424 ¦ εεφ L 26 φραγελωσας S* U Π 2 157* 565 1424 27 στρατιωτε L W ¦ ηγεμωνος 2 565 ¦
παραλαβωντες 2* ¦ πραιτοριον E* Ω 565 579 1346 ¦ πρετωριον L W ¦ πρετοριον 69 ¦ σπιραν ℵ N W Θ 28 χλαμιδα 69 ¦
χλαμμιδα 565 ¦ κοκινην Y L ¦ κοκκηνην U 29 τεφανον E

B 26 ιν B ℵ A 𝔐 K L M N S U W Δ Θ Π Ω f¹ 118 124 2 33 157 565 579 700 788 1071 1346 1424 ¦ ιην D ¦ στρωθη S 1582 118
69 124 2 157 579 788 1071 1346 27 ιν B ℵ A 𝔐 K L M N S U Δ Θ Π Ω f¹ 118 124 2 33 157 565 579 700 788 1071 1346 1424 ¦
ιην D

C 27 αρχ: μη, ιουλ εις τ προσκυνησ, τ τιμι ξυ τω κ,ρ,ω οι στρατιω, Y ¦ (ante παραλαβοντες) τω καιρω του ηγεμο ο στρ, Ω ¦ αρχ
ριβ ιουλ εις τ προσκυν τ τιμί ξυλ τω καιρω οι στρατιατ του f¹ ¦ αρχ ριβ μετα ιουλ εις των προλ των ξυλων οι στρατιωτ του
ηγεμων 118 ¦ αρχ 157

D 26 τκη/α ℵ A E G L S U Y Π Ω 124 788 1071 1424 ¦ τκη D F H K Θ f¹ f¹³ 2 157 1346 ¦ τκη/ς 118 ¦ Ευ Μθ τκη : Μρ σς : Λο
τιδ : Ιω ρμς E ¦ μθ τκη : Μρ σς : Λο τια : Ιω ρος 124 27 τκθ/δ ℵ A G L S U Y Π Θ 124 788 1071 1424 ¦ τκθ D F H K Θ f¹ 2 157
579 1346 ¦ τκθ/γ E N ¦ τκθ/α 118 ¦ Ευ Μθ τκθ : Μρ σς : Λο . : Ιω ρπε E ¦ Μθ τκθ : Μρ σς : Λο : Ιω ρπε 124

αὐτοῦ καὶ κάλαμον ἐν   τῇ   δεξιᾷ   αὐτοῦ καὶ γονυπετήσαντες ἔμπροσθεν   B ℵ A D N Θ f¹ 118ᶜ 124 788
αὐτοῦ καὶ κάλαμον ἐπὴ   δεξιᾷ   αὐτοῦ καὶ γονυπετήσαντες ἔμπροσθεν   L   [↑1346 uw
αὐτοῦ καὶ κάλαμον ἐν   τῇ   δεξιᾷ   αὐτοῦ καὶ γονυπετοῦντες ἔμπροσθεν   69
     καὶ κάλαμον ἐν   τῇ   δεξιᾷ   αὐτοῦ καὶ γονυπετήσαντες ἔμπροσθεν   33 [↓565 579 700 1071 1424 τ
αὐτοῦ καὶ κάλαμον ἐπὶ τὴν δεξιὰν αὐτοῦ καὶ γονυπετήσαντες ἔμπροσθεν   𝔐 K M U W Δ Π 118* 2 157

αὐτοῦ ἐνέπαιξαν αὐτῷ   λέγοντες, Χαῖρε,   βασιλεῦ τῶν Ἰουδαίων, 30 καὶ   B D u[w]
αὐτοῦ ἐνέπαιξαν αὐτῷ   λέγοντες, Χαῖρε, ὁ βασιλεὺς τῶν Ἰουδαίων, 30 καὶ   ℵ L 33 [w]
αὐτοῦ ἐνέπαιζον αὐτῷ   δέροντες, Χαῖρε, ὁ βασιλεὺς τῶν Ἰουδαίων, 30 καὶ   A
αὐτοῦ ἐνέπαιζον αὐτῷ   λέγοντες, Χαῖρε,   βασιλεῦ τῶν Ἰουδαίων, 30 καὶ   S Y Δ Θ Π 1 118
αὐτοῦ ἐνέπαιζον αὐτῷ   λέγοντες, Χαῖρε, ὁ βασιλεύς τῶν Ἰουδαίων, 30 καὶ   1582*
αὐτοῦ ἐνέπαιζον αὐτὸν   λέγοντες, Χαῖρε, ὁ βασιλεὺς τῶν Ἰουδαίων, 30 καὶ   700 1424
αὐτοῦ ἐνέπαιζον αὐτῷ   λέγοντες, Χαῖρε, ὁ βασιλεὺς τῶν Ἰουδαίων, 30 καὶ   1071
αὐτοῦ ἐνέπαιζον αὐτῷ   λέγοντες, Χαῖρε, ὁ βασιλεὺς τῶν Ἰουδαίων, 30 α   𝔐 K M N U W 1582ᶜ 69
                                                                   124 2 157 565 579 788 1346 τ

ἐμπτύσαντες εἰς αὐτὸν ἔλαβον τὸν κάλαμον καὶ ἔτυπτον εἰς τὴν κεφαλὴν αὐτοῦ. 31 καὶ B uwτ rell
ἐμπτύσαντες   αὐτῷ ἔλαβον τὸν κάλαμον καὶ ἔτυπτον εἰς τὴν κεφαλὴν αὐτοῦ. 31 καὶ 33
ἐμπτύσαντες εἰς αὐτὸν ἔλαβον τὸν κάλαμον καὶ ἔτυπτον ἐπὶ τὴν κεφαλὴν αὐτοῦ. 31 καὶ 579
ἐμπτύσαντες   αὐτὸν ἔλαβον τὸν κάλαμον καὶ ἔτυπτον εἰς τὴν κεφαλὴν αὐτοῦ. 31 καὶ 1346

ὅτε ἐνέπαιξαν αὐτῷ,   ἐξέδυσαν   αὐτὸν   την χλαυμάδα   B uwτ rell
ὅτε ἐνέπαιξαν αὐτῷ,   ἐκδύσαντες αὐτὸν   την χλαυμάδα   ℵ L 33
ὅτε ἐνέπαιξαν αὐτῷ,   ἐξέδυσαν   αὐτοῦ   την χλαυμάδα   69
ὅτε ἐνέπαιξαν αὐτὸν, ἐξέδυσαν   αὐτῷ   την χλαυμάδα καὶ τὸ ἱμάτιον τὸ πορφυροῦν   157
ὅτε ἐνέπαιξαν αὐτῷ,   ἐξέδυσαν   αὐτῷ   την χλαυμάδα   2 565
ὅτε ἐνέπαιξαν αὐτῷ,   ἐξέδυσαν   αὐτὸν   την χλαμύδα   788
ὅτε ἐνέπαιξαν αὐτὸν, ἐξέδυσαν   αὐτὸν   την χλαυμάδα   1346 1424

καὶ ἐνέδυσαν αὐτὸν τὰ ἱμάτια αὐτοῦ, καὶ ἀπήγαγον αὐτὸν εἰς τὸ σταυρῶσαι.   B uwτ rell
    ἐνέδυσαν αὐτὸν τὰ ἱμάτια αὐτοῦ, καὶ ἀπήγαγον αὐτὸν εἰς τὸ σταυρῶσαι.   ℵ 33
καὶ ἐνέδυσαν αὐτὸν τὰ ἱμάτια αὐτοῦ,   ἀπήγαγον αὐτὸν εἰς τὸ σταυρῶσαι.   D*
καὶ ἐνέδυσαν αὐτὸν τὰ ἱμάτια αὐτοῦ, καὶ ἀπήγαγον   εἰς τὸ σταυρῶσαι.   Θ 69
καὶ ἐνέδυσαν αὐτῷ τὰ ἱμάτια αὐτοῦ, καὶ ἀπήγαγον αὐτὸν εἰς τὸ σταυρῶσαι.   157

Jesus Is Nailed To The Cross At Golgotha
(Mark 15.21-32; Luke 23.26-27, 32-43; John 19.17-25)

32 Ἐξερχόμενοι δὲ εὗρον ἄνθρωπον Κυρηναῖον   ὀνόματι Σίμωνα·   B uwτ rell
32 Ἐξερχόμενοι δὲ εὗρον ἄνθρωπον Κυρηνέον   ὀνόματι Σίμωνα·   ℵ N
32 Ἐξερχόμενοι δὲ εὗρον ἄνθρωπον Κυρηναῖον εἰς ἀπάντησιν αὐτοῦ   ὀνόματι Σίμωνα·   D
32 Ἐξερχόμενοι δὲ εὗρον ἄνθρωπον Κυρηναῖον   ὀνόματι Σίμωνα·   G*
32 Ἐξερχόμενοι δὲ εὗρον ἄνθρωπον Κυρηναῖον   ὀνόματι Σήμωνα·   L
32 Ἐξερχομένων δὲ εὗρον ἄνθρωπον Κυρηναῖον   ὀνόματι Σίμωνα·   118
32 Ἐξερχόμενοι δὲ εὗρον ἄνθρωπον Κυρηναῖον·   2*
32 Ἐξερχόμενοι δὲ εὗρον ἄνθρωπον Κυρηναῖον ἐρχόμενον ἀπ᾽ ἀγροῦ ὀνόματι Σίμωνα·   33
32 Ἐξερχόμενοι δὲ εὗρον   Κυρηναῖον   ὀνόματι Σίμωνα·   700
32 Ἐξερχόμενοι δὲ εὗρον ἄνθρωπον Κυρινιαῖον   ὀνόματι Σίμωνα·   E H K M Θ
                                                                                 124 788 1346

---

lac. 27.29-32 𝔓⁴⁵ C P Q Γ 13 28

A 29 καλαμων Θ ¦ δεξεια D ¦ γονυπετισαντες L* ¦ 157 ¦ ενπροσθεεν D ¦ εμπροσθεεν Θ ¦ ενεπεξαν ℵ D ¦ ενεπεζον A W 69 579 700 ¦ εναιπεζον Θ 2* ¦ χαιραι D 30 ενπτυσαντες D ¦ ει (εις) F* ¦ ελαβων E ¦ το (τον) S* ¦ καλαμων Θ ¦ τη (την) Θ ¦ καιφαλην 2 31 ενεπεξαν ℵ A L N W Δ 579 788 ¦ χλαμοιδα E* ¦ χλαδυδα Πᶜ ¦ χλαμμυδα 565 ¦ αυτου² 2 ¦ ειματια A D ¦ απιγαγον M ¦ απηγαγων Θ* ¦ τω (το) E* ¦ σταυροσαι Θ* 32 ηυρον E F G N ¦ ονοματη F Θ

B 31 στρῶσαι S 69 118 124 2 157 579 788 1071 1346 32 α̅ν̅ο̅ν̅ ℵ A 𝔐 K L M N S W Δ Π Ω f¹ 118 69 124 2 33 157 565 579 788 1071 1424

D 30 τ̅λ̅/ς̅ ℵ A G L S U Y Π Ω 118 124 1071 1424 ¦ τ̅λ̅ D Θ 788 ¦ Mθ τ̅λ̅ : Mρ σ̅η̅ : Λο . : Ιω ρ̅π̅ζ̅ 124 31 τ̅λ̅/ε̅ E ¦ τ̅λ̅ F H K 1582 2 157 579 1346 ¦ Ευ Mθ τ̅λ̅ : Mρ σ̅η̅ : Λο . : Ιω . E ¦ Mθ τ̅λ̅ : Mρ σ̅η̅ : Λο τιε : Ιω ρ̅ζ̅ M ¦ τλα/α̅ (ante και απηγαγον) M 118 ¦ τλα/δ̅ N ¦ Mθ τ̅λ̅α̅ : Mρ σ̅θ̅ : Λο τιη : Ιω ρ̅ζ̅ M 32 τλα/α̅ ℵ A E G L S U Y Π Ω 124 788 1071 1424 ¦ τ̅λ̅α̅ D F H K Θ 1582 2 157 579 1346 ¦ τ̅λ̅ f¹ ¦ Ευ Mθ τ̅λ̅α̅ : Mρ σ̅θ̅ : Λο τιε : Ιω ρ̅ζ̅ E ¦ Mθ τ̅λ̅α̅ : Mρ σ̅θ̅ : Λο τιε : Ιω σ̅γ̅, ρ̅ζ̅γ̅ 124

τοῦτον ἠγγάρευσαν ἵνα ἄρῃ τὸν σταυρὸν αὐτοῦ. 33 Καὶ ἐλθόντες εἰς τὸν τόπον τόν B
τοῦτον ἠγγάρευσαν ἵνα ἄρῃ τὸν σταυρὸν αὐτοῦ. 33 Αἱ ἐξελθόντες εἰς τόπον M
τοῦτον ἠγγάρευσαν ἵνα ἄρῃ τὸν σταυρὸν αὐτοῦ. 33 Καὶ ἐλθότες εἰς τόπον 33
τοῦτον ἠγγάρευσαν ἵνα ἄρῃ τὸν σταυρὸν αὐτοῦ. 33 Καὶ εξὲλθόντες εἰς τόπον 700
τοῦτον ἠγγάρευσαν ἵνα ἄρῃ τὸν σταυρὸν αὐτοῦ. 33 Καὶ εξὲλθόντες εἰς τὸν τόπον τὸν 1071
τοῦτον ἠγγάρευσαν ἵνα ἄρῃ τὸν σταυρὸν αὐτοῦ. 33 Καὶ ἐλθόντες εἰς τόπον **uwτ** rell

λεγόμενον Γολγοθᾶ, ὅ ἐστιν Κρανίου Τόπος λεγόμενος, B L 1 33 157 **uw**
      Γολγοθᾶ, ὅ ἐστιν Κρανίου Τόπος λεγόμενος, ℵ*
λεγόμενον Γολγοθᾶ, ὅ ἐστιν Κρανίου Τόπος, ℵ^c D
λεγόμενον Γολγοθᾶ, ὃς ἐστιν λεγόμενος Κρανίου Τόπος, A E^c Y S Π Ω τ
λεγόμενον Γολγοθᾶ, ὅ ἐστιν λεγόμενος Κρανίου Τόπος, E* G H K U 118 2 579 788
λεγόμενον Γολλγοθᾶ, ὅ ἐστιν λεγόμενος Κρανίου Τόπος, F   [↑1346 1424
λεγόμενον Γολγοθᾶ, ὅ ἐστιν μεθερμηνευόμενος Κρανίου Τόπος, M
λεγόμενον Γολγοθᾶν, ὅ ἐστιν λεγόμενος Κρανίου Τόπος, N*
λεγόμενον Γολγοθᾶν, ὅ ἐστιν ἑρμνευόμενος Κρανίου Τόπος, N^c
λεγόμενον Γολγοθᾶ, ὅ ἐστιν λεγόμενον Κρανίου Τόπος, W 69 1071
λεγόμενον Γολγολθᾶ, ὃς ἐστιν λεγόμενος Κρανίου Τόπος, Δ
λεγόμενον Γολγοθᾶ, ὃς ἐστιν Κρανίου Τόπος, Θ 124 565
λεγόμενον Γολγοθᾶν, ὅ ἐστιν Κρανίου Τόπος λεγόμενος, 1582
λεγόμενον Γολγοθᾶ, ὅ ἐστιν Κρανίου Τόπος, 700

34 ἔδωκαν αὐτῷ πιεῖν οἶνον μετὰ χολῆς μεμειγμένον· καὶ γευσάμενος B
34 ἔδωκαν αὐτῷ πεῖν οἶνον μετὰ χολῆς μεμιγμένον· καὶ γευσάμενος ℵ*
34 καὶ ἔδωκαν αὐτῷ πεῖν οἶνον μετὰ χολῆς μεμειγμένον· καὶ γευσάμενος D
34 ἔδωκαν αὐτῷ οἶνον μετὰ χολῆς μεμιγμένον· καὶ γευσάμενος L
34 ἔδωκαν αὐτῷ πιεῖν οἶνον μετὰ χολῆς μεμιγμένον· καὶ γευσάμενος K Θ Π 1 1582* 69 33 788
34 ἔδωκαν αὐτῷ πιεῖν ὄξος μετὰ χολῆς μεμιγμένον· καὶ γευ............ [↑**uw**
34 ἔδωκαν αὐτῷ πιεῖν ὄξος μετὰ χολῆς μεμιγμένον· καὶ γευσάμενος A 𝔐 M U W Δ 1582^c 118
                                     124 2 157 565 579 700 1071 1346 1424 τ

οὐκ ἠθέλησεν πιεῖν. 35 σταυρώσαντες δὲ αὐτὸν διεμέρισαν τὰ ἱμάτια αὐτοῦ B*
οὐκ ἠθέλησεν πιεῖν. 35 σταυρώσαντες δὲ αὐτὸν διεμερίσατο τὰ ἱμάτια αὐτοῦ B^c
οὐκ ἠθέλησεν πεῖν. 35 σταυρώσαντες δὲ αὐτὸν διεμερίσαντο τὰ ἱμάτια αὐτοῦ ℵ*
οὐκ ἠθέλησεν πεῖν. 35 σταυρώσαντες δὲ αὐτὸν διεμερίσαντο τὰ ἱμάτια αὐτοῦ D
οὐκ ἠθέλησεν πιεῖν. 35 σταυρώσαντες δὲ αὐτὸν διεμερίσαντο τὰ ἱμάτια αὐτοῦ E* L Θ f^1 69 124^c 33
οὐκ ἐθέλησεν πιεῖν. 35 σταυρώσαντες δὲ αὐτὸν διεμερίσαντο τὰ ἱμάτια αὐτοῦ 124* [↑157 788 1346 **uw**
οὐκ ἤθελεν πιεῖν. 35 σταυρώσαντες δὲ αὐτὸν διεμερίσωντο τὰ ἱμάτια αὐτοῦ 1071
οὐκ ἤθελεν πιεῖν. 35 σταυρώσαντες δὲ αὐτὸν διεμερίσαντο τὰ ἱμάτια αὐτοῦ ℵ^c A 𝔐 K M U W Δ Π 2
                                     118 565 579 700 1424 τ

βάλλοντες κλῆρον, B 𝔐 K L M U W Π^c 2* 33 157 579 700 **u[w]**
βάλοντες κλῆρον, ℵ A D Π* 1582^c 565 **[w]**
βάλοντες κλῆρον, ἵνα πληρωθῇ τὸ ῥηθὲν διὰ τοῦ προφήτου διεμέρισαν Θ
βάλοντες κλῆρον, ἵνα πληρωθῇ τὸ ῥηθὲν ὑπὸ τοῦ προφήτου διεμερίσαντο f^1 2^c
βάλλοντες κλῆρον, ἵνα πληρωθῇ τὸ ῥηθὲν ὑπὸ τοῦ προφήτου διεμερίσαντο 118 τ
βά............ ....ρον, ἵνα πληρωθῇ τὸ ῥηθὲν διὰ τοῦ .... διεμερίσαντο 1346
βάλλοντες κλῆρον, ἵνα πληρωθῇ τὸ ῥηθὲν διὰ τοῦ προφήτου διεμερίσαντο Δ 69 124 788 1071 1424

lac. 27.32-35 𝔓^45 C P Q Γ 13 28 ¦ vss. 32-34 N

A 32 ηνγαρευσαν D W Θ ¦ ηγαρευσαν L ¦ αρει 565 33 ελθοντες 2* ¦ λεγωμενον L ¦ εστι S Y M U Π Ω f^1 69 157 565 788 1071 1346 34 πιν^1.2 ℵ* ¦ χωλης Θ* ¦ μεμηγμενον L Θ 579 1346 ¦ μεμιγγμενον 1424 ¦ ηθελε Υ 118 700 ¦ ηθελησε 69 157 788 1346 35 αυτων Θ ¦ ειματια A ¦ ειματεια D ¦ αστου (αυτου) 124* ¦ κληρω Θ*

B 32 στ̅ρ̅ον F H Υ K M S U Ω f^1 118 69 124 2 157 565 579 700 1071 1346 35 στρ̅ωσαντες 118 69 124 2 579 788 1071 1346

C 32 τελος (post σταυρον αυτου) E^c S Θ 124 788 ¦ τελος ε̅ ε̈· F^2 ¦ τελος του ε̅ ευαγ G H M ¦ τελ του ε̅ τ̈ παθ κ, της α̅ ωρας Υ ¦ τε̅ του ε̅ Ω ¦ τελ τς πρ,κ̇ 1 ¦ τελ ε̅ εβ αγγε 1582^2 33 αρχη: τω καιρω εκεινω· ελθοντες οι στρατιωται: E^c ¦ αρχη F 1071 ¦ αρχ: οι στρατιωται ελθοντες Θ ¦ αρχη: ευγ ζ̅ τω παθ τω καιρω, ελθοντ οι στρα εις τ πον λε, (ante λεγομενον) G ¦ αρχη: ευαγ ζ̅ τω παθ τω κ, ελθοντι του ι̅υ̅ εις τοπον λεγομε (ante λεγομ.) Η ¦ αναγνω ζ̅ τω κ S ¦ αρχ (ante εις τοπον): ζ̅ τ̈ παθ ευαγγε̅ τω κ,ρ,ω ελθοντες οι στρατ, εις τοπον λεγομενον γολγοθα, Υ ¦ (ante κ. ελθοντες) αρχ αναγν, ζ̅ Ω ¦ αρχ ριγ̅ εβδ ξ̅ τ̈ αγι παθων τω κ,αι ελθοντες οι στρατιωται εις f^1 ¦ αρχ ευα ξ̅ των αγιων παθων τω κ,αι εκ,ει ελθοντες οι στρατιωται εις 118 ¦ αρχη: ευα ζ̅ 124 αρχη: ευα 788 ¦ αρχ των αγιων παθων και εις τον αγιον λογγινον 157 ¦ ευα ζ̅ τω παθ 1346

D 33 τλ̅β̅/α̅ ℵ A E L N S U Υ Π 118 124 788 1071 1424 ¦ τλ̅β̅ D F H K Θ 1582 2 157 579 1346 ¦ τλ̅β̅/β̅ G Ω ¦ τλ̅α̅ f^1 ¦ Ευ Μθ τλ̅β̅ : Μρ σι̅ : Λο τιε̅ : Ιω ρ̅ρ̅ζ̅ E ¦ Μθ τλ̅β̅ : Μρ σι̅ : Λο τκα̅ : Ιω ρ̅ρ̅γ̅ M ¦ Μθ τλ̅β̅ : Μρ σι̅ : Λο τιη̅ : Ιω ρ̅ρ̅ζ̅ 124 34 τλ̅γ̅/δ̅ ℵ A G L S U Υ Π Ω 118 124 1071 1424 ¦ τλ̅γ̅ D F H K 2 157 579 1346 ¦ τλ̅γ̅/ε̅ Υ ¦ τλ̅γ̅/ς̅ N 788 ¦ (ante και γενομενου) τλ̅γ̅ 1582 ¦ Ευ Μθ τλ̅γ̅ : Μρ σια̅ : Λο . : Ιω σγ̅ E ¦ Μθ τλ̅γ̅ : Μρ σια̅ : Λο τκδ̅ ¦ Ιω σα̅ N ¦ Μθ τλ̅γ̅ : Μρ σια̅ : Λο τκα̅ : Ιω σα̅ 124 35 τλ̅δ̅/α̅ ℵ A E G L S U Υ Π Ω 118 1071 788 1424 ¦ τλ̅δ̅ D F H K 1582 124 2 157 579 1346 ¦ τλ̅β̅ f^1 ¦ Ευ Μθ τλ̅δ̅ : Μρ σιβ̅ : Λο τκα̅ : Ιω σα̅ E ¦ Μθ τλ̅δ̅ : Μρ σιβ̅ : Λο τκδ̅ : Ιω ρ̅ρ̅θ̅ M ¦ Μθ τλ̅δ̅ : Μρ σιιβ̅ (sic!): Λο . : Ιω . 124

283

τὰ ἱμάτιά μου <u>αὐτοῖς</u> καὶ ἐπὶ τὸν ἱματισμόν μου ἔβαλον κλῆρον. Δ
τὰ ἱμάτιά μου ἑαυ······ καὶ ἐπὶ τὸν ἱματισμόν μου ἔβαλον κλῆρον. 1346
τὰ ἱμάτιά μου ἑαυτοῖς καὶ ἐπὶ τὸν ἱματισμόν μου <u>ἔβαλον</u> κλῆρον. 1424 [↓τ (J 19.24)
τὰ ἱμάτιά μου ἑαυτοῖς καὶ ἐπὶ τὸν ἱματισμόν μου ἔβαλον κλῆρον. Θ f¹ 69 124 2ᶜ 788 1071

36 καὶ καθήμενοι ἐτήρουν αὐτὸν ἐκεῖ.

37 καὶ ἐπέθηκαν ἐπάνω τῆς κεφαλῆς αὐτοῦ τὴν αἰτίαν αὐτοῦ   B **uwτ** rell
37 καὶ <u>ἐπέθησαν</u> ἐπάνω τῆς κεφαλῆς αὐτοῦ τὴν αἰτίαν αὐτοῦ   Δ
37 καὶ ἐπέθηκαν <u>τὴν αἰτίαν αὐτοῦ</u> ἐπάνω <u>τῆς κεφαλῆς αὐτοῦ</u>   33

γεγραμμένην· Οὗτός ἐστιν Ἰησοῦς   ὁ βασιλεὺς τῶν Ἰουδαίων.   B **uwτ** rell
γεγραμμένην· Οὗτός ἐστιν Ἰησοῦς   ὁ βασιλεὺς τῶν <u>Ἰουδέων.</u>   ℵ
γεγραμμένην· Οὗτός ἐστιν Ἰησοῦς <u>Ἰησοῦς</u> ὁ βασιλεὺς τῶν Ἰουδαίων.   124
γεγραμμένην· Οὗτός ἐστιν   ὁ βασιλεὺς τῶν Ἰουδαίων.   118 700 1346 1424

ρ̅ξ̅α̅ 38 Τότε σταυροῦνται   σὺν αὐτῷ δύο λησταί, εἷς ἐκ δεξιῶν καὶ εἷς ἐξ εὐωνύμων. B **uwτ** rell
    38 Τότε <u>συνσταυροῦνται</u>   σὺν αὐτῷ δύο λησταί, εἷς ἐκ δεξιῶν καὶ εἷς ἐξ εὐωνύμων. 579

39 Οἱ δὲ παραπορευόμενοι ἐβλασφήμουν αὐτὸν κεινοῦντες   τὰς κεφαλὰς αὐτων   B A K Θ 565
39 Οἱ δὲ παραπορευόμενοι ἐβλασφήμουν αὐτὸν κεινοῦντες   <u>τὴν κεφαλήν</u> αὐτων   D
39 Οἱ δὲ παραπορευόμενοι ἐβλασφήμουν   <u>κινοῦντες</u>   τὰς κεφαλὰς αὐτων   E
39 Οἱ δὲ παραπορευόμενοι ἐβλασφήμουν αὐτὸν κεινοῦντες   <u>αὐτων τὰς κεφαλὰς</u>   W
39 Οἱ δὲ παραπορευόμενοι ἐβλασφήμουν αὐτὸν <u>κινοῦντες</u>   τὰς κεφαλὰς αὐτων   **uwτ** rell

40 καὶ λέγοντες,   Ὁ καταλύων τὸν ναὸν καὶ ἐν τρισὶν ἡμέραις οἰκοδομῶν,   B **uwτ** rell
40 καὶ λέγοντες, Οὐά, ὁ καταλύων τὸν ναὸν καὶ ἐν τρισὶν ἡμέραις οἰκοδομῶν,   D M Δ
40 καὶ λέγοντες,   Ὁ καταλύων τὸν ναὸν καὶ   τρισὶν ἡμέραις οἰκοδομῶν,   L
40 καὶ λέγοντες, Οὐά, ὁ καταλύων τὸν ναὸν καὶ ἐν τρισὶν ἡμέραις οἰκοδομῶν <u>αὐτόν,</u>   Θ

σῶσον σεαυτόν, εἰ υἱὸς θεοῦ   εἶ,   κατάβηθι ἀπὸ τοῦ σταυροῦ. 41 ὁμοίως καὶ   B [w]
σῶσον σεαυτόν, εἰ υἱὸς <u>εἶ τοῦ θεοῦ καὶ</u> κατάβηθι ἀπὸ τοῦ σταυροῦ. 41 ὁμοίως   ℵ* A
σῶσον σεαυτόν, εἰ υἱὸς <u>εἶ τοῦ θεοῦ,</u> κατάβηθι ἀπὸ τοῦ σταυροῦ. 41 ὁμοίως καὶ   ℵᶜ L W Π [w]
σῶσον σεαυτόν, εἰ υἱὸς <u>εἶ τοῦ θεοῦ,</u> κατάβηθι ἀπὸ τοῦ σταυροῦ. 41 ὁμοίως καὶ   K Θ f¹ 69 33 565
σῶσον σεαυτόν, εἰ υἱὸς <u>εἶ τοῦ θεοῦ καὶ</u> κατάβηθι ἀπὸ τοῦ σταυροῦ. 41 ὁμοίως <u>δὲ</u> καὶ   D [↑700 788 1346
σῶσον σεαυτόν, εἰ υἱὸς <u>εἶ τοῦ θεοῦ καὶ</u> κατάβηθι ἀπὸ τοῦ σταυροῦ. 41 ὁμοίως καὶ   [u]
σῶσον σεαυτόν, εἰ υἱὸς <u>εἶ τοῦ θεοῦ,</u> κατάβηθι ἀπὸ τοῦ σταυροῦ. 41 ὁμοίως <u>δὲ</u> καὶ   𝔐 M U Δ 1582ᶜ
    118 124 2 157 579 1424 τ

οἱ ἀρχιερεῖς ἐμπαίζοντες μετὰ τῶν γραμματέων καὶ πρεσβυτέρων   B A L Θ f¹ 69 124 33 700 788 **uwτ**
οἱ ἀρχιερεῖς ἐμπαίζοντες μετὰ τῶν <u>πρεσβυτέρων καὶ γραμματέων</u>   ℵ
οἱ ἀρχιερεῖς ἐμπαίζοντες μετὰ τῶν γραμματέων   <u>καὶ Φαρισαίων</u>   D W 1424
οἱ ἀρχιερεῖς ἐμπαίζοντες μετὰ τῶν γραμματέων καὶ πρεσβυτέρων <u>καὶ Φαρισαίων</u>   𝔐 K M U Δ Π 2 157
    565 579 1071

---

lac. 27.35-41 𝔓⁴⁵ C N P Q R Γ 13 28

A 35 ιματισμον Θ 36 ετηρον H ¦ ετερουν 69 ¦ ετειρουν 579 37 αιτειαν D 579 | γεγραμενην Θ 38 ληστε ℵ* ¦ λισται K ¦ ευονυμων 565 39 παραπορεβομενοι 579 ¦ κηνουντες E ¦ καιφαλας 2 40 λεγοντες 2 579 ¦ καταλυον E* ¦ των (τον) 579 1346 ¦ ναων 1346 ¦ καταβηθει D W ¦ καταβηθη Θ 579 41 αρχιερις ℵ ¦ εμπεζοντες ℵ W Θ Ω 69 788 ¦ ενπαιζοντες D ¦ εμπαιζονταις E* ¦ γραμματαιων ℵ A D E* H L 2* 33 565 ¦ γραματεων K* ¦ φαρισαιω W

B 37 ι̅ς̅ B ℵ A 𝔐 K L M S U W Δ Θ Π Ω f¹ 124 2 33 157 565 788 1071 ¦ ι̅η̅ς̅ D ¦ ι̅ς̅ᶻ 124 38 στρο̅υ̅νται 118 157 1346 40 υ̅ς̅ A 𝔐 K L M S U Δ Π Ω f¹ 2 33 565 1424 ¦ θ̅υ̅ B A D 𝔐 K L M S U W Δ Θ Π Ω f¹ 118 69 124 2 33 157 565 579 700 788 1071 1346 1424 ¦ στρου F H Y K M S U Ω f¹ 118 69 124 2 33 157 565 579 700 788 1071 1346 1424

C 38 ωδε στηκη (post ευωνυμων) D [23.39-43] ¦ τελος E ¦ υπ εισ λουκ, κεφαλης τ̅κ̅ε̅ E ¦ υπ της παρασ (post ευωνυμων) G ¦ μη υπερβενς των παθ G ¦ υπ εις τ λουκ κ,ε τκε εις δε των κρεμασθεντων κακουργων Υ ¦ υπ Θ ¦ υπ εις τ λουκ εις κε τκε κ, παλ υποστρεφ, ωδ Ω ¦ υπ εις τ̇ τς μ,γλ ξ̅ εν κ,ε ρι̅α̅ λ,ου εις δε τ̇ κρε κ̇ τη αγ λογγινου τη ρ̅ αρχ f¹ ¦ υπ κατ λο κ,ε τκε 1346 ¦ αρξ της μ,γλ πρα ῆ f¹ ¦ υπ εις του αγιον λουκ εις κεφαλ τκε 2 39 ανναγνωομα εις τιν παρασκηγιν D [τη αγια παρασκευη εις την λειτουργιαν [[Mt. 27.1-38; Lk 23.39-43; Mt. 27.39-54]] ¦ αρχη υπ κατ λουκ, κεφαλης τκε H ¦ αρχ: εις κε κατ λουκ, Θ ¦ υπ εις λο κ,ε τκε εις δε των κρε. M ¦ αρξ εις τ λ,ουκ τκε υπ τς α ωρσ 118 ¦ κ,τ Λο κεφ τκε 124 ¦ κεφαλ κ,τ λ,ου τκε 788 ¦ αρξ υπ εις τον αγιον λειτουγ κεγαλη τκε 157 ¦ αρξ 2

D 36 τ̅λ̅ε̅/α̅ A ¦ τ̅λ̅γ̅ f¹ 37 τ̅λ̅ε̅/α̅ ℵ E L U Y Π Ω 118 124 788 1071 1424 ¦ τ̅λ̅ε̅ D F G H K 2 157 579 1346 | Ευ Μθ τ̅λ̅ε̅ : Μρ σ̅ι̅δ̅ : Λο τ̅κ̅δ̅ : Ιω ρ̅ρ̅η̅ E | Μθ τ̅λ̅ε̅ : Μρ σ̅ι̅δ̅ : Ιω ρ̅ρ̅θ̅ M | Μθ τ̅λ̅ε̅ : Μρ σ̅ι̅γ̅ : Λο τ̅κ̅δ̅ : Ιω ρ̅ρ̅θ̅ 124 37 τ̅λ̅ε̅/α̅ S ¦ τ̅λ̅ε̅ f¹ 38 τ̅λ̅ς̅/α̅ ℵ A E L S U Y Π 118 124 788 1071 1424 ¦ τ̅λ̅ς̅ D F H K Θ f¹ 2 157 579 1346 ¦ τ̅λ̅ς̅/ι̅ G ¦ τ̅λ̅ς̅/ι̅ G | Ευ Μθ τ̅λ̅ς̅ : Μρ σιε : Λο τ̅ι̅ζ̅ : Ιω ρ̅ρ̅η̅ E | Μθ τ̅λ̅ς̅ : Μρ σιε M | Μθ τ̅λ̅ς̅ : Μρ σ̅ι̅δ̅ : Λο τ̅ι̅ζ̅ : Ιω ρ̅ρ̅η̅ 124 39 τ̅λ̅ζ̅/ς̅ ℵ A G L S U Y Ω 124 1071 1424 ¦ τ̅λ̅ζ̅ D F H K Θ Π 1582 2 157 579 1346 ¦ τ̅λ̅ζ̅/ε̅ E 118 ¦ τ̅λ̅ζ̅/α̅ M ¦ τ̅λ̅ζ̅/ι̅ 788 | Ευ Μθ τ̅λ̅ζ̅ : Μρ σ̅ι̅ζ̅ : Λο . : Ιω . E | Μθ τ̅λ̅ζ̅ : Μρ σ̅ι̅ζ̅ M | Μθ τ̅λ̅ζ̅ : Μρ σιε : Λο τ̅ι̅θ̅ : Ιω . 124 41 τ̅λ̅η̅/β̅ ℵ A E G (L) S U Y Π Ω 118 1424 ¦ τ̅λ̅η̅ D F H K Θ f¹ 2 157 579 1071 1346 ¦ τ̅λ̅η̅/α̅ M ¦ τ̅λ̅η̅/ς̅ 124 788 | Ευ Μθ τ̅λ̅η̅ : Μρ σιη : Λο τ̅κ̅β̅ : Ιω . E | Μθ τ̅λ̅η̅ : Μρ σιη : Λο τ̅κ̅β̅ M | Μθ τ̅λ̅η̅ : Μρ σιζ, σιη : Λο τ̅κ̅β̅ : Ιω 124

ἔλεγον,   42 Ἄλλους ἔσωσεν, ἑαυτὸν οὐ δύναται σῶσαι· βασιλεὺς Ἰσραήλ   Β ℵ L 33 **uw**
λέγοντες,   42 Ἄλλους ἔσωσεν, ἑαυτὸν οὐ δύναται σῶσαι· βασιλεὺς Ἰσραήλ   D
λέγων,   42 Ἄλλους ἔσωσεν, ἑαυτὸν οὐ δύναται σῶσαι· εἰ βασιλεὺς Ἰσραήλ   579
ἔλεγον,   42 Ἄλλους ἔσωσεν, ἑαυτὸν οὐ δύναται σῶσαι· εἰ βασιλεὺς Ἰσραήλ   Α 𝔐 Κ Μ U W Δ Θ Π
                                                                           f^1 69 124 2 157 565 700 788 1071 1346 1424 τ

ἐστιν, καταβάτω νῦν ἀπὸ τοῦ σταυροῦ καὶ πιστεύσομεν ἐπ’ αὐτόν.   Β **uw**
ἐστιν, καταβάτω νῦν ἀπὸ τοῦ σταυροῦ καὶ πιστεύσωμεν ἐπ’ αὐτόν.   ℵ L 33 1424
ἐστιν, καταβάτω νῦν ἀπὸ τοῦ σταυροῦ καὶ πιστεύομεν   αὐτῷ.   Α
ἐστιν, καταβάτω νῦν ἀπὸ τοῦ σταυροῦ καὶ πιστεύσομεν   αὐτῷ.   D f^1 700 τ
ἐστιν, καταβάτω νῦν ἀπὸ τοῦ σταυροῦ καὶ πιστεύσωμεν ἐπ’ αὐτῷ.   𝔐 Μ W 2 565 579 1071
ἐστιν, καταβάτω νῦν ἀπὸ τοῦ σταυροῦ καὶ πιστεύσομεν ἐπ’ αὐτῷ.   G Υ Κ U Π
ἐστιν, καταβάτω νῦν ἀπὸ τοῦ σταυροῦ καὶ πιστεύωμεν ἐπ’ αὐτῷ.   S
ἐστιν, καταβάτω   ἀπὸ τοῦ σταυροῦ καὶ πιστεύσωμεν ἐπ’ αὐτῷ.   Δ
ἐστιν, καταβάτω νῦν ἀπὸ τοῦ σταυροῦ καὶ πιστεύσωμεν   αὐτῷ.   Θ 118* 69 157 788 1346
ἐστιν, καταβάτω νῦν ἀπὸ τοῦ σταυροῦ καὶ πιστεύσωμεν.   118^c
ἐστιν, καταβάτω νῦν ἀπὸ τοῦ σταυροῦ καὶ πιστεύσωμεν ἐν αὐτῷ.   124

43   πέποιθεν ἐπὶ τῷ θεῷ,   ῥυσάσθω νῦν   εἰ θέλει αὐτόν· εἶπεν γὰρ   Β [**w**]
43   πέποιθεν ἐπὶ τὸν θεόν, ῥυσάσθω νῦν   εἰ θέλει αὐτόν· εἶπεν γὰρ   ℵ L 33 u[**w**]
43 εἰ πέποιθεν ἐπὶ τὸν θεόν, ῥυσάσθω νῦν αὐτὸν εἰ θέλει αὐτόν· εἶπεν γὰρ   D Θ f^1
43   πέποιθεν ἐπὶ τὸν θεόν, ῥυσάσθω   αὐτὸν εἰ θέλει αὐτόν· εἶπεν γὰρ   Α Η Υ Π 69 2 157 565 1424
43   πέποιθεν ἐπὶ τὸν θεόν, ῥυσάσθω νῦν αὐτὸν εἰ θέλει αὐτόν· εἶπεν γὰρ   𝔐 Κ Μ U W Δ 124 579 700
                                                                           788 1071 1346 τ

ὅτι   Θεοῦ εἰμι υἱός. 44 τὸ δ’ αὐτὸ   καὶ οἱ λῃσταὶ οἱ συνσταυρωθέντες σὺν   Β ℵ **w**
ὅτι   Θεοῦ εἰμι υἱός. 44 τὸ δ’ αὐτὸ   καὶ οἱ λῃσταὶ οἱ συνσταυρωθέντες   Α Ε G Η 69 579 788
ὅτι   Θεοῦ εἰμι υἱός. 44 τὸ δὲ αὐτοὶ καὶ οἱ λῃσταὶ οἱ σταυρωθέντες σὺν   D*   [↑1346
ὅτι   Θεοῦ εἰμι υἱός. 44 τὸ δὲ αὐτὸ   καὶ οἱ λῃσταὶ οἱ σταυρωθέντες σὺν   D^c
ὅτι   Θεοῦ εἰμι υἱός. 44 τὸ δ’ αὐτὸ   καὶ οἱ λῃσταὶ οἱ σταυρωθέντες σὺν   L Θ 124
ὅτι τοῦ Θεοῦ εἰμι υἱός. 44 τὸ δ’ αὐτὸ   καὶ οἱ λῃσταὶ οἱ συνσταυρωθέντες   W
ὅτι   Θεοῦ εἰμι υἱός. 44 τὸ δ’ αὐτῷ   καὶ οἱ λῃσταὶ οἱ συσταυρωθέντες   Ω
ὅτι   Θεοῦ εἰμι υἱός. 44 τὸ δ’ αὐτὸ   καὶ οἱ λῃσταὶ οἱ συσταυρωθέντες μετ’ 157
ὅτι   Θεοῦ εἰμι υἱός. 44 τὸ δ’ αὐτὸ   καὶ οἱ λῃσταὶ οἱ συσταυρωθέντες σὺν   **u**
ὅτι   Θεοῦ εἰμι υἱός. 44 τὸ δ’ αὐτὸ   καὶ οἱ λῃσταὶ οἱ συσταυρωθέντες   F Υ Κ Μ S U Δ Π f^1 2
                                                                           33 565 700 1071 1424 τ

αὐτῷ ὠνείδιζον αὐτόν.   Β **uw** rell
αὐτῷ ὠνίδιζαν αὐτόν.   W
αὐτῷ ὠνείδιζον αὐτόν λέγον.   1424
αὐτῷ ὠνείδιζον αὐτῷ.   τ

Jesus Dies At The Ninth Hour
(Mark 15.33-41; Luke 23.44-45a, 36-37, 45b-49; John 19.25-30)

ρ̄ξ̄β̄ 45 Ἀπὸ δὲ ἕκτης ὥρας σκότος ἐγένετο ἐπὶ πᾶσαν τὴν γῆν ἕως   Β^c **uw**τ rell
      45 Ἀπὸ δὲ ἕκτης ὥρας σκότος ἐγένετο ἐπὶ πᾶσαν τὴν γῆν ἐ   Β*
      45 Ἀπὸ δὲ ἕκτης ὥρας σκότος ἐγένετο   ἕως   ℵ*
      45 Ἀπὸ δὲ ἕκτης ὥρας σκότος ἐγένετο ἐφ’ ὅλην τὴν γῆν ἕως   ℵ^c 1424
      45 Ἀπὸ δὲ ἕκτης ὥρας ἐγένετο σκότος ἐπὶ πᾶσαν τὴν γῆν ἕως   U W Δ

---

lac. 27.41-45 𝔓^{45} C N P Q Γ 13 28

A 41 ελεγον Θ* 700 **42** εαυτων 1346 | δυνατε σωσε W | εστι Y U f^1 69 157 565 700 788 1071 1346 | κ (και) Θ **43** πεπειθεν Θ | θελι ℵ | θελη F | ειπε Y 118 2 **44** λισται 565 | συστρωθεντες 157 | ονειδιζον Η L 69 118 1424 ¦ ωνειδιζον Δ ¦ ωνιδιζον Θ 1346 ¦ ωνειδιζων 2* ¦ ονιδιζον 579

B 42 ιη̄λ̄ ℵ Α 𝔐 Κ L Μ S U Θ Π Ω f^1 118 69 124 2 33 157 565 579 700 788 1071 1346 1424 ¦ ισ̄ρ̄λ̄ W | σ̄ρου A | σ̄τ̄ρ̄ῡ F ¦ στρου Η Υ Κ Μ Π Ω f^1 118 69 124 2 33 157 565 579 700 788 1071 1346 1424 **43** θ̄ω̄ Β ¦ θ̄ν̄ ℵ Α D 𝔐 Κ L Μ S U W Δ Θ Π Ω f^1 118 69 124 124 2 33 157 565 579 700 788 1071 1346 1424 | θ̄ῡ Β Α D 𝔐 Κ L Μ S U W Δ Θ Π Ω f^1 118 69 2 33 157 565 579 700 788 1071 1346 1424 | υς̄ ℵ Α 𝔐 Κ L Μ S U Δ Π Ω 2 33 565 1424 **44** συνστρω̄θεντες 69 2 579 788 1346 ¦ συστρωθεντες 118

D 43 (ante ειπεν γαρ) τλ̄θ̄/β̄ Α 44 τλ̄θ̄/β̄ ℵ Y Μ S U Π Ω 118 124 788 1071 1424 ¦ τλ̄θ̄ D E F Η Κ Θ f^1 2 157 579 1346 ¦ τλ̄θ̄/ι G ¦ τλ̄θ̄/ε L | Μθ τλ̄θ̄ : Μρ σιθ : Λο τκε M | Μθ τλ̄θ̄ : Μρ σιθ : Λο τκε : Ιω ο̄δ̄ 124 **45** τμ/β̄ ℵ Α G L S U Y Ω 124 788 1071 1424 ¦ τμ D E F Η Μ Π 1582 118 2 157 579 1346 ¦ τν Θ | Μθ τμ : Μρ σκ : Λο τκζ Μ | Μθ τμ : Μρ σκ : Λο τκζ : Ιω . 124

285

ὥρας ἐνάτης. **46** περὶ δὲ τὴν ἐνάτην ὥραν ἐβόησεν ὁ Ἰησοῦς φωνῇ μεγάλῃ λέγων, B L W 124 33
ἐνάτης ὥρας. **46** περὶ δὲ τὴν ἐννάτην ὥραν ἀνεβόησεν Ἰησοῦς φωνῇ μεγάλῃ λέγων, D [↑700ᶜ 788 w
ὥρας ἐννάτης. **46** περὶ δὲ τὴν ἐννάτην ὥραν ἀνεβόησεν ὁ Ἰησοῦς φωνῇ μεγάλῃ λέγων, G 118 157 1424 τ
ὥρας ἐννάτης. **46** περὶ δὲ τὴν ἐννάτην ὥραν ἐβόησεν ὁ Ἰησοῦς φωνῇ μεγάλῃ λέγων, 69 700*
ὥρας ἐνάτης. **46** περὶ δὲ τὴν ἐνάτην ὥραν ἀνεβόησεν φωνῇ μεγάλῃ λέγων, 2
ὥρας ἐννάτης. **46** περὶ δὲ τὴν ἐνάτην ὥραν ἀνεβώησεν ὁ Ἰησοῦς φωνῇ μεγάλῃ λέγων, 579
ὥρας ἐνάτης. **46** περὶ δὲ τὴν ἐνάτην ὥραν ἀνεβόησεν ὁ Ἰησοῦς φωνῇ μεγάλῃ λέγων, u rell

ελωει ελωει λεμα σαβακτανει; τοῦτ' ἔστιν, Θεέ μου θεέ μου, ἱνατί με ἐγκατέλιπες; B
ελωι ελωι λεμα σαβαχθανει; τοῦτ' ἔστιν, Θεέ μου θεέ μου, ἱνατί με ἐγκατέλιπες; ℵ w
ηλι ηλι λιμα σαβαχθανει; τοῦτ' ἔστιν, Θεέ μου θεέ μου, ἱνατί με ἐγκατέλιπες; A 69 700
.... C
ηλει ηλει λαμα ζαφθανει; τοῦτ' ἔστιν, Θεέ μου θεέ μου, ἱνατί με ἐγκατέλιπες; D*
ηλει ηλει λαμα σαφθανει; τοῦτ' ἔστιν, Θεέ μου θεέ μου, ἱνατί με ἐγκατέλιπες; Dᶜ
ηλει ηλει λειμα σαβαχθανι; τοῦτ' ἔστιν, Θεέ μου θεέ μου, ἱνατί με ἐγκατέλιπες; E
ηλι ηλι λειμα σαβαχθανι; τοῦτ' ἔστιν, Θεέ μου θεέ μου, ἱνατί με ἐγκατέλιπες; 𝔐 M 124 2
αηλι αηλι λεμα σαβαχθανι; τοῦτ' ἔστιν, Θεέ μου θεέ μου, ἱνατί με ἐγκατέλιπες; L [↑1071
ηλι ηλι μα σαβαχθανει; τοῦτ' ἔστιν, Θεέ μου θεέ μου, ἱνατί με ἐγκατέλιπες; W
ηλει ηλει λιμα σαβαχθανει; τοῦτ' ἔστιν, Θεέ μου θεέ μου, ἱνατί με ἐγκατέλιπες; Δ
ηλει ηλει λαμα σαβαχθανει; τοῦτ' ἔστιν, Θεέ μου θεέ μου, ἱνατί με ἐγκατέλιπες; Θ f¹
ελωι ελωι λεμα σαβαχθανι; τοῦτ' ἔστιν, Θεέ μου θεέ μου, ἱνατί με ἐγκατέλιπες; 33
ηλι ηλι λιμα σαβαχθανη; τοῦτ' ἔστιν, Θεέ μου θεέ μου, ἱνατί με ἐγκατέλιπες; 118 157
ηλι ηλι λιμα σαβαχθανι; τοῦτ' ἔστιν, Θεέ μου θεέ μου, ἱνατί με ἐγκατέλιπας; 1346
ηλι ηλι λεμα σαβαχθανι; τοῦτ' ἔστιν, Θεέ μου θεέ μου, ἱνατί με ἐγκατέλιπες; u
ηλι ηλι λαμα σαβαχθανι; τοῦτ' ἔστιν, Θεέ μου θεέ μου, ἱνατί με ἐγκατέλιπες; τ
ηλι ηλι λιμα σαβαχθανι; τοῦτ' ἔστιν, Θεέ μου θεέ μου, ἱνατί με ἐγκατέλιπες; K U Π 565
579 788 1424

[Cl Ecl 57.3 ως εν τω ευαγγελιω· ηλι ηλι αντι του θεε μου, θεε μου].

47 τινὲς δὲ τῶν ἐκεῖ ἑστηκότων ἀκούσαντες ἔλεγον ὅτι Ἡλείαν φωνεῖ οὗτος. B w
47 τινὲς δὲ τῶν ἐκεῖ ἑστηκότων ἀκούσαντες ἔλεγον Ἡλίαν φωνεῖ οὗτος. ℵ 33 700
47 τινὲς δὲ τῶν ἐκεῖ ἑστώτων ἀκούσαντες ἔλεγον ὅτι Ἡλείαν φωνεῖ οὗτος. A
47 τινὲς δὲ τῶν ἐκεῖ ἑστηκότων ἀκούσαντες ἔλεγον ὅτι Ἡλίαν φωνεῖ οὗτος. C 124 u
47 τινὲς δὲ τῶν ἐκεῖ ἑστώτων ἀκούσαντες ἔλεγον Ἡλείαν φωνεῖ οὗτος. D
47 τινὲς δὲ τῶν ἐκεῖ ἑστηκότων ἀκούσαντες ἔλεγον Ἡλείαν φωνεῖ οὗτος. L Θᶜ
47 τινὲς δὲ τῶν ἐκεῖ στηκότων ἀκούσαντες ἔλεγον ὅτι Ἡλίαν φωνεῖ οὗτος. W
47 τινὲς δὲ ἐτῶν ἐκεῖ ἑστώτων ἀκούσαντες ἔλεγον ὅτι Ἡλείαν φωνεῖ οὗτος. Δ
47 τινὲς δὲ τῶν ἐκεῖ ἑστηκότων ἀκούσαντες ἔλεγον Ἡλεία φωνεῖ οὗτος. Θ*
47 τινὲς δὲ τῶν ἐκεῖ ἑστώτων ἀκούσαντες ἔλεγον ὅτι Ἡλίαν φωνεῖ οὗτως. Ω
47 τινὲς δὲ τῶν ἐκεῖ ἑστώτων ἀκούσαντες ἔλεγον Ἡλίαν φωνεῖ οὗτος. 1424
47 τινὲς δὲ τῶν ἐκεῖ ἑστώτων ἀκούσαντες ἔλεγον ὅτι Ἡλίαν φωνεῖ οὗτος. 𝔐 K M U Π f¹ 69 2 157
565 579 788 1071 τ

48 καὶ εὐθέως δραμὼν εἷς ἐξ αὐτῶν καὶ λαβὼν σπόγγον πλήσας τε ὄξους B uwτ rell
48 καὶ εὐθέως δραμὼν εἷς καὶ λαβὼν σπόγγον πλήσας τε ὄξους ℵ
48 καὶ εὐθέως δραμὼν εἷς ἐξ αὐτῶν καὶ λαβὼν σπόγγον πλήσας ὄξου D
48 καὶ εὐθέως δραμὼν εἷς ἐξ αὐτῶν καὶ λαβὼν σπόγγον πλήσας τε ὄξου 69
48 ....βὼν σπόγγον πλήσας τε ὄξους 28
48 καὶ εὐθέως δραμὼν εἷς ἐξ αὐτῶν καὶ λαβὼν σπόγγον πλήσαντες ὄξους 579

καὶ περιθεὶς καλάμῳ ἐπότιζεν αὐτόν. **49** οἱ δὲ λοιποὶ εἶπαν, Ἄφες ἴδωμεν εἰ B 124 788 1346 [w]
καὶ περιθεὶς καλάμῳ ἐπότιζεν αὐτόν. **49** οἱ δὲ λοιποὶ εἶπον, Ἄφες ἴδωμεν εἰ D 69
περιθεὶς καλάμῳ ἐπότιζεν αὐτόν. **49** οἱ δὲ λοιποὶ ἔλεγον, Ἄφετε ἴδωμεν εἰ 33
καὶ περιθεὶς καλάμῳ ἐπότιζεν αὐτόν. **49** οἱ δὲ λοιποὶ ἔλεγον, Ἄφετε ἴδωμεν εἰ 157
καὶ περιθεὶς καλάμῳ ἐπότιζεν αὐτόν. **49** οἱ δὲ λοιποὶ ἔλεγον, Ἄφες ἴδωμεν εἰ u[w]τ rell

---

lac. 27.45-49 𝔓⁴⁵ N P Q Γ 13 28 ¦ vss. 45-46 C ¦ vss. 45-48 28

A 46 εστι Y U f¹ 118 69 157 788 1071 ¦ ινατη L ¦ ενκατελειπες A W ¦ ενκατελιπες D Θ ¦ εγκατελειπες E F G Y K M Δ 33 ¦ εγκαταλειπες H ¦ εγκατελημπες 2* **47** εστωτον 2 ¦ ελεγων E* Θ* ¦ φωνι ℵ Θ ¦ φωνη E* 2 579 1346 ¦ ουτας 2* **48** δραμον 579 ¦ αυτον (αυτων) Θ ¦ λαβον 1071 ¦ σπονγον D¦ εποτειζεν D ¦ εποτηζεν Ω 579 **49** λοιπον L ¦ ελεγων 28 ¦ ειδωμεν W 118 ¦ ειδομεν 28 ¦ ιδομεν 1424

B 46 ἰς B ℵ A 𝔐 K L M S U W Δ Θ Π Ω f¹ 118 124 33 157 565 579 700 788 1071 1346 1424 ¦ ιης D ¦ θε̅¹·² ℵ A D L Δ 69 ¦ θε² F G ¦ θε (θεε¹) W

D 46 τμα̅/ς̅ ℵ A L S U Ω 118 1071 1424 ¦ τμα̅ D E F H M Π 1582 2 157 579 1346 ¦ τμα̅/θ G ¦ τμα̅/θ Y ¦ τμ K f¹ ¦ τνα Θ ¦ τμα̅/β 788 ¦ Μθ τμα : Μρ σκα : Λο τκγ M ¦ (ante ηλει) τμα f¹ ¦ τμα̅/β 124 **47** τμβ̅ D ¦ τμβ/α G ¦ τμα K **48** τμβ̅/β ℵ A Y L M S U Ω 118 124 788 1071 1424 ¦ τμγ D ¦ τμβ C E F H K Π f¹ 157 579 1346 ¦ τνβ Θ ¦ Μθ τμβ M ¦ Μθ τμα : Μρ σκα : Λο τκγ : Ιω . 124 ¦ Μθ τμβ : Μρ σκβ : Λο . : Ιω . 124

ἔρχεται Ἠλείας   σώσων αὐτόν.   B **w**
ἔρχεται Ἠλίας   σῶσαι αὐτόν.   ℵ*
ἔρχεται Ἠλείας καὶ   σώσει αὐτόν.   D
ἔρχεται Ἠλίας   σώζων αὐτόν.   W
ἔρχεται Ἠλείας   σῶσαι αὐτόν.   Θ
ἔρχεται Ἠλίας καὶ   σώσει αὐτόν.   1 1582*
ἔρχεται Ἠλίας   σῶσαι αὐτόν.   69 1071
ἔρ········· ··········· ····σων αὐτόν.   1346
ἔρχεται Ἠλίας   σώσων αὐτόν.   **uτ** rell

ἄλλος δὲ λαβὼν λόγχην ἔνυξεν αὐτοῦ τὴν πλευράν, καὶ   ἐξῆλθεν ὕδωρ καὶ αἷμα.   B ℵ C L [**w**]
ἄλλος δὲ λαβὼν λόγχην ἔνυξεν αὐτοῦ τὴν πλευράν, καὶ εὐθέως ἐξῆλθεν αἷμα καὶ ὕδωρ.   U
om.   **u**[**w**]τ rell

50 ὁ δὲ Ἰησοῦς πάλιν κράξας φωνῇ μεγάλῃ ἀφῆκεν τὸ πνεῦμα. ρ̅ξ̅γ̅ **51** Καὶ ἰδοὺ τὸ   B **uwτ** rell
50 ὁ δὲ Ἰησοῦς   κράξας φωνῇ μεγάλῃ ἀφῆκεν τὸ πνεῦμα.   **51** Καὶ ἰδοὺ τὸ   F L
50 ὁ δὲ Ἰησοῦς κράξας πάλιν φωνῇ μεγάλῃ ἀφῆκεν τὸ πνεῦμα.   **51** Καὶ ἰδοὺ τὸ   W
50 ὁ δὲ Ἰησοῦς πάλιν κράξας ········· ·········λῃ ἀφῆκεν τὸ πνεῦμα.   **51** Καὶ ἰδοὺ τὸ   1346

καταπέτασμα τοῦ ναοῦ ἐσχίσθη ἀπ' ἄνωθεν   ἕως κάτω εἰς δύο, καὶ ἡ γῆ ἐσείσθη,   B C* 33 **u**[**w**]
καταπέτασμα τοῦ ναοῦ ἐσχίσθη εἰς δύο   ἄνωθεν ἕως κάτω, καὶ ἡ γῆ ἐσείσθη,   ℵ Θ
καταπέτασμα τοῦ ναοῦ ἐσχίσθη εἰς δύο   ἀπ' ἄνωθεν ἕως κάτω, καὶ ἡ γῆ ἐσείσθη,   Cᶜ M 69 124 788
καταπέτασμα τοῦ ναοῦ ἐσχίσθη εἰς δύο μέρη ἀπὸ ἄνωθεν ἕως κάτω, καὶ ἡ γῆ ἐσείσθη,   D
καταπέτασμα τοῦ ναοῦ ἐσχίσθη   ἄνωθεν   ἕως κάτω εἰς δύο, καὶ ἡ γῆ ἐσείσθη,   L [**w**]
κατ········· ······ ναοῦ ἐσχίσθη εἰς δύο   ἀπὸ ἄνω ············ ··········· ἡ γῆ ἐσείσθη,   1346
καταπέτασμα τοῦ ναοῦ ἐσχίσθη ἀπ' ἄνω   ἕως κάτω,   1424
καταπέτασμα τοῦ ναοῦ ἐσχίσθη εἰς δύο   ἀπὸ ἄνωθεν ἕως κάτω, καὶ ἡ γῆ ἐσείσθη,   A 𝔐 K U W Δ Π
                                         f^1 2 28 157 565 579 700 1071 τ

καὶ αἱ πέτραι ἐσχίσθησαν, **52** καὶ τὰ μνημεῖα ἀνεῴχθησαν   B ℵᶜ D 𝔐 K M U Δ Θ 69 124 28 157 565 700 788
καὶ αἱ πέτραι ἐσχίσθησαν, **52**   ℵ* 2*   [↑1071 1424 **uwτ**
καὶ αἱ πέτραι ἐσχίσθησαν, **52** καὶ τὰ μνήματα ἀνεῴχθη   A
καὶ αἱ πέτραι ἐσχίσθησαν, **52** καὶ τὰ μνημεῖα ἠνεῴχθη   C*
καὶ αἱ πέτραι ἐσχίσθησαν, **52** καὶ τὰ μνημεῖα ἠνεῴχθησαν   Cᶜ L f^1 2ᶜ 33 579
καὶ αἱ πέτραι ἐσχίσθησαν, **52** καὶ τὰ μνήματα ἀνεῴχθη   Y W Π
καὶ αἱ πέτραι ἐσχίσθησαν, **52** ······ ··ὰ μνημεῖα ἀνεῴχθησαν   1346

καὶ πολλὰ σώματα τῶν κεκοιμημένων ἁγίων ἠγέρθησαν, **53** καὶ ἐξελθόντες   B ℵ D G L Θ f^1 69 124 579
καὶ πολλὰ σώματα τῶν κεκοιμημένων ἁγίων ἠγέρθησαν, **53** καὶ ἐξελθότες   33   [↑788 1071 **uw**
καὶ πολλὰ σώματα τῶν κεκοιμημένων ἁγίων ἠγέρθη······ **53** ······ ······θόντες   1346
καὶ πολλὰ σώματα τῶν κεκοιμημένων ἁγίων ἠγέρθη, **53** καὶ ἐξελθόντα   1424   [↓565 700 τ
καὶ πολλὰ σώματα τῶν κεκοιμημένων ἁγίων ἠγέρθη, **53** καὶ ἐξελθόντες   A C 𝔐 K M U W Δ Π 2 28 157

ἐκ τῶν μνημείων μετὰ τὴν ἔγερσιν αὐτοῦ εἰσῆλθον εἰς τὴν ἁγίαν πόλιν   B **uwτ** rell
ἐκ τῶν μνημείων μετὰ τὴν ἔγερσιν αὐτοῦ   εἰς τὴν ἁγίαν πόλιν   ℵ
ἐκ τῶν μνημείων μετὰ τὴν ἔγερσιν αὐτοῦ   ἦλθον εἰς τὴν ἁγίαν πόλιν   D
ἐκ τῶν μνημείων μετὰ τὴν ἔγερσιν αὐτῶν εἰσῆλθον εἰς τὴν ἁγίαν πόλιν   2
ἐκ τῶν μνημείων μετὰ τὴν ἔγερσιν αὐτοῦ   εἰς τὴν ἁγίαν πόλιν   33
ἐκ τῶν μνημείων μετὰ ······ αὐτοῦ εἰσῆλθον εἰς τὴν ἁγίαν πόλιν   1346

---

lac. **27.49-53** 𝔭⁴⁵ N P Q Γ 13

A **49** σωσωσων C ¦ σωσον F Y K 2* 28 157 ¦ εμα L **50** με·γαλη F* ¦ αφηκε Y U 118 69 157 788 1346 ¦ τω (το) Ω **51** κατακαταπετασμα F* ¦ εσισθη ℵ K* L Θ ¦ εσηθη E* ¦ εσχισθει 2* ¦ ε (αι) L 69 2* ¦ πετρε M 2* ¦ αισ-χισθησαν E* **52** μνημα ℵᶜ D W Θ ¦ μνιμια L ¦ ανεοχθησαν Δ ¦ πολα Θ* ¦ κεκοιμενων Δ ¦ καικοιμημενων Θ **53** εξελθωντες E* ¦ μνημιων ℵ D L W Θ ¦ μνημειον H Y* 1346 ¦ τιν (την²) U Θ

B **50** ι̅ς̅ B ℵ A C 𝔐 K L M S U W Δ Θ Π Ω f^1 118 124 2 33 28 157 565 579 700 788 1071 1346 1424 ¦ ι̅η̅ς̅ D ¦ π̅ν̅α̅ B ℵ A C D 𝔐 K L M S U W Δ Θ Π Ω f^1 118 69 124 2 33 28 157 565 579 700 788 1071 1346 1424

D **49** τ̅μ̅γ̅/α̅ (ante αλλος δε) L **50** τ̅μ̅γ̅/α̅ ℵ A G M S U Y Ω 118 28 1071 1424 ¦ τ̅μ̅δ̅ D ¦ τ̅μ̅γ̅ C E F H K f^1 2 157 579 1346 ¦ τ̅μ̅δ̅/β̅ L ¦ τ̅ν̅γ̅ Θ ¦ τ̅μ̅γ̅/δ̅ Π ¦ τ̅μ̅γ̅/β̅ 124 788 ¦ Μθ τ̅μ̅γ̅ : Μρ σ̅κ̅γ̅ : Λο τ̅κ̅θ̅ : Ιω σ̅δ̅ M ¦ Μθ τ̅μ̅γ̅ : Μρ . : Λο . : Ιω . 124 **51** τ̅μ̅δ̅/β̅ ℵ A Y M S U Π Ω 118 124 788 1071 1424 ¦ τ̅μ̅ε̅ D ¦ τ̅μ̅δ̅ E F H K 2 28 157 579 1346 ¦ τ̅μ̅δ̅/ι̅ G L ¦ τ̅ν̅δ̅ Θ ¦ Μθ τ̅μ̅δ̅ : Μρ ____ σ̅κ̅δ̅ : Λο τ̅κ̅η̅ M ¦ Μθ τ̅μ̅δ̅ : Μρ . : Λο . : Ιω . 124 ¦ (ante και η γη) τ̅μ̅ε̅ A E H K 157 579 1346 ¦ τ̅μ̅ε̅/ι̅ S Y M U Ω 118 28 788 ¦ τ̅μ̅δ̅ C 1582 ¦ τ̅μ̅ς̅ D ¦ τ̅μ̅ε̅/β̅ G ¦ τ̅ν̅ε̅ Θ ¦ Μθ τ̅μ̅ε̅ : Μρ σ̅κ̅ε̅ : Λο τ̅λ̅ M ¦ (ante και αι) τ̅μ̅ε̅/ι̅ ℵ 124 1071 ¦ τ̅μ̅ε̅ F ¦ Μθ τ̅μ̅ε̅ : Μρ σ̅κ̅γ̅ : Λο τ̅κ̅η̅ : Ιω ο̅ς̅ 124 **52** τ̅μ̅ε̅/ι̅ Π

καὶ ἐνεφανίσθησαν πολλοῖς. **54** Ὁ δὲ ἑκατόνταρχος καὶ οἱ μετ' αὐτοῦ τηροῦντες τὸν B **uwτ** rell
ἐνεφανίσθησαν πολλοῖς. **54** Ὁ δὲ <u>ἑκατοντάρχης</u> καὶ οἱ μετ' αὐτοῦ τηροῦντες τὸν א
καὶ <u>ἐφάνησαν</u> πολλοῖς. **54** Ὁ δὲ <u>ἑκατοντάρχης</u> καὶ οἱ μετ' αὐτοῦ τηροῦντες τὸν D*
καὶ <u>ἐνεφάνεισαν</u> πολλοῖς. **54** Ὁ δὲ <u>ἑκατοντάρχης</u> καὶ οἱ μετ' αὐτοῦ τηροῦντες τὸν Dᶜ
καὶ ἐνεφανίσθησαν πολλοῖς. **54** Ὁ δὲ <u>ἑκατοντάρχης</u> καὶ οἱ μετ' αὐτοῦ τηροῦντες τὸν Θ
καὶ ἐνεφανίσθησαν πολλοῖς. **54** Ὁ δὲ ἑκατόνταρχος καὶ οἱ ⋯⋯ ⋯⋯ ρουντες τὸν 33
⋯⋯ ⋯⋯⋯⋯ πολλοῖς. **54** Ὁ δὲ ἑκατόνταρχος καὶ οἱ με⋯ ⋯⋯⋯ τηροῦντες τὸν 1346

Ἰησοῦν ἰδόντες τὸν σεισμὸν καὶ τὰ γεινόμενα ἐφοβήθησαν σφόδρα, λέγοντες, Ἀληθῶς B D
Ἰησοῦν ἰδόντες τὸν σεισμὸν καὶ τὰ <u>γινόμενα</u> ἐφοβήθησαν σφόδρα, λέ⋯⋯ ⋯⋯ηθῶς 33
Ἰησοῦν ἰδόντες τὸν σεισμὸν καὶ τὰ <u>γινόμενα</u> ἐφοβήθησαν σφόδρα, λέγοντες, Ἀληθῶς 28 124 157 **w**
Ἰησοῦν ἰδόντες τὸν⋯⋯⋯⋯ ⋯⋯ ⋯ <u>γενόμενα</u> ἐφοβήθησαν σφόδρα, λέγοντες, Ἀληθῶς 1346
Ἰησοῦν ἰδόντες τὸν σεισμὸν καὶ τὰ <u>γενόμενα</u> ἐφοβήθησαν σφόδρα, λέγοντες, Ἀληθῶς **uτ** rell

υἱὸς θεοῦ ἦν οὗτος. ᵀρξδ **55** Ἦσαν δὲ ἐκεῖ γυναῖκες πολλαὶ B 69 [**w**]
υἱὸς <u>ἦν τοῦ θεοῦ</u> οὗτος. **55** Ἦσαν δὲ <u>κἀκεῖ</u> γυναῖκες πολλαὶ א*
υἱὸς θεοῦ ἦν οὗτος. **55** Ἦσαν δὲ <u>κἀκει</u> γυναῖκες πολλαὶ אᶜ
<u>θεοῦ υἱός ἐστιν</u> οὗτος. **55** Ἦσαν δὲ ἐκεῖ γυναῖκες πολλαὶ C
υἱὸς θεοῦ ἦν οὗτος. **55** Ἦσαν δὲ <u>καὶ</u> γυναῖκες πολλαὶ D
<u>θεοῦ</u> <u>υἱὸς</u> ἦν οὗτος. **55** Ἦσαν δὲ ἐκεῖ <u>καὶ</u> γυναῖκες πολλαὶ F K L Π 33 1071
<u>θεοῦ</u> <u>υἱὸς</u> ἦν οὗτος. **55** Ἦσαν δὲ γυναῖκες πολλαὶ 579
<u>θεοῦ</u> <u>υἱὸς</u> ἦν οὗτος. **55** Ἦσαν δὲ ἐκεῖ ⋯⋯⋯⋯ πολλαὶ 1346 [↓700 788 1424 **u**[**w**]τ
<u>θεοῦ</u> <u>υἱὸς</u> ἦν οὗτος. **55** Ἦσαν δὲ ἐκεῖ γυναῖκες πολλαὶ A 𝔐 M U W Δ Θ *f*¹ 124 2 28 157
565

ᵀerasure one line 1424

ἀπὸ μακρόθεν θεωροῦσαι, αἵτινες ἠκολούθησαν τῷ Ἰησοῦ ἀπὸ τῆς Γαλειλαίας B
μακρόθεν θεωροῦσαι, αἵτινες ἠκολούθησαν τῷ Ἰησοῦ ἀπὸ τῆς <u>Γαλιλαίας</u> A Y W Δ Π
ἀπὸ μακρόθεν θεωροῦσαι, αἵτινες ἠκολούθησαν τῷ Ἰησοῦ ἀπὸ τῆς <u>Ἀγιλειλαίας</u> D
ἀπὸ μακρόθεν θεωροῦσαι, αἵτινες ἠκολούθησαν <u>αὐτῷ</u> ἀπὸ τῆς <u>Γαλιλαίας</u> F
μακρόθεν θεωροῦσαι, αἵτινες ἠκολούθησαν τῷ Ἰησοῦ ἀπὸ τῆς <u>Γαληλαίας</u> K
ἀπὸ μακρόθεν θεωροῦσαι, αἵτινες ἠκολούθησαν τῷ Ἰησοῦ ἀπὸ τῆς <u>Γαληλαίας</u> L
<u>θεωροῦσαι ἀπὸ μακρόθεν</u>, αἵτινες ἠκολούθησαν τῷ Ἰησοῦ ἀπὸ τῆς <u>Γαλιλαίας</u> Θ
ἀπὸ μακρόθεν θε⋯⋯⋯⋯ ⋯⋯⋯⋯ ἠκολούθησαν τῷ Ἰησοῦ ἀπὸ τῆς <u>Γαλιλαίας</u> 33
ἀπὸ μακρόθεν θεωροῦσαι, <u>οἵτινες</u> ἠκολούθησαν τῷ Ἰησοῦ ἀπὸ τῆς <u>Γαλιλαίας</u> 565
μακρόθεν θεωροῦσαι, αἵτινες ἠκολούθησαν <u>αὐτῷ</u> ἀπὸ τῆς <u>Γαλιλαίας</u> 1424
ἀπὸ μακρόθεν θεωροῦσαι, αἵτινες ἠκολούθησαν τῷ Ἰησοῦ ἀπὸ τῆς <u>Γαλιλαίας</u> **uwτ** rell

διακονοῦσαι αὐτῷ· **56** ἐν αἷς ἦν Μαρία ἡ Μαγδαληνὴ B אᶜ A Dᶜ 𝔐 K M U Wᶜ Π 118 69 2 157 700 1071
διακονοῦσαι αὐτῷ· **56** ἐν αἷς ἦν א* [↑1346 1424 **u**[**w**]τ
διακονοῦσαι αὐτῷ· **56** ἐν αἷς ἦν <u>καὶ</u> <u>Μαριὰμ</u> ἡ Μαγδαληνὴ C*
διακονοῦσαι αὐτῷ· **56** ἐν αἷς ἦν <u>Μαριὰμ</u> ἡ Μαγδαληνὴ Cᶜ L Δ Θ *f*¹ [**w**]
διακονοῦσαι αὐτῷ· **56** ἐν αἷς ἦν Μαρία Μαγδαληνὴ D*
<u>διακονῆσαι</u> αὐτῷ· **56** ἐν αἷς ἦν Μαρία ἡ Μαγδαληνὴ W*
διακονοῦσαι αὐτῷ· **56** ἐν αἷς ἦν Μαρία ἡ <u>Μαγδαλινὴ</u> 124 28 565 579 788
διακονοῦσαι αὐτῷ· **56** ἐν αἷς ἦν 33

lac. 27.54-56 𝔓⁴⁵ N P Q Γ 13

A 53 ενεφανησθησαν 2 **54** ειδοντες D ¦ σισμον א C L W Δ Θᶜ 579 ¦ σισμων Θ* ¦ εφοβησαν Δ* ¦ γοντες D* ¦ ουτως L 2* 1346 **55** αιτεινες A ¦ αιτηνες 579 **56** ες ιν (αις ην) Θ

B 54 ιν B א A C 𝔐 K L M S U W Δ Θ Π Ω *f*¹ 118 124 2 33 28 157 565 579 700 788 1071 1346 1424 ¦ ιην D ¦ θυ B A C D 𝔐 K L M S U W Δ Θ Π Ω 69 2 33 28 124 157 565 579 700 788 1071 1346 ¦ υς א A C 𝔐 K L M S U Δ Π Ω 2 33 28 **55** ιυ B א A C E G H Y K L M S U W Δ Θ Π Ω *f*¹ 118 124 2 33 28 157 565 579 700 788 1071 1346 ¦ ιην D

C 54 τελος (post <u>ουτος</u>) E F²S 2 124 ¦ τελος του ζ ευ, G *f*¹ 118 28 ¦ τελ κ,τ ιω κ,ε σε 788 ¦ τελος του ζ 1071 ¦ τελ ενα ζ 1346 ¦ υπ εις τον <u>αγιον</u> (+ ιω G 2) της (εις G ¦ om. 2) κεφαλης σε E G 2 ¦ υπ εις ιω κ,ε σε □οι ουν ιουδαιοι ινα μ,` (□ 28) M 28 ¦ υπ τς μ,γλ ξ εν κ,ε ιω ξα οι ουν ιουδαιοι ινα *f*¹ ¦ υπ τς α ωρ. εις ιω. κ,ε τμζ κ,ε σε ς 118 ¦ υπερ εις τς μ,γλ παραεν κ,ε ξα ιω οι ουν ιουδ ινα μη μει 118 ¦ τελος του ζ ευαγ τ παθ H ¦ υπ: εις τ ιω κ, σε οι ουν ιουδαιοι Y ¦ τελ Y ¦ υπ σε κ,φαλ: κατ ιωαννη Θ ¦ υπ εις τ ⋯⋯ κ,ε σε υπ ιω Ω **55** <u>αρξ</u> E *f*¹ ¦ αρξαι Y ¦ αρχ Y ¦ αρχ: σγ κ,φαλ κατ ιωαννην Θ ¦ κ,τ κεφ κατ ιω κεφ σε 124 ¦ αρξου 28 ¦ αρχ του κατα ιω κεφαλη σε 157

D 55 τμζ/ς א Y L M S U Π Ω 28 788 1071 1424 ¦ τμζ/β A ¦ τμς C ¦ σμη D ¦ τμζ E F G H K *f*¹ 124 2 157 579 ¦ τνζ Θ ¦ Μθ τμζ M ¦ Μθ τμζ : Μρ σκε : Λο τλ : Ιω . 124 **54** τμς/β א Y L U Π 124 1071 1424 ¦ τμς/ι A ¦ τμε C 1582 ¦ τμζ D ¦ τμς E F G H K 1 2 157 579 1346 ¦ τμς/α M ¦ τνς Θ ¦ τμς/ς S Ω 118 28 ¦ (ante υιος) τμς 1582 ¦ Μθ τμς : Μρ σκς M ¦ Μθ τμς : Μρ σκδ : Λο τκθ : Ιω . 124

καὶ Μαρία	ἡ τοῦ Ἰακώβου καὶ	Ἰωσῆ	μήτηρ καὶ ἡ	B A 𝔐 K M U Π f¹ 69* 124 2 33 565 700
Μαρία	ἡ τοῦ Ἰακώβου καὶ ἡ Μαρία ἡ	Ἰωσὴφ	μήτηρ καὶ ἡ	ℵ* [↑788 1071 [w]τ
καὶ Μαρία	ἡ τοῦ Ἰακώβου καὶ	Ἰωσὴφ	μήτηρ καὶ ἡ	ℵᶜ D* L W 69ᶜ u[w]
καὶ Μαριὰμ	ἡ τοῦ Ἰακώβου καὶ	Ἰωσῆ	μήτηρ καὶ ἡ	C Δ
καὶ Μαρία	ἡ τοῦ Ἰακώβου καὶ	Ἰωσῆτος	μήτηρ καὶ ἡ	Dᶜ
καὶ Μαρία	Ἰακώβου καὶ	Ἰωσῆ	μήτηρ καὶ ἡ	E 1424
καὶ Μαρία	ἡ τοῦ Ἰακώβου καὶ	Ἰσῆ	μήτηρ καὶ ἡ	S
καὶ Μαριὰμ	ἡ τοῦ Ἰακώβου καὶ	Ἰωσὴφ	μήτηρ καὶ ἡ	Θ
καὶ Μαρία	ἡ τοῦ Ἰακώβου καὶ	Ἡωσῆ	μήτηρ καὶ ἡ	28
καὶ Μαρία	ἡ τοῦ Ἰακώβου καὶ	Ἰωσὴφ ἡ	μήτηρ καὶ ἡ	157
καὶ Μαρία	τοῦ Ἰακώβου καὶ	Ἰωσῆ	μήτηρ καὶ ἡ	579

μήτηρ	τῶν υἱῶν Ζεβεδαίου.	B uwτ rell
Μαρία ἡ	τῶν υἱῶν Ζεβεδέου.	ℵ*
μήτηρ	τῶν υἱῶν Ζεβεδέου.	ℵᶜ D L
μήτηρ	τῶν υἱῶν Ζεβαιδέου.	W
μήτηρ	τῶν υἱῶν Ζεβε········	33

ξη̄   περὶ τῆς αἰτήσεως τοῦ σώματος τοῦ κυρίου

The Body Of Jesus Is Buried By Joseph Of Arimathea
(Mark 15.42-47; Luke 23.50-56; John 19.38-42)

ρ̄ξ̄ε̄	57	Ὀψίας δὲ γενομένης ἦλθεν ἄνθρωπος πλούσιος ἀπὸ Ἀριμαθαίας,	B uwτ rell
	57	Ὀψίας γενομένης ἦλθεν ἄνθρωπος πλούσιος ἀπὸ Ἀριμαθαίας,	A*
	57	Ὀψίας δὲ γενομένης ἦλθεν ἄνθρωπος πλούσιος ἀπὸ Αρειμαθείας,	D
	57	Ὀψίας δὲ γενομένης ἦλθεν ἄνθρωπος πλούσιος ἀπὸ Ἀριμαθέας,	K W
	57	Ὀψίας δὲ γενομένης ἦλθεν ἄνθρωπος πλούσιος ἀπὸ Αρειμαθαίας,	Δ
	57	Ὀψίας δὲ γενομένης ἦλθεν ἄνθρωπος πλούσιος ἀπὸ Ἀριμαθείας,	124
	57	········ης ἦλ········ ········λούσιος ἀπὸ Ἀριμαθαίας,	33
	57	Ὀψίας δὲ γενομένης ἦλθεν ἄνθρωπος πλούσιος ἀπὸ Ἀριμαθίας,	565 1071 1346

[↓69 124 2 28 157 565 788 1071 1346 1424 [w]τ

τοὔνομα Ἰωσήφ, ὃς καὶ αὐτὸς ἐμαθήτευσεν	τῷ Ἰησοῦ.	58 οὗτος προσελθὼν	B A 𝔐 K L M U W Δ Π 1582ᶜ
τοὔνομα Ἰωσήφ, ὃς καὶ αὐτὸς ἐμαθητεύθη	τῷ Ἰησοῦ.	58 οὗτος προσελθὼν	ℵ C Θ 1 1582* 118 700 u[w]
τὸ ὄνομα Ἰωσήφ, ὃς καὶ αὐτὸς ἐμαθητεύθη	τῷ Ἰησοῦ.	58 οὗτος προσῆλθεν	D
τοὔνομα Ἰω········ ········αθ········		58 ········προσελθὼν	33
τοὔνομα Ἰωσήφ, ὃς καὶ αὐτὸς ἐμαθήτευσεν	τῷ Ἰησοῦ.	58	579

τῷ Πειλάτῳ	ᾐτήσατο τὸ σῶμα τοῦ Ἰησοῦ. τότε	ὁ Πειλᾶτος	ἐκέλευσεν	B* A w
τῷ Πειλάτῳ καὶ	ᾐτήσατο τὸ σῶμα τοῦ Ἰησοῦ. τότε	ὁ Πειλᾶτος	ἐκέλευσεν	D
Πιλάτῳ	ᾐτήσατο τὸ σῶμα τοῦ Ἰησοῦ. τότε	ὁ Πιλᾶτος	ἐκέλευσεν	Υ Π*
τῷ Πιλάτῳ	ᾐτήσατο τὸ σῶμα τοῦ Ἰησοῦ. τότε	ὁ Πειλᾶτος	ἐκέλευσεν	Δ
τῷ Πειλάτῳ	ᾐτήσατο τὸ σῶμα τοῦ Ἰησοῦ. τότε οὖν	ὁ Πειλᾶτος	ἐκέλευσεν	Θ
τῷ Πιλάτῳ	ᾐτήσατο τὸ σῶμα τοῦ Ἰησοῦ. τότε οὖν	ὁ Πιλᾶτος	ἐκέλευσεν	1 1582* 118
τῷ Πιλάτῳ	ᾐτήσατο τὸ ········ ········	········ν		33
	τότε	ὁ Πηλᾶτος	ἐκέλευσεν	579
τῷ Πιλάτῳ	ᾐτοίσατο τὸ σῶμα τοῦ Ἰησοῦ. τότε	ὁ Πιλᾶτος	ἐκέλευσεν	1346
τῷ Πιλάτῳ	ᾐτήσατο τὸ σῶμα τοῦ Ἰησοῦ. τότε	ὁ Πιλᾶτος	ἐκέλευσεν	Bᶜ ℵ C 𝔐 K L M U W

Πᶜ 1582ᶜ 69 124 2 28 157 565 700 788 1071 1424 uτ

---

lac. 27.56-58 𝔓⁴⁵ N P Q Γ 13

A 57 οψειας D W | τουνομ L | εμαθητευσε S Y M 157 788 1346 58 ουτως 1346 | προσελθω W

B 56 μ̄η̄ρ̄¹· ℵᶜ A C E F G H K L M S U W Π Ω f¹ 118 69 124 2 33 28 579 700 788 1071 1346 1424 | μ̄η̄ρ̄² A C E F G H K L M S U W Π Ω f¹ 118 69 124 2 33 28 157 565 579 700 788 1071 1346 1424 57 ᾱν̄ο̄ς̄ ℵ A C 𝔐 K L M S U W Δ Θ Π Ω f¹ 118 69 124 2 28 157 565 579 700 788 1071 1346 1424 | ῑ̄ῡ ℵ A C 𝔐 K L M S U W Δ Θ Π Ω f¹ 118 1 24 2 28 157 565 579 700 788 1071 1346 1424 | ῑ̄η̄ῡ D 58 ῑ̄ῡ B ℵ A C 𝔐 K L M S U W Δ Θ Π Ω f¹ 118 124 2 28 157 565 700 788 1071 1346 1424 | ῑ̄η̄ῡ D

C 56 τελος (post Ζεβεδαιου) E Kᶜ 124 2 700 ¦ τελος της ᾱ ωρα F² H f¹ 118 28 1071 ¦ τελ της ᾱ ωρα αγ π, Υ ¦ τελ ωρ ᾱ 579² ¦ τελ ευα ῑ 1346 57 ξ̄η̄ περι της αιτισεως (αιτησεως Η Υ Κ U Θ Ω f¹ 2 28 157 788 1071) του σω̄ματος του κ̄ῡ (lac. A) A E F H S Y K U Θ Ω f¹ 2 28 157 579 788 1071 ¦ ζ̄θ̄ (ζ̄η̄ M Π) περι της αιτησεως του κυριακου σωματος L M Π 1424 ¦ ζ̄θ̄ περι της αιτησεως σωματος του κυριακου Δ ¦ αρχη E 2 28 157 ¦ αρχ ευα ῑ 788

D 57 τ̄μ̄η̄/ᾱ ℵ Y L M S U Π 118 28 788 1071 1424 ¦ τ̄μ̄η̄/ς A ¦ τ̄μ̄ζ̄ C ¦ τ̄μ̄θ̄ D ¦ τ̄μ̄η̄ E F G H K Ω f¹ 124 2 157 579 ¦ τ̄ν̄η̄ Θ ¦ Μρ μη : Λο π̄β̄ : Ιω ιη L ¦ Μθ τμη : Μρ σ̄κ̄ζ̄ : Λο τ̄λ̄β̄ : Ιω σ̄ς̄ M ¦ Μθ ζ̄η̄ : Μρ μη : Λο π̄β̄ : Ιω ιη M ¦ Μρ μη Λο ο̄β̄ Ιω ιν Π ¦ Μθ τμη : Μρ σ̄κ̄ς̄, σ̄κ̄ζ̄ : Λο τ̄λ̄δ̄ : Ιω . 124 58 (ante τοτε) τ̄ν̄ D

ἀποδοθῆναι.	59 καὶ	λαβὼν τὸ σῶμα ὁ Ἰωσὴφ ἐνετύλιξεν αὐτὸ ἐν	B [uw]
ἀποδοθῆναι.	59 καὶ	λαβὼν τὸ σῶμα ὁ Ἰωσὴφ ἐνετύλιξεν αὐτὸ	ℵ 1 1582* 118*
ἀποδοθῆναι τὸ σῶμα.	59 καὶ παραλαβὼν Ἰωσὴφ τὸ σῶμα ἐνετύλιξεν αὐτὸ ἐν		D [[uw]
ἀποδοθῆναι τὸ σῶμα.	59 καὶ	λαβὼν τὸ σῶμα Ἰωσὴφ ἐνετύλιξεν αὐτὸ	L
ἀποδοθῆναι τὸ σῶμα.	59 καὶ	λαβὼν τὸ σῶμα ὁ Ἰωσὴφ ἐνετύλιξεν αὐτὸ ἐν	Θ
ἀποδοθῆναι τὸ σῶμα.	59 καὶ	λαβὼν τὸ σῶμα ὁ Ἰωσὴφ ἐνείλυσεν αὐτὸ	69 124
ἀποδοθῆναι.	59 καὶ	λαβὼν τὸ σῶμα ὁ Ἰ.........	33
ἀποδοθῆναι τὸ σῶμα.	59 καὶ	λαβὼν τὸ σῶμα ὁ Ἰωσὴφ ἐνείλησεν αὐτὸ	788 1346
ἀποδοθῆναι τὸ σῶμα τῷ Ἰωσήφ	59 καὶ	λαβὼν τὸ σῶμα ὁ Ἰωσὴφ ἐνετύλιξεν αὐτὸ	1424
ἀποδοθῆναι τὸ σῶμα.	59 καὶ	λαβὼν τὸ σῶμα ὁ Ἰωσὴφ ἐνετύλιξεν αὐτὸ	A C 𝔐 K M

U W Δ Π 1582ᶜ 118ᶜ 2 28 157 565 579 700 1071 τ

σινδόνι καθαρᾷ,	60 καὶ ἔθηκεν αὐτὸ ἐν τῷ καινῷ αὐτοῦ μνημείω	B uwτ rell
σινδόνι καθαρᾷ,	60 καὶ ἔθηκεν ἐν τῷ καινῷ αὐτοῦ μνημείω	ℵ L Θ 788
σινδόνι καθαρᾷ,	60 καὶ ἔθηκεν αὐτῷ ἐν τῷ καινῷ αὐτοῦ μνημείω	E* 2 28 157 579 1346
σινδόνι καθαρᾷ,	60 καὶ ἔθετο αὐτὸ ἐν τῷ καινῷ αὐτοῦ μνημείω	118 [↑1424
σινδόνι καθαρᾷ αὐτῷ σινδόνι,	60 καὶ ἔθηκεν ἐν τῷ καινῷ αὐτοῦ μνημείω	69
....	60 ...... κεν ἐν τῷ καινῷ αὐτοῦ μνημείω	33

ὃ ἐλατόμησεν ἐν τῇ πέτρᾳ, καὶ προσκυλίσας	λίθον μέγαν		τῇ θύρᾳ τοῦ	B uwτ rell
ὃ ἐλατόμησεν ἐν τῇ πέτρᾳ, καὶ προσκυλίσας	λίθον μέγαν	ἐπὶ	τῇ θύρᾳ τοῦ	A
ᾧ ἐλατόμησεν ἐν τῇ πέτρᾳ, καὶ προσκυλίσας	λίθον μέγαν		τῇ θύρᾳ τοῦ	L S Ω 1424
ὃ ἐλατόμησεν ἐν τῇ πέτρᾳ, καὶ προσκυλίσας	λίθον μέγα		τῇ θύρᾳ τοῦ	M 1 69
ὃ ἐλατόμησεν ἐν τῇ πέτρᾳ, καὶ προσεκυλίσας	λίθον μέγα		τῇ θύρᾳ τοῦ	U
ᾧ ἐλατόμησεν ἐν τῇ πέτρᾳ, καὶ προσκυλίσας	λίθον μέγα	ἐν	τῇ θύρᾳ τοῦ	W
ὃ ἐλα.........	...... ον μέγαν		τῇ θύρᾳ τοῦ	33
ᾧ ἐλατόμησεν ἐν τῇ πέτρᾳ, καὶ προσκυλίσας	λίθον μέγα		τῇ θύρᾳ τοῦ	28

μνημείου ἀπῆλθεν. 61 ἦν δὲ ἐκεῖ Μαριὰμ	ἡ Μαγδαληνὴ	καὶ ἡ		B ℵ C L Δ Θ f¹ uw
μνημείου ἀπῆλθεν. 61 ἦν δὲ ἐκεῖ Μαρία	ἡ Μαγδαληνὴ	καὶ		A Dᶜ
μνημείου ἀπῆλθεν. 61 ἦν δὲ ἐκεῖ Μαρία	Μαγδαληνὴ	καὶ		D*
μνημείου ἀπῆλθεν. 61 ἦν δὲ ἐκεῖ Μαρία	ἡ Μαγδαλινὴ	καὶ ἡ		124 33 28 579ᶜ 788 1346
μνημείου ἀπῆλθεν. 61 ἦν δὲ ἐκεῖ Μαρία	ἡ Μαγδαληνὴ	καὶ ἡ		𝔐 K M U W Π 118 69 2 157 565 579* 700

1071 1424 τ

ἄλλη Μαρία	καθήμεναι ἀπέναντι	τοῦ τάφου.	B uwτ rell
ἄλλη Μαρία	καθήμεναι κατέναντι	τοῦ τάφου.	D
ἄλλη Μαρία	καθήμεναι ἐπὶ	τοῦ τάφου.	W
ἄλλη Μαριὰμ	καθήμεναι ἀπέναντι	τοῦ τάφου.	Δ 700

The Tomb Sealed With A Stone And A Guard Posted

ρξϛ	62 Τῇ δὲ ἐπαύριον, ἥτις ἐστὶν μετὰ τὴν παρασκευήν, συνήχθησαν οἱ ἀρχιερεῖς	B uwτ rell
	62 Τῇ ἐπαύριον, ἥτις ἐστὶν μετὰ τὴν παρασκευήν, συνήχθησαν οἱ ἀρχιερεῖς	L 124* 1424

lac. 27.58-62 𝔓⁴⁵ N P Q Γ 13

A 58 αποδοθηνε ℵ* ¦ αποδωθηναι 1071 ¦ τω (το) Θ Ω 579 59 το (τω) Θ 579 ¦ ενετυληξεν 579 ¦ ενειλισεν 788 ¦ αυτω L Θ 2 579 1424 ¦ σινδονη 2* ¦ σινδωνι 579 60 κενω 1 700 ¦ κανω 69 ¦ μνημιω ℵ D W Θ ¦ ελατωμησεν 1424 ¦ προσκυλισασλισας D* ¦ προσκυλησας E F 2 ¦ προσκιλυσας 69 ¦ τι (τη²) Δ ¦ μνημιωυ ℵ D L W Θ 61 ηην L ¦ καθημενε ℵ* 579 62 ητι H* ¦ εστι Y K M S U Π f¹ 118 69 157 700 788 1346 ¦ παρασκεβην 579 ¦ συνιχθησαν U ¦ πρς L

C 60 τελος (post απηλθεν) D [τη αγ. παρασκ. 27.55-60] E Θ 2 61 τελος (post ταφου) E Y Θ 124 2 579 788 1071 ¦ τελος τι μεγαλη παρου F² ¦ τελ τς παρου M³ ¦ τελ αναγνω ῑβ S ¦ τελ τς μ ,γλ πρ-α τελος της πρ σωρ f¹ ¦ τελ τς μ.γλ 118 ¦ τελ τς μ.γλ παρα 28 ¦ τελ ευα ῑβ ······ 1346 62 αρχη: τω αγιω Σαββατω πρωι τη επαυριον (ante ητις E) (ante τη δε G) ¦ αρχ ῑβ F² ¦ αρχη: τω αγιω κᾱ περι κ, ιβ εναγ των παθων. τη επαυριον ητις H ¦ τω αγιω σαβατω (Σα 2) πρωι L 2 ¦ ευγ ῑβ των παθων G ¦ αρχ: ῑβ τ̄ παθ, ευαγγέ λεγετ κ, τω μγ Σα πρωι εις τ ορθρον αρχ τη επαυριον ητις εστι μετ Y ¦ Μθ ῑβ των παθ το αυτ λεγετ, τω μγ Σα πρωι εις τ ορθ αρχ τη επαυριον ητις εστ, M ¦ αρχ τω αγιω Σα πρωι Ω ¦ αρχ ριδ τ αψιπαθ ῑβ κ̄ τὸ ορθρ τη μ,γλ Σα τη επαυριον ητις f¹ ¦ αρχ ριδ ευα ῑβ των αγιων παθων· τη επαυριον ητις 118 ¦ αρχ ευα ῑβ λ,ε και τω αγιω Σα πρωι 124 ¦ αρχ ευα ῑβ εσπερ τη επαυριον ητις εστιν μετα την 28 ¦ αρχ των αγιων Σα πρωι των αγιων παθων ῑβ 157 ¦ αρχ ευᾱ ῑβ εξ εις τ ορθ τω αγιω Σα 788 ¦ αρχ ευα ῑβ 1071 ¦ ευαγγε ῑβ αρχη 1424 ¦ ξη πε της αιτη, του σωμα του υ 1346

D 59 τ̄μθ/ᾱ ℵ A Y L M S U Π Ω 118 124 28 1071 1424 ¦ τ̄μθ C E F G H K f¹ 2 157 1346 ¦ τ̄νθ Θ ¦ Μθ τ̄μθ : Μρ σ̄κη : Λο τ̄λγ : Ιω σ̄η M ¦ Μθ τ̄μθ : Μρ σ̄κη : Λο τ̄λβ : Ιω σ̄η 124 60 τ̄ν/ϛ (ante και προσκ.) Y 61 τ̄ν/ϛ ℵ A L M S U Π Ω 118 124 28 788 1071 ¦ τ̄να D ¦ τ̄ν C E F G H K Θ f¹ 2 157 579 1346 ¦ τ̄να/ῑΥ (sic) ¦ τ̄ν/β 1424 ¦ Μθ τ̄ν : Μρ σ̄κθ M ¦ Μθ τ̄ν : Μρ σ̄κθ : Λο τ̄λγ : Ιω. 124 62 τ̄ν ᾱ/ῑ ℵ A Y L M U Ω 118 28 1071 1424 ¦ τ̄νβ D ¦ τ̄να C E F G H K Θ Π 1582 124 2 157 579 788 1346 ¦ Μθ τ̄να M ¦ Μθ τ̄να : Μρ σ̄λ α : Λο . : Ιω . 124

καὶ οἱ Φαρεισαῖοι πρὸς Πειλᾶτον 63 λέγοντες, Κύριε, ἐμνήσθημεν ὅτι   B*
καὶ οἱ Φαρεισαῖοι πρὸς Πιλᾶτον 63 λέγοντες, Κύριε, ἐμνήσθημεν ὅτι   Bᶜ
καὶ οἱ Φαρισαῖοι πρὸς Πειλᾶτον 63 λέγοντες, Κύριε, ἐμνήσθημεν ὅτι   A D Δ w
καὶ οἱ Φαρισαῖοι πρὸς Πηλᾶτον 63 λέγοντες, Κύριε, ἐμνήσθημεν ὅτι   579
καὶ οἱ Φαρισαῖοι πρὸς Πιλᾶτον 63 λέγοντες, Κύριε, ἐμνήσθημεν ὅτι   uτ rell

ἐκεῖνος ὁ πλάνος εἶπεν ἔτι ζῶν,   Μετὰ τρεῖς ἡμέρας ἐγείρομαι.   B uwτ rell
ὁ πλάνος ἐκεῖνος εἶπεν ἔτι ζῶν,   Μετὰ τρεῖς ἡμέρας ἐγείρομαι.   Cᶜ G Θ 118 69 124 33 700 788 1346
ἐκεῖνος ὁ πλάνος εἶπεν ἔτι ζῶν ὅτι   μετὰ τρεῖς ἡμέρας ἐγείρομαι.   D
.... εἶπεν ἔτι ζῶν,   Μετὰ τρεῖς ἡμέρας ἐγείρομαι.   E* (erased rewritten later hand)
ὁ πλάνος ἐκεῖνος εἶπεν ἔτι ζῶν ὅτι   μετα τρεῖς ἡμέρας ἐγείρομαι.   157

64 κέλευσον οὖν ἀσφαλισθῆναι τὸν τάφον ἕως τῆς τρίτης ἡμέρας, μήποτε ἐλθόντες   B uwτ rell
64 κέλευσον οὖν ἀσφαλισθῆναι τὸν τάφον ἕως   ἡμέρας τρίτης, μήποτε ἐλθόντες   D
64 κέλευσον οὖν ἀσφαλισθῆναι τὸν τάφον ἕως   τρίτης ἡμέρας, μήποτε ἐλθόντες   L 700 1071

οἱ μαθηταὶ   κλέψωσιν αὐτὸν   καὶ εἴπωσιν τῷ λαῷ,   B [w]
οἱ μαθηταὶ   κλέψουσιν αὐτὸν   καὶ εἴπωσιν τῷ λαῷ,   ℵ
οἱ μαθηταὶ αὐτοῦ νυκτὸς κλέψωσιν αὐτὸν   καὶ εἴπωσιν τῷ λαῷ,   Cᶜ F G L 565
οἱ μαθηταὶ αὐτοῦ   κλέψωσιν αὐτὸν   καὶ ἔρουσιν τῷ λαῷ,   D
οἱ μαθηταὶ αὐτοῦ   κλέψωσιν αὐτὸν   καὶ εἴπωσι τῷ λαῷ,   Y 157
οἱ μαθηταὶ αὐτοῦ νυκτὸς κλέψωσιν αὐτὸν   καὶ εἴπωσι τῷ λαῷ,   M U 69 700 τ
οἱ μαθηταὶ αὐτοῦ νυκτὸς κλέψωσιν αὐτὸν νυκτὸς καὶ εἴπωσι τῷ λαῷ,   S
οἱ μαθηταὶ αὐτοῦ   κλέψωσιν αὐτὸν νυκτὸς καὶ εἴπωσιν τῷ λαῷ,   Ω 28
οἱ μαθηταὶ αὐτοῦ νυκτὸς κλέψωσιν αὐτὸν   καὶ εἴπωσιν τῷ λαῷ ὅτι 1582ᶜ
οἱ μαθηταὶ αὐτοῦ   κλέψωσιν αὐτὸν   καὶ εἴπωσιν τῷ λαῷ ὅτι 33 1346
οἱ μαθηταὶ αὐτοῦ   κλέψωσιν αὐτὸν   καὶ εἴπωσιν τῷ λαῷ,   A C* E H K W Δ Θ Π 1 1582*
   118 124 2 579 788 1071 1424 u[w]

Ἠγέρθη ἀπὸ τῶν νεκρῶν, καὶ ἔσται   ἡ ἐσχάτη πλάνη χειρῶν τῆς πρώτης.   B uwτ rell
Ἠγέρθη ἀπὸ τῶν νεκρῶν, καὶ ἔσται   ἡ ἐσχάτη πλάνη χείρω τῆς πρώτης.   D
Ἠγέρθη ἀπὸ τῶν νεκρῶν, καὶ ἔσται ἡ ἔσται ἡ ἐσχάτη πλάνη χειρῶν τῆς πρώτης.   G
Ἠγέρθη ἀπὸ τῶν νεκρῶν, καὶ ἔσται   ἡ ἐσχάτη πλάνη χέρω τῆς πρώτης.   L   [↓1424
Ἠγέρθη ἀπὸ τῶν νεκρῶν, καὶ ἔσται   ἡ ἐσχάτη πλάνη χείρον τῆς πρώτης.   ℵ 28 69 33 565 579

65 ἔφη   αὐτοῖς ὁ Πειλᾶτος, Ἔχετε κουστωδίαν· ὑπάγετε ἀσφαλίσασθε   B* [w]
65 ἔφη   αὐτοῖς ὁ Πιλᾶτος, Ἔχετε κουστωδίαν· ὑπάγετε ἀσφαλίσασθε   Bᶜ 𝔐 K L Mᶜ 69 124 33 157
65 ἔφη δὲ αὐτοῖς ὁ Πιλᾶτος, Ἔχετε κουστωδίαν· ὑπάγετε ἀσφαλίσασθαι   ℵ C   [↑700 788 1071 1346 u
65 ἔφη δὲ αὐτοῖς ὁ Πειλᾶτος, Ἔχετε κουστωδίαν· ὑπάγετε ἀσφαλίσασθε   A [w]
65 ἔφη δὲ αὐτοῖς ὁ Πειλᾶτος, Ἔχετε φυλακάς· ὑπάγετε ἀσφαλίσασθαι   D*
65 ἔφη δὲ αὐτοῖς ὁ Πειλᾶτος, Ἔχετε κουστωδίαν· ὑπάγετε ἀσφαλίσασθαι   Dᶜ W
65 ἔφη   αὐτοῖς ὁ Πειλᾶτος, Ἔχετε κουστωδίαν· ὑπάγετε ἀσφαλίσασθαι   Θ
65 ἔφη δὲ αὐτοῖς ὁ Πηλᾶτος, Ἔχετε κουστωδίαν· ὑπάγετε ἀσφαλήσατε   579   [↓1424 τ
65 ἔφη δὲ αὐτοῖς ὁ Πιλᾶτος, Ἔχετε κουστωδίαν· ὑπάγετε ἀσφαλίσασθε   Y M* S U Δ Π Ω f¹ 2 28 565

ὡς οἴδατε. 66 οἱ δὲ πορευθέντες ἠσφαλίσαντο τὸν τάφον σφραγίσαντες   B uwτ rell
ὡς οἴδατε. 66 οἱ δὲ πορευθέντες ἠσφάλισαν τὸν τάφον σφραγίσαντες   D*
ἕως οἴδατε. 66 οἱ δὲ πορευθέντες ἠσφαλίσαντο τὸν τάφον σφραγίσαντες   L

τὸν λίθον μετὰ τῆς κουστωδίας.   B uwτ rell
τὸν λίθον μετὰ τῆς κωστουδίας.   A
τὸν λίθον μετὰ τῶν φυλακῶν.   D*

lac. 27.62-66 𝔓⁴⁵ N P Q Γ 13

A 63 εκινος ℵ | τρις ℵ W 565 | εγιρομαι ℵ | εγειρωμαι E 579 64 καιλευσον D | ασφαλησθηναι Θ 28 | τρειτης D | ελθοντες 579 | ψωσιν L* | ειπωσι 118 700 788 1071 1346 | αισχατη D | σχατη C | εσχατι 2* | πλανει L | προτης Θ 65 εχεται D W Θ 2* 579 | εχετες K | κουστουδιαν Dᶜ | σκουστωδιαν K | κουστωδιαν 69 | υπαγεται D W 579 | ασφαλησασθε 28 | ασφαλισασθαι 157 | υδατε K 66 ησφαλησαντο E* K 28 1424 | ταφων Θ* | σφραγησαντες Θ 28 | κουστουδιας Dᶜ | κουτωδιας L | κουστοδιας 69 157

B 63 κε̅ B ℵ A D H K U W Θ Π f¹ 69 124 28 157 700 788 1071 1346

C 66 τω αγ´ Σα εσπς 157 | (post κουστωδ.) τελος E M S 124 157 579 788 | τελος του ιβ̅ F² Y Ω | 118 | τελος τω παθ G | τελος τ······ περι ·· αγ ευαγ των παθ H | τελ τς β f¹ | τελ του ιβ̅ ευα̅ 28 | τελ του ιβ̅ 1071 | τελ ευα̅ ιβ̅ 1346

D 63 τ̅ν̅β̅ 2

On The First Day Of The Week The Women Find The Tomb Empty
(Mark 16.1-8; Luke 24.1-11; John 20.1-17)

ρ̄ξ̄ζ̄ 28.1 Ὀψὲ δὲ σαββάτων, τῇ ἐπιφωσκούσῃ εἰς μίαν σαββάτων, ἦλθεν   B uwτ rell
28.1 Ὀψὲ   <u>σαβάτω,</u>   τῇ ἐπιφωσκούσῃ εἰς μίαν σαββάτων, ἦλθεν   L*
28.1 Ὀψὲ   <u>σαββάτω,</u>   τῇ ἐπιφωσκούσῃ εἰς μίαν σαββάτων, ἦλθεν   Lᶜ
28.1 Ὀψὲ δὲ <u>σαββάτω,</u>   τῇ ἐπιφωσκούσῃ εἰς μίαν σαββάτων, ἦλθεν   Δ 2* 565
28.1 Ὀψὲ   σαββάτων, τῇ ἐπιφωσκούσῃ εἰς μίαν σαββάτων, ἦλθεν   33 579 1346 1424

Μαρία ἡ Μαγδαληνὴ   καὶ ἡ ἄλλη Μαρία   θεωρῆσαι τὸν   B Aᶜ Dᶜ 𝔐 K M U W Π 1 118 69 565 700ᶜ 788
Μαρία ἡ Μαγδαληνὴ   καὶ   ἄλλη Μαρία   θεωρῆσαι τὸν   A* 579   [↑1071 1424 [w]τ
Μαρία   Μαγδαληνὴ   καὶ ἡ ἄλλη Μαρία   θεωρῆσαι τὸν   D*
Μαρία ἡ Μαγδαληνὴ   καὶ ἡ ἄλλη   θεωρῆσαι τὸν   H*
<u>Μαριὰμ</u> ἡ Μαγδαληνὴ   καὶ ἡ ἄλλη <u>Μαριὰμ</u> θεωρῆσαι τὸν   L Δ Θ
Μαρία ἡ <u>Μαγδαλινὴ</u>   καὶ ἡ ἄλλη Μαρία   θεωρῆσαι τὸν   124 2 33 28 1346
<u>ἡ Μαγδαληνη Μαρία</u>   καὶ ἡ ἄλλη Μαρία   θεωρῆσαι τὸν   157
Μαρία ἡ   <u>γδαληνὴ</u>   καὶ ἡ ἄλλη Μαρία   θεωρῆσαι τὸν   700*
<u>Μαριὰμ</u> ἡ Μαγδαληνὴ   καὶ ἡ ἄλλη Μαρία   θεωρῆσαι τὸν   ℵ C 1582 u[w]

τάφον. 2 καὶ ἰδοὺ σεισμος ἐγένετο μέγας· ἄγγελος γὰρ κυρίου καταβὰς ἐξ   B uwτ rell
τάφον. 2 καὶ ἰδοὺ σεισμος ἐγένετο μέγας· ἄγγελος γὰρ κυρίου καταβὰς <u>ἀπ'</u>   D
τάφον. 2 καὶ ἰδοὺ σεισμος ἐγένετο μέγας· ἄγγελος γὰρ κυρίου <u>κατέβη</u> ἐξ   W
τάφον. 2 καὶ ἰδοὺ σεισμος <u>μέγας ἐγένετο</u>· ἄγγελος γὰρ κυρίου καταβὰς ἐξ   118

οὐρανοῦ καὶ   προσελθὼν ἀπεκύλισε   τὸν λίθον   B ℵ   uw
οὐρανοῦ   προσελθὼν <u>ἀπεκύλισεν</u> τὸν λίθον <u>ἀπὸ</u> <u>τῆς</u> <u>θύρας</u>   A G H Δ Ω 124 579 788
οὐρανοῦ καὶ   προσελθὼν <u>ἀπεκύλισεν</u> τὸν λίθον <u>ἀπὸ</u> <u>τῆς</u> <u>θύρας</u>   C   [↑1424
οὐρανοῦ   προσελθὼν <u>ἀπεκύλισεν</u> τὸν λίθον   D 700
οὐρανοῦ   προσελθὼν <u>ἀπεκύλισεν</u> τὸν λίθον <u>ἀπὸ</u> <u>τῆς</u> <u>θύρας</u> <u>τοῦ</u> <u>μνημείου</u>   E F S U Θ 565 1346
οὐρανοῦ   προσελθὼν ἀπεκύλισε   τὸν λίθον <u>ἀπὸ</u> <u>τῆς</u> <u>θύρας</u>   Y K M Π 69 2 τ
οὐρανοῦ καὶ   προσελθὼν <u>ἀπεκύλισεν</u> τὸν λίθον <u>ἀπὸ</u> <u>τῆς</u> <u>θύρας</u>   L 33
οὐρανοῦ καὶ   προσελθὼν <u>ἀπεκύλισεν</u> τὸν λίθον <u>ἀπὸ</u> <u>τῆς</u> <u>θύρας</u>   W
οὐρανοῦ   προσελθὼν ἀπεκύλισε   τὸν λίθον <u>ἀπὸ</u> <u>τῆς</u> <u>θύρας</u> <u>τοῦ</u> <u>μνημείου</u>   f¹
οὐρανοῦ   προσελθὼν ἀπεκύλισε   τὸν λίθον <u>ἐκ</u>   <u>τῆς</u> <u>θύρας</u> <u>τοῦ</u> <u>μνημείου</u>   28
οὐρανοῦ καὶ   προσελθὼν ἀπεκύλισε   τὸν λίθον <u>ἀπὸ</u> <u>τῆς</u> <u>θύρας</u> <u>τοῦ</u> <u>μνημείου</u>   157 1071

καὶ ἐκάθητο ἐπάνω αὐτοῦ. 3 ἦν δὲ ἡ εἰδὲ   αὐτοῦ ὡς ἀστραπὴ καὶ τὸ   B*
καὶ ἐκάθητο ἐπάνω αὐτοῦ. 3 ἦν δὲ ἡ <u>εἰδέα</u> αὐτοῦ ὡς ἀστραπὴ καὶ τὸ   Bᶜ ℵᶜ A C D 𝔐 M 124 2 28 700 1424
καὶ ἐκάθητο ἐπάνω αὐτοῦ. 3   ὡς ἀστραπὴ καὶ τὸ   ℵ*   [↑uw
καὶ ἐκάθητο ἐπάνω αὐτοῦ. 3 ἦν δὲ ἡ <u>ἰδὲ</u>   αὐτοῦ ὡς ἀστραπὴ καὶ τὸ   L 579   [↓788 1071 1346 τ
καὶ ἐκάθητο ἐπάνω αὐτοῦ. 3 ἦν δὲ ἡ <u>ἰδέα</u> αὐτοῦ ὡς ἀστραπὴ καὶ τὸ   F G K U W Δ Θ Π f¹ 69 33 157 565

ἔνδυμα αὐτοῦ λευκὸν ὡς   χιών. 4 ἀπὸ δὲ τοῦ φόβου αὐτοῦ ἐσείσθησαν   B ℵ* D K Π 1 1582* 118 uw
ἔνδυμα αὐτοῦ λευκὸν ὡς <u>ἡ</u> χιών. 4 ἀπὸ δὲ τοῦ φόβου αὐτοῦ ἐσείσθησαν   ℵᶜ 69
ἔνδυμα αὐτοῦ λευκὸν <u>ὡσεὶ</u> χιών. 4 ἀπὸ δὲ τοῦ <u>φόρου</u> αὐτοῦ ἐσείσθησαν   A
ἔνδυμα αὐτοῦ λευκὸν <u>ὡσεὶ</u> χιών. 4 ἀπὸ δὲ τοῦ φόβου   ἐσείσθησαν   Δ
ἔνδυμα αὐτοῦ λευκὸν <u>ὡσεὶ</u> χιών. 4 ἀπὸ δὲ τοῦ <u>φόρου</u> αὐτοῦ <u>ἐσαλεύθησαν</u>   565
ἔνδυμα αὐτοῦ λευκὸν <u>ὡσεὶ</u> χιών. 4 ἀπὸ δὲ τοῦ φόβου αὐτοῦ ἐσείσθησαν   C 𝔐 L M U W Θ 1582ᶜ 124 2
                                        33 28 157 579 700 788 1071 1346 1424 τ

---

lac. 28.1-4 𝔓⁴⁵ N P Q Γ 13

A 28.1 τι (τη) Θ ¦ επιφωσκουσει 2* ¦ επιφοσκουση 788ᶜ ¦ μειαν D ¦ ηλθε 118 700 788 ¦ θεωρησε K ¦ θεωρεισει U ¦ θεωρισαι 1424 ¦ ταφων Θ* 2 σισμος ℵ L W 579 ¦ σησμος E* ¦ εγενετω Θ ¦ 2 απεκλισεν E* ¦ απεκλισεν Δ* ¦ απεκυλησεν Θ 579 ¦ απεκυλησε 69 ¦ απεκυλισε 700 788 1346 ¦ μνημιου E L Θ ¦ εκαθιτο 28 1424 ¦ εκαθητω 579 3 τω (το) Θ ¦ λευκων Ω ¦ ωσι Θ ¦ χειων D F 4 εσισθησαν ℵ C H L Θ 788 1346

B 28.2 κ̄ῡ B ℵ A C D 𝔐 K L M S U W Δ Θ Π Ω f¹ 118 69 124 2 33 28 157 565 579 700 788 1071 1346 1424 ¦ ο̄ῡν̄ο̄ῡ ℵ A 𝔐 K M S U Π Ω f¹ 118 69 124 2 33 28 157 700 1071 1346 1424

C 28.1 ανναγνοσμα D [τω αγιω και μεγαλω σαββατω εσπερας: 28.1-20] ¦ αρχη τοι γε σα F² ¦ αρχη: τω αγιω Σαββατω εσπερας † οψες σαββατων E ¦ αρχ: το αγιω Σα εσπερ,ας G 124 2 ¦ αρχη: τω αγιω Σα εσπερας. οψε σαββατων H ¦ αρχ: τω αγιω Σα εσπερ αρχ οψε σαββατων τη επιφω Y ¦ αρχ τω αγιω σαββατω εσπερας L ¦ Μθ τω αγ, Σα εσπερ, αρχ οψε σαββατω τη επιφωσκουση εις μιαν, M ¦ τω μεγα Σα S ¦ αρχ τω μεγαλω Σα εσπερ, Ω ¦ αρχ ρῑε̄ τω μ,γλ Σα εσπ οψε σαβᾱτ̄ f¹ ¦ αρχ ρῑε̄ τω μ,γλ και μ,γλ Σα εσπ οψε 118 ¦ αρχ: τω αγιω κ, μ,γλ Σα ῑ εις τ λ,τρ, οψε σαββατων τη επιφουσκ 28 ¦ των μγλ Σα' εσπς και εις τ̄ λειτουργ 157 ¦ αρχ: τω αγιω Σα εσπ εις τ λειτουργ 788 ¦ αρχ ευα τω αγιω εις τ λειτ 1346 ¦ αρχη 1424

D 28.1 τν̄β̄/ῑ ℵ ¦ τν̄β̄/ᾱ A Y M S U Π 124 28 788 1071 1424 ¦ τν̄β̄ C E F G H K Θ Π f¹ 118 157 579 ¦ τν̄γ̄ 2 ¦ Ευ Μθ τ̄η̄β̄ : Μρ .: Λο . : Ιω . E ¦ Μθ τν̄β̄ : Μρ σ̄λ̄ᾱ : Λο τ̄λ̄ς̄ : Ιω σ̄θ̄ M ¦ Μθ τν̄β̄ : Μρ σ̄λ̄ᾱ : Λο τ̄λ̄ς̄ : Ιω σ̄θ̄ 124 2 τν̄γ̄ F H K 4 τν̄γ̄/β̄ ℵ A (L) M S Π Ω 118 124 28 1071 ¦ τν̄γ̄ C Θ ¦ Μθ τν̄γ̄ : Μρ σ̄λ̄γ̄ : Λο τ̄λ̄η̄ : Ιω σ̄ιᾱ M ¦ Μθ τν̄γ̄ : Μρ σ̄λ̄β̄ : Λο τ̄λ̄ς̄ : Ιω . 124

οἱ τηροῦντες καὶ ἐγενήθησαν ὡς νεκροί. **5** ἀποκριθεὶς δὲ ὁ ἄγγελος B ℵ D 33 **uw**
οἱ τηροῦντες καὶ ἐγένοντο ὡς νεκροί. **5** ἀποκριθεὶς δὲ ὁ ἄγγελος A Δ 1 1582* 118ᶜ
οἱ τηροῦντες καὶ ἐγενήθησαν ὡσεὶ νεκροί. **5** ἀποκριθεὶς ὁ ἄγγελος C*
οἱ τηροῦντες καὶ ἐγενήθησαν ὡσεὶ νεκροί. **5** ἀποκριθεὶς ὁ ἄγγελος Cᶜ
οἱ τηροῦντες καὶ ἐγεννήθησαν ὡς νεκροί. **5** ἀποκριθεὶς δὲ ὁ ἄγγελος L
οἱ τηροῦντες καὶ ἐγένοντο ὡς νεκροί. **5** ἀποκριθεὶς ὁ ἄγγελος W
οἱ τηροῦντες καὶ ἐγένοντο ὡς οἱ νεκροί. **5** ἀποκριθεὶς δὲ ὁ ἄγγελος 69
οἱ τηροῦντες καὶ ἐγένοντο ὡσεὶ νεκροί. **5** ἀποκριθεὶς δὲ ὁ ἄγγελος 𝔐 K M U Θ Π 1582ᶜ 118* 124
2 28 157 565 579 700 788 1071 1346 1424 τ

εἶπεν ταῖς γυναιξίν, Μὴ φοβεῖσθε ὑμεῖς, οἶδα γὰρ ὅτι Ἰησοῦν B **uwτ** rell
εἶπεν, Μὴ φοβήθητε ὑμεῖς, οἶδα γὰρ ὅτι Ἰησοῦν ℵ*

τὸν ἐσταυρωμένον ζητεῖτε· **6** οὐκ ἔστιν ὧδε, ἠγέρθη γὰρ B 118ᶜ **uwτ** rell
τὸν ἐσταυρωμένον ζητεῖτε· **6** οὐκ ἔστιν ὧδε, ἠγέρθη Δ 33
ζη τὸν ἐσταυρωμένον ζητεῖτε· **6** οὐκ ἔστιν ὧδε, ἠγέρθη γὰρ 118*
ζητεῖτε τὸν Ναζαρινὸν τὸν ἐσταυρωμένον· **6** οὐκ ἔστιν ὧδε, ἠγέρθη γὰρ 28
ζητεῖτε τὸν ἐσταυρωμένον· **6** οὐκ ἔστιν ὧδε, ἠγέρθη ἀπὸ τῶν νεκρῶν 1424

καθὼς εἶπεν· δεῦτε ἴδετε τὸν τόπον ὅπου ἔκειτο. **7** καὶ ταχὺ B ℵ Θ 33 **uw**
καθὼς εἶπεν· δεῦτε τὸν τόπον ὅπου ἔκειτο ὁ κύριος. **7** καὶ ταχὺ 124*
καθὼς εἶπεν· δεῦτε ἴδετε τὸν τόπον ὅπου ἔκειτο τὸ σῶμα τοῦ κυρίου. **7** καὶ ταχὺ 1424
καθὼς εἶπεν· δεῦτε ἴδετε τὸν τόπον ὅπου ἔκειτο ὁ κύριος. **7** καὶ ταχὺ A C D 𝔐 K L M U
W Δ Π f¹ 69 124ᶜ 2 28 157 565 579 700 788 1071 1346 τ

πορευθεῖσαι εἴπατε τοῖς μαθηταῖς αὐτοῦ ὅτι Ἠγέρθη ἀπὸ τῶν νεκρῶν, B **uwτ** rell
πορευθεῖσαι εἴπατε τοῖς μαθηταῖς αὐτοῦ ὅτι Ἠγέρθη, D 565
πορευθεῖσαι εἴπατε τοῖς μαθηταῖς ὅτι Ἠγέρθη ἀπὸ τῶν νεκρῶν, 579

καὶ ἰδοὺ προάγει ὑμᾶς εἰς τὴν Γαλειλαίαν, ἐκεῖ αὐτὸν ὄψεσθε· ἰδοὺ εἶπαν ὑμῖν. B*
καὶ ἰδοὺ προάγει ὑμᾶς εἰς τὴν Γαλειλαίαν, ἐκεῖ αὐτὸν ὄψεσθε· ἰδοὺ εἶπον ὑμῖν. Bᶜ
καὶ ἰδοὺ προάγει ὑμᾶς εἰς τὴν Γαλιλαίαν, ἐκεῖ αὐτὸν ὄψεσθε· ἰδοὺ εἶπα ὑμῖν. ℵ* [w]
καὶ προάγει ὑμᾶς εἰς τὴν Γαλιλαίαν, ἐκεῖ αὐτὸν ὄψεσθε· ἰδοὺ εἶπον ὑμῖν. D
καὶ ἰδοὺ προάγει ὑμᾶς εἰς τὴν Γαλιλαίαν, ἐκεῖ αὐτὸν ὄψεσθε· ἰδοὺ εἶπον . Π*
καὶ ἰδοὺ προάγει ὑμᾶς εἰς τὴν Γαλιλαίαν, ἐκεῖ αὐτὸν ὄψεσθε· ἰδοὺ εἶπον ὑμῖν. u[w]τ rell

[↓1346 **uw**
ρ̅ξ̅η̅ **8** καὶ ἀπελθοῦσαι ταχὺ ἀπὸ τοῦ μνημείου μετὰ φόβου καὶ χαρᾶς μεγάλης B ℵ C L Θ 69 124 33 788
8 καὶ ἐξελθοῦσαι ταχὺ ἀπὸ τοῦ μνημείου μετὰ φόβου καὶ χαρᾶς μεγάλης A D 𝔐 K M U W Δ Π f¹
2 28 157 1582 565 579 700 1071 1424 τ

ἔδραμον ἀπαγγεῖλαι τοῖς μαθηταῖς αὐτοῦ. **9** B ℵ D W 33 700 **uw**
ἔδραμον ἀπαγγεῖλαι τοῖς μαθηταῖς. **9** Θ 69
ἔδραμον ἀπαγγεῖλαι τοῖς μαθηταῖς. **9** ἀπερχομένων δὲ αυτῶν 788
ἔδραμον ἀπαγγεῖλαι τοῖς μαθηταῖς αὐτοῦ. **9** ὡς δὲ ἔδραμον ἀπαγγεῖλαι τοῖς μαθηταῖς αὐτοῦ, 1424
ἔδραμον ἀπαγγεῖλαι τοῖς μαθηταῖς αὐτοῦ. **9** ὡς δὲ ἐπορεύοντο ἀπαγγεῖλαι τοῖς μαθηταῖς αὐτοῦ, A C
𝔐 K L M U Δ Π f¹ 124 2 28 157 565 579 1071 1346 τ

καὶ ἰδοὺ Ἰησοῦς ὑπήντησεν αὐταῖς λέγων, Χαίρετε. αἱ δὲ προσελθοῦσαι B ℵ* C Π 565 700 **uw**
καὶ ἰδοὺ Ἰησοῦς ἀπήντησεν αὐταῖς λέγων, Χαίρετε. αἱ δὲ προσελθοῦσαι ℵᶜ A 𝔐 K M U 2 28*
καὶ ἰδοὺ ὁ Ἰησοῦς ἀπήντησεν αὐταῖς λέγων, Χαίρετε. αἱ δὲ προσελθοῦσαι D L W 69 33 28ᶜ 157 1071 τ
καὶ ἰδοὺ ὁ Ἰησοῦς ἀπήντησεν αὐταῖς λέγων, Χαίρετε. αἱ δὲ προσελθοῦσαι Υ Θ f¹ 124 1346 1424
καὶ ἰδοὺ Ἰησοῦς ἀπήντησεν αὐταῖς λέγων, Χαίρετε. αἱ δὲ προσελθοῦσαι Δ
καὶ ἰδοὺ Ἰησοῦς ἀπήντησεν αὐτὰς λέγων, Χαίρετε. αἱ δὲ προσελθοῦσαι 579
καὶ ἰδοὺ ὁ Ἰησοῦς ὑπήντησεν αὐταῖς λέγων, Χαίρετε. οἱ δὲ προσελθοῦσαι 788

---

lac. 28.4-9 𝔓⁴⁵ N P Q Γ 13

A 4 εγενοντο E 5 αποκριθης 579 | ειπε Υ K 118 69 157 700 1346 | τες Θ | γυναιξι S Υ U Ω f¹ 118 69 28 157 700 | φοβισθαι ℵᶜ Θ | φοβεισθαι D L W 579 | υμις ℵ | εσταυρωμενον E | εσταυρωμενων Δ* | εσταυρωμενων 1346 | ζητειται D | ζητιται W Θ | ζητιτε 2 | ζητητε 565 6 ειπε Υ 118 157 | ιδειτε ℵ | ειδεται D W | ιδεται 579 1071 | εκειτω E 7 ταχοι πορευθεις L | πορευθισαι ℵ Θ | πορευθησαι E* F K 69 2* 565 579 1424 | υπατε 579 | οτη 579 1346 | εγερθη Δ | τιν (την) Θ | οψεσθαι ℵ A D W 2 1346 | οψεσθει Δ* | υμειν D 8 μνημιου ℵ W Θ 2 | μνιμιου L | απαγγιλαι ℵ | απαγγηλαι Θ 9 επορευοντο E | επορεβοντο 579 | απαγγιλε L | απειγγειλαι 124 | χαιραιται D | χαιρεται W Θ 2*

B 5 ι̅ν̅ B ℵ A C 𝔐 K L M S U W Δ Θ Π Ω f¹ 118 124 2 33 28 157 565 579 700 788 1071 1346 1424 | ι̅η̅ν̅ D | εστρωμενον 69 124 2 579 788 1071 1346 6 κ̅ς̅ A C D 𝔐 K L M S U W Δ Π Ω f¹ 69 124 2 28 157 565 579 700 788 1071 1346 | κ̅υ̅ 1424 9 ι̅ς̅ B ℵ A C 𝔐 K L M S U W Δ Θ Π Ω f¹ 118 124 2 33 28 157 565 579 700 788 1071 1346 1424 | ι̅η̅ς̅ D

D 5 τνγ/β E Υ U 1424 | τ̅ν̅γ̅ G 157 579 | Ευ Μθ τ̅ν̅γ̅ : Μρ σ̅λ̅β̅ : Λο τ̅ζ̅ : Ιω . E 8 τ̅ν̅δ̅/β ℵ A S Υ U Π Ω 118 124 28 788 1071 1424 | τ̅ν̅δ̅ C E F G H K Θ 2 157 579 1346 | Ευ Μθ τ̅ν̅δ̅ : Μρ σ̅λ̅γ̅ : Λο τ̅λ̅η̅ : Ιω . E | Μθ τ̅ν̅δ̅ : Μρ σ̅ν̅γ̅ : Λο τ̅λ̅η̅ : Ιω . 124

293

ἐκράτησαν αὐτοῦ τοὺς πόδας καὶ προσεκύνησαν αὐτῷ. **10** τότε λέγει αὐταῖς   B **uwτ** rell
ἐκράτησαν <u>τοὺς πόδας αὐτοῦ</u> καὶ προσεκύνησαν αὐτῷ. **10** τότε λέγει αὐταῖς   D
·············· αὐτοῦ τοὺς πόδας καὶ προσεκύνησαν αὐτῷ. **10** τότε λέγει αὐταῖς   13

ὁ Ἰησοῦς, Μὴ φοβεῖσθε· ὑπάγετε ἀπαγγείλατε τοῖς ἀδελφοῖς μου ἵνα   B **uwτ** rell
ὁ Ἰησοῦς, Μὴ φοβεῖσθε· ὑπάγετε ἀπαγγείλατε τοῖς ἀδελφοῖς   ἵνα   ℵ*
ὁ Ἰησοῦς, Μὴ φοβεῖσθε· ὑπάγετε ἀπαγγείλατε τοῖς <u>μαθηταῖς</u> μου ἵνα   157

ἀπέλθωσιν εἰς τὴν Γαλειλαίαν,   κἀκεῖ   με ὄψονται.   B
<u>ἔλθωσιν</u> εἰς τὴν <u>Γαλιλαίαν</u>,   <u>καὶ ἐκεῖ</u>   με ὄψονται.   ℵ*
ἀπέλθωσιν εἰς τὴν <u>Γαλιλαίαν</u>,   <u>καὶ ἐκεῖ</u>   με ὄψονται.   ℵ^c A C* 𝔐 K U W Δ Θ Π f¹³ 2 157 565 700
ἀπέλθωσιν εἰς   <u>Γαλιλαίαν</u>,   κἀκεῖ   με <u>ὄψεσθαι</u>.   D*   [↑788 346 1424
ἀπέλθωσιν εἰς τὴν <u>Γαλιλαίαν</u>,   κἀκεῖ   με <u>ὄψεσθαι</u>.   D^c
ἀπέλθωσιν εἰς τὴν <u>Γαλιλαίαν</u>,   κἀκεῖ   με ὄψονται.   C^c G L M S Ω f¹ 33 28 1071 **uwτ**
<u>ἀπελθὼν</u> εἰς τὴν <u>Γαλιλαίαν</u>,   <u>καὶ ἐκεῖ</u>   με ὄψονται.   579

The Soldiers Are Bribed To Report That The Body Was Stolen

$\overline{ρ\overline{ξ}θ}$ **11** Πορευομένων δὲ αὐτῶν ἰδού τινες τῆς κουστωδίας ἐλθόντες εἰς τὴν πόλιν

ἀπήγγειλαν τοῖς ἀρχιερεῦσιν ἄπαντα τὰ γενόμενα. **12** καὶ συναχθέντες μετὰ   B **uwτ** rell
<u>ἀνήγγειλαν</u> τοῖς ἀρχιερεῦσιν ἄπαντα τὰ γενόμενα. **12** καὶ συναχθέντες μετὰ   ℵ D Θ 565
ἀπήγγειλαν τοῖς ἀρχιερεῦσιν   <u>πάντα</u> τὰ γενόμενα. **12** καὶ συναχθέντες μετὰ   A
<u>ἀπήγγειλον</u> τοῖς ἀρχιερεῦσιν ἄπαντα τὰ γενόμενα. **12** καὶ συναχθέντες μετὰ   W

τῶν πρεσβυτέρων συμβούλιόν τε   λαβόντες ἀργύρια ἱκανὰ ἔδωκαν   B **uwτ** rell
τῶν πρεσβυτέρων συμβούλιόν τε <u>ἐποίησαν</u>   ἀργύρια ἱκανὰ ἔδωκαν   ℵ*
τῶν πρεσβυτέρων συμβούλιόν τε <u>ἐποίησαν</u> <u>καὶ</u> λαβόντες ἀργύρια ἱκανὰ ἔδωκαν   ℵ¹
τῶν πρεσβυτέρων συμβούλιόν τε   <u>καὶ</u> λαβόντες ἀργύρια ἱκανὰ ἔδωκαν   ℵ²
τῶν πρεσβυτέρων συμβούλιόν   λαβόντες <u>ἀργύριον ἱκανὸν</u> ἔδωκαν   D

τοῖς στρατιώταις **13** λέγοντες, Εἴπατε ὅτι   B **uwτ** rell
τοῖς στρατιώταις **13** λέγοντες <u>ὅτι Εἴπατε</u>   ℵ
τοῖς στρατιώταις **13** λέγοντες, Εἴπατε   33

Οἱ μαθηταὶ αὐτοῦ νυκτὸς ἐλθόντες ἔκλεψαν αὐτὸν ἡμῶν κοιμωμένων.   B **uwτ** rell
<u>Ἡμῶν κοιμωμένων οἱ μαθηταὶ αὐτοῦ νυκτὸς ἐλθόντες ἔκλεψαν αὐτόν</u>.   F
Οἱ μαθηταὶ αὐτοῦ νυκτὸς <u>ἐλθότες</u> ἔκλεψαν αὐτὸν ἡμῶν κοιμωμένων.   33
Οἱ μαθηταὶ αὐτου <u>ἔκλεψαν αὐτὸν νυκτὸς ἐλθόντες</u> ἡμῶν κοιμωμένων.   157

14 καὶ ἐὰν ἀκουσθῇ τοῦτο ὑπὸ τοῦ ἡγεμόνος, ἡμεῖς πείσομεν   καὶ   B [w]
14 καὶ ἐὰν ἀκουσθῇ τοῦτο <u>ἐπὶ</u> τοῦ ἡγεμόνος, ἡμεῖς πείσομεν   καὶ   ℵ Θ 33 [uw]
14 καὶ <u>ἂν</u> ἀκουσθῇ τοῦτο ὑπὸ τοῦ ἡγεμόνος, ἡμεῖς πείσομεν <u>αὐτὸν</u> καὶ   D*
14 καὶ <u>ἂν</u> ἀκουσθῇ τοῦτο ὑπὸ τοῦ ἡγεμόνος, ἡμεῖς πείσομεν <u>αὐτὸν</u> καὶ   D^c
14 και <u>ἂν</u> ἀκουσθῇ τοῦτο <u>ἐπὶ</u> τοῦ ἡγεμόνος, ἡμεῖς πείσομεν <u>αὐτὸν</u> καὶ   L
14 <u>κἂν</u>   ἀκουσθῇ τοῦτο <u>ἐπὶ</u> τοῦ ἡγεμόνος, ἡμεῖς πείσομεν <u>αὐτὸν</u> καὶ   1
14 καὶ ἐὰν ἀκουσθῇ τοῦτο <u>ἐπὶ</u> τοῦ ἡγεμόνος, <u>ὑμεῖς</u> πείσομεν <u>αὐτὸν</u> καὶ   579
14 καὶ ἐὰν ἀκουσθῇ τοῦτο <u>ἐπὶ</u> τοῦ ἡγεμόνος, ἡμεῖς πείσομεν <u>αὐτὸν</u> καὶ   [u]τ rell

---

lac. 28.9-14 𝔓⁴⁵ N P Q Γ ¦ vs. 9 13

A 9 του (τους) K ¦ προεκυνησαν K* **10** φοβεισθαι D W 13 2* 579 ¦ φοβισθε Θ ¦ υπαγεται ℵ D W ¦ απαγγιλατε ℵ L* ¦ απαγγειλαται E* U ¦ οψωνται U 118 ¦ οψοται Θ* **11** πορευομενον Θ* 2* ¦ κουστωδειας A ¦ κουστοδιας 69 157 ¦ κωστουδιας 2 ¦ ανηγγιλαν ℵ Θ **12** τον (των) Θ ¦ συνβουλιον D W ¦ ηκανα Ω 2 ¦ εδοκαν Θ ¦ τοι (τοις) K ¦ στρατιωταις L ¦ στρατιωτες S 2 28 **13** λεγοντες 579 ¦ ειπαται Θ **13** ελθωντες 2* **14** ηγεμωνος 579 1424 ¦ πισωμεν E* 565 ¦ πισομεν E^c W Θ ¦ πεισωμεν G U 13 69 2* 157 579 1424 ¦ πεισονμεν K

B 10 ῑϲ B ℵ A C 𝔐 K L M S U W Δ Θ Π Ω f¹ 118 f¹³ 124 2 33 28 157 565 579 700 788 1071 1346 1424 ¦ τῆϲ D

C 11 αρχ εωθι η ια 157 **15** ενα εωθ ᾱ 157

D 9 τ̄ν̄ε̄/ῑ ℵ Y L Π Ω 118 124 28 788 1071 ¦ τ̄ν̄ε̄ Θ 2 ¦ τ̄ν̄ε̄/δ̄ 1424 | (ante ωϲ) τ̄ν̄ε̄ C H K 579 1346 ¦ τ̄ν̄ε̄/β̄ E ¦ τ̄ν̄ε̄/ῑ S U | Ευ Μθ τ̄ν̄ε̄ : Μρ σ̄λ̄δ̄ : Λο τ̄λ̄θ̄ : Ιω . E | Μθ τ̄ν̄ε̄ : Μρ . : Λο . : Ιω . 124 | (ante αι δε) τ̄ν̄ε̄ F G **11** τ̄ν̄ϲ̄ C E F G H K Θ Π 2 579 ¦ τ̄ν̄ϲ̄/ῑ 1424 | Ευ Μθ τ̄ν̄ϲ̄ : Μρ . : Λο . : Ιω . E

ὑμᾶς ἀμερίμνους ποιήσομεν. **15** οἱ δὲ λαβόντες   ἀργύρια ἐποίησαν ὡς   B* [w]
ὑμᾶς ἀμερίμνους ποιήσομεν. **15** οἱ δὲ λαβόντες τὰ ἀργύρια ἐποίησαν ὡς   Bᶜ
ὑμᾶς ἀμερίμνους ποιήσωμεν. **15** οἱ δὲ λαβόντες   ἀργύρια ἐποίησαν ὡς   א* W
ὑμᾶς ἀμερίμνους ποιήσωμεν. **15** οἱ δὲ λαβόντες τὰ ἀργύρια ἐποίησαν καθὼς אᶜ
ὑμᾶς ἀμερίμνους ποιήσομεν. **15** C
ὑμᾶς ἀμερίμνους ποιήσωμεν. **15** οἱ δὲ λαβόντες τὰ ἀργύρια ἐποίησαν ὡς   𝔐 M f¹³ 2 157 565 579
ἡμᾶς ἀμερίμνους ποιήσωμεν. **15** οἱ δὲ λαβόντες τὰ ἀργύρια ἐποίησαν ὡς   124* [↑1346 1424
ὑμᾶς ἀμερίμνους ποιήσομεν. **15** οἱ δὲ λαβότες τὰ ἀργύρια ἐποίησαν ὡς   33
ὑμᾶς ἀμερίμνους ποιήσομεν. **15** οἱ δὲ λαβόντες τὰ ἀργύρια ἐποίησαν ὡς   A D Eᶜ Y K L S U Δ Θ Π f¹
                                                                            28 700 788 1071 u[w]τ

ἐδιδάχθησαν.   Καὶ διεφημίσθη ὁ λόγος οὗτος παρὰ   Ἰουδαίοις μέχρι   B u[w]τ rell
ἐδιδάχθησαν.   Καὶ ἐφημίσθη ὁ λόγος οὗτος παρὰ   Ἰουδαίοις ἕως   א*
ἐδιδάχθησαν.   Καὶ ἐφημίσθη ὁ λόγος οὗτος παρὰ   Ἰουδαίοις μέχρι   אᶜ Δ 33 [w]
ἐδιδάχθησαν.   Καὶ διεφημίσθη ὁ λόγος οὗτος παρὰ τοῖς Ἰουδαίοις ἕως   D
προσετάχθησαν. Καὶ διεφημίσθη ὁ λόγος οὗτος παρὰ   Ἰουδαίοις μέχρι   H
ἐδιδάχθησαν.   Καὶ διεφημίσθη ὁ λόγος οὗτος παρὰ   Ἰουδαίοις μέχρις   W
ἐδιδάχθησαν.   Καὶ διεφημίσθη ὁ λόγος οὗτος παρὰ   Ἰουδαίοις ἕως   1424

τῆς σήμερον ἡμέρας.   B D L Θ [uw]
τῆς σήμερον.   [uw]τ rell

The Risen Jesus Commands The Eleven To Make Disciples
(Mark 16.15-16; Luke 24.44-49)

ρο̄ **16** Οἱ δὲ ἔνδεκα μαθηταὶ ἐπορεύθησαν εἰς τὴν Γαλειλαίαν εἰς τὸ ὄρος   B
16 Οἱ δὲ ἔνδεκα μαθηταὶ   εἰς τὴν Γαλιλαίαν εἰς τὸ ὄρος   Θ*
16 Οἱ δὲ ἔνδεκα μαθηταὶ ἐπορεύθησαν   εἰς τὸ ὄρος   33
16 Οἱ δὲ ἔνδεκα μαθηταὶ ἐπορεύθησαν εἰς τὴν Γαλιλαίαν εἰς τὸ ὄρος   uwτ rell

οὗ ἐτάξατο αὐτοῖς ὁ Ἰησοῦς, **17** καὶ ἰδόντες αὐτὸν προσεκύνησαν,   οἱ δὲ   B א 33 uw
οὗ ἐτάξατο αὐτοῖς   Ἰησοῦς, **17** καὶ ἰδόντες αὐτὸν προσεκύνησαν,   οἱ δὲ   D
οὗ ἐτάξατο αὐτοῖς ὁ Ἰησοῦς, **17** καὶ ι············   L
οὗ ἐτάξατο αὐτοῖς ὁ Ἰησοῦς, **17** καὶ ἰδὸν αὐτὸν προσεκύνησαν αὐτῷ, οἱ δὲ   69
οὗ ἐτάξατο αὐτοῖς ὁ Ἰησοῦς, **17** καὶ ἰδόντες αὐτὸν προσεκύνησαν αὐτόν, οἱ δὲ   28 157 1346
οὗ ἐτάξατο αὐτοῖς ὁ Ἰησοῦς, **17** καὶ ἰδόντες αὐτὸν προσεκύνησαν αὐτῷ, οἱ δὲ   A 𝔐 K M U W Δ Θ Π
                                              f¹ f¹³ 2 565 579 700 788 1071 1424 τ

ἐδίστασαν. **18** καὶ προσελθὼν ὁ Ἰησοῦς ἐλάλησεν αὐτοῖς λέγων, Ἐδόθη μοι πᾶσα B uwτ rell
ἐδίστασαν. **18** καὶ προσελθὼν ὁ Ἰησοῦς ἐλάλησεν   λέγων, Ἐδόθη μοι πᾶσα א*
ἐδίστασαν. **18** καὶ προσελθὼν ὁ Ἰησοῦς ἐλάλησεν αὐτοῖς ···········   .... G

ἐξουσία ἐν οὐρανῷ καὶ ἐπὶ τῆς γῆς.   B [uw]
ἐξουσία ἐν οὐρανοῖς καὶ ἐπὶ τῆς γῆς.   D
ἐξουσία ἐν οὐρανῷ καὶ ἐπὶ γῆς. καθὼς ἀπέστηλέν με ὁ πατήρ, κἀγὼ ἀποστέλω ὑμᾶς Θ (cf. J 20.21)
ἐξουσία ἐν οὐρανῷ καὶ ἐπὶ γῆς.   [uw]τ rell

---

lac. 28.14-18 𝔓⁴⁵ N P Q Γ ¦ vss. 15-18 C ¦ vs. 18 G ¦ vss. 17-18 L

A 15 εποιησα L ¦ δεφημισθη L* ¦ διεφημεισθη Ω 28 ¦ διεφημηθη 1424 ¦ μεχρη U 13 ¦ τοις (της) 13 **17** ιδωντες 2* 579 **18** εδωθη
Gˢᵘᵖ Θ Ω 579 1346 ¦ εδωθει 1424 ¦ μι (μοι) 13 124 788 ¦ γεις 2

B 16 ιϛ B א A 𝔐 K L M S U W Δ Π Ω f¹ 118 f¹³ 124 2 33 28 157 565 579 700 788 1071 1346 1346 1424 ¦ της D **18** ιϛ B א A 𝔐
K M S U W Δ Π Ω f¹ 118 f¹³ 124 2 33 28 157 565 579 700 788 1071 1346 1424 ¦ της D ¦ ουνω 𝔐 Gˢᵘᵖ K M S U Π Ω f¹ 118
f¹³ 124 2 33 28 565 579 700 788 1071 1346 1424

C 15 ευα εωθ ᾱ 157 ¦ τελ 124 579 **16** αρχη: αναστασημον (αναστασιμον 2) ᾱ τω καιρω εκεινω: E 2 ¦ αρχη F 1424 ¦ αρχη:
αναστασιμον ᾱ τω καιρω, οι ενδεκα G ¦ αναστ ᾱ τω κ, οι ενδεκα μαθ. H ¦ αρχ: εωθ ᾱ τω κ,ρ,ω εκε, επορευθησαν οι ενδεκα
μαθθ Y ¦ Μθ εωθ ᾱ τω καιρ, επορευθησαν οι ια μθμθ εις, M ¦ εωθ τω κ S ¦ αρχ: ᾱ τω κ,ρω οι δε ενδεκα Θ ¦ (ante εις την)
ευαγγελι εωθ ᾱ τω καιρω επορ,ε οι ια μαθ Ω ¦ αρχ ριϛ εωθ ινα τω καιρω οι ενδεκα μαθη f¹ ¦ αρχ ριϛ ευα εωθ ᾱ τω καιρω
εκεινω οι εν 118 ¦ αρχ εωθ ᾱ f¹³ 788 1346 ¦ αρχ ευα εωθ ᾱ 124 ¦ αρχ εωθιν̈ ᾱ τω καιρω εκεινω οι ενδεκα μαθτ 28 ¦ αρχ:
εντευθεν ληψ εωθα ᾱ 1071

D 15 τνζ̄ G **16** τνζ̄/ᾱ E ¦ τνζ̄ F H K M 2 579 ¦ τνζ̄/ϛ 1424 ¦ τνϛ̄ 1071 ¦ Ευ Μθ τνζ̄ : Μρ σλζ̄ : Λο τμγ̄ : Ιω ριγ̄ E **18** τνη̄/β E ¦ τνη̄ F G
H 2 579 ¦ τνη̄/ι 1424 ¦ Ευ Μθ τνη̄ : Μρ σλη̄ : Λο τμϛ̄ : Ιω . E

19 πορευθέντες οὖν μαθητεύσατε πάντα τὰ ἔθνη, βαπτίσαντες   B [w]
19 <u>πορεύεσθαι</u> <u>νῦν</u> μαθητεύσατε πάντα τὰ ἔθνη, βαπτίσαντες   D
19 πορευθέντες οὖν μαθητεύσατε πάντα τὰ ἔθνη, <u>βαπτίζοντες</u>   W Δ Θ Π *f*¹·¹³ 118 33 565 1071 1346 **u**[**w**]τ
19 πορευθέντες   μαθητεύσατε πάντα τὰ ἔθνη, <u>βαπτίζοντες</u>   ℵ A 𝔐 K M U 1582ᶜ 69 124 2 28 157 579 700 788 1424

αὐτοὺς εἰς τὸ ὄνομα τοῦ πατρὸς καὶ τοῦ υἱοῦ καὶ τοῦ ἁγίου πνεύματος, **20** διδάσκοντες   B **uw**τ rell
αὐτοὺς εἰς τὸ ὄνομα τοῦ πατρὸς καὶ   υἱοῦ καὶ τοῦ ἁγίου πνεύματος, **20** διδάσκοντες   D

[Cl Exc 76.3 και τοις αποστολοις εντελλεται περιιοντες κηρυσσετε ακι τους πιστευοντας <u>βαπτιζετε</u> <u>εις</u> <u>ονομα</u> <u>πατρος</u> <u>και</u> <u>υιου</u> <u>και</u> <u>αγιου</u> <u>πνευματος</u>].

αὐτοὺς τηρεῖν πάντα ὅσα ἐνετειλάμην ὑμῖν· καὶ ἰδοὺ ἐγὼ μεθ' ὑμῶν εἰμι   B **uw**τ rell
αὐτοὺς τηρεῖν πάντα ὅσα ἐνετειλάμην ὑμῖν· καὶ ἰδοὺ ἐγὼ <u>εἰμι</u> <u>μεθ'</u> <u>ὑμῶν</u>   ℵ D
<u>αὐτοῦ</u> τηρεῖν πάντα ὅσα <u>ἐνετηλάμην</u> ὑμῖν· καὶ ἰδοὺ ἐγὼ μεθ' ὑμῶν εἰμι   2
αὐτοὺς τηρεῖν πάντα ὅσα ἐνετειλάμην <u>ἡμῖν</u>· καὶ ἰδοὺ ἐγὼ μεθ' ὑμῶν   579

πάσας τὰς ἡμέρας ἕως τῆς συντελείας τοῦ αἰῶνος.ᵀ   B ℵ A* D W *f*¹ 33 **uw**
πάσας τὰς ἡμέρας ἕως τῆς συντελείας τοῦ αἰῶνος. Ἀμήν.   Aᶜ 𝔐 K M U Δ Θ Π 118 *f*¹³ 2 28 157 565 579 700 788 1071 1346 1424 τ

---

lac. 28.19-20 𝔓⁴⁵ C G L N P Q Γ

A 19 μαθητευσαται E* ¦ βαπτιζωντες Θ **20** διδασκωντες Gˢᵘᵖ 579 ¦ τηριν ℵ ¦ ενετιλαμην ℵ Θ ¦ ενετειλαμιν E ¦ υμειν D ¦ ημι E* F 28 ¦ ειμει W ¦ συντελιας Θ

B 19 π̅ρ̅ς̅ ℵ A 𝔐 Gˢᵘᵖ K M S U W Δ Π Ω *f*¹ 118 *f*¹³ 69 124 2 33 28 157 565 579 700 788 1071 1346 1424 ¦ υ̅υ̅ A 𝔐 K M U Δ Ω 33 28 565 1424 ¦ π̅ν̅ς̅ ℵ A D 𝔐 Gˢᵘᵖ K M S U W Δ Π Ω *f*¹ 118 *f*¹³ 69 124 2 33 28 157 565 579 700 788 1071 1346 1424

C 20 τελος (post αμην) F² *f*¹³ 124 ¦ τελ της ϛ ωρ τη β̅ τη υμι ρ̅ Y² ¦ τε εκατερων αμην 1424

D 19 τ̅ν̅θ̅/β E ¦ τ̅ν̅θ̅ F H 2 579 ¦ τ̅ν̅θ̅/ϛ 1424 ¦ Ευ Μθ τ̅ν̅θ̅ : Μρ σ̅λ̅η̅ : Λο τ̅μ̅ϛ̅ : Ιω . E **20** (ante και ιδου) τ̅ξ̅/ι̅ E 1424 ¦ Ευ Μθ τ̅ξ̅ : Μρ . : Λο . : Ιω . E

ᵀκατα Ματθαιον B* ¦ κ. Ματθαιον Bᶜ ¦ ευαγγελιον κατα Ματθαιον A U D 2 33 565 700 788 ¦ ευαγγελιον κατα Μαθθαιον ετελεσθη αρχεται ευαγγελιον κατα Ιωαννην D ¦ ευαγγελιον κατα Ματθαιαν (Ματθεον E) E Π ¦ ευα κατ Ματθ στιχχ .β̅χ̅ H ¦ το κατα ματθ ευα εξεδοθ μετα χρονου ητις του χ̅υ̅ αναληψεως: στιχχ .β̅χ̅· υπ θεσεως του κατα ματθ αγ ευα: Gˢᵘᵖ ¦ κατα ματθ το ευα· επιγεγραπται επειδη αυτο ο ματθαιο ο μαθητης του κ̅υ̅. συνεγραψατο το ευα τουτ διηγειτ ·· εξ αρχ. του κατ σαρκ γεννησ του σ̅ρ̅ς̅. του εκ απ ερνατ δ̅α̅δ̅ υιου αβρααμ. διο και επ αυτ γενεα λογιαν κατασει· εως του χ̅υ̅ γενεας. περιεχει ·· και το βαπτισμ ι̅ω̅. και τους εν τω ορει παρα του διαβολ πειρασμ. και σημεια και τερατ μεγ γενομεν παρα του σ̅ρ̅ς̅. τ·τν του εμαθητ εκλογ··. και τα του μυστηριου παραδωσιν. και τελ οτ παρεδωθ πιλατ. και εστρωθ τω σωμτ. και τω σωμ ετεθ εν μνημιω. και οι μ·· στρατιωτ διεμερισαντ τα ιματια αυτου. αυτ·· εν τη τριτ ημερα αναστ. ενετειλατ τοις μαθητ. μαθητευειν παντ τα εθνη ·· βαπτιζειν αυτ επαγγειλαμενο ειναι <u>μετ</u>ατ······. πασας τας ημερας Gˢᵘᵖ ¦ ευαγγελ κατα ματθειιον :: εγραφη εβραισι εν παλαις τινη μετα ηστητης αναληψεως του κ̅υ̅ εχευ δε ργνατα β̅ φ̅κ̅β̅· στιχους β̅φ̅ζ̅ 124 ¦ ευαγγελιον κατα ματθ στιχ /β̅χ̅ 28 ¦ το κατα Ματθ ευαγγελιον εξεδοθ υπ αυτου εν ιλημ μετα χρονους η της του χυ αναληψεως K 28 ¦ θεο δουλε εξαρπασονσο σε το γενοσυμε̅ 28³ ¦ ευαγγελ, κατ ματθ στιχχ /β̅ψ̅ K ¦ ευαγγελιον κατ Ματθ στιχχ /β̅χ̅ το κατα Ματθ ευαγγελιον εξεδοθη υπ αυτου εν ιλημ μετα χρονους οκτω της χυ αναληψεως S ¦ ι̅υ̅ σωσον με μιχαηλ σον οικετην S ¦ ευαγγελιον κατα Ματθεον W ¦ το κατ ματθ ευαγγελ, εξεδοθη υπ αυτου εν ιερουσαλημ μετ χρονους οκτω της του χ̅υ̅ αναληψεως Ω ¦ εκ τ καταμαθεται ου ενα εγραφη εβραιστη εν παλαις τη ηι μετα η επι της αναληψεως του κυ εχ δε ρηματα μφ κυ εχ δε στιχχ μ̅φ̅ξ̅ 13 ¦ ευαγγελιον κατα Ματθαιον εγραφεν και αντεβληθη εκ των εν ιεροσολυμοις παλαιων αντιγραφων των εν τω αγιω ορει αποκειμενων εν στιχοις /β̅υ̅π̅δ̅· κεφαλαιοις τριακοσιοις πεντηκοντα επτα 157 ¦ ευαγγελιον κατα Ματθ εγραφη και αντεβληθ εκ των ιεροσολυμων παλαι αντιγραφοντ εν τω αγιω ορει: αποχειμενων εν στιχοις /β̅φ̅ 1071 ¦ το κατα Ματθαιον ευαγγελιου 1346 ¦ ευαγγελιον κατα Ματθαιον αμην 1424

Codex K (Cyprius)

κανων πρωτος εν ω̄ οι τεσσαρες

ματθ	μρ	λου.	ιω
η	β	ζ	ι
ια	δ	ι	ς
ια	δ	ι	ιβ
ια	δ	ι	ιδ
ια	δ	ι	κη
ιδ	ε	ιζ	ιε
κγ	κζ	ιζ	μς
κγ	κζ	λδ	μς
κγ	κζ	με	μς
νγ	ρκε	ρκε	ρκη
νγ	ρκε	ρκε	ρλγ
νγ	ρκε	ρκε	ρλζ
νγ	ρκε	ρκε	ρη
ο	κ	λζ	λη
πζ	ρλθ	ση	ρμ
πζ	ρλθ	ση	ρμα
πζ	ρλθ	ση	ρμς
ϙς	ϙς	ρις	ρκ
ϙη	λζ	ρις	ρια
ϙη	λζ	ρις	μ
ϙη	λζ	ρις	ρκθ
ϙη	λζ	ρις	ρλα
ρλγ	ν	οζ	ρθ
ρμα	ν	ιθ	νθ
ρμβ	να	κα	λε
ρμς	ξγ	ϙβ	μζ
ρμζ	ξδ	ϙγ	μθ
ρμθ	ξς	λε	να
ρμθ	ξς	μγ	να
ρξς	πβ	ϙδ	πβ
ρο	πε	ϙς	ρε
ρο	πε	σια	ρε.

ματθ	μρ	λου.	ιω
σς	ριη	σλβ	ρλα
σθ	ριθ	σλδ	ρ
σια	ρκα	σλε	κα
σις	ρκα	ρκε	ρκη
σις	ρκε	ρκε	ρλγ
σις	ρκε	ρκε	ρλζ
σις	ρκε	ρκε	ρν
σκ	ρκε	σλθ	οζ
σκ	ρκε	σλθ	πε
σκ	ρκε	σλθ	πη
σμα	λθ	σν	ρμ
σμα	λθ	σξα	ρμς
σοδ	ρνς	σξ	κ
σοδ	ρνς	σξ	μη
σοδ	ρνς	σξ	ϙς
σος	ρνη	οδ	ϙη
σπ	ρ̅ξβ	σξθ	ρκβ
σπδ	ρξε	σξς	νε
σπδ	ρξε	σξς	ξγ
σπδ	ρξε	σξς	ξε
σπδ	ρξε	σξς	ξζ
σπθ	ρο	σοε	ρκς
σϙ	ρο	σοε	ρκς
σϙα	ροβ	σοθ	ρνς
σϙδ	ροε	σπα	ρξα
σϙε	ρς	σπβ	νζ
τ	ρπα	σπε	οθ
τ	ρπα	σπε	ρνη

τελος κανόνο τεταρτ,

κανων δευτερος εν ω̄ οι τρεις

ματθ	μρ	λου
ρϙθ	ριδ	ρογ
σα	ριδ	σκβ
σα	ριβ	σκβ
σγ	ριδ	σο
σε	ρις	σκδ
σς	ριζ	σλβ
ση	ριη	σλγ
σιη	ρκζ	σμ
σιθ	ρκη	σμα
σκγ	ρα	σμγ
σκε	ρλδ	σμε
σκς	ρλγ	σμδ
σκθ	ρλε	ρλζ
σλβ	ρλς	ροθ
σμβ	ρλζ	σλζ
σμβ	ρλζ	σμη
σμγ	ρλη	σμθ
σμη	ρμγ	σθ
σμη	ρμγ	σνγ
σμθ	ρμδ	σνδ
σνα	ρμς	σνε
σνγ	ρμη	σδ
σνε	ρμη	σβ
σνε	ρμη	σδ
σνη	ρν	σνζ
σνθ	ρνα	σνη
σξγ	ργ	σνε
σξγ	ρπε	ρνε
σξδ	ρνγ	ρνς

κανων δευτερος εν ω̄ οι τρεις

ματθ	μρ	λου
σξδ	ρνε	ρνς
σξθ	ρνδ	σκη
σουα	μβ	πα
σοα	μβ	σα
σοη	ρξι	ρνο
σπα	ρξγ	σκη
σπε	ρξς	πα
σπε	ρξς	σλ
σϙς	ροξ	σπ
σϙς	ροζ	σπδ
τα	ρπβ	σπς
τη	ρπθ	τε
τιβ	ρϙγ	σϙθ
τις	ρϙξ	σϙγ
τιζ	ρϙη	σϙε
τκβ	σε	τθ
τκε	σκβ	τι
τλη	σιη	τκβ
τλθ	σιθ	τκε
τμ	σκ	τν
τμβ	σκβ	τκγ
τμδ	σκδ	τκη
τμς	σκε	τλδ
τνδ	σλβ	τλζ
τνδ	σλβ	τλη
τνη	σλη	τμβ
τνθ	σλη	τμβ
τνθ	σμα	τμβ

τελος κανόν̄ δευτερος

κανων γ̅ εν ω̅ οι τρεις   κανων δ̅ εν ω̅ οι τρεις   κανω̅ ζ̅ εν ω̅ οι δυο

ματθ	μρ	λου	ματθ	μρ	λου	ματθ	ιω	λου	μρ
α	ιδ	α	ιη	ν	κς	ε	πγ	κγ	ιβ
α	ιδ	γ	ιζ	κς	ϙη	ιθ	ιθ	κε	ιδ
α	ιδ	ς	ιζ	κς	ϙε	ιθ	λβ	κζ	ις
ζ	ς	β	ρν	ξζ	να	ιθ	λδ	κζ	κη
ζ	ς	κε	ρν	ξζ	ϙγ	ρκ	πβ	κη	ιζ
νθ	ξγ	ρις	ρξα	ος	κγ	ρπε	σιε	πδ	μη
ξδ	ξε	λζ	ρξα			σζ	ρα	ϙα	ξα
ϙ	νη	ριη	ρξα	ος	νγ			ρ	οε
ϙ	νη	ρλθ	σδ	ριε	ϙα			ργ	ϙζ
ϙζ	σια	ρε	σδ	ριε	λε			σος	σις
ρια	ριθ	ρμη	σος	ρνθ	ϙη				
ρια	ριθ	λ							
ρια	ριθ	ριδ	σοθ	ρξα	οβ				
ριβ	ριθ	πζ	σοθ	ρξα	ρκδ				
ριβ	ριθ	μη	σπζ	ρξη	ρνβ				
ριβ	ριθ	ξα							
ριβ	ριθ	π	σϙγ	ροδ	ρζ				
ριβ	ριθ	ος	σϙθ	ρπ	ργ				
ριβ	ριθ	ϙ	τζ	ρπη	ρξδ				
ριβ	ριθ	ρνδ	τκα	σα	ρπ				
ριβ	ριθ	ρμβ	τκθ	σζ	ρπε				
			τλγ	σια	σγ				

τελος κανόνο τρίτο   τελος κανόνος ζ   τελος κανόνος η̅

κανω̅ θ̅ εν ω̅ οι δυο   κανω̅ ι̅ εν ω̅ ματθ ιδιως   κανων ι̅ εν ω̅ μαρκ, ιδιως   κανων ι̅ εν ω̅ λουκ, ιδιως   κανων ι̅ εν ω̅ ι̅ω̅ ιδιως

λου	ιω	ματθ	ματθ	μρ	λου	λου	λου	ιω	ιω	ιω
λ	σιθ	β	ροα	ιθ	α	ρμγ	σκζ	δ	οη	ρνγ
λ	σκγ	δ	ροζ	λα	γ	ρμθ	σλς	ζ	πα	ρνε
σζβ	ρκ	ς	ρπα	μγ	ε	ρνα	σνβ	ο	πδ	ρνζ
σξβ	ρκδ	ιγ	ρπδ	μς	θ	ρνδ	σνς	ια	πς	ρνθ
σοδ	σκε	κδ	ρπς	νη	ιβ	ρξγ	σνθ	ιγ	πθ	ρξγ
σοδ	σκζ	κη	ρπη	ξβ	κ	ρξδ	σξδ	ις	ϙα	ρξε
σοδ	σλα	λγ	ρϙα	ο	κβ	ρξε	σοα	ιη	ϙδ	ρξζ
τγ	ρϙ	λε	ρϙς	οδ	κθ	ρξς	σογ	κβ	ϙζ	ρξθ
τζ	ρϙ	λζ	σ	πα	λα	ροδ	σος	κδ	ϙθ	ροα
τιβ	ρϙ	λθ	σι	πη	ν	ρος	σοη	κζ	ρβ	ρογ
τγ	ρπς	μβ	σιβ	ϙ	να	ροη	σος	κθ	ρδ	ροζ
τζ	ρπς	με	σιη	ϙδ	ξζ	ρπ	σπη	λα	ρς	ροθ
τιβ	ρπς	νβ	σκβ	ρα	ξη	ρπγ	σϙς	λγ	ρζ	ρπα
τγ	ρπβ	νς	σκζ	ρδ	οβ	ρπη	σϙη	λς	ρι	ρπθ
τζ	ρπβ	οε	σλ	ρκγ	οε	ρϙ	τα	λθ	ρι	ρϙα
τιβ	ρπβ	πα	σλγ	ρλβ	ϙ	ρϙβ	τδ	μα	ριβ	ρϙγ
τμ	σιγ	ρθ	σλε	ρπς	ϙδ	ρϙς	τς	μβ	ριε	ρϙε
τμ	σιζ	ϙθ	σλθ	σιγ	ρς	σα	τη	μγ	ριζ	σ
τμα	σκβ	ρα	σμε	σλθ	ρξ	σγ	τι	μδ	ριθ	σβ
τμα	σκγ	ρς	σξη		ριγ	ση	τκ	με	ρκγ	σε
		ρθ	σογ		ριζ	σι	τκς	ν	ρκε	σζ
		ριγ	σπγ		ρκβ	σιδ	τλθ	νβ	ρκζ	σι
		ριε	τγ		ρκη	σκγ	τμβ	νδ	ρλ	σιβ
		ριη	τιθ		ρλα	σκε		νς	ρλβ	σιδ
		ρκς	τκδ					νη	ρλδ	σις
		ρλς	τκζ					ξ	ρλς	σιη
		ρμ	τμε					ξβ	ρλη	σκ
		ρνα	τνα					ξδ	ρμ	σκα
		ρνε	τνε					ξς	ρμγ	σκδ
		ρξζ	της					ξη	ρμε	σκς
								οα	ρμζ	σκη
								ογ	ρμθ	σλ
								οε	ρνα	σλβ

τελος   κανόνος

τελος κανονος ι̅   τελος κανονος ι̅   τελος κανονος ι̅   τε̂ κανονος ι̅

298

Μθ	Μρ	Λο	Ιω
η	β	ζ	ι
ια	δ	ι	ι
ια	δ	ι	ς
ια	δ	ι	ιβ
ια	ε	ι	κη
ια	κζ	ιγ	ιε
κγ	κζ	ιζ	μς
κγ	κ	μ	μς
κγ	ϙς	με	μς
ο	ϙς	λζ	λη
ϙη	ϙς	ρις	ρκ
ϙε	ϙς	ρις	ριδ
ϙη	ϙς	ρις	μ
ϙη	ϙς	ρις	ρκθ
ϙη	λζ	ρις	ρλα
ϙη	ν	οζ	ρθ, ρλα
ρλγ	να	ιθ	νθ
ρλδ	ξδ	κα	λε
ρμα	πβ	ϙγ	μθ
ρμβ	πβ	ϙδ	οδ
ρνζ	ρλθ	ϙδ	ιζ
ρμζ	ρκα	σλδ	ρ
ρξς	ρκβ	σλη	κα
σθ	ρκβ	σλθ	πε
σια	ρκβ	σμβ	πη
σκ	ρλθ	σξα	οζ
σκ	ρλθ	σν	ρμθ
σκ	ρνς	σξ	ρμα
σμδ	ρνς	σξ	κ
σμδ	ρνς	σξ	μη
σοδ	ρνη	σοδ	ϙς
σοδ	ρξβ	σξε	ϙη
σοδ	ρξε	σξς	ρκβ
σος	ρξε	σξς	νε
σπ	ρξε	σξς	ξγ
σπδ	ρξε	σξς	ξε

Μθ	Μρ	Λο	Ιω
σπδ	ρο	σοε	ξζ
σπδ	ροβ	σοθ	ρκς
σπδ	ροε	σπα	ρνς
σπθ	ρος	σπβ	ρξα
σϙα	ρος	σπβ	ρος
σιδ	ρπα	σπε	ροζ
σϙε	ρπα	σπε	ροη
σϙε	ρπγ	σπζ	ρπβ
τ	ρπδ	σπθ	ρος
τ	ρπς	σϙ	ροζ
τβ	ρπζ	σϙ	ροη
τδ	ρϙδ	σϙδ	ρπβ
τς	ρϙδ	σϙδ	ρπγ
τς	ρϙε	σϙα	ρπς
τιγ	ρϙς	σϙα	ρπζ
τιγ	ρϙθ	σϙβ	ρος
τιδ	σ	τ	ροζ
τιδ	σδ	τβ	ροη
τις	σε	τγ	ρπδ
τιη	σς	τιδ	ρπς
τκ	σν	τιγ	ρπζ
τκε	σθ	τιδ	ρπη
τκς	σι	τιε	ρϙβ
τκς	σιβ	τιη	ρϙγ
τκη	σιδ	τκ	ρϙδ
τλα	σιε	τκα	ρϙς
τλβ	σις	τκβ	ρϙη
τλε	σιθ	τκγ	ρϙθ
τλς	σκα	τλβ	σδ
τλζ	σκγ	τλγ	σς
τλη	σκε	τλδ	ση
τμς	σκς	τλε	σθ
τμη	σκη	τλς	σι
τμθ	σλα	τλς	σια
τνβ	σλβ	τλη	σιβ
τνβ	σλγ	τλη	σιε

καν, β + ενω οι γ̄

Μθ	Μρ	Λο
ιε	ϛ, ι	ιε
κα	ρβ	λβ
λα	λθ	ρπε
λβ	μα	ρλγ
λβ	ιγ	οθ
ν	ιη	νς
ξβ	ιε	δ
ξβ	μζ	κδ
ξγ	κα	λγ
ξς	κβ	κς
ξη	κβ	λη
οα	κγ	λθ
οβ	μθ	ρκς
οβ	νβ	μ
ογ	κθ	πε
ος	λ	ρξθ
οθ	νγ	πς
π	νγ	μδ
πβ		πζ
πγ	νδ	π, πη
πγ	νε	ριβ
πε	νς	ρια
πε	νζ	πη
πη	ρμα	ρμη
πθ	ρμα	ρνα
ϙβ	μ	π
ϙγ	πς	οζ
ϙδ	πς	μς
ϙε	λ	ο
ργ	κδ	μα
ριδ	κε	μβ
ρις	λβ	ρκζ
ρκα	λγ	ρκθ
ρκβ	λδ	ρμζ
ρκγ	λθ	πβ
ρλ	λς	πβ

Μθ	Μρ	Λο
ρλα	λη	ος
ρλς	μδ	πη
ρλζ	νζ	ρξζ
ρμγ	νθ	ϙ
ρμθ	ξς	ια
ρμθ	ξς	μγ
ρνγ	ξθ	λε
ρνδ	οθ	λς
ρξδ	πγ	ρμδ
ρξη	πγ	ϙε
ρξη	πε	ος
ρο	πζ	ϙς
ροβ	ϙα	ϙη
ροδ	ϙγ	ϙθ
ρος	ϙε	ρα
ροη	ϙε	ρβ
ροη	ϙθ	σιζ
ροθ	ϙε	ρϙζ
ρϙ	ϙς	ρϙθ
ρϙβ	ϙζ	ρϙε
ρϙγ	ϙζ	σις
ρϙγ	ρη	σκα
ρϙδ	ρη	σιβ
ρϙδ	ρια	σνα
ρϙε	ριδ	σιθ
ρϙη	ρις	σκ
ρϙθ	ριζ	σκα
σα	ρκ	σογ
σγ	ρκα	σκβ
σε	ρκζ	σο
σς	ρκη	σκλ
ση	ρλ	σλβ
σιζ	ρλα	σλγ
σιθ	ρλγ	σμ
σκγ	ρλε	σμα
σκε	ρλς	σμγ

Μθ	Μρ	Λο
σκς	ρλζ	σμε
σκθ	ρλζ	σμδ
σκθ	ρλη	σλζ
σμβ	ρμγ	σμθ
σμβ	ρμγ	σμζ
σμγ	ρμδ	σμζ
σμη	ρμς	σμη
σμη	ρμη	σμθ
σμθ	ρν	σθ
σνα	ρνα	σνγ
σνγ	ρνε	σνδ
σνδ	ρνδ	σνε
σνη	μβ	σδ
σξδ	ρξ	σνζ
σξθ	ρξγ	σνη
σοα	ρξς	σνς
σοη	ρξς	σκη
σπα	ροζ	σλ
σπε	ροζ	σξγ
σπε	ρπβ	σξη
σϙς	ρπθ	σζε
σϙς	ρϙγ	σξζ
τα	ρϙζ	σπ
τη	ρϙη	σπδ
τιβ	σβ	σπς
τις	σιη	τε
τιζ	σιθ	σϙε
τκβ	σκ	σϙγ
τκη	σκδ	σϙε
τλθ	σκδ	τθ
τμ	σκε	τκβ
τμβ	σκς	τκε
τμδ	σκζ	τκζ
τμς	σλα	τκγ
σνγ	σλβ	τκη
τνδ	σλγ	τλζ

καν, δ ενω οι γ̅   καν, ε ενω οι β̅   καν, ε̅ ενω οι β̅

Μθ	Μρ	ιω
ιη	η	κϛ
ριζ	κϛ	ϙγ
ριζ	κϛ	ϙε
ρν	κζ	ϙϛ
ρξα	οϛ	να
ρξα	οϛ	νγ
σδ	ριε	ϙα
σδ	ριε	ρλε
σιϛ	ρκε	ρν
σιϛ	ρκε	ρκη
σιϛ	ρκε	ρλγ
σιϛ	ρκε	ρλζ
σοζ	ρπδ	ρπδ
σοθ	ρπϛ	ρπζ
σοθ	ρπζ	ρπη
σοζ	ρπη	ρπθ
τκα	σα	ρϙγ
τκα	σγ	ρϙδ
τκγ	σε	ρϙϛ
τκε	σϛ	ρϙθ
τκθ	σθ	σγ
τλγ	σια	σζ

Μθ	Λο
γ	β
ι	η
ιβ	ια
ιϛ	ιγ
κε	μϛ
κϛ	μη
κη	μθ
λα	να
λδ	ρϙδ
λϛ	ρξβ
λη	νγ
μ	νβ
μα	νε
μγ	ρκγ
με	ρνε
μθ	ρλδ
να	ρνϛ
νγ	ρνθ
νε	ρκε
νϛ	νδ
νζ	ρο
νη	ξα
ξ	ροα
ξα	ξβ
ξε	ξϛ
ξϛ	ρε
ξη	ρη
ξη	ο
πδ	ρια
πε	ριβ
πϛ	ριδ
πζ	ριϛ
ϙγ	ριζ
ϙε	ρμα
ϙϛ	ρξβ
ϙζ	ρογ

Μθ	Λο	Μθ	Λο
ρβ	ξθ	σμα	ροε
ρδ	οα	σνε	σβ
ρϛ	ϙγ	σνϛ	σε
ρζ	ογ	σνζ	σιγ
ρι	ριε	σξα	σζ
ριϛ	ριη	σξβ	σιβ
ριϛ	ρξε	σξε	ρνζ
ριζ	ροζ	σξζ	ρνη
ριθ	ρκϛ	σξθ	σκθ
ρκε	ξβ	σο	σλα
ρκϛ	ρκη	σοβ	σλγ
ρκζ	ρλβ		
ρκθ	ρλ		
ρλβ	ρλγ		
ρλε	ρκ		
ρλη	ρκη		
ρνϛ	νζ		
ρνη	σκϛ		
ρξβ	ρξα		
ροβ	σ		
ρπβ	ρπζ		
ρπβ	ρπθ		
ρπγ	ρϙη		
ρπζ	ρϙθ		
ρϙζ	σοβ		
σιγ	σοζ		
σκα	ροα		
σκη	ρλθ		
σλα	ροε		
σλα	σιε		
σλδ	ρμβ		
σλϛ	ρλϛ		
σλζ	ρλζ		
σλη	ρλη		
σμ	ρμδ		
σμα	ρμε		

καν, ϛ ενω οι β̅   καν, ϛ εμω πο β̅   καν, ζ εμω πο β̅   καν, η ενω οι β   καν, θ ενω οι β̅

Μθ	Μρ
θ	γ
ιζ	δ
κ	ε
κβ	ια
μδ	ρκϛ
οζ	ξγ
πζ	ρλθ
ρ	ϙη
ρλη	με
ρμη	ξα
ρμθ	ξε
ρξ	ξη
ρνδ	οα
ρνζ	οβ
ρνθ	ογ
ρξ	οϛ
ρξγ	οη
ρξε	π
ρξθ	πδ
ρογ	πθ
ρπ	ρ
ρπθ	ργ
σβ	ριγ
σιδ	ρκ
σιε	ρκα
σκδ	ρλα
σμϛ	ρμ
σμζ	ρμβ
σν	ρμε
σνβ	ρμζ
σνδ	ρμθ
σξ	ρνβ
σξγ	ρνγ
σοε	ρνζ
σπ	ρξδ
σπϛ	ρξζ

Μθ	Μρ
σπη	ρξθ
σϙ	ροα
σϙβ	ρογ
σϙη	ροε
τε	ρϙ
τθ	ρϙβ
τια	ρϙβ
τα	σζ
τλζ	σκδ
τμδ	σκϛ
τμζ	σκθ
τν	σλ

ενω μθ   ιδιως

Μθ	Μθ	Μθ
β	ρα	σ
δ	ρϛ	σι
ϛ	ρθ	σιβ
ιγ	ριγ	σιη
κα	ριε	σκβ
κζ	ριη	σκζ
κθ	ρκδ	σλ
λα	ρκϛ	σλγ
λγ	ρλϛ	σλθ
λϛ	ρμ	σμε
λθ	ρνα	σξη
μβ	ρνε	σογ
με	ρξζ	τιθ
νβ	ροα	σπγ
νϛ	ροϛ	σϙ
οε	ρπα	τκα
πα	ρπδ	τμε
πθ	ρπϛ	τνα
ϙα	ρπη	τνα
ϙθ	ρϙα	τνε

Μθ	Ιω
ε	πγ
ιθ	ιθ
ιθ	λβ
ιθ	λδ
ρκ	πβ
ρπε	ιε
σζ	ρα

Λο	Μκ
κγ	ιβ
κε	ιδ
κζ	ιϛ
κζ	κη
κη	ιζ
πδ	μη
πθ	νϛ
ϙα	ξα
ρ	οε
ρϙ	ϙζ
ρζ	ρλϛ
σοζ	σιϛ
τ	σλ
λε	

ενω μρ   ιδιως

Μκ	Μκ
ιθ	πη
λα	ϙβ
μγ	ϙδ
μϛ	ρα
νη	ρδ
ξβ	ρκγ
ο	ρλβ
οδ	ρπϛ
πα	σιγ

Λο	Ιω
λ	σιθ
λ	σκγ
σξβ	ρικ
σξβ	ρκα
σοδ	σκε
σοδ	σκζ
σοδ	σλα
τγ	ρϙ
τζ	ρϙ
τιβ	ρϙ
τιγ	ρπϛ
τζ	ρπϛ
τιβ	ρπϛ
τγ	ρπβ
τζ	ρπβ
τιβ	ρνβ
τμ	σιγ
τμ	σιζ
τμα	σκα
τμα	σκγ
τμα	σκε

Κανωνα Εν ω οι α̅

Μτ	Μρ	Λο	Ιω	Μτ	Μρ	Λο	Ιω	Μτ	Μρ	Λο
η	β	η	ι	τκη	σϛ	τιδ	ρϙϛ	ιε	ϛ	ιε
ια	δ	ι	ϛ	τλα	σθ	τιε	ρϙζ	κα	ι	λβ
ια	δ	ι	ιβ	τλβ	σι	τιη	ρϙζ	λα	ρβ	ρπε
ια	δ	ι	ιδ	τλδ	σιβ	τκα	σα	λβ	λθ	ρλγ
ια	δ	ι	κη	τκ	σ	τβ	ροη	λβ	λθ	οθ
ιδ	ιε	ιγ	ιε	τκι	σδ	τι	ρπδ	ν	μα	νϛ
κγ	κη	ιη	μϛ	τκϛ	σε	τι	ρπη	ξβ	ιγ	δ
κγ	κη	λδ	μϛ	τκϛ	σε	τιγ	ρϙδ	ξβ	ιγ	κδ
κγ	κζ	με	μϛ	τκη	σς	τιδ	ρϙϛ	ξγ	ιη	λγ
ο	κ	λζ	λη	τλα	σθ	τιε	ρϙζ	ξβ	ιε	κϛ
ϙη	ϙϛ	ριϛ	ρκ	τλβ	σι	τιη	ρϙζ	ξθ	μξ	πγ
ϙη	ϙϛ	ριϛ	ρια	τλδ	σιβ	τκα	σα	οα	κα	λη
ϙη	ϙϛ	ριϛ	μ	τλε	σιδ	τκδ	ρϙθ	οβ	κβ	λθ
ϙη	ϙϛ	ριϛ	ρκθ	τλϛ	σιε	τιη	ρϙη	οβ	κβ	ρπϛ
ϙη	ϙϛ	ριϛ	ρλα	τλϛ	σιε	τιθ	ρϙη	ογ	κγ	μ
λγ	λζ	οζ	ρθ	τμγ	σκγ	τκθ	σδ	οδ	μθ	πϙ
ρμα	ν	ιθ	νθ	τμη	σκη	τλβ	σϛ	οϛ	νβ	ρξθ
ρμβ	νη	κα	λε	τμθ	σκη	τνι	σζ	οθ	νθ	σϛ
ρμζ	ξδ	ϙγ	μθ	τνβ	σλα	τλϛ	σθ	π	λ	μδ
ρξϛ	πβ	ϙδ	οδ	τνβ	σλα	τλϛ	σια	πβ	νγ	πη
ρξϛ	πβ	ϙδ	οζ	τε	σος	τος	α	πβ	νγ	ρι
σθ	ριθ	σλδ	ρ					πγ	νδ	πη
σιη	ρκα	σλη	κα	κ,α	νομος			πγ	νδ	ριβ
σκ	ρκβ	σλθ	πε					πε	νε	ριδ
σκ	ρκβ	σμβ	πη					πε	νε	πη
σκ	ρκθ	σξα	οη					πη	ρμα	ρμη
σμα	ρλθ	σν	ρμϛ					πη	ρμα	σνα
πη	ρλθ	σν	ρμα					ϙβ	μ	π
σοδ	ρνϛ	σξ	κ					ϙδ	πϛ	ϙη
σοδ	ρνϛ	σξ	μη					ϙδ	πϛ	ρμϛ
σοδ	ρνϛ	σξ	ϙϛ					ργ	α	ο
σοϛ	ρνη	οδ	ϙη					ριδ	κδ	ˆμα
σπ	ρξβ	σξθ	ρηβ					ριϛ	κε	μβ
σπδ	ρξε	σξϛ	νε					ριϛ	κε	ρξε
σπδ	ρξε	σξϛ	ξγ					ριϛ	κε	ροζ
σπδ	ρξε	σξϛ	ξζ					ρκα	λβ	ρκζ
σπδ	ρξε	σξϛ						ρκβ	λγ	ρκθ
σπθ	ρο	σοε	ρκζ					ρκγ	λδ	ρμζ
σϙα	ροβ	σοθ	ρνϛ					ρλ	λε	πβ
σϙδ	ροε	σπα	ρξα					ρλα	λϛ	οϛ
σϙε	ροϛ	σπβ	νζ							
σϙε	ροϛ	σπβ	μβ							
τ	ρπα	σπε	ρνη							
τ	ρπα	σπε	οθ							
τβ	ρπγ	σπζ	ρξ							
τδ	ρπδ	σπθ	ρο							
τϛ	ρπϛ	σϙ	ρξβ							
τϛ	ρπη	σϙ	ροδ							
τι	ρϙα	σϙη	ξθ							
τιγ	ρϙδ	σϙδ	ροβ							
τιδ	ρϙε	σϙα	ρξη							
τιδ	ρϙε	σϙα	ρξϛ							
τιε	ρϙϛ	σϙβ	ροε							
τιη	ρϙθ	τ	ροϛ							

Μτ	Μρ	Λο	Μτ	Μρ	Λο	Μτ	Μρ	Λο
ρλε	λη	οη	ρϙθ	ρια	νογ	σοα	μβ	σλ
ρλζ	μδ	ρξζ	σα	ριβ	σηβ	σοη	ρξ	σξγ
ρμγ	νϙ	ϙ	σγ	ριδ	σθ	σπα	ρξγ	σξη
ρμδ	νθ	ιβ	σε	ρις	σκδ	σπε	ρξς	σἐβ
ρμθ	ξς	μγ	σς	ριη	σλβ	σπε	ρξς	σξη
ρμθ	ξς	λε	ση	ριη	σλγ	σϙς	ροη	σπ
ρνγ	ξθ	λς	σιη	ρκη	σμ	σϙς	ροζ	σπδ
ρξδ	οθ	ρμδ	σιθ	ρκη	σμα	τα	ρπβ	σπς
ρξη	πγ	ϙε	σκι	ρλ	σμγ	τη	ρπθ	τε
ρξη	πγ	ϙς	σκι	ρλδ	σμε	τιβ	ρϙγ	σϙθ
ρο	πε	ϙς	σκη	ρλγ	σμδ	τις	ρϙη	σϙθ
ροβ	πζ	ϙη	σκθ	ρλε	ρλη	τιζ	ρϙη	σϙε
ροδ	ϙα	ϙθ	σκθ	ρλε	σμς	τκβ	σβ	τθ
ρος	ϙγ	ρα	σμβ	ρλβ	σλη	τλη	σιη	τκβ
ροη	ϙε	ρβ	σμβ	ρλβ	σμη	τλθ	σιθ	τκε
ροη	ϙε	σιβ	σμγ	ρλη	σμθ	τμ	σκη	τκη
ροθ	ϙθ	ρϙβ	σμη	ρμγ	σθ	τμβ	σκβ	τκγ
ρς	ρε	ρϙι	σμη	ρμγ	σνγ	τμδ	σκδ	τκη
ρϙβ	ρϙ	ρις	σμθ	ρμδ	σμδ	τμς	σκε	τλ
ρϙγ	ρζ	ρκα	σνα	ρμς	σνε	τνδ	σλβ	τλη
ρϙγ	ρη	σιη	σνγ	ρμη	σδ	τνδ	σλγ	τλη
ρϙδ	ρη	ρνβ	σνη	ρν	σμη			
ρϙδ	ρη	σιθ	σνθ	ρνα	σνη	τε	λος	του
ρϙε	ρθ	σκ	σξδ	ρνε	ρνς			
ρϙη	ρι	σηα	σξθ	ρνδ	σκη	β	κα	νονος

Μτ	Λο	Ιω	Μτ	Λο	Ιω
α	ιδ	α	ριη	κς	ϙε
α	ιδ	γ	ρν	ρη	να
α	ιδ	ι	ρξα	ροη	νγ
η	ς	β	ρξα	οζ	νγ
η	α	κε	σδ	ριε	ϙα
ιη	η	κς	σδ	ριε	ρλε
νθ	ξγ	ρις	σις	ρκε	ρν
ξδ	ξε	λη	σις	ρκε	ρνη
ϙ	νη	ριη	σις	ρκε	ρλζ
ϙ	νη	ρλθ	σις	ρκε	ρλγ
ϙζ	σια	ρε	σοζ	σνθ	π
ρια	ριθ	λ	σοε	ρξα	οβ
ρια	ριθ	ριδ	σοθ	ρξα	ρκα
ρια	ριθ	ρμη	σπζ	ρξη	ρνβ
ριβ	ριθ	πζ	σϙς	ροδ	ρη
ριβ	ριθ	μδ	σϙη	ροη	ο
ριβ	ριθ	. ξα	σϙθ	ρπ	ργ
ριβ	ριθ	η	τζ	ρπη	ρξδ
ριβ	ριθ	ρς	τκα	σα	ρπ
ριβ	ριθ	ς	τκα	σα	ρϙβ
ριβ	ριθ	ρνδ	τκγ	σι	ρπγ
ριβ	ριθ	ρμβ	τκθ	ση	ρπε
ρμς	ϙβ	μη	τκθ	ση	ρπη
ριη	κς	ϙγ	τλγ	σια	σγ

πλει	τουτ	καν,ο	τελει	τουτ	καν,ο

302

Κανωνος εν ω οι β̄

Iη	Λο	Iη	Λο	Iη	Λο	Iη	Λο	Iη	Λο
γ	β	μθ	ρν	ϛϛ	ρπθ	ρνη	σκζ	σλη	ρμ
ι	η	να	νθ	ϛϛ	ρπδ	ρξβ	ρξη	σμ	ρμα
ιβ	ια	νγ	ρκε	ρβ	ξθ	ροε	ση	σμα	ροε
ιϛ	ιϛ	νδ	νδ	ρδ	οα	ρπβ	ρπη	σνε	σβ
κε	μϛ	νε	ρο	ρε	ϙγ	ρπβ	ρπθ	σνϛ	σι
κη	μη	νη	ξα	ρη	ογ	ρπγ	οϙη	σνη	σιγ
κϛ	μη	νη	ξ	ρη	ριε	ρπη	ρϙθ	σξα	σζ
λ	μθ	ξ	ροα	ρι	ριη	ρϙη	ροβ	σξβ	σιβ
λδ	ριθ	ξα	ξδ	ριθ	ρκϛ	σιγ	σλε	σξε	ρνη
λϛ	ρξβ	ξε	ροβ	ρκε	ξβ	σκα	ρπα	σξϛ	ρνε
λη	νγ	ξε	ξα	ρκη	ρκη	σκη	ρλθ	σλβ	ρνη
μ	νβ	ξη	ρε	ρκη	ρλβ	σλα	ροθ	σα	σκθ
μα	νε	οη	ρη	ρθ	ρλ	σλα	σιε	σοβ	σλα
μγ	ρκγ	πδ	ρια	ρλβ	πα	σλβ	ρμβ		
μϛ	ρνγ	πη	ρθ	ρλδ	ρκ	σλδ	ρλϛ	τελος	του ε
μη	ρλδ	ϙγ	ρμε	ρλη	ρξη	σλϛ	ρλε	κανο	νος
μη	ρϙα	ϙε	ρξ	ρϙϛ	νη	σλη	ρλη		

Κανονος εν ω οι β̄

Mτ	Mρ	Mτ	Mρ	Mτ	Mρ	Mτ	Iω	Λο	Mρ
θ	γ	σκδ	ρλα	σι	ιθ	ε	πγ	κγ	ιβ
ιη	ζ	σμϛ	ρμ	σιβ	λα	ιθ	ιθ	κε	ιδ
κ	θ	σμζ	ρμβ	σιη	μγ	ιθ	λβ	κη	ιϛ
κβ	ια	σν	ρμε	σκβ	μϛ	ιθ	λδ	κη	ξη
μδ	ρκϛ	σνβ	ρμη	σκη	νη	ρκ	πβ	κη	ιη
οη	ξγ	σνδ	ρμθ	σλ	ϙβ	ρπε	σιε	πδ	μη
ρ	ϙη	σξ	ρνβ	σλγ	ο	ση	ρα	πθ	νϛ
ρλθ	με	σξγ	ρνγ	σλε	οβ			ϙα	ξα
ρμε	ξ	σοε	ρνη	σλθ	πα	τε	λος	ρ	οε
ρμη	ξε	σπβ	ρξδ	σμε	πη	του	η	ργ	ϙη
ρνβ	ξη	σπϛ	ρξζ	σξη	ϙ	κα	νονος	σμη	ρλϛ
ρνδ	οα	σπη	ρξθ	σογ	ϙβ			σοη	σιϛ
ρνη	οβ	ση	ροα	σπγ	ϙξη			τλε	σλ
ρνθ	ογ	σϙβ	ρογ	τγ	ρκ				
ρξ	οϛ	σϙη	ροθ	τιθ	ρπ				
ρξγ	οη	τε	ρπε	τκδ	σκγ			τελος	του
ρξε	π	τθ	ρϙ	τκη	ρλβ				
ρξθ	πδ	τια	ρϙβ	τμε	ρπϛ			η κα	νονος
ρογ	πθ	τλ	σν	τνθ	σιγ				
ρπ	ρ	τλη	σιη	τνε					
ρπθ	ργ	τμα	σκα	τνϛ	τλ				
σβ	ριγ	τμη	σκϛ		του				
σιδ	ρκ	τν	σκθ	τελος του	μτθ				
σιε	ρκδ	τελος ϛ	μαθ						

Λο	Ιω
λ	σιθ
λ	σκβ
σξβ	ριγ
σξβ	ρκδ
σοδ	σκθ
σοδ	σκζ
σοδ	σλα
τγ	ρϟ
τδ	ρϟ
τιθ	ρϟ
τιη	ρπς
τη	ρπς
τιβ	ρπς
τγ	ρπβ
τη	ρπβ
τιβ	ρπβ
τμ	σιγ
τμ	σιζ
τμς	σκα
τμα	σκγ
τμα	σκε
τμγ	
τμα	

Μτ	Μτ
β	ρς
δ	ρθ
ς	ριγ
ιγ	ριε
κδ	ριη
κη	ρκδ
κθ	ρκς
λγ	ρλς
λε	ρμ
λη	ρνα
λθ	ρνε
μβ	ρξβ
με	ροα
σνβ	ροη
νς	ρπα
οε	ρπδ
πα	ρπς
πθ	ρπη
ϙη	ρϟα
ϙθ	ρϟς
ρα	σ

Καν,ω Ι εν ω Λο ιδ

Λο	Λο	Λο
α	ρμθ	σλς
γ	ρνα	σνβ
ε	ρνδ	σνς
	ρνθ	σνθ
ι	ρξγ	σξδ
κ	ρξδ	σοα
κβ	ρξς	σογ
κθ	ροδ	σος
λα	ρος	σοη
ν	ροη	σπγ
να	ρπ	σπη
ξη	ρπγ	σϟς
ξη	ρπη	σϟη
οβ	ρϟ	τα
οε	ρϟβ	τδ
ρδ	ρϟη	τς
ρς	σα	τη
ρη	σγ	τις
ριγ	ση	τκ
ριη	σι	τκς
		τλγ
ρκβ	σιδ	τλδ
ρκδ	σκγ	τλθ
ρλα	σκε	τμβ
ρμγ	σκη	τμε
τελος	του	Λ,ου

Καν,ω Ι εν ω Ιω ιδ

Ιω	Ιω	Ιω	Ιω
δ	˜ξβ	ριθ	ρξθ
ρ	ξδ	ρκγ	ροα
θ	ξς	ρκε	ρογ
ια	ξη	ρκη	ροζ
ιγ	σα	ρκθ	ροθ
ις	ογ	ρλ	ρπα
ιη	οε	ρλβ	ρπθ
κβ	οη	ρλδ	ρϟα
κδ	πα	ρλς	ρϟγ
κη	πδ	ρλη	ρϟε
κθ	πς	ρμ	σ
λα	πθ	ρμγ	σβ
λγ	ϙβ	ρμδ	σε
λς	ϙδ	ρμε	ση
λθ	ϙη	ρμη	σι
μα	ϙθ	ρμθ	σιβ
			σιδ
μγ	ρβ	ρνα	σις
με	ρδ	ρνγ	σιη
ν	ρς	ρνε	σκ
νβ	ρη	ρνη	σκδ
νδ	ρι	ρνθ	σκς
νς	ριβ	ρξγ	σκη
νι	ριε		σλ
ξ	ριη	ρξε	σλβ
		ρξη	
τελ	του	Ιω	